DICTIONNAIRE NATIONAL

DES

CONTEMPORAINS

PARIS. — Imprimerie de l'OFFICE GÉNÉRAL D'ÉDITION, DE LIBRAIRIE ET D'IMPRIMERIE. — 53, rue Monsieur-le-Prince. — PARIS

DICTIONNAIRE NATIONAL

DES

CONTEMPORAINS

Contenant les Notices

DES MEMBRES DE L'INSTITUT DE FRANCE,
DU GOUVERNEMENT ET DU PARLEMENT FRANÇAIS,
DE L'ACADÉMIE DE MÉDECINE
ET DE TOUTES LES PERSONNALITÉS VIVANTES, FRANÇAISES OU DEMEURANT EN FRANCE,
QUI SE SONT FAIT CONNAÎTRE PAR LEUR ACTION DANS
LES LETTRES, LES SCIENCES, LES ARTS, LA POLITIQUE
L'ARMÉE, LES CULTES, L'INDUSTRIE, L'ADMINISTRATION, ETC.

OUVRAGE RÉDIGÉ ET TENU A JOUR
PAR UN GROUPE D'ÉCRIVAINS, SAVANTS, ARTISTES ET HOMMES POLITIQUES

SOUS LA DIRECTION DE

C.-E. CURINIER

TOME DEUXIÈME

PARIS

OFFICE GÉNÉRAL D'ÉDITION
DE LIBRAIRIE & D'IMPRIMERIE

B. BRUNEL & Cie
53, rue Monsieur-le-Prince, 53

Tous droits de reproduction et de traduction réservés.

Principaux collaborateurs de ce volume :

MM. **Frédéric LOLIÉE,** lauréat de l'Institut, auteur du *Dictionnaire des Ecrivains et des Littératures* (adopté par le Ministère de l'Instruction publique et par la Ville de Paris).
A. LAGOGUEY, ancien directeur de l'Ecole Normale secondaire spéciale, ancien membre du Conseil supérieur de l'Instruction publique.
Georges BRUNEL, ancien professeur de Physique, directeur des *Nouvelles Scientifiques*, publiciste scientifique, secrétaire-général de la Société des Gens de Science.
Henri d'OSMONS, licencié ès lettres. homme de lettres.
Albert PETRELLE, licencié en droit, homme de lettres.
NICOL d'ESFAUSSAIES, homme de lettres.
Jules CURINIER, licencié ès lettres, professeur de l'Université.
Ch. d'HELVIE, homme de lettres.
G. de BRUGELINES, homme de lettres.
Max MONNIER, publiciste scientifique.
   Etc...

INDEX ALPHABÉTIQUE

DES NOTICES CONTENUES

DANS LE

TOME DEUXIÈME

DU

DICTIONNAIRE NATIONAL DES CONTEMPORAINS

A

Achille (Léopold), conseiller municipal de Paris	273
Ajasson de Grandsagne (Paul), publiciste	326
Albarran (Dr Joaquin), médecin	108
Albers (Henri), artiste lyrique	147
Alquier (Baron), vice-amiral	76
André (Louis), général, ministre de la guerre	337
Appert (Léon), ingénieur	354
Arboulin (Gaston), député	293
Arboux (Jules), écrivain et pasteur protestant	234
Argent (Jules d'), odontologiste	335
Argyriadès (Panagiotis), avocat	59
Arnould de Cool (Mme), peintre et statuaire	271
Arsonval (D'Arsène d') (de l'Institut et de l'Académie de Médecine)	329
Astier (Placide), député	314
Aubeau (Dr Amand), chirurgien	323
Aucoin (Louis), sénateur	181
Audiffret-Pasquier (Duc d'), sénateur (de l'Académie française)	41
Auguez (Numa), artiste lyrique	344
Auguez-Montalant (Mme), artiste lyrique	312
Azar du Marest (Mlle Lætitia), peintre	78
Asière (Henri), architecte	113

B

Backer (Dr Félix de), médecin, chimiste	226
Bailly (Charles), sculpteur-statuaire	328
Balland (Xavier), archéologue	418
Ballet (Dr Gilbert), médecin	137
Barbier (Dr Henri), médecin	186
Baries (Albert Faucheux, dit), philosophe	263
Barrias (Ernest), sculpteur (de l'Institut)	52
Barrias (Félix), peintre	121
Barrels (Théodore), médecin, député	187
Barret (Odilon), voir **Odilon-Barret**.	
Bartholdi (Auguste), sculpteur	297
Barthou (Louis), député, ancien ministre	313
Bastard (Georges), historien	136
Bastet (V.-A.), sculpteur	117
Baudon (Théodore), député	295
Baudry d'Asson (Armand-Charles de), député	317
Baugnies (Jacques), peintre	95
Beaufort (Comte d'Hertault de), administrateur	254
Beauvoir (Hébert Marquis de), voyageur	216
Behal (Auguste), chimiste	139
Bellay de Camneville (P.-G.-A. du), peintre	14
Belhomme (H.-A.), artiste lyrique	163
Belle (A.-D.), sénateur	27
Bemmet (P.-A.-T.), ancien député	12
Benjamin-Constant, peintre (de l'Institut)	289
Béraud (Jean), peintre	313
Berdoly (M.-H.), député (depuis sénateur (1900)	144
Bérenger (René), sénateur inamovible	209
Berger (Georges), député	121
Berger (Dr Paul), médecin (de l'Acad. de Médecine)	116
Berger (Philippe), orientaliste (de l'Institut)	117
Berger (Samuel), théologien (décédé)	116
Bernabé (Mme Berthe), voir **Berthold**.	
Bernard (Abel), député	320
Bernard (Emile), musicien	287
Bernard (J.-B. Fauveries, dit Jean), publiciste, avocat	16
Bernard (Edmond), publiciste	51
Bernstein-Sinayef (Léopold), statuaire	251
Berry (Georges), député	13
Berthelot (André), député, publiciste	277
Berthelot (Marcelin), sénateur, ancien ministre (de l'Institut)	276
Berthold (Frédéric), écrivain	130
Bertin (L.-E.), professeur et publiciste	18
Bertrand (Eugène), directeur de l'Opéra (décédé)	165
Bertrand (Paulin), peintre	195
Billet (J.-B.), général, sénateur, ancien ministre de la guerre	321
Bisseuil (E.-A.), sénateur	73
Biver (Alfred), ingénieur	14
Blanchard de la Bretesche (Pierre-Armand), auteur dramatique	39
Blondel (Octave), ancien vice-président du Conseil municipal de Paris	280
Boinard (Dr Ludovic), médecin	264
Boissière (Edmond de), écrivain	72
Bollack (Léon), publiciste	171

Bonnafé (Edmond), critique d'art	133
Bonnard (Paul), économiste	241
Bornier (Vicomte Henri de) (de l'Acad. française)	324
Bonelli (Comte Jules), compositeur de musique	134
Botrel (Théodore), chansonnier	205
Bouchaud (Pierre de), écrivain	70
Boucher (Alfred), sculpteur	36
Boucher-Cadart (A.-F.), ancien sénateur, magistrat	17
Bouilly (D' Georges), médecin	20
Boulay de la Meurthe (Comte Alfred), historien	188
Bourgeois (Léon), ancien président du conseil des ministres, député	281
Boyer d'Agen (Augustin), écrivain	65
Boyer-Breton (M⁰⁰), peintre	66
Bozzi (Lorenzo), sculpteur	275
Bra (D' Charles), médecin	78
Brancion de Liman (Raguet de), ing.-électricien	51
Braisne (Henry Renault d), écrivain	199
Bréauté (Albert), peintre	204
Bresot (Théodore), conseiller municipal de Paris	252
Breteuil (Marquis de), ancien député	234
Brincard (Ernest), ancien député	340
Brisson (Henri), député, ancien président du Conseil des ministres et de la Chambre	237
Brochin (D' Albert), médecin	307
Brouardel (D' Paul), doyen de la Faculté de Médecine de Paris, membre de l'Académie de Médecine et de l'Institut	289
Brousse (Paul), médecin, homme politique	265
Bruyère (Loys), écrivain	50
Busnach (William), auteur dramatique	109
Buvignier (Jean), sénateur	25

C

Cadot (Maurice), publiciste	250
Caille (Léon), peintre	235
Capoul (Victor), chanteur	229
Captier (F.-E.), sculpteur	68
Caquet (François), publiciste	253
Carré (Henri), musicien	330
Carré (Michel), auteur dramatique	8
Carron de la Carrière (Paul), ancien député	261
Carryl (Wetmore), publiciste	318
Caruso (Adolphe) (de l'Institut)	5
Carvalhido (Comte de), collectionneur	94
Casati de Casatis (Charles), archéologue et jurisconsulte	2
Casimir-Perier (Jean), anc. prés. de la République	105
Castillon de St-Victor (Comte de), aéronaute	174
Caubet (Jules), vice-amiral	266
Cavaignac (Godefroy), député, ancien ministre de la guerre	137
Cère (Emile), député	177
Chaffault (Comte du), médecin	195
Chamaillard (Pontaler de), sénateur	353
Chamberet (Paul de), publiciste	170
Chambrun (Pierre Marquis de), député	88
Chamoin (D' Emile), médecin	278
Chamon (Antoine), ancien député	269
Chanon (Georges), avocat, publiciste	270
Chapelain de Cambeyres (H.-F.-F.), architecte	184
Chapuis (Auguste), compositeur de musique	158
Charcot (D' Jean), médecin	30
Charpentier (Alexandre), sculpteurr	341
Charpentier (Félix), sculpteur	65
Chassaigne-Goyon (Alexandre), homme politique	229
Chassaigne-Goyon (Pierre), avocat, conseiller municipal de Paris	230
Chateaubourg (Vicomte de), médecin	95
Chausse (Emile), conseiller municipal de Paris	294
Chausson (Ernest), compositeur de musique (décédé)	146
Chavet (Emmanuel), député	340
Chelminski (Jan-V. de), peintre	343

Cheremetew (Basile de), peintre	311
Chéret (Jules), peintre	100
Cim (Albert Cimochowski, dit), littérateur	329
Clairin (Emile), avocat, ancien conseiller municipal de Paris	268
Cobalet (J.-H.-A. Combalet, dit), artiste lyrique	170
Colin (Gustave), peintre	32
Combalet (J.-H.-A.). Voir Cobalet.	
Cool (M⁰⁰ de). Voir Arnould de Cool.	
Cool (Gabriel de), artiste peintre	271
Coquelin (Constant), artiste dramatique	161
Coquelin Cadet (A.-H.-E.), artiste dramatique	162
Coé (William), peintre	102
Cottancin (Paul), ingénieur	146
Coulon (Jean), sculpteur	326
Courcy (Charles de), peintre	200
Courtois (Gustave), peintre	92
Crafty (Victor Géruzex, dit), dessinateur	40
Crinon (Louis), professeur, publiciste	190
Crus-Bonnel (L.-E.), ancien député	360
Cuignache (Georges), musicien	294
Cuvinot (P.-L.-J.), sénateur	97

D

Daguin (Fernand), avocat, publiciste	193
Dakhyl (D' H.-N.), médecin et linguiste	350
Dalmas (Comte Raymond de), voyageur	200
Dangeville (M⁰⁰ Henriette Doyen, dite), auteur et actrice dramatique	55
Dannat (William), peintre	345
Dansette (Jules), député	346
Darlan (J.-J.), ancien ministre	277
Daque (Léopold), député	359
Daudé (Paulin), député	84
David (Fernand), député	46
David (Henri), député	188
David (Léon), artiste lyrique	256
De Backer. Voir Backer.	
Deberdt (Raoul), écrivain	254
Decharme (Constantin), physicien	154
Decharme (M⁰⁰ Lucia), écrivain	111
Defrasse (Alphonse), architecte	340
Delance (Paul-Louis), peintre	61
Delarue (Georges), jurisconsulte	220
Deletang (Robert), peintre	94
Delbeaux (Emile), écrivain	217
Deschamps (D' Léon), médecin	6
Deschly (M⁰⁰ Irène), peintre	70
Desenquelle (D' Édouard), médecin	104
Deslandes (Emile Baron), ancien officier de marine	86
Deslandes (M⁰⁰ la Baronne), écrivain	87
Desmoulins (Fernand), graveur	101
Desmoulins (A.-E.-M.), musicien	156
Despond (Anatole), avocat	62
Dettelbach (M⁰⁰ Charles), cantatrice mondaine	303
Detti (César), peintre	128
Deutsch (Louis), peintre	74
Devambez (A.-V.-E.), peintre	62
Devert (Amand), peintre	259
Devèze (Marius), député	313
Devere (Gaston), auteur dramatique	109
Diamant (Octave), administrateur	221
Dion (Albert Comte de), ingénieur	106
Donzel (Louis), avocat, économiste	244
Dourgnon (Marcel), architecte	327
Drake (Jacques), député	35
Draner (Jules Renard, dit), dessinateur	9
Dubrisay (D' Jules), médecin	215
Dubufe (Guillaume), peintre	230
Duesing (François), avocat	184
Ducsberg (Edmond), auteur dramatique	252
Dufau (Édouard), peintre	173
Dufour (Georges), avocat	83
Dufournet (L.-B.), sénateur	77

— III —

Dumay (Charles), directeur des Cultes 61
Duplomb (Charles), écrivain, administrateur . . . 46
Dupuis (Edmond), vice-amiral 273
Dussaud (François), ingénieur-physicien 31
Duval (Edmond), administrateur du Mont-de-Piété 29
Duval (Raymond), publiciste 286
Duval-Arnould (Louis), avocat 138
Duval-Yselen (Emile), compositeur de musique . 286
Dybowski (Jean), explorateur, administrateur . . 292

E

Echerac (A. d'), écrivain 64
Eiffel (Gustave), ingénieur 24
Eloffe (Gabriel), géologue 150
Elven (Mme Suzanne), artiste lyrique 88
Epinay (Prosper d'), statuaire 189
Epinay (Mme Marie d'), peintre 190
Escanyé (Frédéric), député 179

F

Fabre (Jules), avocat 272
Fachard (Jean), député 299
Faget (Laurent de), publiciste 150
Faivre (Abel), dessinateur 240
Fallières (Armand), président du Sénat 1
Fanien (Achille), député 30
Faure (Firmin), député 76
Favier (Ernest), ingénieur-chimiste 246
Faye (Hervé), astronome, membre de l'Institut . 3
Fayen (Dr Ludovic), médecin 202
Felice (Paul de), pasteur protestant et écrivain . . 50
Ferdeuil (Edouard), avocat 90
Filliaux-Tiger (Mme Louise), musicienne 318
Fontaine de Rambouillet (Anatole), avocat . . 141
Fouvielle (Ulric de), publiciste, peintre 228
Fouvielle (Wilfrid de), publiciste, aéronaute . . . 227
Fouché (Raoul), économiste 208
Foulon de Vaulx (André), écrivain 71
Fouquet (Fernand), écrivain 246
Fourié (Albert), peintre 35
Fournier (Marcel), compositeur de musique . . 286
France (Vicomte de), général 308
Franta (A.-Henri), critique d'art 189
Frantz-Jourdain (Jourdain, Frantz, ou), architecte
  et publiciste 322
Frappa (José), peintre. — *Errata.* — 10e ligne : lire « la
  Main Chaude », au lieu de la « *Marchande* » ;
  3e alinéa, 3e ligne, lire « comité d'administration » et non « d'admission » ; même alinéa,
  18e ligne : lire « le *Tambourin crevé* » au
  lieu de « *Tambourin arrosé* » 129
Friené (Paul), architecte et ingénieur 338
Fritsch-Estrangin. Voir **Frantz**.
Fuchs (Mme Edmond), cantatrice et critique musical. 222

G

Gaget (Emile), ingénieur 155
Gaillard-Bancel (Henri de), député 324
Gaillard (Dr P.-V.-G.), médecin 183
Galeron (P.-L.-A.), architecte 136
Galley (J.-B.), député 53
Galliffet (marquis de), général, ancien ministre de la
  guerre 332
Gallimard (Paul), bibliophile et collectionneur . . 55

Gamard (Georges), ancien député 300
Garigne (Jean), musicien 290
Gaume (Dr François), médecin 255
Gasquié (Georges), sculpteur 47
Gazeau (Dr Charles), médecin 239
Geiss (Victor), conseiller municipal de Paris . . 279
Geoffroy (Dr Jules), médecin 187
Germain (Henri), écrivain 358
Gérome (Léon), peintre et statuaire (de l'Institut) 33
Geusler (Charles de), compositeur de musique . . 351
Girard (Amédée), député 180
Girardin (A.-L.), député 355
Girardet (baron Louis), écrivain 102
Glachant (Paul), professeur et écrivain . . . 351
Glachant (Victor), professeur et écrivain . . . 351
Glaize (J.-L.), peintre 114
Godard (Mlle Madeleine), musicienne 355
Genue (Louis), critique d'art 113
Gontaut-Biron (Comte de), député 325
Grandeau (Louis-Nicolas), agronome (de l'Institut) 20
Granust (Dr Joseph) (de l'Académie de Médecine) 97
Grimoin-Sanson (Raoul), ingénieur-chimiste . . 243
Griveau (Georges), peintre 80
Griveau (Lucien), peintre 81
Gromier (Marc-Amédée), publiciste 182
Gueldry (Fernand), peintre 247
Guepin (Dr Ange), médecin 149
Guérin (G.-A.), auteur dramatique 96
Guérin-Catelain (Emile), auteur dramatique . . 207
Guiard (Dr P.-F.), médecin 152
Guiffard (Henri), peintre 224
Guilmant (F.-A.), organiste 164
Guinand (Edouard), écrivain 164
Guyon (Dr Félix), chirurgien (membre de l'Institut) 21
Guyon (Adrien), peintre 22

H

Habert (Eugène), peintre 115
Halévy (Ludovic), auteur dramatique (de l'Académie
  française) 305
Hampel (Léo d'), publiciste 72
Hanrion (Louis), ingénieur 90
Harcourt (Eugène d'), compositeur de musique . 191
Haugoumar des Portes (Charles), sénateur . . 23
Haussonville (Comte d'), écrivain (de l'Académie
  française) 89
Henaffe (Léon), conseiller municipal de Paris . . 310
Henriet (Frédéric), peintre et littérateur . . . 54
Henriet (Maurice), magistrat 54
Hermant (Abel), écrivain 12
Hermant (Achille), architecte 11
Holmes (Mme Augusta), compositeur de musique . 17
Houssaye (Henry), historien (de l'Acad. française) 209
Hugo d'Aléri (Frédéric), peintre 357
Hugues (Dr Emile), médecin 304
Hugues (François), député 185
Hulot (baron), écrivain 79
Humbert (le colonel), écrivain 114

I

Injalbert (Jean-Antoine), sculpteur 42
Isnaurat (Dr Albert), médecin 54

J

Jacquesson de la Chevreuse (Louis), peintre . . 70
Jamin (Paul), peintre 74
Janssen (P.-J.-C.), astronome (de l'Institut) . . 236

Jean (Ferdinand), ingénieur-chimiste	335
Jeantaud (Charles), ingénieur	151
Jennings (D' W.-O.), médecin	106
Joffroy (D' Alix), médecin	124
Josin (D' François), médecin	167
Jourdain (Frantz), voir **Frantz-Jourdain**.	
Juigné (Comte de), sénateur	317

K

Kann (Edouard), compositeur de musique	271
Kerckhoffs (Auguste), professeur	120
Kéroul (Henri), auteur dramatique	331
Kistemaeckers (Henry), romancier	193
Knight (Amédée), sénateur	162

L

Labatut (J.-J.), sculpteur	163
Laborde (D' J.-B.-V.), médecin (de l'Ac. de Médec.)	57
Labori (Fernand), avocat	353
Lack (Théodore), compositeur de musique	69
Lacroix (Clément de), littérateur	160
Laferrière (E.-L.-J.), gouverneur-général de l'Algérie	92
Lagoguey (Amand), écrivain	119
La Grange (Marquis de), administrateur et agriculteur	272
Laloux (V.-A.-F.), architecte	36
Lambert (Marcel), architecte	291
Lannelongue (D' Odilon), ancien député, chirurgien (de l'Académie de médecine)	241
Larche (P.-R.), sculpteur	60
Larcher (D' Oscar), médecin et naturaliste	248
Lareinty (Baron de), sénateur	213
Larmandie (Léonce Comte de), écrivain	68
La Roque (Baron de), général	285
Lasies (Joseph), député	139
Laurent-Atthalin (G.-M.), magistrat	156
Laurent-Cely (François), cons. général de la Seine	261
La Valette (H. Comte de), ingénieur	131
La Villegontier (Comte de), homme politique	52
Lazzari (Sylvio), compositeur de musique	13
Le Breton (T.-J.-M.), ingénieur	79
Leclanché (Maurice), électricien	320
Le Cour Grandmaison (F.-J.-B.-C.), sénateur	33
Le Curieux (Maurice), architecte	223
Lefebvre (Ch.-A.), ancien député	124
Lefebvre (Charles), compositeur de musique	315
Lefebvre (Hippolyte), sculpteur	72
Lefèvre (André), ancien cons. municipal de Paris	302
Lefèvre (Gustave), compositeur de musique	192
Lefèvre-Pontalis (Antonin), membre de l'Institut	348
Lefèvre-Pontalis (Amédée), homme polit., écrivain	349
Lefort des Ylouses (Henri), graveur et peintre	264
Légitimus (J.-H.), député	48
Le Grix de Laval (D' A.-V.), médecin	74
Leidié (Emile), chimiste	125
Lemaire (Gaston), compositeur de musique	185
Lemaître (Jules), littérateur (de l'Acad. française)	212
Lemasson (Emile), député	77
Lemonnier (Volny), homme de lettres	126
Le Myre de Vilers (Charles), député, diplomate	4
Lesepveu (Charles), compositeur de musique (de l'Institut)	284
Lenoble (D' Bernard), médecin	223
Lenoir (Charles), peintre	15
Lepers (Charles), professeur de chant	306
Leprince (D' Maurice), médecin, pharmacien	135
Lereboullet (D' Léon), médecin (de l'Académie de Médecine)	41
Letoula (Jules), graveur, lithographe	128

Levée (F.-J.), industriel, cons. municipal de Paris	123
Levet (J.-G.-A.), député	11
Levy (Albert), sculpteur	126
Leygues (Georges), député, ministre de l'Instruction publique	49
L'Hecest (E.-L.), sculpteur	110
Liégeard (Stephen), écrivain, homme politique	340
Lieutier (Mme), née **Nelly-Bessen**, écrivain	67
Lintilhac (Eugène), écrivain	56
Lippmann (Maurice), ingénieur	144
Lippmann (Edouard), ingénieur	127
Lisch (Just), architecte	115
Lockroy (Edouard), ancien ministre, député, écrivain	257
Loda (Armand), historien, jurisconsulte et publiciste	7
Loir (Luigi), peintre	100
Lopisgich (Antonio), peintre	287
Lorois (Léon-Paul), ancien député	318
Lucas (Désiré), peintre	206
Lucas-Championnière (D' Just), chirurgien (de l'Académie de Médecine)	141

M

Mabilleau (Léopold), directeur du Musée social	160
Macpherson (Mme Campbell), peintre	95
Magne (Charles), archéologue	15
Maguin (Joseph), sénateur	47
Maiche (Louis), ingénieur	227
Mandl (Richard), compositeur de musique	224
Mantin (Georges), horticulteur	63
Marcano (D' Gaspard), médecin	196
Marchand (André), peintre	222
Marchand (D' Léon), médecin	169
Marcous (J.-F.-E.), archéologue	148
Maraux (Anatole), ingénieur	304
Martin (Félix), sénateur	5
Martin-Roux (D' Hippolyte), médecin	356
Martini (Auguste de), musicien	168
Masson-Detourbet (Louis), architecte	148
Mathiot (Charles), avocat	175
Maton (Adolphe), professeur de chant	285
Maulde de la Clavière (René de), historien	258
Mauroy (Marquis de), ingénieur	336
Melchissedec (P.-L.), artiste lyrique	133
Menthos (Henry Comte de), littérateur	302
Mercier (Pierre), chimiste	64
Mérode (Charles Comte de), ancien sénateur	39
Mery (Gaston), littérateur, cons. municipal de Paris	346
Millanvoye (Bertrand), poète	168
Millet de Mareilly (Edouard), sculpteur	304
Miquel (José), musicien	295
Miquel-Chaudesaigues (Mme), professeur de chant	295
Moch (Gaston), publiciste	84
Moissan (Henri), chimiste (de l'Institut)	49
Moleux (Jules), magistrat	151
Mollier (Ernest), sportmann	206
Montégut (Maurice), poète	215
Montesquiou-Frezensac (Comte Robert de), littérateur	153
Moreau (Ernest), conseiller municipal de Paris	319
Morgan (Jacques de), explorateur et écrivain	337
Mortier (Alfred), publiciste, poète	26
Moser (Henri), écrivain et explorateur	91
Moutot (Léonce), conseiller municipal de Paris	243
Moszkowski (Maurice), compositeur de musique	174
Muller (Edouard), ancien député	69
Murer (Eugène), peintre	288
Muzet (Alexis), député	211

N

Nariel (Louis), compositeur de musique	199
Naudet (Charles), architecte	23
Neydhart (François), peintre	152

Nittis (Mme de), écrivain 10
Nittis (Dr Jacques de), médecin et écrivain . . . 10
Noguès (Dr Paul), médecin 254
Noiretere (A.-V. de), publiciste, ancien officier . 255
Nourse (Mlle Élisabeth), peintre 191

O

Odilon-Barrot (Jean-André-Georges), député . . 216
Olivié-Bon (Léon), artiste peintre 291
Oppermann (François), conseiller municipal de Paris. 296
Ordonneau (Maurice), auteur dramatique . . . 25
Oulet (Gustave), ingénieur 78
Ostrowska (Mme la Comtesse), voir Vernet (Mme Nancy).
Otte (M.-P.), ingénieur 107
Oudart (Ch.-A.-A.), avocat 103
Oudin (Dr Paul), médecin 343

P

Pabst (Camille), publiciste 207
Paillet (Eugène), magistrat 176
Paillet (Jean), avocat 176
Paillet (Georges), compositeur de musique . . . 112
Panas (Dr Photinos), médecin (de l'Ac. de Médecine) 44
Pannelier (Victor), homme politique 233
Panzani (A.-J.-P.), professeur 206
Parent (Louis), architecte 280
Parès (Gabriel), musicien 60
Paris (Félicien), avocat, ancien conseiller municipal de Paris 275
Parodi (Alexandre), auteur dramatique 214
Parquet (Gustave), peintre 19
Pasqual (Léon), député 91
Paumier (Raoul), artiste dramatique 67
Peltier (Jules), écrivain, sculpteur 95
Penavaire (Samuel), compositeur de musique . . 278
Pervière (Samuel), premier président honoraire de la Cour d'appel de Paris 28
Pervet (Aimé), écrivain 347
Perrey (Léon), sculpteur et peintre 188
Perrichont (Étienne), ancien conseiller municipal de Paris (décédé) 79
Petit-Gérard (Pierre), peintre 252
Pétréaux (Joseph), chansonnier 127
Peyrol (H.-F.-A.), sculpteur 148
Philbert (Dr Émile), médecin 231
Picard (Alfred), commissaire-général de l'Exposition universelle de 1900 345
Picard (Georges), peintre 77
Pignel (Dr J.P.), médecin 120
Plumet (Charles), architecte 145
Portal (l'abbé Fernand), écrivain 172
Potocki (Dr L.-J.), médecin 338
Poujade (Lucien), musicien 89
Pozzo di Borgo (Comte), député 347
Pradet-Balade (Léon), député 158
Prost (Alfred), écrivain 99
Prouvé (Victor), peintre et sculpteur 177
Pugno (Raoul), compositeur de musique . . . 23
Puiseux (Henri Comte de), écrivain . . . . .

Q

Quinette de Rochemont (Baron Émile), conseiller d'État 145

R

Ranson (A.-J.-A.), conseiller municipal de Paris . 107
Raquez (F.-L.-A.), chanteur mondain 22
Raspail (Dr F.-V.-B.-C.), médecin 87
Ravera (N.-T.), compositeur de musique . . . 344
Raynal (David), sénateur, ancien ministre . . . 43
Rebillard (Étienne), ancien cons. municipal de Paris 225
Reilhac (Comte de), écrivain 82
Reille (Baron Amédée), député 37
Reinach (Joseph), ancien député, écrivain . . . 129
Reinitzer (Aloïs), sculpteur 192
Renault-Morlière (Amédée), député 9
Renoir (Auguste), artiste peintre 309
Révillout (Eugène), égyptologue 196
Riant (Dr René), médecin 316
Ribera (Pierre), artiste peintre 293
Ribot (Joseph), député, ancien président du Conseil des ministres 249
Rieffel (Dr Henri), chirurgien 221
Rivals (Jules), député 181
Riza (Ahmed), publiciste 118
Robin-Massé (Dr Paul), chirurgien 334
Robinet de Cléry (Gabriel-Adrien), avocat . . . 81
Rochard (Émile), auteur dramatique 167
Rochemestein (Vicomte de), archéologue, publiciste 263
Roger (Émile), sénateur 28
Rogez (Paul-Henri), député 75
Ronneray (Comte de), archéologue 262
Rouen (Jean), peintre 175
Rothschild (Baron Alphonse de), (de l'Institut) . 336
Rougnon (Paul), compositeur de musique . . . 327
Roussel (Dr Albéric), médecin 256
Rousselle (Henri), conseiller municipal de Paris . 298
Roussin (Georges), peintre 299
Roux (Émile), compositeur de musique 310
Roux (Jules-Charles), économiste, ancien député . 85
Royer (Louis), avocat 112
Royer (Paul de), auteur dramatique 111
Rozier (Arthur), publiciste, cons. municip. de Paris 308
Ruelle (Angelin), écrivain, professeur 251
Rupès (Georges), compositeur de musique . . . 135

S

Saffrey (le commandant), publiciste militaire . . 104
Salleron (Cl.-A.-L.), architecte 359
Samary (Paul), gouverneur des colonies . . . 153
Sarlande (Albert), ancien député, publiciste . . 292
Sarrien (Ferdinand), député, anc. ministre . . . 45
Sante (Georges), sculpteur 230
Sauvrezis (Mlle Alice), compositeur de musique . 96
Savoye (Louis), ancien député 132
Schleier (Georges), publiciste 356
Sée (Edmond), écrivain 134
Seynes (Henri Baron de), agronome 194
Serpaux (Gaston), compositeur de musique . . 123
Sels (A.-J.-F.), écrivain 122
Seymes (Dr Jules de), botaniste et naturaliste . . 331
Sicard (M.-L.), député 81
Sorean (Georges), auteur dramatique 334
Stengellis (Alphonse), peintre 232
Stcher-Bernard (Adrien), sculpteur 171

T

Tarde (Gabriel), philosophe 172
Tell (Baron Joseph du), littérateur 203
Teillier (Charles), physicien 196
Theler (Raymond), peintre 350

Thomas (Eugène), sénateur 225
Thomé (Francis), compositeur de musique . . . 78
Tinayre (Louis), peintre 339
Tofani (Oswaldo), peintre 7
Tommasi (Donato), chimiste et physicien . . . 37
Touchemolin (C.-A.), peintre 27
Toudouze (S.-A.), peintre 98
Tracol (André), violoniste 202
Tramoy (Gustave), député 201
Trignart de Beaumont (Louis), écrivain . . . 250
Trojanowski (Wincenty), sculpteur 307
Trystram (J.-B.-L.-F.), sénateur 46
Turrel (A.-J.-E.), ancien ministre 140

U

Urgel (Mme Louise), compositeur de musique . . . 255

V

Vacher (Léon), député 93
Vacherot (Jules), architecte-paysagiste 359
Erratum. — M. Vacherot est né le 10 septembre *1862*
  et non 1870, date imprimée par erreur.
Valcourt (Théophile de), médecin 203
Vallon (Dr Charles), médecin 173
Vallot (Joseph), botaniste 283
Vandenabeele (Dr O.-P.), médecin 66
Vaques (Dr Henri), médecin 179
Varigny (Henry de), écrivain 201
Vergnet (Jean), artiste lyrique 240
Vernes (Louis), président du Consistoire protestant 75

Vernet (Mme Nancy), artiste dramatique . . . 270
Vibert (Paul), économiste, publiciste 219
Vigouroux (Louis), publiciste 131
Villebois-Mareuil (Vicomte de), ancien député, publiciste 204
Vivier de Streel (Edmond du), administrateur, publiciste 319
Voisin-May (F.-P.), ingénieur 263
Volnay (Gaston), écrivain 223
Vrignault (Pierre), publiciste 226
Vuillaume (Mme M.-M.), artiste lyrique . . . 247
Vuillemot (Raoul), publiciste 344

W

Wagner (Charles), écrivain 220
Wahlberg (Alfred), peintre 308
Waret (Joseph), professeur de chant 217
Weigele (Henri), sculpteur 372
Weingaertner (Félix), compositeur de musique . 234
Wertheim (Georges), publiciste 176
Willy (Henry Gauthier-Villars, dit), écrivain . 267
Wist (Cornélis de), publiciste 178
Wittmann (Gustave), compositeur de musique . 103
Wolfromm (Auguste), linguiste 342

Z

Zaborowski (Sigismond), anthropologiste . . . 165
Zwiller (Augustin), peintre 333

DICTIONNAIRE NATIONAL
des
CONTEMPORAINS

TOME DEUXIÈME

FALLIÈRES (Clément-Armand)

Président du Sénat, ancien président du Conseil des ministres, né à Mézin (Lot-et-Garonne) le 6 novembre 1841. Ses études de droit terminées, il se fit inscrire au barreau de Nérac, où il ne tarda pas à se créer une brillante situation. Conseiller municipal de cette ville dès 1868, il fut nommé maire en avril 1871 et conseiller général de Lot-et-Garonne, pour le canton de Nérac, le 8 octobre de la même année. Il conserva ce dernier mandat jusqu'en 1886, époque à laquelle il se retira volontairement, après avoir été, pendant plusieurs années, président de l'assemblée départementale. A la chute de M. Thiers, il avait été révoqué de ses fonctions de maire, à cause de ses opinions républicaines (1873).

Candidat aux élections législatives du 20 février 1876, M. Fallières fut élu député de Nérac, par 8,376 voix, contre 6,442 à M. Caupenne, bonapartiste. Il siégea à la gauche de la Chambre et vota avec la majorité républicaine. Il prit part à la discussion relative à une proposition de M. Talandier, au sujet des inondations de Toulouse ; signa la protestation des gauches, le 18 mai 1877 ; fit partie des 363 et, le 14 octobre 1877, malgré les efforts de l'administration, il fut réélu dans la même circonscription, par 8,961 voix, contre 6,619 à M. Dollfus, ancien député au Corps législatif, candidat officiel.

Le 8 mai 1878, il prononça, à l'occasion de l'élection de M. Trubert à Moissac, un discours qui le plaça au nombre des meilleurs orateurs de la Chambre. En 1879, il fut choisi comme rapporteur de la loi sur la presse et vice-président de la gauche républicaine.

Sous-secrétaire d'Etat (17 mai 1880) au ministère de l'Intérieur et des Cultes, M. Fallières combattit, en cette qualité, un amendement tendant à la suppression du budget des Cultes et défendit victorieusement, au Sénat, l'organisation administrative de l'Algérie, que M. d'Haussonville avait critiquée (1881).

Réélu député de Nérac, le 21 octobre 1881, par 8,355 voix, sur 9,788 votants, il quitta le sous-secrétariat de l'Intérieur le 14 novembre suivant, avec le cabinet Ferry.

Le 30 janvier 1882, M. Fallières fut élu vice-président de la Chambre, puis il prit, le 7 août de la même année, le portefeuille de l'Intérieur dans le cabinet Duclerc. Peu de temps après, il exposa au Sénat, dans un discours net et décisif, ses vues sur les droits du gouvernement en matière de suspension du traitement des desservants par voie administrative. Lorsque divers membres de la Chambre crurent devoir répondre à la proclamation du prince Jérôme-Napoléon par la proposition d'expulsion des prétendants (15 janvier 1883), il déposa, au nom du gouvernement, un projet « autorisant le ministère à expulser par décret tout membre d'une famille royale dont la présence serait de nature à compromettre la sûreté de l'Etat, et à mettre en disponibilité les princes officiers s'il le jugeait convenable ». Ce projet, renvoyé par la Chambre à la même commission que la proposition Floquet, tendant à l'expulsion immédiate de tous les membres des familles ayant régné en France, fut soutenu devant la commission compétente, puis M. Fallières se rallia à un projet de conciliation présenté par M. Joseph Fabre ; mais M. Duclerc, président du Conseil, tombé subitement malade et n'ayant pas été consulté, n'approuva pas le compromis. La présidence du Conseil fut alors offerte à M. Fallières, qui l'accepta pour soutenir le débat au nom du ministère (29 janvier) ; mais, épuisé lui-même par ces longs et irritants débats, il dût, le lendemain, 30 janvier, interrompre son discours et descendre de la tribune. Malade, il abandonna à M. Devés, garde des sceaux, le soin de poursuivre la discussion à la Chambre et au Sénat. Le gouvernement soutint la nécessité d'une loi sur la matière et finalement la Chambre adopta, le 1er février, le projet Fabre-Fallières. Le Sénat l'ayant rejeté, le cabinet donna sa démission et se retira le 20 février.

Le 20 novembre suivant, M. Fallières succédait, comme ministre de l'Instruction publique, à Jules Ferry, président du Conseil, qui voulut remplacer aux Affaires étrangères Challemel-Lacour, démissionnaire. Il intervint dans la discussion du projet Paul Bert sur l'organisation de l'enseignement primaire ; il présida, en 1884, le conseil de l'Instruction publique renouvelé et, en janvier 1885, il fit rejeter par la Chambre un article additionnel présenté au budget par le même Paul Bert et tendant à la désaffectation immédiate des biens nationaux affectés à des services du culte en dehors des prescriptions du Concordat. Il se retira, avec le cabinet Ferry, le 31 mars.

Le 8 avril suivant, candidat à la présidence de la Chambre, il fut en minorité de 4 voix, au 3e tour, contre Charles Floquet.

Porté, le 4 octobre de la même année, sur la liste républicaine de Lot-et-Garonne, il fut renvoyé à la Chambre, le 1er sur 5, par 42,766 voix sur 84,326 votants. Ministre de l'Intérieur, le 30 mai 1887, dans le cabinet Rouvier, il répondit, le 11 juillet, à une interpellation de MM. Tony Révillon, C. Pelletan et G. Laguerre sur « les menées cléricales », en déclarant que « le gouvernement ne tolérerait jamais de manifestations illégales ». En août, il fit annuler une délibération du Conseil municipal de Paris, invitant les 36,000 communes de France à envoyer des délégués à Paris, pour « dresser le bilan du siècle dont le terme approche, donner une forme aux aspirations comprimées par les réactions successives, etc. » ; il fut chargé, le 1er décembre, de l'intérim de la Justice, en remplacement de M. Mazeau, démissionnaire.

Au lendemain de l'avènement de Sadi Carnot à la présidence de la République, M. Fallières reçut la mission de former un cabinet ; mais ses tentatives n'ayant pas abouti, il accepta le portefeuille de la Justice dans le cabinet Tirard (12 décembre 1887 au 22 avril 1888) ; il reprit ensuite, dans le second cabinet Tirard, celui de l'Instruction publique et des Cultes (22 février 1889).

Réélu député de Nérac, le 22 septembre suivant, par 8,967 voix contre 6,484 à M. Cornelis de Witt, conservateur, M. Fallières demeura ministre de l'Instruction publique jusqu'au 17 mars 1890, date à laquelle M. de Freycinet devint président du Conseil. Il fut alors de nouveau choisi comme ministre de la Justice et conserva le pouvoir jusqu'à l'arrivée du cabinet Loubet (27 février 1892).

Dans l'intervalle, il avait été élu, le 8 juin 1890, sénateur de Lot-et-Garonne, par 417 voix, contre 23 à M. Besse, en remplacement de M. Laporte, décédé.

Le 4 janvier 1897 son mandat fut renouvelé par 374 voix.

Au Sénat, M. Fallières se tenait en dehors des luttes actives des partis, quoique membre du comité de direction de la Gauche républicaine du Luxembourg. Il a été élu président de la Chambre Haute, le 8 mars 1899, par 151 voix, contre 86 à M. Constans, au 2e tour de scrutin, et en remplacement de M. Emile Loubet, appelé à la présidence de la République.

CASATI de CASATIS
(Charles - Claude - Marie)

ARCHÉOLOGUE et jurisconsulte, né le 16 janvier 1833 à Lyon. Il descend d'une très ancienne famille d'origine italienne, devenue depuis longtemps française. A l'âge de 21 ans, il était docteur en droit de la Faculté de Paris, lauréat de la Faculté et archiviste paléographe diplômé de l'Ecole des Chartes.

M. Casati était inscrit au barreau de Paris quand éclata la guerre de l'indépendance italienne. Il alla faire la campagne en Italie et fut décoré pour sa conduite de l'ordre des Saints Maurice et Lazare et plus tard de la Couronne d'Italie.

Après la chute de l'Empire, M. Casati entra dans la magistrature et fut successivement juge au tribunal de Lille (4 novembre 1870 à 1879), conseiller à la Cour de Douai, à la Cour d'Orléans, et à la Cour de Paris (23 décembre 1883). Le 4 janvier 1893, nommé conseiller honoraire, il fut admis à faire valoir ses droits à la retraite. Il a été longtemps conseiller municipal de la ville de Lille.

En outre de ses thèses : *Principes généraux des Lois* et *Histoire du Pouvoir Législatif en France* (1854), M. Casati a publié des brochures politiques, des travaux d'érudition, des ouvrages de droit, etc. Citons : *Projet de loi sur la propriété littéraire et artistique* (1860) ; le *Recueil de la question d'Orient*

(Dentu 1860 ; M. Casati était alors, avec François Lenormand, secrétaire du comité d'Orient, dont le président était Saint-Marc-Girardin) ; *Rome ou Florence, quelle doit être la capitale de l'Italie ?* (1861) ; *La Monarchie scandinave à propos de la Question danoise* (1865) ; *Venise et les traités de 1866* (1866) ; *Richard li Biaus* (1868) ; *Notes sur les faïences de Talavera de Regna* (1874) ; *Notice sur le Musée du château de Rosenberg en Danemarck* (1875) ; *Observations politiques sur l'application des différents articles du Code pénal en matière correctionnelle* (1875) ; *Lettres royaux et lettres missives inédites de Louis XI, Louis XII, François Ier etc..., relatives aux affaires de France et d'Italie* (1877) ; *La Gens, origine étrusque de la gens romaine* (1877) ; *Origines étrusques du droit romain* (1883-1884, série d'études lues à l'Académie des Inscriptions) ; *Code pénal, commenté par la jurisprudence la plus récente* (1890) ; *Jus Antiquum, origines du droit* (1894, gros vol. in-8°, Marchal et Billard) ; *Eléments du droit étrusque* (1895) ; *Le général Bernadotte, ministre de la guerre du Directoire* (1898) ; *Etude sur la 1re époque de l'an français* (1899, in-8°, avec planches, A. Leroux, éd.).

M. Casati a écrit en outre un grand nombre d'articles dans la *Bibliothèque de l'Ecole des Chartes*, où il a publié des fragments d'une traduction française en vers, du Dante, presque contemporaine qu'il avait découverte à la bibliothèque de l'Université à Turin; dans la *Revue des Questions historiques*, dans la *Gazette archéologique*, dans la *Revue pratique de droit*, dans la *Revue de Numismatique*, etc. La plupart des nombreuses lectures qu'il a faites à l'Académie des Inscriptions ont été insérées dans le bulletin périodique de cette Académie, notamment ses études sur la *Civilisation étrusque* et sur la *Numismatique d'Etrurie*.

Domicilié dans le Loiret, au château de la Javelière, M Casati de Casatis est conseiller municipal de sa commune et s'occupe avec succès d'agriculture ; il a remporté de nombreuses médailles aux concours agricoles de sa région et a été nommé chevalier du Mérite Agricole. Il est membre de plusieurs académies, des sociétés des Sciences de Lille, d'Orléans, de Douai, de l'Académie Colombaria de Florence, membre d'honneur des académies de Perugia et d'Orvieto, correspondant des Antiquitaires de France etc. ; en 1897, il fut délégué par le gouvernement français au congrès de la Fédération archéologique de Belgique, dont il fut nommé président d'honneur.

Chevalier de la Légion d'honneur, officier d'Académie, commandeur de la Couronne d'Italie et de l'ordre de Wasa de Suède, officier de l'ordre royal du Sauveur, chevalier des Saints Maurice et Lazare, etc., M. Casati est aussi décoré des médailles de l'Indépendance et de l'Unité d'Italie, de la médaille d'Italie, de la médaille d'or *Litteris et Artibus* de Suède, etc.

FAYE
(Hervé-Auguste-Etienne-Albans)

ASTRONOME, membre de l'Institut, ancien ministre, né le 5 octobre 1814, à Saint-Benoît-du-Sault (Indre). Fils d'un ingénieur des Ponts et Chaussées, il montra, dès ses premières études, les plus heureuses dispositions pour les mathématiques et fut reçu élève à l'Ecole Polytechnique en 1832. Sorti volontairement de cette école sans avoir accompli les deux années réglementaires, M. Hervé Faye se rendit en Hollande, où il fut attaché, comme ingénieur, à de grandes entreprises industrielles.

Distingué par Arago, il entra, sur la recommandation de ce savant, à l'Observatoire de Paris, et, le 22 novembre 1843, découvrit une nouvelle comète, dont il calcula les éléments et qui prit son nom. Cette découverte valut à son auteur le prix Lalande, de l'Institut.

Parmi les nombreux travaux scientifiques publiés par M. Hervé Faye, il faut citer son célèbre mémoire : *Sur le parallaxe d'une étoile anonyme de la Grande Ourse* (1846); ceux non moins connus : *Sur un nouveau collimateur zénithal et sur une limite zénithale nouvelle* (1847) et *Sur l'anneau de Saturne* (1847), qui furent tous les deux présentés à l'Académie des Sciences. Il en fit paraître ensuite : Sur les *Déclinaisons absolues* (1850), sur une *Méthode de détermination en mer de l'heure et de la longitude* (1864), sur les *Cyclones solaires* (1873). Il a aussi publié : *Leçons de Cosmographie* (3 éd. 1874) ; *Cours d'astronomie nautique* (1880) ; *Cours d'astronomie de l'Ecole Polytechnique*, en deux parties (1881-1883) ; *Sur l'origine du monde* (1884, 2e éd. 1885, 3e 1896), etc. Il a traduit, avec M. C. Galusky, le *Cosmos*, d'Alex. de Humboldt (1846-1853, 4 volumes) et a donné la *Théorie des trombes et des cyclones*.

Elu membre titulaire de l'Académie des Sciences, le 18 janvier 1847, en remplacement du baron Damoiseau ; membre du Bureau des Longitudes, M. Hervé Faye fut, après 1848, jusque-là, chargé du cours de géodésie à l'Ecole Polytechnique ; puis, en 1854, nommé recteur de l'Académie de Nancy, où il occupa, en même temps, la chaire d'astronomie à la Faculté des Sciences. Devenu inspecteur général de l'enseignement secondaire pour les sciences, ce savant fut appelé à remplacer, en 1873, M. Delaunay, comme professeur d'astronomie et de géodésie à l'Ecole Polytechnique.

M. Hervé Faye, jusque-là étranger à la politique, se présenta, après le 16 mai 1877, comme candidat officiel dans le XVI° arrondissement de Paris, contre M. Marmottan, l'un des 363. Ce dernier fut élu, le 14 octobre, par 4,269 voix contre 2,808, données à son concurrent. Choisi, le 23 novembre suivant, par le maréchal de Mac-Mahon, pour remplacer M. Brunet au ministère de l'Instruction publique, M. Faye conserva ce portefeuille jusqu'au 14 décembre.

Après la mort de Leverrier, le nom de M. Faye fut prononcé pour la direction de l'Observatoire de Paris ; il fut alors (1877) nommé inspecteur général de l'Enseignement supérieur, poste qu'il occupa jusqu'à sa suppression, par mesure budgétaire, en mars 1888.

Président de la Société géodésique internationale, membre honoraire de la Société astronomique de l'Observatoire de Russie et membre d'un grand nombre de sociétés savantes françaises et étrangères, M. Hervé Faye est grand dignitaire de divers ordres ; chevalier de la Légion d'honneur en 1843, il a été successivement promu officier le 29 décembre 1855, commandeur le 9 août 1870, grand officier le 29 octobre 1889 et grand croix le 18 février 1897.

Le MYRE de VILERS (Charles-Marie)

DIPLOMATE, marin, administrateur, député, né à Vendôme (Loir-et-Cher) le 17 février 1833. Entré à l'Ecole Navale en 1849, il devint successivement aspirant en 1851, enseigne en 1855, et quitta la marine en 1861. Deux ans après, il entra dans l'administration, comme sous-préfet de Joigny (1863) ; sous-préfet de Bergerac en 1867, il fut nommé préfet d'Alger le 11 novembre 1869.

Lors des hostilités franco-allemandes, M. Le Myre de Vilers demanda à rentrer dans la marine et servit, avec le grade de lieutenant de vaisseau, comme officier d'ordonnance de l'amiral commandant en chef les marins pendant le siège de Paris ; il fut licencié le 16 février 1871.

Nommé préfet de la Haute-Vienne le 26 mai 1873, il fut appelé, en 1877, à la direction des affaires civiles et financières de l'Algérie avec le titre de conseiller d'État et devint, en 1879, le premier gouverneur civil de la Cochinchine. A la suite d'un désaccord avec le département de la Marine, M. Le Myre de Vilers fut rappelé par l'amiral Jauréguiberry et mis, sur sa demande, à la retraite, en 1883. Le 9 mars 1886, M. de Freycinet, président du Conseil des ministres, lui confia le poste de résident général à Madagascar, où la France voulait établir son protectorat ; il sut, par son énergie et son habileté, comprimer les manœuvres hostiles à notre protectorat, durant tout son séjour dans l'île.

Envoyé, en juillet 1893, à la cour de Bang Kok, en qualité de ministre plénipotentiaire, il signa, le 3 octobre de la même année, un traité avec le gouvernement du Siam. Un an plus tard, il dut retourner à Madagascar, envoyé par le ministère Ch. Dupuy, à la suite d'un vote de la Chambre, pour tenter de ramener le gouvernement hova au respect des traités consentis avec notre pays, qui, depuis plusieurs années étaient plus ou moins ouvertement violés. Parti le 13 septembre 1894, M. Le Myre de Vilers arriva à Tananarive le mois suivant ; mais à ses démarches, conciliatrices et fermes à la fois, la reine Ranavalo III répondit par une contre-proposition qui ne tendait à rien moins qu'à la suppression de notre protectorat effectif. Notre envoyé revint alors à Tamatave, non sans danger et après avoir fait évacuer les Français de l'intérieur de Madagascar et les avoir ramenés sains et saufs à la côte. Cette mission fut suivie de la campagne de guerre qui se termina par la conquête de l'île et la déposition de Ranavalo. A la suite des services rendus, M. Le Myre de Vilers fut nommé ambassadeur honoraire.

Aux élections générales de 1889, M. Le Myre de Vilers avait été élu député de la Cochinchine, par 487 voix, contre 426 à M. Ternisien ; il fut réélu dans la même circonscription, en 1893, par 806 voix, sans concurrent, au 1er tour de scrutin, et en 1898 par 936 voix, contre 162 à M. Henrion.

M Le Myre de Vilers fait, à la Chambre, partie du groupe progressiste. Il a été plusieurs fois membre de la commission du Budget, dont il est vice-président, et de celles des Colonies et de la Marine.

Il a pris à maintes reprises la parole dans les questions douanières, coloniales et d'affaires étrangères ; il a été, en outre, rapporteur du projet de loi, aujour-

...ui adopté, sur les cadres de la flotte et les mécaniciens.

Publiciste, M. Le Myre de Vilers a traité des questions coloniales et de politique étrangère à la *Revue de Paris*, à la *Nouvelle Revue*, etc.

Président de la Commission centrale de la Société de Géographie, président de la Société Nationale d'Acclimatation, vice-président de la Société des études coloniales et de l'Alliance française, membre de diverses autres sociétés d'assistance et de mutualité, l'honorable député de la Cochinchine est grand officier de la Légion d'honneur depuis 1888.

MARTIN (Jean-François-Félix)

SÉNATEUR, né au Creusot (Saône-et-Loire) le 18 juillet 1840. Reçu docteur en médecine par la Faculté de Lyon, il exerçait sa profession dans sa ville natale quand un congrès républicain le désigna pour succéder à M. Reyneau, député de la 2ᵉ circonscription d'Autun, qui venait de décéder. Élu député le 8 juin 1884, par 4,674 voix sur 5,123 votants, M. Félix Martin siégea à la gauche radicale et il fut nommé secrétaire dès la même année. Le ... octobre 1885, lors du renouvellement général au scrutin pluriel, porté sur la liste d'union républicaine de Saône-et-Loire, il arriva en tête, avec 33,634 voix, ... 135,611 votants et se désista au 2ᵉ tour de scrutin en tous ses amis, en faveur de la liste radicale, qui ... obtenu de 44 à 50 mille voix.

... la mort du général Guillemaut, sénateur, le congrès républicain de Mâcon choisit M. Félix Martin comme candidat d'union républicaine, et il fut élu, ... jour, par 888 voix sur 1,250 votants ; il a été réélu ... 891, au 1ᵉʳ tour, par 972 voix sur 1,532 votants.

... Félix Martin n'est inscrit à aucun groupe du ... ; il vote tantôt avec la Gauche démocratique et ... avec l'Union républicaine et s'occupe peu de ... que pure, se réservant pour les questions ... res et économiques. Il a déposé notamment une ... osition de loi pour la création d'une caisse de ... ite pour les ouvriers de l'industrie, qui fut retirée à l'ordre du jour du Sénat quand M. Maruejouls ... a un projet plus général à la Chambre ; il a ... part à l'élaboration et à la discussion des lois sur ... bitations ouvrières, sur les sociétés coopératives, ... cidents, la conciliation et l'arbitrage, sur les prud'... nes, le travail des enfants et des femmes, les ... s de retraites des ouvriers mineurs, les délégués ... rs, sur les sociétés de secours-mutuels, l'hygiène ...

et la sécurité des ateliers, l'exercice de la médecine et de la pharmacie, etc., etc. Il a aussi déposé une proposition tendant à modifier les articles 300 et 302 du code pénal, relatifs à l'infanticide, dont il a été nommé rapporteur et qui figure actuellement à l'ordre du jour du Sénat.

En outre de sa thèse de doctorat : *Les Cimetières et la Crémation* (1881), M. Félix Martin a publié, notamment : la *Science du Bonheur* (1892) ; *Origines ou scènes primitives* (1895). On annonce encore de lui : la *Morale Républicaine*, dont une revue de Saône-et-Loire, la *Bresse louhannaise*, a déjà fait connaître plusieurs chapitres intéressants.

Il a été l'un des fondateurs et le rédacteur en chef de la *Revue d'Économie sociale*, aujourd'hui disparue ; il a aussi collaboré au *Corsaire* de l'Empire, au *Progrès de Saône-et-Loire*, au *Morvan* et à d'autres organes de province.

CARNOT (Adolphe)

INSPECTEUR général des Mines, membre de l'Institut, né à Paris le 27 janvier 1839. Petit-fils de Lazare Carnot, « l'organisateur de la victoire » (1753-1823) ; fils d'Hippolyte Carnot, sénateur, ministre de l'Instruction publique de 1848 (1801-1888) ; neveu de Sadi Carnot, qui créa la science de la thermodynamique (1796-1832) et frère cadet de François-Sadi Carnot, qui fut le 4ᵉ président de la République (1837-1894), il fit avec ce dernier ses études classiques au lycée Bonaparte (depuis Condorcet) et entra à l'École Polytechnique en 1858. Il en sortit en 1860, avec le numéro 5, pour passer à l'École des Mines, tandis que son frère entrait à l'École des Ponts et Chaussées.

Classé deuxième et nommé, en 1864, ingénieur des Mines à Limoges, pour les départements de la Haute-Vienne, de la Corrèze, de la Creuse et de l'Indre, M. Adolphe Carnot prépara la carte géologique et agronomique de ce dernier département ; il découvrit dans la Corrèze un gisement de bismuth, étain et tungstène (à Meymac) et s'occupa activement de l'étude de voies ferrées destinées à relier Angoulême, Limoges, Bourganeuf, Aubusson et Clermont-Ferrand.

Appelé à l'École des Mines de Paris en 1869, sur la demande de son ancien professeur, l'ingénieur E. Rivot, il y fut d'abord chargé du cours de chimie générale et ensuite du cours de chimie analytique, qu'il conserve depuis l'année 1877, ainsi que la direction des laboratoires et du bureau d'essai. Il fut nommé inspecteur de l'Ecole en 1883 et inspecteur général des Mines à la fin de l'année 1894.

Engagé volontaire lors de la guerre franco-allemande, M. Carnot avait été spécialement chargé de l'étude des moyens de défense par le ministre des Travaux publics, Dorian. Il fut, de 1870 à 1872, maître des requêtes à la Commission provisoire chargée de remplacer le Conseil d'Etat ; puis il revint ensuite à la science.

Dès la création de l'Institut national agronomique (1876), il y fut attaché comme professeur : il y enseigna la minéralogie et la géologie dans leurs rapports avec l'agriculture.

M. Adolphe Carnot a été élu membre de l'Académie des Sciences en 1895, en remplacement de Ferdinand de Lesseps.

Les travaux scientifiques dûs à cet éminent ingénieur sont nombreux et importants. Ils ont été publiés dans les *Annales des Mines*, le *Bulletin de la Société Chimique* et celui de la *Société de Minéralogie*, les *Comptes rendus de l'Académie des Sciences* et d'autres organes spéciaux. Nous citerons ses mémoires : *Sur le traitement métallurgique des minerais de Freiberg* (1864) ; *Sur de nouvelles méthodes de dosage de la potasse* (1877) ; *Sur le dosage du phosphore dans les houilles, les terres végétales, les aciers* (1884); *De la lithine dans les eaux minérales* (1888) ; *Du cobalt, du vanadium, de l'antimoine, du fluor ; Sur la composition et la teneur en fluor des os fossiles des différents âges géologiques* (1893) ; *Sur les eaux minérales françaises* (1894) ; *Sur l'origine et la composition des phosphates de chaux naturels avec considérations sur leur mode de formation* (1895) ; *Sur l'analyse des fontes, des fers et des aciers* (1 vol. 1895) ; *Sur de nouvelles méthodes d'analyse minérale* (1898), etc. Il a, en outre, fait paraître le premier volume d'un *Traité d'analyse des substances minérales* (1898), qui doit être suivi de deux autres, complétant ce grand ouvrage.

M. A. Carnot a fait partie des diverses commissions d'assainissement de Paris ; il a eu notamment à s'occuper de la question des eaux de sources à dériver pour la capitale et a écrit des rapports sur l'emplacement à choisir pour les cimetières périphériques (1882) et sur les terrains propres à l'épandage ou à l'utilisation agricole des eaux d'égoût (1885).

Membre de la Société nationale d'Agriculture depuis 1883, il y fit, en 1892, un exposé général des principes à suivre pour l'exécution des cartes agronomiques communales et, depuis, différents rapports sur ces cartes, qui, toutes, en France, ont été dirigées suivant ces principes.

Il a été président de la Société de minéralogie, vice-président de la Société chimique, trois fois président de la Société pour l'Instruction élémentaire, fondée en 1815 par son illustre grand-père ; il est président de la Société d'encouragement pour l'Industrie nationale.

Son frère, Sadi Carnot, ayant été successivement député, ministre et président de la République, M. Adolphe Carnot, durant tout ce temps, ne voulut accepter aucune fonction, ni aucune candidature politique. En août 1898 seulement, quatre ans après la mort de son frère, il se laissa porter candidat au Conseil général dans la Charente et fut élu, par le canton de Chabanais, à la presque unanimité des suffrages.

M. Adolphe Carnot est officier de la Légion d'honneur depuis 1891, officier de l'Instruction publique et décoré de divers ordres étrangers (Belgique, Italie, Roumanie, Russie, Turquie, etc.)

Il a quatre enfants, deux filles et deux fils, dont l'aîné, le docteur PAUL CARNOT, ancien interne des hôpitaux s'est de bonne heure fait remarquer par ses travaux scientifiques.

DESCHAMPS (Léon)

MÉDECIN, né à Clermont-Ferrand (Puy-de-Dôme) le 15 février 1858. Il fit ses études classiques dans sa ville natale et y commença la médecine. Externe, puis interne de l'Hôtel-Dieu de Clermont-Ferrand, il obtint le prix Fleury et plusieurs médailles de l'Assistance publique durant ce temps ; puis il vint à Paris, où, après avoir suivi les cours des principaux professeurs des hôpitaux, il devint externe des hôpitaux et interne de l'hôpital Rothschild.

Reçu docteur en médecine, en 1883, avec une thèse sur les *Complications pulmonaires de l'érysipèle*, il ne tarda point à se consacrer à la création d'une méthode nouvelle d'investigation médicale, connue aujourd'hui sous le nom de méthode « urothérapique. »

Partant de ce principe que l'examen bactériologique de l'urine permet de retrouver l'origine de toutes les maladies anciennes et nouvelles, M. le Dr Léon Deschamps en poursuivit l'application. Puis, restreignant momentanément ses recherches aux maladies des voies urinaires, il suivit dans ce sens les travaux du professeur Guyon et s'efforça de supprimer les explorations instrumentales en usage, notamment pour la cure des affections de la vessie. A cet effet, le D' Deschamps a imaginé, le premier, un ingénieux appareil pour le lavage de la vessie sans sonde, appareil double, destiné aux affections contagieuses ou non et qui est très prisé, en raison des excellents résultats qu'il a donnés. Il a en outre installé un laboratoire spécial d'analyse, pour recueillir des indications lui permettant de combattre la néphrite, l'albuminurie, les coliques néphrétiques, le diabète et en général les affections du foie, des reins et des voies urinaires.

M. le D' Léon Deschamps a collaboré à divers organes scientifiques parisiens ; il est en outre correspondant de journaux du Puy-de-Dôme. Il a été l'un des fondateurs et le secrétaire de la *Soupe aux Choux*, société amicale de Paris, qui compte dans son sein la plupart des personnalités politiques, artistiques et scientifiques originaires de l'Auvergne.

Le D' Léon Deschamps est inspecteur médical des Ecoles de la Ville de Paris depuis 1884. Il a été nommé officier de l'Instruction publique en 1891.

TOFANI (Oswaldo)

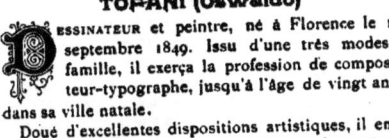

ESSINATEUR et peintre, né à Florence le 18 septembre 1849. Issu d'une très modeste famille, il exerça la profession de compositeur-typographe, jusqu'à l'âge de vingt ans, dans sa ville natale.

Doué d'excellentes dispositions artistiques, il employait ses moments de loisir à l'étude des maîtres anciens et apprit ainsi, tout seul, le dessin et la peinture. Devenu rapidement habile dessinateur, M. Tofani illustra d'abord des ouvrages de lecture pour les éditeurs Sonzogno, Trèves, Carrera, et signa de nombreux dessins à l'*Esprit Follet*, ainsi qu'à *l'Illustration Italienne* de Milan (1874).

A cette même époque, il envoyait, en qualité de correspondant, des croquis à l'*Illustration de Paris*. Remarqué par M. Marc, directeur de cette publication, M. O. Tofani fut appelé par celui-ci à Paris en 1875. Depuis lors, il a consacré la majeure partie de ses œuvres à ce journal illustré ; mais il a donné aussi des dessins à plusieurs autres revues et journaux, notamment au *Paris*, puis au *Figaro illustré*, à la *Revue illustrée*, au *Supplément du Petit Journal*, au *Monde illustré* et à divers ouvrages publiés par Hachette, Mame, Didot, etc.

Celles de ses compositions destinées aux enfants, dans la *Jeunesse* et *Mon Journal* (Hachette éditeur), ou accompagnant les récits des épisodes dramatiques des *Mystères de Paris*, d'Eugène Sue (Rouff éditeur), ou l'*Histoire de Duguesclin* et celle de *Bayard* (Garnier éditeur), sont fort appréciées.

LODS (Paul-Armand)

ISTORIEN, jurisconsulte et publiciste, né à Héricourt (Haute-Saône) le 17 septembre 1854. Il fit ses études classiques à Vesoul et suivit, à Dijon, les cours de la Faculté de Droit, dont il fut plusieurs fois lauréat. Reçu licencié (1876), puis docteur (1878), M. Armand Lods s'inscrivit, comme avocat, au barreau de Lure et vint, en 1879, à Paris, où il s'est exclusivement consacré à l'étude des questions d'histoire et de droit ecclésiastique protestant.

M. A. Lods a publié des travaux nombreux et très documentés ; en voici les titres : *Des causes de rescision de l'acceptation des successions* (1879) ; *De la vente à réméré* (1879) ; *Des rapports des fabriques et des conseils presbytéraux avec les communes*, d'après la loi du 5 avril 1884 (1885) ; *Des dons et legs en faveur des conseils presbytéraux et des consistoires* (1885) ; *De la consécration au ministère évangélique* (1885) ; *Etudes sur l'organisation de l'Eglise de la Confession d'Augsbourg* (1884) et sur *l'Eglise Réformée* (1886) ; *Les partisans et les adversaires de l'Edit de Tolérance, 1750-1789* (1887) ; *La législation des cultes protestants*, avec une préface de E. de Pressensé, sénateur (1887) ; *Un conventionnel en mission, Bernard de Saintes et la réunion de la principauté de Montbéliard à la France*, d'après des documents originaux et inédits, avec un portrait de Bernard par Louis David (1888) ; *Du droit électoral dans les Eglises protestantes*, étude suivie des circulaires ministérielles relatives aux élections (1889) ; *L'Eglise Réformée de Paris, de la Révocation à la Révolution (1685-1789)* (1889) ; *L'Eglise Réformée de Paris pendant la Révolution (1789-1802)* (1889) ; *Les Eglises protestantes de l'ancienne principauté de Montbéliard pendant la Révolution et le pasteur Kilg (1789-1801)* (1890) ; *L'Eglise luthérienne de Paris et le pasteur Gambs* (1892) ; *Annuaire du protestantisme français*, en collaboration avec M. E. Davaine (1892-1894) ; *Etude critique sur la comptabilité des Conseils presbytéraux* (1893) ; *Essai sur la vie de Rabaut de Saint-Etienne, pasteur de Nîmes* (1893) ; *Le pasteur Rabaut-Pomier, membre de la Convention nationale (1744-1820)* (1893) ; *Traité de l'administration des cultes protestants*, avec une préface de M. Flach, professeur au Collège de France (1896, mention très honorable de l'Académie des Sciences morales et politiques en 1897); *Les Eglises luthériennes d'Alsace et du pays de Montbéliard pendant la Révolution* (1898); la *Correspondance de Rabaut de St-Etienne* (1899). En collaboration avec le poète Véga, il a publié, en 1887, une biographie du caricaturiste *André Gill*.

M. Lods a fait des conférences très remarquées sur l'*Histoire du protestantisme*; il donne, depuis 1896, un cours libre de Droit civil ecclésiastique protestant à la Faculté de Théologie protestante de Paris.

Rédacteur aux principaux journaux et revues protestantes, il a collaboré aussi au *Journal des Débats*, au *Temps*, au *Figaro*, au *Répertoire de Jurisprudence* de Dalloz, à la *Grande Encyclopédie* et à la *Revue de la Révolution française*. Il dirige, depuis 1897, la *Revue de Droit et de Jurisprudence des Eglises protestantes*.

Membre du Consistoire luthérien de Paris, de la commission exécutive du Synode général de l'Eglise de la Confession d'Augsbourg, du Comité de la Société de l'Histoire du Protestantisme français, M. Armand Lods fait aussi partie de la Société de l'Histoire de la Révolution française.

CARRÉ (Michel)

Auteur dramatique, né à Paris le 7 février 1865. Fils du librettiste de ce nom (1819-1872) M. Michel Carré, ses études classiques faites aux lycées Michelet de Vanves et Louis le Grand de Paris, suivit d'abord la première vocation de son père qui, dans sa jeunesse, élève de Delacroix, avait fait de la peinture ; il entra à l'École des Beaux-Arts ; mais, abandonnant bientôt cette voie, il débuta dans les lettres par des chansons et des petites pièces dites et jouées aux cafés-concerts. De ces dernières productions, on cite : *Un pari*, 1 acte (Pépinière 1886) ; *Germain Chevié*, 1 acte, avec M. Rémond (Pépinière 1886) ; *Numéro 70,066*, 1 acte (Pépinière même année) ; *Par dévouement*, 1 acte (Pépinière 1887) ; *Arlequin opère lui-même*, 1 acte (Pépinière 1888), etc.

Entre temps, M. Michel Carré s'était exercé dans d'autres genres. Fondateur et président du Cercle Funambulesque, il fut le rénovateur de ce genre, tombé pendant longtemps en désuétude. Il s'est produit aussi, non sans succès, dans la poésie lyrique. Il faut citer parmi ses œuvres théâtrales : *Adèle de Ponthieu*, opéra comique en 3 actes, musique de Wormser (Aix-les-Bains 1887) ; *Friquette et Blaisot*, opéra comique en 1 acte, musique de Millet (Cabourg 1888 et Bouffes-Parisiens 1890) ; *Hilda*, opéra comique en 1 acte (Opéra Comique 1890) ; l'*Enfant prodigue*, pantomime en 3 actes, musique de Wormser (Bouffes-Parisiens 21 juin 1890), précédemment jouée au Cercle Funambulesque et souvent reprise depuis, toujours avec de très vifs succès ; l'*Ami Chopinet*, vaudeville en 1 acte (Bouffes-Parisiens 25 juin 1890) ; le *Petit Savoyard*, pantomime en 4 actes avec Rémond, musique de Gédalge (Nouveautés, 10 mars 1891) ; *La Justice informe*, vaudeville en 1 acte avec Rémond (Nouveautés, 12 mars 1891) ; *Rohnedin*, ballet-pantomime en 3 actes avec Fourcade, musique d'Albert Renaud (Eden-Théâtre, 7 avril 1892) ; l'*École des Vierges*, pantomime en 1 acte avec Colias et Michel (Bodinière, 21 avril 1892, Bouffes-Parisiens 1895) ; *Péché d'Amour*, 1 acte avec Loiseau (Théâtre-Libre, 27 juin 1892) ; *Bouton d'Or*, fantaisie lyrique en 4 actes, musique de Pierné (Nouveau-Théâtre, 3 janvier 1893) ; l'*Hôte*, pantomime en 3 actes avec Hugounet, musique de Missa (Nouveau-Théâtre, 23 mai 1892) ; *Nos bons chasseurs*, vaudeville en 3 actes avec P. Bilhaud, musique de Lecocq (Nouveau-Théâtre, 10 avril 1894) ; *Dinah*, comédie lyrique en 4 actes avec de Choudens, musique de Missa (Comédie Parisienne, 28 juin 1894) ; le *Dragon vert*, pièce lyrique en 3 actes, musique de Wormser (Nouveau-Théâtre, 21 février 1895) ; le *Rêve du tambour*, pantomime en 1 acte, musique de Wormser (Bodinière, 29 mars 1895) ; *Mademoiselle Pygmalion*, pantomime en 3 actes, musique de Thomé (Renaissance, 14 mai 1895) ; *Pris au piège*, opéra comique en 1 acte, musique de Gédalge (Opéra Comique, juin 1895) ; le *Dernier des Marigny*, à-propos-revue en 4 actes avec Colias, musique de Missa (Folies-Marigny, 22 janvier 1896) ; les *Yeux clos*, pièce en vers, en 1 acte, musique de Malherbe (Odéon, 1er décembre 1896) ; *Numance*, drame lyrique en 4 actes, en vers, musique de Van der Eden (Anvers, 11 mai 1898), etc.

On doit ajouter à l'œuvre de cet auteur les pièces suivantes annoncées : *Monsieur Léda*, opérette destinée aux Variétés ; *Conte de Pâques*, avec Maurice Lefebvre, 5 actes, pour Mme Sarah Bernhardt ; la *Grenouille*, drame en 5 actes et 7 tableaux pour le Théâtre de l'Ambigu ; le *Chevrier*, opéra-comique en 3 actes, musique de Ch. Lecocq ; *Don Japhet*, en 3 actes, musique du même ; une adaptation en vers du *Trilbis*, de Ch. Nodier, avec Maurice Lefebvre, etc.

DRANER (Jules RENARD, dit)

DESSINATEUR, né à Liège (Belgique) le 11 novembre 1833. Il vint en France de bonne heure, comme employé à la Société des Zincs de la Vieille-Montagne, dont il devint plus tard le fondé de pouvoirs.

Sans avoir jamais appris le dessin, M. Draner commença par produire en amateur des caricatures qui décidèrent de sa vocation.

Doué, en effet, des qualités maîtresses qui plaisent au public : facilité de crayon, rapport heureux du mot qui frappe avec le mot qui personnifie l'idée caustique, cet artiste conquit de suite la notoriété, avec les *Types militaires de toutes les nations*, série de 136 planches in-folio, lithographiées et coloriées (1863), devenue aujourd'hui presque introuvable.

En 1866, il donna des dessins dans le *Charivari*. A la mort de Cham, en 1879, il fit, dans ce même journal satirique, alternativement avec M. Henriot, les *Revues de quinzaine*, sous le pseudonyme de « Paf ! »

M. Draner publia les *Types dramatiques et carnavalesques*, formant une série de 50 planches coloriées (1865), puis les *Types de l'Exposition Universelle*, compositions pleines d'humour, qui firent la joie des parisiens de 1867.

Pendant le siège, ce maître caricaturiste réussit à désennuyer ses contemporains avec : *Paris assiégé*, les *Soldats de la République* et *Souvenirs du siège de Paris*. Un nouvel album, intitulé la *Guerre à la Prussienne*, était prêt lorsque la paix fut signée. La censure en interdit alors la publication. Il n'existe de ce recueil que deux exemplaires.

M. Draner a collaboré avec succès à l'*Éclipse*, au *Monde Comique*, au *Paris-Comique*, à l'*Illustration*, au *Monde Illustré*, au *Saint-Nicolas*, au *Journal Amusant*, au *Petit Journal pour rire*, où il a succédé à Grévin et à Gautier, à l'*Univers Illustré*, au *Petit Bleu*, etc.

En dehors des actualités qui sont la note dominante de son talent, il a illustré de nombreux ouvrages d'auteurs gais, tels que : la *Nouvelle vie militaire* d'Adrien Huart ; la série des exploits du légendaire *Colonel Ramollot*, par Charles Leroy ; les *Contes* d'Armand Silvestre, les volumes de Pierre Véron et autres ; nombre d'almanachs, entre autres celui des *Parisiennes*, où il a succédé à Grévin, qui l'avait créé.

M. Draner est, en outre, dessinateur de costumes de théâtre. C'est lui qui a créé presque tous les costumes des pièces d'Offenbach, Hervé et Lecoq, notamment pour la *Grande Duchesse*, la *Vie parisienne*, les *Brigands*, la *Périchole*, le *Petit Faust*, etc. Son talent dans ce genre a également été mis à contribution pour les féeries du Châtelet, de la Gaîté, de la Porte Saint-Martin, etc., et deux grands ballets joués à l'ouverture de l'Eden Théâtre (*Excelsior* et *Siéba*).

Les librairies Conquet, Rondeau et Belin se sont adressées à lui, pour l'illustration sur les marges, d'éditions de luxe dont les volumes sont cotés très cher.

M. Draner a obtenu une médaille à l'Exposition universelle de 1878 pour ses dessins de costumes de théâtre. Officier de l'instruction publique depuis 1895, il est chevalier de la Légion d'honneur du 15 janvier 1899.

RENAULT-MORLIÈRE (Amédée - Joseph - Romain)

DÉPUTÉ, ancien avocat, né à Ernée (Mayenne) le 11 octobre 1839. Il est le frère cadet du général de division Edouard Renault-Morlière, qui fut directeur de la cavalerie au ministère de la Guerre. Après avoir fait, au lycée Henri IV, de brillantes études classiques, pendant lesquelles il remporta, au Concours général de 1857, le prix d'honneur de rhétorique, il prit ses inscriptions d'étudiant à la Faculté de Droit de Paris et acheta, en juillet 1870, une charge d'avocat au Conseil d'Etat et à la Cour de cassation, qu'il céda en juillet 1894, pour se consacrer entièrement aux travaux parlementaires.

Le 12 juin 1870, M. Renault-Morlière avait été élu, comme candidat républicain, conseiller général de la Mayenne pour le canton d'Ernée ; mais il ne put remplir son mandat qu'après la guerre Franco-Allemande, pendant laquelle il prit part aux hostilités comme volontaire du 17e bataillon de mobilisés de Paris. Dès 1871, il participa activement aux discussions du Conseil général de la Mayenne, notamment en ce qui concerne l'instruction gratuite et obligatoire. Il a été, durant plusieurs années, secrétaire, puis vice-président de cette assemblée, et a toujours été réélu dans son canton.

Aux élections du 20 février 1896, candidat républicain dans la 1re circonscription de l'arrondissement de Mayenne, il fut élu député, au 2me tour de scrutin, le 5 mars, par 9,880 voix, contre 3,731 obtenues par M. Raulin, clérical et monarchiste (au 1er tour il avait eu 5,587 suffrages). A la Chambre, il siégea au centre gauche et vota constamment avec la majorité républicaine ; il soutint l'instruction gratuite et obligatoire.

Au 16 mai 1877, M. Renault-Morlière signa la protestation des gauches contre le message du président et fut l'un des 363 députés qui refusèrent leur confiance au ministère de Broglie-Fourtou (19 juin).

Après la dissolution, il se représenta aux élections du 14 octobre et, malgré une vive pression officielle, triompha, avec 9,617 voix, du candidat monarchiste, M. Bouiller de la Branche, soutenu par le gouvernement, qui en obtint 6,267. Il fut réélu, le 21 août 1881, par 5,936 suffrages, contre 3,286 accordés à M. Gaudais, également républicain. Il continua de voter avec la majorité républicaine de la Chambre des députés et soutint la politique coloniale du Gouvernement.

Porté, aux élections générales du 4 octobre 1885, sur la liste républicaine du département de la Mayenne, il échoua avec tous les candidats de cette liste, qui réunit 31,086 voix sur 72,509 votants.

Le 22 septembre 1889, il se représenta dans son ancienne circonscription, contre M. Bigot, député sortant, monarchiste, qui fut nommé par 604 voix de majorité. Mais, en 1893, il redevenait député de la première circonscription de l'arrondissement de Mayenne, obtenant, au premier tour de scrutin 8,175 suffrages, contre 6,356 à son concurrent, M. de Robien, maire de Saint-Germain, conservateur ; il a été réélu, en 1898; par 10,941 voix, sans concurrent.

Dans ces dernières législatures, M. Renault-Morlière a été membre des groupes des républicains du gouvernement et progressiste ; il a fait partie de commissions importantes et notamment de la grande commission des Douanes (1896), qui le désigna comme rapporteur du projet de loi dit « du cadenas », aujourd'hui en vigueur; de la Commission du Budget, qui le chargea du rapport de celui de la Justice (1897), de la Commission des réformes judiciaires, etc.

M. Renault-Morlière fut aussi chargé par la commission compétente du rapport sur la proposition de loi de M. Gerville-Réache portant modification de l'article 444 du Code d'Instruction criminelle (Cour de cassation, procédure de révision) ; il conclut au rejet de cette proposition, ainsi que de celle de M. Rose sur le même sujet et du projet déposé par le ministère Dupuy, dessaisissant la Chambre criminelle des enquêtes en révision, pour en charger toutes les chambres réunies de la Cour de cassation. Ce dernier projet fut voté par la Chambre, malgré l'avis contraire de M. Renault-Morlière, rapporteur de la Commission, puis par le Sénat (1899).

Mme L.-J. de NITTIS
(née Léontine-Lucile GRUVELLE)

ÉCRIVAIN, née à Blois (Loir-et-Cher) le 9 décembre 1844. Mariée, en 1869, au peintre italien Joseph de Nittis, veuve le 21 août 1884, elle fit paraître l'année suivante une traduction de la *Vie militaire*, de di Amicis, qui fut très remarquée.

A partir de cette époque, Mme de Nittis a publié un grand nombre de romans, de nouvelles et de contes, parmi lesquels on doit citer : *Flora Fuchs*, roman qui obtint beaucoup de succès (1886) ; *L'Argent et l'Amour* (1887) ; le *Bel Orlando* (1888); la *Pellizonna*, légende napolitaine (1890) ; le *Polonais*, profils d'anonymes (1892) ; *Checchina la fileuse* (1893) ; *Francis de Chantelle* (1893) ; *Une bonne histoire* (1894) ; les *Erreurs de la vie* (1894) ; le *Crépuscule de Don Juan* (1895) ; *Souvenirs du peintre Joseph de Nittis* (1895), ouvrage qui obtint en 1896 le prix Leclerc, de l'Académie Française ; *Jesu Bambino* (1897), etc.

Cet écrivain a fait paraître, sous le pseudonyme d'Olivier Chantal ou signées de son nom, certaines de ses œuvres dans les revues et journaux parisiens, notamment dans la *Revue Bleue*, la *Nouvelle Revue*, le *Temps*, le *Figaro illustré*, la *Lecture*, le *Petit Moniteur*, la *Cocarde* et la *Revue des Jeunes Filles*.

Mme L.-J. de Nittis a donné encore quelques nouvelles au *Magasin d'Education et de récréation*, de l'éditeur Hetzel.

NITTIS (Jacques de)

MÉDECIN et écrivain, fils de la précédente, né le 19 Juillet 1872, à Resina (Italie) ; mais déclaré français. Il fit de brillantes études classiques à l'Ecole Monge de Paris et suivit les cours de la Faculté de Médecine. Attaché au laboratoire de pathologie générale de 1894 à 1898, il fut, cette dernière année reçu docteur en médecine, avec une thèse sur la *Théorie de l'immunité*.

M. Jacques de Nittis a publié déjà un certain nombre de travaux scientifiques. Citons : la *Sérothérapie du Proteus vulgaris*, mémoire communiqué à la Société de Biologie et à l'Académie des Sciences (1896) ; *Influence du système nerveux sur les effets obtenus par l'injection des sérums d'animaux vaccinés*, avec le Dr Charrin (1896) ; le *Renouveau de la Pathologie cellulaire* (1897) ; *Splénomégalies et lésions hépatiques* (1897) ; *Un Bacillus subtilis pathogène*

(1897); *Bacille pyocianique polychrôme* (1898); *Deux cas de digérescence*; — *Le rôle des cellules dans la sérothérapie* (1899). Ces études ont fait l'objet de communications à des sociétés savantes ou ont été publiés dans la *Revue générale des Sciences* et les *Bulletins de la Société biologique*.

M. le docteur Jacques de Nittis a été chargé d'un cours scientifique à la nouvelle Université libre de Bruxelles, en 1897 ; il est attaché à l'un des laboratoires de l'Institut Pasteur depuis le mois de février 1899.

Il a publié des vers à la *Nouvelle Revue*, au *Mercure de France*, et des nouvelles au *Courrier Français*. A citer parmi ses poésies les plus connues : la *Vénus de Cranach*, *A la Bergère*, les *Hôtes*, la *Mort de Pamphila*. Il a fait représenter : *Les deux Cid*, à-propos en un acte, en vers, joué à la Comédie Française pour l'anniversaire du centenaire de Corneille ; *Au déclin*, pièce en un acte, en vers à l'Odéon.

M. le docteur Jacques de Nittis collabore à la *Revue des Jeunes Filles*, où il donne des articles de vulgarisation scientifique.

Il a été nommé officier d'Académie en 1896.

LEVET (Jean-Georges-Angel)

DÉPUTÉ, né à Montbrison (Loire) le 13 avril 1834. Son père, Nicolas-Henry Levet, occupa une situation importante dans l'administration et fut représentant de la Loire pendant plusieurs années.

M. Georges Levet fit de solides études au lycée Henri IV, entra à l'Ecole polytechnique en 1853, puis à l'Ecole des Mines, en 1855, comme élève libre. Pendant la guerre de 1870, il fut nommé lieutenant-colonel par Gambetta.

Maire de Montbrison depuis 1874, M. Levet fut appelé, en 1878, par les électeurs du canton de ce nom à les représenter au Conseil général ; il n'a cessé depuis lors de faire partie de cette assemblée, dont il a été l'un des vice-présidents.

Il fut porté, dans la 1re circonscription de Montbrison, comme candidat républicain, à la Chambre des députés, lors de l'élection partielle du 6 avril 1879 et élu par 7,551 suffrages, contre 621 à M. Bernard, sur 8,478 votants, en remplacement de M. Chavassieu, nommé sénateur. Il prit place dans le groupe de l'Union républicaine et appuya le gouvernement de ses votes.

Réélu, le 22 août 1881, par 7,469 voix, contre 4,415 à M. du Chevalard, monarchiste, il siégea de nouveau dans la majorité et soutint les ministères Gambetta et Jules Ferry.

Durant cette législature, M. Levet déposa un projet de loi sur la liberté de fabrication des armes de guerre, projet favorablement accueilli par la Chambre; il fut membre de la Commission de l'Armée et la compétence dont il fit preuve en cette occasion lui valut d'être choisi au même titre dans les autres législatures jusqu'en 1898.

Porté, le 4 octobre 1885, sur la liste républicaine de la Loire, et élu, le 2e sur 9, avec 65,384 voix sur 116,857 votants, il reprit sa place à l'Union républicaine, soutint les cabinets républicains au pouvoir et combattit énergiquement le boulangisme.

Le 22 septembre 1889, M. Levet fut réélu dans son ancien collège par 8,135 voix contre 6,388 accordées à M. Bouchetal-Laroche, candidat conservateur. Il fit, à la Chambre, de constants efforts pour obtenir de l'économie dans les finances et l'adoption de toutes les mesures propres à venir en aide à l'agriculture, et s'adonna d'une façon spéciale à l'examen des questions militaires et de travaux publics.

Réélu, le 20 août 1893, par 8,135 voix, sans concurrent et, le 8 mai 1898, par 10,492 voix, également sans concurrent, M. Levet est inscrit au groupe progressiste, après l'avoir été au groupe des républicains de gouvernement. Il n'a cessé de prendre une part active aux délibérations parlementaires et il est membre de la Commission du Commerce et de l'Industrie.

HERMANT (Pierre-Antoine-Achille)

ARCHITECTE, né à Paris le 6 décembre 1823. Entré à l'Ecole nationale des Beaux-Arts, dans l'atelier de Blouet, il débuta comme architecte-inspecteur des travaux de la Ville de Paris et fut nommé architecte municipal en 1880.

Professeur à l'Ecole des Beaux-Arts en 1882, M. Hermant ne prit point possession de sa chaire.

Parmi les nombreux envois de cet artiste aux Salons annuels des Champs-Elysées il convient de citer : une *Variante du plan du Marché central aux bestiaux*, entre Charonne et Ménilmontant (1857) ; *Nouvelle maison de répression à Nanterre* (huit chassis), projet qui obtint, au concours en 1874, le premier prix de l'exécution ; *Groupe scolaire*, rue de Puebla (deux chassis, 1876) ; *Projet pour la construction d'un Hôtel-de-ville à Neuilly* (douze chassis, 1880) ; *Chapelle de la maison de répression de Nanterre* (1881) ; *Projet* de *reconstruction de la mairie du VIIIe arrondissement de Paris* (six chassis, 1886) ; *Caserne de la Garde républicaine*, située rue Mouffetard et Place Monge (deux chassis, 1887).

M. Hermant a publié : *Abel Blouet*, étude (1857) ; *De l'influence des Arts du Dessin sur l'Industrie* (1857).

Cet architecte a obtenu des médailles de 1re classe au Salon de 1876 et à l'Exposition universelle de 1878 et une médaille d'or à celle de 1889. Il a été nommé chevalier de la Légion d'honneur en 1889.

HERMANT (Abel)

OMANCIER et auteur dramatique, fils du précédent, né à Paris le 3 février 1862. Il fit de brillantes études classiques au lycée Condorcet, fut reçu à l'Ecole normale supérieure (section des lettres) en 1880 et donna sa démission, l'année suivante pour se consacrer à la littérature. Il débuta, en 1883, dans les lettres, par un volume de vers qui fut remarqué, intitulé *Les Mépris*.

Abandonnant la poésie, M. Abel Hermant se tourna vers le roman et donna successivement : *Monsieur Rabosson*, [*l'éducation universitaire*] (1884) ; la *Mission de Cruchod Jean-Baptiste*(1885), remanié et publié à nouveau en 1895 sous le titre : le *Disciple aimé* ; le *Cavalier Miserey* (1887), roman de mœurs militaires contemporaines, étude consciencieuse et fouillée ; *Nathalie Madoré* (1888) ; la *Surintendante* (1889) ; *Cœurs à Part* (1890) ; *Amour de tête* (1890) ; *Serge* (1892) ; *Ermeline* (1892) ; les *Confidences d'une aïeule* (1893) ; la *Carrière* (1894) ; *Eddy et Paddy* (1895) ; le *Frisson de Paris* (1895) ; le *Sceptre*, suite de la *Carrière* (1896) ; *Deux Sphinx*, nouvelle parue dans la collection Guillaume(1896) ; *Les Transatlantiques* (1897).

Comme auteur dramatique, M. Abel Hermant a eu des succès retentissants ; il a fait représenter au théâtre : la *Meute*, comédie en 4 actes jouée à la Renaissance, qui lui valut un duel avec M. le prince de Sagan (1896) ; la *Carrière*, 4 actes et 5 tableaux au Gymnase (1897) ; les *Transatlantiques*, 4 actes, sur cette même scène, et qui fut très bien accueillie (1898). La *Carrière* et les *Transatlantiques* ont été publiés en librairie, sous le titre de *Théâtre des deux Mondes*(1899).

Fin observateur, écrivain varié dans la forme comme dans le fond, M. Abel Hermant a collaboré à de nombreux journaux et revues, notamment au *Figaro*, au *Temps*, au *Gil-Blas* et à la *Vie Parisienne*.

Il a été décoré de la Légion d'honneur en 1898.

BENAZET (Paul-Antoine-Théodore)

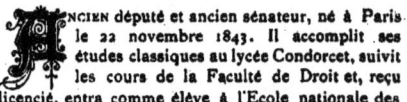NCIEN député et ancien sénateur, né à Paris le 22 novembre 1843. Il accomplit ses études classiques au lycée Condorcet, suivit les cours de la Faculté de Droit et, reçu licencié, entra comme élève à l'Ecole nationale des Beaux-arts, dans la section d'architecture. Il fut ensuite attaché par M. Rouher au ministère d'Etat.

En 1888, M. Th. Benazet prit la direction du *Public*, importante feuille quotidienne, dont le rédacteur en chef était Ernest Dréolle. Pendant la guerre franco-allemande, engagé volontaire, il devint capitaine au 2e bataillon de la garde mobile de l'Indre (armée de la Loire) et prit part à toute la campagne.

Nommé, en 1871, maire de Mérigny, puis conseiller général de l'Indre pour le canton de Tournon, fonction qu'il occupe encore à l'heure actuelle, M. Th. Benazet fut élu, le 17 novembre 1878, à la mort de Clément Laurier, député de l'arrondissement du Blanc, par 7,323 suffrages, contre 5,597 à M. Fombelle, républicain.

Inscrit au groupe de l'Appel au peuple, il fut, pendant cinq années, secrétaire de la Chambre. Réélu en 1881, par 7,250 voix, contre 7,124 à trois concurrents ; puis, en 1885, le 2e sur 5 de la liste conservatrice de l'Indre avec 35,633 voix sur 69,748 votants, enfin en 1889, dans son ancien arrondissement, par 9,798 voix sans concurrent, M. Th. Benazet continua de voter avec la droite de la Chambre et s'attacha surtout à l'étude des questions budgétaires et militaires. Il a fait adopter plusieurs propositions relatives à ces questions.

Le 15 février 1891, M. Théodore Benazet, choisi comme candidat conservateur, fut élu sénateur de l'Indre, par 312 voix contre 296 à M. Brunet républicain, et en remplacement de M. le comte de Bondy décédé.

Il prit bientôt, dans la Haute-Assemblée, une place importante. Il fut membre, pendant plusieurs années, de la Commission de l'Armée et rapporteur de diverses propositions de loi militaires ; il intervint notamment dans la discussion de la loi militaire déposée par M. de Montfort et finalement adoptée suivant les modifications qu'il proposa ; il prit part aussi au débat sur le marché des fournitures de drap pour l'armée, qui intéressait particulièrement son département, etc. Au point de vue économique, il se montra nettement protectionniste.

Au renouvellement triennal du Sénat, en janvier 1897, il ne fut pas réélu.

Propriétaire agricole important, l'ex-sénateur de l'Indre est lieutenant-colonel d'état-major de l'armée territoriale.

Chevalier de la Légion d'honneur depuis 1869, il a été promu officier, au mois de juillet 1897, à titre militaire.

LAZZARI (Sylvio)

Compositeur de musique, né le 1er janvier 1860 à Bozen (Tyrol) et naturalisé français. Il fit ses études classiques dans sa ville natale et suivit ensuite les cours des Facultés de Droit d'Insbruck, Munich et Vienne, jusqu'au grade de docteur, qu'il prit en 1882.

Porté de bonne heure vers la musique, M. Sylvio Lazzari avait commencé à travailler cet art dès l'âge de 5 ans; il entra, ses études universitaires terminées, au Conservatoire de Paris, où il eut pour professeurs Ernest Guiraud et César Franck. Devenu aujourd'hui l'un des chefs de notre brillante jeune école française, M. Lazzari a abordé avec succès tous les genres de l'art musical et publié de nombreuses œuvres.

On connaît de lui plusieurs recueils de Mélodies et de Lieder, parmi lesquels nous citerons : op. 1. *Trois Lieder* (chez Breitkopf et Haertel) ; op. 6. *Deux Lieder* (id.) ; op. 9. *Trois Poèmes* (id.); op. 19. *Trois Mélodies* (chez E. Froment); op. 21. *Trois Duos* (chez Heugel) et surtout, op. 23, le célèbre recueil intitulé : *A l'Absente* (chez Hamelle), qui contient : a.) *Apaisement*, b.) *Tendresse*, c.) *Sérénade mélancolique*, d.) *Air de Schumann*, e.) *En Sourdine*, f.) *Calme de la Nuit*.

Pour chœurs, M. Sylvio Lazzari a publié : op. 10. *Trois chœurs pour 4 voix égales* (chez A. Colin et Cie), op. 27. *Deux chœurs pour 3 voix égales* (id.).

Pour le piano, nous citerons : op. 12. *Trois morceaux* (l. Hamelle), op. 14. *Suite pour piano* (Lemoine), op. 16. *Trois pièces* (Lemoine), op. 25. *Trois morceaux à quatre mains* (Colin), op. 18. *Concertstück* pour piano et orchestre, arrangé pour deux pianos (Lemoine), et plusieurs *Valses* caractéristiques.

Comme musique de chambre on lui doit : op. 13. *Trio pour piano, violon et violoncelle* (Durdilly), op. 17. *Quatuor pour instruments à cordes*, op. 20. *Octuor pour instruments à vent*, op. 24. *Sonate pour piano et violon* (Durand).

M. Lazzari a produit et fait jouer de nombreuses œuvres symphoniques, parmi lesquelles les suivantes ont eu un grand retentissement : op. 18. *Concertstück* pour piano et orchestre, op. 23. *Suite d'orchestre* en Fa majeur, *Prélude d'Armor* et op. 27. *Effet de Nuit*, tableau symphonique. Ces œuvres sont au répertoire des grands concerts symphoniques de France et de l'étranger.

Ce musicien a écrit pour le théâtre : *Lulu*, pantomime en un acte, représentée à la Bodinière en 1887 et *Armor*, drame musical en trois actes (poème de E. Jaubert), joué pour la première fois au théâtre allemand de Prague, le 7 novembre 1898. Cet ouvrage a obtenu un très grand succès, constaté par toute la presse allemande et autrichienne.

M. Sylvio Lazzari est officier d'Académie et chevalier de la Légion d'Honneur depuis 1894.

BERRY (Georges)

Député, avocat, né à Bellac (Haute-Vienne) le 8 mars 1855. Il vint à Paris faire ses études classiques au lycée Louis le Grand, où il fut lauréat du Concours général comme élève de rhétorique. Reçu licencié ès-lettres en 1874 et docteur en droit en 1876, il fut chargé par le gouvernement, en 1877 et 1878, de diverses missions sur les questions sociales et d'assistance en Angleterre, en Hollande, en Belgique et en Allemagne.

Après avoir échoué, en 1881, aux élections municipales, à Montmartre, M. Georges Berry fut élu, en 1884, conseiller municipal de Paris, pour le quartier de la Chaussée-d'Antin, par 1,482 voix contre 1,325 à M. Ratier, aujourd'hui sénateur de l'Indre. Invalidé, il revint à l'hôtel de ville en 1885, avec une majorité plus forte; il fut réélu successivement en 1887, 1890 et 1893.

Comme conseiller municipal, M. Georges Berry fut chargé d'un grand nombre de rapports, dont quelques-uns sont particulièrement remarquables : sur la suppression des bureaux de placement payants, sur le service pharmaceutique de nuit, sur la création des ambulances urbaines, sur la protection des enfants moralement abandonnés, sur la suppression de la mendicité professionnelle, sujet sur lequel il avait fait des études très particulières, ayant poussé le désir de savoir jusqu'à se mêler lui-même aux mendiants. Il fut aussi le promoteur des bourses de voyage pour les employés de commerce de Paris. Il obtint du Conseil le commencement du percement de la rue Mogador et le pavage en bois de la plus grande partie des rues du quartier de la Chaussée-d'Antin, dans le IXe arrondissement.

M. Georges Berry, candidat aux élections législatives de 1885, échoua, le sixième, sur la liste conservatrice de la Seine, avec 108,000 voix ; il fut élu député de la 1ʳᵉ circonscription du ɪxᵉ arrondissement de Paris par 3,343 voix contre 2,193 à M. Klotz, républicain progressiste, en 1893. Il fut réélu dans la même circonscription, en 1898, par 3,786 voix contre 2,333 à M. Lourdelet, républicain.

Très dévoué aux intérêts du petit commerce, M. Georges Berry n'a cessé de le protéger au Parlement. Il a notamment présenté un projet de loi assimilant les sociétés coopératives de consommation aux entreprises commerciales. Prenant en main la cause des anciens combattants de 1870-1871, il obtint pour eux de la Chambre le vote d'une médaille commémorative, que le Sénat depuis rejeta (M. Georges Berry a repris à nouveau son projet devant la Chambre). Il prit l'initiative de la diminution du droit d'impôt sur les bicyclettes, qu'il obtint en 1898. Il fit voter à l'unanimité de la Chambre, en 1894, les crédits nécessaires pour le transport en province du sérum contre la diphtérie ; il demanda une réforme importante des patentes, qui fut votée par la Chambre et frappe les grands magasins au profit du petit commerce. Parmi les nombreux rapports qui lui furent confiés, citons celui qui concerne la modification de la loi sur les bureaux de placement qu'il fit voter par la Chambre, mais qui fut repoussée par le Sénat.

A la Chambre, le député de Paris appartient aux groupes des républicains progressistes et indépendants. En octobre 1898, c'est lui qui fut le promoteur, sous le cabinet Brisson, d'une réunion extraordinaire des députés pour demander la convocation anticipée des Chambres, afin d'empêcher la révision du procès Dreyfus. Deux cents députés répondirent à cet appel et il fut élu président de cette réunion, d'où sortit le groupe de la Défense nationale, présidé par lui.

Président d'un grand nombre d'associations et de sociétés de bienfaisance, membre d'honneur de la Société des Artistes français, l'honorable député de Paris a fondé dans le ɪxᵉ arrondissement une œuvre d'Assistance par le travail, très prospère et qui rend de grands services aux indigents de ce quartier.

M. Georges Berry a collaboré à plusieurs journaux et notamment au *Figaro*, où il donna, en 1891 et 1892, des études sociales très remarquées. Il a publié en outre : le *Divorce* (1880) ; la *Peine de mort* (1881) ; les *Grèves* (1882) ; *Les Corporations et les Associations ouvrières* (1883) ; l'*Anarchie dans la question sociale* (1887) ; la *Mendicité professionnelle* (1894) ; l'*Assistance en Allemagne* (1895), etc.

BELLAY de CANNEVILLE
(Paul-Gustave-Antoine du)

PEINTRE-FUSINISTE, né à Abbeville le 20 mars 1848. Après avoir accompli ses classes au collège de sa ville natale, il étudia pendant quelque temps le dessin avec M. Jules Candron, élève de David d'Angers, puis il vint, en 1890, à Paris, où il suivit les cours de l'atelier Carl Rosa.

M. du Bellay de Canneville exposa, pour la première fois, au Salon des Champs-Élysées, en 1893 : *Un matin sur les bords de l'Indre*. On cite de lui notamment les toiles suivantes, produites depuis lors : *Bergerie à Cayeux* ; *Un matin à Buzançais* ; *Village de Poses*, tableau qui est au musée d'Amiens ; *L'Indre à Buzançais* (au musée d'Abbeville) ; *Rangiport*, bords de la Seine ; *Poissy*, le matin ; *La Somme à Abbeville* ; *Les bords de l'Indre à Buzançais* ; *Clotaire sauvé miraculeusement par les prières de saint Sulpice*, tableau qui est à l'église du Quesnoy.

M. du Bellay de Canneville, dont la peinture se fait remarquer par un très personnel sentiment des couleurs et un dessin vigoureux, a aussi produit un certain nombre de portraits au fusain.

Violoniste amateur, il a longtemps dirigé un quatuor de musique classique réputé à Abbeville.

BIVER (Alfred)

ADMINISTRATEUR et ingénieur, né le 24 février 1842 à Bruxelles. Venu de bonne heure en France, il fit ses études à l'École centrale de Paris et en sortit un des premiers en 1864, pour entrer comme ingénieur à la Cⁱᵉ des Glaces de St-Gobain.

Successivement inspecteur, sous-directeur, puis directeur de l'usine de St-Gobain, M. Biver devint ensuite inspecteur général des usines de la Compagnie. Il est directeur général des Glaceries de la Cⁱᵉ de St-Gobain depuis 1886.

Sous son impulsion, les affaires de cette importante administration ont plus que triplé ; les méthodes de fabrication ont été perfectionnées ; plusieurs usines ont été construites, non seulement en France, mais en Italie, en Belgique et en Allemagne ; enfin l'enseignement dans les écoles de la Compagnie, les caisses de retraite et de prévoyance en cas d'accident, les sociétés coopératives de consommation, ont été l'objet de sa constante et dévouée sollicitude.

M. Alfred Biver est membre du comité de la Société

des Ingénieurs civils de France et vice-président de la Chambre syndicale des fabricants de cristaux et verreries de France. Il a fait partie des jurys des expositions de Paris (1889) et de Bruxelles (1896), ainsi que de celui de l'Exposition universelle de Paris (1900).

M. Biver, qui a obtenu ses lettres de grande naturalisation en 1897, est chevalier de la Légion d'honneur et de l'ordre de Léopold de Belgique.

MAGNE (Charles)

ARCHÉOLOGUE, né à Périgueux le 15 septembre 1851. Elève du lycée de cette ville, il prit le goût des antiquités dans les promenades archéologiques et géologiques que dirigeait son professeur, M. Ernest Fourteau, devenu depuis proviseur du lycée Janson de Sailly.

Les aptitudes pour le dessin et la topographie de M. Magne lui permirent d'occuper, étant fort jeune encore, un emploi d'opérateur sur les lignes de chemins de fer. En exerçant ces fonctions, en parcourant les campagnes pour les tracés et les nivellements, il réunit une importante collection de fossiles et d'armes gauloises en silex des époques paléolithiques et néolithiques. En 1877, il vint s'établir architecte-géomètre à Paris. Spécialisé dans les travaux de terrassements, infrastructure des bâtiments, consolidations souterraines et tranchées pour les égouts, il put facilement continuer ses études archéologiques en explorant principalement le sous-sol parisien des Ve et XIIIe arrondissements et en se tenant au courant des moindres trouvailles fortuitement mises en valeur par les fouilles des ouvriers. Durant vingt années, il poursuivit ses recherches avec une égale constance ; aussi put-il former une collection unique, riche de plus de 4,000 objets, appartenant aux époques gauloise, gallo-romaine et médiévale, — statuettes de bronze, verreries, céramiques, monnaies, etc., — collection dont il a dressé le répertoire archéologique et qui est appelée à former le « Musée de la rive gauche ». Il fut assez heureux pour reconnaître, en 1884, dans les fouilles du boulevard Port-Royal et en 1897 dans les travaux de voirie de la rue St-Jacques, le passage de l'ancienne voie romaine allant de Lutèce à Genabum (Orléans) et il en fit le sujet d'un très remarquable mémoire. Il dessina la coupe géologique des voies romaines de la rive gauche de Lutèce, en indiquant la nature et la disposition des matériaux employés par couches stratifiées à leur construction.

Pendant plusieurs années, M. Charles Magne a exposé en Sorbonne, aux différents congrès des Sociétés savantes, les résultats variés de ses explorations. Telles ses importantes découvertes effectuées lors des fouilles opérées au pied du mur d'enceinte de Philippe-Auguste, à l'angle de la rue Clovis et de la rue du Cardinal Lemoine. Elles sont acquises, désormais, au nombre des faits généraux ou particuliers utiles à connaître pour l'histoire archéologique de la capitale. Secrétaire-général du Comité d'études historiques et archéologiques de la Montagne Sainte-Geneviève, il a fortement contribué à sauver de la destruction et de l'oubli bien des vestiges précieux du passé.

M. Charles Magne est officier d'Académie, officier de l'ordre du Nicham de Tunisie, et a reçu diverses décorations de gouvernements étrangers.

LENOIR (Charles-Amable)

PEINTRE, né à Chatel-Aillon (Charente-Inférieure) le 22 octobre 1861. Il fit ses études classiques dans sa ville natale, puis devint maître d'études à Rochefort en 1878.

Venu à Paris en 1881, M. Charles Lenoir entra à l'Ecole des Beaux-Arts, où il obtint toutes les récompenses. Il concourut pour le prix de Rome et obtint deux seconds prix avec le *Christ guérissant le paralytique* et le *Reniement de St-Pierre*, tableaux qui figurent actuellement au musée de la Rochelle (1888).

M. Lenoir a envoyé depuis aux Salons annuels de la Société des Artistes français : *Portrait de Mme Fontaine et Sirène* (1890) ; *Portraits de M. le Dr Monssaud et de Mme Huguet* (1891) ; *A vingt ans* (1892) ; *Rêverie* (1893) ; *Duo ; Liseuse* (1894) ; *Premier amour ; Giovannelli* (1895) ; *Sapho ; Calme* (1896) ; *Femme au masque* (1897) ; *Au guet*, qui figure actuellement au musée de la Rochelle et *Charmeuse* (1898) ; *Rêverie au fond des bois* (1899), etc.

On doit encore à M. Lenoir de nombreux *Portraits*, parmi lesquels ceux des enfants de M. Babut, de La Rochelle ; de M. Faustin Leridon, armateur ; de M. Langlois, avocat ; de M. et Mme Gauvin, de La Rochelle ; des enfants de Mme Singer, etc. ; une *Fileuse antique* d'un grand charme, et différents tableaux, d'un joli sentiment poétique, appartenant à des collections.

Cet artiste, de qui l'on apprécie l'harmonie des couleurs et l'inspiration des compositions et qui, tout en restant classique, sait donner de nouveaux effets à ses œuvres, a reçu une médaille de 3e classe en 1892 et une de 2e classe en 1896.

JEAN-BERNARD
(Jean-Bernard PASSERIEU, dit)

Avocat, publiciste et conférencier, né à Toulouse le 16 décembre 1858. Il fit ses études au lycée et à la Faculté de Droit de sa ville natale. Ayant à peine dix-huit ans, pressé d'écrire, il fonda une revue : l'*Union littéraire*, qui passa ensuite en d'autres mains.

Sous le ministère du duc de Broglie (1877), M. Jean-Bernard combattit le gouvernement du 16 mai et encourut plusieurs amendes et de la prison pour délits de presse. Venu ensuite à Paris, il y plaida plusieurs causes retentissantes, assista plusieurs fois, devant le tribunal ou la cour de Paris, le journal de M. Lissagaray : la *Bataille*, et porta la parole en des procès qui firent grand bruit. Il eut souvent à s'occuper, en outre, des droits de propriété littéraire, qu'il a, par la suite, toujours défendus, soit avec la plume, soit dans les congrès.

M. Jean-Bernard, a, depuis lors, délaissé le barreau pour faire des conférences ; il a pris rang de causeur et d'improvisateur très écouté à la salle des Capucines, où, pendant plusieurs années, ses *Chroniques parlées* alternèrent avec les *Feuilletons parlés* d'Henry de Lapommeraye ; à la salle des Mathurins et surtout à la Bodinière, où ses conférences avec Polin, Judic, Yvette Guilbert, ont été des événements parisiens.

Romancier, il a donné des séries de nouvelles, puis, *Françouuil* (1890) ; au théâtre, il a fait jouer diverses pièces ; il a publié encore l'importante *Histoire anecdotique de la Révolution française* (5 vol. in-18), écrite d'après les derniers documents, racontant la Révolution semaine par semaine. Léon Cladel a dit de cette Histoire qu'elle avait « sa place marquée, à côté de celles de Louis Blanc et de Michelet » ; M. Jules Claretie écrivit la préface de l'année 1789 ; Cladel, celle de 1790 ; Ernest Hamel, de 1791 ; Jules Simon, de 1792 et M. Clovis Hugues, de 1793. Il a ouvert, en 1898, une série de volumes documentaires : la *Vie de Paris* (1899, in-18).

Pendant dix années critique littéraire à l'*Evénement*, il signait sa chronique d'un pseudonyme, « le Bourgeois de Paris », dont on chercha bien souvent à percer le mystère. Enfin, grâce à cette *Correspondance de la Presse*, dont il alimente une centaine de journaux des départements et de l'étranger, il répand aujourd'hui, d'une plume féconde, les idées et les faits parisiens.

M. Jean-Bernard a recueilli, à l'*Indépendance Belge*, la succession de M. Jules Claretie, qui porta sur lui ce jugement mérité :

Que Jean-Bernard écrive un roman comme j'en ai lu de lui, qu'il compose un drame comme il l'a fait, qu'il parle devant le public choisi d'une salle de conférences ou la foule d'une cour d'assises, il se montre enthousiaste, éloquent, ardent, passionné, infatigable ; ce sont là des natures qui ont la foi et qui donnent la foi.

Membre du Syndicat des Journalistes parisiens et de celui de la Presse étrangère, M. Jean-Bernard est le président du Syndicat des Journaux de Langue française paraissant à l'étranger.

Mme Jean-Bernard PASSERIEU, rédactrice quotidienne de la *Fronde*, auteur de plusieurs volumes de nouvelles et de romans, s'est fait à elle-même un nom dans la littérature sous le pseudonyme de MARIE-LOUISE NÉRON.

DAVID (Fernand)

Avocat, député, né à Annemasse (Haute-Savoie) le 18 octobre 1869. D'une famille originaire du département, il fit ses études classiques au lycée de Bourg (Ain), puis celles de droit à la faculté de Lyon, où il fut président de l'Association des étudiants de cette ville, après avoir été reçu licencié en 1893.

Inscrit au barreau de St-Julien depuis la même année 1893, M. Fernand David plaida plusieurs affaires criminelles, correctionnelles et civiles qui mirent son nom en valeur.

Candidat au Conseil général de la Haute-Savoie pour le canton d'Annemasse, en 1897, il échoua à une infime minorité, contre M. Périllat, adjoint au maire d'Annemasse.

Lors des élections législatives du 8 mai 1898, M. Fernand David fut élu député, dans l'arrondissement de St-Julien, par 6,877 voix, contre 4,637 à M. le Dr Gay, républicain. Il s'était également présenté comme candidat républicain.

L'honorable député de la Savoie n'appartient à aucun groupe politique de la Chambre ; mais il est membre du groupe institué pour la défense de la petite et moyenne propriété. Partisan des traités de commerce en économie politique et s'occupant surtout de questions de développement et de législation agricole, il a pris part à la discussion sur le règlement de la Chambre (1898), développé divers amendements intéressant l'agriculture et d'autres concernant la défense de la frontière des Alpes (1899).

BOUCHER-CADART
(Alfred-Charles-Ferdinand-Joseph)

Ancien sénateur, magistrat, né à Douai le 17 mai 1836. Fils d'un professeur au lycée de cette ville, il fit là ses études classiques, suivit les cours de la Faculté de Droit de Paris et fut avocat, à Douai, de 1858 à 1863. Nommé, cette dernière année, juge suppléant à Avesnes, il devint successivement juge d'instruction à Montreuil-sur-Mer (1865); juge, en 1869, puis juge d'instruction à Douai (1872) et fut promu, en 1875, conseiller à la Cour d'appel de cette ville.

Appelé, le 16 décembre 1877, à la direction de la Sûreté générale, au ministère de l'Intérieur, M. Boucher-Cadart occupa ces importantes fonctions jusqu'au 9 mars 1880, date à laquelle il devint conseiller à la Cour d'appel de Paris.

Conseiller général du Pas-de-Calais, pour le canton d'Hesdin, depuis le 4 novembre 1877, il s'est occupé d'une façon toute spéciale, dans l'assemblée départementale, des questions commerciales, agricoles et principalement des questions d'enseignement. Les discours qu'il a prononcés sur la loi du 28 mars 1882, la loi du 18 juin 1889, l'éducation patriotique à l'école primaire, la discipline dans l'éducation, le surmenage, etc., ont été publiés en un volume sous le titre : *Hier et aujourd'hui* (1890, Librairie des Bibliophiles).

Le 4 janvier 1882, M. Boucher-Cadart fut élu sénateur du Pas-de-Calais, par 529 voix, sur 1,013 votants. Il siégea à la gauche républicaine et vota constamment avec la majorité. En 1885, après le vote par la Chambre des députés de la loi sur les incompatibilités, il eut à opter entre son mandat législatif et ses fonctions judiciaires. Il donna la préférence à ces dernières et, le 9 janvier 1884, devint président à la Cour d'appel de Paris ; mais il ne cessa pas de faire partie de l'Assemblée départementale du Pas-de-Calais, dont il est le président depuis 1887, sans interruption.

Vice-président de l'Union des Sociétés de tir de France, président de la Fédération des Sociétés de tir de la région du Nord, de l'Association amicale des enfants du Nord et du Pas-de-Calais (la *Betterave*), de la Société l'Union Artésienne de Paris, de la Société Française de Sauvetage et de la Fédération des Sociétés de sauvetage de France, M. Boucher-Cadart est aussi président de la IXme section à l'Exposition universelle de 1900.

Orateur très écouté et très renommé, l'éminent magistrat a fait de nombreuses conférences, à Paris et en province, sur des questions d'agriculture, de tir, de sauvetage, etc.

Commandeur ou officier de divers ordres étrangers, grand-croix de Stanislas de Russie, chevalier du Mérite agricole et officier de l'Instruction publique, M. Boucher-Cadart est officier de la Légion d'honneur depuis 1892.

HOLMÈS (Augusta-Mary-Anne)

Poète et compositeur de musique, née à Paris (et non en Irlande, comme on l'a souvent dit et écrit par erreur), d'un père Irlandais et d'une mère Écossaise. Issue d'une famille riche et aristocratique, elle fut élevée à Versailles où, toute enfant, elle prit ses premières leçons de piano avec un professeur de la ville. Admirablement douée, travaillant avec acharnement, elle fit de si rapides progrès que, dès l'âge de neuf ans, elle put se produire en public, comme virtuose, et remporter des succès éclatants. Elle entreprit alors la composition musicale sous la direction de M. Henri Lambert, organiste à la cathédrale de Versailles.

A 14 ans, Mlle Augusta Holmès composa sa première œuvre : la *Chanson du Chamelier*, sur un poème en prose, traduit de l'arabe par Louis de Lvvron. Elle devint alors l'élève de César Franck, qui lui enseigna le contre-point et la fugue.

Mlle Augusta Holmès se fit connaître par la *Chanson de la Caravane*, exécutée en 1873, avec chœurs et orchestre, aux concerts de l'Hôtel-de-Ville de Paris, sous la direction de J. Pasdeloup, et par le psaume *In Exitu Israel*, exécuté par la Société philharmonique. L'année suivante, elle écrivit *Héro et Léandre*, opéra en 2 actes, dont l'ouverture, exécutée par l'orchestre Colonne à la Société nationale des Compositeurs, obtint un grand succès. Ensuite, elle composa une symphonie : *Roland furieux*, dont l'andante (les *Amours d'Angélique et de Médor*) réussit complètement aux concerts Colonne, le 14 janvier 1877.

A ce moment, Mlle Augusta Holmès, ayant obtenu ses lettres de grande naturalisation, prit part aux concours institués par la Ville de Paris. Elle y envoya successivement : en 1878, *Lutèce*, symphonie dramatique en 3 parties, pour soli, orchestre et chœurs et, en 1879, les *Argonautes*, symphonie dramatique en 4 parties, également pour soli, orchestre et chœurs. Ces deux œuvres furent primées par le Jury.

La première exécution de *Lutèce* eut lieu aux

concerts de l'Association artistique d'Angers. Cette symphonie a souvent été exécutée depuis dans différents concerts de Paris et de province. La première audition des *Argonautes* eut lieu aux concerts Pasdeloup en avril 1881. Ce fut un gros succès qui mit le compositeur en lumière. La Société des Concerts du Conservatoire exécuta plusieurs fragments de cet ouvrage quelque temps après.

Vinrent ensuite : *Irlande*, poème symphonique (Concerts Pasdeloup, Lamoureux, Colonne 1881-82) ; les *Sept Ivresses*, recueil de sept petit poèmes absolument délicieux (1882) ; *Pologne*, poème symphonique (Concert Pasdeloup 1883) ; *Une Vision de Sainte Thérèse*, pour soprano-solo et orchestre (Concert Colonne) ; *Veni Creator*, pour ténor-solo, orgue, piano et chœur ; *Ludus pro Patria*, ode-symphonie en 5 parties pour orchestre et chœurs avec récits en vers (cet ouvrage, écrit pour la Société des Concerts du Conservatoire, y fut exécuté et fort bien accueilli, les 4 et 11 mars 1888 ; de nombreuses auditions en ont eu lieu, par la suite, tant à Paris qu'en province, toujours avec succès.)

Mentionnons à part : l'*Ode triomphale en l'honneur du Centenaire de 1789*, écrite et composée pour l'Exposition de 1889, qui a popularisé le nom de son auteur. Le Conseil municipal de Paris, à qui cette œuvre fut généreusement offerte par Mlle Holmès, ne ménagea rien pour en assurer une éclatante représentation. A cet effet, le palais de l'Industrie fut transformé en immense salle de théâtre ; une scène gigantesque (3 fois grande comme celle de l'Opéra) y fut édifiée ; Jambon peignit un magnifique décor et Bianchini dessina de superbes costumes. 1,200 personnes, solistes, choristes et orchestre, sous la direction d'Edouard Colonne, prirent part à cette grandiose manifestation. Il y eut 4 représentations (septembre 1889). A chacune d'elles, les 25,000 spectateurs contenus dans cette immense salle acclamèrent l'auteur avec enthousiasme.

En 1890, alors qu'un rapprochement entre la France et l'Italie semblait se manifester, Mlle Augusta Holmès fut chargée de composer un *Hymne à la Paix*. L'exécution, qui en fut donnée plusieurs fois à Florence, au Théâtre Politéama, en mai 1890, au moment des fêtes en l'honneur de Béatrix, fut pour le compositeur l'occasion de nouveaux triomphes.

Nous citerons encore : *Au Pays Bleu*, suite symphonique en 3 parties (six exécutions consécutives aux concerts Colonne en 1891 en consacrèrent le succès) ; la *Montagne Noire*, drame lyrique en 4 actes et 5 tableaux, dont la première représentation eut lieu à l'Opéra le 8 février 1895 ; *Hymne à Apollon*, pour basse, solo, orchestre et chœur (Société des Concerts du Conservatoire, 1899) ; *Andromède*, poème symphonique (Concerts Colonne, 1899).

A cette nomenclature, il convient d'ajouter environ 150 mélodies pour piano et chant. Parmi les célèbres, on cite : *Noël* ; les *Griffes d'or* ; *En Chemin* ; les *Gas d'Irlande* ; l'*Hymne à Eros* ; les *Sérénades* ; *Fleurs-des-Champs* ; la *Barque des Amours* ; *Kypris berceuse* ; les *Paysages d'amour*, etc.

Mlle Augusta Holmès écrit elle-même les paroles de ses mélodies et les poèmes de ses grands ouvrages. Artiste sincère, dont le talent et la science musicales sont unanimement reconnus, elle a conquis de haute lutte la belle situation qu'elle occupe aujourd'hui dans les arts.

BERTIN (Louis-Ernest)

PROFESSEUR et publiciste, né à Paris le 23 novembre 1833. Il fit ses études aux lycées Bonaparte et Charlemagne, entra en 1854 à l'Ecole normale supérieure et en sortit en 1857, chargé de la classe de rhétorique au lycée de Bastia. Il occupa ensuite les chaires de rhétorique aux lycées d'Angers et de Nantes, professa, à Paris, la troisième et la seconde aux lycées Charlemagne, St-Louis, Louis-le-Grand et fut nommé, en 1870, professeur de rhétorique au collège Rollin.

M. Ernest Bertin avait été reçu agrégé des lettres en 1860 ; il devint docteur ès lettres en 1879. Sous l'Empire, il s'était fait connaître par de nombreuses conférences de littérature et par une active collaboration aux *Soirées de la Sorbonne*, instituées par Victor Duruy.

Depuis 1883, il fait à la Faculté des Lettres un cours libre très suivi de *Littérature historique*, qui a pour objet l'histoire des idées et des mœurs de la société française. C'est à ce genre de recherches et de travaux que se rattachent les ouvrages qu'il a publiés : *Etude sur les contes de Perrault* (Hetzel, 1865) ; les *Mariages dans l'ancienne Société française* (Hachette, 1879) ; *Etudes sur la Société française* — Littérature et mœurs (C. Lévy, 1889) : ces deux derniers volumes couronnés par l'Académie française ; la *Société sous le Consulat et l'Empire* (Hachette, 1890). Il prépare la publication des papiers inédits de M. Cuvillier-Fleury, le précepteur du duc d'Aumale, dont le premier volume est annoncé comme devant prochainement paraître.

M. Ernest Bertin appartient, depuis 1881, à la rédaction du *Journal des Débats*. Il est chevalier de la Légion d'honneur et officier de l'Instruction publique.

PARQUET (Gustave)

Peintre, né à Beauvais le 15 avril 1826.

M. Gustave Parquet, qui avait débuté aux Salons annuels en 1857, fut attaché comme peintre à la venerie de Napoléon III, de 1861 à 1870. Son atelier, installé à la Venerie de Compiègne, dans les dernières années de l'Empire, fut souvent visité par les plus hautes personnalités du moment : Napoléon III, l'impératrice Eugénie, venaient, en 1868, y voir l'artiste travailler au portrait du jeune prince impérial ; la duchesse d'Albe, le prince Metternich, le duc et la duchesse d'Elchingen, Mme Chevreau et d'autres familiers de la cour y apportaient aussi à M. Parquet leurs félicitations et leurs encouragements.

Comme peintre de la venerie, il a composé plusieurs toiles de chasse où figurèrent nombre de personnages marquants ; ces œuvres, ainsi, constituent une très intéressante série de portraits historiques. Citons les plus connues : *Rendez-vous de la venerie de l'Empereur*, appartenant au prince de la Moskowa, grand veneur, qui reproduit les portraits du prince de la Moskowa, du baron Lambert, du marquis de Tonloujeon, du marquis de la Tour-Maubourg, du baron de Lage, etc. ; — le *Rendez-vous de chasse du prince Murat*, avec les portraits du général prince Murat, du prince et de la princesse Joachim Murat et leurs enfants, du comte Jean de Beaumont, du vicomte Gaëtan de Chézelles de Laurençoy, du vicomte d'Alsace, de M. d'Erassu, du prince de la Moskova, du prince de Pois, du comte de Songeons, etc. ; — les *Rendez-vous de chasse du marquis de Talhouet-Roy*, avec les portraits du marquis et du comte de Talhouet, du marquis de Juigné, de Mademoiselle de Juigné, du comte de La Poëze, du comte et du vicomte de Jourdan, du comte de Kerkaradec, du vicomte de Ruillé, de M. de la Ferrière, du comte de Caraman, du vicomte de La Bouillerie, de M. Mur, etc. ; — le *Rendez-vous de chasse du vicomte Gaëtan de Chézelles*, avec les portraits du vicomte et de la vicomtesse Gaëtan de Chézelles et de leur fils Richard, du vicomte Roger de Chézelles, du vicomte et de la vicomtesse Henri de Chézelles, du vicomte Arthur de Chézelles, du vicomte et de la vicomtesse Etienne de Chézelles, de M. Jacques de Chézelles, de M. Pierre de Chézelles, du comte et de la vicomtesse de Berthier-Sauvigny, du comte Aguado, de M. Quiclet, du marquis de Pracontal, du comte de Pracontal, du vicomte de Pracontal, du comte Rostain de Pracontal, du comte d'Hinnisdal, du vicomte de Villeneuve-Bargemont, de M. Gravier, du comte de St-Aldegonde, de M. et Mme de Beauregard, du comte de Jarnac, de M. Galice, du vicomte de Montesquiou-Fezensac, du baron de Pontalba, du baron de Mandel, du baron Nachet, de M. de Seroux, du comte Doria, de M. de Vieulaine, du comte de Maillé, du baron et de la baronne de Pomereau, de M. de Rivocet, de Mme Firino, de M. et Mme Moreau, de M. et Mme de la Garde, de M. Costa de Beauregard, du comte de Kersaint, du comte et de la comtesse des Courtils, du comte d'Orsetti, du baron de Foucaucourt, du comte de Merval, du comte de Sièyes ; — *Rendez-vous de l'Equipage Picard piqu' Hardi* au vicomte Roger de Chézelles, reproduisant les portraits du vicomte et de la vicomtesse Roger de Chézelles et de leur fils Jacques, du vicomte Henri et vicomtesse Henri de Chézelles, leurs fils Gaëtan et Etienne, de M. Arthur de Chézelles, du marquis de Brissac, du baron Nachet, du vicomte de Courval, du comte de St-Aldegonde, de M. de Failly, de M. et Mme Moreau, etc.

On doit encore à M. Gustave Parquet : le *Portrait du prince Impérial*, appartenant à l'Impératrice Eugénie ; les *Portraits de M. de Gasser* et de *M. Heren*, ministre plénipotentiaire des villes anséatiques ; du baron Lambert, du général Pajol, du marquis de la Tour-Maubourg, de la famille d'Hinnisdal, du comte de la Poëze ; un *Portrait de cheval* qui figure au musée de Beauvais ; les *Portraits de Franc Picard* et de *Huntsman* au baron de la Motte ; celui de *Fitz Gladiator* pour le général Fleury ; des aquarelles et études exposées aux Concours Hippiques et nombre de toiles représentant des sujets de chasse ou de sport.

Ses envois les plus remarqués aux Salons annuels portent les titres suivants : Le *Vol ce l'est* (1881) ; *Braque et basset* (1889) ; l'*Emballé et Hallali d'un daguet* (1890) ; *Le Cheval du général* (1891) ; *Bat l'eau au clair de lune* (1892) ; *Un vol de canards* (1896) ; *Un rally* (1898).

M. Gustave Parquet a obtenu des médailles aux expositions : d'Amiens en 1883 ; de St-Quentin, de Châteauroux en 1888 ; de Paris (noir et blanc) en 1890 ; de Scheveningen (Pays-Bas) en 1892 ; un diplôme hors concours à Perpignan (1886) ; une mention spéciale à Poitiers (1887) ; une mention au concours du *Figaro* (1885, Paris) ; à Londres, un diplôme d'honneur de 1re classe à l'Exposition des Lauréats de France (1888), etc.

BOUILLY (Georges-Vincent)

DORCIN, né à Orléans le 31 janvier 1848. Il fit ses classes dans sa ville natale et vint étudier la médecine à Paris, où il fut reçu interne, au concours, en 1869.

Docteur en médecine en 1877, puis successivement chirurgien des hôpitaux (1878), professeur agrégé à la Faculté (1880), professeur adjoint à la Maternité (1886) et chirurgien de l'hôpital Cochin depuis 1890, M. Bouilly est chargé, dans ce dernier établissement, du service de gynécologie, spécialité à laquelle il s'est consacré presque entièrement depuis plusieurs années et sur laquelle il s'est livré à de nombreuses recherches.

Parmi les divers travaux publiés par ce professeur, nous devons citer : *Des lésions traumatiques portant sur des tissus malades* (thèse de doctorat 1877) ; *Comparaison des arthropathies rhumatismales, scrofuleuses et syphilitiques* (thèse d'agrégation 1878) ; *Des tumeurs aiguës et chroniques de la cavité prévésicale* (thèse d'agrégation 1880) ; *Organes génitaux et membres* (tome IV du Manuel de Pathologie externe publié en collaboration avec les Drs Reclus, Kirmisson, Peyrot) ; *De l'enterectomie et de l'enteroraphie* (Revue de Chirurgie 1881) ; *De la fièvre de croissance des enfants et des adolescents* (Revue mensuelle de Médecine et de Chirurgie 1879 et Gazette des Hôpitaux 1882) ; des communications sur l'*Opération d'Estlander* (Société de Chirurgie 1883, 1887 et Congrès Français de Chirurgie 1888) ; *Coup de pied de cheval*, rupture de l'intestin grêle sans contusion des parois abdominales, peritonite suraigue, laparatomie, résection et suture de l'intestin (Société de Chirurgie 1883) ; *Kyste hydatique du poumon*, ouverture ancienne dans les bronches, pneumotomie (Société de Chirurgie 1886) ; *Tumeur maligne de la région iléo-cœcale de l'intestin*, résection et suture immédiate de l'intestin, guérison (Société de Chirurgie 1888) ; *Traitement chirurgical de la péritonite* (Congrès Français de Chirurgie 1889) ; *Traitement des Kystes hydatiques par le sublimé* (id. 1892) ; Articles *Taille, Urethre, Voies Urinaires* (Nouveau Dictionnaire de Médecine et de Chirurgie pratique), etc.

Mentionnons, parmi ses nombreuses publications ayant trait à la gynécologie : *Six cas de salpingo-ovarite traités par la laparotomie avec extirpation des annexes*, guérison (Société de Chirurgie 1888) ; *Traitement du cancer de l'utérus par l'hysterectomie vaginale totale* (id. 1888) ; *Déchirure et ulcération du col de l'utérus* (Semaine médicale 1888) ; *Résultats éloignés de l'ablation des annexes de l'utérus* (id. 1892) ; *De l'ouverture par la voie vaginale des collections salpingées et ovariennes*, (Société de Chirurgie 1890) ; *Du traitement de l'endométrite par le curettage de l'utérus, ses indications, sa technique* (id. 1890) ; l'*Endometrite cervicale glandulaire et son traitement chirurgical* (id. 1893) ; *Symptomes et traitement des rétrodéviations utérines* (Congrès Bordeaux 1895) ; *Le traitement des suppurations pelviennes* (Rapport fait au Congrès périodique international de gynécologie et d'obstétrique, rapporteur général à Genève 1896) ; *Traitement des prolapsus génitaux* (Rapport fait au Congrès Français de Chirurgie, rapporteur général, Paris 1896); *Résultats thérapeutiques de l'hysterectomie vaginale contre le cancer de l'utérus* (Bulletin général thérapeutique 1897) ; *Poussées congestives intermenstruelles* (Revue de Gynécologie et de Chirurgie abdominale 1897) ; *Notes sur la grossesse extra-utérine tirées de l'analyse de 50 observations personnelles* (la Gynécologie 1898) ; *Affections chirurgicales de l'utérus* (Encyclopédie internationale de Chirurgie), etc.

M. de Dr Georges Bouilly est officier d'Académie (1887), chevalier de la Légion d'honneur (1893), etc.

GRANDEAU (Louis-Nicolas)

AGRONOME et publiciste scientifique, né à Pont-à-Mousson le 28 mai 1834.

Docteur en médecine et docteur ès sciences de l'Université de Paris, il fut successivement, de 1854 à 1857, préparateur à l'Ecole de médecine de Nancy ; de 1857 à 1868, au laboratoire d'Henry Sainte-Claire-Deville, à l'Ecole normale supérieure et au laboratoire de Claude Bernard, au Collège de France. Il quitta ensuite Paris pour aller fonder à Nancy la station agronomique de l'Est, première station agronomique française.

Cette institution, établie dans un immeuble appartenant à son fondateur, fut inaugurée le 1er janvier 1868. En dehors des recherches scientifiques entreprises, tant dans ses laboratoires que sur ses champs d'expérience, la station agronomique de l'Est fut ouverte, dès l'origine, aux agriculteurs, pour les renseignements, conseils ou analyses dont ils pouvaient avoir besoin.

A la même époque, Victor Duruy, alors ministre de l'Instruction publique, institua près la Faculté des Sciences de Nancy une chaire de chimie et de physiologie appliquées à l'agriculture, à laquelle il nomma M. L. Grandeau. Pendant vingt-et-un ans, il professa dans cette chaire et, pendant onze ans, de 1877 à 1888, il fut doyen de la Faculté des Sciences.

En 1871, une chaire d'agriculture fut créée à l'Ecole forestière de Nancy et M. L. Grandeau fut appelé à l'occuper.

Pendant la guerre franco-allemande, il avait dirigé l'ambulance internationale installée dans cette école.

Le savant professeur a largement contribué à la création et à l'organisation de l'Ecole pratique d'agriculture, fondée, en 1882, au château de Tomblaine, près Nancy, où il a institué des essais de culture très remarqués. Il a fait partie des jurys d'admission, d'installation et des récompenses des expositions universelles de 1867, 1878 et 1889. Pendant celle de 1889, il organisa le deuxième congrès international des directeurs des stations agronomiques et des laboratoires agricoles, sous les auspices de la Société nationale d'encouragement à l'agriculture, dont il est l'un des fondateurs.

Il a publié, en 1891, les comptes rendus des travaux de ce congrès, qui comptait 113 directeurs, tant français qu'étrangers, et qui eut une très grande portée scientifique.

M. Louis Grandeau transféra à Paris, en 1890, la station agronomique de l'Est. Son laboratoire est devenu en même temps celui de la Société nationale d'encouragement à l'agriculture ; le champ d'expérience est installé au parc des Princes (Bois de Boulogne). La station agronomique de l'Est a servi de modèle, non seulement aux nombreuses stations et aux laboratoires subventionnés qui existent aujourd'hui en France, mais aussi à nombre d'autres créés à l'étranger.

Parmi les nombreux travaux scientifiques publiés par ce savant, il convient de citer : *Stations agronomiques et laboratoires agricoles : but, organisation, installation, personnel, budget, travaux de ces établissements* (1869) ; *Compte-rendu des travaux du Congrès agricole libre tenu à Nancy les 23, 24, 25 et 26 juin 1869* (1869) ; *Annales de la station agronomique de l'Est* ; *Chimie et physiologie appliquées à la sylviculture* (1878) ; *Cours d'agriculture de l'école forestière* (1879) ; huit mémoires très importants, publiés de 1882 à 1889, en collaboration d'abord avec M. A. Leclerc, puis avec MM. Ballacey et Alekan, sous le titre: *Etudes expérimentales sur l'alimentation du cheval de trait* (Ces recherches ont été faites et sont continuées dans le laboratoire expérimental organisé, sous la direction de M. Grandeau, par le Conseil d'administration de la Compagnie générale des voitures à Paris) ; *Traité d'analyse des matières agricoles* (1883, 3ᵉ édition en 2 volumes 1897), traité devenu classique, qui fait autorité aussi bien à l'étranger qu'en France et qui a été traduit en allemand et en italien ; *Etudes agronomiques* (sept séries ont paru de 1885 à 1897) ; *La production agricole en France, son présent et son avenir* ; *L'Alcool, la Santé publique et le Budget* (1888) ; *L'alimentation de l'homme et des animaux domestiques* (1893), etc.

Sous sa direction a paru, à la librairie Hachette, la *Petite Encyclopédie agricole*, en 10 volumes, destinée à servir de vade-mecum à tous ceux qui s'intéressent aux choses de la terre.

Rédacteur scientifique au *Temps* depuis sa fondation (1861), M. Grandeau a encore collaboré au *Soir*, au *Globe*, au *Journal d'Agriculture pratique*, dont il est le rédacteur en chef depuis 1893, à la *Meunerie*, etc. Il a fondé, vers 1884, les *Annales de la Science agronomique française et étrangère*, dont il est le rédacteur en chef.

Membre de la Société nationale d'agriculture, professeur au Conservatoire des Arts et Métiers, inspecteur général des stations agronomiques, vice-président de la Société nationale d'encouragement à l'agriculture, membre du Conseil supérieur de l'agriculture, membre de l'Académie des Sciences de Suède, des Académies royales d'agriculture de Suède et de Turin, des Sociétés impériale libre de Saint-Pétersbourg et d'agriculture de Moscou, de la Société royale d'agriculture d'Angleterre, etc., M. Louis Grandeau est officier de l'Instruction publique et, depuis 1878, officier de la Légion d'honneur.

GUYON (Jean-Casimir-Félix)

CHIRURGIEN, membre de l'Institut et de l'Académie de Médecine, né à Saint-Denis (Réunion) le 21 juillet 1831 (1). Il vint faire ses études médicales à Nantes et les termina à Paris, où il obtint le diplôme de docteur, en 1858.

En 1862, M. Félix Guyon se fit recevoir chirurgien du bureau central des hôpitaux ; en 1864, il fut attaché à l'hospice de la Maternité et, en 1867, à l'hôpital Necker, qu'il n'a plus quitté depuis et où il est devenu le chef de cette école des voies urinaires si justement réputée, grâce à la science de

(1) Dans son *Dictionnaire des Contemporains*, M. Vapereau commet deux erreurs au sujet du docteur Guyon : il l'appelle « Joseph, » au lieu de « Jean » et le fait naître en juin. Il importe d'établir ces rectifications.

l'éminent professeur et à la valeur des élèves formés par son enseignement.

M. le docteur Guyon obtint l'agrégation en 1863 ; il fut nommé professeur de pathologie chirurgicale le 27 juin 1877, et professeur de clinique des maladies des voies urinaires le 14 mars 1890. Admis à l'Académie de Médecine en 1878, il a été élu membre de l'Académie des Sciences, le 16 mai 1892, en remplacement de Richet.

Les travaux publiés sous forme d'articles dans les journaux et revues scientifiques par le docteur Guyon, ainsi que ses communications y relatives, sont fort nombreux. Nous citerons les titres des ouvrages qu'il a fait paraître en librairie, savoir : *Étude sur les cavités de l'utérus à l'état de vacuité* (1852) ; *Des tumeurs fibreuses de l'utérus* (1860) ; *Des vices de conformation de l'urèthre* (1863) ; *Éléments de chirurgie clinique* (1874, avec fig.) ; *Leçons cliniques sur les maladies des voies urinaires* (1881, 2ᵉ éd. 1885, 3ᵉ éd. 1897) ; *Atlas des maladies des voies urinaires* (1881-85, avec pl.) ; *Leçons cliniques sur les affections chirurgicales de la vessie et de la prostate* (1888) ; *Anatomie et physiologie pathologiques de la rétention d'urine* (1890, en collab. avec le Dr Albarran). Il a aussi recueilli et publié, avec le Dr Panas, les *Leçons d'orthopédie de Malgaigne*.

M. le professeur Guyon est officier de la Légion d'honneur depuis 1892.

GUYON (Marie-Léopold-Adrien)

PEINTRE, né à Paris le 22 juillet 1866. Fils du précédent et neveu du romancier Albert Delpit, il fit ses études classiques à Paris.

Ses parents le destinant au barreau, il passa avec succès les différents examens de droit ; mais ses études de doctorat furent interrompues par un engagement conditionnel d'un an au 6ᵉ régiment de dragons.

Épris de la peinture, M. Guyon comptait embrasser cette carrière artistique ; mais sa famille hésitant à l'y autoriser, il contracta encore un nouvel engagement et fut envoyé comme sous-officier stagiaire à l'Ecole de cavalerie. Remarqué par ses qualités d'homme de cheval, il fut nommé sous-maître de manège dans cette école, puis envoyé à Saint-Cyr, comme instructeur d'équitation.

A la fin de ce nouvel engagement, en 1894, M. Adrien Guyon put définitivement se livrer à sa vocation pour la peinture. Dès lors, élève de M. Raphaël Colin, il travailla avec ardeur et fut reçu au Salon du Champ-de-Mars en 1896. Depuis, ses tableaux ont été signalés dans différentes galeries et, en 1897, il exposa au Champ-de-Mars une *Étude de Jeune Fille* et plusieurs études de nu en plein air qui eurent un succès flatteur.

Les qualités de cet artiste sont un dessin très serré, d'une allure distinguée, et d'heureuses dispositions de composition. Sa peinture est simple, d'une jolie enveloppe et d'un coloris plein de finesse et de fraîcheur.

Connu comme tireur remarquable au fleuret et à l'épée, pour lesquels il a été plusieurs fois médaillé, entr'autres aux tournois internationaux de Paris (*Figaro*) et de Bruxelles, M. Guyon est membre de la Société d'encouragement à l'escrime et de la Société d'escrime à l'épée de Paris et président de la Société « le Sabre », société d'encouragement, fondée en 1897 pour relever en France l'escrime au sabre.

RAQUEZ (Fernand-Louis-Alexandre)

CHANTEUR mondain, né le 10 janvier 1865, à Tournai (Belgique), de parents français. Il fit ses études à Bruxelles. Destiné d'abord à la finance, il se tourna bientôt vers l'art lyrique.

Élève des professeurs Cornélis et Montrose au Conservatoire de Bruxelles, il fut lauréat de plusieurs concours et obtint les premiers prix de chant et de déclamation en 1886. Puis il vint à Paris, où il fit apprécier au public, en de nombreux concerts de charité, ses qualités de diseur impeccable et sa voix d'une sonorité délicieuse. Il a toujours chanté comme amateur seulement et gracieusement ; mais sa réputation artistique égale celle de très brillants professionnels.

Parmi les ouvrages interprétés par M. Raquez avec le plus d'éclat, il faut signaler : le *Vaisseau fantôme*, *Don Pasquale*, *Siegfried*, *Tanhauser*, *Joli Gilles*, le *Roi de Lahore*, *Hérodiade*, opéras ; les oratorios *Ève et Biblis*, sous la direction de M. Massenet ; la *Résurrection de Lazare*, avec M. Raoul Pugno ; *Hylas et l'Enlèvement de Proserpine*, avec M. Théodore Dubois. Lors des fêtes données en l'honneur de Jeanne d'Arc, à Orléans, en mai 1897, il chanta le rôle de Jésus, dans la *Rédemption*, de Gounod et la critique loua sans réserves sa superbe interprétation.

M. Fernand Raquez, tireur réputé, est secrétaire de l'Ecole d'escrime pratique. Il est officier de l'Instruction publique.

HAUGOUMAR des PORTES (Charles)

SÉNATEUR, né le 18 décembre 1841 à Lamballe (Côtes-du-Nord).

Lors de la guerre franco-allemande de 1870-1871, M. Haugoumar des Portes fut choisi à l'unanimité, comme capitaine, par les mobilisés du canton de Lamballe et fit toute la campagne en cette qualité. Après la paix, il fut élu conseiller général des Côtes-du-Nord ; il a été le président, de 1892 à 1894, de l'Assemblée départementale, où il représente le canton de Lamballe et, pendant douze années, il a été membre de la Commission départementale. Dans ces deux assemblées, il s'est particulièrement consacré à toutes les questions d'instruction publique et d'agriculture. Il est président du Comice agricole de Lamballe depuis 1877.

M. Haugoumar des Portes fut élu, pour la première fois, sénateur des Côtes-du-Nord, en septembre 1893, lors d'une élection partielle, en remplacement de M. le comte de Tréveneuc, décédé. Réélu, le 7 janvier 1894, par 723 voix, l'honorable sénateur siège à la droite de la Haute-Assemblée et s'occupe de préférence, en outre des intérêts de son département, des questions agricoles et d'enseignement.

Il est protectionniste.

NAUDET (Charles-Thomas-Désiré)

ARCHITECTE, né à Châtillon-sur-Seine (Côte-d'Or) le 29 mars 1829. Il entra en 1852 à l'Ecole des Beaux-Arts ; reçu le second en mathématiques, il choisit comme professeur libre Constant-Dufeux, qui était un adepte fervent de l'architecture rationnelle. Reçu architecte de 1re classe, avec toutes les mentions et une médaille en mathématiques, il quitta l'école en 1859.

Tout d'abord, M. Naudet suivit, comme dessinateur chargé des attachements et des épures, les travaux de construction du pont des Invalides et du pont de l'Alma, puis il fut désigné pour suivre, comme conducteur, les travaux d'installation des nouveaux bureaux de l'octroi de Paris, sous les ordres de M. Jay, architecte en chef. De 1861 à 1862, il fut sous-inspecteur des travaux du Palais de Justice, sous la direction des architectes Duc et Dommey.

En 1867, M. Naudet s'établit à Paris, dans le quartier d'Auteuil, où il a construit nombre d'hôtels et de maisons de rapport, contribuant ainsi au développement de ce quartier pour une large part. On cite tout particulièrement, parmi les travaux exécutés par lui, à Paris, le remarquable hôtel P..., rue du Ranelagh, une maison rue des Petits-Hôtels, le vestibule en produits céramiques d'une maison rue La Fontaine, etc.

M. Charles Naudet s'est surtout préoccupé de l'architecture intérieure et de l'ornementation, inspirée par la flore. Très au courant des procédés rationnels de construction et de l'emploi des matériaux, presque autant sculpteur qu'architecte, il a produit en ce sens des créations originales et fort intéressantes, notamment un motif de cheminée dont les organes spéciaux ont rendu compte avec des éloges unanimes. Les œuvres de cet architecte novateur ont fait l'objet de nombreuses descriptions et reproductions dans la *Revue des Beaux-Arts*, le *Moniteur des Architectes*, la *Construction moderne*, etc.

M. Charles Naudet est membre du Comité d'hygiène du XVIe arrondissement de Paris.

PUISEUX (Marie-Antoine-Charles-Louis-Henri comte de)

ÉCRIVAIN, né à Caen (Calvados) le 8 novembre 1846. Ses études classiques, commencées dans sa ville natale, au collège Sainte-Marie, et terminées à Paris, il se préparait à entrer dans l'armée quand éclatèrent en Italie les événements qui amenèrent le pape Pie IX à organiser la défense du territoire pontifical contre une nouvelle invasion des garibaldiens.

M. Henri de Puiseux alla rejoindre Charette à Rome et s'enrôla dans les zouaves pontificaux. Il assista aux différents combats livrés aux portes de la ville éternelle et, le jour de la prise de Rome (20 septembre 1870), il fut de ceux qui, au Pincio, refusèrent de déposer les armes. Pour ce fait, ses compagnons et lui (environ trois cents hommes) ne purent bénéficier de la capitulation. Au lieu de rejoindre le reste de l'armée pontificale et de jouir des honneurs de la guerre, on les traîna par les rues de la ville, où ils eurent à subir les injures de la foule entrée à Rome à la suite des troupes italiennes. Heureusement, l'ambassade de France, intervenant près du général Cadorna, qui commandait en chef les Italiens, fit mettre un terme à cette pénible situation et, après trois jours passés dans la prison de Macao, ce noyau de défenseurs de la papauté fut conduit à Civita-Vecchia et, de là, ramené par mer à Toulon.

En France, le comte de Puiseux resta aux zouaves de Charette qui, sous la dénomination de Volontaires de l'Ouest, firent la campagne de l'armée de la Loire et se couvrirent de gloire par la fameuse charge de Patay (2 décembre 1870). Sa belle conduite à Poitiers, où il commanda quelque temps un dépôt d'isolés et de déserteurs, lui valut d'être cité à l'ordre du jour de la place et d'être proposé pour la médaille militaire.

Au licenciement des troupes de Charette, M. de Puiseux, qui comme tous ses camarades, pouvait entrer dans l'armée française avec son grade, préféra conserver sa liberté d'action. On comptait alors sur le retour de la Monarchie. Les événements prouvèrent bientôt que les royalistes s'étaient bercés d'illusions. Déçu dans ses espérances, il se jeta dans la presse et entra à l'*Union*, organe officiel du comte de Chambord, où il fut chargé de la politique étrangère.

Entre temps il collabora à l'*Ordre* et à la *Liberté* de Caen, à la *Gazette de Normandie*, fonda les *Petites Nouvelles* et devint le correspondant de plusieurs grands journaux et revues de l'étranger.

Auparavant, le comte de Puiseux avait publié un volume, paru en feuilleton et intitulé : *Yvonne ou la fiancée d'un zouave* (1868) ; on lui doit aussi : la *Vie du comte de Rohan-Chabot* (1 vol. 1872) et une série de portraits de femmes du monde : *Silhouettes de Grandes Dames du XIX° siècle*.

EIFFEL (Alexandre-Gustave)

INGÉNIEUR, né à Dijon le 15 décembre 1832. Élève de l'Ecole Centrale de 1852 à 1855, il se distingua trois ans plus tard, en 1858, en dirigeant la construction du pont métallique de Bordeaux, où fut employé, l'une des premières fois, l'air comprimé pour la fondation des piles.

Après avoir perfectionné l'usage de la presse hydraulique pour le fonçage pneumatique des piles tubulaires, dans l'exécution des ponts de la Nive à Bayonne et de ceux de Capdenac et de Florac, il prit une grande part à l'Exposition universelle de 1867, sous la direction de M. Krantz. M. Eiffel établit notamment les calculs relatifs aux arcs de la galerie des machines, il en vérifia expérimentalement les résultats, qui confirmèrent de point en point sa théorie et furent consignés dans un *Mémoire* qui détermina, pour la première fois, le coefficient pratique d'élasticité admissible dans les grandes constructions métalliques.

Les œuvres de cet ingénieur marquent toutes des progrès accomplis dans l'art de la construction. En 1868, il construisit les deux viaducs à piles métalliques de la Sioule et de Neuvial, sur la ligne de Commentry à Gannat, où il imagina, le premier, pour le roulement des grands ponts, le procédé par leviers et châssis à bascule, ainsi que le procédé des montages en porte-à-faux. Ces mêmes procédés furent appliqués dans la suite aux nombreux viaducs que M. Eiffel mit en place par lançage, notamment au pont de Vianna (Portugal), au viaduc de la Tardes près Montluçon, au pont-route de Cubzac, etc. Dans la construction du viaduc de Porto, sur le Douro et du grand viaduc de Garabit (Cantal), sur la Truyère, il employa des arcs paraboliques à grande ouverture, dont la portée, la plus grande qui eut encore été réalisée, était de 165 mètres. On cite encore, parmi ses travaux principaux : la construction (obtenue à la suite d'un concours international) d'un grand pont-route à Szegedin (Hongrie) ; l'édification de la gare de la Staatibahn à Pesth ; le Pavillon de la Ville de Paris et la façade principale de l'Exposition universelle de 1878 ; la Coupole tournante de l'Observatoire de Nice qui, à l'aide d'un flotteur annulaire plongeant dans un liquide incongelable, est, malgré son poids de 100,000 kilos, mue avec facilité par une seule personne ; et enfin la Tour de 300 mètres à laquelle le nom d'Eiffel restera attaché, et qui fut inaugurée à l'Exposition universelle de 1889.

Depuis 1890, M. Gustave Eiffel a transformé sa maison en Société anonyme.

Candidat aux élections sénatoriales dans la Côte-d'Or, le 4 janvier 1891, M. Eiffel se désista après le premier tour, en faveur de Joigneaux, qui fut élu.

Mêlé à l'affaire de Panama par la part considérable qu'il devait prendre aux travaux du canal, en se chargeant de la construction d'écluses gigantesques permettant son achèvement ; et compris dans les poursuites intentées aux principaux promoteurs de ce projet, il fut mis hors de cause par un arrêt de la Cour de cassation, annullant un premier jugement de la Cour d'appel (1893).

M. Gustave Eiffel est titulaire du prix Elphège Baude, que la Société d'encouragement à l'Industrie nationale lui décerna pour avoir résolu le difficile problème des ponts portatifs économiques, qui prirent une extension considérable tant en France qu'aux colonies et à l'étranger. Il est officier de la Légion d'honneur depuis 1889, chevalier de la Couronne de fer d'Autriche, commandeur des ordres d'Isabelle la Catholique (Espagne), de la Conception (Portugal), de St-Anne (Russie), de la Couronne d'Italie, du Sauveur (Grèce), etc.

BUVIGNIER (Jean-Charles-Victor)

ÉNATEUR, avocat, né à Verdun (Meuse) le 1er janvier 1832. Il est le frère d'Eusèbe-Isidore Buvignier, qui fut représentant du peuple à l'Assemblée Constituante de 1848, puis à l'Assemblée Législative (1812-1860) et de M. Nicolas-Armand Buvignier, ingénieur des Mines, auteur d'ouvrages scientifiques estimés.

M. Charles Buvignier fit ses études classiques au Collège royal de Nancy et son droit à la Faculté de Paris, puis à celle de Dijon. Reçu licencié en 1844, il revint ensuite à Verdun et se fit inscrire au barreau de cette ville où, dès ce moment, il s'occupa beaucoup de politique.

Il avait déjà collaboré au *Patriote de la Côte-d'Or*; il envoya une correspondance suivie à la *Réforme de Paris*, que venaient de fonder Ledru-Rollin et Godefroy Cavaignac. Il fut nommé par le gouvernement provisoire, en 1848, sous-commissaire, puis sous-préfet de l'arrondissement de Montmédy. Il quitta l'administration quand le prince Louis-Napoléon devint président et refusa d'accepter toute autre fonction.

Aux élections générales de 1849, M. Buvignier fut porté sur la liste républicaine de la Meuse ; il obtint plus de 18,000 voix sans être élu. Il revint au journalisme et, dans le *Franc Parleur*, le *Patriote de la Meuse*, le *Démocrate* et autres feuilles de combat, il défendit les principes républicains. Dans le dernier numéro du *Démocrate* (4 décembre 1851), il appela les citoyens à la défense de la loi et fut, pour ce fait, condamné par la Commission mixte de la Meuse.

Réfugié en Belgique, où l'avait précédé son frère Isidore, il rentra en France en 1854 et fut interné à Verdun jusqu'en 1859. A cette époque, l'amnistie lui ayant rendu la liberté, M. Buvignier rédigea la *Revue de la Meuse*, publication littéraire, bientôt supprimée à cause de ses tendances libérales.

Il entra ensuite à la Compagnie du Canal de Suez, où il fut chef du secrétariat jusqu'à l'achèvement de ce canal (1870).

Le gouvernement de la Défense nationale offrit, en 1870, la préfecture de la Meuse à M. Buvignier, qui la refusa pour faire nommer à sa place un autre républicain, M. Grandpierre, de Bar le-Duc.

Après la guerre, il fut attaché au service historique de la Ville de Paris et spécialement chargé de la publication des *Registres de la Prévôté des Marchands*. Il avait précédemment fait de nombreuses publications et recherches archéologiques sur l'histoire de Lorraine et des Trois-Evêchés (Metz, Toul et Verdun).

Candidat républicain dans l'arrondissement de Verdun, aux élections législatives du 4 septembre 1881, il fut élu député, par 9,807 voix, contre 8,031 à M. Salles, candidat bonapartiste. En 1885, il passa en tête de la liste républicaine de la Meuse, avec 38,378 voix sur 70,528 votants. Aux élections de 1889, son mandat fut encore renouvelé par 8,745 voix, contre 8,229 à M. le comte Dessofy de Czerneck, royaliste. Il fut enfin réélu en 1893, par 10,459 voix, contre 5,452 à M. de Verneville, rallié.

Membre de l'Union républicaine, à la Chambre, il suivit une ligne de conduite conforme aux vues de ce groupe, appuya la politique de Gambetta et de Ferry et s'affirma contraire au mouvement boulangiste.

Membre assidu de la Commission de l'Armée, il était président de la Commission de Comptabilité, quand, après la mort du sénateur inamovible Schœlcher, son siège ayant été attribué à la Meuse, M. Buvignier fut élu, le 1er avril 1894, sénateur de ce département, par 451 voix sur 844 votants. Il fut réélu le 3 janvier 1897, avec 696 voix, sur la liste républicaine. Il siège à la gauche démocratique du Luxembourg et participe également aux travaux de diverses commissions.

Professeur honoraire de l'Association polytechnique, M. Charles Buvignier est officier d'Académie.

ORDONNEAU (Maurice)

UTEUR dramatique, né à Saintes (Charente-Inférieure) le 18 juin 1854. Il fit ses études classiques au lycée de Versailles et à Paris celles de droit, durant lesquelles il collabora, comme chroniqueur judiciaire, au journal l'*Audience*.

A vingt ans, M. Maurice Ordonneau, qui avait déjà délaissé la jurisprudence pour les lettres, fit jouer aux Folies-Marigny les *Rosières de carton*, vaudeville en 1 acte, avec Buguet, le 2 mai 1874. Il a fait représenter ensuite : les *Diamants de Florinette*, opérette, avec E. Hamm et Desormes (Pépinière, 20 mars 1875) ; les *Bonnes Filles de Béranger*, vaudeville en 3 actes, avec V. Bernard (Folies-Marigny, 31 octobre 1896) ; la *Bague de Turlurette*, vaudeville en 1 acte, avec Hamm (Folies-Marigny, 8 novembre 1876) ; les *Cricris de Paris*, revue en 3 actes, avec V. Bernard et Grangé (Folies-Marigny, 30 déc. 1876) ; *Zigzags dans Versailles*, revue en 4 actes, avec Hamm (Versailles, 1er février 1877) ; *Cambrai à l'Exposition*, revue en 3 actes, avec Laurencin (Cambrai, 5 fév. 1879); l'*Assommoir pour rire*, vaudeville en 3 actes (Bouffes-du-Nord, 8 février 1879); *Minuit moins cinq*, comédie en 1 acte, avec V. Bernard (Folies-Marigny, octobre 1879); les *Petites Bourgeoises*, comédie en 1 acte (St-Quentin, 13 novembre 1879); l'*Ablette*, comédie en 1 acte (St-Quentin, 2 décembre 1879); les *Deux Distraits*, comédie en 1 acte, avec Fragonard (Rouen, Théâtre Lafayette, 18 décembre 1879); les *Deux Chambres*, vaudeville en 1 acte (Palais-Royal, 3 mai 1880); *Madame Grégoire*, vaudeville en 4 actes, avec Burani et Okolovicz (Théâtre des Arts, 20 mai 1880); *Mimi Pinson*, vaudeville en 3 actes, avec Verneuil et Burani, musique de Michiels (Cluny, 14 mars 1882); le *Réveil de Vénus*, 3 actes, avec Burani et Cermoise (Athénée, 20 décembre 1882); les *Parisiens en province*, comédie en 4 actes, avec H. Raymond (Cluny, 7 avril 1883); l'*Heure du Berger*, vaudeville en 3 actes (Palais-Royal, 29 mai 1883); *Au coin du feu*, comédie en 1 acte (Angers, 14 novembre 1884); les *Petites Godin*, vaudeville en 3 actes (Palais-Royal, 2 décembre 1884); *Cherchons Papa*, vaudeville en 3 actes, avec Bernard (Palais-Royal, 24 août 1885); *Mon Oncle*, comédie-bouffe en 3 actes, avec Burani (Cluny, 5 octobre 1885); *Serment d'Amour*, opéra comique en 3 actes, musique d'Audran (Nouveautés, 7 décembre 1886); le *Bonnet d'Ane*, comédie en 1 acte (Dieppe, 1er août 1886); *Maître Corbeau*, comédie en 2 actes, avec Raymond (Odéon, 18 novembre 1886); la *Princesse Colombine*, opérette en 3 actes, avec E. André, musique de Planquette (Nouveautés, 7 décembre 1886); *Durand et Durand*, comédie-vaudeville en 3 actes, avec Valabrègue (Palais-Royal, 18 mars 1887); les *Noces de Mademoiselle Gamache*, comédie-vaudeville en 3 actes, avec Raymond (Palais-Royal, 28 février 1888); *Miette*, opéra-comique en 3 actes, musique d'Audran (Renaissance, 24 septembre 1888); les *Boulinard*, comédie-vaudeville en 3 actes, avec Valabrègue et Kéroul (Palais-Royal, 14 juin 1890); la *Petite Poucette*, vaudeville-opérette en 3 actes, avec Hennequin, musique de Pugno (Renaissance, 7 mars 1891); l'*Oncle Célestin*, opérette en 3 actes, avec Kéroul, musique d'Audran (Menus-Plaisirs, 24 mars 1891); la *Plantation Thomassin*, vaudeville en 3 actes (Folies-Dramatiques, 1er juin 1891); la *Vertu de Lolotte*, comédie en 3 actes (Nouveautés, 14 décembre 1891); la *Cocarde tricolore*, opérette-comédie en 3 actes, avec Cogniard, musique de Planquette (Folies-Dramatiques, 12 février 1892); la *Femme du Commissaire*, vaudeville en 3 actes, avec Hennequin (Cluny, 21 août 1892); le *Voyage de Berluron*, vaudeville en 4 actes, avec Grenet-Dancourt et Kéroul (Déjazet, 14 mars 1893); *Madame Suzette*, opérette en 3 actes, avec Sylvane, musique d'Audran (Bouffes-Parisiens, 29 mars 1893); *Mademoiselle ma femme*, opérette en 3 actes, avec Pradels, musique de Toulmouche (Menus Plaisirs, 3 mai 1893); *Cousin, Cousine*, opérette en 3 actes, avec Kéroul, musique de Serpette (Folies-Dramatiques, 23 décembre 1893); *Fanoche*, comédie en 3 actes (Nouveautés, 8 février 1894); la *Plantation Thomassin*, opérette, musique d'Albert Vizentini (Vichy, 24 juillet 1894); la *Marraine de Charley*, comédie-bouffe en 3 actes, d'après Brandon-Thomas (Cluny, 14 septembre 1894); l'*Article 214*, comédie en 3 actes, avec Sylvane (Variétés, 18 septembre 1894); la *Perle du Cantal*, opérette en 3 actes, musique de Toulmouche (Folies-Dramatiques, 28 mars 1895); la *Saint-Valentin*, opérette en 3 actes, avec Beissier, musique de Toulmouche (Bouffes-Parisiens, 2 mars 1895); *Gran Via*, traduction d'une zazuela en 1 acte, musique de Chucca y Valverde (Olympia, 25 mars 1896); *Paris quand même*, comédie-bouffe en 3 actes, avec Grenet-Dancourt (Cluny, 30 mars 1896); la *Falote*, opérette en 2 actes, avec Liorat, musique de Varney (Folies-Dramatiques, 17 avril 1896); la *Demoiselle de magasin*, adaptation de *The Shop Girl*, opérette anglaise de Ivan Caryll, 2 actes (Olympia, 4 juin 1896); la *Poupée*, opéra-comique en 4 actes, musique d'Audran (Gaîté, 21 octobre 1896); l'*Auberge du Tohu-Bohu*, opérette en 3 actes, musique de Victor Roger (11 février 1897, Folies-Dramatiques); *Niobé*, comédie en 3 actes, tirée de l'anglais de M. Paulton (Casino de Vichy, 27 juin 1896; Bouffes-Parisiens 11 mai 1897); l'*Agence Crook*, vaudeville-opérette en 3 actes et 5 tableaux, musique de V. Roger (21 janvier 1898, Folies-Dramatiques); *The Royal Star*, opéra-comique en 3 actes (en langue anglaise), musique de Justin Clérice (Théâtre du Prince de Galles, à Londres, 11 septembre 1898); les *Sœurs Gaudichard*, op. en 3 actes et 5 tableaux, musique d'Audran (20 avril 1899, Théâtre de la Gaîté).

Plusieurs de ces pièces et notamment : *Durand et Durand*, les *Petites Godin*, les *Boulinard*, l'*Oncle Célestin*, la *Poupée*, la *Marraine de Charley*, l'*Auberge du Tohu-Bohu*, ont dépassé deux cents représentations consécutives et sont restées au répertoire des grands théâtres de Paris et d'ailleurs.

On annonce encore de M. Ordonneau : les *Saltimbanques*, opéra-comique en 4 actes et 5 tableaux, musique de Louis Ganne, pour le Théâtre de la Gaîté et l'*Etude Tocasson*, comédie en 3 actes, avec Valabrègue, pour le Gymnase.

Ce fécond et spirituel auteur, qui est excellemment comique, a collaboré, comme critique théâtral, au *Clairon*, au *Gaulois* et au *Matin*, où il a fait, jusqu'en 1898, la soirée théâtrale.

BELLE (Antoine-Dieudonné)

Sénateur, ancien député, né à Montlouis-sur-Loire le 8 décembre 1824. Fils d'un notaire, il vint étudier le droit à Paris et, une fois reçu licencié, se fit inscrire comme avocat au barreau de Tours. Nommé juge suppléant au tribunal du chef-lieu d'Indre-et-Loire, fonctions qu'il occupa de 1860 à 1866, il devint, à cette date, conseiller municipal et adjoint au maire de Tours

Lors de la guerre de 1870, M. Belle, bien que marié depuis peu de temps, s'engagea dans le bataillon des mobiles de son département, fut nommé capitaine et fit toute la campagne.

Porté candidat, sur la liste républicaine pour l'Assemblée nationale, en 1871, il ne fut pas élu.

Devenu conseiller général du canton de Tours-Sud, puis maire de cette ville en 1874, M. Belle déploya, dans l'exercice de son mandat, beaucoup d'activité : d'importantes constructions furent élevées à Tours, notamment l'Ecole des Beaux-Arts, le Conservatoire de musique et la première école laïque de filles.

Aux élections législatives de 1876, élu député de la 1re circonscription de Tours, par 10,078 voix sur 17,532 votants, il siégea à l'Union républicaine ; l'un des 363, il fut révoqué comme maire par le ministère de Broglie. Réélu en 1877, par 12,006 voix contre 7,472 à M. Mame, conservateur, il y eut cette particularité dans son élection que le maréchal de Mac-Mahon et Mme de Mac-Mahon vinrent à Tours soutenir la candidature de M. Mame. Renvoyé encore à la Chambre : en 1881, par 10,758 voix contre 4,492 à M. de Biencourt et 2,696 à M. Richard et, en 1885, par 38,697 suffrages, M. Belle vota constamment avec la majorité républicaine. Il s'éleva vivement contre les menées boulangistes et dut à cette attitude d'être combattu à outrance, au renouvellement de 1889, par le candidat du « Comité National », M. du Saussay, qui fut élu à son siège avec 12,705 voix, contre 8,588 obtenues par le député sortant.

Après avoir donné sa démission de maire de Tours, M. Belle était devenu maire de Rouziers, petite commune d'Indre-et-Loire, en 1890 ; il fut présenté aux élections sénatoriales, sans réussir, en 1891 ; mais à la mort de M. Guinot, beau-père de Félix Faure, il fut de nouveau porté candidat et nommé sénateur (1894), après une lutte très vive, obtenant 325 voix, contre 315 à M. Pic-Paris, maire de Tours. Il a été réélu, en 1897, par 400 voix sur 1,233 votants, au 2e tour.

Inscrit au groupe de la Gauche démocratique du Sénat, M. Belle a fait partie de diverses commissions et a pris la parole dans plusieurs discussions administratives, agricoles et militaires, notamment au sujet des engagements dans l'armée, à propos du budget de la Guerre de 1897, etc.

L'honorable sénateur a fondé, dans son département, vingt-sept sociétés de gymnastique et a été président de l'Union des Sociétés gymnastiques de France. Organisateur des comices agricoles d'Indre-et-Loire, qu'il a, durant de nombreuses années, présidés, il est aussi président de la Société d'horticulture de la région.

M. Belle a créé deux journaux politiques dans son département : la *Touraine Républicaine* et le *Républicain d'Indre-et-Loire*.

TOUCHEMOLIN (Charles-Alfred)

Peintre et dessinateur, né à Strasbourg le 9 novembre 1829. Elève de Gabriel Guérin dans sa ville natale et de Drolling à l'École des Beaux-Arts de Paris, M. Alfred Touchemolin débuta au Salon de 1863, avec un tableau intitulé : *Siège au Moyen-Age*, qui fut acquis pour le musée de Strasbourg. Il envoya ensuite : *Bataille de Solférino*, deux épisodes (1864 et 1865) ; *Épisode de la bataille de Magenta* (1866), etc.

Professeur libre à Strasbourg, cet artiste, dont l'enseignement fut des plus appréciés, se trouvait dans cette ville lors du siège de 1870. Après la reddition, il fut nommé membre de la Commission municipale, qui remplit ses fonctions dans les circonstances les plus délicates.

Quittant une situation des plus prospères, M. Alfred Touchemolin revint à Paris et y continua ses travaux de peinture. Nous citerons parmi les tableaux exécutés depuis cette époque : *Épisodes de la guerre de 1870*, deux panneaux qui se trouvent au château de Castex (1874) ; *Arrivée des délégués suisses pendant le siège de Strasbourg* (1878), les *Ruines de la bibliothèque de Strasbourg* (au Salon de 1885) ; *Croates et Pandours* (Salon de 1885) ; *Le dessinateur Zix à l'armée d'Helvétie* (Salon de 1889).

Dessinateur très apprécié, l'excellent artiste s'est consacré depuis quelques années à des illustrations très originales d'ouvrages : *Vue des châteaux d'Alsace* (1868); *Album de Sainte Odile*, texte et dessins (1877) ; *Strasbourg militaire*, texte et dessins (1895) ; *Wist, Wisdom and Folly*, par M. Marnery, dessins (1895) ; *Pro patria*, par Jean Delaire, dessins (1896) ; le *Régiment d'Alsace*, texte et dessins (1897) ; *Siège de Strasbourg*, journal d'un assiégé, par F. Piton, dessins (1899), etc.

M. Alfred Touchemolin est officier d'Académie.

PÉRIVIER (Samuel)

PREMIER président honoraire de la Cour d'appel de Paris, né à Angles-sur-Langlin (Vienne) le 20 septembre 1828. Avocat au barreau de Poitiers (1849-1870), où il s'était créé une situation considérable, il entra dans la magistrature au lendemain du 4 septembre. Nommé premier avocat général, près la Cour de Poitiers, le 3 octobre 1870, M. Samuel Périvier fut le dernier des magistrats de ce grade, supprimé depuis.

Chargé de prononcer le discours de rentrée, en octobre 1872, il choisit pour sujet : la « bienveillance chez les magistrats et les fonctionnaires ». Sa harangue fit grand bruit, bien que le texte primitif en ait dû être modifié et atténué.

Le 5 février 1877, il était appelé au poste de procureur général à Besançon ; mais, au 16 mai, M. Périvier fut nommé conseiller à la Cour de Caen, par le duc de Broglie, ministre de la Justice. Il refusa ce poste de disgrâce et démissionna par la lettre suivante, qui eut alors un grand retentissement :

Monsieur le Garde des Sceaux,
J'apprends par une dépêche qui m'est officieusement communiquée que, sur votre présentation, M. le président de la République a bien voulu me nommer conseiller à la Cour d'appel de Caen.
Mon passé, tout de dévouement à la République, et les événements qui viennent de s'accomplir me donnaient le droit d'aspirer à l'honneur d'une franche et nette révocation.
Regrettant de n'avoir pu obtenir cette légitime, quoique très mince satisfaction, j'ai l'honneur, monsieur le Ministre, de vous envoyer ma démission.

Après la chute du gouvernement de combat, M. Périvier reprit, sur sa demande, ses fonctions de procureur général à Besançon, « tenant, disait-il dans son discours d'installation, à remonter sur le roc où il avait été frappé. » Le 11 février 1879, il fut nommé procurer général à Lyon, par M. Le Royer, qui avait lui-même occupé ce poste en 1870. Six mois après, il revenait à Besançon comme premier président, en remplacement de M. Loiseau, mort subitement.

M. Périvier fut successivent promu, de 1880 à 1883, conseiller à la Cour de cassation, procureur général près la Cour d'appel de Paris et enfin premier président de cette cour, le 12 avril 1883.

Pendant plus de seize ans, M. Périvier a occupé ce poste avec infiniment de compétence, de tact et de dignité. Il a eu à juger les causes les plus importantes et les plus retentissantes, qui ont donné lieu à des arrêts dont plusieurs sont restés mémorables, notamment les affaires du « Panama » (1893) et le procès Emile Zola devant la Cour d'assises de Versailles (1898), dont il présida lui-même les audiences. Il fut admis à la retraite le 20 septembre 1898.

M. Samuel Périvier est commandeur de la Légion d'honneur depuis le 10 septembre 1885.

ROGER (Jean-Emile)

SÉNATEUR, né à Rouffignac (Dordogne) le 24 février 1831. Son père, Sylvain Roger, était depuis plusieurs années président de la Chambre des notaires de l'arrondissement de Sarlat quand son arrestation, motivée par l'ardeur de ses convictions républicaines, lui fit donner sa démission après le coup d'État de 1851. Ses collègues, bien que ne partageant pas ses opinions politiques, s'empressèrent de le réélire, lui donnant ainsi un témoignage d'estime et de sympathie qui influença la commission mixte ; celle-ci, au lieu de le condamner au bannissement, prononça contre lui une peine moins grave.

M. Emile Roger fit ses études classiques au lycée de Périgueux et son droit à la Faculté de Paris. Reçu licencié, il se fit inscrire, en 1853, au barreau de Périgueux, dont il fut plus tard bâtonnier. Il devint, en 1875, chef du contentieux de la Compagnie du chemin de fer d'Orléans, pour laquelle il avait plaidé fréquemment, soit à Périgueux, soit devant d'autres tribunaux ou cours d'appel.

En 1855, M. Roger, candidat de l'opposition, fut élu conseiller municipal de Périgueux ; mais il ne put siéger, n'ayant pas cru devoir prêter le serment exigé par l'Empire. Réélu en 1859, il remplit alors cette formalité, sur les instances de ses amis politiques.

Choisi, en 1869, aux élections législatives, dans la 4ᵉ circonscription de la Dordogne, par le comité démocratique, afin de combattre le candidat officiel de l'Empire, M. Roger échoua, obtenant 4,641 voix, contre 19,132 à l'élu, M. de Bosredon et 4,535 à M. Gibiat, malgré une très vive campagne de conférences et de réunions.

Au moment de la guerre franco-allemande (1870-1871), M. Roger fut nommé intendant auxiliaire à Périgueux et il organisa plusieurs ambulances ; la campagne terminée, ses fonctions ayant pris fin, il reversa au Trésor la totalité des appointements qu'il avait reçus, ce qui lui valut de l'autorité militaire des félicitations et des remerciements bien naturels.

Aux élections pour l'Assemblée nationale du 8 février 1871, M. Roger, candidat de la liste républicaine, obtint 22,498 voix sur 97,443 votants.

En 1880, il fut nommé conseiller général de la Dordogne, pour le canton de Montignac. Il devint président de l'assemblée départementale en 1883 et conserva cette présidence jusqu'en 1894, époque à laquelle il donna sa démission.

Elu député de la première circonscription de Sarlat, lors d'une élection partielle, le 28 mai 1880, par 8,764 voix, contre 6,648 données au candidat bonapartiste. M. Sorbier, il prononça la même année, à la Chambre, sur le maintien du scrutin uninominal, un discours très remarqué, auquel répondit Gambetta qui, soutenant le scrutin de liste, n'en rendit pas moins hommage au talent de son adversaire.

Aux élections générales du 21 août 1881, M. Roger fut réélu député du même arrondissement par 9,669 suffrages, sans concurrent. Il fit partie, au Palais-Bourbon, du groupe de l'Union démocratique, dont il fut ensuite le président, fut membre de nombreuses et importantes commissions parlementaires, notamment de celle des Finances, et rapporteur du budget de l'Agriculture en 1882 et 1883.

Lors du renouvellement intégral des membres du Sénat, il fut élu, le premier sur la liste républicaine de la Dordogne, au premier tour de scrutin, le 25 janvier 1885 et réélu, aux élections du 7 janvier 1894. au premier tour, par 740 voix contre 357.

M. Roger a fait partie, au Luxembourg, des commissions permanentes de l'Armée, des Finances, des Chemins de fer et de plusieurs autres. Pendant une période ininterrompue de huit années, il a été rapporteur du budget de la Guerre. Il a collaboré, comme membre de la commission de l'Armée, à l'élaboration de la loi sur le recrutement militaire (1889), fixant à trois ans de présence sous les drapeaux la durée du service actif. Il a pris la parole dans un certain nombre de discussions intéressant les questions d'enseignement ou locales et il est membre du comité de direction de la Gauche républicaine.

DUVAL (Edmond)

ADMINISTRATEUR et économiste, né à Claye-Souilly (Seine-et-Marne) le 10 janvier 1841. Ses études achevées, il entra au Mont-de-Piété de Paris en 1860, passa rapidement par les divers grades inférieurs, fut promu inspecteur en 1872, secrétaire général en 1879 et, sur la proposition de son prédécesseur, choisi, en 1885, comme directeur, en remplacement de l'économiste André Cochut, qui venait de demander sa retraite.

M. Edmond Duval se consacra tout entier à la réalisation des réformes qu'il jugeait nécessaires pour permettre au Mont-de-Piété de rendre les services que la population nécessiteuse de Paris avait le droit d'en attendre. Dès le 1er janvier 1886, les intérêts et droits furent abaissés à 8 %; puis, le 1er janvier 1887, à 7 %. La même année, le droit de prisée, payé par les emprunteurs en sus des droits proportionnels, était mis à la charge du Mont-de-Piété. C'étaient environ 656,000 francs d'intérêts ou droits que l'administration cessait de percevoir. A cette même époque furent supprimés les bureaux des commissionnaires du Mont-de-Piété, la création de nombreux bureaux auxiliaires ayant rendu leur maintien inutile. Pour donner de plus grandes facilités à ses emprunteurs, l'administration, en même temps, obtint l'abrogation du décret de 1863 qui limitait le maximum des prêts à accorder dans ses divers établissements.

M. Duval, se préoccupant avec une activité très grande de tout ce qui touche à la classe nécessiteuse, fit installer dans les quatre établissements principaux, où sont emmagasinés les matelas et objets de literie, des étuves à épuration par la vapeur sous pression : il rendait ainsi un signalé service à l'hygiène publique et contribuait à atténuer les ravages que pourraient faire à l'avenir les épidémies dans une population agglomérée comme celle de Paris.

La réforme la plus importante qu'il poursuivit pendant plusieurs années, avec une énergie persévérante, est la création d'un service de prêts sur valeurs mobilières au porteur (loi du 25 juillet 1891). Ce service, inauguré le 1er janvier 1892, prête depuis annuellement 7,000,000 de francs à 25,000 personnes. Il défendit, en 1893, à la Chambre des députés, un autre projet très important, ayant pour objet d'apporter aux rapports des commissaires-priseurs du Mont-de-Piété certaines modifications permettant de supprimer les marchands de reconnaissances. Ce même projet a été repris, en 1899, par un certain nombre de députés de l'extrême gauche du Parlement, MM. Viviani, Vaillant, Renou, Toussaint, Walter, Chauvière, etc.

M. Edmond Duval est l'auteur d'un remarquable *Manuel de législation et de comptabilité du Mont-de-Piété de Paris*, avec un historique de la fondation des Monts-de-Piété. En outre de sa collaboration à diverses revues économiques, il a publié de nombreuses brochures sur des questions administratives, notamment : *Les opérations de dégagements gratuites depuis la fondation du Mont-de-Piété de Paris* (1887) ; *Les Inconvénients de la limitation légale du taux de l'intérêt* (travail couronné par la Société d'économie politique en 1891) ; *Les opérations du Mont-de-Piété de Paris à différentes époques depuis sa création (1777-1894)* ; *Sur les bureaux auxiliaires du Mont-de-Piété de Paris* (1896) ; *Monts-de-Piété, Taux d'intérêt des Prêts, Les Monts-de-Piété doivent-ils êtres autorisés à prêter sur valeurs mobilières ?* (1898). Il dirige aussi la partie : *Mont-de-Piété de Paris*, dans l'*Annuaire statistique de la Ville de Paris*, publié par le Conseil municipal.

M. Edmond Duval a été promu officier de la Légion d'honneur le 1er janvier 1893. Il est membre du Conseil supérieur de l'Assistance publique et de la Société d'économie politique et vice-président de la Société de statistique de Paris.

CHARCOT
(Jean-Baptiste-Etienne-Auguste)

MÉDECIN, né à Neuilly-sur-Seine le 5 juillet 1867. Il est le fils de l'illustre docteur Jean Charcot (1825-1893).

Après avoir accompli ses études classiques à l'École Alsacienne, il fut externe des hôpitaux dans les services de MM. Tillaux et Hanot, puis interne en 1886, sous la direction de son père et de MM. Brissaud et Raymond. Reçu docteur en médecine (1895), avec une thèse intitulée : *Contributions à l'étude de l'atrophie progressive*, qui obtint un prix de la Faculté, M. Jean Charcot devint aussitôt chef de clinique des maladies du système nerveux à la Faculté de Médecine.

En outre de sa thèse et d'un travail sur l'*Epilepsie Jacksonienne*, paru en 1891, M. le docteur Charcot a publié : les *Leçons du Mardi du Dr Charcot*, avec MM. Blin et Collin (1888-1892, 2 vol.) ; *Dissociation, dite syringomélique, dans les compressions et sections des troncs nerveux* (1892) ; *Dysbasies d'origine nerveuse*, avec M. Hallion, dans les *Archives de Neurologie* (1893) ; *Contribution à l'étude de l'Agraphie*, dans le *Progrès Médical* (1892-1893) ; *Sur les lésions de la poliomiélyte antérieure subaigüe et chronique*, avec M. Dutil (*Progrès Médical*, 1894) ; *Etude sur un cas de paralysie bulbo-médullaire*, avec M. Marinesco (1895) ; *Sur l'Epilepsie Jacksonienne* (1896) ; l'*Ophtalmoplégie externe* (*Revue de Neurologie*) ; *Atrophie musculaire chez les tabétiques*, avec M. Dufour, (dans l'*Iconographie de la Salpêtrière*); *Polinévrite et variole* (1897), etc.

Il a fait aussi des conférences contre l'*Alcoolisme* sur les navires de l'Etat ; il a produit un livre très intéressant de vulgarisation sur *La Navigation et l'Astronomie nautique* ; il collabore à l'*Iconographie de la Salpêtrière*, à la *Médecine moderne* et est secrétaire des *Archives de Neurologie*.

Professeur à l'Ecole des infirmières de la Salpêtrière, M. le docteur Charcot a été nommé médecin de l'Exposition universelle de 1900 et prend part assidûment aux travaux de l'Institut Pasteur.

Il a épousé, en 1896, la petite-fille de Victor Hugo.

FANIEN (Achille-Joseph)

INDUSTRIEL, député, né à Lillers (Pas-de-Calais) le 19 janvier 1827. Fils de Charles Fanien, qui, en 1823, avait fondé dans cette petite ville une fabrique de chaussures, M. Achille Fanien fut, tout jeune encore, l'associé et le collaborateur de son père. Après divers voyages en Europe et en Amérique, utiles au développement de son industrie, il fit construire de nouvelles usines à Saint-Omer, Aire, Fruges, et établit une maison de dépôt à Paris.

Sous sa direction, les affaires de sa fabrique ont pris une extension considérable ; ses usines occupent près de 1,500 ouvriers, pour lesquels M. Fanien a organisé une assurance contre les accidents et fait construire nombre de maisons économiques, dont le modèle obtint un grand prix à l'Exposition universelle de 1889.

A Lillers, ville dont son neveu, directeur de son usine, est maire, M. Achille Fanien a fait construire deux écoles laïques, procédé à la réfection de l'hôpital et construit un orphelinat ; il donne chaque année deux maisons qui sont tirées au sort, le 14 juillet, au profit des membres de la Société de secours mutuels.

M. Achille Fanien, républicain dès son jeune âge, avait contribué au mouvement d'opinion qui suivit la révolution de février 1848. Au Coup d'Etat du 2 décembre 1851, il échappa difficilement aux recherches, tandis que son frère était arrêté et condamné par la commission mixte siégeant à Arras. En 1870, il mena une active campagne contre le plébiscite et s'associa, après le 4 septembre, au mouvement républicain. Toutefois ses multiples occupations l'avaient jusque-là tenu loin de la politique active ; mais, après le 16 mai 1877, cédant aux sollicitations de ses amis, il se présenta dans l'arrondissement de Béthune comme candidat républicain. Battu à quelques voix par son concurrent officiel, M. Fanien fut élu, l'année suivante, conseiller général du Pas-de-Calais pour le canton de Béthune, poste qu'il occupa jusqu'en 1881.

Aux élections législatives de cette dernière année, il fut élu député de l'arrondissement de Béthune par 10,915 voix contre 9,073 à M. Hermary, député sortant. Au renouvellement général de 1885, fait au scrutin plurial, M. Fanien échoua avec la liste républicaine du Pas-de-Calais.

En 1889, la 3ᵉ circonscription de Béthune le renvoya à la Chambre, par 6,604 voix, contre 5,417 à M. Hermary, conservateur ; il fut encore réélu, en 1893, avec 10,328 voix contre 1,740 à M. Merlin, et en 1898 avec 11,500 voix contre 2,352 au même concurrent.

A la Chambre, M. Achille Fanien siégea à l'Union républicaine, puis au groupe dit des « républicains progressistes ».

Protectionniste, il s'occupe principalement, au Parlement, des questions d'affaires et d'assistance.

Il est officier de la Légion d'honneur depuis 1887.

DUSSAUD (François)

Ingénieur-Physicien, né le 14 avril, 1870, à Genève. Docteur ès sciences de la Faculté de Paris en 1891, avec une thèse *Sur la réfraction et la dispersion du chlorate de soude cristallisé*, présentée à l'Académie des Sciences par M. Cornu en août de la même année, il professa, très jeune encore, des cours de physique à l'Université de Genève de 1892 à 1894 et fut élu député à la Chambre helvétique, en 1895, à la limite d'âge.

M. François Dussaud a très rapidement attiré sur lui l'attention du monde savant par une série d'inventions d'un haut intérêt pratique et scientifique. En 1896, il créa le *Microphonographe Dussaud* ou *Phonographe des sourds*, appareil permettant d'amplifier les sons à volonté et qui a rendu de grands services aux sourds (Expérience du Dʳ Laborde à l'Académie de Médecine le 30 décembre 1896).

Ce *Microphonographe* a été appliqué peu après à la téléphonie et a permis d'enregistrer à distance les conversations téléphoniques lorsqu'on désire en garder l'inscription phonographiée et pouvoir les répéter à volonté, ou, en cas d'absence d'un interlocuteur, trouver et écouter la conversation au retour. (Expérience devant M. Boucher, ministre du Commerce, 6 novembre 1897, voir journal des *Débats*, 11 novembre 1897.—Col. Berthon Jaubert). Il a été aussi appliqué au cinématographe pour permettre d'entendre ce que disent les personnages représentés. Cette application du microphonographe a été présentée au public sous le nom de *Phonorama* (Col. Berthon Jaubert.—Voir *Revue générale des Sciences*, janvier 1898).

En 1898, il inventa les *Reliefs Dussaud* ou *Cinématographe des aveugles*, appareil où les photographies sont remplacées par des reliefs qui, se succédant les uns aux autres, donnent aux aveugles, par l'imposition des doigts, la sensation de reliefs mobiles. Les aveugles peuvent ainsi s'initier aux mouvements et aux déplacements des objets, comme nous le faisons avec le cinématographe. (Présenté à l'Académie des Sciences par M. Léauté, le 3 octobre 1898).

On doit encore à ce jeune et déjà célèbre inventeur des travaux sur : les *Lentilles acoustiques* (Collab. Perrot, Archives des Sciences physiques, 1895) ; les *Brûleurs économiques* (Col. le professeur E. Métral) ; les *Amalgames* (Col. Klein) ; les *Parfums* (Col. Rubrecht) ; les *Combinaisons chimiques* (Col. Jaubert). Ces trois dernières études ont paru dans la *Revue des actualités chimiques*, sous la direction de M. Friedel, de l'Institut (Paris, 1897). Ces travaux ont valu une médaille d'or à M. Dussaud à l'Exposition nationale Suisse à Genève (1896). Il s'est encore occupé d'autres questions scientifiques, telles que : la *Vision à distance* (présentée à l'Académie des Sciences par M. d'Arsonval 10 avril 1898) ; le *Téléphone haut parleur* (présenté à l'Académie des Sciences le 4 décembre 1898) ; le *Téléphone sans fil* (présenté à l'Académie des Sciences le 16 janvier) ; la *Théorie des phonographes à grands cylindres* (Stentor de la Cⁱᵉ des Etablissements Pathé frères, présenté à l'Académie de Médecine, par le professeur Laborde, le 31 janvier 1899) ; la *Théorie des nouveaux procédés d'amplification des sons* (Stentor, présenté à l'Académie des Sciences, par M. Marey, 27 février 1899) ; l'*amplification des sons du téléphone*, pour le rendre accessible aux ouïes mauvaises et leur permettre de suivre un spectacle avec l'emploi du *Multiphone Dussaud*, appareil présenté à l'Académie de Médecine, le 16 mai 1899, par le Dʳ Laborde.

M. François Dussaud a fait sur ses inventions de nombreuses et brillantes conférences à la Sorbonne, à la Faculté des Sciences de Marseille, à l'Université de Genève, dans divers congrès scientifiques, à la Société de physique de Paris, au centenaire des Arts et Métiers, en présence du président de la République, etc.

De 1897 à 1898, M. Dussaud passa d'importants traités avec la Compagnie générale des Transatlantiques et la Société industrielle des Téléphones, qui désiraient s'assurer la propriété exclusive de quelques-unes de ses inventions ; fixé à Paris, il est devenu l'ingénieur-conseil de la Cie générale des Cinématographes, Phonographes et Pellicules (anciens établissements Pathé frères).

COLIN (Gustave)

Peintre, né à Arras le 25 juillet 1828, d'une famille de magistrats. Venu à Paris pour étudier le droit, il se consacra bientôt à l'art.

Il fut d'abord élève de Dutilleux, peintre artésien, puis de Thomas Couture.

M. Gustave Colin débuta au Salon de 1858 avec un paysage, l'année suivante, son envoi fut acquis par la loterie de l'Exposition. En 1863, il envoya au Salon : *Basques espagnols jouant à la paume*, toile composée au cours d'un voyage de son auteur en Espagne et qui fut refusée par le Jury ; elle obtint d'ailleurs un grand succès au « Salon des refusés » de cette même année, louée par M. Emile Zola qui lui reconnut « un coup de lumière d'une intensité splendide. »

Il convient de mentionner parmi les œuvres de ce peintre envoyées à la Société des Artistes français : la *Barre de la Bidassoa*, actuellement au musée d'Arras (1865) ; *Course de Novillos sur la place de Pasages, le jour de la fête de St-Jacques* (1869), qui figure au musée d'Arras et dont Théophile Gautier écrivit :

C'est une peinture pleine de saveur et d'une impression très juste : les maisons, dont les fenêtres ont été transformées en loges par les spectateurs prudents, amusent l'œil par le bariolage des tapis jetés sur les balcons ; sur la place, gaiement ensoleillée, gambade la foule des aficionados, agaçant et capéant le jeune « novillo. »

Citons ensuite : le *Castillo à Pasages*, tableau acheté directement à l'auteur par la ville de Pau, pour son musée ; la *Récolte du maïs, à Urunaga* (1873), toile accueillie avec les plus grands éloges ; *Sous les platanes de Ciboure* (Basses-Pyrénées) (1874) ; *Maria Artinchola, paysanne basque* et le *Matin de la fête d'Urugne, jeu de pelote* (1875) ; le *Matin d'un jour d'été* (1876) ; *Pasages*, (1877) ; *Deux Sœurs* ; *Marie Sabine au lavoir* (1878) ; les *Lamaneurs du golfe de Gascogne* (1879) ; *La Nive au Pas de Roland en octobre* (1880), toile mentionnée et qui fut acquise par l'Etat pour le musée de Marseille ; les *Lamaneurs dans la rade de St-Jean de Luz*, au musée du Puy (1881) ; la *Messe du matin en Navarre* (1882, acquise par l'Etat pour le musée de Clermont-Ferrand) ; ces deux derniers tableaux figurèrent aussi à l'Exposition universelle de 1889, où l'artiste obtint une médaille d'argent.

A l'Exposition centenale de la même année, il envoya : *Chasse de Diane*, la *Sortie de la messe à Ciboure*, le *Chemin de Bordagain*.

Aux Salons annuels de la Société nationale des Beaux-Arts, M. Gustave Colin a exposé notamment : *Jeune fille passant un ruisseau dans les Pyrénées* ; la *Fontaine de San-Pedro à Pasages* ; le *Mont Séceinac, à Gavarnie* (1890) ; *Novillada sur la place d'un village Guipuzcoan* (Espagne) ; *Marins de St-Jean de Luz*, toile des plus importantes (1891) ; *Pelotaria basque* ; la *Mer à St-Jean de Luz* ; *Marchand de journaux dans les rues d'Arras en 1866* (1892) ; *Navire cherchant un refuge en rade de St-Jean de Luz* ; le *Ruisseau de Bastan à Bidarray* ; *Espagnole* (1893) ; la *Procession de Nuestra-Senora de Guadelupe à Fontarabie* ; *Un Cyclone en Mer* ; la *Mer à Guethary* (1895) ; *Pilote basque* ; *Digues de mer* ; l'*Atlantique* ; *Après l'orage (Golfe de Gascogne)* ; *Au pays basque*, panneau décoratif (1898) ; l'*Entrée du port de Pasages* et *Dans les montagnes de la Navarre* (1899).

On doit citer encore de ce fécond artiste les œuvres suivantes non exposées : *Soir dans la baie de Pasages* et l'*Entrée de ma maison à Ciboure* ; *Portrait de mon fils* ; *Courses de taureaux dans un village de Navarre* ; *Marchandes de sardines espagnoles* ; la *Ville de Pasages* et *Intérieur de l'Eglise de St-Jean de Luz* ; *Un orage dans les Pyrénées* et *Portrait de la comtesse Doria* ; *Courses de taureaux à Pampelune*, six panneaux décoratifs représentant le *Travail de la mer* et le *Travail de la terre* ; *Joueurs de pelote basques arrangeant les enjeux* ; un *Panneau décoratif* à l'Hôtel-de-Ville de Paris, etc.

M. Gustave Colin a écrit une *Notice biographique sur le professeur Dutilleux* ; *Les Hudes*, recueil de vers et des articles de critique sur Corot et divers autres maîtres.

Cet excellent artiste est chevalier de la Légion d'honneur depuis 1899.

Le COUR GRANDMAISON
(François-Jean-Baptiste-Charles)

SÉNATEUR, né à Nantes (Loire-Inférieure) le 12 février 1848. Fils d'un armateur de cette ville et neveu d'un représentant du peuple du même nom, il vint faire ses études de droit à Paris. Reçu docteur en 1870, il prit part à la guerre, cette même année, comme volontaire dans les mobiles de la Loire-Inférieure et contribua à la défense de Paris.

Associé à son père et armateur à Nantes jusqu'en 1885, juge au Tribunal de commerce et membre de la Chambre de commerce de cette ville pendant plusieurs années, M. Le Cour Grandmaison fut élu conseiller général pour le canton de Vertou en 1877, en remplacement de son père ; réélu depuis ce temps sans interruption à cette fonction, il est vice-président du Conseil général de la Loire-Inférieure.

Candidat à la députation, en 1881, dans la première circonscription de Nantes, il échoua contre M. Laisant; mais, en 1885, porté sur la liste conservatrice de la Loire-Inférieure, aux élections générales législatives, M. Le Cour Grandmaison fut élu député, le 4 octobre, par 70,477 voix sur 121,474 votants. Il siégea à la droite monarchiste, combattit la politique scolaire et coloniale du gouvernement républicain et fut secrétaire de la Chambre de 1887 à 1889. Réélu en 1889, dans la deuxième circonscription de Nantes, par 6,900 voix, contre 6,630 à M. Van Iseghen, républicain, il continua à s'occuper de questions d'intérêt maritime et présenta diverses propositions dans ce sens. En 1893, aux élections générales législatives, il échoua dans la même circonscription, avec 5,433 voix, contre 7,163 à l'élu, M. Roch, républicain.

Il fut élu sénateur de la Loire-Inférieure, à une élection partielle, en 1895 et réélu en 1897, avec la liste conservatrice de ce département, au renouvellement triennal du Sénat.

M. Le Cour Grandmaison, qui est un membre militant de la Droite sénatoriale, a prononcé plusieurs importants discours sur les questions d'affaires, notamment dans la discussion de la loi sur la marine marchande, l'inscription maritime et dans celle de la loi sur les conseils d'arbitrage et de conciliation. Il est l'auteur d'une proposition de loi modifiant cette dernière et d'une autre sur l'assurance contre les accidents du travail, adoptée en partie par les Chambres. Il est aussi intervenu dans maintes discussions politiques, toujours dans le sens conservateur.

L'honorable sénateur de la Loire-Inférieure a donné dans différentes revues : le *Bulletin de l'Association catholique*, le *Réveil français*, la *Revue de Lille*, la *Réforme sociale*, des articles d'économie politique et sociale concernant les tarifs des douanes, les traités de commerce, les syndicats professionnels, etc. ; et, dans la *Revue des Deux-Mondes*, des études d'un grand intérêt sur la Grève du bâtiment et divers autres sujets (1898). Il a publié en 1892 une traduction des *Trade-Unions* de Howell.

M. Le Cour Grandmaison est commandeur de St-Grégoire le Grand.

GÉROME (Jean-Léon)

PEINTRE et statuaire, membre de l'Institut, né à Vesoul le 11 mai 1824. Fils d'un orfèvre de cette ville, il vint de bonne heure à Paris. En 1840, il entrait à l'atelier de Paul Delaroche et, quatre années plus tard, ses études achevées, accompagna son maître en Italie. Son premier tableau : *Jeunes Grecs faisant combattre des coqs*, exposé au Salon de 1847, attira tout de suite l'attention sur le jeune artiste ; il figure maintenant au Musée du Luxembourg et beaucoup d'excellents critiques s'accordent à considérer cette œuvre de début comme la meilleure de ses toiles.

M. Gérôme, ensuite, accomplit plusieurs voyages en Egypte, en Arabie, à Constantinople et dans l'Afrique française (1853-56). Il rapporta de ces divers pays de nombreux documents et une connaissance familière du sujet qui lui permirent d'exécuter, en serrant de très près la réalité, des scènes orientales.

Depuis 1863, il est professeur de peinture à l'Ecole des Beaux-Arts. Le 2 décembre 1865, il a été admis à l'Académie des Beaux-Arts, au fauteuil de Heim, après avoir été vainement candidat cinq fois de suite.

Voici la liste des œuvres de peinture exposées par M. Gérôme après 1847 : *Anacréon* ; *Bacchus et l'Amour* (1848) ; *Bacchus et l'Amour ivre* ; *Intérieur grec* ; *Souvenir d'Italie* (1850) ; *Pæstum* (1852) ; la *Frise* du vase commémoratif de l'Exposition de Londres en 1851, commandée par le ministère d'Etat pour la manufacture de Sèvres ; *Idylle* ; *Etude de chien* (1853) ; *Gardeur de troupeaux* ; *Pifferaro* ; le *Siècle d'Auguste et la naissance de Jésus-Christ*, grande toile historique accueillie avec beaucoup de réserve par la critique et acquise par l'Etat (1855) ; la *Sortie du bal masqué* ; les *Recrues égyptiennes* ; *Memnon et Sésostris* (1857) ; *César*, « *Ave, Cæsar imperator, morituri te salutant* » ; le *Roi Candaule* (1859) ;

Phryné devant le tribunal ; *Socrate vient chercher Alcibiade chez Aspasie* ; *Deux augures n'ont jamais pu se regarder sans rire* ; *Rembrandt faisant mordre une planche à l'eau-forte* ; *Hache-paille égyptien*, *Portrait de Rachel* (1861) ; *Louis XIV et Molière* ; le *Prisonnier*, appartenant au Musée de Nantes ; *Boucher turc à Jérusalem* (1863) ; l'*Almée*, toile souvent reproduite par la photographie ; un *Portrait* (1864) ; *Réception des ambassadeurs siamois par l'Empereur, au palais de Fontainebleau* ; la *Prière* (1865) ; *Cléopâtre et César* ; *Porte de la mosquée El-Assaneyn, au Caire* (1866) ; la *Mort de César* ; *Arnautes jouant aux échecs* (à l'Exposition universelle de 1867) ; le *Sept Décembre 1815* ; *Jérusalem* (1868) ; *Marchand ambulant au Caire* ; *Promenade de harem* (1869) ; *Une Collaboration* ; *Rex tibicen* ; l'*Éminence grise* (18;4) ; *Santon à la porte d'une mosquée* ; *Femme au bain* (1876) ; l'*Arabe et son coursier* ; *Bain turc* ; *Bachi-bouzouks dansants* (1877) ; plusieurs des toiles précédentes figurèrent à l'Exposition universelle de 1878 ; *Vente d'esclaves à Rome* ; la *Nuit au désert* (1884) ; *Grande piscine de Brousse* (1885) ; *Œdipe* ; le *Premier baiser du Soleil* (1886) ; le *Poète* ; la *Soif* (1888) ; « *Qui que tu sois, voici ton maître : Il l'est, le fut ou le doit être* » (1889) ; la *Poursuite* ; *Abreuvoir* (1890) ; *Lions aux aguets* ; *Un Coin du Caire* (1891) ; *Prière dans la mosquée Caïd-Bey, au Caire* et *Mendacibus et Histrionibus occisa in putes jacet alma Veritas* (1895) ; *Promenade de la Cour dans les jardins de Versailles* et *une Vérité* (1896) ; une *Fuite en Égypte* et *Entrée de Jésus à Jérusalem* (1897) ; *Dalphnis et Chloé* ; *Femmes au bain* (1898) ; l'*Amour mouillé d'Anacréon* (1899), etc.

M. Gérôme, en dehors des Salons de la Société des Artistes français, a souvent exposé au Cercle de l'Union artistique ; il est aussi l'auteur de diverses toiles décoratives, telles : *Louis XIV recevant le prince de Condé*, qui est en Amérique ; la *Physique*, la *Chimie*, l'*Art* et la *Science*, grand médaillon, au Conservatoire des Arts et Métiers, etc. Il exécuta, en 1855, pour le palais de l'Exposition, les figures grandeur humaine des nations entourant un phare.

Cet artiste a aussi produit des œuvres de sculpture: en 1878, il envoya à l'Exposition universelle deux groupes : *Gladiateur et Anacréon*, *Bacchus et l'Amour* (le second a reparu au Salon de 1881). Il a donné depuis : *Omphale*, statue marbre (1887) ; *Tanagra*, figure marbre (1890) ; *Danseuse* ; *Lion*, bronze (1891) ; *Bellone*, grand spécimen de statuaire chryséléphantine, rappelant la *Pallas* polychrome de Simart ; *Pygmalion et Galathée*, groupe (1892) ; le monument de *Paul Baudry* (1896) ; un *Bonaparte à cheval* et un autre en buste (1897) ; *Timour-Lang*, statue bronze et un *Belluaire* (1898) ; *Victoire* et *Frédéric le Grand*, statue équestre (1899), etc.

A partir du *Combat de Coqs*, Jean-Léon Gérôme était célèbre, a dit, de cet artiste, M. Jules Claretie. On allait, sur le lit de mort de ce romantisme agonisant, le sacrer roi des néo-grecs. Il s'en tint longtemps, en effet à des sujets antiques..... Sa peinture évoque les souvenirs parfumés de la jeune Grèce et, si ses temples peuvent servir de modèles authentiques, ses ciels bleus pourraient se réfléchir dans les eaux de l'*Eurotas*, qu'il avait devinées et qu'il a vues..........
.... Chacune des toiles de Gérôme résume son talent et forme un tout parfait..... Quelle volonté, quelles recherches, quelle science, quel souci du dessin et de la vérité !......(J. CLARETIE. — *Peintres et Sculpteurs contemporains*, 1884).

— Léon Gérôme expose depuis 1847. Depuis la mort de Meissonier, il détient le patriarcat. A lui donc la présidence. Son tableau de chevalet, *Ils conspirent*, est surtout et avant tout spirituel. Je ne crois pas qu'il date d'hier et il bénéficie d'une patine dont l'harmonie doit plus au temps peut-être qu'au génie. Mais n'importe, ces trois conspirateurs « Directoire », réunis au coin d'un cabaret, solitaires et éclairés par une chandelle qui rougeoie leurs visages, m'ont fait passer un bon moment. Il y a notamment un chapeau accroché à la muraille dont le détail vaut le plus joli trait d'esprit. Comme il s'amuse, ce Gérôme ! Quant à son *Barde noir*, c'est un peu trop tout de même. Il est en verre sur un fond de faïence ; il va casser, et les morceaux n'en sont pas bons. (CALIBAN, 1892.)

— M. Gérôme se présente avec deux toiles : *Fuite en Égypte* et *Entrée de Jésus à Jérusalem*. De la première, aucun enseignement particulier à retenir........ Le paysage est tout bleu, d'un bleu où il y a, ma foi, du lilas, et qui représente assez bien un amas de cendres. Là-dedans, deux personnages et un âne défilent comme des marionnettes. Mais si vous voulez avoir la nette perception de la manière dont M. Gérôme entend le tableau d'histoire et le drame religieux, c'est l'*Entrée de Jésus à Jérusalem* qu'il faut regarder. Contemplez ces fortifications de la ville, ces détails du paysage, ces personnages levant les bras et agitant des palmes ; ce Christ, ces apôtres, cette ânesse, cet anon, toutes ces découpures et tous ces ajustages d'une conception véritablement enfantine. (G. GEFFROY. — *Le Journal*, Salon de 1897).

— M. Gérôme expose à la fois comme sculpteur et comme peintre. Nous sommes de ceux qui le goûtent infiniment plus sous la première de ces formes. (R. VALLIER. — *Univers illustré*, 1890.)

La préférence, accordée par M. R. Vallier aux travaux de sculpture sur la peinture de M. Gérôme, est partagée par la majorité des auteurs qui ont analysé l'œuvre de cet éminent artiste.

M. Gérôme a obtenu : comme peintre, une 3ᵐᵉ médaille en 1847, une seconde en 1848, une de 2ᵉ classe à l'Exposition universelle de 1855 ; deux médailles d'honneur, l'une à l'Exposition universelle de 1867, l'autre à la suite du Salon de 1874 ; un rappel de médaille d'honneur à l'Exposition universelle de 1878, « récompense regardée comme excessive par les critiques les plus autorisés », dit le *Dictionnaire Larousse*. Comme sculpteur, il a reçu une médaille de 2ᵉ classe à cette même exposition et une de première classe au Salon de 1881. Chevalier de la Légion d'honneur depuis le mois de novembre 1855, il a été promu officier le 6 juin 1867 et commandeur en 1878. Il a reçu la décoration de l'Aigle Rouge en 1869.

mort 1904

FOURIÉ (Albert)

PEINTRE, né à Paris le 24 avril 1854. Après avoir étudié quelque temps la sculpture avec le statuaire Jean Gautherin et exposé pour ses débuts un joli *buste de femme* au Salon de 1876, il se tourna bientôt vers la peinture et entra dans l'atelier de M. J.-P. Laurens.

Les premières toiles de M. Albert Fourié : *Une récréation au Cloître* (Salon de 1879) ; *Judith, Un Numismate* (1881); *Etienne Marcel et le Dauphin*, qui est au musée de St-Etienne (1882), attirèrent sur lui l'attention du public.

Les œuvres qui figurèrent aux salons suivants le mirent très vite en vue. Citons : la *Mort de Madame Bovary* (1883), dont le succès fut considérable et qui est au musée de Rouen ; le *Dernier Deuil* (1884) ; *Première Communion à Crosne* (1885), au musée d'Angers ; *Un jour de fête* (1886), acquis par la ville de Bruxelles ; le *Repas de noce à Yport*, grand succès du salon de 1887, qui, souvent reproduit, devint de suite populaire ; acquise par l'Etat, cette toile fut également attribuée au musée de Rouen.

Dès lors, persistant dans ses recherches de lumière et de couleur, M. Albert Fourié n'a cessé d'envoyer à chaque salon des toiles de dimensions toujours importantes : la *Dernière gerbe* (1888) ; *Printemps* (1889) ; *Départ pour la promenade* (Salon du Champ de Mars, 1891) ; *Sous les branches* (Musée du Luxembourg) et *A travers bois* (1892), acquise par la ville de Nîmes pour son musée ; dans ces divers tableaux, l'artiste s'est montré peintre plein de franchise et d'audace et a abordé un des problèmes les plus difficiles de son art : la vie dans la lumière. Citons ensuite : la *Rouge* (1893) ; *Farniente* ; *Fin de moisson* (1894) ; *Baigneuse* (1896) ; les *Poèmes des Champs*, vaste triptyque (1897) ; un beau panneau décoratif, la *Terre*, commandé par l'Etat pour le cabinet du ministre de l'Agriculture (1898) ; *Fille d'Eve*, jolie étude du corps féminin dans une lumière adoucie (1899).

Cet excellent artiste a également illustré quantité d'ouvrages, entre autres : *M*ᵐᵉ *Bovary* (Quantin), l'*Art d'être Grand-Père*, la *Légende des Siècles* (Edition nationale Testard), la *Cousine Bette*, *Béatrix*, etc.

M. Albert Fourié a épousé, en 1884, la fille du peintre Paul Colin, inspecteur principal des Beaux Arts et petite fille d'Achille Deveria ; il est aussi allié aux peintres Maurice Leloir et Toudouze.

Il a obtenu, au Salon des Champs Elysées : une mention honorable en 1883 ; une médaille de 3ᵉ classe en 1884 ; une médaille de 2ᵉ classe en 1887 ; une médaille d'or à l'Exposition universelle de 1889, une grande médaille d'or à l'Exposition de Rouen (1885), un diplôme d'honneur à l'Exposition de Versailles de 1891, etc. Il est sociétaire de la Société nationale des Beaux Arts depuis 1892.

DRAKE (Jacques)

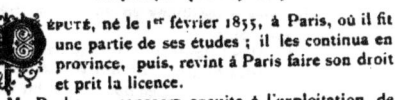

DÉPUTÉ, né le 1ᵉʳ février 1855, à Paris, où il fit une partie de ses études ; il les continua en province, puis, revint à Paris faire son droit et prit la licence.

M. Drake se consacra ensuite à l'exploitation de vignobles qu'il possède en Touraine. Il fonda alors le Syndicat viticole de Montbazon, dont il est le vice-président. Il est aussi vice-président du Syndicat des Agriculteurs d'Indre-et-Loire et a publié une brochure très remarquée sur le *Greffage des vignes en Indre-et-Loire*. Au Concours régional de 1892, il reçut une médaille d'or, pour les résultats obtenus dans la culture de ses vignes par les méthodes perfectionnées qu'il y applique.

Maire de la commune de Monts, M. Drake fut appelé à représenter au Conseil général de son département le canton de Montbazon en 1883.

Aux élections législatives du 22 septembre 1889, il se présenta dans l'arrondissement de Tours, contre M. du Saussay, candidat du général Boulanger, et échoua ; mais au renouvellement général d'août 1893, il se porta de nouveau dans la 1ʳᵉ circonscription de Tours et fut élu, au premier tour de scrutin, par 8,836 voix, contre 7,393 à ses divers concurrents : MM. du Saussay, député sortant ; Bidault, radical, et Letertre, socialiste. Il a été réélu, en 1898, par 12,419 voix, contre 18,004 à M. Pic-Paris, radical.

Au Palais-Bourbon, M. Drake est inscrit au groupe progressiste, ancien groupe des républicains de gouvernement. Il a été membre de diverses commissions et notamment de celle d'Assistance et de Prévoyance, de laquelle il a été le rapporteur en 1895 ; il est membre de la commission des Octrois (1898-1899) et secrétaire de la Chambre depuis 1898. M. Jacques Drake est libre-échangiste, bien qu'ayant voté certaines lois de protection en vigueur.

L'honorable député d'Indre-et-Loire est membre de la Société d'Economie politique. Il a donné des articles dans la *Revue politique et parlementaire* sur divers sujets.

BOUCHER (Alfred)

SCULPTEUR, né à Bouy-sur-Orvin (Aube) le 23 septembre 1850. Dès l'âge de 17 ans, il fréquenta l'atelier du sculpteur Ramus ; puis, une subvention de son département lui facilita l'entrée à l'école des Beaux-Arts de Paris, où il fut l'élève de Dumont et Paul Dubois. Ce dernier, reconnaissant de rares dispositions en son compatriote, encouragea ses débuts.

En 1874, M. Alfred Boucher envoya au Salon de la Société des Artistes français l'*Enfant à la Fontaine*, œuvre qui le mit tout de suite en bon rang et lui valut une 3e médaille ; en 1876 et en 1878, il remporta les grands prix de Rome pour la sculpture ; mais l'Académie des Beaux Arts ne voulut, chaque fois, lui décerner que le second grand prix.

On cite, parmi ses envois successifs : *Eve après sa faute*, statue plâtre (1878) ; *Leda*, groupe plâtre 1879) ; *Venus Astarté*, statue plâtre (1880) ; l'*Amour filial*, groupe plâtre (1881), qui reparut en bronze en 1883 pour le ministère des Beaux-Arts ; *Laënnec découvrant l'auscultation*, groupe ; *Ballerina*, statue (1884) ; *Au but*, groupe de concours plâtre, qui figure actuellement en bronze au jardin du Luxembourg (1886), œuvre d'un mouvement exact et superbe; *Vaincre ou mourir* (1887) ; le *Sculpteur Florentin*, statue bronze (1888) ; *Philosophe*, buste bronze (1889) ; *A la terre*, statue représentant, nu, un travailleur de la terre, œuvre d'une poétique conception et d'une exécution puissante et consciencieuse, qui valut à son auteur la médaille d'honneur (1890) ; le *Repos*, statue marbre (1892) ; *Nymphe à la coquille* et *Diane surprise*, statues marbre (1893) ; *Pietà*, groupe marbre (1894) ; la *Naissance de la terre*, statuette marbre et l'*Amour à l'affut*, bronze (1895) ; *Volubilis*, statue marbre (1896) ; *Mlle Mongini*, statue marbre et *Aux Champs*, marbre (1897) ; la *Philosophie de l'histoire* et l'*Hirondelle blessée*, statues marbres (1898) ; le *Faune et Tendresse*, groupes marbres (1899), etc.

On doit encore à cet artiste : le *Monument de la duchesse de Vicence*, à Caulaincourt ; une *Diane au chien*, groupe marbre qui se trouve en Angleterre ; le *Rêve*, statue marbre ; *Trois figures* pour le monument élevé à Barbedienne au Père-Lachaise, le bas-relief du monument élevé, à Paris, à Eugène Flachat ; la *Paix Armée*, statue décorative d'une grâce et d'une puissance extraordinaire, représentant la République et destinée à la manufacture de Sèvres ; deux *Cariatides* pour l'Hôtel-de-Ville de Paris ; la *Vigne*, statue, pour celui de La Rochelle ; *Derniers moments de Caton d'Utique*, pour la ville de Troyes ; *Homère chantant ses poésies*, pour Fécamp ; *Vercingétorix*, statue équestre, pour Nogent-sur-Seine ; plus de nombreux bustes, parmi lesquels on doit mentionner ceux de MM. *Fugère* de l'Opéra Comique, plâtre ; *Dr Pajet*, terre cuite ; de *Mme Mouillot*, marbre ; de M. *Martapoura*, de l'Opéra, plâtre ; de M. *Casimir-Périer*, ancien président de la République ; de M. *Audiffret*, de Troyes ; de *Jeanne d'Arc*, marbre ; de l'explorateur *Bonvalot* ; du peintre *Matou* ; de *Eugène Villain* ; de *Danton* ; du *Général Boulanger*, etc.

M. Alfred Boucher, que son talent souple, puissant et très personnel, place au nombre des meilleurs sculpteurs de son temps, a obtenu une médaille de 2e classe en 1878, le prix du Salon en 1881, une médaille de 1re classe en 1886, la médaille d'or à l'Exposition universelle de 1889, et enfin la médaille d'honneur au Salon de 1891. Chevalier de la Légion d'honneur depuis 1887, il a été promu officier en 1894.

LALOUX (Victor-Alexandre-Frédéric)

ARCHITECTE, né le 15 novembre 1850 à Tours. Il fit ses études au lycée de Tours et entra à l'École des Beaux-Arts, à Paris, où il eut pour maître Jules André. Reçu, en 1878, architecte diplômé, il obtint, la même année et après avoir concouru vainement trois ans de suite, le grand prix de Rome, dont le sujet était *Une cathédrale*.

M. Laloux devint architecte du gouvernement, professeur libre d'architecture à l'École des Beaux-Arts en 1889. Il est, en outre, architecte de la Cour de cassation et de l'École nationale des Mines et architecte de la basilique de Saint-Martin de Tours.

Les travaux de quelque importance dûs à M. Laloux sont : la *Basilique de Saint-Martin de Tours* ; une *Villa à Cannes* ; la restauration du *Château de Courtauraux* (Sarthe) ; la restauration du *Château de Saucourt* (Somme) ; des maisons particulières à Paris ; l'*Hôtel de Ville* et la *Gare* de Tours ; la *Gare du chemin de fer d'Orléans*, sur l'emplacement de l'ancienne Cour des comptes, au quai d'Orsay, à Paris.

Cet architecte a fait de rares envois aux Salons, parmi lesquels on doit mentionner : en 1883, la *Restauration du Temple de Vénus* dont les ruines existent encore à Rome ; en 1885, la *Restauration de l'enceinte sacrée d'Olympie*. En 1883, M. Laloux a obtenu une médaille de 1re classe et, en 1885, la médaille d'honneur. Il a, en outre reçu la grande médaille d'or, à l'Exposition universelle de 1889.

M. Laloux a fait paraître des articles sur son art dans plusieurs publications spéciales. Il est aussi l'auteur de deux ouvrages d'un certain intérêt artistique : l'*Architecture grecque* et *Restauration d'Olympia*.

M. Laloux est chevalier de la Légion d'honneur, officier d'Académie et commandeur de l'Ordre du Christ de Portugal.

REILLE (Amédée-Charles-Marie)

Député, né à Saint-Amant-Soult (Tarn) le 25 mars 1873. Troisième fils du baron René Reille, député, président du conseil d'administration des Mines de Carmaux et commandeur de la Légion d'honneur (1835-1899), il fit ses études au collège Stanislas à Paris.

Reçu, le premier, à l'Ecole navale, en 1891, il en sortit en 1893, également dans les premiers et fut nommé aspirant de 1re classe l'année suivante, après avoir accompli son premier voyage à bord de l'*Iphigénie*. Il remplit les fonctions de son grade sur le cuirassé le *Formidable* et sur l'aviso-torpilleur la *Sainte-Barbe* qui, en 1895, de Granville, alla chercher le président Félix Faure au Havre.

Promu enseigne de vaisseau en 1896, il permuta pour prendre part à la campagne de Crète, avec l'aviso-torpilleur la *Bombe*. Rentré en France en 1897, il repartit sur le même navire pour Constantinople, d'où la mort de son père le ramena en France en 1898.

Il démissionna pour se présenter au siège de celui-ci, dans la 2me circonscription de Castres (Tarn), et fut élu député, le 20 janvier 1899, par 8,550 voix, contre 7,765 à M. Galibert, républicain.

M. Amédée Reille avait déclaré dans sa profession de foi qu'il était « profondément dévoué à la cause de l'ordre et des libertés religieuses et que, respectueux de la forme du gouvernement, il défendrait loyalement avec lui nos institutions sociales contre les révolutionnaires qui en poursuivraient la ruine. » Il accompagnait cet exposé de la devise : « Dieu, Patrie, Liberté. »

M. Amédée Reille fait, à la Chambre, partie du groupe des républicains indépendants et progressistes depuis que M. Méline a pris la direction effective de ce groupe (mars 1899).

Il a été élu conseiller général pour le canton de Brassac (Tarn) 17 février 1899, sans concurrent.

TOMMASI (Donato)

Chimiste et physicien, né à Naples (Italie) le 22 décembre 1848. Fils aîné du marquis Ferdinand Tommasi, compositeur de musique, membre de l'Académie des Beaux-Arts de Naples, il fit de brillantes études classiques, fut reçu docteur ès-sciences et vint de bonne heure en France. Il est ingénieur-conseil de diverses sociétés industrielles.

On doit à M. Donato Tommasi de nombreuses et importantes découvertes et des travaux scientifiques considérables. Ses recherches ont trait à toutes les parties de la chimie et de l'électricité et spécialement à la thermo-chimie. Il est considéré comme l'un des créateurs de l'électro-chimie.

M. Donato Tommasi imagina, en 1892, plusieurs procédés et appareils électrolytiques pour l'extraction, la séparation et l'affinage des métaux. Ce qui caractérise surtout ses procédés c'est l'emploi, comme cathodes, de disques rotatifs. Les avantages qu'on leur reconnaît sur leurs similaires peuvent se résumer ainsi : 1° la polarisation est totalement supprimée ; 2° le métal qui se précipite sur le disque est enlevé au fur et à mesure qu'il se dépose, d'où : (a) diminution considérable de la résistance du bain ; (b) économie très grande du courant électrique.

Il a aussi découvert que, si l'on fait passer de la vapeur sous une pression de 4 à 5 atmosphères dans un tube en cuivre sans soudure, enroulé en spirale autour d'un cylindre de fer, celui-ci s'aimante exactement de la même manière que si la spirale avait été traversée par un courant électrique.

Les accumulateurs Tommasi, dont on connaît depuis longtemps la qualité remarquable, ont été adoptés pour les divers systèmes de voiture présentés aux concours de fiacres électriques de 1898 ; ils ont été employés à actionner la locomotive électrique de la Compagnie des chemins de fer P.-L.-M. qui, grâce à leur puissance, a pu atteindre une vitesse supérieure à 100 kilomètres à l'heure, avec une charge de 150 tonnes. Ces accumulateurs servent également à l'éclairage et au chauffage électrique des wagons et tramways. Ils sont construits et exploités, en France, par la Société « Fulmen » ; en Suisse, par la Société Germano-Suisse de Fribourg ; en Belgique, par la Société industrielle des tramways de Liège ; en Angleterre, par « The international electric storage » de Londres, etc.

M. Donato Tommasi a trouvé un nouveau principe de thermo-chimie, celui du « travail minimum », qui peut s'énoncer ainsi :

La réaction chimique qui exigera le moins d'énergie pour être commencée se produira toujours de préférence, quelle que soit d'ailleurs la quantité de chaleur que cette réaction, une fois commencée, pourrait dégager ou absorber.

M. Donato Tommasi collabore à un grand nombre de journaux et de recueils scientifiques français et étrangers. Il est membre de plusieurs sociétés savantes françaises et étrangères.

Parmi 150 ouvrages et mémoires, publiés par ce savant, il convient de citer : *Sur une nouvelle pile au magnésium* (1866); *Sur la solubilité de l'iodure plombique dans quelques acétates* (1871) ; *Sur une combinaison de bioxyde de chrome et de bichromate de potassium* (1872) ; *Sur le picrate d'acétyle* (1873) ; *Action du chlorure de benzyle sur la naphtylamine* (1873); *Action du zinc sur le chlorure d'acétyle* (1873); *Sur un nouveau système de télégraphie pneumatique* (1873) ; *Action of ammonia on phenyl-chloracetamide* (1873) ; *On the action of trichloracetyl chloride upon amines* (1874) ; *Sur l'hydrogène naissant* (1879), d'où il résulte que, si l'hydrogène, à l'état naissant, est doué d'une plus grande affinité qu'à l'état ordinaire, cela tient uniquement à ce que, au moment où il sort d'une combinaison, l'hydrogène se trouve accompagné de toute la quantité de chaleur qui s'est produite pendant sa mise en liberté ; *Ricerche sui composti ferrici* (1879) ; *Sopra una nuova modificazione isomera del triidrato alluminico* (1880); *Action du froid sur l'arc voltaïque* (1881) ; *Sur l'électrolyse de l'eau avec une force électro-motrice inférieure à 1,5 volt* (1881). Comme conséquence de ce travail, M. Donato Tommasi a proposé de désigner, sous le nom d'*électro-pseudolyse*, la séparation, opérée par le courant électrique, des seuls produits résultant de la dissociation de l'électrolyte. En se basant sur sa théorie, à savoir que les corps, en se dissolvant dans l'eau, se dissocient, on est arrivé à expliquer le mécanisme de toutes les décompositions électrolytiques ; *Sur l'équilibre thermique dans les actions chimiques et dans l'électrolyse* (1881); *Relation entre la force électro-motrice de la pile et les calories de décomposition de l'eau* (1881) ; *Sur le travail chimique produit par la pile* (1882). Il résulte de ce travail que la force électromotrice d'un même couple varie suivant la nature de l'électrode positive (électrode insoluble) ; *Sur l'électrolyse de l'eau distillée*, qui démontra que l'eau distillée chimiquement pure peut être électrolysée, à la condition d'employer, comme électrode positive, du cuivre ou de l'argent; (1882) ; *Sur l'emploi des couples en charbon dans l'électrolyse* (1882) ; *Chaleur due à l'aimantation* ; (1882) ; *Sur les constantes thermiques de substitution*, où il formule la loi suivante, qui porte son nom : « Lorsqu'un métal se substitue à un autre dans une « solution saline, le nombre de calories dégagées est, « pour chaque métal, toujours le même, quelle que soit « la nature du radical acide qui fait partie du sel. » (La loi Tommasi permet de contrôler, de déterminer ou de prévoir, la chaleur de formation de *tous les composés chimiques*) (1882) ; *Sur la décomposition des acétates* 1882) ; *Conservation de l'énergie solaire ; Sur l'électrolyse de l'acide chlorhydrique* (1882) ; *La thermochimie et l'électrolyse ; Sur le dosage de l'ozone* (1882); *Dissociation du sulfate de cuivre* (1882) ; *Equivalents électro-chimiques* (1883) ; *Régulateur photo-électrique à sélénium* (1883) ; *Chauffage des trains de chemin de fer par l'électricité* ; *Piles électrodes de charbon* (1884). (Dans ce nouveau type de couple voltaïque, le zinc des piles ordinaires est remplacé par du charbon plongeant dans l'eau salée. — Faisons remarquer que c'est la première fois qu'on voit le charbon jouer le même rôle qu'un métal dans un couple voltaïque où l'on constate ce fait singulier que les *deux électrodes* sont en charbon) ; *Chaleurs de formation des composés de l'hydroxylammonium* (1884) ; *Nouveau système de transmissions téléphoniques et télégraphiques* (1884) ; *Calcul de la force électro-motrice des piles d'après la loi des constantes thermiques* (1884) ; *Contrôle de l'explosion des mines* (1884) ; *Chaleurs de formation des sels de sodium, de thallium, de manganèse, de zinc, de cuivre, de nickel, etc.* (1884) ; *Relais différentiels pour téléphones et télégraphes* (1885) ; *Electrolyse de quelques composés chimiques* (1885) ; *Action de la lumière sur les combinaisons haloïdiques de l'argent* (1885) ; *Dispositif de transmission multiplex pour communications téléphoniques* (1887) ; *Sur la chaleur de formation des chlorates, perchlorates, chromates, bichromates, picrates, glycolates, orthophtalates, métaphtalates, paraphtalates, etc.* (1887) ; *Recherches sur les hydrates ferriques*, travail très important, par lequel il a montré que « tous les hydrates ferriques connus peuvent se diviser en 2 séries isomériques entre elles, à savoir : les hydrates ferriques *rouges* solubles dans la chlorure ferrique et les hydrates ferriques *jaunes*, insolubles dans ce même réactif » (1888) ; *De l'effluviographie, ou obtention de l'image par les effluves* (note présentée à l'Académie des Sciences de Paris, le 22 mars 1886, c'est-à-dire dix ans avant la publication du mémoire de Rœntgen sur les rayons X. — Il résulte de ce travail que les décharges électriques, en dehors des rayons actiniques, contiennent ce genre particulier de rayons que l'auteur dénommait *rayons électriques* et dont il a démontré directement l'existence en se servant des effluves *obscurs*, c'est-à-dire dénués de rayons lumineux).

M. D. Tommasi a publié aussi un *Traité théorique et pratique d'électro-chimie* 1,200 pages (1889), travail « très complet et très consciencieux, dit le *Dictionnaire Larousse*, où sont consignées méthodiquement toutes les connaissances acquises dans cette science. » Il est aussi l'auteur du *Traité des piles électriques et des accumulateurs* (1890), ouvrage très important ; de l'*Annuaire de la Chimie Industrielle*, du *Formulaire Physico-Chimique*, à l'usage des chimistes, des ingénieurs et des industriels (1891), etc.

La plupart des travaux de M. Donato Tommasi ont été exécutés dans les laboratoires de la Sorbonne, du Collège de France, de l'Ecole normale, des Universités de Londres, de Bonn, de Bruxelles, de Florence, de Milan, etc.

BLANCHARD de La BRETESCHE
(Pierre-Armand)

AUTEUR dramatique et publiciste, né à Paris le 19 août 1840. Il fit ses études au collège Stanislas, se fit recevoir bachelier ès-lettres, entra d'abord dans les Télégraphes, puis fut fonctionnaire de l'ordre administratif et judiciaire, de 1862 à 1880.

Rentré dans la vie privée, M. de La Bretesche se consacra bientôt au journalisme et fut, tour à tour, rédacteur en chef de l'*Orchestre*, du *Méphisto*, du *Grand Journal*, de la *Tribune municipale*, du *Petit Citoyen*, de la *Gazette Algérienne*, de la *Lorgnette*, de la *Rampe*, du *Combat*, etc., sous le pseudonyme de « Faust ».

Tout en écrivant ainsi dans ces diverses feuilles, M. Blanchard de La Bretesche fit représenter, sur différentes scènes de Paris, comme aussi sur celles de la province et de l'étranger, des pièces de théâtre, parmi lesquelles il convient de citer : *Postillon et Servante* ; le *Muscadin*, opérette, musique de Bourdon-Sivaldi (1884) ; le *Coucou matrimonial*, bouffonnerie-vaudeville (1886) ; *Méprise d'amour*, opérette, musique de Georges Rose (1887) ; la *Brioche enchantée*, opérette, musique de Lacoustène (1889) ; *Jean Mayeux*, mimodrame, musique de Charles Thony (1893) ; le *Fils de Rip*, opérette, musique de Georges Rose ; le *Toréro masqué*, opérette, musique de G. Rose (1896) ; *Coquin d'amour*, pantomime, musique de Emile Bonnamy (1897) ; les *Partageux*, pantomime, musique de Adolphe Stanislas ; *Cadoudja*, ballet, musique de H. Ghys (1898) ; la *Poule*, drame ; la *Chasse*, opéra-comique, en collaboration avec J. Moniol, musique de Ch. Thony ; *Un mois de prison*, vaudeville (1899), etc.

MÉRODE
(Charles-Werner-Marie-Ghislain)

ANCIEN sénateur, né le 13 janvier 1816 à Villersexel, chez son grand-père maternel, le marquis de Grammont. Sa famille, originaire des provinces Rhénanes, a pour berceau le château de Mérode, situé entre Aix-la-Chapelle et Cologne ; elle s'allia successivement aux maisons souveraines d'Oldenbourg, de Nassau, de Holstein et de Hohenzollern ; elle a servi la Maison d'Autriche et la royauté Espagnole et leur a fourni plusieurs généraux ou officiers tués sur le champ de bataille. Jean-Philippe-Eugène, feld-maréchal au service de l'empereur Charles VI, chevalier de la Toison-d'Or, grand d'Espagne, a laissé des mémoires assez curieux sur les guerres auxquelles il a pris part en Italie, en Allemagne et contre les Turcs.

De nombreuses et successives alliances avec des familles Belges et Françaises ont amené des branches de la Maison de Mérode à hériter d'établissements en France et en Belgique. Un procès, intenté après la mort de Henri de Nassau, en 1630, par Philippe de Mérode et sa femme, Jeanne de Montmorency, contre la princesse d'Orange, mère du roi Guillaume III d'Angleterre, et terminé seulement en 1730, apporta aussi à cette famille de grands biens en Franche-Comté et en Belgique. A cette époque, Charles-Florent de Mérode, marquis de Frelon, était lieutenant-général au service de Louis XV et sa femme comptait parmi les dames du palais de la reine. En 1809, Charles-Guillaume de Mérode siégeait au Sénat de l'empire Français. Les comtes Frédéric et Félix de Mérode prirent une part importante aux évènements qui ont amené l'indépendance de la Belgique et l'avènement au trône des princes de Saxe-Cobourg.

Ses études accomplies dans sa famille, le comte Werner de Mérode entra dans la diplomatie en 1846 ; attaché d'abord à l'ambassade de France à Vienne, il alla ensuite en Espagne, comme attaché à l'ambassade de M. Salvandy auprès de la reine Isabelle, au temps de la régence d'Espartero.

Elu, dès 1846, député du Doubs par l'arrondissement de Montbéliard, il dût au privilège de l'âge d'être, avec MM. de Laguiche, de Lafayette et Calmon, l'un des quatre secrétaires provisoires de la Chambre qui disparut au 24 février 1848. Après la révolution de 1848, le suffrage universel du canton de Maiche l'élut son représentant au Conseil général du Doubs et ne cessa de le réélire jusqu'en 1888, époque à laquelle le comte de Mérode ne se représenta plus. Il a été, à la même époque, maire de la commune de Maiche. En 1849, le département du Nord l'envoya siéger à l'Assemblée législative ; il en fit partie jusqu'au coup d'Etat du 2 décembre. Nommé par le prince-président membre de la Commission consultative, il démissionna, comme son beau-frère, le comte de Montalembert et protesta hautement contre les décrets de confiscation des biens de la famille royale (1852).

Elu, le 29 février, représentant de l'arrondissement d'Avesnes (Nord) au Corps législatif, il donna bientôt sa démission, motivée sur le rôle par trop subordonné laissé à cette Assemblée, à laquelle on imposait, écrivit-il, « un traitement comme pour la consoler de son néant. » Pendant toute la durée de l'Empire, il se tint écarté de la politique.

En 1870, une double élection dans le Nord et dans le Doubs envoya M. de Mérode à l'Assemblée nationale de Bordeaux ; il opta pour le Nord et fit partie de la Commission parlementaire nommée pour accompagner à Paris et assister M. Thiers dans ses négociations avec M. de Bismarck. Plus tard, lorsque l'Assemblée de Versailles discuta et vota la nouvelle loi militaire qui supprima le remplacement et rendit le service obligatoire pour tous les citoyens, il fit partie de la grande commission des 45, présidée par M. de Chasseloup-Laubat.

Elu sénateur par le département du Doubs, à une élection partielle, le 19 novembre 1876 et par 395 voix, contre 302 à M. Fernies, républicain, il soutint dans la Haute Assemblée la politique conservatrice, comme il l'avait fait à toutes les époques de sa vie. Au renouvellement triennal de 1885, il ne fut pas réélu. Il échoua aussi aux élections générales législatives de la même année et dans le même département, avec la liste conservatrice.

Durant sa carrière politique, M. le comte de Mérode se montra toujours l'adversaire des mesures d'exception, qu'elles fussent tentées par l'Empire ou par la République, et visant les droits de la propriété, ceux de la magistrature ou des congrégations religieuses ; il vota pour la liberté de l'enseignement et contre toutes les lois qui lui semblaient devoir la restreindre.

CRAFTY (Victor GÉRUZEZ, dit)

DESSINATEUR et publiciste, né à Paris le 24 mai 1840. Fils d'Eugène Géruzez, littérateur connu, qui fut professeur à la Faculté des Lettres (1799-1865), il fit ses études classiques dans divers lycées de la capitale et entra, comme attaché, au ministère de l'Intérieur, où il devint sous-chef du cabinet du ministre, en 1865.

Engagé en 1870-1871, dans le corps franc des Eclaireurs Parisiens, commandé par le comte Féry d'Esclands, il reçut la médaille militaire. Après la campagne, il rentra au ministère de l'Intérieur et fut nommé entreposeur des Tabacs à Paris, en 1876. Mis à la retraite en 1889, il se consacra entièrement au dessin.

Déjà, dans cet art, M. Victor Géruzez avait, depuis plusieurs années, acquis une grande notoriété ; sous le pseudonyme de « Crafty », il avait publié des dessins à la *Vie Parisienne*, dès sa fondation ; il collabora ensuite au *Centaure*, au *Journal Amusant*, à la *Vie Parisienne*, au *Monde Illustré*, à l'*Illustration*, au *Figaro Illustré* et à d'autres publications de ce genre, ainsi qu'au *Journal*, où il donne fréquemment des dessins avec légendes (1899).

Pratiquant le « sport » avec passion, Crafty, d'un crayon habile et mouvementé, a dessiné non seulement des chevaux, mais aussi des animaux de tout genre. Complétant ces productions à l'aide de notes et de légendes, conçues sous une forme humoristique et parfois d'un sens plus profond que la fantaisie du sujet ne le laisserait supposer, Crafty a réuni le tout en divers volumes : *Paris à cheval*, avec une préface de J. Droz (1883, Plon édit.) ; la *Province à cheval* (1883) ; l'*Equitation puérile et honnête*, album avec gravures coloriées (1886) ; la *Chasse à tir*, notes et croquis (1887) ; la *Chasse à courre*, album (1888) ; *Paris au bois* (1889) ; les *Chiens*, album (1890) ; *Quadrupèdes et Bipèdes*, album (1893) ; *Croquis Parisiens* (1894) ; *A travers Paris* (1895) ; *Paris Sportif* (1896) ; *Sur le Turf* (1899), etc.

Crafty a donné, en outre, en collaboration avec Gyp : les *Chasseurs*, chez Michel Levy ; avec Paul Géruzez, son frère : *A pied, à cheval, en voiture* ; avec Fulbert Dumonteil : *Portraits zoologiques*, publiés par l'administration du Jardin d'acclimatation ; avec Manchecourt (Henri Lavedan) : les *Histoires de Saint-Hubertin* ; enfin, une édition illustrée (Rothschild éditeur) des *Souffrances du professeur Delteil*, de Champfleury.

LEREBOULLET (Léon)

ÉDECIN, membre de l'Académie de Médecine, né le 14 décembre 1842 à Strasbourg. Fils d'un doyen de la Faculté des Sciences de cette ville, il fit ses études au lycée, étudia la médecine à l'Ecole du service de santé militaire et à la Faculté, fut reçu interne des hôpitaux, puis docteur en 1866, avec une thèse ayant pour titre : *De l'Epithélium intestinal au point de vue de l'absorption des matières grasses* et, en 1869, obtint, au concours, la place de médecin répétiteur à l'Ecole de Médecine militaire de Strasbourg.

M. le Dr Lereboullet prit part à la campagne de 1870, en qualité d'aide-major à l'ambulance du quartier-général de l'armée de l'Est et fut fait chevalier de la Légion d'honneur (14 octobre 1870), après la bataille de Ladonchamps.

Nommé professeur agrégé de clinique médicale au Val-de-Grâce, à Paris, en 1872 et médecin-major de 1re classe en 1875, le Dr Lereboullet donna sa démission en 1878, pour se consacrer à l'exercice de la médecine, à des travaux scientifiques et à la direction de la *Gazette hebdomadaire de Médecine et de Chirurgie*.

En 1890, il a été admis à l'Académie de Médecine, en remplacement de Chevreul.

En 1873, M. Lereboullet avait prêté son concours à M. Mathias Duval pour la rédaction d'un *Manuel du Microscope dans ses applications au Diagnostic et à la Clinique*; il collabora ensuite au *Dictionnaire usuel des Sciences médicales*, de Dechambre et Mathias Duval (1884) et dirigea, après la mort de Dechambre (1886), le *Dictionnaire encyclopédique des Sciences médicales*. On cite encore de lui une biographie : *A. Dechambre, sa vie, ses œuvres* (1888) et un certain nombre de travaux, communiqués à diverses Sociétés savantes ou insérés dans les principaux recueils de médecine et notamment dans la *Gazette hebdomadaire de Médecine et de Chirurgie*, le *Dictionnaire encyclopédique des Sciences médicales*, les *Bulletins de la Société médicale des hôpitaux*, etc., parmi lesquels on mentionne d'assez intéressantes études sur le *Langage médical* (1889), les *Etymologies* (1890), etc.

Secrétaire général de la Société des Médecins de France, le Dr Lereboullet, depuis plusieurs années, s'est consacré aux questions d'intérêt professionnel plus qu'à la science pure. Il est membre de la Société médicale des hôpitaux, de la Société de médecine publique et d'hygiène, de la Société de thérapeutique, etc.

Décoré pour faits de guerre, M. Lereboullet n'a été l'objet d'aucune promotion dans la Légion d'honneur depuis 1870. Il a été fait officier d'Académie (1878), commandeur du Lion et du Soleil de Perse (1878) et commandeur du Nicham-Iftikar (1880).

AUDIFFRET-PASQUIER (Edme-Armand-Gaston Duc d')

EMBRE de l'Académie française, sénateur inamovible, né à Paris le 21 octobre 1823. Fils du comte Florimond-Louis d'Audiffret, receveur général ; petit-neveu et fils adoptif du chancelier baron Pasquier, créé duc par ordonnance royale du 16 décembre 1844, il hérita, aux termes de cette ordonnance, du titre de son grand-oncle.

Entré au Conseil d'Etat, comme auditeur, en 1845, il y siégea jusqu'en 1848. La deuxième République et l'Empire tinrent éloigné des fonctions publiques le duc d'Audiffret Pasquier ; il fut toutefois, pendant cette période, maire de la commune de St-Christophe-le-Jajolet, où il possède le magnifique château de Sacy ; il est conseiller général du canton de Mortrée (Orne) depuis 1850. Il fut, sans succès, candidat libéral indépendant aux élections pour le corps législatif, dans la 2e circonscription de l'Orne, en 1863 et en 1869.

Le 8 février 1871, M. le duc d'Audiffret-Pasquier fut nommé représentant de l'Orne à l'Assemblée nationale, le 1er sur 8, par 60,226 voix. Président de diverses commissions et candidat à la vice-présidence de la Chambre, il se mit grandement en évidence, parmi les esprits libéraux du parti conservateur, en flétrissant, le 25 mars 1871, avec une chaleureuse énergie, l'œuvre des commissions mixtes, qui fut, déclara-t-il, « la violation la plus outrageante de ce que les peuples civilisés ont de plus respectable et de plus sacré. »

Président de la commission des marchés et fournitures militaires, M. le duc d'Audiffret-Pasquier provoqua, par ses vives critiques, la démission du général Susane, directeur de l'artillerie au ministère de la Guerre et déposa, le 4 mai 1872, sur les achats d'armes et de matériel faits avant le 4 septembre 1870, un rapport qu'il vint défendre, le 22 mai, à la tribune, contre les imputations de M. Rouher, ancien ministre d'État, en proclamant « sa haine contre l'Empire, auteur de la démoralisation de son pays ».

Au mois de juillet suivant, il prit à partie le gouvernement de la Défense nationale, à propos des marchés Maxwell et Parott et obtint le renvoi de son rapport au ministère de la Justice. Le 20 juin 1872, il figura parmi les délégués de la Droite chargés d'imposer à

M. Thiers une politique conforme à la volonté de la majorité conservatrice de l'Assemblée. Au mois de novembre de la même année, il était nommé membre de la commission élue pour préparer la réponse au Message présidentiel qui reconnaissait, contre l'attente des partis monarchistes, la nécessité de faire de la République le gouvernement définitif de la France.

Le centre droit, dont M. le duc d'Audiffret-Pasquier était devenu l'un des chefs le plus autorisés, le choisit comme président de ses réunions, après la mort de M. Saint-Marc Girardin (1873). Après la chute de M. Thiers, à la démission de qui il contribua pour une large part, il eut un rôle prédominant dans les fameuses négociations engagées entre les deux fractions royalistes rivales ; mais, pour sa part, il refusa énergiquement de se rallier au drapeau blanc.

Nommé, le 2 décembre 1874, vice-président de l'Assemblée nationale et maintenu à cette fonction le 1ᵉʳ mars 1875, le duc d'Audiffret-Pasquier fut élevé à celle de président, à l'élection du 15 mars de la même année, par 418 voix sur 465 votants et 133 abstentions et s'y vit maintenu les 1ᵉʳ juin et 5 novembre. En cette qualité, il dirigea les longs et laborieux débats d'où sortirent les principales lois organiques et la constitution républicaine. Sa situation, pour ainsi dire unique dans l'Assemblée nationale, fut marquée d'une façon exceptionnelle aux élections des sénateurs inamovibles, où il fut élu, le 9 novembre 1875, au 1ᵉʳ tour de scrutin, par 551 voix sur 688 votants, le premier des soixante-quinze membres choisis par l'Assemblée.

Le 8 mars 1876, le duc d'Audiffret-Pasquier, présidant à la transmission des pouvoirs de l'Assemblée nationale aux nouvelles Chambres élues, leur recommanda « la pratique sincère de la nouvelle Constitution », qui lui paraissait être « une œuvre de conciliation et d'apaisement ». Quelques jours après, il était nommé président du Sénat, par 203 voix sur 274 votants. Il conserva cette situation jusqu'en 1879, donnant des gages de son libéralisme et de son respect de la Constitution à plusieurs reprises. Au 16 mai 1877, il ne prêta pas son appui au ministère de Broglie et, pendant la prorogation du Sénat qu'entraînait la dissolution de la Chambre, il ne craignit pas de soutenir les prérogatives parlementaires, méconnues par l'administration. Aussi, les élections générales législatives ayant renvoyé à la Chambre l'ancienne majorité, refusa-t-il de concourir à la formation d'un nouveau ministère de résistance. Son intervention auprès du maréchal de Mac-Mahon et ses représentations furent telles que celui-ci assura au président du Sénat qu'il « ne ferait pas de coup d'État. » On doit de la sorte à M. le duc d'Audiffret-Pasquier, partisan d'une monarchie constitutionnelle, la sauvegarde des institutions républicaines.

La formation d'une nouvelle majorité à la Chambre haute éloigna le duc d'Audiffret-Pasquier de sa présidence ; il n'obtint que 81 voix, contre 153 à l'élu, M. Martel, candidat de la gauche républicaine, le 15 janvier 1879. Dès lors, son action au Sénat devint plus rare, ou moins apparente. Il faut noter toutefois la vivacité avec laquelle il parla en faveur « des droits des pères de famille, » à propos de pétitions relatives aux congrégations non autorisées (24 juin 1880).

Le 26 décembre 1878, M. le duc d'Audiffret-Pasquier avait été élu membre de l'Académie française, en remplacement de Mgr Dupanloup et sans avoir rien publié à cette date.

On doit, depuis, à cet homme d'État la publication des *Mémoires du chancelier Pasquier* (6 vol. 1895-1897) ; on annonce de lui une *Vie du duc de Richelieu* et la réunion de ses discours.

M. le duc d'Audiffret-Pasquier est, depuis 1887, président du conseil de la Société des mines d'Anzin et président des œuvres de bienfaisance fondées par Mᵐᵉ la duchesse de Galliera à Fleury-Meudon (Seine). Le ministère de l'Intérieur lui a décerné une grande médaille d'or pour son concours aux institutions ouvrières.

INJALBERT (Jean-Antoine)

Sculpteur, né à Béziers (Hérault) le 23 février 1845. D'une situation plus que modeste, il vint à Paris, après avoir fait son apprentissage de sculpteur ornemaniste et travailla tantôt le bois, tantôt la pierre. En même temps, il se préparait pour l'admission à l'École des Beaux-Arts et il y entra en 1869, d'abord dans la section de peinture, puis dans celle de sculpture, où il eut pour maître M. Dumont.

La campagne de 1870 interrompit les études de M. Injalbert qui, volontaire dans les mobiles de l'Hérault, prit part à la défense de Paris. Revenu à son art, il obtint, en 1873, le deuxième grand prix de Rome avec *Ulysse et Néoptolème* et, l'année suivante, le premier grand prix avec la *Douleur d'Orphée*.

Dès 1872, M. J.-A. Injalbert avait débuté aux Salons annuels, par l'envoi d'un buste ; en 1873, il produisit un médaillon ; de Rome, il y envoya : la *Tentation*, statue plâtre (1877) ; le *Christ*, statue plâtre (1878), qui reparut en bronze en 1881 ; le *Titan*, autre statue (1880) ; l'*Hymen incitant les colombes*, qui est au ministère des Travaux publics, et les *Lions du Peyrou*, groupe qui décore la promenade de ce nom à Montpellier (1881). Il exposa ensuite : *Titan supportant le monde* (1883), statue plâtre, coulée en bronze l'année suivante et qui orne une fontaine monumentale inaugurée à Béziers en 1892 ; le *Coureur Hippomène* (1886), statue bronze fondu, cire perdue, acquise par l'Etat pour le musée du Luxembourg ; l'*Hérault*, statue marbre ; l'*Orb* et la *Source du Lez*, bas-reliefs marbre, qui décorent le vestibule de la préfecture à Montpellier (1887) ; la *Renommée*, statue bronze pour la ville de New-York ; l'*Enfant au Mascaron*, placé dans la serre du ministère des Travaux publics (1888) ; l'*Enfant au poisson*, marbre ; *Gavarni*, buste marbre ; *Poèmes Idylliques*, bas-reliefs terre cuite très remarquables (1891) ; Suite des *Poèmes Idylliques*, autres bas-reliefs (1892) ; *Eva*, statue marbre, aujourd'hui au musée de Montpellier ; *Paul Arénat*, buste marbre (1893) ; *Motif décoratif*, dessus de porte, d'un sentiment esthétique très particulier (1894) ; *Monument à la mémoire de Molière*, qui figure actuellement à Pézenas (1896) ; *Bacchante*, gaine en pierre pour la décoration d'un jardin ; *Vers le tombeau*, figurine bronze (1897) ; *Satyre ivre soutenu par une bacchante*, groupe en pierre ; *Mascaron et Enfant*, motif de fontaine en grès (1898) ; *Double gaine*, pierre ; deux *bustes*, terre cuite (1899), etc.

On doit, en outre, à cet artiste, d'autres œuvres, où son beau talent, fait de probité, de sincérité et de vigueur, se manifeste non moins que dans les précédentes. Citons : la statue de *Mirabeau*, placée au Panthéon ; les figures des arches du pont Mirabeau à Paris ; les statues des villes de Bordeaux et de Toulouse, qui ornent la gare de Tours ; un fronton : la *Charité*, à l'hôpital suburbain de Montpellier ; la *Force*, fronton pour la caserne de gendarmerie de Montpellier ; un autre fronton pour une maison particulière ; la *Comédie à Montpellier*, fronton au nouveau Théâtre de cette ville ; un buste de *Jules Simon*, placé dans la galerie des Bustes au palais du Sénat ; une grande fontaine marbre et une petite fontaine marbre, au bassin et plateau des Poètes à Béziers ; les tombeaux de *M. Chappaz* et de *M*me* Ribo* à Béziers ; *Nymphe et Satyre*, groupe marbre décorant un parc à Béziers, etc. Il est chargé du fronton décoratif du tympan pour la porte du Petit Palais des Beaux-Arts, à l'Exposition universelle de 1900, fronton dont le sujet est la *Ville de Paris*.

M. J.-A. Injalbert a obtenu des médailles : de 2ᵉ classe en 1877, de 1ʳᵉ classe en 1878, aux Salons ; de 1ʳᵉ classe à l'Exposition universelle de la même année et le grand prix à celle de 1889. Il est professeur à l'Ecole nationale des Beaux-Arts depuis 1891 et officier de la Légion d'honneur depuis 1897.

RAYNAL (David)

ANCIEN ministre, sénateur, né à Paris le 26 février 1841. Fils d'un commissionnaire en papeterie, il se voua lui-même au commerce et fonda, en 1862, à Bordeaux, la maison d'armateurs Astruc et Raynal. Durant un séjour que Gambetta fit à Bordeaux, il se lia d'amitié avec lui.

Pendant la guerre franco-allemande de 1870-71, il fut capitaine d'état-major aux mobiles de la Gironde (19ᵉ corps d'armée) et refusa du gouvernement de la Défense nationale la préfecture des Basses-Pyrénées.

M. David Raynal n'entra dans la vie publique qu'en 1874, comme conseiller général pour le 2ᵉ canton de Bordeaux ; le 6 avril 1879, il fut élu député de la 3ᵉ circonscription de cette ville, par 12.893 voix, sans concurrent. Il prit place dans les rangs de l'Union républicaine, fut nommé membre de la Commission du Budget et, le 20 décembre de la même année, il amena le général Gresley, ministre de la Guerre, à démissionner, à la suite de son interpellation sur le maintien dans l'armée territoriale d'un colonel monarchiste. Le 28 septembre 1880, il fut choisi comme sous-secrétaire d'Etat au ministère des Travaux publics, dont le titulaire était Sadi Carnot.

Réélu dans sa circonscription, le 21 août 1881, par 11.411 voix, sans concurrent, M. Raynal, le 14 novembre suivant, quand Gambetta prit la présidence du « grand ministère, » devint ministre des Travaux publics ; il démissionna avec ce cabinet le 30 janvier 1882 et reprit le même portefeuille, le 21 février 1883, dans le cabinet Jules Ferry, qui tomba le 31 janvier 1885. Comme ministre, il signa, avec les grandes compagnies de chemin de fer, les conventions qui régissent leurs rapports avec l'Etat, et qui lui ont été longtemps et vivement reprochées par ses adversaires politiques. Accusé par le député de Nimes, Numa Gilly, de manœuvres intéressées et de corruption, à l'occasion de ces traités et d'affaires industrielles, il fit condamner son collègue comme diffamateur.

Inscrit sur la liste républicaine de la Gironde, au renouvellement plural législatif du 4 octobre 1885, il fut élu, au 2ᵉ tour de scrutin, par 88.437 voix, sur 161.939 votants ; il a été réélu, aux élections du 22 septembre 1889, dans la 4° circonscription, au 2°. tour de scrutin, par 11,572 voix, contre 11,254 à M. Pinceteau, monarchiste, ainsi qu'en 1893, par 11,394 voix, contre 9,852 à M. Besson.

Pris à partie par M. Denayrouze, ancien administrateur de la *République française*, qui l'accusait de s'être livré à des manœuvres financières pour reconstituer le capital de ce journal, M. Raynal poursuivit devant la Cour d'assises de la Gironde l'auteur de ces attaques et le fit condamner à trois mois de prison ; le journal la *Cocarde*, qui avait pris part à cette campagne, fut aussi condamné à 5,000 francs d'amende (3 mars 1893).

Ministre de l'Intérieur dans le cabinet Casimir-Périer, le 3 décembre 1893, il démissionna avec celui-ci en mai 1894.

A la Chambre des députés, M. Raynal fit partie de la Gauche républicaine, de l'Union républicaine et, presque constamment, de la Commission des Finances ; il a pris une part considérable à l'élaboration du nouveau tarif des douanes et son action dans le Parlement a été des plus importantes.

Elu sénateur de la Gironde, au renouvellement triennal du 3 janvier 1897, au 1er tour et par 810 voix sur 1,281 votants, M. Raynal fait partie de la Gauche républicaine de la Haute Assemblée. Il est président de la Commission parlementaire de la Marine marchande et vice-président de la Commission extraordinaire ayant le même objet

Libre-échangiste, M. David Raynal eut l'occasion de défendre ses théories économiques contre M. Méline, président du Conseil, à la tribune du Sénat, en 1897.

PANAS (Photinos)

MÉDECIN, membre de l'Académie de Médecine, né à Céphalonie (Iles Ioniennes) le 30 janvier 1832. Il commença ses études médicales à Corfou, vint les continuer à Paris, où il fut interne des hôpitaux en 1854, lauréat de la Faculté, titulaire d'une médaille d'or en 1856, nommé aide d'anatomie en 1859, reçu docteur le 3 mars 1860 et prosecteur en 1861. Agrégé en 1863, il devint chirurgien des hôpitaux et se fit naturaliser français la même année.

Successivement chef de service à Bicêtre (1865), à Lourcine (1866), au Midi (1867), à Saint-Antoine et Saint-Louis (1868-72), à Lariboisière (1873), il entra à l'Hôtel-Dieu en 1877.

Chargé d'un cours auxiliaire d'ophtalmologie à la Faculté de Médecine et de la consultation au Bureau central des hôpitaux, M. Panas fit aussi, à l'Ecole Pratique, des cours libres et publics d'anatomie et de médecine opératoire, d'anatomie chirurgicale, de physiologie du système nerveux et des organes des sens et de pathologie externe.

Dans ses divers services hospitaliers, M. le docteur Panas continua ses leçons : à Lourcine, sur la clinique syphilitique ; à Saint-Louis, sur l'ophtalmologie ; à Saint-Antoine, sur la clinique chirurgicale générale. Dans le pavillon d'isolement de cet hôpital, il pratiqua, le premier, avec succès, l'ovariotomie.

A Lariboisière, de 1873 à 1878, il fit un cours clinique d'ophtalmologie, en même temps qu'il était chargé de trois grandes salles de chirurgie et de deux d'ophtalmologie. C'est dans cet hôpital qu'il mit en pratique la méthode Listérienne, grâce à laquelle il obtint des résultats remarquables dans les arthrotomies, les abcès par congestion, les fractures de la rotule, les hernies étranglées et l'amputation du sein.

De 1872 à 1878, il fit, à la Faculté, un cours complémentaire d'ophtalmologie et, lors de la création d'une chaire de clinique ophtalmologique à l'Ecole de Médecine, en 1879, il en fut nommé titulaire.

Les travaux scientifiques de M. le professeur Panas sont des plus importants et ses publications nombreuses. On cite généralement, parmi celles-ci : *Anatomie des fosses nasales et des voies lacrymales* (thèse de doctorat, 1860) ; l'édition des *Leçons d'orthopédie de Malgaigne*, avec le docteur Guyon (1862) ; les *Cicatrices vicieuses* (thèse d'agrégation, 1863) ; *Sur le nerf grand sympathique* (1867) ; *Leçons sur le strabisme* (1873) ; *Leçons sur les kératites* (1876) ; *Leçons sur les affections de l'appareil lacrymal* (1877) ; *Leçons sur les rétinites* (1878) ; *Leçons sur les maladies inflammatoires des membranes profondes de l'œil* (1878) ; *Anatomie pathologique de l'œil*, avec le docteur Remy (1879) ; *Nouvelles leçons sur le strabisme* (1893) ; *Recherches anatomiques et cliniques sur le glaucome et les néoplasmes intraoculaires*, avec le docteur Rocher-Duvignaud (1893) ; *Traité complet des maladies des yeux* (2 vol. in-8°, 1894) ; *Leçons de clinique ophtalmologique*, professées à l'Hôtel-Dieu et recueillies par le docteur Castan, de Béziers (1899).

Il a donné aussi plusieurs mémoires et communications sur l'anatomie, la physiologie, la pathologie, la médecine opératoire, les articulations en général et plus spécialement celles de l'épaule et du genou, l'orthopédie du genou, les kystes et ovaires, un cas de paralysie peu connu du nerf cubital, la paralysie réputée rhumatismale du nerf radial, la paralysie par compression du nerf cubital au coude, etc., travaux parus dans les *Compte-rendus de l'Académie de Médecine* et les *Archives générales de Médecine* ; l'article *Orthopédie*, dans le *Dictionnaire de Médecine et de Chirurgie pratique*, etc. Il a fondé les *Archives d'ophtalmologie*, en 1880.

En 1870, lors des hostilités franco-allemandes, M. le professeur Panas avait été médecin militaire de l'hôpital Saint-Martin, tout en restant chirurgien de l'hôpital Saint-Louis ; il rendit à cette époque de grands services par ses procédés de chirurgie conservatrice.

Il a remplacé Dolbeau, à l'Académie de Médecine, dans la section de pathologie chirurgicale, le 18 décembre 1877.

Officier de la Légion d'honneur depuis 1895. M. le docteur Panas est commandeur du Sauveur de Grèce.

SARRIEN (Jean-Marie-Ferdinand)

Député, ancien ministre, né le 13 octobre 1840 à Bourbon-Lancy (Saône-et-Loire). Il fit ses études à Moulins et fut reçu avocat à Paris en 1863 ; inscrit, en 1864, au barreau de Lyon, il y plaida jusqu'en 1872. Capitaine des mobilisés de Saône-et-Loire, pendant la campagne de 1870-71, il fut fait chevalier de la Légion d'honneur le 17 septembre 1871, à titre militaire.

Après la guerre, M. Sarrien se fixa dans sa ville natale et remplaça son père comme maire de Bourbon-Lancy. Nommé conseiller général de Saône-et-Loire le 8 octobre 1871, il n'a plus cessé de faire partie de cette assemblée, dont il est devenu président. Il fut révoqué de ses fonctions de maire au 24 mai 1873 et au 16 mai 1877 et réintégré, chaque fois, après le retour des républicains au pouvoir.

Élu député de l'arrondissement de Charolles, le 20 février 1876, par 7,925 voix, contre 4,611 à M. Huet, ancien député, bonapartiste, il alla siéger à la gauche républicaine. Il appuya tout d'abord la politique modérée, fit partie de la commission du budget, signa la protestation des gauches contre le manifeste du maréchal de Mac-Mahon, le 18 mai 1877, et fit partie des 363. Après la dissolution de la Chambre, il fut réélu par 8,736 voix, contre 5,152 à son ancien concurrent, le 14 octobre 1877, et appuya la politique coloniale, scolaire et opportuniste. Réélu encore aux élections générales du 21 août 1881, par 7,011 voix, contre 2,169 à M. Villier, il inclina un peu plus à gauche sa ligne de conduite. Le 18 juin 1882, il déposa un rapport favorable à la demande de crédits destinés à l'armement de la flotte, à propos des affaires d'Égypte et, au mois de décembre suivant, rapporteur du budget retourné à la Chambre par le Sénat, il dénia à la Chambre haute le droit d'ouvrir de nouveaux crédits.

A la formation du cabinet Brisson, le 6 avril 1885, le portefeuille des Postes et Télégraphes fut confié à M. Sarrien, qui l'échangea, le 7 janvier 1886, dans le cabinet de Freycinet, pour celui de l'Intérieur.

Entre temps, aux élections du 4 octobre 1885, il avait été réélu, le premier sur 9 et au premier tour, sur les deux listes républicaines de Saône-et-Loire, par 74,871 voix, sur 135,284 votants.

Comme ministre de l'Intérieur, M. Sarrien s'efforça de justifier l'expulsion du duc d'Aumale, défendit ses agents dans la grève de Vierzon, repoussa la suppression des sous-préfectures par mesure budgétaire, tout en déclarant vouloir bien étudier cette réforme, de laquelle il ne reparla plus d'ailleurs. Le 11 décembre 1886, il prit, dans le ministère Goblet, le portefeuille de la Justice et se retira avec ce cabinet, sur la question des économies budgétaires, le 17 mai 1887. Le 12 décembre suivant, il revenait aux affaires, comme ministre de l'Intérieur dans le cabinet Tirard, jusqu'à la chute de ce cabinet, le 2 avril 1888.

Aux élections générales de 1889, M. Sarrien se représenta dans la circonscription de Charolles et fut élu, par 9,280 voix, contre 5,088 au colonel de Poncholon, boulangiste. Il vit son mandat renouvelé : en 1893, par 9,280 voix et, en 1898, par 12,377 voix, sans concurrent.

A la Chambre, le député de Saône-et-Loire suit, depuis plusieurs années, une ligne politique radicale ; il prend une part très active aux travaux parlementaires, a été membre de nombreuses commissions et notamment de celles des Douanes et du Budget. Libre-échangiste, il est inscrit au groupe de l'Union démocratique ; il a été vice-président de la Chambre de 1896 à 1898.

Cette dernière année, à la constitution du 2ᵉ cabinet Brisson (28 juin), M. Sarrien reçut le portefeuille de la Justice et des Cultes. En cette qualité, il admit, après beaucoup d'hésitations, la requête tendant à remettre en question le jugement du capitaine d'artillerie Dreyfus, reconnu depuis, d'ailleurs, irrégulièrement condamné pour haute trahison en 1894 ; malgré l'avis contraire à la commission instituée auprès du gouvernement, le ministre de la Justice saisit la Cour de cassation de la demande en révision, ce qui motiva la démission de son collègue de la Guerre, M. Cavaignac, opposé à toute mesure tendant à la réhabilitation de l'officier condamné. La décision de M. Sarrien fut le point de départ de la procédure qui aboutit à la révision de ce procès.

Les manœuvres des chefs de l'armée, en cette circonstance, ayant été vivement commentées dans la presse, le garde des sceaux envoya aux parquets, pour les inviter à faire respecter l'armée, une circulaire qui fut très critiquée par les uns, louée par d'autres, mais n'eut aucun effet.

Mis en minorité à la Chambre, à propos de cette affaire Dreyfus, le cabinet Brisson démissionna le 1ᵉʳ novembre 1898 et M. Sarrien reprit sa place à la Chambre.

TRYSTRAM
(Jean-Baptiste-Louis-François)

SÉNATEUR, né à Ghyvelde (Nord) le 9 janvier 1821. Après avoir accompli ses études classiques, il entra dans l'industrie et fonda, à Dunkerque, une importante raffinerie de pétrole et une grande maison d'importation de bois. Il fut membre, puis président de la Chambre de commerce de cette ville (il en est aujourd'hui le président honoraire).

M. Trystram, sous l'Empire, fit de l'opposition républicaine et, au 4 septembre 1870, le gouvernement de la Défense nationale le nomma sous-préfet de Dunkerque. Il démissionna de ce poste à la prononciation de la paix, le 1ᵉʳ avril 1871, et fut porté au Conseil général du Nord, dont il devint par la suite le vice-président.

Le 20 février 1876, M. Trystram fut élu député de la 2ᵉ circonscription de Dunkerque, par 5,874 suffrages, contre 3,920 à M. Dupuy de Lôme, impérialiste. Il vota avec les 363, contre le ministère de Broglie et, vivement combattu par le gouvernement, échoua, le 14 octobre 1877, avec 4,905 voix, contre 5,911 au candidat officiel, M. d'Arras. Après l'invalidation de ce dernier, M. Trystram reconquit son siège par 5,495 voix, contre 2,248 au même adversaire. Au cours de cette législature, il appuya la politique des ministères Dufaure, Gambetta et Ferry et opina dans le sens de la majorité républicaine.

En 1885, il fut battu dans le département du Nord, avec toute la liste républicaine, obtenant 122,370 voix, sur 292,696 votants ; mais, le 21 novembre 1886, à une élection partielle, il retrouva son siège, avec 148,986 suffrages, contre 122,370 à M. Dervaux, conservateur.

Durant cette législature, il soutint les cabinets Rouvier et Tirard et se distingua par son attitude énergique contre les menées boulangistes, ce qui lui valut, au renouvellement législatif de 1889, d'être mis en minorité, dans la 2ᵉ circonscription de Dunkerque, par M. Lalou, alors directeur du journal la *France*, candidat du général.

Élu sénateur du Nord, en 1892, par 1,233 suffrages, contre 1,078 à M. Outters, monarchiste, il fut réélu en 1897, par 980 voix.

Dans la Haute Assemblée, M. Trystram s'est occupé particulièrement des questions de commerce et d'industrie intéressant son département et, d'une façon toute spéciale, de l'agrandissement du port de Dunkerque. Il a fait partie de différentes grandes commissions, notamment de celle des Colonies et de la Commission extra-parlementaire des ports maritimes ; il appartient aux groupes de la Gauche démocratique et de l'Union républicaine.

Sur la proposition de la Chambre de commerce de Dunkerque, appuyée par la population, le gouvernement, en récompense des services rendus à son pays d'origine par l'honorable sénateur, a donné le nom de Trystram à l'une des principales écluses du port de Dunkerque.

DUPLOMB (Charles)

ÉCRIVAIN, administrateur, né à la Châtre (Indre) le 20 mai 1844. Il fit ses études au Lycée de Nantes et vint à Paris en 1862. Entré dans l'Administration centrale de la Marine, il fut, pendant de longues années, secrétaire particulier de M. Sabattier, directeur des Constructions Navales, le successeur de M. Dupuy de Lôme à la tête de la direction du Matériel.

En 1870-71, M. Charles Duplomb fit son service militaire à Paris, au 1ᵉʳ bataillon de la garde mobile, le même qui, par son énergique attitude, arrêta les premiers fédérés, commandés par Flourens, lorsqu'ils se présentèrent, dans la soirée du 18 mars 1871, pour occuper la place Vendôme.

Depuis le 1ᵉʳ juillet 1888, M. Duplomb occupe les fonctions de chef du bureau de l'Artillerie au ministère de la Marine.

M. Charles Duplomb, dont le père fut un des amis dévoués de Georges Sand, a fait paraître, dans la *Revue des Deux-Mondes*, une suite de lettres fort curieuses de cette illustre romancière. Il a publié deux monographies qui sont citées comme des modèles dans ce genre de littérature : l'*Hôtel de la reine Marguerite de Valois, première femme de Henri IV* (1884) et la *Rue du Bac* (1886).

On lui doit aussi de nombreux articles intéressant l'histoire de Paris, publiés dans la *Revue Maritime* et autres revues spéciales. On annonce de lui : *Georges Sand à Paris en 1832* et les *Souvenirs d'un Parisien*.

Titulaire d'une médaille de sauvetage de 1re classe, M. Ch. Duplomb est officier de la Légion d'honneur.

GAUQUIÉ (Henri-Désiré)

SCULPTEUR, né à Flers-lès-Lille (Nord) le 16 janvier 1858. Il fut, aux académies de Valenciennes, élève de Fache et, à l'Ecole des Beaux-Arts de Paris, élève de Cavelier.

M. Gauquié débuta aux Salons annuels par des bustes aux seules initiales et exposa ensuite, notamment : *Persée vainqueur de Méduse* (1866), groupe plâtre acquis par l'Etat pour le musée d'Agen ; *Vœ victis*, statue plâtre (1889) ; *Bacchante et Satyre*, groupe plâtre acquis par l'Etat et commandé en marbre pour la ville de Tourcoing ; *Brennus*, statue bronze, acquise pour Valenciennes et placée au square de la gare de cette ville (1891) ; *Réveil du Printemps* ; le *Peintre A. Chigot*, buste (1892) ; *A. Debière*, président du Tribunal de Commerce de Valenciennes, buste bronze ; *Marguerite d'Angoulême*, statue marbre commandée par l'Etat pour la Maison d'éducation de la Légion d'honneur de Saint-Denis (1893) ; *Gloire et Patrie*, statuette bronze (1897) ; Modèle du *Monument élevé à Mlle Clairon* par la ville de Condé-sur-Escaut, plâtre ; *Mlle Charlotte Wyns*, de l'Opéra Comique, buste (1898) ; *Amphitrite*, groupe polychrome destiné à l'Aquarium Guillaume de 1900 (1899), etc.

On doit, en outre, à cet artiste : le *Monument élevé au peintre Watteau*, œuvre des plus remarquables, érigée dans le Jardin du Luxembourg à Paris ; le *Monument élevé à Sadi Carnot* par la ville de Lyon et qui comprend, outre la statue du regretté président, les figures allégoriques du génie de la France, de la ville de Lyon, des réceptions de Cronstadt et de Toulon ; la statue du *Maréchal de Villars*, commandée par la ville de Denain ; le *Buste* du peintre Gardette et celui du peintre E. Bellynck ; de nombreux *médaillons*, tels ceux de M. Goubet, bronze ; des enfants de M. Lemaître, terre cuite ; de M. D***, étain ; un *bas-relief* en marbre offert par ses administrés à M. Marmottan, maire du XVIe arrondissement, ancien député, et divers objets d'art. Il est chargé de l'exécution du *Buste de Henri Pille*, destiné à un monument commémoratif de celui-ci, pour Paris.

M. Henri Gauquié possède de très personnelles qualités artistiques de conception nouvelle et d'exécution originale, qui rendent ses productions fort appréciées. Il a obtenu une 3e médaille et une bourse de voyage en 1886, une médaille de bronze à l'Exposition universelle de 1889, une médaille de 2e classe en 1890 et une médaille de 1re classe en 1895. Il est hors concours, membre du Jury du Salon et officier d'Académie.

MAGNIN (Pierre-Joseph)

SÉNATEUR inamovible, gouverneur honoraire de la Banque de France, né à Dijon le 1er janvier 1824. Il fit ses études classiques à Genève, puis succéda, comme maître de forges, à son père, Magnin-Philippon, qui avait été représentant du peuple à la Constituante de 1848. Il entra, en 1861, dans la vie politique, comme conseiller général de la Côte-d'Or pour le canton de Saint-Jean-de-Losne. De 1865 à 1874, il fut, en outre, conseiller municipal de sa ville natale et membre de la Chambre et du Tribunal de Commerce de Dijon.

En 1863, M. Joseph Magnin se présenta, comme candidat de l'opposition, dans la première circonscription de la Côte-d'Or et échoua ; mais, quelques mois plus tard, son ancien concurrent ayant été pourvu de fonctions officielles, il fut nommé, le 13 décembre, député au Corps législatif par 18.600 voix, sur 33.857 votants, et cette élection fut un des premiers succès de l'opposition à l'empire. Il s'occupa particulièrement des questions financières et se fit remarquer par sa participation aux travaux des commissions et par ses discours. Aux élections générales du 24 mai 1869, il fut réélu par 23.428 suffrages et choisi, par ses collègues de la Gauche, comme secrétaire du Corps législatif.

Appelé au ministère de l'Agriculture et du Commerce par le gouvernement de la Défense nationale (4 septembre 1870), il fit approvisionner Paris, décréter la taxe de la viande, rechercher et saisir toutes les provisions particulières de farine et de blé et établir de nombreux moulins à vapeur dans la ville assiégée. Au moment de l'armistice, il sortit de Paris pour en assurer le ravitaillement et se rendit à Dieppe, où arrivaient les denrées commandées à divers pays.

Aux élections du 8 février 1871, il fut élu député de la Côte-d'Or à l'Assemblée nationale, le 2e sur la liste républicaine, par 63,967 voix et, trois jours après, donna sa démission de ministre. Il alla siéger à la gauche, vota dans toutes les questions avec le groupe républicain et prit souvent la parole, notamment dans les discussions d'ordre financier ou économique. Il fut l'un des fondateurs du groupe de la Gauche républicaine, soutint le gouvernement de M. Thiers, combattit la politique inaugurée le 24 mai 1873 et vota la Constitution de 1875.

Elu sénateur inamovible, le 16 décembre 1875, M. Magnin prit place à la Gauche républicaine du nouveau Sénat et refusa de voter la dissolution de la Chambre, le 22 juin 1877. Au mois de janvier précédent, il avait pris la direction politique du *Siècle*, en remplacement de Jules Simon, nommé président du Conseil des ministres.

Le 27 décembre 1879, il reçut, dans le premier cabinet Freycinet, le portefeuille des Finances, qu'il garda dans le ministère Ferry du 22 septembre 1880, avec lequel il se retira, lors de la formation du ministère Gambetta, le 14 novembre 1881.

Au cours de ses ministères, M. Magnin fit voter le dégrèvement des sucres et des boissons et réaliser l'emprunt de un milliard en 3 o/o amortissable, qui obtint le meilleur succès. Ses budgets furent toujours équilibrés avec un excédent de recettes. Le 18 novembre 1881, il fut nommé gouverneur de la Banque de France, en remplacement de M. Denormandie.

Financier émérite, M. Magnin sut développer et consolider la puissance de cet important établissement de crédit. Il donna de la sécurité au commerce en faisant maintenir autant que possible un taux fixe d'escompte, porta l'encaisse d'or de la Banque de 600 millions à 2 milliards 100 millions, sut prévenir par son intervention, lors du krak des cuivres, en 1882, et celui de l'ancien Comptoir d'Escompte (1889), les plus grandes catastrophes, en sauvant le crédit commercial ; prêta 75 millions d'or à la Banque d'Angleterre atteinte par plusieurs faillites retentissantes (1890), et obtint le renouvellement du privilège de la Banque de France en donnant au pays les ressources nécessaires en cas de guerre (1897).

A ce moment, ses fonctions de gouverneur étant devenues, selon une nouvelle loi, incompatibles avec celles de sénateur inamovible, M. Magnin opta pour ces dernières et reçut, en reconnaissance de ses longs services, le titre de gouverneur honoraire de la Banque de France.

Au Sénat, M. Magnin fait partie de la Gauche républicaine, qu'il a présidée à plusieurs reprises; il a été vice-président de la Haute Assemblée de 1884 à 1890 et réélu de 1894 à 1899, cette dernière année pour la treizième fois ; il a fait partie des plus importantes commissions, notamment de celle de l'Armée dont il est président (1899). Il est, depuis 1871, président du Conseil général de la Côte-d'Or.

M. Magnin, qui siège dans nos assemblées politiques depuis 1863 sans interruption, est, après son collègue, M. Malézieux, le plus ancien parlementaire en fonctions de notre époque.

LÉGITIMUS (Jean-Hégésippe)

Publiciste, député, né à la Pointe-à-Pitre le 8 avril 1868. Il appartient à une famille de couleur. Ses études faites dans l'île natale, il prit de bonne heure part aux luttes politiques, défendit ses idées par la plume et collabora notamment au *Peuple*, organe socialiste, fondé par un groupe d'étudiants indigènes en 1891 et qui, après divers procès, devint successivement le *Cri du Peuple* et la *Cravache*.

Se préoccupant surtout de questions sociales, M. H. Légitimus acquit bientôt une grande popularité par la vigueur de ses polémiques et l'ardeur de son attitude. Traduit, pour délits de presse, deux fois devant le Tribunal correctionnel et condamné, une troisième fois devant les assises, où il fut acquitté, ces poursuites ne firent qu'accroître son influence. Il fut élu, en 1893, conseiller général pour le canton de Lamentin. Réélu à cette fonction en 1898, il a été appelé la même année à la présidence du Conseil général de la Guadeloupe.

Lors des élections générales législatives de 1893, M. Légitimus avait été porté à la candidature par comités socialistes de l'île et avait obtenu 4,378 voix, contre 5,788 à M. Isaac, républicain, élu ; mais, au renouvellement de 1898, il fut nommé député de la Guadeloupe au 2ᵉ tour de scrutin, avec 5,655 voix, sans concurrent.

M. Légitimus fait partie, à la Chambre, du groupe socialiste. Dans son programme, il insistait surtout sur la nécessité d'organiser le prolétariat colonial en parti de classe distinct, « pour la conquête des pouvoirs publics, dont la possession peut seule, — selon « lui, — conduire la doctrine socialiste au but de ses « efforts : l'expropriation économique de la bourgeoi-« sie capitaliste. »

Le député de la Guadeloupe est membre de la Commission de la réforme électorale (1899).

MOISSAN (Henri)

Chimiste, membre de l'Institut, né à Paris le 28 septembre 1852. Il fit ses études au Muséum d'histoire naturelle de Paris et devint successivement licencié ès sciences physiques, pharmacien de 1re classe et docteur ès sciences. Choisi, en 1879, comme maître de conférences et chef des travaux pratiques de chimie à l'École de pharmacie de Paris, il fut nommé agrégé, au concours de la même école, en 1882.

Les connaissances spéciales et approfondies de M. Moissan et les travaux personnels auxquels il s'était livré ne tardèrent pas à le placer au premier rang dans le monde savant et il fut appelé, en 1887, à la chaire de toxicologie de l'École supérieure de pharmacie. Depuis 1889, il occupe la chaire de chimie minérale dans la même école.

En 1887, M. Moissan obtint le prix Lacaze, de l'Académie des Sciences, pour ses travaux sur les propriétés du fluor, corps simple qu'il isola, puis liquéfia le premier. En 1893-1894, il réalisa la synthèse de diamants d'un 1/2 millimètre de diamètre, au moyen de fer et d'argent liquides, brusquement refroidis au contact de l'eau. La découverte du carbure de calcium, qui permet d'obtenir si facilement le gaz acétylène, a rendu son nom populaire ; enfin, en 1898, ses recherches sur le calcaire métallique à l'état de pureté ont permis de connaître de nouveaux composés de ce corps simple.

Comme membre de la Commission militaire de l'aluminium, il a contribué à faire adopter la transformation des objets de petit équipement, et ses travaux personnels ont aidé à la solution de cette question.

M. Moissan a publié de nombreux travaux sur les oxydes de fer, sur le chrome et ses composés, sur les fluorures de phosphore d'arsenic et de carbone, sur les carbures métalliques, sur les diverses variétés de graphite, sur le tungstène, sur les diverses applications d'un four électrique de son invention, etc.

Il convient de citer, parmi ses principales publications: *Étude de la respiration végétale* (en collaboration avec M. P.-P. Dehérain, 1874) ; *Recherches sur les oxydes métalliques de la famille du fer* (1877) ; *Préparation de différents amalgames* (1879) ; *Recherches sur le chrome* (1881) ; *Fluorure d'arsenic* (1884) ; *Fluorures de phosphore* (1884) ; *Isolement du fluor et étude de ses propriétés* (1886) ; *Éthers fluorés* (1888) ; *Fluorure de carbone* ; *Poids atomique du fluor* (1890) ; *Préparation du bore pur* ; *Composés du bore* (1892) ; *Étude de la terre bleue du Cap* ; *Recherches sur la météorite de Canon-Diablo* ; *Nouvelles propriétés du diamant* ; *Reproduction du diamant* ; *Sur un nouveau modèle de four électrique à réverbère et à électrodes mobiles* (1893) ; *Nouvelles recherches sur la reproduction du diamant* ; *Préparation au four électrique du chrome, de l'uranium, du vanadium, du tungstène, du molybdène, du zirconium, etc.* ; *Recherches sur différents carbures métalliques et en particulier sur le Carbure de calcium* (1894) ; *Étude complète des carbones amorphes et des graphites* (1 vol. 1895), etc. On lui doit en outre les articles *Chrome, Fer, Manganèse* dans l'*Encyclopédie chimique* de Fremy ; l'article *Fluor* du *Dictionnaire* de Wurtz, etc.

M. Henri Moissan a été nommé membre de l'Académie de Médecine en 1886 et de l'Académie des Sciences (section de Chimie) en remplacement de Cahours en 1891. Il est membre honoraire de la Société chimique et de la Royale Institution de Londres, membre de l'Académie des Sciences de Danemark, de la Société chimique de New-York, de la Société de Physique de Hambourg, etc. L'Institut de Philadelphie, la Société royale de Londres, la Société Industrielle de Lille, etc., lui ont décerné des médailles d'or pour l'ensemble de ses travaux. Il est aussi lauréat de la Société d'encouragement pour l'Industrie Nationale, officier de la Légion d'honneur et officier de l'Instruction publique.

LEYGUES (Jean-Claude-Georges)

Ministre de l'Instruction publique, député, publiciste, né à Villeneuve-sur-Lot le 28 octobre 1857. Avocat dans cette ville, il y devint adjoint au maire et fonda l'*Avenir de Lot-et-Garonne*, journal républicain.

Aux élections générales législatives de 1885, M. Georges Leygues fut élu député de ce département, sur la liste républicaine, au scrutin de ballotage, par 44.084 voix, sur 80.197 votants ; il a été successivement réélu, dans l'arrondissement de Villeneuve-sur-Lot : en 1889, par 12.121 voix contre 11.958 à M. Sarrette, conservateur ; en 1893, par 13.194 voix contre 3.521 à M. Besse, conservateur, 2.813 à M. Galmois, socialiste, et en 1898, par 9.008 voix, contre 7.515 à M. Brueyre, conservateur, et 1.674 à M. Tallet, socialiste, au 1er tour.

A la Chambre, le député de Lot-et-Garonne a été membre et rapporteur d'importantes commissions, notamment de celle du Budget. Il a déposé des projets de loi tendant à surélever les droits d'entrée sur le blé, en 1893 et 1894 ; il a participé à la plupart des discussions parlementaires et occupe, au Parlement, une place très en vue.

M. Georges Leygues a été ministre de l'Intruction publique dans le cabinet Dupuy (31 mai 1894), puis ministre de l'Intérieur dans le cabinet Ribot, qui suivit (26 janvier à 2 novembre 1895) ; il revint aux affaires, dans le 3ᵉ cabinet Dupuy, comme ministre de l'Instruction publique et des Beaux-Arts, (1ᵉʳ novembre 1898 au 12 juin 1899) et conserva son portefeuille dans le ministère qui lui succéda, constitué, le 22 juin, par M. Waldeck-Rousseau.

M. Georges Leygues a publié des recueils de vers : *Rhapsodies, Rondels, Marines et Paysages* (1882) ; la *Lyre d'Airain* (1883), couronnée par l'Institut en 1884 ; il a collaboré au *Siècle*, au *Voltaire*, au *Matin*, au *Journal des Voyages*, où il publia des récits de voyages en Russie, en Finlande, en Laponie, dans les Balkans ; à la revue l'*Artiste*, etc.

Grand-cordon de l'ordre de Sainte-Anne de Russie, d'Isabelle d'Espagne, de Takovo de Serbie, etc., M. Georges Leygues est officier d'Académie et chevalier du Mérite agricole.

FÉLICE (Paul de)

Pasteur et écrivain protestant, né à Montauban le 2 août 1874. Petit-fils et fils de pasteurs, il accomplit ses études classiques au collège de Sainte-Foy-la-Grande, fit un séjour en Angleterre et en Allemagne et suivit ensuite les cours de la Faculté de Théologie de sa ville natale, jusqu'en 1871.

Après avoir voyagé et étudié encore pendant trois années à l'étranger et en France, M. Paul de Félice fut successivement nommé pasteur à Mer (Loir-et-Cher) (1874-1883), à Chartres (1883-1891), à Enghien (1892).

M. le pasteur Paul de Félice a publié de nombreux ouvrages d'érudition et d'histoire, ou relatifs à des questions intéressant le culte protestant. On cite de lui : *Pierre Daniel*, traduit de l'allemand, du professeur Hagen de Berne (1876) ; *Denis Papin, de Blois* (1880) ; *L'Octavius de Minucius Félix* (1880) ; *Lambert Daneau, de Beaugency, sa vie, ses écrits, ses lettres inédites* (thèse de doctorat, 1882) ; *Réponse de M. Chayssac, ci-devant prestre romain, forçat pour la Foy* (1882) ; *Serment de fidélité des huguenots d'Orléans en 1568* (1882) ; *Sermons protestants prêchés en France, de 1685 à 1795* (Essai bibliographique, 1885) ; *Mer, son Eglise réformée, établissement, vie intérieure, décadence, restauration* (1885) ; *La Réforme en Blaisois, documents inédits, registre du Consistoire*, etc. (1885) ; *L'Eglise primitive, jusqu'à la mort de Constantin*, traduit de l'anglais, avec planches et gravures (1886) ; la *Tragédie des Cordeliers d'Orléans (1534-1535)* ; *Episode de l'histoire monastique orléanaise au XVIᵉ siècle* (1887) ; les *Lois collégiales de l'Académie de Béarn, 1568-1580* (1889) ; *Projet de discipline ecclésiastique* (1890) ; les *Protestants d'autrefois*, vie intérieure des Eglises, mœurs et usages. I. *Les Temples, services, actes pastoraux* (1896, 2ᵉ é i. 1897). — II. *Les Pasteurs*, vie officielle et vie privée (1898).—III. *Les Conseils ecclésiastiques*, consistoires, colloques, synodes (1899).

M. Paul de Félice est membre du comité de la Société de l'Histoire du Protestantisme Français.

BRUEYRE (Loys)

Administrateur et écrivain, né à Paris le 1ᵉʳ novembre 1835. Il accomplit ses études classiques au lycée Bourbon (Condorcet), suivit les cours de la Faculté de Droit et entra, dès 1858, à la Préfecture de la Seine, comme secrétaire du baron Haussmann. Après avoir franchi, un à un, tous les degrés de la hiérarchie administrative, M. Brueyre devint chef du personnel, en 1870, puis chef de la division des Enfants assistés à l'Assistance publique, en 1875.

Ainsi qu'il résulte des documents officiels et de l'ouvrage de M. le docteur Thulié, les *Enfants assistés de la Seine*, c'est M. Brueyre qui, le premier, conçut le projet de faire servir l'organisation puissante de ce service à recueillir les enfants moralement abandonnés que, jusque-là, on internait dans les maisons de correction comme mendiants et vagabonds. Aucune ressource n'existant alors au budget du département de la Seine en faveur de ces infortunés, M. Brueyre, aidé par quelques amis opulents, recueillit des sommes importantes, qui permirent de jeter les premières bases du service et de fonder, à Villepreux, une école d'horticulture et, à Montévrain, une école d'ébénisterie. Le docteur Thulié, alors président du Conseil municipal de Paris, séduit par l'idée de M. Brueyre, accepta d'être, au Conseil général, le promoteur d'un projet qui, à cette époque, semblait chimérique, en tout cas singulièrement osé et périlleux. Huit ans après la fondation du service dans la Seine, une loi préparée par le Conseil supérieur de l'Assistance publique et dont M. Brueyre était rapporteur, fut votée par le Parlement, le 24 juillet 1889. Cette loi permet de frapper de déchéance les parents indignes et confère à l'Assistance la tutelle de leurs enfants. Dans tous les départements de France, il y a maintenant un service de « Moralement abandonnés » et le nombre des enfants élevés ainsi s'élève déjà à plus de vingt mille, sans compter ceux dont, de leur côté, s'occupent les œuvres de la charité privée créées après la loi de 1889.

M. Brueyre a été encore le rapporteur, au Conseil supérieur, d'un projet de loi relatif aux enfants trouvés et abandonnés, dont le gouvernement a saisi le Parlement. Il fait partie des conseils de la plupart des grandes œuvres de la charité privée et en préside plusieurs.

En dehors de ses travaux administratifs, M. Brueyre est connu aussi par ses recherches relatives à la littérature populaire. Il s'est beaucoup occupé de ces intéressantes questions et a contribué, par sa propagande, ses articles et ses conférences, à en développer l'étude. Il a publié les *Contes populaires de la Russie* et les *Contes populaires de la Grande-Bretagne*. Il a, en outre, collaboré à diverses publications, notamment à la *Revue pénitentiaire et pénale* et à la *Revue philanthropique*, dirigée par M. Paul Strauss, sénateur de la Seine.

M. Brueyre est chevalier de la Légion d'honneur depuis 1880.

BRANCION de LIMAN
(Louis-Marie-Josseran RAGUET de)

INGÉNIEUR-électricien, né à Josselin (Morbihan) le 2 janvier 1853. Il fit ses classes à Besançon, puis se livra à des études spéciales concernant l'électricité. Il fut, dès 1881, un des principaux collaborateurs de la Compagnie Edison, à la fondation de laquelle il avait contribué.

De 1888 à 1892, M. J. de Brancion fut directeur pour la France de la Compagnie de l'Industrie Électrique. Attaché, à cette dernière date, comme ingénieur en chef, à la Compagnie Parisienne d'air comprimé, il contribua ainsi à sa réorganisation ; depuis 1895, il s'occupe surtout de traction électrique pour son propre compte.

Dès le mois de février 1882, il avait fondé, à Besançon, une société d'éclairage électrique et établi dans cette ville une usine centrale d'électricité, la première qui ait fonctionné dans une ville française ; mais cette exploitation dût être abandonnée peu de temps après, la ville de Besançon, soumise à un autre monopole, ayant retiré son autorisation. Après avoir construit d'autres usines électriques dans diverses villes et notamment à Dijon, en 1884-1885, M. de Brancion étudia et réalisa, pour le compte de M. Claret, la première ligne de tramways électriques français, à Clermont-Ferrand (1889).

Depuis ce temps, M. de Brancion a fondé diverses compagnies de traction par l'électricité, notamment la Compagnie générale de Traction électrique (Lyon), la Compagnie industrielle de Traction pour la France et l'Étranger (Paris), dont il est administrateur délégué ; les sociétés de Tramways de Versailles, de Tours, de Lorient, de St-Nazaire, dont il est également administrateur ; il fait partie des conseils d'administration de diverses autres sociétés, notamment de la Compagnie des Tramways de Lourdes, de la Société anonyme de locomotion électrique, etc. Il est aussi concessionnaire d'une des lignes de tramways, dites de pénétration, de Vanves à Paris (en création).

C'est à M. de Brancion que revient le mérite d'avoir, le premier, introduit dans l'exploitation des lignes de tramways électriques le système « Diatto », à conducteurs enterrés et à pavés métalliques, le long des voies ; cette disposition, imaginée pour l'ouverture et la fermeture simple et pratique du courant électrique, a été adoptée à Tours et à Lorient ; elle doit aussi être appliquée à Paris, ainsi que dans plusieurs villes d'Europe.

BERNARD (Salvador-Edmond)

PUBLICISTE, né à Metz le 11 janvier 1843. Il fit ses études classiques dans sa ville natale, puis entra à l'École des Beaux-Arts de Paris, où il ne resta que peu de temps. Parti au Brésil en 1863, il coopéra à la fondation de l'*Écho français brésilien*, organe hebdomadaire, à Rio-de-Janeiro.

De retour en France, M. Salvador Bernard se fit connaître par une collaboration active aux principaux journaux de l'époque. Il fut notamment rédacteur de l'*Avenir national*, de Peyrat, avec MM. Henri Brisson, Jules Mahias, Castagnary, etc. (1868) ; au *National*, de Rousset, avec La Bedollière, d'Ornant, Louis Jourdan, Edmond Texier, Th. de Banville (1869-1870) ; à l'*Histoire*, grand journal quotidien à huit pages, de Polydore Millaud (1870), qui dura peu de temps.

Au 4 septembre 1870, M. Bernard fut appelé par Étienne Arago aux fonctions de secrétaire du cabinet du maire de Paris ; plus spécialement chargé du cabinet de Charles Floquet, alors premier adjoint au maire, il occupa ce poste jusqu'à la démission de celui-ci, le 31 octobre de la même année. Il fit ensuite la campagne sous Paris (Nouy, Romainville, Plateau d'Avron, etc.), comme lieutenant dans l'artillerie de la garde nationale mobilisée.

Après la paix, il rentra dans le journalisme et écrivit notamment dans le *Corsaire*, la *Semaine Parisienne*, la *Cloche* d'Ulbach, le *Républicain* de Ganesco (1873 ; à propos d'un article dans cette feuille il fut poursuivi, sous le ministère Dufaure, et condamné à deux mois de prison) ; à l'*Opinion*, à l'*Estafette*, au *Petit Officiel*, puis au *Journal Officiel*, dont il a été successivement rédacteur, puis secrétaire-adjoint, enfin secrétaire de la rédaction, fonction qu'il occupe encore.

M. Bernard avait été l'un des fondateurs, en 1875, d'une intéressante feuille illustrée, politique, hebdomadaire : le *Sifflet*. Il a publié des romans fort bien accueillis : l'*Héritage du Mort*, dans le *Journal Illustré* ; *Pélagie*, dans le *Nain Jaune*, etc.

Cet écrivain est officier d'Académie, du Nicham, du Cambodge, de l'Annam, etc.

La VILLEGONTIER (Gérard-Pierre-Marie-Sébastien FRAIN Comte de)

Homme politique, né au château de La Villegontier (Ille-et-Vilaine) le 10 janvier 1841. Fils du comte Louis-Spiridon, pair de France (1776-1849), il fit ses études dans sa famille et prit part, comme officier des mobiles bretons, à la guerre de 1870-1871.

Maire de Parigné et conseiller général du canton nord de Fougères depuis 1872, le comte de La Villegontier se présenta, le 20 février 1876, à la députation, dans l'arrondissement de Fougères, comme candidat royaliste et obtint 8,405 voix, contre 9,660 à l'élu, M. de Dalmas, bonapartiste. Plus heureux, le 14 octobre 1877, il fut élu, avec l'appui du ministère de Broglie, par 9,601 voix, contre 9,057 à M. Roger-Marvaise, républicain. Invalidé par la Chambre, il échoua, le 3 mars 1878, obtenant seulement 8,089 voix, contre 9,311 à l'élu, M. Ribau, républicain. Le 21 août 1881, renvoyé de nouveau au Parlement par l'arrondissement de Fougères, avec 9,114 voix, contre 8,836 au député sortant, il fut encore invalidé et battu le 29 janvier 1882, obtenant 9,113 voix, contre 9,129 à l'élu, M. Ribau. L'élection de ce dernier ayant été annulée à son tour, M. de La Villegontier se représenta dans le même arrondissement, le 30 avril de la même année, et ne recueillit que 6,709 voix, contre 12,313 à M. La Riboissière, républicain. Porté le 4 octobre 1885 sur la liste conservatrice d'Ille-et-Vilaine, il n'obtint que 59,680 suffrages, sur 123,294 votants.

Le 5 janvier 1888, M. de La Villegontier fut élu sénateur d'Ille-et-Vilaine, sur la liste conservatrice, par 612 voix, sur 1,153 votants. Il fit partie de la droite de la Haute Assemblée et s'occupa surtout des questions de syndicats agricoles et de lois ouvrières, dans la discussion desquelles il fit preuve de beaucoup d'activité et de compétence ; il se prononça contre les poursuites intentées au général Boulanger et s'associa à la politique protectionniste inaugurée lors de la discussion des tarifs douaniers (1892). Au renouvellement du 3 janvier 1897, il échoua, avec la liste conservatrice de son département.

BARRIAS (Louis-Ernest)

Sculpteur-Statuaire, membre de l'Institut, né à Paris le 13 avril 1841. Frère cadet du peintre Félix-Joseph Barrias, il reçut de lui les principes élémentaires du dessin et eut pour premier professeur Léon Cogniet ; puis, en 1855, il entra dans l'atelier du sculpteur Cavelier et, plus tard, dans celui de Jouffroy, à l'École des Beaux-Arts. Il obtint, en 1861, le 2e prix de Rome pour la sculpture, avec *Chryséis rendue à son père par Ulysse*, et le 1er prix, en 1865, pour son bas-relief : *Gyptis présentant la coupe à Protis*, légende de la fondation de Marseille.

Dès 1861, M. Ernest Barrias avait exposé aux Salons annuels les bustes de son père, M. *Félix Barrias* et de M. *Jaget* ; en 1863, ceux de *Jules Favre* et *Cavelier* ; en 1864, celui de *M. D...* Ensuite il n'envoya plus rien jusqu'en 1870, où il exposa une *Jeune Fileuse de Mégare*, statue en marbre (placée au Musée du Luxembourg).

Il s'engagea pendant le siège de Paris dans le bataillon des mobiles de la Marne (1870-1871).

M. Ernest Barrias a exposé depuis lors un grand nombre d'ouvrages, parmi lesquels nous devons mentionner : la *Fortune et l'Amour*, groupe bronze (1872) ; la *Religion* et la *Charité* (1873), statues plâtre, destinées à un tombeau et qui ont reparu en bronze, avec deux autres figures, également en bronze, au Salon de 1874, entourant la statue de *Mme X...*, marbre ; *Groupe pour un tombeau : Ange et Enfant*, marbre (1876) ; le *Serment de Spartacus*, groupe marbre, placé en 1877 dans le jardin des Tuileries ; les *Premières funérailles* : Adam, Ève et Abel (1878), groupe très admiré, reproduit en marbre en 1883 et placé à l'Hôtel-de-Ville de Paris ; la *Défense de Paris*, groupe bronze érigé au rond-point de Courbevoie (1881) ; la *Défense de Saint-Quentin*, groupe commémoratif de la guerre de 1870, avec deux bas-reliefs sur le piédestal (1882) ; *Mozart enfant*, statue bronze, cire perdue (1883), au Musée du Luxembourg, dont une reproduction en marbre, pour le Musée Jacobsen de Copenhague, figura au Salon de 1891 ; le *Chant et la Musique*, statues marbre, pour le grand escalier de l'Hôtel de Ville de Paris (1888) ; la *Chasse*, statue marbre, œuvre rendue populaire par de nombreuses reproductions (1889) ; *Fleurs d'Hiver*, statue marbre (1891) ; *La Nature mystérieuse et voilée se découvre devant la Science*, statue marbre, pour la Faculté de Médecine de Bordeaux ; l'*Architecture*, statue destinée au tombeau de M. Guérinot (1893) ; *Jeune Fille de Bou-Saada*, bronze, cire perdue, pour le monument de C. Guillaumet (1896) ; *Monument à la Mémoire des Soldats Français à Madagascar*, en bronze, érigé à Tananarive (1897) ; *La Nature se dévoilant*, statue marbre polychrome, onyx d'Algérie, acquise par l'État ; le *Refuge*, monument marbre élevé à M. Auban Moët, à Epernay (1899), etc.

Cet artiste a exécuté en outre de nombreux bustes, notamment, ceux de : *Henri Regnault*, bronze, à l'École des Beaux-Arts ; *Docteurs Hennequy, Déchambre et Jacquemier*, à l'Académie de Médecine ; l'architecte *Ballu*, *Dufaure*, le géologue *Hébert*, à l'Institut ; *Émile Augier*, au Théâtre Français ; *Albert Gaudry*, au Muséum ; le peintre *Munckaesr*, le musicien *Marmontel*, etc. ; les médaillons des architectes *André* et *Guadet*, du peintre *Guillaumet*, etc. Il est aussi l'auteur de la statue en bronze de *Bernard Palissy*, dont l'original est au square St-Germain-des-Prés et une reproduction à la Manufacture de Sèvres ; du *Monument de Bon-Secours*, à Rouen ; *Jeanne d'Arc prisonnière* ; de la statue en bronze élevée devant l'Hôpital du Midi, au D' *Ricord* ; d'un haut-relief en bronze : *Nubiens*, au Muséum ; des monuments érigés au *Président Carnot*, à Bordeaux ; à *E. Augier*, place de l'Odéon (1896) ; à *Schœlcher*, à Cayenne (1897) ; à *Maria Deraismes*, à Paris (1898) ; à *Ph. Darblay*, à Corbeil-Essonnes ; à *Anatole de la Forge*, au Père-Lachaise ; à *Mme Talabot*, à St-Geniez (Aveyron) ; à *Mme Barbonne*, au cimetière Montparnasse (1899) ; il est encore chargé de l'exécution du monument à *Victor Hugo*, pour la place Victor Hugo et de la statue de *Lavoisier*, pour celle de la Madeleine.

On lui doit aussi des motifs décoratifs à l'*Opéra*, au *Pavillon de Marsan*, à la *Galerie des Machines*, au Champ-de-Mars, à la *Mairie de Neuilly*, à la *Porte du Grand Palais de l'Exposition de 1900*, et divers objets d'art, notamment une belle série d'*Enfants*, en bronze, éditée par Barbedienne.

Les œuvres de M. Ernest Barrias se font remarquer par la correction et la clarté de la composition, aussi bien que par le fini consciencieux de l'exécution ; elles ont placé leur auteur au nombre des maîtres classiques de la statuaire moderne.

En 1884, l'éminent artiste fut élu membre de l'Académie des Beaux-Arts, en remplacement de Dumont ; il est, depuis 1894, professeur à l'École des Beaux-Arts. Il a obtenu les récompenses suivantes : une médaille en 1868, une autre de 1re classe en 1872, la médaille d'honneur au Salon de 1878, ainsi qu'une médaille de 1re classe à l'Exposition universelle de cette même année et le grand prix de sculpture à l'Exposition universelle de 1889. Décoré de la Légion d'honneur en 1878, il est officier depuis le 7 octobre 1891.

GALLEY (Jean-Baptiste)

Écrivain, député, né à St-Étienne (Loire) le 19 mars 1857. D'une famille de modestes paysans de ce département, il fut attaché à la bibliothèque de sa ville natale en 1880 ; en 1877, il fut nommé bibliothécaire et, en 1886, directeur de la bibliothèque de St-Étienne, très importante par le nombre et la valeur des ouvrages qu'elle renferme. Il conserva ce poste jusqu'en 1891.

Entre, en 1892, dans la politique, comme conseiller général de la Loire, pour le canton nord-est de St-Étienne. M. Galley demeura jusqu'en 1898 à l'assemblée départementale, de laquelle il fut vice-président. Élu député de la 2e circonscription de St-Étienne, le 8 mai 1898, comme républicain indépendant et libre échangiste, par 4.677 voix, contre 4.586 à M. Piger, socialiste, il fait partie, à la Chambre, de la Commission du travail et de la décentralisation (1898-1899).

On doit à M. Galley plusieurs publications se rattachant à l'histoire et à l'érudition locales, notamment : *Les Assemblées provinciales en Forez* (1887) ; *Catalogue de la Bibliothèque de la ville de Saint-Étienne* (manuscrits et imprimés concernant l'ancien Forez et le département de la Loire ; 1 vol.

1890) ; *Simon (Claude-Désiré) et la chaire de Notre-Dame à Saint-Etienne* (1892) ; *Essai sur l'histoire communale de Saint-Etienne avant la Révolution* (1893); *La Commune de Saint-Etienne en 1636-1639* (1894) ; *Un romantique oublié : Antonin Moine* (1898), etc.

M. Galley pratique aussi la peinture. On a vu de lui, aux Salons de la Société des artistes français, de très bons paysages. Il est officier d'Académie depuis 1885.

HENRIET (Frédéric)

Peintre et littérateur, né à Château-Thierry (Aisne) le 6 septembre 1826. Licencié en droit, il fut nommé, en 1852, sous-inspecteur aux Expositions des artistes vivants, sous les ordres de M. de Chennevières et devint, en 1854, le secrétaire de M. le comte de Nieuwerkerke, le surintendant des Beaux-Arts du second Empire. Il se consacra ensuite définitivement à la peinture et aux lettres.

M. Frédéric Henriet a exposé à tous les Salons annuels de la Société des Champs-Elysées depuis 1865 jusqu'en 1870 et de 1874 à 1890, des paysages, des aquarelles et quelques eaux-fortes. Parmi ses œuvres, il convient de citer : la *Marne à Tancrou* (Seine-et-Marne ; 1868), au musée de Vire ; les *Iles de Mary-sur-Marne* (1869), au musée de Laon ; l'*Etang de Péreuse* (Seine-et-Marne) (1870), au musée de Pont-de-Vaux ; la *Marne à Mont-Saint-Père* (Aisne; 1878), au musée de Saint-Quentin; *Bords de la Meuse* (1881); la *Tour Guinette*, à *Etampes* (Seine-et-Oise, 1883) ; *Au presbytère d'Oulchy-le-Château* (Aisne, 1888) ; la *Marne à Méry* (1889).

Comme écrivain ou critique d'art, M. Frédéric Henriet a publié : *Daubigny et son œuvre*, avec gravures de C. Daubigny et Karl Daubigny (1875) ; le *Paysagiste aux champs* (1876), avec eaux-fortes par Corot, Daubigny, Desbrosses, Lalanne, Lhermitte, Veyrassat, etc. ; les *Campagnes d'un paysagiste*, avec 115 dessins de l'auteur (1891) ; *Monographie du spectateur au théâtre* (1892) ; *Itinéraire de Reims à Paris par la Ferté-Milon et Promenades sur les bords de la Meuse* (1898), avec dessins de l'auteur, et quelques plaquettes : *Œillades et Sourires* (1855), aujourd'hui introuvable ; le *Peintre Chintreuil* (1859) ; *Jean Desbrosses* (1881). Il a donné aussi, dans le *Bulletin de la Société historique et archéologique de Château-Thierry*, de nombreux travaux, notamment : *Notice sur le graveur Amédée Varin* (1883) ; la *Statue de Racine à la Ferté-Milon* (1892) ; le *comte E. de Nieuwerkerke* (1893); le *Trésor de l'hospice de Château-Thierry* (1895) ; *Notices sur Henri Pille*, sur le graveur *Adolphe Varin* (1897), etc. Il a collaboré à plusieurs journaux et revues d'art, comme l'*Artiste*, la *Gazette des Beaux-Arts*, le *Journal des Arts*, l'*Art* ; au *Journal de l'Aisne*, où il a écrit des articles de critique artistique, sous le pseudonyme de « Desclinville », etc.

HENRIET (Maurice)

Juriste, magistrat, fils du précédent, né à Château-Thierry (Aisne) le 1ᵉʳ mars 1860. Licencié en droit, il se fit inscrire comme avocat à la Cour d'appel de Paris, puis entra dans la magistrature, en 1885, comme juge suppléant à Château-Thierry. Il devint substitut à Abbeville en 1886, juge à Clermont (Oise) en 1887, procureur de la République à Doullens (1894) et à Senlis (Oise) en 1898.

M. Maurice Henriet a collaboré à divers journaux et recueils de jurisprudence : la *Loi*, la *France judiciaire*, etc., et a publié des livres de droit estimés. Citons : la *Procédure devant la Justice de Paix* (Paris, Pedone-Lauriel, 1889) ; *De la rédaction des actes de l'état-civil, règles et conseils pratiques* (1891, Giard, éditeur) ; le *Séjour des étrangers en France* (1895, Marchal et Billard, éditeurs, en collaboration avec M. Copineau, juge à Doullens) ; plus quelques études littéraires, telles que : *Racine écolier*, brochure extraite du *Correspondant* (1887) ; *Recherches sur la fortune immobilière de J. Racine*, brochure extraite du *Bulletin de la Société historique et archéologique de Château-Thierry* dont l'auteur est membre (1897) et *Jean Lafontaine aux archives de Chantilly*, extrait du *Bulletin* de la même Société (1898).

ISSAURAT (Albert)

Médecin, né à Nice (Alpes-Maritimes) le 11 août 1857. Fils d'un professeur de lettres, il fit ses études classiques dans sa famille, à Paris, où il suivit ensuite les cours de la Faculté de Médecine.

Reçu docteur en 1888, avec une thèse sur le *Sinus urogénital*, qui lui valut le prix Godard, M. Issaurat a publié divers mémoires sur la médecine générale et a fait de nombreuses communications des sociétés savantes. Il s'occupe plus spécialement des maladies infantiles.

Membre de la Société médico-chirurgicale, de la Société de Médecine publique et d'hygiène professionnelle, de la Société d'Anthropologie, etc., médecin du Dispensaire du ix⁰ arrondissement de Paris depuis 1888, médecin en chef de la Société de Prévoyance des Enfants de la Seine (œuvre de protection de l'enfance), M. le Dʳ Issaurat est aussi membre de la Commission des Logements insalubres de la Ville de Paris, de la Commission scolaire du xıˆ arrondissement. Il est officier de l'Instruction publique depuis 1898.

Peintre et dessinateur, il a donné d'intéressantes illustrations dans des publications scientifiques et des journaux de Paris.

DANGEVILLE
(Mˡˡᵉ Henriette DOYEN, dite)

Auteur et artiste dramatique, née à Paris le 1ᵉʳ février 1869. Issue d'une très riche et aristocratique famille bonapartiste, elle est la petite fille du baron Doyen, qui fut sous-gouverneur de la Banque de France sous le second Empire et fille d'un conseiller référendaire à la Cour des Comptes.

Passionnée de bonne heure pour la littérature et le théâtre, Mˡˡᵉ Henriette Dangeville joua, d'abord, la comédie en amateur, dans les salons de la haute société parisienne. Désirant ensuite se consacrer à la carrière théâtrale, malgré la volonté de ses parents, elle prit pour professeur M. Worms, de la Comédie Française et partit pour Bruxelles. Elle se produisit pour la première fois, en public, dans l'*Hôtel Godelot*, au Théâtre royal du Parc (octobre 1886), obtint un très grand succès et joua, pendant deux ans, sur cette scène, tous les rôles d'ingénues du répertoire.

Rentrée à Paris, elle fut aussitôt engagée au théâtre du Gymnase ; mais l'intervention de sa famille l'empêcha de réaliser son contrat.

Remarquée, durant son court séjour au Gymnase, par M. Coquelin, Mˡˡᵉ Henriette Dangeville fit partie de la tournée de ce comédien dans l'Amérique du Sud et joua, plus tard, à Londres, avec M. Febvre, MMᵐᵉˢ Céline Chaumont et Jane May. A son retour en France, elle entra au Théâtre de l'Œuvre, y créa, en parfaite artiste, des rôles importants dans l'*Image*, de Maurice Baubourg, la *Vérité dans le Vin* et les *Pieds nickelés*, de Tristan Bernard. Avec la troupe de M. Lugné-Poë, elle parcourut ensuite la Belgique et la Hollande et fut partout chaleureusement applaudie (1895). Elle entra ensuite au Théâtre des Mathurins.

Sous le pseudonyme de « Jean Sery », elle a fait représenter diverses pièces fort bien accueillies par le public et la presse, notamment : les *Trois amours*, pantomime créée par Paul Franck, Luce Collas et Blanche Mante, de l'Opéra, donnée au théâtre Mondain, musique d'André Colomb (1897); *Pages intimes*, récits poétiques, musique de Robert Casa et Guitty, interprétés à la Bodinière par M. de Max et Mˡˡᵉ Berthe Baldy, avec le concours d'instrumentistes des Concerts Colonne (1897) ; *Innocence*, pantomime jouée aux Mathurins par Mˡˡᵉ Dieterle et l'auteur ; *Y a plus de parents*, pièce jouée au même théâtre avec les mêmes interprètes (1899). Sous le titre général de *Proses sonores*, elle a écrit des morceaux détachés, tels que *Chair d'Amour*, *Sérénade douloureuse*, *Pour un homme que j'ai désiré*, avec musique de M. Bemberg. Ces dernières œuvres ont plus particulièrement valu à leur auteur de grands éloges de la critique. M. H. Fouquier notamment, écrivant, dans le *Figaro*, un article très élogieux sur leur auteur et ignorant que « Jean Sery » fut le pseudonyme d'une femme, l'appela « jeune homme de grand avenir ». On annonce encore du même auteur : *Ninette*, pièce en un acte, et *Rupture*, en 3 actes, reçues au théâtre des Escholiers.

Mˡˡᵉ Dangeville a publié des contes, des nouvelles et des articles dans les revues littéraires.

GALLIMARD (Paul)

Bibliophile et collectionneur, né à Suresnes le 20 juillet 1850. Pendant ses classes au lycée Condorcet, il fit des études musicales, sous la direction de Fissot et, dès l'âge de treize ans, commença de collectionner des livres.

Pour se documenter sur tous les arts, M. Paul Gallimard, entra d'abord à l'Ecole nationale des Beaux-Arts (section d'architecture), dans l'atelier de M. Daumet et travailla en même temps la peinture, avec les conseils de M. Barillot. Son séjour à cette Ecole ancra dans son esprit la conviction que la protection de l'Etat était néfaste aux arts ; il chercha donc à se faire une éducation toute personnelle, la plus encyclopédique possible et, pour y arriver, parcourut l'Europe, le nord de l'Afrique et les Etats-Unis d'Amérique, étudiant partout les monuments, les musées, les collections particulières et les bibliothèques.

Revenu de ces voyages, M. Paul Gallimard, croyant toujours à l'heureuse influence des collectivités privées, fut l'un des premiers membres fondateurs du musée des Arts décoratifs et de la Société des Amis des Livres et acquit alors la conviction définitive que l'initiative individuelle est la seule productive, les amateurs en groupe fuyant toute responsabilité et manquant d'audace. Aussi, après avoir écrit quelques articles de critique, trouva-t-il plus efficace de faire des commandes aux artistes, dans le but de leur faciliter les moyens de se manifester.

C'est alors que le peintre Besnard exécuta spécialement pour M. P. Gallimard une illustration de l'*Affaire Clémenceau* ; que M. Rodin enrichit d'admirables compositions un exemplaire des *Fleurs du Mal* ; que M. Renoir décora son salon et que M. Carrière put mener à bonne fin son *Théâtre de Belleville*.

M. P. Gallimard a fait imprimer à trois exemplaires, et illustrer par Raffaelli, *Germinie Lacerteux*, des frères de Goncourt, livre pour lequel M. Gustave Geffroy écrivit une préface réservée à ces 3 exemplaires. Il a formé une collection de livres contenant des œuvres de Botticelli, Holbein, Outamaro, Boucher, Prud'hon, Delacroix, Vierge, Menzel, Morris, Shwgaard, c'est-à-dire des illustrateurs de tous les temps et de toutes les nations. De même, parmi les caricaturistes, Hogarth et Goya l'intéressent autant que Daumier et Oberlander. Sa bibliothèque littéraire est composée des productions d'auteurs chinois, japonais ou indiens, comme des écrivains grecs, italiens, espagnols, russes, etc. Enfin, chez lui, les compositeurs de musique Tchèques, Russes et Hongrois se trouvent à côté des Français, des Allemands et des Italiens. Il a recherché aussi les manuscrits des littérateurs et des compositeurs et possède notamment : les originaux de *Sylvestre Bonnard*, d'Anatole France ; *Madame Gervaisais*, de Goncourt ; *Lazare*, œuvre inédite de E. Zola ; la *Belle Hélène*, d'Offenbach ; le *Rêve*, d'Alfred Bruneau, et de nombreux autographes d'Alphonse Daudet, Sully Prudhomme, J.-H. Rosny, Leon Dierx, Baudelaire, etc.

Comme collectionneur de tableaux, M. Paul Gallimard a réuni, avec le même éclectisme, dans sa galerie, des toiles de Fragonard, Goya, Hokousai, Ingres, Delacroix, Corot, Jong-Kind, G. Moreau, Manet, Courbet, Troyon, Millet, Th. Rousseau, Diaz, Claude Monet, Tassaert, Puvis de Chavannes, Dupré, Bonvin, Barillot, Morisot, Renoir, Pissarro, Degas, Whistler, Sisley, Carrière, Ouillard, Stevens, Odilon Redon, Fantin Latour, Toulouse-Lautrec, Ibels, etc.

M. Paul Gallimard semble n'avoir oublié, dans ses collections, aucune branche de l'art, aucune époque, aucun nom en littérature ; il a formé aussi une collection qui représente l'art dans toutes ses manifestations et dans toute sa gloire.

LINTILHAC (Eugène-François-Léon)

ÉCRIVAIN, critique dramatique, conférencier, né à Aurillac (Cantal) le 5 janvier 1854. Il fit ses études classiques au collège de sa ville natale, puis se fit inscrire à la Faculté des Lettres de Paris, prit le doctorat en 1880, avec une thèse sur *Beaumarchais et ses Œuvres*, qui fut couronnée par l'Académie française et fut reçu agrégé des lettres en 1881. Il est le président honoraire de la Société des anciens élèves de la Faculté des Lettres de Paris.

M. Eugène Lintilhac a donné une collaboration très assidue de cinq années à la *Revue des Deux Mondes* : il a écrit aussi dans plusieurs autres journaux et revues, notamment : la *Revue Bleue*, la *Nouvelle Revue*, le *Temps*, le *Journal*, etc. Il a fait paraître, dans ces publications, des études historiques, littéraires, philosophiques et des articles de critique. De 1896 à 1899, il a été le critique dramatique attitré du *Rappel*.

Il a fait, à l'Odéon, pendant plusieurs années, des conférences dramatiques qui ont toujours été fidèlement suivies par un public nombreux et choisi et ont acquis à M. Eugène Lintilhac une belle réputation de conférencier et d'érudit. Il a publié un choix de ces entretiens sous le titre : *Conférences dramatiques (Odéon, 1888-1889)*, avec des observations techniques sur l'art de la parole à l'usage des conférenciers et des professeurs.

Le 16 mai 1897, à l'inauguration de la statue de Beaumarchais, rue St-Antoine, M. Lintilhac prononça un remarquable discours sur la vie et l'œuvre de l'auteur de *Figaro*. En novembre 1898, il fut choisi comme chef de cabinet par M. Georges Leygues, ministre de l'Instruction publique et des Beaux-Arts.

En outre de sa thèse, de ses recueils de conférences et de ses nombreux écrits dans les journaux et revues, M. Eugène Lintilhac a publié : la *Poétique de Scaliger* (1889) ; *Précis historique et critique de la Littérature française jusqu'à nos jours* (2 v. 1890) ; *Études littéraires sur les Classiques français* (2 v. 1891) ; *Lesage* (1892) ; *Les Félibres : à travers leur monde et leur poésie* (1894) ; *Le Miracle grec*, d'Homère à Aristote, essai sur l'évolution de l'esprit grec et sur la Genèse des genres classiques (1895) ; *Michelet*, conférence du centenaire (1898) ; le *Problème de l'Enseignement secondaire* (1899), etc.

M. Eugène Lintilhac est officier de l'Instruction publique et, depuis 1894, chevalier de Légion d'honneur.

LABORDE (Jean-Baptiste-Vincent)

Médecin, professeur, membre de l'Académie de Médecine, né à Buzet (Lot-et-Garonne) le 4 décembre 1830. Il étudia la médecine à Paris, fut interne des hôpitaux en 1858 et reçu docteur en 1864. En 1866, puis en 1869, il prit part, sans résultat, aux concours d'agrégation en médecine ; on s'accorda cependant à reconnaître qu'il s'était montré brillant dans ses épreuves et on assura que l'indépendance de son attitude n'avait pas été étrangère à son insuccès.

Chef du laboratoire de physiologie en 1872, le docteur Laborde fut nommé, en 1880, chef des travaux physiologiques à la Faculté de Médecine de Paris, où il a organisé les cours de démonstration expérimentale. En même temps, il a créé, à l'Ecole pratique, un laboratoire où les étudiants peuvent, sous sa direction, se livrer aux plus intéressantes recherches. Il est aussi professeur à l'Ecole d'anthropologie fondée par Broca, où il traite de l'anthropologie biologique.

M. Laborde a été élu membre de l'Académie de Médecine le 12 juillet 1887, en remplacement de Béclard.

Les principaux travaux publiés par M. le docteur Laborde portent les titres suivants : *De la valeur thérapeutique du chlorate de potasse*, qui obtint la médaille d'or (prix Corvisart) de la Faculté de Médecine de Paris (1857) ; *Sur un cas d'ataxie et d'atrophie musculaires, avec atrophie et dégénérescence amyloïde de la moëlle épinière* (1859) ; *Indications et emploi de la narcéine chez les enfants, particulièrement dans la coqueluche et la phtisie pulmonaire* (1862) ; *Recherches expérimentales sur la pathogénie des hémorragies méningées* (1862) ; *De la paralysie, dite essentielle, de l'enfance, des déformations qui en sont la suite et des moyens d'y remédier*, qui valut à son auteur le prix des thèses et une part du prix Monthyon, à l'Institut (1864) ; *De l'influence de l'âge sur les modifications de la circulation capillaire de l'encéphale et de l'influence de ces modifications sur la détermination du ramollissement cérébral* (1863-1864) ; *Le ramollissement et la congestion du cerveau principalement considérés chez le vieillard*, récompensé, par l'Institut, du prix Monthyon (1865) ; *Effets préventifs du bromure de potassium dans l'épilepsie héréditaire* (1868) ; *Le sulfocyanure de potassium et les poisons dits musculaires* (1868) ; *Recherches expérimentales sur l'action physiologique de l'ésérine, principe immédiat de la fève de Calabar* (1869) ; *Troubles trophiques à la suite de sections médullaires ; Revue clinique des principales maladies observées durant le siège de Paris dans le service de M. le professeur Gubler, à l'hôpital Beaujon* (1871-1872) ; *La malignité dans les maladies* (thèse d'agrégation, 1872) ; *Fragments médico-psychologiques* (1872) ; *Etude expérimentale de certains phénomènes de la vie, révélant un moyen pratique de reconnaître, avec certitude, la mort réelle* ; thermomètre particulier à aiguille destiné à cette détermination (1872) ; *Sur l'action physiologique du venin du serpent Cobra (Naya tripudians) ; mécanisme de la mort par ce venin* (1873-1874) ; *Sur l'action composée du chlorate de potasse et du chlorate de soude, du bromure de potassium et du bromure de sodium* (1874) ; *Nouvelles recherches sur l'acide libre du suc gastrique* (1874) ; *Recherches sur l'action physiologique et thérapeutique des alcaloïdes de l'opium* (1874) ; *Sur l'action physiologique et thérapeutique de l'aconitine cristallisée* (1874) ; *Etude expérimentale sur la contractilité, le spasme et la sensibilité des canaux biliaires et sur l'action des principaux médicaments en usage dans la colique hépatique, avec ou sans calculs biliaires*, etc. (1874) ; *Production expérimentale de pleurésie purulente et de certains phénomènes consécutifs à l'empyème* (1874) ; *Etude expérimentale sur l'entrée de l'air dans les veines et en général dans les vaisseaux sanguins*, avec le docteur Muron (1875) ; *Sur l'action physiologique de la cantharidine* (1875) ; *Sur la question de savoir quel est le principe actif du jaborandi* (1875) ; *Etude expérimentale et clinique sur le morphinisme* (1876) ; *Indications et mode d'administration de l'aconitine, particulièrement dans la névralgie faciale* (1876) ; *L'isolement des malades dans les services hospitaliers, considéré spécialement dans les hôpitaux de l'enfance, à propos des enfants affectés du croup et ayant subi la trachéotomie* (1877) ; *Septicémie expérimentale ; étude de l'action préventive et curative des principales substances réputées antiseptiques* (1877) ; *Le cuivre et ses composés considérés au point de vue physiologique et toxicologique* (1877) ; *Sur l'action physiologique et thérapeutique de l'ergot de seigle et de l'ergotine* (1877) ; *Sur l'action physiologique de la quinine, de la cinchonine et de la cinchonidine* (1877) ; *Etude expérimentale sur l'action physiologique de l'acide salicylique et du salicylate de soude* (1877) ; *Recherches expérimentales sur la physiologie du bulbe rachidien* (1877-1878), avec le docteur Mathias Duval ; *Recherches sur quelques points de physiologie chez l'embryon et en particulier sur la physiologie du cœur* embryonnaire au moment de sa formation, avec le docteur Mathias Duval (1878) ; *Étude expérimentale de l'action physiologique du chlorure de magnésium* (1879) ; *L'aconit et l'aconitine*, travail auquel a été décerné le prix Orfila à l'Académie de Médecine (1878-1879) ; *Essai expérimental sur les injections intraveineuses de lait* (1879) ; *Sur la fonction rhytmique du muscle cardiaque* (1881) ; *Elongation des nerfs, effets physiologiques, pathologiques et thérapeutiques* (1881) ; *Le virus rabique, son mode de transmission et son mécanisme d'action* (1881) ; *La napelline, alcaloïde amorphe soluble de l'aconit, son action physiologique et thérapeutique* (1882) ; *Sur l'action physiologique et toxique de l'hydrogène sulfuré et en particulier sur le mécanisme de cette action* (1882) ; *Sur la photographie appliquée à la reproduction des graphiques faite par la méthode de projection à la lumière électrique* (1882) ; *La quinine, son action physiologique, son action composée avec celle de la quinine d'un côté, de la cinchonine et de la colinchonidine de l'autre* (1883) ; *Sur l'indépendance fonctionnelle de phénomènes mécaniques de la respiration et des mouvements du cœur à la suite d'une piqûre légère, superficielle ou de voisinage du bulbe au niveau du bec du calamus scriptorius* ; *Démonstration expérimentale de la syncope respiratoire* ; *Sur le mécanisme physiologique de l'arrêt momentané ou définitif des mouvements respiratoires à la suite de la susdite lésion expérimentale* (1883-1884) ; *Les localisations fonctionnelles et organiques dans le système nerveux, au point de vue de la différenciation physiologique ou fonctionnelle de l'homme* (1886-1884) ; *Les effets de la lésion expérimentale des pédoncules cérébraux comprenant celle des pyramides sensitives de Duval et Laprey* ; *Hémianesthésie croisée coïncidant avec les troubles moteurs de rotation en manège* (1884) ; *Modifications de la température liées au travail musculaire* ; *L'échauffement primitif du muscle en travail indépendant de la circulation et du système nerveux* (1884) ; *Le trijumeau et sa racine bulbaire sensitive, étude anatomique et expérimentale* (1884) ; *Etude des effets de la section intra-crânienne du trijumeau, à l'aide d'un procédé nouveau* ; *Lésions expérimentales des parties constituant dans le bulbe la racine sensitive* ; *Détermination pathogénique de lésions trophiques de l'œil et de leur véritable siège* (1884) ; *Essai de détermination expérimentale et morphologique du rôle fonctionnel des canaux semi-circulaires* (1884) ; *Etude expérimentale de l'action physiologique de la cocaïne et de ses sels* (1884) ; *Les substances médicamenteuses considérées au point de vue de la pureté chimique et de l'activité physiologique : 1° la digitaline ; 2° la digitaline des hôpitaux de Paris ; 3° la pilocarpine*, avec M. Duquesnel (1884) ; *Trichine et Trichinose* (1884) ; *Sur l'action physiologique de l'acétophénone (hypnone)* (1884) ; *La colchicine cristallisée, étude chimique pharmacologique, physiologique, toxicologique et thérapeutique*, avec M. Houdé (1884-1885) ; *La spartéine, son action physiologique, prédominance de cette action sur le cœur ; Etude physiologique et clinique de la spartéine*, avec M. Houdé et le Dr Legris (1885) ; *Etude expérimentale sur l'action physiologique d'un glucoside du Boldo sur le sang, la respiration et la nutrition*, avec le Dr Quinquaud (1885) ; *Etude expérimentale sur les effets physiologiques de l'eau oxygénée en injection intraveineuse, son action sur le sang*, avec le Dr Quinquaud (1885) ; *Sur l'action physiologique et toxique de l'hydrogène sulfuré et en particulier sur le mécanisme de son action* (1886) ; *La narcéine, son action physiologique médicamenteuse* (1886) ; *Sur l'action physiologique de la cocaïne et de ses sels*, avec M. Duquesnel (1886) ; *Sur le mécanisme physiologique de l'action des alcaloïdes convulsivants du quinquina, cinchonine, cinchonidine, quinidine* (1886) ; *Du rôle de l'eau potable dans l'inanition* (1886) ; *Sur l'état et le rôle de la sensibilité et des fibres récurrentes, à la suite des phénomènes qui accompagnent la section expérimentale ou pathologique des nerfs mixtes, en particulier du nerf médian* (1886) ; *Modifications de la température animale liées à la contraction musculaire et leur cause* (1886-1887) ; *Contribution à l'étude des phénomènes réflexes* ; *Les reflexes adaptés et sensitifs chez les mammifères, d'après un nouveau dispositif expérimental* (1887) ; *Noyau d'origine dans le bulbe rachidien des fibres motrices ou cardiaques du nerf pneumogastrique* (1887) ; *Traité de physiologie*, précédé d'une *Introduction de technique expérimentale à l'usage des élèves* (1888) ; *Le traitement physiologique de la mort : les tractions rythmées de la langue, moyen rationnel et le plus puissant de ranimer la fonction respiratoire et la vie*, ouvrage dont la deuxième édition a paru en 1887 ; *Léon Gambetta*, biographie psychologique ; *Le cerveau, la parole, la fonction et l'organe* (1898) et plusieurs volumes intitulés : *Travaux du Laboratoire de physiologie*.

La plupart des études de M. Laborde ont fait l'objet de communications à diverses sociétés savantes ou ont été publiées dans les journaux et revues scientifiques. Il a pris, en 1874, la rédaction en chef et la direction de la *Tribune médicale*, journal hebdomadaire, où il étudie toutes les questions scientifiques, professionnelles et pratiques concernant la médecine.

Le docteur J.-V. Laborde a été conduit, par ses recherches, à une découverte de la plus haute importance par ses applications pratiques et ses résultats ; c'est le procédé dit : *Tractions rhythmées de la langue*. Dans tous les genres d'asphyxies, ce procédé a donné, à M. Laborde et aux nombreux médecins qui en ont fait l'expérience, des résultats vraiment merveilleux, en opérant de véritables résurrections dans des cas de mort apparente, où tous les autres essais de respiration artificielle avaient échoué. Sa simplicité et sa facilité d'exécution en font un moyen thérapeutique des plus précieux à la portée de tous. Il suffirait à lui seul à consacrer la renommée de son inventeur.

Lauréat de l'Institut, de la Faculté de Médecine, de la Société médicale des Hôpitaux, de la Société anatomique, membre honoraire de la Société anatomique, membre honoraire et ancien vice-président de la Société de biologie, membre fondateur de la Société de Médecine publique et d'Hygiène professionnelle, inspecteur des maisons de santé privées de la Seine, M. le Docteur Laborde a reçu le grand diplôme d'honneur de la Société des Sauveteurs de la Seine. Il est sans doute superflu de faire remarquer que, si l'éminent physiologiste n'est pas décoré, c'est évidemment parce qu'il ne désire pas l'être.

ARGYRIADÈS (Panagiotis)

Avocat, sociologue, né à Castoria (Macédoine) le 15 août 1852. Quittant son pays de bonne heure, il vint, en 1872, à Paris, après de nombreux voyages en Europe et se fit inscrire à la Faculté de Droit. En 1873, il fut délégué pour la Grèce à la première session du Congrès des Orientalistes qui se tint à Paris et, l'année suivante, à la deuxième session du même Congrès, à Londres.

Dès 1875, M. Argyriadès publia une brochure : *La peine de mort considérée au point de vue philosophique, légal et pratique*, qui fut très commentée à son apparition.

Naturalisé français en 1880, et inscrit au barreau de la Cour d'appel de Paris, il se fit connaître en plaidant de nombreux procès de presse et d'opinion, notamment pour la *Défense des Travailleurs*, de Reims ; dans l'affaire Souhain, défendant une femme accusée du meurtre de ses enfants (drame social de la misère qui fut l'occasion d'une superbe plaidoirie) ; pour le syndicat des mouleurs de fonte, sur les poursuites intentées contre les Chambres syndicales par M. Dupuy, président du Conseil, en 1895, etc.

M. Argyriadès avait, d'autre part, attiré l'attention sur lui par des manifestations socialistes, telles que le dépôt d'une couronne sur la tombe de Flourens ; sa protestation contre l'arrivée à Paris du roi d'Espagne, Alphonse XIII, nommé colonel de uhlans prussiens ; l'organisation par ses soins de réunions et meetings où il prenait la parole en faveur des grévistes, des mineurs et des condamnés, etc.

En 1884, il fut porté, sans succès, candidat au Conseil municipal de Paris par un groupe ouvrier. Il a été, à plusieurs autres reprises, le candidat de groupes révolutionnaires socialistes à des élections municipales et législatives : en 1889, dans le Tarn, contre M. Dupuy-Dutemps, alors ministre des Travaux publics ; en 1896, dans le quartier d'Auteuil, contre M. Le Breton ; en 1898, dans la Marne, etc.

Membre de la Commission exécutive du Comité révolutionnaire central (blanquiste), M. Argyriadès a été maintes fois délégué aux Congrès socialistes et notamment à ceux de Bruxelles, de Londres et de Zurich ; président de ce dernier Congrès, sa parole fut très écoutée, notamment sur la question de la protection de l'enfance. En 1894, il prit une part active à la fondation d'une ligue pour la Confédération balkanique, de laquelle il a été nommé président.

En 1885, M. P. Argyriadès avait fondé la *Question Sociale*, importante revue socialiste qui, après une disparition de quelques années, reparaît depuis 1889 et publie chaque année un almanach très connu. Vers la même époque, il se rendit à Marseille, où il continua la lutte en faveur du socialisme, collaborant au *Cri du Peuple*, à l'*Egalité*, au *Travailleur de Marseille*, à l'*Action sociale de Lyon*, à la *Voix du Peuple*, à la *Revue socialiste*, au *Parti ouvrier*, de Paris, à la *Petite République*, etc. Il donna, dans le même temps, au *Progrès français*, des articles remarqués sur la question d'Orient et publia ensuite une monographie sur les *Klephtes et les Chansons populaires de la Grèce moderne*. On lui doit aussi d'autres études très documentées : *Essai sur le socialisme scientifique ; De la Concentration capitaliste ; Le Progrès industriel et le Socialisme ; Les services publics et le Communisme ; Solution de la question d'Orient par l'établissement d'une confédération balkanique*, etc. On annonce en outre de lui une étude sur le développement des idées socialistes, mise en action sous la forme d'un roman.

LARCHE (François-Raoul)

SCULPTEUR, né à St-André-de-Cubzac (Gironde) le 22 octobre 1860. Fils d'ouvrier, il suivit, à partir de 1878, les cours de l'Ecole des Beaux-Arts, où il eut pour professeurs Jouffroy, Falguière et Delaplanche.

Après avoir obtenu plusieurs récompenses à l'Ecole, il remporta, en 1886, pour la sculpture, le 1er second grand prix de Rome, avec *Tobie retirant le poisson de l'eau*, œuvre qui figure aujourd'hui au musée de Bordeaux.

M. Raoul Larche a exposé, aux Salons annuels de la Société des Artistes français, d'abord : *Ma Grand' mère*, portrait à l'huile (1881) ; puis : *M. L****, buste plâtre (1883) ; *M. D****, buste plâtre (1884) ; *Portrait d'homme*, médaillon (1885); *Lucrezzia et Philippo Lippi*, groupe plâtre (1886) ; le *Sommeil*, plâtre (1888) ; *Jésus devant les Docteurs*, statue plâtre, qui lui valut une 3e médaille et une bourse de voyage ; l'œuvre reparut en marbre l'année suivante et fut envoyée au Musée d'Agen ; *Thomas Corneille*, buste marbre (1890) ; *la Prairie et le Ruisseau* (1891), groupe plâtre, actuellement au musée de Dijon, et dont le marbre, exposé en 1893, orne la présidence du Sénat ; *Au Miroir*, groupe de faunes enfants (1892) ; la *Sève*, plâtre, très bien accueilli (1893); la *Mer*, etain, acquis par l'Etat pour le musée du Luxembourg (1895) ; la *Tempête*, groupe plâtre, qui reparut en marbre en 1899 (1896) ; les *Violettes*, groupe marbre (1899), etc.

On doit aussi à cet excellent artiste un buste de *Barye*, placé à la façade du musée du Luxembourg ; un buste décoratif à l'Opéra ; deux tympans décoratifs pour une nouvelle salle de jeu à Monte-Carlo ; des appliques décoratives à l'Elysée-Palace-Hôtel de Paris et nombre d'objets d'art édités par Siot-Decauville, notamment les *Roseaux*, destinés à l'électricité; l'*Etang et les Moucherons*, surtout de table ; les *Coquelicots*, porte-lumière ; *Rose trémière* et *Loïe Fuller*, lampes de berceau, etc.

M. Raoul Larche est chargé de l'exécution d'un groupe : *la Poésie et la Musique*, pour le Palais des Beaux-Arts, en façade de l'avenue d'Antin, à l'Exposition universelle de 1900.

Je crois, écrivait, en 1879, dans le *New-York Herald*, M. Henri Rochefort, que décidément un grand sculpteur nous est né, dans la personne de M Raoul Larche, dont nous retrouvons cette année, coulé en bronze, le groupe michelangesque. A côté de ce puissant morceau, M. R. Larche expose un marbre : les *Violettes*. Quelle richesse de ciseau et quelle science dans la grâce. Il suffit de s'arrêter devant cet éclatant morceau de marbre pour avoir toutes les peines du monde à s'en arracher.

D'autres critiques, MM. Lafenestre, Roger-Milés, etc., ont également loué l'œuvre de cet artiste.

M. Larche a obtenu une 3e médaille en 1890, une bourse de voyage en 1890, une 1re médaille en 1893. Il est officier d'Académie.

PARÈS (Gabriel-Philippe-Charles)

MUSICIEN, né le 28 novembre 1860 à Paris. Il suivit d'abord les cours du Conservatoire national de Musique, où il fut élève de M. Théodore Dubois, puis, engagé volontaire en 1880, il entra comme musicien dans un régiment d'artillerie, à Vincennes, et l'année suivante, prit part au concours pour l'emploi de sous-chef de musique. Reçu le premier, il fut nommé au 74e régiment d'infanterie, à Paris.

Passé chef au 69e de ligne, à Nancy, en 1883, après avoir, au concours qui confère ce grade, obtenu de nouveau la première place, M. Gabriel Parès devint chef de la musique des Equipages de la flotte, à Toulon, à la suite d'un concours spécial ouvert à Paris entre tous les chefs de musique de l'armée. En 1893, il fut appelé à remplacer M. Wetge, comme chef de musique de la Garde républicaine, classé premier à l'unanimité des membres du jury, sur 40 concurrents.

M. G. Parès est l'auteur de nombreuses fantaisies musicales sur *Sigurd* et *Salammbô*, de Reyer ; le *Roi s'amuse* et *Lakmé*, de Léo Delibes ; sur *Bouton d'Or*, de G. Piérné ; sur le *Tannhaüser*, de Richard Wagner, etc.; d'adaptations, telles que : le *Vieux Zouave*, de Sazie ; *Concert d'Eté*, d'Edmond Sivieude ; l'*Araignée des Jardins*, de Clovis Hugues ; le *Chant des Naufragés*, de Georges Montignac, etc. Il a traduit et arrangé la marche héroïque de *Jeanne d'Arc*, la *Farandole*, *Aben-Hamet*, de son professeur Th. Dubois, ainsi qu'une *Marche Tzigane*, de Reyer. On lui doit aussi plus de 60 partitions pour musiques militaires, dont il a ainsi rajeuni le répertoire un peu suranné.

M. Gabriel Parès est, en outre, l'auteur de plusieurs compositions originales ; nous citerons parmi ses productions : *Gavotte-Ninon* ; une *Pastorale* ; une sérénade, *Sous les Etoiles* ; *Fiametta* ; la *Hongroise* ; *Passe-pied*, entr'acte *pizzicato* ; les *Houzards* ; la *Marche des Preux* ; le *Voltigeur et le Grognard*, deux marches militaires ; *Richilde* et *Rollon*, deux ouvertures symphoniques ; une *Ouverture de Concert*; une *Polonaise de Concert* ; *Divertissement Tzigane* ; une *Tarentelle*, une *Danse Vénitienne*, une *Marche solennelle*, dédiée au président Carnot ; l'*Alliance Franco-Russe*, apothéose pour *Michel Strogoff* au

Châtelet ; la musique des ballets de *Rotomago* ; la musique de scène de *Timide Poète*, de Jubin et Henri Bornecque, etc. Il a écrit, en collaboration avec son frère, la musique de *Maître Corniile*, opéra-comique tiré d'une nouvelle d'Alphonse Daudet et qui fut joué au Théâtre de Marseille.

M. Gabriel Parés a publié un *Traité d'Orchestration et d'Instrumentation*, en 2 volumes (1898) ; une collection de *Méthodes élémentaires pour tous les instruments à vent* et un *Cours d'ensemble instrumental*, à 123 et 4 parties.

Il est officier de l'Instruction publique.

DELANCE (Paul-Louis)

Peintre et décorateur, né à Paris le 14 mars 1848. Entré à l'Ecole des Beaux-Arts, dans l'atelier Gérôme, il débuta au Salon des Champs-Elysées en 1869, par quelques dessins et, l'année suivante, quand éclata la guerre franco-allemande, il s'engagea dans les mobilisés, assista à divers combats pendant le siège de Paris et se distingua au bombardement du plateau d'Avron.

Après s'être livré à des travaux de commerce pendant plusieurs années, M. Delance reparut au Salon, en 1875, avec une assez bonne composition : *Adam et Eve*. Vinrent ensuite : les *Sœurs et les Orphelines du Havre au bord de la mer* (1877) ; la *Foi*, l'*Espérance* et la *Charité*, tryptique très remarqué, qui fut acquis par un riche anglais (1878) ; les *Trois Ages*, allégorie (1879) ; *Louis XVI et Parmentier*, au musée de la Flèche (1880) ; le *Retour du Drapeau*, toile d'un beau sentiment patriotique, inspirée par des vers de M. Paul Déroulède, au musée de Senlis (1881) ; le *Départ des Conscrits* (1883) ; *Sur la jetée* (1884) ; l'*Orphelinat de Saint-Valery* (1885) ; *Portrait de Mme Delance* (1887) ; la *Légende de Saint-Denis* (1888), tableau qui fut le grand succès du Salon de cette année-là et valut à son auteur la 1re médaille ; le *Champ-de-Mars en janvier 1889*, intéressante étude, placée au Musée Carnavalet.

En 1890, M. Delance fut l'un des premiers adhérents de la Société nationale des Beaux-Arts, qui installa ses expositions au Champ-de-Mars. Il y produisit, cette même année : les *Hauteurs de Montmartre*, toile acquise par le Musée de la Ville de Paris ; *Entrée d'une mine (appel des mineurs)*, qui décore l'escalier d'honneur du ministère des Travaux publics (1891) ; les *Nautes parisiens à l'époque gallo-romaine* (1892) ; *Etienne Boileau et le prévôt des marchands rédigeant le livre des métiers*, deux magnifiques panneaux décoratifs destinés à la salle d'audience du Tribunal de Commerce de Paris (1894) ; le *Jardin des Oliviers* ; *Saint-Dominique recevant le Rosaire* ; la *Résurrection* ; la *Purification* (1896) ; *Saint-Joseph au travail* (1898) ; le *Mariage de la Vierge* (1899). La série de toiles exposée de 1896 à 1899 est destinée à la décoration de Notre-Dame d'Oloron (Basses-Pyrénées.)

M. Paul Delance a illustré des relations de voyage et a donné, pour les concours de l'Hôtel-de-Ville, un grand nombre d'esquisses qui sont devenues la propriété de la Ville de Paris. Le talent souple et varié de ce peintre s'est également manifesté dans les divers sujets qu'il a traités ; remarquables par l'ampleur de la conception, ses œuvres sont magistralement exécutées, avec un exact sentiment de la couleur et une belle vigueur de dessin.

Avant d'être sociétaire du Champ-de-Mars, cet excellent artiste avait obtenu au Salon des Champs-Elysées, une médaille de 3e classe en 1881, une première médaille en 1888, et une médaille de bronze à l'Exposition universelle de 1889.

DUMAY (Charles-Frédéric)

Directeur des Cultes au ministère de la Justice, né à Paris le 1er mai 1843. Après avoir fait ses études classiques, il entra au ministère de l'Intérieur, dans le service du Contentieux des communes, et devint, au 4 septembre 1870, chef du cabinet du secrétaire général de ce département.

Nommé, en 1887, directeur des Cultes et conseiller d'Etat en service extraordinaire, M. Dumay, tantôt au ministère de l'Instruction publique, tantôt à celui de la Justice, où ce service a été rattaché, a donné les preuves de hautes qualités de compétence et d'habileté. Partisan des lois concordataires, il s'efforce de les appliquer de la façon la plus nette, en même temps que dans un esprit très large. Toutes ses mesures, s'inspirant de la même ligne de conduite, tendent à faire rentrer l'Eglise dans l'Etat et cependant, dit un biographe, « les relations qu'il entretient avec le personnel des divers cultes reconnus par l'Etat, catholiques, protestants, israélites, sont des plus cordiales et il n'est pas en France un curé, un pasteur ou un rabbin dont il ne sache le nom ; une église, un consistoire ou une synagogue dont il ne connaisse l'histoire. »

Commandeur d'Isabelle la Catholique d'Espagne et de plusieurs ordres étrangers, M. Dumay a été fait chevalier de la Légion d'honneur en 1881, officier en 1888 et promu commandeur en 1898.

DEVAMBEZ (André-Victor-Edouard)

Peintre, né à Paris le 26 mai 1867. Fils d'un graveur, il fit ses études artistiques à l'école des Beaux-Arts, où il fut élève de MM. Gabriel Guay, Jules Lefebvre et Benjamin-Constant et obtint le 1er grand prix de Rome en 1890.

De Rome, il envoya plusieurs études, qui furent remarquées ; mais il n'exposa à la Société des Artistes français qu'en 1898. Sa toile, des plus importantes : *Conversion de Marie-Madeleine*, fut acquise par l'Etat et obtint une 2e médaille, plaçant ainsi son auteur tout de suite hors concours. La critique a fait de cette œuvre les appréciations les plus flatteuses.

C'est là un très sérieux effort, écrivit M. Roger Milès ; l'attitude de Jésus parlant au milieu de cette foule avec une majesté simple, sans alliage de mélodrame ni de pose, et la Madeleine, avec ses vêtements de courtisane riche et fêtée, qui tombe à genoux en écoutant cette parole humaine qui remonte à Dieu, est d'une magnifique beauté.

On doit de plus à cet artiste une grande *Frise décorative* pour un hôtel à Monte-Carlo, et dix figures médaillons destinées au Palace-Hôtel des Champs-Elysées.

M. Devambez a illustré la *Fête à Coqueville*, une charmante nouvelle de M. Emile Zola, et donné divers dessins à l'*Illustration*.

DESPOND (Marie-Anatole)

Avocat, homme politique, né à Orléans (Loiret) le 24 août 1840. Il commença ses études classiques au collège de Gien (Loiret), les continua au petit séminaire de la Chapelle-Saint-Mesmin, près d'Orléans, et les acheva au lycée d'Orléans.

Etudiant en droit, à Paris, en 1859, M. Despond se fit inscrire au barreau de cette ville, où il accomplit son stage ; il fut, vers 1865, l'un des secrétaires de Dufaure. En 1868, il quitta Paris pour aller à Orléans exercer sa profession d'avocat et, lors du renouvellement partiel des Conseils généraux, le 12 juin 1870, il fut élu par le canton de Gien, comme candidat indépendant, obtenant 1,429 voix contre 629 données au candidat officiel.

Mis en relief par cette élection et cédant à de vives instances, il accepta, le 14 septembre 1870, les fonctions de sous-préfet de l'arrondissement de Gien.

Quand la ville de Gien fut occupée par l'ennemi, le 8 décembre 1870, il ne quitta pas son poste. Deux fois arrêté pour avoir refusé d'obéir aux divers ordres des généraux allemands et protesté contre les abus de force dont il était le témoin, il fut, la seconde fois, conduit à Orléans et transporté en Allemagne, par ordre du prince Frédéric-Charles.

Prisonnier de guerre, M. Despond fut interné, du 9 janvier au 23 février 1871, dans la forteresse de Weichselmünde, sur les bords de la mer Baltique. Pendant sa captivité et malgré son absence, les électeurs de l'arrondissement de Gien le mirent en avant aux élections pour l'Assemblée nationale du 8 février 1871 et il obtint 26,536 suffrages, sans être élu, dans le département du Loiret.

La paix étant signée et un gouvernement régulier établi, il ne crut pas devoir reprendre les fonctions administratives qu'il n'avait acceptées qu'en raison de la crise politique et de la guerre.

Réélu, le 8 octobre 1871, avec 1,709 voix sur 1,815 votants, membre du Conseil général du Loiret, pour le canton de Gien, il fut élu secrétaire à l'unanimité et resta membre de cette assemblée jusqu'en 1877.

M. Despond rentra dans l'administration, le 11 mai 1877, sous le ministère Jules Simon, comme sous-préfet de Chalon-sur-Saône. Il fut appelé aux mêmes fonctions à Narbonne, le 31 du même mois.

Désigné, le 25 juillet suivant, pour le poste d'inspecteur général de la Librairie, il ne l'accepta pas ; devint sous-préfet de Villefranche-sur-Saône, sous le ministère Dufaure, le 30 décembre 1877, et, ne voulant pas prendre part à la lutte engagée contre les congrégations religieuses, il fut mis, sur sa demande, en disponibilité, le 26 mars 1880.

Inscrit au barreau de Paris en 1885, il est, depuis lors, avocat à la Cour d'appel.

Plusieurs causes retentissantes, dont les débats ont été reproduits par la *Revue des grands procès*, ont fait apprécier le talent de M. Despond. Parmi ses meilleures plaidoiries, on cite celle qu'il prononça dans l'affaire des empoisonnements du Havre : défendu par M. Despond, l'élève en pharmacie Pastré-Beaussier, accusé de treize empoisonnements, fut acquitté, le 27 mai 1889, par la Cour d'assises de Rouen. Il convient de citer également la défense du russepolonais Blesszinski, qu'il présenta devant la Cour d'assises de la Seine le 21 mars 1891, etc.

M. Despond est, depuis 1893, l'avocat-conseil de la Société d'Assurances mutuelles la « Sauvegarde Commerciale et Industrielle ».

MANTIN (Georges)

BOTANISTE-HORTICULTEUR, publiciste et compositeur de musique, né à Paris le 5 décembre 1850. Après avoir accompli de sérieuses études classiques au collège Sainte-Barbe et au lycée Louis-le-Grand, il suivit les cours de la Faculté de Droit, fut reçu licencié en 1872, se fit inscrire comme avocat à la Cour d'appel; mais quitta le barreau pour se vouer à la composition musicale d'abord, puis à la botanique appliquée à l'horticulture.

Doué de brillantes aptitudes pour la musique, il fut l'un des rares élèves de M. Paladilhe et parvint rapidement à composer des œuvres musicales intéressantes et d'une facture toute personnelle. Parmi les principaux ouvrages de ce genre dûs à M. Georges Mantin, il convient de citer: la *Chanson des Pommiers*, mélodie pour piano et chant (1879); la *Fille de Jaire*, oratorio en deux parties présenté au concours Rossini (1878); les *Pantins*, opéra-comique en deux actes (concours Cressent de 1880); de nombreux chœurs, mélodies, morceaux symphoniques, composés de 1875 à 1880; *Pierrot jardinier*, ballet-pantomime pour Séverin, en collaboration avec M. Willette; la *Belle au bois dormant*, ballet, avec M. L. Gallet (1889), etc.

Porté surtout vers l'étude de la botanique, M. Georges Mantin s'est voué particulièrement à la culture des Orchidées et a réalisé, grâce à de persévérantes recherches sur la genèse et le développement de ces curieuses plantes, de très importantes découvertes; il a déterminé quelques-unes des lois biologiques de cette plante universelle. Après de longues et patientes observations, il a réussi l'acclimation d'une grande partie des espèces d'orchidées connues et en a obtenu plusieurs nouvelles par hybridation et semis, notamment celles connues sous les noms de: *Cypripedium* × *Olivetense* G. Mantin; *Cypripedium* × *turpe* God. Lab. (1891); *Cypripedium villosum* Linden..., var. *Bellacrense* G. Mantin; *Cypripedium* × *inane* G. Mantin × *C. barbatum* × *C.* × *superciliare*; *Cypripedium* × *Heloisianum* G. Mantin = *C.* × *Gemmiferum* × *C. Boxallii*; *Cypripedium* × *Measuresianum* Rchf. f.... var. *inversum* G. Mantin × *C. venustum spectabile* × *villosum* Lindeni (1892); *Cypripedium* × *Seegerianum* Seeger et Tropp, var. *Bellacrense* G. Mantin = *C. Spicerianum* × *C.* × *Harrisianum nigrum*; *Cypripedium* × *Angelianum* G Mantin = *C. callosum superbum* × *C.* × *Lecanum superbum*; *Cypripedium* × *Harrisianum* Rchb. f. var. *Bellacrense* G. Mantin = *C. villosum* × *C. barbatum* (1893); *Cypripedium Margarita* G. Mantin = *C.* × *Pageanum* × *C. Spicerianum magnificum* (1894), etc.

M. Georges Mantin possède la seule collection complète, en France, d'orchidées, car il a réuni, dans son château d'Olivet (Loiret) les espèces exotiques et indigènes, depuis les types les plus communs jusqu'aux plus rares, tels, le *Calopogon pulchellus*, plante très curieuse, que les horticulteurs connaissaient seulement de nom et qu'il exposa en 1893. A cette même exposition d'Horticulture de Paris, il exhibait des *Orchis* et des *Ophrys* indigènes, des *Cypripediums* de l'Amérique du Nord et surtout le *Cypripedium calceolus*, le seul de ce genre qui habite l'Europe.

De nombreuses variétés de plantes ont été dédiées à ce botaniste, notamment: *Nanodes (Epidendrum) Mantinii*; *Oncidium Mantinii*; *Cypripedium Argus*, var. *Mantinii*; *Masdevallia Harryana*, var. *Mantinii*; *Odontoglossum Crispum*, var. *Mantinii*; *Cypripedium barbatum*, var. *Mantinii*, etc.

M. Georges Mantin est membre à vie, titulaire, ordinaire ou associé de la Société Botanique de France, de la Société française de Mycologie, de la Société nationale d'Acclimatation de France, de la Société nationale d'Horticulture de France, de la Société scientifique Flammarion, de très nombreuses sociétés agricoles françaises et étrangères. Il est aussi membre d'honneur de la Société royale d'Agriculture et de Botanique de Gand (Belgique), membre fondateur de l'Orchidéenne de Bruxelles, membre du Conseil d'administration de la Société Horticole du Loiret et de la Société départementale d'Horticulture de la Seine, membre correspondant de la Société Scientifique et Littéraire des Basses-Alpes, de la Société d'Horticulture et de Botanique de Marseille, de la Société Linnéenne de Normandie, de la Société Horticole du Nord, de la Sociedad de Geographia de Lisbonne, de la Société d'Horticulture de Genève, de Massachussets Horticultural Society de Boston, de la Societad Antonio Alzate de Mexico, etc.

M. Georges Mantin a obtenu diverses récompenses, telles qu'une grande médaille d'argent, à l'Exposition de Paris, 1886; une grande médaille de vermeil, à l'Exposition de Paris, 1888; trois premiers prix (médaille d'or), à l'Exposition universelle de Paris, 1889; le grand prix d'honneur, médaille d'or et vase de Sèvres, offert par le président de la République, à l'Exposition d'Orléans, 1889; un diplôme d'honneur, à l'Exposition de Beaugency, 1890; un diplôme d'honneur, hors concours, à l'Exposition de Châteauneuf-sur-Loire, 1893; un diplôme d'honneur avec médailles d'ors et d'argent à l'Exposition de Saint-Pétersbourg, 1899 ; plusieurs médailles des Sociétés horticoles et d'horticulture, d'Orléans, etc. Il a fait partie du jury des récompenses des expositions de Paris, d'Orléans, de Saint-Dié, de Gand (Belgique), d'Utrecht (Hollande), d'Amsterdam, de Bruxelles, de Bordeaux et de Genève.

Il collabore à de nombreux journaux et revues français et étrangers et, sous le pseudonyme de « Georges Rémy », il a publié des articles de critique musicale dans la *Cravache* et la *Question*.

ECHERAC (Arthur-Auguste MALLEBAY du CLUZEAU d')

ÉCRIVAIN, sculpteur, administrateur, né à Guéret (Creuse) le 26 février 1832. Ses études classiques faites aux lycées d'Angoulême et de Poitiers, il vint prendre ses inscriptions de droit à la Faculté de Paris et s'y fit recevoir licencié.

Entré à la Préfecture de la Seine en 1860, comme rédacteur, M. d'Echerac passa dans les services de l'Assistance publique dont il devint chef du personnel en 1871, secrétaire général en 1879 et inspecteur général en 1882. Il occupa ces dernières fonctions jusqu'en 1896, époque à laquelle il fut mis à la retraite, avec le titre d'inspecteur général honoraire.

M. d'Echerac a été maire de Sèvres (Seine-et-Oise) de 1886 à 1889, année au cours de laquelle il démissionna pour raison de santé. Il a repris ces fonctions en 1898.

M. d'Echerac fit, de bonne heure, œuvre d'artiste et de littérateur. Elève du sculpteur Gautherin, il exposa aux salons annuels, de 1870 à 1889, un certain nombre de bustes dont plusieurs furent très remarqués. Parmi ceux-ci il convient de citer : *M. Georges Clémenceau* ; *le D' d'Echerac* ; *Léon Cladel* ; *Ferdinand Fabre* ; *Diet*, de l'Institut ; *M⁻ᵉ Mac-Nab*, *MM. F. de Champs*, *Michel Moring*, etc.

Il fait également de la peinture et de la céramique ; mais n'a jamais exposé d'œuvres de cette sorte.

Comme littérateur et critique d'art, la production de M. d'Echerac a été féconde, et certains de ses livres ont obtenu grand succès. La plupart ont paru signés « Dargenty ». Successivement attaché à la *République Française*, à la *Justice*, à l'*Art*, au *Courrier de l'Art* et au *Temps*, il a publié, dans ces divers journaux, une série considérable d'articles sur des sujets artistiques et économiques.

Cet écrivain a fondé et rédigé seul, de 1884 à 1889, l'*Art Ornemental*, dont la collection complète a formé quatre fort beaux volumes. En librairie, il a donné : *Roman d'un exilé* (Lemerre, 1872) ; *Eugène Delacroix par lui-même* (2 vol., libr. de l'*Art*, 1885) ; *le Baron Gros* (1 vol. in-8, avec gravures, 1887) ; *Watteau* (1889), etc.

M. d'Echerac est chevalier de la Légion d'honneur depuis 1883.

MERCIER (Pierre)

CHIMISTE, né à Montaignet (Allier) le 28 janvier 1857. Après avoir accompli ses études classiques au collège de Cluny, il vint à Paris, en 1878 et entra, comme élève, à l'Ecole de Pharmacie, dont il fut lauréat à différentes reprises.

M. Pierre Mercier s'est fait remarquer par des travaux scientifiques se rattachant généralement à la photographie. Il a créé divers produits procédant de ses découvertes, notamment : le *Phosphate d'or*, le *Graphol*, le *Sel iodé*, etc.

Il a publié le résumé de ses recherches en divers mémoires portant les titres suivants : *Méthode générale de virage au platine et aux métaux du même groupe*, qui fut l'objet d'une communication à l'Académie des Sciences (1889-1890) ; *Etudes sur les virages et les fixateurs, acides et alcalins* (1891) ; *Action du borax sur les révélateurs alcalins* (1891), dans les *Comptes-rendus de l'Académie des Sciences* ; *Recherches sur les sels d'or, phosphates d'or, borates d'or, etc.* (1892) ; *Virages et fixages, Traité théorique et pratique*, ouvrage en deux volumes (1892-1893) ; *Recherches sur l'élimination des hyposulfites des clichés et épreuves photographiques* (1897) ; *Amélioration des clichés photographiques surexposés*, mémoire présenté à l'Académie des Sciences, par M. Lippmann (1898), etc.

Lauréat de la Société française de Photographie, de l'Union nationale des Sociétés photographiques de France, membre du jury supérieur à l'Exposition internationale de Photographie de 1892, M. Pierre Mercier a obtenu les plus hautes récompenses à toutes les expositions où il a envoyé ses produits. Il est officier de l'Instruction publique.

CHARPENTIER (Félix-Maurice)

SCULPTEUR-STATUAIRE, né à Bollène (Vaucluse) le 10 janvier 1858. Venu, de bonne heure, à Paris, il entra à l'École des Beaux-Arts, comme élève de Cavelier et de Doublemard, y obtint de nombreuses récompenses et fut admis à entrer en loge. En 1882, il exposa, au Salon des Champs-Elysées, sa véritable première œuvre, le *Repos du Moissonneur*, qui fut très remarquée et acquise pour le musée d'Avignon.

M. Félix Charpentier produisit ensuite : un *Jeune Faune*, qui se trouve au parc Monceau (1884) ; *Portrait de M. Benezech*, buste (1886) ; *Improvisateur*, acheté par l'État et placé au musée du Luxembourg (1887) ; *Ernest Chebroux*, buste ; *Portrait de M*lle *Delfosse*, buste marbre (1888) ; la *Chanson*, statue d'une superbe inspiration (1889) ; *Lutteurs*, groupe plâtre (1890) ; *M. Meurand*, buste marbre (1891) ; les *Hirondelles*, statue (1892) ; les *Adieux d'une Hirondelle*, statue bronze (1893) ; *Illusion*, statue marbre ; *Madier de Montjau*, statue bronze (1894), inaugurée en 1898 à Bourg-St-Andéol (Ardèche) ; *Portrait de M. Doumer*, buste ; *Étoile filante*, groupe acheté par l'État (1895) ; le *Globe endormi* (1896) ; *Portrait de M. Garet*, buste ; *Victoire*, statuette, pierre lithographique (1897) ; *Douleur*, statuette marbre (1898) ; la *Poésie*, statue marbre, acquise par la princesse de Lobanoff ; *Portrait de M. Gaston Boissier*, buste marbre ; plus une cheminée monumentale surmontée d'un groupe en pierre : la *Vigne et la Pomme*, groupe acquis par l'État (1899).

Cet artiste est aussi l'auteur du *Monument commémoratif de la réunion du Comtat Venaissin à la France*, érigé, à Avignon, en 1892 ; du *Monument élevé à Émile Jamais*, à Aigues-Vives (Gard) et inauguré le 22 septembre 1897. On lui doit encore les bustes de *M. Bastide*, de *M*me *Houel*, de *M*me *Meynier de Salinelles*, de *M. Allègre*, sénateur, etc. ; une *Diane assise* ; la *Sentinelle des morts*, destinée au monument érigé en l'honneur des officiers morts pendant la guerre de 1870-1871, à Avignon ; la statue du *Vicomte de Rio-Branco*, ancien ministre du Brésil (1899) ; l'*Art contemporain*, figure décorative pour le palais des Beaux-Arts de l'Exposition universelle de 1900, etc.

Jeune encore, ce sculpteur est considéré comme l'un des maîtres de l'école moderne. Ses œuvres se font remarquer autant par la poésie et la hardiesse de la conception que par la vigueur et la vérité de l'exécution.

M. Félix Charpentier a obtenu deux mentions honorables (1882 et 1885) ; une médaille de 3e classe (1884) ; une médaille de 2e et une bourse de voyage (1887) ; une médaille d'argent à l'Exposition universelle de 1889 ; une médaille de 1re classe et le prix du Salon (1899) et la médaille d'honneur en 1893.

M. Félix Charpentier est, en outre, titulaire de la grande médaille d'or de l'État autrichien, qui lui fut décernée par le jury de l'Exposition triennale de Vienne (Autriche), en 1899. Il est chevalier de la Légion d'honneur depuis le 14 avril 1892.

BOYER d'AGEN (Jean-Auguste BOYER, dit Augustin)

ÉCRIVAIN, poète, né à Agen (Lot-et-Garonne) le 12 décembre 1859. Il commença ses études au petit séminaire de cette ville, fut envoyé ensuite, par Mgr Fonteneau, à Rome, où il passa ses examens de théologie et de droit ecclésiastique, dont il prit les grades universitaires au Collège romain. Pendant cette période, il publia dans les journaux italiens ses premiers articles. A ce moment remonte un *ex-libris* très rare qu'il publia, en vers, sous le pseudonyme de « Jean Passefond » et sous le titre : le *Panthéon restauré*.

Détourné de la vocation ecclésiastique par le goût des lettres, M. Boyer d'Agen vint à Paris en 1882 et fit paraître, presque aussitôt, dans la *Revue critique*, une série de nouvelles; l'une d'elles, *Madame d'Ouest-Ange*, où le parquet voulut voir des allusions à une personnalité du barreau, valut à son auteur une condamnation à huit jours de prison. Il publia aussi au même moment : *Souvenirs du Cloître et Portraiture séculière*, suivis des *Contes à la d'Ouest-Ange*. En 1885, il donna à la *Revue Contemporaine* une étude, qui fut imprimée, à l'insu de l'auteur, sous le titre de *Deux chants inédits de Dante retrouvés et traduits*. Le manuscrit portait, au contraire, le titre suivant, sous lequel cette étude aurait dû être publiée : *Dante Alighieri, à propos de deux chants apocryphes*. Une protestation de M. Boyer d'Agen, en date de la veille, parut au *Figaro* du 21 mars 1885.

Depuis ce temps, M. Boyer d'Agen s'est produit dans divers genres, suivant peu à peu une évolution naturelle qui semble l'avoir définitivement porté vers les études historiques et religieuses.

Il a publié des poésies : les *Litanies des Pauvres* (1887, 1 vol.) ; les *Fleurs noires* (1889, 1 vol.) ; le *Livre d'heures d'un Cadet de Gascogne* (1898, 1 vol.) ;

Rocamadour, poëme languedocien (1899) ; des romans de tendances très différentes : *Monsieur le Rédacteur*, violente satire contre le journalisme (1888) ; le *Pays natal*, souvenirs du pays natal (1888, 1 vol.) ; *Ahenobarba* (Rome sous Tibère), même année ; la *Vocation de Boccace* (1889) ; la *Gouine*, roman suivant la formule naturaliste (1889), qui reparut l'année suivante, sous le titre de : la *Vénus de Paris* ; *Pascal Bordelas*, roman politique paru d'abord dans l'*Eclair*, (1890) ; *Terre de Lourdes*, roman descriptif paru d'abord dans la *Revue de Paris* (1894).

On doit en outre à cet écrivain ; *Pinturicchio peintre des Borgia* et le *Monde pontifical et la Société italienne pendant la Renaissance*, études artistiques ; *Une après-midi chez Michelet* ; *Les Napoléon posthumes* ; *Des Hommes* (les Contemporains, 1 vol.) ; *Le Cardinal Manning et la question sociale* ; *Les Héros de la Cornette et du tricorne* ; *Le Clergé de France devant la République* ; *Léon XIII devant ses contemporains* ; *Léon XIII devant l'Allemagne* ; la *Jeunesse de Léon XIII* ; le *Cardinalat de Léon XIII* (qui doit être suivi du *Pontificat de Léon XIII*), importantes études philosophiques et politiques ; *Introduction aux Mélodies Grégoriennes*, étude de vaste erudition ; les *Œuvres complètes de Jasmin*, avec un essai d'orthographie gasconne (4 vol.), dont il a été donné une édition populaire en 2 volumes en 1898, à l'occasion du centenaire du troubadour barbier. Il a aussi collaboré au *Vocabulaire de la Langue gasconne*, ouvrage d'un précieux secours pour les lecteurs de Jasmin et les écrivains en langue d'Oc.

M. Boyer d'Agen a collaboré à de nombreuses publications : *Journal de Lot-et-Garonne*, *Paris-Rome*, *Revue Internationale*, *Revue du Sud-Ouest*, *Echo de Gascogne*, *Evènement*, *Gaulois*, *Nouvelle Revue*, *Univers*, *Figaro*, *Petit Bleu*, *Gil Blas*, *Journal*, etc. Il est rédacteur en chef de l'*Œuvre d'Art*, importante revue dirigée par M. Eugène Müntz, de l'Institut.

Il donna, en 1899, dans le *Figaro*, une interview retentissante du pape Léon XIII, sur l'affaire Dreyfus.

De ce voyage à Rome, il rapporta la fameuse *Médaille de Camps dei Fiori*, dont toute la presse savante d'Europe s'occupa, pour savoir si M. Boyer d'Agen avait trouvé, avec le type très idéal de cette ancienne médaille, un portrait authentique de Jésus. Des frappes identiques de cette curieuse pièce ont été faites par les orfèvres Falize, pour en répandre partout les plus fidèles copies et en faciliter l'étude aux savants.

Mme BOYER-BRETON (Marthe - Marie - Louise)

Peintre, née à Paris, femme du précédent. Elle a produit des toiles de divers genres. On s'accorde à reconnaître une valeur artistique à ses toiles, surtout à ses portraits, très-virils. Elève de Parrot, de MM. Humbert et Bonnat, Mme Boyer-Breton a exposé, notamment : *Portrait de M. Ch. Read*, qui figure au Musée Carnavalet (1891) ; *Un loup de mer* et *Portrait de M. Boyer d'Agen* (1893) ; *Portrait de M. Paul Ollendorff* (1895) ; le *Cinquantenaire de Figaro* (1896) ; *Rencontre de Dante et de Béatrice* (1897) ; la *Vierge au cheminean* (1898) ; *Mlle Bonnefois et son école foraine* (1899).

Elle est professeur de dessin à la Ville de Paris depuis 1880 et a été nommée officier d'Académie en 1895.

VANDENABEELE (Octave-Pierre)

Médecin, publiciste scientifique, né à la Capelle (Aisne) le 27 septembre 1856. Il fit ses études classiques à Douai et vint à Paris suivre les cours de la Faculté de Médecine. Externe des hôpitaux, où il fut tour à tour élève de MM. Labbé, Verneuil, Gallard, St-Germain, Delens, Théophile Anger, Lécorché, Nicaise, il devint, en 1879, interne de l'Asile national de Vincennes. En 1882, il obtint le doctorat en médecine, avec une thèse brillante, intitulée : *Du lavage de la vessie sans sonde et de l'influence de la pression des liquides sur les rétrécissements de l'urèthre*. Cette thèse, dont le retentissement dans le monde savant fut considérable, marqua le début d'une méthode de pratique médicale aujourd'hui généralement adoptée, le « lavage de la vessie sans sonde. » C'est aussi au Dr Vandenabeele que l'on doit l'introduction dans la chirurgie française du sublimé, reconnu depuis comme le meilleur antiseptique (1881).

S'appuyant sur les travaux et les opérations de Claude Bernard, Pasteur, Saegen et Paul Bert, M. le Dr Vandenabeele, après avoir déclaré que la théorie de Lavoisier, à savoir que « la vie animale est une combustion, » était une erreur, posa en principe que « la vie animale est une fermentation et non une combustion », et que « l'acide carbonique est le gaz de la fermentation alcoolique.

Il est absurde en effet, écrivait-il, de croire que la combinaison de l'oxygène et du carbone soit possible, dans notre économie, à 36 degrés.

Poursuivant ses recherches dans ce sens, il découvrit, en 1892, des ferments animaux maltisables, qui ont donné de remarquables résultats dans la cure de la tuberculose et du diabète et des affections de l'estomac et il se fit l'un des premiers spécialistes de ces affections.

J'ai fixé, en outre, poursuivait le Dr Vandenabeele dans une de ses communications, les propriétés du bacille tuberculeux, qui est une levure décomposant le sucre en alcool ; j'en ai conclu que la tuberculose est une maladie de notre fermentation, dont le bacille tuberculeux serait le mauvais ferment.

M. le Dr Vandenabeele a donné de nombreux articles dans le *Journal de Thérapeutique* de Gubler de 1883 à 1884. On lui doit en outre les publications suivantes : *Extraction d'un noyau de cerise du fond de l'oreille externe* (Journal de Thérapeutique, 1883) ; *De la transmissibilité de la fièvre puerpérale par une sage-femme* (Société de médecine pratique, 1889) ; *Influence de la toux sur la réduction des hernies* (id. 1889) ; *Traitement des brulûres à ciel ouvert par des lavages au sublimé d'heure en heure* (1889) ; *Considération nouvelle sur la vie animale et la glycogénie* (1re éd. 1894, 3e éd. 1899) ; *Déductions sur la guérison de la tuberculose et du diabète par les ferments animaux renforcés* (1894, 3e éd. 1899) ; *Communication à l'Académie de Médecine sur les résultats obtenus par les ferments animaux dans la tuberculose et le diabète* (19 novembre 1895).

Ce médecin a obtenu, en 1884, à Paris, une médaille d'argent pour sa belle conduite pendant l'épidémie cholérique, et une médaille de bronze lors de l'épidémie cholérique espagnole en 1889.

Mme LIEUTIER (née Nelly BESSON)

ÉCRIVAIN, poète, née à La Tremblade (Charente-Inférieure) le 8 avril 1829. Fille d'un médecin distingué, elle reçut une instruction classique très solide et, toute jeune encore, publia des vers bien accueillis réunis en un volume : *Chemin faisant*.

Mme Nelly Lieutier écrivit ensuite un roman de mœurs saintongeoises : la *Bague d'Argent* (1869). Peu de temps après, elle se consacra presque entièrement à des ouvrages destinés à la jeunesse, genre dans lequel elle a pleinement réussi. A citer parmi les ouvrages composés dans cet esprit : les *Hommes de Demain*, 1 vol. (1876) ; *Juliette et Marie* (1877) ; la *Fille de l'Aveugle* (1879) ; le *Livre rouge* (1884) ; *Isolée* et la *Femme du Renégat* (1885) ; *Visites à Grand'mère* (1886) ; *Un Oiseau de proie Parisien* (1887) ; l'*Oncle Constantin* (1888) ; le *Dévouement de François* (1890) ; le *Groom de M. le Marquis* (1893) ; *Gabrielle* ; le *Testament de Maître Michel*, l'*Avarice de Tante Ursule* ; l'*Ane d'André* ; l'*Histoire d'un Pion*, etc. ; plusieurs de ces volumes ont été couronnés par la Société d'encouragement au bien ; l'un d'eux, l'*Oncle Constantin*, l'a été par l'Académie française.

Mme Nelly Lieutier a fait paraître, en outre, sous le pseudonyme de « Jeanne Bargy », un *Code de la Femme du monde*, qui se distingue des formulaires de ce genre par son originalité. Elle a collaboré à la *Semaine des Enfants*, à l'*Art et la Mode*, où elle a fait paraître notamment : le *Bouquet de la Mariée*, *Gisèle*, le *Portrait*, les *Inconvénients d'un chignon pointu*, le *Bouquet* ; au *Monde Illustré* (le *Plus beau jour de la vie*) ; au *Rappel* (*Amour vrai et Amour profane*) ; à la *Famille* (*Frolein*) ; à la *Mode pour Tous* et à la *Mode Nationale*, dont elle est rédactrice en chef et où elle rédige nombre d'articles sous le pseudonyme de « Catherine Par ».

Mme Nelly Lieutier est membre de la Société des Gens de Lettres et officier de l'Instruction publique.

PAUMIER (Raoul)

ARTISTE dramatique, né à Chouzy (Loir-et-Cher) le 24 janvier 1866. Entré au Conservatoire de Paris, où il fut l'élève de Maubant, il débuta brillamment sur la scène de l'Odéon, dans les rôles de Loyal de *Tartuffe* et de Gros-René du *Dépit amoureux*, en 1889.

Comme pensionnaire de ce théâtre, M. Raoul Paumier a interprété, avec succès, les divers personnages des œuvres inscrites au répertoire, telles que : le *Mariage de Figaro*, le *Barbier de Séville*, la *Petite Ville*, le *Dépit amoureux*, etc.

Cet excellent artiste a fait aussi des créations remarquables dans le *Roi Midas*, l'*Avocat Pour et Contre*, la *Barynia*, *Louis XVII*, etc.

Monologuiste apprécié, M. Raoul Paumier est très recherché pour les concerts et les soirées mondaines. Il a créé et dirige les « Matinées Paumier », données, dans la salle de la Société de Géographie, avec le concours des principaux artistes de Paris. Ces représentations sont suivies par un public nombreux et ont puissamment contribué à répandre les œuvres de jeunes auteurs aujourd'hui bien connus.

M. Paumier est officier d'Académie depuis 1896.

CAPTIER (François-Etienne)

SCULPTEUR, né à Beaugy (Saône-et-Loire) le 27 mars 1840. Venu de bonne heure à Paris, il entra, en 1864, à l'Ecole des Beaux-Arts, où il fut l'élève de Bonassieux et de Dumont et envoya, au Salon des Champs-Elysées, en 1869 pour la première fois, un *Jeune faune* statue qui fut très remarquée et, bien qu'œuvre de début, remporta une médaille (type unique) ; achetée par l'Etat, elle a été donnée au musée d'Orléans.

Depuis cette époque, M. F. Captier a figuré avec honneur aux Salons annuels. Parmi ses nombreux envois, il convient de citer, comme œuvres du plus haut intérêt : *Mucius Scœvola*, qui le mit hors concours (1872) et fut acheté par l'Etat pour le musée de Mâcon ; *Hébé*, statue marbre, acquise par l'Etat et placée au musée de Rennes (1873) ; *Adam et Eve*, groupe d'une forme puissante et décorative, qui obtint un grand succès (1874) et appartient à M. le docteur Rouby, de Dôle ; *Timon le Misanthrope*, acquis par l'Etat et donné par lui au musée de Mâcon (1876) ; *Vénus* (même année et même destination) ; la *Rosée*, figure d'une grande pureté de lignes, qui obtint le plus grand succès et dont l'Etat se rendit acquéreur pour le musée de Châlon-sur-Saône (1877) ; le *Dernier refuge*, scène du déluge, groupe très important (1878), au musée de Mâcon ; l'*Egalitaire* (1886), statue décorative achetée par la Ville de Paris et placée aux Buttes-Chaumont ; *Esclave et furie vengeresse*, production capitale de cet artiste, œuvre forte et simple à la fois, une vraie « gamme de formes caractéristiques », où l'on retrouve la tendance esthétique de l'art grec (1893) ; *Buste de M. R.*, l'un des plus beaux portraits qu'il ait produits (1894) ; *Buste de Madame Guerry* (1895) ; la *Désespérance* (1896-1897), que l'Etat a acheté pour le musée du Luxembourg ; la *Fatalité*, groupe décoratif, œuvre symbolique donnant la synthèse de la vie sociale (1897) ; *Eve, premières joies maternelles* (1898), appartient à l'Etat ; la *Force hypocrite opprimant la vérité* (1899).

On doit encore à cet artiste de nombreuses œuvres, telles qu'un *Archer du XV*ᵉ *siècle* (placé sous un des guichets de l'Hôtel-de-Ville de Paris) ; un *Buste de la Poésie lyrique*, décorant le foyer de l'ancien Théâtre lyrique et une statue de la *Chine*, ayant décoré la façade du palais central de l'Exposition universelle de 1878 et appartenant à M. Parvillée, céramiste.

M. Captier a obtenu une 2ᵉ médaille en 1872 et une médaille d'argent à l'Exposition universelle de 1889.

Il a été décoré de la Légion d'honneur, pour l'ensemble de ses travaux, à cette même époque.

LARMANDIE
(Léonce-André-Dieudonné Comte de)

POÈTE, romancier, auteur dramatique, né au château de la Sudrie (Dordogne) le 16 octobre 1851. Il fit de très brillantes études classiques chez les Jésuites de Sarlat (Dordogne) et ses mathématiques spéciales à la rue des Postes, puis au lycée Saint-Louis. Reçu licencié en droit en 1875, il se fit connaître, deux ans plus tard, dans les lettres, par la publication d'un volume de vers : les *Neiges d'Antan*, bien accueilli du public et de la critique.

Depuis, le comte Léonce de Larmandie a fait paraître successivement des œuvres de divers genres, qui ont consacré sa réputation d'écrivain. De ses œuvres poétiques, on cite : les *Epaves*, 1 vol. (1878) ; *Chansons politiques*, 2 vol. (1879) ; la *Traînée de Sang*, 1 vol. (1880) ; les *Phares* (1881) ; le *Carcan*, satires politiques (1882) ; le *Sang de l'Ame* (1885) ; *Errant* (1887) ; les *Holocaustes* (1888) ; les *Fleurs du Rêve* (1889) ; *Rimes de Combat* (même année), etc.

Ses romans, dont plusieurs ont été adaptés à la scène, portent les titres suivants : *Monsieur le Vidame* (1887) ; *Excelsior* (1888) ; *Patricienne* (1889) ; *Pur Sang* (1890) ; *Reptile* (1891) ; *Montorgueil* (1892) ; *Fors l'Honneur* (1893) ; *Floréal* ; *Messidor* (1894 ; *Vendémiaire* ; *Nivose* (1895) ; *Salvador* (1896) ; *Alba* ; la *Toison d'Or* (1897). Citons aussi les poèmes en prose, parus de 1888 à 1892 : *Mes Jeux d'Enfants* ; l'*Age de Fer* ; l'*Age de Feu* ; *Nuit Tombante* ; *Nuit Close* ; *Pleine Ombre* ; la *Montée du Ciel* ; le *Sentier de Larmes* ; le *Chemin de la Croix* ; *Au-Delà*, etc.

On doit, en outre, à M. Léonce de Larmandie, les ouvrages de psychologie suivants : *Au faubourg Saint-Germain* (1892) ; *Perle d'Ophir* (1893) ; les *Ames d'Or* (1894) ; l'*Indépendance du Cœur* (1895) ; *Histoires étranges* (1896) ; *Touffes d'Orchidées* (1897) ; *Poignées de Masques* ; *Touffes de Lys* (1898) ; les *Larmes de Job* (1899) ; deux volumes de sciences occultes : *Eoraka* et *Magie et Religion*, et un volume de *Discours politiques*. Cet écrivain a fait représenter : la *Mère de Judas*, mystère, au Théâtre d'Application, le 16 avril 1897.

M. de Larmandie est avec le « Sâr » Peladan l'un des fondateurs de la « Rose + Croix » et commandeur de cet ordre.

Il a été mêlé au mouvement politique, comme

candidat conservateur révisionniste, de 1881 à 1890, dans différents quartiers de Paris. Il a pris une active part à la campagne menée en faveur de la révision du procès Dreyfus (1898-99).

Membre de la Société des Gens de Lettres depuis 1887, il a fait partie de la commission de révision des statuts de cette société en 1888, de celle du Congrès international en 1889 et a été secrétaire de ce Congrès ; membre du Comité en 1890, secrétaire en 1891, rapporteur en 1893, vice-président en 1896, réélu en mars 1899, le comte Léonce de Larmandie a été nommé administrateur délégué de la Société en 1899, en remplacement de M. Edouard Montagne.

LACK (Théodore)

COMPOSITEUR de musique et professeur de piano, né à Quimper (Finistère) le 3 septembre 1846. Fils d'un musicien distingué, qui fut pendant quarante années maître de chapelle de la cathédrale de Quimper, M. Théodore Lack, dès l'âge de 12 ans, était lui-même organiste d'une des paroisses de sa ville natale.

Ses heureuses et précoces dispositions décidèrent son père à l'envoyer au Conservatoire de Paris, où il entra à 15 ans et où il eut pour maîtres : Savart (solfège), Bazin (harmonie), Marmontel (piano). Il remporta un 1ᵉʳ prix de piano et, à sa sortie, se livra à la carrière de virtuose, dans laquelle son jeu fin, élégant et original, lui valut rapidement la notoriété.

De 1865 à 1875, M. Th. Lack se fit entendre sans interruption dans toutes les salles de concerts de Paris : Erard, Pleyel, Henri Herz, au Conservatoire, chez Pasdeloup, etc. et dans les principales villes de province, avec un succès toujours croissant.

A partir de 1875, il abandonna l'exécution pour se consacrer exclusivement à la composition et au professorat.

Son œuvre, comme compositeur est considérable et brillante ; il a publié plus de 200 morceaux de genre pour piano seul ; une vingtaine de recueils d'études dans tous les degrés de force ; beaucoup de petites pièces et d'albums à 2 et à 4 mains pour les enfants ; des duos à 2 pianos et à 4 mains ; des mélodies pour le chant ; des duos pour piano et violon et environ 300 transcriptions des maîtres classiques et modernes.

Toutes ces œuvres, écrites dans un style mélodique, élégant et très personnel, ont répandu son nom et on a pu dire de lui, avec raison, que « partout où il y avait un piano, on pouvait être sûr d'y trouver un morceau de Lack dessus ». Certaines de ses productions sont considérées comme des succès du piano de l'époque actuelle ; telles : la *Valse Arabesque*, qui a fait le tour du monde et les *Etudes de Mˡˡᵉ Didi*, charmantes et ingénieuses petites compositions très faciles, uniques dans leur genre, et qui sont devenues classiques dans l'enseignement du piano.

Membre du jury des concours de piano au Conservatoire national de Musique, M. Théodore Lack est officier de l'Instruction publique depuis 1887.

MULLER (Louis-Alexandre-Edouard)

ANCIEN député, financier, né à Paris le 19 septembre 1843. Fils d'industriel, il accomplit ses études classiques au Lycée Bonaparte (aujourd'hui Condorcet), suivit les cours de la Faculté de Droit, fut reçu licencié et prêta serment d'avocat devant la Cour d'appel, en 1866.

Après avoir appartenu au barreau jusqu'en 1870, M. Edouard Muller se consacra à l'exploitation de ses propriétés agricoles et à la finance. C'est ainsi qu'il est, depuis de longues années, l'associé d'une des plus importantes maisons de banque parisiennes.

Conseiller municipal dès 1873 et maire de Reignac (Indre-et-Loire), mandat qui lui a toujours été renouvelé sans interruption, M. Edouard Muller posa sa candidature, en 1889, dans l'arrondissement de Loches et fut élu député, comme rallié, par 8,500 voix, contre 8,100 à M. Deloncle. A la Chambre, il fut membre de diverses commissions et parut souvent à la tribune pour y défendre plusieurs projets de loi financiers et des rapports dont il avait été chargé, notamment : sur la proposition Martineau, ayant pour but d'accorder progressivement la naturalisation à tous les indigènes musulmans d'Algérie (1890-1891) ; à propos du projet de Paris port de mer ; du budget des Affaires étrangères (1891) ; du régime des sucres ; du budget des Finances (1892) ; de la Caisse d'Epargne ; des budgets du Commerce, de l'Industrie et de la Guerre (1893).

Au renouvellement général du 20 août 1893, M. Daniel Wilson, s'étant représenté dans son ancienne circonscription, battit M. Muller, obtenant 9,505 voix, contre 7,400. Depuis cette époque, M. Edouard Muller s'est définitivement retiré de la vie publique, pour s'occuper exclusivement d'affaires financières, agricoles et industrielles.

DESCHLY (Mlle Irina DESLIŬ, ou Irène)

PEINTRE, née à Bucharest (Roumanie). Fille d'un avocat distingué, elle montra, de bonne heure, de grandes dispositions artistiques et vint, à Paris, en 1892, avec une bourse que lui octroya M. Take Jonesco, alors ministre des Beaux-Arts en Roumanie. Elle fut élève de MM. Jean-Paul Laurens et Eugène Carrière.

Mlle Irène Deschly a produit d'intéressantes œuvres qui, se distinguant par une science approfondie du dessin et du coloris, ont été remarquées. On cite d'elle notamment : *Fatale nouvelle* et *Tentation*, appartenant à Mme Soulliotis de Braïla (Roumanie) ; *Sourire et tristesse*, à M. Porroïncano, sénateur (Roumanie); le *Printemps de la vie*, très beau panneau décoratif; *Soirée d'hiver* ; la *Vierge au voile* ; *Fabiola*, œuvres acquises par Mme Stamo ; la *Nuit de Mai*, d'après le poème d'Alfred de Musset, exposée à l'Athenée de Bucharest en 1898.

Mlle Irène Deschly a exposé, en 1899, à la Société nationale des Beaux-Arts : *Mater afflictorum*, tableau d'une grande intensité expressive. On annonce de cette artiste, pour l'Exposition universelle, les tableaux suivants : *Chanson*, d'après un poème de M. François Coppée ; *Conte Roumain*, d'après Carmen Sylva et *Intermezzo*, d'après une poésie d'Henri Heine.

BOUCHAUD (Pierre-Marie-Antoine-Raphaël de)

ÉCRIVAIN, poète, né à Chasselay (Rhône) le 24 octobre 1862. Il fit ses études classiques dans sa famille et prit la licence ès lettres à Paris. Un moment auditeur libre à l'Ecole des Chartes, M. de Bouchaud accomplit, bientôt après, des voyages qui le conduisirent en Italie, où l'amour des manuscrits le retint longtemps.

M. Pierre de Bouchaud a publié en librairie : *Claudius Popelin, peintre, émailleur et poète* (1894), intéressante étude sur cet artiste défunt ; *Rythmes et Nombres*, recueil de vers d'un sentiment presque toujours gracieux et d'une forme impeccable (1895) ; *Vie Manquée*, nouvelles traduites depuis en italien (même année) ; *Pierre de Nolhac et ses travaux*, ouvrage de vaste érudition traduit en allemand (1896); les *Mirages*, vers, où Rome et Venise, le XVIIIe siècle et ses attirances, se trouvent joliment évoqués (1897); *Histoire d'un baiser*, autre recueil de nouvelles (1898); le *Recueil des Souvenirs*, vers (1899).

On doit encore à cet auteur, une intéressante étude sur la *Pastorale dans le Tasse*, conférence faite à la Sorbonne en 1897 et des études de critique publiées, ainsi que des vers et des nouvelles, dans la *Revue*, la *Nouvelle Revue*, l'*Ermitage*, la *Revue Inernationale*, le *Journal de Rome*, *Il Marocco* de Florence, etc.

Mme de Bouchaud, sous le pseudonyme de « Cardeline, » a fait paraître : *Intailles*, titre de deux recueils de pensées, des nouvelles dans la *Nouvelle Revue* et un roman remarqué, intitulé : l'*Erreur d'Hermane*.

JACQUESSON de La CHEVREUSE (Louis)

PEINTRE et musicien, né à Toulouse le 5 novembre 1839. Elève du Conservatoire de Toulouse, où, encore enfant, il remporta de grands succès et fils d'un peintre distingué, qui lui donna les premières leçons de son art, il fréquenta aussi assidûment l'Ecole des Arts de Toulouse, d'où il sortit, en 1857, avec le second grand prix municipal de peinture.

M. Jacquesson de la Chevreuse vint ensuite à Paris, entra à l'Ecole des Beaux-Arts, où il devint l'élève d'Ingres et Hippolyte Flandrin et remporta, durant ses études à l'Ecole, toutes les médailles et le prix de la tête d'expression (fondation du comte de Caylus). Lauréat du grand prix de Rome, au concours de 1865, son tableau de concours a été donné par l'Etat au musée de Toulouse.

Dès cette époque, il fonda plusieurs ateliers, où il prépara les candidats, hommes et dames, aux examens pour le diplôme de professeurs de dessin de la ville de Paris et de l'Etat.

Pendant la guerre de 1870, M. Jacquesson de la Chevreuse resta à Paris et s'engagea pour la durée de la campagne. Il n'exposa pas aux Salons de 1870 et 1880 et s'adonna pendant cette période entièrement à ses élèves.

Parmi les principales œuvres de ce peintre, il convient de citer : un *Christ en croix*, pour l'Eglise de Villefranche (1857) ; *Orphée aux Enfers* (1865), au musée de Toulouse ; *Jésus chez Marthe* (1870) ; le *Réveil*, belle figure de nu (harmonie en rouge) ; *Seule aux champs* ; *Martyr*, qui obtint une 1re médaille d'or à l'Exposition régionale de Tours ; *Devant son Miroir* (1891), appartenant à la ville d'Avignon ; l'*Avril* (1893) ; l'*Extase de Saint François* et une grande quantité de portraits, la plupart très remarquables, notamment : *Ma Mère* ; un très beau portrait en pied de *Mgr de La Bouillerie* (1869) ; *Comte Mac*

R... (1864) ; *Marquis de Camara* (1869) ; *D' Mallet* ; *M. Maurice Hecht* (1875) ; *Intérieur d'Atelier*, etc.

Tour à tour portraitiste, peintre de genre, de nu et paysagiste, M. J. de la Chevreuse a su montrer, dans les différents sujets qu'il a traités, des qualités de brillant coloriste et de dessinateur impeccable.

On doit aussi à cet artiste de nombreux cartons, qui ont servi à l'exécution de vitraux pour les cathédrales de Bordeaux et de Lyon, les églises de Beaufort, de Neufchâtel-en-Bray, de Roquemaure, de Poligny, de Saint-Nizier à Lyon, le château du marquis de Vauvenargues, etc.

Professeur et directeur de l'enseignement du dessin à l'École Alsacienne depuis 1880, il s'est fait remarquer par les réformes qu'il y a appliquées.

Entre autres récompenses aux Expositions, il a obtenu une 1re médaille d'or à Tours, une 3e médaille au Salon de 1891, etc.

Le talent de violoniste de M. de la Chevreuse lui a valu l'amitié des plus illustres maîtres, de la musique : Sivori l'aimait tout particulièrement et lui dédia une de ses œuvres. Plusieurs de ses compositions musicales ont été éditées. Une d'entr'elles, la *Desirança*, dont les paroles sont du poète provençal J. Huot, eut beaucoup de succès.

M. J. de la Chevreuse est officier de l'Instruction publique depuis 1886.

FOULON de VAULX (André)

ÉCRIVAIN, né à Noyon (Oise) le 15 mai 1873. Ses études classiques, commencées dans un internat en province, s'achevèrent au lycée Condorcet, à Paris. Il suivit ensuite les cours de la Faculté de Droit et débuta dans la littérature par des poésies intitulées : les *Jeunes Tendresses*, le *Réveil des Roses*, avec préface de Gabriel Vicaire (1 vol. 1894, Lemerre.)

M. André Foulon de Vaulx, publia ensuite chez l'éditeur Alphonse Lemerre plusieurs autres recueils de vers qui attirèrent très vite sur leur auteur l'attention des lettrés : les *Floraisons fanées* (1 vol. 1895) ; les *Lèvres pures* (1 vol. 1895) ; les *Vaines Romances* (1 vol. 1896) ; la *Vie éteinte* (1 vol. 1897) ; l'*Accalmie* (1 vol. 1897) ; le *Jardin désert* (1 vol. 1898) ; les *Étreintes mortelles* (1 vol. 1899). Il a aussi traité, avec une plume hardie et légèrement érotique mais non sans grâce, des sujets du XVIIIe siècle : la *Petite Soubrette*, comédie en 1 acte, en vers (6 janvier 1898); un volume de « Théâtre impossible, » intitulé : *Deux Pastels* (1896), comprenant la *Fée Mugnette*, comédie en 3 actes, en vers et le *Portrait*, comédie en 1 acte, en vers (1898) ; le *Peintre du Roi*, 1 acte, en vers (1897) ; *Chérubin et Fanchette*, 1 acte, en vers ; la *Vieillesse de Louis XV*, drame en 5 actes, en vers (1898). Cet écrivain a entrepris aussi, sous le titre général de : les *Ames solitaires*, une série de romans qui ont obtenu du succès. Ce sont : la *Sœur aînée* (1898) ; le *Veuvage* et *Madame de Lauraguais* (1899.)

Il a fait paraître de nombreuses poésies dans la *Revue du Nord*, l'*Année des poètes*, le *Semeur*, la *Revue Moderne*, l'*Artiste*, la *Terre de France*, et des études littéraires dans la *Vie Internationale*, le *Carnet historique et littéraire* et l'*Intermédiaire des chercheurs et des curieux*.

DEUTSCH (Louis)

PEINTRE, né à Vienne (Autriche) le 13 mai 1855. Élève de Feuerbach dans sa ville natale, M. Louis Deutsch vint à Paris en 1878 et entra dans l'atelier de Jean-Paul Laurens. Il débuta aux Salons annuels de la Société des Artistes français dès 1879 et exposa, en 1883, l'*Amateur Orientaliste*, qui dénotait chez son auteur une réelle connaissance du sujet et de solides qualités de pinceau.

De ses fréquents voyages en Égypte il a rapporté de nombreuses études et des documents d'art oriental.

On peut mentionner tout spécialement au nombre des meilleurs envois de M. Deutsch : le *Tombeau du Khalife* (1884) ; *Nouvelles du Soudan* (1885) ; *Danseurs Soudanais au Caire* (1886) ; les *Colonnes saintes* (1887); la *Jeune favorite* (1888), qui obtint une mention honorable ; *El Azhar : l'Université Arabe au Caire* (1890) ; les *Eunuques* (1891) ; l'*Emir* (1892) ; *Visite au Tombeau* (1893) ; la *Porte miraculeuse au Caire* (1894) ; *L'Emir et l'Uléma* (1895) ; *Garde du Palais* (1896) ; le *Tribut* (1897) ; la *Prière au Tombeau* (1898) ; la *Leçon* (1899).

Dans l'œuvre de cet excellent artiste, que l'on retrouve presque toute entière dans les grandes collections d'Amérique et d'Angleterre, on cite encore d'autres tableaux remarquables, qui n'ont pas été exposés : le *Five O'clock au Caire* ; *Un café Arabe*, toile des plus importantes ; *Charmeurs de serpents* ; *Une Boutique arabe*; *Une École d'enfants arabes*; *Devant l'empreinte du pied de Mahomet*, tableau des plus impressionnants; la *Porte Metwallick* ; les *Liseurs* ; *Un Penseur* ; les *Joueurs de dames* ; *Écrivain arabe* ; *Au Bazar* ; *En Prière* ; etc. et des portraits, notamment celui du marquis de Villa-Fuerte et de sa famille.

HAMPOL (Léo d')

PUBLICISTE, peintre et dessinateur, né à Paris le 6 février 1863. Sous son nom ou sous divers pseudonymes, il a déployé une grande activité littéraire, depuis ses débuts dans une série de journaux bretons, tels que la *Bretagne*, dont il a été le rédacteur en chef, jusqu'à la publication des chroniques les plus parisiennes, dans les journaux de la capitale, comme la *Nation*, l'*Evènement*, les *Suppléments illustrés*, la *Lecture*, la *Vie scientifique* et la *Vie illustrée*, où il est, depuis 1898, secrétaire de la rédaction.

M. Léo d'Hampol a eu trois pièces représentées : *Pierrot amoureux*, *Mystère*, les *Forfaits d'un notaire*, et, sous le pseudonyme de « Jean Carman », a publié, en collaboration avec M. Paul Peltier, ou avec M. Ed. de Nancy, des romans : les *Millions de Vandebey*, la *Goëlette du Diable*, *Raoul Serval*, etc. et des livres de vulgarisation historique ou scientifique.

Ses connaissances spéciales de polyglotte lui ont permis de traiter avec succès, particulièrement dans la *Lecture*, des idées, des mœurs et des arts de l'étranger.

Dessinateur, M. Léo d'Hampol a souvent illustré de son crayon ses propres compositions littéraires.

LEFEBVRE (Hippolyte)

SCULPTEUR-STATUAIRE et médailleur, né à Lille le 4 février 1863. D'abord élève à l'Ecole des Beaux-Arts de sa ville natale, il vint à Paris, en 1882, avec une bourse qui lui fut accordée à la fois par la municipalité de Lille et le Conseil général du Nord. Reçu à l'Ecole nationale des Beaux-Arts, il eut pour professeurs Cavelier, Coutan et M. Barrias et remporta le grand prix de Rome pour la sculpture, en 1892, avec le sujet : *Adam chassé du Paradis*. L'année suivante, il exposa pour la première fois, au Salon des Champs-Elysées, un *Buste en bronze de M. Gustave Le Vavasseur*, qui obtint une mention honorable.

M. Hippolyte Lefebvre a envoyé depuis : *M*^{lle} *F. K.*, bas-relief marbre (1892); l'*Ouragan*, bas-relief plâtre (1895) ; le *Pardon*, statue marbre ; la *Douleur*, haut-relief plâtre, modèle du tombeau de M*me* Ch. Barrois (1896); *Mignon*, statue marbre : *Niobé*, groupe marbre, acquis par l'Etat ; un *Cadre de médailles* (1898).

On doit encore à cet artiste, dont les œuvres sont très appréciées du public et ont été souvent louées par la critique, un *Christ*, marbre, qui a été placé à l'Eglise de Breteuil ; le *Monument du chanoine Holbecque*, à Lille ; le *Monument de Mme Ch. Barrois*, à Lille ; l'*Art au XVIIIe siècle*, figure décorative destinée au grand palais de l'Exposition universelle de 1900. C'est lui aussi qui a été chargé de la direction de la sculpture décorative sur la façade de l'Elysée-Palace, où il a exécuté une série de *têtes* et trois bas-reliefs représentant : la *Chasse*, la *Pêche* et la *Danse*.

Comme médailleur, M. Hippolyte Lefebvre a obtenu une médaille d'or à l'Exposition de Vienne (Autriche), en 1899 ; comme statuaire il a remporté une mention honorable, en 1893, une médaille de 2e classe, en 1896 et une 1re médaille en 1898.

BOISSIÈRE (Edmond de)

ÉCRIVAIN, né à La Bastide du Temple (Tarn-et-Garonne) le 11 janvier 1837. Entré à l'Ecole de St-Cyr en 1855, il en sortit en 1857, sous-lieutenant au 8e bataillon de chasseurs à pied.

En 1863, M. de Boissière publia une brochure intitulée : les *Officiers de l'armée française*, dans laquelle il critiquait le népotisme et l'avancement et les méthodes d'enseignement alors en usage. Cette publication, fort commentée, valut à son auteur un mois de forteresse, une mise en non activité et, trois ans après, la mise en réforme.

Dès lors, M. de Boissière se tourna entièrement vers les lettres. Il publia en 1865, dans le journal le *Nord*, un roman de mœurs militaires très bien observées : l'*Héritage de Kernigou*, qui parut en volume en 1880. L'année suivante, au même organe, le *Sphinx du foyer*, autre roman, qui malgré un succès, ne parut point en librairie. En 1867, l'Odéon représentait de M. de Boissière une comédie en 1 acte : *Aux arrêts*, qui permit à Sarah Bernhardt de créer son premier rôle ; mais qui fut bientôt interdite, le maréchal Vaillant, alors ministre des Beaux-Arts n'ayant pas voulu admettre que des officiers français parussent en uniforme sur la scène d'un théâtre subventionné.

M. de Boissière a publié, en outre, en 1897 *Autour de l'épaulette*, recueil de nouvelles militaires absolument remarquables. Il a collaboré au *Nord*, avec des chroniques littéraires et dramatiques ; à l'*Echo de la Presse*, à l'*Echo du Commerce*, où parut de lui une intéressante nouvelle : *Castracciolo*, etc.

M. Edmond de Boissière fait partie de la Société des Gens de Lettres depuis 1865.

BISSEUIL (Eugène-Aimé)

SÉNATEUR, né à La Jard (Charente-Inférieure) le 23 avril 1833. Après avoir accompli ses études de droit à la Faculté de Poitiers, il s'établit notaire, puis devint avoué à la Rochelle, où il exerça de 1858 à 1878.

Conseiller général du canton de Saint-Pierre (Ile d'Oléron) depuis 1874, M. Bisseuil fut nommé député de la 1re circonscription de Saintes, en 1881, par 6,088 voix, contre 5,994 à M. d'Aussy, conservateur.

Durant son séjour à la Chambre, il prit une part importante aux discussions d'affaires : il déposa, en 1884, une proposition de loi sur l'administration des biens de mineurs pendant le mariage ; une autre, en 1882, sur la réforme de l'organisation judiciaire ; une troisième, en 1883, sur la diminution des frais de justice ; enfin une quatrième sur l'impôt foncier (dégrèvement des fonds surimposés), proposition adoptée depuis et qui porte son nom. Il a été ainsi l'initiateur d'une mesure qui a dégrevé le département de la Charente-Inférieure d'une contribution annuelle de plus de 600,000 francs. Au renouvellement de 1885, il échoua avec la liste républicaine de son département et fut, peu après, nommé trésorier payeur général de l'Aube, puis de la Charente-Inférieure (1886 à 1891).

Le 21 février 1892, par 548 voix sur 1.008 votants, M. Bisseuil fut élu sénateur de la Charente-Inférieure. Au renouvellement général de 1894, il fut réélu, le premier de la liste, au premier tour de scrutin et par 777 voix, sur 999 votants.

Au Luxembourg, il appartient à la Gauche démocratique, à la Gauche républicaine, au groupe agricole et à celui des intérêts maritimes. Il a pris la parole principalement : dans les questions budgétaires, dans celles relatives à la réforme des impôts, à la diminution des charges grevant la propriété rurale, à l'organisation du Crédit agricole, etc. Il s'est occupé de l'amélioration du port maritime de Rochefort et a défendu notamment, en 1893, le vote d'un crédit de 3 millions pour l'approfondissement de la Charente. Il avait été, à la Chambre, et il s'est fait, au Sénat, le défenseur des intérêts des bouilleurs de cru, ainsi que des salines du littoral de l'Océan.

Membre et quelquefois président de diverses commissions, notamment de celles s'occupant des frais dûs aux notaires, avoué et huissiers, des valeurs de Bourse, des Caisses d'épargne, des Finances, de la Marine, M. Bisseuil est l'auteur de projets sur la réforme du régime des boissons et sur la réforme de la loi du 22 frimaire an VII sur l'enregistrement (art. 60) (1898). Il a aussi déposé une proposition tendant à rendre les fonctions ministérielles incompatibles avec les mandats de sénateur et de député (1899). Il a défendu, en qualité de rapporteur, le projet du gouvernement, voté en avril 1899, tendant a transporter à la Cour de cassation, chambres réunies, la connaissance des procès en revision, donnant lieu à une instruction préalable. Il avait antérieurement pris l'initiative d'une proposition de loi, dont le projet du gouvernement n'était au fond que la reproduction.

L'honorable sénateur est protectionniste modéré.

M. Bisseuil a collaboré à divers journaux républicains de Paris, le *Voltaire*, le *Matin*, l'*Eclair*, etc. Il est président du Conseil d'administration de la *Nouvelle Revue*, dirigée par Mme Juliette Adam.

THOMÉ (Francis-Luc-Joseph)

COMPOSITEUR, né à Port-Louis (Ile Maurice) le 18 octobre 1850. Venu fort jeune à Paris et admis au Conservatoire en 1866, il fut élève du professeur B. Dupré, de la classe Marmontel pour le piano et de la classe Duprato pour l'harmonie. En 1869, il remporta le second prix d'harmonie et l'année suivante le 1er prix de fugue.

M. Francis Thomé s'est fait connaître et justement apprécier dans divers genres, comme compositeur, professeur et critique musical. On lui doit notamment la musique de : *Djemmah*, ballet 2 actes de Detroyat et Pluque ; *Folie parisienne*, ball.-pant. 2 actes de Agoust (Eden-Théâtre — 18 fév. 1886) ; le *Papillon*, ball.-pant. de Legrand et Larcher (Lyrique—23 déc. 1888) ; *Barbe-Bleuette*, fant.-opér. 1 a. (Hôtel Continental — 28 fév. 1889) ; l'*Infidèle*, c. 1 a. vers. de Porto-Riche (Vaudeville—11 mai 1890) ; *Roméo et Juliette*, dr. 5 a. de G. Lefèvre, d'après Shakespeare (Odéon—30 oct. 1890) ; l'*Enfant Jésus*, myst. 4 a. de Grandmougin (Bodinière — 11 déc. 1893) ; *Une soirée chez M. le Sous-Préfet*, 1 a. de Galipaux (Bodinière — 1er février 1895) ; *Vieil air, jeune chanson*, à-prop. 1 a. de Lenéka (Lyrique-Vivienne.—19 déc. 1895) ; le *Trottin* pant. 1 a. avec Eudel et Millauvoye ; *A l'Automne*, 1 a. avec Saphs (Salle Duprez — 15 janv. 1895) ; *Mlle Pigmalion*, pant. 3 a. de M. Carré et J. Hubert (Cercle Funambulesque — 14 mai 1895) ; la *Passion*, scène catholique, de Grandmougin (Ambigu, 1898) ; *Bulle d'Amour*, ballet en 3 actes de Georges Feydeau (Théâtre Marigny, 1898), etc.

Il est l'auteur de diverses adaptations, applaudies

maintes fois, et qui ont contribué à sa réputation ; on cite dans ce genre : la *Fiancée du Timbalier* ; la *Conscience* et le *Triomphe*, de Victor Hugo ; le *Voyage*, de Nadaud ; les *Elfes*, de Leconte de Lisle ; *Lucie*, de Musset ; *Conte de fée* et le *Tambourinaire*, de Rostand ; *Un Evangile*, de Coppée, etc. On lui doit aussi : un *Hymne à la nuit* ; *Vénus et Adonis*, odes symphoniques ; l'*Enfant Jésus*, oratorio ; deux *concerts*, des *rapsodies* et *morceaux* pour piano : *Chanson de mai* ; le *Roman d'Arlequin* ; l'*Extase* ; *Andante religioso* ; nombre de préludes et morceaux pour orchestre et instruments séparés ; motifs d'orchestre, etc.

M. Francis Thomé est membre du Conseil du Conservatoire et officier de l'Instruction publique.

JAMIN (Paul)

PEINTRE, né à Paris le 9 février 1853. Fils de Jules Jamin, physicien, membre de l'Institut (1818-1886), il fit de solides études classiques et prépara même les examens d'entrée à l'Ecole Polytechnique ; mais il se tourna bientôt définitivement vers la carrière artistique.

Reçu élève à l'Ecole des Beaux-Arts, M. Paul Jamin suivit aussi les cours de l'Académie Julian et eut pour professeurs MM. Boulanger et Jules Lefebvre. Il débuta au Salon des Champs-Elysées, en 1879, avec une *Figure nue de jeune homme*, qui fut très remarquée et figure aujourd'hui au musée de Fécamp.

Parmi les œuvres exposées, depuis lors, par cet artiste, il convient de citer : *Une scène du déluge* (1882), appartenant à M. le baron Thénard ; *Lulli enfant* (1886) ; *Un drame à l'âge de pierre*, toile placée à l'Ecole d'Anthropologie de Paris ; les *Délices de Capoue* (1887) ; le *Rapt, âge de pierre*, qui se trouve au musée de Reims (1888) ; *Portrait de M. le général M...* (1889) ; *Tentation* ; *Mercenaires gaulois d'Annibal à Carthage* (1890) ; le *Goûter* ; *Après la séance* (1891) ; *Suzanne et les vieillards* (1892) ; *Le Brenn et sa part de butin*, au musée de La Rochelle ; *Marchande de fleurs carthaginoise* (1893) ; *Pendant la guerre* ; l'*Eté*, étude (1894) ; *Cité lacustre* ; *Le retour des hommes est signalé* (1898), tableau acquis par l'Etat et destiné à la nouvelle Sorbonne ; *Dangereuse rencontre, âge de pierre* ; *Seule au rendez-vous* (1899).

M. Paul Jamin a fait un très grand nombre de portraits, notamment celui, très apprécié, de M. Becquerel, de l'Institut, pour la Société d'Encouragement.

Dessinateur habile, coloriste délicat et expressif à la fois, cet excellent artiste a obtenu une mention honorable en 1892, une médaille de bronze à l'Exposition universelle de 1889 et une médaille de deuxième classe en 1898. Il fait partie de la Société des Artistes Français depuis la fondation, en 1883.

Le GRIX de LAVAL (Auguste-Valère)

MÉDECIN, né à Ommoy (Orne) le 5 juin 1855. Il appartient, par sa mère, à l'ancienne famille noble des Laval-Montmorency. Ses classes faites au petit séminaire de Séez (Orne), il prit ses grades à la Faculté de Caen, s'inscrivit comme étudiant en médecine dans cette ville, où il fut successivement externe des hôpitaux, prosecteur, lauréat (médaille d'or de cette école), puis il vint terminer à Paris ses études médicales, passa l'externat des hôpitaux et le doctorat en médecine en 1885, après avoir été attaché au service spécial des cholériques (1883-84), à l'hôpital Beaujon.

Fixé à Paris, il coopéra à la fondation du premier dispensaire suburbain de France, à Boulogne (Seine), sous le patronage de M. Poubelle, préfet de la Seine. Médecin en chef de ce dispensaire, médecin des Secours mutuels du XVIe arrondissement et de plusieurs sociétés philanthropiques, il a ouvert une clinique gratuite aux indigents.

Le Dr Le Grix de Laval a dirigé spécialement ses recherches et ses travaux dans le sens de la *Thérapeutique dosimétrique*. De nombreux articles, d'intéressantes et originales communications de lui aux différents congrès ont paru dans les périodiques médicaux suivants : le *Journal de Bouchut*, le *Journal des Praticiens* de Huchard, le *Bulletin officiel de la Société de Thérapeutique dosimétrique*, la *Dosimétrie*, etc. Voici les titres de quelques uns de ses travaux : *Mode d'extraction d'une épingle à cheveux du canal de l'urèthre chez l'homme* (Journal de Bouchut, 1886); *Deux cas d'astasie-abasie, guéris par la strychnine* ; *Notes relatives à 32 autopsies de cholériques* ; *Critique d'une thèse de doctorat sur les maladies de l'aorte et des artères* (1892) ; *Entérorrhaphie circulaire après résection de 10 centimètres d'intestin grêle perforé par gangrène, suite de hernie étranglée* (1891) ; *Les granules dosimétriques et le granulophore intra-utérin*, inventé en 1893 par l'auteur (Congrès de Carthage, 1896) ; *Procès des injections vaginales* ; les *Trinités dosimétriques* ; *Traitement dosimétrique de la fièvre typhoïde par le calomel et le sulfure de calcium* ; les *Granules dosimétriques ocytociques* (1894) ; *Intoxication par l'exalgine donnée allopathiquement*

(1895) ; *Jugulation pathologique par la défervescence rapide en médecine dosimétrique* ; *Action exanthémophilique du sulfure de calcium* ; *De l'entérorrhée rosée hématique chez les enfants* ; *Le sulfure de calcium comme antidote du saturnisme par décalcomanie chez les porcelainiers* (Congrès de Bordeaux AFAS, 1895) ; *La diathèse arthritique rhumatismo-goutteuse et son traitement par la colchicine* ; *Traitement dosimétrique du mal de mer par la strychnine, l'hyosciamine, la morphine* (Congrès de Carthage AFAS) ; *Principales indications externes de l'acide salicylique*. (1896) ; *Audmonine et âge critique* ; *Arbutine et cystite purulente chronique* ; *Traitements de la rougeole, de la scarlatine, de la coqueluche, de la grippe* (1897) ; les *Hématémèses nicotiniques* (Congrès des sociétés savantes, Paris) ; les *Papillômes muqueux ombiliqués de la voûte palatine, d'origine tabacique* (Congrès des sociétés savantes, Paris, 1897) ; *De l'intoxication tabacique et de son antidote, la caféine et le café* (Congrès international d'hygiène de Madrid, 1898) ; la *Somme thérapeutique pharmacodynamique des principaux agents médicamenteux*, à l'usage des praticiens alcaloïdo-thérapeutes, (en préparation).

ROGEZ (Paul-Henri)

AVOCAT, député, né à Lille le 30 décembre 1869. Il fit ses études classiques et de droit à Paris, puis, inscrit comme avocat au barreau de sa ville natale, il s'occupa de causes civiles et criminelles. En 1894, il prit une charge d'avoué dans la même ville.

Lors des élections générales législatives de 1898, son père, négociant important, fut désigné par le comité républicain libéral et le comité républicain du gouvernement, comme candidat dans la 3ᵉ circonscription de Lille. Décédé quelques jours avant le premier tour de scrutin, sa candidature fut remplacée par celle de son fils, président de la Société de secours mutuels de Lille ; celui-ci, après une campagne pour ainsi dire improvisée, fut élu par 7,974 voix, contre 6,893 à M. le colonel Sever, socialiste, député sortant.

M. Paul Rogès fait partie du groupe progressiste de la Chambre et son programme est, dans ses grandes lignes, celui de ce groupe. Il est nettement protectionniste. Membre de la Commission de la réforme judiciaire, il a été chargé de divers rapports et a déposé une proposition de loi sur les règlements des liquidations factices (1899). Il s'intéresse surtout aux questions économiques qui préoccupent le petit commerce.

VERNES (Philippe-Louis)

PASTEUR, président honoraire du Consistoire de l'Eglise réformée de Paris, né à Paris le 25 février 1815. Il descend d'une ancienne famille protestante, originaire du Vivarais, qui dut se réfugier, lors de la révocation de l'édit de Nantes, en Suisse, d'où elle revint en France à la fin du siècle dernier. Il est fils de Charles Vernes, qui fut sous-gouverneur de la Banque de France.

M. Louis Vernes, après sa sortie de l'Ecole polytechnique, alla étudier la théologie à Lausanne, où il fut l'élève de Vinet. Reçu, en 1841, à Strasbourg, bachelier en théologie, après la soutenance d'une thèse sur le *Caractère de Notre Seigneur Jésus-Christ considéré dans son humanité*, il fut nommé, la même année, pasteur à Nauroy (Aisne) et, quelque temps après, président du Consistoire de l'Eglise réformée de Saint-Quentin. Pasteur des Batignolles hors Paris, en 1851, M. Louis Vernes devint pasteur à Paris lors de l'annexion de cette commune à la capitale en 1860. A la retraite de M. Grandpierre (1872), le Consistoire de Paris l'appela à sa présidence, fonctions qu'il quitta en 1894, avec le titre de président honoraire.

M. le pasteur Vernes a pris une part importante aux affaires générales du protestantisme français. Il est membre fondateur (1816) de la Société centrale protestante d'évangélisation, qui contribue d'une façon efficace à faire visiter et à grouper les protestants disséminés et à leur procurer des pasteurs. La Société centrale a fondé une école préparatoire de théologie aux Batignolles, qui a préparé aux études théologiques un très grand nombre de pasteurs. Vice-modérateur du Synode officiel de 1872, président de la commission de permanence, à laquelle cette assemblée avait donné mission de faire aboutir ses décisions, appelé depuis à la présidence de la Commission de défense des droits et des libertés des églises synodales, instituée par le Synode officieux de Marseille, M. Louis Vernes a été auprès des pouvoirs publics l'avocat des libertés de l'Eglise réformée. Il est chevalier de la Légion d'honneur.

M. Louis Vernes a trois fils : M. Charles Vernes, également pasteur de l'Eglise réformée et auteur apprécié d'un certain nombre d'ouvrages religieux ; M. Maurice Vernes, publiciste théologien remarquable, et M. Amédée Vernes, ingénieur civil, qui a été, pendant plusieurs années, ingénieur en chef de la Compagnie d'électricité Edison.

ALQUIER (Louis-Victor, baron)

Vice-amiral, né à Nantes le 2 décembre 1831. Petit-fils du baron Alquier, ambassadeur du premier Empire, et fils de militaire, il accomplit ses études au collège de Versailles et entra, comme élève, à l'Ecole navale, en 1847.

Sorti, deux ans après, avec le grade d'aspirant, M. le baron Alquier fit sa première campagne dans l'Inde, où il resta de 1849 à 1852, époque à laquelle il prit part aux guerres de Crimée (1855-1857) et d'Italie (corps expéditionnaire de l'Adriatique, 1859).

Promu lieutenant de vaisseau le 11 juillet 1860, il reçut, en 1863, la décoration de la Légion d'honneur pour sa belle conduite à bord de la *Galathée*, lors de l'attaque d'Acapulco (Mexique).

Cet officier commanda successivement la *Couleuvrine* et le *Castor* (1865-1867), au Sénégal, où il prit part à plusieurs expéditions. C'est lui aussi qui commandait l'aviso le *Bruat*, premier navire qui ait passé le canal de Suez.

En 1870, il se trouvait dans les mers de Chine et des Indes.

Nommé capitaine de frégate le 9 septembre 1872, il était commandant en second du vaisseau-école des canonniers l'*Alexandre*, puis recevait en 1874 le commandement du croiseur du *Duchaffaut*, dans les mers de Chine, devenait, l'année suivante, chef d'état-major de l'amiral Victor Duperré, gouverneur de la Cochinchine, aide-de-camp du ministre de la Marine, l'amiral Pothuau ; capitaine de vaisseau le 29 janvier 1879, il fut aussitôt appelé au commandement de la division des équipages de la flotte à Lorient, puis à celui de la frégate la *Thémis* dans les mers de Chine ; en 1882, il commanda le vaisseau le *Souverain*, école des canonniers.

Contre-amiral le 5 mai (1886), major général de la Marine à Toulon (1887), chef d'état-major général du ministre de la Marine Barbey, il commanda une division de l'escadre de la Méditerranée de 1889 à 1891.

En janvier 1892, promu vice-amiral, il fut nommé inspecteur général, puis président du Comité des inspecteurs généraux de la Marine, enfin commandant en chef de l'escadre du Nord (1893-1894). Il a été membre, à diverses reprises, du Conseil des travaux de la Marine et du Conseil d'Amirauté.

L'amiral baron Alquier est grand officier de la Légion d'honneur depuis 1895.

FIRMIN-FAURE (André-Firmin FAURE, dit)

Député, avocat, publiciste, né à Quillau (Aude) le 28 juillet 1864. Il fit ses études classiques au collège de Béziers, son droit à Toulouse et, comme avocat stagiaire au barreau de cette ville, prononça ses premières plaidoiries.

En 1890, M. Firmin Faure alla se fixer à Mostaganem (Algérie), où il acquit bientôt une grande réputation d'avocat de causes civiles. Il ne s'était pas encore mêlé à la politique active lorsqu'en 1897, à la suite d'une rixe entre des cyclistes oranais et des israélites, les manifestants anti-juifs d'Inkermann, arrêtés en grand nombre, lui demandèrent de les défendre devant le Tribunal correctionnel. M. Firmin Faure obtint pour ses clients l'adoucissement des pénalités encourues, avec application de la loi Bérenger.

Peu de temps après, ayant accepté la présidence d'une ligue anti-juive naissante dans l'arrondissement de Mostaganem, il fit, dans la région, une tournée de conférences qui rendirent son nom populaire.

Lors des élections générales législatives de mai 1898, les comités radicaux et anti-juifs offrirent à M. Firmin Faure la candidature dans la 2e circonscription d'Oran. Il refusa ces offres ; mais le premier tour de scrutin ayant donné comme résultat l'élection de M. Etienne, député sortant, dans la 2e circonscription d'Oran et un ballottage dans la 1re, M. Firmin Faure se décida à poser sa candidature et fut élu, au 2e tour de scrutin, par 5,119 voix, contre 4,514 à M. Saint-Germain, député sortant.

A la Chambre, M. Firmin Faure fait partie du groupe anti-juif et de celui de la Défense nationale. Il a pris part à la discussion sur le relèvement du droit de douane sur les vins, sur la convention commerciale franco-italienne, etc. ; aux interpellations sur l'affaire en règlement de juges (procès Picquart, 1898) ; sur l'Algérie, dans laquelle il répondit au discours de M. Rouanet. Il demanda, avec M. Lasies, la mise en accusation de M. Dupuy, président du Conseil, pour la part prise par le gouvernement au procès Dreyfus (1899), etc.

M. Firmin Faure a publié de nombreux articles dans le *Réveil Algérien*, le *Télégramme Algérien*, la *Libre Parole*, etc.

PICARD (Georges-Louis)

PEINTRE-DÉCORATEUR, né à Remiremont (Vosges) le 23 décembre 1857. Il fut, à l'Ecole des Beaux-Arts, où il ne fit qu'un court séjour, l'élève de M. Gérôme.

M. Georges Picard est l'auteur de *Plafonds* dans différents hôtels particuliers, de deux *Panoramas*, avec MM. Gervex et A. Stevens, d'autres œuvres de ce genre et de nombreuses toiles de peinture décorative.

En 1890, à la suite d'un concours, il obtint une très importante commande pour la décoration de l'Hôtel de Ville de Paris. Il a peint, dans la galerie Lobau, 17 plafonds allégoriques et ce long travail a contribué à le retenir longtemps éloigné des expositions publiques depuis cette époque ; mais l'importance de cette œuvre et le talent dont elle témoigne ont établi la réputation de l'artiste.

On doit encore à M. Georges Picard trois panneaux à Monte-Carlo ; le *Port du Havre*, panneau qui décore le ministère des Travaux publics, etc. Il a exposé, au Salon du Champ de Mars : la *Lurlei* (1893) ; *Portrait d'enfant* ; *Sylphes dansant au clair de lune* (1896), etc. Il est aussi l'auteur d'illustrations pour le *Songe d'une nuit d'été*, de Shakespeare ; des romans de Daudet (collection Guillaume), etc.

Cet excellent artiste est sociétaire de la Société nationale des Beaux-Arts depuis la fondation, en 1890.

Son frère cadet, M. Louis Picard, est aussi un peintre connu.

DUFOUSSAT (Léonard-Baptiste)

SÉNATEUR, né le 10 juillet 1843 à Maisonnisses (Creuse). Il vint à Paris étudier à la Faculté de Droit. Rentré dans son département, en 1868, une fois pourvu du diplôme de licence, il se fit inscrire comme avocat au barreau de Chambon. En 1871, il se rendit acquéreur d'une étude de notaire à Soumans (canton de Boussac) et exerça les fonctions de sa charge jusqu'en 1891, époque à laquelle il fut nommé notaire honoraire.

Républicain de la première heure, M. Dufoussat avait commencé, sous l'Empire, à manifester ses opinions libérales et s'était signalé, dans son département, comme un des plus ardents propagateurs des idées républicaines. Nommé conseiller municipal et maire de Soumans en 1871, il fut élu membre du Conseil général de Creuse, en 1881, pour le canton de Boussac. Il a appartenu à cette Assemblée départementale jusqu'aux élections de 1896.

Candidat aux élections sénatoriales du 7 janvier 1894, il fut élu, le deuxième de la liste républicaine, par 283 voix, sur 15 concurrents. Adversaire du cumul sous toutes ses formes, M. Dufoussat refusa de se laisser représenter au Conseil général et quitta, en 1895, le siège qu'il occupait depuis 1881 dans l'Assemblée de son département. Pour les mêmes raisons, au renouvellement des Conseils municipaux de 1896, il ne se laissa pas réélire maire de Soumans.

Inscrit aux groupes de l'Union républicaine et de la Gauche démocratique de la Chambre haute, M. Dufoussat est membre de commissions sénatoriales importantes, notamment de celles de Comptabilité et des Finances. Lors de la discussion générale du Budget de 1896, il prononça, dans la séance du 2 avril 1895, un discours dans lequel il demandait l'établissement d'un impôt sur la rente et sur les prêts hypothécaires, impôt qui fut proposé l'année suivante par le gouvernement.

L'honorable sénateur est officier d'Académie.

LEMASSON (Emile)

DÉPUTÉ, né à Clefs (Maine-et-Loire) le 4 octobre 1848. Entré à l'Ecole normale primaire d'Angers en 1865, il en sortit trois ans après, fut nommé instituteur à Beaufort, puis à Fougeré et donna sa démission en 1872.

Devenu notaire dans ce pays, en 1886 M. Emile Lemasson, qui était conseiller municipal de Fougeré depuis 1880, fut élu membre du Conseil général du canton de Baugé en 1895.

Porté, par le comité républicain de Baugé, comme candidat dans cet arrondissement, lors de l'élection partielle du 29 janvier 1899, il fut élu député, en remplacement de M. Coudreuse, décédé, au scrutin de ballottage du 29 février, par 9.613 voix, contre 7.861 à M. de Livannière, conservateur.

Dans son programme, M. Lemasson se déclara partisan des « réformes démocratiques, de la fondation de caisses de retraites pour les invalides du travail, de l'organisation définitive et pratique du crédit agricole, de la défense des intérêts commerciaux par des lois sagement protectrices, de la réforme de l'impôt, de la suppression des contributions personnelle et mobilière et des portes et fenêtres, du respect de l'armée », etc.

L'honorable député de Maine-et-Loire n'est inscrit à aucun groupe politique du Palais-Bourbon.

BRA (Marie-Charles)

MÉDECIN, né à Remiremont (Vosges) le 16 novembre 1854. Fils d'un professeur de l'Université, il fit ses études classiques au collège de sa ville natale et suivit ensuite les cours des Facultés de Médecine de Nancy et de Paris. Interne des asiles d'aliénés de la Seine, de 1880 à 1882, il fut reçu, à cette dernière date, docteur en médecine, avec une thèse sur le *Poids de l'encéphale dans les maladies mentales*.

En outre de ses intéressants travaux de laboratoire, M. le docteur Bra a publié un *Manuel des maladies mentales* (1 vol., qui a été traduit en italien, en 1883); la *Thérapeutique des Tissus* (1 vol. 1895). Il a fait une très importante découverte en matière bactériologique sur le *microbe du cancer*, ayant réussi, après de longues recherches, à isoler et à cultiver ce microbe.

M. le docteur Bra a exposé le résultat de ses expériences concluantes, dans une communication à la Société de Biologie de Paris (novembre 1898) et dans un mémoire paru dans la *Presse Médicale*, du 22 février 1899. Dans les premiers jours de mars 1899, un autre savant anglais, M. le Dr Plimmer, professeur et médecin de l'hôpital Sainte-Marie de Londres, a publié une étude sur le *parasite du cancer*, qui corrobore la découverte de M. le Dr Bra et affirme, par sa date, le droit de priorité du médecin français.

OSLET (Gustave)

INGÉNIEUR, architecte, professeur, né à Maubeuge (Nord) le 10 juin 1852. Il vint à Paris de bonne heure, fit ses études classiques à l'Ecole Turgot et entra, en 1872, comme élève à l'Ecole Centrale, d'où il sortit, trois ans après, avec le diplôme d'ingénieur des arts et manufactures (spécialité constructeur).

Chef des travaux graphiques intérimaire à l'Ecole Centrale des arts et manufactures (1876-1879), puis titulaire (1879-1896), M. Oslet a été nommé professeur de dessin et chef d'atelier des travaux d'architecture en 1896; examinateur de sortie à l'Ecole Centrale dès 1879, il est examinateur d'admission depuis 1898.

Il est l'auteur de nombreux ouvrages, parmi lesquels il convient de citer : *Cours de construction*, 1er volume : *Matériaux de construction et leur emploi*; *Traité des fondations, mortier et maçonnerie*, en collaboration avec M. Chaix (1885); *Traité de charpente en bois* (1886); *Traité de charpente en fer* (1887), ouvrage très important et qui a eu plusieurs éditions; *Traité de serrurerie* (1888); *Traité de menuiserie*, avec M. Janin (1889); *Traité de couverture et plomberie* (1er volume avec M. Lascombe; 2e volume : *Plomberie*, sous sa seule signature, (1899).

M. Oslet a exécuté aussi divers travaux d'architecture, tels que écoles, usines, hôtels, maisons de rapport et restauration de châteaux.

Il est officier d'Académie depuis 1889.

AZAR du MAREST (Mlle Laetitia)

PEINTRE et écrivain, née à Marseille. Elle obtint son brevet supérieur à l'Académie d'Aix, puis vint à Paris, en 1892, pour étudier les principes du dessin, sous la direction de MM. Jean-Paul Laurens et Eugène Carrière.

Les débuts de Mlle Azar du Marest furent très difficiles; mais elle rencontra heureusement des appuis inespérés. Elle se fit rapidement connaître, comme peintre, par des envois aux Salons annuels de la Société nationale des Beaux-Arts, tout de suite remarqués. Ce sont : *Charme éphémère*, figure de jeune fille, où se trouve synthétisé le charme séduisant et fugitif de la jeunesse; *Papa Petit*, étude typique d'un paysan aux traits de malice et de bonhomie (1898); *Esquisse*, étude caractéristique de vieille femme, dessin à la mine de plomb (appartient à M. Mounet-Sully, de la Comédie-Française) et *Harmonie du Soir* (1899). Ce dernier tableau, acquis par l'Etat, fixa l'attention du public et de la critique :

> Je cite trop rapidement, écrivit M. Maurice Hamel, de jeunes peintres passionnés à la recherche du vrai et dont le talent en formation ou déjà sûr est riche de promesses pour un prochain avenir... Mlle Azar du Marest et son *Harmonie du Soir*, si délicatement imaginée. Il y a là toute une réserve de forces vivaces et prêtes à l'action. (*Revue de Paris*, 1er juin 1899.)
>
> — Nous ne saurions passer sous silence l'émotion profonde que nous avons ressentie devant l'*Harmonie du Soir*...... En cette petite merveille d'exécution, où se remarque une originalité élevée, la composition décorative très brillante, sous un cachet de haute simplicité, mérite qu'on s'y arrête. (*Simple Revue*, 15 juin 1899).

Il faut citer en outre des *Marines, Panneaux décoratifs* (paysages), *Natures mortes* (cuivre et grenades), et *Après le travail* (paysan au repos), œuvres acquises par Mme Misel de Lachesnais, grande dame éprise d'art et d'un esprit élevé, qui s'intéressa la première à leur auteur; d'autres panneaux décoratifs (*Fleurs et Marines*) et la *Vague*, étude marine (à Mme la vicomtesse de Varax); le *Portrait de Mlle J. Monin*, à M. H. Monin, adjoint du IIIe arrondissement); *Femme qui prie*; le *Chemin de la croix*, etc.

Mlle Azar du Marest a publié une étude sur l'*Art au Panthéon*, illustrée par J.-P. Laurens et Puvis de Chavannes et une étude sur *Eugène Carrière*, illustrée d'un portrait de ce peintre par lui-même (publiées dans l'*Artiste*). On annonce encore d'elle des *Études d'art et de mœurs contemporaines* (1 volume, avec préface de M. François Coppée, de l'Académie Française).

PERRICHONT (Étienne)

ANCIEN conseiller municipal de Paris, entrepreneur de travaux publics, né à Évaux (Creuse) en 1817. Venu de bonne heure à Paris, il fut attaché à diverses entreprises de travaux publics ou privés. De 1853 à 1856, il fut appelé à établir, sur la rivière de Cure (Nièvre), le réservoir des Settons, qui contient 22 millions de mètres cubes d'eau et qui a été fait pour donner le flot à la Seine et en faciliter la navigation pendant les basses eaux.

M. Perrichont fut ensuite chargé, de 1860 à 1863, pour le chemin de fer de Rennes à Brest, de l'édification, sur la rivière du Gouët (Côtes-du-Nord), d'un viaduc de 150 mètres et haut de 58 mètres ; dans le même temps, il commençait les travaux du viaduc de Morlaix, qui est entièrement bâti en granit provenant des Îles Grandes et dont la hauteur est de 65 mètres et la longueur de 300 mètres. Sur la ligne d'Angers à Niort, il construisait, bientôt après, le pont de Chalonnes, composé de 17 arches et mesurant 600 mètres. Entre 1863 et 1883, il édifia successivement le pont viaduc d'Auteuil ; l'aqueduc d'Arcueil, destiné à la conduite des eaux de la Vanne à Paris ; les grands réservoirs de Montrouge, qui contiennent les eaux de la Vanne ; les forts de Stains, d'Écouen, la batterie de la Butte-Pinçon ; le pont de Tolbiac ; les quais, les caves et le bas-port de Bercy.

Élu, le 28 octobre 1888, à une élection partielle, conseiller municipal du quartier d'Auteuil et conseiller général de la Seine, M. Perrichont fut réélu en 1890 et en 1893.

A l'Hôtel de Ville, il s'est occupé de questions d'intérêt local, notamment du transfert du Fleuriste de la Muette au Parc des Princes, de la création du pont Mirabeau et du percement, non encore effectué d'ailleurs, de la rue Molitor. Au renouvellement municipal général de 1896, il ne s'est pas représenté pour raison de santé.

Chevalier de la Légion d'honneur depuis 1872, M. Perrichont a obtenu diverses médailles pour l'ensemble de ses travaux.

LE BRETON (Eugène-Jean-Marie)

INGÉNIEUR, conseiller municipal de Paris, né à Paris le 25 février 1869. Il fit ses études à St-Brieuc et à Paris et embrassa la profession d'ingénieur civil. Il est directeur de la Compagnie du Chemin de fer de Billom à Vertaizon (Puy-de-Dôme) depuis 1890.

Lors des élections municipales, en 1896, M. Le Breton posa sa candidature en remplacement de M. Perrichont, son beau-père, qui ne se représentait pas, dans le quartier d'Auteuil (xvi° arrondissement de Paris). Après une lutte très vive, il fut élu, au 2° tour de scrutin, par 1,525 voix, contre 1,200 à M. Argyriadès, socialiste.

Républicain modéré, M. Le Breton siège parmi les indépendants de l'Hôtel de Ville. Il y fait partie de la commission des Travaux publics et de celle du Métropolitain, dans laquelle il se prononça pour le système de la voie large, comme devant donner plus de facilités aux déplacements suburbains. Il a été chargé d'importants rapports, notamment sur l'enlèvement des ordures ménagères, d'un si grand intérêt pour la population parisienne au point de vue de l'hygiène et de la circulation. Il est rapporteur de la 3° commission pour les questions relatives à l'emploi de l'électricité dans l'éclairage public et dans le domaine municipal, questions préoccupant également tous les Parisiens et qui prennent une importance chaque jour grandissante.

M. Le Breton est officier d'Académie.

HULOT (Étienne-Gabriel-Joseph Baron)

ÉCRIVAIN, né à Paris le 30 octobre 1857. Descendant du lieutenant-général baron Hulot, il fit ses études à Nancy, puis à Paris, où il prit ses inscriptions de droit et suivit les cours de l'École des Sciences politiques.

Après avoir plaidé pendant quelques années, M. le baron Hulot accomplit plusieurs voyages en Europe et en Amérique. De retour à Paris, il entra à la Société de Géographie. Il a été l'un des commissaires du Congrès international des sciences géographiques en 1889. Dès lors, il prit une part active au développement de la Société de Géographie, dont il est le secrétaire général depuis 1896.

Le baron Hulot est l'auteur de plusieurs publications. A noter, entre autres : *De l'Atlantique au*

Pacifique (1 vol. 1888), couronné par l'Académie française ; *Biographie de d'Entrecasteaux, 1737-1793* (1894); *Biographie du vice-amiral Dumont d'Urville, 1790-1842* (1892) ; des brochures sur les relations de la France avec la Côte des Esclaves, sur le régime des associations en Suisse, sur le développement des libertés parlementaires au Canada, sur la question de l'immigration chinoise ; une série d'articles sur le mouvement et les questions géographiques et, depuis 1896, des *Rapports* annuels sur les progrès de la géographie et sur les prix décernés par la Société de Géographie.

GRIVEAU (Lucien)

Peintre et écrivain, né à Paris le 10 juillet 1858. Il accomplit ses études classiques au collège Rollin, puis, tout en faisant son droit, commença la peinture à l'atelier Julian. Il entra ensuite à l'Ecole des Beaux-Arts, dans l'atelier de M. Gérôme et reçut aussi les conseils d'Alfred Jacquemart, l'éminent statuaire.

M. Lucien Griveau exposa, pour la première fois, en 1885, au Salon de la Société des Artistes français, un *Portrait de vieille femme*, qui fut remarqué. Puis d'autres portraits suivirent, entre autres celui de M. Rosenthal, le célèbre joueur d'échecs (1886) et le *Portrait de son frère* (1889). Dans l'intervalle, des paysages et une importante *Nature morte* (1887), qui, depuis, exposée successivement à Boulogne-sur-Mer et à Londres, obtint deux fois une médaille d'or.

Après la scission survenue entre les artistes, il exposa ses œuvres à la Société nationale des Beaux-Arts, où l'on a vu de lui : les *Bords de la Seine*, à *Bas-Prunay* ; *Vieille femme écrivant une lettre* (1892) ; *Nature morte* ; *Vieilles maisons* ; *Bords de Seine* ; la *Chaumière* (1894) ; le *Dimanche en Limousin* ; *Coin de marché dans le Midi* ; *En Périgord* ; la *Rue Féron* (1895) ; la *Place de la Clautre*, à *Périgueux*, tableau acquis par l'Etat et placé au musée de Châlons-sur-Marne ; *Lever de lune sur la falaise* ; *Entrée de ferme* ; *Pays breton* (1896) ; la *Bergère* ; la *Vallée de Pont-Aryar* ; *Une route en Bretagne* ; *Intérieur de cuisine* ; le *Verger* ; *Matin d'été* ; *Cour de ferme* ; *Triperie* ; *Un philosophe* (1897) ; *Portrait d'enfant* ; la *Rentrée du troupeau* ; *Bords de Seine le matin* ; *Crépuscule* ; *Dame en noir* ; *Vieux moulins* ; *Fruits* (1898) ; la *Lune sur les récifs* ; le *Clocher* (à Grez-sur-Loing) ; le *Vieux pont* (bords du Loing) ; *Un chemin la nuit* (1899), etc.

M. Lucien Griveau est associé à la Société nationale des Beaux-Arts. L'envoi de quelques-uns de ses paysages à l'Exposition de Vesoul lui valut une médaille d'argent.

Ecrivain, il débuta, en 1881, par une nouvelle intitulée : *Loulou*, qui obtint le prix au concours littéraire organisé par le *Figaro* ; puis il fit paraître d'autres contes et nouvelles, ainsi que des poésies, à la *Revue Bleue*, au *Correspondant*, à l'*Indépendance Belge*, aux *Annales politiques et littéraires*, etc. On annonce de lui : le *Temple inachevé*, poésies, et *Cailloux blancs*, prose (2 volumes).

GRIVEAU (Georges)

Peintre, né à Paris le 26 janvier 1863, frère du précédent. Elève de M. Gérôme, à l'Ecole des Beaux-Arts, il exposa d'abord à la Société des Artistes français des portraits, des études, dont les plus remarquables furent deux *Portraits d'enfants*, celui de *M. Roger Martin du Gard* (1886) et celui de *M. Robert G...* (1888), qui lui valut une mention honorable.

A la Société nationale des Beaux-Arts, il a envoyé successivement : *Femme au piano* ; *Intérieur de vieille* ; *Ma chambre*, tableau acquis par l'Etat pour le musée d'Amiens (1891) ; le *Prunay* ; le *Cellier* ; d'autres natures mortes (1892) ; *Ronde* ; l'*Etudiant* ; le *Thé* ; *Porte de ferme* ; *Tête de petit marin* ; *Route de Saint-Josse* (Pas-de-Calais) (1893) ; *Jeune femme au petit chapeau* ; *Brume du matin à Bas-Prunay* ; la *Santaie à Nesles-la-Vallée* ; *Etable à toit gris* ; *Etable à toit rouge* ; *Effet de soir à Merlimont* (1894) ; *Portrait de M. R. G...* ; *Nature morte* ; le *Moulin* ; *Chapelle bretonne* (1895) ; *Marine* ; *Portrait de femme* ; *Hameau du Runigou et Château de Tonquédec*, en Bretagne ; *Château de Waldenburg* ; *Eglise de Neuenstein* ; *Matin en Wurtemberg et Village allemand, le soir* (1896) ; *Fantaisie* ; *Château du Hornberg* (Grand-duché de Bade) ; *Effet de soir* (Allemagne) ; *Cabane dans les roches* et *Moulin de Penvern* (Bretagne) ; *Intérieur* (1897) ; le *Déjeuner* ; *Intérieur breton* ; *Maison abandonnée au Heur-Huellan* ; le *Vallon de Larmor* ; *Chemin creux à Kerhélen* ; *Anse de Kéreilec* ; la *Pâtée des cochons* ; *Temps calme au Runigou* (1899), et nombre d'études, de paysages et de natures mortes.

M. Georges Griveau est sociétaire de la Société nationale des Beaux-Arts.

ROBINET de CLÉRY (Gabriel-Adrien)

AVOCAT, ancien magistrat, né à Metz le 18 août 1836. Fils d'un premier président honoraire à la Cour de Besançon, il vint étudier le droit à Paris. Nommé, en 1861, substitut à Oran, puis à Charleville, il fut ensuite procureur impérial à Oran et avocat général à Alger (1867). Au 4 septembre 1870, il s'engagea comme simple soldat pour participer à la défense de Paris et conserva, en vertu d'une décision du gouvernement, son titre d'avocat général.

En 1871, M. Dufaure, alors ministre de la Justice, confia le poste de procureur de la République à Lille à M. Robinet de Cléry. En cette qualité, il dirigea les poursuites contre les fournisseurs de l'armée du Nord. Nommé, en 1873, procureur général à Dijon, puis, l'année suivante, à Lyon, il eut à instruire l'affaire des pièces fausses fabriquées par un des agents de l'ancien préfet Ducros, qu'il fit condamner par la Cour d'assises. Promu, en 1876, avocat général à la Cour de cassation, il fut relevé de ses fonctions en janvier 1880.

Inscrit alors comme avocat à la Cour d'appel de Paris, il ne tarda pas à acquérir une place des plus en vue dans ce barreau, où il a plaidé des causes très importantes. Avocat de la Société des Gens de Lettres, M. Robinet de Cléry eut à défendre la cause de M. Philippe Chaperon contre le *Figaro*, où il s'agissait du droit d'approprier les éléments d'un procès aux situations d'un roman. Il a été l'avocat du général de Cissey, dans un procès de presse retentissant ; des administrateurs de l'Union générale ; de l'évêque de Valence poursuivi devant la Cour de Paris ; de Mélanie, l'héroïne du miracle de la Salette, contre le cardinal Perraud, à propos de l'annulation d'une donation en faveur de la défenderesse, etc. Il a été chargé des intérêts de la comtesse Walsin Esterhazy, dans son procès en divorce (1899).

M. Robinet de Cléry a publié un *Essai de transcription hypothécaire dans les tribus du Tell algérien* (1870) ; on lui doit aussi : *D'Essling à Wagram*, où il a donné le texte complet de la *Correspondance de Lasalle pendant sa dernière campagne* (1809), ouvrage dans lequel l'auteur établit nettement l'origine et la descendance de ce général, faussement appelé souvent Collinet de Lasalle. C'est à lui, petit-cousin du général, que l'on doit l'érection de la statue de Lasalle à Lunéville et le transfert de ses cendres aux Invalides.

Citons encore : les *Avant-postes pendant le siège de Paris* (1887, 1 vol.) ; les *Crimes d'empoisonnement, qui ont donné lieu à une très vive polémique en France et à l'étranger* (1888) ; *En Tyrol* (1897, 1 vol.) ; les *Iles Normandes* (1898, 1 vol.) ; une *Vieille forteresse de la Meuse* ; le *Général Espagne*, articles parus dans l'*Almanach d'Alsace-Lorraine* ; le *Combat de Bry, 2 décembre 1870* (dans la *Plume et l'Epée*), etc.

M. Robinet de Cléry a été reçu, à l'unanimité, membre de la Société des Gens de Lettres, sur le rapport de M. Marcel Prevost. Il est chevalier de la Légion d'honneur, décoré de la médaille militaire et commandeur de St-Grégoire-le-Grand.

SICARD (Martial-Laurent)

DÉPUTÉ, né à Digne, le 5 avril 1848. Après avoir fait ses études de droit à la Faculté d'Aix, il s'établit, en 1877, avoué à Forcalquier, d'où sa famille était originaire et débuta dans la politique, comme maire de cette ville, le 15 mai 1892. En juillet de cette même année, M. Sicard fut appelé à siéger au Conseil général des Basses-Alpes, pour le canton de Forcalquier et devint vice-président du Comice agricole régional.

Lorsque M. Fruchier, député de l'arrondissement, fut nommé sénateur, M. Sicard, désigné comme candidat par les groupes républicains, fut élu député de Forcalquier, le 8 décembre 1895, après une lutte très vive, par 3,520 voix, contre 3,193 à M. Jules Turin, radical-socialiste. Il fut réélu, le 8 mai 1898, au 1er tour de scrutin, avec 4,217 suffrages, contre 2,490 à M. Turin et 1,117 à M. le docteur Isoard, socialiste.

L'honorable député a été membre de diverses commissions, notamment de celles de législation criminelle, d'initiative parlementaire, des comptes, des pétitions, du Code civil, etc. Il a présenté, avec plusieurs de ses collègues, une proposition de loi pour objet l'assimilation des brigadiers et gardes forestiers communaux aux brigadiers et gardes forestiers domaniaux, au point de vue du traitement et de la pension de retraite ; il a demandé la modification de l'article 84 du tableau des douanes concernant les vins ; il a présenté, en 1897, un amendement au projet de loi tendant à la prorogation de la loi du 13 janvier 1892, relative aux encouragements spéciaux à donner à la sériciculture et à la filature de la soie ; il est aussi l'auteur d'un amendement sur les caisses d'épargne, lors de la discussion du budget général de 1898. A la suite d'un discours qu'il prononça, il obtint que la subvention pour l'achèvement du canal de Manosque, fut portée de 90,000 francs à 154,000 en 1897 et à 250,000 en 1898. Son intervention, dans la discussion du budget de l'exercice 1898, à propos de l'entretien des routes nationales dans le département des Basses-Alpes, fut sanctionnée par le vote d'un crédit de 500,000 francs, ratifié par le Sénat.

En janvier 1898, M. Sicard prit la parole au sujet de la suppression des directeurs régionaux des contributions indirectes et des postes annexes de la même administration dans certaines petites villes, considérant de pareilles mesures comme imprudentes et susceptibles de tarir les ressources fiscales. A la séance du 19 février suivant, il invita le gouvernement à rapporter l'article 19 de l'arrêté ministériel du 28 juillet 1888 et à rechercher les moyens de faciliter aux agriculteurs la libre vaccination des porcs contre le rouget, ainsi que la remise du vaccin par l'Institut Pasteur. Peu de temps après il demanda le rétablissement du crédit affecté, en 1897, au chapitre 30 du budget de l'Agriculture, concernant les appointements du personnel de l'hydraulique agricole et faisait mettre à l'ordre du jour la question de l'endiguement de la Durance. A la séance du 24 janvier 1899, il demanda, aux applaudissements de la Chambre entière, la création d'une agence consulaire au Paraguay, destinée à protéger nos nationaux et, par une lettre du 2 mars suivant, le ministre des Affaires étrangères informait M. Sicard qu'un poste de consul venait d'être établi à l'Assomption. Le député des Basses-Alpes a aussi défendu à la tribune et obtenu la substitution, pour les facteurs ruraux, du traitement fixe au traitement kilométrique (16 mars 1899). Il a obtenu encore la suppression des formules de patentes délivrées en exécution de l'article 31 de la loi du 15 juillet 1880 (25 mars 1899), ainsi que la titularisation des agents temporaires du service de l'hydraulique agricole (25 février 1899).

En outre d'amendements qu'il a présentés pour améliorer le traitement du personnel de l'enseignement supérieur, conformément aux propositions du gouvernement (1899), et sur d'autres sujets, le député de Forcalquier s'est associé à des projets de loi, tels que : 1° la proposition tendant à dispenser, en temps de paix, de deux années de service actif, le fils d'une femme devenue veuve ou d'une femme dont le mari est légalement déclaré absent ou interdit, ou d'un père devenu aveugle ou septuagénaire postérieurement à la libération du service actif du fils ou des fils aînés (1898) ; 2° le projet ayant pour objet d'ouvrir, au ministère de l'Intérieur, sur l'exercice 1899, un crédit de 10,000 francs destiné à venir en aide aux sinistrés du hameau de Couloubroux (Basses-Alpes) ; 3° la proposition relative à la modification du tableau A du tarif général des douanes, tissus de soie pure (1899) ; du projet tendant à ouvrir au ministère de l'Intérieur, sur l'exercice 1899, un crédit de 150,000 francs destiné à venir en aide aux communes des Basses-Alpes éprouvées par les froids tardifs de 1899.

Inscrit au groupe des républicains progressistes du Palais-Bourbon, et aux groupes agricole, séricicole, de la défense des intérêts de la petite et de la moyenne culture, M. Sicard est protectionniste.

Le député des Basses-Alpes est officier de réserve. On annonce de lui un ouvrage important : *Cent dix ans de législature dans les Basses-Alpes* (1789-1899).

REILHAC (Albert-Alphonse-Marie-Joseph, Comte de)

ÉCRIVAIN et économiste, né à Paris le 29 juin 1846. Dernier représentant de la maison de Reilhac en Limousin, dont une branche, ayant pour chef Jean de Reilhac, qui fut ministre des rois Charles VII et Louis XI, vint dans l'Ile-de-France, à Montry-en-Brie, au XVe siècle, il est fils d'Anatole-Philippe comte de Reilhac, officier aux Gardes du corps du roi Louis XVIII.

Ses études achevées au collège Stanislas, le comte de Reilhac fut reçu licencié en droit en 1868. Il fit la campagne de 1870 avec les mobiles du département de l'Hérault et s'occupa ensuite de viticulture dans l'ouest de la France, où il a créé et exploité, auprès de Saumur, un vignoble modèle très important.

Le comte de Reilhac s'est surtout fait connaître par ses démêlés avec le gouvernement portugais. En 1876, il prit l'initiative d'un mouvement public de protestation contre l'attitude financière de ce gouvernement, qui refusait de reconnaître l'emprunt de 40 millions de francs effectué à Paris, en 1832, sous dom Miguel (1828-1834), bien que les successeurs de ce prince eussent exigé eux-mêmes, par des poursuites judiciaires, les versements restés en retard sur les titres.

Avec ses seules ressources, M. de Reilhac mena, pendant quinze ans (1876-1891), une coûteuse et énergique campagne contre le gouvernement portugais. Les parlements français et portugais en ont retenti à maintes reprises et la presse européenne s'en est occupée continuellement. Grâce à M. de Reilhac, a été reconnu le droit à tout particulier de dénoncer, par la publicité ou tout autre moyen régulier, les procédés financiers d'une puissance étrangère, sans que ladite puissance puisse s'y opposer (jugement du Tribunal de la Seine, confirmé par la Cour d'appel de Paris le 8 janvier 1880). De grandes affiches sensationnelles, rédigées en termes variés et répandues par les soins du promoteur, faisaient connaître dans la France toute entière les procédés du gouvernement portugais, en appelant les porteurs de titres à la défense de leurs intérêts.

Emu de cette publicité, qu'il ne pouvait empêcher, le gouvernement français lui-même se décida alors à retirer la cote officielle aux fonds portugais, (18 juin 1889) et le mouvement d'opinion créé fut tel que le cabinet de Lisbonne dût composer en faisant payer ou offrir, en 1891, aux porteurs dom Miguel, par l'intermédiaire du Comptoir national d'escompte de Paris et de la Banque parisienne, un premier acompte de près de huit millions de francs.

Trouvant cette réparation insuffisante, M. de Reilhac refusa d'y prendre part et ne désarma pas. D'où, en 1892, une nouvelle lutte de publicité qui précipita en quelques mois les fonds portugais de 72 à 18 fr., mit le gouvernement de Portugal dans l'impossibilité de faire aucun nouvel emprunt et amena, en 1893, une sorte de banqueroute partielle du Portugal. Poussé ainsi dans ses derniers retranchements, le gouvernement portugais promit de terminer la liquidation commencée de l'emprunt Jom Miguel, en la fondant dans une conversion générale de la rente (1899).

Deux commissions successives d'enquête, nommées par le parlement portugais, en 1893 et 1897, ont publié un rapport de 400 pages, où l'œuvre de M. de Reilhac se trouve relatée (16 mars 1899).

M. le comte de Reilhac a publié, de 1886 à 1887, une histoire en trois volumes in-4° de *Jean de Reilhac* ou *Documents pour servir à l'histoire des règnes de Charles VII, Louis XI et Charles VIII (1455-1499)* ; diverses études d'un caractère financier, telles que : *Emprunt royal de Portugal, documents pour servir à la liquidation* ; de nombreux articles dans le *Figaro*, le *Petit Journal*, etc. On annonce de lui encore une étude sur *Montry-en-Brie* (en préparation).

Il a fait reconstruire, en 1883 à 1885, le château de Montry, l'une des plus belles et des plus pittoresques résidences des environs de Paris et créé, à Paris même, un passage, portant son nom, qui relie le boulevard de Strasbourg au faubourg Saint-Denis.

DUFOUR (Georges-Ernest)

AVOCAT, publiciste, conférencier, né à Paris le 30 mai 1849. Il fit ses études au lycée Charlemagne, fut élève à la Faculté de droit et s'inscrivit, comme avocat, au barreau de la Cour d'appel, en 1875. Il a plaidé, en cette qualité, devant la Cour d'assises, un grand nombre d'affaires importantes.

On cite notamment ses spirituelles plaidoiries dans les affaires P... T... (jeune homme, connu du Tout-Paris artistique, élève préféré de Gounod, et sa maîtresse, poursuivis pour vols commis dans un grand magasin de nouveautés) ; M. N... marchand de tableaux, et Mme C..., « la masseuse scientifique » de la rue Feydeau ; Augustine Pépé, accusée du meurtre d'un prêtre ; Jules Lecocq contre Alexandre Bisson, auteur du *Contrôleur des wagons-lits* ; Veuve G..., descendante des ducs de Trévise, accusée d'escroquerie, etc.

Aux élections législatives du 22 septembre 1889, M. Georges Dufour posa, dans le XVIIe arrondissement de Paris, sa candidature républicaine, contre M. Ernest Roche, rédacteur de l'*Intransigeant*, socialiste, qui fut élu. Nommé conseiller général de Seine-et-Oise, pour le canton de Méréville (arrondissement d'Etampes), au mois de juillet 1893 et réélu en 1898, il est secrétaire de cette assemblée départementale, par laquelle il a fait adopter plusieurs vœux concernant le crédit et les assurances agricoles, l'indemnité au fermier sortant, le régime fiscal de la France et d'autres sujets ; la presse parisienne s'est particulièrement intéressée à deux propositions tendant, l'une à assimiler les gardiens de prison aux agents du service actif, de façon à rapprocher l'âge de leur retraite ; l'autre à faire nommer, dans les procès en séparation ou en divorce, un tuteur *ad hoc* aux enfants. Cette dernière question a fait l'objet d'une intéressante discussion au Congrès des Sociétés savantes de 1898.

M. Georges Dufour a fait, pendant quelques mois, à la salle du boulevard des Capucines, des conférences « illustrées » sur l'*Histoire de la Révolution française* (1892) et a collaboré à plusieurs journaux de Paris et de province, notamment à l'*Artiste*, au *Journal des Economistes*, à la *Gazette des Tribunaux*, au *XIXe Siècle*, à la *Presse*, etc. Il a encore écrit à la *Nouvelle Revue*, dans laquelle il a donné une série d'articles sur l'*Administration française*, les *Sous-Secrétaires d'État*, les *Finances espagnoles*.

M. Dufour est aussi l'auteur d'ouvrages de genres

divers, parmi lesquels nous citerons : *Les Beaux-Arts dans la politique* (1 vol. avec préface d'Arsène Houssaye, 1875) ; *le Grand art et le Petit art* (1 vol., 1877); l'*Art contemporain* (1 vol., 1878); les *Esquisses musicales* (1 vol., 1879) ; *Sully soldat, ministre, écrivain* (1 vol., 1880) ; *Lettres sur le crédit agricole* (*Revue de la France moderne*) ; la *Collection des petits traités de finances populaires; Traité de l'impôt foncier* (1 vol., avec préface de M. Barbier, premier président honoraire de la Cour de cassation) ; *Une Page de l'histoire des Dieux* (1896), etc.

M. Georges Dufour est membre de l'Association des Journalistes parisiens et de la Société des Gens de Lettres, ancien président de la Société des Etudes historiques de la Société philotechnique et délégué des professeurs à l'Association polytechnique.

Il est officier d'Académie et décoré de divers ordres étrangers.

Son frère, M. Gaston Dufour, est avocat au Conseil d'Etat et à la Cour de cassation.

DAUDÉ (Paulin-Joseph-Marius)

DÉPUTÉ, avocat, né à Fraissinet-de-Lozère le 17 janvier 1862. Sa famille, originaire de la région, a donné à l'Assemblée nationale de 1848 un député du même nom. Fils d'un ancien maire de Fraissinet, il fit ses études classiques à Saint-Affrique et son droit à Paris.

Inscrit comme avocat au barreau de Mende en 1888, M. Paulin Daudé s'y fit remarquer dans de nombreuses et importantes causes, notamment dans une affaire d'empoisonnement à Marvejols (à cause de la qualité des personnes qui y furent mêlées) ; dans celle du fratricide Joffre, que son défenseur sauva de la peine capitale, etc.

Très connu comme orateur de réunions publiques, M. Paulin Daudé fut élu conseiller municipal de Mende en 1896. Lors des élections législatives générales de mai 1898, il se porta candidat à l'arrondissement de Mende et y fut élu, au 2ᵉ tour de scrutin, par 6,117 voix, contre 5,060 à M. Bourillon, député sortant.

M. Daudé appartient au groupe des républicains progressistes et au groupe antisémite de la Chambre. Il est « partisan du dégrèvement de l'impôt foncier, de la « protection agricole et de la liberté de conscience ».

M. Paulin Daudé a été directeur fondateur de la *Démocratie Lozérienne*, organe réformiste, avec M. Armand, maire de Mende, et M. le Dʳ Barrudon.

MOCH (Gaston)

PUBLICISTE, né à Saint-Cyr-l'Ecole (Seine-et-Oise) le 6 mars 1859, d'une famille d'origine alsacienne. Fils d'un officier bien connu (mort prématurément colonel) et petit-fils d'un sergent du premier empire, il se dirigea d'abord tout naturellement vers la carrière militaire. Il fit ses études classiques au lycée Charlemagne et entra, en 1878, à l'Ecole polytechnique, d'où il sortit, en 1880, pour aller à l'Ecole d'application, puis au 12ᵉ régiment d'artillerie.

Ses premières recherches et ses publications techniques le firent désigner pour être adjoint à la Commission d'expériences de la Marine (1888-1890), puis à la Section technique de l'Artillerie (service de la *Revue d'Artillerie*) (1890-1894) ; il démissionna en 1894, pour se consacrer entièrement à la carrière de publiciste et plus particulièrement à la propagande pacifique ; il a d'ailleurs produit encore, depuis cette époque, des travaux militaires et scientifiques.

M. Gaston Moch est un polygraphe de qui les ouvrages, dans plusieurs genres, font autorité et ont soulevé, à leur apparition, les plus divers commentaires. Il faut citer, parmi ceux relatifs à l'artillerie : *Expériences américaines sur le frettage des bouches à feu* (1888), suivi d'une note du général Kalakoutski, de l'artillerie russe ; *Notes sur le canon de campagne de l'avenir* (1891) ; *L'Artillerie de l'avenir et les nouvelles poudres*, traduction annotée de l'ouvrage de Lougridge (1893) ; *Vue générale sur l'artillerie actuelle*, mémoire rédigé pour le Congrès international des ingénieurs de Chicago (l'édition originale en anglais, 1893) ; *Des canons à fils d'acier*, étude établissant la théorie de ce nouveau système d'artillerie, (traduction en anglais, 1897). — Art militaire : *La poudre sans fumée et la tactique* (1890, 3ᵉ édit. 1891, traduit en six langues). — Ouvrages ayant trait à l'organisation militaire : *La défense nationale et la défense des côtes* (1894) ; *La défense des côtes et la marine* (1895) ; *Artillerie et budget* (1897) ; *L'Armée d'une démocratie* (1899). — Ouvrages politiques : *L'Alsace-Lorraine devant l'Europe* (2ᵉ édit. 1894), d'abord publié sous le pseudonyme de « Patiens » ; *Autour de la Conférence interparlementaire* (1895) ; *Alsace-Lorraine*, réponse à un pamphlet allemand (1895) ; l'*Ere sans violence, la revision du traité de Francfort*, étude sur Moritz von Egidy ; mélanges d'écrits politiques de cet auteur allemand et de Gustave Moch (1899) ; un de ces articles, la *Revision du traité de*

Francfort, a été tiré primitivement à 85,000 exemplaires en langue française et traduit en allemand et en italien.

On doit encore à M. Gaston Moch : *Sedan* ; les *Derniers coups de feu* (1885) ; *La question de la langue internationale et sa solution par l'esperanto* (1897) ; plus un grand nombre d'articles dans la *Revue d'Artillerie*, la *Revue Scientifique*, la *Revue générale des Sciences militaires et appliquées*, la *Revue Bleue*, la *Revue internationale de Sociologie*, la *Revue de Paris*, la *Revue politique et parlementaire*, le *Journal des Economistes*, l'*Humanité Nouvelle*, la *Revue des Revues*, la *Paix par le Droit*, etc., ainsi que dans de nombreux journaux quotidiens.

M. Gaston Moch est, depuis 1895, l'un des directeurs politiques de l'*Indépendance Belge*. Il a fondé, à Paris, le *Bureau français de la paix*, rattaché à l'organisation internationale de la paix, dont le siège central est à Berne.

ROUX (Jules-Charles)

Économiste, publiciste, ancien député, né à Marseille le 14 novembre 1841. Il appartient à une très ancienne famille d'industriels de la région, fit des études spéciales de chimie, fut préparateur du professeur P.-A. Favre, à la Faculté des Sciences de Marseille et publia à ce moment d'intéressants travaux sur les *Corps gras*, l'*Industrie des savons*, etc. Il prit ensuite la direction d'une importante fabrique de savon fondée par son père.

En 1865, M. J.-Charles Roux fut chargé, par la Chambre de commerce de sa ville natale, d'une mission à Suez, où s'effectuait alors le percement du canal ; en 1869, il fut délégué au Congrès international du Caire et à l'inauguration de ce canal. Il a été chargé depuis, par la même assemblée, de nombreuses délégations : en 1873, à Paris (pour l'importante question des droits d'accise) ; en 1886, dans l'Amérique du Sud, Panama et le Pacifique ; en 1887, en Roumanie et à différentes époques, en Belgique, en Hollande, en Allemagne, en Angleterre, etc., pour l'examen des ports de commerce. Ces missions ont donné lieu à des rapports très complets, déposés aux archives de la Chambre de commerce de Marseille et publiés à leurs dates.

En 1873, M. Charles Roux avait été élu juge au Tribunal de commerce de Marseille, où il siégea pendant plusieurs années. Membre de la Chambre de commerce de cette ville de 1880 à 1889, conseiller municipal et adjoint au maire de Marseille délégué aux finances, conseiller général des Bouches-du-Rhône, M. Charles Roux fut encore président (il est aujourd'hui président honoraire) de la Société de Géographie, de la Société des Amis des Arts, membre du Conseil des directeurs de la caisse d'Epargne, de la Société des habitations ouvrières à bon marché, etc.

Elu député, en 1889, dans la 3° circonscription de Marseille, par 6.885 voix, contre 4,559 à M. Le Mée de la Salle, il fut réélu, dans la même circonscription, en 1893, avec 6,711 voix, sans concurrent. Au renouvellement législatif de 1898, il ne se représenta pas.

L'action de M. Charles Roux au Parlement fut considérable. Républicain libéral indépendant, il se fit le défenseur éloquent et autorisé de la liberté commerciale dans la discussion générale du nouveau tarif des douanes (1891-92) ; il combattit avec la même ardeur la proposition de loi relative au régime douanier des maïs et des riz, le régime des sucres (1890), les droits sur les graines oléagineuses exotiques (1891) et prononça d'éloquents discours sur les caisses d'épargne (1892), sur la marine marchande (1893), sur le projet et les propositions de loi tendant à l'élévation du droit de douane sur les blés, sur les raisins secs (1894), sur l'exploitation des services maritimes postaux entre le continent, l'Algérie et l'Amérique, sur les articles de divers budgets, tels que les modifications de l'article 24 de la loi du 1er juillet 1889, sur le recrutement de l'armée (1895), etc.

Membre de la Commission des Douanes pendant les deux législatures, membre, puis vice-président de la Commission du Budget, M. Charles Roux a fait, sur les budgets du ministère des Colonies en 1896, ceux du ministère du Commerce en 1897 et 1898, des rapports qui ont eu un grand retentissement. Il était vice-président du groupe colonial parlementaire.

M. Charles Roux a écrit de nombreuses études dans la *Revue des Deux Mondes*, le *Journal des Economistes*, la *Revue politique et parlementaire*, le *Monde Economique*, le *Journal des Débats*, la *Revue de Géographie* et différents journaux de province, sur le régime des blés, des vins, des sucres, des viandes et des beurres, le dégrèvement des boissons hygiéniques, la participation de l'Etat dans les dépenses des ports de commerce, le cadenas et les droits de douane, le protectionnisme communal, la liberté commerciale et les traités de commerce, la réforme des patentes et l'impôt sur le revenu, la liberté des caisses d'épargne, les voies navigables et les voies ferrées, la jonction du Rhône à Marseille, le commerce du sel au Soudan, les voies de communication et moyens de transport à Madagascar, le Dahomey et nos possessions de la Côte du Bénin, les moyens de rendre nos colonies prospères, etc. On lui doit également deux volumes : *Vingt ans de vie publique* et *Notre Marine Marchande* (couronné par l'Académie des Sciences morales et politiques).

M. Charles Roux a fait de nombreuses conférences, à Paris et en province, sur les questions économiques et commerciales, à la Société d'encouragement au commerce extérieur, à l'Union coloniale française, à la Société des commerçants et industriels de France, à la Ligue maritime française, dont il est un des vice-présidents. Il a professé, en 1896, un cours libre à la Sorbonne sur le *Régime politique et économique des Colonies*.

Membre du Conseil supérieur de l'Assistance publique, vice-président du Conseil supérieur de la marine marchande, vice-président de la Commission extra-parlementaire de la marine marchande, membre du Conseil supérieur du Commerce et de l'Industrie, du Conseil supérieur de l'enseignement technique, M. Charles Roux est encore président du Comité de Madagascar.

Il a été membre du jury et rapporteur de la classe 45 à l'Exposition universelle de 1889, membre de la Commission supérieure et des comités de Chicago (1893), membre de la Commission supérieure et président du comité 21 de Bruxelles (1898). Il est membre de la Commission supérieure des comités départementaux d'admission à l'Exposition universelle de 1900 et, en outre, délégué des ministères des Affaires étrangères et des Colonies pour l'organisation de l'exposition coloniale.

A cette longue liste des fonctions honorifiques ou techniques exercées par l'ancien député de Marseille, il faut ajouter qu'il est aussi administrateur de la succursale de la Banque de France à Marseille, administrateur et membre du comité de la Société Marseillaise de crédit industriel et commercial, administrateur de la Société franco-africaine, membre du conseil de surveillance de la Compagnie Marseillaise de navigation à vapeur Fraissinet et Cⁱᵉ, administrateur du Comptoir national d'Escompte de Paris, président de la Cⁱᵉ d'assurances la « Foncière-Transports » et des ateliers de construction de Levallois-Perret, vice-président des Chantiers et ateliers de Provence et vice-président de la Cⁱᵉ universelle du canal de Suez.

M. J.-Charles Roux est chevalier de la Légion d'honneur (1877), officier d'Académie et décoré de nombreux ordres étrangers.

GUÉRIN (Gaston-Alphonse)

Poète, auteur dramatique, né à Aix en Provence le 29 février 1868. Il fit ses études classiques à l'Ecole Monge, et se consacra aux lettres.

Il s'est fait connaître par de brillantes compositions poétiques, notamment : des chœurs mis en musique par Gounod ; *Mascarade*, musique d'Edmond Laurens ; *Marinette*, musique de Delmet, et des vers mis en musique par Francis Thomé, Bloch, Gaston Lemaire, L. Staub, etc.

M. G.-A. Guérin est, en outre, l'auteur de la *Mort de Corneille*, un acte, en vers, joué à l'Odéon en 1893 ; de *Alcyoné*, pièce en 1 acte, en vers, représentée à ce même théâtre en 1897 ; de *Pierrette doctoresse*, pantomime, en collaboration avec Paul Marcelles ; de *Hors cadre*, revue en 1 acte, avec Charles Clairville, etc. On annonce encore de lui : *Sur la Meule*, comédie en 4 actes en vers ; l'*Higoumena*, drame en 3 actes en vers, et *Au Drapeau*, pièce d'ombres chinoises en vers.

DESLANDES (Emile-Auguste Baron)

Peintre, écrivain, administrateur et officier de marine, né le 6 janvier 1832, à Florence (Italie) de parents français. Après avoir fait ses études à Brest, il entra, comme élève, à l'Ecole navale, en 1848, en sortit deux ans après, avec le grade d'aspirant et devint successivement enseigne, puis lieutenant de vaisseau. Comme officier, M. le baron Deslandes a pris part aux campagnes des mers du Sud, de Crimée, de la Baltique, de la Chine, de la Cochinchine et sa conduite, à la prise de Pei-Ho, lui valut la croix (1858).

Démissionnaire en 1882, M. le baron Deslandes entra dans l'administration et fut successivement sous-préfet de Château-Gontier (1862), Clermont (Oise) (1863), Montluçon (1866) et Pontoise (1868).

Au moment de la guerre (1870-71), il reprit ses épaulettes et fut nommé aide-de-camp de l'amiral du Quilio, commandant du 5ᵉ secteur pendant le siège de Paris. Après la paix, M. le baron Deslandes se consa-

.era définitivement à la peinture et à la littérature, qui l'avaient toujours attiré.

Ami du peintre A. Rozier, dont il avait été le condisciple à l'École navale et dont il reçut les conseils, il a exposé, au Salon des Champs-Élysées, des œuvres parmi lesquelles on cite : *Souvenirs de la Chine* (1877); la *Frégate la « Némésis » dans les eaux de la Chine* (1878); le *Déjeuner improvisé ou le mépris de la science* (1879); *Nature morte* (1883); *Portrait de M. Popp* (1888); *Portrait de l'amiral des Essarts* (1890); etc. On lui doit en outre les *Portraits* de sa mère, devenue Mme de Kakoschkine ; de nombreux *paysages* et *Marines* (vues de Venise, etc); des études de *Fleurs* et de *Fruits*, toujours dans une note vive et personnelle.

Il a publié : *Cœurs de Marins*, récit de ses campagnes dans les mers du Sud (1894); *Vers la Destinée*, souvenirs de la campagne de Cochinchine de 1857 à 1881 (1898); *Blancs et Noirs*, nouvelles (1899).

M. le baron Deslandes est chevalier de la Légion d'honneur depuis 1858, titulaire des médailles de la Baltique, de la Crimée et de la Chine et décoré, en outre, de la Rose du Brésil, de l'ordre de Charles III d'Espagne, de Saint Grégoire-le-Grand, etc.

DESLANDES (Madeleine-Edmée-Angélique Baronne)

ÉCRIVAIN, fille du précédent, née à Paris.

Mme la baronne Deslandes s'est fait connaître dans les lettres sous le pseudonyme d' « Ossit, » qui n'a célé que peu de temps sa personnalité ; elle a publié plusieurs ouvrages très bien accueillis par le public et la critique. On cite d'elle, notamment : *A quoi bon !* recueil de nouvelles (1893); *Ilse* (1894), roman que la *Nouvelle-Revue* apprécia ainsi :

Touchante et dramatique idylle, dont le sujet tient tout entier dans les trois lignes d'épigraphe : « Aux dieux mânes de la petite Ilse, âgée de dix-sept ans qui, à Bamberg, aux bords du Main, fut aimée trois jours et mourut. » Cette figure de la petite Ilse, jolie et sans malice méchante, pure et belle, qui tient à la fois de la fleur, de l'oiseau, du papillon, est délicieuse.

Traduite en suédois, en anglais et en hollandais, *Ilse* a été l'objet d'une adaptation musicale en Russie. Son auteur a encore écrit : *Il n'y a plus d'îles bienheureuses* (1898).

Sept nouvelles délicieuses, apprécie le *Gil Blas*, empreintes d'une mélancolie qui n'est pas sans charme. Les héros et les héroïnes n'appartiennent pas au pays des rêves ; mais presque. Quand ils parlent, c'est à la lumière argentée de la lune ou à la lumière des lampes qui laissent dans la chambre de grands coins d'ombre. Ils échangent leur pensée dans le silence, avec des voix étranges ; mais ce qu'ils disent est très doux et très élégant. Leur tristesse ne provient pas de causes bien tragiques, elle vient simplement de la vie, qui ne donne jamais tout ce qu'on attend d'elle, et par cela elle est très humaine.

Mme la baronne Deslandes a donné aussi des articles au *Figaro* (sur Burnes Johns et sur l'empereur d'Allemagne), au *Gaulois*, à la *Nouvelle Revue*, etc.

On annonce d'elle un grand roman de mœurs mondaines contemporaines.

RASPAIL
(François-Vincent-Benjamin-Camille)

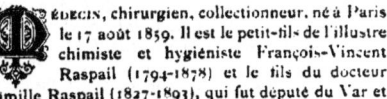

ÉDECIN, chirurgien, collectionneur, né à Paris le 17 août 1859. Il est le petit-fils de l'illustre chimiste et hygiéniste François-Vincent Raspail (1794-1878) et le fils du docteur Camille Raspail (1827-1893), qui fut député du Var et commandant en chef des forts du Sud en 1870.

Interne des Asiles d'aliénés (service du professeur Ball), de 1882 à 1885, M. François Raspail fut reçu docteur en médecine de la Faculté de Paris, cette dernière année, avec une thèse intitulée : *De la Siliophobie chez les aliénés et de son traitement par le lavage de l'estomac*. Il obtint de la Faculté le prix de thèse (1885) et le prix Barbier (1886) pour ses appareils destinés au lavage de l'estomac et à éviter les fausses routes laryngiennes.

Médecin aliéniste, le Dr F. Raspail a inventé une sonde servant à nourrir les aliénés par les fosses nasales et utilisable aussi pour le lavage de l'estomac. Dirigeant en même temps ses études vers la chirurgie et la médecine générale, il a inventé des ceintures destinées aux maladies des femmes, des appareils orthopédiques contre la coxalgie, et, pour le redressement de la taille, il a conçu des applications et fait des modifications fort appréciées des hommes de l'art. Il s'adonna ensuite à la pratique des affections gynécologiques et eut soin d'appliquer, dans la mesure du nécessaire, les doctrines antiseptiques préconisées par son aïeul. Il a succédé à son père, dans son cabinet médical et est maintenant seul docteur dans la famille des Raspail.

Il a fait construire de nombreux appareils nouveaux d'orthopédie en aluminium, des ceintures gynécologiques et des appareils, nouveaux aussi, pour la sustentation générale.

Le Dr Raspail a écrit de nombreux articles médicaux dans les revues spéciales ; on annonce de lui une

Histoire naturelle de l'espèce canine, au point de vue préhistorique et de l'époque actuelle.

Collectionneur éclairé, M. le Dr François Raspail a formé une galerie de tableaux d'une grande valeur artistique ; elle renferme des chefs-d'œuvre de Ruysdaël, Van Dyck, Poussin, Largilière, Daubigny, Raffet et autres maîtres, d'écoles diverses. Exécuteur testamentaire de sa mère, il a donné, en son nom, au musée Carnavalet, les portraits de Lamennais et de F.-V. Raspail, alors que ce dernier était professeur de mathématiques au Lycée Louis-le-Grand. Personnellement, il a fait don, à Carnavalet, des œuvres complètes de F.-V. Raspail ; de dessins inédits du même ; du buste en marbre de son grand-père par Fulconis et d'objets concernant sa vie intime ; du portrait de Kersausne, petit-fils de La Tour-d'Auvergne et d'objets relatifs à la Révolution ou autres, de grande valeur artistique, représentant une somme considérable. Son nom est inscrit sur la plaque d'honneur du musée Carnavalet.

CHAMBRUN (Pierre, Marquis de)

Député, avocat et publiciste, né à Paris le 11 juin 1865. Issu d'une des plus grandes familles de la Lozère, il est arrière-petit-fils, du côté maternel, du général La Fayette ; petit-fils de M. de Corcelle, ancien député, ancien ambassadeur de France auprès de Pie IX ; fils du marquis de Chambrun, qui a laissé d'importants ouvrages de droit constitutionnel ; neveu du comte de Chambrun, ancien préfet, ancien député, ancien sénateur et du vicomte de Chambrun, ancien député de la Lozère et beau-frère de l'explorateur Savorgnan de Brazza. Il fit ses études classiques et de droit à Paris, où il fut reçu licencié en 1887.

Appelé, en 1891, au poste d'avocat-conseil de l'ambassade de France aux États-Unis, M. le marquis de Chambrun a occupé ces fonctions jusqu'en 1897.

Rentré en France à cette époque, il entreprit aussitôt, dans la Lozère, une longue série de conférences politiques qui lui valurent une rapide popularité et lui firent offrir la candidature, aux élections législatives de 1898, dans l'arrondissement de Marvéjols.

Elu député, au premier tour de scrutin, le 8 mai, par 6,578 voix, contre 3,434 à M. Auricoste, député sortant, et 838 à M. Crueize, conseiller général, M. le marquis de Chambrun s'est fait inscrire, au Palais-Bourbon, au groupe des républicains progressistes et s'est déclaré « partisan de la liberté religieuse, du dégrèvement le plus étendu de l'impôt foncier, des sociétés de secours mutuels, caisses des retraites, crédits agricoles, de l'extension des libertés communales compatibles avec notre système administratif », etc. Il est protectioniste au point de vue agricole et demande des traités de commerce pour favoriser l'exportation et les échanges industriels.

Le député de la Lozère a publié de nombreux articles dans le *Correspondant* et la *Revue politique et parlementaire*, sur les choses d'Amérique, notamment sur l'exposition de Chicago. Il a écrit la préface de la deuxième édition de l'ouvrage de son père sur le *Pouvoir exécutif* (1877) et a collaboré à *The Scribner's*, revue de New-York. Dans cette dernière publication, il écrivait ses articles en langue anglaise.

ELVEN (Mlle Suzanne CANTON, dite)

Artiste lyrique, née à Paris. Elle eut, de bonne heure, un goût prononcé pour le théâtre.

Après avoir travaillé quelque temps avec le professeur Guillemot, elle débuta, en 1888, au Palais-Royal, où elle resta, deux années, pensionnaire. Mlle Suzanne Elven joua, sur cette scène, les divers rôles du répertoire et y fit plusieurs créations, notamment Césarine des *Petites Godin*.

Douée d'une voix très agréable, Mlle Elven se consacra, en 1890, définitivement à l'art lyrique et reçut des leçons de chant de Taskin. Elle parut, pour la première fois, sur la scène de l'Opéra-comique de Paris, au mois de décembre 1891 et y obtint le plus vif succès dans le rôle de miss Rose, de *Lakmé*. Elle chanta ensuite *Mignon* (Frédéric), *Carmen* (Mercédès), les *Dragons de Villars* (Rose Friquet), l'*Amour médecin* (Lisette), la *Flûte enchantée* (Papagena), les *Rendez-vous bourgeois*, etc. et créa les rôles de la Bohémienne dans *Kassya*, du vicomte Jean dans le *Portrait de Manon*, de Perico dans *Guernica*, etc.

Cette artiste s'est fait entendre encore, en représentations, au théâtre de Monte-Carlo, dans les *Dragons de Villars* et *Maître Wolfram*. Depuis quelque temps, elle s'est plus particulièrement adonné à l'interprétation des œuvres des maîtres de l'école italienne.

Mlle Suzanne Elven est officier d'Académie depuis 1892.

HAUSSONVILLE
(Gabriel-Paul-Bernard-Othenin de CLERON Comte d')

ÉCRIVAIN, membre de l'Académie française, ancien député, né le 21 septembre 1871 à Gurcy-le-Châtel (Seine-et-Marne). Arrière-petit-fils de M™° de Staël, il est fils du comte Joseph-Bernard d'Haussonville, qui fut membre de l'Académie française et joua un rôle politique assez important (1809-1884) et de la comtesse, née de Broglie, auteur d'ouvrages estimés. Ses études classiques terminées, il fit son droit à Paris, puis voyagea à l'étranger.

Le 8 février 1871, aux élections pour l'Assemblée nationale, M. d'Haussonville posa sa candidature à Paris, où il échoua et en Seine-et-Marne, où il fut élu, le 5° sur une liste de 7, comme « partisan de la République, gouvernement qui nous divise le moins », disait-il dans sa profession de foi.

Malgré cette déclaration, il prit place au centre droit et vota presque constamment avec les monarchistes de l'Assemblée. Il se prononça notamment : pour la paix, l'abrogation des lois d'exil, la démission de M. Thiers, la prorogation des pouvoirs du maréchal, les lois constitutionnelles, etc.; contre la dissolution, etc. Il eut l'occasion de faire un rapport sur le régime pénitentiaire qui fut très remarqué.

Aux élections législatives du 20 février 1876, il se présenta dans l'arrondissement de Provins comme candidat constitutionnel et échoua ; après l'acte du 16 mai et la dissolution de la Chambre, il posa encore sa candidature, officielle et monarchiste, dans le même arrondissement, le 14 octobre 1877, et n'eut pas plus de succès.

Renonçant dès lors aux luttes électorales, il ne se représenta plus nulle part.

Mais M. d'Haussonville n'abandonna point cependant la politique et, après s'être préparé à ce rôle par une active propagande orléaniste, il fut choisi, en 1891, par le comte de Paris pour remplacer M. Bocher, comme représentant officiel de la famille d'Orléans et directeur des comités monarchiques. Il s'efforça, à ce titre, d'entretenir l'espoir dans son parti, engageant ses amis à la lutte contre le gouvernement républicain et poussant le clergé à la résistance contre les conseils de ralliement donnés par le Saint-Siège. Il fit, en ce sens, de nombreuses réunions publiques, qu'il organisa ou présida. À la mort du comte de Paris (septembre 1894), il cessa de représenter la famille d'Orléans.

M. d'Haussonville a donné à la *Revue des Deux-Mondes* une collaboration suivie et il a publié : *Sainte-Beuve, sa vie et ses œuvres* (1875) ; *Les Etablissements pénitentiaires en France et aux colonies* (ouvrage couronné par l'Académie, 1875) ; *Études biographiques et littéraires* (1re série, 1879 ; 2me série, 1888) ; le *Salon de M™° Necker* (1882) ; *A travers les Etats-Unis* (1883) ; *Études sociales, misère et remèdes* (1886) ; *M™° de la Fayette* (1891) ; *Vie de Lacordaire* (1895) ; *Socialisme et charité* (1896) ; *L'Emigration des femmes aux colonies*, avec M. Chailley-Bert (1897), etc.

Le comte d'Haussonville est décoré de la Légion d'honneur depuis 1871. Il fut appelé à remplacer Caro, à l'Académie française, le 26 janvier 1888.

POZZO di BORGO
(Charles-Jean-Félix Comte)

DÉPUTÉ, né à Paris le 27 février 1858. Issu d'une ancienne famille de Corse, il est arrière-petit-neveu du comte Charles-André Pozzo di Borgo, le diplomate corse, ennemi de Napoléon, qui fut ambassadeur de Russie en France de 1814 à 1835 (1764-1842) ; et fils du duc Jérôme et de la duchesse née de Montesquiou-Fezensac. Ses études classiques faites au collège Stanislas, à Paris, il suivit les cours de la Faculté de Droit et ceux de l'École des Sciences politiques.

Le comte Charles Pozzo di Borgo s'est occupé particulièrement d'études diplomatiques et d'histoire contemporaine. Il a publié la *Correspondance diplomatique du comte Pozzo di Borgo, ambassadeur de Russie en France, et du comte de Nesselrode, 1814-1818* (2 vol., 1897).

De concert avec son père, il a fait construire, près d'Ajaccio, un château édifié avec les ruines des Tuileries et que tous les touristes connaissent.

Candidat à la députation, au renouvellement général du 8 mai 1898, dans l'arrondissement de Sartène (Corse), M. Pozzo di Borgo fut élu, au 1er tour de scrutin, par 6,714 voix, contre 1,960 à M. le docteur Balesi.

Républicain indépendant, le député de la Corse déclare vouloir une « République libérale, modérée, ouverte à toutes les bonnes volontés et sagement progressiste, suivant les tendances légitimes de notre société moderne ».

HANRIAU (Louis)

INVENTEUR, photographe d'art, né le 1er avril 1871 à Meaux. Ses études faites dans cette ville, il se consacra de bonne heure à des travaux scientifiques concernant la photographie.

M. Hanriau, après de laborieuses et patientes recherches, a créé des plaques spéciales et des papiers au platine et au palladium, qui ont en quelque sorte révolutionné la pratique de la photographie. L'emploi de ce dernier produit, « que les chimistes les plus autorisés considéraient hier encore comme une utopie », selon M. Emile Gautier (*Figaro* du 24 juin 1899), a donné les meilleurs résultats.

Les diverses découvertes de M. Hanriau, se rattachant toutes à la photographie, ont attiré l'attention de la presse et du public sur leur auteur. M. Emile Gautier, que nous avons déjà cité, parlant de l'exposition des photographies obtenues avec les procédés de cet inventeur, écrivit :

Il y a là une floraison touffue de véritables merveilles, dont la finesse et la douceur défient toute comparaison. Certains portraits, en particulier, donnent, dans leur monochromie si translucide et si vivante, l'intense sensation d'art d'un tableau de maître. Quant aux reproductions de vieilles gravures et d'eaux-fortes, elles sont d'une perfection telle que les connaisseurs les plus perspicaces hésitent à distinguer entre l'original et la copie.

Eh bien ! ces chefs-d'œuvre sont à la portée d'un quiconque. Inutile même de savoir — ce qui s'appelle savoir — faire de la photographie. C'est une simple question de papier, et tout le secret est dans la préparation des papiers au platine et au palladium, sans développement ni virage, dont M. Hanriau fut l'heureux créateur.

FERDEUIL (Edouard)

AVOCAT, jurisconsulte, administrateur, né à Paris le 17 février 1834. Il dirigea d'abord, après avoir accompli ses études de droit, l'une des principales études d'avoué de la capitale, puis, en 1866, il se fit inscrire au barreau de la Cour d'appel, où il occupait déjà une importante situation lorsqu'éclata la révolution du 4 septembre 1870.

Nommé, à ce moment, conseiller de préfecture à Blois, l'un des centres d'approvisionnement de l'armée de la Loire, M. Ferdeuil fut délégué au quartier général pour régler les rapports, très tendus, des réquisitionnés de Loir-et-Cher avec l'autorité militaire ; ayant promptement aplani toute difficulté de ce côté, il fut aussitôt chargé, pour tout le département, de l'organisation générale des transports auxiliaires réquisitionnés.

Cette mission lui donnant quelques facilités pour se renseigner sur la composition des troupes ennemies et connaître leurs mouvements, il put signaler aux autorités militaires françaises l'arrivée des forces du duc de Meklembourg et, plus tard, de l'armée du prince Frédéric-Charles.

Dans la nuit du 3 au 4 décembre 1870, pendant la bataille d'Arthenay, chargé d'opérer le sauvetage des blessés restés à Patay, M. Ferdeuil parvint, malgré les plus grandes difficultés, à ramener en temps utile tous les malades à Orléans ; mais, pendant qu'il dirigeait les opérations sous un froid très vif, il tomba dans une mare dont la glace se rompit sous lui et il eut les deux pieds gelés.

Cet accident lui causa longtemps les plus cruelles souffrances ; mais il n'en poursuivit pas moins activement sa coopération à la défense nationale. C'est ainsi qu'il prit part à la défense du pont de Blois et, avant l'évacuation, sauva les armes en réserve dans cette place, celles de la garde nationale et la plus grande partie des archives de la préfecture.

A Vendôme, où la préfecture de Loir-et-Cher fut transférée à la suite de l'armée, le 13 décembre 1870, M. Ferdeuil fit évacuer les blessés et malades sur Tours, replaça sous les ordres de l'autorité militaire les soldats traînards et débandés qui encombraient la ville (ce qu'il avait déjà fait à Blois) et suivit le préfet au Mans, après la retraite de Chanzy.

Le 27, il revint à Blois, où il parvint à pénétrer par Romorantin ; de là, il faisait passer chaque jour de précieux renseignements sur l'organisation et les mouvements des Allemands au préfet, revenu à Romorantin, qui, dans la nuit même, les transmettait à Chanzy, au Mans. Remarqué ou dénoncé, M. Ferdeuil quitta la ville, le 14 janvier, après avoir toutefois assuré le départ de 1,100 mobilisés restés dans leurs foyers et organisé, sur toute la rive droite de la Loire, un très utile service d'observation.

Envoyé ensuite à Tours, occupé par les Allemands, puis à Gien, dont le sous-préfet venait d'être emmené en Allemagne, il put, de ces deux points, donner au gouvernement les renseignements qui lui étaient nécessaires. Il obtint, par son attitude énergique, l'évacuation de cette dernière ville, prise le matin même de son arrivée par 250 cavaliers ennemis (2 février 1871) ; mais les Allemands, en vertu du traité de Paris, étant bientôt revenus en force, la sous-préfecture fut occupée et M. Ferdeuil, fait prisonnier, fut emmené à Orléans et condamné à mort. Conduit au poteau, une proposition d'échange arrêta l'exécution et, après cinq semaines de captivité, il fut dirigé sur Mayence. Il s'échappa en route ; mais, repris, il ne fut rendu à la liberté que le 7 mars 1871.

Après la Commune, il reprit sa place au barreau de Paris, où il est avocat-conseil de la Société nationale des Architectes, de l'Union du Bâtiment et de plusieurs sociétés industrielles.

M. Ferdeuil a collaboré à la rédaction du journal le *Bâtiment*, dont il a été l'un des propriétaires. Il a été dix ans administrateur du bureau de bienfaisance du VI° arrondissement de Paris et a reçu une médaille de bronze du ministère de l'Intérieur pour les services qu'il avait rendus à ce titre. Membre de la Caisse des écoles et délégué cantonal dans le même arrondissement, il y fait partie de presque toutes les commissions municipales.

Il est officier de l'Instruction publique depuis 1885 et chevalier de la Légion d'honneur depuis 1888.

MOSER (Henri)

Écrivain et explorateur suisse, résidant en France, né à St-Pétersbourg (Russie) le 1/13 mai 1844. Il fit d'excellentes études en Suisse et retourna, en 1866, en Russie, d'où il partit pour accomplir un premier voyage en Sibérie et aux frontières de Chine. Deux ans plus tard, il se joignit à des officiers russes qui allaient reprendre leurs postes dans l'Asie centrale et parcourut, à la fois explorateur et chasseur, la steppe Kirghise, le Semiriétchensk, Boukhara, Khiva, le khanat de Kokand, les frontières de Kachgar, etc. Rencontrant sur sa route des difficultés, il revint à Samarcande, où il fut chargé par le gouvernement russe de l'établissement d'un rapport sur l'exportation des graines de vers-à-soie.

En 1870, de retour à St-Pétersbourg, M. Moser fut chargé d'une mission en Italie relative au même objet. Il retourna en Asie centrale, accompagné de délégués italiens.

En 1883, il entreprit une nouvelle expédition : après avoir accompagné le général Tchernaïeff, gouverneur du Turkestan, à Tachkend, il se dirigea sur Boukhara, descendit l'Oxus, traversa le désert Turcoman et la Transcaspie, assista à l'occupation de Merv, pour se diriger, à travers le Khorassan, vers Téhéran. Rappelé en Asie centrale par le général Annenkoff, en 1889, il s'occupa des questions ayant rapport au sol et à l'agriculture et surtout de l'irrigation.

M. Moser fut un des premiers explorateurs de l'Asie centrale et ses publications constituent des documents précieux sur l'état des Khanats à l'époque de la conquête. Depuis 1892, il s'occupe exclusivement des Balkans.

Etabli en France depuis 1895, il a été nommé, en 1897, commissaire général du gouvernement de Bosnie et d'Herzégovine à l'Exposition universelle de Paris de 1900.

M. Moser a publié : *A travers l'Asie Centrale* (1885, important ouvrage paru plus récemment à Paris et à Leipzig) ; le *Pays des Turcomans*, étude parue dans la *Revue des Mondes* (1886) ; l'*Asie Centrale*, étude éditée par le *Russkaia Starina* (1888) ; l'*Irrigation en Asie Centrale*, étude géographique et économique (1894) ; l'*Irrigation ancienne en Asie Centrale* (*Bibliothèque universelle suisse*, même année) ; l'*Orient Inédit : A travers la Bosnie et l'Herzégovine* (1895, traduit en anglais) ; *La Bosnie et l'Herzégovine au seuil du vingtième siècle* (1895) ; *Une Œuvre de colonisation pacifique dans les Balkans* (1896) ; la *Section de Bosnie-Herzégovine à l'Exposition de Bruxelles* (1897), etc.

Membre honoraire des sociétés suisses de géographie et membre correspondant des sociétés scientifiques de divers autres pays, M. Moser est grand'croix de l'Étoile de Boukhara, de l'ordre militaire de Perse, commandeur des ordres de Danilo (de Monténégro), de François-Joseph (d'Autriche), de Léopold (de Belgique) et chevalier de la Légion d'honneur.

PASQUAL (Léon)

Député et avocat, né à Avesnes (Nord) le 4 février 1869. Fils d'un avocat, il fit de brillantes études classiques au lycée de Douai, puis suivit les cours de la Faculté de Droit de Paris et prit la licence en 1891.

Avocat stagiaire à Douai, de 1891 à 1893, inscrit ensuite au barreau d'Avesnes, M. Léon Pasqual acquit dans la région une grande réputation d'éloquent défenseur devant la juridiction criminelle.

Il débuta dans la politique, comme conseiller municipal et adjoint au maire d'Avesnes, en 1896. A la mort de M. Guillemin, député de la 1re circonscription de l'arrondissement d'Avesnes, il fut le candidat choisi par le comité républicain local et élu député, le 4 juin 1899, par 7,318 voix, contre 4,062 données à M. le docteur Moret, collectiviste.

Républicain indépendant, l'honorable député n'est inscrit à aucun groupe politique du Palais-Bourbon.

M. Léon Pasqual est officier de réserve au 8ᵉ bataillon de chasseurs à pied ; il a reçu les palmes académiques, au mois de mars 1899, pour services rendus à l'instruction publique.

LAFERRIÈRE
(Edouard-Louis-Julien)

Jurisconsulte et administrateur, né à Angoulême (Charente) le 26 août 1841. Fils de Firmin-Julien Laferrière, célèbre jurisconsulte, membre de l'Institut (1798-1861), il fit ses études de droit à la Faculté de Paris et prêta serment d'avocat près la Cour d'appel en 1864. Choisi comme secrétaire par Ernest Picard, il s'occupa très activement de politique et fut, à partir de 1869, un des rédacteurs les plus actifs du *Rappel*.

Lors des élections de 1869, M. Edouard Laferrière fut arrêté et incarcéré à Mazas ; mais bientôt rendu à la liberté, sur les réclamations du conseil de l'Ordre des avocats. Nommé, après la chute de l'Empire, le 19 septembre 1870, maître des requêtes à la commission provisoire chargée de remplacer le Conseil d'Etat, il remplit les fonctions de commissaire du gouvernement près la section du contentieux.

Appelé aux fonctions de directeur général des Cultes, le 28 janvier 1879, avec le titre de conseiller d'Etat en service extraordinaire, il fut nommé, le 14 juillet de la même année, conseiller en service ordinaire, puis président de la section du contentieux au mois d'août suivant. Le 19 janvier 1886, il était désigné comme vice-président du Conseil d'Etat.

M. Edouard Laferrière présida le Conseil d'Etat, avec une compétence et une autorité unanimement reconnues, jusqu'au 27 juillet 1898 ; il fut alors choisi comme gouverneur général de l'Algérie, en remplacement de M. Lépine. Appelé à ce poste difficile au lendemain des troubles provoqués dans ce pays par les agitations antisémitiques, il trouva la colonie dans un état de désordre excessif.

Alliant le tact à l'énergie, il sut échapper aux influences extrêmes et s'efforça de rétablir progressivement le calme dans les esprits et l'ordre dans les affaires de l'Algérie. Amené, comme commissaire du gouvernement, à prendre la parole à la Chambre des députés, au cours des interpellations sur l'Algérie, il prononça dans la séance du 26 mai 1899, un discours très remarqué sur les questions algériennes.

Les travaux de jurisprudence dûs à M. Laferrière sont des plus appréciés. En 1870, il fonda le journal la *Loi* ; il a collaboré à diverses publications judiciaires, notamment à la *Revue critique de législation et de jurisprudence*, ainsi qu'au *Temps* (de 1872 à 1880) et à d'autres journaux politiques. Il a, en outre, publié en librairie : *Les journalistes devant le Conseil d'Etat* (1863) ; *La censure et le régime correctionnel* (1867) ; les *Constitutions d'Europe et d'Amérique* (1869), avec M. Batbie ; la *Loi organique départementale du 10 août 1871* (1871, 2ᵉ édition 1872) ; *Traité de la juridiction administrative et des recours contentieux*, cours de droit administratif pour le doctorat (2 vol. 2ᵉ édition 1897), etc.

Chevalier de la Légion d'honneur en 1873, officier le 12 juillet 1880, commandeur le 31 décembre 1886, M. E. Laferrière a été promu grand-officier en 1897.

COURTOIS (Gustave-Claude-Etienne)

Peintre, né à Pusey (Haute-Saône) le 18 mai 1852. Il suivit d'abord les cours de dessin de l'Ecole régionale de Vesoul ; puis il obtint de son département une subvention pour venir à Paris parfaire ses études artistiques. Elève de Gérôme à l'Ecole des Beaux-Arts, il reçut, en 1877, le 2ᵉ grand prix de Rome et ne poursuivit plus les concours.

La même année, M. Gustave Courtois débutait au Salon de la Société des Artistes français, avec un *Portrait de femme* et *Narcisse*, toile qui valut à son auteur une mention honorable et fut acquise par l'Etat pour le musée du Luxembourg. On doit citer encore de lui, à la même Société : *Comtesse de Rochetaillée*, portrait, et *Taïs la courtisane aux Enfers*, à laquelle fut décernée une 3ᵉ médaille (1878) ; la *Comtesse de Reculot* (1879) ; *Dante et Virgile aux Enfers* (cercle des traîtres à la patrie), médaille de 2ᵉ classe (1880) ; *Comtesse de Torrado* et *Mᴸˡᵉ Guerde*, portraits (1881); *Enterrement d'Atala* (depuis à Londres) (1882) ; *Fantaisie*, toile qui appartient à M. Schauss (1883) ; *Bayadère*, à M. Goupil (1884) ; *Portrait de Mˡˡᵉ R...* ; *Tête d'étude*, à M. Tooth (1885) ; *Un glaive transpercera ton âme*, d'après saint Luc (1886), à M. Henri Pereire, jugé par M. Albert Wolff comme le meilleur tableau de M. Courtois ; *Portrait de Mᵐᵉ Alice Régnault*, du Gymnase (1887) ; une *Bienheureuse* (1888) ; *Recueillement*, souvenir de Venise (1889).

En 1890, cet artiste, qui par ses qualités de dessin et de couleur, comme par le charme de son inspiration bien personnelle, s'était déjà créé un enviable renom, contribua pour une bonne partie à la création de la Société nationale des Beaux-Arts. Il envoya à sa première exposition : *Lisette* ; *Légataire universel* (Regnard, 1655 à 1709), panneau destiné au théâtre de l'Odéon ; *M. Le Bargy*, portrait ; *Ninon*, à M. E. Guillaume ; le *Matin*, à M. Freiwald ; *Blanche*, etc.

Il y a exposé depuis : *Figaro*, panneau pour l'Odéon ; Mme *Fenaille* ; Mme *Gautreau*, un des meilleurs portraits de l'artiste ; *M. et Mme Biver* ; *Mlle Ketty Spitzer* ; *M. Beer*, sculpteur ; le *Baron E. Fanchetti*, portraits (1891) ; *Mlle Bartet*, dans le rôle d'*Adrienne Lecouvreur* et Mme *Freiwald*, portraits ; *Études dans les Alpes* (1892) ; *Inquiétude humaine*, appartient à M. Bénédict ; *MM. Kreismann*, Mme *Spitzer*, M. *Louis de la Salle*, portraits, et un *Soir sur le bord du lac Majeur* (1893) ; *Mme la comtesse de Moltke-Hwitfeld*, *M. Henri Farman*, Mme *Philipp*, portraits et diverses études (1894) ; *Portraits et Bella Riva* (1894) ; *Mercutio* ; *Études* (1896) ; l'*Amour au banquet*, toile des plus importantes, qui fut à la fois très critiquée et très admirée ; *Recueillement et Portrait de V. Stetten* (1897) ; *Saint-Sébastien* ; le *Jeune peintre*, à M. Henri Pereire, et *Pénombre* (1898) ; *Jeune fille à la source*, « œuvre d'art magistrale », écrivit le critique du *Petit Parisien*, après avoir dit que « M. Courtois peint comme le Bronzino et a le culte des formes anatomiques pures » et une *Vénitienne* (1899).

Il faut mentionner encore nombre de portraits, genre dans lequel excelle M. Gustave Courtois qui n'ont point paru aux Salons annuels ; ceux de MM^{mes} *de Boischevalier*, *Comtesse de Martel* (Gyp), *Baronne Lefebvre* ; *M*., *Mme et Mlle Humbert* ; MM^{lles} *Hélène Boy*, *Tirard* ; MM. *Paul Biver*, *F. Baker* ; *Marquise de Boishébert* ; *Baronne de Weudelstadt-Isinka* ; MM. *Dagnan*, *Martini* ; la *Générale Massin* ; *Baronne du Mesnil* ; MM. *Fenaille*, *Godillot*, *Brodu*, *Baron de Wendelstadt* ; MM^{lles} *Reinach*, *Jenny Pereire* ; Mme *Kuapp* ; *Comtesse Tiskiéwietz* ; M. E. *Tellier* ; Mme *Gadala* ; Mme *Fauré Le Page* ; Mme *Lachnitt* ; *Baron du Mesnil* ; MM. *Latham*, *Dumont*, etc.

Des tableaux de cet excellent artiste : *Héloïne*, *Dante et Virgile*, sont au musée de Besançon ; *Rêverie*, au musée de Vesoul ; *Narcisse*, au musée de Marseille ; *Blanche*, au musée de Sydney, etc.

M. Gustave Courtois a obtenu une 3e médaille en 1878, une 2e en 1880, une 1re médaille d'or à l'Exposition universelle de 1889 et des médailles aux expositions de Gand, Munich et Dresde ; il est sociétaire et délégué de la Société nationale des Beaux-Arts, chevalier de la Légion d'honneur et officier de l'ordre de Saint-Michel de Bavière.

VACHER (Léon-Cléry)

DÉPUTÉ, médecin, ancien industriel, né à Treignac (Corrèze) le 9 mars 1842. Il se fit recevoir docteur en médecine de la Faculté de Paris en 1864 et, tout en exerçant sa profession dans la capitale, fit de l'opposition au gouvernement impérial. Délaissant, en 1872, la médecine, il se mit à la tête d'une importante fabrique d'instruments de précision à Paris.

Devenu maire de Treignac et conseiller général de la Corrèze pour le canton de ce nom, M. Vacher fut, en 1882, à la session d'août, victime d'une brutalité qui lui causa la perte d'un œil.

Élu député le 20 février 1876, dans la 2e circonscription de Tulle, par 8,152 voix, contre 4,573 à M. de Seilhac, monarchiste, il siégea à l'Union républicaine et fut l'un des 363. Réélu le 14 octobre 1877, par 9,731 voix, contre 5,142 à M. Lachaud, bonapartiste, M. Vacher demanda la mise en accusation du ministère déchu. Porté sur la liste radicale de la Corrèze, au renouvellement général législatif de 1885, fait au scrutin plural, il fut élu le 1er sur 5, par 34,541 voix, sur 58,252 votants.

Au cours de ces législatures, M. Léon Vacher, qui avait été envoyé, en 1882, par Gambetta, président du Conseil, avec l'ingénieur Siegler, dans les grands centres allemands, pour y étudier l'organisation des chemins de fer de l'État, s'occupa beaucoup de cette question. Membre et président de la Commission extra-parlémentaire des Chemins de fer pendant longtemps, il demanda, en 1886, le rachat par l'État des réseaux ferrés de l'Orléans et de l'Ouest et se déclara, à plusieurs reprises, partisan de la nationalisation absolue des chemins de fer. Il est l'auteur d'un projet de loi sur les assurances par l'État (1879), projet repris depuis par M. Bourgeois, député du Jura. On lui doit aussi l'initiative de la création des réseaux vicinaux à voie étroite (1881), avec M. Lesguiller, ingénieur.

M. Vacher, qui demandait, d'autre part, la revision de la Constitution, se déclara en faveur de la campagne entreprise par le général Boulanger (rendu populaire dans la Corrèze, par la réouverture de la manufacture d'armes de Tulle) ; mais tout en repoussant l'alliance acceptée par celui-ci avec les réactionnaires ; il fut membre et vice-président du « Comité national, » institué à la veille des élections législatives de 1889.

Réélu député de la 2e circonscription de Tulle, aux élections législatives de 1889, au 2e tour de scrutin et par 8,361 voix, contre 7,093 obtenues par M. Delpeuch, opportuniste. M. Léon Vacher se vit invalider et son concurrent fut nommé à sa place en 1890.

Lors du renouvellement général de 1893, M. Léon Vacher échoua encore, avec 5,506 voix, contre 6,824 à l'élu, M. Delpeuch ; mais, le 24 mai 1898, au 2ᵉ tour de scrutin, battant à son tour ce même adversaire, alors sous-secrétaire d'État au ministère des Postes et Télégraphes, il fut élu, par 8,285 voix, contre 5,996. A la Chambre, il est inscrit au groupe radical-socialiste.

On a de M. L. Vacher : *Etude médicale et statistique sur la mortalité à Paris, à Londres, à Vienne et à New-York en 1865* (1866) ; *Des maladies populaires et de la mortalité à Paris, à Londres et à Vienne en 1866* (1867) ; *De l'obésité et de son traitement* (1873) ; *Etude sur le Home Stead*, ouvrage couronné par l'Académie des Sciences morales et politiques (1895), etc. Il a, en outre, collaboré au *Contribuable* et à la *République* de Brives, à la *Réforme économique*, etc.; il a été président de la Société de statistique de Paris et de l'Institut international de statistique.

DELÉTANG (Robert)

Peintre, né à Preuilly (Indre-et-Loire) le 24 février 1874, d'une famille d'origine bordelaise. Elève de l'Ecole des Beaux-Arts, de Boulanger, Lefebvre et Robert Fleury, il fut admis plusieurs fois en loge pour le prix de Rome.

En 1892, M. Delétang exposa à la Société des Artistes français un dessin au crayon, qui ne passa pas inaperçu. Il ne reparut ensuite aux Salons annuels qu'en 1899, avec un *Intérieur d'Etudiant*, que la critique accueillit très bien. M. Roger Milès écrivit, à propos de cet envoi, dans l'*Eclair* :

> M. Robert Delétang nous raconte l'ennui de l'isolement, en nous montrant, dans une petite chambre, près de la table de travail, assis sur un canapé et triste, triste, un jeune homme dont le cerveau refuse tout travail et dont les mains ont laissé choir un livre : la chambre est éclairée par un jour discrètement tamisé. C'est là un très joli tableau, sans prétention, et qui signifie quelque chose.

On doit encore, à cet artiste nombre de portraits, que de solides qualités d'exécution ont fait apprécier et desquels on cite ceux de M. Ginoux de Fermon, de Mᵐᵉ la comtesse de Hautecloque, de M. de Boisandré, portraits à l'huile ; de M. le Vicomte de Lacour, portrait au crayon, etc.

Membre de la Société « l'Épée de Paris », M. Robert Delétang est, en outre, l'auteur de portraits-charges d'escrimeurs et de programmes d'escrime très réussis.

CARVALHIDO (Louis-Auguste-Ferreira de ALMEIDA Comte de)

Collectionneur et philanthrope portugais, résidant en France, né à Porto le 3 janvier 1817. Issu d'une famille illustre, il se rendit tout jeune au Brésil pour s'y vouer au commerce ; acquit assez rapidement une grosse fortune et une grande influence et ne cessa de mettre l'une et l'autre à la disposition de son pays d'origine.

En 1849, le *Vasco de Gama*, navire portugais, horriblement endommagé, dût être mis à l'abri dans la rade de Rio-de-Janeiro ; M. le comte de Carvalhido, pour ne point permettre qu'un navire de guerre de la marine portugaise fut abandonné dans un port étranger, contribua par un don de 5,000,000 reis à son renflouement. A l'occasion des obsèques de la reine D. Maria II, il souscrivit encore pour 1,500,000 reis ; il contribua aux fêtes du couronnement de D. Pedro V pour 12,000,000 reis et dota, plus tard, l'Asile de mendicité D. Pedro de 500,000 reis. A la mort de la princesse de Hohenzollern (1858), il fut encore un des plus généreux signataires de la souscription nationale destinée à couvrir les frais des obsèques ; il donna aussi des sommes d'argent importantes pour les fêtes nationales et populaires et souscrivit 5,000,000 reis pour l'érection d'un monument à Camoëns (1860), etc. On cite encore ses larges libéralités en faveur des victimes de l'incendie du théâtre Baquet, pour les œuvres du monastère de Belem, l'hôpital de la Sainte-Trinité de Porto, l'asile de nuit de Lisbonne qu'il fut l'un des fondateurs, etc.

Collectionneur, M. le comte de Carvalhido a acquis un grand nombre de tableaux, dessins et œuvres d'art des maîtres les plus divers de toutes les écoles anciennes et modernes. Ces chefs-d'œuvres, offerts par lui à l'Académie des Beaux-Arts de Lisbonne, dont il est membre honoraire, ont été réunis dans deux salles portant le nom du donateur, qui furent inaugurées, en avril 1896, par le roi don Carlos et la reine dona Amélia et ensuite par la reine D. Maria-Pia.

Chevalier de l'ordre de la Cour et l'Epée, commandeur de l'ordre militaire de Notre-Dame de la Conception de Villa-Viçosa et gentilhomme de la maison royale de Portugal, grand-croix de l'ordre d'Isabelle-la-Catholique et commandeur de Saint-Grégoire-le-Grand, le comte de Carvalhido réside, depuis plusieurs années à Paris, où il est bien connu dans les mondes diplomatique, aristocratique, littéraire et artistique.

MACPHERSON
(Mlle Margaret-Campbell)

PEINTRE, née à Saint-Jean (Terre-Neuve). Fille d'un armateur écossais, elle fut élevée à Edimbourg et manifesta de bonne heure d'excellentes dispositions pour la peinture. C'est pourquoi elle vint à Paris, pour étudier cet art, en 1890 et suivit aussitôt les cours de M. Gustave Courtois.

Mlle Campbell Macpherson exposa, pour la première fois à la Société nationale des Beaux-Arts (Champ-de-Mars) en 1894, un tableau d'intérieur : *A sa toilette* et un paysage : *Une lande écossaise*, qui furent remarqués. Vinrent ensuite : *Retour de la pêche*; *Rêverie* (1895) ; *Day dreams* (1896) ; l'*Intrus*, *Dans le verger*, deux toiles bien réussies (1897); la *Prière* (1898), qui se trouve au musée de Saint-Jean-de-Terre-Neuve; *Rêves* ; *Dans le verger* (1899).

Par sa science du dessin, le fond de ses tonalités et le relief qu'elle sait mettre dans ses œuvres, cette artiste s'est déjà créé une certaine réputation, non seulement à Paris, mais en Angleterre et en Écosse, où elle a fait des envois aux expositions de Londres, d'Edimbourg, de Liverpool et de Glascow.

Portraitiste recherchée, Mlle Margaret-Campbell Macpherson a peint de nombreuses notabilités écossaises.

PELLIER (Jules)

ÉCRIVAIN, sculpteur, professeur d'équitation, né à Paris le 11 juillet 1836. Il appartient à une famille d'écuyers célèbres dans l'équitation depuis la cinquième génération. Le baron de Vaux, dans une notice consacrée à cette famille, rappelle les noms de Louis Pellier, grand écuyer de Louis XV (1722-1789) ; de son fils, écuyer du duc d'Enghien, qui accompagna celui-ci à l'armée de Condé ; de Hyacinthe Pellier, officier de cavalerie ; de Louis-Charles Pellier, professeur à l'École royale de Paris et au Manège central, et de Jules Pellier, aussi professeur à l'École royale et écuyer du régiment des grenadiers à cheval.

M. Jules Pellier, qui s'est acquis une grande notoriété dans cet art et a été le professeur de la plupart des cavaliers mondains de notre temps, a publié divers ouvrages qui font autorité dans la matière. Ce sont : l'*Équitation pratique* (5e édit. 1875) ; le *Langage équestre* (1887) ; *la Selle et le Costume de l'Amazone*, étude historique et pratique de l'équitation des dames, dessins de l'auteur et de Gavarni fils (1897) ; *Souvenirs d'un écuyer pendant la Révolution*, mémoires d'un réel intérêt qui parurent dans la *Revue de la Révolution*, etc.

Sculpteur, M. Jules Pellier a exécuté une série de selles de femmes depuis le moyen-âge jusqu'à nos jours, et une autre de selles d'hommes, très appréciées des connaisseurs ; ces deux séries doivent être exposées à l'Exposition universelle de 1900. On a encore remarqué de lui, aux Concours hippiques, le *Cheval de Louis XIV*, (le jour du carrousel de 1622), une *Centauresse* et quelques autres œuvres de sculpture très bien venues.

BAUGNIES (Jacques)

PEINTRE, né à Paris le 24 octobre 1874. Fils de Eugène Baugnies, qui fut un peintre distingué, il fit de solides études à l'École Monge et entra, ses classes terminées, à l'École des Beaux-Arts, où il eut pour professeurs MM. Gérôme et Detaille (1892).

Sorti en 1896, avec une première 2e médaille, M. Jacques Baugnies exposa, pour la première fois, au Salon des Champs-Élysées, cette même année, une toile intitulée : la *Lecture du Testament*, morceau d'une frappante vérité et d'une belle tenue, apprécié en ces termes par un critique d'art :

M. Baugnies, dit-il, nous introduit chez un notaire de campagne pour nous faire assister à la lecture du testament. Scène très vraie, d'un réalisme de bon aloi. Les braves gens qui sont là, réunis, n'ont rien d'élégant ni de distingué, mais prenez garde que la rusticité des types n'exclut nullement la finesse ou pinceau et que M. Baugnies a fait preuve, dans cette toile, d'une justesse d'observation et d'une franchise d'expression fort estimables.

Il exposa ensuite : *A Table* (1897), tableau représentant une gentille scène d'intérieur, peinte en grisaille avec charme et simplicité.

Cet artiste a envoyé plusieurs de ses œuvres à diverses expositions, notamment, à celle de Rouen : les *Souvenirs d'Antan*, étude consciencieuse et bien peinte (1897) ; au Cercle de la rue Boissy-d'Anglas « l'Épatant » ; le *Nourrisson*, toile pleine d'émotion et de sobriété (1898).

On cite encore, parmi d'autres toiles de M. Jacques Baugnies, un immense tableau : la *Légende de Sainte Catherine*, destiné à l'Église de Molagnies (Seine-Inférieure) ; le *Portrait de Mlle Polaire* (1899), etc.

CHATEAUBOURG (Arthur-Geoffroy-Clément de la CELLE Vicomte de)

MÉDECIN, ne à Pénestin (Morbihan) le 13 juillet 1852. Descendant d'une vieille famille de Bretagne, petit-neveu de Châteaubriand, il fut emmené dans sa première jeunesse à l'Ile Maurice et confié aux soins d'un oncle maternel, le D' Frédéric Bonnefin, médecin de grande valeur, qui y était établi, et y avait été le condisciple et l'ami du professeur Brown-Sequard, devenu plus tard si célèbre.

Venu à Paris en 1871, M. de Châteaubourg s'adonna, quelques années après, à l'étude de la médecine et fut reçu docteur en 1883, avec une thèse, récompensée par la Faculté de Médecine, sur l'*Albuminurie physiologique*. Cette thèse eut alors un certain retentissement : son auteur y démontrait que des gens bien portants peuvent présenter le symptôme de l'albuminurie, « ce qui est d'une grande importance pour les assurances sur la vie et prouve qu'on ne doit pas refuser d'assurer un individu sans plusieurs examens sérieux, l'albuminurie physiologique étant transitoire. »

Les observations qu'il avait faites à l'Hôtel-Dieu, dans le service du professeur Germain, le portèrent ensuite à se consacrer à la lutte contre la tuberculose et, pour faciliter aux malades indigents ou peu fortunés un traitement curatif de cette affection, il créa, en 1892, à Paris, un Institut hypodermique, complété par un laboratoire de bactériologie ; bientôt les encouragements du monde scientifique et du public lui permirent d'ouvrir deux autres établissements similaires.

L'œuvre du traitement quotidien et gratuit des tuberculeux pauvres, fondée par le D' de Châteaubourg, avait, à l'avance, réalisé partiellement le vœu formulé par le Congrès, international de la tuberculose, tenu à Paris en 1895, demandant la constitution, dans plusieurs des hôpitaux de Paris, de cliniques pour le traitement externe des tuberculeux « semi valides ». Cette œuvre, qui a donné des soins à 12,000 malades en 7 ans, soigne et guérit annuellement des centaines de cas d'anémie, de chlorose, d'arthrites, d'adénites, de bronchites et laryngites tuberculeuses, de pleurésie, de coqueluche, toutes maladies tenant leur origine de la tuberculose ou y conduisant.

M. le D' de Châteaubourg a, le premier, publié des communications sur le *Traitement de la coqueluche par le gaïacol en injections sous-cutanées*, dans la *Médecine Moderne*. Il est membre fondateur de la Société d'électrothérapie de Paris et membre de diverses autres sociétés scientifiques et médicales.

SAUVREZIS (Mlle Alice)

COMPOSITEUR de musique, née à Nantes (Loire-Inférieure). Après avoir commencé, toute jeune, son éducation musicale avec Mlle Heugel, dans sa ville natale, elle vint, en 1888, à Paris, où elle fut l'élève de César Franck. A la mort de celui-ci, elle travailla sous la direction de M. Théodore Dubois.

Mlle A. Sauvrezis a publié des œuvres musicales fort appréciées. On cite, notamment, ses mélodies : *Mélancolie*, *Chanson de mer*, de Sully-Prudhomme ; *Toujours*, de Jules Lemaître ; *Kypris*, de Leconte de Lisle ; *Sône*, chant breton, de A. Le Braz (chez l'éditeur du Wast) ; des morceaux de piano bien connus : *Chant sans paroles* ; *Calme* ; *Fantaisiste* ; *Agité* (du Wast); *Petite Valse berçante* et *Air de ballet* (Lemoine) ; un *Duo* pour pianos (Durand) ; la *Fileuse*, adaptation musicale sur une ballade d'Herminie Delavault (Enoch) ; un sonnet antique, la *Flûte*, de J.-M. de Hérédia, avec accompagnement de flûte et harpe (Durand) ; les *Vanneuses*, de Brizeux, chœur de femmes avec solo (du Wast) ; un recueil de chants d'enfants extraits de la *Comédie enfantine* de M. L. Ratisbonne, illustrations de Boutet de Monvel (Lemoine). On connaît, en outre, d'elle, les compositions suivantes, qui ont été exécutées souvent avec un vif succès : une suite de petits poèmes descriptifs, les *Sonnets forestiers*, de Henri Chantavoine (I. le *Matin* ; II. la *Forêt rouge* ; III. la *Forêt blanche* ; IV. la *Forêt noire*) ; *Sur la grève du Minihi*, de Louis Tiercelin ; *Erato*, d'H. Chantavoine ; *Janvier*, de Jules Barbier ; *Ether*, de Sully-Prudhomme ; les *Chansons écossaises* et *Lydia*, de Leconte de Lisle ; *Chansons d'amour*, de Fuster ; une mélodie à 2 voix, *Nuitamment*, de Stéphan Bordèse ; le *Vitrail* et *Au Jardin des Roses*, deux œuvres dont elle a écrit aussi le texte en prose ; des pièces pour grand orgue : *Prélude, Choral et Marche nuptiale* ; un poème symphonique : la *Bénédiction de la Mer*, etc.

Professeur de talent, Mlle Sauvrezis dirige un cours de musique fondé sous la direction de César Franck, dans lequel elle s'occupe spécialement de l'enseignement du piano et de la musique chorale. Ayant pour collaborateur M. Bourgault-Ducoudray, elle y donne une large place à l'étude de l'histoire de la musique.

Elle est officier d'Académie depuis 1895.

CUVINOT (Paul-Louis-Joseph)

SÉNATEUR, président du conseil d'administration de la C¹ᵉ des Omnibus de Paris, né à Liancourt (Oise) le 1ᵉʳ juin 1837. Il fit ses études classiques à Paris, entra à l'École polytechnique en 1855, passa ensuite par celle des Ponts et chaussées et fut nommé ingénieur du service hydraulique, dans le Doubs, en 1860.

De Besançon, M. Cuvinot vint à Mantes et y demeura jusqu'à la guerre de 1870. Attaché alors à la commission de l'armement de Paris et chargé de poser un câble sous-fluvial pour relier la capitale avec la province, il ne put mener à bonne fin cette opération, malgré tous ses efforts. Il fut ensuite placé par M. de Freycinet auprès de la délégation de Tours.

Après la guerre, M. Cuvinot reprit le cours de sa carrière et fut envoyé à Saint-Dizier. Appelé, en 1876, à diriger le service de la navigation de la Seine et des ponts de Paris, il fut promu ingénieur en chef et, lorsque M. de Freycinet, en 1877, prit, dans le cabinet Dufaure, le portefeuille des Travaux publics, il s'attacha M. Cuvinot comme directeur du personnel et chef de cabinet.

Il occupait encore ce poste lorsqu'en 1879, au renouvellement sénatorial du 5 janvier, il fut envoyé à la Chambre haute, par le département de l'Oise, avec 490 voix sur 774 votants. Malgré cette élection, il demeura à la tête des services du ministère des Travaux publics où il était placé, en vertu d'un décret du 18 janvier et il n'abandonna ces fonctions qu'à l'avènement du cabinet Waddington (4 février 1879).

M. Cuvinot a été réélu sénateur de l'Oise : en 1888, par 634 voix et en 1897 par 654. Au Luxembourg, il siège à la Gauche républicaine. Ses votes, dans les circonstances importantes, furent les suivants : pour l'article 7 et les lois sur l'enseignement ; pour l'application des décrets aux congrégations (1880) ; pour la réforme de la magistrature (1883) ; pour le rétablissement du divorce (1884) ; pour l'expulsion des princes ; pour la nouvelle loi militaire (1886) ; pour le scrutin d'arrondissement ; pour les poursuites contre les boulangistes (1889) ; pour le ministère Bourgeois (1895-96), etc ; il a été membre de plusieurs commissions et rapporteur de divers projets relatifs à des questions de finances et de travaux publics.

A différentes reprises, il a été question de l'honorable sénateur de l'Oise pour un ministère ; mais les combinaisons comprenant son nom n'ont jamais abouti avec lui.

Choisi, en 1894, comme président du conseil d'administration de la C¹ᵉ des Omnibus de Paris, M. Cuvinot a su, sans négliger complètement son mandat sénatorial, donner à cette importante entreprise une très-visible impulsion personnelle. Depuis sa présidence, la C¹ᵉ des Omnibus a réalisé, dans ses services, quelques améliorations intéressantes : la traction mécanique a été substituée, sur plusieurs lignes, à la traction animale ; le matériel et la cavalerie ont été augmentés et améliorés ; cependant on continue de reprocher à cette puissante compagnie la lenteur avec laquelle elle procède à la transformation, devenue nécessaire, de ses moyens d'action, ainsi que son peu d'empressement à satisfaire aux desiderata et aux besoins les plus urgents de la population parisienne.

M. Cuvinot est président du Conseil général de l'Oise et de la Caisse nationale des retraites pour la vieillesse ; membre du Conseil supérieur de l'Agriculture, du Conseil supérieur de l'Exposition universelle de 1900 et chevalier de la Légion d'honneur.

GRASSET (Joseph)

MÉDECIN et professeur, membre de l'Académie de Médecine, né à Montpellier le 18 mars 1849. Après avoir fait, au lycée de sa ville natale, de brillantes études classiques et obtenu le prix d'honneur de philosophie au concours général de 1866, il se fit inscrire comme élève aux facultés de Médecine et des Sciences.

Reçu licencié ès-sciences en 1868, interne des hôpitaux de Montpellier en 1870, docteur en médecine en 1873, puis chef de clinique médicale, M. Joseph Grasset subit avec succès, à Paris, en 1875, les épreuves d'agrégation. En 1881, il fut désigné pour remplacer le professeur Fonssagrives dans la chaire de thérapeutique à la Faculté de Médecine de Montpellier, et devint, cinq ans plus tard, professeur de clinique médicale et médecin de l'hôpital St-Eloi.

En outre de sa thèse de doctorat sur les *Affections chroniques des voies respiratoires d'origine paludéenne* (1873) et de celle d'agrégation sur la *Médication vomitive* (1875), M. le professeur Grasset a publié de nombreuses études et des ouvrages hautement appréciés dans le monde savant ; la plupart de ses travaux sont relatifs au système nerveux. On lui doit, notamment : un *Traité des maladies du système nerveux* (1878-1879, réédité en 1881, en 1886 et 1894). Il a fait paraître en outre : trois volumes de *Clinique médicale* ; des *Consultations médicales sur quelques maladies fréquentes*

(4ᵉ édition en 1895) ; le *Médecin de l'amour au temps de Marivaux* (1896) ; l'*Evolution médicale en France au XIXᵉ siècle* (1899), etc.

Lauréat de l'Institut (Académie des Sciences), membre associé de l'Académie de Médecine de Paris, correspondant de l'Académie royale de Médecine de Rome, de la *Neurological Association* de Londres, ancien président de l'Académie des Sciences et Lettres de Montpellier, président d'honneur du Congrès international de médecine de Moscou, président du 5ᵉ congrès de médecine de Lille, en 1899, M. le professeur Grasset est officier de l'Instruction publique depuis 1890 et chevalier de la Légion d'honneur depuis 1895.

TOUDOUZE (Simon-Alexandre)

PEINTRE, né à Paris le 30 juillet 1850. Dès sa jeunesse, attiré vers l'art par une vocation très nette, il s'appliqua surtout à l'étude des maîtres anciens, entre autres Rembrandt, Velasquez, Franz Halz, qu'il appréciait particulièrement.

M. S.-A. Toudouze débuta aux Salons annuels de la Société des Artistes français, en 1885, avec un *Soleil levant dans le golfe de Gênes*. Il y a envoyé depuis plusieurs toiles fort appréciées : les *Meules* ; les *Rochers de Pont-Aven*, Bretagne (1888) ; une *Vallée bretonne* (1889) ; *Soleil couchant* (1890), etc.

Bien avant d'avoir figuré aux expositions officielles, M. Toudouze s'était fait connaître déjà par de nombreux tableaux, paysages pour la plupart, où se révèle la manière bien personnelle de cet artiste, remarquable par le pittoresque accentué des couleurs.

Nombre de ses œuvres ornent les grandes collections d'Amérique et d'Europe ; on en trouve aussi dans diverses galeries françaises publiques et privées. Les plus connues sont : la *Montagne du Revard*, qui appartenait au président Félix Faure ; le *Lac du Bourget*, commandé à l'artiste, en 1894, par le grand-duc Alexis de Russie ; une *Marine*, acquise en 1893 par le roi Georges de Grèce ; la *Ferme de Kerremberchec*, qui est au musée de Brest ; une *Vue de Pont-Aven*, collection Secrétan ; *Soleil couchant*, collection Alexandre Dumas ; les *Montagnes du Revard*, collection J.-C. Duval ; les *Petits Pins* (château de Poussan), à M. Thomas Pietri ; *Bois d'amour* (Bretagne) et les *Montagnes*, à M. Lanquest ; le *Revard en hiver*, à M. Aubert aîné ; *Soleil levant* (Arrenzano) et l'*Automne à Chantemerle*, à M. le Dʳ Brachet ; *Sous bois* (Forêt de Fontainebleau), à M. Baumgart, directeur de la manufacture de Sèvres ; les *Montagnes à Aix-les-Bains*, à M. le Dʳ H. Cazalis ; la *Chambotte* (Aix-les-Bains), à M. Lucien Emmery ; les *Chaumières à Mouxy* (Savoie), à M. Vial-Debacker ; le *Printemps à Grésy* (Savoie) et *Vaches aux champs*, à Mᵐᵉ Marie Lavalley ; le *Village de Grésy*, à M. le Dʳ Alfred Fournier ; *Cheval au pâturage*, à M. Valentin Garrosset ; *Intérieur de ferme*, à M. Louis Guillemot ; le *Vieux chêne*, à M. le Dʳ Huchard ; les *Bruyères en Bretagne*, à M. Charles Lalance ; la *Mare aux fées*, à M. Delsuc ; les *Montagnes du Revard* et *Soleil couchant*, à M. Michel Marghiloman ; le *Golfe de Gênes* et la *Mare à Fontainebleau*, à M. Cohen de Bradford ; les *Chênes*, à M. le comte de Maupeou ; *Sous bois*, à M. Samuel ; *Soleil levant au golfe de Gênes*, à M. Staehling, de Bâle ; *Automne*, à M. Samat ; *Soleil couchant*, à M. E. André, de Marseille ; *Vallée d'Aoste*, près de Turin ; *Chaumière en Champagne* et *Effet du matin*, à M. L. Mantes, de Marseille ; *Soleil couchant à Saint-Adresse*, à M. Van der Velde ; les *Meules*, l'*Etang*, *Route en pays des Vosges* et les *Chaumières*, à M. Tiquet, de Vesoul ; le *Vésuve*, *Sous bois* et la *Vallée de Kerremberchec*, à Mᵐᵉ Mohr ; le *Golfe de Naples*, *Route du Désert*, le *Lac du Bourget*, les *Champs de blé*, *Etudes d'arbres*, à M. Lamy ; les *Blés mûrs*, à M. Tourniée ; les *Bois en automne*, à M. Ernest Niquet ; *Sous bois en été* et la *Lisière des bois de Compiègne*, à M. Plocque ; *Sous les arbres*, à M. le Dʳ Pietkievicz ; la *Forêt de Fontainebleau*, à M. Pion ; la *Mer*, *Golfe de Gênes* et la *Forêt de Fontainebleau*, à M. Siot-Decauville ; *Etude et Effet de neige*, à M. Sammarcelli ; les *Bords de la Seine*, à M. Verdenal ; le *Lac du Bourget*, à miss Fleetwood Wilson ; *Sous bois en automne*, à M. Werzinger, de Bâle ; *Soleil du Midi sur la Méditerranée*, la *Gorge aux Loups dans la forêt de Fontainebleau*, à M. John Perlbach, de Hambourg ; la *Vallée*, à M. Decrais, ministre plénipotentiaire ; le *Port de Saint-Malo*, à M. le marquis de Peralta, ministre résident ; le *Canal de Courtavent*, à Mᵐᵉ la baronne Duquesnoy ; les *Montagnes du Revard*, à M. G. Bonvalot, l'explorateur ; le *Moulin de Drumettaz* (Savoie), à M. Henri Rochefort ; le *Bois Lamartine* à Aix-les-Bains, à la Société des Beaux-Arts de Strasbourg ; la *Vallée d'Aoste* (Italie) et le *Vésuve, vu de la terrasse Nardi Sorrente*, à M. Calosso, avocat, de Turin ; un *Lac*, à M. Imhaus, directeur du Crédit Lyonnais, à Tours ; *Sous bois*, à M. Lombart, de Nangis ; les *Chaumières*, à M. Ad. Seyboth, directeur des musées de Strasbourg ; la *Route à Mouxy* (Savoie), à M. Binder, conservateur des musées de Strasbourg ; la *Mare aux fées dans la forêt de Fontainebleau*, à M. Merian, de Munster ; la *Ferme*, à M. A. Ritleng aîné, de Strasbourg ; sept *panneaux décoratifs* pour la salle à manger du château de La Perollière, près Lyon, à M. Félix Mangini, ingénieur ; l'*Etang*, à M. le Dr Jacquet ; la *Seine à Beaulieu* (Aube), à M. Massey, de Paris ; *Automne à Fontainebleau*, à Mme Barbier-Lancey de Sonia ; *Matin à Mouxy* et *Village de Drumettaz* (Savoie), à Mme G. Obin ; le *Lac du Bourget* et *Chaumière savoyarde*, à M. Rugé ; la *Dent des Chats*, à *Aix-les-Bains*, à M. Numa Blanc, de Cannes ; la *Neige en Champagne*, à M. le Dr Bienfait, de Vichy ; *Montagnes*, à M. Brun, de Grenoble ; le *Revard* (Aix-les-Bains), à M. Languet, de Paris ; le *Golfe de Gênes*, à M. G. Muhlbächer ; *Pêcheurs du lac du Bourget*, au musée de Reims ; les *Chaumières* (effet de pluie), au musée de Strasbourg ; le *Château de Bordeaux, lac du Bourget*, au musée d'Aix-les-Bains ; la *Vallée de Kerremberchec*, près de Pont-Aven (Finistère), au musée de Brest ; la *Ferme du Mouxy* (effet du matin), au musée de Cannes ; l'*Entrée du village de Mouxy*, au musée de Mâcon ; le *Lac du Bourget*, au musée de Beaune ; l'*Eglise de Mouxy*, au musée de Quimper ; *Saint-Adresse* (soleil couchant), au musée d'Avignon ; les *Vieux chênes*, au musée de Béziers ; une *Marine*, au musée de Belfort ; *Soleil sur la ferme* (effet du matin), au musée de Besançon ; le *Mont Revard*, au musée de Troyes ; la *Gorge aux Loups* (forêt de Fontainebleau), au musée de Grenoble ; la *Plage de Fécamp* (marée basse), acquis par la Société des Amis des Arts de Strasbourg ; le *Village de Mouxy en novembre*, à M. Emile Domange, de Paris ; l'*Eglise de Mouxy* et *Entrée du village* (effet de matin), à M. le Dr Kalindero, de Bucharest ; *Entrée de la Seine*, en rade du Hâvre, acquis par l'Etat roumain ; les *Chênes d'Aix-les-Bains*, à la reine de Roumanie ; les *Montagnes du Revard* à Aix-les-Bains, à M. Take Inesco, ministre des Beaux-Arts de Roumanie ; l'*Aube*, à M. Henry, ministre de France à Bucharest ; la *Plage de Fécamp* (marée basse), à M. Nicolas Xenopol, député ; les *Chaumières* (effet de soleil), à Mlle Vladoyano ; la *Plage de Fécamp* (marée haute), à M. Zaharia Olmazu ; *Etude de Stupinigi* (environs de Turin), à Mlle Vladoyano ; la *Ferme*, placée dans la galerie de l'Athénée roumain ; le *Mont Blanc*, à M. le Dr Kalindero ; la *Seine à Beaulieu*, à M. Halfon, banquier ; le *Soleil couchant*, à M. le capitaine Opreano ; *Reviendra-t-il ?* (golfe de Naples), à M. A. Ascher ; la *Mare de Drumettaz*, près d'Aix-les-Bains, à M. Vlasto ; l'*Entrée du port du Hâvre*, à M. Lévy, de Bucharest ; *Arrenzano* (golfe de Gênes), à Mme L. Mavrocordato ; le *Golfe de Gênes*, à Mlle Vladoyano ; *Arrenzano* (golfe de Gênes), à M. le Dr Schachmann ; le *Givre*, à M. Ureschi ; *Matinée de novembre* (départ pour les champs), à M. Jan Covici ; les *Pins* (vue du château de Poussan), à M. le Dr Kalindero ; les *Montagnes neigeuses*, à M. Staheli ; l'*Approche de l'orage*, à M. le Dr Kalindero ; les *Montagnes* (Suisse), à M. Th. Mandrea ; *Soleil levant sur la Méditerranée*, à M. le Dr Kalindero ; la *Route de Chantemerle* et une *Marine*, à M. Clément, fabricant de cycles ; le *Village de Pugny en automne* et une *Marine*, à M. Besse, directeur de la Société la « Française » ; *Fort St-Ange à Rome* et *Marine à Fécamp*, à M. Lelong, directeur de l'Acatène ; la *Ferme de Drumettaz*, à M. le Dr Guillaud ; *Soleil levant sur la mer*, à M. Jumel, député ; *Sous bois à Compiègne* et *Marine*, à M. Bruel ; la *Mare de Drumettaz*, à M. Le Rebel, avocat ; *Pont-Aven* (Bretagne), à Mme Tourret ; *Soleil couchant à Ste-Adresse* (le Havre), à M. Jules Hollande ; la *Ferme*, au musée de Nice ; le *Matin aux Corbières*, au musée de Toulon, etc.

Cet excellent paysagiste est officier d'Académie (1895), chevalier du Sauveur de Grèce (1893) et décoré de divers autres ordres étrangers.

PROUVÉ (Emile-Victor)

Peintre et sculpteur, né à Nancy le 15 août 1858. Elève de MM. Devilly et Cabanel à l'Ecole des Beaux-Arts, il envoya, à ses débuts, aux Salons annuels de la Société des Artistes français, des toiles, parmi lesquelles on a remarqué particulièrement : *Sardanapale* (1885) ; *Magdeleine* (1886) ; *Charité* ; *Au couvent* (1887) ; l'*Ami Hekking* (1888) ; le *Deuxième cercle du Dante* (1889).

En 1890, M. Victor Prouvé suivit les artistes dissidents à la nouvelle Société des Beaux-Arts et exposa successivement : *Mesdemoiselles Gallé*, portrait (1890) ; *Chemin creux dans l'oasis de Gabès* ; l'*Oued Gabès à Menzel* ; *Douiret* (1891) ; *Portrait* (1892) ; M. *Emile Gallé* ; l'*Ami Vernolle* et autres portraits (1893) ; le *Docteur Bernheim*, portrait (1896) ; la *Vie*, frise décorative pour l'escalier d'honneur de la mairie d'Issy-les-Moulineaux (1897) ; *Vision d'automne* ; le *Professeur Molk*, portrait ; *Jacques Turbin*, portrait (1899), etc.

Cet artiste, dont les qualités personnelles se font apprécier surtout dans la peinture décorative, a été chargé de l'exécution de frises pour la mairie du xi⁰ arrondissement de Paris. On lui doit, outre ses toiles, des eaux-fortes originales, notamment la composition bien connue, intitulée : un *Cynique*, et une intéressante série de vues prises au cours d'un voyage en Tunisie.

Comme sculpteur, c'est aussi dans ses œuvres d'art décoratif que le talent de M. Prouvé a été le mieux inspiré. On cite, parmi les productions qu'il a exposées aux Salons de la Société nationale : *Au crépuscule*, panneau décoratif cire, pâtes coloriées (1891) ; la *Soif*, porte-bouquet bronze ; *Dernières feuilles*, vase bronze ; une série de reliures décorées de mosaïques de maroquin, dont une *Salammbô*, en collaboration avec M. Camille Martin, qui exécuta les coins en cuivre repoussé et émaillé (1893) ; la *Nuit*, plâtre, qui fut depuis exécutée en bronze (1894) ; Ensemble sur les « Poèmes Barbares » de Leconte de Lisle, composé d'un exemplaire in-4⁰ couvert en maroquin mosaïque, application de cuivre repoussé et armé de bronze, et d'un support-pupitre en bronze, œuvre des plus remarquables (1896) ; *Poignée de grande porte* et *Entrée de serrure*, en bronze ; l'*Image*, album à photographies, couverture en cuir ciselé et mosaïque ; *Ceinture*, cuir ciselé et mosaïque, boucle et détails argent patiné d'or, plaques de ceinture argent, patiné or, et le *Jour*, diadème or et argent (1897) ; *Grand volet de meuble*, cuir incisé et repoussé, avec appliques de cuivre, mosaïque de maroquin ; divers albums à photographies ; *Aurore*, broche en or ; *Crépuscule*, broche en or ; *Gaule*, médaille (1898) ; Couvertures de livres, entre autres trois contes de Flaubert, trois exemplaires ornés de cuirs ciselés, à fond de mosaïque de maroquin ; divers objets d'orfèvrerie et *Fille-fleur*, bronze, porte-fleur (1899), etc. A mentionner encore des panneaux en cuir pour salle à manger, d'un fort joli effet.

M. Victor Prouvé est aussi l'auteur du monument élevé à la mémoire du président Carnot, à Nancy, en 1896, en collaboration avec M. Bourgon, architecte et M. Vallin, ornemaniste.

Cet artiste a obtenu une mention honorable en 1885 ; une médaille de 3ᵉ classe en 1886 et une médaille de bronze à l'Exposition universelle de 1889. Sociétaire de la Société nationale des Beaux-Arts, il est chevalier de la Légion d'honneur depuis 1896.

CHÉRET (Jules)

Peintre et dessinateur, né à Paris le 31 mai 1836. De condition modeste, il eut des débuts difficiles. A treize ans, il fut mis en apprentissage chez un lithographe ; mais bientôt la vocation artistique s'empara du jeune ouvrier. En 1856, il partit en Angleterre, où il trouva à utiliser son talent de dessinateur lithographe sur ouvrages illustrés. Sa notoriété n'avait pas encore dépassé un cercle restreint d'amateurs, quand, en 1866, l'invention de machines permettant l'emploi des pierres lithographiques de grande dimension lui ouvrit une voie nouvelle.

Revenu en France, M. Jules Chéret fonda une imprimerie spéciale et lança sa première affiche en couleurs, la *Biche au bois*, qui obtint un réel succès.

Chéret, écrivit M. Béraldi, dans son livre sur les *Peintres-graveurs*, venait de créer, avec un instinct admirable, le dessin approprié à l'affiche ; de plus, il y ajoutait l'art de produire le maximum d'effet avec un petit nombre de couleurs et d'utiliser les caractères des titres et des légendes comme motif d'ornementation. Sa verve est merveilleuse..., beaucoup de ses affiches sont des tableaux.

M. Jules Chéret est, en effet, resté l'un des maîtres de l'affiche, comme il a été l'initiateur de cet art. Nombre de maisons de commerce, de magasins de nouveautés et de théâtres l'ont choisi comme illustrateur ; on ne saurait mentionner toutes ces œuvres qui, encore que servant les intérêts de la réclame, font la joie et la distraction de nos rues ; citons toutefois parmi les meilleures, ses affiches pour la *Lacteoline*, la *Saxoléine*, les *Bals de l'Opéra*, la *Pantomime lumineuse*, la *Poudre de riz diaphane*, les *Jouets des Grands Magasins du Louvre* et des *Buttes-Chaumont*, la *Terre*, l'*Amant des danseuses*, la *Danse*, la *Musique*, le *Musée Grévin*, le *Moulin Rouge*, la *Macarona* à l'Olympia, les *Œuvres de Rabelais*, les *Magasins du Petit Saint-Thomas*, les *Folies Bergère*, etc.

M. Jules Chéret a illustré aussi un grand nombre de couvertures de livres, de prospectus, de programmes de théâtres, de morceaux de musique, qui tous portent la griffe de sa manière si personnelle et primesautière. Il a fondé, en outre, un intéressant *Album théâtral*, dont il se réserva l'illustration et confia le texte à M. Arnold Mortier.

Cet excellent artiste s'est aussi fait connaître comme pastelliste. Ses compositions, où l'ancienne comédie italienne semble revivre, avec ses pierrots, arlequins, colombines, polichinelles gracieux et hardis, et où les personnages grotesques de la pantomime actuelle surgissent parfois, sont d'un charme et d'une harmonie délicieux. On lui doit aussi de fort belles sanguines, reproduites en gravure à l'eau-forte par Bracquemond.

M. Jules Chéret s'est enfin révélé comme un décorateur de talent. On lui doit, dans cet ordre de travaux d'importants panneaux destinés à l'hôtel de ville et représentant la *Pantomime*, la *Comédie*, la *Musique* et la *Danse* ; d'autres œuvres décoratives pour M. le baron Vitta, à Évian ; pour M. Fenailles, à Saint-James-Neuilly ; un rideau de théâtre pour le musée Grévin, représentant la *Chanson de Colombine*, etc. Là encore. M. Jules Chéret a montré des qualités bien personnelles et d'un goût particulièrement français, avec les notes vives et claires auxquelles il nous a habitués.

Il est chevalier de la Légion d'honneur depuis 1890.

DESLANDRES
(Adolphe-Édouard-Marie)

MAITRE de chapelle et compositeur de musique, né le 22 janvier 1840, à Paris. Fils d'un musicien distingué, professeur de chant dans les écoles de la ville de Paris, qui fut pendant plus de cinquante ans maître de chapelle à l'église Sainte-Marie des Batignolles et mourut en 1880, il reçut de son père les premières leçons de musique, puis il entra au Conservatoire, où il fut l'élève de Benoist et de Leborne ; il y obtint, en 1858, les premiers prix d'orgue et de fugue et reçut, en 1860, le second grand prix de l'Institut. Il fut aussi, pour le piano, l'élève de Marmontel.

M. Adolphe Deslandres, qui, à sept ans, était enfant de chœur à Ste-Marie des Batignolles, n'a jamais cessé, depuis ce moment, de coopérer au service musical de cette église, l'une des paroisses parisiennes dont les cérémonies religieuses sont les plus intéressantes au point de vue artistique. Il y seconda son père tant qu'il vécut et, à sa mort, devint seul maître de chapelle et organiste titulaire. Attaché à Ste-Marie des Batignolles depuis une cinquantaine d'années, il y a donc accompli déjà un séjour aussi prolongé que celui de son père.

Très apprécié comme maître de chapelle, organiste et improvisateur, M. Deslandres s'est aussi fait connaître et remarquer par de nombreuses productions musicales. En 1879 et en 1880, il donna au Trocadéro deux concerts d'audition de ses œuvres, qui obtinrent le plus brillant succès. Depuis cette époque, sa réputation est allée grandissant et l'on s'accorde aujourd'hui à le considérer comme l'un de nos plus remarquables compositeurs, son talent souple et varié ayant atteint son complet épanouissement.

« Adolphe-Édouard-Marie Deslandres n'est pas seulement un excellent maître de chapelle, doublé d'un virtuose religieux ; il est compositeur et ses œuvres, si fécondes, obtiennent dans les milieux mondains le même succès qu'à l'église, car il sait en varier la forme. Sa musique, s'inspirant du sujet, atteint les plus hauts sommets de l'art et se plie aux caprices gracieux du poème. (*Gil Blas*. — 9 juillet 1899).

— M. Deslandres possède le don d'orchestration à son plus haut degré de perfection.... Bien qu'il ait un très volumineux et très riche bagage de musique religieuse, il ne s'est jamais, pour cela, éloigné du genre profane qu'il élève ; il reste mélodique comme les maîtres qu'il a toujours aimés et vénérés : Mozart, Gounod, etc... Ses compositions sont claires : toutes ses pages sont d'une inspiration féconde et la science couronne ses richesses intellectuelles. (*Revue des Beaux-Arts et des Lettres*. — 1ᵉʳ avril 1899).

Voici la liste des principales œuvres de M. Adolphe Deslandres : Musique profane. — *Dimanche et Lundi*, opéra-comique en un acte, poème d'Henri Gillet, joué cent fois de suite au Théâtre lyrique de l'Athénée en 1872-73 et, après, avec un vif succès, à l'Opéra Comique, en 1888 ; le *Baiser*, opéra-comique en un acte, poème du même auteur (Opéra-Comique 1884) ; *Fridolin* ; le *Chevalier Bijou* (Alcazar 1880) ; Le *Moka de l'étrier*, opérette ; *Feuillets d'album*, recueil de six mélodies ; *Bouquet de mélodies*, sur des paroles de Victor Hugo, A. de Musset, F. Coppée, G. Nadaud, Jules Lemaître, Georges Leygues, Sully-Prud'homme, A. Theuriet, P. Déroulède, H. Gillet, Cl. Couturier, etc. ; de nombreux morceaux de chant, dont les plus connus sont : l'*Extase*, *Puisque Mai tout en fleurs*, *A une fleur*, les *Filles de Cadix*, *Son Charme*, *Pour toujours*, *Couples qui passent*, *Discrétion*, *Je suis le divin passant*, *Cadeaux de Noël*, les *Fossettes*, *Caprice attendri*, *Toujours*, *Bonheur*, les *Seize ans de Pâquerette*, les *Roses de la poésie*, *Jacques Bonhomme*, la *Galette lorraine*, *Invocation à la paix*, *Quand le cœur est pris*, *Tous les deux*, *Aubade*, *Ode à la Nature*, (chantée par Villaret), la *Barque brisée* (chantée par Faure), *La Main dans la main* (hymne Franco-Russe, paroles d'Émile Eude, dédié au tzar Nicolas II et chanté, en octobre 1896, par Mᵐᵉ Kerrion, aux concerts du Palais de l'Industrie) : *Quatre Méditations*, pour violon, violoncelle, harpe et orgue (exécutées aux Concerts Daubé, au Grand Hôtel) ; *Air de Ballet*, *Menuet symphonique*, *Ma gondole*, *Guirlande de Roses*, pour piano ; *Boléro burlesque* ; *Olga*, berceuse, dédiée à la petite grande-duchesse Olga dans son berceau ; *Tarentelle*, pour violon et piano ; *Barcarole*, pour violoncelle ou cor ; *Andante et Scherzo*, pour instruments à vent ; orchestration du *Caprice* de Mendelssohn, deux *fantaisies* pour saxophone-alto ; *Pepe et Tita*, opérette à deux personnages ; dix *Etudes de Concert*, pour piano et plusieurs opéra-comiques non représentés. On annonce encore de lui une suite d'orchestre qu'il destine à un de nos grands concerts.

Musique religieuse. — *Messe de saint André*, exécutée à Notre-Dame et dans la basilique du Sacré-Cœur de Montmartre ; les *Sept paroles du Christ*, oratorio, poème d'E. de Laboulaye, exécuté dans la chapelle du palais de Versailles en 1883 et à St-Michel de Bordeaux, par 150 exécutants, orchestre et chœur, et dont la presse fit les plus élogieux comptes-rendus ; *Stabat Mater* à 4 voix, soli, chœurs, orgue et orchestre, exécuté au palais de Versailles en 1885 et à St-Michel de Limoges, avec 150 exécutants, en 1887 ; *Messe solennelle en mi bémol*, pour soli, chœurs, orchestre et orgue, exécutée à St-Eustache, pour la Ste-Cécile, le 24 novembre 1885 ; deux *Recueils de six Motets*, avec accompagnement de différents instruments ; deux *Saluts solennels* ; *Cantate Domino canticum novum*, recueil de 24 cantiques ; la *Bannière de Jeanne d'Arc*, pour solo et chœur *ad lib.*, paroles de Ch. Desgranges, exécutée en mai 1895 et en mai 1899 à Notre-Dame de Paris, avec accompagnement de 20 trompettes, dix trombones et grand orgue, et qui obtint un succès d'enthousiasme ; chantée aussi au Trocadéro par Mlle Clémence Deslandres, accompagnée par la musique de la Garde républicaine, sous la direction de M. Gabriel Parès, le 28 avril 1899 ; *Chant populaire à Jeanne d'Arc*, paroles de Mgr Le Nordez, chanté à la basilique du Sacré-Cœur en juin 1895, par la sœur du compositeur ; *Hymne au Sacré-Cœur*, chanté également par Mlle Deslandres en juin 1896, 1897 et 1898 dans la basilique du Sacré-Cœur, avec violon, harpe et orgue ; *Sancta Maria*, pour deux voix égales ; *Sub tuum*, à 4 voix mixtes ; des *Pièces* nombreuses ; des *Duos* pour orgue, harmonium et piano, etc.

M. Adolphe Deslandres est officier de l'Instruction publique depuis 1889.

Sa sœur, Mlle Clémence Deslandres, cantatrice de grand style, douée d'une fort belle voix, a souvent interprété les œuvres de son frère, notamment dans les solennités musicales religieuses et les concerts de charité.

Son frère aîné, Jules Deslandres, 1er prix de contrebasse au Conservatoire, en 1855, fit partie de l'orchestre de l'Opéra depuis 1860 jusqu'à sa mort, en 1870. Il possédait aussi une jolie voix de ténor qu'il utilisait pour chanter à Ste-Marie des Batignolles.

Son jeune frère, Georges Deslandres, lauréat du Conservatoire pour l'orgue et l'harmonie, élève de Marmontel pour le piano, fut organiste accompagnateur à Ste-Clotilde, St-Vincent-de-Paul et à Ste-Marie ; il mourut en 1875. Il était aussi professeur dans les écoles de la ville de Paris...

COT (Etienne-William)

PEINTRE, né à Paris le 19 juin 1875. Fils du peintre d'histoire Pierre-Auguste Cot (1837-1883), dont plusieurs œuvres décorent nos musées, et petit-fils, du côté maternel, du sculpteur Duret, M. William Cot est le filleul de M. Bouguereau, membre de l'Institut, de qui il fut l'élève.

Il obtint, étant encore élève de l'Ecole des Beaux-Arts, le prix Fortin d'Ivry, avec une interprétation très personnelle de *Daniel arrêtant Suzanne sur le chemin du supplice*, sujet de concours.

Aux Salons annuels de la Société des Artistes français, il a envoyé notamment : un *Portrait de sa sœur* (1898, mention honorable) ; *L'Amour et la Mort* (1899), toiles, dont on fit de grands éloges. On cite, en outre, de M. William Cot : un *Portrait de Mme P...* ; *Suzanne au bain*, étude acquise pour l'Amérique, et nombre de paysages et de figures.

GIRARDOT (Louis-François Baron)

ECRIVAIN, né à Paris le 5 mai 1877. Il appartient à une vieille famille de Bourgogne, dont l'origine connue remonte à la fin du xive siècle, ou au début du xve ; il est, par sa mère, cousin du romancier suisse Urbain Olivier.

Elevé dans sa famille, le baron Louis Girardot se tourna de très bonne heure vers les lettres. Il envoya ses premiers articles à la *France Vraie*, organe aujourd'hui disparu, et collabora ensuite, jusqu'en 1896, à la *Pal Mall Revue*, où il a publié des poésies. De 1897 à 1898, il donna au journal le *Passant*, des chroniques, des nouvelles et des articles d'intérêt historique qui furent remarqués. Dans la *Revue des Deux Frances*, il a publié une *Etude sur Louis XVII*, tendant à établir la réalité de l'évasion du Temple de ce prince et son identité avec Naundorff ; cette étude, très documentée, fit quelque bruit ; il donne dans chaque numéro de cette revue une chronique intitulée : « Echos de Paris ».

On annonce de cet auteur une *Etude sur les origines de la Noblesse Française* et un ouvrage intitulé : *A travers les Hérésies*.

OUDART (Charles-Alphonse-Antonin)

Avocat, publiciste, né à Thennes (Somme) le 14 février 1855. Il fit à Paris ses études de droit, fut reçu licencié en 1876 et docteur en 1880, avec une intéressante thèse, intitulée : *De l'acquisition et de la perte du droit de cité à Rome.*

Après avoir accompli son service militaire au 51° régiment de ligne, à Beauvais, comme engagé conditionnel, M. Oudart fut nommé sous-lieutenant de réserve au 72° de ligne, en 1881, puis lieutenant faisant les fonctions d'adjudant-major et enfin capitaine au 16° régiment d'infanterie territoriale, à Péronne.

Inscrit à la Cour d'appel de Paris depuis 1878, M. Oudart s'est créé, au Palais, une situation absolument indépendante. Il a plaidé de nombreuses causes civiles, commerciales et criminelles ; on cite particulièrement ses plaidoiries pour une victime de l'explosion de la rue Béranger (affaire Lasserre, 1re Chambre du Tribunal, 1882) ; pour Bouillon, condamné aux travaux forcés à perpétuité, dans l'affaire du Champ de Mars (1886) ; pour la veuve Potelle, condamnée à dix ans de réclusion, dans l'affaire de la rue St-Merri (1886) ; pour Muller, qu'il fit acquitter, dans l'affaire des aveux menteurs (*Petit Journal*, nos des 27 et 28 décembre 1887 ; 12 février 1888) ; pour les époux Varenne, victimes d'une arrestation arbitraire, affaire dans laquelle Me Oudart obtint la condamnation du dénonciateur (1893) ; pour M. Louyot (arrêt de la 7° Chambre de la Cour de Paris, 20 mai 1897, affaire dans laquelle, plaidant contre Me Pouillet, bâtonnier de l'ordre et auteur d'ouvrages estimés, il défendit avec succès le principe de la liberté des commerçants, contre les prétentions des syndicats professionnels).

Me Antonin Oudart est l'auteur de divers travaux juridiques, notamment : *Etude sur l'application de l'article 334 du code pénal* (Revue critique de Législation et de Jurisprudence, 1883) ; *Dissertation sur une question de nationalité* (Gazette des Tribunaux, 22 août 1883), dont la doctrine fut consacrée trois mois plus tard par la Cour de cassation (arrêt du 7 décembre 1883, Gazette des Tribunaux du 18 décembre 1883) et la Cour de Rouen (arrêt du 22 février 1884, Gazette des Tribunaux du 26 février 1884). Dans ce même numéro, on trouve un arrêt de la Cour de Paris dans l'affaire Gillebert, se rapportant au même sujet.

Sous le pseudonyme de « Populus », Me Oudart a publié les *Causeries du Palais*, recueil d'articles parus dans divers journaux en 1886-1887, généralement inspirés par l'intérêt du justiciable et qui furent le point de départ de nombreuses réformes utiles au public. On doit en outre ajouter que, tant par la plume que par la parole, il a été l'un des promoteurs du mouvement d'opinion qui a fait voter la loi du 8 décembre 1897 sur l'instruction contradictoire.

Jusqu'en 1889, il a pris une part active aux travaux de la conférence Molé Tocqueville, où il a déposé et discuté de nombreux projets de loi.

Me Oudart a prêté un actif concours à son père, maire de Thennes (Somme), pour obtenir la construction d'une mairie et d'écoles dans cette commune, où ces édifices furent inaugurés en 1890 (*Journal de Montdidier*, 8 septembre 1886).

Me Antonin Oudart est membre de la Société de Législation comparée, de la Société d'Economie sociale et membre honoraire de la conférence Molé-Tocqueville, etc.

WITTMANN (Gustave)

Compositeur de musique et chef d'orchestre, né à Paris le 8 octobre 1843. Issu d'une famille alsacienne établie à Paris depuis 1780, fils de Jean-Baptiste Wittmann, qui fut professeur d'harmonie attaché aux régiments de la garde impériale, et petit fils de Xavier Wittmann, chef de musique sous le premier empire, chevalier de la Légion d'honneur, M. Gustave Wittmann sortit du Conservatoire national avec les premiers prix d'harmonie et de composition. Ensuite, il dirigea l'orchestre de Mabille (1872-1880), puis les concerts du Palais de l'Industrie et des Champs-Elysées ; il fut ensuite chef d'orchestre de l'Hippodrome (1880-1893) et des bals de l'Opéra, où il succéda à Olivier Mitra et Arben. Entre temps, il a aussi conduit l'orchestre de l'Olympia de Londres.

Compositeur, il a publié un nombre considérable de morceaux, marches, airs de danse, de musique instrumentale, etc. ; il a transcrit, à l'usage de musiques militaires, les principales œuvres des maîtres anciens et modernes, tels que : Strauss, Métra, Rossini, Meyerbeer, Fahrbach, Mendelssohn, Gounod, Waldteuffel, etc.

M. Gustave Wittmann a fait représenter à l'Hippodrome : la *Chasse*, pantomime ; *Skobeleff*, pièce qui fut jouée plus de 1,500 fois de suite ; à la demande des auteurs, MM. Lalo et Widor, il monta et dirigea *Néron* et *Jeanne d'Arc*, qui eurent aussi un succès considérable.

Pour ces trois derniers ouvrages, M. Gustave Wittmann avait un orchestre de deux cents musiciens et autant de choristes.

Ce compositeur est officier d'Académie et chevalier de l'ordre du Christ de Portugal.

DESESQUELLE (Edouard)

Médecin né à Breteuil (Oise) le 9 février 1863. Il fit ses études classiques à Montdidier, puis vint à Paris et entra comme élève à l'Ecole de Pharmacie. Reçu pharmacien de 1re classe en 1889, après avoir été interne des hôpitaux, il accomplit alors ses études médicales et se fit recevoir docteur en 1894.

On doit à M. Desesquelle des travaux scientifiques, exécutés en grande partie dans les laboratoires du professeur Bouchard et de M. Béhal. Il s'est presque exclusivement occupé de chimie médicale et de pharmacologie, questions sur lesquelles on lui reconnait une certaine compétence.

On cite parmi ses publications : *Observations sur la solubilité du naphtol* (Archives de Pharmacie, 1887); *Observations sur les naphtols camphrés* (Archives de Pharmacie, 1888); *Salol camphré* (Mémorial thérapeutique, 1889); *Phénols camphrés* (Journal de Médecine et de Chirurgie pratiques, 1889; Répertoire de Pharmacie, 1889; Journal de Pharmacie et de Chimie, 1890); *Les celluloïds phénolés* (Répertoire de Pharmacie, 1889); *Sur un mode de recherche des phénols dans les urines* (Société de Biologie, 1890); *Sur les phénolates mercuriques et certains de leurs dérivés* (Société Chimique de Paris, 1892 et 1894); *Recherches systématiques sur le pouvoir bactéricide et la toxicité des phénolates mercuriques et de certains de leurs dérivés*, en collaboration avec M. Charrin (Société de Biologie, 1894); *Accidents occasionnés par le Salol*, en collaboration avec M. Patein (Société de Thérapeutique, 1894); *Des phénolates mercuriques et de certains de leurs dérivés; leur valeur thérapeutique expérimentale* (Thèse de doctorat, 1894); *Sur la toxicité du naphtol camphré*, en collaboration avec le Dr Le Gendre (Société de Thérapeutique 1898); *Du benzoate de Mercure, Considérations chimiques et toxicologiques*, en collaboration avec M. Bretonneau (Société de Thérapeutique, 1899), etc.

M. le Dr Desesquelle est officier d'Académie ; il fait partie de la Société chimique de Paris, de la Société de Thérapeutique, etc.

SAFFROY (Georges-Henri)

Officier, publiciste militaire, critique d'art et critique théâtral, né à Paris le 10 octobre 1848.

Petit-fils d'un officier de cavalerie et fils de commerçant, il étudia d'abord l'architecture dans l'atelier de M. Lesoufaché ; puis, sous la direction de MM. Bouguereau et Tony Robert-Fleury, il s'adonna à la peinture et exposa des tableaux de genre et des portraits équestres qui furent remarqués. On cite de lui les portraits de MMmes *Elvira Guerra* et *Maria Gentis*, écuyères de haute école ; *James Fillis*, le célèbre écuyer ; des tableaux ; l'*Hippodrome de Deauville*, *Mignon*, les *Parasols-Trouvillais*, le *Vieux château de Dieppe*, etc.

Commandant d'Etat-major dans notre armée de seconde ligne, écuyer habile et instruit, il entreprit, en 1885, de faire assidûment, à ses camarades, de nombreux cours pratiques et des conférences sur l'équitation. Puis, encouragé par les plus hautes personnalités militaires, il fonda, en 1893, avec le concours de quelques camarades de l'armée, et il préside depuis ce temps, la *Réunion hippique des officiers de réserve et de l'armée territoriale*, institution très prospère, approuvée par le ministre de la Guerre, et qui rend à l'armée des services très considérés ; les écoles civiles d'équitation et tout ce qui gravite autour du sport hippique ont beaucoup profité de son utile initiative et de son labeur désintéressé.

Le commandant Saffroy a organisé et professé, pendant dix ans, les cours d'équitation à la Société polytechnique militaire et a fait à cette Société plusieurs conférences sur l'Hippologie et l'Equitation militaire. Auteur d'un *Manuel d'équitation militaire pratique* (1887), qu'il a été autorisé à signer de son grade, et dont on fait beaucoup de cas, il traite, avec une compétence reconnue, dans l'*Armée Territoriale* et dans la *Patrie*, les questions militaires et spécialement celles relatives aux haras, à l'élevage du cheval, à la remonte de l'armée et à l'équitation dans les réserves ; il fait également dans ces deux journaux la critique du Théâtre et des Beaux-Arts.

Avec le général Iung, le commandant Saffroy avait créé, en 1882, la société de la *Plume et l'Epée*. Il fait partie de l'Association professionnelle de la critique musicale et dramatique, de l'Association des journalistes parisiens, et il a été nommé, en 1896, secrétaire-général du Syndicat de la Presse militaire.

Officier de l'Instruction publique, il a été fait, au titre militaire, chevalier de la Légion d'honneur en 1892.

CASIMIR-PERIER (Jean-Paul-Pierre)

Cinquième président de la République française, né à Paris le 8 novembre 1847. Petit-fils du ministre de Louis-Philippe mort en 1832, et fils du ministre de M. Thiers (1811-1876), il appartient à une famille originaire des Alpes Dauphinoises. Au XVIII° siècle, un Perier avait fondé une manufacture à Voiron (Isère) et son fils Claude acheta, en 1775, le château de Vizille, où se réunirent, en 1778, les Etats du Dauphiné.

Elève au lycée Bonaparte (aujourd'hui Condorcet), il accomplit de brillantes études, au cours desquelles il fut lauréat du concours général ; il se fit ensuite recevoir licencié ès lettres et licencié en droit. Nommé, lors de la déclaration de guerre, en 1870, capitaine des mobiles de l'Aube, il vit son nom porté à l'ordre du jour pour sa conduite à Bagneux et reçut, avant la fin du siège de Paris, la croix de la Légion d'honneur.

A la fin des hostilités, M. Jean Casimir-Perier entra comme attaché au ministère de l'Intérieur et, lorsque son père fut chargé de ce département, il fut chef de cabinet (11 octobre 1871 au 6 février 1872 ; puis 18 au 24 mai 1873).

Elu conseiller général par le canton de Nogent-sur-Seine, en 1874, il présida l'assemblée départementale de l'Aube jusqu'à son élection à la présidence de la République.

En avril 1874, son père et lui obtinrent un décret du maréchal de Mac-Mahon les autorisant, eux et leurs descendants, à ajouter à leur nom patronymique de Perier, le prénom de l'illustre homme d'Etat leur ancêtre, qui était aussi le leur, et à s'appeler désormais « Casimir-Perier. »

Candidat nettement républicain, malgré ses traditions familiales, aux élections législatives générales de 1876, M. Jean Casimir-Perier fut élu, sans concurrent, par 6,980 voix, député de l'arrondissement de Nogent-sur-Seine. A la Chambre, il se fit inscrire à la fois au centre gauche et à la gauche républicaine ; il fut l'un des 363 au 16 mai 1877 et obtint sa réélection, après la dissolution, par 6,515 voix, contre 3,400 à M. Walkenaer, bonapartiste.

Quand M. Dufaure fut chargé de constituer un cabinet, le 14 décembre 1877, il confia à M. Casimir-Perier le sous-secrétariat d'Etat à l'Instruction publique. A la chute de ce ministère, le 4 février 1879, il reprit son siège à la Chambre, fut à plusieurs reprises membre de la commission du budget et cessa, à ce moment, d'appartenir au centre gauche pour participer exclusivement aux travaux de la gauche républicaine.

Réélu le 29 août 1881, par 6,756 voix, contre 1,954 au candidat radical, il donna sa démission quand vint en discussion la loi d'expulsion des princes, en 1883 ; se rappelant les liens qui liaient sa famille à celle d'Orléans, il ne voulut ni manquer au respect dû à la mémoire des siens, ni mentir à ses convictions républicaines.

Après s'être fait beaucoup prier pour accepter un nouveau mandat, M. Casimir-Perier consentit à laisser poser à nouveau sa candidature à Nogent-sur-Seine, et, le 18 mars 1883, il fut renvoyé à la Chambre par 5,263 voix, contre 3,508. Le 17 octobre suivant, il entrait au ministère de la Guerre, dont le titulaire était le général Campenon, comme sous-secrétaire d'Etat, dans le deuxième cabinet Ferry ; il demeura à ce poste jusqu'à la démission du ministère, le 7 janvier 1885.

Au renouvellement législatif de cette même année, fait au scrutin départemental, il fut porté sur la liste républicaine de l'Aube et élu, au second tour de scrutin, le 18 octobre, par 41,836 voix sur 65,785 votants. En 1889, le scrutin d'arrondissement ayant été rétabli, il se représenta dans la circonscription de Nogent-sur-Seine et fut élu, le 22 septembre, par 5,021 voix, contre 4,477 à deux concurrents ; il fut réélu, le 20 août 1893, par 6,857 voix, sans concurrent.

Durant son séjour à la Chambre des députés, M. Casimir-Perier joua un rôle parlementaire important ; il prit aux délibérations une part très active et exerça constamment, sur une partie de ses collègues, une grande influence personnelle. Membre des plus importantes commissions, il présida celle du budget de 1890 à 1892 ; pendant la même période, il fut vice-président de la Chambre ; puis, en janvier 1893, élu président, en remplacement de Ch. Floquet, démissionnaire.

Le 3 décembre de cette même année, il dût quitter la présidence de la Chambre pour prendre celle du Conseil des ministres ; son cabinet, dans lequel il s'était réservé le portefeuille des Affaires étrangères, démissionna en mai 1894 et M. Casimir-Perier fut rétabli président de la Chambre (2 juin) en remplacement de M. Ch. Dupuy, devenu, à sa place, chef du gouvernement.

Quelques jours après, le 24, le président Carnot fut assassiné à Lyon et le Congrès, réuni à Versailles le 26, éleva à la suprême magistrature M. Casimir-Perier, par 451 voix, contre 195 à M. Henri Brisson et 97 à M. Ch. Dupuy.

Le nouveau président de la République conserva le pouvoir au ministère Dupuy, qui fit voter la loi d'exception contre les menées anarchistes et entreprit l'expédition de Madagascar ; ce cabinet, en outre, fit mettre en jugement le capitaine d'artillerie israélite Alfred Dreyfus et le général Mercier, ministre de la Guerre, obtint la condamnation de cet officier en communiquant au conseil de guerre, secrètement et en dehors de la procédure régulière, des pièces, dont certaines furent reconnues fausses plus tard.

La démission du ministère Dupuy (14 janvier 1895) amena M. Casimir-Perier à abandonner lui-même ses hautes fonctions (15 janvier). Sa décision, que rien n'avait, jusque-là, fait prévoir, surprit vivement le pays et le monde. Il l'expliqua en déclarant que l'irresponsabilité constitutionnelle du président de la République rendant impossible toute action personnelle de celui-ci dans la politique, il ne se jugeait pas propre à remplir le rôle passif qui lui était dévolu.

Rentré dans la vie privée depuis lors, M. Casimir-Perier n'a plus voulu accepter aucune des nombreuses offres de candidature ou de ministère qui lui ont été faites. Il n'est sorti du silence et de la retraite où il se complaît que pour apporter son témoignage public au conseil de guerre de Rennes, lorsque ce tribunal militaire fut appelé, par un arrêt de la Cour de cassation, à juger à nouveau le capitaine Dreyfus, illégalement condamné en 1894. Dans sa déposition, l'ancien chef de l'Etat déclara que son ministre de la Guerre, le général Mercier, lui avait toujours laissé ignorer les prétendus aveux du condamné et ne lui avait point fait comprendre que les pièces communiquées aux juges eussent été cachées à l'accusé et à la défense. Il ajouta que, d'ailleurs, cette communication clandestine ne pouvait se justifier par aucune crainte de guerre, que rien ne permettait alors de concevoir. Ce témoignage était en contradiction sur ces points importants et infirmait gravement celui du général Mercier ; il contenait même un blâme de sa conduite en cette affaire. Les défenseurs du capitaine Dreyfus n'obtinrent cependant pas de M. Casimir-Perier la déclaration de sa croyance en l'innocence de Dreyfus et il parut évident que l'ancien président était plus préoccupé de détruire une absurde légende de prétendues promesses échangées entre lui et cet officier que de faire la lumière sur le fond même de l'affaire (août 1899).

En sa qualité de président de la République, M. Jean Casimir-Perier a été grand maître de la Légion d'honneur : il est devenu grand croix de cet ordre depuis 1895 et possède plusieurs décorations étrangères. Il est l'un des plus forts actionnaires des importantes mines houillères d'Anzin.

JENNINGS (William-Oscar)

Médecin, né à Londres le 28 septembre 1851 et établi en France. Après avoir fait ses études classiques et médicales dans sa ville natale, il vint à Paris, en 1876, pour y suivre les cours de la Faculté de Médecine et fut reçu docteur, deux ans après, avec une thèse intitulée : *Comparaison des effets de divers traitements dans l'hystérie, précédée d'une esquisse historique sur la métallothérapie*. Dans ce travail, il réfutait les théories de Charcot et de Luys, préconisant pour les malades l'emploi d'un métal déterminé dans chaque cas d'hystérie. M. Jennings déclara — et le corps médical parut, par la suite, lui donner raison — que les quelques bons résultats obtenus par ce traitement étaient seulement dûs au hasard.

M. le docteur Jennings a introduit, le premier, en France, le traitement du chirurgien anglais Sayre, que certains chirurgiens spécialistes français se refusaient d'appliquer dans les maladies de la colonne vertébrale. Cette méthode, consistant à suspendre les malades, en leur appliquant un appareil de contention, est aujourd'hui devenue classique dans le monde entier.

M. le docteur Jennings s'est occupé, l'un des premiers, du cyclisme, au point de vue médical. C'est ainsi que, dès 1888, il a prescrit l'emploi raisonné du tricycle pour guérir les rhumatismes, la goutte, les maladies d'estomac, les hernies, ainsi qu'un grand nombre d'autres affections. Mais ce qui a définitivement consacré sa renommée de praticien et de savant, c'est sa découverte d'un moyen radical faisant disparaître l'habitude de la morphine chez les personnes atteintes de cette monomanie. Les cures qu'il a faites dans ce genre de maladies ont permis de lui attribuer une des meilleures places, en France, parmi les médecins versés dans cette spécialité.

Ce médecin a publié d'importants travaux scientifiques ; on cite ceux portant les titres suivants : *Sur la méthode de Sayre* (1880) ; *Du diagnostic des maladies de la moëlle épinière*, traduit de l'anglais, du professeur W.-R. Gowers (1882) ; *Du traitement méthodique de la neurasthénie et de quelques formes d'hystérie*, traduit de l'anglais du professeur Weir Mitchell, avec introduction du professeur Ball (1883) ;

Sur un nouveau mode de traitement de la morphinomanie (1887) ; *Des modifications du pouls dans la morphinomanie* (1887), en collaboration avec le professeur Ball ; *De la morphinomanie* (diagnostic, traitement), ouvrage très connu (1887) ; la *Pratique du massage*, traduit de l'anglais, du Dr W. Murrell (1888) ; *Sur le bain turc* (1889) ; la *Santé par le tricycle*, ouvrage couronné par l'Union vélocipédique de France et qui a eu plusieurs éditions (1889) ; *On the cure of the morphia habit* (guérison de l'habitude de la morphine (1890).

M. le docteur Jennings a aussi collaboré à divers journaux et revues de médecine en France et à l'étranger, notamment à la *Tribune Médicale*, à la *Revue d'Hygiène thérapeutique*, à l'*Encéphale*, au *Guy's Hospital Gazette* et à *The Lancet*, la plus importante publication périodique médicale (100 pages) de l'Angleterre.

OTTO (Marius-Paul)

CHIMISTE et ingénieur, né à Nice (Alpes-Maritimes) le 8 octobre 1870. Il fit ses études au lycée de sa ville natale, puis à la Faculté des Sciences de Paris, où il fut reçu docteur en 1897. De 1892 à 1893, il avait organisé et dirigé la Société anglo-française des Parfums à Courbevoie, une des premières qui exploita les combinaisons de parfums synthétiques.

En 1897, M. Paul Otto créa, dans le midi de la France, centre de la production des parfums, la Société des Parfums du littoral. Cette société a pour but principal d'allier aux anciennes méthodes d'extraction des parfums la méthode dite synthétique.

Enfin, en 1899, il fonda la Compagnie de l'Ozone, dont le but est de produire l'ozone industriellement et d'appliquer ce produit à l'épuration des eaux potables, au blanchiment et à la teinture des tissus, à la fabrication des parfums, etc. Les appareils de cette compagnie, d'une puissance inconnue jusqu'ici, ont permis de produire, à l'hôpital Boucicaut de Paris, dans les services des tuberculeux, plus de 1,400 mètres cubes d'ozone par heure.

M. Paul Otto a publié dans la *Nature*, la *Revue de chimie pure et appliquée*, le *Bulletin de la Société chimique*, et présenté à l'Académie des Sciences, des études sur la *Phosphorescence de l'Océan*, la *Détermination de la densité de l'ozone*, la *Polarisation chromatique*, le *Télégraphe optique*, l'*Extraction des parfums par les dissolvants organiques*, la *Stéréochimie*, etc.

On lui doit en outre des conférences sur la *Production et les applications de l'ozone*, faites à la Sorbonne et à la Société des Ingénieurs civils de France.

M. Paul Otto est membre de la Société des Ingénieurs civils, de la Société chimique, de l'Association pour l'avancement des sciences. Il est aussi membre des comités d'admission et d'organisation des congrès scientifiques à l'Exposition universelle de 1900.

RANSON (Auguste-Joseph-Anatole)

CONSEILLER municipal de Paris, né à Fontaine-Bonneleau (Oise) le 5 mars 1854. Issu d'une famille modeste, il dût quitter l'école primaire à 11 ans pour entrer comme apprenti dans la maison Latour, de Liancourt (Oise), où il resta jusqu'en 1879. A cette époque, il vint à Paris où il a exercé depuis la profession de représentant de commerce pour la distillation.

Mêlé au mouvement politique et social, M. Ranson devint successivement administrateur du Bureau de bienfaisance, de la Caisse des écoles et des crèches du XIVe arrondissement de Paris, où il fonda la Société d'encouragement à l'éducation laïque, dont il demeure le président ; cette société a suscité de nombreuses organisations similaires, à Paris et ailleurs.

Au renouvellement municipal de 1896, M. Ranson accepta la candidature dans le quartier Montparnasse et fut élu, comme socialiste indépendant, au 2e tour de scrutin, par 2,021 voix, contre 1,459 à M. Lazies, conseiller sortant. Membre du bureau, dès son entrée à l'hôtel de ville, il prit une part active à l'organisation des fêtes franco-russes ; c'est lui qui obtint pour les pauvres de Paris qu'à l'occasion de ces réjouissances une somme de 200,000 francs leur fut distribuée ; c'est également sur sa proposition que, le lendemain de la visite du tsar à l'hôtel de ville, le public fut admis à visiter les salons, où plus de 500,000 visiteurs purent jouir du coup d'œil des illuminations et des décorations.

M. Ranson appartient au groupe socialiste depuis son entrée au Conseil municipal ; il s'intéresse tout particulièrement aux questions commerciales et d'assistance. Membre de la 5e commission municipale et de la 3e commission du Conseil général de la Seine, il s'est notamment occupé, tant dans les commissions que par son intervention à la tribune, de la réforme de l'assistance publique, du relèvement du crédit que la ville de Paris affecte annuellement à l'achat d'œuvres d'art, de la suppression de la zone neutre des fortifications louée à un syndicat par le génie militaire et de la très importante question des admissibilités aux adjudications. Il a pris une part très active aux travaux de la commission des taxes de remplacement et de la réglementation des étalages.

Après la désaffectation de la Roquette, M. Ranson protesta énergiquement contre le transfert des exécutions capitales sur la place St-Jacques ; grâce à son intervention et à l'appui qu'il rencontra auprès de la préfecture de police et du gouvernement, le Sénat émit un vote supprimant la publicité de ces exécutions, question qui était depuis longtemps à l'étude.

Sur son initiative et celle de quelques-uns de ses collègues, le Conseil municipal de Paris, fut appelé à se réunir, pendant l'intersession de 1897, pour aviser aux mesures à prendre contre l'élévation excessive du prix du pain. Rapporteur de la 5ᵉ commission pour les services économiques de l'Assistance publique, il eut à intervenir fréquemment a la tribune du Conseil pour signaler de graves abus qu'il avait reconnus dans les services dont il avait la surveillance et il réussit à les faire supprimer en partie. Il est également l'auteur d'importants rapports concernant le service des enfants assistés et moralement abandonnés, sur la colonie familiale d'aliénés de Dun-sur-Auron (Cher), etc. ; il a été chargé par ses collègues de la surveillance de l'installation du sanatorium d'Hendaye (Basses-Pyrénées).

M. Ranson a été nommé secrétaire du Conseil municipal en 1896 et vice-président du Conseil général de la Seine en 1898. Il est en outre membre du Conseil de surveillance de l'Assistance publique.

DION (Albert Comte de)

INGÉNIEUR-constructeur, né à Nantes (Loire-Inférieure) le 9 mars 1856. Fils du marquis et proche parent du comte de Dion, qui fut président de la Société des Ingénieurs civils de France, il s'adonna de bonne heure à l'étude des questions de mécanique.

En 1883, M. le comte de Dion fonda à Puteaux une usine qui a pris une extension considérable et d'où sont sorties de nombreuses chaudières pour les torpilleurs de l'Etat.

C'est surtout d'automobilisme que s'est occupé M. le comte de Dion et il a contribué dans une proportion considérable aux progrès de l'industrie des véhicules avec moteurs à vapeur et à pétrole ; il a construit de merveilleuses machines, telles que omnibus et camions à vapeur, tricycles et voitures. Il a fondé et organisé, à Paris, les premières courses d'automobiles, dont il a gagné lui-même un très grand nombre.

Ancien membre de la Commission centrale des machines à vapeur au ministère du Commerce, président de la Chambre syndicale des Ingénieurs constructeurs d'automobiles et vice-président de l'Automobile-Club de France, il est aussi membre, secrétaire, vice-président ou président de différents comités industriels à l'Exposition universelle de 1900.

ALBARRAN (Joaquin)

MÉDECIN, professeur, né à Sagua-la-Grande (Cuba) le 22 août 1860. Ses études classiques faites à la Havane, il vint à Paris comme élève à la Faculté de Médecine. Interne des hôpitaux en 1884 (reçu le premier au concours), il obtint la médaille d'or de chirurgie en 1888 et la médaille d'argent de la Faculté, l'année suivante, avec sa thèse de doctorat : le *Rein des urinaires*. Il fut ensuite nommé successivement chef de clinique des voies urinaires en 1890, professeur agrégé à la Faculté de Paris en 1892 et chirurgien des hôpitaux en 1894. A ce titre, il est chargé de l'enseignement dans le service des voies urinaires, à l'hôpital Necker, concurremment avec le professeur Guyon.

M. le Dr Albarran est l'auteur de nombreux et importants travaux sur l'anatomie générale et l'histologie, l'anatomie et la physiologie pathologiques, la pathologie générale, la pathologie spéciale de la mâchoire, du cou, de la vessie, du rein ; la thérapeutique chirurgicale, etc. Ces travaux ont été publiés dans les *Annales des maladies des organes génitaux urinaires*, le *Mercredi médical*, la *Médecine moderne*, la *Revue de Chirurgie*, les *Archives de médecine expérimentale*, etc.

On cite particulièrement : ses études sur les *Kystes des mâchoires* (1886), sur l'*Anatomie et la physiologie pathologiques de la rétention d'urine*, publiée en 1890 dans les *Archives de médecine expérimentale*, en collaboration avec M. le professeur Guyon, et les ouvrages suivants : *Traité des tumeurs de la vessie* (1892), devenu classique ; *Traité des maladies chirurgicales de la vessie* (1896) ; *Traité des maladies chirurgicales du rein* (1 vol. 1899), ouvrages traduits pour la plupart en diverses langues. On annonce de lui, en outre, un *Traité des maladies de la prostate*,

M. le D' Albarran a fait des communications importantes à tous les congrès de chirurgie qui ont eu lieu depuis 1886, ainsi qu'aux sociétés Anatomique, de Biologie, aux académies de Médecine et des Sciences, notamment en 1896, sur ses recherches sur la *Sérothérapie de l'infection urinaire* (à l'Académie de Médecine) ; sur 166 opérations pratiquées sur les reins et sur la castration dans l'hypertrophie de la prostate (au Congrès de Chirurgie) et, en 1899, sur de nombreux cas d'opérations nouvelles pratiquées pour des affections du rein, à l'aide du cytoscope ureteral, instrument nouveau dont il est l'inventeur et qui est déjà utilisé généralement. On lui doit, en outre, en collaboration avec le D' Hallé, la découverte des microorganismes de l'infection urinaire, découverte qui a introduit des modifications radicales dans l'étude des maladies des voies urinaires.

Trois fois lauréat de l'Académie de Médecine, deux fois lauréat de l'Institut, et récompensé, à plusieurs reprises, par l'Ecole de Médecine et la Société de Chirurgie des hôpitaux, M. le D' Albarran est chevalier de la Légion d'honneur.

BUSNACH (Bertrand-William)

AUTEUR DRAMATIQUE et romancier, né à Paris le 7 mars 1832. D'origine arabe, il est le petit-fils de Michel Busnach, ministre du dey d'Alger réfugié en France, dont l'extradition, demandée par son gouvernement, fit naître les complications qui amenèrent la guerre et la conquête d'Alger ; du côté maternel, il est le neveu de F. Halévy, l'auteur de la *Juive*.

M. William Busnach entra chez un de ses parents, agent de change, en 1850 ; mais une irrésistible vocation le portait vers le théâtre, où il débuta avec une pantomime, pour laquelle il eut la collaboration de Ludovic Halévy et d'Offenbach. Depuis, il s'est produit dans divers genres qui lui ont assuré une grande notoriété. On le considère, avec son maître, M. Emile Zola, comme le véritable créateur du théâtre naturaliste.

En 1867, M. W. Busnach fonda le théâtre de l'Athénée, qu'il garda deux ans et où le compositeur Lecocq obtint ses premiers succès, avec l'*Amour et son carquois*, *Fleur de thé*, etc.

Il a écrit pour le théâtre un grand nombre de pièces. Citons : les *Virtuoses du pavé*, opérette 1 acte, avec Auguste Lévéillé comme musicien, jouée aux Folies Marigny et qui fut son premier succès ; *On lit dans l'Akbar*, vaudeville 1 acte, avec de Jallais (même scène, 1864) ; les *Petits du premier*, opérette 1 acte (théâtre St-Germain, 1864) ; *Cinq par jour*, vaudeville 1 acte (Folies Marigny, 1865) ; *Bu... qui s'avance*, revue 7 actes, avec Flan (Folies Marigny, 1865), qui fut jouée une année entière ; le *Myosotis*, vaudeville 1 acte, avec Cham et Lecocq (Palais-Royal, 1866) ; les *Sabots d'Aurore*, comédie 1 acte, avec R. Deslandes (Gymnase, 1866) ; les *Canards l'ont bien passé*, revue 3 actes, avec Flan (Folies Marigny, 1866) ; les *Voyageurs pour l'Exposition*, revue 5 actes, avec H. Thierry (Folies Dramatiques, 1867) ; l'*Affaire est arrangée*, comédie 1 acte, avec Cadol (Gymnase, 1867) ; *Malborough s'en va-t-en guerre*, opérette-bouffe 3 actes, avec Siraudin, musique de Bizet, Delibes, Legouix et Jonas (Athénée, 1867) ; la *Pénitente*, opéra-comique 1 acte, avec H. Meilhac, musique de Mme de Grandval (Opera-Comique, 1868) ; *Poterie*, parodie 1 acte avec Cham (Palais-Royal, 1869) ; *L'ours et l'amateur des jardins*, opérette 1 acte, avec Marquet et Legouix (Bouffes, 1869) ; *Première fraîcheur*, comédie 1 acte (Palais-Royal, 1869) ; *Paris-revue*, revue 4 actes, avec Clairville et Siraudin (Châtelet, 1869) ; *Ferblande*, parodie 1 acte, avec Clairville et Gastineau (Variétés, 1870) ; le *Phoque à ventre blanc*, bouffonnerie 1 acte, musique de Douay (Alcazar, 1871) ; *Héloïse et Abélard*, opéra-bouffe 3 actes, avec Clairville, musique de Litolff (Folies Dramatiques, 1872) ; *Sol-si-ré-pif-pan*, opéra-bouffe 1 acte, musique de G. Bizet, qui ne signa pas (Château-d'Eau, 1872) ; le *Club des séparées*, folie 1 acte (Renaissance, 1873) ; les *Esprits des Batignolles*, vaudeville 1 acte, avec Clairville (Palais-Royal, 1873) ; l'*Education d'Ernestine*, comédie 1 acte (Renaissance, 1873) ; *Mariée depuis midi*, opérette 1 acte, avec Liorat, musique de Jacobi (Londres, 1873) ; *Pomme d'api*, opérette 1 acte, avec Lud. Halévy, musique d'Offenbach (Renaissance, 1873) ; la *Liqueur d'or*, opéra-comique 3 actes, avec Liorat, musique de L. de Rillé, interdite par l'autorité militaire après la neuvième représentation (Menus-Plaisirs, 1873) ; *Forte en gueule*, revue 3 actes, avec Clairville (Château-d'Eau, 1873), qui fut reprise deux fois à ce même théâtre ; la *Belle au bois dormant*, féerie 4 actes, avec Clairville, musique de Litolff (Châtelet, 1874) ; *Charbonnier est maître chez lui*, opérette 1 acte, avec Clairville père et fils (Château-d'Eau, 1874) ; la *Malle des Indes*, revue 3 actes, avec Clairville (Château-d'Eau, 1874) ; *Mon mari est à Versailles*, comédie 1 acte, avec Gastineau (Palais-Royal, 1876) ; le *Premier tapis*, comédie 1 acte, avec Decourcelle (Vaudeville, 1876) ; *Kosiki*, opérette

3 actes, avec Liorat, musique de Lecocq (Renaissance, 1876); les *Boniments de l'année*, revue 3 actes, avec Burani (Athénée, 1877); l'*Assommoir*, drame 5 actes, avec Gastineau, d'après Zola (Ambigu, 1879); le *Bas de laine*, comédie-vaudeville 3 actes, avec Duru et Gastineau (Palais-Royal, 1879); l'*Œil du Commodore*, invraisemblance 1 acte, avec Cham (Variétés, 1880); *Nana*, drame 5 actes, 10 tableaux, avec Emile Zola (Ambigu, 1881); *Zoé chien-chien*, drame 8 tableaux, avec Arthur Arnould (Nations, 1881); la *Soucoupe*, comédie 1 acte (Gymnase, 1881); le *Testament de Mac-Farlane*, vaudeville-pantomime 3 actes (Comédie Parisienne, 1881); la *Chambre nuptiale*, com. 1 acte, avec Jaime (Gymnase, 1881); la *Marchande des quatre-saisons*, pièce 5 actes, avec Clairville (Ambigu, 10 février 1882); la *Grande Iza*, drame 5 actes, avec Alexis Bouvier (Nations, 1882); la *Faute de Mme Tabouret*, vaudeville 3 actes (Cluny, 1883); *Pot-Bouille*, drame 5 actes, avec Zola (Ambigu, 1883); *Carnot*, drame 5 actes, avec Blondeau et Jonatham (Ambigu, 1884); les *Petites Manœuvres*, comédie 3 actes, avec Delacourt et Champvert (Menus-Plaisirs, 1886); *Madame Cartouche*, opérette 3 actes, avec Pierre Decourcelle, musique de Léon Vasseur (Folies Dramatiques, 1886); le *Signal*, opéra-comique 1 acte, avec Dubreuil, musique de Paul Puget (Opéra-Comique, 1886); *Volapuk-revue*, 3 actes, avec Vanloo (Menus-Plaisirs, 1886); le *Ventre de Paris*, drame 5 actes, avec Zola (Théâtre de Paris, 1887); le *Chevalier timide*, opéra-comique 1 acte, musique de Léon Missa (Menus-Plaisirs, 1887); *Mathias Sandorf*, pièce 16 tableaux, avec G. Maurens, d'après Jules Verne (Ambigu, 1887); *Germinal*, drame 5 actes, avec E. Zola (Châtelet, 1888); le *Château-Yquem*, comédie 1 acte (Gymnase, 1889); *Ali-Baba*, opéra-comique 3 actes, avec Vanloo, musique de Lecocq (Eden-Théâtre, 1889); *Superbe occasion*, vaudeville 3 actes, avec Debrit (Cluny, 1890); l'*Œuf rouge*, opérette 3 actes, avec Vanloo, musique d'Andran (Folies Dramatiques, 1890); la *Fille de Fanchon la vielleuse*, opéra-comique 3 actes, avec Liorat et Fonteny, musique de Varney (Folies Dramatiques, 1891); le *Crime d'une mère*, drame 5 actes, avec Aubert (Château-d'Eau, 1891); les *Commis-voyageurs*, vaudeville 3 actes, avec Gardel et Anezo (Renaissance, 1892); *Cliquette*, opérette 3 actes, avec Clairville, musique de Varney (Folies Dramatiques, 1893); le *Remplaçant*, comédie 3 actes, avec G. Duval et Hennequin (Palais-Royal, 1895).

Atteint pendant trois années par une cruelle maladie, M. William Busnach n'a donné au théâtre, depuis cette époque, que la *Maisonnette*, 1 acte, en collaboration avec M. F. Bloch, qui fut joué en 1899 au « Champ de foire » et a été depuis reprise, avec un gros succès, au Divan Japonais, sous le titre : *Voleuse !*

On annonce de ce fécond et excellent écrivain, de nouvelles œuvres : *Raissa*, pièce en 5 actes, avec Henry Greville, et la *Bête humaine*, pièce en 5 actes et 7 tableaux, tirée du roman d'Emile Zola.

Comme romancier, M. Busnach a écrit notamment: la *Fille de M. Lecocq*, avec Henri Chabrillat (1 vol.); le *Petit gosse*, qui fut couronné par l'Académie Française ; *Barigoule*, grand roman populaire qui doit être publié dans l'*Aurore*. Il a donné souvent, dans le *Figaro*, de très spirituels « échos », facilement reconnaissables à une tournure d'esprit très personnelle.

L'HOEST (Eugène-Léon)

SCULPTEUR, né à Paris le 12 juillet 1874; sa famille est d'origine flamande. Entré, dès 1891, à l'atelier de M. Thomas, à l'école des Beaux-Arts, il y obtint un premier prix (1896) et plusieurs autres récompenses. Il fut aussi l'élève de M. A. Lanson.

M. L'Hoest débuta aux Salons annuels de la Société des Artistes français par un *Portrait*, buste bronze (1893). Il y a exposé, depuis, notamment : *Mœstitia*, statue plâtre (1895), offerte à la ville d'Angers ; *Coquetterie*, statue plâtre (1896); *G. Bois*, homme de lettres, et *M. S...*, bustes plâtre (1897); *Désespoir*, statue plâtre, et portrait de *M. C. D...* (1898); *Mauvaises pensées*, statue plâtre ; portraits de *M*lle *A. V...* (buste marbre); de feu *Georges Ville*, professeur au Muséum ; de *M. Maurice Muller*, avocat à la Cour d'appel, médaillons bronze (1898).

Dans le même temps, cet artiste se signala par l'exécution des bustes de diverses personnalités d'Angers, ville où il fit ses premières études, notamment ceux de *M. Jégu*, conseiller municipal, donateur au bureau de bienfaisance, buste bronze ; de *M. Mondain*, amateur d'art ; de *M. le D*r *Monprofil*, chirurgien en chef de l'Hôtel-Dieu, buste bronze, etc.

M. L'Hoest a acquis une belle réputation de portraitiste, par un grand nombre d'autres bustes et médaillons, portraits souvent remarquables. Il a encore exécuté : *Pro patria*, statue plâtre, dans la galerie Mondain, à Angers ; une *Naïade*, également dans cette ville ; des hauts-reliefs : le *Souvenir* et la

Méditation, pour une chapelle funéraire à Vaiges (Mayenne), etc. Il est chargé, pour la grande salle des fêtes de l'Exposition universelle de 1900, d'une statue devant représenter la « *Corée* ».

M. L'Hoest est sociétaire des Artistes français ; il a obtenu une mention honorable en 1895 ; il est officier d'Académie depuis 1898 et lauréat de l'Institut en 1899, avec le prix du baron de Trémont, attribué à un jeune artiste pour l'ensemble de son œuvre.

DECHARME
(Mme Jeanne-Lucie, dite Lucia)

ÉCRIVAIN, poète, née à Amiens (Somme). Fille d'un physicien distingué, Mme Jeanne Decharme, très jeune attirée vers les lettres, écrivit clandestinement, dès l'âge de 17 ans, sans en rien publier, romans, poésies, miscellanées philosophiques et littéraires.

Mariée à M. de Valcourt, elle obtint le divorce contre son mari par jugement du tribunal d'Amiens, le 19 novembre 1886.

En 1893, lors de la réception à Paris de l'amiral Avelan, Mme Lucia Decharme, inspirée par l'idéal de la paix, que lui semblait assurer l'alliance franco-russe, adressa à ce dernier une lettre qui fut reproduite par la revue *Paris-Province*. Dans cette même revue, ainsi que dans d'autres publications périodiques, cet écrivain qui, d'abord, signa ses productions « Lucia » puis « Lucia Decharme », a fait paraître notamment : des *Stances à la mémoire de feu Alexandre III* (1895) ; un poème sur la *Paix*, dédié à l'empereur et l'impératrice de Russie, couronné par l'Académie littéraire et artistique de *Paris-Province* et depuis édité à la Société libre d'édition des Gens de Lettres (1899) ; les *Fiancés de la Montagne*, dialogue philosophique et religieux (1897) ; *L'ombre vient et s'enfuit* (souvenirs du ciel) et *La Cloche sonne* (saintes douleurs), poèmes qui valurent à leur auteur un premier prix de poésie au concours ouvert par l'académie déjà citée ; *Automne*, la *Vierge ou la Beauté éternelle*, *Noce Rouge*, *Noce Blanche*, pièces de vers qui obtinrent encore une médaille d'honneur et l'appréciation flatteuse de la critique : « œuvre charmante, écrivit M. G. d'Hailly, qui nous transporte dans l'idéal éthéré des amours extatiques où la pensée est exprimée d'une façon exquise » ; *Sainte Cécile*, autre poème qui remporta le prix du ministre au 8e concours de *Paris-Province* et fut qualifié dans le rapport d'œuvre magistrale. « poème tout vibrant de belles pensées et d'imagination poétique, » comme le définit Mme Louise d'Alcq dans ses *Causeries familières* (1899) ; les *Ames volent, toujours s'envolent*, publiées dans les *Causeries Familières* (1899) ; le *Désarmement*, le *Préjugé*, études publiées dans *Paris-Province* la même année. etc.

GLAIZE (Jean-Edouard)

PEINTRE, né à Lorient (Morbihan) le 25 février 1851. Porté fort jeune encore vers l'art pictural, il prit des leçons du peintre Féragu à Amiens, puis il dût venir à Paris accomplir ses études de droit. Il s'occupa ensuite, et s'occupe encore aujourd'hui de littérature et de musique, tout en s'adonnant particulièrement à la peinture de paysage.

Parmi les œuvres exposées par M. Glaize aux Salons des artistes français, on cite : la *Plage de Lomener sur les côtes de Bretagne*, le *Vieux Frêne*, *Soir d'automne* (1884) ; *Impressions du soir au bord de la mer* (1886) ; la *Fin des beaux jours* (1889) ; *Un verger breton* (1890) ; *Un déversoir sur le Scorff* (1895) ; *Dans la forêt de Brocéliande* (1896), etc.

Cet artiste s'est surtout créé une solide réputation par ses paysages, vues et études de Bretagne pour la plupart. Il a également exposé des pastels remarqués.

M. J.-E. Glaize a obtenu diverses médailles aux expositions annuelles, notamment à Arcachon, Angers, Niort, Amiens, Nice, Rennes, etc.

ROYER (Paul de)

AUTEUR dramatique, avocat, né à Paris. Il est l'un des fils du premier président de Royer, qui fut deux fois ministre de la Justice sous Napoléon III (1808-1877).

M. Paul de Royer a collaboré à plusieurs revues et journaux. Il a, sous le pseudonyme de « Paul Dehère », fait représenter des pièces gaies ; les deux suivantes, notamment, ont été deux grands succès au théâtre : *Tous criminels* (Dejazet, 1896, vaudeville en 4 actes, en collaboration avec Jean Gascogne) et *Joli Sport* (au même théâtre, 1899, vaudeville en 3 actes, en collaboration avec Maurice Froyez).

ROYER (Louis de)

Avocat, écrivain, né à Paris le 25 février 1852, frère du précédent et de M. Clément de Royer, bien connu comme avocat et homme politique (1). Il fit ses études classiques au lycée Louis-le-Grand, à Paris, et fut lauréat de rhétorique au concours général. Il accomplit ensuite ses études de droit. Lauréat du concours entre les facultés de Droit de France, M. Louis de Royer devint secrétaire de la Conférence des avocats en 1876 et docteur en droit en 1878.

Au barreau de Paris, il a surtout plaidé des causes civiles. Il prononça l'une de ses plaidoiries les plus retentissantes dans l'affaire des Frères de Compiègne, pour lesquels il obtint gain de cause.

Dans les lettres et le journalisme, M. Louis de Royer s'est fait connaître par la publication d'un livre de grand intérêt : *Le Jeu et le Pari* (1 vol. 1898) et sa longue collaboration à l'*Autorité*, au *Petit Caporal*, à la *Revue de la France Moderne*, à l'*Alliance des Arts et des Lettres* (1882-1888), etc.

M. Louis de Royer est conseiller municipal de la commune de Saint-Jean-de-Bois (Oise) ; il est impérialiste militant.

PALICOT (Georges-Marie-Louis-Guillaume)

Compositeur de musique, né à La Roë (Mayenne) le 1er juin 1867. Fils d'un receveur des finances à Château-Gontier, après avoir terminé ses études et obtenu le baccalauréat ès lettres, il entra, comme secrétaire général de la direction des études, à l'Ecole Polytechnique, sous le colonel Laussedat et le général Galimard ; puis il abandonna cette carrière pour travailler la composition musicale avec A. Savard, la fugue et le contrepoint avec J. Massenet, Ernest Guiraud et Charles Gounod, l'orchestration avec Brams, en Allemagne. Mais il est surtout considéré comme l'unique élève de Gounod, qui le tint en estime particulière.

M. Georges Palicot, qui s'est produit avec succès dans presque tous les genres de musique, s'est montré l'un des champions de la nouvelle école musicale française, s'inspirant plus de J.-S. Bach, Beethoven et R. Wagner que de ses anciens maîtres. Ses œuvres se font remarquer par leur originalité et par leur savante facture.

(1) Notice Tome Ier, page 5.

On doit à ce compositeur : *Etienne-Dolet*, grand opéra en cinq actes, livret de M. Paul Milliet ; *Alcyone*, drame lyrique en trois actes et ballet, livret de G. Guérin ; 6 scènes lyriques : *Néère*, poème d'A. Silvestre, pour soli, chœurs et orchestre ; le *Réveil d'Hercule*, *Marie-Magdeleine*, *Déjanire* (livrets de Paul Colin) ; les *Arabesques*, *Midha* (livrets d'Alp. Labitte) ; 4 pantomimes : *Pierrot poète*, pantomime dramatique en 3 actes, scenario d'A. Lafrique ; une *Fête à Séville*, pantomime espagnole en 2 actes, livret de R. Breviaire ; *Au jeu d'amour*, pantomime Louis XV en 1 acte, livret de Michel Carré ; la *Mort de Sapho*, livret d'Adrien Vély ; 4 poèmes : *Poème d'avril*, *Poème des premiers beaux jours*, *Poème d'une nuit d'été*, *Poème du passé* (livrets d'Alp. Labitte) ; un *Concerto romantique* pour piano et orchestre ; un *Concerto* pour violon et orchestre ; plusieurs *Suites d'orchestre* ; des œuvres pour violon, dont plusieurs célèbres : *Extase*, *Vision*, *Au matin*, *Elégie*, *Sérénade d'amour*, *Gavotte sentimentale* ; des œuvres pour violoncelle : *Solo pathétique*, *Berceuse*, *Aubade espagnole* ; des œuvres pour flûte, hautbois, clarinette, basson et cor ; des œuvres pour piano, dont une, la *Marche triomphale*, dédiée à l'empereur Nicolas II, fut exécutée par la musique de la garde républicaine, sous la direction de M. G. Parès, lors des fêtes franco-russes en 1896 ; une sérénade vénitienne : *Mandolina*, pour 2 mandolines, mandoles et guitares ou instruments à cordes ; 2 *Messes* en musique ; un *Ave Maria* pour violon, harpe et orgue ; environ 250 mélodies pour chant et piano, dont les plus connues sont : *Noël* ; le *Vieux Pâtre* ; *Fleurs et souvenirs* ; *Sérénade de juin*, poésie de François Coppée ; *Chanson d'été* ; *Aube d'amour* ; *Pour mon bien-aimé* ; *Au bal* ; *Soleil* ; *Connais-tu le bonheur* ; *Désir* ; *l'Aurore* ; *Confidence* ; les *Larmes* ; *Mon cœur est mort* ; *Tes yeux bleus comme des pervenches* ; *Mirage* ; *Je pense à toi toujours* ; *Ivresse d'aimer* ; *Carita* ; *Pensée d'octobre* ; *Enivrement* ; *Primavera* ; *l'Amour de ma mie* ; *Villanella* ; *Nouveau printemps* ; *J'ai dans mon cœur* ; *Appel d'amour* ; *Nuit d'été* ; *Sous les tilleuls fleuris* ; *Où chantent les oiseaux* ; *Sonnet de printemps* ; *Tu me demandes si je t'aime* ; *l'Amoureuse* ; la *Coupe* ; *Un nid dans les branches* ; 4 chansons espagnoles : *Camargo*, *Paquita la Gitana*, *Sous ton balcon*, la *Fille du Picador*, *Lèvres d'Amants*, etc.

Membre de la Société des Auteurs dramatiques, M. G. Palicot est officier d'Académie, commandeur du Medjidié et du Cambodge.

GONSE (Louis)

ÉRUDIT, critique d'art, né à Paris le 16 novembre 1846.

Ses premiers essais parurent dans la *Revue de Normandie*, durant le cours de l'année 1868, sous le titre de : *Lettres écrites du Midi de la France* ; vers le même temps, il envoyait des articles d'art au *Nouvelliste de Rouen* et au *Moniteur universel*. Entré, en 1869, à la *Gazette des Beaux-Arts*, il devint rédacteur en chef de cette importante revue en 1875 et occupa cette fonction jusqu'en 1894. Au cours de cette longue période, il y publia nombre d'articles et y dirigea la rédaction de plusieurs volumes : l'*Œuvre et la Vie de Michel-Ange* (1876) ; l'*Art ancien et l'Art moderne à l'Exposition universelle de 1878* ; *Les Beaux-Arts et l'Art décoratif à l'Exposition universelle de 1889*, etc.

M. Louis Gonse a fait paraître encore de nombreux articles sur l'art dans divers autres recueils, comme : l'*Art universel*, la *France artistique et monumentale*, l'*Illustration*, le *Monde moderne*, le *Japon artistique*, etc. Ses ouvrages principaux, édités sous sa direction personnelle, ont été publiés avec un grand luxe et dans des conditions artistiques et typographiques exceptionnelles. On cite de lui : *Eugène Fromentin, peintre et écrivain* (Paris, Quantin, 1 vol. in-8°, 1881) ; l'*Art japonais*, ouvrage qui établit sur des données entièrement neuves et pour ainsi dire scientifiques, les bases de l'histoire de cet art, jusque-là inconnue en Europe (Paris, Quantin, 2 vol. in-4°, 1883, nouvelle édition réduite, 1886) ; l'*Art gothique* (1 vol. grand in-4°, Quantin, 1889), ouvrage considérable, dans lequel est traitée, pour la première fois, la question si importante et si controversée des origines de notre art national, et qui valut à son auteur le prix Marcellin-Guérin à l'Académie française et le prix Fould à l'Académie des Inscriptions et Belles-Lettres ; la *Sculpture française* (Paris, May et Motteroz, 1 vol. grand in-4°, 1895).

Cet écrivain a, en outre, publié un certain nombre de monographies d'art, parmi lesquelles nous citerons : le *Musée de Lille* (1875) ; la *Galerie Schneider* (1876) ; l'*Œuvre de Jules Jacquemart* (1876) ; le *Musée Wicar* (1878) ; l'*Œuvre gravé de Rembrandt* ; *Édouard Manet* ; *Claude Mellan*, etc.

On annonce en outre de M. Louis Gonse la publication des *Chefs d'œuvre de l'Art dans les Musées de province*, 2 volumes publiés sous le patronage du ministère de l'Instruction publique, l'un sur la Peinture, l'autre sur les *Objets d'art et la Sculpture* ; de ces volumes le premier doit être prêt pour l'Exposition universelle de 1900. L'auteur est membre de différents comités d'admission et du Jury de cette exposition (Section des Beaux-Arts).

M. Louis Gonse, considéré comme l'un des plus sûrs connaisseurs en art japonais et des mieux documentés, possède une collection d'objets anciens du Nippon, d'une valeur historique exceptionnelle.

Membre du Conseil supérieur des Beaux-Arts, de la Commission de restauration du Musée du Louvre, du Conseil supérieur des Musées nationaux et membre associé de l'Académie des Beaux-Arts de Belgique, il est chevalier de la Légion d'honneur depuis 1889.

AZIÈRE (Henri-Frédéric)

ARCHITECTE et sculpteur, né à Paris le 5 janvier 1861. Ses études classiques terminées, il entra à l'École des Beaux Arts, section d'architecture et en même temps fréquenta avec assiduité l'atelier du sculpteur Antonin Larroux.

M. H. Azière exposa pour la première fois en 1890, au salon des Champs Élysées, un buste plâtre : *Portrait de M. R.* ; depuis, on a cité de lui : Mlle *L. H....* buste plâtre (1892) ; Mme *Azière* (1893), buste plâtre d'un beau style Louis XV ; *M. Walker*, buste étain (1894) ; celui du richissime américain *Mac-Donald* (1896) ; *Portrait de M. A...*, buste pierre (1897) et un beau buste plâtre du publiciste *Jean Drault* (1899).

Comme architecte, M. Azière a pris part à de nombreux concours publics et a exécuté d'importantes constructions ; il est surtout connu pour ses travaux sur les questions hospitalières et d'hygiène dans les hôpitaux. Étudiant constamment dans ces établissements mêmes les besoins et les améliorations à apporter à chaque service, il s'est plus particulièrement attaché à l'étude de la prophylaxie de la tuberculose, par la création de sanatoria pour les tuberculeux indigents, création dont il est l'un des promoteurs.

Après avoir parcouru l'Italie, la Suisse et l'Allemagne, pour visiter les établissements de ce genre et en étudier le fonctionnement, il conçut divers projets de sanatoria, mettant à profit des idées neuves et pratiques qui ont fait l'objet de communications intéressantes aux sociétés savantes et notamment à celle de Médecine publique de Paris, dont il est membre.

Comme constructions touchant à l'hygiène, on lui

doit le nouvel Hospice-hôpital de la ville de Belfort, qui renferme tous les perfectionnements d'hygiène et d'antisepsie modernes, avec de vastes pavillons éloignés les uns des autres et reliés par de coquettes galeries couvertes ; la Crèche municipale de la ville d'Héricourt, une des plus importantes construites jusqu'à ce jour ; des Bains-douches populaires et un vaste Sanatorium pour tuberculeux riches (en construction dans le midi de la France), qui semble devoir être un chef-d'œuvre de l'hygiène et du bien-être modernes. Il construit également le Château de M. S..., à Héricourt (Oise), qui témoigne des qualités artistiques de l'architecte, comme ses autres œuvres ont montré son sens pratique.

On connaît de M. Azière des aquarelles et des peintures très appréciées.

HUMBERT (Pierre-Marie-Gustave)

ÉCRIVAIN, ancien colonel de l'artillerie de marine, né le 15 mai 1849 à Batterans (Haute-Saône). A sa sortie de l'École polytechnique, il passa par celle de Fontainebleau, puis fut admis à l'École supérieure de guerre en 1878, d'où il sortit, deux ans plus tard, capitaine breveté d'état-major.

Nommé successivement chef d'escadron (1884), lieutenant-colonel (1888) et colonel (1894), il prit sa retraite en 1896. Ses démêlés retentissants avec le général Borgnis-Desbordes, dont les procédés à son égard avaient motivé les très vifs griefs du colonel Humbert, et dont toute la presse s'occupa alors, donnèrent les raisons de cette retraite volontaire.

Pendant le siège de Paris (1870-71), M. le colonel Humbert avait pris part aux combats du Bourget et de Stains ; il fut blessé au bombardement du fort de l'Est et décoré ; il fit ensuite le 2ᵉ siège (1871) ; il était alors sous-lieutenant d'artillerie de marine.

Détaché, en 1881, au 4ᵉ régiment de zouaves comme capitaine adjudant-major, il fit la campagne de Tunisie et assista aux combats de Ben-Bechir, El Fedy, Ben-Metir ; il fit ensuite la campagne du Sud Oranais, comme chef d'état-major d'une colonne (1881-1882). Un an plus tard, envoyé au Tonkin, il prit part aux combats de Vong, de Phu-Sa, de Trung-Son, de la Rivière noire ; aux prises de Sontay, de Bac-Ninh et de Hong-Hoa (1883-1884). Il fut nommé chef d'escadron pour sa « brillante conduite à l'attaque de Sontay ».

Lieutenant-colonel, envoyé en mission au Soudan, il prit part aux combats de Nyo-Gomera, de Koriga, de Youri (campagne du Soudan, 1890-1891). Enfin, nommé commandant supérieur du Soudan français, il commanda une importante colonne contre Samory et le battit au Sombi-Ko, au Diaman-Ko, au Ouassa-Ko, à Farandougou, à Baratoumbo, au Toutou-Kouro, à Aramou, à Facoleya, à Koma-Kana, à Fabala, au Diassa-Ko, au Bessé-Ko (1891-1892) et lui prit ses trois capitales : Bissandougou, Sanancoro et Kérouané.

M. le colonel Humbert a écrit de très intéressants ouvrages sur l'art militaire. On cite, parmi ses publications : *Essai de formules*, représentant les durées du trajet et les portées des projectiles (1875 in-8°) ; *Note sur une nouvelle disposition de graphique de marche* (1883 in-8°) ; *Historique succinct de l'artillerie au Tonkin pendant les années 1883-1884* (Mémorial de l'artillerie de marine, 1885 et Lavauzelle, 2 vol. in-18°, 1886) ; le *Soudan français*, conférence à la Société de Géographie (1891) ; la *France au Soudan*, conférence à la Société d'Économie politique et sociale (même année) ; *Rapport politique et militaire sur la campagne de 1891-1892 au Soudan* (Imprimerie des Journaux officiels, 1893) ; le *Général Borgnis-Desbordes et le colonel Humbert* (1896 in-8°) ; *Pour l'honneur* (1898 in-8°) ; *Pour la justice*, plainte officielle contre le général Borgnis-Desbordes adressée au ministre de la Marine (même année) ; *Lettre au commandant Marchand*, qui fut reproduite par les journaux (in-8° 1899) ; la *Prochaine guerre : Victoire ou défaite*, qui est l'exposé d'un nouveau plan de concentration des armées françaises (in-8° 1899).

La *Politique Coloniale*, la *France Militaire*, la *Libre Parole*, le *Soir*, l'*Echo de Paris*, la *Petite République*, la *Nouvelle Revue*, l'*Aurore*, etc., ont publié des articles, des interviews et des lettres du colonel Humbert.

Il a inventé un appareil de sécurité pour les voies ferrées, qui a reçu une médaille d'argent au concours de la Société des Inventeurs de Lyon (1899) ; un canon sans éclair, sans recul et sans son, expérimenté par une commission de la marine (1898) ; une jumelle de Galilée à réticule, dite linéo-télométrique, qui a été l'objet d'une communication à l'Académie des Sciences ; une jumelle à quadruple grossissement, etc.

Le colonel Humbert est officier de la Légion d'honneur (1891), officier de l'ordre impérial du Soleil Levant (1891), commandeur de l'ordre impérial du Dragon de l'Annam (1892), etc.

HABERT (Eugène-Louis)

Peintre et écrivain, né à Paris le 20 mai 1842. Elève de MM. Bonnat et Jules Lefebvre, il se livra d'abord à des applications d'art à l'industrie, puis il exécuta, comme peintre décorateur, d'importants travaux pour Ismaïl-Pacha, au Caire ; collaborateur de M. Lechevalier-Chevignard, il travailla deux ans au château St-Roch, chez le comte de Montbrison, puis en Suisse, en Touraine, etc. Il est l'auteur de la décoration remarquable du château de Vals (Ardèche), de l'hôtel de Mme Hortense Schneider, avenue du Bois-de-Boulogne, d'un château à Castel-Beuvronne (Loiret) et d'un grand nombre d'hôtels. On lui doit encore la décoration d'une salle à manger estivale, au grand hôtel de Beg-Meil, où, symbolisant le bocage et la mer si heureusement mêlés dans la ravissante baie de la Forest, il composa un fort beau plafond avec des sirènes offrant des coraux, des anémones et d'irisées méduses aux jeunes faunes, en échange des mimosas, des camélias et de toute la flore des champs (1899).

M. Eugène Habert avait débuté au Salon de 1876 avec une jeune italienne (*Bonjour, Cocotte ?*) jasant avec une perruche, tableau qui fut remarqué. Vinrent ensuite : un grand *Portrait de demoiselle* (1877) ; la *Leçon de musique*, acquis par le musée de Buda-Pesth (1878) ; *Dernière scène d'Hernani*, tableau d'histoire, aujourd'hui à Grenoble (1880) ; *Mouchoir*, sultane fiancée, savoureuse figure peinte sur cuir, avec des poinçonnés dans les fleurons d'une robe lamée d'argent, laissant transparaître la radieuse nudité (1881) ; un marchand de tableaux de New-York fit l'acquisition de cette œuvre originale et suggestive et commanda à M. Habert une suite d'orientales également entourées de cadres sculptés d'après les dessins du peintre, le tout pour décorer un fumoir chez M. Vanderbilt.

M. Habert a fait plusieurs expositions particulières. La dernière, au *Figaro*, inspira les réflexions suivantes à M. Charles Formentin :

Habert est un farouche et un timide. On ne le rencontre nulle part en ce Paris où les réputations se font dans les coteries, où les renommées naissent souvent de l'intrigue. Seuls, quelques intimes connaissent la thébaïde d'art et de rêve où sa fière indépendance s'est réfugiée.

Ecrivain frondeur et très indépendant, on connaît de M. Habert des boutades comme celle-ci (dans la *Cité*) :

Les médailles au Salon s'obtiennent par beaucoup plus de coups de chapeau que de coups de pinceau.

Il a publié, dans les *Gaudes*, de Besançon, des *Contes bretons* ; à l'*Action Républicaine*, un roman : *La Lame et le Fourreau*, étude de mœurs d'une réelle vigueur. On annonce encore de lui : *Diana de Bellacoca*, conte aimable, avec des illustrations de l'auteur. M. Habert a fait aussi des conférences.

LISCH (Jean-Just-Gustave)

Architecte, né le 10 juin 1828 à Alençon (Orne). Elève de Vaudoyer et Labrouste à l'Ecole des Beaux-Arts de Paris, où il entra en 1847, il exposa, dès 1855, aux Salons annuels, des plans et esquisses dont plusieurs furent vivement remarqués ; il obtint une deuxième médaille en 1864, une première à l'Exposition universelle de 1878 et fut mis hors concours à celle de 1889.

Parmi les principaux travaux dus à cet architecte, qui a su allier les nécessités d'agencement des constructions modernes à la véritable esthétique, citons : l'Evêché de Luçon ; l'Ecole commerciale de l'avenue Trudaine à Paris ; les couvents des Dames des Oiseaux à Issy et des Dames Augustines à Fontainebleau ; les Docks de la douane à Paris, pour la Chambre de Commerce ; le Palais de Justice d'Agen ; le Séminaire de Dijon ; la Gare du Havre ; l'Eglise St-Géraud et l'Ecole normale d'Aurillac ; l'agrandissement de la Gare St-Lazare et l'Hôtel-Terminus à Paris ; le Château d'Athis ; la Gare des Invalides et les stations de la ligne des Moulineaux, du Bois de Boulogne et de la Porte-Maillot ; la construction de l'office de renseignements de la Chambre de Commerce de Paris ; l'achèvement de l'Ecole des hautes études commerciales ; les chapelles des couvents du Sacré-Cœur, des Dames Auxiliatrices, des Dominicaines de Neuilly ; un grand nombre d'hôtels et maisons de rapports, parmi lesquelles celles de la rue St-Lazare, à Colombes (Seine). Citons, d'autre part, les restaurations de la Maison de Diane de Poitiers, à Orléans ; des églises de Saint-Benoît-sur-Loire et de Ferrières (Loiret) ; de l'hospice des Quinze-Vingts à Paris ; de l'Hôtel-de-ville de la Rochelle ; de la Cathédrale d'Amiens ; de l'Eglise de Germigny-les-Prés ; des Arènes de Lutèce, rue Monge, à Paris ; de la Cathédrale d'Angoulême, etc.

M. Just Lisch est architecte des diocèses d'Angoulême et d'Amiens, du château de Pierrefonds, de l'hôpital des Quinze-Vingts, du chemin de fer de l'Ouest, etc.

Inspecteur général des Monuments historiques, membre du Conseil des Bâtiments civils, de la Société des Architectes français et de l'Union syndicale des

Architectes, il a fait partie des comités d'examen des expositions de la ville de Paris de 1878 et 1889. Membre de la commission supérieure et du jury d'admission (section de l'architecture) de celle de 1900, il est officier de la Légion d'honneur.

Son fils, M. Georges Lisch, ancien élève de l'Ecole des Beaux-Arts, collabore aux travaux de son père depuis 1897.

BERGER (Samuel)

MINISTRE du culte protestant, théologien, né à Beaucourt (Haut-Rhin) le 2 mai 1843. Issu d'une vieille famille strasbourgeoise, il vint, jeune encore, à Paris, avec son père, pasteur protestant ; étudia les lettres à la faculté de Paris, la théologie à Strasbourg et à Tubingue et fut nommé, en 1887, pasteur de la confession d'Augsbourg. Il est professeur d'archéologie chrétienne, secrétaire et bibliothécaire de la Faculté protestante de Paris depuis 1890.

M. Samuel Berger s'est fait connaître par son enseignement et ses travaux sur la théologie. Il a publié plusieurs mémoires et ouvrages sur ce sujet. On cite de lui : la *Bible au XVI° siècle, étude sur les origines de la critique biblique* (1879); la *Bible française au Moyen-âge* (1884) ; le *Liber Pontificalis* (1893); *Deux Frères* (1896) ; l'*Eglise luthérienne et la France* (1897), etc.

BERGER (Paul)

MÉDECIN, professeur et membre de l'Académie de Médecine, frère du précédent et né aussi à Beaucourt, le 6 janvier 1845. Il fit ses classes au lycée St-Louis et ses études médicales à la Faculté de Paris. Externe des hôpitaux en 1866, interne en 1867, aide d'anatomie à la Faculté de Médecine en 1871, prosecteur en 1874, docteur en médecine en 1873, il fut reçu le 1er au concours de l'agrégation en 1875. Chirurgien des hôpitaux, il fut attaché d'abord au bureau central (1877), puis successivement à l'hospice des Incurables (1879), à l'hôpital de Lourcine (1882), à celui de Bicêtre (1883), à Tenon (1886), à Lariboisière (1888) et à la Pitié (1895) ; il occupe depuis cette époque la chaire de clinique chirurgicale. Il est en outre chirurgien de l'école normale supérieure de « Hertford British hospital. »

M. le docteur Paul Berger a professé un cours libre de pathologie externe à l'Ecole pratique (maladies de l'abdomen et du rectum, 1874-1876), un cours de pathologie externe dans le grand amphithéâtre de la Faculté pendant l'intérim des professeurs Trélat et Duplay (1877-1878), un cours complémentaire de pathologie externe dans le petit amphithéâtre (1881), un cours de clinique en remplacement du professeur Gosselin (1883-1884), des cours de clinique fort appréciés dans les différents services qu'il a occupés et, depuis 1894, un cours de clinique chirurgicale à la Faculté, comme professeur titulaire, en remplacement de Léon le Fort. Il a été élu membre de l'Académie de Médecine en 1892, section de médecine opératoire.

Parmi les travaux et mémoires, aussi nombreux qu'importants, publiés dans les revues médicales ou présentés à l'Académie de Médecine et à la Société de Chirurgie par le professeur Berger, on cite notamment : Diverses communications sur l'*Autoplastie* ; *De l'arthrite du genou et de l'épanchement articulaire consécutif de la fracture du fémur* (Thèse de doctorat 1873) ; *De l'influence des maladies constitutionnelles sur la marche des lésions traumatiques* (Thèse d'agrégation 1875) ; *De l'amputation interscapulo-thoracique dans le traitement des tumeurs malignes de l'extrémité supérieure de l'humerus* et diverses communications sur les *Amputations* et les *Résections* ; *Blépharoplastie par la méthode italienne* (Bulletin de la Société de Chimie, 1880) ; *De l'observation du reflex palpébral dans l'anesthésie chloroformique* (Compte-rendu à l'Académie des Sciences, 1881) ; sur l'*Extraction au moyen des aimants des corps étrangers métalliques qui ont pénétré dans le corps vitré*, à propos d'une observation du Dr Galezowski (Bulletin de la Société de Chirurgie, 1881) ; Diverses communications sur les *Affections de la face et du cou* ; *Pleurésie purulente, empyème pulsatile total, fistule pleurale consécutive, opération d'Estlander*, guérison (Bulletin de l'Académie de Médecine, 1885) ; *Amputation du membre supérieur dans la contiguité du tronc, amputation interscapulothoracique*, ouvrage auquel l'Académie des Sciences décerna le prix Monthion (1 vol. 1887) ; Diverses communications sur les *Maladies des os et des articulations* ; *Considérations à propos d'une fracture insolite du crâne*, en collaboration avec Mlle A. Klumpke (*Revue de Chirurgie*, 1887); *De la transmissibilité du tétanos traumatique de l'homme à l'homme* (Communication à l'Académie de Médecine, 1888) ; l'*Autoplastie par la méthode italienne modifiée, indications techniques, opérations et résultats* (Congrès de Chirurgie, 1889) ;

Autres communications sur les *Fractures du crâne, les lésions traumatiques du cerveau*; *sur un cas d'encephalocèle congénitale traitée et guérie par l'extirpation* (à l'Académie de Médecine, 1890); *Considérations sur l'origine, le mode de développement et le traitement de certaines encephalocèles* (Revue de Chirurgie, même année); Autres communications sur les *Suppurations chroniques de la lèvre*; *Plaie pénétrante à l'abdomen par balle de revolver*; *Blessure de l'intestin grêle, laparatomie, suture de l'intestin, guérison* (Congrès français de chirurgie, 1891), premier exemple en France de guérison d'une plaie semblable à l'intestin grêle, obtenue par la laparatomie et la suture des plaies intestinales; *Hernies* (Traité de Chirurgie, publié sous la direction de Duplay et Reclus, tome VI — 1892, 2e édit. 1898); *Rapports sur plusieurs mémoires concernant le traitement du tétanos* (Bulletin de l'Académie de Médecine, 1893); *Quelques procédés nouveaux de chéiloplastie applicables à la réparation des pertes des substances étendues des lèvres* (Congrès de Chirurgie, 1894); *Résultats de l'examen de dix mille observations de hernies recueillies à la consultation des bandages au Bureau central* (Congrès français de Chirurgie, 1895 et 1 vol. 1896, traduit en allemand), ainsi que diverses communications sur le même objet; *Rhinoplastie par la méthode italienne* (Communication à l'Académie de Médecine et Presse Médicale, 1896); *Tumeurs mixtes du voile du palais* (Revue de Chirurgie, 1897); *Rhinoplastie par la méthode italienne modifiée* (Jubilé du professeur Durante, 1898); *Ostéomalacie masculine avec déformation extrême du squelette* (Académie de Médecine et Presse Médicale, 1899); *Tuberculose ganglionaire pseudo-lymphadémique*, en collaboration avec M. F. Bezançon (Académie de Médecine, 1899), ainsi que quantité de leçons cliniques.

Le professeur Berger a collaboré, en outre, à la *Revue des Sciences médicales*, dont il a eu la direction pour la partie chirurgicale depuis 1873; au *Dictionnaire encyclopédique des Sciences médicales*; à la *France médicale*, dont il eut la direction de 1873 à 1878, etc.

Ancien président et membre de la Société de Chirurgie, membre correspondant de l'Académie de Médecine de Belgique et de Rio-de-Janeiro, de la Société médicale de Londres, de la « K. K. Gesellschaft der Aerzbe » de Vienne, il est chevalier de la Légion d'honneur, officier d'Académie et grand officier du Medjidié.

BERGER (Philippe)

ORIENTALISTE, membre de l'Institut, né à Beaucourt le 15 septembre 1846. Frère des précédents, il accomplit ses études à la Faculté protestante de Strasbourg et entra, en 1873, dans l'administration de l'Académie des Inscriptions et Belles-Lettres, où il s'occupa de la rédaction du *Corpus inscriptionum semiticarum*; il fut, l'année suivante, nommé sous-bibliothécaire de l'Institut.

M. Philippe Berger a été chargé du cours d'hébreu à la Faculté de Théologie de Paris de 1877 jusqu'en 1893, où il succéda à Ernest Renan au Collège de France. En 1892, il avait été élu membre de l'Académie des Inscriptions et Belles-Lettres.

Ce savant a publié de nombreux mémoires, sur les inscriptions et sur l'antiquité semitique, dans la *Gazette archéologique*, la *Revue archéologique*, le *Journal asiatique*, les *Comptes-Rendus* et les *Mémoires* de l'Académie, etc. On cite, parmi ses travaux : *Les Ex-Voto du temple de Tanit à Carthage* (1877); *L'Ecriture et les Inscriptions Sémitiques* (1880); la *Trinité carthaginoise* (1880); la *Phénicie* (1882); *Nouvelles inscriptions nabatiques* (1884); *Stèles trouvées à Hadrumète* (1884); l'*Arabie avant Mahomet d'après les inscriptions* (1885); *Histoire de l'Ecriture dans l'Antiquité* (2e éd. 1891); *Notes de Voyage en Syrie et en Palestine* (1895); *Mémoires sur le Temple de Maktar* (1899), etc.

M. Ph. Berger est chevalier de la Légion d'honneur depuis 1893 et officier d'Académie.

BASTET (Victorien-Antoine)

SCULPTEUR, né à Bollène (Vaucluse) le 17 janvier 1852. Fils de modestes cultivateurs, il fut élevé aux champs et y resta jusqu'à l'âge de vingt ans. Cependant, poussé par une impérieuse vocation, le jeune homme s'essaya dans la sculpture. Il reçut d'abord les conseils de M. Armand, à Avignon, puis vint à Paris, où il entra à l'Ecole des Beaux-Arts en 1874. Il y eut pour maître Dumont.

Au 17e de ligne, à Béziers, où il accomplit son service militaire, M. Bastet eut la bonne fortune de pouvoir continuer ses études artistiques et il était encore sous les drapeaux lorsqu'il envoya au Salon de 1879 un *Narcisse* assez bien venu.

Revenu à l'atelier Dumont en 1880, il obtint le 1er prix de l'atelier et exposa, au Salon de 1881, la *Vigne mourante*, qui lui valut une mention honorable.

Cet artiste a exposé, depuis, notamment : la *Source*

de Vaucluse, superbe figure plâtre, avec laquelle il obtint une médaille de 3ᵉ classe (1882) ; le *Paradis perdu*, plâtre (1884) ; l'*Abandonnée* (1885), plâtre, qui reparut en marbre l'année suivante et reçut une médaille de 2ᵉ classe, mettant ainsi depuis son auteur hors concours ; *Pierre Parrocel*, buste marbre qui figure actuellement au musée d'Avignon (1890) ; la *Cigale*, statuette marbre (1891) ; *Madeleine rêveuse*, marbre ; Mˡˡᵉ *de Cassagne*, buste marbre (1892) ; *Roumanille*, buste bronze, élevé par souscription sur une place d'Avignon (1893) ; Mᵐᵉ *Latreille*, buste marbre (1894) ; *Sensitive*, statue marbre, et le *Colonel Joffre*, buste terre cuite (1895) ; *Vénus au myrthe*, statue marbre de trois mètres de haut ; *Buste de Mlle Armande Bourgeois*, de l'*Opéra* (1896) ; *Grains de beauté*, statue marbre et *Buste de Michel Noé* (1897) ; *Manon*, statuette marbre et *Comète*, marbre, qui eut beaucoup de succès (1898) ; buste *Fin de Siècle*, marbre polychrome ; *Buste de Mᵐᵉ Guy*, marbre ; *A Manon qui s'éveille*, statuette bronze (1899), etc.

En dehors des œuvres exposées, on doit encore à M. Bastet les bustes de MM. E. *La Selve*, *Jules Gaillard*, *Léon Gauthier* (de l'Institut), *Prosper Yvaren*, comte *Armand de Pontmartin* (une reproduction en cire perdue de ce dernier buste figure au musée Calvet, à Avignon) ; de *Laure*, marbre, acquis par M. J. Pams ; ceux de l'*Abbé de Sauvage*, à Alais ; de M. *Bardou*, pour le tombeau de celui-ci à Perpignan ; de MMᵐᵉˢ *Verdet*, *Limasset*, *Pourquery de Boisserin* (Avignon) ; *Bardou* (Job), J. *Pams*, *Adamolit*, M. *Violet* (Byrrh) ; M. *Villalongue*, président du tribunal (Perpignan) ; celui de *La Fare*, placé sur une des places de la ville d'Alais ; un groupe bronze, *Fourès* (1890) ; un groupe marbre, *Libellules et Papillons*, à M. Jules Pams, député (1894) ; le buste en marbre de *Michel (de Bourges)*, pour le musée de Versailles (1899). A noter enfin ses médaillons, en terre cuite, de l'*Abbé Barthélemy*, de *Mirabeau*, *Massillon*, *Vauvenargues*, *Gasendi* et *Moreri*, pour le musée de Toulon.

M. Bastet expose annuellement à la Société des Artistes français et fait de fréquents envois aux expositions de province et de l'étranger. Il a obtenu des médailles d'or aux expositions de Melbourne, de Nice et de Marseille ; il a aussi figuré avec distinction à celles de Chicago et de Bruxelles (1897) et de Liverpool (1898). Il a été membre du Jury des Salons de Paris en 1897 et 1899.

BALLAND (Xavier)

ADMINISTRATEUR, archéologue et économiste, né aux Arrentées-de-Corcieux (Vosges) le 3 décembre 1856. Entré, en 1879, au Crédit Foncier de France, où il parcourut successivement les divers degrés de la hiérarchie : inspecteur, inspecteur régional à Nancy, inspecteur hors rang, puis chef de la statistique en 1894, il est, depuis le 1ᵉʳ janvier 1898, chef de la deuxième région des prêts hypothécaires (inspection). C'est un des plus jeunes chefs de service du Crédit Foncier.

M. Balland s'est fait connaître par la publication de nombreuses études sur la métallurgie antique, les origines de la céramique, etc., publiées dans la *Gazette Vosgienne* et d'autres organes et qui ont été très remarquées. Il a fait, sous les auspices de la Ligue de l'Enseignement et comme membre de l'Union de la Jeunesse Lorraine, un certain nombre de conférences qui ont été très applaudies.

Membre de la Presse scientifique, de la Société française d'Hygiène, du bureau de l'Association Vosgienne de Paris, il fait partie des comités d'admission à l'Exposition universelle de 1900 (groupe de l'Economie sociale).

M. Xavier Balland est officier de l'Instruction publique.

RIZA (Ahmed)

PUBLICISTE, homme politique, né à Constantinople le 28 septembre 1858, demeurant en France. Son père, Ali Riza-Bey, fut sénateur et haut fonctionnaire de l'empire ottoman ; son arrière-grand-père, le célèbre secrétaire privé du sultan Sélim III, fut massacré avec son maître par les Janissaires, à cause de ses idées réformatrices. Sa mère, d'origine hongroise, née à Munich, fut épousée par Ali Riza-Bey pendant que ce dernier était premier secrétaire de l'ambassade turque à Vienne.

M. Ahmed Riza fit ses études au lycée de Constantinople et fut, très jeune encore, nommé au bureau de la traduction, à la Sublime Porte ; puis, en 1883, il vint à Paris et se fit recevoir à l'Institut national agronomique. Il passait ses derniers examens lorsque son père mourut à Konia, où, depuis la dissolution du Parlement ottoman, il vivait en disgrâce.

A son retour en Turquie, en 1887, M. Ahmed Riza fut nommé directeur de l'« Ecole Mulkié » et professeur de chimie à Brousse. Un an après, la direction de l'instruction publique dans cette région de l'empire lui fut confiée ; mais M. Ahmed Riza, qui avait suivi de près, en France, le mouvement intellectuel occidental, ayant voulu introduire dans son service quelques réformes élémentaires, fut soupçonné de libéralisme et devint aussitôt suspect, ce qui le rendit impuissant à apporter la moindre amélioration au régime de son pays. Il quitta son poste et revint, en 1889, habiter la France.

De là, pendant quelque temps, il adressa au sultan des rapports respectueux, mais fermes, au sujet de son administration et de son entourage ; puis, il se décida à fonder un journal, le *Mechveret*, paraissant à la fois en turc et en français et servant d'organe au parti politique désigné, en Europe, sous le nom de « Jeune Turquie », parti qui demande l'introduction dans son pays des idées modernes en faveur de tous les Ottomans, sans distinction de race ni de religion, par l'application de la Constitution de 1876. Né d'un père musulman et d'une mère chrétienne, M. Ahmed Riza ne paraît s'inspirer, dans ses revendications, d'aucun préjugé religieux : la religion est pour lui, déclare-t-il, « une chose d'ordre privé, qui doit rester étrangère à la politique ».

On affirme que le sultan Abdul-Hamid, vivement contrarié par les publications du *Mechveret* et de quelques pamphlets assez violents, envoya auprès de M. Ahmed Riza des affidés, chargés d'acheter son silence par des promesses d'argent et de hautes fonctions ; mais celui-ci refusa systématiquement tout compromis. Son impérial ennemi demanda alors au gouvernement français son expulsion, qui ne fut pas accordée. Il s'adressa ensuite aux tribunaux de Constantinople et fit condamner par contumace M. Ahmed Riza aux travaux forcés à perpétuité et à la confiscation de tous ses biens. Quelque temps après, le sultan, jugeant encore offensé par quelques articles parus dans le *Mechveret*, obtint que son ancien fonctionnaire fut traduit devant le tribunal de la Seine, qui le frappa d'une amende de 16 francs avec application de la loi Bérenger. Cependant, le cabinet Bourgeois ayant défendu la circulation de l'édition turque du journal, son auteur la fit paraître à Bruxelles (1896) ; mais bientôt, sur de nouvelles instances du sultan et malgré l'intervention de plusieurs députés à la Chambre, le gouvernement belge interdit, à son tour, la publication du *Mechveret* turc et défendit à son rédacteur l'entrée de son territoire.

M. Ahmed Riza se rendit, en 1899, à la Haye pour exposer aux membres de la Conférence de la Paix les doléances de son parti. A la suite d'une réunion publique, organisée par quelques députés libéraux, où il fit ressortir les griefs de ses compatriotes, le sultan intervint encore auprès du gouvernement hollandais : mais celui-ci se refusa à exercer le moindre acte de repression contre le chef des « Jeunes Turcs ».

M. Ahmed Riza a écrit plusieurs travaux intéressants en langue turque ; il a publié en français : *Tolérance Musulmane* (1897), ouvrage empreint d'un esprit philosophique large et élevé et a collaboré à l'*Aurore*, à la *Grande Revue*, à la *Revue occidentale*, etc.

LAGOGUEY (Amand-Ludovic-Marie)

ÉCRIVAIN, professeur, né à Vosnon (Aube) le 7 février 1841. Il est le fils d'un instituteur, retraité après 45 ans de services universitaires, dont 25 en qualité de directeur de l'École de St-Mards-en-Othe (Aube), titulaire d'une médaille d'argent et officier d'Académie.

Bachelier ès lettres à dix-huit ans, puis répétiteur au lycée de Troyes, M. Amand Lagoguey se prépara, sous la direction de MM. Courdaveaux et Chotard, au concours d'admission à l'École normale supérieure ; mais ses études antérieures, faites un peu à la hâte, ne lui permirent pas d'entrer dans l'Université par la porte de cette école. Néanmoins, il se faisait recevoir licencié ès lettres, après deux ans d'études à la Faculté des Lettres de Dijon, où il eut pour maître M. Charles Aubertin, l'éminent professeur de littérature française et latine, et recteur honoraire.

Nommé d'abord, en 1863, répétiteur et surveillant général au lycée de Dijon, il fut successivement chargé, de 1867 à 1873, du cours de lettres pour la classe de 5e au lycée de Sens, de la 7e à Henri IV et de la 3e au lycée de Vendôme.

Admissible à l'agrégation dans les concours de 1871, 1872 et 1873, il entra dans l'administration universitaire comme censeur au lycée de Mont-de-Marsan, puis à celui d'Angoulême, où il suppléa le proviseur d'octobre 1879 à avril 1880.

Directeur de l'École normale de l'Enseignement secondaire spécial de Cluny, en 1880, il fut choisi par les suffrages des professeurs, ses collègues, comme délégué au Conseil supérieur de l'Instruction publique, la même année.

En 1884, M. Lagoguey fut nommé proviseur du lycée de Clermont-Ferrand ; d'où, pour raisons politiques, il fut envoyé en disgrâce au lycée de Poitiers, au mois de mai 1889 et, trois mois après, pour les mêmes causes, révoqué de ses fonctions, après 28 années de services universitaires. A la suite du procès de la Haute-Cour, M. Lagoguey avait été accusé d'avoir conspiré contre la République avec le général Boulanger, qu'il avait connu à Clermont et dû recevoir au lycée de cette ville. Cette accusation ayant depuis été reconnue fausse, il fut réintégré dans l'Université, comme professeur au lycée d'Angers, en 1895.

M. Lagoguey s'est fait apprécier comme écrivain par une œuvre très intéressante, de réelle érudition et de bonne poésie, qui a obtenu l'approbation de l'Académie française : il a traduit en vers français : les *Satires de Perse* (1 v.), de *Juvénal*, (1 v 1894), d'*Horace* (2 v. 1896) ; les *Epitres d'Horace* (2 v. 1898) ; *Prométhée enchaîné*, d'Eschyle (1 vol. 1899). Il a, en outre, prêté son concours à la rédaction du *Dictionnaire National des Contemporains*.

Officier d'Académie en 1875, il a été promu officier de l'Instruction publique en 1882.

PIGNOL (Jules-Pierre)

Médecin, né à Paris le 23 février 1857. Il fit ses études classiques au lycée Charlemagne, puis se fit inscrire à la Faculté de Médecine, où il fut successivement externe (1876), puis interne des hôpitaux (1882) : à la Salpêtrière, à la Charité, au Midi, à Laënnec, à l'Hôtel-Dieu, et préparateur des travaux pratiques de physiologie à la faculté.

Reçu docteur et lauréat de la faculté en 1887, avec une thèse intitulée : *Recherches sur quelques signes stéthoscopiques*, il fut chef de clinique médicale à l'Hôtel-Dieu de 1889 à 1891.

M. le Dr Pignol a collaboré à diverses publications, notamment à l'ouvrage de Germain Sée sur les *Maladies du Cœur*, (1 vol. 1888) ainsi qu'à diverses communications sur le même objet, présentées à l'Académie de Médecine, et à des communications de M. le professeur Ch. Richet à la Société de Biologie sur la *Glycogenèse*.

Parmi ses études, on mentionne plus spécialement celles sur les *Injections massives intra-trachéales* (Bulletin de la Société de Biologie 1889) ; le *Traitement de la tuberculose par les injections antiseptiques*, résumé succinct des observations péremptoires de l'auteur (*Médecine moderne*, 1891) et d'autres communications sur les mêmes sujets à la Société de Biologie, à l'Académie de Médecine etc.

M. le Dr Pignol est membre de la Société médicale du IXe arrondissement de Paris, de la Société de Médecine et de Chirurgie pratiques et membre correspondant de diverses sociétés étrangères. Il fait de l'enseignement libre depuis plusieurs années.

KERCKHOFFS (Auguste)

Professeur et écrivain, né à Nuth (Limbourg hollandais) le 19 janvier 1835. Il fit ses études aux universités de Louvain et de Bonn, fut reçu licencié ès-sciences et docteur ès-lettres, puis vint à Paris en 1860 et fut naturalisé Français en 1873. Il a été professeur au lycée de Lorient et à l'Ecole des Hautes études commerciales.

M. Auguste Kerckhoffs s'est surtout fait connaître par ses travaux sur la cryptographie. Il a publié, sous les auspices du ministère de la Guerre, une *Cryptographie Militaire*, ouvrage qui a révolutionné complètement le système de correspondance chiffrée appliqué aux usages de la guerre ; il a inventé, depuis, le premier cryptographe donnant des dépêches mathématiquement indéchiffrables et il a trouvé le procédé de déchiffrement de la fameuse « grille » du mathématicien italien Cardan, considérée comme indéchiffrable depuis le XVIe siècle.

M. Kerckhoffs fait, à l'Ecole des Chartes, un cours libre sur les différents systèmes de correspondance secrète qui ont été en usage depuis l'antiquité jusqu'à nos jours.

Partisan de l'adoption d'une langue commerciale internationale, il a été l'un de ceux qui ont le plus contribué à la diffusion du « Volapük. » Son *Cours complet de Volapük* a eu huit éditions et a été traduit dans toutes les langues de l'Europe, ainsi qu'en arabe et en japonais. Il a présidé, en 1889, à Paris, le Congrès international des Volapükistes.

On doit encore à ce savant les ouvrages portant les titres suivants : *Letterkundige studie over de Vlaamsche taal* ; l'*Art monumental dans ses rapports avec les idées religieuses* ; *Casper von Lohenstein's Dramen mit besonderer Berücksichtigung der Kleopatra*, ainsi que plusieurs ouvrages élémentaires sur les langues allemande et anglaise.

Il a collaboré au *Journal des Sciences militaires*, à la *Revue illustrée des Sciences anthropologiques*, au *Nouveau Dictionnaire Encyclopédique*, etc.

Officier d'Académie, M. Auguste Kerckhoffs est commandeur des ordres du Christ et du Mérite du St-Jacques du Portugal.

BERGER (Paul-Louis-Georges)

Député, ingénieur, né à Paris le 5 octobre 1834. Ses études classiques accomplies au lycée Charlemagne, il entra à l'Ecole des Mines et de là à la Compagnie des chemins de fer du Nord ; puis, pour compléter son éducation industrielle et artistique, il parcourut l'Europe et l'Orient. A son retour, M. Le Play, son ancien professeur, se l'adjoignit pour l'organisation de l'Exposition universelle de 1867 ; il collabora ensuite au *Journal des Débats* et fut nommé suppléant de Taine, dans la chaire d'esthétique, à l'École des Beaux-Arts.

Directeur des sections étrangères à l'Exposition universelle de 1878 et commissaire du gouvernement à la plupart des expositions universelles de l'étranger, il dirigea, en 1881, le Congrès international d'électricité. Il prit à son compte, au même moment, la célèbre maison Bréguet et créa une importante usine d'industrie électrique.

Nommé, en 1886, directeur général de l'exploitation de l'Exposition de 1889, il prit une part considérable à l'organisation de cette entreprise dont, toutefois, le plus grand mérite revient au regretté Alphand.

Bien que, selon l'expression d'un de ses biographes, « il ait toujours entretenu avec soin la réputation qu'il « s'était faite d'organisateur d'expositions », M. Georges Berger n'a été chargé d'aucun rôle actif pour celle de 1900 ; il est simplement membre de la commission supérieure instituée auprès du commissaire général.

Il est aussi président de l'Union centrale des Arts décoratifs.

En 1889, M. Georges Berger qui, jusque-là, ne s'était point mêlé aux luttes politiques, se fit porter candidat aux élections législatives, dans la 2ᵉ circonscription du IXᵉ arrondissement de Paris ; il n'obtint, au premier tour, que 2,057 voix sur 11,571 votants ; mais il fut élu, au ballottage, le 22 septembre, par 6,127 suffrages, contre 4,882 à M. Andrieux, révisionniste.

Au cours de cette législature, il déposa, avec M. Maujan, un projet de loi relatif à la réforme complète de l'impôt.

Il fut réélu : en 1893, par 4,400 voix, contre 2,740 à M. Strauss, conseiller municipal, républicain radical ; et, en 1898, par 7,229 voix, contre 1,732 à M. Massoneu, radical.

A la Chambre, le député de Paris fait partie de la fraction modérée de la gauche ; il est vice-président du groupe des républicains progressistes. Son action parlementaire, très active, porte surtout sur les questions d'affaires ; il a pris part aux travaux de nombreuses commissions, notamment celle du Budget, qui l'a chargé de plusieurs rapports en 1898 et 1899.

M. Georges Berger est l'auteur de : *L'Ecole française de peinture, depuis ses origines jusqu'à la fin du règne de Louis XIV*, intéressant recueil de leçons professées à l'Ecole des Beaux-Arts (1879) ; *Projet d'organisation administrative* (1885) ; *Exposition universelle internationale de 1889* (1889).

Officier de la Légion d'honneur depuis 1878, M. G. Berger a été élevé à la dignité de grand-officier le 4 mai 1889, jour de l'ouverture de l'Exposition universelle ; il est aussi officier de l'Instruction publique.

BARRIAS (Félix-Joseph)

Peintre, né à Paris le 13 septembre 1822. Frère aîné de M. Ernest Barrias statuaire, membre de l'Institut, il prit d'abord des leçons de dessin de son père, à qui l'on doit des études militaires remarquées, puis fut élève de Léon Cogniet, dans l'atelier de qui il entra à treize ans, et de l'Ecole des Beaux Arts, où il fut admis à quinze ans. Trois ans plus tard, il exposait au Salon un *Portrait d'homme* qui fut remarqué (1840). En 1842, il obtenait une mention au grand concours de l'Ecole des Beaux-Arts et, deux ans plus tard, le grand prix de Rome avec *Cincinnatus recevant les envoyés du Sénat romain*.

De Rome, M. Barrias envoya cinq tableaux, dont trois, acquis par l'Etat, figurent aujourd'hui dans nos musées : à Autun, au Luxembourg et à Nantes : *Sapho d'Erèze*, qui obtint une 3ᵉ médaille ; *Mercure et Argus* ; un *Guerrier gaulois et sa fille prisonniers à Rome* ; les *Exilés de Tibère* ; la *Floraja* ; *La France précédée de la Paix proclamant la liberté des peuples*.

On cite principalement parmi celles de ses œuvres exposées par la suite aux Salons de la Société des Artistes français : une *Jeune fille portant des fleurs* et une *Fileuse romaine* (1847) ; les *Sirènes et Ulysse* (1849) ; *Dante Alighieri* (1853, musée de Tarbes) ; les *Pèlerins se rendant à Rome pour le jubilé de l'an 1300* (musée de Laval) ; *Michel-Ange à la chapelle Sixtine* (1857) ; *Débarquement de l'armée française à Oldport en Crimée* (1859, musée de Versailles) ; de nombreux portraits, les sujets photographiés du *Virgile* et de l'*Horace* publié par Firmin Didot ; la *Communion* (souvenir de Ravenne) ; *Conjuration chez les courtisanes*, Venise 1530 ; *Malvina* et quelques *portraits* (1861) ;

la *Picardie*, tableau allégorique destiné à décorer le grand escalier du musée d'Amiens (1863) ; *Epitre à Auguste ; Horace, Auguste et Mécène ; Danseuse du Triclinium* (1864) ; *Portrait de M*^{me} *F. B.*, à la cire (1865), qui reparut à l'Exposition universelle de 1867 ; le *Repos*, ou le Titien peignant une Vénus (1866, en Angleterre) ; deux *Portraits* (1869) ; *Luisa l'Albanaise* (1870) ; *Electre au tombeau de son père ; Hélène se réfugiant sous les Vesta* (1873) ; *L'homme est en mer*, sujet tiré de la *Légende des siècles* (1875) ; *Eve, portrait de la marquise de F. B.* (1877) ; l'*Aumône à Venise ; Andalouse et Comtesse* (1884) ; la *Mort de Chopin*, une des plus belles compositions de l'auteur (1885) ; la *Conversion de Marie-Madeleine* ; la *Mort du pèlerin* (1887) ; *Triomphe de Vénus* et *Camille Desmoulins au Palais-Royal* (musée de Châlons-sur-Marne, 1888), représenté l'année suivante à l'Exposition universelle ; *Retour de la circoncision, Tanger* (1891) ; *Portrait de M. Joseph Chevalier* et *Portrait de M. A. B.* (1892) ; *Sirènes*, panneau décoratif et *Un artiste* (au musée de Périgueux, 1893) ; *Esther se rend chez Assuérus* (1894) ; *Repos pendant la séance* (1895) ; *Portrait de M. G. de Monnecove* et *Portrait de M*^{elle} *Marguerite Jullien* (1896) ; *Portrait de M. R.* (1897) ; *Païens et Chrétiens* (1898).

En outre, il faut mentionner de M. Félix Barrias : de très importantes décorations pour le Cirque d'hiver et l'hôtel du Louvre ; quatre toiles pour la chapelle St-Louis à l'église St-Eustache ; cinq toiles placées à l'église Ste-Marie de Clignancourt ; un grand tableau votif pour la chapelle de la maison des Orphelines Ste-Eugénie, faubourg St-Antoine ; deux panneaux pour la chapelle Ste-Geneviève de l'église de la Trinité (grand pignon nord de la Trinité, 27 mètres : pour la première fois, depuis le XVIe siècle, le saint Esprit est représenté sous une forme humaine) ; trois panneaux destinés à l'un des foyers de l'Opéra : la *Musique amoureuse*, la *Musique champêtre* et la *Musique dramatique* ; un plafond également à l'Opéra : la *Glorification de l'Harmonie* ; la décoration du vestibule de l'Hôtel-de-Ville à Paris : les *Arts* ; la décoration de l'Hôtel Hoare ; *les Sciences et les Lettres*, composition allégorique pour la galerie du duc de Westminster ; *Apollon allant coucher chez Thétys*, tableau acquis par le prince de Galles (rendez-vous de chasse) ; les plafonds de la Corporation des drapiers et des merciers et d'une chapelle de Jésuites à Londres ; la *Paix*, allégorie pour un plafond appartenant au prince Nariskine à St-Pétersbourg ; *La Gloire distribuant des lauriers aux grands hommes Picards*, superbe composition ornant le musée d'Amiens ; la décoration du Pavillon de la République Argentine à l'Exposition universelle de 1889 ; le *Toast au Champagne*, plafond qui ornait l'ancien Café Riche à Paris ; *Le Mont Dore au Temps d'Auguste*, toile qui figura à l'Exposition universelle de 1878, à Rouen ; *Michel-Ange*, composition pour la chapelle Sixtine à Rome ; le plafond du vestibule de la maison Frascati à Paris ; le portrait du musicien *Marmontel fils*, etc.

On s'accorde à reconnaître en M. Félix Barrias un des plus glorieux représentants de la peinture d'histoire en France et aussi un excellent peintre de portraits et de scènes de genre. Classique d'éducation et de tendances artistiques, il sait cependant prêter à ses compositions la vie, le mouvement et la couleur du plus exact réalisme.

Professeur des plus appréciés, il a formé des élèves tels que MM. Vibert, Berne-Bellecour, Guillaumet, H. Pille, F. Pelez, Mme Lucas Robiquet, etc.

Cet éminent artiste a obtenu successivement une 3e médaille en 1847, une 1re en 1851, une 2e à l'Exposition universelle de 1855 et une médaille d'or à l'Exposition universelle de 1889. Chevalier en 1859, il est officier de la Légion d'honneur depuis 1898.

SERENO (Antoine-Jean-François)

ÉCRIVAIN, né à Guelma (Algérie) le 6 août 1854. Après avoir fait ses études classiques au collège Sainte-Barbe, à Paris, il s'engagea volontairement, âgé de 16 ans, au début de la guerre Franco-Allemande (1870-71), en forçant la résistance de sa famille par une tentative de suicide.

Il se distingua aux trois journées de combats livrés à Talan (sous Dijon), au mois de janvier 1871 et tout particulièrement à celle du 22, où, acclamé par ses chefs et tous ses compagnons d'armes pour sa brillante conduite, il fut proposé pour la croix, qui ne lui fut accordée que plus tard.

En 1876, à peine majeur, M. Sereno créa, à Montpellier le journal républicain, le *Petit Méridional*. Par son énergie et son talent et aussi grâce à l'intelligence et au dévouement de ses collaborateurs, le succès de sa création grandit très vite. Au 16 mai 1877, cet organe fit une campagne extrêmement vigoureuse contre le gouvernement d'alors et eut à soutenir, pendant cette période, vingt-trois procès qui se terminèrent tous par des condamnations à la prison ou à l'amende. M. Sereno dût alors suspendre pendant quelque temps la publication du *Petit Méridional*, devenu par la suite un des plus importants organes politiques du midi de la France.

En 1885, il quitta Montpellier pour venir à Paris, diriger en personne les divers services parisiens de son journal, fonctions qu'il remplit depuis cette époque, concurremment avec celle de président du Conseil d'administration du *Petit Méridional*.

Très épris de littérature dramatique, il est l'auteur de plusieurs pièces de théâtre remarquables par leur vigueur et leur originalité.

M. Sereno est chevalier de la Légion d'honneur depuis le 27 décembre 1885.

SELZ (Gaston-Joseph)

Compositeur de musique, né à Boulogne-sur-Seine le 2 mars 1869. Neuvième enfant, sur dix, d'un modeste tailleur d'habits, d'origine russe et établi à Paris, il suivit les cours de l'école primaire communale jusqu'à douze ans.

Entré, en 1881, au Conservatoire national, à Paris, dans la classe de M. Alkan, il chanta, dès 1883, dans les chœurs des concerts Pasdeloup et à l'Opéra-Comique, dans les chœurs d'enfants de *Carmen* et de *Lakmé*. Il fut encore élève de M. Emile Decombes et auditeur dans la classe de M. Marmontel. Présenté par M. Dupaigne, inspecteur d'Académie, à M. Emile Pessard, il devint l'élève de celui-ci pour l'harmonie, puis il suivit la classe de M. Bazille et celle de Léo Delibes pour le contrepoint.

Successivement accompagnateur aux cours de chant de MM. Nathaniel Durlacher, J. Isnardon, Obin et Giraudet et d'une classe de chant au Conservatoire, M. Gaston Selz dirigea, à deux reprises différentes, les concours de grand opéra de notre école nationale. Il a participé à de nombreux concerts donnés à Paris, où il fut répétiteur d'artistes comme MM. Saléza, Delmas, Clément, Isnardon, Imbart de La Tour, MM™™ Lucienne Bréval, Thérèse Ganne, Nina Pack, Jeanne Raunay, etc. Il a été aussi répétiteur quelque temps chez M. Colonne.

Pendant son service militaire, M. Gaston Selz dirigea les répétitions d'un programme musical préparé pour un grand concert donné en l'honneur des officiers réunis à la caserne du Château-d'Eau, lors des manifestations provoquées par la fermeture de la Bourse du Travail, au mois de mai 1893 et il dirigea aussi l'exécution d'une partie du programme.

Il a ouvert depuis, à Paris, un cours de chant et de déclamation lyrique très fréquenté par les gens du monde et par les artistes.

Comme chef d'orchestre, il a conduit, en 1898, les études, puis l'exécution de *Perlino*, fantaisie lyrique en 3 actes, du comte H. de Saussine.

Comme compositeur, M. G. Selz a produit déjà de très intéressantes œuvres, dont plusieurs sont fort appréciées, notamment une centaine de mélodies, parmi lesquelles il convient de citer : le *Rondel de l'adieu*, de Ed. Haraucourt; *Amour*, de Victor Hugo ; l'*Isolement*, de Lamartine ; *Musique sur l'eau*, de Albert Samain ; *Qu'importe*, de Georges François ; *Obsession*, de Charles Baudelaire. A mentionner aussi : un *Ave Maria* et un *Tantum ergo*, chantés pour la première fois à l'église Saint-Ferdinand d'Arcachon ; une pantomime en un acte, *Pierrot malade* (livret de M. Paul Fournier), représentée au théâtre d'Application et interprétée par Mlles Pepa Invernizzi, Eva Lavallière et H. Paulet (1891) ; *Salade russe*, revue de salon (1892), etc. On annonce encore de lui une *Symphonie* en 3 parties et la *Nuit de Mai*, de Musset, qu'il a mise complètement en musique et pour chant.

M. G. Selz est membre de la Société des auteurs, compositeurs et éditeurs de musique.

LEVÉE (François-Jules)

Industriel, conseiller municipal de Paris, né à Paris le 29 novembre 1851. Ses études s'achevaient à l'Ecole Turgot lorsqu'éclata la guerre franco-allemande (1870-71) : engagé comme volontaire au 72ᵉ bataillon de marche, il devint sergent et prit part notamment aux combats de Champigny, du Bourget et de Buzenval ; sa conduite durant la campagne lui valut d'être proposé pour la médaille militaire ; mais la conclusion de l'armistice ne permit pas de donner suite à cette proposition.

La paix signée, M. F.-J. Levée entra dans la maison de commerce que dirigeait son père. Il accomplit en Europe et en Afrique de nombreux voyages d'études et d'affaires et fut chargé par la direction du Commerce de divers rapports sur l'expansion coloniale. Il a été membre des comités et des jurys des Expositions de Paris, Chicago, Bruxelles, Moscou, Barcelone, Anvers, Amsterdam, Atlanta, Toronto (où il fut vice-président de l'exposition franco-canadienne, 1898) ; il a reçu une médaille d'or à Paris (1889), un grand diplôme d'honneur à Amsterdam (1898), un grand prix à Atlanta (1895), etc.

M. F.-J. Levée a été, de 1892 à 1896, vice-président de la Chambre syndicale des fabricants papetiers de France ; à cette dernière date il en devint président. Il est membre du jury d'admission et d'installation de la classe 92 à l'Exposition universelle de 1900.

Après avoir échoué de quelques voix comme candidat à une élection partielle municipale dans le quartier de l'Arsenal, à Paris, en 1897, M. Levée fut élu conseiller municipal pour le quartier du Palais Royal, en remplacement de M. Muzet, en 1898, par 1,013 voix contre 756 à M. le D' Lataste.

Appartenant au groupe progressiste de l'Hôtel-de-Ville, il a été nommé membre de la 2ᵉ commission (concernant les théâtres) et rapporteur de la commission des secours de la Préfecture de police et de la Préfecture de la Seine.

M. F.-J. Levée est officier d'Académie et chevalier de la Légion d'honneur.

JOFFROY (Alix)

MÉDECIN, professeur, né à Stainville le 16 décembre 1844. Il fit ses études médicales à la Faculté, à Paris, où il eut surtout pour maîtres Charcot et Vulpian. Dès 1869, il publiait, en collaboration avec Charcot, des mémoires importants. En 1870, il devint également le collaborateur de Duchenne (de Boulogne), auquel il devait faire élever, en 1897, un monument à la Salpêtrière, amenant ainsi les compatriotes de Duchenne à placer, en 1899, le buste de l'illustre neurologiste sur une place de Boulogne.

La thèse de doctorat de M. Alix Joffroy, présentée en 1873, traitait *De la pachi-méningite cervicale hypertrophique*, maladie jusque-là méconnue et qui, dès lors, prit rang dans la nosographie des maladies nerveuses.

Médecin des hôpitaux en 1879, le D' Joffroy fut reçu agrégé en 1880. Après avoir été médecin de la Salpêtrière pendant dix ans, il fut nommé professeur de la clinique des maladies mentales et des maladies de l'encéphale, en remplacement de Ball (1893). Il fait ses leçons cliniques à l'asile Sainte-Anne.

M. le D' Joffroy dirige, depuis 1885, les *Archives de Physiologie normale et pathologique* ; en 1889, ce périodique s'étant divisé en deux branches, il prit alors la direction de l'une d'elles, devenue les *Archives de Médecine expérimentale*, avec MM. Grancher, Lépine et Straus. Il dirige également la *Nouvelle Iconographie de la Salpêtrière*, avec MM. Raymond et Fournier, ainsi que les *Archives de Neurologie*, avec MM. Raymond et Magnan ; la plupart de ses travaux, relatifs à la pathologie de la moelle, du cerveau et des nerfs, à la paralysie générale, aux psychoses, etc., ont été insérés dans ces publications.

Il convient de mentionner à part la description qu'il a donnée, en 1879, de la *Névrite parenchymateuse*, ainsi que ses études sur la *Toxicité de l'alcool* (*Gazette des Hôpitaux*, 1895-1896 ; *Archives de Médecine expérimentale*, 1895-1898, et *Revue Scientifique*, 1898), études qui furent très remarquées et dont les résultats ont démontré que la nocivité de l'alcool se rattache bien plus à la quantité ingérée qu'aux impuretés qu'il peut contenir, contrairement à l'opinion généralement adoptée ; elles n'ont pas été sans influence sur le rejet du projet de loi concernant le monopole de l'alcool.

Membre de la plupart des sociétés et congrès scientifiques, le professeur Joffroy est l'un des fondateurs de la Société de Neurologie, inaugurée sous sa présidence en 1899. Il est chevalier de la Légion d'honneur et décoré de divers autres ordres.

LEFEBVRE (Charles-Auguste)

ANCIEN député, président du conseil d'administration du *Bureau Veritas*, né à Lille le 9 septembre 1821. Il fut de bonne heure attaché, comme secrétaire, au *Bureau Veritas*, fondé par son père, à Paris, en 1832. Cette importante administration publie annuellement, à l'usage des assureurs maritimes, trois registres contenant des renseignements sur les navires du monde entier, visités pendant leur construction ou en cours de voyage ; elle édite, en outre, une liste mensuelle des sinistres et un règlement de construction de navires élaboré par une commission composée des principaux ingénieurs de France et de l'étranger.

Pendant vingt ans, jusqu'en 1870, M. Lefebvre a été attaché à la rédaction de plusieurs journaux de Paris, où il était chargé de la partie commerciale et maritime. Une correspondance étrangère manuscrite, qu'il rédigeait pour les journaux de Paris, avait été supprimée au coup d'Etat.

En 1871, il fonda dans la commune d'Avon (près Fontainebleau) dont il était conseiller municipal, le premier comité républicain de Seine-et-Marne et, en même temps, à Melun, avec quelques membres de ce comité, le journal le *Travail*, pour combattre le gouvernement du 16 mai ; mais ce journal, interdit, dès son début, sur la voie publique, fut, après quatre ans de persécutions, radicalement supprimé par le général

Bataille, agissant en vertu de l'état de siège qui n'avait pas encore été levé depuis la guerre.

En 1877, le comité républicain dont il était le président fonda à Fontainebleau le journal l'*Union républicaine*, qui fit triompher la candidature de M. Jozon, contre celle de M. Tristan Lambert, député sortant. M. Lefebvre collabora à la rédaction de ce journal avec autant d'ardeur qu'à celle du *Travail*.

En 1881, M. Lefebvre, qui était maire d'Avon et conseiller général de Fontainebleau, fut élu, en remplacement de M. Jozon, décédé, député de l'arrondissement, par 11,154 voix sur 13,030 votants. Dès son arrivée à la Chambre, il fonda, avec quelques amis politiques, le groupe de la Gauche radicale, dont il fut successivement secrétaire et vice-président.

En 1885, le scrutin de liste ayant été rétabli, M. Lefebvre, porté en tête de la liste radicale du département de Seine-et-Marne, fut élu, au premier tour de scrutin, par 43,969 voix, sur 73,741 votants.

En 1889, il ne se représenta pas au renouvellement uninominal. Il donna pour raison de son désistement l'attitude hostile de ses principaux électeurs, inféodés au boulangisme et dont il avait dû se séparer, refusant absolument de s'associer à une politique qu'il jugeait antirépublicaine.

Pendant les deux législatures auxquelles il a appartenu, M. Lefebvre a fait partie de nombreuses commissions, auxquelles il a apporté une active collaboration. Il est l'auteur d'une proposition d'abrogation du décret de prairial an XII conférant aux églises le monopole des inhumations. Cette proposition, adoptée en 1883, fut modifiée par le Sénat et renvoyée devant la Chambre, où elle reste toujours pendante en attendant la nomination d'une nouvelle commission et sa mise à l'ordre du jour.

Il est, en outre, l'un des auteurs de la loi sur la « liberté des funérailles, » qui comprend celle sur la « crémation ». Cette loi, sur laquelle la Chambre et le Sénat se mirent d'accord, fut promulguée en 1887 et, depuis cette époque, l'incinération des morts, exigée par testament ou demandée par les familles, est journellement pratiquée à Paris, où un monument spécial a été édifié au cimetière du Père-Lachaise.

M. Lefebvre, prêchant d'exemple, a fait construire au cimetière Montmartre, pour lui et sa famille, un columbarium privé de 40 cases, où sont déjà déposées les cendres de plusieurs de ses parents. Il a publié, sur ce sujet, une brochure qui a été traduite partout à l'étranger ; il a fait aussi, à l'hôtel des Sociétés savantes, plusieurs conférences qui ont été reproduites dans le *Bulletin annuel de la Société de Crémation*. M. Lefebvre est membre du comité de cette société.

LEIDIÉ (Emile-Jules)

CHIMISTE, pharmacien, professeur, né à Châtillon-sur-Seine (Côte-d'Or) le 18 août 1855. Il fit ses études scientifiques à Paris, fut successivement reçu pharmacien en chef des hôpitaux (1881), docteur ès-sciences (1888) et professeur agrégé de chimie et de toxicologie à l'École supérieure de pharmacie de l'Université de Paris (1889). Il est depuis 1881, pharmacien en chef de l'hôpital Necker.

M. Emile Leidié s'est fait connaître et remarquer par de nombreux travaux relatifs à la chimie générale, minérale et biologique ; il a étudié spécialement les métaux rares de la mine de platine et en particulier le rhodium, dont il a reconstitué l'histoire au point de vue chimique ; l'iridium, etc.

Les travaux les plus fréquemment cités de ce savant sont les suivants : Chimie générale. — *Recherches sur les courbes de solubilité dans l'eau des différentes variétés d'acide tartrique* (C. R. Académie des Sciences, t. XCV, thèse de pharmacien de 1re classe, 1882). Chimie minérale. — *Sur le sesquichlorure de rhodium* (C. R. Académie des Sciences, t. CVI) ; *Sur le sesquisulfure de rhodium* (C. R. Académie des Sciences, t. CVI) ; *Recherches sur quelques sels de rhodium, chloronitrates, sulfates, oxalates doubles* (C. R. Académie des Sciences, t. CVII) ; *Recherches sur les combinaisons du rhodium* (Annales de Chimie et Physique, 6e série, t. XVII, thèse de docteur ès-sciences, 1888) ; *Recherches sur les nitrites doubles du rhodium* (C. R. Académie des Sciences, t. CXI ; Bulletin de la Société chimique de Paris, 4me série, t. IV) ; *Sur la purification de l'iridium* (C. R. Académie des Sciences, t. CXXIX, Journal de Pharmacie et de Chimie, 6e série, t. X). Chimie biologique. — *Recherches chimiques sur les urines purulentes* (Annales des maladies des organes genito-urinaires, juillet 1896) ; *Recherches sur les albuminoïdes des urines purulentes* (Journal de Pharmacie et de Chimie, 6e série, t. IV) ; *Recherches sur les nucléines du pus* (Journal de Pharmacie et de Chimie, 6me série, t. IV).

On doit encore à M. Emile Leidié les publications suivantes : *Encyclopédie chimique* de Fremy : *Ethers*, (1 vol. 1886); *Etude chimique et toxicologique du mercure* (thèse d'agrégation, 1889) ; *Encyclopédie chimique* de Fremy, annoncés pour paraître en 1899-1900 : *Palla-*

dium, *Iridium, Rhodium* et *Technologie des métaux du groupe du platine.*

En collaboration avec feu M. Joly, de la Faculté des Sciences, il a encore publié les travaux suivants : *Sur le dosage du rhodium par voie électrolytique* (C. R. Académie des Sciences, t. CXII) ; *Recherche et séparation des métaux du platine et en particulier du palladium et du rhodium en présence des métaux communs* (C. R. Académie des Sciences, t. CXII) ; *Sur le poids atomique du palladium* (C. R. Académie des Sciences, t. CVXI) ; *Action de la chaleur sur les azotites alcalins des métaux du groupe du platine* (a) ; *Composés du ruthenium* (C. R. Académie des Sciences, t. CXVIII) (b) ; *Composés de l'iridium* (C. R. Académie des Sciences, t. CXX) (c) ; *Composés du rhodium* (C. R. Académie des Sciences, t. CXXVII).

A la mort de M. Joly, la publication de la *Monographie des Métaux du Platine* se trouvant interrompue, celle-ci fut reprise par MM. Leidié et Wèzes.

M. Leidié est président de la Société de Pharmacie de Paris (1899) et officier de l'Instruction publique.

LÉVY (Albert)

SCULPTEUR-STATUAIRE, né à Paris le 4 mai 1864. Fils d'un banquier, il fit de solides études classiques dans sa famille et s'adonna ensuite à la sculpture.

Elève d'Etienne Leroux, M. Albert Lévy exposa pour la première fois, au Salon des Champs-Elysées, un *Portrait-médaillon*, en 1886.

Vinrent ensuite : *Rêverie*, buste terre cuite (1887) ; la *Prière*, buste plâtre ; *Fillette*, buste terre cuite (1888) ; *Portrait de M. M****, buste plâtre ; *Portraits de M. et M™ B****, 2 médaillons bronze ; *Etude d'enfant*, buste plâtre (1889) ; *Jeune paysanne à la source*, statue plâtre (1891) ; la *Chanson*, statue plâtre (1892) ; *Jeune trouveur*, statue plâtre (1893) ; *Portrait de Simon*, buste bronze (1894) ; *Eve*, statuette plâtre (1895) ; *Jean de Rotrou à vingt ans*, statue plâtre (1896, mention honorable) ; *André C****, buste bronze (1897) ; *Sans permis*, statue plâtre (1898).

Cet artiste a produit en outre un grand nombre de portraits, de « têtes d'enfants » et de petits « sujets » en terre cuite, très bien venus.

M. Albert Lévy, dont les œuvres sont généralement remarquées, est sociétaire de la Société des Artistes Français.

LEMONNIER
(Volny-Alfred-Marie-Gabriel)

SPORTMAN et homme de lettres, né, d'une très ancienne famille de Bretagne, le 29 novembre 1862, à Bordeaux, où son père occupait une charge d'agent de change. Sa mère, née Bonnet du Coudray de Léry, dont les aïeux furent contraints d'émigrer à la Guadeloupe lors de la révolution, descend de Jehan de Beaumanoir, le héros du combat des Trente ; sa famille est alliée, de ce côté, aux Kermeno de Chazelles, de Lauréal, de Surgy, de Longueville, d'Albissin, Beauharnais, etc, dont plusieurs membres résident toujours aux Antilles. Du côté de son père, il est le petit-fils du marquis de Rivérieulx, originaire du Lyonnais et, de ce chef, apparenté aux Veillet, de Kermoal, de Saint-Simon, Brio, Halna du Fretay, Conseil, Villeferon, de Kerjégu, etc.

M. Volny Lemonnier fit de sérieuses études classiques chez les Jésuites de Brest, de Vaugirard et de la rue des Postes à Paris, prit ses baccalauréats ès-sciences et ès-lettres et se prépara à l'Ecole de Saint-Cyr. Après douze années de service actif dans la cavalerie, il quitta l'armée pour entreprendre des voyages en Russie, en Angleterre, en Allemagne, en Suisse et en Italie, d'où il rapporta de nombreux souvenirs.

Entre temps, il faisait, à Paris, la connaissance de MM. Godard, Surcouf, Bezançon, Emmanuel Aimé, etc., aéronautes bien connus, et, séduit par la beauté autant que par l'imprévu de leur périlleuse profession, il entreprenait avec eux quelques ascensions, dont une surtout, celle du *Pro Patria*, lui valut une certaine notoriété dans le monde des aéronautes. Parti de Paris dans la nuit du 4 décembre 1895, avec M. Edouard Surcouf, ils atterrirent, après une traversée des plus mouvementées de 18 heures et dans des conditions climatériques particulièrement pénibles (20° au-dessous de o), au petit village de Dorvar, près de Fredebourg, non loin de la frontière du Hanovre. Grâce à sa connaissance approfondie de la langue allemande, M. Lemonnier put dépister les soupçons des autorités locales et rentrer en France, avec tout son matériel, sans être inquiété. Il rapportait avec lui une soixantaine de clichés photographiques, pris au cours du voyage et intéressant les forts Belges et Allemands, ainsi que quelques points remarquables des cours de la Meuse et du Rhin.

M. Volny Lemonnier, qui a adopté en littérature le

pseudonyme de « Guy d'Armor, » est membre de plusieurs cercles et sociétés littéraires et sportives ; il collabore, à des titres divers, à différents journaux et revues de Paris et de Bretagne. Il a publié en librairie : *Souvenirs du Régiment*, mémoires (1 vol.) ; *Impressions de voyage*, récits des choses vues et vécues pendant ses courses à travers l'Europe (1 vol. illustré) ; *A travers l'espace : de Paris au Hanovre en ballon* (1 vol. illustré) ; on le dit, en outre, occupé à la préparation d'un ouvrage sur les pays de Léon et de Cornouailles, non encore paru.

LIPPMANN (Edouard)

INGÉNIEUR, né à Verdun le 22 février 1833. Il fit ses études au collège de sa ville natale, puis au lycée de Metz. Venu ensuite à Paris, il fut admis à l'Ecole centrale des Arts et Manufactures, d'où il en sortit en 1856, avec le diplôme d'ingénieur.

A cette époque, M. Edouard Lippmann entra, en qualité d'ingénieur, dans la maison Degousée et Laurent (entreprises de mines et sondages), où il fut successivement directeur des travaux, chef de la fabrication, fondé de pouvoir et associé.

Pendant la guerre de 1870-71, il fut nommé, par décret du gouvernement de la Défense nationale, capitaine au corps du génie volontaire, dont il fut un des fondateurs et organisateurs, et qui prit une part très active à la défense de Paris.

En 1878, il est devenu directeur-gérant de la société Edouard Lippmann et Cie, qui prit la suite de la maison précitée.

L'industrie dans laquelle M. Lippmann s'est spécialisé lui doit de grands progrès et de nombreux perfectionnements, particulièrement les fonçages de puits de mine par la méthode avec plein et à pleine section, les puits à cuvelages filtrants, etc. C'est à l'aide de ses appareils que se creusent, en Afrique, en Tunisie et aux Indes, les puits artésiens qui vivifient, au nombre de plus de neuf cents, les déserts africains et asiatiques.

C'est à cet ingénieur que l'on doit également le puits artésien exécuté pour la ville sur la place Hébert à la Chapelle-Paris, qui atteint, avec des dimensions inusitées jusqu'ici, la profondeur de 718 mètres. On cite encore ses découvertes et captages de sources minérales ; la mise en exploitation de mines de houilles, de sel, de pétrole, l'établissement de puits artésiens alimentant de nombreuses villes et usines, les études pour la construction de ponts, canaux, routes, en Europe, en Asie, en Amérique, en Océanie, etc.

Lauréat de toutes les expositions françaises et étrangères auxquelles il a pris part, M. Lippmann a obtenu le diplôme d'honneur à Amsterdam (1883) et des médailles d'or aux expositions universelles de Paris (1867, 1878, 1889). A cette dernière, il fut membre des jurys d'admission et d'installation de la classe 48 (Exploitation des mines) ; il en est de même pour l'Exposition universelle de 1900.

M. Edouard Lippmann a été, pendant plusieurs années, répétiteur du cours d'exploitation des mines à l'Ecole centrale.

Il a publié un *Petit traité de sondage* et un grand grand nombre d'articles techiques dans les organes spéciaux, notamment le *Génie civil*, à l'administration duquel il est attaché comme membre du conseil de direction et du comité supérieur de rédaction. Il a fait partie de plusieurs congrès scientifiques internationaux ; il est membre des sociétés géologiques de France et de Belgique et de la Société des Ingénieurs civils de France, dont il a été vice-président en 1894 et en 1896, président en 1897. La part active qu'il a prise aux travaux de cette société lui a valu d'être lauréat du prix Couvreux en 1893 et du prix François Coignet en 1898.

M. Edouard Lippmann est chevalier de la Légion d'honneur, officier d'Académie, du Nicham-Iftikar, etc.

PÉTRÉAUX (Joseph)

CHANSONNIER, né à Bohain (Aisne) le 31 octobre 1825. Il se fit connaître par ses chansons dès 1844, dans les goguettes de Ménilmontant, tout en exerçant la profession de tisseur et, en 1848, au moment de la révolution, le *Guetteur de St-Quentin*, en publia qui obtinrent, dans la région, un succès inattendu.

Revenu à Paris comme fabricant de tissus, il resta longtemps éloigné de la littérature. Ce ne fut qu'en 1880 qu'il se souvint avoir rimé jadis. Il devint, cette même année, membre de la *Lice Chansonnière*, où ses compositions, favorablement accueillies, devaient le faire connaître du grand public.

M. Joseph Pétréaux a publié en librairie: *Chansons, Poésies* (1 vol. 1870), dont il donna, en 1894, une deuxième édition revue et considérablement augmentée ; *Chansons d'un Solitaire* (1 vol. 1899). Ces vers, chansons ou morceaux à dire, se distinguent par une grande facilité de versification, jointe à une irréprochable prosodie. Il a de plus publié une *Notice sur Bohain*, sa ville natale (1 vol. 1897).

LETOULA (Jules)

Graveur, lithographe, dessinateur et peintre, né à Paris le 1ᵉʳ août 1832. Elève de Jules Laurens et de l'Ecole des Beaux-Arts, il exposa pour la première fois, au Salon de 1877, un *Portrait du peintre Henner* et envoya ensuite un grand nombre de lithographies, qui le classèrent bientôt parmi les maîtres de cet art.

On cite dans ce genre, parmi les œuvres de M. Letoula : *Prisonnier en fuite*, d'après Luminais (1878) ; la *Pythonisse d'Endor*, d'après Salvator Rosa (1879) ; *Saint Louis consolant un lépreux*, d'après Maignan ; l'*Excommunication de Robert le Pieux*, d'après J.-P. Laurens (1880) ; les *Enervés de Jumièges*, d'après Luminais ; la *Mort de Chramm*, d'après Luminais ; *Portrait d'Eugène Delacroix*, d'après lui-même (1881), ce. portrait est peut-être l'œuvre maîtresse de cet artiste ; *Charlotte Corday*, d'après Baudry (1882) ; la *Peste à Rome*, d'après Delaunay (1883) ; l'*Amiral Carlo Zeno*, d'après Maignan (1884) ; l'*Aïeule*, d'après Lhermitte (1885) ; la *Liberté*, d'après Delacroix (1886) ; *Portrait de M. Hittorf* (1887) ; *Le Christ appelle à lui les affligés*, d'après Maignan (1888) ; la *Famille malheureuse*, d'après Tassaërt (1889) ; *Portrait de Pierre Véron* (1890) ; *Saint Vincent de Paul prenant les fers d'un galérien*, d'après Bonnat ; la *Mort du polytechnicien Vaneau (juillet 1830,)*, d'après Moreau, de Tours ; *Frédérick-Lemaître*, un des plus beaux portraits du grand comédien (1893) ; le *Benedicite*, d'après N. Maës (1894) ; des dessins de portraits, parmi lesquels : *M. J. Bourdon*, *M. Menier*, *Edgar Quinet*, etc.

A partir de 1896, M. Letoula produisit ses œuvres au salon du Champ-de-Mars, où on a pu remarquer notamment : le *Portrait de Théophile Gautier* (1896) ; *Vénus et l'Amour*, d'après Rembrandt (1897) ; la *Femme Ossaloise et son Enfant*, etc.

Parmi les compositions originales dûes à cet excellent artiste, mentionnons : *Glorification de Molière*, d'un très heureux effet ; les *Océanides* ; l'*Ondine* ; la *Voie lactée* ; les *Laveuses* ; les *Lessivières* ; des. *Intérieurs d'Eglise*, de *Marchés*, de *Vieilles Halles* ; *Avant le bain* ; *Après le bain* ; les *Ecueils* ; *Légende bretonne* ; les *Pastels* ; la *Nuit* ; les *Dryades* ; *Gutenberg* ; *Hoffman* ; *Berlioz* ; *Balzac* ; *Daumier* ; de nombreuses aquarelles ; des dessins de Granville, de Paris, etc.

M. Letoula a exposé aux Salons du Blanc et Noir, où il a obtenu une médaille de 3ᵉ classe, une médaille de 2ᵐᵉ classe et une médaille de 1ʳᵉ classe. Il a reçu en outre une médaille de 2ᵐᵉ classe à Nice, une médaille à Melbourne ; enfin, aux Salons de Paris, une mention en 1880 et une médaille de 3ᵐᵉ classe en 1884. Il est officier d'Académie depuis 1889.

DETTI (César)

Peintre, né à Spoletto le 28 novembre 1848. Il fit ses études artistiques à Rome et exposa des toiles à Naples (1872) et à Rome (1873).

Dès l'année suivante, l'éditeur Goupil lui acheta plusieurs œuvres qui avaient été déjà vivement remarquées.

Venu bientôt après à Paris, cet artiste exposa aux Salons annuels de la Société des Artistes français, entr'autres : *Une Fête* (1879) ; *Un passage difficile* (1881) ; *Henri III reçu par le doge Muccinijo au palais Foscari* (1882) ; *Un enlèvement au XVIᵉ siècle* (1885) ; *A la fontaine* (1886).

A la Société nationale des Beaux-Arts, M. César Detti envoya, en 1891, *Avant-postes* ; puis il revint aux Champs-Elysées avec : *Portraits de M. M. C. A.* ; *Trois mousquetaires* (1893) ; *Portrait de M. C.*, de *M. A.* et les *Fiançailles* (1895) ; *Un concert* (1896) ; *Une œuvre inédite* (1897) ; *Enfant au drageoir* (1898) ; *Il triche* ; *Jugement de Pâris* (1899).

Citons aussi de cet artiste : la *Science et les Arts*, plafonds décoratifs à New-York.

La plupart des œuvres de M. César Detti ont été achetées pour l'Amérique, l'Angleterre ou l'Allemagne ; « mais, écrit un critique, le public parisien commence à y prendre goût, si nous en jugeons d'après les expositions particulières des divers cercles de Paris, où les aquarelles du maître italien ont fait florès ».

On en peut dire autant de sa peinture, tableaux de genre ou scènes d'intérieur moyen-âge, qui sont aujourd'hui des plus prisés. De couleur succulente et d'un dessin beaucoup plus serré que ne le sont d'habitude les compositions de ce genre, l'œuvre de M. Detti est toujours intéressante, avec une note bien personnelle et malgré, parfois, quelque mièvrerie.

Hors-concours de la Société des Artistes français, M. César Detti a obtenu une médaille de bronze et une médaille d'argent à l'Exposition universelle de 1889. Il est chevalier de la Couronne d'Italie.

FRAPPA (José)

PEINTRE, né à Saint-Etienne (Loire) le 18 avril 1854. Fils de commerçants, il se prépara, pour plaire à sa famille, à l'Ecole des Mines de sa ville natale ; mais, passionné pour l'art, il renonça bientôt à la carrière industrielle pour entrer à l'Ecole des Beaux-Arts de Lyon, où il passa deux années. En 1874, il vint terminer ses études à Paris, à l'Ecole des Beaux-Arts, où il fut élève de l'atelier Pils. Il débuta au Salon des Champs-Elysées avec la *Marchande* (1876), toile d'un dessin serré et d'une composition spirituelle, qui obtint un énorme succès et a été souvent représentée, depuis cette époque, par la gravure et la photographie.

M. José Frappa exposa ensuite : la *Récréation* ; *Moine lisant Rabelais* (1877) ; la *Fête de son Eminence* (1878) ; les *Quêteurs* ; la *Confession du fou* (1879), petites et fines satires des mœurs monacales, que la gravure a popularisées ; les *Derniers moments de Saint-François d'Assise*, tableau d'un art très élevé (musée de Saint-Etienne) ; le *Chapitre XXI* (1880) ; le *Dîner inpromptu* (1881) ; *Un agneau parmi les loups* ; la *Chanson du vicaire* ; l'*Envoyée du diable* (1883) ; la *Chute du Sommelier* ; *Marie-Magdeleine* (1884) ; *Mariage d'intérêt* (scène de genre délicieusement traitée) ; la *Confession* et plusieurs portraits au pastel (1885) ; l'*Obsession* (1886) ; la *Lecture de la Bible* ; *Sommeil léger*, au musée de Mulhouse (1887) ; la *Femme au manteau bleu*, portrait (1888) ; le *Retour du Missionnaire* (1889).

A la fondation de la Société nationale des Beaux-Arts, M. José Frappa, qui était cependant alors membre du comité d'admission des Artistes français, envoya de suite ses œuvres aux salons du nouveau groupement. On a vu de lui depuis lors : *Une série au bilboquet* ; *Sieste du quêteur* ; *Un bureau de nourrices* ; *Fantaisie* (tête de femme rousse) et deux pastels (1890) ; *Mariage d'inclination* ; la *Dormeuse* (1891) ; *Confetti parisiens* (en bataille); *Jeune Mère* ; la *Servante* ; le *Christ* ; le *Jardin des Oliviers* (1892) ; un *Monologue épiscopal* ; un *Dispensaire à Belleville* ; *Le Rhône et la Saône*, panneau décoratif pour la nouvelle préfecture du Rhône (1893) ; *Pie IX et Napoléon* (Fontainebleau, 1813) ; *Saint-François d'Assise* ; *Baptême en Auvergne* ; *Promenade* ; *Pèlerine* (1894) ; *Conte fol* ; le *Bas percé* ; la *Visite de l'Artiste* ; *Une Fête* (1895) ; le *Grisou* ; *Nymphe* ; le *Tambourin arrosé* ; *Dans le Parc* ; *Coucou* ; la *Marchande de fleurs* (1897) ; *Félix Faure visitant l'atelier d'un ouvrier rubanier*, à Saint-Etienne ; les *Derniers moments du général Gordon à Kartoum* ; *Portrait de M. Crozier* ; trois *Etudes de physionomie*, en sculpture (1899).

Maître dans l'art de traduire des expressions et de fixer des attitudes, ce peintre a abordé les genres les plus divers et les a traités tous en dessinateur habile et surtout en brillant coloriste. Il a excellé tantôt par des qualités de fino et subtile observation, tantôt par la force ou la grâce de l'exécution. Après s'être livré à des études spéciales sur la « physionomie du geste », il a atteint à une perfection telle, dans la traduction de l'expression, qu'elle l'a fait nommer le « portraitiste de l'âme » et le « peintre expressionniste ». Aussi ses nombreux portraits de personnalités connues sont-ils tous remarquables.

M. José Frappa est chevalier de la Légion d'honneur.

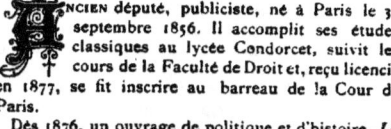

REINACH (Joseph)

ANCIEN député, publiciste, né à Paris le 30 septembre 1856. Il accomplit ses études classiques au lycée Condorcet, suivit les cours de la Faculté de Droit et, reçu licencié en 1877, se fit inscrire au barreau de la Cour de Paris.

Dès 1876, un ouvrage de politique et d'histoire, *La Serbie et le Monténégro*, et des articles sur la politique étrangère, publiés dans la *Revue politique et littéraire*, avaient attiré l'attention sur lui. Durant la période du Seize-Mai, en août 1877, il publia une brochure de propagande, tirée à un grand nombre d'exemplaires, *La République ou le gâchis*, qui lui valut des poursuites. Il entra alors à la *République française* de Gambetta et au *XIXᵉ Siècle*.

Chargé d'une mission en Orient, il fit paraître, à son retour, 2 volumes : *Voyage en Orient* (1879).

En 1880, à la suite de vives polémiques de presse, un échange de témoins eut lieu entre M. Rochefort et M. Reinach et entre celui-ci et M. Rogat, du *Pays* ; mais ces affaires n'eurent pas de suites.

Le 14 novembre 1881, Gambetta, devenu président du Conseil, ministre des Affaires étrangères, choisit, comme chef de cabinet, son collaborateur à la *République française*, qu'il tenait en grande estime. M. Joseph Reinach, en cette qualité, rédigea l'exposé des motifs du projet de révision de la Constitution, qui fut déposé par le grand ministère.

M. Reinach, qui avait été secrétaire général de la

Ligue des Patriotes, rompit avec cette association en 1885, lorsqu'on tenta de l'engager dans une voie politique.

En 1886, il devint directeur politique de la *République française*. Il fut l'un des plus énergiques adversaires du général Boulanger et eut, durant cette campagne, des duels avec M. Déroulède et M. Magnier.

En 1885, M. Joseph Reinach s'était porté sur la liste républicaine de Seine-et-Oise, qui échoua contre la liste radicale. Aux élections générales de 1889, faites au scrutin uninominal, il fut élu député de l'arrondissement de Digne (Basses-Alpes), comme candidat républicain libéral, par 5,819 voix contre 4,770 à M. Proal, député sortant, boulangiste. Réélu en 1893, dans le même arrondissement, par une majorité de 6,335 suffrages, contre 2,100 à M. Garcin, conservateur, et 1,355 à M. Aubert, socialiste, il obtint, au renouvellement général de 1898, 1,213 voix, contre 9,303 à quatre concurrents, au premier tour, et ne se représenta pas au ballottage, une campagne d'une violence inouïe ayant été menée contre lui, à propos de son attitude dans l'affaire Dreyfus.

Au Palais-Bourbon, M. Joseph Reinach a occupé une des places les plus marquantes. Membre de la commission du Budget et de la commission de l'Armée à plusieurs reprises, il est maintes fois intervenu dans les débats législatifs et notamment : pour défendre l'élection de Joffrin contre le général Boulanger ; pour soutenir un projet de loi relatif à la répression des délits de calomnie et d'outrage par la presse ; contre l'interdiction de *Thermidor*, demandant la liberté des théâtres ; pour le maintien de l'enseignement classique, contre l'enseignement secondaire français ; pour les lois de garanties sur les syndicats professionnels ; pour la suppression de la publicité des exécutions capitales ; pour la limitation du droit d'initiative parlementaire en matière d'ouverture de crédits, etc. Il proposa, en 1890, l'application d'une loi, aujourd'hui en vigueur, sur la réparation des erreurs judiciaires, et une autre loi, en discussion encore, sur le régime des aliénés ; en 1892, la création, obtenue en 1894, d'un ministère spécial des Colonies ; le 17 novembre 1896, la suppression de l'impôt foncier et la surtaxe du droit sur l'alcool, etc.

M. Joseph Reinach appartenait au groupe des républicains de gouvernement ; libéral en matière économique, il vota pour les grandes lignes de la protection agricole, contre les droits sur les matières premières industrielles.

Il est conseiller général des Basses-Alpes, pour le canton de Moustiers, depuis 1896.

M. Joseph Reinach a joué un rôle important dans l'affaire Dreyfus, qui passionne la France et le monde depuis plusieurs années. Convaincu, dès 1894, de l'innocence du capitaine Dreyfus, par la puérilité des charges relevées contre lui et bien qu'il ne l'eut jamais vu, il fit une démarche auprès du président de la République, M. Casimir-Perier, pour obtenir que le huis-clos ne fut pas prononcé au Conseil de guerre. Plus tard, il s'associa, dès la première heure, à l'œuvre de réhabilitation entreprise par M. Scheurer-Kestner et publia, dans le *Siècle*, de nombreux articles qui ont été réunis en volumes et ont puissamment contribué à la révision. Il dénonça notamment la communication des pièces secrètes au procès de 1894, les faux du Paty et Henry, la complicité de ce dernier avec Esterhazy. Il eut, le 4 décembre 1897, un duel au pistolet au sujet de l'affaire, avec M. Millerand. L'incident Lemercier-Picard fut l'occasion d'un procès qu'il intenta à M. Henri Rochefort, à la suite de ses articles ; Mme veuve Henry, de son côté, souleva une action en justice contre M. J. Reinach, qui prit pour défenseur Me Labori. Il est l'un des fondateurs de la Ligue des Droits de l'homme et du citoyen.

Capitaine d'état-major de l'armée territoriale, M. Reinach fut, en 1898, à la suite d'un article intitulé : les *Enseignements de l'Histoire* déféré à un conseil d'enquête militaire et révoqué. Il se pourvut de suite devant le Conseil d'État.

Depuis la cession, qu'il consentit en 1893, du journal la *République française*, à M. Méline, M. Reinach a publié dans le *Matin*, puis dans le *Siècle*, des articles politiques. Il a collaboré, en outre, à de nombreux périodiques : *Revues Politique, Historique, des Deux Mondes, Parlementaire, Britannique*, etc. Il est l'auteur d'ouvrages appréciés sur des sujets divers : *Voyage en Orient* (1879) ; *Du rétablissement du scrutin de liste* (1 vol., 1880) ; *Etude sur Gambetta* (1883) ; le *Ministère Gambetta* (1884) ; les *Lois de la République* (1885, 11ᵉ vol., 1886) ; les *Récidivistes* (1 vol., 1887) ; *Manuel de l'Instruction primaire* (1 vol., 1888) ; *Etudes de Littérature et d'Histoire* et les *Petites Catilinaires*, satires antiboulangistes (3 vol. 1889) ; la *Politique opportuniste* (1 vol. 1890) ; les *Manœuvres de l'Est*, étude militaire (1 vol., 1891) ; *La France et l'Italie devant l'Histoire* (1 vol., 1893) ; *Diderot* (dans la collection Hachette, 1 vol.) ; *Pages Républicaines* (1 vol. 1894) ; *Démagogues et Socialistes* (1 vol., 1895) ; *Histoire d'un Idéal* (1896) ; *Raphaël Lévy*

(1897); *Essais de Politique et d'Histoire* (1898) et la réunion de ses articles du *Siècle* sur l'affaire Dreyfus, sous ces titres : *Vers la Justice par la Vérité* (1898); le *Crépuscule des Traîtres Tout le Crime* (1899). On lui doit aussi une traduction de la *Logique parlementaire* de Hamilton (1886).

M. Joseph Reinach a été décoré en 1878, par le prince Nicolas de Monténégro, de l'ordre de Danilo. Il est aussi officier d'Académie et, depuis 1886, chevalier de la Légion d'honneur.

VIGOUROUX (Louis)

UBLICISTE, né au Puy (Haute-Loire) le 25 août 1866. Fils de petits commerçants, il accomplit ses études classiques au lycée de sa ville natale et vint à Paris suivre les cours de la Faculté de Droit, qui le reçut licencié en 1891.

Porté vers l'étude des questions économiques, financières et politiques, M. Vigouroux a collaboré au *Nouveau Dictionnaire d'Economie politique* ; il a effectué divers travaux pour l' « Association libérale pour la défense du travail et du commerce français », notamment un *Répertoire* détaillé des discussions auxquelles a donné lieu le tarif des douanes élaboré en 1892. Il a collaboré avec M. Miguel Seminario, auteur de la *Cuestion Monetaria en la America Espanola*.

Après avoir visité l'Exposition de Chicago en 1893, il fut envoyé, comme correspondant spécial du *Siècle*, à Athènes (1894), pour suivre les négociations engagées entre les porteurs de la Dette et le gouvernement hellénique.

M. Vigouroux a assisté M. André Liesse, professeur au Conservatoire national des Arts et Métiers, dans plusieurs de ses travaux, tels que : la *Question sociale* (1894) et la *Revision du traité théorique et pratique des opérations de banque*, de Courcelle-Seneuil (1896).

Il a collaboré en outre au *Républicain de la Haute-Loire*, à la *Haute-Loire*, au *Monde économique*, au *Journal des Economistes*, à la *Revue politique et parlementaire*, à la *Cote de la Bourse et de la Banque*, dont il fut le rédacteur en chef, etc.

Chef de section aux « Etudes financières » du Crédit lyonnais pendant deux années, M. Vigouroux quitta ces fonctions pour aller étudier sur place diverses questions économiques en Angleterre, en Algérie, en Tunisie ; il a été chargé aussi par le Musée Social de plusieurs missions dans les Etats-Unis, le Canada (1896), l'Afrique du Sud (1897-98), l'Australie et la Nouvelle-Zélande (1898) : il visita le Cap, le Natal, le Transvaal, la République d'Orange, le Basoutoland, le Transkei, les 7 colonies australasiennes et traversa d'un bout à l'autre l'Amérique du Nord en 1897-98.

A la suite de ces voyages, il a publié en librairie un volume très documenté sur la *Concentration des forces ouvrières dans l'Amérique du Nord* (Bibliothèque du Musée Social). Ce livre, très bien accueilli en France et à l'étranger, a été l'objet d'articles élogieux dans les principaux organes quotidiens ou périodiques du monde entier, tels que le *Temps*, la *Nouvelle Revue*, le *Journal des Economistes*, la *Revue historique*, la *Revue Internationale de Sociologie*, le *Monde Economique*, le *Voltaire*, la *Science Sociale*, l'*Economiste belge*, *Il Popolo Romano*, le *Public Ledger*, *The Economic Review* et la plupart des grandes revues américaines.

Pour la partie économique, M. Vigouroux aide M. Jean de Bloch, conseiller d'Etat russe, à préparer pour 1900 l'exposition de la *Guerre future*, où seront réunis et placés sous les yeux du public les principaux résultats des recherches effectuées par les auteurs sur l'art militaire.

M. Vigouroux a fait un grand nombre de conférences à Paris et en province. Il est professeur d'économie politique et industrielle à l'Ecole spéciale d'architecture et au Collège libre des Sciences sociales ; membre de l'Association française pour l'avancement des sciences, de la Société d'Economie politique, de celle de Géographie commerciale, etc.

La VALETTE (Comte Henri de)

NGÉNIEUR, né à Paris le 25 avril 1862. Il est le fils du comte Adrien de La Valette, savant et homme de lettres remarquable, qui fut directeur du journal l'*Assemblée nationale*.

Entré à l'Ecole des Mines en 1885, il en sortit, le 2ᵉ de sa promotion, en 1889. Après un stage dans les charbonnages du Nord, il entra à la Compagnie des chemins de fer de l'Ouest, où il resta, jusqu'en 1891, comme sous-inspecteur ; puis, attiré par ses études sur l'électricité, il organisa, sur la demande du colonel Laussedat, directeur du Conservatoire des Arts et Métiers et de M. Marcel Deprez, membre de l'Institut, le laboratoire d'électricité industrielle dont il prit la direction (1891).

Les aptitudes qu'il montra dans ces circonstances le firent désigner, en 1893, sur la demande du cabinet de l'empereur de Russie, par la Compagnie de l'Ouest et par M. Marcel Deprez, pour une mission scientifique en Sibérie.

Il s'agissait de fonder dans l'Asie centrale des usines hydrauliques actionnées par la puissance des torrents des montagnes de l'Altaï, de faire un transport d'énergie par l'électricité et de créer des usines électro-métallurgiques pour le traitement du cuivre, du plomb et de l'argent à Zyrianousk, à Semtiorka et à Smeinogorsk. Après une année d'efforts incessants, pendant laquelle il dut lutter contre un climat terrible, compter avec l'inexpérience des ouvriers et refaire lui-même une grande partie des appareils qu'un voyage de trente jours en traîneau avait mis hors de service, un succès complet couronna son œuvre. (*Locomotion automobile.* — Em. Aimé).

De retour à Paris, le comte de La Valette avait repris ses fonctions à la Compagnie de l'Ouest, lorsqu'il dût donner sa démission pour cause de santé. En 1894, il fut chargé de traiter, dans le *Génie civil* et la *Locomotive automobile*, toutes les questions se rattachant au transport de l'énergie électrique à distance et à la traction électrique. En 1896, il fut attaché au ministère des Colonies, comme inspecteur des travaux publics et, en 1897, envoyé en mission à Madagascar, afin d'y organiser le service administratif des mines. Au cours de cette mission, il eut, en outre, à s'occuper de la géologie de l'île et des moyens de transport dans la colonie. Il provoqua la mise en œuvre d'un service de traction mécanique sur route par l'emploi industriel des voitures automobiles.

On doit à M. de La Valette, ardent propagateur de l'automobilisme, de nombreux articles sur ce sujet et sur l'aérostation, parus dans les organes spéciaux et une publication annuelle d'un grand intérêt : le *Carnet du chauffeur*, formulaire de toutes les questions techniques de l'industrie automobile.

Nommé, dès la fondation de l'Automobile-Club, secrétaire technique, il organisa pour cette société d'encouragement les premiers concours et les premières courses de voitures automobiles : Paris-Bordeaux (1895), Paris-Marseille (1896), Paris-Amsterdam (1898) et, comme membre de la commission des *Poids Lourds*, prit part aux expériences déterminant les conditions d'emploi des automobiles dans l'industrie et les transports en commun.

Le comte de La Valette est aussi le fondateur de l'Aero-Club, dont il a été nommé vice-président ; il est en outre ingénieur-expert auprès des tribunaux, secrétaire du comité technique du Touring-Club, membre actif du Comité des ingénieurs coloniaux, de la Société des ingénieurs électriciens, de la Société de géographie commerciale, etc. Il collabore à la direction de plusieurs établissements industriels, soit comme administrateur, soit comme ingénieur-conseil. Il est officier d'Académie, chevalier de Ste-Anne de Russie, etc.

SAVOYE (Louis-Charles-Thomas)

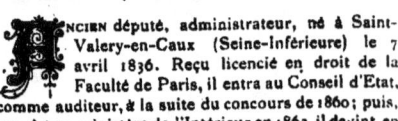

ANCIEN député, administrateur, né à Saint-Valery-en-Caux (Seine-Inférieure) le 7 avril 1836. Reçu licencié en droit de la Faculté de Paris, il entra au Conseil d'Etat, comme auditeur, à la suite du concours de 1860 ; puis, attaché au ministère de l'Intérieur en 1863, il devint, en 1868, chef de cabinet de M. de Forcade la Roquette, ministre de l'Agriculture, du Commerce et des Travaux publics. Quelque temps après, il passa, en même qualité, au ministère de l'Intérieur. Nommé maître des requêtes au Conseil d'Etat, à la fin de 1869, la révolution du 4 septembre le rendit, pour peu de temps, à la vie privée.

Après avoir fait la campagne de 1870-71 comme capitaine des mobilisés de St-Valery, M. Louis Savoye fut élu membre de l'Assemblée Nationale pour le département de la Seine-Inférieure, le 8ᵉ sur 16, avec 77,560 voix sur 120,899 votants. Inscrit au centre gauche, il soutint la politique de M. Thiers jusqu'au 24 mai 1873. A partir de cette époque, il prit place dans les rangs du centre droit et s'associa à la politique de ce groupe. Au moment du vote des lois constitutionnelles, il suivit son ami et compatriote Raoul Duval, dans la campagne dirigée contre l'ensemble de ces lois et se montra partisan d'une consultation directe du pays.

Le 20 février 1876, M. Savoye fut élu député de la 2ᵉ circonscription d'Yvetot, par 8,412 voix sur 9,635 votants. Il reprit sa place parmi les conservateurs et fut réélu, après la dissolution de la Chambre par le ministère de Broglie, en octobre 1877, dans la même circonscription par 8,906 voix, contre 3,311 à M. Caubert, candidat républicain.

Dans ces deux législatures, M. Savoye n'aborda la tribune que pour traiter des questions d'administration : voirie, régime pénitentiaire, etc. En 1880, il attaqua vivement le projet Loustalot, qui tendait à faire nommer plusieurs conseillers généraux dans un certain nombre de cantons. Au renouvellement législatif de 1881, il ne se représenta pas.

M. Savoye a fait partie de plusieurs grandes commissions extraparlementaires, notamment du Conseil supérieur des prisons et de la Commission de la marine marchande. Pendant plus de vingt ans, il siégé à la Commission consultative de l'Institution nationale des Sourds-Muets de Paris.

Conseiller général de la Seine-inférieure pour le canton de St-Valery depuis 1870, M. Savoye est actuellement le doyen de fonctions de cette assemblée départementale. Il y a pris l'initiative de diverses mesures d'une utilité reconnue : la péréquation de la contribution mobilière, le déclassement des routes départementales pour les convertir en chemins de grande communication, etc. Ses rapports sur la réforme de la législation vicinale ont été imprimés, par ordre du Conseil général, pour être distribués aux membres du Parlement. Il a été, de 1881 à 1889, vice-président de ce conseil.

M. Savoye est administrateur de la Compagnie d'assurances le « Phénix » et de celle des Mines et Forges de Commentry-Fourchambault et Decazeville.

Il est chevalier de la Légion d'honneur depuis 1865.

BONNAFFÉ (Edmond)

CRITIQUE d'art, érudit, né au Havre le 9 décembre 1825. Il fit de fortes études classiques à Paris et entra d'abord dans l'administration. Attaché pendant de longues années aux chemins de fer de l'Ouest comme inspecteur et secrétaire de l'exploitation, il démissionna de ces fonctions en 1864.

Se consacrant ensuite à la critique d'art et à l'archéologie, M. Edmond Bonnaffé s'est fait une place bien personnelle comme érudit, comme connaisseur et comme écrivain.

Parmi les ouvrages de M. Bonnaffé, on cite : les *Collectionneurs de l'ancienne Rome* (1867) ; les *Collectionneurs de l'ancienne France* (1873) ; *Inventaire des meubles de Catherine de Médicis* (1873) ; le *Catalogue de Brienne* (1873) ; *Causeries sur l'Art et la Curiosité* (1878, ouvrage couronné par l'Institut) ; *Inventaire de la duchesse de Valentinois* (1878) ; *Recherches sur les collections des Richelieu* (1878) ; *Physiologie du curieux* (1881) ; le *Surintendant Fouquet* (1882) ; *Dictionnaire des amateurs français au XVII° siècle* (1882) ; les *Propos de Valentin* (1887) ; *Bordeaux il y a cent ans* (1887) ; le *Meuble en France au XVI° siècle* (1887) ; le *Coffret de l'Escurial* (1888) ; *Sabba da Castiglione* (1888) ; le *Mausolée de Claude de Lorraine* (1890) ; les *Faïences de St-Porchaire* (1891) ; le *Musée Spitzer* (1891) ; *Eugène Piot* (1892) ; *Un Art, une Ecole* (1893) ; le *Commerce de la curiosité* (1895) ; *Arts libéraux et Arts serviles* (1896) ; *Voyages et voyageurs de la Renaissance* (1898) ; *Etude sur la vie privée de la Renaissance* (1899), etc.

M. E. Bonnaffé a collaboré assidûment à la *Gazette des Beaux Arts* et à l'*Art* depuis leur origine ; il a donné des études nombreuses au *Journal des Arts*, à la *Revue des Deux Mondes*, à la *Revue de Paris* et à d'autres publications.

Il est possesseur d'un important cabinet de livres et de curiosités de la Renaissance. Membre des commissions des expositions universelles de Paris depuis 1867, il est membre de la Commission supérieure de celle de 1900, chevalier de St-Grégoire, de la Légion d'honneur, etc.

MELCHISSEDEC (Pierre-Léon)

ARTISTE lyrique, professeur, né à Clermont-Ferrand (Puy-de-Dôme) le 7 mai 1843. Après avoir fait ses études classiques au lycée de Nîmes, il débuta, en 1861, comme second violon au théâtre de Saint-Etienne.

Admis, en 1863, au Conservatoire, où il eut pour professeurs Alkan, Laget, Levasseur et Mocker, il entra, trois ans plus tard, à l'Opéra-Comique, où il resta jusqu'en 1877, y chantant successivement les ténors, les barytons et les basses, dans le répertoire. et y créant notamment des rôles intéressants dans *José Maria* ; *Mireille* ; *Roméo et Juliette* ; *Premier jour de bonheur* ; les *Noces de Figaro* ; *Fantasio* ; *Robinson Crusoé*, d'Offenbach ; l'*Amour africain*, de Paladilhe, etc. Il obtint rapidement une réputation méritée par les beautés de sa voix, harmonieuse et flexible, et aussi l'art de comédien qu'il possède comme peu de chanteurs. Il inaugura la salle de théâtre du Trocadéro et y chanta pendant toute la durée de l'Exposition universelle de 1867.

Lors de la guerre Franco-Allemande, incorporé au 7° bataillon de la garde nationale, il contribua au soulagement des infortunes causées par le siège de Paris, en organisant des concerts de charité ou en y participant activement, tout en servant effectivement comme soldat.

Après un court passage au Théâtre lyrique, sous la direction Vizentini, où il parut dans *Dimitri*, *Richard Cœur-de-Lion*, créa *Paul et Virginie*, la *Timbale d'argent*, etc., M. Melchissedec entra au Théâtre-Italien, où il créa le rôle de Sigognac, dans le *Capitaine Fracasse*. Engagé à l'Opéra en 1879 (direction Vancorbeil), il débuta dans le rôle de Nevers, des *Huguenots*, puis joua successivement : Alphonse, de la *Favorite* ;

Nelusko, de l'*Africaine* ; Guillaume Tell, de l'opéra de Rossini ; Raimbaud, du *Comte Ory* ; Valentin, de *Faust* ; créa le rôle d'Hadjar, dans le *Tribut de Zamora*, de Gounod, où il interpréta aussi le rôle de Ben-Saïd ; il tint de même le rôle d'Amonasro à la quatrième représentation d'*Aida*, conduite par le maestro Verdi lui-même. Il parut encore dans *Francesca de Rimini*, puis dans *Tabarin*, dans *Rigoletto* ; reprit le rôle de Rysoor, dans *Patrie*, etc.

Après avoir quitté l'Opéra (1892), M Melchissedec, appelé en province, se fit entendre dans son répertoire, ainsi qu'à Monte-Carlo, où il créa de plus : *Amy Robsar*, *Moina* et *Messaline*, d'Isidore de Lara. Il concourut aussi à la création de la *Damnation de Faust*, avec Ed. de Reské et Mme Malba.

M. Melchissedec a été nommé professeur au Conservatoire national en 1895. Parmi ses élèves, plusieurs sont très connus : Mlle Marignan, de l'Opéra-Comique ; M. Charles, de l'Opéra ; M. Lafitte, de l'Opéra ; M. J. Périer, des Bouffes ; Mlle Anna Melchissedec, sa fille, qui débuta dans *Carmen*, au théâtre de Gand, en 1899, avec un succès que toute la presse belge constata, etc.

M. Melchissedec est l'auteur d'un travail considérable sur la phonation et le chant, l'étude d'un rôle et son interprétation, l'écriture musicale, le théâtre à Paris, en province et à l'étranger, etc.

Membre du Comité des artistes dramatiques depuis 1885, il est officier de l'Instruction publique, commandeur du Christ de Portugal, chevalier de Bolivar, officier de la Couronne de Fer, etc.

SÉE (Edmond)

CRIVAIN, né à Bayonne (Basses-Pyrénées) le 20 mars 1875. Fils d'un banquier, petit-neveu du Dr Germain Sée (de l'Académie de Médecine) et du général Sée, il accomplit ses études classiques à Paris, au lycée Condorcet, suivit les cours de la Faculté de Droit et fut reçu licencié en 1897.

Il fit ses premiers débuts littéraires de très bonne heure, dans l'*Avenir Artistique*, journal du quartier latin et donna ensuite, sous la rubrique : *Notes Parisiennes*, des articles remarqués dans l'*Evénement*. Il a aussi publié de nombreuses chroniques au *Journal*, à la *Presse*, au *Gil Blas*, au *Petit-Bleu*, à la *Revue Bleue*, etc.

Après avoir fait représenter, avec un certain succès, *Ce qu'elles veulent*, comédie en un acte, au Théâtre d'Application en 1896, il produisit au théâtre de l'Œuvre, la *Brebis*, comédie en 2 actes qui fut très discutée par la critique ; aux Nouveautés, *Son professeur*, comédie en 1 acte bien accueillie et, en 1893, à la Comédie Parisienne : les *Miettes*, comédie en 3 actes, qui eut de nombreuses représentations et mit en pleine lumière le talent littéraire et scénique de son jeune auteur.

M. Edmond Sée a été appelé, en 1899, à rédiger le feuilleton de critique dramatique de la *Presse*.

BOSELLI (Comte Jules)

OMPOSITEUR de musique, écrivain, ancien magistrat, né à Paris le 25 avril 1847. Il appartient à une famille d'origine italienne, fixée en France depuis le XIXe siècle et dont un membre fut lieutenant général aux armées sous Louis XV.

Ses études classiques et de droit accomplies à Paris, le comte Boselli entra dans la magistrature, qu'il crut devoir quitter lors de l'exécution des décrets de 1880. Virtuose des plus habiles dès sa jeunesse, il se consacra dès lors tout entier à la musique. Élève de Félix Clément, il prit aussi des leçons d'Edouard Lalo.

On doit à M. Boselli nombre de romances très appréciées : les *Remords de Judas*, morceau chanté avec succès au Casino de Cabourg, par Ch. Bataille ; *Rayon de lumière*, *Voici le soir*, *l'Ame en peine*, etc. ; diverses compositions religieuses : un *Agnus Dei*, chanté fréquemment dans les églises ; *O Salutaris* ; des motets, etc.

Plusieurs exécutions ont été faites de ces œuvres, notamment à l'Hôtel Continental, avec M. Georges Marty, les chœurs et l'orchestre de l'Opéra, en 1897 ; en 1898, à la salle des fêtes du *Journal* ; au Théâtre d'Application, avec le concours d'Engel, en 1899.

Il est l'auteur de la *Mort d'Armide*, opéra en 3 actes, sur un livret différent de l'œuvre de Gluck, et dont plusieurs fragments ont été déjà applaudis.

Écrivain, le comte Boselli a publié : une *Histoire généalogique de la maison capétienne* en 53 tableaux, ouvrage le plus complet paru dans la matière (1885) ; des *Etudes sur la maison d'Armagnac* (1886) et sur la *Réforme en Allemagne et en France* (1887).

Il est en outre le critique musical de la *Revue Britannique* depuis plusieurs années.

M. le comte Boselli est commandeur de Saint-Grégoire-le-Grand et du Saint-Sépulcre et décoré de l'ordre Teutonique d'Autriche.

LEPRINCE (Maurice)

MÉDECIN, pharmacien et publiciste scientifique, né à Paris le 17 février 1850. Interne des hôpitaux de Paris, il alla, son diplôme obtenu, exercer la profession de pharmacien à Bourges (Cher), où il remplit les fonctions d'expert chimiste près la Cour d'appel, de membre du Conseil central d'hygiène et d'inspecteur de pharmacie.

Les études et les travaux de M. Leprince le firent choisir comme président, vice-président et membre des sociétés d'Horticulture et de Viticulture, de Pisciculture, Historique et Scientifique du Centre, des Pharmaciens du Cher, etc., tandis que, d'autre part, il était admis comme membre de la Société de Pharmacie de Paris, de la Société de Médecine légale, de la Société Chimique, etc.

Parmi les publications de M. Leprince, on cite les suivantes : *Des perforations pleuro-bronchiques sans pneumo-thorax, à propos de l'expectoration albumineuse consécutive à la thoracenthèse*, en collaboration, pour la partie chimique, avec le Dr Féréol (Société médicale des Hôpitaux et *Union médicale*, 1873) ; *Analyse chimique de l'eau des puits de la partie basse de la ville de Bourges* (Bulletin de la Société d'Horticulture et de Viticulture du Cher, 1883) ; *Étude sur le Meunier « peronospora ganglüiformis »* (Bulletin de la Société d'Horticulture et Viticulture du Cher, 1884) ; *le Silphe de la betterave* (Bulletin de la Société d'Horticulture et Viticulture du Cher, 1887 et Archives de Pharmacie, 1888) ; *Action des acides et des sels acides sur le sirop d'écorces d'oranges amères du Codex* (Archives de Pharmacie 1888) ; *Analyses d'un thé factice* (Commission d'inspection des pharmacies et épiceries, etc. du Cher et Archives de Pharmacie, 1888) ; *Analyses chimique et bactériologique de l'eau du puits de la ville de Sancerre et de la source dite « Belle Fontaine »* (Bulletin de la Commission centrale de météorologie du Cher, 1889, publié dans les Archives du Conseil général) ; *Rapport sur un cas d'empoisonnement par une pommade à base d'orpiment*, en collaboration avec le Dr Chabenat, de La Châtre (Société de Médecine légale, 1890) ; *Contribution à l'étude physiologique et thérapeutique des Rachmnées Cascara-Sagrada et Cascarine* (en collaboration pour la partie chimique avec le Dr Laffont, in-8°, 1892) ; *Sur la Cascarine* (C.-R. Académie des Sciences, t. CVX, p. 286 et Bulletin général de Thérapeutique, 15 mars 1893) ; *Contribution a l'étude chimique du Rahmnus Purshiana « Cascara Sagrada »* (C.-R. Académie des Sciences, 1899) ; *Le début de la spermatogénèse dans l'espèce humaine, application médico-légale* (Thèse de doctorat en médecine, 1899).

Le Dr Leprince a extrait du *Rhamnus purshiana* le corps utilisé sous l'épithète de « Cascarine, » très employé aujourd'hui dans les affections provenant de la constipation.

La *Cascarine*, dit le Dr Constantin Paul, est le seul principe ayant une action nettement localisée sur les organes digestifs, sur le foie et sur les glandes annexes. A petite dose, elle agit lentement, mais efficacement, et son effet se continue longtemps. Elle ne donne lieu à aucun inconvénient. Elle détermine l'écoulement de la bile, qui agit comme excitant de la tunique intestinale, de telle façon que la *Cascarine*, tout d'abord cholagogue, devient secondairement copragogue.

M. le Dr Leprince est lauréat de l'Ecole de Médecine, des Hôpitaux et de l'Ecole Supérieure de Pharmacie de Paris, officier d'Académie, etc.

RUPÈS (Charles-Georges-Napoléon-Camille de RUPÉ, dit Georges)

COMPOSITEUR de musique, né à Toulouse (Hte-Garonne) le 14 juin 1834. Elève du Conservatoire de sa ville natale, il vint, en 1851, à Paris, et prit des leçons d'harmonie et de contrepoint de Joseph Franck, frère du célèbre compositeur César Franck.

Il débuta, en 1862, en donnant la musique de trois morceaux qui furent trois grands succès : *Marcelle*, l'*Insensé* et surtout *Rappelle-toi* (composition sur des vers de Musset), qui sont chantées dans le monde entier et dont la popularité est égale à celle des œuvres musicales les plus connues. Depuis ce temps, M. Georges Rupès a produit un grand nombre de mélodies, de morceaux religieux et de piano, parmi lesquels on cite : *Marthe* ; *Pauvre Jeanne* ; *Aubade* ; les *Vieux Chênes* ; *Noël* ; *Pater de la France* ; *El-Kantara* ; *Pastorale languedocienne* ; *Tout se sait* ; *Sans toi* ; *Roses sous la neige* ; *O Salutaris* ; *Ave Maria* ; *Vive le Czar* ; *Fleur d'Espagne*, etc.

Chanteur de talent, M. Rupès a interprété lui-même, parfois, et avec un charme particulier, ses œuvres, pour la plupart dédiées à nos illustrations lyriques, qui les ont aussi toutes chantées. Depuis plusieurs années, il s'est adonné au professorat.

M. Georges Rupès est chevalier de Charles III d'Espagne et officier d'Académie.

Sa femme, Mme SONNIERIS-RUPÈS, cantatrice, qui a fait les belles soirées de Madrid, de Londres et des Italiens de Paris, a remporté de magnifiques succès dans la Desdemona d'*Othello*, la Léonora d'*Il Trovatore*, etc.

BASTARD (George)

Historien, littérateur et *conférencier*, né, le 19 janvier 1851, à Nantes (Loire-Inférieure). Fils d'un capitaine au long cours, devenu ensuite armateur, qui amena en France Leconte de Lisle, il fit ses études classiques au lycée de sa ville natale et se destina d'abord à la carrière maritime, à laquelle il renonça sur les instances de son père.

Engagé volontaire pour la durée de la guerre, en 1870-1871, il rentra en France après l'insurrection arabe de 1871, puis visita l'Algérie, l'Italie, la Belgique et voyagea en Angleterre, en Espagne et au Portugal.

Chargé par deux ministères d'une mission civile et militaire au Sénégal, au Soudan jusqu'à Tombouctou et à travers la Guinée, pendant les années 1898 et 1899, M. George Bastard a rapporté, de son séjour au centre de l'Afrique, de très importants documents, qui doivent faire l'objet de plusieurs volumes.

Comme conférencier, M. George Bastard s'est produit en province et à Paris (cercle militaire), où il a spécialement traité les questions militaires.

M. George Bastard a publié : *Cinquante jours en Italie*, relations de voyage (1878) ; *Saint-Nazaire illustré, historique et archéologique* (1880) ; *Sedan, dix ans après* (1880) ; *Lucienne*, roman (1883) ; la *Défense de Bazeilles* (1884), suivie de : *Dix ans après au Tonkin* ; *En croisière*, roman maritime (1889) ; *Paris qui roule* (illustré de 120 dessins, 1889) ; *Sanglants combats* ; *Un jour de bataille* ; *Charges héroïques*, formant un ensemble de quatre volumes épisodiques sur la guerre contre la Prusse, adoptés par les ministères des Colonies, de l'Instruction publique et de la Guerre, et dont le dernier a été couronné par l'Académie Française ; le *Chaloupier*, roman maritime (1896), etc.

On annonce encore de lui : *Haut les cœurs !* recueil de récits militaires (1 vol.) ; la *Vie du général Mellinot* (2 vol.).

Il a collaboré à plusieurs grands journaux quotidiens et aux principales revues de Paris, notamment au *Temps*, au *Figaro*, au *Gaulois*, à l'*Evénement*, à la *Revue Bleue*, à la *Nouvelle Revue*, au *Monde Illustré*, etc.

Ancien sous-officier aux chasseurs d'Afrique, M. George Bastard est lieutenant d'infanterie territoriale.

Membre de la Société des Gens de Lettres, secrétaire du comité en 1891, il est commandeur et officier de plusieurs ordres européens, chevalier de la Couronne d'Italie et du Sauveur de Grèce et officier de l'Instruction publique depuis 1890.

GALERON (Paul-Louis-Albert)

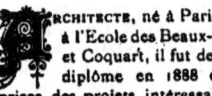

Architecte, né à Paris le 1ᵉʳ juin 1846. Elève, à l'Ecole des Beaux-Arts, de MM. Vaudoyer et Coquart, il fut deux fois logiste, reçut le diplôme en 1888 et exposa, à plusieurs reprises, des projets intéressants, dont l'un lui valut une 3ᵉ médaille à l'Exposition universelle de 1889.

Appelé en Roumanie, à Bucarest, il fut nommé architecte de l'Assistance publique et éleva dans cette ville la Banque nationale et l'Athénée, monuments très remarquables.

De retour à Paris en 1894, M. Galeron fut amené à s'occuper de diverses œuvres importantes. Il devint l'un des architectes du nouvel Hippodrome de l'avenue de Clichy et l'architecte du Cinéorama, de la Maison alsacienne (Kamerzell), du pavillon de la Société Générale à l'Exposition universelle de 1900, du *Stade*, arène pour les jeux olympiques, avenue de la Grande-Armée, etc.

M. Galeron est le promoteur du *Grand Globe céleste*, également destiné à l'Exposition universelle et dont il est en même temps l'architecte. La *Revue de l'Industrie Nationale* décrit ainsi cette œuvre colossale :

Ce globe repose sur un piédestal ajouré, de façon à en laisser voir toutes les parties. Il est orienté comme la sphère céleste qui nous entoure ; son équateur incliné renferme un escalier qui sert de voie d'accès, jusqu'au sommet, desservi, en outre, par des ascenseurs intérieurs. De la plate-forme, établie au point culminant, le visiteur pourra embrasser l'ensemble de l'exposition.

Au centre se trouve la Terre, figurée par une autre sphère plus petite, de 8 mètres de diamètre, où cent personnes peuvent circuler en s'arrêtant aux divers paliers ménagés au sommet, à l'intérieur et à la base, qui représentent diverses latitudes, de l'équateur au pôle.

Tout autour s'étend la voûte céleste, où scintillent les corps stellaires de tout ordre et de toute grandeur, tels qu'ils apparaissent à l'horizon de Paris, accomplissant régulièrement et mathématiquement leurs mouvements dans l'espace : étoiles, voie lactée, nébuleuses, planètes, soleil gravitant sur l'écliptique, lune décrivant sa révolution autour de la Terre.

Celle-ci, animée d'un mouvement lent de rotation sur son axe, d'Occident en Orient, permettra à ses habitants momentanés d'assister au lever, au passage du méridien, au coucher des astres ; les variations des saisons, des jours, des nuits, les étoiles circumpolaires, le soleil de minuit, les éclipses, s'expliqueront ainsi d'eux-mêmes. Tous les phénomènes astronomiques apparaîtront nets, clairs et intelligibles, sans effort, aux moins initiés.

M. Galeron a été fait officier de la Couronne de Roumanie, pour les services qu'il a rendus à ce pays.

BALLET (Gilbert)

Médecin, professeur, né à Ambazac (Haute-Vienne) le 29 mars 1853. Il fit ses études médicales à Paris, en grande partie sous la direction de Charcot. Reçu interne des hôpitaux en 1875, il entra dans le service des maladies nerveuses à la Salpêtrière en 1876, dans celui des aliénés à Bicêtre en 1877 et obtint, en 1880, la médaille d'argent des hôpitaux. En 1881, il devint docteur, avec une thèse intitulée : *Recherches anatomiques et cliniques sur le faisceau sensitif et les troubles de la sensibilité dans les lésions du cerveau*, qui reçut une médaille d'argent de la Faculté. L'année suivante, il était nommé chef de clinique de la Faculté et attaché, en cette qualité, au service du Dʳ Charcot.

Après avoir fait, pendant une année, un cours libre de pathologie interne à la Faculté, M. le docteur Ballet fut nommé, en 1884, médecin des hôpitaux à l'hôpital St-Antoine et reçu, en 1886, agrégé, avec une thèse sur le *Langage intérieur et les formes cliniques de l'aphasie*, ouvrage auquel on accorde une certaine valeur et qui a été traduit en allemand, par le Dʳ Bongers, en 1890.

En 1888, il fut nommé médecin expert pour les maladies mentales près le Tribunal de la Seine et la Cour d'appel de Paris. Chargé, l'année suivante, du cours de pathologie mentale à la Faculté de Médecine, il suppléa, en 1892 et 1893, le professeur Ball dans son cours officiel et acquit, dès lors, une compétence, chaque jour plus étendue, dans la connaissance des maladies mentales et nerveuses. Il jouit maintenant, dans le monde médical, d'une réputation que semblent justifier ses études sur ces maladies et sur les questions touchant à la responsabilité humaine.

Le docteur Ballet a publié, dans les revues et journaux scientifiques, des mémoires assez généralement appréciés, relatifs aux affections du système nerveux et des études médico-légales. On cite notamment : un travail sur les *Accidents épileptiformes dans l'hystérie* (1882) et un autre, avec le Dʳ Landouzy, sur les *Causes de l'ataxie locomotrice progressive* (1883), tous deux couronnés par l'Académie de Médecine. Il a donné au *Traité de Médecine* de Bouchard et Charcot les articles : *Paralysie générale* et *Psychoses*. On connaît encore de lui un volume : *Leçons de clinique médicale : Psychoses et Affections nerveuses* (1897), qui a obtenu un prix de l'Académie de Médecine en 1898. Il a publié, avec le Dʳ Proust, un petit traité sur l'*Hygiène du Neurasthénique* (1899).

Lauréat des hôpitaux, de la Faculté, de la Société de Biologie, de l'Académie de Médecine ; membre des Sociétés médico-psychologique, de psychologie physiologique, anatomique, de neurologie, de médecine mentale de Belgique, des Aliénistes et Neurologistes de Moscou, etc., le Dʳ Gilbert Ballet est chevalier de la Légion d'honneur.

CAVAIGNAC (Jacques-Marie-Eugène-Godefroy)

Député, ancien ministre, né à Paris, le 21 mai 1853. Il est le petit-fils du conventionnel Jean-Baptiste Cavaignac, qui fut créé baron de Lalande par Napoléon (1765-1829) ; le fils du général Eugène Cavaignac, chef du pouvoir exécutif en 1848 (1802-1857) et le neveu de Godefroy Cavaignac, dont la loyauté politique força les hommages de ses adversaires mêmes (1801-1845).

M. Godefroy Cavaignac accomplit à Paris ses études classiques, aux lycées Charlemagne et Louis-le-Grand. Lauréat du concours général en 1867, il manifesta très prématurément sa foi républicaine, en refusant de recevoir des mains du prince impérial le premier prix de version grecque. Cette attitude, assez singulière chez un enfant de quinze ans, lui valut une ovation de la jeunesse universitaire et ne fut pas sans influence, dans la suite, sur sa rapide fortune politique.

Lors de la déclaration de guerre, en 1870. M. Cavaignac, âgé de 17 ans seulement, s'engagea au 6ᵉ bataillon des mobiles de la Seine et fut décoré de la médaille militaire pour sa conduite au plateau d'Avron.

En 1872, il fut admis à l'Ecole polytechnique et en sortit dans les premiers rangs. Jusqu'en 1881, il remplit les fonctions d'ingénieur des ponts et chaussées à Angoulême, étudiant le droit tout en exerçant son emploi. Reçu licencié, il entra, comme maître des requêtes, au Conseil d'Etat, où il resta un an, dans la section du contentieux.

Le 26 février 1882, il fut élu député de l'arrondissement de Saint-Calais, dans la Sarthe, par 10,010 voix, contre 510 à M. Charbonnier. A la Chambre, M. Cavaignac s'inscrivit à l'Union républicaine et à l'Union démocratique ; il fit, deux années de suite, partie de la commission du Budget et, à la formation du cabinet Brisson, le 6 avril 1885, devint sous-secrétaire d'Etat à la Guerre, le général Campenon étant ministre. Il se retira, avec ses collègues, le 7 janvier 1886. Entre temps, le renouvellement législatif ayant eu lieu au scrutin départemental, il avait été élu député de la Sarthe, le 4 octobre 1885, par 54,128 voix, sur 107,837 votants, le 3ᵉ de la liste opportuniste.

Après le rétablissement du scrutin uninominal, M. Cavaignac se représenta dans l'arrondissement de Saint-Calais, qui le renvoya à la Chambre, le 22 septembre 1889, par 8,492 voix, contre 6,224 accordées à M. Dugué, conservateur ; et depuis, successivement : le 29 août 1893, par 11,230 suffrages et le 8 mai 1898, par 12,653, chaque fois sans concurrent.

A la Chambre, le député de la Sarthe a joué un rôle important. Après avoir soutenu, dans les premières années de sa carrière parlementaire, la politique opportuniste des ministères Ferry, Rouvier, Tirard, etc., votant contre l'élection d'un maire de Paris, contre l'abrogation du concordat, contre l'élection de la magistrature, pour le maintien de l'ambassade du Vatican, contre l'élection du Sénat par le suffrage universel, pour l'expédition du Tonkin, pour l'ajournement indéfini de la révision constitutionnelle, etc., il orienta par la suite son attitude vers le parti radical. Il fut, dès la première heure, un adversaire énergique du boulangisme et de son chef et s'occupa toujours, avec une sollicitude particulière et une compétence reconnue, des questions de travaux publics et de finances. Membre de la commission du Budget presque chaque année, il a été chargé par elle de ses plus importants rapports et du rapport général pour 1892.

Le 27 février 1892, M. Cavaignac entra dans le ministère Loubet, avec le portefeuille de la Marine et des Colonies ; mais il dût se retirer, seul du cabinet, devant un vote de la Chambre subordonnant, au Dahomey, les forces navales au commandement de l'armée de terre (12 juillet 1892).

En 1893, à propos des scandales du Panama, il prononça un discours dont la Chambre ordonna l'affichage ; ensuite, il déposa un projet d'impôt sur le revenu, qu'il eut à expliquer et soutenir à plusieurs reprises devant la Chambre. Il revint au pouvoir, comme ministre de la Guerre, dans le cabinet radical Bourgeois, qui demeura en fonctions du 3 novembre 1895 au 21 avril 1896 et fut de nouveau ministre de la Guerre dans le cabinet Brisson, formé le 28 juin 1898.

A ce moment, une partie de la presse et de l'opinion réclamaient instamment la révision du procès du capitaine Dreyfus, condamné pour trahison en 1894. Interrogé à ce sujet, à la Chambre, le ministre de la Guerre ne craignit pas d'affirmer solennellement à la tribune, le 7 juillet, en un discours dont l'affichage fut ordonné, qu'il avait les preuves absolues de la culpabilité de cet officier et il produisit devant la Chambre, à l'appui de sa déclaration, des pièces extraites d'un dossier secret existant au ministère de la Guerre ; mais, quelques jours après, le colonel Henry se déclarait l'auteur de la principale de ces pièces, reconnue fausse. Arrêté, l'auteur du faux se suicidait au mont Valérien, à l'aide de deux rasoirs laissés à sa disposition, contrairement aux règles habituelles des maisons de détention. Une autre des pièces produites à la tribune, ainsi, d'ailleurs, que beaucoup de celles contenues dans le dossier militaire, furent depuis reconnues également fausses ; mais M. Cavaignac n'en persista pas moins à se déclarer, malgré tout, assuré de la culpabilité du condamné de 1894.

Cependant, le suicide du colonel Henry ayant amené la démission du chef d'Etat-Major général de l'armée, général de Boisdeffre, et du sous-chef, général Gonse, sous les ordres de qui était le faussaire, le ministre de la Guerre se retira à son tour, quand ses collègues eurent décidé, malgré lui, qu'aurait lieu la révision du procès Dreyfus (3 septembre 1898). Il fut remplacé par le général Zurlinden.

M. Cavaignac est maire de Flée et président du Conseil général de la Sarthe. Il est l'auteur d'un volume : la *Formation de la Prusse contemporaine* (1891, qui a obtenu, en 1892, le prix Thiers, décerné par l'Académie française) et de nombreux articles dans la *Revue historique*, la *Revue des Deux-Mondes*, etc.

DUVAL-ARNOULD (Louis)

Avocat, publiciste, né le 6 août 1865 à Paris. Il fit de brillantes études classiques au collège Stanislas, fut successivement reçu licencié (1885), puis docteur en Droit (1888) et se fit inscrire au barreau de la Cour d'appel de Paris, où il se mit bientôt en évidence. Certaines des causes qu'il soutint au Palais eurent du retentissement, notamment, au civil, celle de Mᵐᵉ Esquiron contre M. de Gasté, sénateur décédé (1891) et, au criminel, celle des incendiaires de Saint-Ouen (1896).

M. Duval-Arnould fut secrétaire de la conférence des avocats sous le bâtonnat de Mᵉ Cresson, en 1890. Il est secrétaire-adjoint de la Société des Agriculteurs de France.

En 1898, après l'élection de M. Prache à la députation, M. Duval-Arnould se présenta, comme candidat républicain libéral, aux élections municipales, dans le quartier St-Germain-des-Prés, à Paris et échoua de quelques voix, contre le candidat radical élu, M. Paul Vivien.

Membre du comité judiciaire de la Société de protection des apprentis, dont le fondateur fut Jules Simon, et membre de la Société d'économie sociale, pour laquelle, avec M. Glasson (de l'Institut), il organisa des groupes d'études pratiques, M. Duval-Arnould s'est aussi consacré aux questions sociales. Il a donné sur ce sujet de nombreuses conférences ou écrit des brochures sur le *Salaire*, *Le Capital et le Travail*, la *Famille au XXe Siècle*, l'*Avenir de la Patrie*, l'*Alcoolisme*, les *Sociologues improvisés*, la *Femme à l'atelier*, les *Apprentis parisiens*, etc.

M. Duval-Arnould a fait, d'autre part, quelques conférences historiques, notamment sur *Etienne Dolet*, pour la Ligue contre l'athéisme et sous la présidence effective de M. Arthur Desjardins (de l'Institut). Il a publié, en outre, en librairie, *Apprentis et jeunes ouvriers*, essai sur la législation française du travail des enfants (1 vol.) et *Etudes d'histoire du droit d'après les œuvres de Sidoine Apollinaire* (1 vol., sujet de thèse). Il a aussi collaboré à la *Jurisprudence générale* de Dalloz.

LASIES (Joseph)

Député, né le 24 février 1862 au Houga (Gers). Il fit ses études classiques à Auch et accomplit ensuite son service militaire au 1er régiment de chasseurs d'Afrique, quoique la présence de son frère sous les drapeaux eût pu le dispenser. Ce frère, Albert Lasies, est mort à 30 ans des suites de la campagne du Tonkin. Il avait été mis à l'ordre du jour et nommé lieutenant de vaisseau pour sa belle conduite au combat de Tao-Sin.

Entré à l'Ecole de cavalerie de Saumur en 1887, M. Joseph Lasies obtint, l'année suivante, le grade de sous-lieutenant au 9e régiment de chasseurs à cheval, à Auch. Démissionnaire à la mort de son père, survenue en 1895, il est resté officier de réserve.

Tout en s'occupant de la direction de ses propriétés agricoles, M. Lasies organisa, dans la région qu'il habite, des réunions où il se montrait l'ardent adversaire des israélites. Il fut élu maire de Mormès, fonctions qui, plus tard, lui furent retirées par révocation.

Lors du renouvellement législatif de 1898, le Dr Lannelongue, député sortant, ne se représentant pas, M. Joseph Lasies posa sa candidature dans l'arrondissement de Condom et fut élu, au 2e tour de scrutin, le 22 mai, comme plébiscitaire-antisémite, par 8,662 voix, contre 7,942 à M. Jegun, républicain.

Dès son arrivée au Palais-Bourbon, le député du Gers prit une attitude originale et très indépendante ; sans souci des rigueurs du règlement, qu'il a éprouvées plusieurs fois, il s'est fait une spécialité des interruptions les plus vives et souvent peu parlementaires.

Il a, plusieurs fois, interpellé le gouvernement, notamment, le 18 novembre 1898, sur les mesures qu'il comptait prendre pour éviter la divulgation de secrets intéressant la sûreté de l'Etat. Il fait partie des groupes antisémite, plébiscitaire et de la Défense nationale.

L'un des chefs les plus ardents des partis antisémite et nationaliste, M. Lasies s'est énergiquement opposé à la révision du procès Dreyfus et a mené, dans ce sens, une active campagne au Parlement, en public et dans la presse. Il a publié de nombreux articles dans la *Libre Parole* sur ce sujet.

BÉHAL (Auguste)

Chimiste, pharmacien, professeur, né à Lens (Pas-de-Calais) le 30 mars 1859. Il fit ses études scientifiques à Paris : premier interne en pharmacie des hôpitaux en 1881, il se fit recevoir licencié ès-sciences physiques en 1884. Nommé en 1886, au concours, pharmacien des hôpitaux à l'hôpital Bichat et pharmacien de 1re classe la même année, il prit le doctorat ès-sciences physiques en 1888 et devint professeur agrégé à l'Ecole supérieure de pharmacie de Paris en 1889.

Chargé par le ministère du Commerce d'une mission en Roumanie, pour étudier les gisements et les qualités de pétrole, en 1890, M. Auguste Béhal, à son retour, professa, jusqu'en 1897, un cours libre de chimie organique à la Faculté des Sciences. Directeur intérimaire de la Pharmacie centrale des hôpitaux à la mort de Bourgoin (1897), il fut présenté à l'Académie de Médecine, en seconde ligne, au fauteuil de ce maître. Il est devenu maître de conférences de chimie organique à la Faculté des Sciences, en 1898.

M. Auguste Béhal est secrétaire général de la Société Chimique de Paris depuis 1893, membre du Comité international de la Nouvelle Nomenclature, de la Société de Pharmacie, de la Société de Thérapeutique, du comité d'organisation du Congrès de l'Exposition universelle de 1900, etc.

Les travaux de M. A. Béhal sur la chimie organique

sont des plus importants. On cite, parmi les mémoires qu'il a publiés, ceux sur les carbures acétyléniques, la créosote, le galacol, etc. ; ceux sur le camphre et sa constitution, sur l'acide campholénique et ses dérivés, sur quelques dérivés du chloral, sur les dérivés maloniques, sur les anhydrides mixtes des acides cycliques et acycliques, etc., parus dans le *Bulletin de la Société Chimique*, le *Journal de Pharmacie et de Chimie*, les *Comptes-Rendus de l'Académie des Sciences* et les *Annales de Physique et de Chimie*. Il a, en outre, fait paraître les ouvrages suivants : *Dérivés azoïques et leurs applications industrielles* (1 vol., Carré, 1889) ; *Traité de Chimie organique d'après les théories modernes*, ouvrage considérable (2 vol., Doin, 1896) et divers articles parus dans le *Dictionnaire de Chimie pure et appliquée* de Wurtz. On doit encore à M. Béhal un certain nombre de conférences, faites au laboratoire de M. Friedel (de l'Institut) et publiées dans les *Actualités Chimiques* ; elles ont été d'ailleurs réunies dans les volumes de conférences (Carré édit.) et portent sur : la *Relation entre deux groupements fonctionnels dans la même molécule* ; les *Dérivés azoïques* ; les *Carbures acétyléniques*, les *Oximes*, la *Créosote officinale*, la *Stéréochimie de l'Azote*, la *Chloralimide*, la *Constitution du camphre* et la *Nouvelle Nomenclature*.

M. A. Béhal est lauréat de l'Institut (prix Jecker 1891 et prix Parkin 1894), titulaire de plusieurs médailles de bronze, d'argent, d'or et autres distinctions.

TURREL (Adolphe-Jean-Eugène)

ANCIEN ministre et ancien député, né à Ormaisons (Aude) le 28 mars 1856. Après avoir fait de fortes études de droit à Paris, il fut reçu, au concours, en 1881, auditeur au Conseil d'Etat, où il passa cinq années.

Porté, comme candidat républicain, à une élection législative partielle, le 22 juillet 1883, dans l'arrondissement de Narbonne, M. Turrel réunit 2,936 voix au premier tour de scrutin et se désista au second tour ; mais, lors du renouvellement général de 1885, fait au scrutin départemental, il fut inscrit sur la liste opportuniste de l'Aude et élu, le 18 octobre, le 2º sur 5, par 44,234 voix sur 73,917 votants.

Inscrit à l'Union des gauches et à la Gauche radicale de la Chambre, il prit une part active aux discussions sur le traité de commerce avec la Grèce, les questions vinicoles, l'indemnité aux victimes de février 1848, le câble des Antilles, la loi sur les instituteurs, la loi sur les constructions scolaires, etc. Il fut rapporteur des projets de loi relatifs à la réforme administrative, à la Légion d'honneur et aux pensions civiles.

Aux élections générales de 1889, le scrutin uninominal ayant été rétabli, M. Turrel fut élu dans la 2ª circonscription de Narbonne, par 7,702 voix, contre 5,084 à M. Camelinat, socialiste. Dans cette nouvelle législature, il se donna encore tout entier aux questions d'affaires, défendant notamment la protection des vins français lors de l'élaboration des tarifs de douane. Il prit part aux discussions qu'amenèrent les troubles dans les églises et fut membre des commissions de douane, de la réforme de l'impôt et de la réforme administrative. Il s'est également occupé des questions coloniales, notamment de ce qui intéresse le Sénégal et spécialement le chemin de fer de Dakar à Saint-Louis. Rapporteur de la loi sur les étrangers, il réclama pour ceux-ci un état civil qui permît de les suivre et de s'assurer qu'ils ne sont pas des condamnés fuyant devant la justice de leur pays et il s'opposa à une taxe de séjour sur ces étrangers.

Réélu, le 20 août 1893, par 8,114 voix, contre 4,673 à M. Aldy, socialiste, M. Turrel, deux années de suite, fut rapporteur du budget des Colonies (1893 et 1894) et chargé du rapport sur la loi de 1896 contre l'alcoolisation et le mouillage des vins. Toujours préoccupé de la défense des intérêts viticoles, il proposa et fit voter une loi relevant le droit de douane sur les raisins secs à 25 francs les 100 kilos ; il souleva la question du traité turc et fit repousser celui-ci, malgré le gouvernement ; il fut aussi rapporteur de la loi de 1897, dont il est l'auteur, sur la fraude des vins (appelée loi Turrel) et prit une part très grande dans la discussion de l'impôt sur le revenu, qu'il combattit dans un discours retentissant.

A la chute du cabinet Bourgeois, il fut appelé, le 29 avril 1896, à prendre le portefeuille des Travaux publics, dans le ministère présidé par M. Méline. Il a fait voter, comme ministre, la loi sur le Métropolitain de Paris, l'installation de la gare d'Orléans au quai d'Orsay, la construction du pont Alexandre III, les conventions avec la Compagnie des chemins de fer de l'Ouest. Il organisa la réception du tsar Nicolas II à Paris, en 1897 ; s'occupa activement de l'augmentation du traitement des conducteurs des ponts et chaussées et fit voter la loi de rachat des canaux du Midi, d'où résulta l'abaissement des tarifs sur les chemins de fer de ce réseau.

Réélu député de la 2ª circonscription de Narbonne, au premier tour de scrutin, le 8 mai 1898, par 7,600 voix, contre 4,000 à M. Paul Narbonne, radical socialiste, et 2,800 à M. Berloz, nationaliste, son élection fut vivement attaquée à la tribune du Palais-Bourbon par M. Le Hérissé, député d'Ille-et-Vilaine. Il demanda lui-même son invalidation et ne se représenta pas.

Il avait quitté le ministère, avec le cabinet Méline, le 14 juin 1898.

M. Turrel s'occupe de questions économiques et de viticulture. Président d'honneur de la Société des Viticulteurs de France, il a publié des études importantes sur la *Situation économique de la France* et l'*Avenir de la viticulture française*. On lui en doit aussi sur la *Situation parlementaire de la France* et le *Groupement des partis dans les provinces méridionales*.

Il est grand-croix de l'Aigle blanc de Russie depuis le voyage du czar en 1897 et grand-croix de l'Etoile noire du Bénin.

FONTAINE de RAMBOUILLET
(Anatole)

AVOCAT et écrivain, né à Rambouillet le 28 octobre 1839. Petit-fils et fils de notaires d'Orléans, il fit ses études classiques au lycée de cette ville, suivit les cours de la Faculté de Droit et prêta serment d'avocat, devant la Cour d'appel de Paris, en 1860.

Dès 1860, M. Fontaine de Rambouillet se fit remarquer dans de nombreux procès de presse. On cite, entre autres, son plaidoyer en faveur d'Emile Faure, déféré aux tribunaux pour un article satirique, intitulé : *Une poignée de braves*. Avec ce journaliste, il publia : *Le peuple et la place publique*, commentaire de la loi de 1868 sur la presse. Ami de Maurice Joly, auteur du célèbre *Dialogue de Machiavel et Montesquieu aux enfers*, il défendit ce dernier devant le conseil de guerre et obtint son acquittement, en 1871.

Au moment du plébiscite de 1870, il avait été l'avocat de M. Jules Lermina, traduit en police correctionnelle pour avoir violemment attaqué l'empire et l'empereur Napoléon III. Il faut aussi parler de sa retentissante plaidoirie en faveur d'un redoutable malfaiteur, Maillot, qui avait spontanément avoué son crime au commissaire de police Foucqueteau ; il réussit à faire commuer la peine du condamné (1872). Un autre procès, dans lequel M. Fontaine de Rambouillet prononça un remarquable discours, reproduit à cette époque par la *Gazette des Tribunaux*, procès qu'il gagna, fut celui du pharmacien Blandek et de sa fille mineure, en butte à une entreprise redoutable visant leur fortune et l'état civil de l'enfant.

Très lié avec M. Henri Rochefort, l'éminent avocat obtint l'acquittement de l'illustre pamphlétaire et du gérant de l'*Intransigeant*, poursuivis devant la cour d'assises de la Seine, en 1897.

Parmi ses autres plaidoiries, on cite encore celles qu'il a prononcées pour « l'Industrielle » ; pour la Compagnie Nantaise ; dans l'affaire du Cercle militaire, pour M. R..., accusé par quatre cents créanciers de les avoir trompés en se donnant comme fondé de pouvoir du ministre de la Guerre ; dans l'affaire de l'enlèvement de Mlle Dourches ; pour Mme Dembour, qui remit 100,000 francs au directeur de l'*Intransigeant* pour la fondation de la verrerie ouvrière de Carmaux, etc.

Ecrivain de talent, M. Fontaine de Rambouillet a collaboré à diverses publications littéraires ou politiques, notamment au *Corsaire*. Il a donné en librairie : *La Régence et le cardinal Dubois*, travail de relations historiques, dans lequel il a introduit des fantaisies versifiées, originales et délicates.

M. Fontaine de Rambouillet s'occupe, en dehors du Palais, de l'étude des questions économiques et sociales ; on annonce de lui, sur ce sujet, un ouvrage que l'on dit important.

LUCAS-CHAMPIONNIÈRE (Just)

CHIRURGIEN, membre de l'Académie de Médecine, né à Saint-Léonard (Oise) le 15 août 1843. Il fit ses études classiques et médicales à Paris. Reçu interne des hôpitaux en 1865, deux fois lauréat, en cette qualité : mention (1867) et médaille d'argent ex-œquo avec la médaille d'or (1869), il fut reçu docteur en médecine, en 1870, avec une thèse qui obtint la médaille d'argent de la Faculté et intitulée : *Lymphatiques utérins et lymphagite utérine. Du rôle que joue la lymphagite dans les complications puerpérales et les maladies utérines*.

Pendant la guerre Franco-Allemande, il servit, comme chirurgien, dans une ambulance de la Société de secours aux blessés.

Nommé chirurgien des hôpitaux de Paris en 1874, M. le docteur Just Lucas-Championnière a été successivement chef de service à la Maternité, à Cochin, Tenon, Saint-Louis, Beaujon et à l'Hôtel-Dieu, où il occupe ses fonctions, avec une haute autorité, depuis 1899.

M. Lucas-Championnière a fait connaître un grand nombre d'instruments nouveaux destinés à simplifier les opérations. Citons, par exemple : ses *perforateurs* pour la cephalotripsie et l'embryotomie (1879), des *pulvérisateurs* (1876-1884), des *drains nouveaux*, une *table pour les instruments* (1888), une *attelle métallique* (1886), un *ciseau plat et large*, un *ciseau très étroit à manche lourd* (1887), des *pinces plates*, des *pinces coupantes* et *pinces gruges*, des *pinces clamps à mors fenêtrés*, des *petites pinces à mors creux*, des *pinces à griffes*, des *pinces à fourches et à griffes* pour les sutures, une *pince à griffes cachées* pour saisir la langue, etc.

Cet éminent chirurgien a été l'un des premiers, en France, à pratiquer les opérations sur les ovaires sains et malades et le premier à réaliser la réunion primitive de l'urèthre déchiré ; il a introduit et propagé la méthode antiseptique pour la chirurgie. Son procédé pour les opérations du trépan, en dehors du traumatisme, est aujourd'hui devenu classique et beaucoup de chirurgiens de toutes les parties du monde ont adopté sa technique dans la cure radicale des hernies. Pour le traitement des fractures par le massage et la mobilisation, M. le docteur Lucas-Championnière n'a pas eu de prédécesseur.

Parmi les nombreux travaux scientifiques de ce savant, il convient de citer : *De l'emploi de la méthode antiseptique en chirurgie* (1869) ; *Souvenirs de campagne et notes médicales prises à la 5ᵉ ambulance internationale pendant la guerre de 1870-71* ; *Traitement de la variole par l'acide phénique, le sulfate de quinine, le camphre, les bains* (1872) ; *De la fièvre traumatique* (1 vol. 1872) ; *Sur la trépanation du crâne* (1874) ; *Chirurgie antiseptique* (1875) ; *Trépanation du crâne faite le 22 novembre 1874 pour une fracture de la voûte sans plaie communicative, guérison complète* (1875) ; *Des localisations cérébrales, du rôle qu'elles peuvent jouer dans le diagnostic et le traitement des maladies cérébrales* ; *Trépan* (1876) ; *Démonstration de l'application du trépan dans les cas de lésions atteignant les centres moteurs de l'écorce cérébrale* (1876) ; *Tumeur de la parotide, ablation ; guérison en 18 jours sans suppuration* (avec présentation du malade, 1876) ; *Emploi de solutions phéniquées comme topiques* ; *Suppression des cataplasmes* (1876) ; *Des maternités en général ; amélioration de leur hygiène* (1876) ; *Pansement ouaté. Théorie. Indications nouvelles* (1876) ; *Des indications tirées des localisations cérébrales pour la trépanation du crâne* (1877) ; *Etude historique et clinique sur la trépanation du crâne. La trépanation guidée par les localisations cérébrales* (livre récompensé par l'Académie de Médecine, prix Amussat, 1877) ; *Trépanation et pathologie cérébrale* (1878) ; *Cure radicale des hernies* (1879) ; *Laparatomie ou gastrotomie dans les cas d'étranglement interne* (1879) ; *Syphilis cérébrale, forme, symptômes, traitement. Insolation provoquant l'évolution de syphilis cérébrale ; traitement, guérison* (1879) ; *Discussion sur l'immobilisation et la mobilisation des articulations malades* (1879) ; *Scarlatinoïde puerpérale. Récidive des éruptions, nature de la maladie* (1879) ; l'*Alimentation artificielle des nouveaux-nés devant l'Académie. Importance de la chaleur pour l'alimentation artificielle, nature des aliments à conseiller* (1880) ; *Des injections sous-cutanées d'ergotine en obstétrique* (1880) ; *Sur les fractures articulaires* (1880) ; *Sur l'action du pansement phéniqué sur l'éruption variolique dans la région où le pansement est appliqué* (1880) ; *Opération césarienne de Porro. Présentation de deux malades à l'Académie de Médecine* (1880) ; *Chirurgie antiseptique* (1880. Cette deuxième édition est un livre nouveau, beaucoup plus considérable que celui de 1875 et qui a été traduit en russe, en espagnol, en anglais) ; *Sur l'anatomie des articulations métatarsiennes, au point de vue de l'amputation de Lisfranc* (1881) ; *Sur l'ovariotomie* (1881) ; *Discussion sur l'acide phénique* (1881) ; l'*Empoisonnement par l'acide phénique* (1881) ; *Drainage après l'ouverture du genou* (1881) ; *Des opérations applicables aux loupes du cuir chevelu* (1881) ; *Ablation des hémorroïdes avec les ciseaux du thermo-cautère* (1881) ; *De l'anesthésie par le chloroforme* (1 vol. 1881) ; *Discussion sur les altérations du chloroforme* (1882) ; *Importance de la chaleur pour l'alimentation artificielle* (1882) ; *Pustule maligne* (1882) ; *Traitement de la fistule à l'anus par la ligature élastique* (1882) ; l'*Ostéotomie pour genu-valgum* (1882) ; *Étude sur le pronostic des opérations abdominales avec statistique de dix-neuf cas* (1882) ; *Trépanation dans l'épilepsie après traumatisme sans fracture : guérison* (1882) ; *Progrès de la chirurgie dans le traitement des articulations ; épanchements de sang, de sérosité, de pus, luxations anciennes, opérations pour les fractures de rotule* (1882) ; *De la réunion primitive des plaies ; indications, moyens de l'opérer* ; *De l'emploi de la vaseline avec l'acide borique pour des plaies superficielles, érosions, eczémas fétides*, (1882) ; *Méthode antiseptique* (1883) ; *Discussion à propos de la suture osseuse dans les fractures transversales de la rotule* (1883) ; *Les érosions dentaires du rachitisme et de la syphilis* ; *Du procédé de la trépanation préhistorique* ; *Sur une épiplocèle enkystée et enflammée* ; *Hernie inguinale gauche congénitale* étranglée (1883); *Présentation de pièces et discussion, gastrotomie pour rétrécissement de l'œsophage* (1883); *Cinq observations d'hystérotomie* (1883); *Traitement des pieds bots par l'extirpation de l'astragale* (1883); *Sur la taille hypogastrique* (1883); *De l'anesthésie obstétricale* (1883); *Le sevrage et la nourriture artificielle* (1884); *Bec de lièvre* (1884); *Castration par hématocèle* (1884); *La résection des côtes ou thoracotomie pour les fistules purulentes de la plèvre* (1884); *Sur l'opération d'Estlander* (1884); *Sur une ligature de la carotide* (1884); *Laparotomies appliquées au traitement des grossesses extra-utérines* (avec photographies, 1884); *Choléra de Toulon, mesures prophylactiques* (1884); *Rapport sur la réunion primitive dans les amputations du sein* (1885); *Sur l'emploi de la ouate et de la charpie de bois et d'une poudre antiseptique remplaçant l'iodoforme* (1885); *Sur le traitement des fractures de rotule par la suture* (1885); *Rapport sur des observations de plaies de tête*, où l'auteur démontre l'excellence de la trépanation et son indication par un épanchement; il insiste sur la trépanation préventive (1885); *Influence des ovariotomies doubles sur la menstruation* (1885); *Rupture traumatique du canal de l'urèthre* (1885); *Sur l'imperforation congénitale de l'hymen* (1885); *Sur les kéloïdes* (1885); *Sur l'atrophie musculaire dans l'ostéomyélite* (1885); *Traitement de certaines fractures par le massage* (1886); *Accidents cardiaques et cérébraux du chloroforme* (1886); *Du pronostic et de la détermination opératoire chez les tuberculeux* (1886); *Sur l'uréthrotomie interne* (1886); *Extirpation totale de l'épaule après traumatisme : clavicule, omoplate et muscles de l'omoplate* (1886); *l'Opération de Porro et l'opération césarienne simple* (1886); *Observations de néphrotomie et de néphrectomie* (1886); *Hernie inguinale congénitale* (1886); *De la résection du genou* (1886); *Sur plusieurs faits d'arthrectomies* (1886); *Conditions de la chirurgie antiseptique ; conseils pratiques et exemples : plaies, amputations, hernies, yeux, petites opérations, accouchement* (1886); *Accidents dus aux substances antiseptiques les plus employées : iodoforme, sublimé, acide phénique* (1887); *Sur l'ovariotomie* (1887); *Sur l'ankylose osseuse rectiligne du coude, traitée par section simple et mobilisation ; La cure radicale des hernies sans étranglement* (1 vol.); *Hernie congénitale étranglée; Sur la cure radicale des hernies; Ablation des ovaires pour accidents nerveux; La cure du varicocèle par l'excision du scrotum; Tumeur vasculaire de l'humérus* (1887); *Tumeurs fibreuses de l'utérus.; Distone par corps fibreux; Traitement des anévrysmes artériels; Traitement chirurgical de la grossesse extra-utérine par la laparotomie et l'ouverture du kyste; Hystérorrhaphie pour prolapsus utérin ; Du traitement des fibromes utérins par la castration ovarienne ; Sur les accidents réflexes postopératoires consécutifs aux opérations utéro-ovariennes et sur le reflexe guttural ou crachottement ; Etude sur la cure radicale de la hernie non étranglée avec une statistique de cent vingt opérations ; Sur une série de vingt cas de trépanation du crâne ; inocuité de cette opération ; Quinze cas pour accidents cérébraux en dehors du traumatisme ; Arthrectomies et résections ; De la suture des plaies* (1888); *Statistique des opérations faites dans l'espace de deux années à l'hôpital Saint-Louis; Trépanations pour hémorrhagie cérébrale; Série de trépanations pour accidents divers : vertiges, épilepsie vraie et symptomatique, ovarite, salpingite, adhérences ; maladies des annexes ; lymphangite, pathogénie ; traitement, opérations pour adhérence ; Ablation unilatérale et bilatérale des annexes ; Sept cent cinquante opérations; Fixation de l'utérus dans la rétroversion; Traitement électrique des fibromes; Suture complète de la vessie après la taille hypogastrique ; Sur l'opération du varicocèle ; Le massage et la mobilisation dans le traitement des fractures : théorie et pratique, indications, applications à la plupart des fractures* (1889); *Sur le traitement du pied bot invétéré ; Le curetage et les maladies annexes ; Résection du genou : statistique de quarante-quatre cas, procédés, opérations ; Application de la méthode antiseptique aux accouchements* (1 vol. 1890-91); *La chirurgie antiseptique simple, histoire et théorie* (1890); *Trépanation pour épilepsie Jacksonnienne; De la cure radicale des hernies inguinales chez la femme ; Sur les plaies pénétrantes de l'abdomen* (1891); *Cure radicale de la hernie sans étranglement avec une statistique de deux cent soixante quinze cas*, livre récompensé par l'Académie des Sciences, prix Monthyon (1892); *Hernie traumatique opérée de cure radicale; Traitement du pied bot varus équin par l'ablation de la plupart des os du tarse; Modification du taux de l'urée dans l'urine; Abaissement chez les cancéreux ; Abaissement dans certaines maladies non malignes des ovaires ; Ascension du taux de l'urée après les opérations ; Déductions pratiques ; Diète et purgation après les opérations ; Mauvais pronostic dû aux grandes proportions d'urée avant les opérations* (1893); *Traitement des fractures par le massage*, ouvrage très-important et qui fait autorité (1 vol.

1895); *Valeur antiseptique de l'eau oxygénée*; *Guéson de la hernie par l'usage de la bicyclette* (1899).

Ces travaux ont paru en volumes, ou ont fait l'objet de communications à des sociétés savantes et aux congrès, ou ont été publiés dans des journaux et revues scientifiques, notamment dans le *Journal de Médecine et de Chirurgie* dont leur auteur est le rédacteur en chef depuis 1874.

Membre de plusieurs sociétés savantes, président de la Société obstétricale et gynécologique (1892), de la Société de Chirurgie (1894) et de celle de Médecine publique (1895), il fut l'un des présidents de la section chirurgicale au Congrès international de Médecine de Rome en 1896.

Membre de l'Académie de Médecine depuis 1894, le Dr Lucas-Championnière est officier de la Légion d'honneur depuis 1895.

LIPPMANN (Maurice)

INGÉNIEUR, né à Ville d'Avray (Seine-et-Oise) le 27 septembre 1847. Ses études classiques faites au lycée Bonaparte (aujourd'hui Condorcet), il prit la licence en droit.

Lors du siège de Paris, en 1870, M. Maurice Lippmann servit en qualité de brigadier au 1er régiment d'artillerie mobile de la Seine, qui opéra contre les positions allemandes de St-Cloud et de Montretout.

En 1874, alors que notre armement, défectueux et insuffisant, était à remplacer le plus rapidement possible, M. Lippmann fut nommé directeur de la Manufacture nationale d'armes de St-Étienne (Loire). Dès son entrée en fonctions, il donna une vive impulsion à la fabrication des fusils Gras, créant des ateliers libres en dehors des ateliers nationaux existant et parvenant, avec dix mille ouvriers, à fournir plus de mille fusils et 200 revolvers par jour, au lieu des cinq cents armes à feu que la manufacture fournissait jusque là. Cette tâche accomplie, il démissionna de ses fonctions en 1884.

Depuis cette époque, il s'est occupé à la fois de sport, d'agriculture et de questions scientifiques et artistiques. Propriétaire de diverses fermes en Normandie, il a été, durant plusieurs années, maire de Bracquemont, près Dieppe (Seine-Inférieure). Il a été aussi administrateur de plusieurs sociétés industrielles.

A l'Exposition universelle de 1889, M. Maurice Lippmann fut chargé, avec les peintres Detaille et Meissonier, de l'installation de la section d'art militaire à l'Esplanade des Invalides ; le zèle heureux qu'il marqua en cette circonstance lui valut les félicitations du gouvernement.

Il a publié sous ce titre : *L'Art dans l'armure et dans les armes*, un important ouvrage, le plus complet, croyons-nous, qui existe en la matière. Il a, en outre, collaboré à diverses publications, notamment à la *Revue des arts décoratifs*.

Ancien gendre d'Alexandre Dumas, M. Maurice Lippmann possède une collection d'autographes et une collection de cloches et clochettes toutes les deux très importantes et très connues.

Capitaine d'État-major de territoriale, il est chevalier de la Légion d'honneur, commandeur du Nicham, chevalier de l'ordre militaire Villa-Viçoza de Portugal, etc.

BERDOLY (Martial-Henry)

DÉPUTÉ, né à Bordeaux le 29 février 1844. Après avoir fait ses études classiques et de droit à Paris, il s'inscrivit, comme avocat, au barreau de Saint-Palais, en 1869.

De 1880 à 1883, il fut sous-préfet de Mauléon (Basses-Pyrénées).

Nommé conseiller général du canton de Saint-Palais en 1886, M. Berdoly fit partie de la commission départementale, rédigea de nombreux rapports sur l'agriculture et présida les comices agricoles de l'arrondissement de Mauléon, où il devint par la suite très populaire.

Après avoir échoué, au renouvellement général législatif de 1885, avec toute la liste républicaine, dans le département des Basses-Pyrénées, il se représenta, en 1889, dans l'arrondissement de Mauléon, contre M. Etcheverry, fils d'un ancien député bonapartiste, qui fut élu par 6.854 voix, contre 5,878. Ce dernier ayant été invalidé, M. Berdoly fut de nouveau son concurrent malheureux, obtenant 5,976 suffrages, contre 6,213 à M. Etcheverry, élu ; mais lors du renouvellement législatif de 1893, M. Berdoly fut élu, au 1er tour de scrutin, député de Mauléon, par 6,658 voix, tandis que son même adversaire n'en obtenait que 6,143. Le 8 mai 1898, son mandat fut renouvelé, par 10,184 suffrages, sans concurrent.

Depuis son entrée au Parlement, l'honorable député est inscrit au groupe progressiste ; il a fait partie de diverses commissions.

Il est officier d'Académie et chevalier du Mérite agricole depuis 1890.

PLUMET (Charles)

ARCHITECTE, né à Cirey-sur Vezouze (Meurthe-et-Moselle) le 17 mai 1861. Elève de l'Ecole des Arts décoratifs, il reçut aussi les leçons de MM. Bruneau et de Baudot, architectes.

M. Charles Plumet se fit remarquer, dès 1889, par des constructions étudiées dans un ordre d'idées très moderne, aussi bien au point de vue du plan que de la décoration. Dans cette dernière partie, il a obtenu de très beaux effets avec des motifs nouveaux, sans rapport avec les anciens styles ; mais tout en conservant comme base les principes de construction des belles époques de l'art français.

Sa manière s'affranchit de jour en jour depuis cette époque et il est l'un des rares architectes qui ait su se dégager tout à fait de l'influence des styles d'autrefois, pour arriver à une conception de son art neuve et absolument personnelle.

M. Charles Plumet a exposé, notamment, aux Salons annuels de la Société nationale des Beaux-Arts : les *Plans d'une maison construite en 1890, 151, rue Legendre à Paris* (1895) ; *Cheminée; Meubles de salle à manger* (1896) ; *Table à coiffer* ; *Chaise* ; *Etagère et vitrine* ; *Paravent en citronnier* (1897) ; un mobilier de salon, comprenant : *cheminée, bibliothèque, table, guéridon, porte-lampe, canapé, fauteuils, chaises* (en collaboration avec M. Tony Selmersheim) ; le *Modèle en plâtre d'une maison à Paris, rue de Tocqueville* ; un *Ecran-calendrier*, avec lithographies de MM. Moreau et Nélaton (1898) ; *Salle à manger en chêne ciré* (mobilier composé de buffet, dressoir, table et chaises ; avec M. T. Selmersheim) ; *Hôtel particulier*, avenue du Bois-de-Boulogne, détail d'appareils de façade, cinq chassis (1899), etc.

M. Charles Plumet, comme cette nomenclature le démontre, s'occupe de l'habitation moderne dans sa construction générale et aussi dans son aménagement intérieur. Architecte d'art, si ce mot peut être employé, il a créé, s'aidant de ses collaborateurs habituels, MM. Félix Aubert, Tony Selmersheim, A. Charpentier, etc., un style moderne nouveau qui a été l'objet d'appréciations élogieuses de M. Camille Gardelle dans l'*Art décoratif* (1898), de M. Pascal Fortuny dans la *Revue des Arts décoratifs* (1899) et de divers autres critiques.

On doit encore à M. Charles Plumet la construction du château de Sapicourt (1898) et de nombreuses décorations d'intérieur, de style moderne, parmi lesquelles il faut citer : à Paris, celles des magasins Auvray, place Boïeldieu ; Colinval, rue de la Chaussée d'Antin ; Kohler, boulevard des Capucines ; Roddy, boulevard des Italiens.

Sous ce titre : *Le Foyer moderne, ce qu'il devrait être, sa construction et sa décoration*, M. Charles Plumet avait adressé à la Ville de Paris un intéressant rapport sur la nécessité de la construction, dans l'enceinte de l'Exposition universelle de 1900, d'une maison dont le loyer annuel n'eût pas excédé 800 francs, synthétisant le type du foyer moderne et comprenant l'aménagement, le mobilier et les objets d'usage servant à la vie quotidienne. Il est chargé de la classe de la décoration fixe des édifices publiques et privés à l'Exposition universelle de 1900.

QUINETTE de ROCHEMONT (Baron Emile)

CONSEILLER d'Etat, ingénieur et professeur, né à Soissons (Aisne) le 18 août 1838. Après avoir accompli ses études classiques à Paris, au lycée Napoléon (aujourd'hui Henri IV), il fut reçu à l'Ecole Polytechnique, dans un très bon numéro, en 1857 et nommé, à sa sortie, deux ans plus tard, élève ingénieur.

Successivement devenu ingénieur ordinaire des ponts et chaussées (1864), ingénieur en chef (1879), inspecteur général de 2ème classe (1892) et de première classe (1899), M. le baron Quinette de Rochemont occupe les importantes fonctions de directeur des Routes, de la Navigation et des Mines, au ministère des Travaux publics, depuis le 16 janvier 1897.

Attaché au port du Hâvre, de 1864 à 1879 et de 1883 à 1892, il a publié de nombreuses brochures très intéressantes et documentées sur cette ville maritime. Comme ingénieur, on lui doit les études du canal de la Meuse à l'Escaut (1879-1883). Il a aussi été chargé d'une mission spéciale ayant pour objet l'étude des ports maritimes à l'étranger. Le résultat de ses voyages et de ses enquêtes sur ce sujet a été donné dans différents mémoires parus dans les *Annales des Ponts et chaussées*, notamment sur les *Ports anglais*, les *Ports allemands*, les *Ports de la Belgique*. Un travail concernant les *Ports du Canada* a fait l'objet d'une publication spéciale.

Professeur, depuis 1893, à l'Ecole nationale des Ponts et chaussées, ses cours, jusque-là autographiés pour les élèves, ont été donnés à l'imprimerie en 1899 pour être publiés.

M. le baron Quinette de Rochemont, chevalier de

la Légion d'honneur depuis 1879, a été promu officier en 1894.

CHAUSSON (Ernest)

Compositeur de musique, né à Paris le 20 janvier 1855. Après avoir terminé ses études de droit, il travailla la musique, vers 1879, avec un professeur hollandais, Coster. Puis, voyageant en Allemagne, il y rencontra M. Vincent d'Indy, qui le conduisit auprès de César Franck.

Entré, comme élève, au Conservatoire de Paris, en 1880, M. Ernest Chausson y suivit les classes de Massenet et de César Franck, pour l'harmonie, le contrepoint, l'orgue et la composition ; il concourut pour le grand prix de Rome et fut admis, en 1882, à la Société nationale de musique fondée par Bussine, Bizet, César Franck et Saint-Saëns.

M. E. Chausson a composé un grand nombre d'œuvres très importantes, qui ont été jouées dans un assez grand nombre de concerts d'Europe. On cite de lui, notamment : un *Trio*, donné pour la première fois à la Société nationale de musique (1882) ; *Viviane* (1883), morceau remarquable, qui a obtenu de grand succès chez Pasdeloup, Lamoureux, Colonne et en Belgique, en Suisse, en Russie, etc. ; *Hélène*, poème de Leconte de Lisle ; *Hymne védique*, chœur et orchestre (1885) ; *Solitude dans les bois* (concerts Lamoureux) ; *Caravane*, mélodie pour ténor et orchestre (1888, à la Société nationale de musique) ; la *Tempête*, musique de scène (au théâtre des Marionnettes de M. Maurice Bouchor, 1888) ; une *Symphonie*, qui est une des œuvres les plus connues de ce compositeur (1891) ; un *Concert*, pour piano, violon et quatuor, exécuté pour la première fois, le 4 mars 1892, par M. Ysaye à Bruxelles, et qui a été ensuite donné un peu partout ; la *Légende de sainte Cécile*, jouée aux Marionnettes du Petit-Théâtre (1892) ; *Poème de l'Amour et de la Mer*, suite de mélodies pour orchestre ; *Poème*, pour violon et orchestre, exécuté par M. Ysaye, en 1897, et quantité de mélodies. Il a laissé un *Quatuor à cordes*, œuvre très avancée, dont M. Vincent d'Indy a terminé l'*Intermezzo*, sur les notes de M. Chausson.

Ce compositeur, dont la savante musique est hautement appréciée, a écrit encore, musique et paroles : un drame lyrique en 3 actes, le *Roi Arthur*, édité par Choudens en 1899 ; la *Chanson perpétuelle*, mélodie avec orchestre, chantée par Mme Jeanne Raunay, au Hâvre, en 1898, et parue chez l'éditeur Durand (1899) ; *Chant funèbre*, chœur pour voix de femmes, exécuté à la Société nationale.

M. Ernest Chausson est mort, à la suite d'une chute de bicyclette, le 10 juin 1899.

COTTANCIN (Paul)

Ingénieur, né à Reims le 12 janvier 1865. Fils d'un directeur industriel, il accomplit ses études classiques au collège Chaptal, à Paris, et entra comme élève à l'Ecole Centrale des Arts et Manufactures. Sorti avec le diplôme d'ingénieur en 1886, M. P. Cottancin, après un bref séjour dans l'industrie, commença à étudier l'art du bâtiment et ne tarda pas à trouver divers systèmes qu'il est seul à pratiquer et qui ont permis d'exécuter de remarquables travaux avec du ciment armé d'ossature métallique.

Avant M. Cottancin, on réunissait pour la construction le fer par le ciment ; cet ingénieur relie, au contraire, le ciment par le fer. Le premier de ces principes consiste à emprisonner dans du mortier de ciment une série de barres de fer parallèles croisée par une deuxième série réunie à la première au moyen de petites attaches de treillages ou d'encoches ; le deuxième principe consiste à former une chaîne continue avec une barre de métal de faible section, de n'importe quel profil et de tisser cette chaîne avec une trame constituée de la même manière, pour former un treillis ayant des boucles sur tout le pourtour, puis d'englober ce treillis, ayant en tous points une répartition rationnelle du métal, dans du mortier de ciment. Par son procédé, M. Cottancin a obtenu des résultats surprenants de légèreté, d'incombustibilité, de solidité et d'insonorité, qualité que l'on ne peut obtenir avec les autres systèmes. Des expériences officielles comparatives, faites sur la demande du ministre de la Guerre, ont prouvé que ce procédé, pour grandes portées et fortes surcharges, était de beaucoup supérieur à tous ceux connus à ce jour.

De nombreux architectes, notamment M. de Baudot, inspecteur général des édifices diocésains, et autres, ont adopté et préconisé l'emploi de la méthode de M. Cottancin.

Parmi les travaux intéressants effectués par cet ingénieur, on cite : plusieurs réservoirs à étages ou de cubes considérables ; le lycée Victor Hugo, avec programmes très intéressants pour tous les planchers et pour grande halle ; l'école paroissiale de la rue Bobillot ; l'église Saint-Jean, de Montmartre, présentant le plus grand intérêt comme construction et dispositions architecturales du style moderne; l'installation d'eau de la commune de Baillet; les annexes de l'église de Marcuil-en-Laye, pour les monuments historiques; la reprise en sous-œuvre d'une pile de l'église Saint-Laumer, à Blois, pour les monuments historiques; l'Hôtel de la Monnaie (ateliers); la construction du Grand-Livre de la Dette publique, à St-Cloud, pour le ministère des Finances; la Nouvelle Sadikia, lycée de 1,500 mètres de surface sur 65 de remblai, à Tunis; une plate-forme recevant les chocs de plusieurs moutons d'estampeurs de 300 kilogrammes, tombant de 2m 75 de hauteur sur la chabotte, posée directement sur le ciment, avec des surcharges déséquilibrées; les caves des Brasseries de la Meuse, à Sèvres; Huilerie de M. Rigaut, à la Fère, comme planchers à grandes portées pour surcharges de 5,000 kilos par mètre superficiel et silos à grains de 12 mètres de haut (sur ces planchers sont installés des broyeurs du poids mort de 5,000 kilos par mètre carré); filatures de plusieurs milliers de mètres de surface, dans les environs de Reims (Marne); le lavoir communal de Juilly, sur 18 mètres de tourbe, avec sol, bassin, lavoir, mur et couverture ouverte, donnant lieu à la résolution d'un problème très difficile; la couverture du pavillon de la diphtérie aux Enfants malades, avec un programme des plus insolubles en construction métallique; une maison à Nanterre, avec exemple de couverture décorative; la reconstruction du Casino d'Enghien, sur la vase du lac, en supprimant les fondations; la chapelle de St-Pierre de Montmartre; une construction à l'Institut catholique; les constructions annexes de l'église d'Argentan et celles de l'église de Gournay; le Pavillon de la République de St-Marin, à l'Exposition universelle de 1900; hôtels au Trocadéro; le château Porgès et les châteaux de l'Orfrasière à M. Robert de Wendel et de Jœuf à M. Henri de Wendel; distribution d'eaux de Mantes-la-Ville, avec captage dans les sables, sans ensablage des galeries filtrantes (programme irréalisable avec les solutions ordinaires); théâtre incombustible de Tulle; surélévation du café du Globe à Paris et des ateliers Durst, Wild et Cie, etc.

En outre de ces entreprises, qui l'ont placé au nombre des plus grands constructeurs modernes, M. Cottancin s'occupe très activement de toutes les questions d'emploi du métal et des recherches d'eau par étude des lois des circulations souterraines, dans lesquelles il a acquis une compétence indiscutée.

Il a fait, sur les sujets se rattachant à l'art de la construction, de nombreuses conférences à la Société Centrale du travail professionnel.

ALBERS (Henri)

Artiste lyrique, né à Amsterdam (Hollande), le 1er février 1866, demeurant en France. Entré très jeune au Conservatoire de sa ville natale, il y mena de front les études dramatiques et lyriques, débuta au théâtre des Variétés d'Amsterdam dans la comédie, puis abandonna ce genre pour se consacrer définitivement à l'art lyrique, dans lequel, très rapidement, il s'est créé une brillante réputation.

L'un des collaborateurs de l'Opéra national d'Amsterdam, M. Albers fit ses débuts de chanteur sur cette scène, dans le rôle de Méphistophélès de *Faust*, en 1886 et y fut très applaudi. Pendant un séjour de trois années consécutives à ce théâtre, il interpréta avec succès tous les rôles de baryton de grand opéra, notamment l'*Africaine*, la *Favorite*, *Rigoletto*, le *Trouvère*, *Hamlet*, etc.

Sur les instances de M. Massenet, cet artiste se voua, dès 1891, à l'interprétation des compositeurs de l'école française et signa aussitôt un engagement avec le directeur du théâtre royal d'Anvers. Il y chanta les rôles de son emploi dans le répertoire ordinaire et y créa: le *Rêve*, de Bruneau; *Hérodiade*, de Massenet; *Sigurd*, de Reyer; *Werther*, de Massenet; *Aben-Hamet*, de Th. Dubois.

En 1893, il devint pensionnaire du grand théâtre de Bordeaux, où, quatre années durant, il fit de remarquables créations dans *Salammbô*, l'*Attaque du Moulin*, *Méphistophélès*, de Boïto; *Werther* et contribua à une très brillante reprise de *Don Juan*.

Attaché à la troupe lyrique du théâtre de « Covent-Garden » de Londres, il parcourut l'Amérique, avec une tournée organisée, pour la première fois, par l'imprésario Charley, puis par M. Grau. Pendant ses voyages, il s'est produit à côté de MMmes Emma Calvé, Melba, MM. Jean et Édouard de Reszké, Pol Plançon, etc., et le public américain lui a prodigué les plus enthousiastes ovations, principalement dans *Tannhaüser* et *Hamlet*.

Engagé à l'Opéra-Comique de Paris, cet excellent artiste débuta dans les *Pêcheurs de Perles* et *Carmen* (octobre 1899) et ses belles qualités lyriques furent unanimement louées par la presse.

M. Albers, pendant sa carrière artistique, a interprété

les ouvrages des compositeurs de divers pays dans leur langue respective.

Il a été nommé officier d'Académie en 1894, lors des fêtes données pour le centenaire de Casimir Delavigne, au Havre, où il avait chanté *Charles VI* de très brillante façon.

MASSON-DETOURBET (Louis)

ARCHITECTE, né à Paris le 4 avril 1860. Fils d'un des plus grands manufacturiers de faïences français, il manifesta de bonne heure les plus heureuses dispositions artistiques et, pendant qu'il faisait ses études classiques, il fréquentait déjà l'atelier du peintre Jean-Paul Laurens.

Elève libre de l'Ecole des Chartes ensuite et étudiant en droit en même temps, M. Masson-Detourbet fut reçu licencié, puis entra à l'Ecole des Beaux-Arts, dans la section d'architecture, où il eut pour professeur M. Ginain.

Comme peintre, il a exposé un certain nombre de marines, au Salon des Champs-Elysées, qui furent assez bien accueillies par la critique et le public.

Après avoir obtenu le diplôme d'architecte du gouvernement en 1893, M. Masson-Detourbet prit part à de nombreux concours publics, qui lui valurent des récompenses, notamment pour les projets suivants : Préfecture de Troyes (2me prix) ; Ecole Coloniale pour la Chambre de Commerce de Paris (1er prix et exécution) ; Mairie d'Asnières (mention honorable) ; Exposition universelle de 1900 (l'un des 18 primés), Ecole supérieure de Commerce de l'avenue de la République à Paris (3e prix), etc.

Ses dessins pour les projets de la Mairie d'Asnières et de l'Ecole Commerciale obtinrent une 3me médaille au Salon des Champs-Elysées.

Parmi les travaux intéressants effectués par M. Masson-Detourbet, il faut mentionner la reconstruction de la chapelle du catéchisme à l'église Saint-Christophe de la Villette et l'Ecole Commerciale de l'avenue Trudaine.

Architecte des installations générales des sections étrangères (Direction générale de l'exploitation) à l'Exposition universelle de 1900 et architecte de la section impériale de la Chine, M. Masson-Detourbet est aussi chargé de l'exécution du Pavillon de la Presse à cette exposition. Il est officier d'Académie et chevalier de l'ordre du Cambodge.

MAREUSE (Joseph-François-Edgar)

ARCHÉOLOGUE et historien, né le 4 décembre 1848 à May (Aisne). Après avoir accompli de solides études classiques au lycée Condorcet, à Paris, il se consacra de bonne heure aux recherches historiques et publia bientôt de très importants documents dans cette spécialité littéraire.

M. Edgar Mareuse a largement contribué à faire connaître les us et coutumes de nos ancêtres et il est l'un des écrivains les mieux documentés sur l'archéologie et l'histoire. Secrétaire du comité des Inscriptions parisiennes, créé en 1879 par Herold, préfet de la Seine, il devint, en 1881, secrétaire adjoint de la Société de l'Histoire de Paris et de l'Ile de France, dont l'œuvre historique est très considérable. Il est en outre membre du comité du « Vieux Paris ».

Parmi les principales œuvres de cet érudit, on cite tout particulièrement : le *Dit des Rues de Paris* de Guillot, avec préface, note et glossaires ; deux *Tables décennales des Publications de la Société de l'Histoire de Paris* (in-8°, 1885 et 1895) ; une *Table des Mémoires de la Société historique de Pontoise et du Vexin* (de 1876 à 1892) ; *Sur la question de l'heure universelle* (1891, série d'articles parus dans la *Revue Scientifique*) ; un *Annuaire des Sociétés Savantes* (1re édition 1897, 2me 1899).

M. Edgar Mareuse est officier de l'Instruction publique depuis 1887.

PEYROL (Hippolyte-François-Auguste)

SCULPTEUR-STATUAIRE, né à Paris le 10 juin 1856. Fils d'un éditeur d'art bien connu, il fit ses études classiques au collège Sainte-Barbe et apprit la sculpture dans l'atelier de M. Isidore Bonheur, dont il a été l'unique élève. Il reçut aussi les conseils de Thabard et de M. Frémiet.

Il débuta en 1878, au Salon des Champs-Elysées, avec un *Portrait*, médaillon en plâtre. Des œuvres que M. H. Peyrol exposa ensuite, on cite : *Jeune berger*, plâtre qui fut très remarqué ; *Portrait de M*lle *L. R...*, buste marbre (1881) ; *Etude*, statue bronze (au musée de Blois) ; *Vercingétorix devant César*, statue plâtre, aujourd'hui au musée de Clermont-Ferrand (1883) ; *Pêcheur à l'épervier*, au musée de Nantes (1884) ; *Mort de Raguenard Lodbrog*, statue plâtre (1886, placée depuis au musée de Rouen) ; *Enfant qui taille un bateau*, étude plâtre (1887) au musée de Bordeaux ; *Protection*, groupe plâtre, qui obtint un très vif succès (1888) ; *Vercingétorix devant César*, réduction bronze (1889) ; *Martyr chrétien*, groupe plâtre ; *Protection*, groupe bronze (1890) ; *Tigre à l'affût*, bronze ; *Tigre et crabe*, bronze (1891) ; *Une lutte*, groupe plâtre (1892), acheté par la ville de Paris et exécuté en marbre, réexposé en 1894 et aujourd'hui au musée Galliera ; *Frayeur d'enfant*, groupe plâtre (1894) ; *Tigre*, plâtre ; *Portrait de M*^{me} *C...* (1896) ; *Vénus marine*, groupe bronze (1897) ; *Buste d'enfant*, marbre (1898) ; *Préliminaires d'un festin*, groupe marbre (1899)

Cet excellent statuaire a obtenu au Salon des Champs-Elysées deux mentions honorables en 1885 et 1886, une médaille de 3e classe en 1888 et une autre mention à l'Exposition universelle de 1889, une médaille de 2e classe en 1892 et une 1re médaille en 1894. Hors concours depuis 1892, M. H. Peyrol est membre sociétaire de la Société des Artistes français ; il a fait partie du jury de sculpture en 1897 et en 1899.

GUÉPIN (Ange-Jean)

Médecin, né le 10 octobre 1860, à Bordeaux (Gironde). Son grand-père, médecin et savant distingué, a laissé à Nantes une haute réputation ; son père était oculiste à Bordeaux.

M. Ange Guépin fit ses études à Nantes et à Paris. Externe des hôpitaux en 1888, il fut reçu interne en 1891, docteur et lauréat de la Faculté de Paris en 1894. Il fut aussi élève libre de l'Ecole vétérinaire d'Alfort et chef de clinique du docteur E. Reliquet, professeur libre à l'Ecole pratique de la Faculté de Médecine, auquel il a succédé dans son cours sur les affections des voies urinaires.

M. le Dr A. Guépin est l'auteur de nombreux travaux, généralement appréciés, sur l'anatomie et la physiologie. On cite de lui : *Innervation vésicale* (Journal de l'Anatomie et de la Physiologie, 1893) ; *Pathologie de la vessie : de la rétention d'urines chez les opérés* (Gazette des Hôpitaux, 1893) ; *Cystocèle curale* (Revue de Chirurgie, 1893) ; *Sur la pathologie du rein, Pyonéphrose*. (Gazette médicale de Paris, 1894) ; *Fausses cystites* (Journal des Connaissances médicales, 1895 ; *Revue générale de la Gazette des Hôpitaux*, 1896 et Congrès de Moscou, 1896) ; *Sur la sonorité hypogastrique et rétention d'urines ;* (Journal des Connaissances médicales, 1895 et Gazette Médicale de Paris, 1899) ; *Rapports, structure et fonctions de la prostate* (Tribune médicale, 1896) ; *Les Veines de la prostate* (Société de Médecine de Paris, 1896) ; *Ecoulement urétral d'origine glandulaire* (Gazette Médicale de Paris, 1896) ; *Ecoulements urétraux providentiels* (Tribune Médicale, 1897) ; *Sur la présence des spermatozoïdes dans certains écoulements urétraux chroniques* (1897) ; *Débridements capsulaires et incision du rein* (Société médicale de Paris, 1897, et France Médicale, même année) ; *Cystites douloureuses et cystites fausses* (Tribune médicale, 1897) ; *Diagnostic de la cystite* (Journal des Praticiens, 1897) ; *Des inconvénients de la strychnine* (Société Médicale de Paris et France Médicale, 1897 et 1898) ; *Des diverses variétés de fistules urétrales* (Clinique de Montréal, 1897) ; *Relations entre la prostate et les vésicules* (Tribune médicale, 1898) ; *Diagnostic des arthrites génitales* (Revue Internationale de Thérapeutique et de Pharmacologie, 1898) ; *Prostatite et hypertrophie sénile de la prostate* (Académie de Médecine de Paris 1899) ; sur la *Thérapeutique des voies urinaires* (1889), etc.

D'autres études anatomiques, physiologiques, pathologiques, cliniques et thérapeutiques de la prostate et de l'hypertrophie (prostate sénile), peuvent être encore citées : *Stagnation des sécrétions dans la prostate* (Société de Biologie, 1895) ; *Hypertrophie sénile de la prostate et prostatomégalie* (Académie de Médecine, 1895) ; *Etiologie sénile de la prostate* (Indépendance Médicale, 1895 et Médecine Moderne, 1897) ; *Comment il faut explorer la prostate* (Journal des Praticiens, 1896) ; *Prostatite aiguë localisée* (Journal des Praticiens, 1896) ; *Prostatite blennorrhagique aiguë* (Tribune Médicale et Gazette Médicale, 1896) ; *Diagnostic précoce de la prostatite tuberculeuse* (Journal des Praticiens, 1896) ; *Cancer de la prostate* (Presse Médicale, 1896) ; *De l'orchite chez les prostatiques* (Tribune Médicale, 1896 et Revue générale de la Gazette des Hôpitaux, 1898) ; *Des deux modes d'action de la sonde à demeure sur la prostate sénile* (Académie de Médecine, Tribune Médicale, Journal des Praticiens, 1896) ; *Traitement abortif de la prostatite aiguë* (Clinique de Montréal, 1897) ; la *Compression digitale de la prostate* (Académie de Médecine, Gazette des Hôpitaux, Journal des Praticiens, 1897 et Revue Internationale de Thérapeutique et de Pharmacologie, 1898) ; *Curabilité de l'hypertrophie sénile de la prostate* (Académie de Médecine, 1897 et Congrès de Montréal, 1898) ; *Congestion de la prostate* (Tribune Médicale, 1898), etc.

M. le Dr Guépin a collaboré à la plupart des

journaux et revues scientifiques de ce temps. Dans la *Revue de l'Enseignement supérieur populaire*, il a publié de nombreux articles sur l'histoire naturelle. On lui doit aussi la publication des *Œuvres complètes* du Dr Reliquet (5 vol., 1895) et un ouvrage, désormais classique, sur la *Pathologie des glandes de l'urètre* (1899) ; on annonce encore de lui, un *Traité des maladies de la prostate*.

ELOFFE (Gabriel)

Géologue, né à Paris vers 1835. Après avoir terminé ses études, il entra comme aide-préparateur au laboratoire de M. Cordier, professeur de géologie au Muséum d'Histoire naturelle et se consacra, dès cette époque, à des travaux scientifiques. Pendant la guerre de 1870-71, il servit en qualité de lieutenant au 36me bataillon de la Garde Nationale.

Membre de plusieurs sociétés savantes, telle que la Société de l'Alliance scientifique universelle, la Société d'Ethnographie, etc., il a collaboré à la rédaction des *Bulletins* de ces diverses sociétés.

Vice-président du Congrès international d'ethnographie de 1889, il fut rapporteur, à ce congrès, d'une intéressante étude sur le *Métissage*.

M. Gabriel Eloffe a été nommé, en 1889, par le gouvernement, membre du Comité d'organisation des Congrès scientifiques de l'Exposition universelle de 1900. Il est officier d'Académie depuis 1889.

BERTHOLD (Mlle Berthe BERNABO, dite Frédéric)

Romancier et poète, née à Marseille le 1er janvier 1873. Fille d'un ingénieur civil, elle fit de solides études dans sa famille et débuta en littérature par *Fleurs et Fruits*, petit recueil de poésies fraîches et délicates, aux rimes heureuses et d'une facture agréable (1 vol. 1896). L'année suivante, elle publia de nouveaux vers : *Nos aïeux*, où elle déploya de réelles qualités et qui révélèrent son nom.

Changeant alors de voie, Frédéric Berthold se tourna vers le roman et fit paraître : *Rivaux*, un volume, ainsi apprécié par M. Emmanuel Hache, dans le *National* (13 mars 1898) :

Ce roman, qui n'est point tout à fait un roman, mais plutôt une étude, m'a plu par son modernisme de vie vraie... Frédéric Berthold est né pour faire des études de mœurs, pour découper, en habile chirurgien de la plume, des « tranches de vie ». Qu'il continue et j'aurai lieu encore de l'en féliciter.

En 1899, cet auteur produisit un autre roman psychologique intitulé : le *Ménage Cayol*, œuvre saine et forte, qui fut l'occasion d'un incident assez comique, dont la presse entière s'occupa. Ignorant, en effet, le sexe de l'auteur, M. Cayol, artiste lyrique au théâtre de Bône (Algérie), se croyant visé, télégraphia à Frédéric Berthold la dépêche suivante :

Si Berthold ignore existence *Ménage Cayol*, artiste, demande rectification ; contraire réparation armes.

Le titre du roman resta le même.

On annonce encore de cet écrivain, un roman intitulé : *Enigme fatale*.

Frédéric Berthold collabore à divers journaux et revues, notamment à *Simple Revue*, à la *Revue Idéaliste*, au *Soir* de Bruxelles, à la *Revue Stéphanoise*, au *Littoral Mondain* de Marseille, où elle donne des « Notes parisiennes » très goûtées et à la *Vie Marseillaise*, dans laquelle elle écrit sous la rubrique : *Heures éparses*.

Elle est adhérente à la Société des Gens de Lettres depuis mars 1897.

FAGET (Adolphe-Laurent de)

Poète et publiciste, né le 8 octobre 1846, à Montpellier. Fils d'un négociant (qui était aussi poète à ses heures), il accomplit ses études classiques aux lycées de Nîmes et d'Avignon, fit partie pendant quelques années de la maison commerciale de son père ; mais débuta de bonne heure en littérature par des vers et des fantaisies parus dans les journaux d'Avignon. A quinze ans, il avait traduit en vers un récit de bataille (*Gonzalve de Cordoue*), qui parut dans l'*Estafette* de Vaucluse.

M. Laurent de Faget publia ensuite : *Aspirations poétiques* (1 vol. 1877, épuisé) ; la *Muse irritée* (1 vol.) ; *Réponse aux « Blasphèmes » de Jean Richepin*, qui obtint un grand succès et souleva de vives polémiques dans la presse (1885) ; les *Pensées de Carita et les Réflexions de Marie*, livre que l'auteur, dans la préface, dit avoir été écrit « comme médium, sous la dictée de « deux esprits, en quelques soirées d'hiver » (1888) ; *De l'Atome au Firmament*, poésies patriotiques et philosophiques, contenant des lettres flatteuses de Victor Hugo, Joséphin Soulary, Emile Augier et François Coppée (1889) ; l'*Art d'être heureux*, recueil de poésies intimes et familiales, d'un sentiment élevé (1897). On annonce encore de lui : le *Journal d'un Patriote*, livre où sont étudiés, en prose et en vers, les événements qui ont tant agité notre pays en ces dernières années.

Entre temps, cet écrivain donnait une quantité considérable d'articles à des revues et des journaux, sur la philosophie en général et, plus particulièrement, sur le spiritisme. Rédacteur en chef du journal le *Spiritisme*, remplacé en 1894 par le *Progrès Spirite*, qu'il dirige, président du Comité de propagande spirite, à Paris ; longtemps membre du comité directeur de l'Académie des Lettres, Sciences et Beaux-Arts de la province, M. Laurent de Faget fait partie, en outre, de la Société des auteurs, éditeurs et compositeurs de musique.

MOLEUX (Pierre-Victor-Jules)

MAGISTRAT, homme politique, écrivain, né à Montreuil-sur-Mer (Pas-de-Calais), le 18 juillet 1845. Appartenant à une famille de magistrats, il entra lui-même dans la magistrature aussitôt ses études classiques et de droit terminées. Juge suppléant au tribunal civil de Rouen, dès 1877 ; puis substitut à Bernay, à Yvetot, à Dieppe, il fut ensuite procureur de la République à Vitry-le-François, Sens et Chartres ; puis il entra au tribunal de la Seine comme substitut et juge. Il dut, pour raison de santé, se démettre prématurément de ses fonctions judiciaires en 1897. Son départ motiva les lignes suivantes du journal la *Loi* :

On se rappelle que M. Jules Moleux a, pendant plusieurs années, présidé, comme juge-doyen, les chambres de police correctionnelle, apportant une compétence spéciale fort appréciée dans la direction des débats et affaires touchant à l'Agriculture ou intéressant la police sanitaire et que l'un des importants jugements qu'il rendit a servi de base à la réglementation du marché de la Villette, adoptée par le ministre de l'Agriculture.

Dès 1886, M. Jules Moleux était entré dans la vie publique, élu, à ce moment, conseiller général du Pas-de-Calais, pour le canton d'Etaples, comme républicain et après une lutte très-vive, par 1,074 suffrages, contre 1,060 à M. Ch. de Rosamel, député conservateur. Il a, à deux reprises, en 1892 et 1898, été réélu dans ce canton, sans concurrent, presqu'à l'unanimité des suffrages.

Dès son entrée à l'assemblée départementale, il se distingua par des discours d'affaires, en matière de chemin de fer, vicinalité, agriculture et questions maritimes. Son action a contribué à doter les régions les moins bien partagées de chemins de fer d'intérêt local et de tramways. Ses propositions, longtemps discutées, en matière vicinale, finalement adoptées, valurent de sérieux dégrèvements aux budgets communaux. Le commerce et la marine du port d'Etaples durent à son intervention les avantages de l'avitaillement sur place. Au cours de l'épidémie choiérique qui sévit, à Etaples, en 1892, il sut relever le moral de la population en s'installant dans la ville et visitant les malades les plus atteints. En politique, il s'est attaché à préconiser la stabilité du pouvoir et la régularité du fonctionnement de la constitution républicaine.

M. Jules Moleux a collaboré à plusieurs journaux importants du Pas-de-Calais ; il a prononcé de nombreux et remarquables discours en diverses circonstances, notamment sur l'enseignement. On lui doit aussi d'importants rapports sur les questions agricoles, vicinales et de chemin de fer. Il a publié une intéressante *Etude sur le Chancelier de l'Hôpital*.

Président de la délégation cantonale d'Etaples, président d'honneur de la Société d'éducation populaire de cette ville, président de la Société de tir, président de la commission des douanes de la Société d'Agriculture de l'arrondissement de Montreuil, juge honoraire au tribunal de la Seine, M. Moleux est chevalier du Mérite agricole et officier de l'Instruction publique.

JEANTAUD (Charles)

INGÉNIEUR, né à Limoges (Haute-Vienne) le 23 décembre 1843. Fils d'un carrossier de cette ville, qui construisit, à un moment où il n'était pas encore question d'automobilisme, une voiture automobile rudimentaire, M. Charles Jeantaud entra, en 1858, à l'Ecole des Arts et Métiers d'Angers et en sortit trois ans plus tard.

Venu à Paris, il devint secrétaire du général Morin, alors directeur du Conservatoire des Arts et Métiers, puis il fut dessinateur dans une maison de carrosserie. En 1868, il s'associa dans la fabrique de voiture Erhler, dont il devint directeur quelques années plus tard.

M. Charles Jeantaud s'est toujours occupé de traction automobile. En 1878, il imagina un système de voitures électriques actionnées par des piles *ad hoc*. Lorsqu'en 1881, M. Camille Faure inventa l'accumulateur industriel, M. Jeantaud construisit, à l'aide de cette découverte, qui allait permettre de réaliser tant de progrès, les premières voitures électriques pouvant être utilement employées.

Plus tard, quand M. Serpolet voulut actionner des voitures avec le générateur de son invention, il s'adressa à M. Charles Jeantaud, qui parvint à appliquer aux voitures à vapeur la direction à pivot, pour laquelle il prit un brevet. Il a en outre construit la partie carrosserie des voitures à pétrole de la maison Panhard et Levassor.

On lui doit aussi la fondation, en 1878, de cours professionnels de carrosserie, auxquels il n'a cessé de participer depuis lors.

Secrétaire du jury de l'Exposition universelle de 1878, M. Charles Jeantaud a obtenu un grand prix à celle de 1889. Il prit part à la course de voitures automobiles de Paris-Bordeaux (1895), avec une voiture électrique et obtint le 1er prix au concours des fiacres électriques (1898). Il est l'un des fondateurs de l'Automobile-club de France et le promoteur des concours que cette société a institués.

Membre de la Société des Ingénieurs civils de France, il fut désigné, lors du cinquantenaire de celle-ci, pour donner des conférences sur les voitures automobiles électriques. Il est vice-président de la Chambre syndicale de l'Industrie automobile, membre du Conseil des prud'hommes, rapporteur de la classe 30 (carrosserie et automobiles) pour l'Exposition de 1900 et officier d'Académie.

GUIARD (Pierre-Firmin)

MÉDECIN et publiciste scientifique, né dans la vallée de Bagnères-de-Luchon, à Gaud (Haute-Garonne) le 25 septembre 1853. Après de solides études classiques au lycée de St-Quentin, il vint à Paris suivre les cours de la Faculté de Médecine. Orphelin dès son enfance et sans aucune fortune, il fut obligé, pour vivre, de donner toutes sortes de leçons. Nommé cependant interne des hôpitaux (1878), il fut d'abord attaché à l'hôpital Ricord, pour finir à la clinique des voies urinaires de l'hôpital Necker (service du Dr Guyon) et fut ainsi conduit à se consacrer spécialement à l'étude et à la pratique des maladies des organes génito-urinaires. Sa thèse, très remarquée, sur l'*Ammoniurie* (1883) lui valut le prix Civiale (1882), une médaille de bronze à la Faculté et une partie du prix Amussat à l'Académie de Médecine (1883).

M. le Dr Guiard a publié de nombreux et importants mémoires, particulièrement dans les *Annales des maladies des organes génito-urinaires*, et plusieurs ouvrages de longue haleine. L'un de ces derniers reproduit les leçons faites à l'hôpital Necker, sur les *Affections chirurgicales de la vessie et de la prostate*, par son maître préféré, le professeur Guyon (1888,

1 vol. de 1100 pages). On lui doit, en outre, une étude en quatre volumes sur la *Blennorragie chez l'homme*: 1° *La blennorragie aiguë* (1894, 446 pages) ; 2° *Les urétrites chroniques* (1898, 410 pages) ; 3° *Les complications locales et générales de la blennorragie aiguë et chronique* (1898, 528 pages) ; 4° *Traitement abortif et prophylaxie de la blennorragie* (1899, 296 pages). Cet ouvrage représente le traité le plus complet et le plus documenté qui ait paru sur ce sujet, non seulement en France, mais à l'étranger. Il a été couronné par l'Institut (prix Godard, 1898) et par l'Académie de Médecine (prix Ricord, 1895 ; prix Tremblay, 1898, mention honorable, 600 fr. ; prix Herpin de Metz, 1898, mention honorable).

NEYDHART (Francis)

PEINTRE et dessinateur, né à Vienne (Autriche) le 4 mai 1860, demeurant en France. Appartenant à une ancienne et bonne famille de ce pays, il entra de bonne heure comme élève à l'Ecole des Beaux-Arts de sa ville natale, puis aux diverses académies de Dusseldorff et de Munich, en Allemagne.

M. Neydhart entreprit ensuite un long voyage en Chine, au Japon et dans toute l'Australie. De ces pays, il a rapporté un nombre considérable de toiles, de dessins, de scènes de la vie japonaise et chinoise qui lui ont valu une grande réputation comme peintre de l'Extrême-Orient.

Cet artiste avait fait sa première exposition à Vienne en 1877 et, dans son pays d'origine, ses œuvres ont obtenu un vif succès. Après un séjour assez prolongé à Venise, Munich et Londres, où il produisit des portraits et des tableaux de genre, il vint se fixer à Paris et exposa au salon des Champs-Elysées des toiles et des dessins, notamment : *Visite chez le Bonze*, un véritable petit chef-d'œuvre, traité avec beaucoup d'esprit et une réelle science d'exécution (1899).

Les œuvres de ce peintre ornent différentes galeries particulières de tous les pays, parmi lesquelles il convient de citer celles de l'impératrice d'Autriche, du prince Henri de Bourbon, de l'archiduchesse Karl Ludwig, etc.

M. Neydhart a illustré des ouvrages de la maison Hachette et a donné, dans le *New-York-Herald* (édition parisienne), des dessins très remarqués d'après des romans de MM. P. Bourget, Paul et Victor Margueritte, Marcel Prévost, Gustave Kahn, Jeanne Schultz, etc.

MONTESQUIOU-FEZENSAC
(Comte Robert de)

ÉCRIVAIN, né à Paris le 19 mars 1855. Il descend d'une illustre famille de l'Armagnac, qui a produit des hommes de guerre et des hommes d'État, parmi lesquels : le maréchal de Montluc ; Pierre de Montesquiou, maréchal de Louis XIV ; Anne-Pierre de Montesquiou, le conquérant de la Savoie et l'abbé de Montesquiou, ministre de Louis XVIII.

En 1892, le comte Robert de Montesquiou commença la publication d'une œuvre poétique, très diverse en même temps que très homogène, en grande partie terminée quand il décida de la mettre au jour et, dès lors, presque entièrement arrêtée quant à son ensemble. Il débuta par : les *Chauves-souris* (1892), poème nocturne, très curieux de fond et de forme, qui lui valut du premier coup l'élogieuse attention des meilleurs critiques : MM. Anatole France, Octave Mirbeau, Gustave Geffroy, Georges Rodenbach, etc. En 1893, il donna : le *Chef des Odeurs suaves*, poème dont les fleurs et les parfums forment le sujet, varié à l'infini, et dans lequel les réalités et les symboles se groupent en un pénétrant ensemble de profane et de mystique. Puis ce furent : le *Parcours du Rêve au Souvenir* (1895), multiples feuillets d'album, récoltés au long des voyages du poète, pleins de notes tour à tour pathétiques et humoristiques ; et, en 1896, les *Hortensias Bleus*, peut-être le plus considérable des poèmes de l'auteur, dans lequel sa manière s'affirme et s'assouplit en modulations, alternativement fortes et délicates, de l'inspiration la plus nombreuse et du tour le plus original.

M. de Montesquiou publia ensuite deux importants volumes d'Essais en prose, *Roseaux pensants* (1897) et *Autels Privilégiés* (1899), de préférence consacrés à des artistes inconnus, méconnus ou insuffisamment appréciés, que l'auteur se plut à mettre ou remettre en lumière, ou à éclairer sur tel ou tel point de leur nature ou de leur art, jusque-là négligé ou laissé dans l'ombre. La remarquable étude placée en tête du second de ces deux volumes, consacrée à Marceline Desbordes-Valmore, servit d'épilogue aux fêtes de Douai qui furent organisées, en 1896, par M. de Montesquiou, en l'honneur de cette femme de cœur et de génie.

En 1899, l'écrivain publia un poème tout à fait nouveau dans son œuvre poétique, en laquelle il nous apparaît un peu comme un épisode ; ce livre n'en est pas moins considéré par beaucoup comme son chef-d'œuvre : les *Perles Rouges*, 93 sonnets sur Versailles, font revivre le grand siècle écoulé dans son cadre même, avec une étonnante puissance de raccourci et la plus saisissante fantaisie tragique. On annonce encore deux nouveaux volumes d'Essais et un grand poème, les *Paons*, ayant pour sujet les pierreries et leurs correspondances mystiques.

Ce qui caractérise la manière de M. de Montesquiou, c'est une rare préciosité, qui n'exclut pas l'expression réaliste, parfois même un peu brutale ; il en résulte un art tourmenté, assez déroutant, mais très savoureux, qui a ses passionnés et ses détracteurs. Art qui trop souvent tourne à l'afféterie, à la bizarrerie, au gongorisme, par la superfétation et la redondance ; mais parmi lequel éclate tout à coup, à la joie, à l'émotion du lecteur, une beauté étrangement dramatique ou gracieuse.

Les mêmes qualités, les mêmes défauts, se retrouvent dans la prose de M. de Montesquiou, que quelques-uns préfèrent à ses vers, et dont la subtile érudition et la savante documentation sont une instruction et un charme.

SAMARY (Paul)

GOUVERNEUR des colonies, ancien député, né à Cette (Hérault) le 7 février 1848. Il est fils du commandant Samary qui, sous le feu de l'ennemi, à la tête de la première colonne d'assaut, entra le premier à Constantine, lors de la prise de cette ville par les Français, et le frère du colonel du 143e d'Infanterie, ancien commandant du Prytanée militaire de la Flèche.

Après avoir accompli ses études classiques aux lycées de Montpellier et de Nîmes, M. Paul Samary fut reçu à l'École centrale des Arts et Manufactures, à Paris et en sortit en 1871, avec le diplôme d'ingénieur-constructeur. L'année suivante, il devint ingénieur-architecte en chef de sa ville natale et, de 1875 à 1881, remplit les mêmes fonctions à Alger où, sous sa direction, furent exécutés d'importants travaux. Architecte des palais et hôtels du gouvernement général et président de la Société des Beaux-Arts d'Alger, il fut médaillé pour ses travaux à l'Exposition universelle de 1878.

Membre du Conseil général pour la 1re circonscription d'Alger de 1881 à 1894 et de celle de l'Oued-Fodda depuis 1895, il a été nommé président de l'Assemblée départementale en 1899. Il a aussi fait partie du Conseil supérieur de l'Algérie et s'est consacré plus spécialement, dans l'exercice de ces divers mandats, à l'étude des questions de vicinalité, de colonisation, de travaux publics et d'enseignement.

Aux élections législatives de 1893, M. Paul Samary fut élu député de la 1re circonscription d'Alger, par 5.089 voix, contre 4,372 à M. Letellier, député sortant, opportuniste.

Inscrit au Palais-Bourbon, au groupe radical-socialiste, dont il fut bientôt vice-président, il soutint de ses votes et de sa parole le ministère Bourgeois (1895-1896) et se montra partisan résolu de la révision de la Constitution, de la réforme démocratique de l'impôt et en général de toutes les mesures ayant pour objet l'amélioration du sort des classes laborieuses.

A la tribune de la Chambre, M. Samary se fit écouter lors de l'interpellation sur les phosphates d'Algérie, dans les discussions relatives au projet de loi contre les vins artificiels, dans l'interpellation de M. Fleury-Ravarin sur l'administration de l'Algérie (1896), etc. Il prononça un discours très remarqué, à propos du budget de l'Algérie : après avoir demandé l'encouragement de l'élevage, la protection des forêts, l'aménagement des eaux, le développement de la colonisation et l'extension des lignes de chemin de fer nécessaires à la prospérité de l'Algérie, signalé un certain nombre d'abus et réclamé la révision du décret Crémieux, il termina par ces paroles, qui eurent l'approbation unanime de ses collègues : « La domination « française en Algérie sera honnête, protectrice et « équitable pour tous, ou elle sera irrémédiablement « condamnée à l'impuissance et à la stérilité ».

Membre des commissions parlementaires relatives aux phosphates algériens, à la réforme du service des Ponts-et-Chaussées, aux services maritimes postaux, à la propriété indigène, à la suppression des octrois, à la réforme algérienne, à l'enquête sur le Panama, etc., il fut chargé de nombreux rapports, notamment ceux relatifs à la responsabilité civile des instituteurs, à diverses propositions ayant pour objet la révision de la Constitution et le scrutin de liste, ainsi qu'à l'affaire Cornélius Herz. Partisan d'une protection rationnelle, il s'est associé à la plupart des mesures économiques tendant à la défense de la production agricole de la France et de l'Algérie.

M. Samary se représenta, aux élections générales de 1898, dans la 1re circonscription d'Alger ; mais, demeuré fidèle à son programme républicain, il échoua, après une campagne électorale faite toute entière sur le terrain d'un violent antisémitisme et M. Edouard Drumont, son concurrent, fut élu.

L'ancien député d'Alger ne cessa pourtant pas de défendre en France et en Algérie les intérêts de notre grande colonie africaine, où il a conservé toute la sympathie des populations. Il a participé comme architecte à l'organisation de l'Exposition universelle de 1900, pour la section Indo-Chinoise et a été nommé gouverneur des Iles St-Pierre et Miquelon en 1899.

M. Paul Samary est officier de l'Instruction publique.

DECHARME (Constantin)

PHYSICIEN, né à Breuvannes (Haute-Marne) le 30 septembre 1815. Il est le père de Mme Lucia Decharme, dont la notice figure dans ce volume (page 111).

M. C. Decharme fit ses études au collège d'Autun, prit les baccalauréats ès lettres et ès sciences et alla à Paris suivre les cours de la Sorbonne. Reçu licencié ès sciences mathématiques en 1843 et ès sciences physiques en 1844, il fut reçu docteur ès sciences physiques en 1863. Il a été successivement professeur de mathématiques et de physique au collège de Vitry-le-François (1845-46), au collège d'Abbeville (de 1847 à 1852), au lycée d'Amiens (1852 à 1864), puis professeur de physique au lycée d'Angers (classe de mathématiques spéciales) ; il était en même temps professeur de physique à l'Ecole supérieure des Sciences de cette ville, depuis 1864 jusqu'à 1879, époque à laquelle il prit sa retraite, après 43 ans de service.

Les travaux scientifiques de M. Decharme, recherches originales ou écrits de vulgarisation, sont très nombreux ; on connaît de lui 187 mémoires insérés dans les *Annales de Chimie et de Physique*, parmi lesquels nous citerons : *Capillarité dynamique* : Mouvement ascendant spontané des liquides dans les tubes capillaires (partie théorique et partie expérimentale) et dans les corps poreux (3 mémoires, 1872 à 1874) ; *Sur les Formes vibratoires des corps solides, des liquides, des bulles et pellicules de liquide glycérique* ; *Expériences hydrodynamiques* : Imitation par les courants liquides ou gazeux des phénomènes électriques et magnétiques (3 mémoires, 1882 à 1885), etc. D'autres travaux ont été publiés, avec de nombreuses figures, dans les *Mémoires de la Société académique de Maine-et-Loire*, de 1873 à 1879, et dans les *Mémoires de l'Académie des Sciences, des Lettres et des Arts d'Amiens*, de 1883 à 1886. Citons aussi : *Expériences comparatives sur la hauteur des sons rendus par des tiges cylindriques entaillées, ou perforées, ou rendues coniques* (1896) ; *Sur l'équivalence dans les sciences physiques* (œuvre philosophique, publiée dans le *Bulletin de la Société d'études scientifiques d'Angers*, 1897) ; *Sur la corrélation des sciences, spécialement des sciences physiques* (volume de 306 pages).

M. Decharme a fait, à l'Académie des Sciences de Paris, sur les mémoires précédents, de nombreuses communications, insérées dans les *Comptes-rendus*, parmi lesquelles on remarque : *Recherches expérimentales sur la vitesse du flux thermique dans une barre de fer* ; *Relation entre les températures des métaux et leurs colorations thermiques* ; *Nouvelles flammes sonores* ; *Qualités sonores comparatives des métaux, des bois et des pierres* ; *Anneaux colorés thermiques et chimiques* ; *Points critiques de sonorité des métaux* ; *Points critiques dans les phénomènes physiques* ; *Expériences d'aimantations longitudinale et transversale superposées* ; *Courbes magnétiques*, etc.

L'ensemble des mémoires de M. Decharme forme 8 volumes in-8°. Il a collaboré au *Dictionnaire encyclopédique et biographique* de E.-O. Lami, où il a traité 350 mots ; il a donné de nombreux articles scientifiques dans diverses revues : la *Nature*, la *Revue scientifique*, le *Journal de physique* et spécialement dans la *Lumière électrique* (de 1885 à 1892), articles formant un total de 1,400 colonnes de cette revue, avec plus de 1,000 figures. On lui doit encore les ouvrages suivants : *De l'électricité et de ses principales applications* (1852) ; *De l'opium indigène extrait du pavot-œillette, de l'identité de sa morphine avec celle du pavot exotique* ; *Des formes hémiédriques de la morphine et de quelques sels nouveaux de cet alcaloïde* (Thèse de chimie) ; *Sur de nouveaux baromètres à maxima et minima*, précédé d'une *Revue critique des formes barométriques* ; *Sur la simplicité et la généralité prétendues des lois du monde physique* (1865) ; *Discours sur l'Attrait des sciences*, prononcé à la séance publique de l'Académie d'Amiens, en 1858, en qualité de président ; sur un ouvrage de M. Berthelot: *Chimie fondée sur la synthèse* (*Mémoires de l'Académie d'Amiens*, 1861) ; *De l'introduction de la méthode historique dans l'enseignement des sciences* (1864) ; la *Précision dans les sciences expérimentales* (1893) ; le *Dévouement à la Science* (1897). Enfin il a donné de nombreux articles de vulgarisation scientifique dans les journaux d'Abbeville, d'Angers et d'Amiens.

M. Decharme a fait à la Société industrielle d'Amiens des lectures en assemblée générale, de 1886 à 1892, sur des sujets scientifiques, et d'autres au Comité de de physique, dont il a été plusieurs fois élu président, lectures réunies depuis en un volume de 700 pages.

Les recherches expérimentales originales de M. Constantin Decharme ont donné des résultats qui ont enrichi diverses parties de la physique et ont pu être obtenus « sans secours étrangers, avec les instruments qu'il a su se créer et avec les modestes ressources dont il pouvait disposer, » comme l'a fait remarquer M. Dumas, secrétaire perpétuel de l'Académie des Sciences, en présentant à cette compagnie les mémoires de ce savant.

M. Decharme est membre honoraire de l'Académie des Sciences, des Lettres et des Arts d'Amiens ; de l'Académie des Sciences et Belles-Lettres d'Angers ; de la Société d'études scientifiques d'Angers et de la Société industrielle d'Amiens. Il est officier de l'Instruction publique et chevalier de la Légion d'honneur.

GAGET (Jean-Baptiste-Emile)

INGÉNIEUR, né à Dun-sur-Meuse le 6 octobre 1831. Il débuta fort jeune encore dans l'industrie, chez MM. J.-F. Cail et Cie. Attaché ensuite aux compagnies des chemins de fer de l'Est et du Midi de la France, puis à la grande Société des chemins de fer russes, il fut appelé, en 1860, comme ingénieur, pour les travaux de percement du canal de Suez, auxquels il collabora pendant onze ans.

De retour à Paris, M. Emile Gaget devint ingénieur et directeur-gérant de la maison de construction Gaget, Gauthier et Cie, fonction qu'il résigna en 1898.

On lui doit de fort importants travaux, parmi lesquels il convient de citer : la canalisation d'eau et la couverture du Trocadéro, exécutées en 1878 ; la réédification de la colonne Vendôme ; puis les travaux d'amenée et de distribution à Paris des eaux de la Vanne et de l'Avre ; l'édification de la fontaine monumentale de Bartholdi sur la place des Terreaux à Lyon ; l'exécution en cuivre martelé de la statue du même, placée dans la rade de New-York : *La Liberté éclairant le Monde*, etc.

M. Emile Gaget a été président du Jury des récompenses de l'Exposition de Lyon (1894), membre de la Commission d'admission des expositions de Chicago (1896), de Bruxelles (1897) et de Paris en

1900. Il est membre de la Société des Ingénieurs civils de France, trésorier de l'Œuvre des Hôpitaux marins, officier du Nicham de Tunisie, chevalier du Dragon de l'Annam, de Charles III d'Espagne et de la Légion d'honneur.

LAURENT-ATTHALIN (Gaston-Marie)

MAGISTRAT, né à Colmar (Haut-Rhin) le 24 octobre 1848. Il est le petit-fils, du côté paternel, du colonel du génie Laurent, qui dirigea la reconstitution des travaux défensifs de Strasbourg et de Belfort et, du côté maternel, du général baron Atthalin, lieutenant-général et pair de France, et le fils d'un auditeur au Conseil d'Etat. Ses études classiques faites au lycée de sa ville natale, il alla se faire inscrire à la Faculté de Droit de Strasbourg, fut reçu licencié en 1869 et vint à Paris, où il fut inscrit au barreau.

Lieutenant de la garde nationale mobile, il fit partie de l'armée du Rhin en 1870 et prit part à la défense de Neuf-Brisach. A la reddition de cette place, il fut fait prisonnier et emmené en Allemagne.

M. Laurent-Atthalin, reçu docteur en droit en 1873, fut, la même année, secrétaire de la conférence des avocats du barreau de Paris et attaché au ministère de la Justice, direction des affaires criminelles.

Nommé juge suppléant au tribunal de la Seine en 1878, membre et secrétaire de la commission instituée en vue de la révision du code d'instruction criminelle, il fut chargé, en 1880, de l'instruction au même tribunal et devint, en 1883, juge d'instruction titulaire.

A ce titre, M. Laurent-Atthalin a instruit nombre d'affaires retentissantes, telles celles des Décorations, de la ligue des Patriotes, de l'anarchiste Duval, de l'empoisonneuse Euphrasie Mercier de Villemomble, des attentats anarchistes Ravachol, Mathieu, Meunier ; de Norton (affaire des faux papiers), des nihilistes russes accusés du complot contre l'empereur de Russie, de Triponé et de Turpin, l'inventeur de la mélinite ; celle des cambrioleurs Renard et autres qui se présentaient en policiers pour opérer leurs vols, etc.

Promu conseiller à la Cour d'appel, le 3 octobre 1893, M. Laurent-Atthalin devint procureur de la République près le Tribunal de la Seine, le 4 septembre 1895. En cette qualité, il eut à s'occuper notamment de la reprise de l'instruction du Panama.

Le 26 mai 1898, il fut nommé conseiller à la cour de cassation. Dans ces fonctions, il fut chargé du rapport sur la demande en règlement de juges formée par le colonel Picquart (1898) et eut à se prononcer avec ses collègues sur la révision du procès intenté en 1894 au capitaine Dreyfus (1899).

On doit à cet éminent magistrat la publication d'études historiques et juridiques : *Neuf-Brisach, souvenirs de siège et de captivité*, en collaboration avec M. Ch. Risler (1873, 2° éd. 1881) ; *Etude sur l'obligation littérale en droit romain* ; *Du convol en nouvelles noces en droit français* (thèse de doctorat, 1873) ; *Circulaire relative au fonctionnement de la police judiciaire à Paris* (1897), reproduite par la *Gazette des Tribunaux* et fort commentée.

Il a épousé, en 1874, Mlle Chaperon, fille de l'ancien directeur de la compagnie P.-L.-M., ingénieur en chef des ponts et chaussées, à qui l'on doit la construction des chemins de fer de Bâle à Mulhouse et de Sens à Lyon.

Chevalier de la Légion d'honneur depuis 1888, M. Laurent-Atthalin fut promu officier en 1892, au lendemain de l'effervescence anarchiste, durant laquelle il avait montré un réel courage. Il est officier de l'Instruction publique depuis 1896.

DESMOULIN (Fernand)

PEINTRE et graveur, né le 5 juin 1853 à Javerlhac (Dordogne). Il fit ses études classiques au lycée d'Angoulême et, venu à Paris de bonne heure, il commença l'étude de la médecine ; mais sa situation de fortune très précaire l'obligea à composer sans professeur des paysages au fusain, pour en tirer parti. Encouragé par le succès qu'obtinrent ses essais et poussé par une vocation à laquelle il n'essaya plus de résister, il délaissa les études médicales pour la gravure et le dessin. On peut dire de lui qu'il apprit son art en l'exerçant ; toutefois il reçut d'utiles conseils de MM. Bracquemond et Waltner.

Parmi les travaux de gravure produits par M. Fernand Desmoulin et exposés aux Salons annuels des Artistes français, on cite : *Portraits de M. de Lesseps*, du *cardinal Guibert* (1885) et de *M. V. G.* (1888) ; les *Empiriques* et *Femmes au sermon*, d'après Ribot (1889). Des œuvres envoyées ensuite à la Société nationale des Beaux-Arts : *Portraits de MM. Emile Zola, Guy de Maupassant, Huysmans, Léon Hennique, H. Céard, et Paul Alexis*, eaux-fortes pour les *Soirées de Médan* (1890) ; *Portraits des Drs Charcot, Brouardel, Potain, Guyon, Milliaud, Damaschino, Doléris, Gilles de la Tourette* et *Larat*, eau-forte intitulée : la *Consultation* (1891) ; *Portrait de M. E. Meissonier*, gravure originale à l'eau-forte (1892) ; *Portraits d'Émile Zola*, de *Jules Ferry* et de *Théodore de Banville*, eaux-fortes (1893) ; *Portrait du professeur Charcot*, eau-forte (1894) ; *Portraits de Pasteur, de Renan, d'Alexandre Dumas fils* et du *Maréchal Canrobert* (1896) ; *Portrait de S. M. l'empereur Nicolas II* (appartenant au czar) et de *S. M. l'empereur Alexandre III*, offert par le gouvernement français à l'empereur actuel de Russie (1897) ; l'*Opération* (M. le Dr Doyen démontrant son procédé de crâniotomie au Congrès de médecine de Moscou) et *Portrait de Schœurer-Kestner*, eau-forte ; la *Jeune veuve*, d'après Stevens ; la *Pourvoyeuse*, d'après Chardin, et des gravures d'après Ribot, Henner, Greuze (1899), etc.

On lui doit, en outre, les remarquables portraits dessinés de MM. *C. Chabaneau, Gustave Babin, Armand Silvestre, Hayot, Guiden, Dresser, Berget, L. Doyen*, Mlle *S. Bruneau*, et une très grande quantité de portraits de célébrités contemporaines, contenus dans des livres ou des revues illustrées.

Doublement artiste, M. Fernand Desmoulins grave habituellement ses propres compositions originales. En lui, le dessinateur et le graveur sont également appréciés ; ses portraits surtout témoignent d'un talent consommé et lui ont acquis une grande et juste notoriété.

Pendant la période de surexcitation qui agita si profondément la France à l'occasion de la révision du procès Dreyfus, M. Fernand Desmoulin, amené, par son amitié avec M. Émile Zola et Me Labori, à jouer un rôle actif dans les événements, montra une attitude courageuse à la fois et très digne. Ne se laissant intimider par aucune des manifestations si violentes qui marquèrent cette époque, ni même par de trop fréquentes menaces de mort, il fut toujours aux côtés du grand romancier, objet de la fureur populaire, au cours des procès de Paris et de Versailles (1898) et, après l'attentat dont Me Labori fut victime à Rennes (1899), il s'empressa de se rendre auprès de lui.

Neveu de M. Alcide Dusolier, sénateur et questeur du Sénat, M. Desmoulin a été marié à Mlle Génie, aujourd'hui défunte, nièce de Jules Grévy, ancien président de la République.

Cet excellent artiste est sociétaire de la Société nationale des Beaux-Arts et chevalier de la Légion d'honneur.

GEOFFROY (Jules)

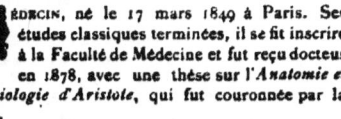

Médecin, né le 17 mars 1849 à Paris. Ses études classiques terminées, il se fit inscrire à la Faculté de Médecine et fut reçu docteur en 1878, avec une thèse sur l'*Anatomie et la Physiologie d'Aristote*, qui fut couronnée par la Faculté.

M. le Dr Geoffroy s'est fait connaître par des travaux d'érudition pure et d'histoire médicale. On cite particulièrement de lui : un intéressant mémoire *Sur la connaissance et la dénomination des couleurs dans l'antiquité classique* (Bulletin de la Société d'anthropologie de Paris, 1879-1882) ; une étude curieuse sur l'*Accident du roi Darius* (Revue de Philologie, 1880) ; un rapport sur la *Révision de la législation médicale* (1 vol. 1882, qui fut le point de départ du projet de loi Chevandier et renferme l'historique des différentes législations médicales de 1789 à nos jours), etc.

Adonné tout particulièrement à l'étude des affections des organes digestifs, le Dr J. Geoffroy publia, dès 1882, dans cet ordre d'idées, une *Note sur la typhlite et la pérityphlite*, à l'occasion d'un cas dans lequel il avait devancé avec succès l'application des idées actuelles sur l'intervention chirurgicale dans ce genre d'affections. Préconisant une méthode de traitement tout à fait nouvelle et susceptible de nombreuses applications, il a fondé sa pratique sur l'étude approfondie des phénomènes mécaniques de la digestion et s'est efforcé de démontrer que le trouble de ces phénomènes accompagnait toujours ou même précédait les différents symptômes des maladies gastriques et intestinales. Il en conclut que l'observation raisonnée de ces troubles permet de reconnaître d'une façon très précise l'existence, la localisation et le degré de ces maladies et d'en déterminer le traitement. Tel fut l'objet de ses différentes communications aux congrès de Bordeaux (1895), de Moscou (1897) et d'articles parus dans la presse médicale : *Sur le massage considéré comme une méthode de diagnostic et de traitement dans les affections du tube digestif* et *Sur le rôle et le traitement du spasme et de la contracture dans ces mêmes affections*.

M. le Dr J. Geoffroy a fait d'ailleurs une étude spéciale du massage, devenu pour lui un véritable procédé de diagnostic et de traitement, qu'il dénomme la « palpation prolongée » ; il y a joint, depuis quelques années, le « massage vibratoire, » obtenu à l'aide d'appareils électriques et dont les résultats sont beaucoup plus efficaces et plus rapides dans les affections de l'estomac et de l'intestin que les moyens thérapeutiques ordinaires. Cette découverte réalise un très sérieux progrès dans le traitement des différents genres de dyspepsies, les vomissements et en particulier les vomissements incoercibles de la grossesse, la dysménorrhée, l'entérite glaireuse, etc.

M. le D' Jules Geoffroy est membre de la Société d'Anthropologie de Paris. Il fait partie du jury d'admission à l'Exposition universelle de Paris (1900), pour la section d'hygiène.

PROST (Jean-Claude-Alfred)

ÉCRIVAIN, né à Arc-sous-Montenot (Doubs) le 13 mars 1846. Fils de cultivateurs, il fit tout seul ses études, entra à dix-huit ans à l'Ecole normale de Besançon et passa un an dans l'enseignement primaire (1867-68). Employé ensuite à la préfecture du Doubs, il eut à remplir, pendant la guerre franco-allemande, plusieurs missions périlleuses. Venu à Paris en 1874, il fut admis à la préfecture de la Seine et prit sa retraite en 1895.

M. Prost avait débuté dans les lettres par une collaboration à la *Revue Franc-Comtoise* et au *Moniteur des Arts*. Il a publié en librairie les ouvrages suivants : *Anniversaire de la mort d'une mère* (1884) ; *Souvenirs de la guerre de 1870-71* (1885) ; les *Inconnus* (1886) ; *L Marquis de Jouffroy d'Abbans, inventeur de l'application de la vapeur à la navigation* (1890, 2ᵐᵉ éd. 1898, avec une préface de Louis Pasteur), importante étude historique qui obtint les souscriptions des ministères de la Guerre et de la Marine ; *Histoire d'un Livre, nouveaux arguments en faveur du marquis de Jouffroy d'Abbans* (1890) ; *Le Comte de Ruolz-Montchal*, musicien (1890) ; *Trois œuvres d'un méconnu* (1891) ; *Réponse de M. Berthelot : Papin et le marquis Jouffroy d'Abbans* (1896) ; *Souvenirs rimés* (1898).

M. Prost est aussi l'auteur de pièces de théâtre, en collaboration avec M. Ferdinand Thénard. On cite : *Il a manqué le train* ; *Babylone en voyage* ; *Madame la Colonelle* ; *En voyage* ; *Un homme irrité* ; *Les gants gris perle* ; *Nos projets*.

On annonce de lui un prochain ouvrage sur les Thénard : *Famille d'artistes*, qui commence par la grande tragédienne, artiste de la Comédie Française (1757-1849) et se continue jusqu'aux membres actuels de la famille ; puis : *Méconnus*, biographies de plusieurs hommes célèbres ; *Rose ou la vie d'une paysanne*, roman ; *Profits et sécurité*, étude sociologique.

M. Alfred Prost est membre adhérent de la Société des Gens de Lettres, membre de l'association franc-comtoise « les Gaudes », de plusieurs sociétés savantes et correspondant de la Société horticole de Barcelone.

CHAPUIS (Auguste)

COMPOSITEUR et professeur de musique, né à Dampierre-sur-Salon (Haute-Saône) le 17 janvier 1858. Venu en 1876, à Paris, il entra au Conservatoire, où il eut comme professeurs M. Théodore Dubois pour l'harmonie, M. Jules Massenet pour le contrepoint et la fugue, César Franck pour l'orgue, l'improvisation et la composition. Au cours de ses études, il obtint le 1ᵉʳ prix d'harmonie dès sa première année de concours (1877) et le 1ᵉʳ prix d'orgue et d'improvisation (1880).

Organiste titulaire de l'église Notre-Dame des Champs, de 1882 à 1887 et nommé alors dans les mêmes fonctions à l'Eglise St-Roch, M. Auguste Chapuis est devenu professeur d'harmonie au Conservatoire national de musique. Il est en outre directeur général de l'enseignement musical dans les écoles de la ville de Paris depuis 1895. C'est lui qui a réorganisé et dirige l'orphéon municipal de la ville de Paris, composé des élèves des écoles, adultes (hommes et femmes) et enfants. Il a été chargé, en 1897, par la ville de Paris de participer à la restauration du carillon de St-Germain l'Auxerrois, pour la partie musicale.

Voici les titres des principaux ouvrages composés par M. Auguste Chapuis : Musique religieuse ; *Messes brèves* pour soli, chœur et orgue ; une *Messe solennelle* pour soli, chœurs, orgues et orchestre ; des *Motets* pour soli, chœur et orgue ; des *Pièces* d'orgue ; un oratorio : les *Sept Paroles du Christ*, pour soli, chœurs et orchestre. — Musique symphonique : *Au Crépuscule*, poème symphonique exécuté aux concerts Lamoureux en 1898 ; *Sonate d'orchestre*, avec violon principal en trois parties. — Musique de chambre : *Quatuor* pour instruments à cordes ; *Trio* pour piano, violon et violoncelle ; deux *Pièces* pour violoncelle et piano ; deux *Pièces* pour violon et piano ; deux *Fantaisies* avec accompagnement de piano ; *Solo de trompette* avec accompagnement de piano, imposé au concours du Conservatoire en 1899 ; *Pulcinelli*, suite de 6 morceaux pour piano seul ; *Suite sur la gamme orientale*, pour piano seul. — Piano et chant ; les *Caresses*, recueil de dix mélodies sur des poèmes de Jean Richepin ; *Poèmes d'amour*, recueil de dix mélodies sur des vers de Rodolphe Darzens ; de nombreuses mélodies détachées pour chant et piano ; des *Chœurs* pour voix d'enfants ; des *Chœurs* pour voix de femmes ; des *Chœurs* pour voix d'homme ; des *Chœurs* pour voix mixtes. — Musique dramatique : les *Ancêtres*, légende dramatique en trois parties (soli, chœurs et orchestre), mentionnée au concours de la ville de Paris en 1883 ; les *Jardins d'Armide*, cantate dramatique couronnée par l'Institut (prix Rossini) en 1885 et exécutée par la Société des concerts du Conservatoire en 1886 ; *Enguerrande*, drame lyrique en 4 actes, représenté à Paris à l'Opéra-Comique en 1892 ; *Elen*, chœur et musique de scène ; *Janned*, drame lyrique en trois parties, reçu à l'Opéra-Comique. — Ouvrages didactiques : *Traité d'harmonie théorique et pratique*; *Leçons d'harmonie* et plusieurs *Solféges* à une, deux et plusieurs voix. Il a aussi donné à diverses publications des articles de critique musicale.

FRANTZ (Auguste-Henri FRITSCH-ESTRANGIN, dit Henri)

Critique d'art, né à Marseille le 4 mars 1870. Après avoir accompli ses études classiques au lycée de cette ville, il suivit les cours de la Faculté des Lettres de Nancy, où il fut reçu licencié en 1893.

Pour se documenter sur les grands peintres anciens et modernes, M. Henri Frantz entreprit alors un très long voyage à travers l'Europe. Il visita les musées et se rendit en Syrie, en Palestine et en Grèce.

Rentré en France vers 1897, il se consacra exclusivement aux questions ayant trait à la sculpture, la peinture et l'architecture, se préoccupant surtout de faire connaître l'art français en Angleterre et réciproquement d'initier le public de France à l'art Anglais ; sa compétence fut bientôt reconnue et ses études très appréciées.

Critique d'art au journal quotidien le *Paris*, durant l'année 1897, il a aussi collaboré à diverses autres publications périodiques, notamment : à la *Revue des Revues*, l'*Art décoratif*, la *Revue d'art*, la *Gazette des Beaux-Arts*, the *Magazine of Art*, l'une des plus importantes revues anglaises, à the *Artist*, etc. En outre des articles qu'il y a donnés et de diverses brochures qu'il a fait paraître, cet écrivain a publié : *Les Salons Anglais en 1899* (Royal-Academy-International Society-New-Gallery) ; *Notes sur les Salons Français de 1899*, ouvrage édité par la Bibliothèque de la Critique (1899), etc.

PORTAL (Fernand)

Ecclésiastique et professeur, né à Laroque (Hérault) le 14 août 1855. Il fit ses études classiques au petit séminaire de Montpellier et entra, en 1874, dans la congrégation de la Mission, dite des Lazaristes, fondée par saint Vincent de Paul.

Nommé professeur de philosophie au grand séminaire d'Oran (Algérie) en 1880, M. l'abbé Portal dût quitter sa chaire, pour cause de santé, après huit mois d'enseignement et passa successivement une année à Lisbonne et une autre à Nice. En 1882, il fut nommé professeur de théologie dogmatique au grand séminaire de Cahors, fonction qu'il dut encore abandonner, pour cause de santé, en 1886. Il passa alors trois ans en Portugal et six mois à Madère, où il fit la connaissance de lord Halifax. Il revint ensuite au grand séminaire de Cahors et y enseigna la théologie morale durant quatre ans. Du mois d'octobre 1895 au mois de novembre 1896, à Paris, l'abbé Portal s'occupa plus spécialement de certaines publications. Durant l'année scolaire 1896-97, il fut professeur au grand séminaire de Châlons-sur-Marne.

Nommé supérieur du grand séminaire de Nice, au mois d'août 1897, il fut appelé, en septembre 1899, à la direction du séminaire St-Vincent de Paul, fondé à Paris pour recevoir les ecclésiastiques qui désirent suivre les cours de l'Institut catholique et obtenir, soit des grades universitaires, soit les diplômes philosophiques ou théologiques décernés par l'Institut catholique.

L'abbé Portal est surtout connu par la campagne qu'il a menée, d'accord avec lord Halifax, pour l'union de l'Eglise anglicane avec l'Eglise romaine. Dans ce but, il avait publié, en février 1894, sous le pseudonyme de « Fernand Dalbus », une brochure intitulée : les *Ordinations anglicanes*, qui excita vivement, dès le premier jour, l'attention des théologiens. Rome en approuva hautement la tendance pacifique, sous la forme d'une importante lettre du cardinal Rampolla.

Au mois d'octobre 1895, l'abbé Portal fondait l'« Association catholique pour la réunion de l'Eglise anglicane », dont le siège fut établi chez les Lazaristes, à Paris, et qui avait un *Bulletin mensuel* comme organe. Au mois de novembre de la même année, il commençait la publication de la *Revue anglo-romaine*, recueil hebdomadaire composé de documents et de travaux théologiques écrits par des théologiens anglicans et catholiques romains, ayant pour but de conduire à l'union.

Toute cette campagne se manifesta, en outre, par des actes publics qui présentèrent un intérêt d'ordre général : 1° la *Lettre Apostolique aux Anglais*, publiée à Rome le 14 avril 1895 ; 2° la nomination d'une commission pour l'étude de la valeur des ordres anglicans, convoquée au Vatican par le souverain pontife en mars 1896 ; 3° le *Mémoire* de M. Gladstone sur les ordres anglicans, remis au pape le 2 juin 1896 ; 4° l'encyclique *Sur l'unité de l'Eglise*, publiée le 29 du même mois ; 5° la condamnation des ordres anglicans, prononcée par la bulle *Apostolicæ curæ*, le 13 septembre 1896 ; 6° la réponse des archevêques anglicans de Cantorbéry et d'York, publiée à Londres le 19 février 1897.

Le *Bulletin de l'Association catholique* et la *Revue anglo-romaine* cessèrent de paraître quelque temps après la condamnation des ordres anglicans. Cette dernière revue forme trois gros volumes in-8° de plus de 700 pages (Levé, éd.). On doit encore à M. l'abbé Portal une *Notice sur Lord Halifax* (1896).

LACROIX
(Clément-Joseph-Auguste de)

ITTÉRATEUR et fonctionnaire, né à Prades (Pyrénées-Orientales) le 26 mars 1852. Il accomplit ses études classiques à Toulouse, suivit les cours de la Faculté de Droit de cette ville et y fut reçu licencié en 1874.

M. Clément de Lacroix entra dans l'administration, comme secrétaire particulier de préfet, en novembre 1875. Chef de cabinet de préfet en 1876, il fut successivement, après concours, rédacteur à la préfecture de la Seine (1879), puis attaché à l'inspection générale des services administratifs du ministère de l'Intérieur (février 1880), sous-chef de bureau à l'administration centrale du même ministère (1er mars 1880), chef de bureau de 2e classe (1883), de première (1895).

M. de Lacroix s'est fait connaître par d'intéressantes publications historiques et de jurisprudence, parmi lesquelles ont cité : les *Morts pour la Patrie* (1891) ; les *Souvenirs du Comte de Montgaillard, agent de la diplomatie secrète* (1896) ; *Mémoires diplomatiques de Montgaillard* (1897). En outre, il a donné de nombreux articles dans diverses revues et rédige en chef le *Bulletin annoté des Lois* et le *Bulletin officiel du Ministère de l'Intérieur*.

Officier d'Académie et chevalier de la Légion d'honneur en 1882, M. de Lacroix a été promu officier le 29 décembre 1898.

MABILLEAU (Léopold)

CRIVAIN, professeur, membre correspondant de l'Institut, né à Beaulieu (Indre-et-Loire) le 10 octobre 1853. Il fit ses études classiques au lycée Henri IV et fut reçu, comme élève de la section des lettres, à l'Ecole Normale supérieure, d'où il sortit, en 1876, premier au concours de l'agrégation de philosophie.

Membre de l'Ecole française de Rome, de 1876 à 1878, puis maître de conférences de morale et de psychologie à la Faculté des Lettres de Toulouse, M. Léopold Mabilleau fut nommé maître de conférences aux écoles normales de la Seine et au Musée Pédagogique, en 1888. Deux ans après, il fut appelé, comme professeur titulaire, à la chaire de philosophie de la Faculté des Lettres de Caen et fut, en 1895, élu membre correspondant de l'Académie des Sciences morales et politiques.

A cette même époque, M. Léopold Mabilleau fut chargé de diverses missions sociologiques en Espagne et en Italie. En 1897, il devint directeur du Musée Social et, en même temps, fut appelé au Collège de France, pour y suppléer M. Charles Lévêque, comme professeur de philosophie ancienne.

Parmi les ouvrages qu'il a publiés, on cite ceux portant les titres suivants : *Histoire de l'Ecole de Padoue* (1880) ; *Histoire de la Renaissance en Italie* (1881) ; *Victor Hugo* (1893, dans la Collection des grands écrivains de la maison Hachette) ; ses études sur *Lamartine, Chateaubriand, Ingres* ; un *Cours d'enseignement moral et civique* en 4 volumes ; une *Histoire de la philosophie atomistique*, qui a obtenu le prix Victor Cousin à l'Institut (1895) ; la *Prévoyance sociale en Italie* (1 vol. dans la Bibliothèque du Musée social, 1898), etc.

M. Léopold Mabilleau a collaboré à la *Revue des Deux-Mondes*, à la *Revue de Paris*, à la *Gazette des Beaux-Arts*, au *Temps*, au *Journal des Débats*, etc.

Il a prononcé de nombreuses conférences dans toute la France sur les questions de mutualité, d'association, de coopération, d'assurances, d'épargne, etc.

Secrétaire général du Centre fédératif du Crédit populaire et de l'Alliance coopérative internationale pour la France, rapporteur de la classe 107 à l'Exposition universelle de 1900, M. Léopold Mabilleau a été cinq fois lauréat de l'Institut. Il est chevalier de la Légion d'honneur depuis 1895.

COQUELIN (Benoît-Constant)

ARTISTE DRAMATIQUE, né à Boulogne-sur-Mer (Pas-de-Calais) le 23 janvier 1841. Fils d'un boulanger, il pratiqua d'abord la profession de son père ; puis, attiré vers le théâtre, il entra au Conservatoire de Paris le 29 décembre 1859, dans la classe de déclamation dramatique de Regnier ; il obtint le deuxième prix de comédie à sa sortie.

Le 7 novembre 1860, il débutait au Théâtre-Français dans le rôle de Gros-René, du *Dépit amoureux*, et fut reçu sociétaire en 1864.

M. Coquelin joua d'abord, avec un succès soutenu, dans les *Fourberies de Scapin*, les *Plaideurs*, le *Mariage de Figaro*, *Don Juan*, et d'autres pièces du répertoire classique. Il reprit les rôles de Lubin dans la *Mère confidente*, du marquis dans le *Joueur*, de don Annibal dans l'*Aventurière*, du prince dans *Fantasio*, etc. Il créa notamment ceux d'Anatole dans une *Loge d'Opéra* (1862), de John dans *Trop curieux*, de Gagneux dans *Jean Baudry*, de Michaud dans la *Maison de Penarvan* (1863), d'Aubin dans *Moi*, de Philippe dans la *Volonté* (1864), de Vincent dans l'*Œillet blanc* (1865), d'Aristide dans le *Lion amoureux*, de Gringoire dans la pièce de. ce nom (1866) ; de Vivian dans *Galilée* (1867), de Beaubourg dans *Paul Forestier* (1868), de Marcel dans les *Ouvriers*, de Langlumeau dans le *Testament de César Girodot*, de Tabarin dans la pièce de ce nom (1871), de Roblot dans *Jean de Tommeray* (1874), de Charveron dans *Chez l'avocat* (1875), de Flippo dans le *Luthier de Crémone* (1876), du duc de Septmonts dans l'*Etrangère* (même année), de Léopold dans les *Fourchambault* (1878), etc.

Les démêlés de M. Coquelin avec l'administration du Théâtre-Français, au sujet de tournées en province contraires à ses engagements, occupèrent longtemps la presse avant d'aboutir à la liquidation de sa retraite. L'arrêté du 7 octobre 1886, lui interdisant, conformément au décret de Moscou, de jouer désormais sur les théâtres de France, M. Coquelin organisa des séries de représentations à l'étranger, notamment en Alsace-Lorraine (décembre 1888) et aux Etats-Unis d'Amérique, où il eut de fructueux succès, couronnés par une brillante représentation d'adieu, le 15 mai 1889, au Star-Théâtre de New-York. Au retour de ce voyage il donna sa représentation de retraite à la Comédie-Française.

Après avoir accepté un engagement avantageux à la Porte Saint-Martin, M. Coquelin, sur des instances pressantes, y renonça et rentra à la Comédie-Française, le 7 décembre 1889. Il reprit quelques-uns de ses meilleurs rôles de l'ancien répertoire : Mascarille, du *Dépit amoureux* ; Diafoirus, du *Malade imaginaire*, et Argante, des *Fourberies de Scapin*. Il reprit aussi le rôle de Lesbonnard dans la *Visite de Noce* d'Alexandre Dumas fils, et créa, avec un soin particulier, le personnage de Labussière dans le fameux drame de *Thermidor*, de M. V. Sardou, inopinément interdit à la 3e représentation, après avoir été autorisé par la censure (25 janvier 1891). Sa dernière création au Théâtre-Français fut celle de Petruccio, dans la *Mégère apprivoisée*, comédie imitée de Shakespeare par M. Paul Delair (19 novembre), qu'il interpréta admirablement.

Puis M. Coquelin reprit ses tournées en France et en Europe, avec une troupe formée par lui, pour jouer, outre le répertoire classique, ses dernières créations, y compris *Thermidor*, sur les scènes étrangères (janvier 1892). Durant 1892, il parcourut l'Europe et, en 1893, l'Amérique. En 1894, il créa *Cabotins* à Lyon ; en 1895, il joua quelques mois à la Renaissance, sous la direction de Mme Sarah Bernhardt, puis, en 1896, reprit à la Porte Saint-Martin le rôle de Labussière dans *Thermidor*.

La Comédie-Française, estimant que la liquidation de sa pension de retraite enlevait à son ancien sociétaire le droit de lui créer une sorte de concurrence, en jouant sur d'autres scènes, lui intenta un procès, qu'elle gagna, et qui condamnait M. Coquelin à cesser ses représentations, sous peine de 500, puis 600 francs par jour de dommages-intérêts (avril 1896). Au mépris de ce jugement, il continua de paraître quelques jours encore à la Porte-St-Martin, puis abandonna son rôle, le 6 juin 1896. Un arrangement étant intervenu, il reprit le cours de ses représentations.

Il a, depuis, à la Porte-St-Martin, créé, d'une façon extrêmement brillante, *Cyrano de Bergerac*, dans l'admirable pièce de M. Edm. Rostand, qui tint l'affiche pendant deux ans (1897-99) et ce rôle a été, pour lui, l'occasion d'un triomphe peut-être sans précédent. Il plut moins dans le Napoléon de *Plus que Reine* de M. E. Bergerat : on le trouva un peu marqué et lourd pour représenter le jeune général-consul (1899). Il monta ensuite la *Dame de Montsoreau* (même année), et son interprétation de Chicot n'ajouta rien à sa renommée.

Durant sa longue et glorieuse carrière, M. Coquelin a trouvé des succès dans tous les genres où il s'est essayé, succès justifiés par son talent hors de pair. Il est fâcheux qu'il n'ait pas su attirer à sa personne autant de sympathie que d'admirateurs à son mérite. En effet, ses prétentions excessives, qui lui ont fait fouler aux pieds des lois ou des règlements que d'autres artistes —non des moindres, — ses camarades, respectent dans l'intérêt commun ; l'importance exagérée que M. Coquelin essaya toujours de faire attribuer à sa personnalité, sont des travers aussi connus que les plus célèbres de ses créations et l'on regrette de les rencontrer chez un artiste de cette valeur.

M. Coquelin a écrit un certain nombre de publications relatives à l'art dramatique : *L'Art et le Comédien* (1880, in-16) ; *Molière et le Misanthrope* (1881, in-16) ; *Un poète du foyer, Eugène Manuel* (1881, in-16) ; *Un poète philosophe, Sully-Prudhomme* (1882, in-16) ; *Les Comédiens, par un Comédien* (1882, in-16) ; *Tartuffe* (1884, in-16) ; *l'Art de dire le monologue*, avec son frère Coquelin cadet (1884, in-18).

Son fils, JEAN COQUELIN, né à Paris le 18 décembre 1865, a suivi les traces de son père. Elève de celui-ci, il joue à ses côtés depuis 1890, où il débuta à la Comédie-Française dans le rôle de Gros-René du *Dépit amoureux*. Il s'est fait remarquer par une très-bonne interprétation de Gorenflot dans la *Dame de Montsoreau*, à la Porte-St-Martin, en 1899.

COQUELIN Cadet (Alexandre-Honoré-Ernest)

ARTISTE DRAMATIQUE, frère et oncle des précédents, né à Boulogne-sur-Mer le 16 mai 1848. Comme son frère, il commença l'exercice de la profession de boulanger, puis il fut employé au chemin de fer du Nord.

L'exemple de son aîné attirant M. Coquelin, il vint, comme lui, à Paris, pour se livrer à l'art dramatique. Elève de Régnier au Conservatoire de 1867 à 1868, il sortit cette dernière année avec le premier prix de comédie. Il fut d'abord engagé à l'Odéon, où il débuta dans l'*Anglais ou le Fou raisonnable*, puis à la Comédie-Française, où son premier rôle fut celui de Petit-Jean, dans les *Plaideurs*. Il quitta ce théâtre, parce qu'on avait refusé de lui accorder le sociétariat, et entra aux Variétés en août 1875.

Pendant la guerre de 1870-71, M. Ernest Coquelin avait été décoré de la médaille militaire pour sa conduite à Buzenval.

Revenu au Théâtre-Français le 1ᵉʳ juin 1876, il n'a plus quitté cette scène depuis lors et a été admis au sociétariat le 1ᵉʳ janvier 1879.

M. Coquelin cadet a joué, avec une supériorité marquée, les rôles comiques de l'ancien répertoire ; il a fait aussi de très belles et personnelles créations et on le place justement parmi les meilleurs acteurs de ce temps. On cite notamment ses rôles de Frippesauce dans *Tabarin*, d'Isidore dans le *Testament de César Girodot*, de Frédéric dans l'*Ami Fritz*, de Basile dans le *Barbier de Séville* ; les *Corbeaux*, *Griselidis*, etc. Il s'est acquis surtout une grande notoriété comme diseur de monologues et il est, à ce titre, vivement recherché dans les représentations publiques et privées ou les salons parisiens.

Sous le pseudonyme de "Pirouette", M. Coquelin cadet a donné au *Tintamarre* des articles pleins d'humour et d'esprit ; il a aussi écrit des monologues et des brochures sur ce sujet. On cite de lui : le *Livre des Convalescents* (1880, 2ᵉ éd. 1885) ; le *Monologue moderne* (1881) ; *Fariboles* (1882) ; le *Cheval*, monologue (1883) ; la *Vie humoristique* (1883) ; *Pirouette* (1884) ; le *Rire* (1889), etc.

Cet artiste est officier du Nicham et chevalier de la Légion d'honneur.

KNIGHT (Amédée)

SÉNATEUR, industriel, né à St-Pierre (Martinique) le 17 juillet 1852. Il fit ses études classiques à Paris, fut admissible à l'Ecole navale en 1868 et entra à l'Ecole Centrale en 1870.

Ingénieur diplômé, M. A. Knight s'occupa d'abord, en France, de sucrerie, de métallurgie et de mécanique. Obligé, en 1878, de rentrer à la Martinique pour raison de santé, il s'associa aux affaires commerciales de son père et fonda lui-même d'importantes distilleries à St-Pierre. Propriétaire d'établissements agricoles, il s'occupa aussi de la culture de la canne à sucre, du cacao et du café, dans l'île.

Conseiller municipal et adjoint au maire de Saint-Pierre, M. Amédée Knight fut élu successivement conseiller général de la Martinique pour le canton de Lamentin (1893), puis pour celui de la Basse-Pointe (1896). Au Conseil général, il s'est intéressé à toutes les questions d'ordre économique, financier, banque, taxes douanières, etc. et aux questions de politique générale et sociale.

Il est, d'autre part, membre et a été secrétaire de la Chambre de Commerce de St-Pierre.

Après le décès de M. Allègre, sénateur de la Martinique, M. Knight fut désigné à sa succession par le comité républicain de la Martinique et élu, le

16 août 1899, par 197 voix contre 75 à M. Ste-Luce, soutenu par les partis conservateurs.

Son programme comportait la protection du crédit public et individuel, le dégrèvement complet des produits de la Martinique à leur entrée en France et la défense des institutions républicaines contre toute tentative monarchiste et césarienne. Il est libre-échangiste et fait partie de la gauche démocratique du Sénat.

BELHOMME (Hippolyte-Adolphe)

Artiste lyrique, né à Paris le 2 décembre 1854. Il fut, avant d'être appelé au régiment, employé dans la maison Cail et Cie. Libéré du service militaire en 1876, il se présenta aux examens d'entrée au Conservatoire national de musique et fut admis. Il y suivit, de 1875 à 1879, les classes de MM. Boulanger et Ponchard et sortit avec deux seconds prix d'opéra-comique et de chant.

Immédiatement engagé à l'Opéra-Comique, M. Belhomme débuta brillamment, le 11 novembre 1879, dans le rôle de Baskir, de *Lalla-Rouck*, et resta attaché à ce théâtre jusqu'au 30 juin 1886.

Au cours de ces sept années, il joua le répertoire des basses chantantes et remporta plusieurs succès dans les rôles qu'il eut à interpréter sur cette scène.

Quittant ensuite l'Opéra-Comique, M. Belhomme, appelé par un engagement au Grand-Théâtre de Lyon, y fit un séjour de trois années consécutives, de septembre 1886 à mai 1889. A ce théâtre, il interpréta, sous la direction de M. Campocasso, tout le répertoire de grand opéra et y réussit à merveille.

Après un séjour d'une saison au Grand-Théâtre de Marseille (1889-1890), il rentra, le 1er septembre 1891, à l'Opéra-Comique de Paris, où il n'a plus cessé de se faire entendre et souvent applaudir depuis cette époque et où il tient, en excellent comédien et en bon chanteur, l'emploi de basse-bouffe dans l'ancien répertoire.

Entre temps, M. Belhomme a fait des saisons estivales, dans les théâtres de villes d'eaux entr'autres à Aix-les-Bains, Dieppe, Royan, Ostende.

Cet artiste s'est surtout fait remarquer dans ses rôles de *Lakmé, Carmen*, le *Chalet, Mignon*, le *Domino noir, Philémon et Baucis*, le *Barbier de Séville*, la *Fille du Régiment*, le *Caïd, Fra-Diavolo*, etc., et dans ses créations de l'*Enclume, M. Floridor*, les *Contes d'Hoffmann*, la *Taverne des Trabans, Diana, Mathias Corvin, Plutus*, la *Vie de Bohème*.

LABATUT (Jules-Jacques)

Sculpteur-statuaire, né le 31 juillet 1851 à Toulouse, où il fit ses premières études. Après un séjour à l'Ecole des Beaux-Arts de cette ville, il vint à Paris, en 1876, gratifié d'une bourse municipale, et entra à l'Ecole nationale des Beaux-Arts. Elève de Jouffroy et de M. Antonin Mercié, il concourut, dès l'année suivante, pour le grand prix de Rome et obtint le second grand prix de sculpture avec : *Pêcheurs retrouvant la tête d'Orphée*, sujet imposé. Il exposa ensuite, au Salon des Champs-Elysées : *Narcisse surpris de sa beauté*, qui valut à son auteur les éloges de la presse et une récompense du jury (1881) et il remporta, pour *Tyrtée chantant les Messéniennes parmi les Lacédémoniens*, le premier grand prix de Rome.

Pendant son séjour à la villa Medici, il envoya aux Salons annuels : la *Pomme de discorde*, bas-relief plâtre acheté par l'Etat pour le musée de Narbonne (1884) et *Moïse*, statue plâtre (1885).

Depuis son retour de Rome, M. J.-J. Labatut n'a cessé d'exposer régulièrement, aux expositions de la Société des Artistes Français, des œuvres qui se font remarquer par les plus brillantes qualités de composition et d'exécution. On cite, notamment : *M. Scapin*, buste plâtre ; *M. Esquié*, architecte, buste bronze (1887) ; *Moïse*, groupe bronze, placé au musée de Toulouse ; *Roland*, groupe marbre, acquis par l'Etat, et qui décore la place Carnot, à Toulouse (1888) ; *Jeune pêcheur*, statue plâtre, figurant à l'Institut (1889) ; *Derniers moments de Caton d'Utique*, statue marbre ; la *Sculpture*, statue marbre (1890) ; *Pascal Duprat*, buste plâtre ; *M. le Dr Despagnet*, buste bronze (1891) ; *Portraits de MM^lles A..., C... et M. A. W...*, groupe marbre (1892) ; *Caton d'Utique*, statue marbre, dont la ville de Paris s'est rendue acquéreur (musée Galliéra, 1893) ; *Avant le baiser*, statue plâtre ; *Raymond VI, comte de Toulouse*, groupe commandé par l'Etat, pour la salle des « illustres » du Capitole de Toulouse (1894) ; *M. Grus*, éditeur, buste bronze ; l'*Art antique*, au musée de Nantes (1895) ; *M. Gondinet*, avocat, buste plâtre ; *M. Clément*, de l'Opéra-Comique, buste bronze, cire perdue (1896) ; *Portrait de M. de L...*, statuette plâtre (1898) ; *Naissance de Vénus*, groupe marbre ; *Buste du Baron de L...* (1899).

En dehors des Salons annuels, on connaît de ce maître statuaire des œuvres importantes, telles que : la *Musique*, statue marbre, destinée au grand palais des Beaux-Arts de l'Exposition universelle de 1900 ; la *Femme au masque* ; les bustes de *Mario*, pour le foyer de l'Opéra ; de *M. Cohn*, préfet de la Loire ; de *Coypel*, pour les Gobelins ; *L'Hiver et Phébée* ; la *Tapisserie*, statue pierre ; *Le Jour et la Nuit*, dessus de cheminée, marbre ; les *Douze heures*, pendule artistique, commandée par l'Etat ; le *Monument des Girondins*, etc.

M. J.-J. Labatut a obtenu une 3ᵉ médaille (1881), une 2ᵉ (1884), une 1ʳᵉ (1893), de la Société des Artistes Français et une médaille d'argent à l'Exposition universelle de 1889. Il a été nommé chevalier de la Légion d'honneur en 1894.

GUILMANT (Félix-Alexandre)

Organiste, compositeur et professeur de musique, né à Boulogne-sur-Mer le 12 mars 1837. Elève de son père, organiste à St-Nicolas de Boulogne, puis de Gustave Carulli pour la composition et de Lemmens pour l'orgue, il fut nommé organiste de St-Joseph à seize ans. En 1855, il faisait exécuter à St-Nicolas de Boulogne sa première messe solennelle avec orchestre. En 1857, il devint maître de chapelle à cette église et professeur de solfège à l'Ecole de musique de Boulogne-sur-Mer.

M. Guilmant se fit bientôt remarquer par des séances d'inauguration des orgues dans plusieurs villes de France et notamment à Arras, où il exécuta sa *Méditation* (1861) ; à St-Sulpice et à Notre-Dame, à Paris, où il obtint un succès éclatant dans l'exécution de ses compositions : une *Communion* et une *Marche funèbre* (1862). En 1871, il fut appelé à Paris pour remplacer M. Chauvet, organiste à la Trinité et il a conservé ces fonctions depuis lors. Il organisa, à l'Exposition universelle de 1878, avec un très vif succès, des séances d'orgue qui lui donnèrent l'idée de fonder l'« Association artistique des grands concerts d'orgue du Trocadéro », devenue rapidement prospère.

Il inaugurait plus tard l'orgue de St-Louis des Français à Rome, où, pendant un mois, il donna chaque jour des séances qui lui valurent les félicitations du pape Léon XIII. Il a donné, en outre, des concerts en Angleterre, en Russie, en Amérique et a été nommé, en 1896, professeur d'orgue au Conservatoire national de Paris.

Exécutant de premier ordre et improvisateur hors ligne, M. Guilmant, comme compositeur, a écrit plusieurs *Oratorios*, une scène lyrique : *Balthasar*, exécutée à Paris et en province ; des *Symphonies* pour orgue et orchestre, trois *Messes* en musique et quantité de pièces de différents styles : motets, cantates, symphonies (18 livraisons) ; 6 sonates et des ouvrages sur son art : l'*Organiste pratique*, l'*Organiste liturgiste*, les *Archives des Maîtres de l'orgue*, *Collection de pièces d'auteurs anciens*, *Concert historique*, etc.

M. Guilmant est chevalier de la Légion d'honneur et de l'ordre de St-Sylvestre, commmandeur de St-Grégoire-le-Grand, etc.

GUINAND (Edouard-Louis-Auguste)

Poète, écrivain, administrateur, né à Paris le 23 janvier 1838. Entré au ministère de la Marine en 1858, il devint successivement chef de bureau et directeur du personnel de 1888 à 1894, époque à laquelle il prit sa retraite.

M. Edouard Guinand a publié en librairie : *Au courant de la vie* (1 vol. 1886) ; les *Chants du foyer* (1 vol. 1889) et *Offrandes à Euterpe* (1 vol. 1894) poésies. Il est aussi l'auteur d'un nombre considérable de mélodies, adaptations musicales, chœurs et rondes, et de scènes lyriques, parmi lesquelles on doit citer : *Diane*, avec B. Godard pour la musique ; la *Mer* ; *Li-Tsin*, avec de Joncières ; *Hylas*, avec Théodore Dubois ; *Iphigénie*, avec Lenepveu ; *Ste-Cécile*, avec Charles Lefebvre ; *Dans les blés*, avec Pierné ; *Edith*, avec Marty ; *Geneviève*, avec Bruneau ; le *Retour*, avec St-Saëns ; la *Fille de Jephté*, avec Cl. Broutin ; l'*Enfant prodigue*, avec Debussy ; les *Elfes*, avec Pierné, et quantité de romances avec Paladilhe, Pessard, Salvayre, Mathias, Erlanger, Lucien Lambert, Ch. Lavadé, Al. Rousse, César Cui, Guy d'Hardelot, Ch. René, Bemberg, etc.

On lui doit en outre : la *Sevillane*, opéra-comique en un acte, musique de Mⁱˡᵉ Chaminade ; *Le Tintoret*, opéra en 3 actes, musique de Dietrich ; *Isabelle*, opéra-comique en 3 actes, musique de Rabuteau ; un *Brevet de capitaine*, opéra-comique en 1ᵉʳ acte, musique de Sylver. On annonce encore de M. Guinand un nouveau recueil de vers.

Critique musical et théâtral, il a collaboré au *Bulletin musical*, où il donna aussi des articles sur les salons annuels, et à la *Revue libérale* (1882-1890), publication dont il fut directeur.

M. Edouard Guinand a été, pour ses poèmes, quatre fois lauréat de l'Institut. Il est officier de la Légion d'honneur et de l'Instruction publique.

BERTRAND (Eugène)

Directeur de l'Opéra, né à Paris le 15 janvier 1834. Il étudia d'abord la médecine avec le professeur Orfila, jusqu'en 1854 ; puis il entra dans la classe de Provost au Conservatoire et, en compagnie de camarades tels que Baron, Worms, etc., parut avec succès au Théâtre des Jeunes Artistes. Il jouait peu de temps après à l'Odéon dans *Grandeur et décadence de Joseph Prudhomme*, de Henry Monnier ; *L'Honneur et l'Argent*, de Ponsard, etc.

Parti, en 1859, en Amérique, M. E. Bertrand y donna des représentations de ses principaux rôles du répertoire français. De retour en Europe et après un court séjour au théâtre du Parc, à Bruxelles, il alla diriger, à Lille, le grand Théâtre et celui des Variétés (1865 à 1869) ; c'est sous sa direction que, à Lille, le 4 mars 1868, la Patti chanta pour la première fois *Faust* en français.

Revenu à Paris en 1869, il devint directeur des Variétés. Il a monté sur cette scène toutes les pièces gaies qui y eurent un si vif succès : les *Brigands*, d'Offenbach ; le *Trône d'Écosse*, de Hervé, Crémieux et Jaime ; les *Cent Vierges*, de Chivot, Duru et Lecocq ; le *Tour du Cadran*, de Bocage, Crémieux et Blum ; les *Braconniers*, de Chivot, Duru et Offenbach ; les *Merveilleuses*, de Sardou ; la *Petite Marquise*, de Meilhac et Halévy ; les *Prés-St-Gervais*, de Lecocq et Philippe Gille ; les *Trente millions de Gladiator*, de Labiche et Philippe Gille ; la *Cigale*, de Meilhac et Halévy ; *Nitouche*, de Millaud et Hennequin ; *Décoré*, de Meilhac et Halévy ; *Niniche*, de Hennequin et Millaud ; le *Grand Casimir*, de Prevel et M. Albin ; la *Femme à Papa*, de Hennequin et Millaud ; le *Fiacre 117*, de Najac et Millaud ; *Monsieur Betsy*, de Paul Alexis et O. Metenier ; *Ma Cousine*, de Meilhac, etc. ; avec des interprètes tels que MM^{mes} Hortense Schneider, Van Ghèle, Paola Marié, Aimée, Céline Montaland, Deveria, Judic, Réjane, Granier, Chaumont, Zulma Bouffar, Théo, Milly Meyer, et même un moment Sarah Bernhard ; et MM. Dupuis, Grenier, Lesueur, Berthelier, Baron, Léonce, Lassouche, Cooper, Raimond, Dailly, Coquelin cadet, etc.

Le 1er janvier 1892, M. Eugène Bertrand, quittant les Variétés, prit la direction de l'Académie nationale de Musique. Dès ses débuts, il fit une très louable tentative de représentations dominicales à prix réduits qui furent très suivies ; mais qu'il dût suspendre bientôt, à cause des frais énormes qu'elles nécessitaient. Ces représentations populaires ont été remplacées par l'abonnement mixte du samedi, qui permet l'accès de l'Opéra à un prix égal à celui des théâtres de genre.

A ce moment, il eut aussi l'idée de la création d'un Théâtre du Peuple, à Paris, pour lequel, disait-il, « il faudrait associer les quatres scènes subventionnées », dont les artistes auraient, à tour de rôle, fait connaître, une fois par semaine, aux familles d'ouvriers et de petits bourgeois parisiens, les belles scènes d'opéra, d'opéra-comique, de tragédie et de comédie. Ce projet ayant été depuis repris sous une autre forme et par d'autres personnes, il est intéressant d'en faire remonter le mérite initial à son premier auteur, M. Bertrand.

A l'Opéra, où, bientôt, M. Pedro Gailhard devint son co-associé, il a donné un grand nombre d'œuvres nouvelles et fait connaître au public français plusieurs chefs-d'œuvre des maîtres étrangers. Citons, parmi les pièces montées sous sa direction : *Salammbô*, de Reyer ; *Samson et Dalila*, de Saint-Saëns ; la *Walkyrie* et *Tannhauser*, de Wagner ; la *Maladetta*, de P. Gailhard ; la *Montagne Noire*, d'Aug. Holmès ; *Frédégonde*, de Guiraud et Saint-Saëns ; *Gwendoline*, de Chabrier ; *Hellé*, de Duvernois ; *Messidor*, de Bruneau ; les *Maîtres chanteurs*, de Wagner ; la *Prise de Troie*, de Berlioz, etc. On annonce en outre la mise à la scène de *Lancelot*, de Joncières.

Commandeur de Ste-Anne de Russie, de la Croix de fer d'Italie et de divers ordres étrangers, M. Eugène Bertrand est aussi chevalier de la Légion d'honneur depuis 1892.

ZABOROWSKI (Sigismond)

Anthropologiste, né à La Crèche, commune de Breloux (Deux-Sèvres) le 11 novembre 1851. Son père était d'origine polonaise ; sa famille est française. Il fit ses études classiques à Paris et commença la médecine, qu'il abandonna pour entrer dans la presse scientifique peu après la guerre de 1870.

Membre de la Société d'Anthropologie de Paris, aussitôt après la publication de son premier ouvrage sur l'*Ancienneté de l'Homme* (1874, 2 vol.), M. Zaborowski devint, quelques années plus tard, le secrétaire de cette association. Il en est le bibliothécaire-archiviste depuis 1892. Il a été plusieurs fois chargé de conférences et de cours à l'Ecole d'Anthropologie.

On lui doit de nombreux travaux de vulgarisation

scientifique et de science pure, qui ont grandement contribué à l'avancement de la science. Collaborateur de P. Bert, lors de la fondation de la *République française* (1871), il rédigea ensuite des chroniques scientifiques dans différents journaux. Il a collaboré aux principales revues et en particulier à la *Revue scientifique*, à la *Revue encyclopédique* et autres périodiques. Il a donné de nombreux articles et analyses de travaux étrangers à des recueils spéciaux, comme la *Revue d'Anthropologie* de Broca, et près d'une centaine de mémoires originaux, surtout aux *Bulletins de la Société d'Anthropologie de Paris*.

Chargé de la presque totalité de la partie anthropologique de la *Grande Encyclopédie*, on lui doit ainsi des résumés des connaissances de l'anthropologie de tous les pays du monde, et de leurs peuples, étudiés jusque dans leurs origines préhistoriques (Angleterre, Allemagne, Autriche, Belgique, France, Espagne, Italie, Mexique, Perse, Russie, Lapons, Finnois, etc.) On cite encore de lui, notamment des études : *Sur des crânes d'Hakkas et autres Chinois de Canton, de Kouldja et les origines chinoises* (1879) ; *Sur seize crânes d'un tombeau grec d'Asie Mineure* (1881) ; sur *Les Hommes à queue* ; sur *Les chiens tertiaires, quaternaires, préhistoriques, ceux de l'ancienne Egypte, le Dingo* (1883-1885) ; sur *Des crânes finnois anciens* 1886) ; sur l'*Avenir et la disparité des races humaines* (Conférence Broca, 1892) ; sur *la Taille en Savoie* (1892) ; sur le *Crime et les criminels* ; sur un *Squelette néolithique de Villejuif* (Académie des Sciences) ; sur l'*Origine de la culture et des plantes cultivées en Afrique* ; sur une *Station paléotique de Fouras* (1893) ; sur les *Races de l'Italie*, dans l'*Italie* (1 v. 1897), etc.

Son volume sur l'*Homme préhistorique* (1878), premier résumé méthodique des connaissances préhistoriques, qui se présentaient jusque là dans un état de confusion, eut un succès considérable, fut traduit en plusieurs langues et eut plusieurs éditions même à l'étranger ; celui sur l'*Origine du Langage* (1879), où, pour la première fois, était présentée avec clarté l'explication naturaliste de l'origine du langage, n'en eut pas moins, ainsi que les *Grands singes* (1881), les *Mondes disparus* (1886), qui eurent aussi plusieurs éditions.

Dans une série de mémoires et de notes sur la circoncision, M. Zaborowski a établi que cette pratique, sur laquelle on a tant disserté, n'était pas une réduction de la phallotomie, une symbolique représentation d'anciens sacrifices humains, comme on l'admettait ; mais une simple épreuve d'initiation qui, à l'origine, en Egypte même d'où elle est propagée, était la célébration du passage de l'enfance à la virilité, comme elle l'est encore aujourd'hui chez tant de peuples différents de l'Afrique noire (l'*Anthropologie*, 1896 ; *Bulletin de la Société d'Anthropologie*, 1894 et 1897).

Dans une autre série de mémoires relatifs à l'Indo-Chine et en partie publiés, il a mis en lumière l'existence du mystérieux empire des Tsiams, démontré l'origine de ceux-ci (*Revue scientifique*, 1895) ; celle des sauvages Moïs et Peunongs, ainsi que celle, si obscure jusque-là et si compliquée, des Cambodgiens (même *Bulletin*, 1895 et 1897).

En de nombreuses leçons et notices sur Madagascar, il a établi que si les Hovas de race étaient des Malais émigrés récemment, une notable portion du reste de la population malgache se rattache, par ses origines, à l'Inde et aux îles de la Sonde et a occupé les côtes orientales et même le centre de l'île antérieurement aux Hovas : *Origine des Hovas* (*Revue de l'Ecole d'Anthropologie*, 1897) ; *Malgaches, Nias, Dravidiens* (*Bulletin de la Société d'Anthropologie*, 1897, passim ; *Revue Scientifique*, 4 mars 1899).

Ce savant a consacré à l'Algérie des leçons qui ont soulevé d'assez vives polémiques ; il y a préconisé la conquête morale de nos indigènes (*Revue scientifique*, 13 mai 1899 ; l'*Enseignement coranique et les écoles françaises d'indigènes en Algérie*). Il s'est occupé en même temps de tous les indigènes de l'Afrique du Nord et en particulier de ceux de la primitive Egypte : *Races préhistoriques de l'ancienne Egypte* (*Bulletin de la Société d'Anthropologie*, 1898) ; la *Période néolithique dans l'Afrique du Nord* (*Revue de l'Ecole*, 1899) ; *Origines africaines de la civilisation de l'ancienne Egypte* (*Revue scientifique*, 1899 et *Revue encyclopédique*, 1900).

Dans une autre série d'études dont les premières ont paru en 1894 et 1895 : les *Blonds et les protocaucasiens* ; du *Dniestre à la Caspienne*, etc. (*Bulletin de la Société d'Anthropologie*) M. Zaborowski s'est attaché, en ethnologiste, à élucider la question aryenne. Il a montré qu'il n'y avait pas, dans la Russie méridionale, trace de ces passages répétés de peuples asiatiques aryens en marche sur l'Europe, mais qu'au contraire un mouvement inverse avait eu lieu à l'époque présumée des migrations aryennes : les *Aryens, Recherches sur les origines, Etat de la question de race et de langue* (*Revue de l'Ecole d'Anthropologie*) ; *Crânes des Kourganes de la Sibérie occiden-*

tale ; *Ostiaks et autres Finnois* (*Bulletin*, 1898). Pour compléter sa démonstration, M. Zaborowski se livra à une analyse minutieuse des éléments ethniques qui composent les peuples de l'Asie centrale : *Huns, Ongres, Ouigours, Galtchas, Sarthes*, etc. ; du Caucase et de la Russie : *Lithuaniens, Ossèthes, Finnois*, etc. Ces recherches ont paru en partie dans le *Bulletin de la Société d'Anthropologie* et la *Revue de l'Ecole*.

Délégué cantonal depuis 1886, membre de plusieurs sociétés d'instruction populaire, pour lesquelles il a fait des conférences, de sociétés savantes et académies étrangères, M. Zaborowski est officier d'Académie depuis 1882.

JOUIN (François)

MÉDECIN, né à Bourg-le-Roi (Sarthe) le 21 janvier 1854. Externe des hôpitaux de Paris de 1876 à 1878 ; interne de 1878 à 1883, successivement à la Salpêtrière, Beaujon, St-Louis (service de Péan) et Maternité de St-Louis ; lauréat de l'Assistance publique (médaille de bronze), il fut reçu docteur, en 1883, avec une fort intéressante thèse : *Sur la dilatation immédiate progressive appliquée à tous les rétrécissements de l'organisme*.

On doit à M. le Dr Jouin de nombreuses publications, parmi lesquelles on doit citer : *Une visite à l'asile de Pedro II à Rio-de-Janeiro* (1880) ; *Visite médicale à Pompéi* ; *Naples et la Sicile* ; *stations thermales* (1882) ; *le Congrès international de médecine de Londres* (1882) ; *Une promenade aux eaux* (1883) ; *des Différents types de métrite, leur traitement* (1892), avec préface de Péan, l'un des plus complets ouvrages sur cette matière ; *Du traitement des fibromes de l'utérus par la médication thyroïdienne* (1896), etc. Il faut encore mentionner ses communications à la Société obstétricale et gynécologique de Paris, entre autres : *Sur l'albuminurie et les maladies utérines* ; *les Bâtonnets médicamenteux en thérapeutique utérine* ; *Note sur l'hermaphrodisme vrai* ; *De la métrite tuberculeuse* ; *De la métrite dans les utérus doubles* ; *Pathologie utérine et maladie de Basedow* ; *Un cas de grossesse extra-utérine tubaire* (communication à la Société des Praticiens de France) ; l'*Opothérapie appliquée aux maladies de l'utérus*, observations présentées aux Sociétés pour l'avancement des sciences de Nantes, de Carthage, etc. et au Congrès international de Moscou (1898) ; *Sur le traitement palliatif du cancer de l'utérus*, mémoire communiqué au Congrès de gynécologie d'Amsterdam (1899), etc.

M. le Dr Jouin est membre de la Société d'Obstétrique et de Gynécologie de Paris, dont il fut secrétaire annuel. Il a été président de la Société des Praticiens de France.

ROCHARD (Emile)

AUTEUR dramatique, directeur de théâtre, né à Wissembourg (Allemagne), de parents français, le 3 juillet 1851. Il accomplit, à Paris, ses études classiques et débuta de bonne heure au théâtre, en faisant représenter, non sans succès, dès 1870, à Poitiers, un acte en vers : *Un amour de Diane de Poitiers*.

A la déclaration de la guerre franco-allemande, M. Emile Rochard s'engagea pour la durée des hostilités et reçut, à la bataille de Coulmiers, plusieurs blessures. Devenu sous-lieutenant de chasseurs à pied et officier d'ordonnance du général Nicolaï, il donna sa démission, en 1874, pour se consacrer à la littérature. Il collabora, dès ce moment, au *Nouvelliste*, à la *Nation*, journaux parisiens ; fit paraître, la même année, un recueil de vers : les *Petits Ours* et donna au théâtre de Cluny : la *Conscience*, un acte en vers. En 1875, il fit représenter au Théâtre Historique : *Plus de Journaux* et la *Botte secrète*, vaudevilles en un acte. En même temps, il s'associait au directeur de ce théâtre, Castellano, qu'il suivit au Châtelet en qualité de secrétaire général. Il fit représenter encore, en 1876, au Château-d'Eau (théâtre de la République aujourd'hui), un drame en cinq actes : le *Loup de Kervegan*, qui eut de nombreuses soirées.

Deux ans plus tard, M. Rochard entrait au *Gil Blas*, chargé de la critique dramatique ; il quitta ce journal en 1880, pour prendre seul la direction du Châtelet. « Son administration, aussi intelligente « qu'habile, écrit un biographe, se distingua par de « nombreux succès ». C'est alors, en effet, que furent montées, parmi d'autres ouvrages qui connurent la faveur du public : les *Pilules du Diable*, féerie que le truc de la « mouche d'or » a rendue mémorable ; *Michel Strogoff*, pièce toujours reprise avec succès ; les *Mille et une Nuits*, qui excita un engouement de longue durée, etc.

En 1884, M. Emile Rochard passa du Châtelet à l'Ambigu, où il sut ramener la foule, qui avait oublié un instant ce théâtre. Il y monta : le *Roi de l'Argent*, *Martyre*, le *Fils de Porthos*, *Roger la Honte*, le *Régiment*, la *Porteuse de Pain*, les *Mystères de Paris* (nouvelle version), la *Fermière*, la *Policière* et autres mélodrames, œuvres d'auteurs populaires dont la vogue ne diminue pas.

Il prit, en 1894, la direction de la Porte-St-Martin, théâtre qu'il transforma et décora brillamment, comme il l'avait déjà fait d'ailleurs, pour l'Ambigu. Sur cette scène, il fit connaître *Napoléon*, épopée de Laya; *Sabre au clair* et le *Maître d'Armes*, de Jules Mary et reprit le répertoire d'Alex. Dumas et de Maquet : la *Dame de Montsoreau*, la *Maison du Baigneur*, les *Mousquetaires*, etc.

L'année suivante, ayant cédé le bail de la Porte-St-Martin à M. Coquelin, M. Rochard se consacra uniquement à l'Ambigu, où il donna peu après la pièce qui a obtenu le plus long succès jusqu'ici enregistré au théâtre : les *Deux Gosses*, drame en cinq actes de M. Pierre Decourcelle, qui eut près de 800 représentations consécutives.

Lorsqu'en 1898, la ville de Paris eut à renouveler le bail du théâtre du Châtelet, sa propriété, M. Rochard s'en rendit concessionnaire pour quinze ans. Il apporta, dans l'aménagement de cette vaste salle, d'heureuses modifications ; y reprit, avec une mise en scène d'un goût parfait, la *Poudre de Perlimpinpin* et y monta *Robinson Crusoé*, féerie originale et des plus brillantes (1899).

M. Emile Rochard est chevalier de la Légion d'honneur.

MARTINI (Auguste de)

Musicien, professeur de chant, né à Marseille le 13 août 1846. Ses études classiques terminées au lycée, il entra comme élève au Conservatoire de cette ville, où il obtint le premier prix de piano et fut successivement accompagnateur dans la classe d'Audran, père du compositeur, puis professeur de la classe élémentaire de piano.

Venu, en 1869, à Paris, M. A. de Martini ne tarda pas à y acquérir une grande notoriété artistique et devint, dès 1878, chef de chant aux théâtres Lyrique et Italien.

D'abord professeur de solfège des instrumentistes au Conservatoire national, en 1882, puis nommé par le ministre de l'Instruction publique, sur la présentation de la Commission supérieure des Beaux-Arts, titulaire du cours de solfège des chanteurs, il est, depuis 1er février 1895, inspecteur de l'enseignement du chant dans les écoles de la ville de Paris.

Ce musicien s'est, en outre, consacré depuis plusieurs années, en dehors de ses leçons officielles, à l'enseignement de l'art vocal. Enseignant d'après une méthode qui lui est personnelle et lui « permet de « mettre en place les voix mal dirigées, ou de rectifier les voix défectueuses », il a, comme professeur, formé des élèves aujourd'hui célèbres, tels que MM. Auguez et Alvarez, de l'Opéra. Ce dernier n'avait pu, dit-on, connaître l'étendue et la nature de son organe vocal qu'après avoir reçu les leçons de M. de Martini.

M. de Martini est l'auteur d'un *Traité de Chant* reçu, pour être édité, par la maison Colin et dans lequel il expose ses théories didactiques.

Il est officier de l'Instruction publique depuis 1896.

MILLANVOYE (Bertrand)

Poète, romancier, auteur dramatique et acteur, né à Paris le 30 avril 1848. Il débuta dans les lettres par le journalisme. Correspondant militaire, pendant la guerre russo-turque de 1877 et envoyé en Arménie, dans le camp de Moukhtar-Pacha, par le *Moniteur*, le *National*, le *XIXe Siècle*, l'*Indépendance Belge* et le *Sémaphore de Marseille*, il a collaboré depuis à la *Lanterne*, au *Moniteur Universel*, au *XIXe Siècle*, au *National*, à l'*Intransigeant*, à la *Presse*, etc., où il a publié des poésies et des articles littéraires.

M. Bertrand Millanvoye a fait paraître aussi des romans, notamment : les *Coquines*, la *Belle Espionne*, le *Petit Bossu*, la *Chanteuse des rues*, la *Vierge du Sérail*, *Madame Rasta*, etc.

Comme auteur dramatique, il a fait représenter à la Comédie française et à l'Opéra-Comique, le *Dîner de Pierrot* ; à l'Odéon, le *Docteur Mirimus* ; à Déjazet, *Regine*, comédie en 5 actes ; et, sur divers théâtres : le *Portrait*, les *Ruses de Truffaldin*, *Giboulot 1er*, *En cage*, le *Clavecin*, la *Double épreuve*, *Dada*, *Un mari qui est dans son tort*, etc. et plusieurs pantomimes, entre autres : l'*Orage*, *Nuit blanche*, le *Trottin*, etc.

Depuis 1895, M. Bertrand Millanvoye dirige le petit théâtre de la rue de La Tour d'Auvergne, à Paris, appelé : Le Carillon ». Il y a inauguré le « Tribunal » du Carillon, par les *Arbres du bois de Boulogne*, le *Procès de la belle Othéro* et il y a fait représenter, le premier, les pièces à succès de M. Georges Courteline. Acteur, il a rempli brillamment divers rôles des pièces jouées dans son théâtre.

M. Bertrand Millanvoye est officier de l'Instruction publique.

MARCHAND (Nestor-Léon)

ÉDECIN, botaniste, professeur, né à Tours le 13 avril 1833. Fils d'un peintre, premier directeur de la Fabrique de vitraux de cette ville, il fit ses études médicales et scientifiques à Tours d'abord, puis à Paris, où il fut reçu licencié ès-sciences naturelles en 1860 et docteur en médecine l'année suivante, avec une thèse, mentionnée par la Faculté, *Sur le Croton Tiglium*. Il présenta, en 1864, une autre thèse *Sur le Café (Coffea arabica)* et fut nommé pharmacien de 1re classe, puis docteur ès-sciences, en 1867, avec une thèse *Sur les tiges de Phanérogames* et agrégé à l'Ecole supérieure de pharmacie en 1869, avec un mémoire *Sur la famille des Térébinthacées*.

En 1867, M. Marchand avait fondé la Société de Thérapeutique expérimentale de France, qui fut la première tentative d'association de la jeunesse studieuse ; on y admettait les femmes qui étudiaient les sciences, tentative qui fut alors jugée bien hardie. Cette société publiait des *Bulletins* contenant les travaux de ses membres ; pour la soutenir et la lancer, M. Marchand fonda l'*Echo médical*, journal hebdomadaire frondeur, indépendant, qui fut mal accueilli à la Faculté de Médecine et dont les articles ne furent pas une recommandation pour leur auteur quand, en 1869, il se présenta à l'agrégation de l'Ecole de Médecine. La société prospéra jusqu'en 1870, époque où la guerre décima ses adhérents.

En 1870-71, M. le Dr Marchand dirigea, d'abord, l'ambulance de Bois-Colombes ; rentré à Paris, il fut nommé chirurgien-major au 101e de la garde nationale, prit part à l'affaire dite « du Moulin de pierre » (nuit du 9 au 10 janvier 1871) et fut porté pour la décoration de la Légion d'honneur. Resté à son poste de chirurgien du 101e pendant toute la Commune, il fut fait prisonnier, le 25 mai, à son ambulance de la place Jeanne d'Arc et mis en liberté sans jugement, après six jours de captivité.

Chargé, en 1877, d'essayer la création de toutes pièces, à l'Ecole de Pharmacie de Paris, d'un cours de botanique cryptogamique, M. Marchand fit réussir cet essai et fut, en 1880, nommé professeur de la nouvelle chaire, la première de cette espèce créée en France ; il l'occupa comme titulaire de 1880 à 1897, année pendant laquelle il prit sa retraite pour raison de santé et fut nommé professeur honoraire.

Parmi les travaux publiés par M. Marchand et dont plusieurs sont des plus importants, il convient de citer, en outre des thèses et mémoires déjà mentionnés, ceux portant les titres suivants : *Des Classifications et des Méthodes en Botanique* (mémoire, 1867); *Recherches sur l'organisation des Burséracées* (autre thèse pour le doctorat ès-sciences naturelles, 1868); *Histoire de l'ancien groupe des Térébinthacées* (1869); *Revision du groupe des Anacardiacées* (thèse pour l'agrégation à l'Ecole Supérieure de Pharmacie, même année) ; *Reproduction des animaux infusoires* (idem) ; *Rapport sur l'état des vignes phylloxérées de Corte* (Société de Botanique de France, 1877); *Note sur la Phycocolle ou gélatine végétale produite par les algues* (1879) ; *Des Herborisations cryptogamiques* (Journal de Micrographie, 1879) ; *des Virus vaccins* (idem, 1881) ; *Réponse à la question* : Quel est le développement à donner à l'enseignement de la Cryptogamie aux différents degrés de l'instruction, posée par le Congrès international d'Anvers (1885) ; *les Microbes*, leçons d'ouverture de cours (1886) ; *Histoire de la découverte de la sexualité végétale*, leçon d'ouverture de cours (1889) ; *Histoire de la Cryptogamie* (1890) ; le *Sous-règne de la Cryptogamie* (Journal de Micrographie, 1891) ; *Synopsis des familles qui composent la classe des Mycophytes* Bulletin de la Société mycologique de France, 1894) ; *Tableau synoptique des familles de la classe des Mycophytes* (id. 1894) ; *Tableau synoptique des familles de la classe des Phycophytes* (1895) ; *Enumération méthodique et raisonnée des familles et des genres de la classe des Mycophytes*, Champignons et Lichens (1 vol. 1896), etc.

On lui doit encore la publication du 1er vol. de la *Botanique cryptogamique médico-pharmaceutique* ; la suite de cet ouvrage : *Biologie des Mycophytes* est indiquée aussi, mais non parue. Il collabora, en outre, au *Dictionnaire de Médecine pratique*, au *Symbolæ ad Floram Brasiliæ*, etc. (édit. Warming, Copenhague, 1873) ; au *Lagoa santa*, etc. (édit. Warming in Mem. de l'Acad. Roy de Danemark, 1892).

M. le Dr Léon Marchand a été maire de Thiais (Seine) de 1881 à 1887. D'importants travaux ont été effectués, dans cette commune, sous son administration : routes, égouts, gaz, établissement d'un bureau postal, création d'une nouvelle mairie et de nouvelles écoles de filles et de garçons, ainsi que d'une école maternelle, etc. D'autre part, on lui doit la laïcisation de l'enseignement et d'autres mesures concernant la liberté de conscience dans la commune. Il est resté délégué cantonal depuis 1881.

Membre de la Société de Botanique, de la Société

des amis des Sciences, etc., le D' Marchand est officier de l'Instruction publique.

COBALET
(Jean-Henri-Arthur COMBALET, dit)

Artiste lyrique, né à St-Cyprien (Dordogne) le 4 janvier 1855. De condition modeste, il fut envoyé, dès l'âge de treize ans, à Bordeaux, comme clerc d'huissier et devint premier clerc ; mais, poussé par une impérieuse vocation artistique, il développa les qualités naturelles d'une belle voix au Conservatoire Ste-Cécile de cette ville, dans la classe de Sarreau père, qui était, dans le même temps, le professeur de Talazac et avait été celui de Solve et autres chanteurs, devenus célèbres.

En 1876, M. Cobalet obtint le premier prix de chant ; mais, la même année, ayant subi la conscription, il dût délaisser ses études pour accomplir cinq années de service militaire, au 3ᵉ régiment d'infanterie de marine, à Rochefort ; puis, il revint à Bordeaux, se perfectionner dans son art, chanta la *Damnation de Faust* de Berlioz, et le *Paradis et la Péri* de Schumann, pour le Conservatoire.

Il partit bientôt pour Paris, où, par l'intermédiaire de son camarade Talazac, il obtint une audition à l'Opéra-Comique et fut de suite engagé pour trois années, par M. Carvalho ; il débuta le 23 septembre 1881, dans le rôle de Max, du *Chalet* ; continua ses débuts par celui de Malipiéri, d'*Haydée* et, peu après, reprenait Jacob dans *Joseph*.

Le succès de cet artiste s'affirma bientôt, amplement justifié par la souplesse et la puissance d'une superbe voix de basse-chantante-baryton, par ses qualités de diction, ses intonations savamment nuancées et par un jeu de scène très étudié et pourtant naturel.

Il créa encore à l'Opéra-Comique : *Lakmé* (Nilakanta), la *Perle du Brésil* (l'Amiral), *Manon* (le comte des Grieux), *Proserpine* (Renzo), le *Roi d'Ys* (le Roi) ; dans le répertoire, il interpréta, d'une façon très personnelle : *Mignon* (rôle de Lothario), qu'il joua près de 300 fois (à ce propos on raconte que M. Cobalet mettait tellement de cœur dans son interprétation, qu'il n'a jamais pu jouer ce côté sans pleurer) ; *Carmen* (Escamillo, 200 fois) ; *Dimitri* (le Prieur ; *Benvenuto Cellini* (l'Evêque) ; *Esclarmonde* (l'Evêque) ; le *Déserteur* (Courchumin) ; *Roméo et Juliette* (Capulet) ; l'*Etoile du Nord* (Peters) ; *Philémon et Baucis*, *Mireille*, la *Jolie fille de Perth*, le *Barbier de Séville*, la *Dame Blanche*, etc.

M. Cobalet quitta l'Opéra-Comique en 1891, pour aller à Londres, au théâtre de Covent-Garden, où il se fit applaudir dans ses créations, comme dans les répertoires italien et français, puis en Russie, en Roumanie, en Turquie, etc. Il s'est fait entendre aussi à Lille, en 1892, où il interpréta pour la première fois en France, le *Vaisseau-Fantôme* de Wagner (rôle du Hollandais) et créa *Marianah* (rôle du Père) ; à Anvers, à Nice (Opéra), où il chanta, pour la première fois en France, *Paillasse*, *Onéguine* et se fit entendre dans le répertoire de grand opéra : le *Prophète*, *Guillaume Tell*, l'*Africaine*, *Sapho*, *Hamlet*, les *Huguenots*, *Lohengrin*, le *Cid*, *Hamlet*, *Aïda*, *Sigurd*, *Faust*, etc.

Professeur de chant, de déclamation lyrique, d'opéra et d'opéra-comique, à la salle Erard, en 1898, M. Cobalet est devenu, depuis l'année suivante, professeur au « Nouveau Cours » créé rue des Mathurins.

Lieutenant dans l'armée territoriale, il est officier d'Académie.

CHAMBERET (Paul de)

Publiciste et administrateur, né à Paris le 10 mars 1848. Fils du général de Chamberet, mort à Versailles en 1880, cousin-germain du comte Georges de Chamberet, conseiller référendaire à la Cour des Comptes, décédé en 1894, il commença ses études classiques au lycée Bonaparte (Condorcet), suivit, plus tard, les cours de la Faculté de Droit de Nancy jusqu'au diplôme de licencié et se fit inscrire comme avocat, à la Cour d'appel de cette ville, en 1868. Il était déjà attaché au cabinet du préfet de la Meurthe depuis 1866 ; il devint alors attaché à celui du secrétaire-général de la Préfecture de la Seine (1868 à 1870) et prit part à la guerre franco-allemande, en qualité de lieutenant d'état-major des gardes mobiles.

Nommé secrétaire-général de la Préfecture de Saône-et-Loire en 1871, M. Paul de Chamberet fut successivement sous-préfet de Péronne, Provins, Mayenne (1ʳᵉ classe personnelle) et mis en disponibilité sur sa demande à la fin de l'année 1877.

Dès ce moment, M. de Chamberet débuta dans la presse comme rédacteur au *Moniteur Universel*. Il n'a guère cessé, depuis lors, de collaborer à divers journaux ou revues, notamment au *Nouvelliste de Bordeaux*, où il fait, depuis 1894, la critique dramatique pour les théâtres de Paris, et au *Nice Mondain*, dans lequel il a publié de très intéressantes et spirituelles chroniques parisiennes, sous le pseudonyme de « Pierre de Varaucour ».

Entre temps, il s'est activement occupé de questions d'assurances sur la vie et a fait paraître, sur ce sujet, une brochure qui a eu huit éditions. On lui doit aussi : *Une nuit de Paris (au pays du vice et de la misère)* et les *Poussières de la Rampe* (notes théâtrales).

Membre du comité de l'Association de la Presse monarchique, de la Société de Statistique de Paris et de l'Académie de Mâcon, délégué du Club-Alpin français, adhérent à la Société des Gens de lettres, administrateur de la Caisse d'épargne et d'autres sociétés industrielles ou financières, M. Paul de Chamberet est chevalier de la Légion d'honneur depuis 1871.

Son fils aîné, M. RAOUL DE CHAMBERET, est secrétaire de l'ambassade de France à Berlin.

BOLLACK (Léon-Moïse)

PUBLICISTE, négociant, né à Paris le 4 mai 1859. Il fit ses études commerciales à l'institution Springer de Paris et s'occupa d'affaires.

Comme négociant, s'étant rendu compte de l'utilité d'une langue internationale, M. Bollack étudia les diverses tentatives faites dans ce sens, qui d'ailleurs n'ont pas abouti jusqu'ici, et observa l'évolution du langage dans les idiomes existants. Ces recherches l'amenèrent à créer une langue artificielle, qu'il appela la *Langue bleue*, basée sur une méthode toute nouvelle et dont la presse française et étrangère a entretenu le public.

Partant de ces principes : « qu'un idiome commun entre les nations est une nécessité absolue » et « qu'un système de langage international pratique est indispensable à cet effet », M. Léon Bollack imagina un langage écrit et parlé dont l'audition est équivalente à la vision et dont la prononciation ni l'orthographe ne présentent de difficultés appréciables pour aucun des peuples civilisés.

La *Langue Bleue* comporte, en effet, un alphabet de 19 lettres seulement et un vocabulaire très simplifié, ne prêtant à chaque terme qu'un seul sens. Par des règles spéciales et peu nombreuses, la détermination des classes grammaticales et la construction des mots et des phrases se trouvent aisément établies, en sorte que la *Langue Bleue*, essentiellement facile, peut être apprise en fort peu de temps.

Le nom de ce nouveau langage artificiel, — écrivit M. Bollack, — évoque la notion du firmament : son épithète emblématique rappelle aux hommes de toutes nations la couleur du ciel vers lequel s'élèvent tant d'idéales pensées d'espérance et de fraternité.

La méthode de la *Langue Bleue*, dont le nom est *Bolak* dans ce nouveau langage artificiel, peut se résumer comme suit ; une lettre = un son ; un mot = un sens ; une classe (de mots) = un aspect ; une phrase = une construction.

M. Bollack a publié sur cette matière : la *Langue Bleue*, théorie complète (1 vol. in-8° de 480 pages, 1899) ; *Résumé théorique de la Langue Bleue* (1 vol. 1899) ; une *Grammaire abrégée de la Langue Bleue* (1 vol. 1899). Un *Vocabulaire de la Langue Bleue* est annoncé comme devant paraître incessamment, ainsi que des traductions de la *Grammaire de la Langue Bleue* en anglais, allemand, espagnol, italien, etc.

STEÜER-BERNARD (Adrien)

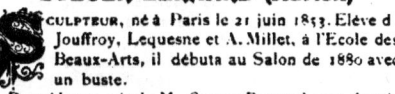

SCULPTEUR, né à Paris le 21 juin 1853. Elève d Jouffroy, Lequesne et A. Millet, à l'Ecole des Beaux-Arts, il débuta au Salon de 1880 avec un buste.

Parmi les envois de M. Steüer-Bernard, vus depuis aux Salons de la Société des Artistes français, on a remarqué les œuvres suivantes : *Les deux Masques*, statue plâtre (1881) ; *Bacchante menaçant un Faune*, groupe plâtre et *Ballade à la Lune*, statuette bronze (1883) ; *Après la chasse*, statue plâtre, qui est au musée de Laon (1885) ; un *Eclaireur*, statue bronze qui figura ensuite à l'Exposition universelle de 1889 et fut acquise par la Ville de Paris pour le square de Montrouge (1886) ; *Secret surpris*, groupe plâtre (1887 ; *Joueur de cerceau* (1888) ; *Henri de Lapommeraye*, buste plâtre (1889) ; *M. Mesureur, député*, buste plâtre (1890) ; *M. A. Sallet*, buste plâtre (1891) ; *M. Noblet, du Gymnase*, buste plâtre et *Torchère*, statuette plâtre (1892) ; huit *Portraits*, médailles cire (1893) ; *M. Larmeroux*, buste plâtre (1894) ; six *Médaillons*, terre cuite (1895) ; *Mlle A. T...*, bas-relief plâtre (1896) ; *M. Briqueler*, buste plâtre teinté (1897) ; le *Gui*, statue plâtre très remarquable (1899), etc.

On doit, en outre, à cet artiste, de nombreux bustes en marbre commandés par l'Etat : ceux d'*Achille Valencienne* pour le Muséum d'histoire naturelle, de *Flocon* pour le musée de Versailles, de *Gay-Lussac* et *G.-L. Petit* pour les écoles de Médecine de Paris et de Limoges, de *Glatigny* pour le cimetière de Laon, etc.

Il faut mentionner encore quantité d'objets d'art,

flambeaux, appliques, pots à tabac, cendriers, etc., qui classent leur auteur parmi les meilleurs spécialistes en ce genre si gracieux.

M. Steuer-Bernard a exécuté la partie décorative de la mairie de Vanves, inaugurée en 1898 ; on loue tout particulièrement le grand vase qui orne le pilastre du grand escalier de cet édifice.

Cet excellent sculpteur, dont les œuvres, les portraits surtout, sont des plus appréciés, est officier d'Académie.

POTOCKI (Louis-Julien)

ÉDECIN, né à Schweizerhalle (Suisse) le 29 août 1860, de parents français. Il fit ses études classiques et médicales à Paris. Reçu successivement licencié ès-sciences physiques (1878), interne des hôpitaux (1883), docteur en médecine (1888), chef de clinique d'accouchements (1890), accoucheur des hôpitaux (1896), il est, depuis 1898, accoucheur et professeur-adjoint à l'hôpital de la Maternité et médecin de l'Asile Michelet (femmes enceintes).

Le D' Potocki s'est fait remarquer par de nombreux travaux, desquels on cite notamment : *De l'opération césarienne et en particulier de l'opération césarienne avec double suture de l'utérus par la méthode Sänger* (Annales de Gynécologie, 1886) ; *Malformations chez un fœtus de six mois* (Bulletin de la Société Anatomique, 1886) ; *Kystes hydratiques de l'excavation pelvienne* (Bulletin de la Société Anatomique, 1886) ; *Kyste hydratique de l'abdomen et du bassin, laparotomie, guérison rapide* (Bulletin de la Société Anatomique, 1887) ; Sa thèse de doctorat (1888), qui traitait *Des méthodes d'embryotomie et des présentations de l'épaule négligées, et des instruments destinés à pratiquer l'embryotomie rachidienne et en particulier de l'embryotome du professeur Tarnier* (médaille d'argent de la Faculté de médecine) ; *Vices de conformation multiples chez un fœtus* (Bulletin de la Société anatomique, 1888) ; *Hernie diaphragmatique congénitale par arrêt de développement du diaphragme* (Bulletin de la Société Anatomique, 1888) ; *Technique de l'opération césarienne moderne* (Annales de Gynécologie, 1889 et 1890) ; *Désinfection des mains par le permanganate de potasse* (Annales de Gynécologie, 1889) ; *De l'abaissement prophylactique et curatif du pied dans la présentation du siège, mode des fesses* (Annales de Gynécologie, 1893) ; *Imperforation de l'intestin grêle chez un nouveau-né* (Thèse de Ducron, 1895) ;

Allongement hypertrophique du col utérin, sa pathogénie, en collaboration avec le Dr Pilliet (Annales de Gynécologie. 1896) ; *Sur la perméabilité rénale chez les éclamptiques* (Bulletin médical, 1898) ; *Nature et traitement de la rigidité dite anatomique du col de l'utérus pendant le travail* (Société d'Obstétrique, de Gynécologie et de Pédiatrie de Paris, 1899).

On doit encore au Dr Potocki la publication d'un *Traité de l'Asepsie et de l'Antisepsie en obstétrique*, rédigé d'après les leçons professées à la clinique d'accouchement par le professeur Tarnier (1 vol. 1894) et l'édition française avec notes de l'*Atlas manuel d'Obstétrique clinique et thérapeutique* d'Oscar Scheffer.

M. le Dr J. Potocki est membre fondateur de la Société Obstétricale de France et de la Société d'Obstétrique, de Gynécologie et de Pédiatrie de Paris.

TARDE (Gabriel)

HILOSOPHE, écrivain, sociologue, né à Sarlat (Dordogne) le 12 mars 1843. Après avoir accompli ses études classiques au collège de sa ville natale et son droit aux facultés de Toulouse et de Paris, il entra dans la magistrature et exerçait les fonctions de juge d'instruction à Sarlat lorsqu'il fut appelé, en janvier 1894, au ministère de la Justice, comme chef de la Statistique judiciaire. Il est, en outre, professeur à l'Ecole des Sciences politiques et membre du comité de direction du Collège des Sciences sociales.

M. Gabriel Tarde avait débuté dans la littérature par un recueil de vers philosophiques, intitulé *Contes et Poèmes* (1879). A partir de cette époque il ne s'est plus occupé que de philosophie, de criminologie et de sociologie. Les premiers articles qu'il produisit dans la *Revue philosophique* furent remarqués, dès leur apparition, par des hommes éminents, tels que Taine ; son étude sur la *Statistique criminelle du dernier demi-siècle* eut un très grand retentissement et fut l'objet de polémiques nombreuses dans les publications scientifiques.

Les ouvrages principaux de cet écrivain portent les titres suivants : la *Criminalité comparée* (1 vol. 1886, 4 édit.) ; les *Lois de l'Imitation* (1 vol. 1889, 2 édit., traduit en russe et en anglais) ; la *Philosophie pénale* (1 vol. 1890, 4 édit.) ; *Etudes pénales et sociales* (1 vol. 1891, 2 édit.) ; les *Transformations du Droit* (1 vol. 1893, 3 édit., traduit en espagnol) ; la *Logique sociale* (1 vol. 1895, 2 édit.) ; *Essais et Mélanges* sociologiques (1897); l'*Opposition universelle* (1897); *Etudes de Psychologie sociale* (1898); les *Lois sociales* (1898, 2 édit.); les *Transformations du Pouvoir* (1899).

Il a collaboré à la *Revue des Deux-Mondes*, à la *Revue de Paris*, à la *Revue d'Economie politique*, à la *Revue bleue*, à la *Revue scientifique* et il est l'un des directeurs des *Archives d'Anthropologie criminelle*.

M. Gabriel Tarde a fait partie de nombreux congrès scientifiques, dans lesquels il a lutté avec éclat contre l'école criminaliste italienne. Il a été nommé chevalier de la Légion d'honneur en 1895.

DUFEU (Jacques-Edouard)

PEINTRE, poète et musicien, né à Marseille le 27 mars 1840, d'une famille égyptienne, dont le nom « Elnar » est l'original du sien. Il est le fils d'Antoine Dufeu, littérateur (1808-1878), le neveu du poète Agoub, une des célébrités de la pléiade romantique égyptienne, et du général Abdelal, un des héros de la bataille de Coulmiers. Après avoir fait, à Marseille, ses études classiques, M. Edouard Dufeu visita l'Egypte et vint ensuite à Paris étudier la peinture; il reçut les conseils d'abord de Gleyre, puis de Daubigny, de Courbet, de Corot et de Ribot ; il se lia d'amitié, dès ce moment, avec ce dernier maître.

Son premier envoi au Salon des Artistes Français, en 1863, fut une gravure représentant les *Vieilles rues du Caire*, que le Kédive faisait démolir à cette époque. Il collabora, dans le même temps et pendant quelques années suivantes, comme dessinateur, à l'*Artiste* et à la *Vie moderne*, et produisit surtout, pendant cette période de sa vie, des dessins, des aquarelles, des gravures. Une de ces dernières, exposée au Salon de 1868, puis à celui de 1872 : *Une rue du Caire*, fut très remarquée.

On cite de cet artiste, parmi les tableaux envoyés aux salons suivants : la *Mort de Polonius* (1877); *Ferme à Mers* (1882); *Le Père et la Mère André* (1884); *Huîtres et Poissons* (1885); un *Coin de l'atelier Vollon* (1886); le *Grand canal de Venise* (aquarelle); *Coreopsis* et *Coin de port* (peintures); *Marchand d'eau à Venise* et une gravure : *Rue du Caire* (1889); *Abside de Notre-Dame* (aquarelle) et *Chaudrons et cruches de Brindisi* (1890).

M. Edouard Dufeu a travaillé, pendant plusieurs années, à une toile considérable : la *Part du Capitaine*, qui fut détruite par un incendie en 1894. En 1897, cette toile, refaite, fut l'objet d'une exposition particulière au *Journal* et un critique autorisé la jugea ainsi :

Si l'œuvre est parfois discutable au point de vue du dessin, elle n'en accuse pas moins un sens de la couleur, un art de la composition, un don du mouvement et de la vie qui en font réellement une œuvre au sens le plus large du mot. (Le *Temps*, avril 1891).

Parmi les toiles exécutées depuis, il convient de citer : la *Femme aux poissons* et un *Intérieur de ferme*, tableau très remarquable (1899).

La critique a toujours été très favorable à l'œuvre de M. Dufeu :

Depuis longtemps, je n'ai vu à l'Exposition qu'une note nouvelle sur l'Afrique.... Cette note, je dois dire que je l'ai retrouvée plus sauvage et plus vibrante encore, chez un artiste d'origine orientale, dont j'ai eu occasion de voir des œuvres d'une puissante couleur ; mais je ne crois pas que ce peintre de sang arabe et si sincèrement oriental ait jamais rien envoyé au Salon. (De FOURCAUD. — *Gaulois*, 1877).

— *La Mort de Polonius*, de M. Dufeu, nous promet un grand artiste ; cela a l'allure fière d'une esquisse de maître. Gonzague PRIVAT. — *L'Art Français*, 1877).

— *Le Père et la Mère André* sont deux portraits d'une naïveté autrement intéressante que toutes les rouëries des peintres à la mode. (G. GEFFROY. — *Justice*, 1884).

M. Dufeu a écrit d'intéressantes poésies en langue italienne, française et provençale ; musicien, il a composé des morceaux variés et une opérette : la *Pupille de Saint-Ignace*.

Membre de la Commission égyptienne de l'Exposition universelle de 1867, M. Dufeu fut, à cette occasion, décoré de l'ordre du Medjidieh.

VALLON (Charles)

MÉDECIN, né à Limoges le 18 avril 1853. Venu à Paris pour y terminer ses études de médecine, commencées à l'école préparatoire de sa ville natale, il fut reçu docteur en 1882, avec une thèse ayant pour titre : *De la paralysie générale et du traumatisme dans leurs rapports réciproques*, qui lui valut une médaille de la Faculté.

Successivement interne des asiles d'aliénés de la Seine, chef de clinique de la chaire des maladies mentales à la Faculté de Médecine de Paris, M. Vallon est, depuis 1885, médecin-chef à l'asile départemental d'aliénés de Villejuif et expert près les tribunaux, pour les maladies mentales.

L'autorité judiciaire a fait de très fréquents appels à ses connaissances approfondies en psychiatrie, pour l'éclairer sur l'état mental des criminels.

Elève des professeurs Ball et Lasègue, M. Vallon, marchant dans la voie tracée par ses maîtres, a écrit un grand nombre de mémoires se rapportant à la médecine mentale et surtout à la médecine légale des aliénés ; il ont été publiés dans l'*Encéphale* (journal des maladies mentales et nerveuses), les *Archives de Neurologie*, les *Annales médico-psychologiques*, la *Revue de Médecine légale et de Jurisprudence médicale*, etc.

En 1897, à l'occasion du Congrès international de médecine tenu à Moscou, M. Vallon fut chargé, avec le docteur Armand Marie, par la Préfecture de la Seine, d'aller étudier en Russie le traitement et l'hospitalisation des aliénés. Ces deux médecins rendirent compte de leur mission dans un volume de près de 400 pages, plein de documents et d'aperçus intéressants, qui parut en 1899 sous le titre : *Les Aliénés en Russie*.

M. Vallon appartient à plusieurs sociétés savantes : membre et secrétaire de la Société de Médecine légale de France, membre titulaire de la Société médico-psychologique de Paris, il a fait de nombreuses communications à ces compagnies ; il est en outre membre associé étranger de la Société de Neurologie et de Psychiatrie de Moscou, membre correspondant de la Société des Sciences médicales de Lisbonne.

Lauréat de la Société médico-psychologique et de la Faculté de Médecine de Paris, M. le Dr Vallon a vu trois fois couronner ses travaux par l'Académie de Médecine. Il est officier de l'Instruction publique et officier de Saint-Jacques du Portugal.

CASTILLON de SAINT-VICTOR (Georges Comte de)

AÉRONAUTE, homme politique, né au château de la Grève, près Nogent-le-Rotrou (Eure-et-Loir) le 17 septembre 1870. Fils d'un officier qui prit part aux campagnes d'Italie et Franco-Allemande, il fit ses études classiques au collège des Jésuites du Mans et fut reçu licencié en droit en 1891.

Élève de l'École des Sciences Politiques, de cette date à 1893, il entra, cette dernière année, au ministère des Affaires étrangères ; mais ses opinions politiques royalistes l'engagèrent à démissionner deux ans après.

Le comte de Castillon de Saint-Victor, qui s'occupait déjà de sport : cyclisme, automobilisme, etc., attiré sur lui l'attention publique par d'intéressantes expériences d'aérostation. En juin 1898, il accomplit, avec MM. de la Vaulx et Maurice Mallet, une ascension de Paris à Dreux en vingt-deux heures, avec escale, à bord du ballon le *Volga*. La même année, il allait, avec le même aérostat, de Paris à Luxembourg en 7 heures. En décembre, il franchit la distance comprise entre Paris et Milhau (Aveyron) en 18 heures. En juin 1899, il arrivait deuxième dans la course des aéronautes.

Le 30 septembre de cette même année, montant le *Centaure* avec M. Mallet, il atteignit Westerweeck (Suède), battant la *Ville d'Orléans*, qui détenait, depuis novembre 1870, le record de distance en ligne droite du monde. Les 21 et 22 octobre, sur l'*Aero-Club*, avec M. de la Vaulx, il remportait le record de durée (35 heures avec escale et 29 heures 5 minutes sans escale), battant celui de 24 heures de M. Godard. Le 28 octobre enfin, avec le même ballon, il atterrissait au Hanovre après un voyage de 15 heures.

M. de Castillon de Saint-Victor a publié des observations sur ses voyages, dans le *Soir*, la *Vie au grand Air*, le *Journal* etc.

Il fait partie du comité d'aérostation de l'Aero-Club et appartient aussi à l'Automobile-Club, au Cercle Agricole, à la Société française de Navigation aérienne, etc.

Trésorier de l'Association de la Jeunesse royaliste, il s'intéresse activement aux affaires publiques et donne des articles politiques dans plusieurs journaux conservateurs.

MOSZKOWSKI (Maurice)

COMPOSITEUR de musique, pianiste, né à Breslau (Silésie) le 23 août 1854 et demeurant en France. D'origine polonaise, mais de famille allemande, M. Maurice Moszkowski fit ses études musicales d'abord à Dresde, puis à Berlin, où il eut pour professeurs de piano M. Théodore Kullak et de composition MM. Kiel et Wœrst. Liszt s'intéressa aussi aux premières compositions du jeune artiste et accompagna lui-même un concerto de M. Moszkowski, dans une grande matinée qu'il arrangea dans ce but à Weimar.

En 1878, M. M. Moszkowski faisait éditer une grande symphonie en 4 parties : *Jeanne d'Arc*, inspirée du drame de Schiller et qui a été exécutée tour à tour en Allemagne, en Russie, en Belgique, en Hollande et en Amérique. On cite encore de ce compositeur : une première et une deuxième *Suite d'orchestre*, exécutées d'abord à la Société philharmonique de Londres et depuis aux concerts Colonne à Paris ; *Boadil, le dernier roi des Maures*, opéra en 3 actes (1892) et *Laurin*, ballet (1895), pièces représentées à l'opéra de Berlin ; la musique pour la tragédie *Don Juan et Faust*, en 4 actes, de Grabbe (1895), jouée au théâtre de Meiningen ; un grand nombre de compositions pour orchestre, un *Concerto pour piano*, un *Concerto pour violon* et plus de cent pièces pour piano, dont beaucoup sont populaires en France, notamment : *Etincelles*, grande valse en mi, *Près du berceau*, *Danses espagnoles*, *Etudes de concert*, *Tarentelle*, etc.

Très apprécié comme compositeur, pour ses qualités de vigueur et d'harmonie, M. Maurice Moszkowski l'est non moins comme virtuose. Sa réputation de pianiste exécutant est bien établie en Allemagne, où il eut pour élèves MM. Joseph Hofmann, Joseph Weiss, M⁽ˡˡᵉ⁾ Emma Koch, etc.

Fixé à Paris depuis 1887, il s'y est aussi fait connaître comme professeur libre en des cours très suivis.

M. Maurice Moszkowski est membre honoraire de la Société philharmonique de Londres et membre de l'Académie royale de Berlin.

ROSEN (Jean)

Peintre, né à Varsovie (Pologne) le 16 octobre 1854, demeurant en France. Venu à Paris en 1873, il entra à l'Ecole des Beaux-Arts, où il fut élève de Pils et de Gérôme et débuta au Salon de 1877 avec un tableau d'histoire remarqué : la *Provocation* (Pologne XVIIᵉ siècle). Puis il exposa successivement : une *Chasse au lièvre en Pologne* ; un *Porte-étendard de Pologne XVIᵉ siècle* (1878) ; *J'ayant !* un *Relai volant* (1879).

Pour se parfaire dans l'étude de son art et la connaissance des maîtres anciens, M. Jean Rosen voyagea en Allemagne, en Italie et en Russie, où il se fixa durant quelques années. Là, il composa de nombreuses toiles, la plupart d'un caractère historique, qui ornent les principales galeries de l'empire moscovite et parmi lesquelles on doit citer trois tableaux commandés pour la collection impériale : une *Revue en 1824 passée par le grand-duc Constantin*, qui figura à l'Exposition universelle de 1889 à Paris ; l'*Assaut d'Hospenthal en 1799*, qui se trouve au Palais d'hiver de St-Pétersbourg ; la *Bataille de Rimnik en 1787* et d'autres tableaux pour les empereurs Alexandre III, Nicolas II et les impératrices.

De retour à Paris, M. Jean Rosen continua d'exposer à la Société des Artistes français : *Portrait de S. M. Alexandre III*, acquis par le cercle militaire de Paris (1896) ; *Napoléon Iᵉʳ quittant l'armée à Smorgonie (en Lithuanie), le 5 décembre 1812* (1891) ; la *Matinée de Waterloo* (1897) ; *Eclaireurs d'avant-garde de la grande-armée, bords du Niémen en 1812* (1898), etc.

On doit encore à ce peintre, dont les œuvres importantes ont toujours retenu les éloges de la critique, nombre d'aquarelles et de portraits, entr'autres celui de M. *Paul Marmottan*.

M. Jean Rosen est membre de l'Académie des Beaux-Arts de St-Pétersbourg et du jury des artistes russes à l'Exposition universelle de 1900. Il a obtenu une médaille de bronze à Paris et diverses médailles à l'étranger.

MATHIOT (Charles-Eugène)

Avocat, publiciste, né à Epinal (Vosges) le 25 avril 1864. Après de très brillantes études de lettres et de sciences, il abandonna la préparation de l'Ecole forestière, à laquelle il se destinait, pour se consacrer à l'étude du droit. Licencié, il fut principal clerc d'avoué à Paris, se fit inscrire au barreau en 1887 et obtint, au concours de 1890, la nomination de secrétaire de la Conférence des avocats.

Collaborateur, dès cette époque, de Mᵉ Waldeck-Rousseau, M. Charles Mathiot prépara auprès de lui les grands procès d'affaires plaidés, pendant ces dernières années, par l'éminent avocat. Lui-même se distingua au palais dans de nombreuses causes civiles : affaires de sociétés, de travaux publics, de bourse et de banque. Il s'est aussi très activement adonné aux études des questions concernant les colonies. Ayant été nommé, par arrêté du 4 mars 1893, conseil du sous-secrétariat d'Etat des Colonies, il se vit nommer membre du comité du contentieux institué lors de la transformation de ce sous-secrétariat d'Etat en ministère. A la suite de la conquête de Madagascar, il fut chargé de l'étude de la plupart des nombreuses réclamations, tant étrangères que françaises, adressées à l'Etat français. Sa compétence en matière coloniale en a fait un des conseils les plus écoutés du ministère.

En 1896, il fut nommé avocat-conseil du sous-secrétariat des Postes et Télégraphes et, en 1898, le ministère de l'Intérieur se l'attacha en cette même qualité.

Après le décès de M. Leroy, député de Montdidier, M. Mathiot posa sa candidature à son siège et mena, à cette occasion, dans cet arrondissement, une vive campagne contre le socialisme. Ayant obtenu quelques voix de moins que M. Hennard, candidat républicain comme lui, au premier tour de scrutin, le 19 janvier

1896, il se désista en sa faveur et assura ainsi l'élection de ce dernier au ballottage.

M. Mathiot a été chargé de diverses missions à l'étranger. Il a écrit dans divers journaux et revues français et fut correspondant de la *Moskowski Lyjtok* et de l'*Aftoubladet*, revues étrangères.

Titulaire d'une médaille d'argent pour fait de sauvetage, il est officier d'Académie.

WERTHEIM (Georges)

Publiciste, né à Paris le 11 août 1847. Fils d'un commissionnaire en marchandises de Paris, il accomplit ses études classiques et succéda à son père, après la mort de celui-ci, en 1871.

M. Wertheim venait de céder sa maison de commerce quand il entra en relations, en 1880, avec le directeur du *Bulletin des Halles*, M. Charles Bivort, qui lui confia la chronique financière de cet important organe.

A la fondation du journal le *Parti National*, il fut choisi par M. Jules Brisson comme rédacteur de la rubrique financière, qu'il écrivit sous le pseudonyme de « Criton »; en 1893, il entra en la même qualité à la *Presse* et à la *Patrie*, feuilles auxquelles, depuis lors, il n'a plus cessé de collaborer.

Très compétent pour les questions financières, commerciales et industrielles, M. Georges Wertheim jouit, comme journaliste, d'une grande réputation dans le monde de la finance.

PAILLET (Eugène)

Magistrat, érudit, né à Paris le 17 août 1829. Fils de l'avocat Victor Paillet, qui fut représentant du peuple en 1848 (1795-1855), il fit ses études et prit ses inscriptions de droit à Paris, se fit recevoir licencié à la Faculté, puis prêta le serment d'avocat en 1852.

M. Eugène Paillet s'occupa de causes criminelles quelquefois, et surtout de procès civils, jusqu'en 1861, époque à laquelle il fut nommé juge suppléant. Promu juge d'instruction à Paris, en 1869, il est devenu conseiller à la Cour d'appel en 1880.

Membre et président, depuis 1879, de la Société des Amis des Livres, il a, dans l'*Annuaire* de cette société, depuis de longues années, produit de nombreux articles, communications et recherches sur la bibliographie, l'histoire, la littérature, etc. On peut citer dans cet ordre ses *Études sur l'histoire de France du Père Loriquet*; une *Notice sur le duc d'Aumale* (président d'honneur de la Société des Amis des Livres), etc.

M. Eugène Paillet a réuni les éléments d'une bibliothèque, composée surtout de livres du XVIIIe siècle et qui fut vendue plus de 500,000 francs; il en possède une autre, composée d'œuvres également fort rares, manuscrites et enluminées, ou imprimées, et allant de l'époque de Gutenberg jusqu'à nos jours.

M. Eugène Paillet est chevalier de la Légion d'honneur depuis 1880.

PAILLET (Jean)

Avocat, homme politique, né à Paris le 9 avril 1859. Fils du précédent, il fit ses études classiques au lycée Louis-le-Grand, puis étudia le droit à la Faculté de Paris. Reçu licencié en 1883, il se fit inscrire, la même année, au barreau de la Cour d'appel.

Parmi les causes retentissantes plaidées, au criminel et au civil, par M. Paillet, on cite celle de l'ancien garde républicain Maisonneuve, condamné, pour l'assassinat de la fille Alliaume, aux travaux forcés, ainsi que la revendication de M. Régis, syndic de faillite, contre la Bibliothèque Nationale, pour saisie de livres pamphlétaires, revendication admise en première instance et finalement rejetée par la Cour.

Maire de la commune de Belleau (Aisne) depuis plusieurs années, M. J. Paillet fut candidat républicain, aux élections législatives de 1893, dans l'arrondissement de Château-Thierry (Aisne) et réunit 5,392 voix, contre 7,943 à l'élu, M. Deville. De nouveau candidat après la mort de ce député, à l'élection partielle de 1896, M. J. Paillet échoua encore contre M. Morlot, radical. Il a été nommé, la même année, conseiller général pour le canton de Château-Thierry et s'est mis en vue, dans l'assemblée départementale, par d'importants rapports qu'il a établis sur des questions d'enseignement et d'assistance publique.

M. Jean Paillet est capitaine d'artillerie territoriale.

Doué d'une belle voix de baryton, on voit son nom figurer sur les programmes de nombreuses fêtes de bienfaisance et réunions mondaines, et il s'est fait souvent applaudir à côté d'artistes professionnels connus.

CÈRE (Émile)

DÉPUTÉ, écrivain, né à Paris le 13 mars 1863. Il fit ses études à Paris et publia, étant encore au lycée, des articles dans l'*Opinion publique*, le *Grand Journal*, etc.

En 1881, M. Emile Cère entra au journal la *France*, dirigé alors par Emile de Girardin ; peu après, il fondait le *Progrès universitaire*, publication consacrée aux intérêts de l'enseignement secondaire et créait, en même temps, l'Association des Maîtres-répétiteurs des lycées et collèges.

M. Cère, dont la réputation de journaliste s'était alors affirmée, passa, en 1890, de la *France*, où il était devenu secrétaire de la rédaction, au *Petit Journal* ; il y fut chargé des informations parlementaires et il y donna des articles remarqués, notamment sur les questions africaines. Il quitta le *Petit Journal*, après y avoir passé huit années, pour se présenter à la députation.

Il a publié en volumes : les *Huissiers*, pamphlet ; l'*Ecole des Chartes*, étude très documentée, qui lui valut les éloges de l'Université ; la *Réforme des Bibliothèques*, autre étude documentaire ; *Madagascar au XVIIe siècle*, étude rétrospective d'un grand intérêt ; l'*Histoire des Femmes-soldats*, très curieuse étude historique et les *Petites Patriotes* « livre excellent, écrivit M. Hugues Le Roux dans la *République française*, que toutes les bibliothèques scolaires devraient posséder ».

On doit encore à M. Emile Cère des publications d'un caractère didactique, comme : *Une question urgente* ; la *Faucille* ; ou d'espèce historique, tels les articles qu'il donna à la *Revue hebdomadaire* sur la mission du capitaine Marchand, articles qui permirent au public d'avoir une relation exacte du voyage de cet explorateur.

Directeur, depuis 1898, du *Réveil du Haut-Jura* et parent de M. Poupin, ancien député de Poligny, M. Emile Cère se présenta, lors du renouvellement législatif de 1898, dans l'arrondissement de Saint-Claude (Jura) ; il fut élu, au 2e tour de scrutin, par 5.728 voix, contre 5.294 à M. Jobez, député sortant rallié et 1.698 à M. Marpaux, socialiste.

A la Chambre, M. Emile Cère est secrétaire du groupe de l'Union progressiste, membre de la commission parlementaire de la Presse et, en outre, secrétaire de la grande commission de la Marine. Il a déposé à la tribune plusieurs propositions de loi, dont les plus intéressantes sont celles relatives à la réforme administrative et celle modifiant les articles 6 et 11 de la loi du 29 juillet 1881, supprimant l'anonymat dans la presse, « pour augmenter, dit l'auteur, élever et développer la liberté de la presse, en déterminant la « liberté du rédacteur ; pour affranchir l'écrivain, en « le délivrant des chaînes de l'anonymat. »

Syndic de l'Association de la Presse parlementaire, membre de la Société des Gens de lettres, des associations des Journalistes républicains et des Journalistes parisiens, M. Emile Cère a été fait, au titre de publiciste, chevalier de la Légion d'honneur. Il est aussi officier de l'Instruction publique et son œuvre littéraire a été récompensée d'une médaille d'honneur par la Société d'encouragement au bien.

PUGNO (Raoul-Stéphane)

COMPOSITEUR, pianiste et professeur de musique, né à Montrouge (Seine) le 23 juin 1852. Fils d'un professeur de musique d'origine italienne, il reçut de son père les premières leçons de son art ; puis il prit les conseils d'Edmond Chabrié et de Mlle Joséphine Martin, passa six mois à l'Ecole Niedermeyer et entra, en 1866, au Conservatoire, où il fut élève de Mathias pour le piano et de Durand pour le solfège. Il obtint un premier prix de fugue en 1866, un premier prix de solfège et d'harmonie en 1867, un prix de fugue et le premier prix d'orgue en 1869 ; mais il ne put concourir pour le prix de Rome, étant fils d'étranger et ne devant être naturalisé que plus tard.

Nommé, en 1871, organiste de l'église St-Eugène, M. Raoul Pugno devint maître de chapelle à la mort d'Eugène Gautier et exerça ces fonctions jusqu'en 1892. A cette époque, succédant à Duprato, il fut choisi comme professeur d'harmonie au Conservatoire et, en 1896, il remplaça Henri Fissot dans la classe de piano. Son enseignement, dans l'un et l'autre de ces genres, est également apprécié ; toutefois c'est comme professeur de piano qu'on lui est redevable de la formation d'artistes du plus bel avenir.

Les principales œuvres musicales que M. Raoul Pugno a composées et fait entendre, au théâtre ou dans les grands concerts, portent les titres suivants : la *Résurrection de Lazare*, oratorio de MM. Grandmougin et Favin, exécuté aux concerts Pasdeloup (1879) ; la *Fée Cocotte*, avec Bourgeois, féerie en 3 actes et 20 tableaux, de Marot et Philippe (Palace-Théâtre, 1881) ; les *Papillons*, ballet fantastique, avec Lippacher (Palace-Théâtre, 1881) ; *Ninetta*, opéra-comique en 3 actes, de Besson et Hennequin (Renaissance, 1882) ; *Viviane*, ballet en 3 actes et 6 tableaux de Gondinet, avec Lippacher (Eden, 1886) ; le *Sosie*, opéra-bouffe en 3 actes, de Valabrègue et Kéroul (Bouffes, 1887) ; le *Valet de Cœur*, opéra en 3 actes, de Ferrier et Clairville (Bouffes, 1888) ; le *Retour d'Ulysse*, opéra-bouffe en 3 actes, de Fabrice Carré (Bouffes, 1889) ; la *Vocation de Marius*, vaudeville en 3 actes, de Fabrice Carré et A. Debelly (Nouveautés, 1890) ; la *Petite Poucette*, vaudeville-opéra en 3 actes, d'Ordonneau et Hennequin (Renaissance, 1891) ; la *Danseuse de corde*, pantomime en 3 actes, de A. Scholl et J. Roques (Nouveau-Théâtre, 1892) ; *Pour le Drapeau*, mimodrame en 3 actes, de H. Amic (Ambigu, 1895) ; le *Chevalier aux fleurs*, ballet en 12 tableaux de A. Silvestre, musique en collaboration avec Messager (Théâtre Marigny, 1897). Il a encore écrit la musique de : les *Pauvres gens*, drame lyrique en 3 actes, de Henri Cain ; *Prométhée*, ode lyrique de Ch. Grandmougin et les *Etoiles*, opéra-ballet, tiré des *Contes du Lundi*, d'Alphonse Daudet.

Les compositions de M. Raoul Pugno, pour piano, sont nombreuses et fort goûtées du public. Citons entr'autres : *Trois airs de ballet*, *Impromptu*, *Grande sonate*, *Première Mazurka*, *Valse de concert*, *Polketta*, *Première Gavotte*, *Petite pièce en forme de canon*, *Scherzetto*, *Orientale*, les *Voix* ; quatre pièces romantiques : *Impromptu*, *Valse*, *Triolets*, *Air à danser* et diverses valses.

On lui doit aussi plusieurs mélodies : *Pages d'amour*, de A. Silvestre (six mélodies) ; *Amours brèves*, de M. Vaucaire (sept mélodies) et le *Roman de la Marguerite*, de M. Emile Favin.

Ce compositeur a fréquemment dirigé lui-même l'exécution de ses œuvres. Comme pianiste, M. Pugno s'est placé au premier rang des virtuoses contemporains ; en 1893, la très brillante exécution d'un *Concerto en la mineur* de Grieg, consacra sur ce point sa réputation. Il s'est fait, depuis, souvent applaudir aux Concerts Colonne, à la salle Pleyel, où il donna, en 1897, avec le violoniste Ysaye, d'inoubliables séances de musique de chambre ; à Reims, où il inaugura, avec le violoniste Henri Marteau, d'aussi remarquables auditions de musique de chambre et aux Etats-Unis, où il eut pour partenaires les violonistes Ysaye et Gerardi, etc.

M. Hugues Imbert, dans le *Guide musical* (février 1889), dit du talent d'exécution de M. Pugno :

Il a assoupli le clavier à toutes ses volontés, à tous ses caprices ; c'est un pianiste coloriste, appartenant à l'école de l'expression et de la puissance dramatique.

... Chez le maître français, la correction est peut-être plus grande et la passion, même la plus véhémente, ne l'empêche pas de conserver l'égalité des doigts et la sûreté du trait. La sonorité est onctueuse ; le charme dans les thèmes, de douceur, d'expression intense, est enveloppant ; la puissance dans les passages de force atteint l'apogée.

M. Raoul Pugno est chevalier de la Légion d'honneur depuis 1897 ; il est de plus officier d'Académie et chevalier de la Couronne de Chêne.

WITT (Cornélis-Henri de)

PUBLICISTE, administrateur, né à Paris le 29 mai 1852. Fils de Cornélis-Henri de Witt, ancien député, sous-secrétaire d'Etat au ministère de l'Intérieur et écrivain de talent (1828-1889), neveu de M. Conrad de Witt, député (1), il est par sa mère, née Pauline Guizot, le petit-fils de l'illustre homme d'Etat. Il fit ses études au lycée Bonaparte (Condorcet). Engagé volontaire dès le début des hostilités franco-allemandes (1870-71), M. Cornélis de Witt resta dans l'armée après la paix. Nommé sous-lieutenant en 1873, puis lieutenant en 1877, il démissionna en 1880.

Son mariage avec Mlle de La Bruyère, qui appartient à l'une des plus anciennes familles de Lot-et-Garonne, le conduisit à demeurer dans cette région. Elu conseiller d'arrondissement, puis conseiller général de ce département, pour le canton de Castelmoron, il conserva cette dernière fonction de 1885 à 1891, époque à laquelle il ne se représenta plus.

En 1889, il avait été candidat monarchiste libéral dans l'arrondissement de Nérac (Lot-et-Garonne) et avait échoué contre M. Fallières, devenu depuis président du Sénat.

C'est à M. C. de Witt qu'est due la création de la Société des Conférences monarchistes et de l'organe de cette société, qui, de 1885 à 1890, étendit son action à toute la France et eut une action politique importante.

Renonçant à la politique, M. de Witt vint habiter Paris en 1890 et fut nommé, en quelques années, administrateur des Chemins de fer du sud de l'Autriche, de la Société du Nickel, de celles des Fontaines à gaz, des Chemins de fer algériens, ainsi que du journal hebdomadaire le *Soleil du Dimanche* et de l'Imprimerie de Vaugirard. Il est, en outre, membre du conseil des Agriculteurs de France et membre de la Chambre syndicale de l'Union des syndicats agricoles.

M. Cornélis de Witt a publié : *Six mois de*

(1) Notice Tome 1er, page 312.

guerre (1870-71) ; la *Monarchie*, sous l'anonymat (1 vol. 1885) ; *Lettres et Journal de sa mère*, Mme *Cornélis de Witt* (1 vol. 1894) ; *Une commune rurale en 1896, Laparade (Lot-et-Garonne)* (1 vol. 1897), étude couronnée au concours de la Société des Agriculteurs de France. Il avait fondé en 1889 et dirige depuis le *Paysan du Sud-Ouest*, « organe hebdomadaire conservateur libéral de la démocratie rurale ». Il y traite surtout d'économie sociale et de questions agricoles.

ESCANYÉ (Frédéric)

Député, avocat, né à Thuir (Pyrénées-Orientales) le 15 mai 1833. Petit-fils d'un député à l'Assemblée législative de 1791, fils d'un capitaine d'Etat-major député de Prades de 1831 à 1834, il fit ses études de droit à Paris, puis se fit inscrire au barreau de Perpignan, en 1855.

Mêlé au mouvement d'opposition républicaine sous l'empire, il fut candidat au Conseil général de son département dès 1870 et nommé, après le 4 septembre, conseiller de préfecture des Pyrénées-Orientales. Il donnait, peu de temps après, sa démission pour entrer dans la garde nationale mobilisée et il fut vice-président du Comité de défense départemental.

Conseiller municipal de Perpignan de 1871 à 1878, M. Escanyé fut conseiller général du canton de Thuir de 1871 à 1880, puis du canton de Sournia en 1881. Dans l'assemblée départementale il s'est occupé de toutes les questions intéressant la région : assistance, assainissement, voies ferrées, irrigation, paquebots. Il fait partie de la commission des Travaux publics.

M. Frédéric Escanyé avait été élu député de l'arrondissement de Prades, le 5 mars 1876, au 2me tour par 5,056 voix et après une lutte très vive contre le député conservateur. Il fit partie des 363 et, après la dissolution, fut battu ; mais son concurrent ayant été invalidé, il fut réélu, en janvier 1878, par plus de 6,000 voix, sans concurrent. Réélu encore en 1881 et par 4,864 voix contre 3,562, l'honorable député des Pyrénées-Orientales fit partie de l'Union républicaine, à la Chambre, pendant ces deux législatures.

Lors du renouvellement général de 1885, au scrutin plural, il échoua avec la liste républicaine (sans épithète) de son département ; mais à une élection partielle nécessitée par le remplacement de M. Vilar, élu sénateur en 1891, M. Escanyé fut rappelé au Palais-Bourbon par 6,135 voix sur 6,625 votants. Il a été réélu dans l'arrondissement de Prades : en 1893, au 1er tour, par 5,797 voix contre 353 à M. Noé, rallié, et en 1898 par 6,314 voix contre 1,118 à deux concurrents.

Inscrit au groupe des républicains de gouvernement, depuis dit groupe progressiste, et au groupe agricole, comme protectionniste, M. Escanyé a présenté, en 1876 et 1877, des propositions de loi sur la transformation de la prestation en nature, sur la naturalisation, sur la cessation des incapacités résultant de condamnations, etc. ; en 1879, il déposa un rapport très documenté sur le projet de loi relatif au vinage, présenté par le gouvernement ; en 1891 et 1893, il se prononça pour l'assimilation de la retraite des forestiers à celle de la gendarmerie ; en 1895 et 1896, il soutint des amendements pour l'augmentation des crédits relatifs aux routes nationales et demanda la création de chemins de fer de Prades à Olette. Il a fait partie des commissions sur la réforme des impôts (1893-1898), de la Marine (depuis 1898), etc.

M. Escanyé avait été, en 1891, lors du renouvellement sénatorial, candidat dans les Pyrénées-Orientales et avait obtenu, au premier tour, 112 voix sur 472 ; le 21 février 1897, après le décès d'Emmanuel Arago, il se présenta encore et échoua, avec 201 voix contre 267 à M. Delcros, élu.

Membre de plusieurs associations et sociétés agricoles, scientifiques et littéraires, de l'Association polytechnique et du Cercle républicain de Perpignan, l'honorable député s'y est signalé par diverses conférences remarquables. On lui doit la publication d'une très intéressante étude sur l'*Arbitrage International*.

VAQUEZ (Louis-Henri)

Médecin, professeur, né à Paris le 27 août 1860, d'une famille originaire de la Picardie. Il fit ses études au lycée Condorcet et suivit les cours de la Faculté de Médecine de Paris. Interne des hôpitaux en 1887, il fut reçu docteur en 1890. Chef de laboratoire à la clinique médicale de la Charité, il fit, à la Faculté, un cours pratique (recherches de laboratoire appliquées à la clinique) de 1890 à 1891 et un cours de sémiotique de 1892 à 1894, étant chef de clinique du même hôpital (service du professeur Potain). Reçu agrégé en 1898, il professe depuis lors les cours de thérapeutique à la Faculté de Paris. Il est aussi médecin en chef de la maison Dubois.

Membre de la Société Anatomique et de Biologie, médecin de l'Ecole normale supérieure, il a été choisi comme rapporteur de la section d'Anatomie pathologique du Congrès médical de 1900.

M. le Dʳ Henri Vaquez a publié de nombreux travaux scientifiques, parmi lesquels on cite les suivants : *Un nouveau cas de gangrène spontanée de la verge chez un diabétique* (1887) ; *Maladie d'Addison ; Tuberculose des capsules surrénales* (1888) ; *Kyste hydatique à manifestation abdominale pulmonaire, offrant les symptômes cliniques d'une angiochilite suppurée* (1888) ; *Grossesse tubaire ; Rupture du kyste fœtal au 3ᵉ mois ; Hémorrhagie et péritonite* (1888) ; *Hygiène des vêtements* (1888) ; *Pityriasis rosé de Gibert* (1888) ; *Trombose artérielle chez un sujet tuberculeux ; Dégénérescence amyloïde* (1889 ; *Empoisonnement par l'acide chlorhydrique* (1889) ; *Maladie de Friedreich ; Autopsie* (1890) ; *De la trombose cachectique* (1890) ; *Période préoblitérante de la phlébite des cachectiques* (1891) ; *Phlébite non oblitérante chez un tuberculeux cachectique* ; *Evolution générale des phlébites* (1892) ; *Des troubles nerveux consécutifs aux phlébites* ; *Sur une forme spéciale de cyanose s'accompagnant d'hyperglobulie* (1892) ; *Pouls lent permanent ; Considérations cliniques et physiologiques* (1893) ; *Phlébite traumatique de la jambe droite* ; *Œdème réflexe de la jambe* (1893) ; *Traitement de la phlébite des membres* (1894) ; *De la phlébite* (1894) ; *Evolution de l'endovascularite infectieuse* (1894) ; *le Cours clinique du professeur Potain* (1894) ; *Un cas de Myxœdème infantile ; modification du sang* (1895) ; *Modification du sang sur la cyanose chronique* (1895) ; *Sur l'hyperglobulie* (1895) ; *Du cœur chez les jeunes sujets et de la prétendue hypertrophie de croissance* (1895) ; *Des coagulations sanguines intravasculaires* (1896) ; *Hemoglobinurie paroxystique* ; *Recherches sur la résistance des hématies* (1896) ; *Altérations dentaires dues à la scrofulo-tuberculose et reproduisant le type de dents réputées syphilitiques* (1897) ; *Recherches sur l'hématolyse in-vitro* (1897) ; *Nouvelle observation de splénectomie chirurgicale avec examen du sang* (1897) ; *Les modifications du sang après la splénectomie* (1897) ; *Examen du sang des sujets myxœdémateux dans le service de M. le docteur Bourneville à Bicêtre* (1897) ; *Causes de la mort qui survient à la suite de l'accouchement chez les femmes atteintes d'affection cardiaque* (1897) ; *Phénomènes vasculaires d'ordre nerveux* (1897) ; *De la pression artérielle dans l'éclampsie puerpérale* (1897) ; *Du cœur dans la grossesse normale* (1898) ; *Hygiène des maladies du cœur*, avec préface de M. le docteur Potain (1899).

Ces diverses œuvres ont paru en librairie, ou fait l'objet de communications aux sociétés savantes de France et à des congrès scientifiques, ou ont été insérées dans les journaux et revues scientifiques tels que : la *Gazette Hebdomadaire*, le *Mercredi Médical*, la *Clinique Médicale de la Charité*, la *Presse Médicale*, la *Semaine Médicale*, les *Archives de Médecine expérimentale*, les *Annales de Dermatologie et de Syphiligraphie*, les *Archives de Physiologie*, la *Revue d'Hygiène*, le *Bulletin Médical*, etc.

GIRARD (Jean-Joseph-Amédée)

Député et médecin, né à Riom (Puy-de-Dôme) le 4 décembre 1826. Issu d'une très ancienne famille originaire de cette ville, il y fit, au collège, ses études classiques et accomplit ensuite un long voyage en Grèce, dans l'île de Crète et au Levant, où il conçut les théories philhellènes qu'il a soutenues depuis avec talent et conviction. A son retour, M. Amédée Girard prit ses inscriptions à la Faculté de Médecine de Paris et fut reçu docteur en 1851. Rentré alors dans son pays natal, il s'y établit et exerça sa profession avec un désintéressement qui le rendit bientôt très populaire.

Nommé, en 1867, conseiller municipal de Riom, seul républicain de cette assemblée, M. Girard a conservé ce mandat, depuis, sans interruption. Maire de 1886 à 1889, époque à laquelle il n'accepta pas sa réélection, il a présidé, pendant ses fonctions, à des travaux d'édilité importants, notamment à la fondation du collège Michel de L'Hôpital, à l'exécution d'importants travaux de voirie et au projet d'édification d'une caserne, aujourd'hui construite et abritant un régiment d'infanterie.

Conseiller général du canton de Riom-Est, dès 1871, président de la Commission départementale, il se présenta, comme républicain, aux élections législatives de 1889, dans la première circonscription de Riom et obtint 8,088 voix, contre 8,640 à l'élu, M. de Bar, conservateur ; mais, lors du renouvellement général de 1893, il battit à son tour M. de Bar, avec 9,213 suffrages, contre 7,517. Il fut réélu, en 1898, par 11,325 voix, sans concurrent.

M. le docteur Girard, au Palais-Bourbon, où il siège à gauche, s'est occupé surtout des questions intéressant la région qu'il représente ; il préconise l'abandon des expéditions coloniales et le libre-échange économique.

Sa ville natale est redevable à M. le Dʳ Girard d'importantes libéralités : il a fait don notamment de 8,000 francs, pour l'érection d'un monument à Vercingétorix, sur le plateau de Gergovie. Il a offert cent mille francs pour la construction d'un marché couvert à Riom et donné 40,000 francs pour réparer les dégâts d'un incendie à l'hôpital, qu'il a doté, en 1899, d'une salle destinée aux opérations chirurgicales.

Président de la Société du Musée de Riom, doyen de l'Académie de Clermont-Ferrand et membre de la Société pour l'avancement des études grecques, M. le Dr Girard est encore, conjointement avec le général Turr, président de la Ligue nationale franco-italienne, depuis 1896, succédant au général Iung. Il a été délégué de la Ligue pour la Paix au Congrès de Budapesth en 1896.

Il est chevalier de la Légion d'honneur.

AUCOIN (Louis)

SÉNATEUR, né à Tarbes (Hautes-Pyrénées) le 25 août 1834. Après avoir fait ses études classiques à Auch et à Bordeaux, son droit et son stage d'avocat à Paris, il se fit inscrire, en 1862, au barreau d'Auch, dont il fut plus tard bâtonnier.

Me Aucoin, comme avocat, fut souvent appelé à défendre de grands procès, en dehors de son arrondissement, devant les cours de Pau, Bordeaux, Montpellier et Agen ; mais c'est surtout en cour d'assises qu'il obtint de grands et de nombreux succès.

Il plaida aussi tous les procès de presse dans lesquels les républicains de sa région étaient poursuivis.

Pendant la guerre Franco-Allemande (1870-71), il fut chef de bataillon des mobilisés du Gers.

En juillet 1870, M. Aucoin avait été élu conseiller municipal d'Auch ; démissionnaire en octobre de la même année, il fut renommé en janvier 1878 et devint, presque en même temps, adjoint au maire, fonction qu'il conserva jusqu'en 1884, année où il fut élu conseiller général du canton d'Auch-nord.

Maire d'Auch en 1890, réélu en 1892 et 1896, il a fait exécuter d'importants travaux dans cette ville, procédé à la laïcisation des écoles de garçons, créé trois écoles laïques et un cours secondaire de filles et a fait commencer la construction d'un immense réservoir de 16,300 mètres cubes destiné à alimenter Auch d'eau potable.

Élu sénateur du département du Gers, le 3 janvier 1897, par 366 voix, M. Aucoin est inscrit au groupe de la gauche démocratique du Luxembourg. Membre de nombreuses commissions et notamment de celle chargée d'élaborer le projet de loi ayant pour objet d'établir la progression dans les droits de succession, il a déposé, en 1898, une proposition de loi pour faire accorder une indemnité de séjour aux jurés, qui ont déjà droit à une indemnité de déplacement.

Il interpella le gouvernement, en 1898, au sujet du voyage de M. Turrel à Auch lors des inondations et, plus tard, à raison de propos tenus par M. Méline à la Chambre des députés sur la laïcisation d'une école congréganiste d'Auch. Il a prononcé d'intéressants discours, surtout à l'occasion d'une proposition de loi ayant pour objet de réduire le nombre des acquittements en matière d'infanticide, dans la discussion de la loi sur les risques industriels et en diverses autres circonstances.

M. Aucoin est chevalier de la Légion d'honneur depuis le mois de juillet 1892.

RIVALS (Jules)

DÉPUTÉ, ancien magistrat, né le 16 septembre 1851 à Limoux (Aude). Il accomplit ses études classiques au lycée de Carcassonne et, après avoir été lauréat de la Faculté de Droit aux concours de licence et de doctorat, il se fit inscrire au barreau de sa ville natale en 1876.

Nommé conseiller municipal de Limoux à vingt-cinq ans, M. Rivals fut révoqué par le ministère de Broglie-Fourtou, en 1877, mais bientôt réélu, le premier de sa liste. Comme avocat, il plaida à ce moment tous les procès politiques de la région et acquit ainsi une grande popularité.

Déjà juge-suppléant au tribunal civil de Limoux, M. Rivals fut nommé, en 1878, substitut du procureur de la République à Prades (Pyrénées-Orientales) ; puis, sur sa demande, juge-suppléant (1879) et juge d'instruction titulaire à Carcassonne (1880). En 1887, il devint président du Tribunal civil de Castelnaudary, enfin conseiller président d'assises à la Cour d'appel de Montpellier (1892), fonctions qu'il a exercées jusqu'en 1898 ; à ce moment il démissionna, pour se consacrer à la création d'importants vignobles dans son pays d'origine.

D'une compétence reconnue dans les questions agricoles, M. Rivals a été chargé d'établir, sur l'ensemble de l'agriculture pratiquée dans le département de l'Aude, un rapport pour la Société des Agriculteurs de France, à l'occasion de l'Exposition universelle de 1900.

Après la mort de M. Saba, député de l'arrondissement de Castelnaudary, où M. Rivals avait laissé les meilleurs souvenirs, divers comités républicains le sollicitèrent de poser sa candidature. Il se présenta et fut élu, le 2 juillet 1899, avec 5,000 voix de majorité, contre M. Gouttes, socialiste.

Républicain radical, l'honorable député s'est déclaré partisan de la révision démocratique de la Constitution, de l'élection au Sénat par le suffrage universel et de l'impôt sur le revenu. Sa profession de foi contenait la déclaration suivante :

> Il faudrait que l'ouvrier puisse vivre en travaillant et qu'au bout de sa course, lorsqu'il est mis hors de combat par l'âge ou la maladie, il ait le pain assuré pour sa retraite que, plus que personne, il a gagnée par son travail. Et pour cela, revisons les gros traitements, interdisons le cumul des places et, dans un pays qui ne vit que de l'épargne privée, imposons l'épargne aux pouvoirs publics. Que notre cri de ralliement soit : Place aux pauvres ! Vive l'humanité !

Inscrit au groupe radical démocratique de la Chambre et au groupe de Défense de la petite culture, M. Rivals a déposé, au mois de décembre 1899, une proposition de loi sur la réforme judiciaire.

GROMIER (Marc-Amédée)

PUBLICISTE, né à Bourg (Ain) le 7 octobre 1841. Petit-fils du commandant du 1er bataillon des Volontaires de la 1re République, fils d'un libraire, il fit ses études aux frais de sa ville natale, puis au collège Sainte-Barbe, à Paris, comme boursier. Après s'être d'abord destiné à l'enseignement, il se lança dans la politique. Un premier voyage à Londres, en 1865, le lia avec Félix Pyat, qui l'aida dans la publication du journal la *Colonie*. En 1866, il fit la campagne du Tyrol sous les ordres de Garibaldi et fut blessé à Ponte-Caffaro et à Bezzecca.

En 1868, M. Gromier collaborait au *Progrès de Lyon* et, l'année suivante, ayant publié, sous les auspices d'Edgar Quinet, Jules Simon, Jules Favre, etc., le programme d'une union libérale contre l'Empire, il fut contraint de retourner en Angleterre, où il écrivit dans le *Weekly Dispatch* et rédigea la partie française du *Glow-Worm*, devenu l'organe de l'Alliance républicaine universelle. En même temps, il éditait : les *Mystères de l'Égypte dévoilés* et le *Centenaire anti-napoléonien*.

Après l'amnistie du 15 août 1869, M. Gromier revint à Paris avec Félix Pyat. Il se fit remarquer par ses articles dans le *Rappel* et la *Réforme* et par ses discours pour l'élection des députés républicains. En 1870, après avoir pris une part active aux manifestations qui eurent lieu à l'enterrement de Victor Noir, il lisait, le 21 janvier, le *Toast à la petite balle*, de son ami Félix Pyat. Le 9 février, arrêté avec Gustave Flourens, Millière, Rochefort, et blessé par la police, il fut condamné, par la haute-cour de Blois, à 5 ans de prison et 5,000 francs d'amende. Déjà la police correctionnelle de Paris l'avait plusieurs fois condamné pour délits de presse et délit d'association électorale illicite.

Délivré par la révolution du 4 septembre, il fut nommé commandant de la garde nationale de Ménilmontant et de Charonne ; sa participation à l'affaire du 31 octobre le fit révoquer. Dans le même temps, M. Gromier collabora au *Combat*, au *National*, à la *Vérité* et fonda le *Salut de Paris*, organe des républicains conciliateurs.

Pendant la Commune, il dirigea, avec Millière et d'une façon pour ainsi dire occulte, l'administration de la mairie du IXe arrondissement, tout en continuant sa collaboration au *Vengeur*, à la *Sociale* et à la *Vérité*. Arrêté, le 28 mai 1871, il fut condamné, après une longue prévention, à six mois de prison et 600 francs d'amende. Mis en liberté le 2 juin 1872, il fut à nouveau condamné, le 3 décembre suivant, pour avoir préparé, sans autorisation, la fondation du journal la *Paix Sociale*, organe des associations coopératives.

En 1873, M. Gromier dirigeait la « Bibliothèque des travailleurs », collaborait à la *Démocratie* et venait de publier des *Lettres aux ouvriers sur la solidarité*, lorsqu'il se vit une fois de plus arrêter et condamner, le 13 juin, à un an d'emprisonnement pour société secrète, comme fondateur des comités électoraux des ouvriers parisiens (élection Barodet contre Rémusat). Le 15 novembre suivant, la cour d'assises de la Seine le jugeait encore et le condamnait à deux ans de prison et 3,000 francs d'amende pour délit de presse, en raison de sa brochure : *Lettre d'un bon rouge aux membres de la Commune de Paris*.

Élargi en 1876, mais menacé d'être contraint « par corps » à payer au fisc le montant de ses nombreuses amendes, il se réfugia d'abord à Genève, puis à Florence.

Revenu à Paris en 1886, M. Gromier se consacra, dès lors, à la propagation des idées humanitaires et pacificatrices.

C'est à lui qu'est due la fondation, depuis 1865, de l'« Association internationale économique des amis de la paix », connue d'abord sous le nom d' « Union douanière méditerranéenne », puis sous celui de « Zollverein européen », qui compte actuellement 25,000 adhérents et publie un bulletin hebdomadaire auquel collaborent nombre de savants. Cette association participe à l'Exposition universelle de 1900, sous le n° 10,366, classe 110 du groupe XVI.

Il dirige aussi une *Correspondance de la Presse étrangère* qui, créée à Londres en 1865, suivit son auteur dans ses divers exils, fut établie à Paris, en 1886, sous le titre de *Correspondance Méditerrandenne* et se publie, depuis 1892, sous celui de *Correspondance Gromier*.

En outre de ces diverses publications et de sa collaboration aux journaux que nous avons déjà cités, on connaît de M. Gromier des ouvrages ou études dont voici les titres principaux : *Lettres sur la musique* (1862) ; la *Fanfare Bressane* (1863) ; *Souvenir d'un Bressan* (1864) ; la *Campagne de 1866, journal d'un volontaire garibaldien* (1867) ; l'*Union libérale* (1868) ; *La patrie en deuil* (1871) ; *Le siège de Paris par les Prussiens et la prise de Paris par monsieur Thiers, Journal d'un commandant de la Garde nationale* (1871) ; la *Solidarité* (1872) ; *Paris municipal* (1873) ; *Hommes et choses de 1866 à 1872*, memento d'un politiqueur militant (1873) ; *Mes heures de prison* (1870-1876) ; *Credo d'un libre-penseur* (1877) ; la *Loi sociale de l'avenir* (1877) ; *Justice et nécessité d'une amnistie* (1878) ; les *Fraudeurs Genevois* (1878) ; *Lettre aux Genevois* (1878) ; *Florence, la cité des milliards* (1878) ; *Garibaldi et sa campagne de France* (1879) ; *Ai proletari* (1879) ; *Ai Borghesi* (1879) ; *Mauro-Macchi* (1881) ; *Mauro-Macchi e la lega latina* (1882) ; *I. Latinofili ed il senatore Amante* (1882) ; *Histoire de la musique* (1882) ; la *Fédération des peuples Gréco-Latins* (1882) ; *Un dernier mot aux Latins* (1883) ; la *Vraie revanche* (1885) ; *An English-Grak-Latin intelligence* (1885) ; les *Lettres d'Amicus à l'« Anti-prussien »* (1885) ; les *Lettres d'Amicus alla « Gazetta d'Italia »* (1885) ; *Ai Latini in memoriam Garibaldi et Victor Hugo* (1885) ; *Alliance latine et zollverein méditerranéen, Union douanière méditerranéenne* (1886) ; *Frédéric List, le père du zollverein germanique* (1886) ; la *Question Arménienne* (1887) ; le *Parti commercial* (1888) ; le *Péril noir* (1889) ; *Portugal, Angleterre et France* (1890) ; *En l'honneur de Garibaldi* (1891) ; le *Journal d'un vaincu* (1892) ; le *Canal des Deux-Mers* (1893) ; les *Questions de demain* (1894-1895) ; le *Congrès de la paix à Budapest* (1897) ; la *Fédération douanière de l'Europe continentale* (1898) ; la *Conférence pour le désarmement* (1899), etc.

GAILLARD (Paul-Victor-Georges)

Médecin, né à St-Julien-du-Sault (Yonne) le 10 février 1845. Il étudiait la médecine à la Faculté de Paris, en 1870, quand la guerre éclata. Nommé, après examen, aide-major, il fut attaché à différents corps et finalement au 38ème régiment provisoire ; puis, rentré dans Paris, il prit part aux différentes actions qui se livrèrent sous ses murs.

La campagne terminée, M. Gaillard continua ses études médicales interrompues, cherchant déjà à se spécialiser en s'occupant surtout des maladies de la bouche et des dents, guidé dans ses recherches par son père, dont le savoir, la longue expérience et l'habileté pratique avaient fait une des sommités du monde dentaire.

A l'Ecole pratique, dans le laboratoire du professeur Le Fort, il se livra sur des chiens à l'étude d'un nouveau mode de traitement des anomalies de position du système dentaire. La thèse, très intéressante, qu'il fit sur ce sujet lui valut le titre de lauréat de la Faculté (1878) ; il s'était, par ses conceptions toutes spéciales, attiré l'attention, l'estime et même l'amitié de ses maîtres : Dolbeau, Richet, Le Fort, Marey, etc.

Lorsque le docteur J. Dubrisay, en 1882, fonda, à Paris le premier dispensaire gratuit pour enfants malades, le docteur Gaillard devint son collaborateur. Entre temps, frappé du niveau d'infériorité médicale auquel était tombée la profession qu'il avait choisie et cherchant un remède à cet état de choses, il s'était associé, dès 1879, au mouvement qui créa le premier syndicat dentaire.

A partir de ce moment, nulle modification ne s'est produite, dans l'évolution de cette profession, sans que M. Gaillard ne s'y soit intéressé. Il a été la cheville ouvrière du projet de réglementation professionnelle qui fit tant parler de lui dans le monde dentaire ; il a contribué à la fondation d'une école professionnelle où il professa pendant plus de trois années et de laquelle il devint successivement sous-directeur, puis directeur. Président de l'Association Odontotechnique de France, de la Société d'Odontologie, etc., il poursuivit activement l'organisation du service dentaire dans les services hospitaliers de l'Assistance publique et, à leur organisation (1887), il devint professeur, chef du service dentaire à l'hôpital St-Antoine.

Les travaux scientifiques de M. le Dr Gaillard sont des plus importants. S'attachant surtout à simplifier, à rendre plus pratiques certains procédés opératoires, c'est dans la prothèse, c'est à dire dans les appareils de restauration, que son activité s'est donné libre cours.

Après avoir réduit les théories du redressement des dents à leur plus simple expression, il leur adapta un appareil toujours le même, dont la simplicité étonne autant que l'énergie. Il transforma, à l'aide d'instruments, la puissance mécanique des muscles de la mâchoire, qu'il utilise dans la condensation des métaux employés à l'obturation des cavités dentaires. On apprécie grandement aussi sa conception d'articulation par emboîtement réciproque, permettant d'obtenir un nombre indéterminé de combinaisons avec un nombre défini de branches que l'on peut accoupler indistinctement.

Appelé à la présidence du Congrès dentaire qui, en 1889, se tint à Paris, il fut, en 1890, vice-président de la section d'Odontologie au Congrès de Berlin, chargé, par le gouvernement, d'étudier sur place l'organisation de l'enseignement dentaire en Allemagne.

Membre de la Société d'Anthropologie, de la Société Anatomique, etc., président de la Société médicale des dentistes des hôpitaux, ex-président de la Société de Stomatologie, etc., examinateur près la Faculté de Médecine pour l'obtention du titre de chirurgien-dentiste, M. le Dr Gaillard est commandeur du Cambodge, officier d'Académie et chevalier de la Légion d'honneur.

CHAPELAIN de CAUBEYRES
(Henri-François-Félix)

ARCHITECTE et archéologue, né à Paris le 18 février 1857. Fils d'Alfred Chapelain, architecte distingué, il fit ses études au collège Stanislas, puis entra à l'Ecole des Beaux-Arts, section d'architecture, comme élève de MM. Boitte et Daumet.

En mémoire de son père, il fonda, en 1882, (avec son frère, Paul-René Chapelain, depuis décédé) une médaille annuelle, qui est décernée par la Société Centrale des Architectes français, pour récompenser l'étude simultanée des trois arts à l'Ecole des Beaux-Arts.

Il a hérité, en 1887, du nom de « de Caubeyres », au moment de son mariage avec Mlle C. de Ranse, fille du docteur de Ranse, membre correspondant de l'Académie de Médecine.

M. Chapelain de Caubeyres a peu exercé sa profession. On lui doit néanmoins, outre quelques travaux particuliers à Paris, la construction d'une villa et d'une chapelle dans l'Ile de Noirmoutier ; la décoration de cette dernière est dûe au peintre P. Vincent-Darasse. Il s'est surtout occupé d'archéologie. Divers voyages lui ont permis de se livrer à des reconstitutions très intéressantes, qu'il a fait connaître par des aquarelles exposées aux Salons annuels.

Citons notamment : le *Relevé du Baptistère de Ravenne et de ses mosaïques* (1891) ; *Venise*, aquarelle (1892) ; *Peintures murales de la chapelle Notre-Dame du Prieuré d'Yron-en-Dunois, près de Cloyes (Eure-et-Loir), XIIe siècle* (1898 ; une étude historique sur ces peintures a été publiée par le comte G. de Janssens, qui les a découvertes), etc.

Son œuvre a été récompensée par la Société des Artistes français.

M. Chapelain de Caubeyres est membre de plusieurs sociétés d'art et d'archéologie et capitaine de réserve d'Etat-major.

DUCUING (François)

AVOCAT, né à Paris le 13 septembre 1856. Fils d'un ancien représentant à l'Assemblée nationale de 1871, il fit ses études classiques au lycée Condorcet. Reçu licencié en droit en 1876, il se fit admettre au stage la même année et fut, en 1877, nommé secrétaire de la Conférence des avocats.

M. François Ducuing s'occupe, au Palais, surtout d'affaires civiles, pour lesquelles sa compétence est très appréciée. Il est membre du comité consultatif des affaires contentieuses de la Préfecture de la Seine, du comité consultatif du Mont de Piété, avocat de la Cie des Chemins de fer de l'Ouest, de l'administration des biens des aliénés du département de la Seine, etc.

Lors des élections législatives de 1885, M. F. Ducuing fut porté sur la liste républicaine des Hautes-Pyrénées, qui échoua contre la liste conservatrice.

Adjoint au maire du VIIIe arrondissement de Paris depuis 1889, il s'intéresse particulièrement, comme officier municipal, aux questions d'enseignement. Délégué cantonal, il est aussi membre du conseil de surveillance du Mont-de-Piété.

M. François Ducuing a collaboré au *XIXe Siècle*, sous la direction d'Edmond About et au *Journal des Débats* (chronique judiciaire, analyse des questions juridiques, etc.) Il a aussi prêté un concours actif à la publication intitulée : le *Palais de Justice de Paris* ; il appartient à l'Association de la Presse judiciaire.

HUGUES (Frédéric-François)

Député, né à St-Quentin le 16 mars 1848. Il appartient à une très ancienne famille, établie depuis plusieurs siècles dans le Vermandois. Un Hugues, son aïeul paternel était maire d'Allaincourt, commune voisine de St-Quentin, vers 1730 et un Botté de Barival, son aïeul maternel, était major de St-Quentin à la même époque.

Pendant la guerre franco-allemande, M. François Hugues fut lieutenant du 4me bataillon de l'Aisne et se distingua, à plusieurs reprises, au cours de la campagne.

Il a dirigé longtemps, avec son père, M. Hugues-Cauvin et ses frères, une fabrique de tissus de cotons très importante.

Administrateur des hospices de sa ville natale depuis 1879, membre fondateur de la Société industrielle de St-Quentin et de l'Aisne, président de la Société de tir des carabiniers, M. François Hugues, élu maire de St-Quentin en 1886, quitta dès lors l'industrie pour se consacrer à ses fonctions municipales. Il acquit bientôt une très grande popularité en créant des écoles, crèches, orphelinats, asiles de vieillards, etc., et en opérant pour ainsi dire la transformation de St-Quentin. Il dota la ville de halles, d'un nouvel abattoir, fit édifier le superbe monument élevé à la mémoire des habitants de St-Quentin tués au siège de 1557, sur la grand'place complètement remaniée et sut, malgré ces travaux, maintenir et même améliorer l'état financier de la Ville. Il fut réélu maire en 1888 et en 1892.

Présenté aux élections législatives de 1889 par les comités républicains libéraux, il échoua contre M. Dumonteil, boulangiste ; mais de nouveau candidat en 1893, il fut élu député, au 2me tour de scrutin, par 6,772 voix, contre 6,650 obtenues par M. Brault, socialiste. Il a été réélu, le 22 mai 1898, par 8,409 suffrages, contre 7,394 à M. H. Turot, rédacteur de la *Petite République*, socialiste.

M. F. Hugues n'est inscrit à aucun groupe politique du Palais-Bourbon. Républicain, il a voté contre le cabinet Méline lorsque celui-ci rechercha l'appui des conservateurs ; anti-collectiviste, il demande « que l'on aborde résolument les questions sociales : caisse de retraite pour les ouvriers dotée par l'Etat, assistance aux nombreuses familles, » etc. Très compétent en matière économique et financière, il a fait partie, de 1893 à 1898, des commissions relatives aux alcools, à la brasserie, aux abattoirs, etc. ; il est membre de la commission de comptabilité pour l'exercice 1899 et de celles des réformes fiscales, du livre Barodet, d'assurance et de prévoyance sociales (1899).

Il est intervenu à plusieurs reprises dans la discussion générale du budget, notamment à propos des budgets spéciaux de l'Instruction publique et des Travaux publics.

L'honorable député est chevalier de la Légion d'honneur depuis 1891 et chevalier de l'ordre de Léopold de Belgique.

LEMAIRE (Gaston)

Compositeur de musique et critique musical, né au château d'Aimblinvilliers (Seine-et-Oise) le 10 septembre 1864.

Élève de l'école Niedermeyer pendant deux années, il débuta par une composition très originale, parue dans le *Figaro*, et ayant pour titre : *Ronde villageoise* (1888). On lui doit encore : *En dansant la Gavotte*, petite scène Louis xv, chantée et dansée en costumes du temps, pour la première fois, dans une des matinées du *Figaro*, puis représentée à la grande fête de l'Hôtel-de-Ville ; créée par M. Carbonne (de l'Opéra-Comique) et Mlle Litini, elle a été reproduite dans les grands cercles de Paris et tous les salons. Elle fut encore brillamment reprise en 1894 par Mlle Angèle Legault et Mlle Cleo de Mérode.

M. Gaston Lemaire a mis à la mode ce genre de musique gracieux, renouvelé du xviiie siècle. Il a aussi composé une petite gavotte pour le cercle des Mathurins, dite *Gavotte des Mathurins*, d'où il a tiré une jolie scène Louis xv : *Vous dansez, marquise*, chantée en costume du temps par Mlle Angèle Legault et dansée par Mlle Villard (de l'Opéra). Il a fait successivement représenter au cercle des Mathurins : la *Lettre de Cachet*, opéra-comique en un acte, de MM. M. Froyez et J. Oudot ; les *Maris de Juanita*, opéra-comique en un acte, livret de Michel Carré ; *Perrette et le Pot au Lait*, pantomime, livret de J. Oudot ; la *Belle Tunisienne*, opérette, livret de M. Froyez ; *Pierrette directrice*, ballet mêlé de vers, poème de M. Marcel de Lihus ; la *Nuit d'Octobre*, de Musset, avec adaptation symphonique, représentée pour la première fois au cercle des Mathurins (1891), puis donnée à un vendredi classique de l'Eden-Concert, avec Mlle Sanlaville (de l'Odéon) et M. Monteux.

Voulant continuer, en 1895, le genre, qu'il a créé, des scènes chantées et dansées en costumes du temps, il imagina pour varier, une scène de 1810, intitulée la *Leçon de Redowa*, livret de Mme Sabine Mancel, qui, représentée dans nombre de salons parisiens, obtint le même succès que : *En dansant la Gavotte*.

A citer aussi de M. Gaston Lemaire : le *Supplice de Jeannot*, ballet, réglé par Mlle Théodore (de l'Opéra) et représenté chez la baronne Sellières le 2 juin 1895 ; *Marquise pour rire*, pantomime avec livret de Max Maurey ; le *Rêve de Manette*, monomime mêlée de chant, livret de Max Maurey (1895) ; la *Fleur d'Amour*, pantomime japonaise, livret de M. Montignac, jouée d'abord en Suisse, puis à Paris, au Théâtre Mondain (1896) ; l'*Intermezzo*, de Henri Heine, œuvre très importante en douze parties (1897) ; les *Chansons de la vie*, paroles de M. H. de Fleurigny, créées par Mlle Felicia Mallet à la Bodinière (1898) ; l'*Exquise Gavotte*, le *Galant Berger*, la *Gaillarde*, danses et chants interprétés en costumes Louis XV par MM^{lles} J. Duval et Jeanney, de la Gaîté (1898) ; *Valse caprice* ; *Berceuse de Jeannine* ; *Rêverie au crépuscule*, pour piano et violoncelle ; *Sérénade* (1899), etc.

On annonce de ce compositeur une nouvelle pantomime japonaise sur un livret de M. Georges de Dubor, que doivent danser les sœurs Mante (de l'Opéra).

Membre du Cercle de la Critique, M. Gaston Lemaire est officier d'Académie depuis 1895.

BOULAY de la MEURTHE (Comte Alfred)

HISTORIEN, né à Paris le 3 novembre 1843. Petit-fils d'Antoine-Joseph Boulay de la Meurthe, député au Conseil des Cinq Cents, à la Chambre des Cent jours et président du Conseil d'Etat de l'Empire (1761-1840) ; neveu du vice-président de la République de 1848, le comte Alfred Boulay fit de brillantes études à Paris, au collège Rollin et au lycée Louis-le-Grand. Il obtint la licence ès-lettres et entra au Conseil d'Etat en qualité d'auditeur. Après le 4 septembre 1870, il abandonna ces fonctions et se consacra à l'étude des questions historiques.

Parmi les ouvrages dûs à M. Boulay de la Meurthe, on cite notamment : *Le Directoire et l'Expédition d'Egypte*, études sur les tentatives du Directoire pour communiquer avec Bonaparte, le secourir et le ramener (1 vol. 1885) ; les *Dernières années du duc d'Enghien* (1 vol. 1886) ; *Documents sur la négociation du Concordat et sur les autres rapports de la France avec le Saint-Siège en 1800 et 1801* (5 vol. 1891-1897, publiés par la Société d'Histoire diplomatique et qui doivent servir à un travail plus étendu du même auteur).

Le comte Alfred Boulay de la Meurthe a collaboré au *Correspondant*, à la *Revue d'Histoire diplomatique*, etc. Il a présidé successivement la Société Archéologique de Touraine, la Société d'Histoire de Paris et celle d'Histoire contemporaine.

BARBIER (Henri)

MÉDECIN, né à Bruyères (Vosges) le 5 décembre 1859. Il commença ses études médicales à la Faculté de Nancy, dont il fut lauréat (médaille d'argent 1879 et mention honorable 1880) et les termina à Paris. Externe, puis interne et lauréat des hôpitaux de Paris, notamment de celui des Enfants malades, il fut reçu docteur en 1888 et a été nommé médecin des hôpitaux en 1896.

Le docteur Barbier s'est fait remarquer par des travaux sur les maladies infectieuses, en particulier la diphtérie et la tuberculose. On cite, parmi ses publications : une *Etude clinique de l'albuminurie diphtérique et de sa valeur sémiologique* (thèse de doctorat, 1888) ; *Recherches bactériologiques sur la diphtérie* (Société Clinique, 1889) ; un travail paru dans les *Archives de Médecine expérimentale*, en 1891, sur l'*Importance des associations microbiennes dans la diphtérie*, idée aujourd'hui classique et sur laquelle il est revenu à plusieurs reprises, notamment en 1897 et 1898 ; *Méthode bactériologique et clinique dans le diagnostic de la diphtérie* (Société Médicale des Hôpitaux, 1897) ; *Recherches bactériologiques et cliniques chez les diphtériques* (Id., 1897-1898) ; Article *Diphtérie*, dans le *Manuel de Médecine* (1898) ; la *Diphtérie* (1 vol. 1899, dans les *Actualités Médicales*) et autres études de pathologie infantile.

On doit encore au docteur Barbier d'importantes communications sur les affections pharingées non diphtériques et les affections gastro-intestinales ; l'article des *Angines de poitrine*, dans le *Traité de Médecine Debove-Achard* ; celui sur les *Pneumonies chroniques* dans le *Manuel de Médecine* des mêmes et différents articles d'analyse et de critique médicale. Il est rédacteur en chef, pour la partie médicale, de la *Gazette des Maladies infantiles*.

Dans un autre ordre d'idées, M. le Dr Barbier a publié d'intéressants mémoires sur le *Danger de l'immigration des provinciaux campagnards à Paris, au point de vue de la tuberculose* et sur l'*Influence de* l'alcoolisme sur la tuberculose (Société de Médecine, 1899).

Membre de la Société médicale des Hôpitaux, des sociétés de Thérapeutique et de Pédiatrie, des comités d'admission dans la section d'hygiène à l'Exposition universelle de Bruxelles (1895), à l'occasion de laquelle il a été fait chevalier de l'ordre de Léopold. M. le Dr Henri Barbier est membre des comités d'admission à l'Exposition universelle de Paris en 1900 (Hygiène et Organisation des Congrès internationaux).

BARROIS (Théodore-Charles)

NATURALISTE, médecin, professeur et député, né à Lille le 10 février 1857. Il fut reçu licencié ès-sciences naturelles le 4 juillet 1897, docteur en médecine le 25 juillet 1882, docteur ès-sciences naturelles de la Sorbonne le 4 décembre 1885 et agrégé des facultés de médecine le 5 août 1886.

M. Théodore Barrois a été successivement nommé maître de conférences à la Faculté de Médecine de Lille (1885-1886), agrégé chargé de conférences (1886-1894), chef des travaux pratiques d'histoire naturelle et de micrographie (novembre 1890 à novembre 1894), professeur titulaire d'histoire naturelle des parasites, chaire créée en novembre 1894 et membre du Conseil de l'Université de Lille en 1897.

Entre temps, il fit partie de la mission scientifique du professeur Georges Pouchet en Laponie (1881) et fut chargé lui-même d'une mission en Palestine et en Syrie (1890).

Parmi les nombreuses publications dûes à M. T. Barrois, il faut citer : *Sur la structure de l'Anomia ephippium* (1879) ; *Contribution à l'étude des enveloppes du testicule* (1882, thèse de doctorat en médecine. Dans ce travail, pour la première fois, la méthode des coupes est appliquée à l'étude des ces organes) ; *Catalogue des Crustacés podophtalmaires et des Echinodermes de Concarneau* (1892) ; *Les poriaquiferi et les ouvertures des glandes byssogènes à la surface du pied des lamellibranches* (1883) ; *Sur l'introduction de l'eau dans le système circulatoire du pied des lamellibranches et sur l'anatomie du pied de Lucinidae* (1884) ; *Les glandes du pied et les poriaquiferi chez les lamellibranches* (1885, thèse de doctorat ès-sciences naturelles) ; *Rôle des insectes dans la fécondation des végétaux* (1886, thèse d'agrégation médicale) ; *Catalogue des Hydrachnides du nord de la France* (1887) ; *Catalogue des Crustacés marins recueillis aux Açores durant les mois d'août et septembre* (1887) ; *Sur l'existence de fibres musculaires striées dans le muscle adducteur des valves chez les Pectinidés et sur les mouvements natatoires qu'engendrent leur contraction* (1888) ; *le stylet cristallin des lamellibranches* (1888-1889) ; *Notes de voyage d'un naturaliste à la mer Morte* (1891) ; *Crustacés phyllopodes recueillis en Syrie* (1893) ; *Crustacés décapodes fluviatiles de Syrie* (1893) ; *Sur un nouveau cas de Tænia triedre de l'espèce Tænia saginata* (1893) ; *Contribution à l'étude de quelques lacs de Syrie* (1894) ; *Rotifères de Syrie* (1895) ; *Contribution à la faune des eaux douces des Açores* (1896) ; *Sur deux Ichthyotænia nouveaux parasites des serpents* (1898).

Ces travaux ont paru en volumes, ou sous forme d'articles dans les journaux et revues scientifiques, ou ont fait l'objet de communications à diverses sociétés savantes. Leur auteur a fondé, en outre, au mois d'octobre 1888, en collaboration avec les professeurs P. Hallez et R. Moniez, un journal mensuel, la *Revue biologique du nord de la France*, dans lequel il a donné de nombreuses études.

En 1892, M. T. Barrois débuta dans la politique en se laissant élire conseiller municipal de Lille. En cette qualité, il a été quatre fois rapporteur général du budget municipal. Il fut aussi administrateur des hospices civils de Lille de 1893 à 1898.

Aux élections du 8 mai 1898, pour le renouvellement de la Chambre des députés, il se présenta comme candidat républicain, avec un programme où il se déclarait « partisan d'une république large, conciliante, accueillante à toutes les bonnes volontés et à tous les concours sincères ; hostile à toute tentative de révision de la constitution ayant pour but de diminuer ou de supprimer le Sénat ; disposé à une répartition plus équitable de l'impôt, de façon à alléger la charge des petits contribuables en proportionnant les taxes à la fortune de chacun, mais repoussant l'impôt global et progressif sur le revenu ; demandant une protection efficace du travail des ouvriers industriels, des cultivateurs de campagne, des petits commerçants ; l'unification de la journée de travail à onze heures, pour arriver progressivement à celle de 10 heures ; le développement des institutions d'assistance, » etc.

Elu député de la première circonscription de Lille, au premier tour de scrutin, par 9,006 voix, contre 2,469 à M. Debière, radical socialiste, et 4,763 à M. Dupied, collectiviste, M. Barrois est inscrit au groupe progressiste du Palais Bourbon, et est membre de la commission du Travail.

PERREY (Léon-Auguste)

SCULPTEUR-STATUAIRE et peintre, né à Paris le 24 août 1841. D'abord élève de son père, le sculpteur bien connu Aimé Perrey et de Jouffroy, il entra, en 1860, à l'Ecole des Beaux-Arts et débuta au Salon des Champs-Elysées, en 1865, avec l'*Enfant à la toupie*, statue plâtre.

Depuis cette époque, M. Léon Perrey a donné aux expositions annuelles : le marbre de sa première œuvre, qui est aujourd'hui au musée de Douai (1866); l'*Avare*, statue plâtre, qui figura, ainsi que la précédente, à l'Exposition universelle de 1867 ; *Portrait de M. Constantinowich*, buste plâtre et le groupe du *Génie de la chasse* qui est au palais du Louvre (1868) ; *Etude*, statue plâtre, appartenant à l'Etat et *Jeune pêcheur*, statue marbre (1869) ; *Buste du maréchal Bazaine*, marbre, pour les galeries historiques de Versailles (1870) ; *Portrait de Sainte Geneviève* pour le portail de St-Eustache et l'*Avare*, statue marbre, depuis au musée de Verdun (1872) ; *Buste de Mme de V...*, plâtre (1873) ; *Buste de M. S...* (1874) ; *Moulière*, souvenir de Villerville, statue plâtre (1876) ; *Jeune fille à la fontaine*, statue plâtre ; un bas-relief de trente-deux figures représentant la *Vie de Saint Vincent-Ferrier*, exécuté en granit pour le tympan de la cathédrale de Vannes (1877) ; *Statue de la Moulière*, marbre ; *Buste du Docteur Belhomme*, bronze ; le *Génie civil*, statue pierre pour le palais du Trocadéro ; un *Romain*, pour le palais du Louvre, place du Carrousel, statue pierre et le *Buste de M. Belgrand*, directeur des Ponts et Chaussées, marbre qui appartient à la Ville de Paris (1878) ; *Charmeuse de pigeons* (1880), au musée de Chalon-sur-Saône ; un fort beau *Portrait du baron T...* (1881) ; *Tondeur de moutons*, groupe bronze acheté par l'Etat pour la ville de Tunis (1882) ; *Portrait de M. R. G...*, buste marbre (1883) ; la *Mort de Jézabel*, groupe plâtre (1884) ; *Portrait de M. T. M...*, buste bronze, et un *Médaillon décoratif* de Th. Rousseau, pour une galerie du Palais du Louvre (1885) ; *Portrait de la jeune Germaine W...*, buste terre cuite, et *Buste de David d'Angers*, marbre qui appartient à l'Etat et se trouve au musée du Luxembourg (1886) ; l'*Amour*, groupe plâtre ; deux cariatides en pierre, le *Commerce et le Travail* (1887) ; *Portrait de M. Leloir*, de la Comédie Française, buste bronze et *Portrait de M. Boucicaut*, statuette plâtre (1888) ; le *Monument de Mme Boucicaut*, œuvre capitale de l'artiste, ornée de figures allégoriques ; le *Génie de la Charité* et l'*Histoire et la Reconnaissance*, statues bronze de proportions considérables et d'une très remarquable conception (1889) ; la *Ville de Montbéliard à la France en 1793* ; la *Mort de Jézabel*, groupe marbre présenté à l'Exposition universelle de la même année ; trois *Portraits* (1890) ; l'*Amour*, groupe marbre de 1 mètre 20 (1891); la *Tentation*, statue marbre ; médaille plaque de M. *Aristide Boucicaut* pour l'Association des artistes du baron Taylor (1892) ; deux médailles de Mme A. *Boucicaut*, plaques (1893) ; *Portrait de Valbonnais*, ancien président du parlement de Grenoble, buste marbre à l'Etat (1896) ; *Calixte II*, pape, statue bronze ; *Portrait de M. Robert*, inspecteur général des Bibliothèques de France, médaillon bronze (1898), etc. Il est aussi l'auteur de la statue de l'*Industrie* en pierre, qui décore l'Hôtel-de-Ville de Paris.

Les œuvres de cet excellent artiste se font remarquer par un rare bonheur dans le choix des sujets, de hautes qualités de conception et une exécution consciencieuse. Il a obtenu des médailles de bronze en 1866 et 1867, une médaille de bronze à l'Exposition universelle de 1889. Secrétaire de la Société des Amis des Arts, il a été nommé officier d'Académie en 1890 et promu officier de l'Instruction publique en 1897. Il est aussi officier du Nicham.

DAVID (Henri)

DÉPUTÉ, avocat, écrivain, né à Chartres (Eure-et-Loir) le 18 avril 1857, d'une famille originaire du Vendômois et bien connue dans cette région. Il se fit recevoir licencié en droit à la Faculté de Paris et inscrire au barreau de la Cour d'appel.

Nommé conseiller d'arrondissement pour le canton de Droué (Loir-et-Cher), en 1892, il devint président du Conseil d'arrondissement, puis conseiller général pour le même canton (1898). Il fut aussi délégué cantonal, membre de la commission départementale et de la plupart des syndicats et comices agricoles du pays.

Le 23 avril 1899, M. Henri David fut élu, en remplacement de M. Bozerian, décédé, député de l'arrondissement de Vendôme, par 10,763 voix, sur 11,670 suffrages exprimés.

A la Chambre, il fait partie de la gauche progressiste et peut être considéré, par ses votes, comme radical de gouvernement. Il a demandé, dans son programme : « la révision du cadastre, la modification du régime des prestations, la répression sévère du vagabondage, une politique d'économie budgétaire et la séparation des Eglises et de l'Etat, préparée par une loi sur les associations, indispensable pour assurer la prépondérance du pouvoir civil et sauvegarder tous les intérêts en cause ».

Sous le pseudonyme de « Henri Darsay », M. H. David a collaboré à la *Petite Presse*, à l'*Evénement*, à la *France*, au *Courrier du Soir* et à de nombreux journaux littéraires, où il a donné surtout des romans souvent remarqués.

Il est membre des associations de la Presse judiciaire, des Journalistes républicains et des Journalistes Parisiens, de la Société des Auteurs dramatiques, et de celle des Auteurs et Compositeurs de musique, dont il est devenu le président en 1899.

M. Henri David est officier de l'Instruction publique.

DEVORE (Gaston)

Auteur dramatique, né à Paris le 31 juillet 1859. Fils de négociants, il accomplit ses études classiques à l'Ecole Turgot et, malgré un goût très vif pour les lettres, il fut destiné par sa famille à la carrière commerciale. Il fit, dans ce but et aussi pour apprendre la langue de ces divers pays, un séjour de dix-huit mois en Allemagne, puis de deux ans en Angleterre.

Rentré en France, M. Gaston Devore se livra au commerce dans la maison de son père ; mais, quand celui-ci se fut retiré, il conquit son indépendance et s'adonna, dès ce moment, à la littérature, dont il s'était jusqu'alors occupé en amateur.

Après avoir fondé l'*Indépendant Théâtral*, une revue de critique dramatique, M. Gaston Devore débuta comme auteur dramatique au théâtre de l'Odéon par une pièce en un acte et en prose, *Tentation*, qui fut très favorablement accueillie le 17 mai 1894 ; il donna ensuite au Cercle Funambulesque : *Sourds-muets*, drame mimé en un acte (1894) ; puis les *Demi-Sœurs*, comédie en 3 actes jouée aux Escholiers et qui obtint un succès considérable (1896) ; la *Conscience de l'Enfant*, comédie dramatique en 4 actes, représentée au Théâtre Français, au mois de décembre 1899, œuvre à laquelle les maîtres de la critique parisienne trouvèrent des qualités supérieures de fond et de forme, et qui fut très bien reçue par le public.

M. Gaston Devore a collaboré à diverses publications quotidiennes, notamment au *Paris* et à la *Revue libre*.

Mme Devore est connue comme peintre. Elève de MM. Jules Lefebvre et Benjamin-Constant, elle expose chaque année, au Salon des Champs-Elysées, des toiles de fleurs qui sont, le plus souvent, fort remarquées.

EPINAY (Prosper d')

Statuaire, né le 13 juillet 1836 aux Pamplemousses (Ile-Maurice). Il est fils d'Adrien et neveu de Prosper d'Epinay, l'un et l'autre avocats et hommes politiques, qui, après la conquête, en 1810, de l'Ile de France par l'Angleterre, se distinguèrent par leur patriotisme et les services qu'ils rendirent à la population.

M. Prosper d'Epinay vint de bonne heure à Paris et fut élève du sculpteur Dantan, de 1858 à 1860. L'année suivante, il se rendit à Rome, où il continua ses études à l'atelier d'Amici. Revenu à l'Ile Maurice, en 1862, il produisit beaucoup de portraits, de statuettes, d'études de types orientaux, qui lui servirent plus tard pour l'exécution de plusieurs de ses œuvres. Il y fit aussi les maquettes des statues que la colonie avait décidé d'élever à la mémoire de sir William Stevenson, gouverneur récemment décédé et à celle de son père, Adrien d'Epinay.

En 1864, M. Prosper d'Epinay s'établit à Rome, où il fonda l'atelier de la via Sistina, qu'il possède encore ; il débuta par y exécuter, dans des proportions plus grandes que nature, les statues de sir W. Stevenson et de son père. A Rome, sa personnalité le fit de suite remarquer, son art tranchant avec le genre classique italien de l'école de Canova ; sa première statue en marbre, l'*Innocence*, fut commandée par le duc de Luynes (1866).

M. d'Epinay exposa au Salon de Paris, pour la première fois, en 1874, une statue : *Ceinture dorée* ; depuis, il a envoyé diverses autres statues : l'*Enfant Spartiate* ; la *Marie* (de Musset) ; *Callixène* ; *Harmonie* et quelques portraits, dont celui de Mlle Marie Magnier (la *Comédie*). Les autres statues de cet artiste sont : *Annibal enfant*, *David vainqueur*, *David visant Goliath*, *Saint Jean*, *Judith*, toutes remarquables par leur originalité et leur caractère oriental ; il a aussi exécuté : le *Réveil*, *Evohé*, deux groupes de *Bacchantes dansant*, deux *Vases* en jaune antique avec bas-reliefs en marbre blanc et l'*Amour mendiant*, pour l'empereur de Russie.

Ses autres œuvres sont : une *Sapho* colossale ; *Sylvie* ; *Les trois heures de la vie* ; *Pénélope* ; *Paul et Virginie* ; l'*Amour pardonné* ; une statue allégorique du *Désespoir*, exécutée, pour la veuve d'Alexandre III, en 1897 ; *Jeanne d'Arc à cheval*, modelée en cire et statue fondue à cire perdue, qui est considérée comme son œuvre la plus complète et la plus réussie.

M. Prosper d'Epinay a produit, en outre, beaucoup d'œuvres de fantaisie et de statuettes, parmi lesquelles on cite avec de particuliers éloges : *Vénus Astarté, Bacchante dansant*, l'*Enfant au cerceau*, le *Mariage de Psyché et de l'Amour*, etc. Il est l'auteur de plus de 500 portraits, parmi lesquels ceux de l'*Impératrice d'Autriche*, de l'*Impératrice de Russie*, de la *Reine d'Italie*, de la *Princesse Marie de Bade*, de la *Princesse de Galles*, de la *Princesse A. de Broglie*, de *M*^{me} *Sarah Bernhardt*, de *Lady Walter Scott*, de *M*^{lle} *Croizette*, de *M*^{me} *de Flavigny*, de *M*^{me} *Henry Say*, de *M*^{me} *la baronne de Bosmelet*, de *M*^{lle} *Madrazo*, de *M*^{lle} *Legault*, de sa fille *Marie d'Epinay*, de la *Princesse de Teano*, de la *Marquise Lavaggi*, du *Général de Charette*, du peintre *Sir Edwin Landseer*, de *Fortuny*, de *Henri Regnault*, de *M. Gordon Bennett, Marquis de Morès, Duchesse Mario Grazioli, Duchesse Eugène de Leuchtenberg* (en *Diane enchaînant l'amour*), *Lady Randolph Churchill*, *M*^{me} *von Siemens*, *M*^{lle} *Marie Neyt, Comtesse de Lutzow*, *M*^{me} *J. de Günsburg, Comtesse d'Estrella*, etc.

M. Prosper d'Epinay est chevalier de la Légion d'honneur depuis 1878 ; il est, en outre, chevalier des Saints-Maurice et Lazare, de St-Grégoire-le-Grand, de St-Georges, du Lion d'Or de Nassau, de la Rose du Brésil, etc.

EPINAY (Mlle Marie d')

PEINTRE, fille du précédent, née à Rome. Elève de MM. Hernandez, L. Rossi et Jules Machard, elle s'est fait connaître par un grand nombre de portraits à la sanguine, au pastel, à l'aquarelle et à l'huile, où se retrouvent les brillantes qualités et le charme des maîtres du siècle passé.

On cite, parmi les principaux portraits dûs à Mlle Marie d'Epinay, ceux de : *S. M. la reine d'Italie, S. A. I. la duchesse Eugène de Leuchtenberg, S. A. la princesse J. Murat, Mlles Rose et Violette d'Elchingen, Princesse Ourousoff*, *M*^{me} *Paul Bourget, Comte Michel Tyskiewiz, S. A. R. Mgr le duc d'Aumale, Lady Alice Montaigu, Comtesse Berg* (née Dolgorouky), *Comtesse de Parazols, Vicomtesse de Dampierre*, *M*^{lle} *Irène de Lutzow*, *M*^{lle} *de Lastours, Princesse Sherbatoff, M. Gordon Bennett*, *M*^{me} *Egerton Winthrop j^r*, *M*^{me} *Maurice Ephrussi, Baronne von Siemens*, *M*^{lle} *Andrée Bapst, Comte de San Martino, Duchesse Grazioli, Marquise de Castellane, Lord Vernon et Fanny Vernon, Comtesse Bernard de Pourtalès*, *M*^{lle} *Delyannis*, *M*^{lle} *Nathalie Terry, Vicomtesse Foy* (née Porgès), *M*^{me} *d'Annenkoff, M. Charles Haas*, *M*^{me} *Nicolas Xantc*, etc.

Mlle d'Epinay a aussi produit des illustrations, des fleurs à l'aquarelle et des œuvres de fantaisie ou allégoriques.

CRINON (Louis-Félix)

PROFESSEUR, publiciste, né à Bonneuil-en-Valois (Oise) le 24 août 1847. Entré à l'Ecole normale de Beauvais en 1865, il obtint le brevet d'instituteur en 1868 et fut nommé, la même année, maître-adjoint à Méru (O'se), chargé spécialement des cours de dessin et de gymnastique. Il se fit remarquer, dans ce dernier cours, par un judicieux esprit de réforme et fut appelé, en 1869, comme professeur à l'Ecole normale, au collège et au petit séminaire de Beauvais. Depuis 1887, il est professeur de gymnastique à l'Ecole Ste-Barbe, à Paris.

M. L. Crinon est connu comme l'un des champions ardents et éclairés de l'éducation physique en France. Au point de vue spécial de l'enseignement de la gymnastique, ses efforts ont eu un résultat très appréciable. Dès 1872, il organisait des cours d'exercices corporels dans les écoles primaires de garçons et de filles et faisait des conférences théoriques et pratiques aux instituteurs des arrondissements de Beauvais et de Clermont ; en 1873, il obtint le diplôme de gymnastique délivré par une commission spéciale siégeant en Sorbonne et il fonda, en 1876, la « Beauvaisienne », société reconnue légalement en 1879.

Partisan convaincu de la gymnastique scientifique, qu'il appelle « homoculture », M. Crinon a publié un *Manuel de gymnastique élémentaire*, dans lequel il a exposé les théories du Dr Londe et les siennes propres sur ce sujet (1 vol. 1872) ; il a été directeur du journal la *Gymnastique française* de 1893 à 1897 et donne depuis ce temps des articles remarqués au *Stand*. On annonce encore de lui un *Essai pédagogique pratique de gymnastique*.

Membre des jurys et organisateur de divers concours de gymnastique régionaux, il a été nommé, en 1887, par le ministère de l'Instruction publique et la Ville de Paris, membre de la commission de revision des programmes de gymnastique. Secrétaire, puis président de l'Union des professeurs de gymnastique de

France, il organisa, en 1889, le Congrès de ces professeurs. Il est aussi secrétaire de la Commission d'initiative des exercices physiques et des sports à l'Exposition universelle de 1900, membre des comités consultatifs spéciaux pour l'organisation des concours internationaux d'exercices physiques et de sports, secrétaire de la commission d'organisation du Congrès international d'éducation physique, etc.

M. Louis Crinon est officier d'Académie depuis 1885.

NOURSE (Elisabeth)

Peintre, miniaturiste et médailleur, née à Cincinnati, province d'Ohio (Etats-Unis), demeurant en France. Après avoir étudié la peinture dans sa ville natale et produit ses œuvres à diverses expositions de son pays, Mlle Nourse vint à Paris en 1887 et suivit d'abord les cours de l'Académie Julian, où elle eut pour professeurs MM. Boulanger et Lefebvre. Elève ensuite de MM. Carolus Duran et Henner, elle débuta aux Salons des Champs-Elysées avec *Une mère* (1888) et exposa, l'année suivante: *Entre voisines*; *Dans la bergerie à Barbizon*.

Depuis la fondation de la Société nationale des Beaux-Arts (1890), Mlle Nourse a envoyé aux expositions de cette association de nombreux tableaux, de genres divers, parmi lesquels il faut citer : *Dans la campagne*; la *Dernière bouchée* (1890); le *Vendredi saint à Rome*; le *Pardon de saint François d'Assises* (1891); le *Repas en famille*; la *Toilette du matin* (1892); *Dans l'église de Volendam* (Hollande); *Sur la digue à Volendam*; le *Goûter* (1893); *Dans les champs, en Hollande* (1894); la *Première communion* (1895); la *Fête du grand-père*; *Un humble ménage*; *Mère et bébé* (1897); *Maternité*; *Dans le pré*; *A l'abri*; la *Soif* (1898); la *Veillée*; *Plein été* (1899).

Plusieurs toiles de cette artiste ont été reproduites par le graveur Baude, de l'Institut. Ce sont : *Dans l'église à Volendam*, le *Repas en famille*, la *Soif*, *Mère et bébé*, la *Veillée*.

Mlle Nourse a produit, en outre, nombre de portraits à l'huile et au pastel, des aquarelles, des miniatures, des médaillons en bas-relief, etc. Ses œuvres, d'un dessin savant et d'une facture solide, se distinguent surtout par une extrême variété dans la composition et dans l'exécution.

Plusieurs fois récompensée en Amérique, Mlle Nourse a été élue, en 1895, membre associé de la Société nationale des Beaux-Arts de Paris.

HARCOURT (Eugène d')

Compositeur de musique et chef d'orchestre, né à Paris le 2 mai 1855. Fils du comte d'Harcourt, ancien capitaine de vaisseau, mort en 1890, il accomplit ses études classiques aux lycées de Vanves et Condorcet, puis, irrésistiblement porté vers l'art, entra comme élève au Conservatoire de Paris, dans les classes de Savard et de Massenet, en 1882.

Reçu, l'année suivante, professeur breveté de la ville de Paris, M. Eugène d'Harcourt interrompit, pendant quelque temps, son éducation musicale pour suivre les cours de la Faculté de Droit et passa, avec succès, ses premiers examens.

Plus tard, sur les conseils de Lamoureux, il se rendit à Berlin pour étudier sur place la musique allemande : élève au Conservatoire royal de cette ville, il obtint le « diplôme de maturité » (1892).

Il avait composé, dès 1878, une *Messe en mi*, qui fut d'abord exécutée à Bruxelles et fort bien accueillie. Il a produit, depuis cette date, de nombreux morceaux de musique religieuse, tels que des *Motets*, plusieurs *Cantates*, deux ballets : la *Fille des Neiges* et *Turf-ballet*, en collaboration avec Auguste Germain et A. Dell'Era ; des *Symphonies*, trois *Quatuors* pour instruments à corde, un *Recueil de mélodies*, etc.

Ce musicien a publié deux ouvrages de critique, intitulés : *Quelques remarques sur l'exécution du « Tannhaüser » à l'Opéra* ; *Aperçus analytiques des cinq premières symphonies de Beethoven*, travail très important. Il a donné aussi les traductions de *Geneviève*, de Schumann ; du *Freyschütz*, de Weber, en collaboration avec M. Charles Grandmougin et il a écrit la musique d'un opéra en 4 actes, de M. Jules Barbier : *Le Tasse*.

En 1892, M. Eugène d'Harcourt fit construire, à ses frais, rue Rochechouart, une salle de concerts. Il y donna des « Concerts éclectiques populaires » s'adressant exclusivement, dans sa pensée, aux petites bourses ; mais cette tentative prit rapidement une grande extension et une place considérable dans le mouvement musical contemporain.

Avec un personnel de 150 exécutants (soli, chœurs, orchestre), placé sous son habile direction, M. Eugène d'Harcourt fit entendre, à cette époque, de grandes œuvres oubliées ou inconnues du public parisien, notamment : *Fidelio*, *Freyschütz*, *Euryante*, *Faust* et *Geneviève* (Schumann), les *Maîtres chanteurs* (1893-1894), *Tannhaüser*, etc.

Les « Concerts d'Harcourt » furent interrompus, le 12 janvier 1896, les musiciens s'étant tous mis en grève : M. Eugène d'Harcourt reprit sa liberté et la première chambre du Tribunal civil de la Seine déclara qu' « il ne pouvait faire autrement, sans compromettre le bon renom de ses concerts et sa réputation de chef d'orchestre. »

Après la dissolution du « Syndicat des musiciens », promoteur de la grève, M. E. d'Harcourt reprit ses concerts et y donna, entre autres, l'exécution « modèle » des *Cinq premières symphonies* de Beethoven, au mois de janvier 1898. Le 31 mai suivant, il dirigea avec talent, au Trocadéro, un festival de musique classique, avec 300 exécutants, dont 250 jouaient d'instruments à corde.

M. Eugène d'Harcourt a été choisi, en janvier 1900, pour conduire les « grands oratorios » de l'église St-Eustache, où sont interprétés, par 400 exécutants, soli, chœurs et orchestre, les chefs-d'œuvre de la musique religieuse.

REINITZER (Aloïs)

SCULPTEUR-STATUAIRE et ciseleur, né à Prague (Autriche) le 20 février 1865, résidant en France. D'origine modeste, il commença, dès l'âge de quinze ans, à travailler chez un fabricant de pipes en écume, puis entra dans un établissement de décoration artistique.

En 1883, il alla suivre les cours de l'Ecole des Beaux-Arts de Vienne, où il eut pour professeur Hellmer et revint, deux ans après, à Prague, au moment de l'ouverture de l'Ecole des Arts décoratifs de cette ville. De 1885 à 1889, il fut élève de l'atelier de Myelbeck, passa les années 1890 et 1891 à Munich, fit à Berlin un court séjour, pendant lequel il exécuta d'importants travaux décoratifs au nouveau palais du Parlement (1891 à 1895) et vint ensuite à Paris.

Parmi les nombreuses œuvres dûes à M. Reinitzer, il convient de citer : le *Lanceur de pierres*, exposé à Munich (1891) ; *Saint Oswald, roi des Anglo-Saxons*, exposé à Dresde et à Vienne, en Autriche (1892-1895) ; *Mauresque jouant des castagnettes* ; un *Veilleur de Nuit* (XIVe siècle) ; un *Falstaff*, très réussi ; le *Portrait de sa mère*, qui peut être considéré comme sa meilleure œuvre jusqu'à ce jour ; celui du *Peintre Christiansen* et d'autres, des bustes, etc.

Après avoir assidûment fréquenté l'Académie Jullian, à Paris, où il eut pour maître le statuaire Puech, cet artiste débuta au Salon des Champs-Elysées, en 1896, avec le *Joueur de harpe*, statue plâtre. Vinrent ensuite : *Portrait de M. Schurmann*, buste bronze ; *Harpiste Egyptien*, statue plâtre (1897) ; *Saint Oswald, roi des Anglo-Saxons*, statue plâtre (1898) ; *Plat en faïence, à reflets métalliques* ; *Encrier en grès flambé* (1899) ; Portraits de Mlle *H. P...* et de *M. T...* ; le groupe *Union de l'Agriculture et de l'Industrie du fer*, commandé par les Sociétés réunies des Phosphates Thomas pour l'Exposition universelle de 1900, etc.

M. Reinitzer a aussi produit une quantité considérable d'objets d'art et de bijoux en métaux précieux, qu'il cisèle lui-même et il a conquis rapidement, dans ce genre, une belle notoriété.

LEFÈVRE (Gustave-Victor)

COMPOSITEUR de musique, né à Provins (Seine-et-Marne) le 2 juin 1831. Il commença ses études classiques au collège de sa ville natale et les termina à Paris, au collège de Sainte-Barbe ; puis il s'adonna à la musique et Maleden lui enseigna l'harmonie, la fugue et la composition.

Marié à la fille aînée du célèbre compositeur de Niedermeyer, M. Gustave Lefèvre succéda, en 1865, à son beau-père, comme directeur de l'Ecole de musique classique. Cette école, créée par de Niedermeyer et connue dans le monde entier, a formé, depuis sa fondation, un nombre considérables d'élèves, dont plusieurs sont aujourd'hui devenus des maîtres. Les compositeurs Gabriel Fauré, Messager, Audran, Gigout, Vasseur, Alexandre Georges, G. Lemaire et tant d'autres, non moins remarquables, ont suivi les cours de cet établissement d'instruction musicale.

M. Gustave Lefèvre a produit de nombreuses œuvres éditées ou exécutées, parmi lesquelles, il faut citer : un *Traité d'harmonie* qui a obtenu le plus grand succès ; une quantité de *Mélodies* ; des *Motets* ; des *Quatuors* pour instruments à cordes ; une *Grand'Messe* pour chœurs et orchestre ; des *Chœurs d'Orphéons* ; il a écrit la musique de scène de la pièce de M. Emile Deschamps : *Roméo et Juliette* et on annonce encore de lui un *Traité de contrepoint et de fugue* (1899).

Membre honoraire de l'Académie de musique de Québec, M. Gustave Lefèvre est officier de l'Instruction publique depuis 1887.

DAGUIN (Victor-Félix-Fernand)

Avocat, publiciste, né à Châtillon-sur-Seine (Côte-d'Or) le 4 juillet 1848. Il fit ses études juridiques à la Faculté de Droit de Paris et y fut reçu docteur.

Avocat à la Cour d'appel depuis 1868, M. Daguin a plaidé un certain nombre de causes civiles importantes. Il s'est fait une spécialité du droit international, du droit étranger et des questions relatives au droit de chasse. Depuis 1881, il remplit les fonctions de secrétaire général de la Société de législation comparée ; il a été, en 1885, l'un des secrétaires généraux du Congrès international de droit commercial d'Anvers et il a rempli les mêmes fonctions, en 1888, au Congrès de Bruxelles.

M. Fernand Daguin s'est livré à d'importantes études sur les jurisprudences française et étrangères ; ses travaux sont très appréciés. Il a publié de nombreux articles dans le *Bulletin de la Société de législation comparée*, l'*Annuaire de législation étrangère*, l'*Annuaire de législation française*, le *Journal du Droit international privé*, où il a donné, notamment, pendant plusieurs années, un Bulletin de la jurisprudence allemande ; dans le *Bulletin de la Société des prisons (Revue pénitentiaire)*, etc. ; il est l'un des collaborateurs actifs du *Répertoire général alphabétique du droit français* de Fuzier-Herman, pour lequel il a rédigé, entr'autres articles, les mots suivants : *Animaux, Chasse, Destruction des animaux malfaisants et nuisibles*, et des notices sur les répuques espagnoles de l'Amérique.

Comme secrétaire général de la Société de législation comparée, il dirige, depuis 1881, la publication du *Bulletin* de la société, de l'*Annuaire de législation étrangère* et de l'*Annuaire de législation française*. La publication de la 2e édition du *Catalogue de la Bibliothèque de la Société de législation comparée*, parue en 1899, a été faite également sous sa direction.

Ses principales publications, en dehors des articles de revues énumérées ci-dessus, sont : une *Notice sur le règlement du Reichstag allemand et sur les règlements du Reichsrath autrichien* (Paris, 1876) ; une *Étude sur les garanties accordées à l'inculpé par le Code d'instruction criminelle allemand* (1879) ; une traduction annotée du *Code de procédure pénale allemand* (1884) ; à l'occasion du Congrès international de Droit commercial d'Anvers, un *Rapport présenté à la Société de législation comparée* (1886) ; *La loi du grand-duché de Luxembourg sur la chasse*, annotée (1887) ; une *Étude sur la représentation proportionnelle en Espagne* (1887) ; *La loi du grand-duché de Bade sur la chasse*, traduite et annotée (1888) ; une *Note sur le projet de loi relatif à l'assurance obligatoire en Suisse* (1890) ; la traduction de la *Loi de Croatie-Slavonie relative à la chasse* (1895), etc.

On doit à M. Fernand Daguin, dans un autre ordre d'idées, d'intéressants mémoires sur les *Fouilles de Vertault (Côte-d'Or)*.

Associé de l'Institut de droit international, membre résident de l'Académie des Sciences, Arts et Belles-Lettres de Dijon, membre correspondant de l'Institut égyptien et de l'Académie royale de jurisprudence de Madrid, etc , cet éminent jurisconsulte est chevalier de la Légion d'honneur, officier de l'Instruction publique, commandeur de Notre-Dame de la Conception du Portugal et de Danilo du Monténégro, officier de Takowo de Serbie et de l'Etoile de Roumanie, chevalier des ordres de Léopold de Belgique et du Sauveur de Grèce.

KISTEMAECKERS (Henry)

Romancier, auteur dramatique, né à Floreffe (Belgique) le 13 octobre 1872. Fils de l'éditeur bruxellois bien connu, il fut reçu, en 1889, par le Jury central de Bruxelles, candidat en philosophie et lettres (titre qui équivaut à peu près à la licence française).

La même année, M. Henry Kistemaeckers se rendit à Namur pour y fonder la *Lutte*, journal libéral quotidien, où il donna, pendant deux ans, une chronique quotidienne sur l'art, la politique, les mœurs, etc. Ces études furent signalées au public français par M. Jean Bernard qui, dans l'*Evènement*, fit l'éloge du jeune écrivain dans un premier-Paris intitulé : *Un jeune de Belgique*.

Dans cette période, M. Henry Kistemaeckers fit représenter à Bruxelles : *Pierrot amoureux*, 1 acte en vers (Théâtre Molière) ; *Morale du Siècle*, 1 acte en vers (Théâtre du Parc) ; *Idylle nocturne*, 1 acte en vers (Alcazar.Royal) ; *L'Amour en jaune*, comédie en 3 actes (Théâtre du Parc). Le premier roman de l'auteur fut aussi édité à Bruxelles ; ce livre, intitulé : *Lit de cabot* (1891), très cruelle et très libre peinture des mœurs de théâtre, fut sévèrement discuté par une partie de la critique, notamment par M. Francisque Sarcey, dans une longue étude de la *Revue Illustrée*, qui fit quelque bruit.

Depuis cette époque, le jeune et fécond écrivain a publié en France de nombreux romans, études de mœurs et analyses psychologiques très poussées, où la marque personnelle de l'auteur : émotion dramatisée au summum, s'est affirmée chaque jour davantage. Plusieurs de ces livres ont obtenu de véritables succès ; ils ont en outre valu à leur auteur une précoce, mais large notoriété. Citons : *Mon amant*, 1er volume d'une trilogie passionnelle (1892) ; *Par les femmes* (2e volume, 1893) ; l'*Amour à nu*, recueil de nouvelles d'un esprit très acerbe (même année) ; *Chères Pécheresses*, vingt types féminins pris sur le vif (1 vol. 1894) ; *Confidences de femmes*, chroniques sous forme épistolaire, parues d'abord au *Gil Blas* sous le pseudonyme de « Jannine » (1 vol. même année) ; la *Confession d'un autre enfant du siècle*, roman sardonique (1 vol 1895) ; *Mandolinettes parisiennes*, poésies (1 vol. même année) ; l'*Illégitime*, roman de puissant intérêt, qui obtint un succès de presse retentissant et atteignit bientôt à son vingtième mille (1 vol. 1896) ; *Lueurs d'Orient*, notes de voyage cursives et impressions immédiates de l'auteur (1 vol. 1896) ; les *Heures suprêmes*, autre recueil de nouvelles d'un caractère plus artistique (1 vol. 1897) ; les *Amants Romanesques*, dernier volume de la trilogie commencée par *Mon Amant* (1 vol. 1898, onzième mille en 1899).

Au théâtre, il a fait jouer, à Paris : *Accroche-cœur*, 1 acte en vers (Nouveau Théâtre) ; le *Ménage Quinquet*, comédie en 2 actes (id.) : *Dent pour Dent* (1 acte, id.) et *Marthe*, pièce en 4 actes, très dramatique, que devait créer Mme Sarah Bernhardt et que l'auteur retira du théâtre de celle-ci, après un mois de répétitions pour la donner au Nouveau-Théâtre (direction Paul Franck, 1899), ce qui fit l'objet d'un procès entre la grande tragédienne et M. H. Kistemaeckers.

On annonce encore de cet auteur, sous ce titre : les *Trois villes passionnelles : Monaco, le jeu ; Venise, l'amour ; Le Caire, l'ivresse*, romans) ; le *Frisson du passé*, 5 actes, et la *Blessure*, 4 actes, en répétitions.

M. Kistemaeckers a donné à l'*Evènement* (1891-1892) des chroniques documentaires ; au *Gil Blas* (1893-1894) des chroniques féministes, sous le pseudonyme de « Jannine » et des contes hebdomadaires, sous le pseudonyme de « Henry Kist » ; au *Grand Journal* (1895), dont il était le critique dramatique, des articles d'actualité et des nouvelles ; à l'*Echo de Paris* (1898-1899) des romans ; au *Journal* (1898-1899) des contes et nouvelles, ainsi qu'au *Gaulois* (1898) ; enfin, à diverses revues périodiques, notamment la *Nouvelle Revue*, des articles de critique.

SEGONZAC
(Marc-Henri de BARDON Baron de)

Agronome, écrivain, né à St-Omer-en-Chaussée (Oise) le 13 février 1851. Il appartient à une ancienne famille du Périgord, dont les origines connues remontent au XIe siècle et qui fut anoblie par Louis XIII en 1621. Plusieurs membres de cette maison se sont, depuis, distingué dans l'armée, la marine, la magistrature et le clergé.

Propriétaire de la terre et du château de Segonzac, berceau de sa famille, dans la Dordogne, des terres et du château de Sorel en Picardie, le baron de Segonzac, ses études classiques terminées, se consacra à l'exploitation de ses domaines agricoles.

Nommé, en 1875, et réélu sans interruption depuis, maire d'Orvillers-Sorel (Oise), on doit à son administration municipale la construction d'écoles dans sa commune et l'amélioration de la viabilité des chemins vicinaux, sans augmentation d'impôts. M. de Segonzac a été aussi conseiller général de l'Oise de 1880 à 1886.

Très versé dans les questions d'élevage, de sport et agricoles, il s'est fait remarquer par ses travaux pratiques et ses écrits sur ces objets. Dans ses exploitations rurales, il a appliqué les plus nouvelles et meilleures méthodes de culture, fait de nombreux essais et réalisé de considérables améliorations. Il a reconstitué dans le Périgord d'importants vignobles ; dans l'Oise, il s'occupe d'élevage et de grande culture. Ses travaux, dans l'une et l'autre région, servent d'exemple à l'agriculture locale et y ont excité l'émulation des cultivateurs. Les produits de ses terres ont obtenu de très nombreuses récompenses, notamment des prix d'honneur aux expositions de cidre de Paris et de Compiègne (pour sa fabrication du cidre réputé de Sorel) ; il a été lauréat de plusieurs expositions de chevaux de demi-sang, de chiens de chasse (dont il a de remarquables spécimens) et de diverses expositions agricoles et horticoles.

Président de la Société hippique, membre de la Société des courses, de celle d'horticulture et du Syndicat agricole de Compiègne, M. de Segonzac est aussi membre de la Société de « Paume » de cette ville et il a remporté 78 médailles comme joueur de longue paume ; il fait partie en outre de la Société centrale pour l'amélioration des chiens, du Syndicat des agriculteurs, des Cercles de l'Union artistique, des patineurs, de law-tennis, etc. et il est l'un des membres les plus actifs et les plus compétents de la Société des Agriculteurs de France.

Le baron de Segonzac a publié, dans la *Chasse Illustrée* et le *Chasseur français*, de nombreux articles de vulgarisation, notamment sur les fusils à canon court, dont il est l'innovateur et le propagateur ; dans le *Sport Universel*, il a donné les éléments d'une intéressante étude sur les chiens de chasse et sur son chenil en particulier.

BERTRAND (Paulin-André)

PINTRE, né à Toulon (Var) le 4 février 1852. Dès sa première jeunesse, il montra d'heureuses dispositions pour le dessin ; aussi, s'étant fait remarquer par ses compositions d'élève, obtint-il du conseil municipal de sa ville natale d'être envoyé avec une bourse à l'Ecole des Beaux-Arts de Paris, où il entra dans l'atelier de Cabanel en 1878. En 1880, il débutait aux salons annuels de la Société des Artistes français avec deux portraits, ceux de M*lle* S... et de M. D..., *sénateur*, qui furent remarqués.

Ensuite, M. Paulin Bertrand se consacra presque uniquement au paysage, genre qu'il interprète avec beaucoup de charme et infiniment d'art.

Il sait composer ses toiles, dit une critique, avec un art consommé, non sans y mettre un souffle poétique qui le classe en bon rang près des Th. Rousseau et des Corot.

Cet excellent artiste a envoyé successivement aux Champs Elysées : *Carqueiranne, environs de Toulon* (1888), tableau acquis par la ville de Morlaix, pour son musée ; *Récifs de St-Vincent près Toulon*, qui valut à son auteur une 3e médaille (1889) ; *Le Pradon*, environs d'Hyères (1890), toile des plus importantes, qui obtint une 2e médaille et le prix Marie Bashkircheff décerné par la Société des Artistes français ; cette œuvre, acquise par l'Etat, orne le musée de Nice, qui doit l'envoyer à l'Exposition universelle de 1900 ; *Sous les pins en Provence* et la *Côte près de Toulon* (1891) ; *Un Ruisseau dans l'Hérault* et *Matinée au bord de la mer*, qui figurèrent avec honneur à l'Exposition d'Amsterdam (1892) ; *Demi-soleil en Provence*, tableau remarqué aussi à l'Exposition universelle de Lyon (1893) ; le *Soir au bord de l'Orb* et l'*Entrée de l'Escadre Russe à Toulon le 13 octobre 1898*, tableau acquis par l'Etat et placé dans la salle des fêtes de la ville de Toulon (1894) ; les *Bords de l'Orb, Hérault* (1895) ; *Solitude* et *Lever de Lune* (1896) ; *Fin de journée* et *Falaises en Provence* (1897) ; *Toulon* ; le *Lègues en Provence* (1898) ; le *Soir au village* (1899). M. Paulin Bertrand a été nommé peintre de la Marine en 1891. Il est hors concours de la Société des Artistes français.

CHAFFAULT (Gabriel-Charles-Patrice BILLEBAULT Comte du)

CRIVAIN, né à Paris le 19 mai 1854. Fils du baron Alphonse Billebault de Villeprevoir, qui fut maire de Sens durant la guerre franco-allemande, ville qu'il protégea contre les envahisseurs et dont il sauva un grand nombre d'habitants au cours de l'occupation Prussienne, puis député à l'Assemblée nationale de 1871, il appartient par son père à une ancienne famille de présidents de Bourgogne ; du côté maternel, il descend de l'illustre maison du Chaffault, dont les origines connues remontent au xIIIe siècle et qui compte parmi les siens le célèbre amiral, son arrière grand'oncle et le général du Chaffault, son grand-père, commandant en chef d'une armée vendéenne, pacificateur et député de la Vendée. Celui-ci, n'ayant qu'une fille, transmit son nom à son gendre, qui fut autorisé, par décret en date du 17 novembre 1872, à ajouter à son nom patronymique celui de du Chaffault. Il est le filleul de Lamartine.

Engagé à 16 ans dans le corps franc commandé par le capitaine Jubin, ancien officier de marine, M. Gabriel du Chaffault fut blessé et fait prisonnier, le 2 janvier 1871. Il devait être fusillé le lendemain, lorsque sa grâce fut accordée par le prince Frédéric-Charles, à cause de son jeune âge. Après la paix, il entra dans l'armée, comme officier d'artillerie, et démissionna quelques années plus tard.

Dès lors, il se consacra aux lettres et à l'archéologie. Il a publié, notamment : *Le Roi du droit divin ou la République*, étude sur ces deux moyens de gouvernement (1 vol. 1874) ; *L'Agriculture en 1889, parallèle entre la terre et le capital* (1889) ; *Mesoncelles-en-Brie*, dépendance de l'abbaye de St-Denis ; *Héloïse et Abailard*, une importante contribution à l'histoire de ces héros de la science et de l'amour (1 vol. 1894) ; *Histoires courtes* (du vrai, du gai, du triste), nouvelles à clefs (1 vol. 1899), où l'esprit, l'humour et l'émotion se trouvent agréablement mêlés et qui rappellent parfois la manière de l'auteur des *Contes Rémois*, Louis de Chevigné, grand-oncle de l'auteur.

Le comte du Chaffault a été chargé, avec M. Henri Ternisien, ancien député, de diverses missions en Extrême-Orient.

Amateur très épris de choses anciennes, il a réuni, à plusieurs occasions, différentes collections très intéressantes d'objets rares de la Renaissance, des xviie et xviiie siècles. Membre de la Société archéologique de

Nantes et de la Loire-Inférieure, il est chevalier des ordres d'Espagne et d'Italie, officier de ceux du Cambodge et de l'Annam et décoré d'une médaille de sauvetage.

MARCANO (Gaspard)

MÉDECIN, anthropologiste, né à Caracas (Venezuela) le 1ᵉʳ avril 1850 et demeurant en France. Il fit ses études à la Faculté de Médecine de Paris : reçu successivement externe des hôpitaux (1868), interne provisoire (1869), interne titulaire (1871), aide de clinique (1876), il fut promu au doctorat en 1877, avec une thèse sur la *Psoïte traumatique*. Durant la guerre franco-allemande, il avait été envoyé, comme aide-major auxiliaire, aux ambulances de l'hôpital des Ménages d'Issy. Pendant la Commune, il soigna les blessés de l'hôpital Brézin, sous les ordres de Ricord.

On doit à M. le docteur Marcano d'importants travaux scientifiques, publiés dans les *Bulletins* de la Société Anatomique, de la Société Clinique et autres organes techniques. Outre ses publications d'ordre plus particulièrement pathologique, on doit citer celles-ci : *Péritonites expérimentales produites par la sortie des microbes intestinaux après injection d'une culture filtrée*, avec M. Mosny (*Bulletin de l'Académie des Sciences*, 1894) ; le *Diagnostic bactériologique de la lèpre* (*Archives de Médecine expérimentale*, 1895) ; *Des modifications des éléments figurés du sang dans un cas d'hémoglobinurie*, avec le Dʳ Vaquez (*Archives de Médecine expérimentale*, 1896) ; *De l'action du formol sur les globules du sang* (Id., 1899) ; *De quelques causes qui font varier le nombre et les dimensions des globules rouges du sang* (*Journal de Physiologie et de Pathologie*, 1899), etc. Ces derniers travaux ont été effectués au laboratoire du Collège de France. Il est aussi l'auteur d'un appareil clinique pour mesurer le sédiment des globules du sang.

M. le docteur Marcano s'est signalé par ses recherches anthropologiques d'un intérêt considérable sur les races et les civilisations disparues de l'Amérique du Sud. Il a publié, dans ce sens : *Ethnographie précolombienne du Venezuela : Vallées d'Aragua et de Caracas* (1889) ; *Régions des Raudals de l'Orénoque* (1890) ; les *Indiens piaroas, guahibos, goajires, enicas et timotes* (1891).

Ce savant a produit, à l'Exposition universelle de 1889, les résultats de fouilles qu'il avait fait précédemment accomplir en Venezuela : sarcophages, crânes, objets de parure, de vêtement et de guerre, photographies, etc., desquels il a fait don au musée de l'Ecole d'Anthropologie.

Membre honoraire des sociétés Anthropologique, Anatomique, Clinique et membre correspondant de l'Académie de l'Histoire du Venezuela, M. le Dʳ Marcano est chevalier de la Légion d'honneur depuis 1890, de Charles III d'Espagne, grand-officier de l'ordre du Libérateur du Venezuela, etc.

REVILLOUT (Eugène-Charles)

ÉGYPTOLOGUE, né à Besançon (Doubs) le 5 mai 1843, d'une famille de savants originaire de Franche-Comté. Son père, médecin distingué, fut chirurgien militaire des armées du premier empire, inspecteur des épidémies, médecin inspecteur des eaux de Luxeuil et des bains de mer du Croisic, chevalier de la Légion d'honneur, et médaillé de Sᵗᵉ-Hélène. Un de ses frères, professeur à la Faculté des Lettres de Montpellier, chevalier de la Légion d'honneur également, officier de l'Instruction publique, écrivit un très grand nombre d'ouvrages d'érudition qui furent fort remarqués dans tout le monde savant. Un autre de ses frères, docteur en médecine et en droit, chevalier de la Légion d'honneur, rédacteur en chef de la *Gazette des Hôpitaux*, assyriologue, fut aussi l'auteur de beaucoup d'ouvrages sur la médecine, le droit, les inscriptions et les tablettes cunéiformes, le droit babylonien, etc.

M. Eugène Revillout, après de fortes études classiques au lycée de Besançon et à St-Louis, à Paris, s'adonna surtout aux recherches orientales. Il fut nommé attaché libre au musée du Louvre en 1869, attaché rétribué en 1872, conservateur-adjoint en 1875. En 1880, il contribua à la fondation de l'Ecole du Louvre, dont il donna l'idée à M. de Ronchaud, alors directeur des Musées nationaux et, à la fondation officielle de cette école, l'année suivante, il fut nommé par le ministre professeur et chargé de trois cours.

M. E. Revillout a accompli dix missions officielles en Allemagne, en Autriche, dans les Pays-Bas, en Italie, en Belgique, en Angleterre, en Irlande, en Egypte et en Nubie. Pendant l'une de ses missions en Angleterre (1881), on lui offrit une situation fort importante, qu'il refusa par patriotisme.

M. Revillout s'est consacré à des recherches sur les antiquités égyptiennes, la langue copte, le démotique, le hiératique, les hiéroglyphes, le droit égyptien, qu'il enseigne parallèlement dans ses cours. Le premier, il a traduit les papyrus demotiques jusqu'alors restés lettre morte et a créé la science du droit égyptien comparé aux autres droits antiques. Il s'est occupé en outre d'arabe, d'hébreu, d'arménien, de syriaque, d'éthiopien, etc. et, comme helléniste, il a eu le bonheur de trouver et de publier le papyrus contenant le discours d'Hypéride contre Athénogène, ainsi que plusieurs autres. Il a formé de nombreux élèves qui occupent en France et à l'étranger de très belles situations soit dans le monde du droit, soit dans l'administration, soit dans la science philologique. Il a présidé la section égyptologique du Congrès international des orientalistes de Rome, en 1899 et a représenté la France à celui de Berlin. Vice-président du comité d'organisation du Congrès de l'histoire du droit et des institutions à l'Exposition universelle de 1900, il fait aussi partie des comités d'organisation de plusieurs autres congrès (législation comparée, ethnographie, etc.)

Ce savant a publié un très grand nombre d'ouvrages et de mémoires. Voici les titres de quelques-uns : *Etude sur la vocalisation hébraïque* (1869) ; les *Papyri et ostraca coptes des diverses collections de Paris* (lectures faites à l'Académie des Inscriptions en 1869, 1870, 1871) ; la *Vie du patriarche Théodose* (lecture faite à l'Académie en 1871) ; *Un prophète Jacobite* (extrait des *Comptes-rendus* en 1871) ; *Observations sur deux écrits récents de M. Maspero* (in-8°, 1873) ; *Mélanges d'épigraphie et de linguistique égyptienne; Mélanges d'archéologie égyptienne* (3 vol. in-8°, 1872, 1873 et 1874); le *Concile de Nicée, d'après les textes coptes* (in-8°, 1873) ; *Première étude sur le mouvement des esprists dans les premiers siècles de notre ère : Vie et sentences de Secundus, d'après d'anciens manuscrits orientaux, les Analogies de ce livre avec les ouvrages gnostiques* (in-8°, 1873) ; *Rapport sur une mission en Italie* (1873) ; *Le concile de Nicée et le concile d'Alexandrie, étude historique sur l'Assemblée confirmative et promulgatrice présidée par saint Athanase en l'année 362, d'après les textes coptes* (in-8°, 1874) ; *Mémoire sur les Blemmyes à propos d'une inscription copte trouvée à Dendur* (in-4°, 1874) ; *Acace et Pierre Monge* (in-8°, 1875) ; *Une chronique égyptienne contemporaine de Manethon* (in-8°, 1876) ; *Apocryphes coptes du Nouveau Testament* (in-4°, 1876) ; *Actes et contrats des musées égyptiens de Boulaq et du Louvre* (in-4°, 1876) ; *Etude historique et philologique sur les Décrets de Rosette et de Canope* (in-8°, 1877) ; *Nouvelle chrestomathie demotique ; Mission de 1878, contrats de Berlin, Vienne, Leyde* (in-4°, 1878) ; *Un nouveau papyrus copte du monastère de Saint-Jeremie* (in-8°, 1878) ; *Le roman de Setna* (in-8°, 1879) ; *Un procès plaidé devant les loocrites sous le règne de Ptolémée Soter* (in-8°, 1879) ; *Le testament du moine Paham* (in-8°, 1879) ; *Une affaire de mœurs au VII° siècle* (in-4°, 1879) ; *Une famille de choachytes et de taricheutes thebains* (in-4°, 1879) ; *Sur la valeur du signe de l'œil en hieroglyphes et en demotique* (in-4°, 1879) ; *Mesures agraires égyptiennes* (in-4°, 1879) ; *Monnaies égyptiennes* (in-4°, 1879) ; *Le roi Harmachis* (in-8°, 1879) ; *Taricheutes et choachytes* (in-4°, 1879) ; *Rituel funéraire de Pamonth en demotique, avec les textes hieroglyphiques et hieratiques correspondants* (in-4°, 1880) ; *Chrestomathie demotique* (4 vol. in-4°, 1880) ; *Le concile de Nicée, d'après les textes coptes et les diverses collections canoniques* (2 vol. in-8°, 1880-1897) ; *Ecole du Louvre : cours de langue demotique et de droit égyptien* (in-8°, 1884) ; *Etude complémentaire du cours de droit égyptien : le procès d'Hermias, d'après les sources demotiques et grecques* (in-4°, 1884) ; *Lettre à M. Charles Robert sur les monnaies égyptiennes* (in-8°, 1884) ; *L'étalon d'argent en Egypte* (in-8°, 1884) ; *Corpus papyrorum Ægypti à Revillout et Elisenlhor editum* (3 vol. in-folio, 1885-93) ; *Les rapports de l'état et du clergé en Egypte depuis la première entreprise d'Amasis sur les biens sacrés jusqu'au règne de Ptolémée Epiphane* (in-8°, 1884) ; *Une adoption par mancipation* (in-8°, 1885) ; *Cours de droit égyptien à l'Ecole du Louvre : l'état des personnes* (in-8°, 1885) ; *Cours de langue demotique à l'Ecole du Louvre : un poème satyrique composé à l'occasion de la maladie du poète musicien Hor-Uta* (in-4°, 1885) ; *Deux contrats grecs du Louvre provenant du Faium* (in-8°, 1887) ; *Contrats de mariage et d'adoption dans l'Egypte et dans la Chaldée* (in-8°, 1887) ; *Les dépôts et les consiements en droit égyptien et en droit babylonien* (in-8°, 1887) ; *L'antichrèse non immobilière dans l'Egypte et dans la Chaldée* (in-8°, 1887) ; *Coups d'œil sur les origines de l'art égyptien à propos d'une tête de l'ancien empire* (in-8°, 1887) ; *Antichrèse in solutum* (in-8°, 1887) ; *Un nouveau nom royal perse* (in-8°, 1887) ; *Une confrérie égyptienne* (in-8°, 1887) ; *Un fermage du temps d'Amasis* (in-8°, 1887) ; *Un prétendu sceau hittite* (in-4°, 1887) ; *Une statue de chien* (in-4°, 1887) ; *Letter on the nubian oracles* (in-8°, 1887) ; *Les origines du schisme égyptien, Senuti le phrophète* (in-8°, 1887) ; *Sworn obligations of the babylonian law* (in-8°, 1887) ; *Second mémoire sur les Blemmyes, d'après les inscriptions demotiques des Nubiens* (in-4°, 1888) ;

Les obligations en droit égyptien comparé aux autres droits de l'antiquité (leçons professées à l'Ecole du Louvre), suivies d'un appendice sur le *Droit de la Chaldée au XXIII*ᵉ *et au VI*ᵉ *siècle avant Jésus-Christ* (in-8°, 1889, en collaboration avec Victor Revillout) ; le *Nouveau papyrus d'Hypéride* (in-8°, 1889) ; la *Morale égyptienne* (in-4°, 1889) ; *Musée du Louvre, catalogue de la Sculpture égyptienne* (in-8°, 1889) ; *Une importante découverte : mémoire sur le discours d'Hypéride contre Athénogène* (in-4°, 1892) ; *Lettre à M. le directeur des Musées nationaux sur le don de l'Exploration Fund au Musée du Louvre* (in-folio, 1893) ; *Un contrat bilingue du temps de Philopator* (in-8°, 1896) ; *Lettres sur les monnaies égyptiennes* (in-8°, 1896) ; *Mélanges sur la métrologie, l'économie politique et l'histoire de l'ancienne Egypte, avec de nombreux textes démotiques, hiéroglyphiques, hiératiques ou grecs inédits ou antérieurement mal publiés* (in-4°, 1896) ; *Notice sur les papyrus démotiques archaïques et autres textes juridiques ou historiques traduits et commentés à ce double point de vue, à partir du règne de Bocchoris jusqu'au règne de Ptolémée Soter, avec une introduction complétant l'histoire des origines du droit égyptien* (in-4°, 1896) ; *Quelques textes démotiques archaïques traduits* (in-4°, 1896) ; *Quelques textes traduits à mes cours* (in-4°, 1896) ; *La propriété, ses démembrements, la possession et leurs transmissions en droit égyptien comparé aux autres droits de l'antiquité* (in-4°, 1897) ; *Les actions en droit égyptien* (in-8°, 1897) ; *Etude juridique des procès civils ou criminels intentés en Egypte, depuis la plus ancienne époque pharaonique jusqu'à la conquête arabe* (in-8°, 1897) ; *La créance et le droit commercial dans l'antiquité* (in-8°, 1897) ; *La propriété en droit égyptien comparé aux autres droits de l'antiquité* (in-8°, 1897) ; *Précis du droit égyptien ou droit égyptien comparé aux autres droits de l'antiquité* (in-8°, 1899-1900).

M. Eugène Revillout est encore l'auteur de nombreux et importants articles dans la *Revue Egyptologique*, fondée par lui en 1880 et dont il est le directeur ; dans la *Revue des questions historiques*, où il a donné notamment de savants mémoires sur *Hérodote* et les *Oracles égyptiens* d'après les documents originaux et sur les *Rapports des Egyptiens et des Quirites depuis la fondation de Rome jusqu'aux emprunts faits par la loi des Douze Tables au code d'Amasis* et dans les *Bulletins* des sociétés savantes.

Il est chevalier de la Légion d'honneur.

TELLIER (Charles-Louis-Abel)

Physicien, ingénieur, publiciste, né à Amiens (Somme) le 28 juin 1828. Après avoir fait ses études en Normandie, où son père était grand industriel, il s'occupa activement d'études scientifiques.

Dès 1857, M. Charles Tellier proposa à la ville de Paris d'opérer la concentration des vidanges urbaines par la chaleur et d'utiliser les vapeurs produites à la compression de l'air ; l'air comprimé aurait été ensuite distribué dans la ville par des conduites souterraines pour fournir de la force motrice. Ce dernier projet ne fut pas alors accepté ; mais il a été appliqué depuis. En 1860, il construisit un appareil continu pour la production du froid par l'emploi de l'ammoniaque. En 1866, il introduisait l'éther méthylique dans l'industrie et produisit, l'année suivante, le premier appareil frigorifique à gaz liquéfié mécaniquement, appareil qui a été, depuis, universellement reproduit. A cette époque, la liquéfaction des gaz ne s'opérait que dans les laboratoires ; le premier, M. Tellier l'obtint pratiquement en abondance.

Dans le même temps, il démontrait d'une manière précise l'utilité de l'emploi du froid sec pour la conservation des viandes. Des expériences, commencées en 1868, interrompues pendant la guerre de 1870-71 et reprises depuis sous le contrôle d'une commission nommée par l'Académie des Sciences, en démontrèque, sans congélation, le froid à zéro était un véritable conservateur (Rapport du 22 septembre 1874). L'expérience de cette assertion fut tentée avec un plein succès, en 1876, par le navire le *Frigorifique*, qui se rendit en Amérique et revint en France après une traversée de 120 jours, ayant coupé l'Equateur et les Tropiques avec zéro dans sa cale.

Depuis, ce procédé est généralement adopté. C'est grâce à lui que M. Tellier put importer en France, pour la Société d'Acclimation, dix mille œufs de saumons des fontaines provenant de l'Amérique du Nord et dont la reproduction fut obtenue dans les eaux européennes.

Dès 1870, M. Tellier avait préconisé la stérilisation de l'eau comme moyen hygiénique de premier ordre ; en 1883, il imagina un appareil stérilisateur de l'eau par la chaleur conservant à celle-ci toutes ses qualités et il mit cet appareil dans le domaine public. La Société d'encouragement pour l'industrie nationale récompensa l'inventeur de son désintéressement par un prix de 1,000 francs.

En 1887, il réalisait des appareils puisant l'eau par la chaleur du soleil et il put, en 1889, élever par ce moyen, à Paris, trois mille litres d'eau à l'heure. Il a encore inventé, pour produire le froid par la sursaturation de l'ammoniaque, un procédé très économique et n'exigeant que des pressions très réduites, soit une à deux atmosphères, au lieu de 10 à 15 que demandent les autres appareils. Il réalise maintenant la production de la glace et du froid directement chez le consommateur, au moyen de l'ammoniaque livrée à domicile et reprise après sa dissolution.

M. Charles Tellier a publié de remarquables travaux sur : l'*Ammoniaque dans l'industrie* ; les *Chemins de fer départementaux* ; le *Froid appliqué à la conservation de la bière* ; la *Glace pour les campements militaires* ; le *Chauffage des vins* ; la *Conservation des viandes* ; la *Vie à bon marché* ; la *Conquête de l'Afrique occidentale par le soleil* ; l'*Élévation des eaux par la chaleur atmosphérique* ; *Étude sur la thermo-dynamique* ; *Utilisation de la chaleur perdue par les machines à vapeur* ; le *Véritable métropolitain* ; et, dans l'ordre économique : *L'Impôt unique et ses conséquences* ; *L'Impôt unique et l'invasion*.

M. Charles Tellier est membre de la Société des gens de lettres et de la Société des ingénieurs civils. Il est chevalier de l'ordre de l'Épée du Portugal.

NARICI (Louis)

Compositeur de musique, pianiste, né le 21 juin 1866 à Naples. Son père, président de la Cour de cassation de cette ville, ayant vu ses dispositions musicales précoces, lui fit donner des leçons de piano par Cesi, élève du grand Thalberg, et de composition par Lauro Rossi, alors directeur du Conservatoire de Naples.

Les progrès du jeune musicien furent rapides et lui permirent, entre 15 et 20 ans, de prendre part aux plus grands concerts donnés à Naples. En 1887, M. Louis Narici partit pour l'Amérique et donna de grands récitals de piano dans la République Argentine, le Brésil, le Chili ; ensuite il alla en Égypte, où il fut très acclamé ; puis il vint, en 1892, se fixer à Paris, où sa réputation de virtuose du piano a été consacrée par ses succès.

M. L. Narici a composé : un opéra en 4 actes, *Bug-Jargal*, d'après V. Hugo ; trois *Symphonies classiques* en 4 temps ; un poème symphonique, la *Lutte de l'homme contre la destinée* ; une *Sonate* pour clarinette et piano dans le genre classique ; des morceaux pour piano, entr'autres : un *Thème varié avec deux fugues* ; quatre *Fugues* sur des thèmes de *Tristan et Iseult* de Wagner, et un grand *Concerto* pour piano et orchestre, joué par l'auteur, en 1898, dans les grands concerts de Monte-Carlo et dont Nicollet, du *Gaulois*, rendit compte ainsi :

Œuvre robuste, de large inspiration mélodique, où la phrase coule lentement, rappelant les meilleures inspirations des maîtres italiens. En outre, la technique de M. Narici, beaucoup plus complète que celle des jeunes espoirs de l'Italie (on y sent la sûre possession des maîtres français), lui permet de traiter l'orchestre en vrai symphoniste moderne, avec maîtrise.

Il a, en outre, publié, chez l'éditeur P. de Choudens, la collection complète (transcription piano et chant) des chefs-d'œuvre du théâtre classique comprenant : les opéras de Gluck, Mozart, Beethoven, Weber, Gretry, Méhul ; les *Troyens* et la *Prise de Troie* de Berlioz, etc. Ces transcriptions s'éloignent sensiblement des réductions habituelles, en ce sens que M. Narici a su condenser en elles la pensée entière des auteurs, tout en rendant les interprétations tout à fait « pianistiques », au sens que peut avoir ce mot.

BRAISNE (Henry RENAULT de)

Poète, romancier et auteur dramatique, né au château de Braisne (Aisne) le 28 décembre 1855. Il débuta de bonne heure en littérature par des vers parus dans des journaux ou revues et conquit rapidement une certaine notoriété ; il a été deux fois lauréat de la Société des gens de lettres pour le prix de poésie.

M. de Braisne a publié : *Éveil d'Amour* (1 vol. de 1875 à 1890) ; *Rêve de Gloire* (1 vol. de 1890 à 1893) ; *Voix dans l'Ombre* (1 vol. de 1893 à 1896) ; *Parmi le fer, parmi le sang* (1 vol. de 1896 à 1899). Ces recueils de poèmes, presque tous composés dans la retraite, ont obtenu un grand succès, autant dû à la perfection de la forme qu'à la vigueur du souffle lyrique.

Cet écrivain a donné aussi des nouvelles et des contes, exquis pour la plupart, reproduits dans les journaux illustrés parisiens. Entr'autres il convient de citer : *Sur l'Estrelle* ; *A Marlotte* ; *Monsieur Liénard* ; *Après le punch* ; *Vers le bleu*, etc. Cette dernière œuvre, « un bijou, rare finement ciselé », dit un de ses biographes, contient de fort belles pages, inspirées à leur auteur par de longs voyages à l'étranger.

Observateur profond et analyste méticuleux, il a écrit quelques romans : *Race perdue* ; *Léo* ; *Cœur libre ; Tête chaude ; Un lovelace ; Dédaignée*, dont les éditions sont épuisées.

M. Henry de Braisne a collaboré à la *Nouvelle Revue*, à la *Revue de Paris et de St-Pétersbourg*, à la revue *Art et Critique*, à la *Revue Indépendante*, à la *Jeune France*, à la première *Revue Moderne*, au *Figaro*, au *Gaulois*, au *Gil Blas*, etc.

Comme auteur dramatique, il a produit : la *Sainte; le Soldat ; la Courtisane ; les Tireurs d'or ; Course au mariage ; Parties de cartes ; Madame est rentrée*; en collaboration avec M. Paul Croiset : le *Consentement* (1 acte) ; avec M. Ernest Fleury : *Tiphaine Raguenel* (4 actes et sept tableaux).

Nommé secrétaire du premier comité chargé d'élever une statue à Balzac, dont l'exécution avait été confiée à Chapu avant de l'être à Rodin, M. Henry de Braisne a été élu, en 1893, membre du comité de la Société des gens de lettres.

COURCY
(Alexandre-Frédéric CHARLOT de)

Peintre, né à Paris le 28 mars 1832. Elève de Picot et de l'Ecole des Beaux-Arts, il commença par composer des tableaux d'histoire et on cite de lui, dans cette manière, des toiles de mérite, notamment : la *Pâque* (1862); l'*Education de Louis XIV*, tableau acquis par l'Etat (1864) ; *Clarisse Harlowe et Lovelace* (1865) ; les *Filles de Louis XIV* (1866), etc.

Dès 1864, M. Frédéric de Courcy était entré à la Manufacture nationale de porcelaines de Sèvres, qui était alors dirigée par M. Regnault, père du jeune peintre tué en 1870. Il a exécuté, pour cet établissement, un très grand nombre de compositions pour vases et pièces diverses, qui portent toutes la marque d'un talent original et gracieux. Il peut être considéré, avec M. C. Popelin, comme l'un des rénovateurs de l'art de l'émail en France.

Professeur de céramique et de dessin à l'école de cette manufacture, ainsi qu'à l'école de l'Etat de la rue de Seine, il prit sa retraite en 1886.

Avant, comme après cette époque, M. de Courcy a envoyé aux Salons annuels de la Société des Artistes français des toiles, au nombre desquelles on a particulièrement remarqué les suivantes : *Hospitalité* (1872) ; l'*Amour vainqueur* (1874) ; *Jésus chargé de sa croix* et *Jésus déposé de sa croix*, pour un chemin de croix placé à l'église N.-D.-des-Champs (1879) ; portraits de M. le Dr J. Moricourt, Mlle Escoffier,

Mlle d'Héricault (sanguine) ; *Argé*, fantaisie, et la *Nuit*, allégorie, émaux (1888) ; six beaux émaux en 1890, etc. Il est l'auteur d'un grand nombre d'autres émaux et de dessins exposés et récompensés à Londres, Vienne et différentes capitales, ainsi que de trente fort beaux émaux pour la Bibliothèque vaticane offerte au pape Pie IX, en 1878.

Cet excellent artiste a obtenu une médaille d'or au Salon de 1864 ; deux prix de première classe à l'Exposition de l'Union centrale des Beaux-Arts appliqués à l'industrie en 1884 ; il a été deux fois membre et une fois président du jury, pour l'émaillerie, à cette exposition. Il est officier de l'Instruction publique.

DALMAS (Comte Auguste-Charles-Raymond-Guillaume-Jacques de)

Voyageur, né à Paris le 5 février 1862. Il est le fils du comte Albert, né le 10 juin 1821, qui fut député d'Ille-et-Vilaine de 1859 à 1870, puis de 1876 à 1877, et mourut à Pau le 10 juillet 1891. Il accomplit ses études en partie dans sa famille et dans divers établissements de l'Etat.

Le comte Raymond de Dalmas entreprit de bonne heure des voyages d'investigations scientifiques à travers le monde. Il parcourut d'abord l'Islande, l'Amérique du Nord, le Japon, la Chine, puis les Antilles, le Vénézuéla, la Colombie, le Sénégal, les Indes et la Birmanie. Propriétaire du yacht *Chazalie*, il a fait avec lui de grands voyages au long cours, se livrant spécialement aux recherches zoologiques marines et terrestres, avec le concours de plusieurs savants français et étrangers, qui étaient ses hôtes. Au cours de ses croisières, il fit deux explorations en Colombie, l'une en territoire indien Chimila, l'autre en territoire indien Goajire, où il faillit être assassiné et resta quatre jours prisonnier des indigènes.

Depuis plusieurs années, le comte de Dalmas s'occupe particulièrement d'ornithologie et possède une très belle collection d'oiseaux américains.

Il a publié en librairie : *Les Japonais, leur pays et leurs mœurs* (1 vol. 1885, Plon et Nourrit) ; *Croisière du yacht « Chazalie » en Méditerranée orientale* ; et donné des articles dans les journaux scientifiques.

M. le comte de Dalmas est membre de plusieurs sociétés savantes, telles que celle d'Acclimatation, dont il est secrétaire pour l'étranger, la Société Zoologique de France, la Société de Géographie, etc.

TRANNOY (Gustave)

Député, né le 6 février 1837, à Paris. Il y fit ses études classiques, au lycée Henri IV ; puis il suivit les cours de la Faculté de Droit, fut reçu licencié en 1857 et s'occupa ensuite d'agriculture en province jusqu'en 1863, où il revint à Paris, dans une étude d'avoué, comme clerc. Puis, en 1866, il acheta une charge d'avoué à Epernay (Marne).

Elu conseiller municipal d'Epernay en 1871, M. Trannoy devint adjoint au maire de cette ville l'année suivante. Au 16 mai 1877, il fit une active propagande contre l'ordre moral et fut désigné par le Comité de défense républicaine, dirigé à Paris par Gambetta, pour prendre la parole devant le tribunal d'Epernay, au nom des journaux républicains le *Temps*, le *Bien Public* et la *Petite République* (de Gambetta), poursuivis par ordre du gouvernement. Il fut aussi chargé de la défense de deux organes locaux, la *Vérité* et l'*Indépendant de la Marne et de la Moselle*.

En 1879, M. Trannoy céda son étude d'avoué et quitta Epernay pour aller se faire inscrire, comme avocat, au barreau de Péronne. Elu conseiller municipal dès l'année suivante, puis adjoint au maire, de 1888 à 1895, il a été maire de cette ville de 1895 à 1896.

Après avoir contribué, en 1889, à l'élection de M. G. Gonnat dans la 1re circonscription de Péronne, M. Trannoy fut élu lui-même député de cette circonscription au renouvellement législatif de 1893, au 1er tour de scrutin et par 6,192 voix, contre 4,455 données à M. Louis Çadot, ancien député. Il se fit inscrire au groupe des républicains de gouvernement, devenu depuis le groupe progressiste. Il présenta un projet de loi pour transformer le 3 % perpétuel en 3 % amortissable, lors de la conversion de la rente 3 1/2 % ; en 1895, il déposa un amendement au budget tendant au démantèlement de la ville de Péronne, qu'il obtint en 1897, et il soutint le projet de loi sur les primes à accorder aux fabricants de betteraves ; il demanda également l'assimilation de la bière aux boissons hygiéniques.

Réélu, en 1898, par 6,179 voix, contre 4,561 à M. Nattier, radical, M. G. Trannoy intervint à la Chambre, dès cette même année, pour demander sans l'obtenir, le rejet de l'affichage de la décision de la Cour de cassation ; il présenta et fit adopter, en 1899, un amendement tendant à remettre en juillet l'exécution de la loi du 1er juin 1899 sur les accidents et prit part à plusieurs autres débats politiques.

Il fait partie des commissions s'occupant des Douanes et de l'Agriculture et a été chargé, pour cette dernière, du rapport sur un projet de loi visant la répression des fraudes en matière agricole. En économie, il est protectionniste.

VARIGNY (Henry CROSNIER de)

Ecrivain, biologiste, né aux Iles Hawaii le 13 novembre 1855. Fils d'un publiciste distingué, il fit ses études au lycée St-Louis, à Paris, où il remporta le prix d'honneur de philosophie et fut lauréat au concours général (philosophie et physique). Reçu docteur en médecine en 1884 et docteur ès-sciences naturelles en 1886, il fut nommé préparateur de l'Institut de Pathologie comparée au Muséum, en 1888.

M. Henry de Varigny a été chargé officiellement de plusieurs missions importantes : en 1891, par le ministère de l'Instruction publique, pour l'étude de l'extension universitaire dans les universités anglaises et écossaises ; en 1893, par le même ministère, pour l'étude des universités aux Etats-Unis en même temps que le Commissariat général de l'Exposition française à Chicago le chargeait d'étudier l'organisation du service de l'entomologie agricole à Washington, ainsi que les pêcheries américaines et les travaux de pisciculture maritime aux Etats-Unis ; en 1895, le ministre de l'Instruction publique lui confia encore le soin d'étudier les pêches et pêcheries russes à Ninji-Novgorod et à Astrakhan.

Il a fait, en 1891, à l'Université-Hall d'Edimbourg, des conférences sur le transformisme expérimental.

On doit à M. Henry de Varigny d'importants travaux relatifs à la biologie animale. Citons : les *Localisations cérébrales* (*Revue des Deux-Mondes*, 1880) ; *Recherches expérimentales sur l'excitabilité électrique des circonvolutions cérébrales et sur la période latente du cerveau* (1 vol. 1884) ; *Sur un cas d'audition colorée* (Congrès de psychologie physiologique de Paris 1889) ; *Recherches expérimentales sur la contraction musculaire chez les invertébrés* (1 vol. 1886), thèse de doctorat ès-sciences). — Parmi les travaux de biologie générale : l'*Air et la vie* (*Revue des Deux-Mondes*) ; *Temperature and Life*. (Annual report of the Board of Regents of the *Smithsonian Institution*, 1890-1891) ; les *Températures extrêmes compatibles avec la vie des espèces animales et végétales* (*Revue Scientifique*, 1893) ; *Recherches sur le nanisme expérimental, contribution* à *l'étude de l'influence du milieu sur les organismes* (*Journal de l'Anatomie et de la Physiologie*, 1894) ; la *Notion physiologique de l'espèce* (Société de Biologie), etc.

On lui doit encore : : *Charles Darwin, esquisse de la vie et de l'œuvre du grand naturaliste anglais* (1 vol. 1889) ; *Dictionnaire abrégé des sciences physiques et naturelles* (1 vol. 1889) ; *Nouveaux éléments de physiologie humaine*, en collaboration avec M. Paul Langlois (1 vol. 1890) ; *Curiosités de l'Histoire Naturelle* (1 vol. 1892) ; *Experimental Evolution* (résumé des leçons faites à Edimbourg, 1 vol. 1892) ; *En Amérique*, notes des voyages (1895 1 vol.) ; des études sur la toxicologie, l'anthropologie, l'histoire des sciences, des traductions d'œuvres de Darwin, Weismann, A.-R. Wallace, Geddes, J.-Arthur Thomson, W.-I. Ball, Th. Huxley, G.-J. Romanes, W. Preyer, J. Taylor, E. Westermarck, Howard Collins, Herbert Spencer, J.-L. Ingram. White, etc.

M. Henry de Varigny a collaboré en outre à la *Revue Scientifique*, à la *Revue des Deux-Mondes*, à la *Grande Encyclopédie* (articles de physiologie et de biologie), au *Journal des Débats* et au *Temps*, où il publie, depuis 1897, des chroniques d'ordre biologique, sous ce titre : *La Nature et la Vie*.

Lauréat de la Faculté de Médecine, de l'Institut, de la Smith Sonian Institution de Washington, etc., membre titulaire de la Société de Biologie, membre correspondant de la Society for Psychical Research de Londres, membre honoraire de la Société des Sciences Naturelles de Nîmes, il est officier de l'Instruction publique.

FAYÈS (Ludovic)

MÉDECIN, publiciste scientifique, né à Ernée (Mayenne) le 27 février 1854. Appartenant à une famille peu aisée, il devint, après avoir terminé ses études classiques, maître-répétiteur, puis professeur successivement aux lycées d'Alençon et de Nantes.

Tout en suivant la carrière de l'enseignement, M. Ludovic Fayès entreprit seul l'étude de la médecine dans cette dernière ville, puis il vint à Paris se faire inscrire à la Faculté. Remarqué, dans son service de la Charité, par le D' Potain, que ses qualités avaient frappé, il fut pris comme secrétaire par ce savant professeur. Il obtint le doctorat en médecine en 1891.

Depuis, M. le docteur Fayès s'est acquis une brillante réputation dans la pratique de sa profession. Il s'est fait connaître aussi par une active participation à de nombreuses œuvres philanthropiques. Membre fondateur de la Croix-rouge, de la Société pour la protection de l'Enfance abandonnée ou coupable, de celle pour l'Assistance aux pauvres mutilés, etc., il s'est employé non seulement au développement et à la prospérité de ces œuvres, mais il a encore donné ses soins et ses efforts à plusieurs autres associations de charité et d'assistance. Son dévouement envers les malades pauvres, ainsi que sa science, ont attiré sur son nom une notoriété très accentuée. Il est commissaire du bureau de bienfaisance du VIIe arrondissement de Paris depuis 1886.

M. le docteur Fayès a donné au *Journal de la Santé* de nombreux articles de vulgarisation médicale ; il a collaboré à divers autres périodiques français et étrangers et on lui doit plusieurs publications sur l'*Hygiène générale*, l'*Alimentation*, le *Vêtement*, la *Physiologie*, etc.

Il a été nommé officier d'Académie le 12 janvier 1895.

TRACOL (André-Jean-Baptiste)

VIOLONISTE, né à Bordeaux le 18 mai 1868. De bonne heure attiré vers la musique, il reçut ses premières leçons d'une de ses tantes, excellente pianiste. D'abord élève, au Conservatoire de sa ville natale, de M. Baudoin, qui fut aussi le professeur de MM. Colonne et Lamoureux, M. André Tracol vint ensuite à Paris, où il suivit les classes de Massart et Garcin pour le violon et de Duprato pour l'harmonie. Il obtint brillamment, en 1892, un premier prix de violon.

Après un stage de quelques années à l'orchestre de l'Opéra et aux Concerts Lamoureux, il devint premier violon à la Société des Concerts du Conservatoire, où il s'est acquis une grande réputation. Il a prêté son concours à de nombreuses séances musicales à Paris, en province et à l'étranger et fait, en outre, partie du célèbre quatuor de la « Fondation Beethoven », pour l'audition annuelle des derniers grands quatuors de ce maître.

M. André Tracol a créé, en 1896, à la salle Pleyel, des concerts : *Historique du Violon, — Musique de chambre*, dont l'intérêt puissamment artistique et la nouveauté absolue ont assuré le succès. Le but de ces concerts est de présenter l'histoire du violon et de sa belle littérature d'une façon aussi complète que possible et comme cela ne s'était jamais fait encore.

Après s'être livré à de laborieuses recherches, M. Tracol a pu recueillir et exécuter les œuvres des anciens maîtres du violon, puis il s'est attaché à suivre pas à pas les progrès de la technique instrumentale, sans distinction aucune de nationalité, pour la conduire ainsi jusqu'à la grande virtuosité où elle est arrivée de nos jours.

En outre, les programmes de ces concerts sont accompagnés de notices où il retrace l'histoire du violon, de l'instrument lui-même, depuis sa naissance, en mentionnant ses origines lointaines et les diverses transformations qu'il a subies avant de parvenir au degré de perfection qui l'a fait surnommer le « roi des instruments ».

Dans ses concerts, où il fait applaudir sa virtuosité impeccable, son jeu fin et distingué et son style pur et classique, M. André Tracol laisse une large place à la musique de chambre ancienne et moderne ; bon nombre de compositeurs célèbres lui apportent leur concours, heureux de trouver en lui un interprète aussi accompli.

Ce remarquable artiste est officier d'Académie.

TEIL (Baron Joseph du)

LITTÉRATEUR, né à Paris le 5 novembre 1863. Issu d'une très ancienne famille militaire et fils d'un membre du conseil de l'ordre des avocats de Paris, il accomplit, au collège Stanislas, ses études classiques, pendant lesquelles il fut lauréat du concours général, en 1879; puis il suivit les cours de la Faculté de Droit. Après avoir obtenu la licence en 1886, il prêta serment d'avocat devant la Cour d'appel ; de 1884 à 1890, il prit une part active aux travaux de la conférence Molé-Tocqueville, dont il fut élu secrétaire à la session de 1886-1887.

Il a épousé, en 1890, Mlle Chaix d'Est-Ange, fille du député de la Gironde et petite-fille de l'illustre bâtonnier, qui fut député de la Marne et sénateur de l'Empire.

Le baron Joseph du Teil est l'auteur d'intéressants travaux d'érudition ; il a publié en librairie : le *Village de St-Momelin*, notice historique (1891) ; la *Campagne de M. le maréchal de Noailles en MDCCXLIII* (1892) ; le *Livre de raison de noble Honoré du Teil, de 1571 à 1586* (1894) ; *Une famille militaire au XVIIIe siècle, d'après des documents inédits* (1896), ouvrage très important et volumineux, dont les derniers chapitres ont fait l'objet d'un tirage à part sous le titre de : *Napoléon Bonaparte et les généraux du Teil, 1788-1794*. L'auteur a réuni là tous les curieux souvenirs se rattachant aux services de Napoléon sous les ordres de son arrière grand-père à l'Ecole d'artillerie d'Auxonne et de son grand-oncle au siège de Toulon (les portraits des deux lieutenants-généraux du Teil figurent au musée de Versailles, dans la salle des guerriers célèbres).

Cet écrivain a collaboré à l'*Œuvre d'Art*, au *Correspondant* et au *Journal des Débats*. Membre de diverses sociétés savantes, secrétaire du comité de Paris pour l'exposition de l'*Art sacré* qui eut lieu à Turin en 1898, secrétaire du comité chargé de préparer les auditions du musicien Perosi en 1899, il est, avec le vice-amiral Lafont et le comte de Resbecq, l'un des principaux organisateurs de l'exposition des Missions catholiques françaises pour l'Exposition universelle de 1900.

M. le baron Joseph du Teil est commandeur de l'ordre de Pie IX depuis 1898 et il a été nommé chevalier de la Couronne d'Italie en 1899.

VALCOURT (Théophile de)

MÉDECIN, publiciste scientifique, né à Paris le 3 mai 1836, d'une famille de magistrats à la Cour des comptes, anoblie par Louis XV. Il fit tout ensemble ses études de droit et de médecine aux facultés de Paris. Reçu d'abord licencié en droit, il devint docteur en médecine en 1864.

M. Théophile de Valcourt, qui s'intéressait surtout aux études de thérapeutique climatérique, alla s'établir aussitôt à Cannes, où il fut nommé médecin de l'hôpital maritime pour les enfants (établissement Dollfus), de l'asile évangélique et de l'hôpital municipal. Médecin aussi de plusieurs familles royales ou notables de la colonie étrangère, il jouit dans cette station hivernale d'une haute réputation.

Le docteur de Valcourt a publié de nombreux travaux, dont quelques uns sont très importants. Citons : *Climatologie des stations hivernales du midi de la France* : Pau, Amélie-les-Bains, Hyères, Cannes, Nice, Menton (thèse de doctorat, 1864) ; *Conditions sanitaires des armées pendant les grandes guerres contemporaines* (1 vol. 1869) ; les *Institutions médicales aux Etats-Unis de l'Amérique du Nord*, rapport au ministère de l'Instruction publique (1 vol. 1869) ; *Cannes et son climat* (1 vol. 1878, ouvrage traduit en Anglais et en Allemand) ; *Notes météorologiques* (1 vol. 1879) ; *Impressions de voyage d'un médecin à Londres, Stockholm, St-Pétersbourg, Moscou, Nijni,*

Vienne, Odessa (1 vol. 1880) ; *Impressions d'un médecin en Angleterre* : le Congrès médical de Londres, le système de Lister (1 vol. 1886) ; *Résumé de trente années d'observations météorologiques à Cannes* (1898) et nombre de communications à l'Académie de Médecine et à diverses sociétés savantes.

M. le Dr de Valcourt est membre de la Société de médecine légale, des Sociétés d'hygiène publique et de médecine de Paris, des Sociétés de médecine de Reims, Chambéry, Odessa, etc. Il est l'un des rares savants français membres des « Collège of Physicians » de Londres et de Philadelphie et de l'Académie de médecine de Suède. Il est aussi officier de l'Instruction publique.

BRÉAUTÉ (Albert)

PEINTRE, né à Paris le 18 octobre 1854. Fils de commerçants, il se consacra à la peinture après avoir effectué son service militaire.

Élève de Lehman, puis de MM. Luc Olivier-Merson et Cormon, M. Albert Bréauté exposa d'abord des portraits au crayon aux Salons des Champs-Elysées et envoya ensuite des toiles, parmi lesquelles il convient de citer : une *Confrontation judiciaire à la Morgue* (sa première toile, 1883) ; *Portrait de Mme Léopold Paulhan* (1886) ; *Portrait de Mme de...* (1887) ; *Portrait de M. F. C...* (1888) ; *Femme peignant des masques* ; *Une idée* ; *Portrait du Dr Hamonic* (1889) ; *Femme bronzant des plâtres* ; l'*Ouvrière*, achetée par l'État, primitivement placée au Musée du Luxembourg, aujourd'hui au musée de Rouen (1890) ; un *Conte* ; l'*Aquarelle* (1891) ; l'*Apprentie*, au musée de Clermont ; la *Reprise* (1892) ; le *Matin* ; le *Déjeûner* (1893) ; le *Catalogue* (1894) ; la *Veillée*, œuvre acquise par l'État et placée au musée du Luxembourg ; le *Matin* (1895) ; le *Point* ; le *Repos* (1896) ; les *Images* ; *Intérieur* (1897) ; l'*Actrice* ; la *Toilette* (1898) ; la *Jeune fille* ; *Crépuscule* (1899), etc.

Dessinateur précis, coloriste délicat et vigoureux à la fois, cet artiste a peint avec un charme particulier les intérieurs féminins ; ses nombreux portraits également ont depuis longtemps établi en ce genre sa réputation.

En outre d'une quantité considérable de dessins, il a effectué un magnifique panneau décoratif : *Les envoyés de Jésus emportant la tête de Saint Jean-Baptiste en Galilée*, pour l'église de Charenton.

M. Albert Bréauté a obtenu une mention honorable en 1889 ; une médaille de 3e classe en 1892 et une médaille de 2e classe en 1892, aux Salons ; une médaille d'or à Munich. Mis hors concours, il est membre de la Société des Artistes français.

VILLEBOIS-MAREUIL
(Marie-Christian Vicomte de)

ANCIEN député, publiciste, né à Grez-en-Bouère (Mayenne) le 10 août 1852. Il fit ses études classiques à Paris et à Nantes, celles de droit à la Faculté de Paris.

Inscrit au barreau de la Cour d'appel de Paris, il plaida plusieurs causes criminelles et politiques : il défendit notamment le journal la *France Nouvelle* contre Gambetta, plaidant pour Challemel-Lacour.

M. de Villebois-Mareuil abandonna le barreau en 1880, pour se consacrer à la politique, en même temps qu'à l'exploitation de vastes domaines qu'il possède dans la Mayenne et à l'étude des questions touchant à l'agriculture ; il devint vice-président de l'Association des agriculteurs de la Mayenne, président du Comice agricole de Grez-en-Bouère et il contribua à la fondation du Syndicat central des Agriculteurs de France, dont il est maintenant l'un des administrateurs.

Depuis 1878, le vicomte de Villebois-Mareuil était conseiller municipal de sa commune natale, dont il est devenu maire ; il fut nommé ensuite conseiller général de la Mayenne pour le canton de Grez-en-Bouère ; en 1889, lors du renouvellement général législatif, il se présenta, comme candidat monarchiste révisionniste, dans l'arrondissement de Château-Gontier et fut élu député, au premier tour, par 9,915 voix, contre 6,067, obtenues par M. Godivier, républicain.

A la Chambre, le député de la Mayenne siégea à droite ; il fit partie de la grande commission des Douanes, qui le chargea de divers rapports et de la première commission d'enquête sur l'affaire de Panama ; il prit part à la discussion des projets relatifs au prix de vente des cartouches pour mines grisouteuses, au régime douanier des maïs et des riz, à l'organisation et au fonctionnement des courses de chevaux, à la fraude sur les beurres, à l'introduction des viandes mortes, au code rural, etc., ainsi qu'à divers débats politiques et aux interpellations sur la catastrophe de Saint-Etienne, sur l'avilissement des prix du bétail, etc. En 1892, il fut choisi comme secrétaire de la Chambre.

Des raisons de santé empêchèrent M. de Villebois-Mareuil de se représenter aux élections générales de 1893 ; il se démit aussi de son mandat de conseiller général et du grade d'adjudant-major au 25ᵉ régiment territorial, qu'il avait jusqu'alors détenu.

Le vicomte de Villebois-Mareuil a fait paraître diverses brochures politiques, d'un esprit monarchiste et religieux, signées du pseudonyme-anagramme « Boisville » ; il a été l'un des rédacteurs de l'*Union*, journal légitimiste, de la *France Nouvelle*, du *Triboulet* ; il a envoyé de nombreuses correspondances à la presse conservatrice départementale. Longtemps secrétaire-général de l'Association de la presse monarchiste et catholique des départements, il a été nommé secrétaire-général honoraire.

On lui doit aussi un roman : *Ali-Mokar-Ben-Salem* et un autre volume : la *République de Thélin*.

M. Christian de Villebois-Mareuil est le frère cadet du colonel Georges de Villebois-Mareuil, qui participe aux opérations de guerre du Transwaal, comme chef d'état-major de général Joubert.

BOTREL (Jean-Marie-Théodore)

Poète, chansonnier, né à Dinan (Côtes-du-Nord) le 14 septembre 1868. Fils et petit-fils de forgerons bretons, il fit de simples études primaires et fut, à 13 ans, mis en apprentissage chez un serrurier. A quinze ans, le jeune homme, qui rimait déjà, obtint, avec une pièce de vers intitulée : *Mon épée, ma plume et mon verre*, un premier prix au concours de la Lice chansonnière, à Paris. Il devint à ce moment secrétaire de M. Denormandie, sénateur.

Engagé volontaire à 19 ans, il accomplit son service militaire au 41ᵉ de ligne, à Rennes, puis, de retour à Paris en 1892, il fut employé à l'administration des chemins de fer de Paris-Lyon-Méditerranée, jusqu'en 1899.

M. Théodore Botrel s'est fait connaître par des poésies et surtout des chansons, où il fait revivre le vieux pays breton et en dépeint les mœurs avec une couleur locale surprenante.

Ce qui distingue, à mon sens, écrit M. Anatole le Braz, l'inspiration de Botrel, c'est qu'elle est de source vraiment populaire. Né du peuple, cet auteur a su rester du peuple.

En 1888, parut sa première chanson bretonne, chez l'éditeur Gauvin : *Au son du biniou*. En 1895, il commença de dire lui-même ses chants au cabaret du *Chien-Noir*, sous les auspices des chansonniers Meusy, Jouy, Ferny et Delmet ; il a, depuis, continué à les interpréter dans d'autres cabarets artistiques, concerts et théâtres de Paris.

Appelé, en décembre 1899, à déposer devant le Sénat siégeant en Haute-Cour de justice, dans le procès intenté à M. Paul Déroulède et autres pour conspiration, M. Botrel comparut dans le costume national breton et, s'élevant contre l'absence de tout crucifix dans le prétoire, s'écria : « Tout chrétien faisant le signe de la croix étant un crucifix vivant, au nom du Père, du Fils et du Saint-Esprit, je jure de dire la vérité ! » Puis, interrogé sur une chanson populaire qu'il avait composée en l'honneur du député nationaliste, sur le vieil air vendéen :

Monsieur de Charette a dit à ceux d'Ancenis :
   Mes amis,
Le Roi va ramener les fleurs-de-lys...

il provoqua un incident imprévu en entonnant à pleine voix sa chanson :

Paul Déroulède a dit à ceux d'Paris :
   Mes amis,
Si nous l'aimons, sauvons notre pays ! etc...

Le président ne parvint à l'arrêter qu'au troisième couplet.

M. Théodore Botrel, qui est le plus jeune de ces poètes connus sous la désignation de « chansonniers de Montmartre », en est aussi le plus populaire. Les œuvres les plus appréciées du barde breton sont les suivantes : la *Dernière écuelle*, mélodie triste ; la *Légende du rouet* ; le *Petit Grégoire* et la *Ballade de la Vilaine*, fantaisies pleines de charme ; le *Vœu à saint Yves*, si doux ; la *Fanchette* ; les *Gas de Morlaix*, si farouches ; la *Paimpolaise*, la plus populaire de toutes ses productions ; les *Châtaignes*, le *Couteau*, la *Cloche d'Ys*, etc.

Ces chansons ont été réunies en un volume illustré, sous ce titre : les *Chansons de chez nous* (1898), qui obtint le prix Monthyon à l'Académie Française.

En 1899, M. Théodore Botrel fit paraître, avec une préface de Georges d'Esparbès, les *Chansons de la fleur de Lys*, tableau des guerres vendéennes de 1793 (*Jean Cottereau*, la *Marie-Jeanne*, *Berceuse Blanche*, le *Dernier Madrigal*, etc). On lui doit encore 2 actes en vers : *Péri en Mer* et *Pierrot Papa*, représentés à la Bodinière, et la mise en musique de vieilles chansons bretonnes. On annonce enfin de lui : les *Contes du Lit clos*, contes et récits en vers, illustrés par Widhopff.

M. Théodore Botrel donne régulièrement des chansons à la *Patrie*, au *Soleil*, à l'*Indépendance Bretonne*, au *Morbihanais*, à l'*Arvor*, etc. Il est l'auteur de la *Cantate* primée et adoptée par le jury pour l'Exposition universelle de 1900.

MORTIER (Alfred)

PUBLICISTE, poète, auteur dramatique, né le 9 juin 1865 à Bade, de parents français. Cousin germain d'Arnold Mortier, le brillant écrivain décédé, il fit ses études à Nice et débuta dans les lettres par la publication d'articles littéraires à l'*Evénement* et au *Soir*, dès 1889. Vers la même époque, il contribuait à la fondation du *Mercure de France*, revue dont il fut un des rédacteurs de la première heure.

En 1894, M. Alfred Mortier fonda, avec quelques amis, l'*Idée libre*, où il donna des articles d'esthétique musicale et théâtrale. Puis, en 1897, il créa le *Petit Monégasque*, qui paraît à Monte-Carlo, seul quotidien d'un caractère réellement littéraire et artistique publié dans la principauté de Monaco. Il collabore en outre à la *Vogue* et à d'autres revues.

M. Alfred Mortier a publié en librairie : la *Vaine Aventure* (1 vol. 1893), recueil de vers qui fut très remarqué à son apparition. Il a fait représenter au Théâtre-Libre, en 1896 : la *Fille d'Artaban*, drame en un acte, bien accueilli de la critique, et à la Monnaie de Bruxelles, en 1897 : *Jean-Marie*, 1 acte, d'après André Theuriet, musique de Ragghianti.

On connaît de lui encore : *Ellys*, pièce en 1 acte, musique de Litta, éditée par Muraille à Liège ; l'*Ami*, pièce en 1 acte ; le *Sigisbée*, comédie en 3 actes, etc.

MOLIER (Ernest)

SPORTMAN et administrateur, né au Mans (Sarthe) le 24 février 1848. Fils d'un trésorier-payeur général, il fit ses classes au lycée Bonaparte (Condorcet), à Paris et s'adonna de bonne heure aux divers genres de sport. Puis il se voua entièrement à l'équitation et construisit de ses deniers, à Paris, un magnifique manège, où il entreprit le dressage des chevaux de haute école et de cirque.

Cette tentative donna de si beaux résultats que, sur les instances de ses amis, M. Ernest Molier consentit à donner une représentation, à laquelle assista une nombreuse et brillante élite du public mondain parisien. Le point original de cette solennité résida en la production, devant cette assemblée choisie, d'artistes-amateurs, élèves de M. Molier, qui étonnèrent les invités par leur hardiesse et leur habileté (1880).

Dès ce moment, le « Cirque Molier » était créé.

Fréquenté assidûment par le public aristocratique, il jouit d'une grande réputation et ses soirées font époque dans la vie parisienne contemporaine.

Ecuyer de premier ordre et professeur amateur renommé, M. Molier a dressé, pour la haute école, des chevaux de races diverses, devenus célèbres, tels : « Arlequin », cheval russe ; « Blondin », normand ; « Kébir », arabe, etc., et il a formé de brillants élèves.

Avec sa troupe mondaine, M. Molier a organisé, à diverses occasions, des représentations de bienfaisance à Paris et en province, qui, chaque fois, ont donné de fructueux résultats.

PANZANI (Antoine-Jean-Paul)

PROFESSEUR, né à Altagène-de-Tallano (Corse) le 25 janvier 1850. D'origine modeste, il dût, pendant sa première jeunesse, se ployer aux rudes travaux des champs en compagnie de ses parents, petits propriétaires cultivateurs ; mais, désireux de s'instruire et confiant en sa volonté et son intelligence, il entra, à dix-huit ans sonnés, au collège d'Ajaccio, où il fit de si rapides progrès qu'après sa troisième année d'études, il remportait le prix d'excellence, dans la classe de mathématiques élémentaires. Soldat de la classe de 1870, devançant l'appel au moment de la guerre Franco-Allemande, il fit la campagne, puis, libéré du service militaire en 1874, il reprit ses études interrompues.

Successivement maître-répétiteur aux lycées de Bastia (1876), Clermont-Ferrand (1877), Poitiers (1878) et surveillant-général dans cet établissement jusqu'en 1880, M. Panzani fut reçu, la même année, licencié ès-sciences mathématiques. Nommé maître-répétiteur au lycée Louis-le-Grand, à Paris, il obtint, en 1882, le diplôme de licencié ès-sciences physiques, fut professeur délégué de 1882 à 1884 et répétiteur suppléant de 1884 à 1891.

A cette époque, M. Panzani prit la direction de l'Ecole Descartes, l'un des plus importants établissements d'enseignement libre de Paris. Cette école se fait remarquer par son organisation particulière, établie sur des bases nouvelles aux points de vue physique et intellectuel et avec une méthode d'éducation spéciale : la « sélection des élèves ». Elle fournit chaque année de nombreux élèves aux grandes écoles nationales, notamment à l'Ecole polytechnique, à Saint-Cyr et à l'Ecole normale supérieure. L'éducation mondaine y est l'objet d'une attention particulière : pour la développer, des dîners et des soirées artistiques sont donnés, plusieurs fois par an, pour les élèves, dans l'établissement et de nombreuses personnalités des mondes littéraire, scientifique, militaire, etc., assistent à ces fêtes familiales.

M. Panzani est officier de l'Instruction publique.

PABST (Camille)

INGÉNIEUR, publiciste agricole, né à Paris le 3 novembre 1868. Il est le fils d'un peintre alsacien de talent, Alfred Pabst, né le 18 juin 1828, qui, élève de Comte, a produit des œuvres vigoureusement brossées et pour la plupart sur des sujets alsaciens, inspirés par un ardent sentiment de patriotisme.

On tient en particulière estime les toiles suivantes, qui furent exposées aux Salons annuels : *Jeune femme Louis XIII accordant une guitare* (1865) ; *Une Mère* (Alsace, XVIe siècle) ; le *Dîner du Lansquenet* (1866) ; *Chez l'Alchimiste* ; *Scène de la Comédie italienne* (1868) ; *La Folie et la Vérité* ; l'*Attente* (1869) ; *Duo* (1870) ; *Lecture de la « République française »* ; la *Cocarde tricolore* (1872) ; *Jeune mère montrant à son fils la croix gagnée par le père sur le champ de bataille* ; la *Lettre de France* ; *Jeune mère alsacienne* (1873) ; *Paysans alsaciens tressant des couronnes pour la rentrée des soldats français à Belfort* (1874, tableau médaillé au Salon) ; *Mariée d'Alsace* ; *Coin d'Atelier* (1875) ; le *Jeu de Quilles* (1876) ; le *Berceau* ; *Souvenir* (1877) ; les *Curieuses* ; l'*Album de la Guerre* ; *Pharmacien alsacien* (1879) ; *Alsaciens dans mon atelier à Paris* (1881) ; portraits de MM. *Riotteau, député, Ch. Dollfus, Ch. Lepère, ancien ministre ; Laferrière, président du Conseil d'Etat* (1882) ; la *Toilette* ; *Confidences* ; *Alsaciennes pleurant la mort de Gambetta* (1883), etc.

Dessinateur habile, fin coloriste, Alfred Pabst possédait aussi, à un haut degré, l'art de la composition ; il était l'un des artistes en vue de sa génération. Il est mort à Paris, en octobre 1894.

Après avoir accompli ses classes au collège Chaptal, son fils, M. Camille Pabst, se voua à la science. Entré à l'Institut agronomique en 1887, il en sortit avec le diplôme d'ingénieur-agronome. Il se spécialisa alors immédiatement dans l'étude des applications de l'électricité à l'agriculture et créa bientôt, à Boulogne-sur-Seine, un laboratoire d'électricité agricole, où il fit d'importantes expériences.

M. Camille Pabst s'est fait aussi connaître par sa collaboration à diverses publications scientifiques et agricoles. Il fut secrétaire de la rédaction des journaux spéciaux le *Phosphate*, l'*Agriculture nouvelle* et du supplément agricole du *Petit Parisien*. En 1896, il fut chargé par le *Petit Journal* de créer pour cet organe un supplément agricole : l'*Agriculture moderne*, dont il est le rédacteur en chef et dans lequel il fait chaque semaine, depuis sa fondation, des chroniques agricoles très appréciées. Il est, en outre, l'auteur d'un traité très remarquable d'*Electricité agricole* (Berger-Levrault éditeur, 1894) et on annonce de lui des ouvrages sur les *Fraudes agricoles* et sur les *Animaux de la ferme*.

Membre du jury au Concours général agricole de Paris, membre du comité de la classe 38 (Agriculture) à l'Exposition universelle de 1900, secrétaire du Congrès international de 1900 de l'Enseignement agricole, membre du comité du cercle parisien de la Ligue française de l'Enseignement, etc., M. Camille Pabst est chevalier du Mérite agricole depuis 1897.

GUÉRIN-CATELAIN (Emile-Jean)

POÈTE, auteur dramatique et conférencier, né à Paris, le 3 février 1856. Après avoir accompli de brillantes études classiques, il débuta de bonne heure en littérature par un volume de vers, *Rimes d'amour* (1879). Il publia ensuite un très grand nombre de poèmes dramatiques qui ont été souvent débités par les meilleurs artistes : Maubant, Coquelin, Worms, Prud'hon, Garraud, Volny, MM^{mes} Reichenberg, Bartet, Ludwig, Persoons (de la Comédie Française), etc.

Comme auteur dramatique, M. Emile Guérin-Catelain a fait représenter : *Jemmapes*, drame en 4 actes en prose (au théâtre de Montmartre, 1885) ; les *Champfort*, drame en 5 actes (au théâtre des Nations 1886) ; le *Devoir*, drame en 3 actes (au même théâtre, 1898) et quelques comédies, notamment : le *Ver luisant*, le *Flacon d'or*, les *Deux sœurs*, *Heur et malheur*, la *Paire de gants*, etc.

Il a fondé, en 1890, la Société nationale des conférences populaires, qui ressuscita les cours d'adultes et créa un courant considérable de conférences populaires dans les villages : elle fait faire 50,000 conférences par an et récompense 5,000 instituteurs primaires. Il a fait lui-même plus de 300 conférences sur les sujets les plus divers, à Paris, en province et dans les hospices.

Président d'une section de la Ligue des Droits de l'homme, membre du Comité de la Ligue française de l'Enseignement M. Emile Guérin-Catelain préside aussi le « Fleuret », le « Patin » et la « Chorale Mansion », associations dont les titres indiquent les objets. Il est officier d'Académie depuis 1895.

LUCAS (Désiré)

PEINTRE, né à Fort-de-France (Martinique) le 15 octobre 1869. Fils d'un sous-commissaire de la Marine, il fit ses études au lycée de Brest où, déjà, ses aptitudes pour la peinture se manifestèrent. En 1890, il vint à Paris, subventionné par la ville de Brest, pour se faire recevoir à l'Ecole des Beaux-Arts et il continua ses études académiques à l'atelier Julian, sous la direction de MM. Bouguereau et Tony Robert-Fleury.

M. Désiré Lucas débuta au Salon de 1893 avec le *Portrait d'une Jeune créole* ; puis il donna les années suivantes : *Portrait de Mme B**** (1894); *Une reprise difficile*, aujourd'hui au musée de Brest (1895). En 1896, il ne fut pas reçu au Salon ; mais, un an après, on le vit reparaître sous un jour nouveau : sa manière, complètement transformée, révéla alors des qualités personnelles et une originalité incontestable qu'on ne lui soupçonnait pas. Il présenta, au Salon de 1897, un *Intérieur breton*, où les recherches de clair-obscur parurent être la plus grande préoccupation du peintre. Cette toile fut l'objet d'une mention honorable.

En 1898, il exposa une *Fileuse au rouet* d'un sentiment exquis (à M. de Tejada) et le *Conte de Grand'Mère*, appartenant à Mme Miniac-Leroy : il obtint une 3e médaille ; puis, en 1899, deux intérieurs de ferme : *Une bonne verdée* (à MM. Le Roy et Cie) et *Y a personne*, acquis par la Nationale Galerie d'Adélaïde en Australie. Il reçut alors une 2e médaille.

Excellent interprète des types et des choses de Bretagne, cet artiste a produit plusieurs autres tableaux non exposés, mais dont certains doivent être cependant mentionnés. Ce sont : le *Vœu du petit Mousse*, la *Forge*, la *Baraleuse*, *A votre santé*, le *Maréchal-Ferrant*, la *Récitation*, le *Curieux*, la *Grand'Mère*, tableaux appartenant à MM. Le Roy et Cie ; la *Bonne Pipe*, *Une vieille Bretonne*, la *Cryte de l'Aquillon* (Mont Saint-Michel), tableaux appartenant au vicomte de Glatigny ; plusieurs portraits, etc.

Les critiques les plus autorisés ont très favorablement jugé l'œuvre de cet excellent peintre et en parlent dans les termes suivants :

Assise devant ses trois petits enfants qui, appuyés sur le lit, l'écoutent avec une attention que rien ne peut troubler, l'aïeule raconte quelque douce histoire, un peu attendrissante, à en juger d'après l'expression du visage des jeunes auditeurs. C'est le sujet du tableau, bien composé, bien peint, d'un sentiment touchant, que M. Désiré Lucas expose sous ce titre : *Conte de Grand'Mère*. (*Figaro — Salon* : Ph. GILLE, 1898).

— Beaucoup des toiles de genre sont trop grandes, paraissent vides et un bon exemple est donné par M. Désiré Lucas, qui s'en tient au format de Teniers et de Van Ostade, et qui, mieux encore, représente des scènes de la vie paysanne : *Conte de Grand'Mère*, la *Fileuse au rouet*, avec un charme très doux de peinture, un sentiment profond de l'atmosphère rousse et grise des chaumières. (G. GEOFFROY : le *Journal*, 1898).

— M. Désiré Lucas, dans un intérieur breton, nous montre un vieux paysan en train de boire un coup de cidre. M. Lucas, loin d'emboîter le pas aux anémiés d'une certaine école, s'est tourné vers les maîtres de 1830 et les intimistes flamands et il manie les pâtes avec une solidité qui rassure et une volonté de bien faire, mais il lui faut encourir le reproche de manquer de modernité ; et je l'en félicite sincèrement. De lui également, une vieille à la porte d'une ferme. (L. ROGER-MILÈS, l'*Éclair*, 1er mai 1899).

Hors-concours au Salon des Artistes Français, M. Désiré Lucas est officier d'Académie.

FOUCHÉ (Camille-Marie-René-Raoul)

ÉCONOMISTE et sociologue, né à Langeais (Indre-et-Loire) le 12 novembre 1870. Fils d'un inspecteur-général-adjoint des pêches maritimes et fluviales, il fit ses études à Tours et à Paris et fut, dès l'âge de vingt ans, nommé secrétaire de section de la Société des Agriculteurs de France.

M. Raoul Fouché a publié, sur les questions économiques et sociales, des travaux remarqués. Il a fait des conférences sur ces mêmes sujets.

En 1896, il fut chargé, par le Comité de défense et de progrès social, présidé par M. Anatole Leroy-Beaulieu, de fonder une *Correspondance économique et sociale*, qui était adressée à plus de 800 journaux de province, dans le but de leur fournir des articles sur les questions économiques et sociales à l'ordre du jour. Cette correspondance cessa de paraître en 1898. En 1897, il avait fondé, avec quelques-uns de ses amis, le *Journal des Journaux républicains*, petite feuille de défense républicaine, qui cessa de paraître en 1899.

M. Raoul Fouché a été rédacteur à la *Nouvelle Revue*, tant que celle-ci appartint à Mme Adam. Il a collaboré à la *France*, au *Paris* et à beaucoup d'autres journaux des départements et de Belgique. On annonce de lui un travail que l'on dit important et très intéressant sur la *Condition sociale des travailleurs*.

Il est membre de la Société d'Economie sociale fondée par Le Play et de la Société nationale d'encouragement à l'Agriculture.

HOUSSAYE (Henry)

HISTORIEN, membre de l'Académie Française, né à Paris le 24 février 1848. Fils d'Arsène Houssaye, l'écrivain délicat et spirituel (1814-1896), il débuta dans les lettres, en 1867, par une étude sur l'art grec, ayant pour titre : *Histoire d'Apelles*. L'auteur a fait rechercher et détruire depuis, comme un péché de jeunesse, les exemplaires de ce livre.

En 1870, M. Henry Houssaye était en Grèce ; la guerre franco-allemande le rappela en France. Nommé officier de mobiles, il se distingua, le 30 novembre, à l'affaire de la Maison crénelée (route de Choisy-le-Roi) et fut décoré de la Légion d'honneur.

M. Henry Houssaye s'est consacré tout entier à l'histoire, à la critique d'art et aux travaux d'érudition. Entré de bonne heure dans l'Association pour le progrès des études grecques, il devint, à la mort de Renan, en 1893, le président de cette société. L'année suivante, il était élu au fauteuil de Leconte de Lisle, à l'Académie Française, par 28 voix sur 30 votants. Président effectif, pendant trois ans, de la Société des gens de lettres, il en a été nommé président honoraire.

Depuis 1873, cet écrivain collabore à la *Revue des Deux-Mondes* et au *Journal des Débats*. Il a écrit aussi à la *Revue Archéologique*, à la *Revue Bleue*, au *Figaro*, à l'*Echo de Paris*. Il a fait paraître en librairie : *Histoire d'Alcibiade et de la République Athénienne depuis la mort de Périclès jusqu'aux trente tyrans* (2 volumes in-8°, 1873, ouvrage couronné par l'Académie Française (prix Thiers) ; *Le premier siège de Paris, an 52 avant l'ère chrétienne* (1 vol. 1876); *Athènes, Rome et Paris, l'histoire et les mœurs* (1 vol. 1879) ; l'*Art français depuis dix ans* (1 vol. 1882); *La loi agraire à Sparte* (1884) ; *Les Hommes et les Idées* études de critique littéraire (1 vol. 1886) ; *Aspasie, Cléopâtre, Théodora*, portraits de ces héroïnes de l'Athènes triomphante, de l'Egypte mystérieuse et du Bas-Empire (1 vol. 1889) ; la *Charge*, tableau de bataille (1 vol. 1894).

En 1888, M. Henry Houssaye avait renouvelé les études sur le cycle napoléonien, en publiant *1814*, histoire impartiale et vibrante de la chute du premier empire. A ce livre, qui s'est vendu en France à plus de 30,000 exemplaires et qui a été traduit en anglais et en allemand, succéda *1815*, deux volumes dont le premier parut en 1893 et le second en 1899, sous le titre : *Waterloo*, avec un succès plus grand encore. Ces trois volumes forment une œuvre capitale. Citons quelques appréciations :

Il n'y a pas d'historien plus exact et il n'y en a pas de plus éloquent. Ou plutôt encore, son exactitude fait son éloquence ; ce sont les faits qui parlent dans son livre ; et sa manière de les raconter n'en est pas le commentaire, la paraphrase ou l'interprétation ; mais, en vérité, la voix même. Et c'est pourquoi le *Waterloo* de Henry Houssaye ne « résume » pas tous les autres, il les « anéantit » et si jamais livre mérita d'être appelé définitif c'est le sien.
(F. BRUNETIÈRE).

— Quand on a une fois mis le nez dans ce livre-là, il n'y a plus moyen de le lâcher. Sans doute, le sujet est beau. Mais il faut rendre justice à Henry Houssaye, il en a tiré un parti admirable. Tout est peint de main de maître, et je ne serais pas loin de regarder *1815* comme une manière de chef-d'œuvre.
(Francisque SARCEY).

— M. Henry Houssaye a déployé, dans le récit de ces grands événements, un talent tout à fait supérieur. Il a su ordonner, éclairer, animer cette masse de documents. Jamais on n'avait peint avec une si âpre vérité les misères de la France dans cette année maudite. Chez M. Henry Houssaye, pas de phrases, point de paroles vaines et ornées ; partout la vérité des faits et l'éloquence des choses.
(Anatole FRANCE).

M. Henry Houssaye, qui est grand-croix du Sauveur de Grèce, a été promu officier de la Légion d'honneur en 1895.

BÉRENGER (René)

SÉNATEUR inamovible, vice-président du Sénat. ancien ministre, membre de l'Institut, né à Bourg-les-Valence (Drôme) le 22 avril 1830.

Il est fils du célèbre magistrat de ce nom, qui fut membre de l'Institut et pair de France (1785-1866).

Reçu docteur en droit à Paris, en 1853, il fut nommé, la même année, substitut à Evreux, puis procureur impérial à Neuchâtel (1855), substitut du procureur général à Dijon (1859), avocat-général près la Cour de Grenoble (1862) et, au même titre, en 1867, près la Cour de Lyon. Dans cette dernière résidence, il prit part à des réunions publiques en faveur du plébiscite organisé par le gouvernement impérial.

Au 4 septembre 1870, M. Bérenger fut emprisonné quelques jours par ordre du Comité de salut public lyonnais. Destitué de ses fonctions, il se fit inscrire au barreau de Lyon, puis, poursuivi de nouveau, il s'engagea dans les mobilisés du Rhône et fut blessé à la bataille de Nuits (28 décembre 1870).

Aux élections pour l'Assemblée nationale, élu dans le Rhône et la Drôme, M. Bérenger opta pour ce dernier département. Il fit d'abord partie du groupe Feray, puis du groupe Casimir-Perier, enfin il se fit inscrire au centre gauche, tout en ne votant pas toujours avec ces groupes ; c'est ainsi qu'il se prononça : pour la paix (1871), contre l'abrogation des lois d'exil, pour le maintien du cautionnement des journaux, pour le pouvoir constituant de l'Assemblée (1872) ; contre le service militaire de 3 ans, contre la démission de Thiers (1873) ; pour l'admission des princes d'Orléans dans l'armée, pour les lois constitutionnelles. Il proposa la création d'un jury spécial en matière de presse et un projet de réorganisation de la magistrature, qui furent repoussés (1872).

Du 19 au 24 mai 1873, il fut ministre des Travaux publics dans le cabinet Casimir-Perier.

Elu, le 16 décembre 1875, sénateur inamovible par l'Assemblée nationale, M. Bérenger prit place au centre gauche de la Haute-Chambre et y vota plus fréquemment avec les républicains, notamment contre la dissolution de la Chambre des députés, en juin 1877. En mars 1880, lors de la discussion de l'article 7 de la loi Ferry, il demanda la liberté pour les Jésuites, fussent-ils reconnus « des conspirateurs acharnés contre nos institutions, » et reprocha à Jules Ferry de jeter la discorde dans le parti républicain ; il demanda (mai 1881), sans succès, la dispense de brevet pour les congréganistes entrés en fonctions avant le 1er mars 1880. Il se prononça contre la loi sur les syndicats professionnels (1882), contre la laïcisation des hôpitaux de Paris, contre la suppression de l'inamovibilité de la magistrature et proposa un projet de loi sur la recherche de la paternité qui fut repoussé (1885) ; il s'éleva contre la publicité des séances des conseils municipaux et fit adopter une loi relative aux moyens de prévenir et combattre la récidive (1884).

Nommé, en juin 1886, rapporteur de la commission chargée d'examiner le projet d'expulsion des princes, il conclut à son rejet ; mais le projet n'en fut pas moins adopté par le Sénat.

L'honorable sénateur est l'auteur d'un grand nombre de propositions tendant à modifier notre législation, en ce qui concerne le mode de répression des crimes et délits, la protection de l'enfance abandonnée ou coupable, l'extension de la recherche de la paternité, la révision des erreurs judiciaires, etc. Il a fait voter deux lois particulièrement importantes, désormais connues sous son nom, qu'elles ont illustré, ayant pour objet la libération conditionnelle des condamnés, le patronage et la réhabilitation, et la suspension de l'exécution de la peine d'emprisonnement en cas de première condamnation (1891).

A propos des paris aux courses de chevaux, de la licence dans les rues, les établissements publics et dans les arts, M. Bérenger a pris maintes fois la parole, au Sénat et ailleurs. L'un des créateurs et le président de la « Ligue contre la licence des rues », l'intransigeance avec laquelle il s'élève contre de prétendues dépravations, souvent anodines et sans danger, a nui à la popularité que lui avait valu son rôle de législateur et il n'est pas toujours suivi dans cette voie par les esprits sérieux. Son attitude, à l'occasion d'une fête de jeunes gens, le « Bal des Quatre-Z'Arts », contre les organisateurs duquel il réclama lui-même des poursuites, provoqua une grande agitation dans le monde des écoles et amena des troubles considérables dans Paris (mai 1893).

M. Bérenger a aussi fondé, avec quelques amis, la Société générale des prisons et donné une grande extension à celle pour le patronage des libérés, dont il est président. Ces deux très louables institutions philanthropiques rendent les plus utiles services.

En 1899, comme président de la commission d'instruction de la Haute-Cour de Justice, il dirigea les poursuites contre MM. Déroulède, Guérin, Buffet et de nombreux membres de diverses ligues et associations antisémitiques, royalistes ou nationalistes. Son instruction aboutit au renvoi devant le Sénat transformé en Haute-Cour de 17 personnes, dont deux contumax, inculpés de complot contre la République : trois des prévenus seulement furent condamnés.

Elu membre de l'Académie des Sciences morales et politiques, en remplacement de Ch. Lucas, le 1er mars 1890, et vice-président du Sénat depuis 1894, M. Bérenger est chevalier de la Légion d'honneur.

BEAUVOIR
(Ludovic-Hébert Marquis de)

Voyageur, écrivain, diplomate, né le 27 mars 1846 à Bruxelles. Arrière-petit-fils, par le côté maternel, du maréchal Mortier, duc de Trévise, tué aux côtés du roi Louis-Philippe; petit-fils du marquis de Rumigny, qui fut ambassadeur de France en Espagne et en Belgique sous la monarchie de Juillet, il est le fils du marquis Aymard de Beauvoir, diplomate distingué, qui donna sa démission en 1848 pour suivre en exil la duchesse d'Orléans et ses fils, le comte de Paris et le duc de Chartres et qui resta jusqu'à sa mort, en 1870, l'ami intime et fidèle de ces deux princes.

M. Hébert de Beauvoir fit avec succès ses études au lycée Condorcet et son droit à la faculté de Paris. En 1866, il accompagna le duc de Penthièvre, fils du prince de Joinville, dans un voyage autour du monde qui dura près de deux ans ; il publia à son retour un ouvrage en trois volumes: *Voyage autour du Monde*

(Plon, éd. 1869-72), qui eut un succès considérable, atteignit rapidement 16 éditions, fut traduit en anglais, en italien, en espagnol et couronné par l'Académie française le même jour que les *Chants du Soldat* de Paul Déroulède (1873). Dans diverses discussions au Corps législatif, puis à la Chambre, cet ouvrage fut souvent cité avec éloge, par Thiers et plusieurs autres orateurs.

En 1870, M. de Beauvoir avait fait la campagne comme capitaine au 3ᵉ bataillon des Mobiles de la Somme et avait été décoré pour sa brillante conduite, le 9 janvier 1871, à la prise du Moulin de pierre de Clamart (armée de Vinoy).

Aux élections pour l'Assemblée nationale, il obtint environ 6,000 voix dans l'Oise, quoique non éligible en raison de son âge.

En 1873, le duc de Broglie, ministre des Affaires étrangères, le nomma 3ᵉ secrétaire d'ambassade ; il fut rédacteur, puis sous-chef du cabinet du duc Decazes jusqu'au lendemain des élections du 14 octobre 1877. On se souvient des épisodes émouvantes de ce ministère, qui triompha des menaces du prince de Bismark (1875) et qui, le premier, jeta les bases fondamentales de l'alliance russe.

Le marquis de Beauvoir fut fait officier de la Légion d'honneur comme 2ᵉ secrétaire d'ambassade.

Lorsque, en 1883, après la mort du comte de Chambord, le comte de Paris prit la direction du parti monarchique, il s'attacha d'une façon intime et particulière M. de Beauvoir, pour collaborer avec MM. Edouard Bocher, sénateur, Lambert de Ste-Croix, député, et M. Dufeuille, à l'Union conservatrice et à la préparation des élections de 1885 et de 1889.

Après la mort du comte de Paris, M. de Beauvoir se retira de la politique active et partagea son temps entre sa terre familiale de Sandricourt (Oise) et de nombreux voyages dans les pays étrangers, où il est accueilli par les plus augustes amitiés.

Lorsque le duc d'Aumale fit, en 1897, un voyage en Italie, il avait demandé à M. de Beauvoir, qui avait été l'ami de ses fils, ainsi qu'à Mᵐᵉ de Beauvoir, dont il appréciait fort la grâce et l'esprit, de l'accompagner pour un long séjour au Zucco (Sicile). La nouvelle de l'incendie du Bazar de la Charité (4 mai) et de la mort de sa nièce, la duchesse d'Alençon, causèrent au prince une commotion si grande qu'il mourut, le 6 mai, d'un accès cardiaque. M. de Beauvoir lui ferma les yeux et fut de ceux qui ramenèrent jusqu'au caveau royal de Dreux la dépouille du prince défunt.

MUZET (Alexis-Louis)

Député, né à Paris le 14 août 1843. Après avoir passé plusieurs années dans l'administration, il entra dans l'industrie et devint, en 1869, chef d'une importante maison de modes, tissus et articles de Paris. Ses aptitudes spéciales et ses connaissances artistiques le mirent bientôt en évidence et il obtint de nombreuses récompenses aux expositions de France et de l'étranger.

Élu, en 1876, membre, puis en 1880, président du Conseil des Prudhommes de la Seine, il fut constamment réélu jusqu'en 1890, époque à laquelle il abandonna les affaires pour se consacrer davantage aux intérêts publics.

En 1884, M. Alexis Muzet avait été, pour la première fois, élu conseiller municipal du quartier du Palais-Royal à Paris et conseiller général de la Seine, par 1,055 voix contre 876 à M. Bellet ; il fut successivement réélu en 1887, 1890, 1893 et 1896. A l'Hôtel-de-Ville, où il siégea parmi les républicains, il conquit rapidement une situation. Orateur d'affaires très écouté, il fut chargé de rapports importants sur un grand nombre de questions d'édilité et de travaux publics. L'éclairage électrique des principales places et voies de Paris est, en partie, son œuvre. Successivement membre des commissions de voirie, des finances, des eaux, vice-président de la commission municipale des expositions, il fut élu secrétaire en 1888 et vice-président du Conseil municipal de 1893 à 1894.

Au Conseil général de la Seine, il fut, pendant plusieurs années, président de la commission des finances ; il a présenté à cette assemblée des rapports très appréciés sur le budget départemental, les impôts, les octrois, les subventions aux sociétés patriotiques, etc. Il fut plusieurs fois rapporteur général du budget du département et composa, à cette occasion, des rapports qui font autorité.

Présenté par le comité de l'alliance républicaine à la députation, M. Muzet avait obtenu, au scrutin de liste, dans le département de la Seine, en 1885, 94,500 voix ; en 1893, désigné par le comité républicain progressiste du 1ᵉʳ arrondissement, comme candidat contre MM. Yves Guyot et Goblet, il resta seul, au 2ᵉ tour de scrutin, contre M. Goblet, qui fut élu. En 1894, il recueillit près de 200 voix aux élections sénatoriales de la Seine. Enfin, lors du renouvellement général législatif de 1898, il fut élu député du 1ᵉʳ arrondissement de Paris, au 2ᵉ tour de scrutin, par 5,598 voix, contre 5,563 à M. Goblet, député sortant, après une campagne des plus vives.

A la Chambre, M. Muzet est inscrit au groupe colonial et au groupe progressiste. Il fait partie de la commission de prévoyance sociale et de celle de la réforme de l'impôt. Il est intervenu à la tribune à diverses reprises, notamment dans les discussions relatives aux prudhommes, aux transports, et a pris part à la discussion du budget des bâtiments civils pour les questions relatives au Palais-Royal et aux Tuileries, des budgets des Finances, de la Guerre, des Postes et réclamé l'amélioration de la situation du personnel administratif.

M. Muzet est président de la commission parlementaire du Commerce et de l'Industrie, dont la création est due à son initiative. Il a dirigé la délégation chargée d'aller étudier en Hollande, en Allemagne, en Danemarck, en Italie, l'organisation et le fonctionnement des ports francs. Il est l'auteur de plusieurs propositions de loi relatives au mode électoral des tribunaux de commerce, à l'obligation du payement de l'intérêt des sommes versées à titre de dépôt, d'avances de loyer, de cautionnement, etc.; il a été chargé du rapport sur la proposition de loi relative à la liberté de la boulangerie.

L'honorable député de la Seine a fait partie de tous les comités de l'Exposition de 1878 et du jury international des récompenses. Il a été président ou rapporteur du jury aux expositions internationales de Bordeaux (1882), Amsterdam (1883), Anvers (1885), Melbourne (1888), commissaire général de la section française à l'Exposition universelle de Bruxelles (1888), président des comités et du jury à l'Exposition universelle de Paris (1889), membre de la Commission supérieure de l'Exposition de Chicago (1894) et de celle de Paris (1900).

C'est M. Muzet qui présenta au Conseil municipal le rapport décidant que l'Exposition universelle aurait lieu dans le centre de Paris.

Commissaire général de la section française à l'Exposition universelle d'Anvers (1894), M. Muzet organisa, sans frais pour l'Etat, la plus importante des participations françaises à une exposition à l'étranger; il fut, à cette occasion, l'objet d'une manifestation grandiose de reconnaissance et de sympathie de la part des exposants.

Dans le monde industriel et commercial, où il jouit d'une réelle considération, M. Muzet a la réputation d'être parmi ceux qui ont le plus contribué au développement de l'idée syndicale pour la défense des intérêts commerciaux et industriels du pays. Il est président, depuis 1884, du Syndicat général du Commerce et de l'Industrie, union des Chambres syndicales de France ; il a présidé successivement les quatre congrès nationaux, dûs à son initiative, qui se sont succédés et il est, depuis 1886, le président de la délégation permanente des Chambres syndicales de France et des Chambres de Commerce françaises à l'étranger. Il est aussi membre du Comité consultatif de l'agriculture, du commerce et de l'industrie des Colonies, membre du comité consultatif des Postes et Télégraphes, conseiller du Commerce extérieur, président du Jury d'État du département de la Seine, pour les ouvriers des industries d'art, etc.

M. Alexis Muzet est officier de l'Instruction publique, officier de la Légion d'honneur, grand officier de l'ordre de Léopold de Belgique, etc.

LEMAITRE (François-Elie-Jules)

LITTÉRATEUR, critique et auteur dramatique, membre de l'Académie française, né à Vennecy (Loiret) le 27 avril 1853. Il fit ses classes aux petits séminaires d'Orléans et de Notre-Dame-des-Champs, à Paris, puis entra à l'Ecole Normale supérieure en 1872.

Agrégé des lettres en 1875, il fut nommé professeur de rhétorique au lycée du Havre, maître de conférences à l'Ecole supérieure des Lettres d'Alger en 1880, puis chargé du cours de littérature française à la Faculté des Lettres de Besançon en 1882, et enfin professeur à celle de Grenoble en 1883, après avoir été reçu docteur ès lettres cette même année.

En 1884, M. Jules Lemaitre, devenu rédacteur à la *Revue Bleue*, quitta l'Université pour se consacrer entièrement à la littérature. Il occupa la place de J.-J. Weiss au *Journal des Débats*, comme critique dramatique, jusqu'en 1896, puis il passa à la *Revue des Deux Mondes*. Il a aussi collaboré au *Temps*, au *Figaro*, au *Gaulois*, à l'*Echo de Paris*, etc.

Depuis 1895, il fait partie de l'Académie française, où il occupe le fauteuil de Victor Duruy.

M. Lemaitre a fait de nombreuses conférences sur divers sujets ; celles sur la réforme de l'enseignement, où il se prononçait contre l'enseignement classique, eurent un grand retentissement et furent vivement commentées (1897).

En 1898, avec M. François Coppée, il fonda la Ligue de la Patrie française, dans le but de faire obstacle à la révision du procès Dreyfus. Il fut, dès l'origine, et il est demeuré l'un des présidents de cette association, qui a pris une part des plus actives à la campagne anti-révisionniste. Après la grâce de l'officier condamné par le conseil de guerre de Rennes (1899), il est resté l'un des chefs du parti nationaliste. Il a, dans cette période, donné plusieurs conférences et articles de journaux politiques et écrit des brochures de polémique, comme : la *Franc-Maçonnerie* ; la *Patrie française* (1899), etc.

Ce ne fut pas sans quelque surprise que l'on vit l'éminent écrivain, jusqu'alors si indifférent aux choses touchant à la politique et qui, précédemment, avait écrit des pages assez vives contre le militarisme, embrasser la cause des chefs de l'armée avec toutes les apparences d'une conviction sincère, et surtout conserver en cette affaire une attitude persévérante, que son humeur, habituellement sceptique et flottante, ne laissait pas prévoir.

En dehors de ses articles de journaux et de ses thèses de doctorat : *La Comédie après Molière et le théâtre de Dancourt* et *Quomodo Cornelii noster Aristotelis poeticam sit interpretatus* (1882), M. Jules Lemaître a publié d'abord des poésies: les *Médaillons : Puellæ, Puella, Risus rerum, Lares* (1880) ; *Petites Orientales, Une Méprise, Au jour le jour* (1883, in 18) ; puis en prose : *Serenus, histoire d'un martyr*, contes (1886) ; *Dix contes* (1889) ; les *Rois*, roman (1892) ; *Myrrh*, nouvelles (1897). Il a donné, sous le titre : *Les Contemporains* (1886-1899, 7 vol.) une longue et remarquable série de portraits ; il a aussi réuni ses feuilletons de critique dramatique en 10 volumes parus jusqu'ici, intitulés : *Impressions de Théâtre* (1888-1899).

Il a fait représenter au théâtre des pièces qui n'ont jamais fourni de longues carrières ; ce sont : *Révoltée* (comédie 4 a., Odéon, 1889) ; le *Député Leveau* (comédie 4 a., Vaudeville, 1890) ; *Mariage blanc* (drame 3 a., Comédie Française, 1891) ; *Flipote* (comédie 3 a., Vaudeville, 1893) ; *Les Rois*, (pièce 4 a., Renaissance, 1894) ; l'*Age difficile* (Gymnase, 1895) ; le *Pardon* (Comédie-Française, 1895] ; la *Bonne Hélène* (Vaudeville, 1896), ces trois dernières comédies en 3 actes ; l'*Aînée* (comédie 4 a., Gymnase, 1898).

Les œuvres poétiques de M. Jules Lemaître passèrent à peu près inaperçues à leur apparition et sont oubliées aujourd'hui ; ses romans, non plus, n'ont jamais fait grand bruit et ses pièces de théâtre, toujours favorablement accueillies cependant, ont rarement fixé le succès ; mais ses travaux de critique littéraire et dramatique ont établi sa réputation. Ecrivain plein de verve, il déploie, en ses analyses, toutes les ressources d'un esprit brillant et d'un style abondant ; il amuse le lecteur et le charme souvent, mais il arrive rarement à le convaincre ; jouant toujours avec les idées, s'abandonnant à tous les caprices de sa fantaisie et évitant d'émettre des opinions trop absolues, il semble n'attacher lui-même qu'une minime importance à ses jugements. C'est « un fantaisiste qui s'amuse, » a dit de lui M. G. Lanson.

M. Jules Lemaître est officier de la Légion d'honneur depuis 1895.

LAREINTY (Clément-Gustave-Henri de BAILLARDEL Baron de)

Sénateur, né à Toulon (Var) le 19 janvier 1824. Fils d'un intendant général de la Marine, il appartint, pendant quelque temps, à la diplomatie, puis fut officier d'ordonnance du général Changarnier et capitaine d'Etat-major de la garde nationale. Il fut nommé, en 1859, délégué de la Martinique et s'adonna exclusivement aux questions coloniales. Elu, en 1861, conseiller municipal de Nantes et conseiller général d'un des cantons de cette ville, M. de Lareinty combattit le régime impérial dans les rangs de l'opposition légitimiste.

Au moment de la guerre de 1870-1871, il prit part à la défense de Paris, à la tête d'un bataillon de mobiles de la Loire-Inférieure. Au combat de Montretout, il fut fait prisonnier et conduit en Allemagne. Rentré en France à la veille de l'insurrection du 18 mars, il chercha, sans y parvenir, à dégager les généraux Clément Thomas et Lecomte. Arrêté par les insurgés, il fut placé, avec M. de Kergariou, son officier d'ordonnance, en face d'un canon et d'une mitrailleuse. Sommé de crier « vive la République, » il répondit par un cri de : « vive le Roi ». Condamné à mort, il réussit à s'échapper le lendemain de l'Hôtel-de-Ville, avec l'aide de deux officiers et alla prendre un commandement à Versailles.

Le 8 octobre 1871, le baron de Lareinty fut nommé conseiller général de la Loire-Inférieure, pour le canton de Blain. Au renouvellement de 1874, il échoua dans ce canton ; mais il fut élu dans celui de Saint-Père-en-Retz. Il est président de ce Conseil général.

Aux élections du 30 janvier 1876, pour la formation du Sénat, il se présenta dans la Loire-Inférieure et fut élu, avec une profession de foi royaliste et catholique, par 162 voix sur 323, le premier sur la liste. Il siégea à droite, combattit les divers ministères républicains qui se succédèrent et vota pour les projets sur les chemins de fer présentés par M. de Freycinet.

Au renouvellement triennal du 5 janvier 1879, M. de Lareinty fut réélu sénateur par 186 voix sur 321. Il se déclara contre les lois Ferry et l'article 7 ; en décembre 1880, il transforma en interpellation une question de M. Buffet relative à l'enlèvement des emblèmes religieux dans les écoles de Paris et se prononça contre la modification du serment judiciaire, contre la réforme du personnel de la magistrature, contre le rétablissement du divorce, contre la politique coloniale.

A l'occasion de la loi d'expulsion des princes, en juin 1886, le général Boulanger, alors ministre de la guerre, ayant insisté à la tribune sur la lettre « impertinente » du duc d'Aumale au président de la République, M. le baron de Lareinty qualifia, à son tour, de lâcheté le fait d'attaquer un absent. Une rencontre eut lieu dans les bois de Chalais. Le général Boulanger tira le premier, son pistolet rata. M. de Lareinty tira en l'air.

Successivement réélu sénateur de la Loire-Inférieure en 1888, par 670 voix et en 1897 par 623, M. de Lareinty a toujours été, au Luxembourg, un adversaire redoutable des divers cabinets républicains ; il s'est prononcé contre le rétablissement du scrutin d'arrondissement, contre le projet Lisbonne, contre la procédure de la Haute-Cour, à deux reprises différentes, en 1890 et en 1899, etc.

Le baron de Lareinty a été lieutenant-colonel du 81ᵉ régiment territorial à Nantes. Il est membre du Conseil supérieur des Colonies, chambellan de la jeune reine des Pays-Bas, officier de la Légion d'honneur, grand-officier du Chêne des Pays-Bas, etc.

PARODI (Dominique-Alexandre)

Poète et auteur dramatique, né à la Canée (Ile de Candie) le 15 octobre 1840. Fils d'un italien, consul du royaume des Deux-Siciles, il passa son enfance en Asie-Mineure, à Smyrne, d'où sa mère était originaire.

En 1861, M. Alexandre Parodi se rendit en Italie, habita successivement Milan et Gênes et épousa la fille du chevalier Hippolyte d'Aste, auteur célèbre de plusieurs pièces dramatiques très applaudies, dont le fils, auteur apprécié lui-même, a traduit depuis en italien celles de son beau-frère.

M. A. Parodi débuta dans les lettres par la publication d'un roman anonyme : le *Dernier des Papes* (1863), qui fut mis à l'Index à Rome et, pendant plus de 15 ans, il collabora en langue italienne à plusieurs journaux, notamment à l'*Illustrazione* de Rome et au *Corriere della Sera* de Milan.

En 1865, il fit un premier voyage à Paris, où il publia : *Passions et Idées*, un recueil de vers (1865) ; deux ans après, il publiait en Italie les *Nouvelles Messéniennes*, chants patriotiques, que la Grèce surtout accueillit avec faveur.

En 1868, M. Parodi revint à Paris pour y faire représenter *Ulm le parricide*, drame en 5 actes et en vers. Reçue à correction par le comité de lecture du Théâtre Français, cette pièce fut jouée en 1870 aux matinées que M. Ballande donnait alors à la Gaîté. Le 4ᵉ acte de ce drame fit écrire à Francisque Sarcey qu'il « allait partout répétant que l'homme qui avait imaginé cette situation et qui l'avait traitée avec tant de force et de majesté était marqué du sceau qui fait les écrivains dramatiques ».

Le 27 septembre 1876, le Théâtre Français donnait de M. Parodi : *Rome vaincue*, tragédie en 5 actes en vers, qui fut brillamment interprétée par Mᵐᵉ Sarah Bernhardt, MM. Mounet-Sully, Laroche et dont le succès fut considérable. Cette pièce, l'une des meilleures œuvres de l'auteur, fut traduite dans toutes les langues et jouée partout en Europe.

En 1877, il publiait : *Sephora*, mystère en 2 actes en vers. « L'auteur, écrivait Renan, a donné, dans cette œuvre nouvelle, une preuve de talent dont les connaisseurs n'avaient pas besoin pour le classer parmi les meilleurs. » En 1884, paraissait la *Jeunesse de François Iᵉʳ*, drame historique en 5 actes en vers. Victor Hugo, à qui ce drame avait été dédié, écrivit à M. Parodi : « C'est une œuvre maîtresse que vous m'envoyez. » Il donna, en 1885, à la Renaissance, un drame en prose, en 5 actes, l'*Inflexible*, en collaboration avec M. Vilbort.

Le 6 mai 1893, le Théâtre Français représenta la *Reine Juana*, tragédie en 5 actes en vers, avec pour principaux artistes, Mˡˡᵉ Dudlay et M. Worms, qui obtint, tant à Paris qu'à Londres, où elle fut jouée depuis, le plus grand succès et que l'Académie couronna l'année suivante.

On a souvent fait remarquer la similitude du drame *Ulm le parricide* et de ses principales scènes avec le sujet et les scènes de *Pour la Couronne*, de M. François Coppée, qui semble aussi s'être inspiré pour cette pièce du dénouement de *Rome vaincue*.

Depuis lors, M. Parodi n'a plus donné de pièces à aucune scène ; il a publié toutefois le *Triomphe de la paix*, ode dramatique, sur laquelle M. Samuel David écrivit une symphonie qui fut exécutée à Paris, en 1878.

On annonce de lui, en outre : la *Juive de Grenade*, drame en 5 actes en vers, reçu par la Comédie Française, et les *Rivales*, 2 actes en vers.

En plus de ses œuvres dramatiques, M. Parodi a fait paraître : les *Cris de la chair et de l'âme* (1 vol. 1885), recueil de vers ; le *Théâtre en France*, étude critique (1 vol. 1884) ; *Vaincus et vainqueurs*, recueil de vers politiques (1 vol. 1898) ; le *Pape*, drame en 5 actes en vers, non représenté (1 vol. 1899).

Naturalisé français depuis 1882, M. Alexandre Parodi est inspecteur des Bibliothèques municipales depuis 1886.

Il a deux fils : l'un, DOMINIQUE, sorti le 3ᵉ de l'Ecole normale, est professeur agrégé de philosophie ; l'autre, HIPPOLYTE, ancien élève de l'Ecole polytechnique, est officier d'artillerie.

DUBRISAY (Charles-Jules)

MÉDECIN, né à Paris le 3 juillet 1831. Il se destinait à l'Ecole normale supérieure, quand les événements qui suivirent le coup d'Etat de 1851 vinrent le détourner de ce dessein et lui firent choisir une carrière plus indépendante que ne l'était alors l'université. Il étudia la médecine : interne des hôpitaux de Paris en 1856, il fut reçu docteur en 1861, avec une thèse inaugurale sur les *Paralysies consécutives aux maladies aiguës*.

Pendant la guerre de 1870-1871, le Dʳ J. Dubrisay fut chirurgien-major au 5ᵉ régiment de marche. Trois ans plus tard, il s'unissait à un groupe de républicains du 1ᵉʳ arrondissement pour fonder la première école primaire laïque (l'école de la rue des Deux-Boules) et cette création souleva les plus vives attaques dans la presse conservatrice (1873). Il contribua aussi largement au succès de diverses candidatures républicaines dans cet arrondissement, où il fut adjoint au maire de 1879 à 1881.

Membre du Comité consultatif d'Hygiène publique de France et du conseil de l'Assistance publique de Paris, M. J. Dubrisay prit une part active, en 1881, à la création, dans les hôpitaux, de services spéciaux d'accouchements, ayant pour titulaires des médecins-accoucheurs nommés au concours et non plus, comme auparavant, des médecins ou chirurgiens ordinaires. Cette importante réforme ne fut pas obtenue sans de grosses difficultés.

En 1883, avec le concours d'amis dévoués, il fonda, rue Jean-Lantier, à Paris, le premier dispensaire gratuit pour enfants malades, sur le modèle duquel nombre d'autres ont été depuis lors installés.

M. le Dʳ J. Dubrisay s'est surtout occupé d'hygiène et en particulier de l'hygiène et des maladies de l'enfance ; il a écrit de nombreux articles dans la *Gazette hebdomadaire*, la *Gazette des hôpitaux*, la *France médicale*, les *Bulletins de la Société de Médecine de Paris*, les *Comptes-rendus du Comité consultatif d'Hygiène publique*, etc., notamment sur la lactation, la numération des globules du sang, la méningite tuberculeuse infantile, les lésions congénitales articulaires, l'alimentation des nouveaux-nés par le lait stérilisé, etc. En 1866, il avait traduit de l'anglais le traité de Churchill sur les *Maladies des femmes et des enfants* et il a publié, avec M. Yvon, un *Traité d'hygiène scolaire* (1 vol. 1884).

Membre de la Société de Médecine publique et d'Hygiène, de la Société de Médecine de Paris, dont il a été le président, le Dʳ J. Dubrisay est officier de l'Instruction publique et, depuis 1881, chevalier de la Légion d'honneur.

Son fils, M. LOUIS DUBRISAY, né à Paris le 19 mai 1863, s'est aussi consacré à la médecine. Interne des hôpitaux en 1890, préparateur et chef de clinique à la Faculté de Médecine de Paris, il a été reçu docteur en 1894, avec une thèse sur la *Version dans les cas de rétrécissement du bassin*. Spécialement adonné aux accouchements et à la gynécologie, il a fait diverses communications à la Société médico-chirurgicale et à la Société obstétricale de France.

MONTÉGUT (Maurice)

POÈTE, romancier, né à Paris le 16 juillet 1855. Il fit de brillantes études au lycée Charlemagne et débuta dans les lettres, en 1874, par la publication d'un recueil de vers : la *Bohême sentimentale*. Il donna ensuite les *Romans tragiques*, autre recueil de vers, et des drames en vers ou de grands poèmes dialogués, notamment : *Lady Tempest*, avec une préface de Gustave Flaubert ; les *Noces Noires*, pièce représentée au Théâtre-Cluny en 1880 ; le *Fou* ; l'*Hercule* ; l'*Arétin*, dont la préface, *Histoire d'un Ours*, souleva de vives et diverses polémiques.

En 1884, M. Maurice Montégut écrivit sa première œuvre en prose : *Entre les lignes*, recueil de nouvelles. Depuis, il a fait paraître nombre de volumes de ce genre, réunissant sous différents titres, des nouvelles déjà parues dans le *Gaulois*, l'*Echo de Paris*, le *Gil Blas*, la *Lanterne*, le *Temps*, le *Figaro*, le *Journal*, et reproduites dans maintes autres publications, l'*Ile muette* ; *Romantique folie* ; *Déjeuner de soleil* ; *Don Juan à Lesbos* ; *Madame Tout le Monde* ; *Mademoiselle Personne* ; le *Fétiche* ; les *Détraqués* ; la *Grange aux Belles*. On annonce encore de lui, dans ce genre : les *Lois de la Princesse* et les *Chevauchées de Joconde*.

Ses principaux romans sont : la *Faute des autres* (1 vol. 1886) ; la *Peau d'un homme* (1887) ; l'*Œuvre du mal* (1888) ; les *Six monsieur Dubois* (1889) ; l'*Envie* (1890) ; le *Mur* (1892), œuvre de grande émotion historique et sociale ; le *Bouchon de paille* (1894) ; *Dernier cri* (1895) ; le *Geste* (1896) ; la *Rue des Martyrs*, roman français très étudié (1898) ; l'*Ami d'enfance* (1900), étude dramatique et passionnelle des plus intéressantes ; *Rosnhéro* (1900). Presque toutes ces œuvres ont paru d'abord en feuilletons dans différents journaux, puis ont obtenu, en librairie, plusieurs éditions. A cette nomenclature, on peut ajouter la *Glaneuse*, roman en préparation destiné au *Journal*.

M. Maurice Montégut, qui, sans bruit ni recherche du succès, a acquis une juste réputation de conteur agréable et de poète exquis, a publié en outre, dans le *Journal*, plusieurs pièces de vers non encore réunies : les *Voix dans la rue*. Il a composé : le *Crépuscule des rois*, drame en 5 actes en vers et d'autres pièces de théâtre, qu'il a, jusqu'ici, réservées.

Peintre amateur de talent, il a été vice-président de la Société « Plume et Poil », qui organisa diverses expositions importantes, et président du cercle littéraire et sportif : l'Artistic-Cycle Club, aujourd'hui disparu.

ODILON - BARROT (Jean - Marie - Georges-Odilon BARROT, ou)

DÉPUTÉ, avocat, né le 3 janvier 1841 à Manille (Iles-Philippines), où son père, Adolphe Barrot (1801-1870), qui fut un diplomate distingué, était alors consul-général de France. Il appartient à une vieille famille, dont les membres, depuis 1550, étaient notaires dans les Cévennes. Petit-fils du conventionnel Jean-André Barrot, il est le neveu d'Odilon, l'illustre homme d'État (1791-1873) et de Ferdinand, sénateur inamovible (1806-1883).

Ses études classiques accomplies au collège Sainte-Barbe, à Paris, il alla faire son droit à la Faculté de Toulouse en 1858 et fut reçu licencié en 1861.

Dès 1858, M. Odilon-Barrot était entré dans la diplomatie, avec le titre d'attaché d'ambassade ; secrétaire en 1865, il exerça ses fonctions successivement à Bruxelles, Madrid et Washington ; puis il fut attaché à la direction politique du ministère des Affaires étrangères, à Paris, en 1867.

Elu conseiller général de l'Ardèche, pour le canton des Vans, en 1870, il quitta la diplomatie, pour se vouer à la politique et devint maire de Chambonas en 1871 ; au 24 mai 1871 et au 16 mai 1877, ses opinions républicaines le firent révoquer ; mais il fut renommé chaque fois. Il a été secrétaire du Conseil général de l'Ardèche, président de la commission départementale et s'occupe très activement des questions de voirie, de tramways, d'enseignement, etc., en discussion dans cette assemblée. Candidat républicain dans l'arrondissement de Largentière, aux élections législatives de 1876, 1877 et 1881, ainsi qu'à une élection sénatoriale, dans l'Ardèche, en 1883, M. Odilon-Barrot ne fut pas élu ; il alla se faire inscrire, en 1885, au barreau de Nîmes et y exerça la profession d'avocat pendant plusieurs années.

Au renouvellement général de la Chambre des députés, de 1893, il se représenta dans la circonscription de Largentière, que ses écrits, ses conférences et son influence avaient contribué à gagner aux idées républicaines et il fut élu, au scrutin de ballotage, par 12,174 voix, contre 9,929 à M. Duclaux-Monteil, maire des Vans, conservateur. Aux élections générales de 1898, il a été réélu, au 1er tour, par 11,448 voix, contre 11,216 données au même concurrent.

A la Chambre, le député de l'Ardèche n'est inscrit à aucun groupe ; il vote dans le sens d'une politique largement républicaine et libérale ; il a pris une part très active aux travaux parlementaires, a été président, membre et rapporteur de nombreuses commissions : commissions d'initiative parlementaire, du travail, de la réforme judiciaire, etc ; il est maintes fois intervenu à la tribune et est l'auteur de divers projets de loi, notamment sur la répression de la corruption électorale et sur la procédure en matière de presse.

Président de la Société historique et archéologique des Vans, le très sympathique député de l'Ardèche a publié divers travaux sur l'histoire et l'archéologie du Vivarais.

Au cours de sa carrière diplomatique, M. Odilon-Barrot a reçu de nombreuses distinctions honorifiques; c'est ainsi qu'il est commandeur de Charles III d'Espagne, chevalier de Léopold de Belgique, du Medjidié de Turquie et chevalier de la Légion d'honneur (6 août 1870).

WAROT (Victor-Alexandre-Joseph)

PROFESSEUR de chant, né à Verviers (Belgique) le 18 septembre 1834, d'une famille de musiciens. Son grand-père, musicien des armées françaises, eut trois fils artistes, chefs d'orchestre et compositeurs.

Elevé en France, à Lille, il suivit très jeune son père, ancien ténor et compositeur, que les hasards de la vie artistique avaient conduit à Rennes. Il fit ses études classiques, puis son droit. Reçu licencié en 1855, il partit pour Paris, où il se fit inscrire au barreau, après avoir été un moment clerc d'avoué.

Eprouvant quelque difficulté à amener la clientèle à son cabinet d'avocat, M. Warot entra dans une maison de banque, où il fut chef de correspondance, puis caissier et où il eut, pour camarade et collègue, M. Victor Capoul.

Elevé dès l'enfance dans un milieu artistique et ayant reçu de son père de précieuses leçons musicales, M. Warot, poussé par une impérieuse vocation, fit bientôt entendre et apprécier, dans les concerts mondains, la belle voix de ténor dont il était naturellement doué, aux côtés de Mario Tamberlik et autres célébrités italiennes.

Nestor Roqueplan, directeur de l'Opéra-Comique, entendant parler du jeune ténor, l'engagea à de belles conditions et il débuta, le 1er octobre 1858, dans les *Monténégrins* et la *Dame Blanche*. Jusqu'à la fin de 1862, il interpréta avec succès tout le répertoire ; une reprise éclatante de *Zémire et Azor*, de Gretry, le fit entrer à l'Opéra.

En 1871, il alla à Bruxelles, où il chanta également tout le grand répertoire et fut le premier ténor français appelé à interpréter *Tannhauser*, *Lohengrin*, le *Vaisseau-fantôme* et autres chefs d'œuvre de Wagner.

De Bruxelles, il passa à Anvers et y créa le *Polyeucte*, de Gounod. Revenu à Paris en 1880, il chanta au Théâtre Italien, puis à la Gaîté (Opéra-Populaire), où il reprit avec succès *Guido et Ginevra* et *Pétrarque*. De retour à Anvers en 1882, M. Warot y créa le *Néron*, de Rubinstein et *Françoise de Rimini*, d'Ambroise Thomas.

Après avoir paru, avec un succès que son organe puissant et flexible justifiait amplement, sur diverses scènes : Marseille, Genève, Toulouse, Nantes, Bordeaux et autres, il termina sa longue carrière lyrique (30 ans) par sa 2,002me représentation, donnée à Rouen, le 30 janvier 1888.

En 1886, M. Warot, sur la présentation d'Ambroise Thomas, avait été nommé professeur de chant au Conservatoire. Son enseignement a produit des élèves déjà remarqués, notamment MM mes Agussol, Bréval, Hatto, de l'Opéra ; Mlles Armand et Gaune, de Bruxelles ; Mlle Lina Pacary, MM. Lafarge et Cornubert, actuellement en Amérique, enfin MM. Edmond Clément et Léon David, de l'Opéra-Comique.

Cet excellent professeur est officier de l'Instruction publique depuis 1891.

DESBEAUX (Emile)

ECRIVAIN, administrateur, né à Paris le 5 septembre 1845. Son père, Claude Desbeaux, se fit connaître comme industriel et écrivain. Né à Bordeaux en 1814, il fut l'inventeur du tourne-pages magnétique, des miroirs « face et nuque », d'un procédé de tissage des cheveux pour la fabrication des étreindelles, et de perfectionnements dans la fabrication des peluches et velours ; il a laissé des *Poésies sociales des ouvriers* (1841), un mémoire sur la *Navigation aérienne* (1870), un recueil de *Sonnets* (1894) et plusieurs pièces de théâtre, entr'autres *Bonjour, Philippe ! Une épître anonyme*, *Gaultier le Serf* (Panthéon, 1841), etc. ; et collabora à la *Ruche populaire* (1840) et à l'*Union des ouvriers* (1845). Claude Desbeaux est mort au Raincy en 1899.

Après avoir fait ses études classiques aux institutions Jauffret, Massin et au lycée Charlemagne, M. Emile Desbeaux, muni de ses baccalauréats, entra à l'Ecole nationale d'Agriculture de Grignon et en sortit avec le diplôme d'ingénieur agronome ; mais, ne donnant pas suite aux projets paternels, il devint clerc de notaire et étudia le droit jusqu'en 1870.

Il avait débuté dans la littérature dès 1869, en écrivant dans le *Tintamarre* et dans la *Fantaisie parisienne*, sous le pseudonyme de « Dral ».

En 1871, M. Emile Desbeaux fondait, avec M. Yves Guyot, la *Municipalité*, organe hebdomadaire, dont il prit la direction. Vers la même époque, correspondant parisien du *Réveil de Lot-et-Garonne*, il fut poursuivi devant la Cour d'assises d'Agen, pour de vives attaques contre la Commission des grâces, qui fonctionnait alors, et acquitté de ce chef.

Nommé, peu de temps après, rédacteur en chef du *Journal Illustré*, rédacteur littéraire au *Petit Journal* et rédacteur en chef du *Sifflet* (sous le nom de Raoul Dral), il quittait ces publications en 1877, pour entrer à la *Petite Presse*, au *Petit Moniteur* et au *Moniteur Universel*, où il donna des articles de critique d'art et de théâtre. Il fut aussi rédacteur en chef de la *Presse Illustrée* et du *Petit Moniteur Illustré*. Il fit les « Salons » au *Petit Moniteur* et à la *Petite Presse* (1881-1884), la critique dramatique dans la *Petite Presse* (1882-1886), puis dans le *Petit Moniteur* (1887-1889) ; la Soirée théâtrale « Soirs de Premières » dans le *Moniteur Universel* (1879-1886) et créa à cette occasion le néologisme « soiriste », devenu d'usage courant ; en 1891, il fit au *Petit Moniteur* la Chronique agricole et la Causerie scientifique ; il écrivit, pour le *Monde illustré*, une série de chroniques sous le titre « A travers champs » (1890-1892) et, en dernier lieu, donna de curieuses contributions à l'étude des phénomènes télépathiques dans les *Annales des Sciences psychiques*, de Richet et Dariex. Il a collaboré, en outre, sous son nom ou sous divers pseudonymes, à la *Revue Bleue*, aux suppléments littéraires du *Figaro*, au *Guide de la Mode*, à la *Crécelle*, au *National*, au *Radical* (1871), à la *Gazette*, aux *Nouvelles de Paris*, à la *Revue Monégasque*, à la *Revue illustrée*, etc. On cite de lui, parmi ses nouvelles qui n'ont pas été réunies en volumes : le *Petit-fils du Petit Poucet*, l'*Etrange pêche de M. Jean*, la *Dot de Mlle Aymerot*, etc.

M. Emile Desbeaux a fait représenter à la scène les pièces suivantes, seul ou en collaboration : *Pigalle-Revue*, revue en 4 actes (1869) ; les *Francs-Fileurs* (théâtre du Château-d'Eau, 1871, pendant la commune) ; *Le triangle ou la mort*, comédie en un acte (1872) ; *Agence matrimoniale*, comédie en un acte (1875) ; les *Dumacheff ou le cocher fidèle*, parodie de la pièce les *Danicheff*, de M. Pierre Newski, en collaboration avec MM. Albert Fix et Henri Meyer (1876).

Il est l'auteur d'un roman américain : le *Mystère de Westfield* (1 vol. 1875), qui obtint plusieurs éditions.

C'est surtout en ses œuvres de vulgarisation scientifique et sous la forme attrayante du roman pour la jeunesse, que M. Emile Desbeaux s'est fait apprécier comme écrivain. On cite de lui dans ces genres : le *Jardin de Mlle Jeanne* (1879), ouvrage couronné par l'Académie Française) ; les *Pourquoi de Mlle Suzanne* (1880) ; les *Parce que de Mlle Suzanne* (1881) ; *Traité d'Agriculture et d'Horticulture* (1881) ; les *Découvertes de M. Jean* (1882) ; les *Campagnes du général Toto* (1882) ; les *Trois petits Mousquetaires* (1882) ; les *Idées de Mlle Marianne* (1883) ; *Les projets de Mlle Marcelle et les étonnements de M. Robert* (1884, couronné par l'Académie Française) ; la *Maison de Mlle Nicolle* (1885) ; le *Secret de Mlle Marthe* ; *Education d'André* (1886) ; l'*Aventure de Paul Solange* (1887) ; la *Joie de la maison* (1888) ; la *Petite Mendiante* (1889) ; *Physique populaire* (1891). Tous ces ouvrages ont paru illustrés et comme publications d'étrennes ; la plupart ont été traduits en russe, espagnol, portugais, anglais et allemand. Les *Pourquoi* et les *Parce que de Mlle Suzanne* ont été réunis en un seul volume in-4° en 1899.

M. Emile Desbeaux, qui était secrétaire-général de l'Odéon depuis 1884, fut nommé directeur de ce théâtre, avec M. Marck, le 1er juin 1892. Son administration eut le mérite de faire connaître au public des noms d'auteurs jusqu'alors inconnus, notamment ceux de MM. Brieux avec *M. de Réboval*, Gaston Devore avec *Tentation*, Jules Case avec *Pauline Blanchard*, Daniel Lesueur avec *Fiancée*, Jules Renard avec la *Demande*, etc.

Pendant les quatre années de cette direction, il se fit à l'Odéon un grand travail : on n'y joua pas moins de cent quatorze actes inédits, notamment : les *Deux noblesses*, de Henri Lavedan ; *Mariage d'hier* (100 représentations), de Victor Jannet ; *Une page d'amour*, de Zola et Samson ; le *Ruban*, de Feydeau et Desvallières ; *At home*, de Louis Legendre ; *Rose d'Automne*, de Dorchain ; le *Carrosse du St-Sacrement*, de Vaucaire ; le *Modèle*, d'Henry Fouquier ; *Yanthis*, de Jean Lorrain ; l'*Argent d'autrui*, de Léon Hennique, et quatre-cent-vingt-deux actes de répertoire classique et de reprises, où l'on relève : le *Mariage d'Olympe*, d'Augier ; le *Roman d'un jeune homme pauvre*, de Feuillet ; *Monsieur Alphonse* et le *Fils naturel* (100 représentations), de Dumas fils.

C'est M. Desbeaux qui demanda à M. François Coppée le manuscrit de *Pour la Couronne*, refusé et par la Comédie Française et par la précédente direction de l'Odéon, et que le poète découragé avait remis dans ses cartons depuis 1888, désespérant de faire jouer son œuvre. Représentée à l'Odéon le 19 janvier 1895, *Pour la Couronne* obtint un succès considérable de 178 représentations.

Parmi les artistes lancés par la même direction, on note Mlles Wanda de Boncza, Lara, MM. Fenoux, Louis Delaunay, Veyret, Ravet, Esquier, qui furent engagés à la Comédie Française, MM. Pierre Magnier, Baron fils, Rousselle, etc.

A la suite de la maladie et de la retraite de son associé, M. Emile Desbeaux donna sa démission, le 30 juin 1896, malgré les instances du ministre des Beaux-Arts. M. Rambaud, qui, pour reconnaître ses services, le nomma directeur honoraire de l'Odéon.

M. Emile Desbeaux est chevalier de la Légion d'honneur, officier de l'Instruction publique et décoré de divers ordres étrangers.

VIBERT (Edmond-Célestin-Paul) [Théodore VIBERT fils]

Économiste, publiciste, conférencier, né à Paris le 18 février 1851. Il appartient à une vieille famille parisienne, établie depuis plus de cinq siècles dans la vallée de la Bièvre et dont plusieurs membres ont laissé des traces dans l'histoire de la capitale, notamment à l'époque de la Révolution. Son père, Théodore Vibert (1825-1885), littérateur de mérite, a laissé une œuvre poétique, historique, linguistique et dramatique considérable ; un de ses cousins, Alphonse Hardon, ingénieur, a dirigé et mené à bonne fin les travaux de la construction du canal de Suez.

Aussitôt ses études classiques achevées, au lycée de Caen, M. Paul Vibert fit du journalisme et de la littérature. Dès 1872, il dirigeait en chef deux petites revues : le *Sonnettiste* et l'*Union littéraire* ; il collabora, depuis, à un très grand nombre de journaux de Paris, de la province et de l'étranger, auxquels il donna des articles politiques, littéraires et surtout économiques. En 1882, il fut chargé de la partie financière et économique au *XIXᵉ Siècle*, puis au *Petit Journal* ; il demeura sept ans dans ces deux feuilles et succéda, en 1891, à Auguste Vitu, comme rédacteur en chef du *Journal des Finances*. Il a aussi collaboré au *Grand Dictionnaire Larousse*.

Depuis 1878, M. Paul Vibert a fait, à Paris et en province, des conférences dont le nombre dépasse 2,000, sur des sujets d'économie politique, sur les colonies, sur les transports en commun (obtenant, après une campagne de quatre années, la création de 32 lignes de tramways à 10 centimes dans le département de la Seine), sur la possibilité d'obtenir le gaz d'éclairage à 10 centimes, sur les multiples applications de l'électricité, etc. Il a, en outre, professé, à Paris, pendant plusieurs années, un cours de géographie coloniale.

En 1884, M. Vibert avait été attaché au ministère de la Marine et des Colonies ; l'année suivante, il fut désigné, par celui de l'Agriculture, comme membre du jury de l'Exposition de Sétif ; en 1893, il fut chargé de missions économiques aux Antilles espagnoles et nommé, à son retour, membre du Conseil des études coloniales et maritimes ; il fit aussi partie du jury d'admission (classe 110, économie sociale) et du comité d'organisation du Congrès de Sylviculture, à l'Exposition de 1900.

Candidat radical-socialiste aux élections municipales, en 1887, dans le XVIᵉ arrondissement de Paris et aux élections législatives dans le XIIIᵉ, en 1889, il se présenta aussi, en 1891, aux élections sénatoriales dans l'Hérault, sans être élu. Au renouvellement général législatif de 1898, il se porta, contre MM. Drumont et Samary, à Alger, où il fut le seul candidat qui ne se déclara pas antijuif.

En 1896, M. Vibert avait été poursuivi par 809 curés bretons, pour des articles parus dans le *Journal de Seine-et-Oise* ; le tribunal de Versailles s'étant déclaré incompétent, la Cour de Paris condamna l'auteur de la polémique à 400 francs de dommages et intérêts, au lieu des 300,000 francs qui avaient été demandés.

A deux reprises, la candidature de cet écrivain a été posée à l'Académie des Sciences morales et politiques : en 1897 et en 1900.

Outre ses articles de journaux ou de revues et ses brochures de propagande, M. Paul Vibert a publié : des poésies : *Sonnets parisiens* (1874, 3ᵉ éd. 1880) et les mêmes, traduits en sonnets italiens (1880) ; une biographie d'*Arsène Thévenot* (1880) ; un mémoire à la presse, intitulé : *Affaire Sardou* présentant la pièce de M. Sardou, *Daniel Rochat*, comme empruntée à un poème de son père, Théodore Vibert, portant le titre de : *Martura* (1880) ; des romans : le *Péché de la Baronne* et *Une première faute* (1885) ; une traduction du drame de L. Holberg : l'*Affairé*, en collaboration avec M. A. Flinch (1890) et les ouvrages suivants sur des sujets historiques, géographiques et économiques : la *Concurrence étrangère, industries parisiennes, politique coloniale, vins et alcools, musées commerciaux*, etc. (Thèmes de conférences, 1 vol. 1887) ; l'*Extinction du Paupérisme* (1888) ; les *Panoramas géographiques de l'Exposition universelle de Paris de 1889* (édition illustrée, 1 vol. 1889) ; le *Musée commercial universel, colonial et métropolitain de Paris et l'Exposition universelle* (1889) ; l'*Électricité à la portée des gens du monde*, ouvrage de vulgarisation (1892) ; *Mon Berceau*, histoire anecdotique des curiosités ignorées du 1ᵉʳ arrondissement de Paris (1893) ; *Situation économique de l'Amérique Centrale* (1893) ; la *République d'Haïti, son présent, son avenir économique* (édition illustrée, 1894) ; *Explorations aux Antilles*, (extrait du *Bulletin de la Société Normande de géographie*, 1895) ; les *Industries nationales*, (1896) ; *Conférence sur les transports en commun dans Paris* (1897) ; les *Transports par terre et par mer* (2 vol. 1898), etc.

Membre de la Société des Gens de Lettres, des Sociétés de Géographie commerciale de Paris, de Bordeaux, de St-Nazaire, etc., ancien président de l'Association nationale de topographie, aujourd'hui dissoute ; professeur de géographie commerciale au Grand-Orient de France, ancien secrétaire-général-adjoint et membre du conseil de la Société des Etudes coloniales et maritimes, M. Vibert est officier de l'Ordre Académique de Venezuela.

Sa femme, Mme JULIA VIBERT, a été nommée officier d'Académie en 1900, comme collaboratrice de son mari et pour l'avoir accompagné dans ses missions et campagnes à l'étranger.

WAGNER (Charles)

ÉCRIVAIN, conférencier, ministre du culte réformé, né à Wiberswiller (Meurthe) le 3 janvier 1852. Petit-fils et fils de pasteurs, il accomplit ses études classiques à Paris, dans une institution dirigée par M. Kuhn, aujourd'hui président du Consistoire de la confession d'Augsbourg.

Après avoir suivi les cours de la Faculté théologique de Strasbourg, de 1869 à 1875, M. Charles Wagner se rendit à l'Université de Gœttingue (Hanovre), pour y parfaire son éducation philosophique ; puis il fut nommé successivement, à la fin de 1875, pasteur-vicaire à Barr (Alsace) et, en 1877, pasteur à Remiremont (Vosges). Venu, au mois d'octobre 1882, à Paris, il créa un cours d'instruction religieuse destiné aux enfants des « protestants libéraux ». Fréquentés, au début, par les enfants seuls, ces leçons de catéchisme attirèrent bientôt les familles elles-mêmes et se transformèrent, sur les sollicitations des auditeurs, en conférences et prédications religieuses. C'est ainsi que, insensiblement, se fonda la « paroisse des Arquebusiers », où viennent entendre la parole de M. Wagner non-seulement les protestants libéraux de Paris, mais encore de nombreux auditeurs appartenant à d'autres confessions que la religion réformée.

Ecclésiastique respectueux de la tradition avec une certaine indépendance, peu dogmatique, point sectaire, essentiellement démocrate et sociologue, M. le pasteur Wagner a fondé, à Paris, avec M. T. Fallot, des cercles de concentration et des sociétés d'éducation, où fraternisent des hommes et des jeunes gens de toutes les conditions. Orateur éloquent, il a traité les sujets les plus ardus de la question sociale, en de nombreuses conférences, données en France et à l'étranger.

En outre de sa collaboration à plusieurs journaux ou revues : le *Figaro*, le *Signal*, la *Revue Bleue*, etc., M. Ch. Wagner a écrit divers ouvrages, portant les titres suivants : *Justice* (1889) ; *Jeunesse* (1891, couronné par l'Académie Française) ; *Vaillance* (1892) ; la *Vie simple* (1894) ; *Le long du chemin*, curieux recueil d'apologues (1896) ; *L'Evangile et la Vie*, recueil de discours religieux et de morale sociale (1897) ; *Auprès du foyer*, étude sur la vie de famille ; *Sois un homme !* causeries pour la première adolescence (1898), etc. Ces ouvrages ont été traduits pour la plupart en anglais, en allemand, italien, russe, suédois, hollandais et roumain.

L'un des fondateurs de l' « Union par l'Action morale » et de l'Université populaire, il est professeur à l'Ecole morale, dont le siège est à l'hôtel des Sociétés savantes, à Paris.

DELARUE (Georges)

JURISCONSULTE, avocat, né à Evreux le 12 octobre 1841. Il est le fils d'un agréé près le Tribunal de Commerce de Rouen et accomplit ses études classiques dans cette ville. Venu ensuite à Paris, suivre les cours de la Faculté de Droit, il reçut la licence en 1863 et alla se faire inscrire, comme avocat, au barreau de Honfleur.

Dans cette ville, M. Georges Delarue prit une part très active aux luttes du parti républicain contre le gouvernement de « l'ordre moral », en 1877 ; depuis, il n'a plus joué de rôle personnel dans la politique.

En 1879, il quitta Honfleur pour revenir à Paris, où il fut admis au tableau des avocats à la Cour d'appel. Peu après, il fut chargé de défendre M. Henri Rochefort, poursuivi par le général de Cissey, alors ministre de la Guerre (1881).

Il a aussi plaidé divers procès retentissants de divorce, séparations de corps, etc., devant les cours de province ; mais c'est surtout comme avocat d'affaires que M. Georges Delarue s'est créé une haute réputation et une situation très personnelle au Palais.

Avocat-conseil du Comité des assurances maritimes, il a prêté l'appui de sa parole éloquente et documentée aux plus importants procès maritimes jugés par les tribunaux français. On cite ceux relatifs à la *Champagne* et à la *Ville de Pernambuco*, plaidés à Rouen ; de la *France*, à Paris ; du *Tonkin* à Aix ;

du *Nordpole*, à Rennes ; du *Yedmendale*, à Rouen et à Caen, du *Versailles*, navire appartenant à la Compagnie Transatlantique qui coula en arrivant dans le port de Marseille en 1893 : de l'*Elisa*, etc.

M. Georges Delarue a fondé en 1884 et dirigé jusqu'en 1886, le *Journal du Droit Maritime*.

RIEFFEL (Henri)

CHIRURGIEN, né à Barr (Bas-Rhin) le 1er mars 1862. Il accomplit ses études classiques au collège de Sedan et vint ensuite à Paris, pour y suivre les cours de la Faculté de Médecine.

Successivement interne des hôpitaux (1884), aide d'anatomie (1887), prosecteur à la Faculté (1889), docteur (1891), chef de clinique (1894) et chirurgien des hôpitaux (1896), M. Henri Rieffel a été nommé, au concours, chef des travaux anatomiques en février 1898 et dirige, depuis lors, l'Ecole pratique d'anatomie et de dissection de Paris. Lauréat des hôpitaux au concours de chirurgie, où il obtint la médaille d'or, lauréat de la Faculté (médaille d'argent) pour sa thèse inaugurale, il a aussi obtenu un prix de l'Académie de Médecine.

M. le docteur Rieffel s'est adonné tout à la fois à l'étude de la chirurgie et de l'anatomie pratique. Ses publications chirurgicales sont les suivantes : *Comment faut-il faire l'antisepsie ?* ; les *Prolapsus du rectum et leur traitement* ; *De quelques points relatifs aux récidives et aux généralisations des cancers du sein chez la femme* (thèse de doctorat) ; *Mécanisme des luxations susacromiales de la clavicule, leur traitement par la suture osseuse* (en collaboration avec M. Poirier) ; *Pied-bot congénital à manifestations tardives* ; *Pathogénie des kystes hydatiques du cul-de-sac de Douglas chez la femme* ; *De l'arthrodèse tibio-tarsienne dans les pieds-bots paralytiques* (en collaboration avec son maître, M. Schwartz) ; *Exostoses ostéogéniques de la voûte crânienne et de la cure radicale après la kélotomie*. Il a donné, au *Traité de Chirurgie clinique et opératoire*, un article fort apprécié et très important sur les *Fractures* ; dans le *Traité de Chirurgie*, il a écrit : les *Affections congénitales de la région sacrococcygienne* et la *Pathologie anorectale*, cette dernière en collaboration avec M. le docteur Faure.

Dans le domaine des sciences anatomiques, on lui doit : la *Topographie cranioencéphalique* ; *Une étude pratique sur la veine saphène interne* ; des mémoires : *Sur la vascularisation artérielle des espaces intercostaux inférieurs* ; *Sur les rapports des amygdales avec les vaisseaux carotidiens* ; *Sur le corpuscule rétrocarotidien* ; *Sur la ligature de l'artère tibiale antérieure* ; *Sur la topographie des ganglions lymphatiques du cou* ; *Sur la disposition et le calibre des veines sus-hépatiques* ; un intéressant travail sur le *Cubitus varus et valgus*, difformités à peine connues. On annonce encore de lui d'importantes publications anatomiques, dont l'une, l'*Anatomie de l'appareil génital de la femme*, est sous presse (1900).

DIAMANTI (Octave)

ADMINISTRATEUR, chargé de missions du gouvernement, né le 19 décembre 1864, au Caire, où feu son père, le docteur Auguste Diamanti, médecin des vice-rois Abbas-Pacha et Saïd-Pacha, fut l'un des fondateurs de l'Institut de médecine égyptien.

Reçu, à la Faculté de Paris, licencié en droit en 1885, puis élève de l'Ecole des Sciences politiques, il prêta serment, en 1889, devant la Cour d'appel. Quelques mois plus tard, parti pour la Perse, il y séjourna deux ans en qualité de secrétaire du président du Conseil de l'empire, et y fut, en même temps, délégué de la Chambre de commerce française de Constantinople, secrétaire du comité de l'Alliance française et chargé, par intérim, des affaires de la Légation de Belgique à Téhéran.

En 1892, délégué en mission spéciale auprès du gouvernement général du Turkestan russe, avec lequel il entama des négociations en vue du prolongement du chemin de fer transcaspien, M. Octave Diamanti accomplit deux voyages successifs en Asie Centrale, parcourut la région du Pamir, la Boukharie, la Transcaspienne, etc. et, à son retour, passa par St-Pétersbourg, où l'avaient mandé les ministres de la Guerre et des Finances, avec lesquels il acheva ses négociations, sous les auspices de M. de Montebello, ambassadeur de France.

Rentré à Paris en 1893, il en repartit à la fin de cette même année, chargé, par le ministère du Commerce, d'une mission en Egypte, Syrie, Palestine, etc.

De retour en France, M. Octave Diamanti prononça à Paris et dans de nombreuses sociétés de géographie de province, une longue série de conférences, tendant à vulgariser la connaissance des régions lointaines qu'il avait étudiées et à faire ressortir, au point de vue économique, la place qui pourrait être réservée aux intérêts français dans ces divers pays. Ces conférences, très documentées et empreintes d'un patriotisme éclairé, obtinrent partout le plus grand succès.

Avec diverses publications sur ses voyages dans la *Revue Bleue*, la *Revue Scientifique*, la *Nouvelle Revue*, etc., M. Octave Diamanti a fait paraître une importante étude sur le *Turkestan russe et le prolongement du chemin de fer transcaspien*.

Nommé, le 28 septembre 1898, directeur de la Cie Coloniale et des Mines d'or de la côte Ouest de Madagascar, M. Octave Diamanti est président de la section d'explorations de la Société de Géographie commerciale, membre de la Société de Géographie de Paris, de l'Union coloniale, du comité de propagande de l'Alliance française, membre correspondant de plusieurs sociétés savantes, officier d'Académie, commandeur de l'ordre impérial du Lion et du Soleil de Perse, etc.

MARCHAND (André)

PEINTRE, né à Paris le 22 novembre 1877. Élève de M. Detaille, M. André Marchand s'est fait connaître très rapidement par une production du plus grand intérêt artistique.

Il a envoyé aux salons annuels de la Société des Artistes français, les toiles suivantes : la *Poulinière* (1895) ; les *Eclaireurs Franchetti à la Fouilleuse, 1870* (1896) ; les *Premières armes de Marbot* (1897) ; *A la forge pendant l'étape* (1898) ; *Lasalle, le soir de Rivoli* (1899), importante toile, de composition et de coloration également remarquables, qui lui valut une mention honorable et a été maintes fois reproduite par la gravure ou la photographie, comme d'ailleurs plusieurs des précédentes.

M. André Marchand, a exécuté, en outre, différents tableaux de chasse et de reconstitution de voyages en chaise de poste, avec des postillons, des portraits de chevaux et de chiens, pour le duc de Chartres ; un *Episode de combat dans le centre de l'Afrique*, très mouvementé, qui appartient à M. Lefèvre ; de grands panneaux décoratifs pour M. Dupuytrem, député ; une belle étude de *Poulinière et poulains*, à M. Clément ; la *Tasse de café*, étude très poussée de personnages révolutionnaires ; *Une conspiration de demi-solde*, importante toile destinée à l'Exposition universelle de 1900, et de nombreux portraits de personnalités connues.

Les œuvres de cet artiste ont été l'objet des plus vifs éloges de la part des meilleurs critiques.

Mme Edmond FUCHS
(née Henriette LEROUX)

CANTATRICE mondaine et critique musical, née à Paris. Issue d'une excellente famille, elle commença, dès l'enfance, à travailler le piano et acquit, sous la direction de Th. Ritter, une grande virtuosité sur cet instrument. Elle épousa, en 1863, un savant ingénieur des mines, M. Edmond Fuchs, décédé à Paris, le 7 septembre 1889, à la suite d'un voyage d'exploration fait en Cochinchine, pour le compte du gouvernement français. Il était officier de la Légion d'honneur.

Mme Henriette Fuchs, qui possède une très belle voix de soprano, après avoir pris des leçons de Del Sarte, se produisit brillamment, en amateur, dans les salons mondains et les concerts de charité.

En 1879, elle fonda, avec son mari, la « Concordia », société musicale dont elle fut la vice-présidente et l'âme. Créée dans le but d'étudier les chefs-d'œuvre de la musique chorale et d'exécuter publiquement son répertoire au profit d'œuvres de bienfaisance ou d'utilité générale, la « Concordia » dura juste dix ans ; pendant ce laps de temps elle fit entendre successivement, soit dans la grande salle du Conservatoire avec orchestre, soit à la chapelle du château de Versailles, soit au temple de l'Oratoire, soit au palais du Trocadéro ou dans les salles Erard ou Pleyel, une quantité d'œuvres, parmi lesquelles nous citerons : *Acis et Galathée*, la *Cantate de Sainte Cécile*, la *Fête d'Alexandre* de Haendel, le *Magnificat*, la *Cantate de la Réformation* et celle de l'*Ascension*, traduites par Bouchor, l'*Actus tragicus* et la *Passion selon Saint Matthieu* de J.-S. Bach ; le *Paradis et la Péri*, le *Faust* de Schumann ; les *Saisons* de Haydn ; *Athalie* et *Paulus* de Mendelssohn ; le *Requiem*, *Idoménée* et le *Roi Thamos* de Mozart ; le 1er acte d'*Alceste* de Gluck ; la *Légende de sainte Elisabeth* de Liszt ; l'*Eve* de Massenet ; le *Chant Séculaire* de Widor ; une sélection de *Velléda* de Lenepveu ; le 2me acte de *Proserpine*, le *Cœli enarrant*, l'*Oratorio de Noël* de Saint-Saëns et la scène des *Floramyes* de Wagner.

C'est la « Concordia » qui fit entendre, pour la première fois en France, la *Rédemption* de Gounod, sous la direction de l'auteur. Elle exécuta de nombreux chœurs de Lulli, Palestrina, Rameau, Lalo, Berlioz, Léo Delibes, Vidal, Pierné, Gabriel Fauré, Chabrier, Ambroise Thomas, Godard, Bizet, Charles Lefebvre, Théodore Dubois, etc. Pour ces exécutions, les chœurs et l'orchestre étaient placés sous la direction de M. Ch. Widor, le grand orgue tenu par M. Guilmant et le piano d'accompagnement successivement confié à MM. Falhenberg, Marty, Paul Vidal, Debussy, Ch. René, Xavier Leroux. Mlle Henriette Fuchs interpréta, dans cette longue série de concerts, la partie de soprano solo de ces différentes œuvres, avec le plus éclatant succès.

Ecrivain, Mme Fuchs a publié des articles de critique musicale au *Temps*, à la *Revue générale*, à la *Revue chrétienne* ; un livre important intitulé: *L'Opéra et le Drame musical*, d'après l'œuvre de Richard Wagner (1 vol. 1887) et le *Bi-centenaire de Bach* ; elle a, en outre, fait de nombreuses traductions musicales.

Officier d'Académie en 1883, elle a été promue officier de l'Instruction publique en 1887.

Son fils, M. PAUL FUCHS, avocat, né à Paris le 9 avril 1864, a fait paraître un certain nombre d'études sur la musique dans la *Revue Bleue* et de fort jolies poésies. En collaboration avec M. Lyon, il est l'auteur d'une grande revue en 3 actes : *Cent moins un*, qui contient des morceaux de chant, spécialement composés pour celle-ci par MM. Massenet, Lenepveu, Th. Dubois, Widor, E. Guiraud, Léo Delibes, Vincent d'Indy, V. Joncières, Paul Vidal, F. Thomé, Ch. René, Pierné, Wormser, Messager, Chausson, E. Chabrier, etc.

LENOBLE (Eugène-William-Bernard)

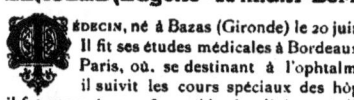

MÉDECIN, né à Bazas (Gironde) le 20 juin 1868. Il fit ses études médicales à Bordeaux, puis à Paris, où, se destinant à l'ophtalmologie, il suivit les cours spéciaux des hôpitaux ; il fut nommé en 1892, aide de clinique à l'hôpital des Quinze-Vingts et assistant titulaire.

Reçu docteur, en 1895, avec une thèse sur la *Conjectivité printanière*, considérée comme l'un des plus importants travaux publiés en France sur la matière, M. Lenoble, outre les communications et mémoires portant sur l'oculistique qu'il a fait paraître dans diverses publications, a donné de fort intéressantes chroniques médicales dans le journal la *Famille*.

Il a fondé, à Chartres, une clinique exclusive au traitement des maladies des yeux, sans pour cela quitter son service aux Quinze-Vingts de Paris.

Médecin principal de la Société des Ambulanciers Sauveteurs de la Seine, le Dr Lenoble s'intéresse à de nombreuses œuvres de philantropie et de mutualité ; c'est ainsi qu'il est médecin de la « Samaritaine », des appiéceurs de la « Belle Jardinière », de la Société des anciens officiers de Terre et de Mer, du Service d'assistance de nuit, de la Société amicale de prévoyance des employés de la Préfecture de la Seine, etc.

M. le docteur Bernard Lenoble est officier d'Académie et décoré de la Croix-Rouge d'Espagne.

LE CURIEUX (Maurice-Marie)

ARCHITECTE, né à Paris le 19 décembre 1859. Élève, à l'École des Beaux-Arts, de l'atelier Questel, il fut, après sa sortie, attaché aux cabinets des architectes Lalanne, Nénot et Poupinel.

On cite, comme travaux importants exécutés par M. Maurice Le Curieux : le tombeau du comte de Raineville, au cimetière du Père-Lachaise, et la reconstruction de l'hôtel Renaissance du comte d'Yanville, à Paris. Il prit part, en 1897, au concours international ouvert à St-Domingue pour élever un monument à la mémoire de Christophe Colomb. Son projet, qui fut trouvé très élégant, orné de statues dues au sculpteur Bennet, obtint le 2e prix.

M. Le Curieux est attaché au service d'architecture de l'Exposition universelle de 1900 (section des berges et quais) ; il est, en outre, architecte-expert de grandes compagnies d'assurances.

VOLNAY (Emile-Gaston-Alfred MAULDE, dit Gaston)

ÉCRIVAIN, né à Paris le 30 octobre 1871. Fils d'un imprimeur bien connu, il fit ses études chez les Jésuites de la rue de Madrid.

Après avoir débuté dans la littérature par une collaboration à diverses revues de jeunes et publié notamment, dans un périodique mondain, l'*Ame du Granit*, roman descriptif sur le Mont St-Michel, M. Gaston Volnay fit paraître, en 1892, l'*Heure du Rêve* (Lemerre éditeur), ouvrage qui, d'emblée, fit connaître son nom.

Il a publié depuis : *Deux femmes* (1 vol. 1894, Lemerre) et l'*Iris noir* (1 vol. 1899, Lemerre), romans tout de passion et d'une belle tenue de style, auxquels la presse et le public ont fait très bon accueil. Le dernier ouvrage parut tout d'abord en feuilleton dans le *Gil Blas*. On annonce encore de cet auteur : les *Bonnes amies*, roman de mœurs bourgeoises, et sous ce titre générique : *Mœurs du temps*, une série de romans sociaux, dont le premier, les *Idoles*, est promis pour 1900.

GUIFARD (Dominique-Henri)

PEINTRE-DÉCORATEUR, né à Angers (Maine-et-Loire) le 12 septembre 1838. Élève des peintres J. Dauban, J. Lenepveu et A. Denuelle, il commença ses études artistiques à l'Ecole des Beaux-Arts d'Angers et, en 1856, il participa à la décoration de la chapelle de l'hospice Sainte-Marie, sous les ordres de Lenepveu et Dauban ; puis, pendant près de vingt ans, il dirigea, à Paris, l'exécution des travaux de peinture décorative de son maître Denuelle.

M. Henri Guifard a exécuté des travaux de décoration ornementale qui sont d'un artiste de premier ordre. On cite notamment de lui : la décoration du château de Chantilly et de la « Maison de Silvie » (actuellement Musée Condé) ; à l'Hôtel-de-Ville de Paris : la salle des séances du Conseil municipal, le grand salon officiel du préfet, les trois salons de réception, le salon Lobau, les deux salons d'introduction, la salle des fêtes (cette salle en collaboration avec MM. Lavastre et Carpezat) ; à la Sorbonne : le petit et le grand salon du vice-recteur ; au Palais-de-Justice de Paris : la 1re chambre de la Cour d'appel ; dans les mairies de Paris : la salle des fêtes du 20me arrondissement, ainsi que les salles de mariages des 1er et 2me arrondissements ; le nouvel Opéra-Comique; au palais de Fontainebleau : les restaurations de la chapelle haute Saint-Saturnin, du salon de Boucher et de la salle de bains Louis XVI ; au Palais-de-Justice de Grenoble : les plafonds de la salle d'assises, de la chambre solennelle, de l'ancienne 1re chambre et la salle historique ; à Laval : la chapelle du grand séminaire ; de nombreux hôtels particuliers à Paris : ceux du peintre Bonnat, de l'architecte Cuvillier, de MM. Houllier, Dano, Dumez, etc,.

Aux salons annuels de la Société des Artistes français, M. Guifard a exposé, tant à la peinture ou à l'architecture qu'à la sous-section d'art décoratif, en 1866, 1870, 1873, 1878, 1882, 1884, 1888, 1890, 1894 et 1899. On voit des panneaux décoratifs de lui au Musée industriel de Vienne (Autriche) et des maquettes de décorations au Musée d'Angers.

Cet excellent artiste, au Salon, a reçu une mention honorable, en 1888. Il est titulaire en outre d'une médaille d'argent, obtenue à l'Exposition des Beaux-Arts d'Angers (1877), d'une autre médaille d'argent à l'Exposition universelle de Paris (1878), d'une médaille d'or à celle de 1889, d'un diplôme d'honneur à l'Exposition internationale de Bruxelles (1897) et il a été lauréat de la Société centrale des Architectes français, au Congrès de 1892.

MANDL (Richard)

COMPOSITEUR de musique, né le 9 mai 1859 à Prossnitz (Moravie). Il entra de bonne heure au Conservatoire de musique de Vienne (Autriche), où il fut l'élève de Krenn et remporta plusieurs premiers prix.

Venu à Paris en 1884 et lié d'amitié avec Léo Delibes, M. Richard Mandl acquit une rapide notoriété comme compositeur. Parmi les nombreuses œuvres qu'il a fait connaître, il convient de mentionner : ses recueils de mélodie, notamment : les *Légendes d'amour*, *Nuits de printemps*, *Vertige*, *Crépuscule*; d'autres mélodies sur des poésies de Paul Collin et divers poètes ; un cycle de mélodies intitulées : *Auf Meines Kindes Tod*; un *Quintette* pour instruments à corde et piano ; *Cinq Intermezzi*, pour violon, violoncelle et piano ; une suite d'orchestre : la *Mort des Roses* ; l'*Amour endormi*, pour chœur de femmes et orchestre ; divers morceaux de musique instrumentale ; *Six Danses à la Viennoise*, dans le style symphonique, malgré la grâce dansante des thèmes ; un opéra-comique : *Rencontre imprévue* (poème de M. Larsonneux), joué avec grand succès aux théâtres de Prague, Rouen, la Haye, etc. ; *Grisélidis*, adaptation musicale sur le drame en vers de M. Armand Silvestre, etc.

Tous les ouvrages de M. Richard Mandl ont été interprétés dans les grands concerts de Paris, Vienne, Berlin, Londres, Angers, Nantes, etc. Toujours chaleureusement accueillies, ses compositions lui ont valu une grande notoriété artistique. M. André Gresse écrivit, dans le *Journal*, en constatant le succès enthousiaste de *Grisélidis* aux Concerts Lamoureux :

M. Mandl est un musicien à l'inspiration délicate ; son orchestre est élégant et témoigne d'une grande aisance. Le prologue et le *tempo di marcia*, par lesquels débute sa suite, sont de belle allure ; le *Chant provençal* mérite d'être cité, de même que l'*Alleluia*. La phrase chaude et d'un style élevé de ce dernier morceau est délicieusement inspirée ; elle a été bissée et c'est justice.

A propos du même ouvrage, M. Armand Silvestre écrivit dans l'*Art français* :

Il m'est permis, moins qu'à personne, de donner une opinion critique sur une musique inspirée de mes vers. Au moins ai-je le droit de dire que je n'ai jamais rencontré une traduction aussi fidèle, aussi subtile, aussi fraternelle de ma pensée dans aucun compositeur. (6 août 1891)

M. Richard Mandl a épousé, en 1899, Mlle CAMILLE BARDA, musicienne et pianiste très distinguée.

REBEILLARD (Etienne)

INDUSTRIEL, conseiller municipal de Paris, né à Epiry (Nièvre) le 19 juin 1860, d'une famille parisienne. Mis de bonne heure en apprentissage comme joaillier-sertisseur, ses goûts artistiques lui firent bientôt acquérir une certaine réputation dans cette profession.

M. Rebeillard, qui habite, depuis 1872, le quartier Bonne-Nouvelle à Paris, s'occupa, dès 1880, avec MM. Mesureur, Maury et d'autres amis, de fonder, dans le II° arrondissement, de nombreuses œuvres de bienfaisance et de solidarité sociale, telles que : « Société républicaine », « Bibliothèque populaire », « Patronage laïque », « Crèches », « Dispensaire enfantin », « Association d'anciens et d'anciennes élèves des écoles communales », « Sociétés de tir et de gymnastique », « Soupe populaire », etc. Délégué cantonal, il a rendu de grands services aux écoles de cet arrondissement. De 1886 à 1896, il a été président du Comité des élus du II° arrondissement.

Lors des élections générales municipales de 1896, il se présenta dans le quartier de Bonne-Nouvelle et fut élu par 2,145 voix, contre 1,451 données à son concurrent, M. Petit.

Membre de la 5° commission du Conseil municipal, M. Rebeillard s'occupe avec la plus grande activité de la réforme générale de l'administration de l'Assistance publique, dont les règlements ne sont plus en harmonie avec les besoins de notre époque. Il a fait adopter de nombreuses propositions concernant cette réorganisation, notamment le projet de décentralisation tendant à donner aux bureaux de bienfaisance une certaine autonomie et celui relatif à une meilleure répartition du droit des pauvres.

Il a été envoyé deux fois en mission, en Espagne et en Allemagne, pour y étudier le fonctionnement des œuvres d'assistance.

L'honorable conseiller est inscrit au groupe radical-socialiste. Depuis son entrée à l'Hôtel-de-Ville, il a obtenu, pour son quartier, des améliorations considérables et depuis longtemps réclamées : pavage en bois des principales rues, amélioration de l'éclairage au gaz, éclairage électrique, construction d'égouts, nombreux asphaltages, etc.

Au Conseil général, il a pris rapidement une place prépondérante par ses remarquables rapports sur le budget du département, dont il est le rapporteur général. Membre de la 3° commission, il s'intéresse avec sollicitude à toutes les questions touchant le sort des enfants assistés. On lui doit aussi la réorganisation complète de l'école de Cempuis, dont le système d'éducation employé avant cette époque avait donné lieu à des critiques vives et passionnées. Il est très écouté et généralement suivi, tant au Conseil général qu'au Conseil municipal.

Membre du Conseil supérieur de l'Exposition universelle de 1900, M. Rebeillard fait aussi partie du Conseil de surveillance de l'Assistance publique et de la Commission spéciale chargée d'élaborer un règlement de comptabilité pour cette administration.

Il est l'auteur d'une étude historique très remarquée sur les *Services départementaux*.

THOMAS (Eugène)

SÉNATEUR, né le 16 octobre 1841 à Champagne-sur-Seine (Seine-et-Marne). Fils d'un marchand de bois exploitant, il accomplit ses études classiques au collège de cette ville et prépara les examens de l'École Navale, où il ne put entrer à cause de sa vue. Il se joignit alors à son père, pour l'exercice de son commerce.

Mêlé de bonne heure aux luttes de la politique, M. Thomas, dès 1869, mena la campagne au Conseil général de Seine-et-Marne, en faveur du candidat républicain, contre le vicomte Aguado, candidat officiel de l'Empire. A cette même époque, il soutint, aux élections législatives, M. Horace de Choiseul, qui se présentait contre M. de Beauverger, bonapartiste.

Au moment de l'invasion prussienne (1870-71), il remplissait les fonctions de maire des Ecrennes ; il fut arrêté, puis relâché par l'ennemi.

Elu conseiller municipal de Fontainebleau, en 1876, puis conseiller général du canton de Châtelet-en-Brie, qu'il représente encore, M. Thomas fut porté, en 1896, sur les deux listes concurrentes de Fontainebleau, lors des élections municipales. Elu maire, il a réussi, grâce à une intelligente administration, à payer 100,000 francs de dettes sans impôt nouveau ; il a présidé à l'agrandissement de l'hôpital et a obtenu une forte subvention du ministère de la Guerre.

Secrétaire de la commission des chemins de fer au Conseil général pendant douze années consécutives et secrétaire de cette assemblée départementale depuis 1892, M. Thomas s'est occupé spécialement de l'établissement de la ligne Corbeil-Montereau, inaugurée en 1897.

Nommé sénateur de Seine-et-Marne, le 28 janvier 1900, par 338 voix, il s'est fait inscrire à la gauche républicaine du Luxembourg. Au point de vue économique, il est résolument protectionniste.

M. Thomas est chevalier de la Légion d'honneur depuis 1897.

De BACKER (Félix)

MÉDECIN, chimiste, né à Bailleul (Nord) le 16 janvier 1851. Il fit ses études scientifiques à Paris, fut externe à l'Hôtel-Dieu, dans le service du professeur Richet et suivit aussi les cours de Claude Bernard et de Pasteur.

Reçu docteur en médecine en 1881, avec une thèse sur les *Hallucinations et terreurs nocturnes des enfants et adolescents*, il exerça d'abord sa profession à Roubaix ; mais la nature de ses recherches thérapeutiques l'engagea bientôt à rejoindre Paris.

Dès 1892, le D' de Backer, que guidait cette phrase de Claude Bernard : « La fermentation, tout est là, jeunes médecins », commençait, dans son laboratoire de la rue Gavarni, à Passy, ses premières expériences sur l'usage interne par injections hypodermiques des ferments purs. La même année, il adressait à la Société de Biologie une communication des plus intéressantes sur l'influence de ces injections dans les maladies microbiennes et, en particulier, dans la diphtérie. En 1894, il obtint, par le même procédé, des résultats probants de guérison de la tuberculose, à propos desquels il fit plusieurs communications aux congrès médicaux de Rome, de Buda-Pesth, de Caen, de Lille, etc.

L'année suivante, il parvenait à la cure du cancer, toujours par le même procédé. Alors, poursuivant ses recherches dans la voie des travaux accomplis par Pasteur, le D' de Backer composait, en 1896, une poudre fermentescible de « saccharomyus backerinces », aujourd'hui d'un usage très répandu pour le traitement de l'anémie, de la tuberculose, du diabète, de la furunculose, etc.

Les ferments-levures du D' de Backer, d'une sélection et d'une épuration particulières, ont été l'objet de maintes communications à divers congrès scientifiques ; leurs résultats ont été depuis confirmés par les D" Gorini, en Italie ; Manders, Simpson et sir William Broadbent, en Angleterre ; Torstensson, en Suède ; de Bavay, en Australie ; Humbert, en Suisse, etc.

Ce médecin a composé, en outre, des peptones de ferments-levures, qu'il fit connaître au Congrès de Lille, en 1899, où il montra que « la cellule digérée vivante est bien supérieure à la viande, qui est de la cellule tuée ».

On doit au D' de Backer, outre ses nombreuses communications sur des sujets divers, les publications suivantes : les *Ferments thérapeutiques* (1 vol. 1896) ; la *Fermentation humaine* (2 vol. 1900). Il a fondé, en 1886, et dirige depuis, la *Revue de l'Antisepsie*, organe mensuel, où il a publié la plupart des travaux de microbiologie et de physiologie exécutés dans son laboratoire.

M. le D' de Backer est membre de la Société des Médecins du IXe arrondissement et de plusieurs sociétés scientifiques.

VRIGNAULT (Pierre-Joseph-Bertrand)

PUBLICISTE, auteur dramatique, conférencier, né à Paris le 7 mars 1867. Fils de Henri Vrignault, qui fut rédacteur en chef de la *Liberté*, du *Bien public*, du *Soir*, rédacteur politique du *Gil Blas* et littérateur estimé, M. Pierre Vrignault débuta, à vingt ans, dans le journalisme.

Sous-secrétaire de la rédaction du *National* et du *Petit National* en 1887, il donna, vers la même époque, des chroniques théâtrales au *Petit Caporal*, collabora au *Matin*, à la *Vie Moderne*, à l'*Evènement* et devint, en 1892, rédacteur politique et théâtral du *Patriote*, rédacteur littéraire de la *Cocarde* et du *Petit National*, où il signa ses articles du pseudonyme de « Charles Landry ». Il a publié, depuis, des nouvelles et des études au *Monde Moderne* et à la *Revue de France*, notamment sur la Comédie Italienne.

Sur ce même sujet, M. Pierre Vrignault a fait de nombreuses et intéressantes conférences aux Mathurins et à la Comédie Parisienne (aujourd'hui l'Athénée). Il a fait également d'autres conférences sur des sujets littéraires à la Société des Conférences populaires et à l'Université populaire, en particulier sur le Théâtre et la Démocratie.

On doit en outre, à cet écrivain : *On en a mis partout* (1894), un acte représenté dans les cercles ; *Arlequin peintre d'âmes*, un acte en vers (1896) ; les *Pleurs de Sapho* (1898), à propos sur Alphonse Daudet ; les *Parisiennes de 1897*, suite de sonnets pour les aquarelles de Robaudi, éditée pour Henri Béraldi ; *Fauvette* (1896), étude psychologique, parue dans le *Réveil de la Champagne* ; le *Moulin de la Lande*, roman breton (1900), paru tout d'abord dans la *Revue Mame*.

Du même auteur, on annonce : le *Lait bleu*, recueil de nouvelles ; *Arlequin*, étude documentée sur le Théâtre italien ; *Don Juan marié*, quatre actes en prose ; le *Lion devenu vieux*, un acte en vers ; *Dieux nouveaux*, fantaisie athénienne, trois actes en vers.

M. Pierre Vrignault s'est fait aussi connaître comme chansonnier, avec des chansons très applaudies, interprétées dans les établissements artistiques de Montmartre et les concerts parisiens.

MAICHE (Louis-Eugène)

Ingénieur, né au Mans (Sarthe) le 22 juin 1843. Sa famille est originaire de la « Franche-Montagne », petite province qui était autrefois enclavée dans le canton actuel de Montbéliard. Les barons de Maiche furent chargés, pendant près de huit siècles, de la défense de la frontière française contre l'invasion des suisses ; le château de Maiche était leur résidence. Vers 1570, ils émigrèrent dans le Maine et se fixèrent au Mans, où se continua la descendance de la branche aînée, dont M. Louis Maiche est actuellement le représentant en ligne directe.

Elève du Conservatoire des Arts et Métiers, M. Louis Maiche s'est attaché spécialement à l'étude des sciences appliquées à l'industrie. Il commença par établir différents modèles de piles, dont l'une dite « à dépolarisation atmosphérique » est devenue classique (1856). Il créa ensuite un procédé d'extraction de l'amidon du riz par la force centrifuge (1867), qui est universellement employé ; puis il inventa le microphone composé (1878), qui servit de modèle à tous les téléphones en usage aujourd'hui et il imagina successivement les transmissions télégraphiques et téléphoniques simultanées (1880), la téléphonie à longue distance, des moyens de transmission télégraphique rapide pour les grands câbles sous-marins, permettant de tripler la vitesse. Son micromètre et son galvanoscope servent à la mesure électrique des petites résistances.

Après un nombre considérable d'expériences sur la reproduction intégrale des pierres fines, il est arrivé à les obtenir pratiquement — notamment les saphirs et les rubis — et de grosseur suffisante pour être employées dans la bijouterie, c'est-à-dire pesant jusqu'à 10 carats (1887).

Ses travaux sur l'optique ont conduit M. L. Maiche à la découverte d'un verre possédant le maximum de réfraction et le minimum de dispersion, à un point tel que les lentilles taillées dans ce verre peuvent être considérées comme pratiquement achromatiques.

Dans cet ordre d'idées, il a imaginé une longue-vue permettant, dans une nuit presque complète, de voir très clairement à de grandes distances (1895).

Après une longue étude sur l'épuration des eaux de rivière, il a inventé un appareil stérilisateur de l'eau, au moyen duquel on obtient l'épuration bactériologique absolue, avec tant de perfection pratique qu'il est possible d'épurer un mètre cube d'eau moyennant une dépense de quelques centimes (1895).

A la suite de travaux entrepris depuis longtemps par M. Maiche sur les propriétés de la vapeur d'eau, cet éminent ingénieur a mis au point un appareil dit « Régénérateur », au moyen duquel la vapeur, produite dans un générateur, acquiert avec la plus grande facilité des propriétés nouvelles, qui la rendent comparable à de l'air comprimé pendant son passage dans les moteurs ; d'où il résulte une augmentation de rendement telle que l'économie de combustible dépasse souvent 40 % (1896).

La collection des brevets de M. Maiche, au nombre de plus de 250, représente une somme de labeur des plus considérables. L'auteur de ces importants travaux, il est vrai, a été très activement secondé par son fils, M. Charles Maiche, à qui l'on doit déjà plusieurs découvertes des plus ingénieuses.

Membre actif de plusieurs sociétés savantes, M. Louis Maiche est chevalier de la Légion d'honneur, officier de l'Instruction publique, chevalier de St-Anne de Russie et commandeur du Lion et Soleil.

FONVIELLE (Wilfrid de)

Publiciste, aéronaute, né à Paris le 21 juillet 1824. Ses études accomplies au collège Sainte-Barbe, il fut, pendant quelque temps, professeur libre de mathématiques, puis il écrivit dans divers journaux des chroniques de vulgarisation scientifique, ainsi que des articles politiques.

M. Wilfrid de Fonvielle prit une part active à la révolution de février 1848 et combattit le prince Louis-Napoléon ; aussi, après le coup d'Etat du 2 décembre 1851, fut-il déporté en Algérie, où il demeura jusqu'à l'amnistie de 1859.

Il a attiré sur lui l'attention par ses expériences aéronautiques et plusieurs de ses ascensions sont célèbres : en mars 1868, il demeura deux jours en ballon, entre Paris et Compiègne ; en février 1869, il accomplit, avec M. Gaston Tissandier, un voyage aérien de 90 kilomètres en 35 minutes ; il dirigea aussi le départ du *Pôle-Nord*, immense ballon monté par l'explorateur G. Lambert ; il opéra dans plusieurs autres ascensions d'intéressantes expériences sur la graduation du baromètre et, sorti de Paris assiégé, en 1871, il put, montant le ballon l'*Egalité*, traverser les lignes ennemies. Depuis, il a continué ses études sur la direction des ballons.

M. Wilfrid de Fonvielle a collaboré à plusieurs journaux politiques, notamment à la *Liberté*, vers la fin de l'empire, et à des publications scientifiques : la *Nature*, l'*Aérophile*, etc. Il a publié de nombreux ouvrages scientifiques : *Histoire des Aérolithes ; Etude sur la Mort* ; l'*Homme fossile*, étude de philosophie géologique ; les *Merveilles du Monde invisible* (1865) ; *Eclairs et Tonnerres* (1866) ; *Astronomie moderne* (1868) ; la *Conquête de l'Air* (1875) ; la *Conquête du Pôle Nord* ; le *Glaçon du Polaris* (1877) ; *Comment on fait les miracles en dehors de l'Eglise* (1878) ; les *Grandes ascensions maritimes* (1882) ; les *Saltimbanques de la Science* (1883) ; les *Affamés au Pôle Nord* ; le *Monde des Atômes* (1885) ; *Histoire de la Lune* (1886) ; *Mort de faim* ; le *Pétrole* ; les *Endormeurs*, la *Vérité sur les hypnotisants et les magnétiseurs* (1887) ; le *Pôle Sud* (1888) ; les *Navires célèbres* (1890), etc.

On connaît aussi de lui un roman : *Nérida* (2 vol. 1880) et des publications d'histoire ou de polémique : le *Souverain*, brochure de propagande, imprimée à Jersey (1853) ; *Insurrection de l'Inde*, avec M. Legault (1857, avec carte) ; l'*Entrevue de Varsovie* ; la *Croisade en Syrie* (1860) ; la *Foire aux Candidats, ou Paris en juin 1871* (1871) ; *M. Thiers, historien de la Révolution* ; la *République sans phrases* (1872), etc.

FONVIELLE (Ulric de)

Publiciste, peintre, frère du précédent, né à Paris le 11 février 1833. Il entra d'abord à l'Ecole des Beaux-Arts dans l'atelier d'Yvon ; mais les événements politiques le portèrent, vers 1858, à collaborer à l'*Algérie*, nouvelle feuille d'opposition républicaine, que ses frères Wilfrid et Arthur avaient fondée à Alger. Ce journal disparut en peu de temps, après diverses condamnations à l'amende et à la prison, qui frappèrent ses rédacteurs.

M. Ulric de Fonvielle s'engagea alors comme volontaire dans l'armée de Garibaldi, combattant pour l'indépendance italienne. Parti avec le colonel Médici pour l'expédition de Sicile, il fit toute cette campagne, puis celle de Naples, fut nommé officier après la bataille du Vulturne et reçut la médaille de la Valeur militaire.

Journaliste, en même temps que soldat et peintre tout ensemble, M. Ulric de Fonvielle exécutait les croquis des combats auxquels il prenait part et les envoyait à l'*Illustration*, dont il était le correspondant. Après la prise de Capoue par les Garibaldiens, il revint en France et publia, dans la *Presse*, les *Souvenirs d'une Chemise rouge*, qui parurent en 1861 et furent accueillis avec faveur par la presse et le public, non seulement à cause de leurs qualités de style et de couleur ; mais encore pour les sentiments d'humanité, de compassion et de justice manifestés par l'auteur et qui le portaient à « détester la guerre », alors même qu'il la faisait.

Lors de la guerre de sécession, aux Etats-Unis d'Amérique, M. Ulric de Fonvielle s'engagea dans les rangs de l'armée du Nord, ou « abolitionniste ». Il servit d'abord sous les ordres du général Cluseret, avec qui il avait combattu en Italie, puis à l'Etat-major général de l'armée du Potomac, comme ingénieur topographe, successivement sous les ordres de plusieurs généraux. Ses fonctions le firent assister aux actions les plus sanglantes et périlleuses de cette guerre, notamment à celles de Cross-Keys, Bull-Run, Frédericksburg, Chancellorsville, Gettysburg et Culpepper.

De retour en France, M. Ulric de Fonvielle reprit sa plume de journaliste. Il collabora au *Diogène*, pamphlet politique ; à la *Vie Parisienne*, où il publia une série d'articles remarqués, sous ce titre : *Scènes de la vie militaire aux Etats-Unis* ; à la *Démocratie*, d'Emilio Castelar ; au *Diritto*, organe démocrate italien et à diverses autres feuilles démocratiques de France et de l'étranger. Dans les dernières années de l'empire, il alla fonder à Dieppe, la *Ligne directe*, où il publia divers articles virulents, dont l'un, dirigé contre l'attitude de la troupe et du gouvernement dans les affaires des grèves d'Aubin et de la Ricamarie, lui valut deux mois de prison et une amende ; un autre article, paru dans l'*Etincelle*, lui attirait un duel avec M. Duplessis. Enfin, rédacteur de la *Marseillaise* et témoin de M. Paschal Grousset, il faillit être tué lui-même, comme Victor Noir, par le prince Pierre Bonaparte et il ne dut qu'à son sang-froid d'échapper au sort de son compagnon (10 janvier 1870).

Candidat démocrate dans le Rhône, au Corps législatif, en 1870, après le procès de Tours, M. Ulric de Fonvielle échoua contre le candidat officiel.

Lors du siège de Paris, il fut élu chef du 114e bataillon des gardes nationaux de Belleville, puis nommé lieutenant-colonel du 40e régiment de la Seine, à la tête duquel il se distingua, notamment le 26 décembre 1870, à une reconnaissance du plateau d'Avron. Quand éclata l'insurrection communaliste du 18 mars 1871, M. Ulric de Fonvielle, se séparant nettement de M. Henri Rochefort et de ses anciens amis, rejoignit le gouvernement régulier et se rend't à St-Germain, pour y former un corps de volontaires favorables à ce gouvernement.

Depuis, M. Ulric de Fonvielle s'est retiré de la politique active, même comme publiciste. On n'a plus vu de lui que des articles de critique d'art très intéressants, parus dans divers périodiques.

A la Société des Artistes français, il a exposé des peintures et notamment des paysages, dont plusieurs ont été justement remarqués par leur sobriété et leur vigueur de pinceau ; entr'autres : l'*Eclipse du 3 août* (1887), qui a été mentionné en 1888 ; le *Crépuscule* à l'Exposition universelle de 1889 et plusieurs *Paysages* exposés à Rotterdam, doivent être également mentionnés comme les meilleurs œuvres de M. Ulric de Fonvielle.

CAPOUL (Joseph-Amédée-Victor)

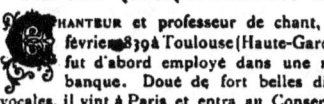

Chanteur et professeur de chant, né le 27 février 1839 à Toulouse (Haute-Garonne), où il fut d'abord employé dans une maison de banque. Doué de fort belles dispositions vocales, il vint à Paris et entra au Conservatoire en 1859, dans les classes de Revial pour le chant et de Mocker pour l'opéra-comique. L'année suivante, il remportait deux seconds prix de chant et d'opéra-comique, et en 1861 un premier prix d'opéra-comique.

Engagé par la direction de l'Opéra-Comique, il parut dans le *Chalet*, la *Fille du Régiment* et plusieurs autres ouvrages du répertoire sans grand succès ; mais il se révéla comme un artiste de premier ordre dans le *Premier jour de bonheur* d'Auber et le *Vert-Vert* d'Offenbach (1869). Doué d'une voix de ténor des plus ravissantes et d'un physique agréable, il connut à ce moment, les joies des plus triomphants succès de théâtre.

Les engagements théâtraux ayant été rompus de droit par la guerre de 1870, M. Capoul alla se faire entendre à Londres, à St-Pétersbourg, puis à New-York avec Mme Christine Nilson. Il aborda les rôles du grand répertoire dans lesquels sa réputation s'affirma de plus en plus et fut, à l'étranger, l'objet d'un engouement au moins égal à celui qu'avait montré pour lui le public français.

En 1873, il revint à Paris où, outre ses rôles habituels, il fit une création très brillante dans *Paul et Virginie* de Victor Massé (1876) et se fit applaudir dans les *Amants de Vérone*, du marquis d'Ivry (1878) : le *Saïs* de Mlle Marguerite Ottagnier (1881) ; *Jocelyn*, de Benjamin Godard (1889), sur différentes scènes : la salle Ventadour, le Théâtre lyrique, celui de la Renaissance, etc.

Retourné en Amérique, où il se fit entendre surtout au Théâtre Métropolitain de New-York, M. Capoul fut nommé, en 1889, directeur du Conservatoire de cette ville. En 1893, il démissionnait de cette fonction pour fonder une école libre de chant, qui eut beaucoup de vogue et fut suivie par de nombreux élèves.

Lors du décès de M. Carvalho, directeur de l'Opéra-Comique (1898), M. Capoul vint en France poser sa candidature à la direction de ce théâtre ; mais il ne fut pas choisi. Il retourna à New-York, d'où il est revenu, après la mort de M. Bertrand (1900), pour prêter son concours à M. Gaillard, resté seul directeur de l'Académie nationale de musique, qui lui a confié la direction de la scène de l'Opéra.

CHASSAIGNE-GOYON (Alexandre)

Homme politique et jurisconsulte, né à Thiers (Puy-de-Dôme) le 10 décembre 1814. Il fit ses études classiques à Clermont-Ferrand, celles de droit à la Faculté de Paris, reçu licencié en 1834, il se fit inscrire au barreau de sa ville natale. Il plaida avec succès plusieurs causes importantes devant le tribunal de Thiers et la cour de Riom.

Maire de Thiers en février 1848 et élu, peu après, conseiller général du Puy-de-Dôme pour ce canton, M. Chassaigne-Goyon se présenta, en avril, aux élections pour la Constituante dans ce département, qui avait à élire 15 représentants ; il n'arriva que le seizième ; mais, le 13 mai 1849, il fut envoyé à l'Assemblée législative par 49,090 voix sur 168,305 inscrits.

Dans cette assemblée, le représentant du Puy-de-Dôme siégea à droite, vota avec les conservateurs et appuya la politique du prince Louis-Napoléon. Au coup d'Etat du 2 décembre 1851, il protesta d'abord ; mais se rallia aussitôt, fut membre de la commission consultative et de celle d'organisation du Conseil d'Etat, où il devint maître des requêtes de 1re classe en 1852. Préfet de la Marne en 1854, il eut à s'occuper de l'organisation du camp de Châlons et fut, en 1864, rappelé au Conseil d'Etat, comme conseiller en service ordinaire dans la section de législation ; il prépara et défendit les rapports sur d'importants projets, notamment celui relatif au droit de réunion et le projet de code rural ; en 1870, sur sa demande, il fut admis à la retraite.

M. Alexandre Chassaigne-Goyon est commandeur de la Légion d'honneur depuis 1869 et officier de l'Instruction publique.

CHASSAIGNE-GOYON
(Paul - Auguste - Pierre)

AVOCAT, conseiller municipal de Paris, né à Châlons-sur-Marne le 2 août 1856. Fils du précédent, il fit à Paris ses études de droit. Reçu docteur en 1881, M. Chassaigne-Goyon se fit inscrire au barreau de la Cour d'appel, puis devint secrétaire d'un avocat à la Cour de cassation. En 1886, il fut nommé président de la conférence Molé-Tocqueville.

S'occupant tout ensemble beaucoup de politique active et d'économie sociale, il manifesta nettement ses préférences impérialistes et fut candidat conservateur plébiscitaire, aux élections générales législatives de 1893, dans le VIII⁰ arrondissement de Paris, contre M. Frédéric Passy, républicain et M. Denys Cochin, conservateur royaliste, élu.

En 1896, M. Chassaigne Goyon fut envoyé au Conseil municipal et au Conseil général de la Seine, pour le quartier du Roule, par 1.636 voix, contre 943 à M. Deroste, avocat, républicain. Dans ces assemblées, il a été membre de la 1ʳᵉ commission (affaires contentieuses, finances, traités, monopoles) ; il fait aussi partie des commissions du Métropolitain, du Vieux Paris et de l'Exposition.

Très compétent dans toutes les questions d'administration et de finances, l'honorable conseiller a pris une part des plus actives, en dehors de tout esprit de parti, à la discussion des budgets de la ville de Paris, s'attachant à préconiser une politique d'économies et demandant même la création d'une commission spéciale, dite « des économies », qui aurait à rechercher tous les moyens de diminuer les charges qui pèsent sur les contribuables. Il a également demandé le retour à la ville de Paris d'une part importante du fonds commun des amendes, part qui, selon lui, a été enlevée à celle-ci par une fausse interprétation ministérielle de la loi. Il s'est encore fait entendre en faveur de la voie large pour le Métropolitain et dans la plupart des discussions d'affaires ; il prend, en outre, un intérêt particulier à toutes les questions concernant le quartier du Roule, dont il est le représentant et qui sont du ressort de l'assemblée municipale de Paris.

SAULO (Georges-Ernest)

SCULPTEUR, né à Angers (Maine-et-Loire) le 16 septembre 1865. Venu de bonne heure à Paris, il entra, comme pensionnaire de sa ville natale et du département, dans l'atelier de Cavelier à l'Ecole des Beaux-Arts ; il fut aussi l'élève de M. Roubaud.

M. Georges Saulo débuta au Salon de 1888, avec une *Eveil*, statuette plâtre, et six *portraits* médaillons plâtre. Depuis, il a exposé successivement : la *Captive*, statue plâtre, acquise par le musée d'Angers, et *Jeune Romain*, buste plâtre (1889) ; *Premiers âges*, statue plâtre (1890), donnée par l'auteur au même musée ; *M. Dainville*, Dʳ de l'Ecole des Beaux-Arts d'Angers, buste plâtre (1891) ; *M. Ligier, préfet de Maine-et-Loire*, buste marbre et *M. le Comte de Romain, critique d'art et musicien*, buste plâtre, tous deux au musée d'Angers (1892) ; *Fleurs de lotus*, statue plâtre, au musée de Brives et *Reveil*, statue marbre, acquise par l'Etat pour le musée d'Angers (1893) ; *Mère et Enfant*, groupe plâtre et *Portrait de sa mère*, médaillon bronze, au musée d'Angers (1895) ; *Portrait*, buste marbre de *M. Max Richard*, ancien député, industriel à Angers et *Pierre Poitevin*, buste d'enfant, bronze (1896) ; *Mᵐᵉ Vigée-Lebrun*, statue plâtre très remarquable, qui doit reparaître en marbre à l'Exposition universelle de 1900 pour être ensuite placée à Angers, dans le jardin du Mail, faisant pendant à celle de David ; *M. Le Poittevin*, juge d'instruction, buste marbre (1897) ; *Sisyphe*, statue plâtre, *Buste d'enfant*, marbre et *M. S.*, médaillon plâtre (1898) ; *M. Lachaud, député*, médaillon bronze (1899).

Outre ces œuvres, on doit citer encore de cet artiste, parmi celles qui n'ont pas été exposées : le *Paradis perdu*, maquette en plâtre, qui est au musée de Beaufort-en-Vallée (Maine-et-Loire) ; *Virgile*, statue pierre, commandée par l'Etat pour la salle d'amphithéâtre de la Sorbonne ; la *Prière*, bas-relief, bronze ; *Docteur Legludic*, directeur de l'Ecole de Médecine d'Angers ; le buste de *Bureau, naturaliste*, bronze, au jardin des Plantes d'Angers dont l'original en plâtre est au Muséum d'histoire naturelle ; *M. Bodinier, sénateur*, buste plâtre ; la *Peinture*, bas-relief bronze, offert par la Société des Amis des Arts d'Angers à son président, M. Huault-Dupuy.

M. Saulo, de qui l'on remarque généralement les qualités de vigueur et de consciencieuse exécution, a obtenu une 3me médaille en 1889, une bourse de voyage en 1891 et une 2me médaille en 1893. Il est, depuis cette dernière année, hors concours de la Société des Artistes français.

WEINGAERTNER (Félix-Alphonse)

PROFESSEUR, compositeur de musique et violoniste, né à Nantes le 5 mai 1844. Fils d'un artiste d'origine alsacienne, il fit ses premières études musicales sous la direction de son père, puis vint à Paris, à l'Ecole des Beaux-Arts, où, dans la classe d'Alard, il obtint plusieurs prix. Il reçut ensuite les leçons du violoniste Vieuxtemps.

Revenu à Nantes en 1872, M. Weingaertner y donna des séances de musique de chambre qui furent très suivies et des concerts populaires, avec orchestre et chœurs, qui exercèrent une heureuse influence sur les goûts artistiques du public nantais.

Nommé, en 1884, directeur du Conservatoire de musique de Nantes, il a occupé ces fonctions jusqu'en 1894, où il démissionna, laissant cet établissement dans un état de prospérité et d'éclat inconnu jusque-là. Il y avait créé de nouvelles classes, avait su attirer à lui des professeurs de mérite et former des élèves qui parurent ensuite avec honneur sur les meilleures scènes.

A Paris, où il vint alors et où sa réputation de virtuose du violon l'avait précédé, il a donné, à la salle Pleyel, à la salle Erard, au Trocadéro, etc., des auditions qui eurent un grand retentissement artistique ; il s'est fait aussi applaudir dans plusieurs grandes villes de province, en des séances musicales inoubliables.

A propos de l'une de ces auditions, un journal de Compiègne, l'*Echo de l'Oise*, donna, en 1898, une note très exacte de la nature du talent de M. Weingaertner :

Un simple violoniste se faisant bisser ses morceaux, rappeler trois fois et enthousiasmant le public au point de se faire donner une véritable ovation, voilà un fait qui ne s'était jamais produit. Eh bien, ce résultat a été obtenu par un instrumentiste remarquable, M. Alph. Weingaertner, ex-directeur du Conservatoire de Nantes. Etonnante virtuosité, son plein de rondeur, à la fois doux et puissant, un phrasé délicieux, un passage insensible d'une corde à une autre, une impeccable justesse, en un mot l'idéal que l'on se fait en rêve du parfait violoniste, M. Weingaertner le réalise. L'impression laissée sur les auditeurs a été prolonde.

Quel sentiment dans la diction de la phrase musicale ! Et quel doigté ! Des traits entiers en sons harmoniques, d'autres traits rapides mélangés de pizzicati, un passage où l'on eut certifié entendre deux violons interprétant un duo, et bien d'autres difficultés qui sont l'apanage d'un nombre fort restreint d'exécutants ! C'est la perfection même et le souhait de tous est de l'entendre de nouveau dans un autre con....t.

Professeur libre de violon, M. Weingaertner a aussi composé de la musique ; on lui doit plusieurs morceaux pour violon, des romances, un adazio et surtout : *Après la Gavotte*, petite bluette dont la vogue va toujours croissant.

Cet excellent musicien est officier de l'Instruction publique.

PHILBERT (François-Joseph-Emile)

MÉDECIN et publiciste scientifique, né à Paris le 26 janvier 1843. Issu d'une vieille famille du « Marais », il fit ses classes au lycée Bonaparte et, dès 1860, commença ses études médicales, qu'il dut interrompre, par suite d'une obésité excessive provoquée par une fièvre typhoïde. Il se rendit alors à l'étranger pour y faire soigner cette maladie, qui, à cette époque, n'était pas en France, l'objet d'un traitement spécial.

Après avoir été chirurgien de la garde nationale et médecin interne de l'ambulance de Saint-Germain-l'Auxerrois pendant le siège de Paris, il continua ses études et fut reçu docteur, en 1874, avec une thèse sur le *Traitement de l'Obésité et de la Polysarcie*, qui fut très remarquée et suscita de nombreux travaux sur ce sujet, peu traité avant lui.

Dès 1875, M. le docteur Philbert créa la station thermale de Brides-les-Bains (Savoie), où il a institué une cure particulière, dite *cure de terrain*, pour l'obésité ; les nombreux succès obtenus là et les travaux publiés par lui sur Brides ont établi la renommée de cette station, dont il a été le médecin inspecteur de 1880 à 1892. A cette date, cette fonction fut supprimée.

Membre du Conseil d'hygiène et de salubrité de l'arrondissement de Moutiers, M. le docteur Philbert s'occupe, à Paris, pendant l'hiver, des questions d'hygiène. Il y organisa l'exposition d'hygiène urbaine en 1886 et fit partie du Comité d'organisation de l'exposition internationale d'hygiène en 1895. Ancien bibliothécaire-archiviste et vice-président de la Société de médecine publique et d'hygiène professionnelle, il est secrétaire du Conseil général de l'Association des médecins de France, fondateur du Conseil général des Sociétés médicales d'arrondissement de la Seine, ancien président de la Société médico-chirurgicale de Paris, des Sociétés médicales des VIe et XIe arrondissements, ancien vice-président de la Société d'hydrologie, etc. Correspondant de plusieurs sociétés médicales de France et de l'étranger, telles que celles de

Genève, de Varsovie et de Buenos-Ayres ; quatre fois lauréat de l'Académie de Médecine (médaille d'argent (1880), médaille d'or (1885), rappel de chaque médaille pour ses études sur les eaux minérales), il a obtenu la médaille d'or, à l'Exposition internationale de Bruxelles, en qualité de secrétaire-général de la Ligue nationale contre l'alcoolisme.

Il est, en outre, secrétaire-général-adjoint de la Société des amis des Monuments parisiens, président de la Société « les Parisiens de Paris » et membre de la direction centrale du Club Alpin.

M. le docteur Philbert a produit une quantité importante de brochures et de livres. On cite de lui : *Du traitement de l'obésité aux eaux de Brides* (Annales de la Société d'hydrologie, 1875) ; *Observation d'un cas de polysarcie traité aux eaux de Brides* (communication à la Société de médecine pratique. 1877) ; *De la cure de l'obésité aux eaux de Brides* (Paris, 1879) ; Article *Brides-les-Bains*, dans le *Guide aux villes d'eaux et bains de mer*, du docteur Macé (1880) ; *Nouvelle analyse des eaux de Brides-les-Bains* (Annales de la Société d'hydrologie, 1882) ; *Etudes cliniques sur les eaux thermales de Brides-les-Bains* (extrait du rapport adressé à M. le ministre du Commerce, 1885) ; *Observations météorologiques recueillies en 1883, 1884, 1885, 1886, 1887, 1888* (Annales de la Société d'hydrologie) ; *De l'emploi du santal citrin dans les coliques néphrétiques* (communication à la Société médico-pratique. 1886) ; *De l'avantage des cures répétées chez les obèses* (communication à la Société médicale du XIe arrondissement) ; *Observation d'un cas de polysarcie traité à Brides-les-Bains* (communication à la Société médicale du VIe arrondissement) ; *Du traitement de l'obésité chez les enfants et les adolescents, aux eaux de Brides-les-Bains* (Annales de la Société d'hydrologie médicale, 1887) ; *Observation d'un cas de mort rapide chez un polysarcique, à la suite d'une crise hépatique* (en collaboration avec le docteur Garsaux ; communiqué à la Société médicale du XIe arrondissement, 1887) ; *De l'influence de l'obésité sur les organes génitaux* (communication à la Société médicale du VIe arrondissement, 1888) ; *Etudes de clinique thermale : I. Des cures d'amaigrissement* (1888), *II. De l'influence de l'amaigrissement sur la stérilité* (communication à Société médico-pratique, 1889), *III. Du traitement hydro-minéral du surmenage* (communication à la Société médicale du XIe arrondissement, 1890), *IV. Indications thérapeutiques des eaux de Brides-les-Bains et de Salins-Moutiers* (1892) ; *De l'obésité et de son traitement aux eaux de Brides-les-Bains* (1895) ; *Des troubles cardiaques chez les obèses* (1898) ; *Notice sur Brides-les-Bains et Salins-Moutiers* (1899) et divers *Comptes-rendus de la Ligue nationale contre l'alcoolisme*.

Officier de l'Instruction publique, commandeur de l'ordre du Christ de Portugal, M. le docteur Philbert a été nommé chevalier de la Légion d'honneur le 20 juin 1896.

STENGELIN (Alphonse)

Peintre, né à Lyon le 26 septembre 1852, de parents suisses. Elève des professeurs Chenu, Cabane et Guichard, il débuta, au Salon de 1879, avec une vue de Hollande : *La Meuse, près de Dordrecht (Pays-Bas)*, qui le classa tout de suite en bon rang. Il a donné depuis successivement : *Bouquet de bois dans les dunes en Hollande* (1883) ; *Fin d'automne en Hollande* (1886), importante toile qui se trouve aujourd'hui au Musée de Montpellier ; *Environs de Laaghalen en Hollande* (1887).

M. Stengelin, qui avait obtenu une mention honorable en 1885 et une médaille à l'Exposition universelle de 1889, suivit les artistes qui fondèrent, en 1890, la Société nationale des Beaux-Arts. En pleine possession d'un beau talent de coloriste et de dessinateur, où se retrouvent maintes qualités des maîtres anciens, dont il s'est heureusement inspiré tout en marquant sa peinture d'une note bien personnelle, M. Stengelin envoya notamment à ce salon : *Bateaux de Katwijk en Hollande* ; *Soleil brumeux et Moulins, près Gouda, Hollande* (1893) ; *Lune au crépuscule sur la plage de Katwijk*, qui orne le musée d'Angers ; *Bouleaux, fin d'automne* ; *Paysage Drenthois* (1894) ; *Lune au crépuscule sur la mer du Nord* ; *Marée montante* ; *Eclaircie* (1896) ; *Coup de soleil, fin d'automne*, acquis pour le musée de Marseille ; *Bergeries Drenthoises* ; *Matin en Bresse* (1897) ; *Nocturne* ; *Chaumière Drenthoise* ; *Lever de lune au crépuscule* (1898) ; *Soir d'automne* ; *Dunes en Hollande* et *Vieille chaumière* (1899) ; etc.

D'autres toiles de cet excellent peintre, marines ou paysages, se trouvent encore dans divers musées ou notables collections particulières. On cite parmi celles-ci, avec de particuliers éloges : *Nocturne*, au musée d'Amsterdam ; *Environs d'Assen*, au musée de Lyon ; *Bouleaux en hiver*, au musée de Bordeaux, etc.

M. Alphonse Stengelin est associé de la Société nationale des Beaux-Arts.

PANNELIER (Victor)

Homme politique, photographe, né à Fluquières, près St-Quentin (Aisne) le 16 novembre 1840.

Orphelin dès son enfance, il s'engagea, à vingt ans, dans le 1er bataillon de chasseurs et remporta, pendant la campagne du Mexique, la médaille militaire de Maximilien et le grade de sous-officier. Pendant les hostilités franco-allemandes de 1870-71, il combattit vaillamment dans le 137e d'infanterie, aux côtés du colonel Defis, qui le proposa pour le grade de sous-lieutenant.

Après la paix, M. Victor Pannelier s'établit photographe et sut bientôt se faire apprécier dans cette profession comme un véritable artiste. Nommé secrétaire de la Chambre syndicale des photographes de la Seine, il fut choisi à deux reprises comme président. Il avait été un des protagonistes de la première exposition de photographie à Paris (1892), ce qui lui valut d'être nommé membre du jury supérieur de cette spécialité. Il reçut, à cette occasion, les palmes académiques.

De bonne heure mêlé aux luttes politiques, auxquelles il a toujours activement pris part, M. Victor Pannelier affirma des convictions nettement républicaines dès le plébiscite impérial de 1869, en engageant ses amis à voter non et en combattant l'abstention comme une faiblesse. En 1885, il était délégué au comité départemental républicain de la Seine. En 1889, vice-président, puis président du comité radical-socialiste de la première circonscription du XIVe arrondissement de Paris, il mena une campagne très vive contre le boulangisme et il contribua depuis, pour une large part, à l'élection de M. Jacques comme député de cet arrondissement.

D'autre part, M. Pannelier s'intéressait autant aux œuvres sociales qu'au mouvement politique. Nommé administrateur du bureau de bienfaisance du XIVe arrondissement en 1887, il devint, en 1894, adjoint au maire du même arrondissement ; à ce double titre, il rendit des services signalés à ses concitoyens, en s'attachant, avec une activité et un zèle louables, à la solution de toutes les questions d'assistance et de philanthropie.

Lorsque le Conseil municipal de Paris menaça de retirer à la crèche laïque du XIVe arrondissement, aménagée d'une manière défectueuse, la subvention qu'il lui accordait, M. Pannelier trouva le concours gracieux d'un architecte, M. Marnez, et parvint à établir avec lui une nouvelle crèche dont l'hygiène et le confortable ne laissaient plus rien à désirer et qui, même, est aujourd'hui considérée comme une crèche modèle.

Au renouvellement général législatif de 1898, M. Jacques, député sortant, ayant décliné la candidature pour raison de santé, le comité radical-socialiste de la 1re circonscription du XIVe arrondissement désigna à son remplacement son président, M. Pannelier, qui, en quelques jours, sut réunir sur son nom une imposante minorité ; mais il crut devoir se retirer au deuxième tour de scrutin.

A une élection municipale partielle de la même année, M. Victor Pannelier fut élu conseiller du quartier de Plaisance et conseiller général de la Seine, par 3.738 suffrages.

Au Conseil municipal, il fait partie du groupe des « Droits de Paris », suit une politique radicale-socialiste et a pris une part importante aux discussions.

L'honorable conseiller a fait notamment voter un vœu d'extension de la loi du 10 décembre 1850, relativement aux mariages des indigents, afin que toutes les pièces nécessaires puissent être délivrées gratuitement, sans aucune réserve. Membre de la 5e commission de l'Assistance publique et de la commission du Travail, il s'est employé utilement à la solution des problèmes intéressant la classe ouvrière, tout en préconisant les mesures d'économie, afin d'exonérer autant que possible les contribuables. C'est ainsi que, dans la question du dégrèvement des boissons hygiéniques, il a demandé et obtenu que la petite bière ne fut pas taxée. Il a fait voter aussi une proposition de suppression des brancards dits « comètes », servant jusqu'ici au transport des enfants décédés et leur remplacement par de petits corbillards. Le percement de certaines voies, l'établissement de nouveaux tramways et l'éclairage de la ville par les becs incandescents ont été également l'objet de sa sollicitude. Il a voté en outre toutes les mesures pouvant améliorer la situation des travailleurs et des petits commerçants.

C'est aussi à son initiative qu'est due la formation d'un comité pour l'érection d'un monument à la mémoire de Mme Furtado-Heine, la femme de bien qui a laissé un dispensaire et une crèche dans le XIVe arrondissement de Paris, indépendamment de la maison de convalescence fondée par elle, à Nice, pour les officiers français venant des colonies.

M. Victor Pannelier a été fait, en 1899, officier de l'Instruction publique pour les services qu'il a rendus au cours de ses fonctions de maire-adjoint du XIVe arrondissement.

BRETEUIL
(Henri-Charles-Joseph Marquis de)

ANCIEN député, né à Paris le 1er septembre 1848. Il appartient à une vieille famille noble, dont les membres possédaient, dès le xe siècle, le titre de comte, titre érigé, en 1691, en marquisat. La maison de Breteuil a donné trois ministres, des ambassadeurs, des lieutenants-généraux, des maréchaux de camp, un chef d'escadre des galères du roi, trois évêques, des prieurs, des intendants de province, des conseillers d'Etat et du Parlement, quatre chevaliers du St-Esprit, beaucoup de St-Louis, deux commandeurs, un grand bailli de Malte, le titre de chevalier de cet ordre étant héréditaire, dans la famille, depuis la fin du xviie siècle.

Sorti de St-Cyr en 1868, M. Henri de Breteuil partit, dès le début de la campagne de 1870, pour la frontière de l'Est et gagna, à vingt-deux ans, la croix de la Légion d'honneur et le grade de lieutenant. Promu capitaine de chasseurs à cheval en 1874, il démissionna en 1877, pour se présenter, aux élections législatives du 14 octobre de cette même année, comme candidat monarchiste. Il fut élu député de l'arrondissement d'Argelès (Basses-Pyrénées), par 6,807 voix, contre 3,238 à M. Alicot, député républicain sortant, et l'un des 363.

Inscrit au groupe royaliste de la Chambre, le marquis de Breteuil se signala, parmi les membres de la minorité, par plusieurs discours sur la politique étrangère, sur les questions budgétaires, sur la loi relative au service d'Etat-major, etc.

Au renouvellement général de 1881, il échoua, avec 3,636 voix, contre 5,354 à son ancien concurrent, M. Alicot, élu ; mais il reparut à la Chambre en 1885, porté, le 4 octobre, sur la liste conservatrice des Hautes-Pyrénées et ayant été nommé par 31,004 voix, sur 54,119 votants.

Le marquis de Breteuil reprit alors sa place au milieu des monarchistes de la Chambre, où il représentait, d'une façon particulière, les idées personnelles du comte de Paris. Il se fit entendre, avec autorité et compétence, dans diverses discussions, notamment dans celles ayant trait aux questions diplomatiques ; il préconisait déjà, dans un discours resté fameux sur la politique étrangère (28 février 1888), l'alliance de la France avec la Russie, ainsi que l'Angleterre, « alliance naturelle, disait-il, basée sur les intérêts des trois grands états et pour laquelle il n'est pas besoin de traités signés ».

Il prit une part active au mouvement révisionniste de 1888-1889, demandant l'établissement d'une monarchie démocratique et prononça, sur ce sujet, un discours retentissant, à Marseille, le 11 novembre 1888.

Réélu, en 1889, par 6,803 voix, sans concurrent, dans la circonscription d'Argelès, le marquis de Breteuil démissionna en 1892, ne voulant point, malgré les conseils du pape Léon XIII aux catholiques français, se rallier à la République.

Retiré depuis de la politique, il a accompli de nombreux voyages aux Indes, en Danemark, en Portugal, en Russie, etc.

M. de Breteuil a épousé une américaine, Miss Garner (de New-York).

ARBOUX (David-Louis-Isaac-Jules)

ÉCRIVAIN et pasteur protestant, né à Montauban le 20 novembre 1847. Fils d'un dessinateur lithographe, il accomplit ses études classiques au lycée de sa ville natale et y suivit les cours de la Faculté de Théologie.

En 1868, M. Arboux fut appelé à la suppléance du pasteur Martin Peschoud, président du Consistoire à Paris. Il prit part à la guerre Franco-Allemande, pendant le siège, comme volontaire au 53e bataillon de marche et assista à la bataille de Champigny. Il exerçait ses fonctions ecclésiastiques pendant la Commune et fut même arrêté, rue de Rivoli, par les fédérés, le 21 mai 1871.

Suffragant de M. le pasteur Rouville en 1873, puis aumônier-général des prisons de la Seine, M. le pasteur Arboux a prêté le secours de son ministère à plusieurs condamnés à mort. Membre du Conseil de direction de la Société générale des prisons, il est en outre l'aumônier du Val-de-Grâce, des hospices de Bicêtre, de la Salpêtrière et de l'asile de Nanterre.

M. Arboux a fait, en 1874 et 1875, des conférences à la salle des Capucines, sur Bossuet, sur Henri Beyle et aux matinées littéraires, particulièrement sur *Polyeucte*, sur le *Saint-Genest* de Rotrou et le martyre dans la tragédie classique.

Ardent apôtre de l'épargne, membre de Conseil d'administration de la Société protestante de prévoyance, il fut délégué pour la représenter, en 1887, au troisième congrès national de la mutualité. Elu secrétaire-général de ce congrès, il en publia le *Compte-rendu* en un volume in-8 (1890, Guillaumin éd.) et il fonda, avec le sénateur Hippolyte Maze, la Ligue nationale de la prévoyance et de la mutualité, dont il n'a pas cessé d'être le secrétaire-général. A ce titre, il va, chaque année, sur tous les points de la France, dans les centres mutualistes, faire des conférences sur la prévoyance et l'économie. Ses conférences de Lyon, Bordeaux, Besançon, Tours, Toulon, Fourmies, Fécamp, Saint-Claude, Versailles, etc., ont été publiées dans la *Revue de la Prévoyance*, recueil mensuel dont il est le rédacteur en chef. Il est secrétaire de la commission d'organisation du Congrès international de la mutualité à l'Exposition de 1900.

M. Arboux a collaboré au *Républicain de Tarn-et-Garonne*, à l'*Opinion*, au *Signal*, à la *Revue Chrétienne*, à la *Revue du Christianisme Social* et au *Prédicateur*. Il a publié en librairie : les *Prisons de Paris* (Chaix, 1880) ; *Manuel de l'Assistance à Paris* (Chaix, 1884) ; *Manuel des visiteurs de prison* (1894, Marchal et Billard), etc.

Officier d'Académie en 1889, officier de l'Instruction publique en 1894, M. le pasteur Arboux est chevalier de la Légion d'honneur depuis 1894.

CAILLE (Léon-Émile)

Peintre, né à Merville (Nord) le 19 mai 1836. Fils d'un employé supérieur de l'administration des tabacs, il fit ses études classiques à Acre-sur-la-Lys et montra, tout jeune encore, d'heureuses dispositions pour le dessin, que développèrent en lui les leçons de M. Magnard.

Envoyé, en 1854, à l'Ecole académique de Lille, M. Caille fut élève, avec M. Carolus Duran, des professeurs Souchon et Colas; puis venu, en 1857, à Paris, il entra dans l'atelier de Léon Cogniet à l'Ecole des Beaux-Arts. Demeuré pauvre après la mort de son père, le jeune homme dut faire, pour vivre, des copies de portraits officiels pour l'Etat et des lithographies pour les éditeurs de musique ; mais, doué d'un réel tempérament d'artiste, il sut se faire connaître d'abord par des envois aux expositions de province, puis par son début au Salon des Champs-Elysées, où il envoya, en 1861 : le *Retour du soldat* et les *Petites villageoises*.

M. Léon Caille a exposé depuis aux Salons annuels des toiles qui l'ont classé parmi les meilleurs peintres de genre et dont les principales sont : *Intérieur de cour aux environs d'Angers* (1863) ; la *Petite berceuse* (1865) ; *Maternité* (1866) ; le *Départ pour l'école* et la *Soupe* (1867) ; *Il dort! Leçons de lecture* et la *Leçon* (1868) ; *Jeune mère* et *Intérieur breton* (1869) ; la *Douce réprimande* et *Intérieur rustique* (1870) ; les *Leçons de lecture* et la *Petite famille* (1872) ; les *Joies de la famille* (1873) ; la *Bouillie* et le *Poupon* (1874) ; le *Coucher des enfants* (1875) ; *Silence, petite !* et *Un intérieur paisible* (1877) ; *Une fille d'Eve* (1878) ; le *Départ pour l'école* et *Près de l'âtre*, acquis par l'Etat pour le musée de Lille et qui figure à l'Exposition universelle de 1900 (1879) ; *Pas bredouille* et le *Poupon* (1880) ; *Intérieur paisible* et *Une Mère* (1881) ; *Nouvelles de Paris*, tableau popularisé par la gravure (1883) ; *Retour au logis* et *Une Mère* (1885) ; *Une scène intime au village* (1886) ; *Près de l'âtre*, autre étude sur un sujet déjà connu (1888) ; *Départ pour l'école* et *Leçons de tricot*, à M. Tedesco (1889) ; *Amour maternel*, à M. Caben (1891) ; la *Becquée* (1892) ; les *Bulles de savon* (1893) ; *Amour maternel*, autre étude sur un même sujet (1894) ; *Intérieur rustique* (1896) ; *Intérieur paisible* (1898) ; l'*Heureux foyer* (1899) ; *Scène d'intérieur* (1900).

La plupart des tableaux de M. Léon Caille ont été acquis pour les galeries d'Angleterre et d'Amérique et reproduits par maints journaux français et étrangers. Parmi ses œuvres non exposées, on doit mentionner : *Figure de femme*, à M. Georges Feydeau ; *Tête d'expression*, à M. Leygues, ministre de l'Instruction publique ; *Vieille liseuse*, à Mme Héra ; *Paysanne du Nord*, au baron des Rotours et divers portraits.

La manière de cet excellent artiste rappelle les anciens maîtres flamands. M. Fernand Bertaux a exprimé sur son talent une note très juste :

> Joignant à un dessin exact et bref un coloris attrayant, une composition facilement gracieuse et si naturelle dans les gestes et les attitudes de ses personnages, il s'est acquis, parmi les connaisseurs les moins faciles à satisfaire, une vogue spéciale. Son pinceau raconte humainement et avec une vérité émue l'odyssée des humbles et sait très adroitement quintessencier toute la poésie des choses paysannes. Il n'a une forme ni tempétueuse, ni à effets, mais calme simplement. Ses demi-teintes sont délicieuses de rendu et ont le mérite de n'être point des prétextes à voiler les défauts d'exécution.

Récompensé aux expositions universelles d'Amsterdam, Glascow, Londres, Vienne, etc., M. Louis Caille est officier de l'Instruction publique, décoré de l'ordre du Lion et du Soleil de Perse, etc.

Son fils, M. ALEXIS CAILLE, né à Paris en 1879, littérateur et auteur dramatique, quoique très jeune encore, est déjà l'auteur de plusieurs pièces représentées : le *Docteur malgré lui*, à Marseille ; *Eh ! Ohé ! Ladrupette !* aux Mathurins et la *St-Fiacre en province*, à la Gaîté Rochechouart. Il collabore au *Charivari* sous le pseudonyme de « Marcel Yver ».

JANSSEN (Pierre-Jules-César)

Astronome, physicien, membre de l'Institut, né à Paris le 22 février 1824. Fils d'un musicien distingué, il suivit les cours de la Faculté des Sciences, fut reçu, en 1852, licencié ès sciences mathématiques et, en 1860, docteur ès sciences physiques, avec une thèse: *Sur l'absorption de la chaleur rayonnante obscure dans les milieux de l'œil*, exceptionnellement insérée dans les *Annales de Physique et de Chimie*.

Nommé successivement professeur-suppléant au lycée Charlemagne en 1853, professeur de physique générale à l'Ecole spéciale d'Architecture (de 1865 à 1871), membre du Bureau des Longitudes en 1873, M. Janssen fut élu membre de l'Académie des Sciences le 10 février 1873, en remplacement de Laugier.

Cet éminent savant a accompli, au cours de sa carrière, de nombreuses et importantes missions. De 1857 à 1858, il parcourut les deux Amériques, avec M. Grandidier, pour la détermination de l'équateur magnétique ; mais, atteint par les fièvres contractées dans les forêts vierges, il dût prématurément rentrer en France.

Les recherches de Kirckhoff sur la chimie solaire conduisirent M. Janssen à démontrer que l'atmosphère terrestre est, en grande partie, productrice des raies du spectre solaire, bien que les fluides qui le composent ne soient pas incandescents comme ceux de l'atmosphère solaire à laquelle Kirckhoff attribuait la production du spectre de cet astre. Cette découverte engagea l'Académie des Sciences à confier à son auteur une mission en Italie sur le même objet (1862-1863). En 1864, il retournait en Italie, puis réalisait, sur le lac de Genève, une expérience démontrant victorieusement l'origine terrestre du spectre tellurique.

De retour à Paris, M. Janssen révéla, dans une autre expérience tentée à l'usine de la Villette, la part de la vapeur d'eau atmosphérique dans la production des raies telluriques du spectre solaire. Cette installation devait permettre de rechercher la présence ou l'absence de l'eau dans les atmosphères planétaires et d'apprécier le degré d'évolution astrale des planètes mêmes, comme il l'exposa dans une communication à l'Académie des Sciences (1868), sous ce titre : l'*Age des Etoiles*.

En 1867, après avoir observé l'éclipse annulaire de Trani (Italie), qui le porta à conclure que la couche absorbante des raies spectrales solaires était très basse, conclusion confirmée depuis par la découverte de la chronosphère, M. Janssen se rendit à Santorin (Grèce) pour étudier l'éruption du volcan de cette île. Chargé d'élucider la question indécise de l'existence des flammes volcaniques, il la trancha par l'affirmative. Au retour, installé momentanément sur l'Etna, et fort de sa connaissance du spectre de la vapeur d'eau, il put démontrer la présence de l'eau dans l'atmosphère de Mars.

En 1868, il fut envoyé dans l'Inde par le ministère de l'Instruction publique, l'Académie des Sciences et le Bureau des Longitudes pour l'observation d'une éclipse du soleil à Guntoor (18 août). Cette éclipse, la plus longue du siècle, amena le savant à la découverte de la nature des protubérances du soleil et à celle d'une nouvelle méthode pour l'étude journalière de ces phénomènes. Mis à profit par tous les astronomes, ces résultats contribuèrent à la création de nouveaux observatoires et valurent à leur auteur le prix Lalande, de l'Académie des Sciences, prix porté au quintuple exceptionnellement ; ils furent étendus, en 1871, par l'observation dans les Melgherry d'une autre éclipse, qui permit à M. Janssen de constater l'existence d'une nouvelle enveloppe solaire dénommée par lui : « atmosphère coronale » et, en 1883, par la démonstration dans l'île Caroline, au cours d'une mission qu'il dirigeait, de la réalité de l'atmosphère coronale, par la présence des raies noires fraunhoferiennes dans son spectre.

En 1870, après avoir organisé la commission militaire dans Paris assiégé, M. Janssen fut chargé, par l'Académie des Sciences, d'aller observer une éclipse qui devait être, le 22 décembre, visible en Algérie. Ne voulant demander aucune faveur à l'ennemi, il quitta Paris en ballon et descendit près de Sathonay, après avoir parcouru cent lieues en cinq heures. Arrivé à Oran, il apprit là que les astronomes anglais, par l'intermédiaire de leur ambassadeur, avaient obtenu sa libre sortie de Paris, au moment même où il s'en évadait avec une si heureuse audace. Pendant ce voyage, M. Janssen créa le compas aéronautique, qui permet de faire sur les cartes la position de l'aérostat.

En 1874, le passage de la planète Venus sur le soleil, visible au Japon, le conduisit dans ce pays, à la tête de la mission française. C'est alors que ce savant eut l'idée du revolver photographique, appareil qui permet de prendre automatiquement une série d'images d'un objet en mouvement et qui, fonctionnant pour la première fois au Japon, inscrivit les différentes phases du passage de Venus. Il fut ensuite invité à se joindre à une expédition anglaise pour observer l'éclipse totale de soleil du 6 avril 1875 en Siam.

Les travaux et les découvertes de M. Janssen inspirèrent au gouvernement le désir de créer un établissement où les nouveaux moyens d'observation de la nature physique des corps célestes pussent être expérimentés. C'est ainsi que fut fondé, en 1875, l'Observatoire d'astronomie physique de Meudon, dont la direction lui a été confiée. Il a établi dans cet établissement la photographie solaire, qui, par plus de quatre mille clichés, a révélé la véritable constitution de la granulation solaire et produit la découverte du réseau photosphérique. Il y poursuivit aussi les résultats de la découverte des raies telluriques du spectre solaire qui ont montré que le gaz et l'atmosphère terrestre font naître, dans ce spectre, tout un système de raies noires, très fines et comparables en importance aux raies solaires proprement dites.

Etudiant ensuite particulièrement chacun des gaz de l'atmosphère à ce point de vue, il a trouvé, à l'égard de l'oxygène, une loi nouvelle montrant que les bandes obscures dûes à ce gaz dans le spectre solaire ou dans le spectre d'une lumière artificielle sont proportionnelles non à la simple densité, mais au carré de la densité, ce qui est d'une conséquence énorme pour l'étude moléculaire des gaz. Il a démontré aussi que les gaz de l'atmosphère terrestre produisent des raies spéciales, dont le spectre permet d'étudier les atmosphères planétaires dans leur composition chimique, ce qui n'avait pu être tenté jusqu'ici.

On doit encore à M. Janssen la création d'une succursale de l'Observatoire de Meudon au sommet du Mont-Blanc. Dans ce nouveau centre scientifique, il s'est livré à des observations tendant à démontrer l'absence de l'oxygène dans l'atmosphère solaire, et il y détermina la constante solaire, l'intensité de la pesanteur, etc.

Représentant scientifique de la France au Congrès de Washington pour la fixation d'un méridien universel, M. Janssen y soutint le principe d'un méridien neutre choisi pour de seules raisons d'ordre géographique.

Les publications de M. Janssen ont été généralement insérées dans les *Comptes-rendus de l'Académie des Sciences*, les *Annales de Physique et de Chimie*, les *Annales des Missions du Ministère de l'Instruction publique* et celles de l'*Observatoire de Meudon*, l'*Annuaire du Bureau des Longitudes*, etc.

M. Janssen est membre de la Société royale de Londres, qui lui a décerné, en 1877, la grande médaille Rumford, des Académies de Rome, Bruxelles, St-Pétersbourg, etc. Il a présidé l'Académie des Sciences de Paris en 1877 et en 1888 et il y a fondé un prix pour l'astronomie physique. On lui doit aussi la fondation de prix aux Sociétés de Géographie, de Photographie et d'Astronomie, qu'il a également présidées. Il a été nommé président du Congrès international d'aérostation de 1900, se réunissant à Meudon.

Il est commandeur de la Légion d'honneur depuis 1893, du Mérite scientifique de Portugal, de la Rose du Brésil, etc.

BRISSON (Eugène-Henri)

Député, ancien président du Conseil des ministres et de la Chambre, né à Bourges le 31 juillet 1835. Son père, Louis-Adolphe Brisson, avoué à la Cour d'appel de cette ville, républicain militant, fut l'ami de Michel de Bourges.

Inscrit au barreau de Paris en 1859, M. Henri Brisson collabora au *Temps* et à l'*Avenir national* et fonda, en 1868, avec MM. Challemel-Lacour et Allain-Targé, la *Revue politique*, qui fut supprimée à la fin de la même année.

En novembre 1869, il se présenta aux élections législatives dans la 4e circonscription de la Seine, n'obtint que 6,148 voix sur 29,015 votants et se retira au 2e tour, cédant la place à Glais-Bizoin.

Nommé, le 5 septembre 1870, adjoint au maire de Paris, il donna sa démission au lendemain du 31 octobre, en même temps que Floquet, son collègue, et Edmond Adam, préfet de police.

Elu représentant de la Seine à l'Assemblée nationale, le 8 février 1871, par 115,594 voix sur 328,970 votants, il siégea au groupe de l'Union républicaine, dont il devint plus tard le président. Il déposa bientôt une proposition d'amnistie pour tous les crimes et délits politiques, à laquelle ne s'associa pas la gauche modérée et qui fut repoussée ; il fit adopter la loi supprimant le régime exceptionnel en vertu duquel le budget extraordinaire de la Ville de Paris était soumis à l'approbation du pouvoir législatif, prit la parole en maintes circonstances et se fit appliquer la censure dans la discussion relative aux poursuites contre certains députés (12 mars 1872).

Aux élections du 20 février 1876, M. Brisson fut nommé, par 15,630 voix, député du xe arrondissement de Paris. Signataire de la protestation des 363 contre le gouvernement du 16 mai 1877, il fut réélu par le même arrondissement, après la dissolution de la Chambre, le 14 octobre, obtenant 18,179 voix, contre 3,101 à M. l'abbé de Humbourg, candidat légitimiste.

Rapporteur de la commission d'enquête parlementaire sur les actes des ministres des 16 mai et 23 novembre 1877, M. Brisson, dans un rapport très documenté, déposé et lu à la séance du 8 mars 1879, conclut à la mise en accusation des ministres ; mais la Chambre se borna à voter un ordre du jour de blâme contre les deux cabinets.

Au mois de janvier 1879, M. Henri Brisson avait été porté à la vice-présidence de la Chambre. Il présida, en 1879, en 1880 et en 1881, la Commission du Budget et fut réélu député, au renouvellement de 1881, par 7.909 voix sur 8,757 votants, dans la 1re circonscription du Xe arrondissement de Paris.

Le 3 novembre suivant, le député de Paris succédait à Gambetta au fauteuil présidentiel de la Chambre, élu par 347 voix, sans concurrent. Dès cette époque, M. Brisson fut, à plusieurs reprises, sollicité de prendre le pouvoir ; mais il n'accepta d'assumer cette tâche qu'à la chute du deuxième ministère Ferry.

Titulaire du portefeuille de la Justice dans le cabinet qu'il forma le 6 avril 1885, il présida aux élections générales de 1885, faites au scrutin de liste. Dès l'ouverture de la période électorale, le ministère recommanda à ses fonctionnaires la plus stricte neutralité ; aussi les adversaires du régime républicain, profitant de l'effacement du gouvernement, redoublèrent-ils leurs efforts et purent, dans un grand nombre de collèges, faire remplacer les députés républicains sortants par des conservateurs.

Le président du Conseil, candidat dans la Seine et le Cher, fut élu deux fois : à Paris, par 215,853 voix sur 433.990 votants ; dans le Cher, au ballottage, par 42,936 voix sur 82,639. Il opta pour ce dernier département, où il avait échoué, l'année précédente, au Conseil général, après avoir présidé cette assemblée, dans laquelle il rentra, plus tard, comme représentant du canton de Charost et qu'il a été appelé à présider de nouveau.

Au cours d'une discussion sur une demande de crédit pour l'occupation et l'organisation du Tonkin et l'exécution du traité de Tien-Tsin, M. Brisson affirma nettement sa politique de conservation du patrimoine national et la nécessité pour la nation de ne pas faiblir dans la défense de ses droits. Une majorité de 4 voix seulement l'ayant approuvé, le cabinet se retira, estimant qu'il lui était impossible de conserver le pouvoir avec une assemblée où le ministère était combattu par une coalition de droite et d'extrême gauche (24 décembre 1885).

Les pouvoirs de M. Jules Grévy, président de la République expirant à ce même moment, M. Brisson, bien qu'il eût décliné toute candidature, vit 68 suffrages se porter sur son nom.

En décembre 1887, dans les scrutins préliminaires pour la présidence de la République, il recueillit aussi, trois fois de suite, un nombre de voix supérieur à celui obtenu par M. Carnot, qui fut finalement élu.

Dès l'arrivée au ministère de la Guerre du général Boulanger, M. Brisson se prononça nettement contre ses tendances et fit voter, en 1889, à la suite d'un discours dont la Chambre des députés ordonna l'affichage dans toutes les communes de France, la loi sur les candidatures multiples, dirigée surtout contre le chef du parti national.

Aux élections générales législatives de septembre 1889, il se présenta dans la 2e circonscription du Xe arrondissement de Paris et fut élu par 6,287 voix contre 4,663 au général Thibaudin, candidat boulangiste. Il fut le seul candidat antirevisionniste élu dans la Seine au premier tour de scrutin.

En 1890, M. Brisson présenta au gouvernement des réclamations tendant à faire payer par les communautés religieuses des sommes importantes. Rapporteur du budget de la Marine en 1891, il proposa de nombreuses réformes, dont plusieurs ont passé dans la pratique depuis ; mais la commission n'ayant pas voulu les adopter alors, il donna sa démission. En 1892, il fit voter la réforme des frais de justice, préface de la révision du code de procédure ; il déposa une nouvelle proposition de loi sur l'enregistrement, fondée, comme le précédent projet, sur la substitution des droits proportionnels aux droits fixes, et tendant à la proportionnalité dans la fixation de cet impôt. Il fit aussi partie de la Commission d'enquête sur les affaires de Panama, qu'il présida.

Lors du renouvellement législatif de 1893, M. Henri Brisson fut réélu dans la même circonscription du Xe arrondissement, par 6,453 voix contre 4,000 à divers adversaires.

Candidat à la présidence de la République après l'assassinat de Carnot, le député de Paris n'obtint, au Congrès de Versailles, que 195 voix, tandis que M. Casimir-Perier était élu par 451 suffrages (24 juin 1894). Quand Burdeau, président de la Chambre, mourut (12 décembre), M. Brisson fut porté, par le vote de ses collègues, au fauteuil rendu vacant par ce décès ; il est demeuré à la présidence de la Chambre, sans interruption, jusqu'au renouvellement législatif de 1898.

Lorsque la démission de M. Casimir-Perier obligea le Congrès à choisir un nouveau président de la République, M. Brisson posa encore sa candidature : au premier tour de scrutin, il eut le plus grand nombre de suffrages ; mais M. Félix Faure le battit finalement, obtenant 430 voix, tandis que 361 seulement se portaient sur son nom (17 janvier 1895).

Réélu député de sa circonscription, par 6,916 suffrages contre 3,004 à deux concurrents socialistes, aux élections générales de 1898, M. Brisson dût, dès la réunion de la nouvelle Chambre, le 9 juin, céder le fauteuil présidentiel à M. Paul Deschanel, élu par 287 suffrages contre 277. Il fut de nouveau candidat à ce siège à l'ouverture de la session de 1899 et à celle de 1900; mais son concurrent l'emporta chaque fois sur lui.

Après la démission du ministère Méline, M. Henri Brisson avait été chargé par le président Félix Faure de former un cabinet (28 juin 1898), où il prit pour lui le portefeuille de l'Intérieur. Ce ministère eut surtout à s'occuper de l'affaire Dreyfus : après avoir laissé déclarer par M. Cavaignac, ministre de la Guerre, à la tribune de la Chambre, le 7 juillet, que le gouvernement avait des preuves certaines de la culpabilité de cet officier, condamné en 1894, il fit ouvrir, trois mois après, malgré l'avis contraire de la commission spéciale, par M. Sarrien, garde des sceaux, la procédure en révision de ce procès, révision qui devait, plus tard, être accueillie par l'unanimité de la Cour de Cassation. Sans attendre cette décision, M. Cavaignac avait démissionné ; il fut remplacé à la Guerre par les généraux Zurlinden, puis Chanoine et la démission inattendue de ce dernier, donnée théâtralement à la tribune de la Chambre, sans avertissement préalable à ses collègues, entraîna la chute du cabinet (25 octobre 1898).

M. Brisson, à qui les nationalistes, aussi bien que les dreyfusistes, ont reproché de n'avoir, étant au pouvoir, su donner à l'affaire Dreyfus aucune solution dans aucun sens, a poursuivi, comme député, l'œuvre qu'il avait ébauchée comme chef du gouvernement. Opposé aux nouvelles théories nationalistes, il a, par son influence et son attitude, grandement contribué à faire prévaloir, à la Chambre, la politique simplement démocratique. A la mort du président Faure, il déclina toute candidature pour laisser se porter sur le nom de M. Loubet toutes les voix n'appartenant pas à la coalition nationaliste-conservatrice (16 février 1899) ; lors de la formation du ministère Waldeck-Rousseau-Galliffet-Millerand, son intervention à la tribune de la Chambre (26 juin 1899), assura la majorité au gouvernement de défense républicaine et il prêta plusieurs fois, par la suite, l'appui de sa parole et de son influence à ce cabinet. En février 1900, il a déposé une proposition tendant à réduire l'importance des propriétés appartenant aux communautés religieuses et à en empêcher l'accroissement excessif.

GAZEAU (Charles)

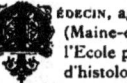ÉDECIN, agronome, né à St-Florent-le-Vieil (Maine-et-Loire) le 23 juin 1841. Elève de l'Ecole pratique des Hautes Etudes (section d'histologie) et de la Faculté de Paris, il fut reçu docteur en médecine en 1870, avec une thèse sur l'*Etude du Coca*.

Pendant le premier siège de Paris (1870), M. le docteur Gazeau donna ses soins dévoués aux blessés comme médecin-major du 229ᵉ de marche, avec lequel il fit campagne hors les murs.

En 1872, il inaugura, dans un dispensaire médico-chirurgical à lui, des consultations gratuites sur les maladies vénériennes et de la peau, consultations qu'il n'a pas cessées jusqu'ici. En 1883, il fonda une clinique de véneno-dermo-thérapie, où il fit, jusqu'en 1896, des cours publics et gratuits très suivis par les étudiants et les médecins.

Le docteur Charles Gazeau, de qui les travaux sur les affections syphilitiques et cutanées font autorité, a publié les suivants : *Sur un cas d'infection syphilitique* (*Union médicale*, 1867) ; *Des propriétés alimentaires du coca* (Note à l'Académie des Sciences, 1870) ; *Nouvelles recherches expérimentales sur la pharmacologie, la physiologie et la thérapeutique du coca* (1870) ; *Des propriétés eupeptique du coca* (Société de Biologie, 1872) ; *Observation de syphilis traitée par le coca* (*Revue Thérapeutique*, 1872) ; *Des végétations* (*Tribune médicale*, 1873) ; *Du Jaborandi* (*Tribune médicale*, 1874), etc.

On doit en outre à M. le docteur Gazeau de nombreux articles parus dans le *Bulletin de la Société française des Eaux minérales* et dans divers périodiques scientifiques, comme la *Tribune médicale*, à laquelle il collabora assidûment en 1873 et 1874.

M. le docteur Gazeau s'est aussi fait connaître et remarquer par ses études et ses publications sur l'agriculture et l'horticulture. Dans ses propriétés de Maine-et-Loire et de Seine-et-Oise, il a fait exécuter d'importantes plantations d'arbres fruitiers, de très intéressantes expériences de fumures par les engrais minéraux et l'enfouissement annuel de récoltes successives de légumineuses et d'autres recherches pratiques des plus utiles.

Membre de la Société nationale d'Horticulture et de la Société nationale d'encouragement à l'Agriculture, il a publié notamment : *Ecussonnage du poirier sur pommier*, avec présentation de fruits provenant de cette opération (1898) ; *De la multiplication intensive du fraisier, par les procédés du marcottage et du bouturage*, (Journal de la Société nationale d'Agriculture, 1899), etc.

Petit-fils d'un général vendéen, intendant-général des armées du roi et anobli par Louis XVIII, qui lui donna le titre de chevalier de la Brindonnière (titre que M. le docteur Gazeau ne porte pas) et fils d'un ancien magistrat, maire de St Florent le-Vieil, il est lui-même conseiller municipal de cette commune.

Membre correspondant de la Société Académique de Maine-et-Loire, de la Société d'Agriculture, Arts et Belles-Lettres d'Indre-et Loire, de la Société française d'Hygiène de Paris, etc., le docteur Gazeau est officier d'Académie et chevalier du Mérite agricole.

VERGNET (Edmond-Alphonse-Jean)

ARTISTE lyrique et professeur de chant, né à Montpellier le 4 juillet 1850. Ses études classiques et musicales commencées dans sa ville natale, il vint à Paris et entra dans la classe de M. Sauzet, au Conservatoire. Déjà connu comme violoniste, il fit partie des orchestres des théâtres Lyrique et de la Porte St-Martin.

M. Vergnet prit part à la campagne de 1870-71, dans le 59e de ligne ; puis, rentré au Conservatoire en 1872, dans la classe de Saint-Yves Bax, il remporta, cette même année, les deuxièmes prix de chant, d'opéra et d'opéra-comique et, l'année suivante, trois premiers prix.

M. Vergnet se fit entendre, tout d'abord, aux concerts dits de l'Harmonie sacrée, dans les oratorios de Haendel, Bach, etc. et dans l'œuvre, si appréciée, de César Franck : *Ruth et Booz*. Engagé à l'Opéra dès 1873, il débuta avec un grand succès dans le rôle de Raimbaud, de *Robert le Diable*, puis parut successivement dans *Faust*, la *Favorite*, *Don Juan*, etc. Parmi ses créations, on peut citer celles de personnages importants dans la *Reine Berthe*, de Joncières et le *Roi de Lahore*, de Massenet.

En 1878, parti en Italie, il créa, à Turin, *Don Giovanni*, de Marchetti ; à Milan, *Déjanire*, de Catalini ; il se fit aussi entendre à Rome et trouva, parmi les auditeurs italiens, autant d'applaudissements qu'à Paris. De là, il se rendit à Bruxelles, où il était spécialement engagé pour créer l'*Hérodiade* de Massenet, puis à Monte-Carlo, où il tint le rôle de ténor dans la *Statue* de Reyer ; successivement il créa, à Bruxelles : *Salammbô*, de Reyer ; à Paris : le *Mage*, de Massenet ; *Samson et Dalila*, de Saint-Saëns (à l'Opéra) et l'*Attaque du moulin*, de Bruneau (à l'Opéra-comique); à Monte-Carlo, il créa *Ghisèle*, de Franck et interpréta la *Reine de Saba*, de Goldmarck et *Moïna*, de M. de Lara. Il s'est fait entendre, en outre, sur les principales scènes européennes : à Londres, Madrid, Lisbonne et fit, avec le plus grand succès, une tournée de six mois dans l'Amérique du Nord.

Très remarqué, dans la plupart de ses rôles, par les solides et puissantes qualités de sa voix, M. Vergnet est non moins apprécié en raison de sa connaissance de la technique de son art.

En 1897, après la mort de son maître, Saint-Yves Bax, il fut nommé professeur au Conservatoire, où il a fourni des élèves déjà connus : MM. Béchard, Rousselière, Boyer, Andrieux ; MM^{lles} Torrès, Telma, etc.

On doit à cet excellent artiste plusieurs compositions pour violon et orgue

M. Vergnet est officier d'Académie.

FAIVRE (Jules-Abel)

PEINTRE et dessinateur, né à Lyon le 30 mars 1867. Fils du Dr Faivre, doyen de la Faculté des Sciences de cette ville, il fut, après l'achèvement de ses études classiques, élève de l'Ecole des Beaux-Arts de Lyon et l'Académie lui décerna le prix Ampère-Cheuvreux. Venu ensuite à Paris, il suivit les cours de l'académie Julian et reçut les leçons de M. Jules Lefebvre.

M. Abel Faivre débuta, en 1892, au Salon de la Société des Artistes français, avec un portrait de son oncle, le *Général Faivre* (peinture). On cite parmi les toiles qu'il exposa ensuite à la même société : *Rêveuse*, tableau qui obtint une 3e médaille (1894); *Tête de jeune fille* (1898); la *Vierge aux enfants*, œuvre remarquable (1899), etc. On lui doit aussi des peintures religieuses, exécutées pour l'église de St-Maixent.

Comme dessinateur, cet excellent artiste s'est révélé caricaturiste d'une ironie fine et des plus mordantes ; dans le *Rire*, le *Journal*, etc., il publie des dessins satiriques d'une facture bien personnelle, dessins qu'accompagnent des légendes pleines de verve et d'esprit.

LANNELONGUE (Odilon-Marc)

ANCIEN député, chirurgien, membre de l'Institut et de l'Académie de Médecine, né à Castera-Verduzan (Gers) en 1840. Il fit ses études classiques et médicales à Paris, fut reçu docteur en 1867 et agrégé en 1869. Chirurgien du Bureau central des hôpitaux la même année, il fut attaché, en 1873, à l'hôpital de Bicêtre et passa, en 1875, à l'hôpital Trousseau ; puis il devint chirurgien aux Enfants-malades.

Il a été élu membre de l'Académie de Médecine le 17 juillet 1882, nommé professeur de pathologie externe à la Faculté de Médecine le 30 juillet 1884 et admis à l'Académie des Sciences en 1895.

M. Lannelongue est l'auteur de nombreux mémoires et ouvrages scientifiques ; parmi ceux qu'il a publiés on cite : *Circulation veineuse des parois auriculaires du cœur* (1867) ; *Du Pied-Bot congénital* (1869) ; *De l'Ostéomyélite chronique ou prolongée* (1879) ; *De l'Ostéomyélite aiguë pendant la croissance* (1880) ; *Abcès froid et tuberculose osseuse* (1881) ; *Coxotuberculose* (1886) ; *Traité des Kystes congénitaux* (1886) ; *Leçons de clinique chirurgicale* (1887) ; *Tuberculose vertébrale* (1888) ; *Traité des Maladies congénitales* (1891) ; *Tuberculose chirurgicale* (1894) ; *Réforme de l'impôt des boissons et alcoolisme* (1895) ; *Thérapeutique générale des tuberculoses d'ordre chirurgical et plus spécialement ostéo-articulaires* (1897), etc.

En collaboration avec le docteur Cornil, il a écrit une brochure intitulée : *Blessure et maladie de Gambetta*, qu'il avait soigné pendant sa maladie.

Le 18 janvier 1881, il communiqua à l'Académie de Médecine, en collaboration avec M. Maurice Raynaud, ses recherches expérimentales, démontrant — chose alors inattendue — que la rage se transmet par les nerfs périphériques et que le système nerveux central, le bulbe en particulier, sont le lieu d'élection du virus rabique, où on peut le recueillir à volonté.

En 1891, M. Lannelongue fit part à l'Académie de ses essais sur le *Traitement de la tuberculose par le chlorure de zinc* et des résultats obtenus qui, sans constituer la guérison, semblaient témoigner de l'arrêt de la maladie. Il s'est occupé aussi très activement de l'alcoolisme et des moyens de le combattre.

M. Lannelongue, pour débuter dans la politique, se recommanda des relations qu'il avait eues avec Gambetta et se présenta, comme candidat républicain, aux élections législatives de 1885, dans l'arrondissement de Condom (Gers), où il fut battu par M. Daynaud, bonapartiste, élu avec 9,797 voix, tandis qu'il n'en obtenait que 9,501. Cet échec l'écarta de la politique pendant plusieurs années ; il ne se représenta qu'en 1893, dans la même circonscription, et fut élu, par 10,591 voix, contre 5,893 au même concurrent. A la Chambre, il vota avec la gauche modérée et ne se représenta pas au renouvellement général de 1898, laissant prendre son siège par M. Lasies, nationaliste.

Cet éminent chirurgien est officier de la Légion d'honneur depuis 1897. Il a été élu, à Moscou, en 1897, président du grand Congrès triennal international de médecine et de chirurgie, pour la réunion d'août 1900, à Paris.

BONNARD (Paul)

ÉCONOMISTE, né le 8 mars 1845 à St-Martin (Ile de Ré). Ses études classiques faites au collège Sainte-Barbe et au lycée Louis-le-Grand, à Paris, il entra à l'École normale supérieure en 1866. Reçu agrégé de philosophie, il accomplit simultanément ses études de droit et de médecine. Il dût interrompre ces dernières à la suite d'une piqure anatomique ; mais il obtint la licence en droit et se fit inscrire au barreau de Paris, où il a paru, à diverses reprises, de façon à s'y faire remarquer. Il a été aussi professeur de philosophie aux lycées de Rodez, Evreux et Nîmes.

M. Paul Bonnard s'est occupé avec succès de science, d'art et d'agriculture et a marqué ses travaux, dans ces différentes branches de l'activité humaine, d'une note personnelle très caractéristique : une énergique conviction.

Tout d'abord, il se livra à d'intéressantes études de notations musicales, dont il ne s'est jamais désintéressé ; son système, très original, de transposition symétrique, fut, à l'Exposition universelle d'Anvers (1885), récompensé d'une médaille d'argent que lui décerna M. Saint-Saëns, de l'Institut, président du jury de musique. Il est devenu aujourd'hui d'un usage fréquent.

C'est surtout par ses travaux scientifiques et pratiques sur les questions agricoles, coloniales, économiques et de transport que M. Paul Bonnard a attiré sur son nom l'attention publique. Il a organisé, dans ses propriétés du midi de la France, de vastes exploitations agricoles et reconstitué un vignoble considérable en appliquant les dernières données ampélographiques et viticoles ; en Tunisie, il a contribué, par son exemple et son activité, à développer puissamment l'élevage et la culture des céréales et a été, pour cela, nommé vice-président du Syndicat des Colons français de Tunisie.

Membre de la Société des Agriculteurs de France, il a fait à cette compagnie d'intéressantes communications et des conférences sur le renouvellement du privilège de la banque d'Algérie, le cadastre, les livres fonciers, les relations douanières avec la Tunisie, la dénonciation du traité italo-tunisien de 1868, la cession des biens habous de Tunisie, etc.

Au Congrès colonial national de 1889-1890, organisé par la Société des Études coloniales et maritimes, dont il a été secrétaire-général, il traita de la cession des biens habous de Tunisie d'une façon très documentée, puis de l'abaissement des droits de douane sur les produits tunisiens à l'entrée en France, de la représentation des indigènes dans les colonies et de plusieurs autres sujets intéressant l'avenir de nos colonies.

En 1891, au Congrès de l'Association française pour l'avancement des sciences, tenu à Marseille, il traça avec autorité un programme de recherches expérimentales pour l'étude des tumeurs malignes, dont se sont inspirés plusieurs savants, entr'autres le D^r Ch. Richet.

Au Congrès pour l'étude de la transmission de la propriété foncière, en 1892, il soutint et fit voter la proposition Noël Pardon sur l'immatriculation à appliquer à l'Algérie et aux Colonies.

Lors du renouvellement général législatif de 1893, M. Paul Bonnard fut candidat républicain dans l'arrondissement du Vigan et obtint 4.000 suffrages environ, contre M. Gaussorgues, radical, élu.

A la Bourse du Commerce de Paris, le 7 février 1895, M. Bonnard demanda, dans une conférence qui eut du retentissement, une plus grande rapidité dans les transports entre la France, l'Algérie et la Tunisie, résumant son vœu dans cette formule, que l'on peut espérer voir dépasser un jour : « Marseille-Alger, 20 nœuds, 20 heures ; Marseille-Bizerte, 20 nœuds, 20 heures ».

Au Congrès national des Sociétés françaises de Géographie d'Alger, le 1er avril 1899, il se fit énergiquement le champion du chemin de fer transsaharien, qui rendrait tant de services à nos colonies africaines et au commerce français en général. Recherchant quel est le meilleur tracé français du Tchad à la Méditerranée, il proposa le vœu, adopté depuis par la Société d'études coloniales et maritimes, « que les pouvoirs publics fassent étudier sans retard l'amorce d'un transsaharien de la mer de Bou-Grara au lac Tchad », et il appuya sa proposition des arguments suivants :

Considérant qu'il y a lieu, aujourd'hui, de sauvegarder pour l'avenir l'unité de notre empire africain ; que cette unité rendra nécessaire un transafricain français ; que notre premier transsaharien en doit être l'amorce ; que, dès lors, il doit aboutir à l'est du Tchad ; qu'il faut donc rechercher quel est le meilleur tracé français du Tchad à la Méditerranée.

Considérant aussi que le bassin du Tchad et du Chari est la région de beaucoup la plus fertile et la plus peuplée au delà du désert, avec le Kanem, le Baghirmi, l'Ouadaï, où nos droits sont aujourd'hui reconnus ; mais où il convient de les exercer.

Attendu que Bou-Grara serait la meilleure tête de ligne, avec sa mer double en surface du lac de Bizerte, ses eaux profondes çà et là de 20 à 25 mètres, son chenal d'Adjim large de 1.800 mètres, et au besoin un second chenal.

Attendu que la ligne passerait à Rhadamès ou près de Rhadamès, à Rhat ou près de Rhat, selon qu'il conviendrait à la France. Car aucune opposition n'est à attendre de la part de la Tripolitaine : Que du Fezzan au Tchad, distance de 1.000 kilomètres, on irait presque en ligne droite, suivant l'itinéraire du colonel Monteil ; la ligne passerait par Bir-el-Amar, l'oasis Kaouar, Bilma (si riche en sel) ; c'est la voie séculaire de caravanes incessantes.

Attendu que le tracé de Bou-Grara au Tchad est le moins long des tracés français, n'étant que de 3.000 kilomètres environ, le moins onéreux pour les marchandises dans l'une et l'autre direction, le moins difficile à exécuter (on peut l'affirmer aujourd'hui, bien que tout autre soit en grande partie inconnu), exempt de montagnes, avec des passages à l'abri des sables mouvants, pourvu, tout le long, de points d'eau rapprochés et reconnus, n'évoluant en Tripolitaine que sur une longueur facile à garder et, à partir des confins du Fezzan au Tchad, fort éloigné de notre région frontière, surtout depuis le nouvel arrangement anglo-français.

Considérant que, si nous tardons, nos rivaux chercheront à établir une ligne de la Tripolitaine au Tchad et qu'il sera difficile à la France d'interdire à la civilisation une telle voie dont elle n'aurait rien voulu faire ; que nos rivaux nous supplanteraient alors dans la plus riche des régions transsahariennes, coupant irrémédiablement notre empire africain, dont nous aurions, aujourd'hui, délibérément abdiqué l'unité.

M. Paul Bonnard a publié, sur le même sujet, avec documents, cartes, etc. : *La lutte pour le grand central africain* (1re édition 1899, 2e 1900) et le *Transafricain*, une brochure que l'on consulte avec fruit. On lui doit, en outre : *Madagascar après la conquête* (1895), étude très complète de la situation politique de cette île à cette époque, dans laquelle l'auteur conclut catégoriquement à l'annexion, depuis obtenue. Il a écrit, dans d'autres ordres d'idées : *Quelques pensées*, œuvre de poète et de penseur (1 vol. 1898) et un grand nombre de rapports et de brochures sur des questions de viticulture, d'agriculture, d'économie sociale, de science pure et d'art ; notamment : *Notation musicale à l'aide de traits sur le clavier* (2e éd. 1885) ; *Sur le déplacement du cerveau selon les altitudes* (*Bulletin de la Société d'Anthropologie*, 1885) ; *Contre la proscription des plants américains* (Communication faite au Syndicat des viticulteurs de Tunisie, 1886) ; *Introduction des plants américains en Tunisie* (Communication au Congrès de Marseille, 1891) ; *De la création de succursales de la Banque de France à Alger et à Tunis* (1892).

MOSSOT (Léonce)

NÉGOCIANT, conseiller municipal de Paris, né à Cerisiers (Yonne) le 21 janvier 1861, d'une famille connue dans cette région pour ses convictions républicaines. Arrière petit-fils d'un président de la municipalité de Cerisiers, fils d'un maire de cette même ville nommé par le gouvernement de la Défense Nationale, il quitta l'école à douze ans, muni du certificat d'études primaires et avec une récompense du concours cantonal. Devenu ouvrier tonnelier à Joigny, il continua son instruction primaire en suivant les cours du soir pour les adultes de 1876 à 1878.

Venu à cette époque à Paris, il entra d'abord comme ouvrier à la Halle aux vins, puis s'établit à son compte en 1889 et sut rapidement donner à sa maison une certaine importance.

Cependant, M. Léonce Mossot employait une large part de ses loisirs à l'étude active des questions politiques et sociales. Membre de la Chambre syndicale des ouvriers tonneliers, à la réorganisation de laquelle il contribua largement, il fut délégué à plusieurs congrès ouvriers. Puis, il remplit les fonctions d'administrateur de la Caisse des Ecoles, de délégué cantonal et de membre de la Commission scolaire du XIII° arrondissement de Paris, dont il s'occupa tout particulièrement.

Au renouvellement municipal de 1890, il refusa la candidature qui lui fut offerte par un groupe d'électeurs et, comme secrétaire du comité républicain socialiste du quartier de la Salpêtrière, soutint celle de M. Paul Bernard, qui fut élu ; mais, ce dernier ayant été nommé député en 1898, une élection partielle eut lieu. M. Léonce Mossot fut alors élu conseiller municipal du quartier de la Salpêtrière (XIII° arrondissement de Paris) et conseiller général de la Seine, par 1,327 voix contre 1,275 à son concurrent, M. Mallebag.

A l'Hôtel-de-Ville de Paris, il fait partie du groupe des « Droits de Paris ». Il est membre de la 3° commission concernant les travaux municipaux, de la commission du Travail et il a été membre de la commission du Métropolitain ; il est en outre secrétaire du comité du budget de la Ville de Paris.

M. Mossot a pris part à maintes discussions souvent avec un réel succès. C'est à lui qu'est due la modification des tarifs des bâteaux parisiens de Charenton à Auteuil, dont le prix n'est plus que de dix centimes sur tout le trajet. Il a aussi demandé et obtenu le transport des ateliers de réparation du service des eaux sur l'emplacement du dépôt des fontes de la ville, rue Sauvage, quai d'Austerlitz. Il a fait comprendre dans un projet d'emprunt présenté par le préfet de la Seine les crédits nécessaires à la construction de deux écoles dans le quartier de la Salpêtrière et s'est efforcé de faire achever le réseau des égouts, l'emploi des becs incandescents, etc.

C'est lui qui remit sur le bureau du Conseil une pétition de plus de 150.000 signatures pour protester contre l'impôt sur les petites bières. Connaissant bien la question, que sa profession lui donne le loisir d'étudier de près, il proposait un droit uniforme de 5 francs par hectolitre, soit cinq centimes par litre, ce qui eut empêché toute fraude et garanti à la ville un rendement certain.

M. Mossot demanda, sans l'obtenir, au Conseil municipal, le vote d'une motion de blâme contre le général de Galliffet, lors de son entrée dans le cabinet Waldeck-Rousseau (juin 1899) et l'ajournement de la proposition d'achat du livre de M. Urbain Gohier : *L'Armée contre la Nation*.

Au Conseil général, M. Mossot a demandé la création d'un bureau de poste central pour le XIII° arrondissement, l'assimilation du traitement des employés du service pénitencier aux employés de la Préfecture de la Seine.

Il a fait partie, en 1900, d'une mission d'études des services municipaux en Hollande, en Allemagne, etc.

GRIMOIN-SANSON (Raoul-Adrien)

INGÉNIEUR-CHIMISTE, né à Elbeuf (Seine-Inférieure) le 7 mai 1860. Fils d'un notable fabricant de draps de cette ville, il se livra, fort jeune encore, à des recherches de laboratoire, dont les résultats, pour la teinture des laines et des soieries, ont été très appréciés.

Venu à Paris pour y poursuivre ses études, M. Grimoin-Sanson fut un moment attaché au service d'anthropométrie de M. Alphonse Bertillon, à la Préfecture de police. Il alla ensuite à Bruxelles, y fut directeur du Laboratoire central d'analyses chimiques, s'occupa, à la même époque, de travaux bactériologiques, qui lui ouvrirent les portes de l'Université de cette ville et lui permirent de recueillir une collection micrographique très importante, qui, offerte à Pasteur, valut à son auteur les remerciements du regretté savant. De 1889 à 1890, M. Grimoin-Sanson établit aussi à Bruxelles un service d'anthropométrie et d'identité judiciaire, semblable à celui fonctionnant à Paris.

De retour en France, il s'intéressa d'une façon très active à divers problèmes scientifiques et réalisa plusieurs inventions du plus haut intérêt. On doit citer, parmi celles auxquelles son nom restera attaché : l' « Autophone postal », pour phonogrammes secrets, application nouvelle sur la découverte d'Edison, qui enregistre les sons émis sur une feuille de papier susceptible d'être immédiatement enlevée de l'appareil et expédiée par la poste, pour être replacée sur un autre appareil où le timbre évoqué se fait entendre presque semblable à celui de la voix même ; un procédé dit « Olographotypique », au moyen duquel on peut graver de suite un dessin au trait, sans avoir recours à la photographie ; un produit connu sous le nom de « Dermaline », extrait de la cellulose du papier, dont les applications industrielles sont multiples ; le « Microphone compensateur », ou téléphone transformé, permettant aux courants d'induction de circuler dans les câbles sous-marins ; le « Téléphote », instrument donnant la vision à grande distance et dont l'apparition, en 1890, provoqua une vive émotion dans les milieux savants ; la lampe photogénique à incandescence, d'une construction spéciale, triplant la puissance actinique de la lumière ; un procédé chimique et mécanique pour le blanchiment du papier ; un procédé de photogravure pour illustrations rapides, employé depuis par les journaux quotidiens, lesquels au moyen des « plaques Sanson », obtiennent, en 80 minutes, des dessins d'actualité gravés et prêts pour l'impression ; le « Phototachygraphe » ou biographe en couleur, qui fait passer, grâce à un mécanisme ingénieux, quinze à vingt épreuves par seconde sous les yeux, avec les tons et demi-tons d'une bonne photographie. Ce biographe ou cinématographe se distingue de tous ceux jusqu'ici connus par la suppression du papillotement, grâce à un échappement permettant de substituer une image à une autre en 1/116e de seconde.

Cette dernière invention, qui remporta à l'Exposition du Mans (1899) le grand prix dans la section de mécanique de précision, a suggéré à son auteur la pensée d'établir, à l'Exposition universelle de 1900, un « Cinécosmorama » ou « Cinéorama » où, placés dans la nacelle d'un ballon, les passagers voient se dérouler autour d'eux des panoramas animés, leur permettant, en peu de temps, d'assister aux scènes les plus diverses dans les contrées les plus différentes, en passant.

Le dispositif du Cinéorama, lit-on dans une revue spéciale, bien qu'ingénieux et exigeant des appareils d'une précision mathématique, est en somme assez simple : il se compose d'une série de cinématographes d'un type spécial et nouveau, réunis entre eux et actionnés par une roue unique qui, grâce à des engrenages très précis, leur imprime un mouvement dont le synchronisme est absolu.

Les images déroulées dans les dix appareils synchroniques placés au centre, entre les deux plates-formes, sont projetées sur la surface décagonale du panorama, dont la distance invariable est calculée de telle sorte que les personnages des premiers plans soient à grandeur naturelle. De plus, grâce à un procédé également nouveau, qui ne se réclame point, assurément, de la photographie des couleurs, mais permet d'obtenir, par des soins patients et minutieux, toutes les richesses et les dégradations de teintes de la nature sur les pellicules impressionnées, l'illusion de la réalité arrive à être complète, ou pour mieux dire, c'est la réalité elle-même, qui se trouve fixée et ressuscitée autour du spectateur.

Membre de la Société des compositeurs depuis 1879, M. Raoul Grimoin-Sanson s'est fait connaître comme un violoniste de talent. L'éminent ingénieur a été président du jury de la section de précision du Mans et a obtenu de nombreuses récompenses à diverses autres expositions. Il est officier d'Académie depuis 1898.

DONZEL (Louis)

AVOCAT, économiste, né à Chalon-sur-Saône le 1er juin 1848. Ses études classiques faites au lycée de Bourg, il se fit inscrire à la Faculté de Droit de Dijon.

Officier au 4e bataillon des mobiles de Saône-et-Loire en 1870-71, M. Donzel fit, avec le 20e corps, les campagnes des Vosges, de la Loire et de l'Est et se fit particulièrement remarquer par l'énergie et la présence d'esprit qu'il déploya, comme officier de mobiles, pour assurer l'arrivée à bonne destination de convois pour l'armée, la veille du combat de Beaune-la-Rolande (29 novembre 1870).

Après la paix, reçu licencié en droit, il se fit inscrire au barreau de la Cour de Dijon, en 1873 ; puis vint à Paris en 1877. Comme avocat, il a été mêlé à plusieurs grandes affaires judiciaires, telles que : les procès Mistral, Monasterio, de Port-Breton, la délivrance de l'ingénieur Cantin, enfermé comme fou par erreur, etc. Son désintéressement notoire et son extrême indépendance sont bien connus au Palais ; mais c'est surtout par ses discours, ses études et ses polémiques sur les questions d'ordre économique que M. Louis Donzel a attiré l'attention sur son nom, au Palais comme dans le monde industriel et commercial.

Dès 1879, il fondait et rédigeait à lui seul un journal spécial, le *Travail National*, dans lequel il combattit les libre-échangistes, avec une verve intarissable et une ironie qui ne fut pas toujours du goût de ses adversaires.

L'économiste devait bientôt influencer le jurescon

suite, en ce sens que, dans l'étude de la législation internationale, dont il se fit une spécialité au Palais et dans les nombreuses publications qu'il consacra à ce sujet difficile, M. Louis Donzel, apôtre ardent des réformes que réclame, selon lui, la défense des intérêts français, devint l'adversaire implacable de tous les économistes qui envisagent les questions industrielles et commerciales en se plaçant à une hauteur de vues ne permettant plus de tenir compte des frontières.

C'est surtout pour les questions de propriété industrielle que M. Louis Donzel s'est acquis une grande notoriété en France et à l'étranger. Il a su faire rayonner, dans cette matière spéciale, sa passion pour la défense des intérêts français, dont les lois et les conventions internationales ne tiennent pas toujours un compte suffisant.

Entendu au Palais-Bourbon, en 1886, par un groupe réuni sous la présidence de M. Méline et, plusieurs fois, à des séances de la Chambre de commerce de Paris, M. Louis Donzel sut convaincre les représentants du travail national de tout ce qui lui semblait, dans la législation internationale récente, de nature à favoriser exclusivement l'industrie étrangère.

En 1888, sur cinquante chambres de commerce qui avaient mis la question à l'étude, quarante-huit soutenaient énergiquement l'ardent polémiste, qui avait su, dans les questions de brevets et de marques de fabrique, mettre d'accord les libre-échangistes et les protectionnistes. Le résultat de cette propagande, dont le *Journal des procès en contrefaçon* était l'instrument principal, fut l'amélioration des relations internationales de la France pour la propriété industrielle, lors de la conférence qui se réunit à Madrid, en 1890.

M. Louis Donzel avait été chargé de rapports sur cette question successivement par MM. Pierre Legrand et Dautresme, ministres du Commerce, et par MM. Develle et Spuller, ministres des Affaires étrangères.

En 1889, deux ans avant l'expiration des traités de commerce, le gouvernement français était décidé à ne pas les renouveler. Ce changement d'orientation dans la politique économique de la France devait, disait-on, rendre sans utilité pour l'Allemagne la clause réciproque de la nation la plus favorisée, inscrite dans l'article 11 du traité de Francfort. Le plan de l'Allemagne étant de conclure des traités avec l'Autriche, l'Italie, la Belgique, la Hollande et l'Angleterre sans que notre pays en put profiter, la chancellerie de Berlin chercha alors à se dégager de cette clause, en pressentant la France sur son rachat possible. M. Spuller, ministre des Affaires étrangères d'alors, acceptait favorablement ces ouvertures. « J'aurai bientôt à vous annoncer une grande nouvelle, disait-il mystérieusement aux députés dans les couloirs. » Depuis vingt ans, la presse attribuait à l'article 11 du traité de Francfort un malaise économique qui ne provenait, en réalité, que des traités de commerce. M. Pouyer-Quertier, le négociateur de Francfort, vivement attaqué à cause de cet article, se disculpait lui-même en alléguant qu'il l'avait signé « le couteau sous la gorge, » comme représentant d'une nation vaincue.

Déjà, la presse parisienne et celle d'Outre-Rhin annonçaient le changement qui allait s'opérer dans les relations économiques des deux états, quand un journaliste parisien, M. Marcel Mauduit, alla interviewer M. Louis Donzel à ce sujet. Celui-ci émit cette opinion, en apparence paradoxale et contraire à toutes les idées reçues dans les sphères officielles, « que la clause réciproque de la nation la plus favorisée allait devenir, en somme, favorable aux intérêts français quand on dénoncerait les traités, qu'elle empêcherait l'Allemagne d'en conclure avec d'autres nations sans que la France en profitât et qu'à partir du jour où celle-ci aurait dénoncé les traités de commerce, cette clause serait, sous ce rapport, extrêmement utile pour empêcher l'Allemagne d'isoler économiquement la France. M. Donzel insistait sur ce que le zollverein que l'Allemagne projetait de conclure en dehors de la France « serait pour celle-ci une véritable ruine commerciale et industrielle. »

L'interview de M. Louis Donzel, qui remplissait douze colonnes de feuilleton dans la *Ville de Paris* du 29 novembre 1889, causa un revirement rapide de l'opinion au sujet de cette grave question. La presse s'en fit l'écho. Cette nouvelle interprétation du traité de Francfort, d'abord combattue par M. Pouyer-Quertier, obtint, après deux jours de réflexion, l'adhésion absolue de l'ancien négociateur du traité de Francfort, qui, dans une interview publiée par le *Gaulois*, déclara, à la stupéfaction de tous, que, si l'article 11 n'existait pas, il faudrait l'inventer et que, si on l'attaquait au Sénat, il monterait à la tribune pour le défendre.

Le 8 décembre 1889, devant le Conseil supérieur du Commerce, Pouyer-Quertier développa les mêmes idées, ne faisant que paraphraser l'argumentation de M. Louis Donzel dans la *Ville de Paris* du 29 novembre 1889 et le piège tendu à la France par l'Allemagne se trouva ainsi éventé. C'est à la clairvoyance de M. Donzel que nous devons de n'avoir pas subi, en cette circonstance, l'entraînement dangereux d'une opinion publique hostile à l'article 11 du traité de Francfort parce qu'elle était mal éclairée et d'avoir, au contraire, maintenu, dans les nouvelles conventions douanières, cette clause, qui n'a pas permis à l'Allemagne de renforcer la triple alliance politique d'une triple alliance économique.

M. Louis Donzel a pris part à de nombreux congrès économiques et prononcé beaucoup de conférences sur des sujets de même nature. En 1893, il fut candidat aux élections législatives dans le IIIe arrondissement de Paris et, en 1896, à une élection sénatoriale partielle dans le Jura.

Il a publié de nombreux travaux juridiques ou économiques, parmi lesquels on cite les suivants : *Journal des procès en contrefaçon* (3 vol. 1886) ; *Projet de refonte de la loi du 5 juillet 1844 sur les brevets d'invention* ; *Une agence d'affaires internationale et cosmopolite, commentaire de la Convention internationale du 20 mars 1883 pour la protection de la propriété industrielle* ; *Étude sur les sociétés d'apports formées entre les co-propriétaires par indivis de ces apports* (1889); *Rapport adressé, sur sa demande, à M. Spuller, ministre des Affaires étrangères, sur la question internationale de la propriété industrielle* (1890) ; *Me Pouillet au Congrès international pour la protection de la propriété industrielle tenu à Londres en 1898* ; *les Relations de la France et des Etats-Unis pour la propriété industrielle* (1900), etc.

FAVIER (Ernest)

INGÉNIEUR-CHIMISTE et professeur de chimie, né à Gromelle (Vaucluse) le 15 juillet 1865. Fils d'un industriel, qui l'envoya de bonne heure à Paris, il accomplit ses études classiques au collège Sainte-Barbe et fut reçu élève de l'Ecole Centrale des Arts et Manufactures en 1887. Sorti, trois ans après, avec le diplôme d'ingénieur civil, M. Ernest Favier entra au laboratoire du Comité d'hygiène (1891) et passa ensuite au laboratoire de chimie de l'Ecole Polytechnique. Il est aussi professeur de chimie à l'Ecole Duvigneau de Lanneau.

M. Favier est l'auteur de nombreux travaux qui font autorité dans l'industrie de la papeterie et ont trait aux *Celluloses employées dans la fabrication du papier*. Il a donné aussi des traductions de l'allemand d'ouvrages concernant l'*Analyse et l'essai du papier* et des notices sur l'*Essai mécanique des buvards*, la *Résistance des papiers au froissement* et les *Méthodes et appareils permettant de formuler ces résistances*. Il a fait des communications très documentées, sur diverses questions techniques, au Congrès de la papeterie, en mai 1897.

Ingénieur-conseil de plusieurs sociétés, expert des ministères des Finances, du Commerce et de l'Industrie, et des Compagnies des chemins de fer du Nord et de l'Etat, membre de la Société des Ingénieurs civils de France et de la Société Chimique de Paris, M. E. Favier est chevalier de l'ordre du Cambodge et officier d'Académie.

FOUQUET
(Fernand-Adolphe-Jean-Baptiste)

ÉCRIVAIN, né à Paris le 17 août 1864. Par sa mère, il est allié à la famille du poète André Chénier. Après avoir accompli ses études classiques, en partie au lycée Condorcet, il fit son droit, fut reçu licencié et passa quelque temps dans une étude d'avoué. Il abandonna cette carrière, pour se consacrer définitivement à la littérature.

M. Fernand Fouquet collabora d'abord à des journaux étrangers : *Gazette de Hongrie*, *Eclair*, *Réveil* (Belgique) et à des revues de province : la *Curiosité*, le *Polichinelle*, le *Diogène Comtois*, la *Revue du Siècle*, etc. ; puis il écrivit dans les revues et journaux parisiens : l'*Echo littéraire de France*, la *Revue littéraire et artistique*, le *Soleil du Dimanche*, la *Quinzaine littéraire et politique*, dont il fut rédacteur en chef ; la *France nouvelle*, l'*Observateur français*, où il signa longtemps un feuilleton littéraire hebdomadaire ; le *Voltaire*, le *Mascarille*, l'*Artiste*, l'*Echo de Paris*, le *Soir*, le *National*, etc. Dans ces publications, il donna des vers, des nouvelles, des chroniques et surtout des articles de critique littéraire et théâtrale. Il fit paraître, en 1886, chez Vanier, un volume de vers, intitulé les *Héliotropes*, qui obtint quelque succès.

M. Fernand Fouquet a publié, en outre ; le *Rôle de Phèdre et Mme Segond Weber*, brochure très intéressante ; *A travers la vie* (1 vol, 1896, Lemerre), dans lequel il étudiait l'œuvre de quelques littérateurs contemporains. A cette occasion, M. E. Ledrain écrivit une préface, où il disait :

« M. Fernand Fouquet ne se paie pas de mots et cherche à savoir ce qu'il y a au fond de chaque expression et la vérité qu'elle peut rendre. En vrai philosophe, il s'ingénie à trouver la définition de chaque terme et de chaque chose. Il juge toujours en toute justesse, sans camaraderie, sans aucun souci de ménager le puissant pour faire son chemin.

Cet écrivain est encore l'auteur de : *Quelques-uns* (Contes et Profils, 1 vol.) ; d'une pièce en trois actes, avec M. Georges Lenepveu et de deux volumes : *Portraits et Silhouettes*, contenant des études sur François Fabié, le Mouël, Dorchain, Clémenceau, Ledrain, le R. P. Feuillette, les derniers Chénier, Adolphe Chenevière, Rémy Saint-Maurice, Ernest Tissot, Sully-Prudhomme, de Hérédia, Catulle Mendès, Henry Houssaye, Hanotaux, Paul Deschanel, Faguet, Anatole France, Paul Hervieu et Marcel Prévost.

VUILLAUME (Melle Marie-Marguerite)

Artiste lyrique, née à Paris. Parente des luthiers bien connus du même nom, elle montra, dès l'enfance, d'excellentes dispositions artistiques. Douée aussi d'une fort jolie voix, elle commença, à peine âgée de treize ans, à prendre des leçons de chant avec le professeur Barbot et entra, en 1885, au conservatoire, où elle fut encore élève de ce même professeur et de Téqui.

Melle Vuillaume, après avoir obtenu plusieurs récompenses dans les classes qu'elle fréquentait, signa un engagement avec les directeurs du théâtre de la Monnaie, à Bruxelles, où elle effectua, dans *Mireille*, de brillants débuts. Chaleureusement accueillie par le grand public belge, les maîtres de la critique musicale ne lui ménagèrent point leurs éloges à cette occasion et furent unanimes à reconnaître en elle un tempérament d'artiste et une nature d'élite.

Elle se produisit, sur cette scène lyrique et dans le même ouvrage, pendant une longue série de représentations, qui furent pour la jeune et vaillante cantatrice une suite ininterrompue de succès. Elle y fit aussi de superbes créations dans les *Contes d'Hoffmann* et *Lakmé*.

De 1888 à 1891, Melle Vuillaume interpréta tous les rôles du répertoire courant au Grand-Théâtre de Lyon, où elle créa avec éclat : *Esclarmonde*, la *Jolie Fille de Perth*, le *Roi d'Ys*, les *Pêcheurs de perles*, etc.

Remarquée par Gounod, qui l'entendit dans *Mireille* et voulut lui confier l'interprétation de ce chef-d'œuvre à Paris, elle devint, en 1891, pensionnaire de l'Opéra-Comique. Après un séjour de quelques années à ce théâtre, elle tomba malade et dût s'éloigner de la scène.

Entre temps, cette excellente artiste avait chanté les plus importants ouvrages des compositeurs anciens et modernes à St-Pétersbourg, Monte-Carlo, Marseille, Aix-les-Bains et au Théâtre Lyrique de la Renaissance, à Paris. Partout elle s'est montrée chanteuse savante et de grand style, comédienne adroite et possédant les plus sérieuses qualités dramatiques.

Melle Vuillaume a été de nouveau engagée à l'Opéra-Comique en 1900.

GUELDRY (Joseph-Fernand)

Peintre, né à Paris le 21 mai 1858. Il entra, comme élève, dès l'âge de seize ans, dans l'atelier de M. Gérome et débuta, en 1878, aux Salons annuels, avec les portraits de son père et sa mère.

Obligé de partir, la même année, pour le service militaire, M. Gueldry reparut, en 1880, aux Champs-Elysées, où il exposa successivement : *Portrait de mon frère* et *Portrait de M. Monis* (1880) ; *Régate à Joinville* (1881), première étude, dans un genre où cet auteur excelle ; *Course de Skiff, l'arrivée* (1882) ; le *Passeur* (1883) ; *Une fonderie*, qui lui valut une médaille de 3me classe et fut acquise par le Musée de St-Etienne (1885) ; le *Décapage des métaux*, acquis par l'État et placé au Musée d'Amiens et *Portrait de M. Paul Lordon* (1886) ; *Au laboratoire municipal* et *Portrait de M. Ch. Laurent* (1887) ; *Les meuleurs*, importante toile d'une exécution saisissante de vie et de vérité, acquise pour l'Hôtel-de-Ville de Paris, et les *Bords de la Marne*, étude (1888) ; l'*Eclusée*, qui appartient à M. Vannier, et *A la campagne* (1889) ; *Un jour de régates* (1890) ; *Sortie de l'église, en Moravie* (1891) ; Portraits de *M. Tellier*, ingénieur-constructeur, de *M. Samary*, de la Comédie Française, dans le rôle de « Souvent homme varie » (1892) ; *Une distribution de secours dans un bureau de bienfaisance au IVe arrondissement* (1893) ; *Portrait de M. Candé*, dans « Madame Sans-Gêne » (1894) ; le *Saut du barrage* et *Sur la berge* (1895) ; *Sur la Tamise* et *Passage de bateaux en Angleterre* (1886) ; la *Guerre en dentelles*, composition du plus bel effet, inspirée par une œuvre de M. Georges d'Esparbès, et *Amateurs de rowing* (1897) ; les *Buveurs de sang*, acquis par un Musée de Hongrie (1898) ; les *Dragons de Villeguen*, autre toile inspirée par M. d'Esparbès, et les *Bords de la Marne* (1899).

On doit encore citer de ce peintre : des *Vues d'Espagne*, rapportées d'un voyage effectué par l'auteur, en 1890, comme boursier du Salon précédent ; *U* passeur sur la berge, Pendant la course, le *Quartier des coureurs*, à M. Gargeu ; *Un vieux pêcheur*, qui orna l'Exposition internationale de 1893 ; la *Moisson du maïs en Hongrie* et de nombreuses illustrations parues dans le *Journal*, l'*Illustration* (sur les métiers de Paris), *Paris illustré*, les *Nouvelles* de Pierre Loti, *Picciola*, ouvrage édité à New-York ; les *Œuvres* de Maupassant, etc.

L'œuvre de cet artiste a été l'objet des commentaires élogieux de MM. Albert Wolff, Paul Mantz et autres critiques notables : elle se recommande par la science de l'exécution et une documentation très caractéristique.

M. Gueldry, qui fut fait sociétaire de la Société Nationale des Beaux-Arts sans y avoir jamais exposé, est hors-concours de la Société des Artistes Français depuis 1890. Il a été membre du jury de cette société en 1892.

LARCHER (Oscar-Edmond-François)

Médecin et naturaliste, né le 14 mars 1843, à Paris. Il est le fils du docteur J.-F. Larcher (1802-1884), chevalier de la Légion d'honneur, médecin des plus distingués, qui exerça, de 1832 à 1884, la médecine à Paris et publia un grand nombre de mémoires importants, dont plusieurs couronnés par l'Académie des Sciences et par celle de Médecine, sur divers sujets d'anatomie, de physiologie et de médecine légale. Ces divers mémoires ont été réunis en un volume intitulé : *Études physiologiques et médicales sur quelques lois de l'organisme, avec applications à la médecine légale* (Paris, 1868). (Voir pour plus de détails la *Gazette des Hôpitaux*, 1884. Nécrologie par le Dr Laboulbène).

Ancien élève du lycée Bonaparte (actuellement Condorcet), M. Oscar Larcher fut reçu interne des hôpitaux de Paris, en 1863. Lauréat des hôpitaux (1864 et 1867), il fut reçu docteur en médecine, le 24 décembre 1867, avec une thèse sur la *Pathologie de la protubérance annulaire*, qui lui valut le « prix des thèses » à la Faculté de Médecine de Paris et le prix Godard à l'Académie de médecine. Il a été encore lauréat de l'Institut de France, Académie des Sciences (concours du prix Godard, 1868) et de l'Académie de Médecine de Paris (1867, 1869 et 1870).

Il s'est consacré, comme médecin, aux soins d'une nombreuse clientèle et, comme biologiste, à la publication de divers travaux se rattachant, le plus habituellement, à la pathologie comparée et à la tératologie des différents êtres organisés. Ces travaux lui ont valu, de bonne heure, les récompenses sus-indiquées et l'ont fait admettre, soit comme membre titulaire, soit comme correspondant, dans un grand nombre de sociétés savantes et notamment la Société de Biologie (Paris), l'Académie de Médecine de Belgique (Bruxelles), aux Sociétés médico-chirurgicale et pathologique de Londres, etc.

Ses principaux travaux sont les suivants, dont un grand nombre ont paru dans le *Journal d'anatomie et de physiologie normales et pathologiques*, les *Archives générales de Médecine*, le *Bulletin de la Société centrale vétérinaire* et le *Dictionnaire encyclopédique des Sciences médicales*, dont il a été le collaborateur assidu pendant un grand nombre d'années : *Des ulcérations intestinales dans l'érysipèle* (Paris, 1864.) ; *Guide du médecin praticien*, de Valleix, t. V : *Maladies des femmes, Maladies de la peau, Goitres* (5me édition, Paris, 1866) ; *Contributions à l'histoire des polypes fibreux intra-utérins, à apparitions intermittentes* (Paris, 1867 et Bruxelles, 1876) ; *De la rupture spontanée de l'utérus dans ses rapports avec les polypes fibreux intra-utérins* (Paris, 1867) ; *Pathologie de la protubérance annulaire* (Paris, 1867 ; 2me édition, revue, corrigé et augmentée, 1868) ; *Études cliniques et anatomo-pathologiques* (Paris, 1869) ; *Thérapeutique des maladies chirurgicales des enfants*, de T. Holmes, traduction française avec notes (Paris, 1870) ; *Cœur, Anomalies* (in *Dictionnaire encyclopédique des sciences médicales*, Paris, 1876) ; *Mélanges de pathologie comparée et de tératologie*, avec planches (Paris, 1875-1878) ; *Étude sur la goutte des Oiseaux, comparée à celle de l'Homme* (*Bulletin de la Société centrale vétérinaire* (Paris, 1884 et *Journal de Médecine de Paris*, 1884) ; *Pathologie comparée* (*Dictionnaire encyclopédique des Sciences médicales*, Paris, 1885) ; *Remarques sur la tuberculose du foie chez les oiseaux palmipèdes* (*Bulletin de la Société centrale vétérinaire*, Paris, 1895) ; le *Hoquet* (*Nouveau Dictionnaire de Médecine et de Chirurgie pratiques*, t. XVII, Paris, 1873) ; *Sur la mycose des œufs en incubation* (*Bulletin de la Société centrale vétérinaire*, Paris, 1896) ; *Note sur le traitement de l'angine diphtérique par le pétrole* (*Bulletin de l'Académie de Médecine de Belgique*, Bruxelles, 1892).

Ancien médecin-inspecteur des écoles municipales, délégué cantonal et membre de la Commission d'hygiène publique et de salubrité du XVIe arrondissement de Paris, M. le docteur Larcher est officier de l'Instruction publique et dignitaire de divers ordres étrangers.

RIBOT (Alexandre-Félix-Joseph)

Ancien président du Conseil des ministres, député, né à St-Omer (Pas-de-Calais) le 7 février 1842.

Lauréat, en 1863, de la Faculté de Droit de Paris, il reçut, l'année suivante, la licence ès-lettres et le doctorat en droit. Inscrit au barreau de Paris, secrétaire de la Conférence des avocats, il entra dans la magistrature, le 2 mars 1870, comme substitut du procureur impérial près le tribunal de la Seine.

Il avait déjà pris une part importante aux travaux de la Société de législation comparée, dont il fut un des principaux fondateurs et resta longtemps le secrétaire, lorsque M. Dufaure, garde des Sceaux, l'éleva au poste de directeur des affaires criminelles et des grâces (mars 1875) au ministère de la Justice; nommé, bientôt après, secrétaire-général, avec le titre de conseiller d'État en service extraordinaire, il donna sa démission, en décembre 1876, à la retraite de son chef et reprit sa place au barreau.

Au Seize Mai 1877, M. Ribot prit position contre le ministère de Broglie, comme membre du Comité de résistance légale ; il rédigea, sous le couvert de l'anonymat, le mémoire contre le délai irrégulier de convocation des électeurs.

M. Dussaussoy, député de la 2ᵉ circonscription de Boulogne-sur-Mer, ayant été invalidé, il se présenta contre lui, comme candidat républicain et fut élu, le 7 avril 1878, par 7,332 voix, contre 6,465 à son adversaire. Inscrit au centre gauche, M. Ribot prit tout de suite une part active aux délibérations du Parlement et se prononça, avec la fraction la plus modérée de son groupe : contre le retour des Chambres à Paris, contre l'amnistie, contre l'article 7, contre le droit de réunion. Il prit également part aux débats de la loi sur la presse et de la loi sur les syndicats professionnels.

Directeur du *Parlement*, organe dogmatique du « conservatisme libéral », il défendit, dans ce journal, la politique de M. Dufaure.

Réélu, le 21 août 1881, dans la même circonscription, par 6,497 voix, contre 6,020 à M. Duhamel, également républicain, le député du Pas-de-Calais accentua, au cours de cette législature, ses théories conservatrices, qu'il appuyait sur l'autorité de Thiers et de Dufaure, au point de s'éloigner même d'une partie du centre gauche. Il combattit la demande de crédits faite par le cabinet Gambetta pour la création de deux nouveaux ministères, se montra partisan de la décentralisation administrative, fut rapporteur du projet de loi tendant à la nomination des maires et adjoints par les conseils municipaux et rapporteur-général du Budget de 1883. Il combattit l'expulsion des princes et s'éleva contre la suspension momentanée de l'inamovibilité, l'institution d'un conseil de discipline judiciaire et le retrait des attributions de la Cour de cassation, pour la réorganisation de la magistrature. Adversaire de la politique coloniale, il s'associa aux interpellations sur les affaires égyptiennes, tunisiennes et tonkinoises et contribua à la chute du cabinet Ferry (28 mars 1885), « autant et plus peut-être que M. Clémenceau », dit un de ses biographes.

A l'approche du renouvellement législatif de 1885, M. Ribot prononça, à Saint-Pol, un discours très commenté, dans la péroraison duquel il faisait appel aux conservateurs « que n'aveugle pas l'esprit de parti » et aux républicains « qui ne sont pas esclaves de leurs passions ». Battu, le 4 octobre 1885, avec la liste qu'il avait formée dans le Pas-de-Calais, obtenant 77.649 voix sur 180,439 votants, il le fut encore à Paris, aux élections complémentaires du 13 décembre, avec 42,752 suffrages sur 378,159 votants.

M. Ribot resta éloigné du Parlement jusqu'au 20 mars 1887, où une élection partielle dans le Pas-de-Calais, qui lui donna 121,277 voix contre 4,000 environ à M. Cazin, socialiste, lui permit d'y rentrer. Il reprit alors sa place au centre gauche et s'associa à toutes les mesures prises contre le général Boulanger, proposa un amendement à la loi militaire, tendant au maintien des dispenses, qui fut rejeté (1887), fut rapporteur du projet de conversion de la rente 4 1/2 % et demanda, en 1888, le rétablissement du scrutin d'arrondissement.

Au renouvellement législatif de 1889, il fut élu dans la 1ʳᵉ circonscription de Saint-Omer (Pas-de-Calais), par 5,091 voix contre 4,481 à M. Lefebvre du Play, monarchiste, et 612 à M. Duhamel, boulangiste. Dans cette nouvelle législature, M. Ribot préconisa la conciliation, se déclara contre les « groupes » parlementaires et se rapprocha de la gauche.

Le 17 janvier 1890, il fut nommé ministre des Affaires étrangères, dans le cabinet formé par M. de Freycinet et conserva son portefeuille dans le ministère suivant, présidé par M. Loubet (29 février 1892). La réception de l'amiral Gervais à Cronstadt lui permit de contribuer à préparer l'alliance russe, vers laquelle ses préférences anglophiles ne semblaient pas le porter.

Après la chute du cabinet Loubet, M. Ribot fut

appelé, le 7 décembre 1892, à la présidence du Conseil, avec le portefeuille des Affaires étrangères, qu'il quitta pour celui de l'Intérieur, le 1er janvier 1893, à la suite d'un remaniement ministériel.

Le chef du pouvoir chercha à rapprocher du parti radical sa politique de concentration. Pourtant, le 8 février, M. Cavaignac, dans un discours dont la Chambre vota l'affichage, flétrit énergiquement le système du gouvernement et son attitude dans l'affaire de Panama. Durant ce ministère, la Chambre adopta une loi renvoyant aux tribunaux correctionnels le jugement des délits d'injure commis par voie de la presse contre les gouvernements étrangers ou leurs représentants. Ce cabinet succomba, le 30 mars 1893, à la suite d'un conflit budgétaire entre les deux Chambres.

Réélu en 1893, dans la circonscription de Saint-Omer, par 6,715 voix, contre 248 à M. de Laage, rallié, et 2,157 à M. Lefebvre du Play, monarchiste, M. Ribot fut, en 1894, président de la Commission des crédits pour l'expédition de Madagascar. Après la démission de M. Casimir-Perier, président de la République, et l'élection de M. Félix Faure en son remplacement, il fut chargé par celui-ci de la formation d'un nouveau cabinet (26 janvier 1895).

Président du Conseil et ministre de l'Intérieur une fois encore, M. Ribot eut à faire face à une situation difficile. L'action de son gouvernement fut signalée par l'intervention commune de la France, de l'Allemagne et de la Russie dans la question sino-japonaise, par la campagne de Madagascar et l'entrée de nos troupes à Tananarive, etc. M. Ribot prononça, sur les relations entre patrons et ouvriers, un discours dont la Chambre ordonna l'affichage. Il déposa des projets de loi sur les contributions directes et le régime des boissons. Son attitude contre les socialistes, à l'occasion de la grève de Carmaux, lui valut un ordre du jour de confiance voté par la Chambre le 28 octobre 1895 ; mais, deux jours plus tard, il était mis en échec sur la question des Chemins de fer du Sud et cédait la place au ministère radical Bourgeois.

M. Ribot combattit, comme député, l'impôt sur le revenu dans un très important discours (1896).

Accusé par un ancien agent de la police politique, M. Dupas, dans une brochure intitulée : *Pourquoi on n'a pas arrêté Arton*, d'avoir, étant au pouvoir, favorisé la fuite de ce dernier, M. Ribot engagea, contre l'auteur de ce livre, un procès qui se termina par l'acquittement de M. Dupas (26 mars 1896).

Président de la Commission relative au privilège de la Banque de France, il prononça en 1897, un remarquable discours en faveur de la Banque. Il fut réélu député de la 1re circonscription de Saint-Omer, aux élections générales du 8 mai 1898, par 6,635 voix, contre 5,004 à M. Lefebvre du Play, conservateur.

Au début de 1899, après l'affaire Fachoda, l'honorable député prononça un discours qui eut du retentissement, où il préconisait, pour notre politique extérieure prudente et expectante. Pendant la période d'agitation qui, à propos de la révision du procès Dreyfus, troubla si fortement et si longtemps le pays, il avait évité de prendre trop ouvertement parti dans la question et s'était montré, toutefois, plutôt partisan de la pleine lumière ; mais, lorsque l'enquête de la Cour de cassation eut fait connaître le rôle joué par le général Mercier dans cette affaire et qu'il fut question, à la Chambre, de mettre cet ancien ministre de la Guerre en accusation, son intervention fit échouer cette proposition (1899).

A plusieurs reprises, par la suite, il prit part à des interpellations dirigées contre le ministère Waldeck-Rousseau et s'efforça de faire rompre le pacte de défense républicaine qui avait présidé à la formation de ce cabinet (1899 et 1900).

On connaît de M. Ribot : une *Biographie de lord Erskorce* (1866) et une *Étude sur l'Acte du 5 avril 1873 pour l'établissement d'une Cour suprême de Justice en Angleterre* (1874).

CADOT
(Maurice, dit Maurice de SOLANGE)

INGÉNIEUR et publiciste, né à Mâcon (Saône-et-Loire) le 23 avril 1861. Il fit ses études à l'École Sainte-Barbe, où il prit ses grades universitaires. Fils de M. Charles Cadot, ingénieur en chef des Ponts-et-Chaussées en retraite, expert au tribunal civil et au Conseil de Préfecture de la Seine, M. Maurice Cadot débuta aussi dans la carrière d'ingénieur des Ponts-et-Chaussées, en 1882. Successivement attaché au service des études et travaux du chemin de fer de Prades à Olette ; au service hydraulique agricole de l'Hérault ; au service de la navigation de la Marne, où il dirigea les difficiles travaux de la reconstruction du souterrain de Chalifert et de la construction du grand barrage de Noisiel ; puis au service du contrôle des Chemins de fer du Nord, à Paris, il donna sa démission pour se consacrer entièrement aux nouvelles découvertes industrielles, ainsi qu'aux études économiques et sociales qui, déjà, absorbaient toute son activité.

Entre temps, il avait, en effet, fondé la *France artistique et industrielle*, journal scientifique illustré, se publiant à Paris, auquel il sut imprimer un caractère tout spécial et un cachet bien personnel.

M. Maurice Cadot, plus connu sous le pseudonyme littéraire de « Maurice de Solange », a publié différentes études de mœurs parisiennes, dont l'une, très curieuse : *Paris-Cythère*, signée « Maurice Delsol », fut un des gros succès de librairie de l'année 1893. Il créa au *Gil Blas* la rubrique de la « Comédie politique », scènes dialoguées, où les hommes politiques de France et de l'étranger, peints par eux-mêmes, furent mis sur la sellette d'une amusante satire.

En 1894, après de fructueuses recherches minéralogiques dans les Alpes du Dauphiné, il reconnut en entier le riche gisement de marbre statuaire de Valjouffrey (Isère), dont on ne soupçonnait que vaguement l'existence. Devenu concessionnaire de ce gisement, M. Maurice Cadot fit exécuter de hardis et importants travaux de prospection et d'accès, destinés à une exploitation mécanique modèle, grâce à laquelle la France cessera d'être tributaire de l'Italie pour la plupart des marbres blancs employés en statuaire et dans la construction.

M. Maurice Cadot est officier de l'armée territoriale et attaché à l'état-major du 133ᵉ régiment à Toulouse.

RUELLE (Angelin)

ÉCRIVAIN, professeur, né à Beauvezer (Basses-Alpes) le 22 juillet 1860. Après de brillantes études faites à Digne, à Marseille et à la Faculté des Lettres d'Aix, il débuta, en 1880, dans la littérature, sous les auspices de M. Eugène Rostand (de l'Institut depuis), à la *Sentinelle*, à la *Vedette* et au *Journal*, de Marseille, où il publia des articles remarqués.

Venu à Paris en 1883, M. Ruelle prit ses inscriptions à la Faculté de Droit, qu'il délaissa au bout d'un an, pour se consacrer à l'enseignement libre. En 1889, il devint chef d'une institution particulière bien connue, à Neuilly-sur-Seine, et dont la spécialité est de préparer les jeunes gens aux baccalauréats et aux écoles du gouvernement ; dans cet établissement il professe lui-même un cours de rhétorique.

M. A. Ruelle a donné de nombreuses chroniques d'un genre plutôt humoristique, des articles de critique, des pièces de vers d'un esprit très fin et très délicat, dans la *Chronique Amusante*, la *Fraternité*, l'*Ermitage*, la *Silhouette*, le *Chat Noir*, le *Gil Blas*, la *Plume*, le *Triboulet*, la *Revue Moderne*, la *République Illustrée*, l'*Ame Latine*, le *Messager Français*, etc.

On lui doit la publication de plusieurs recueils de poésies d'une inspiration néo-classique et dont la forme, particulièrement soignée, atteint souvent la perfection, surtout dans le sonnet, son genre de prédilection. Ce sont : les *Chansons de la Morgue* (1 vol. 1890) ; les *Figurines antiques*, précédées d'une *Etude sur l'art antique*, par Jean Bertheroy (1 vol. 1900) ; les *Silhouettes parisiennes* (1 vol.) ; les *Silhouettes foraines* (1 vol.).

En 1894, M. Angelin Ruelle fit représenter à la Bodinière, puis à l'Association des Journalistes parlementaires, avec le concours du compositeur Paul Bergon pour la musique et du peintre Bellenger pour les décors, les *Statuettes vivantes*, qui furent signalées dans la presse comme une exquise révélation artistique. Outre la traduction en vers français de l'*Eunuque* de Térence, il a composé des chansons, des monologues, des livrets, notamment : *Biruta*, opéra en 3 actes, adaptation française de l'opéra polonais de M. de Pless-Pol, et *Sous le voile*, scènes lyriques dont M. A. Kaiser écrivit la musique.

BERNSTEIN-SINAYEF (Léopold)

STATUAIRE, né à Wilna (Russie) le 22 novembre 1868. Après avoir appris les éléments du dessin dans sa ville natale, il vint à Paris, à l'âge de quatorze ans, fut élève de M. Dalou et débuta au Salon des Champs Elysées, en 1890, avec un buste plâtre : *M. Buin*.

Il exposa ensuite : *Premier Amour*, plâtre (1891) ; *M. Léon Reynier*, buste bronze ; *M. le comte de Waldeck*, buste bronze (1892) ; *Esdras désolé*, statue plâtre, qui reparut en marbre en 1897, fut acquise par l'Etat et placée au musée de Sens ; *M. Raphaël-Georges Lévy*, buste marbre (1893) ; *Mˡˡᵉ d'O....*, buste marbre (1894) ; *M. J...*, buste marbre (1895) ; Portrait de *M. L. G.*, haut-relief bronze (1896) ; *M. A. Rambaud*, ministre de l'Instruction publique et des Beaux Arts, sénateur, buste bronze, et *Rêve*, statue plâtre (1897) ; *Portrait de M. Nicolas de Giers*, ministre de S. M. l'empereur de Russie à Bruxelles (1898) ; *Portrait de Mᵐᵉ Cubbay*, buste marbre ; *Portrait de M. Charles Crespin*, illustrateur, buste plâtre (1899).

Cet artiste a envoyé à l'Exposition universelle de 1900 : le *Portrait de Son Altesse Impériale la Grande-Duchesse Hélène-Wladimirowna* ; le *Portrait de Mᵐᵉ Daniel de Paliakoff* ; *Esdras désolé*, statue marbre ;

le *Rêve*, statue plâtre ; l'*Echo de la vague*, marbre ; la *Sieste du travailleur*, groupe bronze ; *Un marin*, haut-relief bronze. On lui doit en outre le remarquable *Monument funèbre de l'ingénieur Hennebique*, qui est au cimetière de Bourg-la-Reine, et d'autres travaux non exposés.

Les œuvres de cet excellent artiste, fortes, sincères, vibrantes et délicates à la fois, montrent un talent sûr de soi-même, qui sait exécuter ce qu'il ressent.

M. Bernstein-Sinayef a reçu une mention honorable en 1893 ; il est officier d'Académie depuis le 9 juin 1896.

BRENOT (Edme-Théodore)

INDUSTRIEL, conseiller municipal de Paris, né à Saint-Germain-de-Modéon (Côte-d'Or) le 7 septembre 1850. Engagé volontaire à 18 ans, lors de la campagne de 1870, il prit part aux hostilités dans le 1er régiment de chasseurs d'Afrique qui, à Sedan, se couvrit de gloire sous les ordres du général Margueritte. Blessé et fait prisonnier sur le champ de bataille, il put s'échapper après dix jours de captivité et rejoignit le dépôt de son régiment en Algérie, où il prit part à la répression des insurrections de la grande et de la petite Kabylie.

De retour à Paris en 1872, M. Brenot se remit au travail et parvint, en 1880, avec les économies réalisées sur son salaire, à s'établir fabricant d'instruments de chirurgie ; sa maison qui, en peu d'années, devint l'une des premières de Paris dans sa spécialité, fait une redoutable concurrence aux fabricants étrangers ; elle occupe plus de cinquante ouvriers fort bien rétribués et dont les principaux ont, depuis 1890, la gérance complète et intéressée.

Vice-président du Syndicat des instruments et appareils de l'art médical, il a obtenu, comme fabricant, à Paris en 1889, à Chicago en 1893 et à Anvers en 1894, des distinctions diverses, dont une l'a mis hors-concours.

M. Brenot, qui avait été l'un des fondateurs du parti ouvrier, se sépara de ce groupe quand il lui parut vouloir se constituer en parti de classe ; mais il n'en continua pas moins une active propagande radicale-socialiste. Il lutta notamment avec énergie contre le gouvernement du 16 mai 1877.

Le 16 octobre 1898, le comité républicain radical-démocratique du 3e arrondissement le choisit pour remplacer au Conseil municipal de Paris et au Conseil général de la Seine M. Louis Puech, élu député ; il fut nommé, dans le quartier Saint-Avoye, par 1,506 voix et son élection fut la seule assurée dès le premier tour, sur les 14 élections complémentaires qui eurent lieu à cette date dans Paris.

A l'Hôtel-de-Ville, l'honorable conseiller s'inscrivit au groupe des « Droits de Paris » ; il fut désigné pour faire partie de la 3e commission, dont l'importance est bien connue, dès son entrée au Conseil. Il s'intéresse à toutes les questions de grands travaux et a su, par son activité et ses connaissances des besoins de son quartier, faire bénéficier ce dernier de nombreuses améliorations. Entr'autres propositions, il soumit au Conseil un projet de percement intégral de la rue Etienne-Marcel, opération très intéressante, à laquelle est liée l'achèvement de la rue Beaubourg.

M. Brenot est membre de toutes les œuvres de bienfaisance et de solidarité du 3e arrondissement de Paris et aussi de toutes celles qui peuvent contribuer à la propagation de ses opinions républicaines-radicales-socialistes.

PETIT-GÉRARD (Pierre)

PEINTRE, né à Strasbourg le 18 novembre 1852. Fils de Baptiste Petit-Gérard, le peintre verrier à qui l'on doit les magnifiques vitraux de la cathédrale de Strasbourg et le trésorium de Notre Dame, il entra, dès l'âge de seize ans, dans les ateliers de son père et collabora avec lui.

Lors de la guerre Franco-Allemande de 1870-71, il s'engagea au 7e bataillon de chasseurs à pied, qui fit la campagne de la Loire et se distingua particulièrement à Coulmiers et à Patay.

Après la paix, il dirigea pendant quelque temps la maison paternelle, puis il vint à Paris et entra dans l'atelier de M. Gérome, à l'Ecole des Beaux-Arts.

En 1879, M. Pierre Petit-Gérard exposa à la Société des Artistes français deux *Portraits*. On vit ensuite de lui les toiles suivantes : *Chez le Fripier* et *Un fumeur* (1880) ; *Un Café à Strasbourg*, toile très intéressante (1881) ; *Chez le costumier* et l'*Ordre du départ* (1882) ; le *Départ pour le service en campagne* « tableau militaire, écrit un critique, M. de Bélina, très réussi et d'un excellent effet » (1883) ; le *Général Iung*, portrait (1886) ; *M. de Moidrey*, portrait (1888) ; *Au terrain de manœuvres* (1889) ; *En reconnaissance* et *Grandes manœuvres* (1890) ; les *Lanciers de la Garde Impériale, 16 août 1870*, fort belle toile, inspirée par un livre de M. Marcel de Baillehache et l'*Espion* (1891) ; le *Salon de lecture du Bon Marché* et *Dans l'atelier* (1892) ; *Chez le notaire*, tableau représentant une scène de la *Terre* de M. Emile Zola ; l'*Etat-major* (1893) ; *Fin de Revue, la charge de cavalerie ; En bataille* batteries à cheval (1894); *Compagnie d'avant-garde* et *Pour défiler*, chasseurs à cheval (1895) ; la *Rencontre*, grandes manœuvres et *Batteries de siège* (1896) ; *Après la manœuvre, le café,* toile acquise par l'Etat et placée dans le cabinet de Félix Faure, à l'Elysée (1897 et Exposition universelle 1900); *Division de cavalerie indépendante, le rapport d'une reconnaissance d'officier* (1898) ; *Avant l'attaque*, toile achetée pour le musée de Cambrai, et *Au Cantonnement* (1899).

On doit encore mentionner de M. Petit-Gérard : les portraits du *Général Leflô* et de *M. de St-Germain*, secrétaire d'Etat à la Guerre sous Louis XV, pour la salle d'honneur du ministère de la Guerre; les portraits du père du *général de Vaugrenant*, garde du corps sous *Louis XVIII* ; du *général de Gressot*, à ce moment commandant la 1re division de cavalerie ; une composition sur la *Légende des Siècles*, de Victor Hugo, et 80 études et tableaux destinés à la publication d'un important ouvrage sur l'armée française.

L'œuvre de cet artiste, presque exclusivement militaire, se fait remarquer par des qualités de précision et de couleur qui font de lui l'un de nos bons peintres du « Soldat ».

M. Petit-Gérard a obtenu une mention honorable en 1893 et une médaille en 1897.

CAQUET (François)

AGRONOME et publiciste, né à Charin (Nièvre) le 7 septembre 1857, d'une ancienne famille d'agriculteurs-éleveurs originaires du Charollais et qui, dans la seconde moitié du XVIIIe siècle, étaient venus se fixer dans la Nièvre, y important les premiers la race des bœufs blancs, actuellement la principale richesse du Nivernais.

Ses études faites au lycée de Moulins, il prit les deux baccalauréats à la Faculté de Nancy et vint suivre, pendant un an, les cours de l'Ecole préparatoire Sainte-Barbe, à Paris. Entré, en 1876, à l'Ecole nationale forestière, il en sortit un des premiers, avec le grade de garde-général des forêts. Il ne tarda pas à demander sa mise en disponibilité pour étudier le droit à Paris.

En même temps, M. François Caquet prêtait sa collaboration aux journaux spéciaux d'agriculture et de science appliquée ou vulgarisée : le *Journal d'Agriculture pratique*, la *Gazette du Village*, la *Science pour tous*, l'*Echo forestier*, le *Monde de la Science* et fondait, en 1883, la *France Agricole et Forestière*.

Dès cette époque, il créait, dans ses propriétés de la Nièvre, d'importantes pépinières de plants forestiers, dont les produits ont reçu de très nombreuses récompenses aux concours agricoles régionaux, expositions, etc. Il établit en outre des champs de démonstrations qui rendirent aux populations environnantes de réels services. Il a, dans ses bois ou ses domaines, exécuté de très intéressants travaux d'amélioration et créé une porcherie modèle.

On doit à M. Caquet plusieurs ouvrages sur l'agriculture ou les forêts, parmi lesquels il faut citer les suivants : *Les Reboisements par l'accacia* ; le *Vade-mecum du forestier* ; la *Sylviculture à l'école primaire* ; les *Parcs forestiers* ; le *Pommier à cidre* ; l'*Almanach du forestier* ; l'*Enseignement agricole et forestier en France* ; la *Forêt à travers le Monde* ; les *Reboisements en Sologne* ; la *Forêt en Nivernais* ; *Notice agricole sur le canton de Fours* ; *Impressions et Souvenirs (Bluettes forestières)* ; *Progrès et réformes agricoles* ; *Une pépinière de plants forestiers* ; *Asperges*. Plus : deux volumes de *Nouvelles*, sous le pseudonyme de « Félicien Lapprat » ; un *Eloge de Lamartine*, prononcé au centenaire de ce poète, à Mâcon, en 1890, et un intéressant volume sur les *Petits Etats de l'Europe : Saint-Marin, Monaco, le Monténégro*, etc.

En outre, il a collaboré, en qualité de chroniqueur agricole, au *Siècle*, à la *Justice*, à l'*Union républicaine*, à la *Tribune républicaine de la Nièvre*, au *Chasseur illustré*, etc.

Depuis 1897, M. Caquet a pris la direction des chroniques hebdomadaires de la *Clicherie de la Presse* (chroniques agricole, sportive, coloniale, scientifique et de l'Exposition universelle, artistique et littéraire), qui sont reproduites par plus de 150 journaux de province, presque tous quotidiens, auxquels le chroniqueur donne ainsi une collaboration collective. Il est de plus rédacteur en chef de la *République Radicale* et directeur de la *Revue des Agriculteurs français* ; Il a fondé les *Nivernais de Paris*, organe unioniste des Nivernais habitant Paris.

Auteur de nombreuses conférences sur la sylviculture et autres sujets agricoles, M. Caquet à fait partie des jurys de la plupart des concours agricoles régionaux depuis 1888 et du concours général agricole de Paris. Il a été chargé par le gouvernement français de missions forestières en Espagne en 1882, en Italie en 1883 et en Tunisie en 1891.

Maire de Saint-Hilaire-la-Fontaine (Nièvre) de 1885 à 1893, M. Caquet fut, en 1890, candidat à la Société nationale d'Agriculture de France, où il obtint 11 voix, contre 17 à M. Mer, élu. Il est membre de la Chambre consultative d'agriculture de la Nièvre, du Conseil d'administration de la Société Africaine de France et de la Société des « Uns », fondateur de la Société des Agriculteurs de France et de la Société d'Encouragement à l'agriculture, dont il a obtenu le diplôme d'honneur en 1892 ; délégué du Touring-club de France pour Paris ; membre de la Ligue de l'enseignement et du Comité d'organisation de plusieurs congrès à l'Exposition universelle, etc. ; officier du Mérite agricole depuis 1893, officier de l'Instruction publique depuis le 7 janvier 1896 et décoré de plusieurs ordres étrangers.

BEAUFORT (Paul-Alphonse-Jean Comte d'HERTAULT de)

ADMINISTRATEUR, né à Paris le 16 septembre 1845. Il appartient à une ancienne famille d'origine anglaise ; l'un de ses ancêtres, Jean de Beaufort, duc de Lancastre, émigra dans le Boulonnais et cette maison a, depuis, fourni à la France plusieurs hommes de robe et d'épée et un évêque de Lectoure.

Le comte Paul de Beaufort, ses études classiques achevées au lycée Bonaparte, aujourd'hui Condorcet, fit son droit à la Faculté de Paris, où il fut reçu docteur en 1867. Inscrit au barreau de Lyon, il devint secrétaire du bâtonnier des avocats de cette ville.

Sous-lieutenant, puis capitaine du 7ᵉ régiment des mobiles de la Seine, pendant la guerre de 1870-71, il se distingua au siège de Paris et fut proposé pour la croix.

M. de Beaufort s'est fait connaître par l'active participation qu'il a fournie à l'organisation de sociétés pour l'exploitation d'importantes affaires industrielles, financières et administratives. C'est ainsi qu'il a été amené à s'intéresser à plusieurs des entreprises faites en vue de l'Exposition de 1900 ; il est notamment président des conseils d'administration de la Société de Venise à Paris, de celles des Dioramas animés, du Panorama de la Mission Marchand, du Grand Globe céleste, etc.

Le comte d'Hertault de Beaufort a été nommé chevalier de la Légion d'honneur en 1898, comme chef de bataillon de l'armée de réserve.

DEBERDT (Raoul)

ÉCRIVAIN, né à St-Omer (Pas-de-Calais) le 15 août 1861. Il accomplit ses études classiques à Valenciennes, vint à Paris en 1884 et s'adonna à la littérature.

Historien de la femme et du sentiment, M. Raoul Deberdt consacra 15 années d'études passionnées à retrouver et à analyser l'œuvre si abondante des romanciers de jadis. La plupart de ses études, en ce genre, ont paru dans la *Revue des Revues*. C'est ainsi qu'il signala à l'attention des lettrés un xvııᵉ siècle tout à fait inconnu, et montra que la France louis-quatorzienne possédait tout un cycle de romans féministes, radicaux, socialistes, qui avaient, jusqu'à ce moment, échappé aux recherches des érudits. Dans une autre série d'articles, il prouva que le romantisme des « hugolâtres » de 1830 était entièrement emprunté à une première école romantique, très remarquable, datant du premier empire et qui, jusqu'à ce jour, avait toujours été négligée ou ignorée par les chercheurs.

De même, dans l'histoire de l'art, il s'ingénia à remettre au premier plan les petits maîtres oubliés ou dédaignés ; son *Histoire de la caricature et de l'humour français* (1899) est pleine de révélations, de réhabilitations d'artistes excellents et très peu connus.

M. Raoul Deberdt est directeur de la Collection de réimpressions de romans gais et de curiosités littéraires que publie la maison d'édition Ollendorff.

NOGUÈS (Paul-Jean)

MÉDECIN, né à Bagnères-de-Bigorre (Hautes-Pyrénées) le 5 octobre 1865. Il fit ses études médicales à Paris. Reçu externe des hôpitaux en 1885 et interne en 1886, il obtint, en 1891, la médaille d'argent de l'internat et un prix de thèse en 1892, après avoir été prosecteur provisoire à la Faculté de Médecine.

Devenu assistant du professeur Guyon, dans sa clinique des voies urinaires à l'hôpital Necker, le docteur Noguès s'est fait connaître, par divers travaux scientifiques. On cite, parmi les principaux qu'il a publiés : *Du traitement des perforations traumatiques de l'estomac et de l'intestin*, avec le Dr Paul Reclus (*Revue de Chirurgie*, 1890) ; *De la réparation primitive et secondaire de l'urèthre périnéal* (Thèse de doctorat, 1892) ; *De la température, dans la blennorrhagie aiguë* (*Annales des maladies des organes génito-urinaires*, 1895) ; Communications sur le *Traitement abortif de la blennorrhagie* (Association française d'urologie, 1896-1898-1899) ; *Des uréthrites non gonococciques* (Rapport à l'Association française d'urologie, 1897) ; *Recherches sur le protargol (sel organique d'argent) dans le traitement de l'uréthrite à gonocoque* (Annales des maladies des organes génito-urinaires et Association française d'urologie, 1898) ; *Urines purulentes et tuberculose* (Association française d'urologie, 1899). On connaît aussi de lui une série de recherches parues dans diverses publications sur l'*Anesthésie locale de l'urètre et de la vessie*, au double point de vue de la physiologie et de la pathologie.

Le Dr Nogués est membre de l'Association française d'urologie, de la Société des médecins du XVIe arrondissement, etc.

URGEL (Mme LEGRU, née Louise L'HENORET, dite Louis)

Compositeur de musique, née à Paris. Fille d'un industriel, elle manifesta, dès l'enfance, un goût prononcé pour la musique et composa, à sept ans, une *Valse*.

Mlle L'Henoret, devenue Mme Legru, par son mariage avec un banquier bien connu, est la sœur de Mlle Lynnès, de la Comédie-Française. Elle s'est fait connaître, sous le pseudonyme de « Louis Urgel, » par un certain nombre d'œuvres musicales, dont les plus appréciées ont pour titre : la *Collerette*, le *Revenant*, chansonnettes créées par Mme Simon-Girard ; *Chanson du Berger*, d'une expression tendre et voluptueuse à la fois ; *Le Chien et la Pipe*, *Guitare*, l'*Horloge*, *Je m'améliore*, *Mes distractions*, le *Poulailler*, chansonnettes, dont la musique spirituelle et légère a obtenu le plus vif succès dans les concerts et les salons mondains ; *Suzon*, la *Dernière lettre*, la *Récompense*, le *Beau Colas*, *Rêve indiscret*, l'*Amour parti*, *Pourquoi ?* *Fileuse*, *Il faut aimer*, les *Éventails*, œuvres délicates et sentimentales, très bien rythmées, remarquables par leur extrême fraîcheur et une facilité d'inspiration peu commune.

Louis Urgel a terminé : *Violettes du Printemps* et *Chanson d'esclave*, dont la création a été confiée à Mlle Flahaut, de l'Opéra ; *Trottin trottant* et les *Deux poupées* qui, chantées avant d'être éditées par Mlle Marguerite Deval, sur la scène des Mathurins, ont valu, à leur auteur et à son interprète les applaudissements du public et les éloges de la critique.

Ce compositeur a écrit les paroles de plusieurs de ses productions musicales.

GAUME (François)

Médecin, né à Segonzac (Corrèze) le 3 juillet 1830. Après avoir accompli ses études classiques au collège de Brives, il se rendit à Paris, pour y suivre les cours de la Faculté de Médecine.

Reçu docteur en 1858, avec une thèse qui fut remarquée sur le *Traitement de la fièvre typhoïde*, M. François Gaume s'établit à Paris, où il acquit la réputation d'un praticien de grand mérite. Il s'est aussi fait connaître par divers mémoires et articles intéressants, dans les revues et journaux scientifiques.

M. le docteur Gaume a cessé l'exercice de la profession médicale, depuis 1892, pour s'occuper d'agriculture dans son pays natal.

Chirurgien des ambulances urbaines, lors du siège de Paris, en 1870, il avait été nommé chevalier de la Légion d'honneur à cette époque, pour sa brillante conduite.

NOIRETERRE (Antoine-Valentin JUMEL de LISORES de)

Publiciste, ancien officier, né à Paris le 26 janvier 1824. Il appartient à la famille Jumel de Lisores et de Pont-Lévêque, qui fournit un président à mortier au Parlement de Rouen, en 1563. Petit-neveu, du côté maternel, de Mme de Noireterre, peintre de miniature, il obtint, par décision impériale, de joindre ce nom au sien.

Après avoir fait ses études à l'École Polytechnique (1845-1847), il entra, le premier de sa promotion, à celle d'État-Major, puis fit avec honneur les campagnes de Crimée, d'Italie, du Mexique, d'Allemagne et de France (1870-1871). Commandant à l'État-Major du 15e corps à Toulouse en 1876, M. de Noireterre démissionna à cette époque pour se consacrer à l'exploitation de domaines forestiers en Algérie.

Des difficultés qu'il rencontra en Algérie avec l'administration et certaines compagnies industrielles firent prendre la plume à M. de Noireterre. Il publia, en 1884, sous ce titre : *Noireterre contre l'État, Revendication contre la compagnie de Moksa-El-Haded*, un ouvrage contenant de vives critiques contre certains abus de ce temps. Puis il fit paraître successivement une série de pamphlets où les faits sont commentés dans un esprit réformateur et anticlérical très accentué, sous le titre générique de *Jovialités ecclésiastiques*. Il a publié aussi des lettres et articles dans les journaux et notamment : une *Lettre sur un point d'histoire* (*Figaro* 1892), qui eut un grand retentissement.

M. de Noireterre a exposé, depuis 1853, des tableaux de marines et paysages de sa composition.

Il est chevalier de la Légion d'honneur.

DAVID (Léon)

Artiste lyrique, né aux Sables-d'Olonne (Vendée) le 18 décembre 1867. Doué de très bonne heure d'une jolie voix de ténor, il fit ses premières études au Conservatoire de Nantes, où il obtint le premier prix de chant et le prix d'honneur en 1887. Remarqué par M. Lenepveu (de l'Institut), dans une de ses tournées d'inspection, il vint à Paris, sur les conseils de ce maître, et entra comme élève au Conservatoire national de musique.

Il suivit, pendant trois années, les cours de MM. Th. Warot et Achart et reçut diverses récompenses : une médaille de solfège, un accessit de chant et un deuxième prix d'opéra-comique en 1891 (il n'y eut pas cette année-là de 1er prix).

Engagé aussitôt à l'Opéra-Comique, le jeune artiste débuta dans les *Troyens* avec Mme Delna et se fit ensuite entendre avec succès dans la *Flûte enchantée*, *Lalla-Rouck*, *Lackmé*, la *Vivandière*, *Mireille*, *Mignon*, la *Dame Blanche*, le *Barbier de Séville*, *Carmen* et tous les opéras de Massenet.

Engagé, en 1893, au théâtre de Monte-Carlo, où il avait précédemment créé la *Gyptis* de Desjoyaux et chanté *Rigoletto*, M. David se produisit sur cette scène dans de nombreux ouvrages italiens, comme *Otello* et fit une très belle création de l'*Aréthuse* de Mme de Montgomery. Successivement appelé en représentation à Alger, Lyon, Dieppe, Lille, Royan, Nice, Bordeaux, Marseille, Nantes, l'excellent artiste a chanté avec éclat dans ces différentes villes les répertoires français ; il a aussi créé : *Werther*, l'*Attaque du Moulin*, la *Navarraise*, *Guernica*, *Mazeppa*, la *Vie de Bohême*, etc.

Il entra, en 1897, comme premier ténor à l'Opéra-Comique et, depuis cette époque, jouit d'une grande vogue, que justifient son brillant talent, à ce théâtre comme dans la plupart des salons mondains et des grands concerts parisiens où il se fait parfois entendre.

En novembre 1899, il fut choisi pour interpréter, à la séance solennelle de l'Institut, la cantate : *Callirohé* de M. Charles Lévadé qui remporta le premier grand prix de Rome. Il a aussi chanté au centenaire de Rossini chez l'Alboni et fit partie de l'élite des artistes entendus, lors de la fête organisée par Mme Marchesi à l'occasion du cinquantenaire de son professorat (décembre 1899).

ROUSSEL (Albéric-Aisée-Louis)

Médecin, né à Crillon (Oise) le 28 février 1853. Fils d'ouvriers, il fit, à Paris, ses études classiques et médicales, en même temps qu'il était maître-répétiteur dans une institution. Externe des hôpitaux de 1876 à 1879, interne provisoire en 1879, interne titulaire à l'Asile national de Vincennes en 1880, il fut reçu, en 1881, docteur en médecine, avec une thèse des plus intéressantes sur la *Convalescence du rhumatisme articulaire aigu*, qui fut couronnée par la Faculté et valut à son auteur les palmes académiques.

M. le Dr Albéric Roussel a exercé diverses fonctions publiques. Il a été médecin inspecteur des écoles du IIIe arrondissement de 1881 à 1884 ; il est médecin de l'état civil, dans le même arrondissement, depuis 1884, année où sévit une épidémie de choléra assez dangereuse. Il a été, en outre, professeur à l'Union des Femmes de France et à l'Association philotechnique. Médecin du ministère de l'Instruction publique et des Beaux-Arts depuis 1893, membre de la Commission d'hygiène et salubrité du IIIe arrondissement, de la Société de Médecine publique et d'hygiène professionnelle, de l'Association pour l'avancement des sciences, etc., il a été médecin de plusieurs sections coloniales à l'Exposition universelle de 1889 et désigné comme membre du jury à celle de 1900.

On doit au docteur Albéric Roussel, qui s'occupe à la fois de médecine générale et d'électrothérapie, de nombreuses communications et observations, traitant de sujets thérapeutiques et parues dans le *Bulletin de la Société Clinique des Praticiens de France* et autres recueils scientifiques.

Il a épousé la petite-fille de Charrière, le grand inventeur d'instruments de chirurgie.

M. le Dr Albéric Roussel est officier de l'Instruction publique depuis 1888, commandeur de l'ordre du Cambodge, officier du Dragon vert de l'Annam, etc.

LOCKROY
(Edouard-Etienne-Antoine SIMON, dit)

Ancien ministre, député, écrivain, né à Paris le 17 juillet 1840. Fils de Joseph-Philippe, auteur dramatique (1803-1891), il fit ses études classiques et fut ensuite élève du peintre Giraud et de l'Ecole des Beaux-Arts. Il prit part, avec Alexandre Dumas, à la campagne de Garibaldi en Sicile (1860), puis accompagna, comme secrétaire, Ernest Renan dans son voyage archéologique en Judée et en Phénicie (1861-1864).

De retour à Paris, M. Lockroy collabora successivement au *Figaro*, au *Diable-à-Quatre* et au *Rappel*, où sa guerre quotidienne contre l'empire lui valut une condamnation à 4 mois de prison et 3,000 francs d'amende. Nommé chef de bataillon de la garde nationale pendant le siège de Paris, il combattit vaillamment à Champigny et à Buzenval, où son père fut blessé à ses côtés.

Le 8 février 1871, M. Edouard Lockroy fut élu représentant de la Seine à l'Assemblée nationale, par 134,583 voix sur 328,970 votants. Il se rendit à Bordeaux, vota contre les préliminaires de paix et déposa une proposition relative à l'organisation de la garde nationale. Signataire de la proclamation des maires de Paris et des représentants de la Seine au lendemain du 18 mars, il fut aussi de ceux qui tentèrent vainement un rapprochement entre Paris et Versailles, et, après l'ouverture des hostilités, il démissionna de son mandat de député. Arrêté, quelques jours après, à Vanves et conduit à Versailles, puis à Chartres, il fut remis en liberté sans jugement en juin 1871.

Elu, le 23 juillet suivant, conseiller municipal pour le quartier de la Roquette, à Paris, il devint, en 1872, directeur du *Peuple Souverain*, journal politique à cinq centimes, où, menant pour ses idées une courageuse campagne, il fut poursuivi devant la Cour d'assises, pour un article intitulé : « Mort aux traîtres », et acquitté ; mais il fut condamné peu après, à la suite d'un duel retentissant avec M. de Cassagnac, à huit jours de prison, ainsi que son adversaire (juillet 1872) et, le 27 mars 1873, à un mois de prison pour un nouvel article : « La libération du territoire. » A la même époque, il fonda, avec M. d'Alton-Shée, un autre journal républicain à cinq centimes : le *Suffrage universel* ; puis il rentra au *Rappel*.

Elu, pendant sa dernière détention, le 27 avril 1873, représentant des Bouches-du-Rhône à l'Assemblée nationale, par 55,830 voix sur 74,334 votants, M. Edouard Lockroy siégea à l'extrême gauche, vota l'ensemble des lois constitutionnelles et prit la parole dans plusieurs importantes discussions, notamment dans celle du budget de 1874.

Aux élections du 20 février 1876, il fut élu dans le XVIIe arrondissement de Paris, au premier tour de scrutin, par 10,171 voix contre 3,883 à M. Puteaux, modéré, et au scrutin de ballottage, dans la 1re circonscription d'Aix, avec 5,396 voix sur 5,536 votants. Il opta pour Aix, faisant élire à Paris un autre républicain, Pascal Duprat, continua de siéger à l'extrême gauche, soutint l'amnistie plénière et fut des 363.

Réélu, après la dissolution de la Chambre, le 14 octobre 1877, député d'Aix, par 7,514 voix contre 4,921 à M. Rigaud, il fit partie du « Comité des dix-huit » chargé d'organiser la résistance contre le cabinet de Rochebouët, demanda la laïcisation immédiate du personnel de l'enseignement primaire, la suppression du budget des cultes, etc.

Réélu, encore, le 21 août 1881, à Aix, par 5,285 voix contre 2,314 à M. Pautrier, et dans le XIe arrondissement de Paris par 8,501 voix sur 15,665 votants, il opta cette fois pour Paris et s'occupa surtout, durant cette nouvelle législature, de la révision constitutionnelle (projet de loi déposé avec M. Barodet, en 1882), de la radiation immédiate de l'armée des princes d'Orléans (avec M. Ballue) et des expéditions coloniales, dont il s'affirma énergiquement l'adversaire.

Aux élections générales du 4 octobre 1885, porté sur toutes les listes républicaines, radicales et socialistes de la Seine, M. Lockroy fut élu le premier, avec 272,680 voix sur 433,990 votants. Le 7 janvier 1886, il était appelé, dans le cabinet de Freycinet, au ministère du Commerce, auquel, sur sa demande, furent transférés les syndicats ouvriers, et qui prit alors le titre de ministère du Commerce et de l'Industrie. Il conserva ce portefeuille dans le cabinet Goblet, du 11 décembre 1886 au 30 mai 1887, présenta un projet de loi sur l'arbitrage entre patrons et ouvriers, un autre sur les accidents du travail et détermina la construction de la Tour Eiffel, de la Galerie des Machines et du Palais du Champ-de-Mars, en vue de l'Exposition universelle de 1889. Remplacé, le 30 mai 1887, par M. Dautresme, dans le cabinet Rouvier, M. Lockroy devint président du groupe parlementaire de la Gauche radicale.

Il rentra au pouvoir, comme ministre de l'Instruction publique et des Beaux-Arts, dans le cabinet Floquet, du 3 avril 1888 au 22 février 1889. Il venait de mettre à l'étude la réforme du programme des écoles de droit lorsqu'il dût abandonner son portefeuille.

Aux élections du 22 septembre 1889, il se porta dans la 2ᵉ circonscription du 11ᵉ arrondissement de Paris et fut élu, au scrutin de ballottage, par 7,911 voix contre 5,320 à M. Massard, boulangiste. C'est l'intervention de M. Lockroy qui, en 1893, causa la chute du deuxième cabinet Ribot (30 mars) et du ministère Dupuy qui suivit (25 décembre).

Pendant la période électorale de 1893, un cocher, nommé Moore, avait tenté d'assassiner M. Lockroy, à la sortie d'une réunion électorale, en tirant sur lui un coup de revolver. Gravement atteint, mais assez rapidement rétabli, la balle qui l'avait blessé ayant pu être extraite, il fut réélu, dans la même circonscription, par 6,688 voix, contre 3,131 à M. Ranvier et 2,852 à M. Raymond, socialistes. Il fut nommé, en 1894, vice-président de la Chambre, puis devint ministre de la Marine dans le cabinet Bourgeois (du 3 novembre 1895 au 21 avril 1896). A ce dernier titre, on lui doit la création de l'Ecole de Guerre (1ᵉʳ janvier 1896), l'organisation de la défense des côtes, la réforme administrative et celle de la comptabilité maritime, le renouvellement des types de bâteaux militaires et diverses autres réformes importantes.

Président de la Commission du Budget en 1896, M. Lockroy déposa, en 1897, une proposition de crédit de 200 millions en faveur de notre flotte, qui fut acceptée par la Commission de la Marine contre l'avis du ministre de ce département.

Réélu au renouvellement législatif de 1898, dans la même circonscription, par 9,437 voix contre 4,032 à deux concurrents socialistes, M. Lockroy reprit le portefeuille de la Marine dans le cabinet Brisson (29 juin au 25 octobre 1898). Durant son passage au pouvoir, il s'est surtout occupé de la défense des côtes. En 1900, dans la discussion sur l'armée coloniale, il se prononça pour le rattachement de cette création à la Marine.

L'éminent député a publié un nombre considérable d'articles sous les rubriques : la « Petite Guerre » au *Rappel*, « Menus Propos » au *Figaro*. Il a collaboré à l'*Eclair*, à la *Dépêche de Toulouse*, etc. ; en 1868, il avait écrit une pochade en un acte : *Le zouave est en bas* ; puis il a donné en librairie : le *Sénatus-consulte* (1869) ; les *Aigles du Capitole* (1869) ; *A bas le Progrès* (1870) ; *La Commune et l'Assemblée* (1871) ; *L'Ile révoltée*, histoire de l'expédition garibaldienne (1877); le *Journal d'une bourgeoise sous la Révolution*, série de lettres de son aïeule (1881) ; *Ahmed le boucher* ; *La Syrie et l'Egypte au XVIII* siècle, étude historique (1888) ; *Une mission en Vendée, 1793* ; *M. de Moltke,*

ses mémoires et la guerre future (1892) ; la *Marine de Guerre* (1896), ouvrage très commenté en France et à l'étranger ; la *Défense navale* (1899), etc.

M. Edouard Lockroy a épousé, le 3 avril 1877, Mᵐᵉ veuve Charles Hugo, la belle-fille de l'immortel poète.

MAULDE de la CLAVIÈRE (Marie-Alphonse-René de)

Historien, écrivain et moraliste, né à Vibelle (Loiret) le 8 août 1848. Après de très fortes études classiques, il étudia le droit à la Faculté de Paris, fut en même temps brillant élève de l'Ecole des Chartes et devint successivement chef de cabinet des préfets de l'Allier et de Vaucluse, sous-préfet de Bonneville (1874), des Sables-d'Olonne (1876), de Tournon (1877), de Bernay (1878) et se fit mettre en non-activité, en 1879, pour se consacrer à des travaux littéraires.

M. de Maulde fonda, en 1886, la Société d'Histoire diplomatique, dont il a été le secrétaire-général jusqu'en 1898, époque à laquelle il est devenu vice-président. Il a également fondé les Congrès internationaux d'histoire comparée, dont il préside le comité permanent d'organisation. Il a présidé, avec M. de Beaufort, ministre des Affaires étrangères des Pays-Bas, le Congrès d'histoire de La Haye (1895) et, avec M. Gaston Boissier, secrétaire perpétuel de l'Académie Française, le Congrès de Paris (1900).

Longtemps directeur de la *Revue d'Histoire diplomatique*, collaborateur du *Journal des Débats* et de diverses revues, cet écrivain a publié de nombreux ouvrages d'histoire et d'érudition. On cite de lui : *Notice historique sur le prieuré de Flotin* (1868) ; *Condition forestière de l'Orléanais au Moyen-Age et à la Renaissance* (1870) ; *De la condition des hommes libres dans l'Orléanais au XIIᵉ siècle* (1875) ; *Exhortation de la pucelle d'Orléans aux princes de la terre* (1877) ; *Une vieille ville normande, Caudebec-en-Caux* (1 vol. in-folio avec gravures, 1879) ; *Coutumes et règlements de la République d'Avignon au XIIIᵉ siècle*, étude d'histoire économique et juridique (1879) ; *Œuvres de Jean de la Taille, seigneur de Bondaroy*, avec notice, notes, d'après des manuscrits inédits (4 vol., de 1878 à 1882) ; *Jeanne de France, duchesse d'Orléans et de Berry, 1464-1505* (1883), récompensé du second prix Gobert par l'Académie Française ; *De l'organisation municipale coutumière au Moyen-Age* (1883) ; *Procédures politiques du règne de Louis XII* (1885) ; *Les juifs dans les Etats Français du Saint-Siège* (1886) ; *Gille* de Rais et Barbe-Bleue (1886); Pierre de Rohan, duc de Nemours, dit le maréchal de Gié (1887); les Origines de la Révolution Française au commencement du XVIe siècle (1889) ; Histoire de Louis XII (3 vol., 1889-1891); Chroniques de Louis XII, par Jean d'Auton (4 vol. (1889-1895) ; Un essai d'exposition internationale en 1470 (1889) ; la Conquête du Tessin par les Suisses, étude diplomatique (1890); La diplomatie au temps de Machiavel (3 vol., 1892-1893) ; L'entrevue de Savone en 1507, étude d'histoire diplomatique (1 vol.); Jean Perréal, dit Jean de Paris, peintre des rois Charles VIII et François Ier (1 vol. paru dans la Bibliothèque de l'enseignement des Beaux-Arts) ; Louise de Savoie et François Ier, (1 vol. avec portraits) ; Les mille et une nuits d'une ambassadrice de Louis XIV (1896) ; les Femmes de la Renaissance (1899), ouvrage traduit en anglais ; Les Portraits du XVIe siècle au Musée de Versailles (1900) ; Rapports du secrétaire-général de la Société d'Histoire diplomatique (années 1888 à 1898).

Membre de la Société royale de Londres, des Académies de Madrid, de Hongrie, de Turin, etc., M. de Maulde a présidé, en 1897, l'exposition Arte Sacra de Turin. Il est officier de Saint-Maurice et Lazare, grand officier du Médjidié, etc.

DEVERT (Amand)

EINTRE, né à Epernay (Marne) le 9 mars 1869. Venu très jeune à Paris, il se sentit attiré vers l'art par l'étude fréquente des œuvres des maîtres anciens au musée du Louvre. En 1889, il entrait dans l'atelier de MM. Jules Lefebvre et Benjamin-Constant et il débuta, dès l'année suivante, au Salon, avec un Portrait qui fut très apprécié.

Cet artiste s'adonna ensuite au paysage et exposa pendant plusieurs années des études de plein air, qui furent, elles aussi, bien accueillies.

Citons entre autres : le Chemin d'Argensolle et Etang en Champagne (1890) ; Troupeau surpris par l'orage (1891) ; Vendanges en Champagne et Départ de vendangeurs (1892) ; Après l'orage et l'Ancien monastère d'Argensolle au crépuscule (1893) ; la Chapelle et l'Hôpital Aulan-Moët à Epernay (1894); Bœufs revenant du labour (1895) ; le Départ du troupeau (1896), etc.

M. Amand Devert n'avait cependant point délaissé son premier genre. C'est surtout comme portraitiste qu'il a fait apprécier, en ses productions, de belles qualités d'expression et de caractère. En 1899, il exposa au Salon annuel un Portrait de l'auteur, de tons et de composition également louables ; il a produit, en outre, des portraits de plein air où le paysagiste et le portraitiste s'unissent pour réaliser d'heureuses inspirations.

M. Amand Devert a exposé, en dehors des Salons parisiens, de nombreuses toiles à Dunkerque, Besançon, Rouen, Le Havre, Lille, Périgueux, Reims, Versailles, Charleville, où il a obtenu plusieurs récompenses.

TRIGANT de BEAUMONT (Louis-Henry)

CRIVAIN, ancien fonctionnaire, né à Paris le 30 décembre 1841, d'une très ancienne famille, qui a compté parmi ses membres des ministres, ambassadeurs, députés, magistrats, fonctionnaires et plusieurs officiers supérieurs, dont le général comte Trigant de Beaumont, son grand-père, gouverneur du Sénégal, commandeur de St-Louis, officier de la Légion d'honneur, décoré du Saint-Esprit et du Lys.

M. Henry Trigant de Beaumont débuta, en 1862, dans l'administration centrale du ministère de l'Intérieur ; tout en s'acquittant de ses obligations professionnelles, il accomplit ses études de droit et fut reçu licencié à la Faculté de Paris.

Il collabora tout d'abord à de nombreuses publications parisiennes, telles que : le Journal des Travaux publics, le Journal Officiel des Théâtres, l'Audience, le Bulletin de la Société des Crèches, etc. Il écrivit aussi dans plusieurs dictionnaires et encyclopédies, où il donna des études techniques traitant d'assistance publique et privée, des sourds-muets, des aveugles, de certains points intéressants de législation et de la dépopulation, etc.

On doit, en outre, à M. Trigant de Beaumont des ouvrages fort appréciés, en France comme à l'étranger, parmi lesquels il faut citer : De la conservation des enfants par les crèches (avec plans de crèches modèles, 1 vol. 1878); Manuel de comptabilité à l'usage des Trésorières des Crèches (1 vol. 1880) ; Traité de l'Assistance publique et privée en France (1 vol. 1884) ; Traité de la Chasse (1 vol. 1886).

Ces ouvrages, tous très documentés et fort bien traités, ont valu à leur auteur une médaille d'or à l'Exposition universelle de 1878, une médaille d'honneur de la Société d'encouragement au bien et une médaille de première classe à l'Exposition internationale de la Nouvelle-Orléans.

Pendant la durée de ses fonctions, M. Trigant de

Beaumont a fait partie de diverses commissions administratives ; il a été aussi secrétaire-rapporteur de l'une des commissions du Congrès international de la protection de l'enfance.

Depuis qu'il a pris sa retraite comme chef de bureau au ministère de l'Intérieur (1894), il a fait paraître des articles et des poésies dans diverses publications littéraires, ainsi que plusieurs brochures, notamment : la *Maison d'enfants*; *Pornichet tel qu'il devrait être* (étude bretonne) ; l'*Hostellerie des Vieux Plats* (fantaisie normande en vers), etc.

Admis, dès 1877, à l'adhérence de la Société des Gens de lettres, M. Trigant de Beaumont en est membre sociétaire depuis 1884. Il a été, pendant un certain nombre d'années, membre du conseil d'administration de la Société centrale des crèches, en même temps que secrétaire de la Société nationale d'encouragement au bien ; il fait, en outre, partie de diverses associations charitables, littéraires, historiques et de sport.

Il est officier d'Académie depuis 1884.

BLONDEL (Octave)

Avocat, ancien vice-président du Conseil municipal de Paris, né à Falaise (Calvados) le 31 août 1846. Fils d'un professeur de l'Université, que le prince-président destitua en 1849 et qui devint, par la suite, chef d'institution libre, il accomplit ses études classiques dans l'établissement de son père, à Flers (Orne) et fut, à seize ans, reçu bachelier. Il prit ensuite ses inscriptions de droit à la Faculté de Caen, obtint la licence et se fit inscrire au barreau de Domfront. Venu, en 1871, exercer le ministère d'avocat à Paris, il délaissa bientôt cette profession pour se vouer à l'enseignement, comme auxiliaire de son père, à l'Ecole Pompée.

Dès ce moment, M. Octave Blondel prit une part active aux luttes politiques et sociales. En 1872, il était correspondant parisien du journal radical le *Progrès de l'Orne*, publié à Alençon, et qu'il avait contribué à fonder. L'année suivante, il fut délégué au Congrès électoral Barodet et devint, en 1874, dans le quartier St-Avoye, à Paris, lors des élections municipales, l'un des promoteurs de la candidature Yves Guyot, la première faite en dehors des influences « opportunistes ».

Secrétaire de la rédaction, en 1876, du journal la *Révolution*, dont le directeur était M. Alfred Naquet, M. Blondel fit, en 1882 et 1883, dans le *Radical*, une campagne énergique sur les réformes à apporter dans l'organisation des tribunaux de commerce, et qui ne fut pas sans produire quelques effets.

Rédacteur en chef du *Foyer républicain*, journal socialiste d'Alençon en 1889, il sut habilement rallier les diverses fractions des partis démocratiques de l'Orne et assurer aussi, dans ce département, le succès des candidats républicains à la Chambre, ainsi que celui de M. le D' Labbé au Sénat. Dans ce même organe, il préconisa la création de syndicats ouvriers à Flers, idée qu'il vint soutenir dans la même ville par la parole en 1890. C'est de cette époque que date le Syndicat de l'industrie cotonnière de Flers, point de départ du mouvement syndicataire qui s'étendit depuis dans tout le département de l'Orne. Il a aussi fondé l'Association amicale de l'Orne (1893), dont il est devenu président et qui est aujourd'hui des plus prospères.

M. Blondel avait été nommé, en 1888, adjoint au maire du III° arrondissement de Paris ; il remplit cette fonction jusqu'en 1890. Chargé spécialement de toutes les études relatives à l'enseignement, il put réaliser d'importantes améliorations et notamment la réorganisation des cantines scolaires.

Elu conseiller municipal du quartier des Arts-et-Métiers et conseiller général de la Seine en 1890, avec 2,262 voix, sur 3,233 votants, il fut réélu dans ce même quartier en 1893 et en 1898.

A l'Hôtel-de-Ville, M. Blondel fait partie du groupe socialiste, à la fondation duquel il a contribué pour une large part. C'est également dans les questions d'enseignement qu'il s'est spécialisé. Membre de la 4° commission, il y a conquis une légitime influence. Partisan de la suppression des bataillons scolaires, qu'avec beaucoup de ses collègues il jugeait inutiles, il fut chargé du rapport concernant cette proposition et obtint gain de cause, substituant les jeux, ou ce que l'on a appelé depuis « l'éducation physique », aux bataillons scolaires. L'organisation actuelle de l'enseignement du travail manuel dans les écoles primaires est également l'œuvre de M. Blondel. Il en fit voter la transformation en 1898 et ce sont les programmes qu'il élabora à cette époque, avec le concours de M. Jully, inspecteur du Travail manuel, qui sont aujourd'hui appliqués. C'est également sur son initiative que furent fondés les cours techniques du soir réservés aux apprentis.

M. Blondel a opéré la réglementation de l'emploi des fonds d'emprunts pour constructions scolaires, opération d'une grande importance, conduite avec rapidité et sûreté. Il a, en outre, attaché son nom à une mesure fort libérale, en faisant obtenir aux instituteurs et aux institutrices comptant plus de cinq années dans la 1re classe et n'ayant, d'autre part, aucune chance régulière d'arriver à une direction d'école, une indemnité municipale de 300 francs.

Fondateur et président de la Commission de l'internat primaire, dont le budget pour 1900 s'élevait à 1,500,000 francs, il a fait transformer cette institution municipale, pour la mettre réellement à la portée des familles peu fortunées. Moyennant une rétribution de 10 à 20 francs par mois, les enfants sont, depuis admis à l'internat primaire, ce qui équivaut à les faire instruire, nourrir et entretenir à peu près entièrement aux frais de la Ville de Paris.

De 1893 à 1894, M. Octave Blondel avait été choisi comme vice président du Conseil municipal de Paris ; il a rempli ces fonctions avec une urbanité unanimement reconnue.

CARRON de la CARRIÈRE
(Paul-Ange-Louis-Marie)

ANCIEN député, né à Paris le 22 juillet 1852. Il fit ses premières études en Angleterre, où son père était consul général, les termina à Vaugirard, suivit les cours de la Faculté de Droit de Paris et, après avoir été reçu licencié, se fit inscrire comme avocat à la Cour d'appel.

M. Paul Carron de la Carrière débuta, en 1883, dans la vie politique comme conseiller général du canton de Janzé (Ille-et-Vilaine), en remplacement de son père, auquel il succéda également, à sa mort, comme maire de Piré (1885). Candidat aux élections législatives de cette même année, il échoua ; mais il fut élu député d'Ille-et-Vilaine dans une élection partielle, le 30 mai 1886, par 57,540 voix, contre 49,666 à M. Martin, maire de St-Malo, radical. Réélu en 1889, au scrutin d'arrondissement, par 7,694 voix, contre 5,746 à M. Martin-Feuillée, dans la 2e circonscription de Rennes, il échoua avec 6,274 voix, contre 8,802 à M. René Brice, lors du renouvellement général de 1893.

Pendant son séjour à la Chambre, M. Carron de la Carrière fit partie de la droite et de l'union des droites. Membre de diverses commissions importantes, notamment de la dernière commission du Panama, il prit une part active aux travaux législatifs et s'est surtout occupé des questions agricoles. Protectionniste absolu, lors du renouvellement des traités de commerce, il élabora de nombreux amendements pour empêcher l'avilissement du prix des blés. Ses efforts tendirent à protéger la culture française contre la concurrence étrangère et à assurer une vente plus rémunératrice de ses produits. Il déposa plusieurs projets de loi ayant pour objet l'amélioration du sort des travailleurs, la protection contre la fraude des beurres de Bretagne et de Normandie, la simplification des formalités pour le mariage des indigents, etc.

M. Carron de la Carrière habite le château de Piré, dans l'Ille-et-Vilaine, qui contient de nombreux tableaux et objets d'art provenant de la famille de sa mère, née Titon du Tillet, descendante de l'auteur du *Parnasse Français*. Président de la Société d'Agriculture d'Ille-et-Vilaine, il a publié de très intéressantes relations de voyage en Crimée et au Caucase dans le *Correspondant*.

Il a fondé et soutenu de nombreuses écoles libres congréganistes et a été nommé par le pape, pour son dévouement à la cause de l'enseignement libre, commandeur de St-Grégoire-le-Grand.

LAURENT-CÉLY
(François-Marie-Arthur)

ONSEILLER général de la Seine, ancien officier, né à Combronde (Puy-de-Dôme) le 29 septembre 1843. D'abord employé au télégraphe et à la statistique du chemin de fer de Paris-Lyon-Méditerranée, de 1861 à 1864, il s'engagea, le 21 mars 1864, au 98e régiment de ligne. Fourrier en 1865, sergent-major en 1867, il fit la campagne contre l'Allemagne à l'armée de Metz. Nommé adjudant après les combats de Borny, Gravelotte et Saint-Privat, sous-lieutenant au combat de Ladonchamps, il fut emmené, comme prisonnier de guerre, en Allemagne. En 1873, il fut nommé lieutenant au 61e de ligne et donna sa démission en 1875. Il est capitaine dans l'armée territoriale depuis le 28 septembre 1875.

M. Laurent-Cély est l'inventeur d'un accumulateur électrique employé pour l'éclairage de Paris, l'éclairage et les signaux des bâtiments de la Marine française, les bateaux sous-marins et les tramways du département de la Seine. Depuis 1875, il représente à Paris la Compagnie des fonderies, forges et aciéries de Saint-Étienne.

Conseiller municipal à Asnières de 1886 à 1893, il donna sa démission pour se présenter au Conseil général. Il fut élu, au scrutin de ballottage, le 14 mai

1893, par 1,854 voix et réélu, au renouvellement de 1896, au premier tour, par 2,048 voix.

Il a été secrétaire du Conseil général pour la session de 1893 et vice-président pour la session de 1894.

La Commission d'enquête nommée par le Conseil général à la suite de la révocation de M. Robin, directeur de l'Orphelinat Prévost à Cempuis, l'ayant nommé vice-président et chargé de faire le rapport sur cette délicate et bruyante affaire, M. Laurent-Cély sut mener à bien cet important travail ; ses conclusions, nettes et franches, furent adoptées par le Conseil général et l'œuvre pédagogique de Cempuis maintenue dans son intégrité. Les accusations portées contre les enfants furent réduites à néant et l'Orphelinat Prévost put être réorganisé par une Commission spéciale, dont M. Laurent-Cély est devenu le vice-président.

M. Laurent-Cély est le seul conseiller de la banlieue qui ait pu trouver place à la Commission de l'enseignement primaire. Ses idées sur l'éducation populaire lui ont permis de prendre là une influence justifiée. Les services scolaires et les instituteurs de la banlieue lui sont redevables de nombreuses et importantes améliorations.

Membre de la Commission des enfants moralement abandonnés, il put connaître les misères imméritées de l'enfance malheureuse et se donna la mission de doter le département de la Seine des services de protection et d'éducation qui lui manquent encore. C'est ainsi qu'il a proposé et obtenu la création de l'internat primaire départemental. Il est, avec M. Faillet, conseiller municipal de Paris, qui avait déjà été son collaborateur pour la réorganisation de l'Orphelinat de Cempuis, l'auteur d'un projet demandant l'ouverture d'un Institut d'éducation physiologique pour les enfants débiles, arriérés ou instables.

Depuis la création, à Asnières, de l'Institut des sourds-muets et des sourdes-muettes, en 1894, M. Laurent-Cély est devenu le vice-président de la Commission de surveillance de cet établissement. Il est l'ardent défenseur, le protecteur dévoué de cette œuvre d'enseignement, de justice et de réparation sociale.

M. Laurent-Cély ne s'est pas cantonné dans les questions d'enseignement et d'éducation. Il a défendu avec énergie et presque toujours avec succès les intérêts des habitants de la banlieue parisienne. C'est à lui, notamment, que l'on doit la diminution de o,fr.05 par mètre cube sur le prix du gaz consenti dans dix-huit communes par la Cie Parisienne et la ville de Paris. Il représente le Conseil général dans les Commissions de surveillance de l'épandage dans la presqu'île de Gennevilliers et dans la plaine d'Achères. Il est président de la Commission de Gennevilliers.

Estimant qu'il y avait lieu, à côté des si nombreuses *Histoires de Paris*, d'écrire une *Histoire du département de la Seine*, M. Laurent-Cély provoqua la constitution d'une commission spéciale dont il fut nommé président. Cette œuvre importante, à laquelle il s'est attaché activement, est appelée à fournir, quand elle sera achevée, de précieux documents aux philanthropes, aux administrateurs et au public. Les intéressés pourront y suivre pas à pas le développement si rapide des services publics et apprécier la marche progressive de l'idée humanitaire et des principes de solidarité sociale qui guident le Conseil général de la Seine.

RONSERAY
(Arnold-Auguste Comte de)

ADMINISTRATEUR et archéologue, né à Chatou (Seine-et-Oise) le 24 mai 1849. Arrière-petit-fils de Messire Pierre de Ronseray, premier président du Conseil supérieur de l'île de Saint-Domingue en 1792, il accomplit ses études classiques à Paris, au collège Stanislas, et suivit ensuite les cours de la Faculté de Droit, où il fut reçu licencié en 1872, après avoir fait la campagne de 1870 comme engagé volontaire. Puis il entra dans le service du contentieux de la Compagnie des chemins de fer du Nord, dont son père était le chef.

Marié, en 1875, à la fille de M. le duc de Bojano, directeur de la Compagnie d'assurances contre l'incendie « le Soleil », le comte de Ronseray débuta aussitôt dans cette administration, puis devint sous-directeur de l'« Aigle » en 1884 et, au mois de décembre 1898, fut nommé secrétaire-général des compagnies de l'« Aigle » et du « Soleil ».

Archéologue, M. le comte de Ronseray a collaboré à la rédaction d'articles historiques et archéologiques dans la *Revue de l'Ouest* et a fait paraître en librairie une *Notice historique sur l'Abbaye de Neauphle-le-Vieux*. Il est membre de la Société Archéologique de Rambouillet, des Conseils héraldiques français et italien et du Touring-Club de France.

Capitaine d'artillerie territoriale, attaché à l'état-major de la Préfecture maritime de Toulon, il a été fait chevalier de la Légion d'honneur au titre militaire, et, comme secrétaire du Comité international des ordres équestres pontificaux, il a été décoré de la croix *Pro Ecclesia et Pontifice*, à l'occasion du jubilé du pape Léon XIII. Il est aussi officier de Charles III d'Espagne, commandeur de l'ordre de Danilo du Monténégro et chevalier de 3e classe de l'ordre de Sainte-Anne de Russie, au titre militaire.

ROCHEMONTEIX (Jacques-Henri-Adolphe de CHALVET Vicomte de)

ARCHÉOLOGUE, publiciste, né au château de Pradines, près Cheylade (Cantal) le 10 janvier 1837. Il appartient à une des plus anciennes familles de la haute Auvergne ; ses ancêtres conquirent sur les champs de bataille les titres de comtes de Nastrat et de marquis de Vernassal.

Après avoir fait de fortes études à St-Etienne, à Poitiers et à Paris, il fut appelé, pendant les dernières années de l'empire, à diriger d'importantes mines de soufre dans les Romagnes. C'est pendant son séjour et ses voyages en Italie qu'il prit goût à l'archéologie et se livra plus particulièrement à l'étude approfondie de cette science. Après la guerre, en vue de compléter ses études, il suivit les cours de l'Ecole des Chartes pendant quatre années (1876-1880), en qualité d'élève libre.

M. de Rochemonteix s'est fait connaître par de nombreuses publications historiques, scientifiques et archéologiques. Il a publié : l'*Histoire de l'Abbaye de Feniers ou du Val-Honnête* (1882), fort volume in-8e, qui lui valut, avec les palmes académiques, une médaille d'argent grand module de la Société Française d'Archéologie, dont il est un des inspecteurs ; la *Maison de Graule*, étude sur la vie et les œuvres des Convers de Citeaux en Auvergne (in-8e 1888) ; *La Chapelle et la Vierge de Font-Sainte* (in-8e 1895). Entre temps, il adressait aux feuilles locales, sous des pseudonymes divers, des articles très remarqués sur les finances espagnoles, sur l'agriculture et l'élevage de la race bovine, où il combattait les méthodes surannées des paysans de la Haute-Auvergne.

En 1898, le *Bulletin Archéologique du Comité des Travaux historiques et scientifiques du ministère de l'Instruction publique* publiait de lui un *Mémoire sur les églises romanes de l'arrondissement de Mauriac* (Cantal), lu en Sorbonne au Congrès des Sociétés Savantes. Il écrivait ensuite une vaste *Etude sur les églises romanes des arrondissements de Murat et de St-Flour et des caractères qui les distinguent des églises de l'arrondissement de Mauriac*. Il a collaboré au *Bulletin de la Société nationale des Antiquaires de France*, dont il est membre correspondant, au *Bulletin de la Société des Lettres, Sciences et Arts*, la « Haute-Auvergne », dont il est vice-président, au *Bulletin de la Société des Lettres, Sciences et Arts des Alpes-Maritimes*, etc.

Dans un autre sens, cet écrivain, qui est correspondant du ministère de l'Instruction publique et de la Commission des Monuments historiques, a produit : une excellente *Carte Cyclo-Automobile du département du Cantal* ; un *Guide pratique illustré sur Nice et ses environs*, ouvrage publié en français et en anglais, dont le tirage dépasse 20,000 exemplaires ; la *Carte routière des Alpes-Maritimes* ; divers *Profils* et *Cartes* de Marseille à Vintimille ; de Nice, Monaco, Menton, etc.

Maire de la commune de Cheylade (Cantal), depuis 1874. M. de Rochemonteix a présidé, dans cette contrée, à la construction de routes, de ponts, d'écoles primaires, etc. Sous son administration, les écoles ont pris un développement considérable et il a, le premier dans son département, créé, dans cette modeste commune rurale, des cours complémentaires de filles et de garçons.

M. de Rochemonteix est officier de l'Instruction publique et chevalier de l'ordre royal de Charles III d'Espagne.

BARLET (Albert FAUCHEUX, dit)

PHILOSOPHE, né à Paris, le 12 octobre 1838. Fils d'un professeur, qui fut bibliothécaire à l'Arsenal, il accomplit ses classes au lycée Charlemagne et suivit ensuite les cours de la Faculté de Droit de Dijon, jusqu'au grade de licencié. Il a été receveur de l'enregistrement de 1859 à 1898, époque à laquelle il prit sa retraite.

M. Barlet s'occupe, depuis de nombreuses années, de l'étude des questions philosophiques et pédagogiques. Lauréat au concours international Pereire, où il obtint le deuxième prix, avec un mémoire sur l'*Instruction publique*, en 1884, cet écrivain a publié d'importants travaux, notamment : l'*Evolution de l'Idée* (1 vol. 1891), ouvrage dans lequel il répartit l'école philosophique en 4 groupes distincts, dont un groupe synthétique ; la *Chimie synthétique* (1891) : il produit dans ce livre une classification nouvelle des corps chimiques qui correspond aux principes des éléments des anciens ; la *Sociologie synthétique*, fondée sur l'idée que la société est un organisme psychique (1893) ; l'*Instruction intégrale*, plan d'éducation basé sur une classification nouvelle des sciences (1895) ;

l'*Evolution de la Sociologie* (1894); et, en collaboration avec M. J. Lejay : la *Synthèse de l'Art*, *Peinture* (1895) ; l'*Art de demain* (1897).

Ce savant collabore à divers journaux et revues; mais plus spécialement à l'*Initiation*, publication occultiste. M. Barlet fait aussi des cours de métaphysique occultiste très fréquentés.

LEFORT des YLOUSES
(Arthur-Henri)

RAVEUR et peintre, né au Cateau (Nord) le 10 septembre 1846. Elève de Cabanel, il s'exposa d'abord aux Salons annuels des Champs Elysées des tableaux historiques, des dessins, puis des faïences, des gravures, etc., notamment : le *Soir d'une bataille* (1871); *Clodowig retiré de la Marne par un pêcheur*, toile importante (1872) ; le *Réveil* et *Pêcheuse Cancalaise* (1874) ; *Pomone*, carton décoratif pour la céramique, et *Pivoines*, faïences (1877) ; l'*Archevêque Turpin* et *Tête d'enfant*, lavis (1879) ; *Marée basse* et le *Phare*, émaux (1881) ; *Femme de pêcheur en prière*, gravure (1883) ; *Un futur marin*, peinture ; la *Famille du marin* et *Pêcheuse de crevettes*, eaux-fortes (1888) ; *Lourde charge*, eau forte (1889) ; *Donner à boire à ceux qui ont soif*, eau forte (1891).

Depuis 1892, M. Lefort des Ylouses, qui s'était déjà fait remarquer par ses faïences en lave entière d'une seule pièce et ses gravures d'une belle note personnelle, exposa à la Société des Beaux-Arts. Citons parmi ses envois : *St-Patrick gardant les troupeaux*, eau-forte (1892) ; *Charge de Cavalerie*, d'après Castellani (1893) ; l'*Attaque du camp*, l'*Archevêque Turpin*; *Portrait d'enfant* (1894) ; le *Joueur de biniou* et *Lutteurs* (1896); *Essais de gravure* à l'eau-forte avec reliefs gaufrés (1897) ; *Stabat mater*, gravure à l'eau-forte avec gaufrage (1898) ; la *Laitière flamande*, idem (1899). etc.

Suivant un procédé nouveau, qu'il emploie avec une rare science, M. Lefort des Ylouses parvient à obtenir en gravure un relief saisissant, non seulement sur papier, mais sur cuir. Ses œuvres originales sont tirées à nombre d'exemplaires et servent de menus, de programmes, de porte-feuilles et de porte-cartes, etc. Comme l'a fort bien remarqué le *Magasin of Art*, de Londres, « c'est là un art dont on peut beaucoup attendre au point de vue pratique et esthétique ».

Pour ses gravures originales, M. Lefort des Ylouses a été fait associé de la Société nationale des Beaux-Arts. Il avait déjà obtenu, pour ses faïences, dont plusieurs ornent l'Hôtel de la Bible, d'Amsterdam et l'Ecole des Arts décoratifs de Paris et des hôtels particuliers, plusieurs médailles d'argent, aux expositions universelles de 1878 et 1889.

BOISSARD (Alphonse-Ludovic)

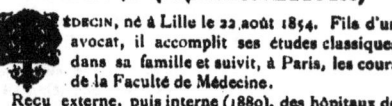

ÉDECIN, né à Lille le 22 août 1854. Fils d'un avocat, il accomplit ses études classiques dans sa famille et suivit, à Paris, les cours de la Faculté de Médecine.

Reçu externe, puis interne (1880), des hôpitaux de Paris, docteur en médecine et lauréat de la Faculté (médaille d'argent) en 1883, avec une thèse remarquée sur la *Forme de l'excavation pelvienne*, il devint chef de clinique des services d'accouchements en 1900.

Chargé alors d'un cours libre d'accouchement à l'Association générale des étudiants, M. le docteur Boissard fut nommé médecin-accoucheur des hôpitaux de Paris en 1891. Accoucheur-adjoint à la maternité et médecin en chef de l'hôpital Ledru-Rollin en 1895, il est devenu, en 1898, médecin-accoucheur de l'hôpital Tenon.

M. le docteur Boissard a publié dans les journaux spéciaux un grand nombre de communications et rapports. On cite notamment ceux touchant l'obstétrique et la gynécologie générale, objets de ses plus patientes recherches : *Troubles de la miction chez la femme* (1883); *Ralentissement de la natalité* (1890) ; *Mères et nourrissons*, avec le Dr Barbezieux ; *Etat de la menstruation pendant l'allaitement* (1891) ; *Enfoncement du crâne du fœtus* (1892) ; *De la mort du fœtus pendant la grossesse* (1892) ; *Nouvelle méthode pour provoquer l'accouchement prématuré artificiel* (1894) ; *Galactophorite* ; *Des vomissements incoercibles* (1895) ; *Etude sur l'allaitement artificiel par le lait stérilisé et le lait maternisé* (1896) ; la *Thérapeutique des avortements et de l'éclampsie puerpérale* (1898) ; *Deux cas de grossesse extra-utérine*, opération (1899) ; une deuxième étude sur les *Vomissements incoercibles* (1899), etc.

Ancien élève du professeur Peter, il s'est associé à divers travaux de son maître, notamment aux observations sur la *Température locale dans l'hémoptysie*. Il a collaboré à la *France médicale*, à la *Semaine médicale*, à la *Presse médicale*, au *Journal des praticiens*, etc.

Membre fondateur de la Société obstétricale, M. le docteur Boissard est président de la Société médicale du IXe arrondissement de Paris.

BROUSSE (Paul)

Médecin, homme politique, né à Montpellier (Hérault) le 23 janvier 1844. Fils d'un professeur agrégé à l'Ecole de Médecine de cette ville, il y fit ses études médicales et fut dispensé de tous les frais universitaires pour les services qu'il rendit dans les hôpitaux, lors de l'épidémie de choléra qui sévit à Montpellier en 1867. Il reçut depuis une médaille d'or, pour le même motif, en 1894.

Mêlé de bonne heure à la politique d'opposition républicaine sous l'empire et membre actif de l'Internationale, M. Brousse fut impliqué, après l'échec de l'insurrection communaliste de Paris, en 1871, dans un procès de tendance, par le gouvernement de M. Thiers.

Réfugié à Barcelone le jour même où la République y était proclamée, à la suite de l'abdication du roi Amédée, il prit part à tous les mouvements populaires qui suivirent ; mais il dût quitter l'Espagne après le coup d'État qui ramena Alphonse XII à Madrid. Il partit alors, comme délégué, au Congrès international de Genève (1873).

Durant son séjour en Suisse, M. Paul Brousse devint, à Berne, premier assistant du laboratoire fédéral de chimie. Cependant, pour avoir pris part à une manifestation précédée d'un drapeau rouge, il fut condamné à trois mois de prison et expulsé du canton. Réfugié à Vevey, il y fonda l'*Avant-Garde*, avec MM. Kropotkine et Elisée Reclus, organe communiste anarchiste, où il se prononça toujours contre la « propagande par le fait », théorie alors naissante et dont la pratique lui paraissait puérile et dangereuse pour la cause même qu'elle prétendait servir. Il eut aussi l'occasion de se prononcer contre la régicide, qu'il jugeait inutile pour les mêmes raisons. Pourtant quand l'*Avant-Garde*, pour avoir défendu les régicides Passamante en Italie, Hœdel et Nobhug en Allemagne, Moncasi en Espagne, fut poursuivie, il prit à son actif toutes les responsabilités, les articles incriminés n'étant pas signés.

Condamné, après un procès retentissant, par le tribunal suprême de la Confédération, à deux mois de prison et à l'expulsion de Suisse pour dix ans, il se rendit à Bruxelles, d'où on le pria de partir le lendemain de son arrivée, puis à Londres, où il resta jusqu'à l'année 1881.

C'est à cette époque que, rentré à Paris, il passa sa thèse de doctorat en médecine, qui traitait des *Fruits considérés aux points de vue anatomique et microspique*. C'est également à cette époque que M. Paul Brousse, ayant évolué progressivement jusqu'au parlementarisme, créa, avec Joffrin, le parti ouvrier possibiliste, bientôt dénommé « broussiste », du nom de son fondateur ; ce parti, devenu l'une des forces les plus considérables du socialisme contemporain, croit « possible » « la transformation de la société actuelle sans révolution violente ».

Fixé dans le quartier des Epinettes, à Paris, où il prodigue fort charitablement les soins de sa profession, M. Paul Brousse fut élu conseiller municipal de ce quartier et conseiller général de la Seine aux élections générales de 1887, par 3,111 voix sur 4.544 votants. Il fait partie, à l'Hôtel-de-Ville, du groupe socialiste qu'il a contribué à fonder. Tant au Conseil municipal de Paris qu'au Conseil général, il a été chargé de très importants rapports, notamment de ceux sur la suppression des fortifications, sur la subvention à accorder aux universités populaires, sur l'établissement d'un laboratoire municipal, aujourd'hui en fonction et sur le régime des aliénés ; ce dernier rapport, très documenté, amena la création d'une commission extraordinaire où figurent les professeurs Joffroy, Nocard, Terrier et le Dr Garnier, ainsi que les médecins en chef des asiles d'aliénés, commission dont les travaux comprennent la réforme complète de service.

M. Paul Brousse s'est aussi occupé des questions d'assistance et d'octroi. Au Conseil municipal, il a fait partie de la 1re commission (Domaine communal, concessions et monopoles) et de la commission des fortifications, dont il est le président ; au Conseil général, il est membre de la 7e commission (Préfecture de police, prisons, etc.) et de la 4e commission (Enseignement public).

Publiciste remarquable par la netteté des idées et la clarté du style, M. Paul Brousse a collaboré au *Prolétaire*, au *Prolétariat*, au *Cri du Peuple* et à la *Petite République socialiste*. On lui doit, en outre, diverses brochures de propagande : le *Marxisme international*, *Dictature et Liberté*, le *Suffrage universel* (dans laquelle il demandait le suffrage par corporation) ; *La Propriété collective et les services publics*, dont le passage suivant donne l'idée maîtresse et résume les doctrines de l'auteur :

Toute branche de travail humain traverse différentes phases : d'abord familial, tout travail se spécialise, devient métier, ouvre, en quelque sorte, boutique sur rue. La concurrence s'exerce, les syndicats se forment et, de leur entente, sort le monopole privé. Alors l'État intervient.

D'abord, il réglemente, puis se fait lui-même producteur donc la propriété se fait *collective* par la nature même des choses. Depuis la main à pétrir de nos grand'mères jusqu'au réseau de chemins de fer de l'Etat, on peut, en politique comme en économie, suivre pas à pas cette transformation du *service privé* en *service public*.

Le communisme est-il le droit ? Peu importe, puisqu'il devient le fait. L'action humaine ne peut l'entraver, mais faire ou retarder l'évolution.

Les banquiers ont intérêt au service public des postes, de même les gros commerçants, à cause de leur courrier ; les ouvriers ont intérêt au service public du pain. Les gros étant plus forts, les postes sont service public et les boulangeries pas encore.

MATON (Adolphe)

Chef d'orchestre, professeur de chant, né à Tournai (Belgique) le 21 août 1839. Il fit ses études musicales au Conservatoire de Bruxelles, dans la classe de Fétis pour la composition et celle de Michelot pour le piano.

Ayant obtenu un premier prix de piano, M. Maton se consacra tout aussitôt à l'accompagnement et devint chef de chant au Théâtre de la Monnaie, à Bruxelles. Venu ensuite à Paris, il ne quitta plus cette ville que pour quelques saisons à l'étranger et notamment en Angleterre, où il fut chef d'orchestre dans la troupe d'opéra italien de Mapleson. A Paris, M. Maton, entré à l'école de chant dirigée par le ténor Duprez, est demeuré le collaborateur, jusqu'à sa mort, de ce maître, de qui il tient les principes et la tradition de l'art lyrique.

Il organisa, sous la direction de ce professeur, des exercices d'élèves avec orchestre, qui commencèrent sa réputation et il dirigea l'accompagnement du chant dans tous les grands concerts et les soirées mondaines qui eurent lieu sous le deuxième empire.

En 1869, sous la direction Perrin, M. Maton fut nommé second chef d'orchestre de l'Opéra ; mais les événements de 1870 empêchèrent le traité de recevoir son exécution.

Aussi, M. Ad. Maton, qui avait déjà, comme chef d'orchestre, fait exécuter la *Jeanne d'Arc* de Duprez au Théâtre lyrique de la rue de Lyon (1864), accepta-t-il, en 1872, le bâton de chef d'orchestre à l'Athénée de la rue Scribe, direction Martinet.

Deux ans plus tard, il créait, au Châtelet, l'Opéra-Populaire, où il mit à la scène, avec un certain succès, les *Parias*, opéra de M. Membrée ; les *Amours du Diable*, de M. Grisar, etc.

Cette tentative n'ayant pas eu de suite, M. Maton devint, en 1876, chef d'orchestre à la Gaîté (direction Vizentini) et conduisit l'exécution de *Paul et Virginie*, *Giralda*, *Martha*, etc.

Quelques années plus tard, il reprit les fonctions de chef d'orchestre au Théâtre lyrique italien fondé par M. Bagier ; puis, de 1879 à 1881, au théâtre de la Renaissance, direction Koning, où il fit exécuter : *Héloïse et Abélard*, de Litolff ; les *Voltigeurs*, de Planquette ; *Belle Lurette*, d'Offenbach ; la *Camargo*, de Lecocq, etc.

Depuis 1885, M. Ad. Maton, donne, chaque année, des concerts très suivis, à Paris, où Mmes Caron, Mlle Marimon, Mme Galli-Marié, MM. Renaud, Coquelin, Truffier, etc., se font entendre.

Devenu, en 1894, chef d'orchestre du Casino de Trouville, il y organisa, chaque année, des représentations très brillantes d'opéra et d'opéra-comique.

L'enseignement donné par cet excellent artiste, depuis 1876, a fourni un grand nombre d'élèves, professionnelles du chant ou mondaines, dont plusieurs ont acquis une haute réputation artistique. Avec l'une d'elles, Mme la vicomtesse de Trédern, M. Maton a donné des concerts à grand orchestre qui obtinrent le plus vif succès et notamment une superbe exécution de *Rédemption*, de Gounod.

Directeur, depuis 1880, de la Société chorale « Sainbris », il a organisé des cours de chant d'ensemble, très remarqués dans diverses auditions mondaines.

On lui doit, comme compositeur, plusieurs morceaux pour chant.

Naturalisé français depuis 1872, M. Ad. Maton, est chevalier de l'ordre de Léopold de Belgique.

CAUBET (Jules)

Né à Perpignan le 1er février 1826. Fils d'un géomètre, il accomplit ses études classiques au collège de sa ville natale et entra, le 1er octobre 1844, à l'École navale, d'où il sortit deux ans après. Successivement aspirant de marine, enseigne de vaisseau (2 avril 1851), lieutenant de vaisseau le 19 novembre 1859, capitaine de frégate le 1er juin 1870, capitaine de vaisseau le 18 avril 1878 et contre-amiral le 20 juin 1886, cet officier général, qui a les plus brillants états de services, a été placé au cadre de réserve le 1er février 1890, atteint par la limite d'âge.

M. Caubet, pour ses débuts d'officier, fit campagne dans les Antilles, sur la corvette à voile la *Diamande* et sur la frégate de canonniers la *Minerve* (1846-1851) ; puis, embarqué, en janvier 1852, sur le brick de 20 canons le *Palinure* (station de la côte occidentale d'Afrique), il prit part à la prise du fort de Bissao (colonie portugaise à l'embouchure du Rio Geba) ; la garnison de ce fort s'était révoltée contre le gouverneur, qui avait demandé du secours à la station française de Gorée. Il fut nommé, à cette occasion, chevalier de la Tour et de l'Epée (1853). Après diverses expéditions sur la côte d'Afrique, notamment à Grand-Bassam, il revint en France (janvier 1854).

Au début de la guerre de Russie, il fut embarqué sur le vaisseau le *Duperré* (escadre de la Baltique). Envoyé au secours de la frégate anglaise la *Penelope*, échouée en rade de Bomarsund, il contribua à sauver ce navire sous le feu nourri des Russes et reçut pour ce fait d'armes la croix de la Légion d'honneur.

Le *Duperré* ayant été désarmé, M. Caubet fut nommé commandant d'une des premières canonnières à vapeur à haute pression, la *Stridente*, avec laquelle il se rendit en Crimée (juin 1855) et dans la mer d'Azoff ; il contribua à l'attaque du fort de Kilburn ; fit, après la prise de ce fort, partie d'une expédition de canonnières, commandée par M. Jauréguiberry, depuis amiral, et fut mis à l'ordre du jour de l'armée, à la suite d'un combat livré dans le Bug, affluent du Dnieper, contre des batteries russes à terre.

De retour en France, il fit partie de l'escadre de la Méditerranée, sur le vaisseau l'*Ulm* (1858), fut envoyé à l'Ecole de tir de Vincennes, puis au cours des fusiliers marins à Lorient et obtint le 2ᵉ prix d'ensemble.

Il reprit la mer sur le vaisseau l'*Eylau* (octobre 1859). Nommé lieutenant de vaisseau, il passa sur l'*Alexandre*, à Toulon (octobre 1859-1861), fut ensuite nommé professeur de calcul nautique, puis d'artillerie, à l'Ecole navale (vaisseau le *Borda*) et appelé, au mois d'avril 1866, au commandement du côtre garde-pêche le *Capelan*, chargé de la surveillance de la pêche de Brest à Concarneau.

En mars 1868, il était embarqué sur la *Circé* (division navale du Brésil et de la Plata), où il remplit successivement les fonctions d'officier de choix du commandant Halligon et d'aide-de-camp de l'amiral Fisquet ; il prit, à Montevideo, au commencement de 1870, le commandement de l'aviso à vapeur le *Bruix*, qu'il quitta à sa nomination de capitaine de frégate. Rentré en France en septembre de la même année, il fut envoyé à Cherbourg et chargé par l'amiral Roze, préfet maritime, d'établir une batterie à la Fauconnière.

Devenu commandant en second de la *Couronne*, frégate cuirassée (janvier 1871), il prit part, à Marseille, aux affaires de la Commune et à la reprise de la préfecture. Commandant en second du vaisseau-école des canonniers le *Louis XIV* (1872-1874), puis commandant du transport l'*Ardèche*, à Alger ; officier en 2ᵉ sur le *Desaix*, de l'escadre de l'amiral Jaurès (1875), il assista, en cette dernière qualité, à la demande de réparations faite par le gouvernement à la suite de l'assassinat des consuls français et allemand à Salonique.

Comme capitaine de vaisseau commandant le *Tage*, il a ramené de la Nouvelle-Calédonie les amnistiés de la Commune (1879-1880). Il commanda, l'année suivante, le cuirassé le *Suffren* ; puis, capitaine de pavillon de l'amiral Martin, il passa du *Suffren* sur le *Trident*. Devenu sous-chef d'état-major au ministère de la Marine, le 15 février 1883, il prit, en octobre 1883, le commandement du vaisseau-école le *Borda*.

Du 1ᵉʳ octobre 1886 au 1ᵉʳ octobre 1888, le contre-amiral Caubet resta major-général à Rochefort, puis il revint à Paris, où il fut membre du Conseil des travaux du ministère de la Marine jusqu'au moment de son passage à la réserve (1890).

En outre des médailles de la Baltique et de Crimée, le contre-amiral Caubet est chevalier du Medjidié (Turquie), commandeur du Nichan-Iftikar (Tunisie), de la Couronne de Roumanie, officier de l'Instruction publique et commandeur de la Légion d'honneur.

WILLY
(Henry GAUTHIER-VILLARS, dit)

ÉCRIVAIN, né à Villiers (Seine-et-Oise) le 10 août 1859. Fils d'un éditeur parisien bien connu, il accomplit ses études classiques au collège Stanislas et publia, de bonne heure, dans les journaux et revues littéraires du quartier Latin, des articles que leur esprit caustique fit remarquer.

Sous les pseudonymes de l' « Ouvreuse du Cirque d'Été » et de « Willy », M. Henry Gauthier-Villars a collaboré au *Gil Blas*, au *Parti national*, à la *Paix*, au *Journal Amusant*, à la *Caricature*, à l'*Echo de Paris*, dont il est le critique musical depuis 1890, etc.

Humoriste, doué d'une verve exceptionnelle, il a donné des milliers de chroniques et études fantaisistes sur les sujets les plus divers. En même temps, il traitait avec compétence, dans le *Génie Civil*, le *Monde Astronomique*, la *Revue Hebdomadaire*, la *Revue Bleue*, etc., des questions d'ordre scientifique.

M. Henry Gauthier-Villars a fait paraître en librairie : *Sonnets*, œuvre de jeunesse (1878) ; *Mark Twain*, conférence (1884) ; les *Lettres de l'Ouvreuse*, avec Alfred Ernst (1890) ; *Comic-Salon*, avec dessins (1893) ; *Rythmes et rires* (1892) ; l'*Année fantaisiste*,

5 vol. (1892 à 1897) ; *Bains de sons* (1893) ; *Soirées perdues* (1894) ; la *Mouche des croches*, critique musicale (1894) ; les *Enfants s'amusent*, avec Veber (1894) ; *Entre deux airs* (1895) ; *Une passade* (1895), roman de mœurs, qui décrit le monde spécial de la bohème des lettres et pour lequel il a conté, dans la *Revue encyclopédique*, que M. Pierre Veber prêta une discrète collaboration ; *Notes sans portée* (1896) ; *Poissons d'avril* (1896) ; *Maîtresse d'Esthètes* (1897), roman de mœurs littéraires qui obtint de nombreuses éditions ; l'*Argonaute*, récits très risqués, avec André Cocotte (1897) ; *Un Vilain Monsieur*, roman à clef (1899) ; *A manger du foin*, fantaisie illustrée par A. Guillaume (1899) ; *Claudine à l'école*, roman de mœurs extra-modernes (1900) ; le *Mariage de Louis XV*, d'après des documents inédits, ouvrage très important de recherches historiques (1900).

L'œuvre critique de Willy a été pour beaucoup dans l'acclimation en France du drame wagnérien.

CLAIRIN (Maxime-Emile)

Avocat, conseiller municipal de Paris, né à Mexico, de parents français, le 25 janvier 1852. Fils d'un professeur de l'Université qui, admis en congé régulier, fut appelé à fonder dans cette ville l'Ecole nationale de Commerce et fut l'un des sept français expulsés par le président Juarez, lors de l'expédition française de 1862, il vint en France en 1865.

Après avoir fait ses études au collège Sainte-Barbe de Paris, M. Clairin devint secrétaire de M. Dubief, alors directeur de ce collège ; puis il se fit recevoir licencié en droit en 1875 et inscrire à la Cour d'appel l'année suivante.

Parmi les affaires auxquelles M⁰ Clairin prêta l'appui de sa parole, on doit citer celle concernant les mines d'or des Alpes, à propos de laquelle l'avocat développa, avec talent, devant le tribunal, une intéressante histoire des sociétés en participation depuis le xviiiᵉ siècle ; et surtout celle d'un boucher assassin, dont il obtint l'acquittement en faisant intervenir le docteur Legrand du Saulle, qui exposa aux magistrats ses théories, encore incomprises et aujourd'hui généralement admises, sur l'imbibition alcoolique.

Depuis 1876, M. Clairin a fait successivement partie de toutes les commissions municipales, du bureau de bienfaisance, de la délégation cantonale, de la caisse des écoles, etc. du xviiᵉ arrondissement de Paris ; en janvier 1889, il fut nommé adjoint au maire de cet arrondissement, avec la mission spéciale de s'occuper des écoles primaires ; en cette qualité, et comme délégué cantonal, il rendit de grands services aux élèves de cet enseignement, s'efforçant d'améliorer le sort moral et matériel des plus pauvres et de faciliter aux plus intelligents l'entrée des écoles supérieures.

Elu conseiller municipal du quartier des Batignolles en 1893, avec 4,054 voix, au deuxième tour de scrutin, M. Clairin fut réélu en 1896, avec 4,154 voix, au premier tour.

A l'Hôtel-de-Ville, il ne fait partie d'aucun groupe. Républicain démocrate, il vote sans aucun parti pris et s'intéresse surtout aux questions d'enseignement ; membre de la 4ᵉ commission (Enseignement, Beaux-Arts), il en est devenu le président depuis 1898. C'est grâce à ses efforts et à ses démarches que l'Etat rendit le décret du 26 janvier 1896, qui accorde une certaine autonomie aux établissements primaires supérieurs de Paris.

M. Clairin a obtenu la construction, rue Jouffroy et rue Saussure, d'un groupe scolaire comprenant une école élémentaire maternelle, une école de garçons, une école de filles et des cours complémentaires professionnels permettant de rendre accessibles aux jeunes gens les métiers les plus répandus. Il demanda, en outre, l'ouverture des écoles de 7 heures du matin à 7 heures du soir, pour permettre aux familles de travailleurs d'y laisser leurs enfants la journée entière.

Au Conseil général, M. Clairin, qui fut vice-président de cette assemblée, a fait voter un vœu en faveur du congé de réforme à accorder aux soldats atteints de tuberculose, vœu qui a fait l'objet d'une proposition de loi votée par la Chambre en 1897.

Président du Conseil d'administration des collèges Chaptal et Sophie-Germain, il est membre de la commission, nommée par l'Etat, pour l'étude des moyens préventifs contre la tuberculose et il a été chargé, avec M. Bayet, directeur de l'enseignement primaire, de tout ce qui concerne les lycées, collèges, écoles primaires et bibliothèques de Paris.

Il est aussi membre du Conseil académique, du Conseil de l'Université et vice-président du Comité consultatif des écoles primaires supérieures au ministère de l'Instruction publique.

L'honorable conseiller a publié : *Le Cléricalisme de 1789 à 1870*, ouvrage retraçant la lutte de l'Eglise et de l'Etat depuis la Révolution jusqu'au *Syllabus* ; de nombreux rapports sur le *Régime cellulaire* et l'*Organisation du bagne en Nouvelle-Calédonie*, parus dans les *Bulletins de la Société générale des prisons*, dont il fut le secrétaire ; une étude sur la *Législation en matière de recel*, pour le Congrès pénitentiaire de St-Pétersbourg de 1890 ; une brochure sur la *Protection des enfants à l'Ecole primaire*, où il demande que les délégations cantonales deviennent comme l'avant-garde de l'Union française pour le sauvetage de l'enfance ; la *Biographie de J.-Charles Geslin*, peintre, graveur et architecte, collaborateur de Renan ; *Le Délégué cantonal à l'Ecole primaire*, résumé de vingt ans de pratique de cette fonction, etc.

M. Clairin est officier de l'Instruction publique depuis 1896.

DUBUFE (Guillaume-Edouard-Marie)

Peintre, né à Paris le 16 mars 1853. Petit-fils et fils de peintres renommés, il fut l'élève de son père, Edouard Dubufe (18.9-1883) et reçut aussi les conseils de Mazerolle.

En 1877, M. Guillaume Dubufe exposa, à la Société des Artistes français : la *Mort d'Adonis*, qui obtint une troisième médaille et une *Figure nue*, qui est allée depuis au musée de Rouen. En 1878, il obtint la deuxième médaille du Salon avec sa *Sainte Cécile*. Il donna ensuite des panneaux décoratifs : *Musique sacrée et Musique profane* (1882), qui reparurent à l'Exposition universelle de 1889, où l'auteur reçut une médaille d'or ; puis successivement : *Un Nid* (1884) ; *Misericordia* (1886) ; *Trinité poétique* : Musset, Lamartine, Hugo (1888) ; *Cypris* (1889).

M. Guillaume Dubufe fut, en 1890, l'un des promoteurs de la Société des Beaux-Arts, qui lui confia les fonctions de trésorier ; il a envoyé, depuis la fondation de la société dissidente, ses toiles au Salon nouveau, où on a vu de lui notamment : *Marguerite au Rouet* et *Ave Maria*, panneaux décoratifs et diverses *Etudes* (1890) ; la *Cigale et la Fourmi* ; *Mort d'Adonis* ; le *Renard et les Raisins* (1891) ; *Automne* (1893) ; *Fuite en Egypte* (1894) ; un superbe projet de bibliothèque d'après ses dessins ; l'*Illustration du théâtre d'Augier*, celle du *Livre d'heures de la Vierge* (1896) ; *Scientia quoque poesis erit*, plafond pour la bibliothèque de la Sorbonne ; l'*Ancienne France et la France moderne protectrices de l'Orient*, plafond destiné au Cercle de l'Union française de Constantinople ; *Notes de Grèce et d'Italie* ; *Au Soleil* (1897) ; le *Portrait de ses deux filles*, œuvre qui fut très admirée ; *Cypris*, dessus de cheminée ; *Camaïeu* : l'*Art* (bleu), la *République* (blanc), la *Science* (rouge), plafond décoratif pour l'Elysée (1898) ; *A Puvis de Chavannes* ; *Foi, Espérance, Charité*, panneau décoratif pour une des salles du nouvel hôpital Broca, service du docteur Pozzi (1899).

On doit encore à ce brillant artiste : un escalier décoratif dans la maison du compositeur Gounod, son oncle ; le *Plafond du foyer de la Comédie française* ; trois *Plafonds* à l'Elysée, placés en 1896 ; une *Galerie décorative* pour l'Hôtel-de-Ville de Paris (1900), etc.

Officiellement chargé, avec M. Dawant, de l'organisation de l'exposition décennale, il a envoyé à l'Exposition universelle de 1900 : divers *Portraits*, la *Cigale et la Fourmi*, *Sommeil divin* (du musée de Lyon) et *In Memoriam*, toile décorative qu'il a brossée en l'honneur de Puvis de Chavannes.

Dans les œuvres de M. Guillaume Dubufe on retrouve les mêmes qualités de dessin et de conscience qui ont établi la célébrité des grands artistes Claude, son grand-père et Edouard, son père. Elles sont, en outre, conçues dans une note bien personnelle de modernisme non dénué de poésie, et exécutées avec un charme d'une exquise délicatesse.

Ce maître peintre est commandeur de l'ordre d'Isabelle-la-Catholique et du Medjidieh, chevalier de Léopold de Belgique et de la Légion d'honneur.

CHANSON (Antoine)

Ancien député, né à Paris le 5 août 1848. Il fit son droit à la Faculté de Paris et fut reçu licencié en 1866.

Avoué à St-Flour, maire de cette ville et conseiller général du Cantal, pour le canton de ce nom, depuis 1876. M. Antoine Chanson fut porté, comme candidat républicain, aux élections sénatoriales de 1885, obtint 197 voix sur 580 votants au premier tour de scrutin et retira ensuite sa candidature. Inscrit sur la liste républicaine du Cantal, aux élections législatives générales de la même année, il fut élu député de ce département, par 18.895 voix sur 41.571.

A la Chambre, M. Antoine Chanson fit partie de la gauche radicale, dont il fut secrétaire, tandis que Floquet en était le président. Il suivit la politique de ce groupe et fut rapporteur de diverses commissions, notamment sur la patente des grands magasins.

Au renouvellement législatif de 1889, fait au scrutin uninominal, M. Chanson se porta dans la circonscription de St-Flour et échoua, obtenant, au scrutin de ballottage, 4.875 voix, contre 5.041 à l'élu, M. Amagat, indépendant. Le décès de ce dernier ayant amené une élection partielle dans la même circonscription, il se représenta, obtint, au premier tour de scrutin, 3,265 voix sur 10,220, et fut battu au deuxième tour par M. Mary-Raynaud, depuis invalidé (1896).

Dès lors, il se consacra à son mandat de conseiller général et s'occupa notamment, à ce titre, des questions de chemins vicinaux. Il est président du Conseil général du Cantal depuis 1898.

Nommé président du tribunal d'Issoire en 1892, M. Chanson a été appelé, en 1900, à présider le tribunal civil de Moulins.

CHANSON (Georges-Etienne)

Avocat, publiciste, né à St-Flour (Cantal) le 18 août 1865. Fils du précédent, il accomplit ses études classiques à Clermont-Ferrand et à Paris et se fit recevoir licencié dans cette dernière ville en 1889.

Inscrit au barreau de Paris dès 1890, M. Chanson s'y créa tout de suite une place importante, comme avocat de l'Union syndicale des débitants de vins et liquoristes de Paris et de la banlieue (1891), de la Chambre syndicale des débitants de vins du département de la Seine (1892) et de l'Union syndicale des brocanteurs et chineurs du département de la Seine (1896). Il a été aussi avocat-adjoint de la Chambre syndicale des nourrisseurs de la Seine. Très versé dans les questions de droit et d'une compétence particulière en tout ce qui touche aux intérêts multiples qui lui sont ainsi confiés, M. Georges Chanson s'est aussi fait connaître, au Palais et au dehors, par son action politique.

Ancien membre du comité radical-socialiste qui soutint la candidature de M. Goblet au Parlement dans le 1er arrondissement de Paris, il est devenu ensuite l'un des soutiens avoués de la fraction patriote du parti socialiste qui combat le collectivisme international révolutionnaire et s'est prononcée, lors de l'affaire Dreyfus, contre toute revision.

Conseiller municipal de la commune de Cezens (Cantal), depuis 1892, M. Chanson s'est présenté au Conseil général de ce département contre M. Bory, ancien député et, sans être élu, obtint une importante minorité de suffrages.

Membre fondateur de la Presse de l'alimentation, il a collaboré au *Bulletin du Commerce des vins et alcools* et au *Bulletin de l'Union syndicale des débitants de vins* ; il a publié, en collaboration avec M. H. Ferrand, le *Livre du débitant*, conseils dans tous les actes de son commerce et guide de ses rapports avec la régie, les octrois et la police, ouvrage de jurisprudence pratique qui est généralement consulté en la matière et atteignit son dixième mille en 1900.

VERNET
(Comtesse OSTROWSKA, née Nancy)

Artiste dramatique et femme de lettres, née à Paris en 1864.

Appartenant à la famille des célèbres peintres de ce nom, Mlle Nancy Vernet, après sa sortie d'un établissement religieux où elle avait pris ses brevets, débuta, malgré la volonté de ses parents, en 1873, sous le pseudonyme de « Lozet », au Théâtre-Cluny, pour y créer le *Mariage de Mlle Loriquet*, le premier succès de Grenet-Dancourt et une série de pièces gaies.

Passée à l'Odéon, la jeune artiste joua sur cette scène, *Tartufe* et le *Trésor* ; elle resta ensuite de longs mois éloignée du théâtre pour cause de maladie et reparut dans le *Roman d'Elise* et *Indigne* ; puis elle interpréta, pendant plusieurs années, les répertoires de la Porte-Saint-Martin et de l'Ambigu. Entre temps elle parcourt la France et s'y fit applaudir en compagnie de Taillade.

A la fondation du Théâtre Libre, elle devint l'un des plus brillants collaborateurs de ce théâtre, où elle a fait de superbes créations dans la *Pelote*, *Monsieur Lambelin*, la *Fin de Lucie Pellegrin*, le *Sommeil de Danton* ; c'est l'auteur même de cette dernière pièce, M. Clovis Hugues, qui l'avait désignée pour l'interprétation de son œuvre.

Engagée au théâtre du Parc à Bruxelles, pour donner quelques représentations de *Froufrou*, elle y remporta un tel succès que la direction la garda comme pensionnaire pendant un an.

Elle conçut alors le projet de conduire une troupe de comédiens dans les colonies et, après avoir dirigé deux années durant, avec éclat, les théâtres de Maurice et de Bourbon, elle partit pour Madagascar et y conduisit la première troupe française qui ait joué dans ce pays.

Rentrée en France, Mme Nancy Vernet fit une série de conférences, reprit sa place au Théâtre Libre pour y créer l'*Envers d'une sainte*, les *Fenêtres* et *Demi-sœurs*, puis accomplit une tournée de onze mois avec *Sapho*.

Le nom seul de Nancy Vernet, dit, à cette occasion, Alphonse Daudet, sur une note placée au bas de l'affiche, est un garant de succès.

Elle joua ensuite au Théâtre Mystique, fonda le Théâtre Corneille, donna de nombreuses conférences très documentées sur les sujets les plus divers, publia sous les pseudonymes de « Marc Naavert » et « Yvan Trennec », dans les journaux et les revues, de spirituelles chroniques et des nouvelles. Elle a fait paraître en librairie : *Mimosa*, un roman d'un sentiment délicieux, auquel la Société des Gens de Lettres a décerné une médaille d'or en lui attribuant le prix Salverte.

Mimosa, a écrit M. Barbier, est une œuvre charmante, bien menée, d'une délicatesse exquise, qui ne s'égare pas du début au dénouement, équilibrée comme une pièce de théâtre, avec, en plus, des détails de psychologie tout à fait remarquables. Tous les personnages sont vivants, le dénouement est d'une haute moralité et j'ai pris à cette lecture un double plaisir d'émotion et d'intérêt...

M**me** Nancy Vernet, devenue par son mariage comtesse Ostrowska, est officier d'Académie depuis le 17 février 1898.

M**me** ARNOULD de COOL
(née Delphine FORTIN)

Peintre, statuaire et céramiste, née à Limoges. Élève de son père, peintre et céramiste, elle débuta au Salon de Paris en 1861, où elle obtint une mention honorable, ainsi qu'à celui de 1863.

Depuis cette époque, elle a exposé une longue série d'œuvres de peinture, sculpture, aquarelle et émaux, parmi lesquels il convient de citer : en sculpture : la *Nymphe Echo* (statue plâtre) ; la *Source*, fontaine décorative (plâtre) ; *Portrait de Théodore de Banville*, médaillon bronze. En peinture : *Une jeune orientale*, tableau très remarqué (1877) ; le *Vieux toreador* (1878) ; la *Curieuse* (1879) ; *Fleurs de mai* (1881) ; *A moi le reste* (1882) ; la *Lanterne* (1883) ; la *Lecture de la Bible* et les *Bouquetières* (1887) ; la *Soupe* (1889), etc.

On connaît encore de cette excellente artiste : au Salon de 1900 : *A moi le reste* et la *Mort de la jeune fille* (des *Orientales* de Victor Hugo), deux émaux limousins ; plusieurs importants et très beaux émaux limousins à l'Exposition de 1900, classe 72, céramique ; d'autres émaux et des aquarelles au Palais de la Femme, ainsi que de très nombreuses œuvres qui n'ont pas été exposées.

M**me** de Cool a obtenu des médailles d'argent et d'or aux expositions universelles de 1877 et 1889 ; à l'exposition des Arts décoratifs, une médaille de 1**re** classe ; des médailles d'or à Rouen et à Madrid (Espagne).

Adhérente à la Société des Gens de Lettres, elle a écrit des brochures qu'elle a envoyées à l'Exposition universelle de 1900 : *Traité de Peintures vitrifiables: porcelaine, émaux, faïence* et *L'Aquarelle et la Miniature*.

COOL (Gabriel de)

Peintre, fils de la précédente, né à Limoges. Élève de sa mère et de Cabanel, il a peint une quantité considérable de portraits à l'huile et au pastel, de nombreux tableaux d'histoire, de genre, etc.

Le talent de M. de Cool se distingue par une science réelle d'un dessin irréprochable et, dans sa peinture, le sentiment est la note dominante.

Parmi ses œuvres, citons : *Mater dolorosa* ; la *Lapidation de St-Etienne* ; la *Sortie de l'église* (souvenir d'Espagne) ; la *Visite à l'atelier* ; *Une fille d'Eve* ; les *Saintes femmes au tombeau* ; *Le Christ et les Pèlerins*, etc.

KANN (Edouard)

Compositeur de musique, né à Paris le 28 février 1857. Fils du banquier bien connu, il fut d'abord destiné aux affaires ; mais un goût très vif l'entraînant bientôt vers les études musicales, il devint élève de Massenet pour la composition et d'A. Duvernoy pour le piano.

M. Kann se fit bientôt connaître par une série de quatuors, de morceaux de piano et de mélodies, parmi lesquels on cite : le *Baptême du Printemps* et un *Menuet* sur des vers d'Armand Silvestre, dont Massenet avait lui-même et précédemment écrit la musique, sous le titre de *Marquise*. Cette dernière mélodie obtint beaucoup de succès, malgré une comparaison difficile à soutenir avec l'œuvre du maître.

M. Edouard Kann s'est aussi fait apprécier avec des ouvrages de plus d'importance. Il est l'auteur notamment : de *Ruth*, scène biblique représentée au Grand-Théâtre de Lyon en 1895 et interprétée depuis à Paris par la société chorale Guillot de St-Bris ; de *Gaetane*, opéra en 2 actes, paroles de M. André Lenéka, représenté en 1898 au Théâtre des Arts de Rouen et en 1900 au Théâtre Royal de Gand avec un égal succès ; de *Maritorne*, opéra-comique en un acte, paroles de M. Bernède ; mis à la scène par le Théâtre de St-Malo. On annonce en outre de ce compositeur : la *Syrinx*, ballet en 1 acte et 2 tableaux, livret de M. Fernand Beissier, et le *Lion Amoureux*, adaptation lyrique en 3 actes, d'après une nouvelle de Fr. Soulié, de MM. Paul Marion et René Dubreuil.

M. E. Kann est officier d'Académie.

FABRE (Pierre-Jules)

AVOCAT, écrivain, né le 23 novembre 1848. Il se fit recevoir licencié en droit en 1869 et devint secrétaire de la Conférence des avocats (1873-1874). Il s'intéresse surtout, au palais, aux affaires civiles et commerciales, dans lesquelles sa compétence s'est nettement affirmée.

Adjoint au maire du Xe arrondissement de Paris depuis 1884, membre et président de la Délégation cantonale, il s'est activement occupé de toutes les questions intéressant cet arrondissement et surtout de celles relatives à l'enseignement.

Il collabore depuis plusieurs années au *Journal des Conservateurs des Hypothèques*.

On doit à M. Jules Fabre plusieurs ouvrages juridiques ou historiques, entr'autres : *Des Courtiers* (2 vol. 1883) ; *Histoire du barreau de Paris* (1 vol. 1895) et diverses brochures sur le *Divorce de Napoléon Ier* ; *De Fontainebleau à l'Ile d'Elbe*, etc.

Il a fait, en outre, des conférences sur les mêmes sujets, notamment, à l'Association polytechnique, où il est aujourd'hui professeur honoraire.

M. Jules Fabre est officier de l'Instruction publique et chevalier de la Légion d'honneur.

WEIGELE (Henri)

SCULPTEUR-STATUAIRE, né le 20 septembre 1868 à Schlierbach (Wurtemberg) et naturalisé français depuis 1885. Fils de modestes paysans, il commença par faire des travaux d'ornementation dans son pays, puis vint, vers la dix-neuvième année, à Paris, pour étudier la sculpture.

Elève de Jules Franceschi, il exposa pour la première fois, au Salon des Champs Elysées, en 1882, un *Portrait buste* qui fut assez remarqué. Vinrent ensuite : un *Buste marbre* (1887) ; *Mme G...*, buste plâtre (1888) ; *Songe rose*, buste marbre (1890) ; la *Chanson*, statuette marbre (1891) ; *Cupidon*, statuette marbre ; *Mme la baronne de Zuylende*, buste marbre (1893) ; *Portrait de Mme V. Z...*, buste marbre ; *Portrait de Mme Varilla* (1894) ; *Portrait d'Alexandre III*, buste plâtre, exécuté en marbre émaillé (1895) ; l'*Etoile*, statuette marbre (1896) ; la *Nuit*, groupe marbre acquis par M. Chauchat (1897) ; la *Douleur*, statue plâtre, exécutée en pierre pour décorer un monument funéraire au Père-Lachaise ; le *Lys*, buste marbre (1898) ; *Portrait de Mlle M. Sonderegger*, statue indiquée en plâtre par le *Livret du Salon* et, en réalité, exposée en marbre (1899) ; *Moïse enfant*, statue marbre (1900).

On doit encore à M. Henri Weigele d'autres œuvres de valeur, notamment une *Diane*, à l'Exposition universelle de 1900.

Cet artiste, dont les productions ont obtenu auprès du public et de la critique un franc succès, a reçu une mention honorable en 1893.

La GRANGE (Raymond-Toussaint LELIEVRE Marquis de)

ADMINISTRATEUR et agriculteur, né à Paris le 1er novembre 1850. Petit-fils, par sa mère, du comte de Flavigny, qui fonda, en 1870, la Société de secours aux blessés, fils du marquis de La Grange, écuyer de l'impératrice Eugénie, il accomplit ses études au lycée Bonaparte et chez les Oratoriens. Destiné à la carrière des armes, il suivait les cours préparatoires de Saint-Cyr à l'école des Carmes, quand éclata la guerre franco-allemande. Il s'engagea alors volontairement et fit d'abord la campagne du Rhin. Fait prisonnier à Verdun, il fut conduit en captivité et s'échappa ensuite pour aller faire partie de l'armée des Vosges. Sa brillante conduite lui valut d'être cité à l'ordre du jour de l'armée, le 7 octobre 1870. Rentré dans ses foyers, le marquis de La Grange fut nommé officier de réserve. Il démissionna en 1887.

Administrateur de diverses sociétés financières, le marquis de La Grange est aussi connu par son attitude politique. Fidèle aux traditions bonapartistes de sa famille, il va tous les ans, depuis 1886, accomplir un service d'honneur à Bruxelles, auprès du prince Victor-Napoléon, de qui il a été le compagnon au cours de plusieurs voyages en Europe.

Propriétaire d'importants domaines agricoles dans la région, il est maire de Montgeron (Seine-et-Oise) depuis 1891.

Au mois d'août 1899, il fut suspendu de ses fonctions pour avoir refusé l'affichage, dans sa commune, de l'arrêt de la Cour de Cassation renvoyant le capitaine Dreyfus devant un nouveau Conseil de guerre. Il est aussi délégué cantonal et président de la 326e section des Armées de terre et de mer.

Il a épousé la fille de M. Le Roux, ancien ministre de l'empire, sœur du sénateur de la Vendée.

ACHILLE (Léopold)

Homme politique, écrivain, négociant, né à Vendeuil (Aisne) le 13 décembre 1844. Issu d'une famille de condition modeste, il fut placé, très jeune, dans une maison de commerce de St-Quentin. Venu ensuite à Paris comme employé, il fondait bientôt, dans le quartier du Temple, une maison de parfumerie qui devint rapidement importante.

Délégué cantonal et administrateur du bureau de bienfaisance, M. Achille fut nommé, en 1893, maire-adjoint du 3ᵉ arrondissement de Paris. Avec M. Tantet, maire, il s'occupa particulièrement d'organiser des cérémonies propres à rehausser la solennité du mariage civil et contribua de la sorte, pour une bonne part, à faire entrer cet usage dans les mœurs parisiennes.

Membre, puis président, du comité républicain radical du 3ᵉ arrondissement, il fut l'un des plus actifs défenseurs de la politique radicale-socialiste. S'intéressant vivement à l'étude des questions d'assistance et de mutualité, il fut porté à la présidence d'une des plus importantes sociétés de ce genre, la Société de secours mutuels des Arts et métiers et des Enfants-rouges, qui lui remit une médaille d'or pour reconnaître l'excellence de ses services.

En 1898, après le décès de M. Foussier, conseiller municipal du quartier des Archives, M. Achille se porta à la succession de ce dernier et fut élu conseiller municipal de Paris et conseiller général de la Seine.

A l'Hôtel de Ville, il fait partie du groupe dit des « droits de Paris ». Il se fit remarquer, dès son début, par un rapport très documenté contenant tout un programme de rénovation des services d'assistance, programme dans lequel il jetait les bases d'une véritable révolution administrative, aboutissant à la municipalisation des services d'assistance et à l'unification des services municipaux et de ceux de bienfaisance, réunis sous la direction des maires d'arrondissements.

Membre de la deuxième commission, M. L. Achille a rédigé d'importants rapports sur les questions de la désinfection des Abattoirs et Marchés de la Villette, les bureaux municipaux de placement gratuit, la construction et l'entretien des édifices municipaux, la cession par l'Etat à la ville et la désaffection de la caserne Napoléon, etc. Cette dernière question donna lieu, à la tribune du Conseil, à un débat retentissant, au cours duquel M. L. Achille, prenant vigoureusement à partie le ministre de la Guerre, invoqua le respect de la parole donnée et soutint vigoureusement les intérêts de la ville de Paris.

M. L. Achille s'est particulièrement intéressé au dégagement du musée Carnavalet et de la bibliothèque Le Peletier de St-Fargeau ; il a obtenu l'éclairage électrique du boulevard Beaumarchais, l'éclairage intensif à becs incandescents des rues de Turenne et Vieille-du-Temple, le pavage en bois de la rue de Turenne, etc. Il a aussi déposé un projet tendant à organiser, dans les mairies de Paris, la permanence du service médical et la permanence du personnel administratif qui, de jour et de nuit, serait chargé de procurer le médecin.

Au Conseil général, M. Achille fait partie de la 1ʳᵉ commission relative aux services sanitaires de la ville de Paris. En cette qualité, il fut envoyé en délégation avec plusieurs de ses collègues au Congrès des vétérinaires de Baden-Baden (Allemagne) et revint avec un rapport remarquable sur les fièvres aphteuses.

M. Achille s'est fait connaître, comme écrivain, par la publication de plusieurs ouvrages littéraires. On cite de lui : *Epines et roses*, recueil de nouvelles paru à St-Quentin en 1887 ; *Noir et blanc*, conte (1 vol. 1889) ; *Un raffiné* (1 vol. 1890), roman psychologique très fouillé : *Ame neuve*, roman d'étude sociale de grand intérêt (1 vol. 1898). Il a été, pendant quelques années, directeur de *Rouge et Noir*, le premier journal illustré de dessins en couleurs (1890).

DUPUIS (Théodore-Edmond)

Amiral, né le 27 septembre 1833 à Harfleur (Seine-Inférieure). Dès 1849, il fit un voyage au Brésil, comme mousse à bord d'un voilier du Havre, la *Ville de Rio*, de la Compagnie Perquer. Entré, en 1851, à l'Ecole navale au n° 6, il en sortit aspirant le 1ᵉʳ août 1853. Enseigne de vaisseau le 8 mars 1857, lieutenant de vaisseau le 16 août 1862, capitaine de frégate le 4 juin 1871, capitaine de vaisseau le 5 novembre 1883, il devint contre-amiral le 18 février 1891.

M. Dupuis fit, comme aspirant, la campagne de 1854 sur le vaisseau l'*Hercule*, de l'escadre de la Baltique, commandée par l'amiral Parceval ; il prit part à la croisière du golfe de Finlande, de Cronstadt aux Iles d'Aland, et à la prise de Bomarsund le 17 août 1854. Il passa ensuite en Crimée, sur le *Napoléon*, y resta jusqu'à la rentrée des troupes, après la prise de Sébastopol et participa aux expéditions de Kimburn, Kertch, mer d'Azof, sur le *Lucifer*.

Comme enseigne de vaisseau, il assista à la guerre d'Italie en 1859, prit part au blocus de Venise et de Cattaro, sur le vaisseau le *Napoléon* et la canonnière *Poudre*. Puis, de 1860 à 1864, il fit partie de l'expédition de Chine, sous les ordres du général Cousin-Montauban, des amiraux Charner et Bonard. Lieutenant de vaisseau, il fut détaché du *Duperré* comme agent du gouvernement sur un clipper chilien, l'*Antonia Terry*, avec lequel il remonta la côte de Chine, de Saïgon à Hong-Kong, essuya un typhon et acheva sa mission, après de nombreuses péripéties qui lui valurent un témoignage de satisfaction du ministre.

Ayant reçu, à Saïgon, le commandement de la 1re compagnie de fusiliers-marins du *Duperré*, il prit part à l'attaque et à la prise de Gocong. Nommé, en récompense, au commandement de l'aviso à vapeur *Alon-Prah*, il procéda à plusieurs sauvetages de navires de commerce français, à Poulo-Condore et dans le Donnaï. Celui de la *Ville de Paris* lui valut un nouveau témoignage de satisfaction du ministre et, en août 1863, la croix de la Légion d'honneur.

Revenu en France, comme officier en second du *Forbin*, après 52 mois de campagne, M. Dupuis, embarqué sur le *Bisson* de 1864 à 1866, appartint à la division des côtes Nord de France, sous les ordres des contre-amiraux de Montaignac, de Chaurance et Ducrest de Villeneuve. Nommé, en 1867, professeur à l'Ecole des mécaniciens de Brest, il resta embarqué sur le *Vulcain* jusqu'en 1870. Il reprit le service actif quand la guerre franco-prussienne éclata, avec le commandement provisoire du *Bouvet* ; remplacé par le capitaine de frégate Franquet, il passa alors comme second sur la batterie flottante l'*Opiniâtre*, puis il arma, à Cherbourg, en septembre 1870, la canonnière Farcy, la *Mitrailleuse* dont il reçut le commandement et avec laquelle il remonta la Seine. A Vernon, le 4 décembre, il reçut l'ordre de couler sa canonnière si elle ne pouvait arriver à Rouen avant l'entrée imminente de l'armée allemande ; mais, ayant traversé Rouen pendant la nuit du 4 au 5 décembre, il soutint les attaques des dragons prussiens à Duclair, la Malleraye, le Trait, Jumièges, Caudebec, Quillebeuf et resta aux avant-postes de la Basse-Seine jusqu'à l'armistice (28 janvier 1871).

Il reprit ensuite son poste de professeur des mécaniciens à Brest ; mais de nouveau appelé au commandement de la *Mitrailleuse* en mars 1871, il fut attaché à la flottille de la Seine, aux ordres de M. le capitaine de frégate Lacombe, pour l'attaque de Paris pendant la commune. Détaché de sa canonnière à Chatou, il arma une batterie de canons de marine à Courbevoie ; puis, rentré dans Paris, il remonta la Seine jusqu'au pont d'Austerlitz, le 24 mai, où il rejoignit les canonnières *Sabre* et *Claymore*, sous le commandement de MM. Ribour, Rieunier et Lacombe, fortement engagées, et au mouillage sous les ouvrages de l'embouchure du canal St-Martin. La *Mitrailleuse*, franchissant le pont d'Austerlitz, prit les ouvrages à revers et éteignit les dernières défenses de l'insurrection sur la Seine.

Comme capitaine de frégate, second à la station d'Islande, puis à l'Ecole navale de 1875 à 1877, il fut 1er aide de camp du vice-amiral Bourgeois, préfet maritime à Brest et commanda le *Crocodile* et la station de Granville de 1878 à 1880. Pendant ce commandement, il captura sept côtres anglais contrebandiers de Jersey et opéra plusieurs sauvetages qui lui valurent encore des témoignages de satisfaction des ministres Pothuau et Jauréguiberry et la croix d'officier de la Légion d'honneur.

En 1881, commandant en second du vaisseau à voiles le *Tage*, il fit un voyage autour du monde, de Brest en Nouvelle-Calédonie, retour par le Cap Horn.

Capitaine de vaisseau, il commanda le cuirassé *Dévastation* en 1885, passa sur le *Turenne* comme capitaine de pavillon et chef d'état-major du contre-amiral Rieunier, d'abord sous les ordres du vice-amiral Courbet, puis commandant en chef de la division navale de l'Extrême-Orient (1885-1887). Il commanda ensuite le vaisseau l'*Austerlitz*, école des mousses à Brest, de 1888 à 1890.

Contre-amiral, il embarqua en 1891 sur le cuirassé *Formidable*, en qualité du chef d'état-major de l'escadre de la Méditerranée, commandée par le vice-amiral Rieunier, qu'il accompagna aux fêtes de Gênes, en 1892.

Appelé, en novembre 1893, au commandement en chef de la division navale de l'Extrême-Orient, le contre-amiral Dupuis arbora son pavillon d'abord sur la *Triomphante*, puis sur le *Bayard*, à Saïgon. Il porta secours à un paquebot des Messageries maritimes naufragé à Poulo-Gambir, côte du Tonkin, d'où il ramena l'équipage à Saïgon ; puis il visita le Japon, Vladivostock, la Corée, Tien-Tsin, pendant la guerre sino-japonaise. Remplacé en février 1895, à l'expiration de son commandement et rentré en France, il fut admis au cadre de réserve par limite d'âge le 27 septembre 1895.

Conseiller municipal de Ste-Adresse depuis 1896, membre de la Société et du Syndicat central des Agriculteurs de France, le contre-amiral Dupuis a été candidat aux élections sénatoriales de la Seine-Inférieure, comme républicain progressiste, lors d'une élection partielle en 1897, en remplacement de M. Rouland, décédé : il se désista au 2ᵉ tour en faveur de M. Fortier, élu.

Titulaire de la médaille coloniale, des médailles de Chine, Cochinchine, Tonkin, Italie, Baltique, Crimée, Valeur militaire Sarde, M. le contre-amiral Dupuis est grand officier des Saints Maurice et Lazare, grand officier du Dragon d'Annam, commandeur du Cambodge et commandeur de la Légion d'honneur du 12 juillet 1893.

BOZZI (Lorenzo)

SCULPTEUR-STATUAIRE, né à San Lorenzo Maggiore (Italie) le 21 juillet 1864, demeurant en France. Pensionné par sa ville natale, qui avait remarqué en lui d'heureux dons artistiques, M. Lorenzo Bozzi fut envoyé à l'Institut de Naples, où il eut pour professeurs Morelli et le sculpteur Lista. Il exposa à la Société promotrice des Beaux-Arts de Naples des œuvres remarquées, notamment une statue de *Tarquin* et une autre de *Manfred*, allée depuis au Musée Provincial de Benevento, œuvres qui lui valurent des éloges unanimes.

M. Lorenzo Bozzi vint ensuite à Paris, où il reçut les conseils de MM. Gérome, Frémiet et Carlès. Il débuta aux Salons annuels de la Société des Artistes français en 1890, avec un buste en terre cuite : *Rosella* et y envoya successivement : *M. V. B....*, autre buste terre cuite (1892) ; *Disperata*, statue plâtre, acquise par le ministère de l'Instruction publique d'Italie pour le Musée d'Art Contemporain de Rome, et un buste terre cuite (1893) ; *Œterna Possis*, statue marbre (1894) ; *Mater Purissima*, médaillon marbre ; *Bacchante et Satyre*, médaillon bi-facial marbre (1895) ; *Mater Blandissima*, groupe marbre (1896) ; *M. Stéphen Sanfora*, sénateur des États-Unis, buste plâtre (1897) ; les *Sirènes*, groupe marbre ; *Eve*, bas-relief pierre polychrôme (1899), etc.

En outre de ces productions généralement bien appréciées de la critique, on peut citer de cet artiste, parmi ses plus remarquables travaux non exposés : une *Léda*, haut-relief marbre ; les *Perles*, encrier destiné à l'édition et d'un fort joli effet ; *Andromède*, statue plâtre ; *Diane*, statuette terre métallisée ; *Cupidon vainqueur*, statue plâtre ; *Ophélie*, buste bronze exposé à la Royale Scottish Academy en 1896 ; *Amour et Psyché*, plateau étain exposé à Bruxelles en 1877 ; *Flammetta*, buste terre cuite exposé à la Royale Scottish Academy en 1896 ; *Pensées*, agrafes de manteau vieil argent ; *Méduse*, bague vieil argent et rubis ; les *Korriganes*, boucle de ceinture vieil argent ; *Salammbô*, bague vieil argent et différents autres bijoux et objets d'art.

M. Lorenzo Bozzi a collaboré à la *Gazetta degli Artisti* de Venise, avec des articles de critique d'art.

PARIS (Félicien)

AVOCAT, conseiller municipal de Paris, né dans cette ville le 31 juillet 1869. Ses études faites à la Faculté de Droit, il se fit recevoir licencié en 1890 et inscrire au barreau de Paris dès la même époque. Concurremment avec ses études de droit, il suivait les cours de l'École des Sciences politiques d'où il sortit diplômé en 1892.

Au Palais, M. Félicien Paris s'est créé une place importante en prêtant l'appui de sa parole à de nombreuses causes correctionnelles et criminelles. Parmi celles-ci on doit rappeler l'affaire de l'empoisonneuse Juliette Capronnie à Beauvais, celles de la rue Constance, de la rue Bleue et de l'enfant martyr de la rue Vaneau à Paris, etc.

M. Félicien Paris s'est également fait remarquer lors du « procès des trente » (1893). dans la défense du compagnon Ortiz, de Grèce, de qui il obtint l'acquittement ; dans divers procès de presse, notamment pour le *Courrier Français* ; dans des différends artistiques, comme celui de Mlle Alice Bonheur, artiste connue, avec M. Marchand, directeur des Folies-Bergères, etc.

Candidat au renouvellement municipal de 1893 dans le quartier Rochechouart (IXᵉ arrondissement de Paris), M. Félicien Paris échoua contre le conseiller sortant, M. Paul Strauss ; mais quand ce dernier fut nommé sénateur, en 1897, il se porta à l'élection partielle nécessitée par son remplacement et fut élu conseiller municipal de Paris et conseiller général de la Seine, au 2ᵉ tour de scrutin, par 1,966 voix, contre 1,320 à M. Lucien-Victor Meunier, publiciste.

Au Conseil municipal, M. Félicien Paris fait partie du groupe des « droits de Paris ». D'abord membre de la 6ᵉ commission, où il s'occupe spécialement des travaux concernant les canaux et de la partie du petit personnel dépendant de la Cⁱᵉ du Gaz, il est devenu membre de la 5ᵉ commission, qui a, dans ses attributions, les questions d'assistance publique.

M. Félicien Paris est de plus rapporteur des comptes et du contrôle du budget depuis 1899.

On lui doit l'initiative du percement de l'impasse

Rodier et de nombreuses améliorations: pavages, éclairage intensif, réfection d'égouts, construction d'écoles, etc.

Dans le débat relatif à l'achat du livre de M. Urbain Gohier : *L'Armée contre la Nation*, achat voté par M. Paris et le Conseil municipal, l'honorable conseiller du quartier Rochechouart, après avoir fait remarquer que l'armée « n'était pas en cause, » ajoutait : « Je manifeste contre les poursuites dont un écrivain est l'objet, comme je protesterai chaque fois que pourra se produire une atteinte à la liberté de penser et d'écrire..... » (1899).

Au Conseil général, M. Félicien Paris fait partie de la 4ᵉ commission (vœux et pétitions diverses). Il a été secrétaire de cette assemblée départementale.

BERTHELOT
(Pierre-Eugène-Marcelin)

SÉNATEUR inamovible, ancien ministre, chimiste, membre de l'Institut, né à Paris le 25 octobre 1827. Fils d'un médecin, il accomplit ses études classiques au lycée Henri IV et fut lauréat du concours général de 1846, pour le prix d'honneur de philosophie.

M. Berthelot, qui se voua tout de suite aux études scientifiques, fut attaché au Collège de France, en 1851, comme préparateur du cours de chimie de son maître Balard; en avril 1854, il soutenait une brillante thèse sur les *Combinaisons de la glycérine avec les acides et reproduction des corps gras neutres naturels* et il était reçu docteur ès-sciences. Nommé professeur de chimie organique à l'Ecole supérieure de Pharmacie en 1859, il reçut, trois ans plus tard, de l'Académie des Sciences, un prix de 3,500 francs pour « ses recherches relatives à la reproduction, par la voie synthétique, d'un certain nombre d'espèces chimiques existantes dans les corps vivants. » (1861).

Admis, en 1863, à l'Académie de Médecine, dans la section de physique et de chimie médicales, il fut nommé professeur de chimie organique au Collège de France, en 1865; chaire créée pour lui à la demande de l'Académie des Sciences et où il n'a pas cessé de professer jusqu'ici. Nommé président du comité scientifique de défense, le 2 septembre 1870, il s'occupa de la fabrication des canons et des explosifs, spécialement de la dynamite et de la nitroglycérine pendant le siège de Paris. Il est, depuis 1878, président de la Commission des matières explosives au ministère de la Guerre. La poudre sans fumée a été découverte par un de ses élèves, M. Vieille, secrétaire de cette commission.

Le 3 mars 1873, M. Marcelin Berthelot était entré à l'Académie des Sciences, au fauteuil de Duhamel ; il est devenu le secrétaire perpétuel de cette compagnie, en 1889, après la démission de Pasteur. Il y a fait les éloges de Lavoisier, Milne-Edwards, Decaisne, Mallard, Brown-Séquard, etc.

M. Berthelot, qui, sous l'Empire, ne s'était pas mêlé aux luttes politiques, s'y intéressa après le 4 septembre 1870 et il a joué, sous la troisième République, un rôle important. Aux élections pour l'Assemblée nationale, en février 1870, il vit 30,913 suffrages se porter sur son nom, à Paris, sur 328,000 votants, sans avoir fait acte de candidat. Le 6 avril 1876, il résigna ses fonctions de professeur à l'Ecole de Pharmacie, ayant été nommé inspecteur-général de l'enseignement supérieur par le ministère Dufaure ; cinq ans plus tard, il devint sénateur inamovible, élu par le Sénat (juillet 1881), avec 123 voix sur 137 votants.

Inscrit à la Gauche républicaine et à l'Union républicaine, d'abord, puis à la Gauche démocratique, M. Berthelot prit part surtout, à la Chambre-Haute, aux débats sur les questions d'enseignement ; président de la commission chargée d'étudier les projets de lois organiques pour l'instruction publique, il soutint le rapport sur le projet d'enseignement primaire, laïque et obligatoire en 1886 ; puis, vice-président de la commission relative au recrutement de l'armée, il défendit, dans cette discussion, les intérêts de la haute culture intellectuelle et obtint le vote de l'article 23 de la loi militaire.

L'honorable sénateur, qui était vice-président du Conseil supérieur de l'Instruction publique, devint ministre de l'Instruction publique dans le cabinet Goblet (11 décembre 1886 au 30 mai 1887) ; il dût abandonner, à la fin de mars 1888, ses fonctions d'inspecteur-général de l'enseignement supérieur, ce poste ayant été supprimé par mesure budgétaire à ce moment et il fut nommé, inspecteur-général honoraire.

En 1895, M. Berthelot, répondant à M. Brunetière, qui avait si paradoxalement déclaré la « banqueroute de la science », proclama les services que, selon lui, elle avait, au contraire, rendus à l'humanité. Un banquet d'honneur de 800 personnes lui fut, à cette occasion, le 5 avril, offert par une réunion de savants, de penseurs et d'hommes politiques.

Le 3 novembre de la même année, il recevait le portefeuille des Affaires étrangères dans le cabinet radical formé par M. Léon Bourgeois. Quelques difficultés s'étant élevées dans les relations de notre pays avec l'Angleterre, M. Berthelot, pour laisser à M. Bourgeois le soin de les régler lui-même, remit sa démission au président du Conseil (28 mars 1896), qui garda jusqu'à la chute du cabinet la direction des affaires extérieures.

M. Marcelin Berthelot s'est acquis une renommée de savant de premier ordre par ses travaux considérables sur la mécanique chimique, la thermo-chimie et la synthèse chimique. On a dit avec raison de ses recherches qu'elles avaient ouvert une voie nouvelle à la science, qui a réalisé, à l'aide de ses méthodes, la formation de nombreux produits naturels ou artificiels, notamment celle des matières colorantes extraites du goudron de houille, qui ont révolutionné la teinturerie ; celle des parfums et de plusieurs agents thérapeutiques. Ses travaux sur les explosifs sont également des plus importants. Il a aussi découvert la fixation de l'azote atmosphérique par les microbes de la terre végétale, fixation du plus haut intérêt pour l'agriculture.

Ce savant a consigné le fruit de ses recherches en plus de 1,200 mémoires, publiées dans les *Annales de Chimie et de Physique*, les *Comptes-rendus de l'Académie des Sciences* et autres organes scientifiques ; il a donné aussi des articles de science et de philosophie dans la *Revue Germanique*, la *Revue des Deux-Mondes*, la *Revue de Paris*, la *Revue des Cours scientifiques*, le *Temps*, etc. Il dirige, depuis 1885, la *Grande Encyclopédie*, œuvre des plus considérables, qui, après avoir paru souvent ne point devoir s'achever, touche à sa fin cependant (1900). Il a, en outre, publié les ouvrages suivants : *Chimie organique fondée sur la synthèse* (2 vol. 1860) ; *Leçons sur les principes sucrés et sur l'isomérie*, professées devant la Société chimique de Paris de 1862 à 1865 ; *Leçons sur les méthodes générales de synthèse* (1864) ; *La force de la poudre et des matières explosives* (1871, 3e éd. 2 vol. 1883) ; *Traité élémentaire de chimie organique* (1872, 4e éd. 2 vol. 1899) ; *Vérification de l'Aréomètre de Baumé* (1873) ; *Synthèse chimique* (1875) ; *Essai de mécanique chimique fondée sur la thermo-chimie* (1 vol. 1879) ; les *Origines de l'Alchimie* (1885) ; *Science et Philosophie* (1886) ; *Collection des anciens alchimistes grecs* (1887, 3 vol.) ; *Introduction à l'étude de la chimie des Anciens et du Moyen-Age* (1889) ; la *Révolution chimique : Lavoisier* (1890) ; la *Chimie au Moyen-Age* (1893, 3 vol.) ; *Science et Morale* (1897) ; *Correspondance avec Renan* (1898) ; *Chaleur animale* (2 vol. 1898) ; *Chimie végétale et agricole* (4 vol. 1899), etc.

Membre de la Société d'Agriculture de France, des Sociétés philomatique, chimique et de biologie de Paris ; de la Société royale de Londres, de la Société de physique de Genève, de la Société des naturalistes de Moscou, des Académies de Berlin, Saint-Pétersbourg, Stockholm, Dublin, Copenhague, Munich, Turin, Amsterdam, Boston, Lisbonne, de Hongrie, etc., M. Berthelot, nommé chevalier de la Légion d'honneur le 13 août 1861, promu officier le 14 août 1867, commandeur le 11 janvier 1879, grand-officier le 30 avril 1886, est grand-croix depuis 1896.

BERTHELOT (André-Marcel)

DÉPUTÉ, publiciste, fils aîné du précédent, né à Paris le 20 mai 1862. Il fit de brillantes études aux lycées Saint-Louis et Henri IV, obtint plusieurs prix au concours général et fut reçu, à 22 ans, agrégé d'histoire et de géographie. Membre de l'École de Rome, M. André Berthelot fut chargé de missions en Italie, puis en Hollande ; en 1886, il fut nommé maître de conférences d'histoire des religions de la Grèce et de Rome à l'École pratique des Hautes Études.

Candidat républicain socialiste au siège municipal rendu vacant, dans le quartier de la Monnaie, à Paris, par l'envoi à la Chambre de M. Albert Pétrot, M. André Berthelot fut, le 25 février 1894, élu conseiller municipal de Paris et conseiller général de la Seine, au scrutin de ballottage, par 801 voix, contre 798 à M. Detré et 761 à M. Boussenot. Réélu, le 3 mai 1896, par 1,898 voix, contre 1,169 à quatre concurrents, il s'occupa activement des questions intéressant les assemblées municipale et départementale. Il a été secrétaire du Conseil municipal et du Conseil général en 1894 et 1896, membre et rapporteur de nombreuses commissions. Il se consacra principalement à la question du Métropolitain de Paris, dont la construction fut décidée sur son rapport, en 1898.

Aux élections générales législatives de 1898, M. André Berthelot se présenta dans le VIe arrondissement de Paris, dont le représentant, M. Albert Pétrot, était décédé et il fut élu député, au scrutin de ballottage, le 22 mai, par 3,730 voix, contre 3,193 au colonel Monteil, nationaliste.

A la Chambre, M. Berthelot n'est inscrit à aucun groupe et vote généralement avec les radicaux-socialistes ; membre des commissions du budget de 1899 et 1900, il a pris part à de nombreuses et importantes discussions ; il a fait voter, en mars 1900, une addition au règlement de la Chambre modifiant l'initiative du Parlement en matière budgétaire.

M. Berthelot a publié, dans la *Nation*, une série de 200 articles sur l'*Histoire des Quartiers de Paris*; secrétaire-général de la *Grande Encyclopédie* depuis 1885, il y a rédigé un grand nombre d'articles; il a publié, en outre, divers mémoires dans la *Revue de l'Ecole de Rome*, les *Archives des Missions*, etc., et il a fait paraître une *Histoire intérieure de Rome*, des *Morceaux choisis des Historiens grecs*, etc.

CHAMOIN (Emile)

MÉDECIN, né à Lagesse (Aube), près Troyes, le 5 mai 1851. Ses études classiques achevées, il vint, en 1869, se faire inscrire à la Faculté de Médecine de Paris. Pendant l'investissement de la capitale, au cours de la guerre franco-allemande, il fut envoyé par sa famille à Montpellier, siège de la seule faculté de Médecine restée, à ce moment, ouverte en France (1870-71). Il donna, durant cette période, avec dévouement, ses soins aux soldats blessés des armées de la Loire et de l'Est dirigés sur Montpellier.

Après la guerre, M. Chamoin revint à Paris, passa avec succès le concours de l'internat des hôpitaux et fut nommé successivement à Saint-Antoine, à Saint-Louis, à Lariboisière et à la Charité. Entre temps, le professeur Panas l'attacha spécialement au service de la clinique des maladies des yeux à l'Hôtel-Dieu.

Reçu docteur le 16 mars 1876, avec une thèse très remarquée *Sur la valeur de la cautérisation modificatrice appliquée au traitement de la tumeur et de la fistule lacrymales*, M. Chamoin publia, dès l'année suivante, un livre fort intéressant contenant les *Leçons du professeur Panas sur les Affections de la glande lacrymale et des voies d'excrétion des larmes*. Il a prêté, en outre, depuis, sa collaboration à plusieurs organes scientifiques.

M. le Dr Chamoin a, depuis un grand nombre d'années, dirigé avec persévérance ses études et ses travaux vers les applications cliniques de l'électricité et il a fait sa spécialité de cette méthode thérapeutique, qui a réalisé des progrès immenses. Il a organisé, à Paris, une remarquable installation électrique complète. Spécialiste électricien apprécié et praticien distingué, il s'occupe plus particulièrement du traitement des affections nerveuses et surtout du traitement des nombreuses maladies de la femme et des tumeurs du ventre. Gynécologue et névropathe expérimenté, il a obtenu et obtient tous les jours les meilleurs résultats par sa méthode électrothérapique.

Au Congrès international de Gynécologie et d'Obstétrique de Genève, en septembre 1896, M. le Dr Chamoin fit une communication sur les *Courants électriques dans le traitement des déviations utérines en général et, en particulier, des rétrodéviations*, qui eut du retentissement et fut reproduite par la plupart des journaux médicaux français et étrangers. Il est aussi l'auteur d'un ouvrage annoncé sous le titre de: *L'Electricité appliquée à la Médecine et à la Chirurgie, avec ou sans le concours des autres moyens de traitement, à la fin du XIXe siècle*.

Animé de sentiments philanthropiques, M. le docteur Chamoin a fondé, au cœur de Paris, une clinique gratuite d'électricité médicale, à l'usage des malades peu fortunés.

PÉNAVAIRE (Jean-Grégoire)

VIOLONISTE, compositeur de musique, né à Lesparre (Gironde) le 15 septembre 1840. Il fut d'abord chef d'orchestre au Théâtre royal d'Anvers, puis remplit cette fonction sur diverses autres scènes et concerts.

Violoniste, M. Pénavaire s'est fait connaître comme un excellent exécutant et surtout comme un professeur de premier ordre.

Compositeur remarquable par la grâce de ses inspirations et sa science harmonique, il est l'auteur de plusieurs opéras: *Michel Cervantès*, la *Fée de Mérindol*, le *Chevalier d'Aubertin*, *Monseigneur Scapin*, interprétés partiellement dans divers concerts, ainsi que de plusieurs autres œuvres, représentées avec succès au théâtre: *Ninette et Ninon*, opéra-comique en un acte (avril 1873); la *Folie espagnole*, ballet (mars 1874); le *Contrat*, opéra-comique en 1 acte (septembre 1890).

M. Pénavaire a composé, de plus, nombre de mélodies très appréciées, parmi lesquelles on cite: *Sirène et pêcheur*, le *Nid*, la *Vierge à la Crèche*, *Chanson de Mai*, *Soldat libre*, les *Bourguignons*, remarquable chœur orphéonique; *Vieilles chansons sur de nouveaux airs*, recueil qui contient diverses compositions aimables; *Chanson de la Rose* et autres morceaux de chant; *Menuet pompadour*, *Enjouement*, *Confidence*, *Grande polonaise*, *Aubade*, *Romanzetto*, *Suite pour piano*, la *Clairière*, *Marche des Ménestrels*, *Pensée d'avril*, *Marche rustique*, *Bourrée noble*, *Musettes et Clairons*, *Papillons roses* et autres morceaux pour piano et orchestre ; *Pastorale et ballet, Cantilène et valse, Romanza et Polacca, Valse fière, la Barque, la Plainte, Entr'acte menuet, Sérénade en sol, Concerto en la* et autres morceaux pour violon ; un *Recueil de vingt mélodies* ; la *Vision des Croisés*, poème symphonique avec chœurs ; *Torquato Tasso et Michel Cervantès*, deux grandes ouvertures exécutées au Concerts Pasdeloup et dans maints festivals, qui ont valu à leur auteur de nombreux applaudissements ; *Dans le Vallon et Arioso*, deux pièces pour hautbois; *Ballade en fa* pour cornet à piston ; *Sur la montagne*, ravissante fantaisie pour clarinette ; *Contemplation*, quatuor pour violon, piano, orgue et violoncelle ; *Confidence* pour quintette à cordes, etc.

M. J.-G. Pénavaire, membre du comité de la Société des Compositeurs de musique, est officier d'Académie.

GELEZ (Victor-Julien)

ONSEILLER municipal de Paris, né dans cette ville le 15 novembre 1845. Il fit de simples études primaires, devint employé de commerce, prit part, en 1870-71, aux deux sièges de Paris et, après l'échec du mouvement communaliste, fut arrêté, puis relaxé au bout d'un an de détention, ayant été l'objet d'un non-lieu.

En 1876, M. Victor Gelez soutint, d'une façon active, dans le IIIe arrondissement de Paris, la candidature Bonnet-Duverdier contre celle de Spuller. En 1879, il fut au nombre des fondateurs du groupement socialiste « l'Union des Travailleurs, » qui faisait paraître, depuis 1871, le premier organe de cette nuance, le *Prolétaire*, feuille hebdomadaire. Il prit aussi une large part aux manifestations organisées en faveur de l'amnistie, comme membre du Comité socialiste du XIe arrondissement, qui vint en aide aux amnistiés et aux non amnistiés.

L'amnistie obtenue, il aida, avec MM. Jourde, Longuet et autres personnes, à la création d'un nouveau groupement sous le nom de « l'Alliance socialiste », qui, à l'occasion des élections générales législatives de 1885, faites au scrutin de liste, se joignit, comme d'autres groupements politiques, au Comité central radical-socialiste.

En 1887, après plusieurs tentatives vaines de réalisation d'une entente entre les diverses fractions socialistes, M. Gelez entra au « Parti ouvrier », dont il est resté membre depuis lors. Trois ans plus tard, après la division qui suivit le congrès ouvrier de Châtellerault, il adhéra à la fraction qui reprit l'ancien titre de « Parti ouvrier socialiste révolutionnaire », qu'avait adopté le Congrès ouvrier de Marseille en 1879.

Comme membre du groupe central du XIe arrondissement, adhérent à cette fraction socialiste, M. Gelez fut délégué à plusieurs reprises à différents congrès, notamment à ceux de St-Quentin (1892) et de Dijon (1894). A ce même titre, il fut porté candidat à plusieurs élections municipales et législatives, d'abord en 1893 dans la circonscription de Pantin, contre le député sortant M. Goussot, puis, en 1896, dans le quartier St-Ambroise, contre M. Levraud, conseiller municipal sortant.

En octobre 1898, M. Gelez fut élu conseiller municipal du quartier Saint-Ambroise et conseiller général de la Seine, par 2,496 voix contre deux concurrents.

Au Conseil municipal, M. Gelez appartient au groupe socialiste ; il est membre de la 1re commission qui s'occupe de questions financières, contentieuses, etc.

Dans les discussions générales des budgets de 1899 et de 1900, il déposa plusieurs propositions de réformes administratives et budgétaires destinées à obtenir un contrôle réel des dépenses municipales ordinaires et extraordinaires et à réduire considérablement celles jugées inutiles. Il est aussi l auteur d'une proposition relative à l'élévation des salaires des ouvrières employées au dehors par l'Assistance publique, proposition que soutint en général la presse et surtout le journal la *Fronde*.

M. Gelez a voté la proposition de son collègue M. Adrien Veber, tendant à faire payer par les propriétaires la plus-value des immeubles due aux opérations de voirie ; il a demandé, en outre, qu'à mesure des expropriations publiques, la ville de Paris restât propriétaire du sol disponible et y fit construire des immeubles dont les revenus seraient une nouvelle ressource pour le budget, tout en assurant à la population ouvrière la possibilité de trouver dans Paris même des logements sains et à bon marché. Il a encore demandé le prolongement et la mise en viabilité des impasses nombreuses du quartier St-Ambroise, dont l'insalubrité est notoire. Il s'est intéressé aussi aux questions d'enseignement, au point de vue de l'aide matérielle à apporter aux enfants pauvres.

Au Conseil général, où il fait partie de la 7e commission concernant la direction des prisons départementales et de la commission mixte des omnibus et tramways, M. Gelez a déposé un vœu demandant de provoquer par voie de conférences internationales une entente réciproque pour l'hospitalisation des sujets des différentes nationalités, proposition accueillie favorablement par le Conseil général et l'administration. Il a demandé en outre l'application de ce système, tout d'abord entre les départements français et réclamé, en attendant, de l'Etat, une forte contribution pour permettre à la ville de Paris de supporter les charges toujours plus lourdes de l'hospitalisation des provinciaux.

M. Gelez, depuis 1881, appartient à la Chambre syndicale des employés de commerce. Il est l'auteur de diverses brochures de propagande socialiste : *Etude sur la crise économique*, rapport à la Commission d'enquête parlementaire (1884) ; le *Service national de solidarité garantissant une pension viagère aux vieillards des deux sexes* (1894) ; *La Souveraineté du peuple en France sous la troisième république* (1897, édition de la Librairie de la *Revue Socialiste*), etc.

PARENT (Louis-Marie-Joseph)

ARCHITECTE, né à Paris le 10 janvier 1854. Son grand-père, Aubert Parent, décédé le 13 novembre 1835, fut le premier titulaire de la chaire d'architecture à Valenciennes. Peintre, sculpteur et architecte, il fut pensionnaire du roi Louis XVI à Rome, se fit remarquer pendant l'émigration comme peintre miniaturiste en Russie, comme sculpteur et architecte à Berlin et en Suisse. Son père, Clément Parent (1823-1884), élève d'Antoine Frœlicher et d'Aubert Parent, est l'auteur de nombreux châteaux en France et à l'étranger, notamment de celui de Bournel (Doubs), de Glaignes (Oise), de Bon-Hôtel (Loiret), ce dernier en collaboration avec son fils, Louis Parent. Il est aussi l'auteur de l'importante restauration du palais du comte de Flandre ; il donna au roi des Belges les plans de restauration du château de Laeken et de Ciergnon en Pologne, les plans du palais Branicky à Varsovie et de l'hôtel Dembinsky, à Cracovie ; il construisit à Paris, les hôtels Mnizech, Basilewsky, actuellement palais de Castille, de Carayon-la-Tour, en collaboration avec son fils, etc.

M. Louis Parent entra, en 1875, à l'Ecole des Beaux-Arts, dans l'atelier de Ginain et suivit les leçons de ce professeur autant que le lui permit son active collaboration aux travaux si nombreux de son père, notamment au château de Bon-Hôtel (Loiret) et à l'hôtel de Carayon-la-Tour, 9, rue de Berri. Sa première œuvre personnelle fut la restauration du château de Montgraham, au prince d'Henin.

En 1884, il continua les travaux laissés en cours d'exécution par son père : Bournel (Doubs), Goudemail (Bretagne) ; de nombreux châteaux en Orléanais : la Chevrolière, Mézières, les Gaschetières, Vieux-Maisons, la Jonchère, etc. ; dans la Sarthe, entre autres : la Cour. Il restaura à Paris l'hôtel de la duchesse d'Uzès et l'hôtel d'Hunolstein, 1, rue St-Dominique. Puis, appelé par M. le marquis de Talhouët au château du Lude pour des travaux de décorations intérieures, il découvrit, sous un plafond tout uni, le solivage primitif, finement mouluré et enrichi de peintures décoratives, et une frise en pierre sculptée et peinte, il put ainsi reconstituer deux pièces dans leur état ancien : la salle à manger et la bibliothèque du Lude. Au château de Cheverny, au marquis de Vibraye, il décora la chapelle intérieure, où l'on accède par un escalier célèbre, restauré par son père. En 1889, il éleva, à Versailles, les bâtiments de communauté et la chapelle des Dames de la Retraite.

M. Louis Parent a élevé à Paris l'hôtel de Moustier, avenue de l'Alma, qui lui valut une mention honorable au Salon de 1892 ; l'hôtel de Sourdeval, quai de Billy, en 1893 ; l'hôtel de Caraman, 3, avenue de l'Alma, et l'hôtel de Brou, 3, rue Nitot, en 1894. Il est aussi l'auteur de la partie architecturale du monument élevé à Valence à la mémoire d'Emile Augier ; des hôtels de Levis-Mirepoix, rue de Lille et Ernest Seillère, rue Hamelin ; du château de la Motte-Bel-Air ; de la restauration artistique et de la décoration intérieure du château de la Guéritaulde ; des agrandissement des châteaux de Thauvenay (Cher), la Beuvrière (Orne), Houville (Eure-et-Loire), Valgenseuse (Oise), de divers pavillons, villas de style, etc.

Entre temps, il collaborait avec son oncle, M. Henri Parent, à la restauration du château de Bonnétable (Sarthe) au duc de Doudeauville ; à la construction d'un castel à Jarnac pour M. Laporte-Bisquit, sénateur ; au château de Châteaurocher (Haute-Vienne), à M. Bourcin-Dubouché et de l'hôtel Sabatier d'Espeyran, rond-point des Champs-Elysées.

Membre de la Société centrale des architectes, il a obtenu une 2ᵉ médaille à l'Exposition universelle de Bruxelles en 1898.

M. Louis Parent a publié, sous le pseudonyme de « Louis Saverne », quelques recueils de poésie finement ciselées, notamment : *Vercingétorix* (1890) ; *Charles VII* (1891); les *Champs-Elysées* (1896) ; *Album de voyage* (1899), etc.

BOURGEOIS (Léon-Victor-Auguste)

Député, ancien président du Conseil des ministres, né à Paris le 29 mai 1851. Après d'excellentes études au lycée Charlemagne et à l'institution Massin, il se fit recevoir docteur en droit et fut secrétaire de la conférence des avocats ; puis il entra dans l'administration, en 1876, comme sous-chef du contentieux au ministère des Travaux publics. Le gouvernement du Seize-Mai le révoqua ; mais, le 26 décembre 1877, M. de Marcère, ministre de l'Intérieur dans le cabinet Dufaure, le nommait secrétaire-général de la préfecture de la Marne.

Sous-préfet de Reims le 17 novembre 1880, M. Léon Bourgeois passa, le 8 novembre 1882, à la préfecture du Tarn : il parvint à apaiser les grèves qui se produisirent très violentes dans ce département et fut décoré pour son habile conduite. Le 19 octobre 1883, il revint à Paris comme secrétaire-général de la préfecture de la Seine ; nommé préfet de la Haute-Garonne en 1885, directeur du personnel au ministère de l'Intérieur en 1886, puis des affaires départementales et communales en janvier 1887, il fut appelé à remplacer M. Gragnon à la Préfecture de police en novembre de la même année. Il occupait ce poste au moment difficile de la démission de Jules Grévy.

Élu, le 26 février 1888, député de la Marne, il donna sa démission de préfet de police, vint siéger à la Gauche radicale de la Chambre et, au mois de mai suivant, quelques semaines après la formation du ministère Floquet, devint sous-secrétaire d'État à l'Intérieur. Il prit la parole, en cette qualité, tant au Sénat qu'à la Chambre des Députés, notamment sur les questions ayant un caractère administratif. Il suivit la fortune du cabinet dont il faisait partie et se retira avec lui, le 14 février 1889.

Lors du renouvellement général législatif, au scrutin uninominal, le 27 septembre 1889, M. Léon Bourgeois fut choisi comme député de l'arrondissement de Reims, par 6,276 voix, contre 5,635 à M. Ponsard, conservateur. Après la démission de M. Constans, il fut nommé ministre de l'Intérieur, le 2 mars 1890 ; le ministère Tirard ayant démissionné tout entier, il passa, quinze jours après, au ministère de l'Instruction publique et des Beaux-Arts, dans la combinaison Freycinet, le 18 février 1892, il conservait, dans le ministère Loubet, son portefeuille.

M. Léon Bourgeois a marqué son passage au ministère de l'Instruction publique par diverses réformes importantes : il y prépara la reconstitution des universités ; il créa l'enseignement moderne, appelé à remplacer l'ancien enseignement spécial, création qui n'a pas réalisé les espérances qu'elle avait fait concevoir ; il modifia, pour le rendre plus accessible, le baccalauréat ; encouragea l'éducation physique dans les établissements d'instruction, etc.

Démissionnaire avec tout le cabinet Loubet, il accepta le portefeuille de la Justice dans le premier ministère Ribot (7 décembre 1892) et le conserva dans le deuxième (1ᵉʳ janvier 1893), jusqu'à la formation du cabinet Dupuy (5 avril). Il eut, en cette qualité, à s'occuper surtout des scandales de Panama.

Réélu député de Reims, au premier tour, le 20 août 1893, par 8,582 voix, sans concurrent, M. Bourgeois devint, à la Chambre, le chef reconnu du parti radical. Le 1ᵉʳ novembre 1895, il fut chargé de constituer un ministère, dans lequel il prit, avec la présidence du Conseil, le portefeuille de l'Intérieur d'abord, puis celui des Affaires étrangères, après la démission de M. Berthelot. Ne disposant à la Chambre que d'une majorité faible et peu sûre, constamment combattu par le Sénat, le cabinet Bourgeois ne put appliquer sa politique et, après le refus par la Chambre-Haute de voter les crédits nécessaires au corps d'occupation de Madagascar, il dût démissionner, le 21 avril 1896.

Au renouvellement général de 1898, M. Léon Bourgeois se représenta dans l'arrondissement de Reims et fut réélu, le 8 mai, par 7,759 voix, contre 5,516 à M. Girault-Masson, républicain. Il fit partie du ministère Brisson, constitué dès le début de la législature, comme ministre de l'Instruction publique et des Beaux-Arts (28 juin). Dans ce ministère, formé surtout en vue de liquider l'affaire Dreyfus qui, depuis plusieurs mois, divisait et passionnait le pays, M. Bourgeois s'appliqua, avec beaucoup d'habileté, à ne point prendre parti. Après la démission du cabinet (25 octobre), il se fit envoyer à la Haye, comme délégué de la France au Congrès international, provoqué par l'empereur de Russie, pour étudier les moyens d'arriver au désarmement général.

Pendant le cours de sa mission, le ministère Dupuy ayant été renversé (12 juin 1899), M. Bourgeois fut rappelé à Paris et sollicité, par M. Loubet, président de la République et par toutes les fractions du parti républicain, de former un cabinet ayant la mission de faire la révision du procès Dreyfus, de défendre les institutions républicaines attaquées à la fois par les conservateurs, les antisémites, les plébiscitaires, etc. et de ramener l'apaisement dans le pays. L'éminent homme d'Etat, à la grande surprise de ses amis, dont plusieurs jugèrent sa prudence excessive, déclina l'offre qui lui était faite, laissant à M. Waldeck-Rousseau le soin de remplir la tâche qu'on aurait voulu lui confier ; il retourna à la Haye, où il prit une part très active aux discussions et représenta notre pays avec une grande dignité, beaucoup de talent et une haute autorité jusqu'à l'achèvement des travaux de la Conférence, lesquels, d'ailleurs, n'aboutirent à aucun résultat pratique.

Il reprit, à son retour en France, sa place à la Chambre, où il a soutenu de son vote le ministère Waldeck-Rousseau (1900).

DUESBERG (Edmond)

Auteur dramatique, né à Verviers (Belgique) le 6 juin 1857, demeurant à Paris. Il fit ses études classiques dans sa ville natale et marqua, dès la jeunesse, une prédilection toute particulière pour la littérature dramatique française. Ayant appris l'allemand à Odenkirchen, près de Dusseldorf, il traduisit en français, en 1873 et en 1874, plusieurs pièces de Goethe, de Schiller et de Lessing. Etudiant en droit à Liège, il fit représenter, en 1879, au Casino Molière de cette ville, sa première pièce, l'*Annonce*, après avoir obtenu quelques distinctions dans des concours littéraires en France et en Belgique. La même année, il donna au théâtre des Délassements, à Bruxelles, les *Sabots*, qui furent représentés, en 1890, au théâtre Beaumarchais, à Paris Puis vinrent successivement: l'*Oncle impromptu* (théâtre de Verviers, 1879), *En pays de connaissance* (théâtre Montparnasse, 1880), les *Lettres anonymes* (théâtre de Verviers, 1881), *Sébastien La Ruelle*, drame historique en 4 actes, écrit en 1881 et joué au théâtre de Verviers en 1887, la *Rupture*, pièce en 3 actes, (théâtre du Gymnase, à Liège, 1882), les *Ecrivassiers*, comédie en 3 actes, en vers (théâtre de Charleroi, 1882).

Les *Ecrivassiers* et la première édition de la *Rupture* avaient été publiés, avant la représentation, sous le pseudonyme d'« Edouard Dalmont », chez l'éditeur Ollendorff, à Paris. En 1882 eut lieu aussi la première représentation de *Célestin*, au théâtre du Casino, à Spa. Cette pièce, assez osée, qui a pour protagoniste le petit-fils de Tartufe, fut très attaquée par les journaux d'opinion religieuse. La *Tache du Nom*, pièce en 3 actes, obtint, en 1883, un vif succès sur la scène du Grand-Théâtre de Verviers et fut couronnée par le gouvernement belge ; elle a été jouée en 1892, au théâtre du Château d'Eau, à Paris, sous le titre de *Paul Méran*. Le *Mariage de Roger* fut aussi très bien accueilli au Théâtre-Royal de Bruges, en 1885.

La même année, M. Duesberg fit représenter sur le théâtre de Verviers une comédie satirique, intitulée *Décoré !* antérieure à la pièce du même titre de Meilhac. Après avoir fait jouer son œuvre sur la plupart des scènes belges, M. Duesberg transporta à St-Etienne l'action de *Décoré !* qui se passait à Liège dans la première édition, et le théâtre Déjazet, à Paris, reçut la pièce en 1887, au moment même où éclatait le scandale de l'affaire Wilson. La représentation fut interdite, car les personnages, imaginés par l'auteur deux ans plus tôt, devenaient, par suite des événements, des photographies de l'actualité et la censure ne consentit à laisser jouer la pièce que si l'action était rétablie en Belgique. Plus tard, lorsque les esprits furent calmés, on autorisa l'auteur à replacer l'action de son œuvre à St-Etienne : c'est ainsi qu'elle a été représentée dans une trentaine de villes, en province et à l'étranger.

Au théâtre du Casino, à Spa, M. Duesberg fit représenter deux pièces qui appartiennent au genre du Théâtre libre : *Mes créanciers*, en 1887, et les *Impudents*, en 1888. Dans ce dernier ouvrage sont exposés les vices du monde industriel sans qu'un porte-paroles de l'auteur les flagelle ou en fasse la critique ; les spectateurs ont ainsi à discerner, comme dans la vie, si les actes que posent les personnages sont répréhensibles ou non. Cette manière de faire parut immorale au public et souleva dans la presse belge une longue polémique. Il résulte pourtant de l'ensemble des œuvres de M. Duesberg qu'il n'appartient à aucune école et qu'il n'a pas de parti pris. En général, ses personnages ne sont entiers ni dans le bien, ni dans le mal. Il paraît s'efforcer de créer des êtres pareils à la majeure partie des hommes, c'est-à-dire avec des défauts et des qualités et son genre préféré est la comédie satirique, à laquelle il donne une portée moralisatrice par l'étude sincère des caractères ou par les traits d'observation qu'elle renferme.

En 1889, M. Duesberg vint se fixer à Paris. Depuis il a fait jouer : *Irrésistible !* (Déjazet, 1889) ; *Deux Sauveteurs* (Beaumarchais, 1890) ; la *Dot* (Déjazet, 1890) ; *Disparu !* (Cluny, 1890), le *Père Richel*, un acte, en vers (théâtre de la Galerie Vivienne, 1890) ; *Guerre aux Pianos !* (Cluny, 1893) ; le *Chaperon*, 3 actes (Déjazet, 1896) et plusieurs autres pièces qui avaient d'abord été jouées en Belgique. Le Chaperon, très applaudi à Déjazet, est souvent représenté en province et à l'étranger, notamment en Allemagne, où il a été traduit sous le titre de Herr Substitut.

M. Duesberg a encore fait représenter : Celles qu'on lâche, vaudeville en 3 actes (Cluny, 1889), dont l'idée première lui avait été suggérée par une pièce non jouée de M. Jules Cremer (Georges Darlay). Les événements du Transvaal lui inspirèrent, en 1899, la Justicière, sorte de pamphlet dramatique contre la guerre. Cette pièce a été jouée, en 1900, au théâtre de l'Athénée, à Paris, sous le titre de Pour la Paix ! et la thèse qu'elle soutient, « généreuse et sombre », selon l'appréciation de M. Gustave Larroumet, le critique du Temps, est hardie et très discutable.

On peut encore citer de M. Duesberg deux études qu'il a publiées : l'Auteur dramatique, en 1888, et les Sociétés dramatiques en Belgique, en 1891. Il a collaboré à quelques journaux et fait diverses conférences sur des questions littéraires.

Cet écrivain distingué est officier de l'Instruction publique depuis 1892.

VOISIN BEY (François-Philippe)

INGÉNIEUR, né à Versailles le 20 mai 1821. Elève de l'Ecole Polytechnique de 1838 à 1840, il fut nommé successivement ingénieur ordinaire des Ponts et Chaussées le 22 septembre 1846, ingénieur en chef le 12 septembre 1865, inspecteur-général le 15 novembre 1880 et admis à faire valoir ses droits à la retraite en 1891.

M. Voisin Bey a attaché son nom à des travaux d'une grande importance : il a été chargé, de 1845 à 1856, du service du port de Boulogne ; de 1856 à 1860, du service de l'arrondissement de Pau et du service hydraulique du département des Basses-Pyrénées. Attaché, de 1861 à 1870, au service de la Compagnie universelle du canal maritime de Suez, en qualité de directeur-général des travaux de construction du canal en Egypte, on doit lui attribuer, à ce titre, une légitime part dans le succès de la colossale entreprise de M. F. de Lesseps.

Il fut, ensuite, de 1873 à 1881, professeur du cours de travaux maritimes à l'Ecole nationale des Ponts et Chaussées et, de 1880 à 1886, inspecteur des travaux publics de l'Algérie et de la Tunisie ; puis président de la délégation française aux Congrès de navigation intérieure de Vienne (1886), de Francfort-sur-Mein (1888) et de Manchester (1890), membre de la Commission de l'hydraulique agricole au ministère de l'Agriculture, de 1882 à 1891.

Nommé, en 1884, membre-rapporteur de la Commission consultative internationale pour l'étude de l'amélioration du canal de Suez, M. Voisin Bey est devenu, en 1893, administrateur de la Compagnie de ce canal.

Il est l'auteur d'une importante étude sur les Ports de mer, parue dans le grand ouvrage intitulé les Travaux publics de la France (5 vol. in-folio, 1883), publié sous les auspices du ministère des Travaux publics (le volume sur les Ports de mer a été traduit en allemand) et d'une intéressante notice sur les Travaux d'amélioration de l'embouchure du Danube et du bras de Souline, publiée en 1893 dans les Annales des Ponts et Chaussées.

Nommé Bey par le vice-roi d'Egypte en 1866, cet éminent ingénieur est officier de la Légion d'honneur, chevalier du Mérite agricole, commandeur des ordres de la Couronne de fer et de François-Joseph d'Autriche, de Charles III d'Espagne, de la Couronne d'Italie, de la Couronne de Prusse et du Medjidié de Turquie ; grand officier de Léopold de Belgique, de la Couronne de Roumanie, etc.

VALLOT (Joseph)

BOTANISTE, géologogue et météorologiste, né à Lodève (Hérault) le 16 février 1854. Entré comme élève au lycée Charlemagne, il fut successivement attaché, une fois ses classes terminées, aux laboratoires des Hautes Etudes de la Sorbonne, du Muséum d'histoire naturelle et de l'Ecole normale supérieure.

Pendant vingt années, M. Joseph Vallot se livra exclusivement à des travaux de botanique et de géologie. Citons parmi les principaux publiés : Recherches physico-chimiques sur la terre végétale et ses rapports avec la distribution géographique des plantes (1883) ; Essai sur la flore du pavé de Paris (1884) ; Guide du botaniste et du géologue dans la région de Cauterets (1886) ; une série de cinq brochures, sous le titre général de : Etudes Pyrénéennes (1887-1891) et un nombre considérable de mémoires sur la Botanique et la Géographie botanique des Pyrénées (de 1880 à 1900).

Ce savant commença ses études dans les Alpes en 1886, en entreprenant une première expédition scientifique dans ces hautes régions. Il a continué d'explorer annuellement ces montagnes, et les observations importantes qu'il a faites au cours de ses dangereuses pérégrinations ont été consignées dans les divers volumes formant la collection de l'*Annuaire du Club Alpin*, dans la *Revue scientifique* et dans le *Bulletin de la Société Botanique*.

Le Mont Blanc ayant plus spécialement attiré son attention, M. Joseph Vallot se voua, dès 1886, à l'étude de ce massif, sous toutes ses formes. Après avoir effectué deux ascensions au sommet de la montagne en vue de recherches physiologiques, il reconnut la nécessité d'un séjour prolongé pour procéder à une étude sérieuse de certains phénomènes et, en 1887, il passa trois jours sous la tente au sommet du Mont Blanc, prouvant ainsi, ce qui n'avait pas été fait antérieurement, la possibilité d'y vivre et d'y travailler. La même année, il établit trois stations météorologiques enregistrantes, l'une au sommet du Mont Blanc, l'autre aux Grands-Mulets à 3,000 mètres d'altitude, la troisième à Chamonix. Enfin, en 1890, il construisit de ses deniers l'Observatoire du Mont Blanc, édifié à 4,365 mètres et dont l'installation confortable permet, chaque été, à une élite de savants, de poursuivre d'intéressantes recherches à cette altitude invraisemblable. Il commença, dès lors, à publier ses importants travaux sur la météorologie, la physique terrestre, la géologie et la physiologie aux hautes altitudes.

Depuis 1893, il a donné cinq volumes intitulés : *Annales de l'Observatoire météorologique, physique et glaciaire du Mont Blanc*, où sont insérées les multiples découvertes scientifiques auxquelles l'Académie des Sciences a décerné le grand prix des sciences physiques en 1897. Nous citerons notamment : *Observations météorologiques simultanées exécutées au sommet du Mont Blanc, aux Grands-Mulets et à Chamonix* ; *Variation de la température, de la pression et de la vapeur d'eau au Mont-Blanc et aux stations inférieures* ; *Etudes sur les variations comparées du baromètre à diverses altitudes* ; *Expériences d'actinométrie solaire* et *Expériences d'actinométrie chimique*, exécutées en collaboration avec Mme Vallot ; *Recherches scientifiques exécutées dans le tunnel du Mont Blanc* ; *Etudes sur les tempêtes au Mont Blanc* ; *La moraine profonde et l'érosion glaciaire* ; *Exploration des moulins de la Mer de Glace* ; divers mémoires sur la *Photographie des montagnes* et l'*Application de la photographie au lever des plans*.

M. Vallot a poursuivi, depuis 1891, une série considérable de mesures et d'observations annuelles sur les mouvements des glaciers, publiées dans ses Annales, sous le titre : *Expériences sur la vitesse et les variations de la Mer de Glace*. Il a entrepris, en collaboration avec M. Henri Vallot, une *Carte du massif du Mont Blanc* au 20,000^e, qui a donné lieu à la publication de divers mémoires. Avec le même collaborateur, il a exécuté les *Etudes préliminaires et l'avant-projet du chemin de fer des Houches au sommet du Mont Blanc*, mémoire publié en 1899. En même temps, il étudiait la géologie du massif et publiait divers mémoires sur la *Pétrographie* et les *Plissements* du Mont Blanc, dont il a découvert la nature stratifiée.

Lauréat de l'Académie des Sciences, vice-président du Club Alpin français, membre d'honneur des Clubs Alpins suisse, italien, américain, etc., M. Joseph Vallot est officier d'Académie (1891), chevalier des Sts-Maurice et Lazare, officier du Medjidieh et chevalier de la Légion d'honneur depuis 1896.

LENEPVEU (Charles-Ferdinand)

Compositeur et professeur de musique, membre de l'Institut, né le 4 octobre 1840, à Rouen. Il étudia d'abord le droit à Caen, puis se consacra à la musique.

Ayant obtenu, en 1861, le premier prix de la Société des Beaux-Arts de Caen, pour une cantate qui fut exécutée en 1862, il entra, l'année suivante, au Conservatoire national de Musique, à Paris, dans la classe d'Ambroise Thomas, et remporta le prix de Rome, en 1865, avec une scène lyrique intitulée : *Renaud et Armide*, exécutée en 1866.

Pendant son séjour à Rome, le jeune compositeur prit part, en 1866, au concours d'opéra-comique institué par le ministère des Beaux-Arts ; sa partition : le *Florentin*, fut couronnée ; jouée en 1874 seulement, elle obtint un succès d'estime.

Les œuvres de M. Lenepveu ne sont pas parvenues à une célébrité retentissante ; mais elles sont estimées dans le monde musical. Nous citerons, parmi les plus connues : un *Requiem*, assez souvent exécuté ; une *Marche funèbre*, à la mémoire d'Henri Regnault (1871) ; *Velleda*, opéra en quatre actes, son œuvre capitale qui, représentée le 4 juillet 1882 à Londres, avec Adelina Patti, y obtint un beau succès ; un drame lyrique en 3 parties, *Jeanne d'Arc*, exécuté à la cathédrale de Rouen le 1er juin 1886 et, depuis, dans plusieurs villes en France et à l'étranger ; un *Hymne funèbre et triomphal*, exécuté également à Rouen le

14 juillet 1889, à l'inauguration d'un monument aux soldats morts en 1870-71 ; une *Ode triomphale à Jeanne d'Arc*, pour l'inauguration de son monument à Rouen (1892) ; plusieurs *Morceaux pour piano*, diverses *Mélodies*, etc.

Professeur d'harmonie au Conservatoire national et inspecteur de l'enseignement musical depuis 1881, il a été admis comme membre de l'Académie des Beaux-Arts en 1896, en remplacement de son maître, Ambroise Thomas. Il est chevalier de la Légion d'honneur depuis 1887.

La ROCQUE ou LA ROQUE de SÉVÉRAC (Jean-Pierre-Raymond Baron de)

GÉNÉRAL, né à Yssingeaux le 13 août 1841, d'une ancienne famille noble d'Auvergne, qui avait pour devise « *Deo, vero et honori* » et a fourni de temps immémorial des hommes de guerre. Entré à l'Ecole polytechnique en 1861 et sorti, en 1863, dans l'artillerie de la marine, il servit, à Lorient, en qualité de lieutenant, au régiment et à la direction, puis à Tahiti, où il fut promu capitaine, en octobre 1870. Embarqué ensuite, sur sa demande, sur un navire de guerre, le *Lamothe-Piquet*, il débarqua en Cochinchine, d'où il revint en France en mai 1871.

De la direction de Brest, où il était chargé des travaux de pyrotechnie, M. de La Rocque fut appelé à Paris, où il fonda l'*Aide-mémoire* et le *Mémorial d'artillerie*. Promu capitaine en 1er, en juillet 1873, et envoyé à la Commission de Gavre, il y fut chargé des expériences les plus importantes et rédigea de nombreux rapports. Désigné, le 16 juin 1877, sur la proposition du général Frébault, pour servir à Paris comme officier d'ordonnance du ministre de la Marine, amiral Gicquel des Touches, il conserva les mêmes fonctions auprès des amiraux Roussin, Pothuau et Jauréguiberry. Promu chef d'escadron en avril 1879, il fut nommé sous-directeur à la fonderie de Ruelle, où la construction des canons de 70 et 100 tonnes exigeait l'exécution rapide de travaux considérables. Appelé ensuite à remplir en Cochinchine les fonctions de directeur et commandant des troupes d'artillerie, il quitta la France, le 16 mars 1881, pour y rentrer en juin 1883 et reprendre la direction du *Mémorial*, auprès du général Virgile, qui lui confia d'importantes études.

Promu lieutenant-colonel en 1887, il alla, sur sa demande, remplir à Lorient, les fonctions de son grade ; il y prit une part active à l'instruction des troupes il spécialement des officiers et présida une Commission d'études pour l'organisation des tirs des batteries de côte du Port. Envoyé, toujours sur sa demande, au Tonkin, en décembre 1887, il y fut chargé du commandement de l'artillerie de l'Indo-Chine. Colonel, il rentra en France, en août 1888, pour diriger le bureau de l'artillerie au ministère de la Marine. Il réclama avec insistance l'augmentation d'autorité nécessaire pour assurer la bonne administration de l'artillerie de la flotte et des côtes ; disgracié pendant sept mois, il fut, après, désigné pour remplir les fonctions de directeur du laboratoire central de la Marine et d'inspecteur-général des fabrications.

En 1892, M. Cavaignac, ministre de la Marine, nomma M. de La Rocque, simple colonel, directeur de l'artillerie au Ministère, fonctions que les décrets en vigueur attribuaient à un général. Le nouveau directeur termina les études des canons à tir rapide de moyen calibre de la marine française, en assura la mise en service à bord des navires de la flotte et, le 9 janvier 1893, put affirmer à la tribune de la Chambre la grande valeur de cet armement, si souvent critiqué, qu'il avait comparé avec tous les modèles de l'industrie française et de l'étranger, comme président des commissions d'expériences nommées à cet effet. Il fut nommé général de brigade le 14 novembre suivant.

En 1896, pendant le premier ministère de M. Lockroy, le service de l'artillerie ayant été en butte à de nouvelles attaques, à propos des projectiles chargés en explosifs, le général de La Rocque fit reconnaître par un ordre du jour, rendu public, de la Commission extra-parlementaire, le mal fondé de toutes les imputations lancées contre les obus de la marine. Il dût encore, en mars 1897, affirmer à la tribune du Sénat que, pour les canons, les affûts et les projectiles, l'artillerie de la marine française était incontestablement supérieure à toutes ses rivales.

M. Lockroy, contre les imputations de qui il avait eu à lutter en 1896 et 1897, étant redevenu ministre, le général de La Rocque donna sa démission de directeur de l'artillerie ; il rentra cependant au ministère, à la demande même de M. Lockroy, et fut mis à la disposition de l'amiral de Cuverville pour travailler à la réorganisation de l'artillerie de marine et inspecter les batteries de côte ; mais, à la suite d'une déclaration du ministre faite à la tribune de la Chambre, le 27 mars 1899, le général, ne se sentant pas soutenu dans la défense de son arme et de ses collaborateurs, demanda sa retraite le 15 avril. Sa lettre officielle fut annulée et reçut l'inscription suivante : « Impossible de faire droit à cette demande, la marine ayant plus que jamais besoin des services du général de La Rocque » ; mais l'intéressé ne fut pas avisé de cette décision et, le 22 juin, un décret ministériel mit le général de La Rocque à la retraite, sur sa demande, bien qu'il eut déclaré que, les circonstances ayant changé, il ne voulait plus demander sa mise à la retraite.

Rendu à la vie civile, le général de La Rocque s'est occupé de recherches sur l'artillerie et aussi de questions sociales, politiques et religieuses. Une *Lettre ouverte* qu'il écrivit aux membres du Conseil de guerre de Rennes, à propos du procès en revision du capitaine Dreyfus, lui valut les sympathies des « nationalistes. » Il est président du comité catholique « Justice-Egalité », membre adhérent de la Patrie française et de plusieurs sociétés de conférences populaires.

Le général de La Rocque est l'auteur de divers ouvrages sur l'artillerie Citons : *Les projectiles-torpilles* (1884); les *Principales artilleries de l'Europe* (1884) ; *Historique de la résistance des canons rayés* (1885). Il a fait paraître, dans la *Revue des Deux-Mondes*, une *Esquisse d'un programme naval en 1900* et, dans le *Correspondant* : *L'armée coloniale et expéditionnaire appartient au ministre de la Guerre*, études appréciées.

Chevalier de 1re classe de Stanislas de Russie depuis 1894, pour services rendus à ce pays dans les essais de canons à tir rapide, en 1891-1892, le général de La Rocque est commandeur de la Légion d'honneur du mois de juillet 1895.

FOURNIER (Marcel-Paul-Roger)

Compositeur de musique, né à Paris le 16 novembre 1863. Fils d'un ingénieur, il accomplit ses études classiques au collège Rollin et fut élève à l'Ecole Centrale des Arts et Manufactures de 1884 à 1887. Attaché d'abord comme ingénieur chimiste aux mines de Malfidano, il abandonna bientôt cette carrière pour se consacrer définitivement à l'art musical.

Ses professeurs pour la musique furent successivement MM. Gedalge et Henri Maréchal.

Sous le pseudonyme de « Paul Marcelles » d'abord, puis sous son nom, M. Marcel Fournier a fait représenter au théâtre : *Pierrette doctoresse*, pantomime en 1 acte, avec M. Gaston Guérin, au cercle des Mathurins (1891) ; *Ludus pro Patria*, pantomime en 1 acte, avec Gerbault et Artus (à la Bodinière) ; *Veuve Prosper successeur*, opérette en 3 actes, avec Vély et A. Lévy, au théâtre Déjazet ; *Une bonne soirée*, opérette en 1 acte, avec Vély et Lévy, à l'Ambigu (1894) ; *Zut*, pantomime en 1 acte, au cercle Funambulesque ; l'*Enlèvement des Sabines*, ballet aux Folies-Bergères (1898) ; les *Babylones*, pièce d'ombre et l'*Ame des roses*, au théâtre Mondain ; *Au Drapeau !* au Grand Guignol (décembre 1899).

Ce compositeur a encore écrit la musique de plusieurs revues et il a terminé la *Minoxaure*, opérette en 3 actes sur un livret de MM. Clairville et Vély (1900) et les *Martyrs*, pièce d'ombres, avec Vély et Vignola. M. Marcel Fournier a rédigé avec autorité la critique musicale à la *Petite Presse*.

RAYMOND-DUVAL (DUVAL, Raymond, ou)

Publiciste, né à St-Nazaire (Loire-Inférieure) le 6 février 1868. Fils de M. Henry Duval, président de la Chambre de commerce de cette ville, il fit ses études à Paris au lycée Condorcet. Reçu licencié en droit en 1892, il étudia la musique avec le professeur Marmontel père.

Attaché à la Bibliothèque Mazarine en 1893, il passa, peu de temps après, en cette même qualité, à la Bibliothèque Sainte-Geneviève.

M. Raymond-Duval a collaboré à la *Revue des Etudes historiques*, au *Guide Musical*, à la *Rivista musicale italiana* (où il a publié une intéressante monographie sur Joseph Wœlfl, rival de Beethoven), etc. On lui doit aussi des articles de sociologie, publiés dans les *Annales Sociétaires*, organe de l'Union phalanstérienne, dont il est secrétaire-général.

On annonce du même auteur une traduction de *Dichterliebe* de Schumann-Heine, avec un commentaire psychologique, et un poème en prose, intitulé : *Triptyque égyptien*.

DUVAL-YZELEN (Emile)

Compositeur de musique, frère du précédent, né à Saint-Nazaire le 3 mars 1872. Bachelier ès-sciences en 1889, il fut ensuite élève de Lavignac, René Lenormand, Gedalge et Massenet pour l'harmonie et la composition musicales.

M. Duval-Yzelen est l'auteur de mélodies et pièces instrumentales exécutées dans divers concerts ; il a fait représenter à la Bodinière : le *Triangle*, mimopérette en collaboration avec M. Marcel Moltzer ; a écrit de la musique de scène pour : *Circé* (de A. Pigeon), le *Bois d'amour* (de M. Moltzer), *Madame Polichinelle* (de Rémy-Saint-Maurice), etc.

LOPISGICH (Antonio-Georges)

Peintre et graveur, né à Vichy (Allier) le 29 mars 1854. Sa famille, originaire de Raguse (Dalmatie), vint en France avec le maréchal Marmont. Fils d'un architecte, il se destina de bonne heure à l'art pictural et fut élève de MM. Bonnat et E. Le Roux. Il débuta aux salons annuels en 1881, avec un *Portrait de son père* et un *Coin près Granville* (Manche).

On a remarqué depuis, parmi les toiles envoyées au Salon de la Société des Artistes français par M. Lopisgich, celles portant les titres suivants : la *Plaine de l'Enfer à Cayeux-sur-Mer* (1883) ; le *Vieux Cayeux, Somme* (1886) ; la *Ferme de la mère Bocquet à Cayeux-sur-Mer* (1888) ; la *Seine à Samois près Fontainebleau*, et *Novembre : lisière de la Forêt de Fontainebleau* (1893) ; *Anemones et Coquelicots* (1890); *Valvin près Fontainebleau* (1891); l'*Ile de Téroanne-sur-Seine près Fontainebleau* et *Nature morte* (1892) ; la *Cavée Ste-Geneviève (Héricy, Seine-et-Marne)* ; le *Jour de la Toussaint* ; *Vision* : la *Seine à Samois* (1894), etc.

On connaît encore de cet artiste nombre de paysages, qui se recommandent par une facture très originale et nouvelle ; ses études de fleurs sont, comme les précédentes, très appréciées.

Comme graveur, M. Lopisgich a également fait preuve d'un talent personnel ; ses compositions originales ou ses gravures d'après les maîtres du pinceau ont inspiré à M. Chincholle, dans son journal l'*Estampe*, les réflexions suivantes en 1898 :

Combien de progrès a faits, depuis quinze ans, cet artiste qui nous a donné, cette année, deux pointes-sèches originales absolument remarquables !....
Le *Grain*, destiné à l'Amérique, y aura le plus grand succès... Le *Vieux saule* m'a rappelé ceux qui poussent à Cergy, sur les bords de l'Oise et sous lesquels j'aime tant rêver... quand j'en ai le temps.

Dans la section de gravure du même Salon, M. Lopisgich a exposé notamment : le *Port de Granville* (1881) ; la *Vanne*, d'après Corot, pointe-sèche ; *Portrait de Feyen-Perrin à son lit de mort*, d'après Krug (1889) ; une gravure originale pointe-sèche et une gravure d'après Maris (1891) ; le *Grain*, pointe-sèche originale et le *Vieux saule*, idem (1898) ; la *Mare aux Roseaux*, pointe-sèche originale, et une gravure d'après Corot (1899) ; l'*Ile de Téroanne-sur-Seine*, pointe-sèche originale (1900).

Cet artiste est aussi l'auteur de plusieurs pointes-sèches à lui confiées par la Société des amis de l'Eau-forte, et de la gravure, d'après Rembrandt, du *Philosophe*, pour le Cabinet des Estampes au Louvre.

Esprit très indépendant, M. Lopisgich a donné des articles de critique remarqués par leur allure et leurs appréciations, parfois un peu vives, dans le *Moniteur des Arts* (1898).

L'excellent artiste a obtenu en peinture une mention honorable en 1883, une autre à l'Exposition universelle de 1889 et une médaille de 3e classe en 1891 ; en gravure une mention honorable en 1886 et une 3e médaille en 1899.

BERNARD (Emile)

Compositeur de musique et organiste, né à Marseille le 28 novembre 1843. Issu d'une famille de musiciens dont plusieurs membres se sont distingués : son arrière-grand-père comme organiste à Montdidier, son grand-père comme violoniste à Paris, son père comme artiste lyrique, sa mère comme pianiste, M. Emile Bernard reçut les premières leçons de celle-ci, excellente exécutante, et de son oncle pour le violon.

Entré au Conservatoire en 1859, dans les classes de piano de Laurent, d'harmonie de Reber, puis de Clapisson, et d'orgue de Benoît, il obtint les premiers prix de piano, d'harmonie, de fugue et d'orgue.

Devenu, dès 1862, alto au théâtre du Gymnase, puis professeur de piano, ce qu'il est resté depuis lors, M. Emile Bernard fut nommé, en 1866, organiste de l'église St-Michel des Batignolles et, successivement, de St-Jean-St-François (1881) et de Notre-Dame-des-Champs (1889), fonction dont il se démit en 1896.

Dès sa jeunesse, M. Emile Bernard, virtuose de premier ordre, s'est fait connaître par une série de compositions musicales, couplets, ballets, polkas, quadrilles et autres morceaux de danse, dont beaucoup furent édités et obtinrent un succès notable ; mais ce sont surtout les œuvres de musique sérieuse, dûes à sa maturité, qui s'imposèrent par leur science et leur brio.

Parmi ses pièces pour orgue, on cite : *Prélude et fugue*, *Fantaisie et fugue*, *Suite en mi*. — Parmi les pièces pour orchestre : *Deux suites*, une *Fantaisie pour piano et orchestre*, un *Concert pour piano et orchestre*, un *Concert pour violon et orchestre*, un *Andante pour violoncelle et orchestre*, une *Hymne pour orgue et orchestre* et plusieurs ouvertures symphoniques : *Béatrice*, *Romance*, etc. — Parmi les pièces de musique de chambre : *Divertissement pour instruments à vent*, un *Aria pour piano et alto*, un *Trio pour piano, violon et violoncelle*, un *Quatuor pour piano et cordes*, une *Suite pour piano et violon*, une

Sonate pour piano et violon et une *Sonate pour piano et violoncelle*. — Parmi les pièces pour chant : trois mélodies pour chant et piano : *Scènes de mai*, un *Chœur à deux voix*, un *Rondel à cinq voix* ; trois *Pièces pour chant et orgue* et plusieurs œuvres pour chant et orchestre ; la *Captivité de Babylone* et *Guillaume le Conquérant*, épisodes lyriques. — Parmi les pièces pour piano : deux pièces intitulées : *Plein air* ; *Trois Impromptu, Prélude et fugue* ; un *Album en 5 pièces*, *Quatre morceaux caractéristiques pour quatre mains*, une *Valse fantaisie*, *Trois préludes*, *Trois études de concert*, etc.

Plusieurs de ces œuvres ont été exécutées avec succès dans les concerts Colonne, Lamoureux, d'Harcourt, du Trocadéro, du Jardin d'Acclimatation et dans diverses auditions en province et à l'étranger, notamment à Dresde, Berlin, Bruxelles, Madrid, Londres, etc.

MURER (Eugène)

Peintre, pastelliste, écrivain, poète, né à Moulins (Allier) le 20 mai 1845. De condition modeste, il remplit d'abord divers emplois et, dès qu'il put le faire, s'occupa d'art et de littérature.

Après avoir collaboré à divers journaux, M. Eugène Murer composa plusieurs romans, entr'autres : *Frémès*, œuvre d'un truculent romantisme, qui parut dans le journal la *Franchise* (1872) ; les *Bâtards* (1 vol. 1875); *Mirabilis* (1 vol. 1878) ; les *Fils du siècle*, « où, écrit un critique, se fait sentir l'influence de Châteaubriand, de Hugo et de Musset » (1 vol. 1880) ; le *Fou*, poème rimé (1882); *Sous les roses*, roman (1 vol. 1882); la *Peine de mort* (1 vol. 1882), autre roman qui lui valut les éloges d'Émile de Girardin ; *Pauline Lavinia* (1 vol. 1883); la *Mère Nom-de-Dieu* (1 vol. 1885), etc.

Ses études sur l'art contemporain portèrent M. Eugène Murer à donner à la *Correspondance française* de M. Léon Delbois des articles sur les premières expositions des peintres impressionnistes : Renoir, l'ami clairvoyant, qui, plus tard, devait lancer M. Murer dans la peinture ; Monnet, Pissarro, Sisley, Cesanne, etc., qu'il fut l'un des plus ardents à défendre et l'un des plus aptes à juger.

Pendant cette période de sa vie, M. Eugène Murer s'occupait en même temps de commerce. Retiré ensuite à Auvers-sur-Oise, il s'adonna à la peinture et, dans ce village, exécuta ses premiers pastels. Puis il partit en Algérie, d'où il revint avec près de deux cents toiles qui figurèrent, avec d'autres, à sa première exposition, en 1895, au Théâtre d'Application, à Paris. On cite parmi celles-ci : le *Givre*, une *Nuit à Oran*, *Jack* (à Mme Meunier), *Une rue d'Alger* (à M. le Dr Gachet), *Mandarines d'Alger* (à Mme Carhuel), *Plaines d'Oran* (à M. Roger Milès), *Clair de lune à Mustapha* (à M. Doucet), *Environs d'Alger* (à M. François Coppée), *Mézerguine* (à M. Ichac), etc.

Déjà très remarqué par sa vigueur de trait et son chaud colorisme, M. Eugène Murer le fut plus encore, en 1897, dans son exposition rue Laffitte, à la galerie Vollard. Là, sa *Trilogie des Mois*, vaste et délicieux poème de lumière, se jouant en 36 tableaux sur toute la nature, en son évolution et ses changements annuels, le classa définitivement comme peintre bien renseigné, follement épris de belle lumière. Cette œuvre fut achetée toute entière par le marquis de Grandru.

D'autres œuvres moins importantes : le *Chemin des Meules*, *Dans les haies*, *Rouen vu de Bon-Secours*, *Sous bois à Clères*, *Pommiers en fleurs*, *Plaine d'Arques-la-Bataille*, les *Hauts-Buissons*, la *Seine à Rouen vue de Croisset*, le *Fresne des Glaises à Chaponval*, *Coin de coteau au Valhermeil*, les *Trois brouillards à Auvers-sur-Oise*, la *Flottille à Eauplet*, et diverses autres toiles, trouvèrent également le meilleur accueil auprès du public et de la critique. Plusieurs d'entre elles ont été exposées avec un égal succès à St-Pétersbourg et à Nice en 1899.

En 1900, à la galerie Laffitte, rue Laffitte, cet artiste exposa nombre de pastels et quelques peintures sous ces titres génériques : la *Chanson des fleurs* (pastels), les *Fleurs précieuses* (peintures), les *Nocturnes* et *Paysages de France et de Hollande* (pastels). On y remarqua beaucoup : les *Lys de France* et les *Glaieuls*, d'un sentiment et d'une coloration très intime ; *Violettes et giroflées*, de tonalités très fondues ; les *Fulminantes* et la *Fanfare*, de nuances éclatantes ; *Lilas blancs*, *Lilas de Perse* et *Pensées anglaises*, d'un colorisme ardent et sobre ; *Bleuets dans la plaine en juillet*, etc.

Voici une appréciation très exacte de M. Cordey sur l'artiste si divers et si complet qu'est M. Murer :

Au milieu de ces fleurs, toutes reconnaissables à leur forme très étudiée, à leur allure justement surprise, toujours vivantes par l'éclat, se trouve un singulier bouquet, dont l'aspect est fait pour dérouter le regard ; ce sont des fleurs mortes. Le soleil qui les a tuées les a dépersonnalisées, en ce sens, qu'on ne saurait donner sans crainte d'erreur un nom aux touffes de pétales qui s'épanouissent aux extrémités des pédoncules raidis ; certaines de ces touffes sont comme le bronze d'un sou qui commence à se ternir, d'autres font chanter des pourpres assourdis et des violets atténués ; au pied se crispent les feuilles qu'on pourrait prendre pour des coquilles marines ; le végétal est comme sorti de lui-même, cédant la place à quelque minéral subtil qui peut encore de la fleur perpétuer l'éclat et chanter comme elle les gloires de l'été.

BENJAMIN-CONSTANT (Jean-Joseph-Benjamin CONSTANT, dit)

Peintre, membre de l'Institut, né à Paris le 10 juin 1845. Il fit ses études au collège de Toulouse, entra ensuite à l'École des Beaux-Arts de cette ville, y obtint un prix, et fut admis à celle de Paris en 1867. Elève de Cabanel, il donna aux Salons de 1869 et de 1870 des toiles sans importance. Il s'engagea pendant la guerre, puis visita l'Espagne et le Maroc.

En 1872, le jeune artiste envoya au Salon des Champs-Elysées : *Samson et Dalila*. Vinrent ensuite : *Femme du Riff* (1873) ; *Coin de Rue* et *Carrefour à Tanger* (1874) ; *Prisonniers marocains* ; *Femme de harem au Maroc* ; *Portrait du Dr Guéneau de Mussy* (1875) ; *Emmanuel Arago* ; *Mohamed II, le 29 mai 1453*, « œuvre, dit M. Ch. Blanc, d'une immensité inutile..., au premier plan des colosses dont les formes se débrouillent malaisément... ; vaste peinture où brille le coloris d'Eugène Delacroix et dont chaque figure prise à part est malheureusement plus belle que le tout. » (1876) ; *Portraits* (1877) ; la *Soif* ; le *Harem*, toile ainsi appréciée par Paul de Saint-Victor : « Le regard s'éparpille sur un papillottage d'accessoires ; il s'accroche à un tapis trop bien fait... Du talent sur tout cela... C'est le lien qui manque à ce fouillis tapageur. » (1878) ; *Le Soir sur les terrasses*, au Maroc, fort belle peinture, popularisée par la gravure ; la *Favorite de l'Emir* (1879) ; les *Derniers rebelles*, œuvre magistrale, louée sans réserves, l'une des meilleures du maître, acquise par l'État pour le Luxembourg (1880) ; *Passe-temps d'un calife à Séville* ; *Hérodiade* (1881) ; *Christ au tombeau*, qui fut trouvé sans originalité, et *Lendemain de victoire à l'Alhambra* (1882) ; le *Caïd marocain Tahamy* (1883) ; les *Cherifas* (1884) ; la *Justice du Chérif* (1885) ; *Justinien* (1886) ; *Orphée* (1887) ; l'*Académie de Paris, les Lettres, les Sciences*, grand tryptique pour la Sorbonne, « dans lequel, dit un biographe, ne se reconnaissaient « ni l'entente de la décoration, ni le sentiment de « l'harmonie, ni la logique de la conception » (1888) ; le *Jour des funérailles* (1889) ; *Beethoven* ; *Victrix* (1890) ; deux *Portraits* (1891) ; *Portrait de M. A. L.* et *Paris conviant le monde à ses fêtes*, plafond pour l'Hôtel-de-Ville de Paris (1892) ; deux *Portraits* (1893) ; *Diamants noirs* et *Portrait* (1894) ; deux *Portraits* (1895) ; *Portrait de Mme W...* et *Portrait de mon fils André*, œuvre en tous points admirable, où le maître s'est montré supérieur à lui-même, qui obtint d'ailleurs la médaille d'honneur au Salon, et a été placée, depuis au Luxembourg (1896) ; *Portrait du duc d'Aumale*, dont la facture fut à peu près unanimement critiquée et *Portrait de M. Chauchard*, généralement loué, au contraire (1897) ; *Portrait de M. Hanotaux* et de *M. P. Sohège* (1898) ; deux autres *Portraits* en 1899 ; un dernier, très vivant, de *M. Stephen Liégeard* en 1900, etc.

M. Benjamin-Constant est l'un des peintres dont les productions, aux Salons annuels, attirent le plus vivement la curiosité publique et les commentaires de la critique. Les sujets orientaux qu'il a donnés sont presque tous des chefs-d'œuvre de coloris, sinon de composition ; ses portraits sont traités avec une sobriété de couleur, une précision de dessin et une vigueur de facture admirables ; aussi plusieurs des critiques ayant étudié l'œuvre de ce maître s'accordent-ils à trouver ces dernières manifestations de son talent supérieures à celles de son autre manière.

L'éminent artiste a donné au *Figaro* des articles de critique dont la signature attira l'attention, que ne purent retenir ni la forme du style, ni l'autorité du jugement.

M. Benjamin-Constant a obtenu des médailles de 1re classe en 1875, de 2e en 1876, de 3e à l'Exposition universelle de 1878, une médaille d'or à celle de 1889 et la médaille d'honneur en 1896. Il a été admis à l'Académie des Beaux-Arts en 1893.

Décoré de la Légion d'honneur en 1878, il a été promu officier en 1884.

BROUARDEL (Paul-Camille-Hippolyte)

Doyen de la Faculté de Médecine de Paris, membre de l'Académie de Médecine et de l'Institut, né à St-Quentin (Aisne) le 17 octobre 1837. Il fit ses études classiques et médicales à Paris. Reçu le premier à l'internat en 1859, il devint docteur en médecine en 1865, avec une thèse intitulée : *De la tuberculisation des organes génitaux de la femme*. Médecin du Bureau central d'admission dans les hôpitaux (Hôtel-Dieu), il obtint l'agrégation en présentant, comme thèse, une *Etude critique des diverses médications employées contre le diabète sucré*.

Nommé, en 1870, professeur remplaçant du docteur Tardieu à la chaire de médecine légale de la Faculté, M. Brouardel ouvrit à la Morgue un cours pratique pour compléter l'enseignement didactique de cette science. Ses rapports, ainsi que ses nombreuses expertises médico-légales devant les tribunaux, ont eu souvent, en dehors du monde savant, un grand retentissement dans le public même ; nous rappellerons notamment les vives controverses suscitées par les rapports sur la maladie de Cornélius Hertz, auprès duquel il avait été envoyé afin d'établir l'état de santé réel de cet inculpé dans les affaires de Panama, rapports qui furent très vivement discutés par une partie de la presse et de l'opinion.

Chef du service médical à l'hôpital Saint-Antoine, puis à l'hôpital de la Pitié, le docteur Brouardel devint titulaire de la chaire de médecine légale le 12 avril 1879. L'année suivante, il fut élu membre de l'Académie de Médecine, en remplacement de Chevallier.

Membre du Comité consultatif d'hygiène publique de France, dont il fut nommé président en 1884, le savant docteur remplit à diverses reprises des missions officielles : en Allemagne (1883), sur l'épidémie de trichinose ; en Provence (1884) et en Espagne (1886), avec les docteurs Albarran et Charrin, pour étudier la vaccination cholérique du docteur Ferran (son rapport fut défavorable à la découverte du médecin espagnol) ; dans le Poitou (1887), avec le docteur Thoinot, sur l'épidémie de suette, etc.

Élevé, le 8 février 1887, aux fonctions de doyen de la Faculté de Médecine de Paris, en remplacement de Béclard, M. le professeur Brouardel a été élu membre de l'Académie des Sciences, le 7 février 1892, à la succession de Lalanne.

Il est l'auteur de beaucoup de travaux, publiés dont nous mentionnerons les principaux titres : *Notes sur la vaccine et la variole* (1869-1870-1874) ; *Des conditions de la contagion et de la propagation de la variole* et *Analyse des gaz du sang* (1870) ; *Mémoire sur la rage chez l'homme* (1874) ; *Variations de la quantité de l'urée éliminée dans les maladies de foie* (1876) ; *L'urée et le foie* (1877) ; *De la température du corps humain et ses variations dans les diverses maladies*, avec le docteur Lorain (1877) ; *Etude médico-légale sur la combustion du corps humain* (1878) ; *De l'accusation de viol accompli dans le sommeil hypnoptique* (1879) ; *Intoxication par le chlorate de potasse* (1881) ; *Mémoires sur le « Tout à l'égoût »*, où il se montre l'adversaire de ce système (même année) ; *Des causes d'erreur dans les expertises relatives aux attentats à la pudeur* (1883) ; *De la réforme des expertises médico-légales* (1884) ; *Mémoires et rapports sur l'épidémie de choléra à Toulon et à Marseille* (1884) ; *Nouveaux mémoires et dispositions à adopter pour l'assainissement de la ville de Toulon* (1885) ; *Rapports sur les essais de vaccination cholérique entreprise en Espagne par le docteur Ferran* ; *Histoire de l'épidémie de suette en Poitou* ; *Le secret médical* ; *Des modes de propagation de la fièvre typhoïde* (1887) ; *Du diabète traumatique*, avec le docteur Richardière (1888) ; *Documents sur les travaux du Laboratoire de Toxicologie*, avec le docteur Ogier (1891) ; *Etiologie de la fièvre typhoïde au Havre* (1894) ; *La mort et la mort subite* (1895) ; les *Asphyxies par le gaz et les vapeurs* (1896) ; *La pendaison, la strangulation, la suffocation et la submersion* ; *Explosifs et Explosions* ; *l'Infanticide* (1897) ; *L'exercice de la médecine et le charlatanisme* (1899).

Sous la direction de M. Brouardel et de MM. les docteurs Gilbert et Girode se poursuit, depuis 1895, la publication d'un *Traité de Médecine et de Thérapeutique*, qui doit comprendre 10 volumes.

Le doyen de la Faculté de Médecine de Paris a été désigné comme commissaire du gouvernement au Parlement à plusieurs reprises ; il est membre et président d'un grand nombre de sociétés savantes.

Il est grand croix de la Légion d'honneur et décoré de plusieurs ordres étrangers.

GARIGUE (Jean-Henri)

Musicien, né à Beaulieu (Corrèze) le 31 janvier 1842. Admis, en 1859, au Conservatoire de Paris, dans la classe de cor d'harmonie de M. Gallay, il obtint brillamment un 1ᵉʳ prix en 1862. Dès l'année précédente, il était entré, par concours, à l'orchestre de l'Opéra-Comique, où il occupa l'emploi de premier cor d'harmonie jusqu'en 1871.

Après la guerre, M. Garigue fut engagé aux concerts du Grand-Hôtel, dirigés par M. Danbé et aux concerts Pasdeloup. En 1876, il entra à l'Opéra, où il demeura jusqu'en 1895, époque à laquelle il prit sa retraite. Il a été l'un des fondateurs de la Société de musique de chambre pour instruments à vent (Société Taffanel), composée d'une merveilleuse pléiade de musiciens instrumentistes qui se firent entendre en Allemagne, en Belgique, en Suisse et dans plusieurs villes importantes de France. Il fit partie aussi de l'orchestre du Jardin d'Acclimatation.

Cet artiste, qui s'est fait en France le vulgarisateur du cor à pistons, en usage depuis longtemps dans les orchestres étrangers, a suscité un tel mouvement en faveur de cet instrument qu'aujourd'hui, dans tous les orchestres de France, il n'est plus question du cor d'harmonie.

Exécutant d'une virtuosité très-remarquable, M.

Garigue a su faire chanter l'instrument ingrat qu'est le cor en artiste consommé et nos grands compositeurs trouvèrent en lui un interprète fidèle et sûr, au style impeccable et au charme pénétrant.

Il a écrit, en 1887, une *Méthode de Cor à pistons*, ou il a réuni tous les éléments de cet art ; cette méthode est très appréciée et consultée dans les milieux compétents ; en outre, on lui doit un certain nombre de morceaux de concerts pour cor et piano.

En 1889, M. Garigue obtint, à l'Exposition universelle de Paris, une médaille d'argent pour l'invention d'un cor à 4 pistons, le 4e piston servant à donner toutes les notes bouchées, instantanément, sans aucune espèce de combinaison de transposition (les notes bouchées, de l'avis de quelques compositeurs, pouvant encore avoir une certaine utilité au point de vue de l'orchestration). Cet instrument peut se jouer aussi avec une sourdine.

Officier d'Académie en 1879, M. Garigue a été nommé officier de l'Instruction publique en 1890. Rédacteur au ministère de l'Agriculture, il est en outre chevalier du Mérite agricole.

Son fils et son élève, M. JULIEN GARIGUE, né à Paris en 1871, a été élevé au Conservatoire dans les classes de MM. de Martini et Lavignac pour le solfège et Pessard pour l'harmonie. Il est corniste à la musique de la Garde républicaine et au Théâtre Lyrique.

OLIVIÉ-BON (Léon)

Peintre, né à Paris le 15 avril 1863. Entré à l'école Gérôme en 1881, il fut ensuite l'élève de M. Jean-Paul Laurens, de 1884 à 1891.

M. Olivié-Bon exposa, pour la première fois, au Salon des Champs-Elysées, en 1888, une toile intitulée : *Un potier*, qui eut un certain succès.

Parmi les principales œuvres de ce peintre qui ont figuré aux salons annuels, on doit citer : le *Travail* (1889) ; *Mort du roi Harold* (1891) ; *Au laboratoire*, œuvre décorative placée dans la salle de garde des internes de l'hôpital de la Charité et qui valut à son auteur une mention honorable (1892) ; la *Femme de l'évêque Mamatius* (1892) ; *A la tannerie, les écharneurs*, tableau remarquable par ses qualités de mouvement et de vérité (1894) ; *Saint-Paul* (1895) ; le *Corbeau* (d'après Leconte de Lisle, 1896) ; *Devant la glace* (1897) ; *Lecture*, étude ; *Un graveur sur bois*, pastel (1898) ; *Une mauvaise épreuve* (1899) ; *Guillaume-le-Conquérant*, toile supérieurement conçue et exécutée (1900).

Cet excellent artiste a produit en outre de nombreux portraits, des dessins à la plume très originaux, des pastels et il a donné sa collaboration à divers journaux illustrés.

Il est membre sociétaire de la Société des Artistes Français depuis 1888.

LAMBERT (Noël-Marcel)

Architecte, né à Paris le 12 mai 1847. Entré à l'École nationale des Beaux-Arts en 1865, dans les ateliers de Paccard et André, il y obtint de nombreuses médailles et remporta le grand prix de Rome, en 1873, avec un projet de *Château d'eau*. Dès 1867, il avait eu, en collaboration avec Chardon, un premier prix au concours pour l'Hôtel-de-Ville de Paris.

Pendant son séjour à la villa Médicis, M. Marcel Lambert envoya des études sur la *Tombe d'Antoine et Faustine*, sur le *Palais communal de Brescia* et plus particulièrement sur la dernière restauration et l'ensemble de l'*Acropole d'Athènes*. A son retour à Paris, il fut attaché comme premier inspecteur aux travaux du Louvre et de reconstruction du ministère de l'Agriculture et du Commerce, avec Brune, auquel il succéda en 1885.

Nommé, trois ans après, architecte en chef des palais de Versailles et Trianon, M. Lambert a affecté là de nombreux travaux de restauration d'ensemble et de détail, notamment, à Trianon : le pavillon français, le pavillon de musique, le Temple de l'Amour, le bassin du Fer à cheval, le bassin dit du Plafond ou des Dragons, la cascade du Buffet de Mansard, le petit Trianon (extérieur) et le Trianon sous bois faisant partie du grand Trianon ; au château de Versailles, il a terminé la restauration du bassin de Neptune et restauré entièrement le Bassin des Dômes, la colonne des Cent-Tuyaux, le bassin de Latone, le Bosquet d'Apollon et ses effets d'eau, etc. ; il a dirigé la restauration des principales salles du Palais et, à l'extérieur, de la cour de marbre, dont il a reproduit exactement la partie centrale et l'aile sud, sur le parc, avec ses anciens trophées et ses vases. Il a dirigé et exécuté les dessins nécessaires à la monographie, en cours de publication, intitulée *Versailles et les deux Trianons*, dont M. Philippe Gille a rédigé le texte (1899).

Architecte diocésain, il a restauré les façades et le Dôme central de la cathédrale de Versailles, complètement remis en état la tour sud de la cathédrale de Tours et dirigé les travaux de reconstruction de la tour nord.

Parmi les œuvres de M. Marcel Lambert, on cite encore : la construction des églises de St-Cyr-l'Ecole, de Mezincourt et les restaurations de divers châteaux dans le Mâconnais et le département de Seine-et-Oise.

Lauréat, au concours, du monument élevé à la mémoire de Gambetta, titulaire de médailles d'or et d'argent à l'Exposition universelle de 1878, d'une médaille de deuxième classe à celle de 1889, il a été mis hors concours.

Professeur de stéréotomie à l'Ecole des Beaux-Arts, M. Marcel Lambert est dignitaire de l'ordre de l'Eléphant blanc et de Stanislas de Russie, officier de l'Instruction publique (1886), chevalier du Mérite agricole et chevalier de la Légion d'honneur (1895).

SARLANDE (François-Albert)

Ancien député, publiciste, né à Alger le 29 avril 1847. Fils d'un maire de cette ville sous le second empire, il fit son droit à Aix-en-Provence et fut chef du cabinet du préfet des Bouches-du-Rhône jusqu'en 1870.

Après le 4 septembre, M. Albert Sarlande se retira en Dordogne, dans ses propriétés de Cantillac, commune dont il devint maire en 1875.

Elu, comme candidat bonapartiste, en 1876, député de l'arrondissement de Nontron, au deuxième tour de scrutin et par 10,344 voix contre 6,750 à M. Theulier, républicain, M. Sarlande prit place, à la Chambre, au groupe de l'Appel au Peuple, fut secrétaire d'âge à la transmission des pouvoirs de l'Assemblée Nationale à la Chambre des députés et soutint le ministère de Broglie, au 16 mai, contre la majorité.

Réélu, après la dissolution, en 1877, par 10,441 voix contre 7,036 voix à M. Dussolier, il continua de voter avec la droite bonapartiste, prit une part active aux délibérations législatives et présenta diverses propositions de loi, notamment celle sur la liberté de l'enseignement, avec M. Raoul-Duval.

Au renouvellement général de 1881, M. Albert Sarlande échoua dans son ancien arrondissement, avec 8,084 voix contre 9,652 à l'élu, M. Dussolier, son ancien concurrent. Il ne se représenta pas au renouvellement de 1885, fait au scrutin plural ; et, en 1889, candidat dans l'arrondissement de Nontron (Dordogne), contre MM. Theulier, républicain, et Ribeyrolle, boulangiste, il ne fut pas élu.

Dès lors, il se consacra à l'étude des questions rurales et à la prospérité des syndicats agricoles de sa région. Conseiller municipal de Champagnac-de-Bel-Air et toujours dévoué aux intérêts du parti bonapartiste, M. Sarlande est devenu membre du conseil d'administration du *Journal de la Dordogne*. Il est aussi propriétaire de l'*Union nontronnaise*, journal catholique conservateur-libéral bi-hebdomadaire.

DYBOWSKI (Jean)

Explorateur, administrateur, né à Paris le 20 avril 1857. Fils d'un polonais réfugié en France, il fit d'abord ses études classiques au lycée Charlemagne, puis entra à l'Ecole d'agriculture de Grignon et enfin au Muséum d'histoire naturelle de Paris, où il fut attaché au laboratoire de Decaisne. Il était maître de conférences à l'Ecole de Grignon, lorsqu'en 1888 il reçut du ministre de l'Instruction publique une mission pour le Sahara, dont il étudia la flore et la faune.

L'année suivante, M. Dybowski entreprit une seconde mission, pour le même ministère, dans l'extrême Sud Algérien (1889-1890). En 1891, envoyé par le comité de l'Afrique française, il partit pour le Tchad à la recherche de la mission Crampel, dont il découvrit les restes. Pendant seize mois il avait marché vers ce but, trouvant le premier le passage du Chari par le nord. Il reconnut la rivière Kémo et indiqua cette voie comme la véritable route du Tchad. Cette assertion fut reconnue exacte et la Kémo sert aujourd'hui de point de départ à ses continuateurs, l'étude de nouvelles contrées d'une certaine richesse, la signature de traités avec les principaux chefs noirs, furent en outre les résultats de cette expédition. La mission rapporta des collections intéressantes qui furent déposées au Muséum.

De 1893 à 1894, M. Dybowski parcourut le Congo et explora notamment la partie des territoires comprise entre Loango et Libreville ; il y nota, entr'autres faits intéressants, l'existence d'une race de nains dont il rendit compte d'autre part. En 1894, il fut chargé d'une mission dans la Guinée française, au point de vue des ressources agricoles de cette colonie. Au retour de ce voyage, il fut nommé professeur de cultures coloniales à l'Institut national agronomique.

Choisi, deux ans plus tard, comme directeur-général de l'Agriculture et du Commerce en Tunisie, M. Dybowski établit l'enseignement colonial dans la colonie au moyen de la création de l'Ecole d'agriculture coloniale de Tunis, la première école de ce genre, et il donna une vive impulsion au mouvement d'émigration. Rappelé à Paris en 1899, il fut chargé de la création d'un jardin colonial à Nogent-sur-Marne (Seine), destiné à centraliser et diriger les efforts de tous les jardins d'essais de nos colonies. Il fut nommé inspecteur-général de l'Agriculture coloniale.

M. Dybowski a publié des travaux d'agronomie et de colonisation. On cite de lui : *Etudes sur les oasis* (*Annales Agronomiques*) ; *Traité de culture potagère* (1 vol.) ; *Guide du jardinage* (1 vol.) ; les *Jardins d'essai* (1 vol.) ; *Vers le Tchad* (dans le *Tour du Monde*) ; la *Route du Tchad* (1 vol.) et de nombreux articles dans la *Revue des Deux Mondes*, la *Revue scientifique*, le *Journal d'Agriculture*, la *Revue des Cultures coloniales*, la *Grande Encyclopédie*, le *Dictionnaire de l'Agriculture*, le *Bulletin de la Direction de l'Agriculture*, etc.

Il est chevalier de la Légion d'honneur, officier du Mérite agricole et d'Académie, grand cordon du Nicham-Iftikar et décoré de divers autres ordres.

ARBOUIN (Gaston)

PUBLICISTE, député, né à Noyers (Yonne) le 30 novembre 1849. Ses études classiques faites à Auxerre, il entra dans le service de la ville de Paris, sous la direction d'Alphand, en 1874. Il s'occupa, en même temps, de littérature et collabora à la *République des Lettres* et au *Réveil Littéraire* de Léon Cladel, où il donna des nouvelles remarquées.

M. Gaston Arbouin rédigea ensuite des articles politiques à la *Marseillaise*, journal radical-socialiste, et au *Citoyen*, organe de la « Fédération du Centre », dont il était le secrétaire. En 1881, il devint rédacteur au *Petit Troyen*, feuille radicale-socialiste, qui mena, en 1885, une vive campagne politique pour soutenir dans l'Aube une liste de candidats à la députation de cette nuance et organisa ensuite des comités électoraux qui assurèrent l'élection de divers autres candidats.

Secrétaire, puis directeur de cet organe, qui atteint actuellement un tirage quotidien de plus de trente mille exemplaires, M. Arbouin est devenu propriétaire du journal et de son imprimerie en 1890.

Tantôt sous le pseudonyme de « St Mards », tantôt sous son nom, M. Arbouin a écrit dans le *Petit Troyen* de nombreux articles politiques et des chroniques littéraires. On lui doit en outre la fondation du *Radical de l'Yonne* et du *Petit Champenois de la Haute-Marne*.

Conseiller municipal de Troyes de 1889 à 1893, M. Arbouin fut nommé conseiller général du 3e canton de cette ville en 1898. Dans l'assemblée départementale de l'Aube, il a été rapporteur des commissions des finances et de l'enseignement et a pris part à de nombreuses discussions touchant à ces questions.

Aux élections générales législatives de 1889, il fut candidat dans la 2e circonscription de Troyes et se retira au deuxième tour de scrutin, pour assurer l'élection de M. Rambourg, aujourd'hui sénateur.

Après le décès de M. Dutreix, député, il se représenta dans le même collège et fut élu, le 4 mars 1900, par 6,500 voix, contre 2,400 à un concurrent modéré.

A la Chambre, M. Arbouin fait partie du groupe radical-socialiste. Partisan des projets de loi concernant les associations, les syndicats et la scolarité, il a demandé, notamment, dans son programme, le service militaire de deux ans, la suppression des dispenses pour les porteurs de diplômes universitaires et leur remplacement en faveur des porteurs de dispenses militaires, une politique d'économie et de réformes sociales, l'impôt sur le revenu, la décentralisation administrative, etc.

M. Arbouin est membre de l'Association des Journalistes républicains et de l'Association des Journalistes parlementaires.

RIBERA (Pierre)

PEINTRE, né à Madrid (Espagne) le 2 décembre 1867. Elève de Ferrant et Sala à l'Ecole des Beaux-Arts de Madrid, il vint, en 1892, à Paris, où il entra également à l'Ecole des Beaux-Arts, dans l'atelier de M. Bonnat.

M. Pierre Ribera a produit nombre d'œuvres décoratives et d'études de genre, de paysages, de marines et portraits, qui l'ont vite classé parmi les bons peintres d'à présent. De ses productions, exposées aux Salons annuels de la Société des Artistes français, on cite : *Etude de femme nue*, pastel (1895) ; *Bacchante*, pastel, qui obtint une 3e médaille et fut acquise pour le musée de Madrid (1896) ; *Etude*, peinture, et *Langueur*, pastel, qui appartient à M. Mallison, d'Alexandrie (1897) ; *Judas méditant sa trahison*, grande toile historique et *Portrait*, pastel très remarqué (1898) ; *Etude de nu*, pastel (1899) ; le *Fandango à St-Jean-de-Luz*, toile qui obtint une mention honorable au Salon de 1900 et inspira à M. Ayraud-Degeorges cette appréciation exacte :

Quelques peintres classés. — Dans cette catégorie des artistes qui, sans avoir encore conquis la maîtrise, sont déjà connus et estimés, il convient de signaler en première ligne M. Pierre Ribera, un jeune peintre qui réalise toutes les espérances que ses brillants débuts nous avaient fait concevoir. Son lumineux *Fandango à Saint-Jean-de-Luz*, admirablement composé et dessiné, révèle la plupart des qualités qui font les grands coloristes. M. Ribera est désormais du nombre des peintres qui comptent et sur lesquels on peut compter.

On doit encore à cet artiste des portraits remarquables, parmi lesquels ceux de : MM*mes* *Beamish*, *Aubert, de Cherbourg*, pastel, etc. ; deux grands panneaux décoratifs pour la nouvelle salle de jeu de Monte-Carlo : *Promenade sur la terrasse* et *Bataille de fleurs* ; la décoration du château de M. Barat à Oloron ; plusieurs plafonds à Oviedo ; de nombreux pastels et scènes de genre parisiennes, très recherchés des amateurs.

M. Pierre Ribera donne régulièrement des dessins à l'*Illustration* et au *Blanco y Negro* de Madrid, dont il est le correspondant artistique.

CHAUSSE (Emile)

Conseiller municipal de Paris, né dans cette ville le 6 juillet 1850. Fils d'un journalier chargé de sept enfants, il fut placé de bonne heure en apprentissage chez un ébéniste et ce n'est qu'en suivant les cours d'adultes, le soir et le dimanche matin, qu'il put augmenter son instruction.

A peine ouvrier, M. Emile Chausse prit part au mouvement qui, après l'Exposition de 1867, poussa la classe ouvrière à s'organiser en syndicats, et il fut l'un des fondateurs de la Chambre syndicale de l'ébénisterie, dont il n'a cessé de faire partie depuis. Il a été délégué à différents congrès ouvriers, notamment aux deux premiers de Paris (1876) et de Lyon (1878), au Congrès du parti ouvrier socialiste-révolutionnaire de 1886, où il fut rapporteur d'un projet de loi sur les prud'hommes qui, depuis, a été approuvé par tous les congrès ouvriers qui se sont occupé de la question.

Affilié, depuis 1870, à l'Internationale, où il exerça les fonctions de secrétaire-adjoint, et demeuré constamment socialiste-révolutionnaire, M. Chausse a joué, depuis cette époque, un rôle important dans le mouvement ouvrier et n'a cessé de se produire dans les réunions publiques.

L'un des fondateurs du journal ouvrier le *Prolétaire* (23 novembre 1878), il fut, comme rédacteur-gérant responsable, condamné, en 1879, à un an de prison pour apologie de faits qualifiés crimes (Commune).

Nommé conseiller prud'homme en avril 1882, son mandat fut constamment renouvelé jusqu'à ce que, élu conseiller municipal de Paris, il dût donner sa démission pour éviter le cumul.

Candidat au Conseil municipal en 1878 et en 1890, avec un programme ouvrier, dans le quartier Ste-Marguerite, à Paris, il fut aussi candidat aux élections législatives de 1889 dans la 2e circonscription du XIe arrondissement.

Nommé conseiller municipal, en 1893, par le quartier Ste-Marguerite (XIe arrondissement) et par 2,708 voix, avec le programme du parti ouvrier socialiste-révolutionnaire dont il est l'un des fondateurs, il a été réélu : en 1896, par 3,635 voix et en 1900, par 5,068, contre 2,157, à M. Derbecq, radical.

A l'Hôtel-de-Ville, M. Chausse a combattu les dépenses qui lui paraissaient excessives et s'est surtout occupé du sort des classes laborieuses. Il fait partie de la commission de centralisation du personnel et de celle du travail. Il a été rapporteur du règlement des abattoirs, dont la non-application faillit amener la démission du préfet de la Seine en 1897.

Il s'occupe aussi des questions d'enseignement et a été rapporteur des budgets de l'enseignement primaire et maternel, en même temps que président du conseil de surveillance de l'Ecole Boulle.

CUIGNACHE (Georges-Gustave)

Musicien, professeur au Conservatoire, né à Paris le 14 mars 1870. Doué, dès l'enfance, des meilleures dispositions artistiques, il entra, à peine âgé de onze ans, au Conservatoire national de musique de Paris, où il fut successivement l'élève de MM. Lavignac, Marmontel, Benjamin Godard, Théodore Dubois et obtint plusieurs récompenses et divers premiers prix.

Choisi, en novembre 1894, par Carvalho, directeur de l'Opéra-Comique, comme chef du chant de ce théâtre, emploi qu'il occupe avec maîtrise depuis cette époque, M. Cuignache a monté sur cette scène lyrique de nombreux ouvrages, notamment : *Ninon de Lenclos*, *Daphnis et Chloé*, le *Spahi*, la *Vivandière*, etc.

Nommé professeur au Conservatoire en 1896, cet excellent musicien est le plus jeune membre et l'un des plus distingués du corps enseignant de notre école nationale. Il est aussi directeur de la section de musique dans l'une des plus grandes sociétés d'instruction et d'éducation populaire : « l'Union française de la Jeunesse ».

M. Cuignache, qui se consacre exclusivement au professorat, est officier d'Académie.

MIQUEL (José)

Musicien, né à Ygualada (Espagne) le 9 janvier 1841. Tout jeune, il vint à Paris et entra au Conservatoire, dans la classe de chant de Fontana, où il resta de 1864 à 1866. Puis il se consacra aux chants d'église.

Entré, en 1865, à l'Eglise St-Roch, comme ténor solo, il passa, en 1869, à la Madeleine. Il fit entendre aussi la sympathique voix de ténor dont il est doué dans les grands concerts, notamment à la Société nationale, où il interpréta les œuvres de Saint-Saëns, Théodore Dubois, César Franck, etc. Il se fit surtout remarquer dans son interprétation du rôle de l'Evangéliste, dans la *Passion* de Bach, en 1875, sous la direction de Charles Lamoureux.

En 1880, M. Miquel fut appelé aux fonctions de maître de chapelle de Saint-Louis-d'Antin. Sous son habile direction, la maîtrise de cette paroisse devint bientôt l'une des plus réputées de Paris. Il a composé plusieurs motets religieux, qui témoignent chez leur auteur d'une réelle science musicale.

Mme MIQUEL-CHAUDESAIGUES (Louise-Charlotte-Caroline)

Professeur de chant, femme du précédent, née à Paris, de parents artistes. Son père, le chanteur Chaudesaigues, fut l'un des créateurs de la chansonnette comique ; sa mère, élève de Henri Hertz, une pianiste distinguée.

Attirée par goût vers l'art musical, Mlle Chaudesaigues en reçut les premières notions dans la maison paternelle et travailla ensuite l'orgue expressif (harmonicorde Debain) avec Lefébure-Wély.

Elle débuta comme organiste dans les concerts de Paris, où elle se produisit à côté de son maître et y fut très remarquée. Après avoir joué en public pendant quelques années et donné des soirées annuelles auxquelles participèrent les premiers artistes de Paris, Mme Miquel-Chaudesaigues abandonna l'orgue pour se consacrer exclusivement à l'art vocal.

Possédant une jolie voix, dont elle ne pouvait faire ressortir toute l'étendue, elle demanda des leçons à plusieurs professeurs de chant distingués, notamment à Delsarte. Aucun d'eux ne parvint à tirer de l'organe de la jeune artiste toute la force qu'elle y sentait elle-même. Elle se mit alors à travailler d'après un système qui lui était personnel et trouva le point de départ d'une nouvelle méthode qui permit d'étendre et de développer la voix au moyen d'une gymnastique spéciale. Par ce procédé, elle a obtenu de surprenants résultats.

Mme Miquel-Chaudesaigues a publié : *Leçons nouvelles sur l'art vocal* en 1888. Elle est officier d'Académie.

BAUDON (Théodore-Augustin)

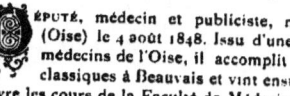

Député, médecin et publiciste, né à Méry (Oise) le 4 août 1848. Issu d'une famille de médecins de l'Oise, il accomplit ses études classiques à Beauvais et vint ensuite à Paris suivre les cours de la Faculté de Médecine.

Elevé par un père républicain et fidèle aux traditions des siens, il s'affilia aux comités antiplébiscitaires dès 1869.

Au moment de la guerre Franco-Allemande, M. Baudon entra dans la 2e ambulance de la Presse qui, prisonnière autour de Metz, prit part, après la levée du camp de Châlons, aux combats de Beaumont, Mouzon et Sédan.

Revenu, après l'armistice, à Paris, et externe à l'hôpital St Antoine pendant le second siège, il organisa l'ambulance fédérée de l'Eglise Montmartre, soigna et entretint, à ses frais, les blessés auxquels nul n'assurait la subsistance.

Reçu docteur en médecine en 1874, avec une thèse : *Sur les ulcères tuberculeux de la langue*, M. Baudon s'établit dans sa ville natale. Nommé conseiller municipal en 1875, conseiller général du canton de Mouy en 1882, mandat qui lui a toujours été renouvelé depuis cette époque, il devint, en 1890, maire de Mouy, où il a créé des sociétés scolaires, réorganisé les services hospitaliers et fondé la seule école supérieure de filles existant dans l'Oise.

Choisi par les comités radicaux de l'arrondissement de Clermont comme candidat aux élections générales législatives de 1893, il obtint, après une courte campagne de dix jours à peine, 7,197 voix contre 10,040 à l'élu, M. Hansselin.

A la mort de M. Lesage, député de Beauvais, en 1897, les comités radicaux présentèrent dans cette circonscription M. le docteur Baudon, qui fut élu par 8,484 suffrages contre 8,094 à M. Hucher, républicain modéré, maire de Beauvais. Réélu en 1898, par 9,206 voix contre 8,422 à son ancien concurrent et 198 à M. Duclos, publiciste, bonapartiste, il est inscrit au groupe radical-socialiste et au groupe agricole-viticole du Palais-Bourbon. Il est membre de diverses commissions, notamment de celles de l'enseignement, des chemins de fer et de la réforme du code militaire. Il s'occupe surtout à la Chambre des questions relatives à l'enseignement public et aux beaux-arts.

Il est l'auteur d'un projet de loi sur la formation de conseils cantonaux de l'instruction publique pour remplacer les délégations cantonales existantes, et d'une proposition tendant à obliger les directeurs et professeurs d'établissements libres d'enseignement secondaire ou primaire aux mêmes sanctions de grades universitaires que s'ils exerçaient ces fonctions dans les établissements de l'Etat.

M. Baudon est membre du Conseil de l'Ordre du Grand-Orient de France.

Publiciste, l'honorable député à créé divers journaux d'opinion avancée dans son département, notamment la *Démocratie républicaine*, organe radical, remplacé par le *Petit Courrier politique*. Il est officier d'Académie depuis 1900.

OPPORTUN (François)

Homme politique, né à Metz (Lorraine) le 27 décembre 1834. Venu à Paris à l'âge de seize ans, il y tira au sort le numéro un et fut incorporé au 1ᵉʳ régiment d'Infanterie de marine. A la caserne, il employait les loisirs que lui laissait le service à s'occuper de l'instruction de ses camarades et à faire parmi eux de la propagande républicaine. Il exerça ensuite le commerce de marchand-tailleur.

Démocrate très actif sous le second empire, M. Opportun fit partie, en 1869, du comité soutenant la candidature de Désiré Bancel, qui se portait contre M. Emile Olivier, le futur ministre de Napoléon III. Au 4 septembre 1870, avec quelques citoyens de la 6ᵉ compagnie du 14ᵉ bataillon (quartier des Halles) de la garde nationale, il prêta main forte au gouverneur de Paris pour retenir prisonniers deux cents officiers de la garde impériale qui attendaient des ordres.

Elu, le 6 septembre, capitaine commandant de cette compagnie, il démissionna en octobre pour entrer comme volontaire à la 3ᵉ compagnie de marche du 7ᵉ régiment de Paris. Réélu capitaine à la presque unanimité, il servit aux avant-postes jusqu'à la reddition de Paris.

Après la guerre, M. François Opportun se lança dans la lutte politique de la façon la plus militante. Membre du Comité d'aide aux amnistiés, membre et l'un des fondateurs du Congrès des électeurs de la Seine lors de l'élection Barodet, c'est chez lui que, de 1873 à 1877, se tinrent, sous la présidence de Bonnet-Duverdier, les réunions secrètes des délégués des comités républicains de la Seine, pour organiser la résistance contre la politique qui devait aboutir au coup d'état du 16 mai.

Il fut aussi président de la Fédération républicaine radicale des électeurs indépendants du département de la Seine et contribua grandement au succès de la liste dont les quatre premiers élus furent Lockroy, Floquet, Anatole de la Forge et Brisson.

Fondateur de la Société des Ecoles laïques de Paris en 1872, il en devint le président en 1880. Il est également le fondateur de la Loge maçonnique : la « Justice » (mai 1880), dont il est le président à vie, l'une des plus connues et des plus importantes du Grand-Orient de France.

Elu conseiller municipal du quartier St-Merri (IVᵉ arrondissement de Paris) et conseiller général de la Seine, le 4 mai 1890, par 1,828 voix, contre 1,623 à M. Levasseur, il fut réélu en 1893, en 1896 et en 1900, cette dernière fois, au premier tour, par 1,845 voix, contre 1,827 à quatre concurrents.

A l'Hôtel-de-Ville, M. Opportun est inscrit au groupe des « Droits de Paris ». Il a fait partie, pendant les huit premières années de son mandat, de la 2ᵉ commission, à laquelle sont dévolues les grosses questions du service d'incendie, des secours, pensions et rentes viagères de la Ville de Paris. Depuis 1898, il est membre de la 3ᵉ commission qui s'occupe des travaux municipaux. Il a obtenu le percement de l'avenue de l'Hôtel-de-Ville à travers la rue du Renard, la rue Beaubourg, etc. ; la création de deux groupes scolaires ; l'éclairage électrique du boulevard Sébastopol, du square de la tour Saint-Jacques, de la rue de Rivoli depuis le boulevard Sébastopol jusqu'à la rue des Archives ; la continuation du pavage en bois des rues St-Martin et du Temple, etc.

Il est vice-président de la commission du Budget et de la commission de l'Exposition universelle de 1900.

M. François Opportun a collaboré à l'*Opinion Nationale* et à divers autres journaux radicaux et libres-penseurs. Il est officier de l'Instruction publique.

BARTHOLDI (Frédéric-Auguste)

SCULPTEUR-STATUAIRE, né à Colmar le 2 avril 1834. Il étudia d'abord la peinture avec Ary Scheffer; mais il l'abandonna bientôt pour devenir l'élève du sculpteur Soitoux. En 1856, il entreprit un voyage en Orient avec le peintre Gérôme.

Pendant la guerre de 1870, M. Bartholdi fut commissaire du gouvernement de la Défense nationale à l'armée de Garibaldi. Après la paix, il partit pour l'Amérique et c'est durant ce voyage qu'il conçut les plans de la statue gigantesque qui se dresse aujourd'hui à l'entrée du port de New-York et à laquelle il doit surtout sa notoriété.

Cet artiste commença d'exposer, en 1853, un *Bon Samaritain*; dès 1855, il envoyait une très grande statue du *Général Rapp*, qui fut achetée par l'Etat pour le musée de Colmar; puis, en 1857, la *Lyre Berbère*, groupe bronze, aujourd'hui au musée de Lyon. Mentionnons encore, parmi les œuvres les plus connues de M. Bartholdi: une *Fontaine monumentale* surmontée de la statue de *Martin Schœganer*, exécutée et érigée à Colmar en 1863; une statue équestre de *Vercingétorix* (1870); la *Malédiction de l'Alsace*, groupe en vieil argent offert à Gambetta (1872); les *Quatre Etapes de la vie chrétienne* (1874); le superbe *Lion de Belfort*, en pierre, pour cette ville et celui en cuivre martelé érigé sur une place de Paris (1880).

Le 4 juillet 1884, M. Bartholdi remit solennellement au ministre des Etats-Unis sa monumentale statue de la *Liberté éclairant le Monde*, qui, démontée et emportée en Amérique, fut placée à l'entrée du port de New-York, où elle est utilisée comme phare. Elle fut inaugurée dans cette ville, en grande pompe, le 28 octobre 1886, et une réduction, offerte à la France par des souscripteurs américains, a été depuis placée sur le pont de Grenelle, à Paris.

On remarqua ensuite, de M. Bartholdi, aux Salons annuels: le *Monument funèbre de P. Bert* (1888); une *Fontaine monumentale*, vue en 1889, à l'Exposition universelle, et édifiée depuis sur la place des Terreaux à Lyon, où elle ne produit pas un heureux effet; un groupe marbre pour le *Monument de Gambetta* à Ville-d'Avray (1891); un autre groupe marbre pour un monument érigé à Bâle: *La Suisse secourant les douleurs de Strasbourg en 1870* (1895); *Lazare Schwendi*, statue surmontant une fontaine, projet d'une disposition et de proportions peu harmonieuses (1897); *La Saône emportant ses affluents*, fontaine pour Lyon, et *Tombeau des gardes nationaux tués à Colmar en 1870* (1898); *Monument des soldats français morts à Schinznach (Suisse)* en 1870; *Projet de monument à la mémoire de Lafayette et de l'indépendance américaine*; *Pendule alsacienne* (1899); *Christophe Colomb*, statue en aluminium (1900).

L'auteur de la colossale statue de la *Liberté éclairant le Monde* a surtout produit des œuvres de dimensions considérables et il s'est acquis une très grande célébrité dans ce genre spécial, pour lequel des aptitudes d'ingénieur trouvent à s'appliquer autant et plus peut-être que le sens et le talent artistique du statuaire.

M. Bartholdi a obtenu des récompenses aux Salons de 1859, 1861, 1863 et la médaille d'honneur en 1895. Il a été désigné comme membre du jury à l'Exposition universelle de 1900 et il est, depuis 1887, commandeur de la Légion d'honneur.

DARLAN (Jean-Baptiste-Joas)

ANCIEN ministre, avocat, administrateur, né le 10 juin 1848 à Podensac (Gironde). Fils d'un capitaine au long cours qui fut maire au 4 septembre 1870, il accomplit ses études classiques au lycée de Bordeaux, fit son droit à la Faculté de Paris et acheta une charge de notaire à Marmande, où il exerça de 1874 à 1878.

Appelé par son mariage à s'établir à Nérac (Lot-et-Garonne), M. Darlan s'inscrivit au barreau de cette ville et acquit bientôt une grande notoriété comme avocat. Conseiller municipal et maire de Nérac dès 1880, il fut réélu sans interruption jusqu'en 1896, époque à laquelle il démissionna. Il était à cette date ministre de la Justice.

Pendant son administration municipale il avait présidé à de nombreux travaux d'embellissement et, de 1885 à 1889, en qualité de vice-président d'une section de l'Association du Centenaire, créée pour la propagation des idées républicaines, il avait mené une active campagne de conférences dans tout le département.

Nommé conseiller général du canton de Nérac en 1886, M. Darlan, que son activité et son talent oratoire avaient rendu populaire, fut sollicité de se présenter à la députation, dans la circonscription de Nérac, en remplacement de M. Fallières, alors garde des sceaux, devenu sénateur. Il fut élu, sans concurrent, le 21 juillet 1890, avec un programme républicain progressiste. Réélu par 7,104 voix, de nouveau sans concurrent, en 1893, l'honorable député fut membre de plusieurs commissions importantes, notamment de celles de la Marine, des réformes judiciaires, des

Travaux publics, du crédit agricole, etc. et fut nommé rapporteur de la commission relative aux conventions de 1883 avec les compagnies de chemins de fer (demande de poursuites contre M. Raynal, ancien ministre des Travaux publics). Il défendit son rapport avec une telle éloquence que la Chambre adopta ses conclusions à une grande majorité.

Pendant ces diverses législatures, M. Darlan prit une part très-active à tous les travaux parlementaires; il intervint fréquemment et avec autorité à la tribune, notamment dans les discussions générales du budget, dans les débats relatifs à la réforme des justices de paix, du rachat des canaux du Midi, de la loi sur les successions, du tarif général des douanes, etc.

Très estimé de ses collègues, il fut désigné par beaucoup d'entre eux pour l'un des postes de vice-président de la Chambre, au renouvellement du bureau de cette Assemblée; mais il retira sa candidature, par esprit de discipline.

Lors de la formation du cabinet Méline, au lendemain de la démission du ministère Bourgeois (29 avril 1896), M. Darlan prit le portefeuille de la Justice et des Cultes. En cette qualité, il a présenté divers projets de loi : au Sénat, sur la réforme hypothécaire ; à la Chambre, sur la réforme judiciaire, etc. Il prépara le tarif légal et obligatoire pour les notaires, hâta l'instruction du procès des chemins de fer du Sud de la France, liquida la fameuse affaire Arton et, à cette occasion, ne craignit pas de communiquer tous les documents relatifs au Panama aux membres de la commission parlementaire chargée de l'enquête.

Seul représentant, dans le cabinet Méline, du parti radical, il dût souvent lutter avec ses collègues, au sein du Conseil des ministres. A la suite d'une question qui lui fut posée, à la Chambre, à propos de la prestation de serment d'un magistrat par télégramme, il donna sa démission et fut remplacé par M. Milliard, sénateur (2 décembre 1897).

Candidat dans la même circonscription aux élections législatives du 8 mai 1898, il échoua, obtenant, au deuxième tour, 5.729 voix, contre 7.596 à l'élu, M. Lagasse, radical-socialiste, avocat à Paris.

Le 4 septembre 1899, l'ancien ministre du cabinet Méline fut nommé percepteur du XVIe arrondissement de Paris.

M. Darlan a reçu une médaille d'or de sauvetage en récompense de sa courageuse conduite, lors des terribles inondations de la Garonne en 1875.

ROUSSELLE (Henri-Emile)

CONSEILLER municipal de Paris, né à Bordeaux le 11 avril 1866. Fils de Ernest-Henri Rousselle, qui fut président de la municipalité parisienne et dont l'action à l'Hôtel-de-Ville fut marquée par des travaux qui, en matière d'assistance, portent encore leurs fruits, M. Henri Rousselle fit ses études classiques au lycée Charlemagne et se préparait à l'Ecole de chimie et de physique quand il accomplit son volontariat au 31e régiment d'artillerie. Il est devenu lieutenant d'artillerie, au 31e groupe territorial, à Toul.

Son service militaire achevé, M. Henri Rousselle fut associé aux affaires de son père, négociant et représentant en vins. Il devint aussi son secrétaire en ce qui concerne les questions municipales et, de bonne heure, s'intéressa avec lui à la destinée des enfants moralement abandonnés, œuvre pour laquelle il s'est passionné ; c'est par cette collaboration qu'il a contribué à faire créer, dans chaque commune, un conseil de famille local chargé de la surveillance des enfants placés dans la commune : à faire admettre comme tuteurs des particuliers, voire même des femmes, et surtout à faire retourner aux champs les enfants que le vice ou la misère font naître à Paris.

M. Henri Rousselle fut désigné par les comités radicaux socialistes, qui avaient toujours soutenu et fait triompher la candidature de son père, pour le remplacer, après sa mort, comme conseiller municipal du quartier de la Maison-Blanche (XIIIe arrondissement de Paris). Elu, le 21 juin 1896, par 2,937 voix contre divers concurrents, il fut réélu, au deuxième tour, en 1900, par 4,136 voix, contre 1,696 à M. Caillet, nationaliste.

Inscrit, dès son entrée à l'Hôtel-de-Ville, au groupe des Droits de Paris, et bientôt membre de la 6e commission, il est intervenu notamment dans les discussions relatives au prolongement du chemin de fer de la gare d'Orléans au quay d'Orsay, par un important discours qui fut cité par MM. Denys Cochin à la Chambre et Strauss au Sénat.

Comme son père, il s'éleva ardemment contre tout projet de métropolitain, ce chemin de fer devant, selon lui, « gravement obérer la ville pour un résultat que l'on aurait facilement obtenu par la création de tramways automobiles accélérés ». Il soutint sa conviction avec une énergie et un talent tels que le projet Berthelot en faveur du métropolitain ne fut voté qu'à la majorité de quelques voix.

Rapporteur du projet de création de laboratoires centraux dans les hôpitaux, en faveur duquel il prit plusieurs fois la parole, M. Henri Rousselle s'est aussi occupé d'une façon particulière des questions d'assistance publique et a été chargé du rapport sur les crédits affectés aux établissements hospitaliers et charitables. Il est membre du Conseil de surveillance de l'Assistance publique.

M. Henri Rousselle a poursuivi l'exécution de divers projets de viabilité dont l'initiative revient à son père, dans le quartier de la Maison-Blanche qu'il représente. Il a obtenu la mise à niveau des rues Brillat-Savarin et du Moulin-des-Prés, nivellement établissant avec celui, projeté, de la rue des Peupliers, le relèvement total de la vallée de la Bièvre, entre la rue de Tolbiac, les fortifications et la gare des marchandises de ceinture, facilitant ainsi les communications entre les XIIe, XIIIe et XIVe arrondissements de Paris. Il a obtenu, de plus, l'achèvement du puits artésien de la Butte aux Cailles, que son père avait réclamé longtemps, avec le projet d'installation d'un square et une piscine gratuite autour de cet édifice.

Au Conseil général, M. Henri Rousselle fait partie de la 3e commission (enfants assistés) ; il est rapporteur de l'Ecole des enfants assistés de Villepreux.

Nommé membre de la commission municipale de l'Exposition universelle de 1900, il a été choisi par ses collègues comme secrétaire de cette commission.

FACHARD
(Harold-Emmanuel-Jean-Agis)

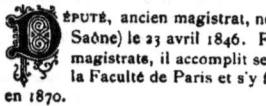

Député, ancien magistrat, né à Vesoul (Haute-Saône) le 23 avril 1846. Fils et petit-fils de magistrats, il accomplit ses études de droit à la Faculté de Paris et s'y fit recevoir licencié en 1870.

N'ayant pas voulu profiter d'une exemption légale, M. Fachard, comme officier des mobiles de son département, partagea avec son régiment les rigueurs du siège de Belfort.

Nommé, en 1872, juge-suppléant au tribunal de Lure (Haute-Saône), il crut devoir démissionner, en septembre 1883, pour protester contre la révocation d'un de ses collègues de Lure, victime de la loi Martin-Feuillé sur la réforme de la magistrature.

Inscrit au barreau de Vesoul, M. Fachard fut plusieurs fois choisi comme bâtonnier par ses confrères.

Nommé, en 1889, conseiller général de la Haute-Saône pour le canton de Noroy-le-Bourg, et réélu depuis constamment, M. Fachard fait aussi partie, depuis 1892, du Conseil municipal de Vesoul. Dans ces deux assemblées, il s'est occupé de toutes les questions intéressant la ville de Vesoul et le département.

Lors de l'élection législative partielle à l'arrondissement de Vesoul qui suivit l'envoi au Sénat de M. Bontemps, député, M. Fachard se présenta comme « républicain libéral progressiste et anti-dreyfusiste ». Il fut élu, le 25 mars 1900, par 11,492 voix, contre 8,874 à M. P. Morel, républicain.

M. Fachard est inscrit au groupe progressiste de la Chambre. Dans son programme, il s'était nettement affirmé l'adversaire du cabinet au pouvoir lors de son élection et partisan de la liberté d'association, de la liberté d'enseignement, de la liberté du commerce, de la liberté de la presse, « d'un impôt sur le revenu ne devant entraîner ni vexations, ni taxations arbitraires et améliorant la situation des agriculteurs et des ouvriers », d'une protection efficace des intérêts agricoles, du maintien du droit des bouilleurs de cru, etc.

ROUSSIN (Georges)

Peintre, né à St-Denis (Ile de la Réunion) le 19 novembre 1854. Son père, artiste de mérite, avait été élève de Deveria à Avignon, puis s'était rendu à la Réunion comme officier d'infanterie de marine.

Ses études accomplies au lycée de sa ville natale, M. Georges Roussin, qui manifesta de bonne heure des dispositions pour le dessin, reçut d'abord les leçons artistiques de son père; puis, à la suite d'un concours, il fut envoyé par la colonie, comme pensionnaire, à l'Ecole des Beaux-Arts de Paris, où il eut pour maîtres Millet et Cabanel. Encore élève à l'Ecole, il débuta, en 1878, aux salons annuels, avec un *Portrait* aux seules initiales.

Cet artiste, dont le talent de peintre et surtout de pastelliste est aujourd'hui très apprécié, envoya ensuite, aux expositions de la Société des Artistes français, parmi d'autres tableaux, les suivants, que l'on cite particulièrement : *Portrait de Mlle Juliette Dodu* (1879) ; *Au Jardin* (1881) ; *M. le Dr Polaillon*, portrait (1886) ; *Dans le parc* (1887) ; *Départ pour le bois* (1888) ; *Endormie*, étude de femme très remarquée, qui valut à son auteur une mention honorable (1889).

En 1890, M. Georges Roussin fit une incursion à la Société nationale des Beaux-Arts avec *Danseuses*, un *Portrait de Mme G. R.* (peintures à l'huile) et un *Portrait* au pastel. On lui doit, dans ce genre, un grand nombre de portraits et d'études : *Portrait de Mme Roussin, Parisienne, Frédégonde, Carmen, Sur la plage, Retour du marché, Liseuse ;* plus quantité de *Marines*, de *Paysages* et de figures de *Pêcheurs* des environs de Dieppe.

L'année suivante, il revenait à la Société des Artistes français, où il a envoyé depuis : *Rêverie* (1891) ; *Le Prophète Elie nourri par les corbeaux* (1893) ; *Laërte furieux*, scène d'*Hamlet* d'une grande beauté tragique, acquise par la ville de Toulon pour son musée (1894); *Louis XVI et Marie-Antoinette arrêtés à Varennes* (1895), toile historique d'un réel intérêt et d'une belle exécution ; *Mlle Coquelicot* et des pastels (1896) ; *Sieste de Bébé* (1897) ; *Portrait de M. Bertulus, juge d'instruction*, œuvre des plus remarquables (1898) ; *M. Georges Boyer, secrétaire-général de l'Opéra*, portrait, et *Etude* (1899) ; *Parisienne* et *Pêcheur du Pollet*, pastel (1900). etc.

Professeur de dessin dans les écoles de la ville de Paris, sociétaire de la Société des Artistes français, M. Georges Roussin a obtenu des médailles aux expositions de Versailles, Moscou, Rouen, Lyon, etc. Hors concours à l'Exposition internationale de Chicago en 1893, il est chevalier du Cambodge depuis 1889 et officier d'Académie depuis 1896.

GAMARD (Georges)

Ancien député, né à Paris le 30 octobre 1837. Neveu du colonel Bourdon, tué à vingt-sept ans à Brünn, la veille de la bataille d'Austerlitz, et de M. Bourdon du Rocher, maître de forges et député de 1817 à 1830 ; petit-fils d'un notaire, fils d'un avoué près le tribunal de la Seine, il occupa lui-même une charge de notaire de 1864 à 1893. époque à laquelle il fut nommé notaire honoraire.

En 1881, M. Gamard, candidat conservateur, avait été élu conseiller municipal du quartier Gaillon à Paris, contre le conseiller sortant, M. Massé. Il fut réélu en 1884, 1887 et 1890. Son action à l'Hôtel-de-Ville fut très marquée. En 1885, il fit adopter par le Conseil municipal un projet d'emprunt de 250 millions, sans aucune augmentation d'impôt ; il prit souvent la parole dans les discussions sur des questions de finances, de voierie et débats concernant les eaux de sources, le métropolitain, l'assainissement, etc. Il s'intéressa activement aux œuvres relatives aux écoles libres et aux associations ouvrières, qui obtinrent son concours et sa collaboration effective.

Appartenant à une famille originaire de la Mayenne, propriétaire agricole et foncier dans ce département, M. Georges Gamard devint vice-président, puis président du Comice agricole de Montsurs et fut élu conseiller général du canton de ce nom en 1892.

Lors des élections générales législatives de 1893, le baron de Plazanet, député sortant de la 2e circonscription de Laval, ne se représentant pas, M. Gamard fut élu député de cet arrondissement, par 6,985 voix, sans concurrent. A la Chambre, il fit partie de la droite royaliste et du groupe agricole. Il s'occupa de questions financières et s'opposa au projet d'impôt progressif sur les successions, demandant au contraire qu'un droit fut perçu sur toutes les valeurs successorales.

Au renouvellement général de 1898, M. Gamard échoua, n'obtenant que 5,300 voix, contre 5,745 à l'élu, M. Heuzey, républicain.

M. Georges Gamard est membre d'honneur de l'Université de Paris.

LOIR (Luigi)

Peintre et dessinateur, né à Goritz (Autriche), de parents français, le 22 décembre 1845. Il fut d'abord destiné par sa famille à la profession d'ingénieur ; mais, poussé par une vocation artistique irrésistible, il entra, en 1853, à l'Ecole des Beaux-Arts de Parme (Italie).

En 1863, M. Luigi Loir vint à Paris ; il travailla d'abord dans l'atelier de M. Pastelot, habile décorateur, et se fit bientôt apprécier en créant pour l'industrie des modèles de dessin et de chromolithographie. Il illustra aussi nombre de menus, de morceaux de musique et d'ouvrages, tels : le *Livre des Convalescents* de Coquelin Cadet, *Paris-Rose* de Georges Lorin, les *Rues de Paris*, le journal le *Rabelais*, etc.

M. Luigi Loir produisit aussi des décorations de théâtre, notamment celles pour les *Sept Châteaux du Diable*, au théâtre des Arts, à Rouen (1866). En 1870, il fit la campagne contre l'Allemagne au 18e bataillon de mobiles et prit part notamment au combat du Bourget.

Dès 1865, cet artiste avait envoyé au Salon une toile : *Paysage à Villiers-sur-Seine*, qui avait été fort remarquée. Depuis il a exposé notamment : le *Trou aux grenouilles* (1866); *Bords de Seine* (1873) ; *A l'heure*, qui obtint un vif succès (1874) ; la *Porte des Ternes*, achetée par Jules Ferry (1875) ; *Crépuscule à Neuilly* (1877) ; le *Quai national à Puteaux* (1878) ; *Un coin de Bercy pendant l'inondation* (1879), toile qui lui valut une 3ᵉ médaille et fut achetée par la ville de Paris pour son Hôtel-de-Ville ; *Giboulées* (1881) ; le *Pont d'Austerlitz*, acquis par le musée de St-Louis (Amérique) (1882) ; le *Point-du-Jour à Auteuil*, qui figure dans un musée de Russie (1883) ; la *Fumée du chemin de fer*, tableau récompensé d'une 2ᵉ médaille et qui figure au musée de Moscou (1886) ; *Effet de neige* (1888) ; il obtint une 1ʳᵉ médaille, en 1889, à l'Exposition, avec ce même tableau ; *Impression* (1891) ; *Avant l'embarquement*, acquis par l'Etat pour le musée de Bar-le-Duc (1893); l'*Heure du dîner* (1894) ; les *Préparatifs de la fête foraine*, acquis pour la salle d'honneur du Conseil municipal de Paris (1895) ; le *Marché à la Ferraille* (1896), acquis par la ville ; *Souvenir du 7 octobre 1896*, aspect de la place de l'Hôtel-de-Ville lors des fêtes franco-russes (1897) ; l'*Express* (1898) ; la *Porte-Maillot*, effet de neige au crépuscule et le *Mot d'ordre* (1899) ; les *Travaux du Métropolitain rue de Rivoli*, effet du soir (1900), etc. *Le chemin de fer de ceinture vu du boulevard Pereire au crépuscule* et les *Préparatifs de la fête foraine* ont été envoyés à l'Exposition universelle de 1900.

M. Luigi Loir a exécuté en outre de nombreuses toiles qui ornent les principaux musées et galeries de France et de l'étranger. On cite particulièrement : la *Fête des boulevards extérieurs au crépuscule* (musée de New-York) ; *Jeu de patience*, étude à l'aquarelle de pêcheuses (musée d'Auxerre) ; le *Cercle de Patineurs* (musée de Nantes) ; la *Seine prise en septembre* (musée du Luxembourg à Paris) ; *Un coin de la fête du Trône*, aquarelle exposée à Saint-Pétersbourg et acquise par l'impératrice de Russie, etc. Il est en outre l'auteur de la *Rue de la Pitié vue du Val-de-Grâce*, panneau qui orne le salon des Sciences à l'Hôtel-de-Ville de Paris et du petit plafond du théâtre de Genève, en collaboration avec M. Jeannin.

L'œuvre de M. Luigi Loir est considérable et sa manière bien personnelle. On peut dire de ce maître qu'il a créé un genre : le « parisianisme » ; mais un parisianisme de bon aloi et Théodore de Banville a écrit justement : « Béraud fait les parisiens de Paris et Luigi Loir le Paris des Parisiens. » Il est, en effet, le peintre par excellence de Paris ; aucun des différents aspects de la ville, souvent momentanés et fugitifs, aucune de ses transformations successives, n'a pour lui de secret. La vigueur de son coloris, aussi bien dans l'éclat de ses matins et du soleil de midi, que dans les brumes de ses crépuscules, est d'une juste observation, que rehausse encore l'étude consciencieuse du milieu.

M. Luigi Loir s'est fait souvent entendre comme pianiste et il a la réputation d'un virtuose de premier ordre.

Officier d'Académie depuis 1889 et chevalier de la Légion d'honneur en 1898, l'excellent artiste est membre de la Société de Peintres-Lithographes, de celle des Aquarellistes, membre du Jury de la Société des Artistes français et de la Société des Arts décoratifs depuis 1899.

MILLET de MARCILLY (Edouard)

SCULPTEUR, né à Paris le 27 mai 1840. Enclin tout jeune à la vocation artistique, il apprit de son père, lui-même sculpteur de talent, à modeler. En 1863, il entra comme ornemaniste à l'atelier de Carrier-Belleuse, puis passa dans celui de Joseph Chéret. En 1867, il collabora à l'achèvement de la fontaine de Carpeaux, érigée depuis au jardin du Luxembourg. Il travailla ensuite dans l'atelier de Ch. Cordier et suivit les cours de M. Justin Lequien à la mairie du Xᵉ arrondissement de Paris.

Dès 1870, M. Millet de Marcilly envoya régulièrement ses œuvres aux Salons annuels. On cite comme les plus remarquables ou les plus connues : *Portrait de Mˡˡᵉ A. G.*, buste plâtre (1872) ; *Portrait de Mᵐᵉ Rosine Laborde*, buste terre cuite, qui figure aujourd'hui à l'Opéra (1873) ; *Angélique*, statue plâtre (1874); *Portrait de Mᵐᵉ A. de Beauplan*, buste marbre (1878); *Portraits de M. E. Morel et de M. de Bionne*, bustes terre cuite (1879) ; *Portrait de M. E. Fromont de Dieppe*, buste marbre (1881) ; *Portrait de J. Valadon*, buste plâtre (1883) ; l'*Eveil*, statue bronze acquise par l'Etat (1886) ; *Portrait de M. Romain*, buste terre cuite (1887) ; *Portrait de M. Eug. Guyon*, buste bronze et portrait de *M. Léon Duvauchel*, buste plâtre (1888) ; *Portrait du général Carrelet*, buste bronze (1889) ; *Catherine II, impératrice de Russie*, buste bronze (1890) ; *M. A de Beauplan*, buste bronze (1891) ; *Cora, chienne épagneule*, bronze (1892) ; *Général Baron de Marbot*, statue plâtre, qui reparut l'année suivante en bronze et fut érigée à Beaulieu, Corrèze (1893) ; *M. Adolphe Sax*, buste plâtre teinté (1894) ; *Statue du général Bosquet*, modèle en plâtre de la statue bronze érigée depuis à Pau (1895) ; *Général Fay*, plâtre bronzé et *M. L. de la Ruelle*, buste bronze (1896) ; *M. le général du Bessol*, buste plâtre et *Primavere*, statuette marbre (1897) ; *M. Labrousse, sénateur de la Corréze*, buste plâtre (1898) ; *Statue du général Bourbaki*, plâtre, pour la ville de Pau (1899), etc.

En outre de ces œuvres, très appréciées, non seulement pour leur qualité d'exécution, mais aussi pour leurs détails originaux, où se retrouve toujours la personnalité de M. Millet de Marcilly, on doit à l'excellent artiste quantité de bustes et d'autres ouvrages non exposés. A mentionner : les bustes du *Dr Thomas*, fondateur de l'Ecole dentaire, au cimetière du Père-Lachaise ; de *Nicon-Choron*, musicien distingué et de *Levassor*, au cimetière de Dieppe ; du *Capitaine Dupont*, au Havre ; de l'ingénieur *Franck-Géraldy*, au cimetière de Colombes ; de *Solon*, à la Cour de cassation de Paris ; de *Falconnet* à la Bibliothèque nationale, du *Dr Cadier*, de *Mme Carvalho*, etc. ; les statues de la *Peinture* et de la *Sculpture* à l'Hôtel-de-Ville de Paris ; de *Phrynée* chez le comte de Bary à la Malmaison ; de l'*Industrie du Meuble*, au Trocadero, etc.

Sociétaire de la Société des Arts français, M. Millet de Marcilly est officier de l'Instruction publique depuis 1900.

MENTHON
(Bernard-François-Henry Comte de)

LITTÉRATEUR, agronome, ancien officier de marine, né à Choisey (Jura) le 23 octobre 1865. Issu d'une très ancienne famille de Savoie, il fit ses études classiques au collège des Jésuites de Dôle, puis à celui de Jersey.

Entré à l'Ecole navale en 1883, le comte Henry de Menthon, devenu aspirant de marine deux ans plus tard, s'embarqua sur le *Volta*, en 1886, pour la campagne du Pacifique. Promu enseigne de vaisseau en 1887, il rentra en France sur la *Dive* (1888). Il fit ensuite partie de l'escadre de la Méditerranée, à bord du *Forbin* (1888-1890), puis sur le *Cuvier* (1890-1892) et accompagna la *Couleuvrine* à Alger, comme second, de 1892 à 1894. Embarqué sur le *Requin*, navire appartenant à l'escadre du Nord, de 1894 à 1895, il fut nommé, le 1er mai 1895, lieutenant de vaisseau et transféré sur le *Brennus* du 13 août au 1er octobre 1895. Il démissionna le 1er décembre de la même année.

Dès lors, M. Henry de Menthon s'est occupé d'agriculture. Propriétaire du château de St-Loup-les-Gray, dans la Haute-Saône, où il possède d'importants domaines, il prend une part prépondérante à la création de syndicats, d'associations agricoles et de crédit mutuel dans cette région. Il est président de l'Union des syndicats communaux de la Haute-Saône, président de l'Union des Sociétés d'assurances contre la mortalité du bétail, membre de l'Union de Bourgogne et de Franche-Comté et de la Société des Agriculteurs de France.

Le comte de Menthon est l'auteur d'intéressantes études agricoles : *Quelques mots sur les associations contre la mortalité du bétail ; Sur les assurances mutuelles dépendant des syndicats*, etc.

On lui doit aussi la publication d'un ouvrage fort documenté et de pittoresque description : *Vingt-deux mois de campagne autour du monde* (1 vol., Plon et Nourrit, 1900), que la presse et le public ont bien accueilli.

LEFÈVRE (André)

PUBLICISTE et homme politique, né à Paris, le 17 juin 1869. Fils d'un ingénieur, il accomplit ses études classiques au collège Chaptal et fut reçu, en 1888, simultanément à l'Ecole centrale des Arts et manufactures et à l'Ecole supérieure des Mines. Il débuta dans la politique au moment du boulangisme, comme secrétaire de M. Alfred Naquet, et en 1893, soutint la candidature à la députation de M. René Viviani, dans le Ve arrondissement de Paris. Dès cette même époque, il fit partie de la rédaction de la *Petite République*, journal socialiste, auquel il n'a plus cessé de collaborer.

Entre temps, il poursuivait ses études scientifiques au laboratoire de chimie biologique de l'Ecole de Médecine.

A la mort du docteur Deschamps, conseiller municipal du quartier de la Sorbonne, à Paris, M. André Lefèvre se présenta pour le remplacer et fut élu (1895). Réélu aux élections municipales de 1896, par 2,336 voix, contre 1,200 à M. Georges Bourdon, publiciste et 1,100 à M. Desplas, avocat à la Cour d'appel, il échoua au renouvellement du Conseil, en 1900, n'obtenant, au deuxième tour de scrutin, que 1,290 voix, contre 3,541 à M. Auffray, avocat, nationaliste, élu.

Pendant son séjour à l'Hôtel-de-Ville, M. André Lefèvre s'est spécialement consacré, tant au Conseil municipal qu'au Conseil général, au budget de l'Assistance publique et aux questions se rapportant au même sujet. Il a été membre du Conseil de surveillance de l'Assistance publique et rapporteur général du budget de cette administration. Il est l'auteur d'un projet d'emprunt de plusieurs millions, destinés à la mise en état de tout le matériel pitahoslier de la Ville de Paris.

Lorsque la loi de 1896 rendit aux Universités la personnalité civile et leur permit de recevoir les subventions des pouvoirs locaux, une commission fut nommée pour « établir des relations entre la ville et l'Université de Paris » ; M. André Lefèvre en fut le rapporteur et conclut à l'allocation de subventions permanentes et à la création commerciale de plusieurs chaires de clinique chirurgicale.

Il est intervenu dans toutes les discussions importantes, notamment dans celles relatives à l'hygiène, à la suppression de l'Octroi, au Métropolitain, etc. Il a été secrétaire du Conseil municipal en 1898.

Comme journaliste, M. André Lefèvre fait de la politique militante dans la *Petite République* et la *Lanterne*.

ROZIER (Arthur)

UBLICISTE et conseiller municipal de Paris, né à Romilly-sur-Seine le 17 mai 1870. D'origine modeste, — son père était messager, — il alla d'abord à l'école primaire, puis au lycée de Troyes, comme boursier et il débuta, tout jeune, dans la politique, en fondant à Troyes la *République sociale*, organe socialiste (1887).

Venu à Paris en 1889, M. Arthur Rozier y exerça la profession d'employé de commerce et fut, en même temps, attaché à la rédaction du *Prolétaire* et du *Parti ouvrier*. Appelé ensuite à Blois pour diriger le *Progrès de Loir-et-Cher* (1892), il resta à la tête de cet organe socialiste jusqu'en 1897. Pendant son séjour à Blois, il fut nommé conseiller municipal de cette ville. Il y joua un rôle important et l'on cite, entre autres institutions dues à son initiative, la fondation d'un Conseil de Prud'hommes, de la Bourse du Travail et la création de cours professionnels.

A Paris, où il revint en 1897, M. Arthur Rozier, pour subvenir aux besoins de la vie quotidienne, fut représentant d'une maison d'imprimerie.

En même temps, il se jetait, avec une ardeur extrême dans les luttes politiques et se faisait remarquer, comme orateur, dans les réunions publiques et les meetings populaires.

Sollicité, en 1896, de briguer la succession de M. Sautumier, député de Neuilly-sur-Seine, décédé, il s'était présenté avec un programme socialiste contre M. Rigaud, qui fut élu. Il posa ensuite sa candidature aux élections législatives de mai 1898, dans le XIXe arrondissement de Paris, où il obtint 2,882 voix contre M. Charles Bos, conseiller municipal du quartier d'Amérique (XIXe arrondissement), qui fut élu député. M. Arthur Rozier se présenta alors pour le remplacer au Conseil municipal et fut nommé, le 23 octobre 1898, au scrutin de ballottage, par 1,706 voix, contre 1,544 accordées à M. Bentin, radical. Il a été réélu, au renouvellement de 1900, par 2,167 voix, contre 2,060 à M. Bergerot, nationaliste, au 2e tour de scrutin.

M. Rozier prit de suite une place considérable à l'Hôtel-de-Ville.

Secrétaire du Conseil municipal (1899), il a été membre de diverses commissions, notamment de la cinquième (Assistance publique), qui lui confia les rapports annuels sur les soupes populaires et le personnel de cette administration. Il a fait aussi partie de la commission du travail, et de celles de Centralisation du Personnel, des Fortifications, de la Commission administrative des Halles et Marchés, etc.

Très répandu dans les milieux socialistes, l'honorable conseiller a été plusieurs fois délégué à divers congrès tenus en France ou à l'étranger. En cette qualité, il a pris part aux congrès corporatifs de Tours et de Rennes (1898), où il produisit, sur l'alcoolisme, un rapport dont les conclusions furent votées à l'unanimité ; il a aussi participé à la conférence internationale de Bruxelles (1899), réunie pour préparer les congrès socialistes internationaux de 1900, etc.

Mme Charles DETTELBACH (née Emilie de BERNY)

ANTATRICE mondaine, née à Paris. Possédant une très jolie voie de soprano, elle travailla de bonne heure le chant avec Mme Colonne et se produisit aux concerts Colonne et dans divers autres concerts classiques.

Mme Dettelbach a interprété les œuvres les plus diverses, appartenant à toutes les écoles ; depuis les morceaux des auteurs classiques jusqu'aux mélodies modernes. Chaleureusement accueillie dans les salons de la société parisienne et particulièrement recherchée dans les séances classiques de musique de chambre, elle brille surtout par de grandes qualités de goût et de style. Très appréciée des compositeurs de notre temps, elle a créé plusieurs œuvres que les auteurs lui ont dédié pour rendre hommage à son talent.

MARSAUX (Anatole-Victor)

INGÉNIEUR, né à Compiègne (Oise) le 21 septembre 1845. Ses études classiques faites à Versailles, il fut admis à l'Ecole centrale en 1865 et en sortit, trois ans plus tard, avec le diplôme d'ingénieur, pour entrer comme dessinateur dans la maison Joret et Cie, une des plus importantes entreprises françaises de constructions métalliques.

M. Marsaux obtint très rapidement son avancement dans cette carrière. Devenu fondé de pouvoirs de cet établissement, puis choisi comme administrateur-délégué en 1882, lors de sa transformation en « Société anonyme des Ponts et Travaux en fer » il a été nommé directeur-administrateur de cette société en 1892.

Depuis 1873, M. Marsaux a pris une part effective à tous les travaux accomplis par cette société, parmi lesquels on doit mentionner particulièrement : les remarquables ponts Sully à Paris, de l'Olto à Goran (Roumanie), de l'Oued Sebaou à Rebeval (Algérie), de Charenton (Seine), le pont aqueduc d'Argenteuil sur la Seine, ceux d'Odessa (Russie), de Montevideo (Uruguay), de l'Oued Endjà et de l'Oued El Kebir (Algérie) ; d'autres ponts pour chemin de fer, et notamment ceux sur le Pô à Borgoforte (Italie), sur la Loire à Sully (Loiret), sur l'Ebre à Castejon (Espagne), sur la vallée de Marly-le-Roi, sur le canal de Corinthe (Grèce), sur la Siagne près de Grasse (Var), sur le Rio de la Plata (Porto-Rico), sur la Loire à Gien, sur l'Argesh (Roumanie), sur le Tech près d'Amélie-les-Bains ; des ponts mobiles et gares, notamment la gare centrale de Rome.

Cet ingénieur a encore construit la manutention de la Cie générale des voitures à Paris-Montmartre, avec de grands silos de 7,000 mètres cubes de capacité, le théâtre Bellecour à Lyon, les charpentes et halles des établissements industriels à Chauny, Montluçon, Cirey, Baccarat ; les nouveaux magasins généraux de la rive droite à Bordeaux, de nombreux marchés couverts en France et en Algérie, du matériel de chemins de fer pour les compagnies françaises, turques, roumaines.

On lui doit aussi : les lignes de chemin de fer de Beni-Amran à Dra-El-Mizan, de Menerville à Tizi-Ouzou (Algérie), de Saïgon à Mytho (Cochinchine), du Descargador à Los Blancos près Carthagène (Espagne), une grande partie des terrassements et travaux d'art du canal maritime de Corinthe (Grèce), le marché couvert de Moulins (Allier), celui de la Lyre à Alger, la halle Marcadieu à Tarbes, les dômes des palais des Beaux-Arts et des Arts libéraux à l'Exposition universelle de 1889, les grands caissons à air comprimé des bassins de radoub de Missiessy (arsenal de Toulon) et de Saïgon (Cochinchine), la halle centrale de Troyes, la transformation des ponts de Phu-Lang-Thuong à Lang-Son (Tonkin,) une tour métallique de 50 mètres pour le phare de Poulo-Canton (Annam), une partie des charpentes des palais des Beaux-Arts, du Génie civil, des fils et tissus à l'Exposition universelle de 1900, etc.

La Société des Ponts et Travaux en fer a, sous la vive impulsion de M. Marsaux, développé ses efforts et ses résultats et a obtenu les premières récompenses. Elle a été mise hors concours, comme membre du Jury, aux dernières expositions internationales.

M. Marsaux est chevalier de la Légion d'honneur et de l'ordre de Léopold de Belgique.

HUGON (Emile)

MÉDECIN, né le 27 mars 1863 à Genève (Suisse), de parents français. Il fit ses études scientifiques aux facultés de Genève, de Lausanne et de Paris et fut reçu docteur en médecine avec une thèse très remarquée sur les *Modifications physiologiques et pathologiques qui surviennent chez la femme après la ménopause (Involution sénile)*.

Membre de plusieurs sociétés savantes, chef de clinique gynécologique pendant cinq ans, secrétaire de la rédaction d'un journal médical pendant plusieurs années, le docteur Hugon s'est fait connaître par ses études et ses travaux sur l'application des agents physiques à l'art de guérir (lumière, chaleur, vibrations, électricité sous toutes ses formes, gymnastique médicale, massage). Il a publié de nombreuses études sur ces sujets spéciaux, principalement sur le *Massage scientifique* et a contribué dans une large mesure à introduire en France ce mode de traitement qui, depuis de longues années déjà, donnait à l'étranger de si beaux résultats curatifs ; on lui doit en outre la publication d'un *Manuel pratique du massage thérapeutique* (1 vol. 1900), ouvrage important, traduit en espagnol et en italien, qui a obtenu les appréciations les plus élogieuses de la *Revue critique de Médecine et de Chirurgie*, de la *France médicale* et autres organes scientifiques.

On annonce du même auteur plusieurs autres publications sur le massage et sur l'application méthodique des divers agents physiques au traitement des affections spéciales de la femme.

HALÉVY (Ludovic)

Auteur dramatique, membre de l'Académie Française, né le 12 juillet 1834. Il est le fils de Léon, écrivain, mort en 1883, et neveu de Fromenthal, l'illustre compositeur, mort en 1862. D'origine juive, cette famille s'appelait autrefois Levi ; mais le grand-père de M. Ludovic Halévy avait dû prendre ce dernier nom, pour obéir à un décret de 1808, concernant les israélites ne possédant que des prénoms.

Se destinant à l'administration, M. Ludovic Halévy fut successivement attaché au ministère d'Etat (1852), chef de bureau au ministère de l'Algérie (1858) et secrétaire-rédacteur au Corps législatif en 1860. Après la mort du duc de Morny, son protecteur (1865), il donna sa démission pour s'adonner au théâtre uniquement.

Dès 1856, il s'était adonné au théâtre et avait écrit : *Bataclan*, chinoiserie en 1 acte, musique d'Offenbach. Il donna ensuite : l'*Impresario*, opérette bouffe, avec M. Battu (1856) ; le *Docteur Miracle*, avec M. Busnach, opérette en 1 acte, musique de Bizet et Lecocq (1857) ; *Un Fait-Paris*, vaudeville en 1 acte, avec Léon Halévy ; l'*Opéra aux Fétiches*, opéra en 1 acte, avec Gastinel ; *Rose et Rosette*, drame-vaudeville en 3 actes, musique de M. Oray (1858) ; *Orphée aux Enfers*, opéra en 2 actes, avec Crémieux et Offenbach ; *Pleine-Eau*, opéra en 1 acte, avec d'Osmond ; *Polichinelle dans le monde*, opéra en 1 acte, avec Busnach et Offenbach ; *Voici le jour*, opéra en 1 acte, avec J. Ward ; *Madame Papillon*, opéra en 1 acte, avec Offenbach ; le *Carnaval des Revues*, revue en 3 actes, avec Grangé, Gille et Offenbach (1860) ; la *Chanson de Fortunio*, le *Pont des Soupirs* et le *Roman comique*, musique du même ; les *Eaux d'Ems*, musique de Delibes ; la *Baronne de San-Francisco*, musique de Caspers (1862), etc.

Jusque-là, le jeune auteur n'avait pas obtenu de très vifs succès, mais à cette époque, M. Ludovic Hélévy rencontra M. Meilhac, « heureusement pour « M. Meilhac, disent les uns ; au plus grand profit de « M. Halévy, disent les autres », écrit malicieusement un chroniqueur de l'*Echo de Paris* et, avec son concours, il connut bientôt les joies du triomphe. De la collaboration Meilhac et Halévy, en effet, sont sorties un grand nombre de pièces de théâtre qui, presque toutes, furent accueillies du public avec la plus grande faveur, et dont certaines peuvent être considérées comme des modèles du genre.

Voici la liste complète des œuvres signées par M. Halévy avec M. Henri Meilhac : le *Menuet de Danaé*, comédie 1 acte (Variétés, 1861) ; les *Moulins à vent*, vaudeville 3 actes, (Variétés, 1862) ; les *Brebis de Panurge*, comédie 1 acte (Vaudeville, 1862) ; le *Brésilien*, vaudeville 1 acte (Palais-Royal) ; le *Train de Minuit*, comédie 2 actes (Gymnase, 1863) ; *Néméa*, ballet 3 actes, avec Saint-Léon, musique de Minkous (Opéra) ; la *Belle Hélène*, opérette 3 actes, musique d'Offenbach (Variétés) ; le *Photographe*, comédie-vaudeville 1 acte (Palais-Royal, 1864) ; le *Singe de Nicolet*, comédie 1 acte (Variétés) ; la *Méprise de Lambinet*, vaudeville 1 acte (Variétés, 1865) ; *Barbe-Bleue*, opérette 3 actes, musique d'Offenbach (Variétés) ; la *Vie parisienne*, opérette 4 actes, musique d'Offenbach (Palais-Royal, 1866) ; la *Grande-Duchesse de Gérolstein*, opérette 3 actes, musique d'Offenbach (Variétés) ; *Tout pour les Dames*, vaudeville 1 acte (Variétés, 1867) ; le *Château à Toto*, opéra-bouffe 3 actes, musique d'Offenbach (Palais-Royal) ; *Fanny Lear*, comédie 5 actes (Gymnase) ; la *Périchole*, opéra-bouffe 3 actes, musique d'Offenbach (Variétés) ; *Suzanne et les deux vieillards*, comédie 1 acte (Gymnase) ; le *Bouquet*, comédie 1 acte (Palais-Royal, 1868) ; *Diva*, opéra-bouffe 3 actes, musique d'Offenbach (Bouffes) ; l'*Homme à la clef*, vaudeville 1 acte (Variétés) ; *Froufrou*, comédie 5 actes (Gymnase) ; les *Brigands*, opérette 3 actes, musique d'Offenbach (Variétés, 1869) ; *Tricoche et Cacolet*, vaudeville 5 actes (Palais-Royal, 1871) ; *Madame attend Monsieur*, 1 acte (Variétés) ; le *Réveillon*, comédie 3 actes (Palais-Royal) ; les *Sonnettes*, comédie 1 acte (Variétés, 1872) ; le *Roi Candaule*, vaudeville 3 actes (Palais-Royal) ; l'*Eté de la Saint-Martin*, comédie 1 acte (Comédie-Française) ; *Toto chez Tata*, comédie 1 acte (Variétés, 1873) ; l'*Opéra aux Italiens*, à propos 1 acte, avec Busnach (Variétés) ; la *Petite Marquise*, comédie 3 actes (Variétés) ; la *Mi-Carême*, vaudeville 1 acte (Palais-Royal) ; l'*Ingénue*, comédie 1 acte (Variétés, 1874) ; la *Veuve*, comédie 3 actes (Gymnase) ; la *Boule*, comédie 4 actes (Palais-Royal, 1874) ; *Carmen*, opéra-comique 4 actes d'après Mérimée, musique de Bizet (Opéra-Comique) ; le *Passage de Vénus*, 1 acte (Variétés) ; la *Boulangère a des écus*, opéra-bouffe 3 actes, musique d'Offenbach (Variétés) ; la *Créole*, opérette 3 actes, avec Millaud, musique d'Offenbach (Bouffes, 1875) ; *Loulou*, comédie 1 acte (Palais-Royal, 1876) ; le *Prince*, comédie 4 actes (Palais-Royal, 1876) ; la *Cigale*, comédie 3 actes (Variétés) ; le *Fandango*, ballet 1 acte, avec Mérante, musique Salvayre (Opéra, 1877) ; le *Je ne sais quoi*, vaudeville 1 acte (Renaissance) : le *Petit Duc*, opéra-comique 3 actes, musique Lecocq (Renaissance, 1878); le *Mari de la Débutante*, comédie 4 actes (Palais-Royal) ; le *Petit Hôtel*, comédie 1 acte (Comédie-Française) ; la *Petite Mademoiselle*, opéra-comique 3 actes, musique Lecocq (Renaissance) ; *Lolotte*, comédie 1 acte (Vaudeville, 1879) ; la *Petite Mère*, comédie 3 actes (Variétés, 1880) ; *Janot*, opéra-comique 3 actes, musique Lecocq (Renaissance) ; la *Roussotte*, pièce 3 actes 1 prologue, avec Millaud, musique de Hervé, Lecocq et Boullard (Variétés, 1881).

En 1882, MM. Meilhac et Halévy rompirent complètement leurs relations et les journaux, comme les biographes, assurèrent, pendant toute la vie de M. Meilhac, qu'une extrême froideur avait succédé à l'intime collaboration précédente, tant que vécut Meilhac, cette croyance subsista ; mais, après la mort de son ancien associé, M. Halévy affirma que l'amitié des deux écrivains était restée la même après la rupture de leurs relations littéraires.

Après la séparation des deux collaborateurs, M. Halévy ne donna plus aucune pièce au théâtre.

En outre de sa production théâtrale, M. Halévy a publié des romans, nouvelles et études satiriques, remarquables par l'élégance de leur forme littéraire, leur finesse d'esprit et d'observation ; les titres des principaux sont : *Un scandale* (1860) ; l'*Invasion*, souvenirs de 1870 (1872) ; *M. et Mme Cardinal*, sous-titres : le *Rêve*, le *Cheval du Trompette*, *Quand on attend ses Messes*, etc. (1873) ; *Marcel* (1876) ; les *Petites Cardinal* (1880) ; l'*Abbé Constantin*, dont MM. Crémieux et Decourcelle ont tiré une comédie pour le Gymnase (1882) ; la *Famille Cardinal* ; *Criquette* ; *Deux mariages* ; *Un grand mariage* ; *Un mariage d'amour* (1883) ; *Princesse* ; les *Trois coups de foudre* ; *Mon camarade Mussard* (1886) ; diverses séries de *Notes et Souvenirs* et de *Récits de guerre* des années 1870-1871 (1888 et 1891); *Karikari* (1892), etc.

C'est surtout la valeur de cette partie de l'œuvre de M. Halévy qui lui ouvrit les portes de l'Académie française, où le fauteuil de M. le comte d'Haussonville lui fut attribué en 1884.

Vice-président de la Société des Auteurs depuis 1882, l'éminent écrivain a été choisi, en 1898, pour présider cette société.

Décoré en 1864, comme fonctionnaire, M. Ludovic Halévy a été promu officier de la Légion d'honneur en 1890.

LEPERS (Charles)

PROFESSEUR de chant et de déclamation lyrique, né à Tourcoing (Nord) le 23 août 1841. Il fit ses études au collège de Juilly (Seine-et-Marne), puis entra dans le commerce à Lille. Doué cependant d'une fort jolie voix de baryton, il suivit les cours du conservatoire de cette ville, obtint, en 1860, un premier accessit de chant ; en 1861, un deuxième prix et en 1863, le premier prix.

M. Lepers voulut suivre ensuite les cours du Conservatoire de Paris ; mais certaines circonstances l'en empêchèrent jusqu'en 1865. Deux ans plus tard, il y remportait le premier prix d'opéra-comique. Engagé tout aussitôt au théâtre de l'Opéra-Comique, il n'y resta qu'un an, peu satisfait des rôles qui lui étaient confiés. Il alla alors tenir l'emploi de baryton au théâtre royal de la Haye, puis dans les théâtres de Bruxelles, de Gand, du Havre et de Lyon, où le surprit la guerre de 1870, pendant laquelle il prit du service.

Engagé, en 1871, au théâtre de Versailles, il obtint le plus vif succès et fut appelé tout de suite au Théâtre lyrique de Paris, où il se distingua en créant des rôles importants dans *Madame Turlupin*, la *Farce de Maître Villon*, la *Dot mal placée* et autres œuvres des compositeurs Giraud, Lajarte et Lacôme. Appelé ensuite au Théâtre italien pour interpréter alternativement les répertoires italiens et français, il fit aussi partie de la troupe que l'impresario Strakosch forma pour aller chanter les mêmes répertoires en Danemarck, en Suède et en Finlande.

De retour en France, M. Lepers se fit entendre à Cannes, Grasse, Nice, Antibes et Draguignan, puis il revint à Paris, en 1876, pour entrer au Théâtre Lyrique, où il s'imposa définitivement à l'attention publique, dans les créations de *Dimitri*, de Joncières ; *Après Fontenoy*, de Weckerlin ; l'*Aumônier du Régiment*, de Salomon ; *Obéron*, le *Maître de Chapelle*, le *Bouffe et le Tailleur*, le *Barbier de Séville*, *Giraldo*, *Paul et Virginie*, *Si j'étais roi*, etc.

Entré au Grand Théâtre de Lyon, après la fermeture du Théâtre Lyrique (1878), il revint à Paris aux Folies-Dramatiques, où il créa le rôle de Favart dans *Madame Favart*, d'Offenbach, début qui fut un triomphe et il joua dans *Pâques fleuries*, de Lacôme ; la *Fille du Tambour-Major*, d'Offenbach ; la *Mère des Compagnons*, de Hervé ; *Boccace*, de Suppé ; la *Princesse des Canaries*, de Lecocq, etc.

En 1884, quittant le théâtre pour le professorat, M. Lepers fonda un cours de chant dans le local occupé autrefois par la Société des Artistes dramatiques fondée par le baron Taylor. Ce cours a fourni d'excellents artistes aux scènes parisiennes.

Ce professeur a fait l'intérim au Conservatoire dans la classe de M. Melchissédec.

On doit à M. Lepers un fort intéressant tableau concernant l'assimilation (voyelles labiales et ouvertes) et des *Exercices de Chant* très utiles et pratiques au point de vue pédagogique. Il est officier de l'Instruction publique depuis le 1er janvier 1900.

TROJANOWSKI (Wincenty)

SCULPTEUR, graveur en médailles et peintre, né à Varsovie (Pologne) le 22 janvier 1859. Élève de l'École des Beaux-Arts de Varsovie, puis de l'Académie des Beaux-Arts de Saint-Pétersbourg et de Munich, dans la section de peinture, il se fit connaître tout d'abord dans cet art et composa plus de cent tableaux religieux, paysages, portraits, scènes d'intérieur, en recherchant particulièrement les effets des différents éclairages. Puis il dirigea ses études vers la statuaire et vint en France en 1893.

A partir de l'année suivante, M. Trojanowski envoya aux Salons annuels de la Société des Artistes français les œuvres de sculpture suivantes : un buste de *Derviche* (1894) ; les plaquettes de *Seweryna Duchinska*, poète polonaise et *Kossuth* (1895) ; dix médaillons ou plaquettes qui, vivement remarqués, furent mentionnés par le jury (1896) ; douze médaillons et plaquettes bronze argenté et argent, parmi lesquels on remarqua ceux de *Matejko, Chopin, Liszt, Wagner, Paul Verlaine* (1897) ; dix-neuf médailles et plaquettes bronze, argent et or : *Félix Faure* (appartient à Mme Félix Faure), *Dante, Shakespeare, Berlioz, Paderewski* (1898) ; neuf médaillons et plaquettes bronze, cuivre, argent et bronze doré : la *Parisienne, Roméo et Juliette*, le *Christ, Jeanne d'Arc, Ste-Madeleine* (1899) ; trente-neuf médaillons et plaquettes bronze argent et or : *S. A. la princesse Radziwill, Gœthe* (pour le 150e anniversaire de la naissance du grand poète allemand. Cette plaquette a été très remarquée en Allemagne et en France), *Adam Mickiewicz, Pierre Plauszewski, Dalilah, Regina cœli, Ecce homo*, la *Communion* (1900) ; cette même année, dans la section de sculpture, on vit de lui un *Portrait de Jean Matejko*, peintre de l'histoire polonaise, médaillon bronze, qui fut généralement loué par la critique parisienne.

On doit encore à M. Wincenty Trojanowski un buste du *Derviche de Beloutchistan*, exécuté d'après les études prises pendant un voyage en Orient ; un médaillon de *Kosciuszko*, le héros de la Pologne ; une plaquette pour la commémoration du *Centenaire de la révolution polonaise* provoquée par Kosciuszko, une grande *Urne* en bronze destinée à contenir le cœur du même personnage pour le musée national polonais à Rapperswyl (Suisse) ; un médaillon représentant *Chopin*, dont l'auteur a fait don à la Ville de Paris pour une plaque commémorative, en souvenir du grand musicien, sur la place Vendôme ; un médaillon de *Kossuth*, le héros hongrois ; une médaille pour le 5e centenaire de la *Fondation de l'Université de Cracovie*, offerte par l'Université de Cracovie à l'empereur François-Joseph d'Autriche et au pape Léon XIII ; un petit buste de *Wagner* ; plusieurs *Vases en argent* ; un grand médaillon pour le tombeau du Dr *Jasiewicz*, etc.

On cite encore de M. Trojanowski : une statue : « *Pax* » ; une *Statue d'enfant*, une plaquette de *Notre-Dame des Colonies*, une autre : *Notre-Dame de France*, un *Christ mourant*, buste-médaillon pour le tombeau du Dr *Szwykowski*, etc., œuvres non exposées.

Nombre de médaillons et plaquettes bronze, or et argent, dûs à cet artiste, ont été envoyés à l'Exposition universelle de 1900, où ils ont été l'objet d'une vive attention du public et des éloges de la critique.

BROCHIN (Albert)

MÉDECIN, né à Paris le 13 novembre 1845. Fils du distingué docteur Brochin, qui fut rédacteur en chef de la *Gazette des Hôpitaux* et médecin-consultant au Mont-Dore, il fit à Paris ses études classiques et médicales, devint premier assistant du professeur Péan et suivit celui-ci jusqu'à sa mort, en le secondant dans toutes les opérations importantes.

En 1870-1871, il avait pris du service, comme médecin-aide-major de 2e classe, dans les ambulances volantes dirigées par le baron Larey ; il faillit être fusillé pendant la Commune.

Reçu docteur, en 1873, avec une thèse remarquée sur l'*Historique des hydropisies et la trépanation de l'apophyse mastoïde*, il a été successivement nommé, depuis cette époque, médecin à l'hospice Greffulhe, médecin inspecteur du personnel de l'enseignement primaire du département de la Seine, médecin de la maison mère des sœurs de St-Vincent-de-Paul, chirurgien en chef de l'hôpital Péan, etc.

On doit au Dr Brochin une collaboration constante,

depuis 1870, et souvent anonyme, à la *Gazette des Hôpitaux* ; diverses communications à la Société de Médecine pratique, sur la tuberculose, l'anesthésie et certains cas chirurgicaux ; des articles scientifiques parus dans le *Dictionnaire Larousse*, notamment l'*Histoire de Péan*, et plusieurs communications dans la presse médicale.

M. le Dr Brochin a obtenu une médaille de bronze de l'Assistance publique en 1891. Il est officier d'Académie (1885), chevalier de la Légion d'honneur (1894), et décoré des ordres d'Isabelle la Catholique et de Saint-Grégoire.

WAHLBERG
(Hermann-Alfred-Léonard)

Peintre, né à Stockholm, le 13 février 1834. D'abord fixé à Düsseldorf, il y étudia la peinture seul et sans y suivre aucun cours.

Venu, en 1866, à Paris, qu'il n'a plus quitté depuis, M. Wahlberg envoya, en 1867, à l'Exposition universelle, un *Paysage*, qui fut très remarqué ; puis il continua d'exposer aux Salons annuels nombre de toiles qui l'ont classé définitivement parmi les meilleurs paysagistes de notre époque. Citons notamment : *Vue prise sur les côtes de Bohuslan* ; *Vue prise à Fjellbacka* (1868) ; *Paysage aux environs de Paris* (1869) ; *Souvenir de Suède* ; *Effet de lune* ; *Vue prise en Sudermanie, Suède* (1870) ; *Vue prise sur les côtes de Bretagne* (1872) ; le *Port de Waxholm* ; *Un jour d'octobre* (1873) ; *Bois de hêtres à Durchaven* ; *Port de pêcheurs à Waxholm* (1874) ; *Nuit d'août à Winga* ; *Bouleaux aux environs de Stockholm* (1875) ; *Nuit d'Eté en Suède* ; *Paysage Suédois* ; *Clair de lune à Waxholm* ; *Paysage à Beaulieu près Nice* ; *Intérieur de forêt* ; *Marine* ; *Guetharie* (golfe de Gascogne), à l'Exposition universelle de 1878 ; *Soir à l'île de Waderon* (1880) ; le *Soir aux environs de Stockholm* (1881) ; *Forêt de Sarö près de Gothembourg* (1882) ; la *Cascade de Husquarna* (1884) ; *Septembre* (1885) ; *Nuit d'octobre en Suède* ; *Stockholm un jour de janvier* (1888).

M. Wahlberg fut l'un des fondateurs de la Société nationale des Beaux-Arts et il a envoyé aux expositions de ce groupement artistique les toiles suivantes : *Soleil couchant à Bahuslan (Suède)* ; *Soir d'octobre à Gasny* (Eure) ; *Effet de lune à Fellbacka* (Suède) ; *Sous bois* (Eure) ; *Janvier à St-Raphael* ; *Bord de l'Oise* (1893) ; *Matin au bord du lac* ; *Clair de lune au lac de Venern* ; *Soir à l'île de Vaderon* ; un *Paysage*, vues de Suède ; *Matinée dans la forêt* (Eure) ; *Orage dans les plaines d'Anvers* ; *Fin d'octobre à Anvers-sur-Oise* ; *Etude de Vache* (1894) ; *Gullmarsfjord (clair de lune)* ; *Partie de Stockholm* (1895).

A l'Exposition universelle de 1900, cet artiste a envoyé le *Bord de l'Oise*, un *Clair de lune à Ronneby* (Suède) et une *Marine à St-Guénolé* (Finistère).

Plusieurs œuvres de M. Wahlberg ornent les musées de France et de l'étranger ; un *Paysage* est au Luxembourg à Paris ; un *Clair de lune*, au musée de St-Etienne ; le *Jour d'Octobre* à New-York ; un *Bois de Hêtres* et un *Mois de Mai* au musée de Gotembourg ; plusieurs *Paysages* à Stockholm, etc.

L'œuvre de cet excellent peintre, que Paul de St-Victor appela « l'Hobbema de la Suède, » a été l'objet d'études nombreuses des maîtres de la critique : Théophile Gautier, Albert Wolf, Charles Blanc, et d'autres se sont plu à rendre hommage à son talent. On ne peut que louer, en effet cet art consciencieux et sobre, où le plus grand effet est obtenu avec, semble-t-il, la plus extrême simplicité de procédé. Voyant très juste, M. Wahlberg traduit la nature spontanément et exactement, fondant en une parfaite harmonie la couleur avec l'effet, tout en illuminant ses toiles d'un exquis sentiment poétique.

Médaillé de 3e classe en 1870, de 2e en 1872 et de 1re à l'Exposition universelle de 1878, l'éminent artiste est décoré de plusieurs ordres étrangers et officier de la Légion d'honneur depuis 1878. Il est membre de l'Académie des Beaux-Arts de Stockholm.

FRANCE (Camille-Louis-Arthur Vicomte de)

Général, né à Ballan (Indre-et-Loire) le 10 août 1833. Issu d'une famille originaire de l'Artois, il entra, à 18 ans, à St-Cyr et en sortit en 1853. Sous-lieutenant au 23e d'infanterie, il fut admis à l'Ecole d'application d'Etat-Major. Promu lieutenant dans le corps d'état-major en 1855, il fit un stage de deux ans en Algérie, au 54e régiment d'infanterie ; au cours de l'expédition de la Grande Kabylie, en 1857, il se distingua, avec son régiment, au combat de Icheriden, fut blessé à la joue droite, cité à l'ordre du jour et fait, peu de jours après, chevalier de la Légion d'honneur.

Rentré en France, M. de France fut nommé, la même année, capitaine d'état-major, étant stagiaire au 2e carabiniers. Attaché, au moment de la campagne d'Italie, à l'état-major de la division de cavalerie du 1er corps d'armée, sous les ordres du maréchal Baraguay d'Illiers, il prit part aux combats de Montebello, de Melegnano et à la bataille de Solférino.

Aide de camp du général de Salignac-Fénelon de 1859 à 1866, il fut ensuite attaché à l'état-major de la place de Paris et, en 1869, à celui du 1ᵉʳ corps d'armée, sous les ordres du maréchal Canrobert. En 1870, il était à Metz, au grand quartier général de l'armée et assista à toutes les opérations qui eurent lieu sous la ville assiégée : Borny, Rezonville, Servigny. Promu, le 5 septembre 1870, officier de la Légion d'honneur, il fut compris dans la capitulation de Metz et interné à Hambourg.

Chef d'escadron en 1871 et appelé, peu de temps après, à l'état-major général du ministre de la Guerre, il s'occupa surtout du service des étapes et des chemins de fer, en qualité de secrétaire de la Commission supérieure des chemins de fer, et fut chargé d'une mission spéciale en Autriche-Hongrie pour étudier l'organisation et le fonctionnement de ce service.

Lieutenant-colonel en 1875, il devint chef du 4ᵉ bureau et, en 1879, fut promu colonel. A la suppression du corps d'état-major, il fut classé dans l'artillerie et appelé aux importantes fonctions de sous-chef d'état-major à l'état-major général.

Désigné, en 1883, comme chef d'état-major du 1ᵉʳ corps d'armée, dont le chef-lieu est à Lille, M. de France fut nommé général de brigade l'année suivante ; il ne quitta cette ville qu'en 1889, pour aller prendre le commandement de la 4ᵉ division d'infanterie à Compiègne, où il retrouva le 54ᵐᵉ, témoin de ses premiers faits d'armes. En 1893, il revint à Lille, pour y prendre la succession, comme commandant du 1ᵉʳ corps d'armée, du général Loizillon, devenu ministre de la Guerre.

Nommé, tout en conservant son commandement, président du Comité technique d'état-major en 1894 et membre du Conseil supérieur de la guerre en 1896, le général de France, dirigea, en 1897, les grandes manœuvres d'armée qui eurent lieu entre Arras et St-Quentin ; à la revue finale, passée par M. Félix Faure, président de la République, en présence du roi de Siam, il reçut le grand cordon de l'ordre du Siam.

En 1898, il était nommé inspecteur d'armée et désigné pour le commandement éventuel d'une armée ; puis, au mois d'août, il passait au cadre de réserve.

Maire de la commune de Croutoy (Oise), depuis 1899, M. le général de France s'est occupé aussi de politique. Il fut candidat conservateur dans le Pas-de-Calais aux élections sénatoriales de janvier 1900 et obtint, sans être élu, une importante minorité. Il est membre de la « Ligue de la Patrie française ».

Grand-officier de la Légion d'honneur depuis 1895, il est en outre officier de l'Instruction publique, titulaire de la médaille de Valeur militaire de Sardaigne, commandeur de l'ordre de Léopold d'Autriche, grand officier du Nicham-Iftikar de Tunis, etc.

RENOIR (Pierre-Auguste)

Peintre, né à Limoges (Haute-Vienne) le 25 février 1841. Venu à Paris de bonne heure, pour faire de la peinture céramique, il entra en 1859 à l'Ecole des Beaux-Arts, dans l'atelier de Gleyre, où, avec Monet, Bazille, Sisley, etc., se formait déjà le petit cercle de peintres à tendances nouvelles d'où devait sortir l' « impressionnisme ».

En 1874, M. Renoir participa, avec les peintres Claude Monet, Degas, Pissaro, Sisley et autres, à la première exposition de tableaux tentée à Paris en dehors des salons officiels. L'année suivante eut lieu, à la salle des ventes, l'adjudication de toiles impressionnistes, parmi lesquelles une de M. Renoir qui, depuis, a valu plus de 50,000 francs, se vendit cent francs.

Parlant de l'œuvre de cet artiste, M. Arsène Alexandre s'est étonné à juste titre de ce que « Vapereau se tait et Larousse demeure sans trompette sur ce peintre qui est la joie, la jeunesse et la grâce ». La peinture de M. Renoir s'imposait pourtant à l'attention de la critique, ne fût-ce que par son originalité et quelle que soit d'ailleurs la valeur artistique accordée au genre impressionniste, dont il est l'un des maîtres incontestés.

Refusé au salon de 1863, avec Claude Monet et d'autres artistes, M. Renoir exposa plus tard : *Esmeralda* (1864) ; *Soirée d'Eté* (1865) ; *Lise*, portrait de femme très remarqué (1868) ; *En Eté* (1869) ; *Baigneuse* (1870) ; *Le café* (1878) ; *Jeanne Samary*, pastel (1879) ; *Pêcheuse de moules à Berneval* (1880) ; des *Portraits* (1881 et 1882).

Parmi les tableaux de cet artiste qui ne figurèrent pas aux salons officiels, il faut mentionner les toiles suivantes, exposées pour la plupart en 1892, 1896 et 1899, à la galerie Durand-Ruel à Paris : *Amazone galopant dans un parc*, à M. Henri Rouart ; la *Dame en Bleu*, au même ; le *Moulin de la Galette*, à M. Caillebotte, qui en a fait don au Musée du Luxembourg; la *Balançoire*, au même ; la *Dormeuse* ; *Portrait des enfants de M. Bérard* ; les *Baigneuses*, la *Femme à la* vache, collection Jacques Blanche ; *Portrait de Claude Monet lisant* ; le *Pont de Chatou* ; le *Repas à Bougival* ; la *Terrasse* ; la *Danse*, deux panneaux ; la *Jeune mère* ; *Portraits de Mme Charpentier et de ses enfants*, de Wagner ; le *Bouquet*, à M. Robert de Bonnières ; *Au piano*, qui figure actuellement au musée du Luxembourg ; la *Source*, à M. Gallimard ; l'*Enfant aux joujoux*, à Mlle Daudet ; *Portrait de Mme et Mlle Manet* ; la *Forêt de Marly* ; la *Marchande de pommes* ; la *Femme à l'éventail* ; *Après le bain* ; la *Toilette* ; les *Canotiers à Bougival* ; *Espagnole jouant de la guitare* ; *Baigneuse*, etc.

A cette œuvre très considérable, il faut ajouter de nombreux dessins, sanguines et pastels qui achèvent de classer M. Auguste Renoir parmi les artistes de ce temps les plus intéressants, tant pour la diversité que pour la facture personnelle de sa production.

ROUX (Emile)

Compositeur de musique et pianiste, né à Paris le 7 août 1868. Ses études classiques faites au lycée Charlemagne, il entra, en 1886, au Conservatoire, où il eut pour professeurs successifs de piano MM. Marmontel, Diemer et de Bériot. Il quitta la classe de ce dernier avec un accessit de piano, afin de pouvoir se consacrer entièrement à l'étude de la fugue et de la composition. En 1889, il obtenait le premier prix d'harmonie et, en 1894, le premier prix de fugue, dans les classes de MM. Th. Dubois et Ernest Guiraud.

Pianiste très estimé et applaudi à Paris et en province, dans de nombreux concerts et soirées comme soliste, et dans de nombreuses séances de musique de chambre, M. Emile Roux est aussi un professeur et un compositeur très apprécié.

Il a produit plusieurs ouvrages dont la plupart ont été maintes fois exécutés avec un succès notable. On cite, parmi ses mélodies pour piano et chant : *Amour, Consolation, Clair de lune, Elégie, Silence*, le *May de M'amy*, le *Rendez-vous, Sylvie*, etc. ; parmi ses morceaux de piano : *Minnetto, Scherzino*, les *Phalènes, Historiette polonaise héroïque, Prélude, Tarentelle, Intermezzo*, une *Fileuse, Petite fugue*, la *Toupie, Air de ballet, Valse lente* ; morceaux pour piano et violon : *Rêverie, Sicilienne, Romance, Berceuse* ; pour piano, violon et violoncelle, plusieurs chœurs : l'*Oiseau-mouche*, pour voix de femmes ; *Hymne marin*, pour voix d'hommes et de femmes ; quelques motets : *Ave Maria, Ave verum, O salutaris, Agnus Dei*, *Benedictus* (ces deux derniers à quatre voix) ; une scène lyrique pour baryton et orchestre : *Atala*, poème de M. Léon Advier ; des adaptations musicales : *Conte de printemps*, poème d'Eugène Gauley ; *En suivant la farandole*, fantaisie poétique de Caldine : *Booz endormi*, sur le poème de Victor Hugo, etc. On annonce enfin de M. Emile Roux, un opéra-comique en un acte : l'*Amoureux de Ninon*, livret de M. Charles Lancelin.

HÉNAFFE (Jules-Léon-Alexandre)

Graveur, Conseiller municipal de Paris, né dans cette ville le 2 octobre 1857. Fils d'industriel, il accomplit ses études à l'Ecole de Commerce et apprit ensuite la gravure avec M. Chapelle, auquel il succéda.

Mêlé de bonne heure aux luttes politiques, M. Hénaffe faisait partie, dès 1885, du Comité départemental de la Seine ; en 1889, il défendit, dans le xive arrondissement de Paris, la candidature de M. Jacques aux élections législatives. Il a occupé, pendant douze ans, les fonctions de trésorier du Cercle républicain du xive arrondissement et a été président du comité républicain socialiste, qui fit élire député M. le Dr Dubois, au mois de mai 1898. Puis, candidat lui-même au siège rendu vacant par cette élection, M. Hénaffe remplaça M. le Dr Dubois, comme conseiller municipal du quartier de la Seine, en octobre 1898, élu par 714 voix, contre 460 à son concurrent, avocat à la Cour d'appel ; en 1900, il fut réélu, au 2e tour, par 1,030 voix, contre 737 à M. Le Cointe, nationaliste.

Inscrit au groupe socialiste de l'Hôtel-de-Ville, il a fait partie de la 1re commission du Conseil municipal, qui s'occupe des finances, du contentieux, des moyens de transport en commun, etc. Il n'a cessé de réclamer l'amélioration des moyens de transport pour le quartier qu'il représente et a obtenu le dédoublement de la ligne d'omnibus de la place St-Jacques à Montmartre, la création de nouvelles lignes de tramways, etc. Il a proposé et fait voter l'application de la journée de huit heures pour les ouvriers des carrières de la ville de Paris.

Auteur d'une proposition tendant à la création d'un cours d'enseignement colonial dans les écoles supérieures de la ville de Paris, il proposa aussi de demander aux pouvoirs publics l'autorisation d'émettre une loterie de 15 millions de francs pour l'établissement, dans chaque mairie de Paris, d'une caisse pour les vieillards. Cette institution permettrait de distribuer une somme de 20 francs par mois à tous les indigents de 70 à 75 ans et de 30 francs à ceux d'un âge plus avancé. L'honorable conseiller a été choisi, par ses collègues du Conseil général, comme secrétaire de l'assemblée départementale de la Seine.

Ancien professeur de gravure à l'Ecole Estienne, M. Hénaffe est officier d'Académie depuis 1900.

CHEREMETEW
(Wassily-Wassilievitch-Basile de)

Peintre, né à Moscou le 20 novembre 1830, demeurant en France. Ses études faites à l'Université de sa ville natale, il prit du service dans l'armée russe ; il fit notamment la campagne de Crimée, comme officier d'ordonnance du prince Gortschakoff et du général Luders, jusqu'à la fin de la guerre, et plusieurs campagnes au Caucase, auprès du prince Alexandre Bariatinski contre Schamyll, chef des Muirides, qui tint tête à la Russie pendant 18 ans et fut définitivement capturé par le prince Bariatinski.

Après avoir été, à Saint-Pétersbourg, élève de Swertchkoff, l'animalier bien connu, M. Basile de Cheremetew vint à Paris, dès 1859, et suivit les cours de Couture et de Boulanger. Il débuta au Salon de 1861 avec une toile intitulée : *Lesguinka, danse cosaque de la ligne*. Aux Salons des années suivantes, on remarqua successivement : *Alerte de cosaques aux avant-postes* (appartient au prince d'Anhalt) ; *Retour au village* ; *Hersage en Russie* ; *Maquignons Russes* ; les *Barques*, scène de halage, etc.

Aux expositions du Cercle de l'Union artistique, dont il est l'un des fondateurs, il n'a cessé de figurer pendant 33 ans consécutivement, ainsi qu'à celles organisées par le groupe des Indépendants.

Dans ces diverses expositions, on a vu de lui des études de chevaux et des scènes de la vie russe, parmi lesquelles on cite notamment : un *Hersage en Russie*, le *Cosaque porteur de dépêches*, *Retour de la chasse à l'ours*, *Une bonne place*, *Etude de neige*, *Une rue de village*, *Un coup de vent* et *Halte de chasse*, tableaux de chevaux ; quelques toiles d'un caractère historique, telle celle représentant Napoléon près de Smolensk : la *Retraite commencée*, œuvre d'une savante composition.

On mentionne encore, de M. de Cheremetew, avec de tout particuliers éloges : un *Saint-Nicolas*, qui est à l'Eglise St-Nicolas de Boukara ; la *Fuite en Egypte* et les *Disciples d'Emmaüs*, à l'église russe de la rue Daru, à Paris ; un *St-Nicolas* et un *St-Jean*, à l'église des Roumains de Paris ; *Jésus et la Samaritaine*, une *Fuite en Egypte*, les *Adieux de St-Paul aux Ephésiens*, à l'église de l'ambassade russe à Londres ; *Swiatopolk le maudit*, le *Cortège du Tsar sur le perron doré à Moscou* et la *Cour des Ambassadeurs* (XVIe siècle), à l'Académie des Beaux-Arts de St-Pétersbourg (une réduction du *Cortège du Tsar au XVIe siècle* appartient au roi Carol de Roumanie) ; le *Ministère des Affaires étrangères (Prikas)* et une autre *Cour des Ambassadeurs*, deux tableaux représentant des scènes du XVIe siècle, qui occupent tout le mur d'entrée des Archives de Moscou, etc.

Membre de l'Académie des Beaux-Arts de Saint-Pétersbourg et conseiller d'Etat actuel de Russie, cet excellent artiste est chevalier de la Légion d'honneur, officier de l'Instruction publique, commandeur des ordres de St-Anne, de St-Stanislas de Russie, grand-officier de l'ordre de la Couronne de Roumanie, etc.

AUGUEZ (Numa)

Artiste lyrique, professeur de chant, né à Saleux (Somme) le 31 janvier 1847. Doué de fort belles dispositions vocales, il vint, en 1865, à Paris, où il fut d'abord employé de commerce, tout en suivant cependant, le soir, les cours de chant de la ville. Son organe ayant été bientôt remarqué, il chanta dans diverses églises, notamment à Ste-Geneviève (aujourd'hui Panthéon) et entra, en 1867, au Conservatoire, où il reçut plusieurs récompenses.

Pendant la guerre de 1870-71, M. Auguez fit son service au 1er bataillon des mobiles de la Seine, dans une compagnie d'éclaireurs et se comporta si vaillamment qu'il obtint la médaille militaire.

Engagé à l'Opéra en 1873, il parut avec succès dans les principaux rôles de baryton du répertoire, y créa brillamment, entr'autres, le rôle de Néarque dans *Polyeucte* de Gounod (1877) et resta jusqu'en 1882 pensionnaire de l'Académie nationale de musique.

En 1883, M. Auguez avait fait une saison d'opéra italien à Rome et, l'année suivante, à Anvers. Il a créé, dans un très remarquable style, *Pietro Zalamea*, dans l'opéra de ce nom de Benjamin Godard.

De retour à Paris, l'excellent artiste créa, pour la première fois à Paris, le rôle du Héraut dans *Lohengrin*, l'opéra de Wagner, monté à l'Eden-Théâtre par Lamoureux (1885). Il y trouva l'occasion de vifs applaudissements, malheureusement interrompus par les manifestations d'un chauvinisme exagéré qui firent arrêter les représentations de ce chef-d'œuvre.

Depuis cette époque, M. Auguez s'est fait entendre dans les principaux concerts de France et de l'étranger. Il a prêté son concours à la Société des concerts du Conservatoire, aux concerts Lamoureux, Colonne, d'Harcourt et à de nombreuses auditions organisées en France, en Belgique, en Hollande, en Suisse, etc. Il est très recherché pour ses brillantes interprétations des morceaux de musique ancienne, où son souple talent est mis en valeur autant qu'il le fut par ses créations dans les œuvres modernes.

M. Auguez a été nommé professeur de chant au Conservatoire de Paris en 1899. Depuis 1896, il était déjà membre de la commission d'examen des classes de chant. Il est officier de l'Instruction publique.

Mme AUGUEZ
(née Berthe de MONTALANT)

ARTISTE lyrique, né à Baltimore (États-Unis) le 4 décembre 1865, de parents français. Venue toute jeune à Paris et se destinant à la carrière lyrique, elle prit ses premières leçons avec Chevé, l'inventeur de la musique chiffrée.

Élève du Conservatoire de Bordeaux, Mlle de Montalant y obtint le premier prix de chant en 1885. De retour à Paris, elle fut engagée par M. Lamoureux, pour chanter les soli dans les chœurs d'Athalie, à l'Odéon. L'interprétation de ce morceau fut pour la jeune artiste un succès véritable et lui valut d'être engagée aux Concerts classiques du cirque d'Été. Elle parut aussi brillamment dans la *Lutèce*, d'Augusta Holmès.

Engagée ensuite par M. Colonne, pour ses concerts du Châtelet, elle se distingua surtout dans les œuvres de Berlioz : l'*Enfance du Christ*, *Roméo et Juliette*, la *Damnation de Faust*. En 1900, elle accompagna la tournée Colonne à St-Pétersbourg et à Moscou.

Seule, ou avec M. Auguez, qu'elle a épousé en 1892, Mme Auguez de Montalant s'est fait entendre dans de nombreux concerts en France et à l'étranger et dans la plupart des fêtes mondaines ou de bienfaisance. En 1899, elle a tenu de la plus brillante façon le rôle de *Fidelio*, dans l'opéra de ce nom, à l'Opéra-Comique, remplaçant Mme Caron.

Mme Auguez est officier d'Académie depuis 1896.

DEVÈZE Marius)

DÉPUTÉ, né à Alais (Gard) le 21 mai 1863. Fils d'ouvriers très pauvres, il fut élève du petit séminaire de Beaucaire et contracta ensuite, au 122e régiment d'infanterie, un engagement volontaire de cinq ans. Pendant cette période, il passa l'examen du baccalauréat, qu'il avait préparé seul, et, une fois libéré du service militaire, suivit les cours de la Faculté des Lettres de Montpellier, où il fut reçu licencié de philosophie.

A cette même époque, M. Marius Devèze fondait, au chef-lieu du département de l'Hérault, l'Association des Étudiants socialistes et, avec M. Bénézech, élu député en 1898, il organisa la Bourse du Travail et le groupe des ouvriers socialistes dont il dirigea le journal : le *Quatrième Etat*.

Entre temps, il collaborait au *Petit Méridional*, où il a publié de nombreux articles littéraires ; mais ses idées révolutionnaires, qu'il ne cessa d'affirmer hautement, l'obligèrent de quitter Montpellier en 1894. Il se rendit alors à Marseille, où il donna des leçons comme professeur libre et fit des cours de sociologie, sous les auspices de la municipalité.

Candidat aux élections législatives du 20 août 1893, dans la première circonscription d'Alais, contre M. Desmons, qui fut élu par 7,400 voix, M. Marius Devèze se présenta de nouveau, le 4 mars 1894, dans la même circonscription, en remplacement de son ancien concurrent, devenu sénateur du Gard. Il obtint 3,592 voix contre, 4,896 à M. Gaussorgues et 4,924 à l'élu, M. Malzac. Aux élections générales législatives de 1898, il fut nommé député de cette circonscription, par 8,281 voix, contre 6,979 à M. Edouard Gaussorgues, ancien député radical, au 2e tour de scrutin.

Socialiste indépendant, M. Marius Devèze se déclare « partisan des théories révolutionnaires les plus avancées ». Il a soutenu ses idées, avec talent, dans un grand nombre de centres ouvriers, où il s'est rendu quand des grèves s'y produisaient : il a pris part, à la Chambre, à plusieurs discussions sur des sujets agricoles, d'enseignement, etc. Il est secrétaire du groupe socialiste.

Au renouvellement général des conseils municipaux du 6 mai 1900, le député du Gard présenta, à Alais, une liste de concentration socialiste et radicale-socialiste qui, dès le premier tour, battit celle de M. de Ramel, député royaliste, maire sortant, et deux autres listes républicaines.

BARTHOU (Jean-Louis)

Député, ancien ministre, né à Oloron-Sainte-Marie (Basses-Pyrénées) le 25 août 1862. Il vint faire ses études de droit à Paris, fut reçu licencié en 1883 et docteur en 1885. Inscrit au barreau de Paris, il fut secrétaire de la conférence des avocats en 1886 et 1887 et se distingua au Palais par la facilité de sa parole.

En même temps, M. Barthou était rédacteur en chef de l'*Indépendance des Basses-Pyrénées*, organe républicain de son département d'origine. Il a collaboré aussi à la *Petite Gironde*, de Bordeaux, au *Soir* et au *Matin*, de Paris. Il appartient à l'Association des Journalistes républicains.

Nommé conseiller municipal d'Oloron dès qu'il eut l'âge d'exercer ce mandat, il fut, à 27 ans, élu député de l'arrondissement, aux élections générales de 1889, comme candidat républicain progressiste, et par 7,035 voix, contre 6,695 données à M. Lacaze fils, conservateur boulangiste. Il a été réélu, au renouvellement législatif de 1893, par 10,121 suffrages ; à celui de 1898, par 11,645 voix, les deux fois sans concurrent.

Dans la législature de 1889-1893, le jeune député fut membre de la Commission d'enquête sur l'affaire de Panama, rapporteur de la proposition de loi tendant à modifier l'article 11 de la loi du 22 juin 1833 sur l'élection des conseils d'arrondissement, de la loi Bérenger et de nombreuses autres propositions.

Dans la législature suivante, M. Barthou, dont l'influence et l'autorité s'étaient accentuées, prit, dans les délibérations de la Chambre, une part active et prépondérante. En 1894, il eut un duel avec son collègue, M. Jaurès, à la suite d'un incident de tribune.

Appelé, le 31 mai 1894, au ministère des Travaux publics, dans le 2ᵉ cabinet Dupuy, il établit, après la catastrophe d'Apilly, une réglementation sévère destinée à prévenir les accidents de chemins de fer et il prit une attitude très autoritaire lors de la grève de Graissesac.

M. Barthou démissionna le 13 janvier 1895, quelques jours avant la chute du ministère tout entier, à la suite de l'annulation par le Conseil d'Etat de la décision ministérielle du 15 juin 1894, fixant le terme de la garantie d'intérêt due par l'Etat aux compagnies des Chemins de fer du Midi et d'Orléans.

Le député des Basses-Pyrénées, qui avait été l'un des parlementaires les plus hostiles au cabinet Bourgeois, obtint, à la chute de celui-ci, le ministère de l'Intérieur dans le cabinet Méline, formé le 29 avril 1896.

Fréquemment appelé à la tribune des deux Chambres, soit pour répondre aux nombreuses interpellations adressées à sa gestion ministérielle, soit pour défendre la politique générale intérieure du cabinet, M. Barthou seconda activement le système de concentration à droite adopté par le cabinet et essaya de faire triompher, aux élections générales législatives de 1898, cette politique, en prêtant l'appui du gouvernement aux candidats ralliés et modérés, contre les républicains militants. Mis en minorité peu après la réunion de la nouvelle Chambre, le ministère Méline démissionna le 14 juin 1898.

M. Barthou a été président du groupe des républicains progressistes de la Chambre jusqu'en 1899 ; à cette époque, il abandonna cette présidence, ne se trouvant plus d'accord avec tous ses collègues, au sujet de l'affaire Dreyfus.

BÉRAUD (Jean)

Peintre, né à St-Pétersbourg le 31 décembre 1849. Fils d'un sculpteur français, il fit ses études au lycée Bonaparte, puis étudia le droit à la Faculté de Paris et prit la licence en 1870. Enrôlé, durant la guerre, dans les mobiles de la Seine, il s'adonna ensuite à la peinture et, pendant deux années, fut l'élève de M. Bonnat.

Le nom de M. Jean Béraud a été rapidement connu du public et la foule, depuis longtemps, se presse, chaque année, devant les toiles qu'il envoie aux Salons. La vogue de ses productions est due surtout au symbolisme sensationnel de ses tableaux ou à leur composition, faite pour exciter la curiosité. La valeur de la peinture, elle, n'est pas sans reproches : en effet, si un hommage est dû au talent de coloriste de cet artiste, s'il possède merveilleusement l'art d'habiller ses personnages, il n'a malheureusement pas le don de les rendre « vivants ; » ses silhouettes sont trop sèches ; seuls les vêtements qui les couvrent ont quelque mouvement.

En 1874, cet artiste avait envoyé au Salon un *Portrait* ; en 1875, une *Léda*. En 1876, il commença la série de ses envois sensationnels avec le *Retour de l'enterrement* ; puis vinrent : *Le Dimanche près de St-Philippe-du-Roule* (1877) ; *Une Soirée* ; *Coquelin Cadet dans le rôle de « Matamore »* (1878) ; *Condoléances* ; les *Halles* (1879) ; le *Bal public* (1880) ; *Montmartre* (1881) ; l'*Intermède* ; le *Vertige* (1882) ; *Sortie de l'Opéra* (1883) ; *A la salle Graffart*, scène d'une réunion publique populaire (1884) ; les *Fous*

(1885) ; la *Salle des Filles au Dépôt* (1886) ; *Au Palais* ; le *Cantique* (1887) ; le *Journal des Débats*, collection de portraits des rédacteurs (1889).

L'un des fondateurs de la Société des Artistes français, M. Jean Béraud envoya dès ce moment ses œuvres à cette exposition, où l'on a vu de lui : en 1890, quatre toiles, notamment : *Monte-Carlo*, « Rien ne va plus » et l'*Arlequine* ; en 1891, cinq tableaux, entre autres : *A la Chartreuse*, *Au Café-Concert* et la *Madeleine chez le Pharisien* : ce dernier représentant, avec un texte évangélique pour légende, une femme en toilette moderne aux pieds du Christ, auréolé et drapé à l'antique, au milieu de figures connues de personnalités parisiennes, de costumes et d'accessoires d'actualité ; en 1892, la *Descente de Croix*, *Pendant « l'Angelus » à Zermatt*, *Portrait de M. B.* ; en 1894, *Chemin de Croix*, *Méditation*, *Au fil de l'eau*, les *Deux Muses* (portrait de M. Armand Silvestre) et trois *Portraits* ; en 1896, six *Portraits*, un *Christ couronné d'épines* et la *Poussée*, toile qui eut un grand succès de curiosité et dans laquelle l'artiste cherchait à synthétiser l'esprit social actuel en montrant une luxueuse fête brusquement interrompue par l'arrivée hurlante de l'insurrection ; en 1899, deux *Portraits*, deux *Etudes*, le *Cours de Comédie au Conservatoire*, la *Porte Saint-Denis*, le *Conservatoire*, etc.

M. Jean Béraud a obtenu une médaille de 3ᵉ classe en 1882, une de 2ᵉ classe en 1883 et une médaille d'or à l'Exposition universelle de 1889. Membre du jury à l'Exposition de 1900, secrétaire de la Société nationale des Beaux-Arts, il a été fait chevalier de la Légion d'honneur en 1887 et promu officier en 1895.

ASTIER (Placide-Alexandre)

Député, né à Aubignas (Ardèche) le 23 février 1856. Fils de cultivateurs, il fut élevé à l'école primaire de son village. Plus tard, il suivit les cours de l'Ecole supérieure de Pharmacie de Paris et devint, au concours, interne des hôpitaux, en 1879 ; puis, en 1882, il obtint son diplôme.

Etabli pharmacien à Paris, les produits de son officine obtinrent à l'Exposition de Bruxelles, en 1897, la médaille d'or. L'un d'eux surtout, la « Kola Astier » a acquis une réputation universelle. Hors concours, M. Astier a été nommé membre du jury des récompenses à l'Exposition universelle de 1900.

Tout jeune, M. Astier s'occupa des questions politiques : dans l'Ardèche, après une campagne républicaine très active, où il se plaça sur le terrain des réformes sociales, il fut désigné, en 1885, par le congrès du Teil, comme candidat aux élections législatives, sur la liste radicale. Candidat de nouveau, en 1893, dans le xvɪᵉ arrondissement de Paris, il obtint 3,467 voix, contre M. Marmottan, député sortant, réélu avec 4,481 suffrages.

En 1896, M. Astier fut nommé conseiller municipal du quartier de Chaillot à Paris, par 1,413 voix, après une lutte des plus vives. A l'Hôtel-de-Ville, il vota avec la majorité républicaine ; chargé, dès 1896, du rapport général sur les recettes d'octroi, il fit voter par le conseil une protestation contre le projet Bardoux, point de départ d'une campagne qui fit échouer cette proposition à la Chambre. Il s'occupa activement de tout ce qui touche aux recettes d'octroi et eut à rédiger de nombreux rapports sur ces questions ; celui sur les bières est l'un des plus connus. Il prit part aussi aux discussions sur le Métropolitain, l'Assistance publique, la prophylaxie de la tuberculose dans les hôpitaux, dans l'armée, etc. Il fit partie de la Commission du travail, dont il fut secrétaire ; il fit émettre un vœu protestant contre l'exclusion des étudiants étrangers de la Faculté de Médecine de Paris, déposa un rapport, très documenté, sur la question des Universités, où était posé le principe d'une entente très étroite entre l'assemblée communale et le conseil de l'Université de Paris et c'est sur sa proposition que le Conseil institua la Commission de l'Université, dont il était le vice-président. Il fut choisi comme vice-président du Conseil municipal de Paris en 1898.

La même année, au renouvellement général législatif, M. Dindeau, député républicain de la 2ᵉ circonscription de Privas, ne se représentant pas, M. P. Astier posa sa candidature et fut élu, au premier tour de scrutin, le 8 mai 1898, par 8,525 voix, contre 7,252 à trois concurrents républicains : MM. Chalamet, Meunier et Chabert.

A la Chambre, le député de l'Ardèche est inscrit au groupe radical-socialiste et à celui de la gauche démocratique. Membre de la commission de décentralisation administrative, de la commission de la révision de la Constitution et de celle du Commerce et de l'Industrie, il prend, aux travaux parlementaires, une part très active ; il a déposé un projet de loi sur la réforme du service militaire, conçu dans un sens démocratique et pratique, un autre sur l'exercice de la pharmacie et, avec M. Dubois, un troisième sur les conseils de révision ; il vote généralement avec le parti radical.

Directeur-fondateur du *Monde médical*, journal de médecine très répandu, M. P. Astier collabore à la *Grande Revue* et à plusieurs autres journaux.

DANNAT (William)

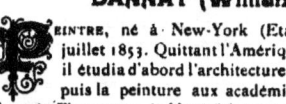eintre, né à New-York (Etats-Unis) le 9 juillet 1853. Quittant l'Amérique à douze ans, il étudia d'abord l'architecture en Allemagne, puis la peinture aux académies des Beaux-Arts de Florence et de Munich (1876 à 1879). Venu, en 1879, à Paris, où il se fixa désormais, il y eut pour maîtres, MM. Carolus Duran et Munckacsy.

M. W. Dannat exposa pour la première fois aux Salons annuels de la Société des Artistes français, en 1882, une toile intitulée : *Après la Messe*. Il a depuis envoyé successivement : *Un Contrebandier aragonais*, qui fut acquis par l'Etat pour le musée de Perpignan et le plaça d'emblée parmi les artistes de valeur (1883) ; *Un Quatuor*, étude de chanteurs espagnols, qui se trouve actuellement au musée de New-York et a inspiré à M. Paul Mantz cette appréciation : « On ne voit pas aujourd'hui beaucoup de peintres aussi habiles que M. Dannat à traduire le feu discret du clair dans l'ombre et à exprimer le glissement silencieux du rayon sur les choses enfermées » (1884) ; *Sacristie en Aragon*, toile qui orne le musée de Chicago, et *Portrait de la mère de l'artiste* (1886) ; *Portrait de M*lle *Eva H.* (1885) ; la *Femme rouge*, œuvre des plus remarquables, acquise par l'Etat et placée au musée du Luxembourg (1889).

L'année suivante, M. Dannat contribuait au succès de la première exposition de la Société nationale des Beaux-Arts, dont il était l'un des fondateurs, avec les portraits de *M*me *C.* et de *M. Theo Child* ; ce dernier est actuellement au musée de New-York (1890) ; puis il envoya : *Un baturro à Saragosse* ; *Espagnoles et Contrebandier*, acquis par le musée de Philadelphie, et *Portrait de M*lle *J.* (1891) ; *Joladres* et portraits de *Maria la Bonita* et de *M*me *W.* (1892) ; *Portrait de M. Bisbing* (1895) ; *Portrait de la belle Otero*, de couleur chaude et chatoyante (1896).

Depuis cette époque, l'excellent artiste n'a plus rien exposé aux Salons annuels. On connaît de lui encore : une *Saducéenne* ; un *Profil blond* et *La Mariposa*, qui figurèrent à l'Exposition universelle de 1889 ; les portraits de la *Princesse de Mecklembourg* et de *Miss Coudert*, à celle de 1900 ; une *Cigarière*, étude placée au musée de Christiania, etc.

Membre et ancien secrétaire du Jury international des récompenses à l'Exposition universelle de 1889, membre et ancien président de la Société des peintres américains de Paris, M. William Dannat a été nommé chevalier de la Légion d'honneur en 1889 et promu officier en 1897.

Il est l'un des membres renommés de la Société « l'Epée de Combat » et du Jury pour les tournois d'escrime et d'épée de combat.

LEFEBVRE (Charles-Edouard)

ompositeur de musique, né le 19 juin 1843 à Paris, où il fit ses études classiques et suivit les cours de la Faculté de Droit jusqu'à la licence. Fils du peintre d'histoire du même nom, il épousa, en 1866, la fille du graveur Oudiné, qu'il perdit trois ans après son mariage.

Entre temps, M. Charles Lefebvre était entré au Conservatoire national de musique, où il fut élève de Gounod et d'Ambroise Thomas.

Lauréat du grand prix de Rome en 1870, avec une cantate : le *Jugement de Dieu*, il ne partit que l'année suivante, retenu à Paris pendant le siège.

De Rome, il envoya : un *Psaume* et des fragments de *Judith*, drame lyrique en 3 actes, dont quelques parties furent d'abord données aux Concerts des envois de Rome et qui fut ensuite intégralement exécuté chez Pasdeloup en 1879. Cet ouvrage a, plus tard, été joué à plusieurs reprises en province et à l'étranger, notamment en Allemagne et en Belgique, et à la Société des Concerts du Conservatoire.

Parmi les principales productions de M. Ch. Lefebvre, il convient de citer : *Ouverture dramatique*, *Dalila*, scènes pour orchestre, d'après Oct. Feuillet ; *Symphonie en ré* ; le *Trésor*, opéra-comique en un acte, poème de François Coppée (Angers 1883, Bruxelles, 1884) ; *Sérénade* pour orchestre ; *Zaïre*, opéra en 4 actes, poème de Paul Collin (Lille, 1887) ; *Eloa*, poème lyrique ; *Melka*, légende fantastique ; *Djelma*, opéra en 3 actes, paroles de Lomon (Académie nationale de musique, 1894) ; *Sainte Cécile*, poème lyrique d'E. Guinand (Concerts de l'Opéra, 1896) ; la *Messe du Fantôme*, pour voix et orchestre, légende de M. Paul Collin (Colonne, 1898), etc.

On doit, en outre, à ce compositeur : des *Quatuors* à cordes ou avec piano ; un *Quintette* ; une *Suite* pour instruments à vent ; une *Sonate* pour violoncelle et piano ; des *Chœurs* pour voix de femme ; divers morceaux de musique instrumentale ; des scènes pour chant et des mélodies bien connues, notamment :

Ici-bas tous les lilas meurent, *Berceuse*, l'*Aurore*, le *Voile*, etc.

Nommé professeur de la classe d'ensemble instrumental au Conservatoire en 1895, en remplacement de Benjamin Godard, M. Charles Lefebvre est officier de l'Instruction publique et chevalier de la Légion d'honneur depuis 1896.

RIANT (René-Antoine-Aimé)

Médecin, philantrope, né à Paris le 20 novembre 1827. Ses études classiques faites au lycée Henri IV, il se fit inscrire à la Faculté de Droit. Après de brillants examens et l'obtention du prix de droit français au concours de la Faculté (1849), il se préparait à l'agrégation, lorsqu'une grave maladie vint interrompre cette carrière ; il se tourna alors vers la médecine et se fit recevoir docteur en 1866, avec une thèse sur les *Difficultés du diagnostic médical*, qui fut très remarquée.

Dirigeant ses recherches vers l'hygiène générale, le D' Riant enseigna et répandit la connaissance et la pratique de cette science, comme professeur libre, puis comme professeur chargé de cours au lycée Charlemagne et à l'École normale de la Seine (1879 à 1889). En 1879, il était nommé membre de la Commission des bâtiments scolaires et du mobilier de classe, au ministère de l'Instruction publique ; de 1879 à 1881, il fut membre des jurys de concours pour la nomination des inspecteurs primaires.

M. le D' Riant a joué un rôle des plus importants dans l'organisation de l'assistance aux blessés militaires. En 1870, au moment de la déclaration de guerre à la Prusse, il alla à Chalon-sur-Saône, en qualité de délégué principal, chargé d'une mission spéciale par la Société française de secours aux blessés militaires. Il organisa et dirigea, avec un énergique dévouement, le service des ambulances et l'hospitalisation de plus de dix mille blessés. En récompense de ces actes, il fut nommé chevalier de la Légion d'honneur le 15 octobre 1871.

Entré, à la même époque, au Conseil supérieur de la Société française de secours aux blessés militaires, il contribua à réorganiser et à réformer cette association si heureusement qu'elle fut admise, en 1884, comme auxiliaire des services militaires en temps de guerre. En 1878, il avait pris une part prépondérante aux travaux du Congrès international sur le service des armées en campagne.

Poursuivant ses efforts en faveur de son œuvre de prédilection, celle des blessés militaires, le D' Riant créa, en 1881, une Commission d'enseignement pour les infirmiers et infirmières. Les cours et conférences auxquels il participa ont fourni un nombreux personnel et valu à la Société de secours de précieuses adhésions. Vice-président de cette société depuis 1881, il a complété son œuvre par l'organisation, à Paris (1899), d'un dispensaire-école de dames infirmières pour le temps de guerre.

Membre, secrétaire-général, puis secrétaire-général honoraire de l'Association générale des Médecins de France ; nommé, par décret, en 1892, membre de la Commission supérieure au ministère de la Guerre pour le fonctionnement et la réglementation des œuvres d'assistance en temps de guerre, le D' Riant, après avoir été rapporteur et vice-président du Congrès international des œuvres d'assistance en 1889, a été élu premier vice-président du Congrès international des œuvres d'assistance en temps de guerre, en 1900. Doyen des vice-présidents de la Société de secours aux blessés, ancien secrétaire de la Société de Médecine légale de France, il est encore membre de la Société protectrice de l'Enfance, de l'Association pour l'avancement des Sciences, de la Société de médecine et d'hygiène professionnelle, de la Société royale de médecine publique de Belgique, etc.

On doit à M. le D' Riant plusieurs ouvrages et d'importants travaux, notamment : une traduction des *Maladies de l'estomac* de W. Brinton, avec une préface du professeur Lasègue (1 vol. 1870) ; les *Ambulances de Chalon-sur-Saône* (1 vol. 1870) ; l'*Hygiène scolaire*, manuel pratique (1 vol. 1873, 8° édit. 1898) ; *l'Hygiène et l'Éducation dans les internats, lycées, collèges* (1 vol. 1878, 2° édit. 1888) ; l'*Hygiène du cabinet de travail* (1 vol. 1881) ; l'*Hygiène des orateurs* (1 vol. 1886) ; *Le surmenage intellectuel et les exercices physiques* (1 vol. 1889) ; *Les irresponsables devant la Justice* (1 vol. 1888) et de nombreux rapports, études, notices, monographies sur l'*Alcool*, le *Tabac*, le *Café*, sur l'*Hôpital de Villepinte pour le traitement des phtysiques*, sur l'*Hygiène dans les Écoles*, le *Dispensaire de la Société française de secours aux blessés*, etc., ainsi que des *Éloges funèbres* très remarquables des docteurs Péan, Ricord, du vicomte de Melun, du général Cambriels, etc.

Titulaire, en 1887, d'une médaille d'or du ministère de l'Intérieur, au titre de vice-président de la Société de secours mutuels du VIII° arrondissement, dont il est devenu président en 1897, le D' Riant est officier de l'Instruction publique ; il a été nommé officier de

BAUDRY d'ASSON
(Léon - Armand - Charles de)

Député, né à Rocheservière (Vendée) le 15 juin 1836. Propriétaire-éleveur dans cette région, il s'est toujours activement occupé des questions hippiques, de vénerie et de sport. Il a possédé, dit-on, la plus belle meute de France.

Elu, en 1871, conseiller général du canton de Chalans, il fut, le 20 février 1876, nommé député de la 2ᵉ circonscription des Sables-d'Olonne, comme royaliste, par 6,240 voix, contre 3,483 à M. Richer. Depuis cette première élection, le mandat de M. de Baudry d'Asson a été renouvelé sans interruption et, pour la dernière fois en 1898, par 8,995 voix, contre 7,127 à M. Douin, républicain.

A la Chambre, le député de la Vendée a longtemps rempli un rôle bruyant, se signalant par la fréquence et la vivacité de ses interruptions. Son attitude lui attira maintes fois les sévérités du règlement et notamment dans la séance, demeurée fameuse à cause de lui, du 10 novembre 1880, où la censure avec exclusion temporaire lui fut appliquée. Malgré cette décision de la Chambre, M. de Baudry d'Asson, le lendemain, s'introduisit dans la salle des séances ; le président Gambetta l'ayant vainement invité à se conformer au règlement, leva la séance, et un piquet de soldats sans armes, commandé par le colonel Riu, fut chargé d'expulser le député récalcitrant. Celui-ci, après un échange de coups avec les militaires, put être saisi par les bras et les jambes et emporté dans une chambre du palais, dite « petit local, » d'où il ne sortit que le lendemain, sur sa promesse de se soumettre enfin à la décision prise contre lui. A la suite de cet incident, M. de Baudry d'Asson intenta des poursuites contre le président de la Chambre et les questeurs ; mais le tribunal se déclara incompétent.

M. de Baudry d'Asson, dans les questions politiques, a toujours voté avec la droite de l'Assemblée. Il a, comme la plupart de ses amis, prêté son concours au mouvement boulangiste et à celui, plus récent, du nationalisme. Il prend part surtout, à la Chambre, aux discussions relatives à des questions rurales, agricoles, d'élevage, etc. Très assagi depuis plusieurs années, ses interruptions et ses manifestations si originales d'autrefois sont devenues plus rares et moins typiques.

Le député de la Vendée est commandeur de St-Grégoire le Grand.

JUIGNÉ (Charles-Etienne-Gustave LECLERC Comte de)

Sénateur, né à Paris le 15 juin 1825. Il fit ses études classiques dans cette ville.

Issu d'une des plus anciennes familles nobles de Bretagne, propriétaire dans cette région de vastes domaines, et notamment du lac de Grandlieu, le comte de Juigné fut élu conseiller général de la Loire-Inférieure, pour le canton de Bourgneuf, dès 1861. Il s'employa activement à favoriser les progrès de l'agriculture dans son département et à y développer le réseau des voies de communication ; il contribua grandement à l'établissement du chemin de fer de la rive gauche de la Loire et fut, sous l'Empire, de l'opposition royaliste. Président de l'assemblée départementale en 1870, il protesta contre la dissolution des conseils généraux par le gouvernement de la Défense Nationale. Depuis, il n'a plus cessé de faire partie du Conseil général de la Loire-Inférieure ; il en est vice-président depuis 1899.

Elu, le 8 février 1871, représentant de la Loire-Inférieure à l'Assemblée Nationale, par 66,254 voix sur 95,897 votants, il se fit inscrire à la réunion des Reservoirs et vota avec la droite contre l'ensemble des lois constitutionnelles.

Candidat monarchiste dans l'arrondissement de Paimbœuf (Loire-Inférieure), aux élections générales du 20 février 1876, et élu par 5,572 voix, contre 3,625 à M. Rousse, il fut, après le 16 Mai, l'un des 158 députés qui approuvèrent la politique du ministère de Broglie. Réélu, le 14 octobre 1877, par 6,180 voix, contre 2,952 à M. Goulliu, il fut encore réélu, le 21 août 1881, par 5,589 voix, contre 4,413 à M. Bosquieu. Au renouvellement du 4 octobre 1885, porté sur la liste conservatrice de la Loire-Inférieure, ce département le renvoya à la Chambre avec 71,184 suffrages sur 121,474 votants ; il fut réélu député de l'arrondissement de Paimbœuf, le 22 août 1889, sans concurrent et, le 20 août 1893, par 5,343 voix, contre 2,961 à M. Charles.

Dans ces différentes législatures, M. de Juigné vota toujours avec la droite, dont il ne cessa de faire partie, et s'occupa surtout de questions agricoles et économiques ; mais, à toutes les délibérations politiques auxquelles il prit part, il affirma toujours ses convictions monarchistes et religieuses, combattant les projets de lois scolaire, militaire, les expéditions coloniales et la ligne de conduite des divers ministères républicains.

En 1898, le comte de Juigné ne se représenta pas à la députation ; mais sa situation personnelle et son autorité au Conseil général de la Loire-Inférieure lui permirent de continuer l'exercice d'une influence considérable dans ce département. C'est ainsi qu'il y fut le principal et l'un des plus ardents promoteurs de la candidature et de l'élection du général Mercier au Sénat, en janvier 1900, candidature posée comme protestation à la politique du gouvernement, à la suite du jugement du Conseil de guerre de Rennes dans l'affaire Dreyfus.

Elu, lui-même, sénateur de la Loire-Inférieure, le 24 mars 1900, par 659 voix contre 292 à M. Riou, républicain, M. de Juigné fait partie de la droite sénatoriale.

Vice-président, puis président de la Société hippique de France, M. de Juigné est propriétaire d'un haras renommé et d'une écurie de courses qui a vu bien souvent triompher ses couleurs en France et à l'étranger.

LOROIS (Léon-Paul)

ANCIEN député, agriculteur, né à Paris, le 13 octobre 1839. Après avoir accompli de solides études au lycée Bonaparte (Condorcet), il suivit les cours de la Faculté de Droit, fut reçu licencié et entra dans la diplomatie.

M. Lorois est le cousin des deux anciens députés du Morbihan du même nom.

Attaché au ministère des Affaires étrangères, il démissionna, en 1877, pour se présenter aux élections législatives du 14 octobre, comme candidat monarchiste. Elu député de l'arrondissement de Quimperlé, par 5,533 voix, contre 4,552 données à M. Corentin Guyho, républicain, M. Léon Lorois fut invalidé et échoua contre son concurrent à l'élection qui suivit. Aux élections de 1881, il échoua encore d'une cinquantaine de voix contre le même M. Guyho. Porté, en 1885, sur la liste conservatrice du Finistère, au renouvellement général du 12 octobre, il fut nommé député de ce département par 60,932 suffrages et siégea sur les bancs de la droite royaliste de la Chambre.

Aux élections générales de 1889, faites au scrutin d'arrondissement, l'honorable député ne se représenta pas.

M. Léon Lorois a fait partie du Conseil général du Finistère de 1877 à 1889.

Il est chevalier de la Légion d'honneur depuis 1875 et décoré de plusieurs ordres étrangers.

CARRYL (Guy-Wetmore)

POÈTE et journaliste, né à New-York (Etats-Unis) le 4 mars 1873, demeurant en France.

Fils d'un banquier et écrivain américain, il accomplit ses études classiques dans sa ville natale, au collège Columbia et, très jeune, attira sur lui l'attention des lettrés en donnant des poésies dans une importante publication de New-York, le *Munsey Magazine*.

Il a fait paraître en librairie un volume de vers satiriques intitulé : *Fables for the Frivolous*, qui a obtenu un grand succès et a fait connaître son nom (1898).

Correspondant, à Paris, de divers journaux d'Amérique et d'Angleterre, notamment du *Harper's Weekly*, M. Carryl a donné dans ces publications des articles de critique littéraire ou dramatique, ainsi que des poésies. Il est l'auteur de plusieurs comédies représentées et bien accueillies dans les salles mondaines de New-York.

FILLIAUX-TIGER (Mme Louise)

MUSICIENNE, née à Paris le 20 mars 1869. Elle fit ses études au Conservatoire et s'est fait apprécier comme pianiste réputée et professeur de talent.

Mme Louise Filliaux-Tiger est surtout connue par ses œuvres de composition musicale. On cite d'elle notamment : de très originales compositions pour piano : *Moucharabi, Gavotte, Rengaine*, et surtout *Source capricieuse*, œuvres d'un sentiment fin et distingué ; des mélodies : *Mon cœur est plein de toi, l'Adieu au foyer, Sous les marronniers, De la part du Jardin*, dont le charme et la finesse ont été souvent appréciés ; *Pluie en mer* et *Dernier amour* d'un caractère puissant et d'un grand sentiment ; des *Pièces de genre* ; les transcriptions des *Scènes hongroises* de Massenet, des pièces pour violon : *Capricietto, Lassitude* ; la *Gavotte* pour violon et violoncelle, transcrite et exécutée par Delsart avec M. Laforge, etc.

Fondatrice, en 1897, des Soirées confraternelles

dont les programmes ne portent que des œuvres de femmes compositeurs, M™⁰ Louise Filliaux-Tiger est officier d'Académie.

MOREAU (Ernest)

CONSEILLER municipal de Paris, né à Essertaine-Sucy (Haute-Saône) le 2 août 1853. D'origine modeste, il fut mis, tout jeune, en apprentissage et devint ouvrier mécanicien.

Membre de l'Internationale à peine âgé de quinze ans, M. Ernest Moreau, de bonne heure, se lança dans la politique et lutta énergiquement contre le gouvernement impérial.

Sergent-major au 47ᵉ bataillon de la garde nationale, au moment du siège de Paris, sa brillante conduite lui valut une citation à l'ordre du jour. Ensuite, sous-lieutenant de l'état-major de Dombrowski, il prit part au mouvement communaliste; mais il échappa aux poursuites (1871).

M. Ernest Moreau a toujours continué la propagande en faveur des idées socialistes; il a fondé, à Paris, plusieurs chambres syndicales ouvrières et a acquis une grande popularité dans les milieux laborieux.

Membre de la commission exécutive de la Bourse du Travail, pendant quelques années, il déploya un grand zèle dans l'exercice de ces fonctions et fut choisi comme trésorier général.

Membre du parti ouvrier, il contribua puissamment à la fondation d'un groupe de ce parti dans le xvᵉ arrondissement et, partisan de l'union de tous les socialistes sans distinction de catégories, il soutint résolument cette idée dans les réunions du parti ouvrier, qu'il abandonna, en 1893, pour s'inscrire à l'Union socialiste.

A une élection partielle, M. E. Moreau fut nommé, pour la première fois, au deuxième tour de scrutin, conseiller municipal du quartier de Grenelle et conseiller général de la Seine, le 22 avril 1894, par 1,975 voix, contre 1,347 à M. Edeline, industriel, 347 à M. Gaston Dacosta, publiciste, soutenu par M. Alphonse Humbert, député, et 737 à M. Bonnel. Il fut réélu, au renouvellement général de 1896, par 3,826 voix, contre 546 à M. Dacosta, au scrutin de ballottage et à celui de 1900, le 6 mai, au premier tour, par 3,439 voix, contre 1,989 à deux concurrents nationalistes.

Membre et plusieurs fois rapporteur d'importantes commissions, comme celles du travail, du service des eaux, de la salubrité et du métropolitain, M. Ernest Moreau est l'auteur de nombreuses propositions intéressantes, qu'il a soutenues à la tribune et fait voter par le Conseil municipal. Il est intervenu dans toutes les discussions concernant les champs d'épandage, le service technique des eaux, les tramways de pénétration, l'assainissement.

Il a obtenu la réalisation, pour son quartier, de nombreux projets portant sur la mise en viabilité des trottoirs, l'éclairage, les égoûts, etc. Il a été secrétaire du Conseil municipal en 1898.

Au Conseil général de la Seine, il a été chargé par ses collègues de rapports sur les dispensaires, les patronages et sur de nombreuses œuvres philanthropiques départementales.

Il a été souvent désigné par le préfet de la Seine comme membre des comités techniques d'examens pour les concours relatifs à l'établissement de machines élévatoires, vannes, pompes, chaudières, etc.

Révolutionnaire, M. Ernest Moreau a adhéré, en 1896, à la Fédération des socialistes indépendants.

VIVIER de STREEL (Edmond du)

ADMINISTRATEUR, publiciste, né à Paris le 15 juin 1869. Fils d'un inspecteur des écoles de la ville de Paris, il accomplit ses études au collège Sainte-Barbe et au lycée Louis-le-Grand, fut élève de la Faculté de Droit jusqu'au grade de licencié (1891) et suivit les cours de l'Ecole des Sciences politiques.

Après avoir été admissible au concours de l'inspection générale des Finances, M. du Vivier de Streel se consacra à l'étude des questions économiques et politiques et entra comme secrétaire de la rédaction au *Journal des Débats*, où il resta de 1893 à 1894.

A cette époque, il fonda, avec MM. Marcel Fournier et Félix Roussel, la *Revue Politique et Parlementaire*, où il a publié divers articles sur les questions de législation et de politique générale. Ses divers travaux le désignèrent au choix de M. André Lebon, qui se l'attacha, en 1895, comme chef-adjoint de son cabinet au ministère du Commerce. A la chute du ministère Ribot, M. du Vivier de Streel quitta le ministère et reprit ses anciennes études. En même temps, il était nommé expert au Tribunal de Commerce et au Tribunal civil, où ses connaissances contentieuses et comptables le firent rapidement apprécier.

A l'avènement du cabinet Méline (29 avril 1896), il fut choisi, de nouveau, comme chef de cabinet, par M. Lebon, ministre des Colonies cette fois. Il fut le collaborateur de celui-ci pendant tout le temps qu'il resta aux affaires, jusqu'en juin 1898.

L'étude qu'avait pu faire de nos colonies M. du Vivier de Streel durant son passage au ministère, l'engagea à porter vers elles, à ce moment, la plus grande partie de son activité ; et, ne se bornant pas à les étudier en publiciste, il chercha à les exploiter en homme d'affaires. C'est ainsi qu'il créa dans l'Afrique Occidentale, au Congo, en Indo-Chine, aux Antilles et aussi en Chine, en Sibérie et au Turkestan, diverses sociétés industrielles dont il est le président du Conseil d'administration. En même temps, il exerçait, à l'Exposition de 1900, les fonctions de chef du groupe de la Colonisation et de délégué aux Sections Etrangères.

Délégué par le ministère des Colonies au Congrès de colonisation de Bruxelles et au Congrès de statistique de Saint-Pétersbourg, M. du Vivier de Streel a été membre du jury de l'Exposition de Bruxelles. Il est chevalier de la Légion d'honneur depuis avril 1898.

BERNARD (Abel-Eugène-Emile)

éputé, né à Arles (Bouches-du-Rhône) le 29 novembre 1861. Il est le fils d'Emile Bernard, ingénieur de mérite, à qui l'on doit l'agrandissement du port de Marseille, qui fut inspecteur général des Ponts et Chaussées, ingénieur en chef des ports des Bouches-du-Rhône, etc. (1823-1894).

Venu à Paris faire ses études de droit, M. Abel Bernard y prit la licence en 1881 et se fit inscrire au barreau de la Cour d'appel, où il s'occupa surtout d'affaires civiles; puis il voyagea en France, en Espagne et en Italie, de 1889 à 1892 et rapporta, de ces excursions, de nombreuses notes d'études littéraires et scientifiques.

Elu, en 1892, conseiller municipal de Cadenet (Vaucluse), où il possède des propriétés, il devint, deux ans plus tard, conseiller général du canton de ce nom et maire de la commune en 1895. Son administration municipale a doté cette petite ville d'un asile maternel, de l'éclairage électrique, d'eaux de source, etc. Au Conseil général, M. Abel Bernard s'est occupé avec activité des intérêts départementaux, notamment des questions de finances, d'agriculture, d'enseignement ; on lui doit de remarquables rapports sur la réglementation des eaux de la Durance et sur l'extension du réseau des routes départementales de Vaucluse.

En 1893, M. Abel Bernard s'était porté, au renouvellement législatif, comme candidat radical-socialiste, dans l'arrondissement d'Apt ; mis en minorité, il se retira au deuxième tour, pour assurer le succès du candidat socialiste, M. Lissagaray, qui néanmoins fut battu par M. Reboulin.

Candidat encore dans la même circonscription en 1898, M. Abel Bernard fut, cette fois, élu député, au deuxième tour de scrutin, par 6,409 voix, contre 5,457 à son ancien concurrent, M Reboulin.

Inscrit au groupe radical-socialiste et au groupe viticole de la Chambre, le député du Gard est membre des commissions de la réforme des octrois et des droits d'association. Dans les nombreuses discussions relatives à l'affaire Dreyfus, il s'est toujours prononcé en faveur des prérogatives du pouvoir civil. Il prend, aux débats parlementaires, une part importante et assidue et s'est fait remarquer, comme orateur, dans les diverses discussions où il est intervenu.

LECLANCHÉ (Maurice)

Électricien, né à Parmain (Seine-et-Oise) le 15 décembre 1848. Frère du physicien Georges Leclanché, inventeur des piles électriques qui portent son nom, il fit ses études classiques en France et en Allemagne. Pendant la guerre de 1870-71, il prit part à la campagne comme volontaire à l'artillerie au fort de Rosny. A la paix, il fut nommé secrétaire de la Ville de Paris pour le règlement de l'indemnité de guerre à l'Allemagne.

M. Maurice Leclanché a collaboré assidûment aux travaux de son frère. Il est l'auteur de nombreux perfectionnements apportés aux multiples applications de l'électricité : télégraphie, acoustique, construction de piles agglomérées, ainsi qu'à l'éclairage par le gaz. Il dirige depuis longtemps l'important établissement des Piles Leclanché et il a été nommé président du Conseil d'Administration de la Compagnie française du « Bec Auer ».

Lauréat de diverses expositions universelles ; titulaire d'une médaille d'or, d'un diplôme d'honneur, membre du Jury de l'Exposition universelle du 1889, cet ingénieur distingué est membre du Comité supérieur de l'Exposition rétrospective et de la Commission d'installation des Armées de terre et de mer, à l'Exposition universelle de 1900. Membre de la Société française des Electriciens, de la Société des Gens de Science, de la Société des Amis des Arts, etc., il est chevalier de la Légion d'honneur depuis 1898.

BILLOT (Jean-Baptiste)

Sénateur inamovible, général, ancien ministre de la Guerre, né le 15 août 1828, à Chaumeil (Corrèze). Vingtième enfant d'un riche propriétaire qui en eut vingt-un, il fit ses études classiques au collège de Tulle, puis entra à l'école de St-Cyr (1847), d'où il sortit sous-lieutenant, le 1er octobre 1849. Admis à l'École d'application d'état-major, il fut successivement promu : lieutenant le 1er janvier 1852, capitaine le 26 janvier 1854, chef d'escadron le 28 septembre 1863, lieutenant-colonel le 3 août 1869 et colonel le 9 novembre 1870.

M. Billot avait servi, de 1856 à 1862, en Afrique ; puis au Mexique jusqu'en 1867. Il revint à ce moment en Algérie comme chef d'état-major de la division de Constantine ; la guerre de 1870 le rappela en France.

Echappé de Metz après la capitulation, il se rendit à Tours auprès de Gambetta : nommé d'abord chef d'état-major, puis commandant en chef du 18e corps d'armée en qualité de général de division à titre provisoire, il contribua aux affaires de Beaune-la-Rolande, à la suite de laquelle le gouvernement déclara qu'il « avait bien mérité de la Patrie », de Villersexel, de la Cluse ; c'est grâce à l'heureuse issue de ce dernier combat que le général Clinchant parvint à se réfugier en Suisse avec armes et bagages.

En 1871, la commission de revision des grades le remit général de brigade (16 septembre).

Candidat aux élections pour l'Assemblée nationale, pendant l'armistice, dans la Corrèze, le général Billot avait été élu, sur la liste républicaine, le quatrième sur six, en février 1871, et par 28,246 voix. Inscrit à la gauche républicaine, et choisi comme président de ce groupe, il se mêla ardemment aux luttes politiques, vota contre la paix, pour l'abrogation des lois d'exil, contre le pouvoir constituant de l'Assemblée, contre le service militaire de trois ans, contre la démission de Thiers, contre l'admission définitive des princes d'Orléans dans l'armée, contre le ministère Broglie (1874), pour la dissolution de l'Assemblée, pour les lois constitutionnelles, etc.

Choisi, le 70e des 75 sénateurs inamovibles élus par l'Assemblée nationale, il fut envoyé à la Chambre haute, le 16 décembre 1875, par 299 voix sur 591 votants, après une lutte très chaude et seulement au 7e tour de scrutin. Il s'occupa beaucoup, dans cette assemblée, des questions militaires, qui l'avaient aussi particulièrement intéressé dans la première Chambre et continua de voter avec la gauche.

Général de division le 9 mars 1878, commandant de la 1re division du 1er corps, il fut mis à la tête du 15e corps d'armée, à Marseille, en octobre 1879. L'année suivante, les Prémontrés de l'abbaye de Saint-Michel-de-Frigolet, près Tarascon, ayant refusé d'obéir au décret d'expulsion rendu contre eux, des troupes furent envoyées pour aider les commissaires de police dans l'accomplissement de leur devoir et le général commandant en chef le corps d'armée crut devoir venir diriger lui-même, en personne, les opérations de ce siège minuscule. Cette attitude donna lieu à de faciles plaisanteries dans la presse conservatrice, qui attribua au général Billot, à cette occasion, le surnom ridicule de « duc de Frigolet. »

Appelé par M. de Freycinet au ministère de la Guerre, le 30 janvier 1882, le général Billot conserva son portefeuille dans le cabinet Duclerc qui suivit (août 1882). Le ministère ayant décidé de retirer aux princes d'Orléans leurs grades dans l'armée, il donna sa démission, le 30 janvier suivant, pour ne pas exécuter cette mesure.

Chargé, en juin 1883, du commandement du 1er corps d'armée à Lille, il fut, au terme de son commandement (1885), admis au Conseil supérieur de la Guerre et nommé inspecteur d'armée ; il dirigea, en septembre 1890, les manœuvres des 1er et 2ms corps.

A la formation du ministère Méline, le 29 avril 1896, M. le général Billot entra dans la combinaison comme ministre de la Guerre. Il prêta son concours à la politique d'union avec la droite suivie par ce cabinet et ne marqua son passage à la tête de l'armée par aucune mesure militaire à signaler. C'est durant son ministère en 1897, que commença l'agitation relative à la revision du procès du capitaine d'artillerie Dreyfus, condamné pour trahison en 1894, et qu'un nouvel examen des faits permettrait de supposer innocent. Des hommes éminents et d'une intégrité absolue s'émurent de ces révélations, essayèrent d'aller au fond des choses et crurent pouvoir déclarer qu'une erreur avait été commise. L'un d'eux, Scheurer-Kestner, sénateur inamovible comme M. Billot et lié avec lui par une ancienne et étroite amitié, essaya de faire partager sa manière de voir au ministre de la Guerre et lui exposa les résultats d'une enquête à laquelle il s'était livré ; son insistance sembla un moment ébranler le chef de l'armée. Cependant, il ne suivit pas son vieil ami et, comme son président du Conseil, M. Méline, il affirma aux Chambres que Dreyfus était bien et dûment condamné et qu'aucune revision n'aurait lieu.

Après la chute du ministère Méline (14 juin 1898),

cette revision se fit pourtant (1). Appelé comme témoin devant la Cour de Cassation, puis devant le Conseil de guerre de Rennes, M. Billot renouvela les déclarations qu'il avait été amené à faire comme ministre, soutint le général Mercier et les chefs de l'Etat-major de l'armée, vivement attaqués pour leurs agissements dans cette affaire ; mais n'apporta, devant les deux juridictions, aucun élément nouveau de conviction pour les juges ou pour l'opinion.

Le général Billot est conseiller général de la Corrèze, pour le canton de Brive-la-Gaillarde.

Décoré de la Légion d'honneur en 1859, officier en 1867, commandeur en 1880, grand-officier en 1884 et grand-croix en 1889, il est aussi titulaire de la médaille militaire depuis le 8 juillet 1887.

FRANTZ-JOURDAIN (JOURDAIN, Frantz, ou)

ARCHITECTE et publiciste, né à Anvers (Belgique) le 30 octobre 1847. Fils de Mme Laure Jourdain, poétesse de la pléiade romantique, il fit ses études au lycée Napoléon (aujourd'hui Henri IV) et au collège Stanislas, puis entra à l'Ecole des Beaux-Arts, section d'architecture, dans l'atelier de M. Daumet.

Malgré des tendances novatrices accentuées déjà, le jeune homme obtint cependant plusieurs récompenses de 1867 à 1870. A cette époque, la guerre étant survenue, il demanda la naturalisation, prit du service comme sous-officier de mobiles et devint bientôt lieutenant. Cité à l'ordre du jour, le 19 janvier 1871, pour la reprise de la redoute de Montretout, il fut décoré de la médaille militaire.

Expert de diverses sociétés et compagnies d'assurances, notamment la « Mutuelle » de Paris, et du tribunal de Château-Thierry ; architecte des Nouveautés, des Variétés, de Cluny, de l'Athénée et Sarah-Bernhardt, M. Frantz-Jourdain est l'auteur de la restauration des châteaux de la Roche-Guyon (Seine-et-Oise) et de Verteuil (Charente), du monument élevé à La Fontaine au square du Ranelagh, à Paris, en collaboration avec le statuaire Dumilâtre, du panorama de la bataille d'Iéna, du magasin de la Samaritaine, d'une chapelle à Chelles, de monuments funéraires à Draveil, à Chelles, à Paris, etc.

Dirigeant ses efforts vers la création d'une architecture et d'un art nouveaux, comprenant non seulement la construction de l'habitation, mais aussi son ameu-

(1) Voir notices Brisson, Cavaignac, Dupuy, Mercier (général) etc

blement et sa décoration intérieure, M. Frantz-Jourdain, par ses recherches et ses innovations, aussi bien que par ses articles de critique artistique, a contribué plus que quiconque peut-être, malgré maints obstacles et les faciles railleries du début, à pousser dans la brillante voie, où il est entré aujourd'hui, cet art moderne qui a révolutionné la science de l'habitation.

On remarqua vivement, en 1889, son installation des sections de la Parfumerie et des Tissus à l'Exposition universelle de Paris ; puis celle du panorama du couronnement du Tsar à l'Exposition universelle de Moscou (1891). Membre du comité des Beaux-Arts aux expositions universelles de Chicago (1894) et de Bruxelles (1896), il a été choisi comme président du Comité et membre du Jury de la décoration à l'Expo- universelle de Paris (1900), où il a installé lui-même la section de la Parfumerie et le très coquet pavillon Moët et Chandon.

M. Frantz-Jourdain a été médaillé en 1882, pour un projet de salle de billard, et mis hors concours en 1889. Membre du Conseil de la Société centrale des Architectes, il a fondé, à la Société nationale des Beaux-Arts, la section d'architecture.

Ecrivain, M. Frantz-Jourdain a collaboré à la *Construction moderne*, l'*Architecture*, le *Figaro*, l'*Illustration*, le *Courrier français*, la *Patrie*, la *Revue des Arts décoratifs*, la *Revue des Arts et des Lettres*, la *Revue bleue*, la *Vie moderne*, etc., où il a publié des articles nombreux, sur des sujets littéraires ou de critique artistique. On lui doit, en outre, la publication de plusieurs romans, nouvelles, pièces de théâtre, etc. ; on cite notamment de lui : *Beaumignon*, recueil de nouvelles, avec une préface d'Alphonse Daudet (1 vol. 1887) ; *Jean-Jean*, conte patriotique, en collaboration avec Brasseur (1 vol. 1888) ; *A la côte* (1 vol. 1889) ; l'*Histoire de l'habitation humaine*, véritable traité de cette matière (1 vol. 1889) ; l'*Atelier Chantorel*, roman, critique violente de l'Ecole des Beaux-Arts, qui n'en obtint pas moins le prix Chauchard de la Société des Gens de lettres (1 vol. 1893) ; *Les décorés et ceux qui ne le sont pas*, portraits spirituellement ciselés de contemporains (1 vol. 1895) ; le *Gage*, pièce en un acte, représentée au théâtre de l'Œuvre en 1898. On annonce encore de lui un roman satirique : *Entre artistes*.

Intimement lié avec Vallès, Goncourt, Alphonse Daudet, Emile Zola, M. Frantz-Jourdain a toujours combattu, dans ses écrits, les académies, les écoles de beaux-arts, les institutions officielles et les conventions littéraires et artistiques. Son tempérament révolutionnaire et combatif s'attaque volontiers aux formules classiques, aux préjugés artistiques plus ou moins respectables et ces tendances se trouvent, en lui, aussi bien chez l'écrivain que chez l'architecte.

Membre de la Société des gens de lettres, M. Frantz-Jourdain est officier d'Académie et chevalier de la Légion d'honneur.

Son fils, M. Francis Jourdain, né à Paris en 1877, s'est déjà fait apprécier dans la même voie que son père. On connaît de lui des eaux-fortes en couleurs très estimées, des gravures et des œuvres décoratives, telles les frises pour le *Panorama de la bataille d'Iéna*, les motifs de la classe du Bois à l'Exposition universelle de 1900 et le *Guignol*, exécuté pour cette même exposition, dans la section de l'Art dans la rue.

AUBEAU (Amand)

Chirurgien, né à Paris le 9 juin 1852. Lors de la guerre de 1870-71, il s'engagea, malgré sa jeunesse, dans l'armée de la Loire, commandée par Chanzy et conquit, sur le champ de bataille, le grade de sous-officier.

En 1871, il reprit le cours de ses études classiques interrompues par le service militaire et, l'année suivante, il se fit inscrire à la Faculté de Médecine de Paris. Sans fortune, le jeune étudiant dût, pour subvenir aux besoins de la vie quotidienne, s'improviser répétiteur dans plusieurs institutions et publier dans divers organes parisiens des articles politiques et scientifiques, ainsi que des traductions d'auteurs anglais, allemands, italiens et espagnols.

Externe dans le service du professeur Péan à l'hôpital St-Louis, M. Aubeau fut remarqué par ce dernier, de qui il devint bientôt le secrétaire et l'ami. Il recueillit ainsi toute les observations cliniques de son chef à cet hôpital, de 1872 à 1885. Reçu docteur en 1880, il fut nommé professeur de thérapeutique et d'anesthésie à l'Ecole dentaire de Paris et resta, jusqu'en 1890, l'un des auxiliaires préférés de l'illustre chirurgien.

Dès cette époque, le docteur Aubeau, se préoccupant d'assurer aux malades indigents de toutes nationalités et sans distinction de cultes, un établissement pouvant à la fois servir à la thérapeutique générale et à l'enseignement, fondait, avec quelques confrères, la Clinique française de la rue d'Assas, déjà connue comme hôpital international.

Cet établissement, subventionné par le Conseil municipal de Paris et par le Conseil général de la Seine, prospéra rapidement. En 1893, le Dr Aubeau sut persuader à son maître Péan, de créer un nouvel hôpital ayant le même objet, mais plus vaste et mieux approprié à ses fins : ce fut l'Hôpital International de la rue de la Santé et sa polyclinique, à l'inauguration desquels présida Jules Simon la même année ; celui-ci, dans son discours, après avoir rendu hommage aux deux savants qui avaient contribué à assurer cette œuvre hospitalière, ajouta : « lorsqu'on écrira l'histoire de la paix, ce sera la page du Dr Aubeau. »

La mort de Péan, survenue en 1898, dispersa les services de l'établissement de la rue de la Santé. L'effort de Dr Aubeau ne se lassa point pour cela. Il fonda, en 1899, une nouvelle clinique générale de chirurgie (Hôpital International de Paris), qui fut inaugurée, le 5 avril 1900, sous la présidence du Dr Drouineau, inspecteur général de l'Assistance publique et délégué de M. Waldeck-Rousseau, ministre de l'Intérieur.

Ce nouvel établissement, édifié sur le boulevard Arago, à Paris, est l'intermédiaire entre l'hôpital et la maison de santé.

C'est là, dit un journal médical, que la classe moyenne, si intéressante par la limitation de ses ressources, son élévation morale et la dignité de sa vie, trouvera, en cas de nécessité opératoire, l'asile décent, familial et discret qui lui convient. Nous ne parlerons pas du talent des chefs de service, il est aujourd'hui de notoriété publique.

Les services spéciaux aux affections de la gorge, des oreilles, du larynx, etc., sont rassemblés dans cet établissement. Il convient d'ajouter que la philanthropie du Dr Aubeau y accueille gratuitement les nécessiteux.

Les travaux scientifiques de M. le Dr Aubeau sont nombreux ; ils ont été publiés dans le *Bulletin de la Polyclinique de l'Hôpital International* et autres organes scientifiques. Nous citerons les principaux : la *Laxité polyarticulaire ou généralisée, cause des arthropathies* (thèse de doctorat, 1880) ; *Sur l'anesthésie par le protoxyde d'azote et par des mélanges titrés de chloroforme et d'air* (communications faites à la Société de Biologie, 1880) ; *Des progrès de la chirurgie au XIXe siècle* (Mémoire écrit à l'occasion du centenaire de la Société de Médecine pratique, dont il était le secrétaire pour la section de chirurgie (1889) ; *Pulvérisateur Stærmer* (inhalations médicamenteuses dans le traitement des maladies des voies respiratoires, 1889) ; *Un nouveau procédé opératoire pour la cure radicale des hernies volumineuses* ; *Modification du sang sous l'influence de l'anesthésie chloroformique* ; *Des suppurations pelviennes* (1891) ; *Le bacille de la fièvre* typhoïde ; *Tumeur rare de l'épididyme* (1892) ; *Contribution au diagnostic précoce de la tuberculose* (3ᵉ Congrès de la tuberculose 1893) ; *Des applications de la micrographie et de la bactériologie à la précision du diagnostic chirurgical* (1894) ; *Nouveau traitement des diarrhées cholériques des pays chauds* (séance de l'Académie de Médecine du 26 février 1895); *Sarcômes myéloïdes du maxillaire supérieur* (1896) ; *Un nouveau traitement de la systocèle* ; *De la polymorphie de la tuberculose et des microbes polymorphes dans les maladies chroniques* ; *Kystes paradentaires du maxillaire inférieur gauche* (1897) ; la *Psychologie de Péan* (1898), etc.

M. le Dʳ Aubeau est président honoraire de la Société clinique des Praticiens de France, de la Société française d'Hygiène, de la Société de Médecine et de Chirurgie pratique. Il est officier de l'Instruction publique et des ordres d'Isabelle-la-Catholique, du Nicham-Iftikar, etc.

GAILHARD-BANCEL
(Marie-Roch-Henri-Hyacinthe de)

DÉPUTÉ, né à Allex (Drôme) le 1ᵉʳ novembre 1849. Il est le petit-fils de Charles-Antoine de Gailhard, qui fut membre du Conseil des Cinq-Cents et de la Chambre « introuvable. »

Ses études classiques accomplies à Villefranche-sur-Saône, il suivit les cours de la Faculté de Droit de Grenoble, jusqu'au diplôme de licencié et se fit inscrire successivement, comme avocat, aux barreaux de Paris, de Grenoble et de Valence.

M. de Gailhard-Bancel s'occupa beaucoup, à partir de 1884, de la création de syndicats agricoles et il a prononcé sur ce sujet de très nombreuses conférences, dans le sud-est de la France, ainsi que dans la région du Dauphiné et de l'Ardèche. En 1888, il organisa à Romans une très brillante « Assemblée commémorative des Etats de Romans. »

Entre temps, M. de Gailhard-Bancel se mêlait aux luttes politiques ; il fut pendant quelque temps président du Comité royaliste de la Drôme. Après les élections de 1889 et le mouvement boulangiste, auquel il avait refusé de s'associer, il donna sa démission et cessa de s'occuper de politique pour se consacrer uniquement aux œuvres sociales.

Professant des sentiments très religieux, il a collaboré activement à l'œuvre des Cercles catholiques d'ouvriers.

Candidat « agricole » aux élections générales législatives du 8 mai 1898, dans la 1ʳᵉ circonscription de l'arrondissement de Tournon, M. de Gailhard-Bancel se déclara « prêt à soutenir une république vraiment libérale et nationale. » Il échoua, avec 8,627 voix, contre M. Sauzet, qui en obtint 9,878 ; mais, s'étant représenté, après la démission de celui-ci, motivée par sa nomination de professeur de Droit à la Faculté de Paris, il fut élu, au deuxième tour de scrutin, le 31 décembre 1899, par 9,454 voix, contre 8,510 à M. Seignobos, républicain radical.

A la Chambre, le député de l'Ardèche siège à droite. Dès son arrivée, il a pris une part active aux délibérations, surtout à celles relatives aux questions agricoles.

M. de Gailhard-Bancel a publié, en 1894, un *Manuel pratique des syndicats agricoles*, ouvrage dont la sixième édition parut en 1900, et un livre intitulé : *Quinze années d'action syndicale* (1884-1900).

BORNIER (Henri Vicomte de)

POÈTE et auteur dramatique, membre de l'Académie française, né le 28 décembre 1825, à Lunel (Hérault). Il accomplit ses études classiques aux séminaires de St-Pons, de Montpellier et de Versailles, puis il vint, en 1845, faire son droit à Paris ; mais il ne passa aucun examen.

Dès cette année 1845, le vicomte Henri de Bornier publiait un volume de poésies : les *Premières feuilles* et présentait un drame en cinq actes, en vers : le *Mariage de Luther*, au Théâtre français, qui le reçut à correction. M. de Salvandy, ministre de l'Instruction publique, informé des tentatives précoces du jeune poète, s'intéressa à lui et le nomma surnuméraire à la bibliothèque de l'Arsenal. Après avoir été successivement sous-bibliothécaire, bibliothécaire, puis conservateur, M. de Bornier est devenu administrateur de cette bibliothèque en mars 1889.

En 1893, il a été admis à l'Académie française, où il occupe le fauteuil de Xavier Marmier.

M. Henri de Bornier a publié divers ouvrages en vers et quelques romans, dont voici les titres : la *Guerre d'Orient*, poème (1858) ; la *Sœur de Charité au XIXᵉ siècle*, poème mentionné par l'Académie (1859) ; l'*Isthme de Suez*, poème couronné par l'Académie (1861) ; *La France dans l'Extrême-Orient*, autre poème également couronné par l'Académie (1863) ; la *Cage du Lion*, comédie en vers qui n'a jamais été représentée ; le *Fils de la Terre*, roman publié d'abord dans le *Correspondant* ; *Eloge de Chateaubriand*, morceau qui obtint le prix d'éloquence de l'Académie française (1864); quatre romans: *Un cousin de passage* (1864), la *Lizardière* (1883), *Comment on devient belle* (1884), le *Jeu des Vertus* (1885); diverses nouvelles, chroniques et poésies dans les journaux. Il a réuni ses productions poétiques, de 1850 à 1887, en un volume in-18, paru en 1888, sous le titre de: *Poésies complètes*.

Cette partie de l'œuvre de M. de Bornier, malgré les brillantes récompenses académiques qu'elle lui a valu, n'est pas celle que l'on connaît le plus. Ses ouvrages dramatiques ont eu plus de retentissement ; c'est à un ou deux d'entr'eux, en effet, que le poète doit sa célébrité. Il a donné au théâtre: *Dante et Béatrix*, drame en vers, en 5 actes ; le *Monde renversé*, comédie en vers, publiée dans la *Revue Contemporaine* et jouée ensuite à Saint-Pétersbourg, par Mme Arnould-Plessy (1853); la *Muse de Corneille*, à-propos en vers pour l'Odéon (1853) ; le *Quinze Janvier ou la Muse de Molière*, autre à-propos pour le Théâtre Français ; *Agamemnon*, tragédie en 2 actes, traduite librement de Sénèque, représentée à la Comédie-Française en 1868 ; la *Fille de Roland*, le chef-d'œuvre de l'auteur, drame en 4 actes, absolument remarquable aussi bien par l'élévation de la pensée, vibrante d'héroïsme, que par l'ampleur magistrale de la forme et l'harmonie saisissante des vers. La première représentation de cette pièce ayant eu lieu au Théâtre Français en février 1875, on crut que M. de Bornier avait puisé son inspiration dans le spectacle de notre défaite et avait écrit son œuvre pour pousser les esprits au relèvement. C'était une erreur : la *Fille de Roland*, écrite six ans avant la guerre, dormait dans les cartons du Théâtre Français depuis longtemps quand elle fut livrée au public. En 1879, le grand prix Jean Reynaud lui fut accordé.

Après cette pièce, qui fut un triomphe, M. de Bornier n'a plus rencontré de véritable succès au théâtre. Plusieurs de ses œuvres n'ont jamais été représentées ; les autres n'ont excité un moment l'attention qu'à cause du nom de leur auteur et n'ont pu le retenir. Il a produit, depuis 1875 : *Dimitri*, drame lyrique en 5 actes, musique de M. de Joncières (Théâtre Lyrique, 1876) ; les *Noces d'Attila*, drame en 4 actes et en vers (Odéon) ; la *Moabite* (1880): l'*Apôtre*, en 3 actes et en vers (1881) ; l'*Arétin*, en 4 actes et en vers (1885) ; *Agamemnon*, un acte, en vers, d'après Eschyle (1886) ; *Mahomet*, drame en 5 actes et en vers, écrit pour la Comédie française et interdit par la censure avant la représentation parce qu'il portait atteinte aux croyances de nos alliés et de nos sujets musulmans (1890) ; le *Fils de l'Arétin*, drame en 4 actes et en vers, qu. n'eut que quelques représentations (Théâtre français, 1894) ; *France... d'abord !* drame en 4 actes, en vers (Odéon, 1899).

Chevalier de la Légion d'honneur en 1883, le vicomte Henri de Bornier a été promu officier en 1891.

GONTAUT-BIRON (Armand-Gabriel-Marie-Joseph Comte de)

Député, né à Baron (Oise) le 29 juin 1852. Descendant d'une illustre famille, il est le fils du vicomte Anne-Armand-Elie de Gontaut-Biron, mort à Paris le 3 juin 1890, dont le rôle politique après 1870 fut important : d'abord député à l'Assemblée nationale, puis sénateur de 1876 à 1882, il avait été, en 1871, appelé au poste d'ambassadeur de France en Allemagne dans les circonstances suivantes : M. Thiers, qui avait reçu récemment, du vicomte de Gontaut-Biron, une lettre contenant des objections contre la proposition Rivet, lui conférant le titre de chef du pouvoir exécutif, frappé de la forme à la fois précise et insinuante de cette protestation, résolut d'offrir au signataire la délicate ambassade de Berlin. Celui-ci résidait à ce moment dans son château de Navailles (Basses-Pyrénées), quand un télégramme de M. Thiers le manda, « pour le service de l'Etat » à Paris, où il reçut la proposition du gouvernement. Quoique royaliste, il accepta. « De mon cœur et de mon esprit, a écrit plus tard M. de Gontaut-Biron, surgissaient bien des révoltes contre une telle mission ; mais il s'agissait d'aider le chef de l'Etat à panser les plaies de la « noble blessée ; » je ne pouvais refuser ». Ses grandes manières, son tact, sa loyauté, lui valurent, à Berlin, des égards personnels ; c'est lui qui négocia, en 1871, avant le terme fixé par le traité de Francfort, la libération du territoire (15 mars 1875) et qui empêcha une nouvelle guerre, à cette époque, entre la France et l'Allemagne. Lors de la chute du gouvernement du 16 mai, il fut relevé de ses fonctions diplomatiques par le gouvernement républicain, qui combattit énergiquement sa réélection, comme sénateur, au renouvellement triennal du 8 janvier 1882 et le fit échouer. M. de Gontaut-Biron se retira alors de la politique, s'occupa, jusqu'à sa mort, d'œuvres charitables et prépara ses *Mémoires*, dont la publication est annoncée.

Son fils, le comte Joseph de Gontaut-Biron, après

avoir accompli ses études classiques dans sa famille, s'engagea volontairement en 1870 et fit partie de l'armée de la Loire.

Déclaré admissible aux examens de l'école de Saint-Cyr et nommé sous-lieutenant, à titre provisoire, il fut, au moment de la Commune, officier d'ordonnance du général Bocher. L'insurrection communaliste réprimée, M. de Gontaut-Biron entra à l'Ecole spéciale militaire, suivit ensuite les cours de l'Ecole de cavalerie de Saumur et, de 1875 à 1879, fut officier d'ordonnance du maréchal de Mac-Mahon. Lieutenant au 14me régiment de dragons, il démissionna en 1882.

Conseiller général du canton de Thèze (Basses-Pyrénées) depuis 1889, maire de Navailles-Angos en 1890, il se présenta à l'élection législative partielle du 18 mars 1900, dans la deuxième circonscription de l'arrondissement de Pau, en remplacement de M. Quintaa nommé sénateur. Elu, au premier tour de scrutin, par 8,223 voix, contre 5,267 à M. le docteur Doléris, radical, l'honorable député est inscrit au groupe républicain progressiste du Palais-Bourbon.

M. de Gontaut-Biron a publié un livre très intéressant sur les *Remontes militaires*, en 1894. Eleveur, propriétaire important, il est président de la Société d'encouragement des Basses-Pyrénées et membre du Comité des *Steeple-Chase* de France.

AJASSON de GRANDSAGNE
(Paul-Emile-Tancrède)

PUBLICISTE, né à Paris le 18 novembre 1840. Il est le fils d'Etienne Ajasson de Grandsagne, qui fut membre de l'Institut, savant physicien, mathématicien érudit et vulgarisateur, à qui l'on doit la création de la première bibliothèque populaire littéraire et scientifique, en deux cents volumes à 30 centimes.

M. Paul Ajasson de Grandsagne fit ses études à Lyon et devint répétiteur, puis professeur de sciences physiques et mathématiques à l'Ecole industrielle de la Martinière de Lyon (1859-1863), puis au lycée de Roanne (1864-1865) et au collège Chaptal à Paris (1865-1870).

Lors de la guerre franco-allemande (1870-71), M. Paul de Grandsagne publia le *Moniteur de la Guerre* et l'*Avant-Garde*, organes qui eurent la faveur du public et atteignirent un tirage considérable. En 1873, il fonda et il dirige depuis ce temps le *Moniteur général des cours des matériaux de construction et des adjudications du département de la Seine*, organe hebdomadaire, politique, financier, industriel et commercial, et d'ailleurs officiel, du service des travaux de la Ville de Paris.

On doit encore à ce publiciste de nombreux articles scientifiques et littéraires, publiés dans diverses revues.

COULON (Jean)

SCULPTEUR, né à Ebreuil (Allier) le 17 avril 1853. Fils de Nicolas Coulon, ornemaniste qui produisit des travaux remarquables, notamment pour le château de Nadis et la restauration de l'église d'Ebreuil, M. Jean Coulon fit ses études classiques à Clermont-Ferrand, puis vint à Paris en 1876 et entra dans l'atelier Cavelier, à l'Ecole des Beaux-Arts.

Cet artiste s'est fait connaître par des œuvres marquées d'un talent très original et d'une réelle puissance d'exécution. Il débuta, en 1880, aux Salons annuels, avec la *Mort de Pyrame*, plâtre qui fut très remarqué, valut à son auteur une troisième médaille et fut acquis par l'Etat pour le musée de Dinan. On cite ensuite successivement : plusieurs bustes (1881) ; le *Baron de Veauce*, sénateur de l'Allier (1882) ; *Flore et Zéphyr*, groupe plâtre, placé depuis au musée de Toulon, et représentant, suivant l'expression d'un critique, « l'adorable amante sur le point d'étreindre le joli zéphyr qui, dans son vol léger, sillonne l'air ambiant de sa bien-aimée, ondule avec grâce au-dessus d'elle et va ceindre son front d'une couronne de roses » (1883) ; la *Musique*, statuette marbre, dont une reproduction en pierre décore le fronton de Victoria-Hall, à Genève (1885) ; *Hébé*, plâtre qui obtint une 2e médaille et reparut en marbre, en 1888, pour le musée de Nice ; *Labussière*, ancien député de l'Allier, buste (1887) ; le *Triomphe de Galathée*, plâtre acquis pour la fonderie Durenne (1889) ; *M. Gerville-Réache*, député de la Guadeloupe, buste, et *Rêve d'amour*, statue marbre, qui obtint à l'Exposition universelle de Bruxelles une 2e médaille (1892) ; *M. Schœlcher*, sénateur, buste (1893) ; le *Grand Ferré*, groupe plâtre qui reparut en bronze en 1898, œuvre maîtresse, dont l'effet sur une place publique ou un terre-plein serait considérable (1894) ; *Théodore de Banville*, statue bronze à laquelle toute la presse adressa les plus vifs éloges, et la *Patrie en deuil*, statue pierre commandée par la ville de Gannat pour la commémoration des soldats morts pendant la campagne de 1870-71, (1895) ; *Aurore*, statuette bronze et *Bailly*, ancien président de la Société des Artistes *français*, buste destiné à l'Institut (1896) ; *Léda*, statuette plâtre, (1897) ; *M. Cryé*, buste bronze et *Aux Combattants morts en 1870-71*, groupe plâtre pour la ville de Moulins (1899) ; *M. B.*, buste bronze (1900).

M. Jean Coulon est encore l'auteur d'un bas-relief pour la décoration de l'Hôtel-de-Ville de Paris, d'un buste en bronze du peintre *Henri Regnault*, pour le lycée Henri IV, dont le modèle est au musée d'Amiens ; d'un buste d'*Edgar Quinet*, commandé par la Ville de Paris pour le lycée de filles de la rue des Martyrs, d'un fronton à l'Ecole maternelle de la rue d'Alésia et de différents modèles de grès flammés, parmi lesquels la *Jardinière* et la *Nuit* qui, exposés rue de Sèze, à la galerie Georges Petit, ont obtenu un très vif succès.

M. Jean Coulon est membre de la Société des Artistes français.

DOURGNON (Marcel-Lazare)

ARCHITECTE, né à Marseille (Bouches-du-Rhône) le 29 septembre 1858. Il fit ses études d'abord à l'Ecole des Beaux-Arts de sa ville natale, puis, après avoir remporté tous les premiers prix des classes de peinture et d'architecture, fut envoyé, en 1878, comme pensionnaire de la ville de Marseille et du département des Bouches-du-Rhône à l'Ecole des Beaux-Arts de Paris, où il devint élève de M. Pascal.

Plusieurs fois récompensé au cours de ses études, M. Marcel Dourgnon fut attaché, avant même leur achèvement, aux travaux de reconstruction de l'Hôtel-de-Ville, sous la direction de Théodore Ballu, de 1882 à 1886. Nommé ensuite inspecteur des travaux de l'Hôtel-de-Ville de Pantin, il fut l'un des collaborateurs de M. Formigé pour l'édification du Palais des Beaux-Arts à l'Exposition universelle de 1889.

En 1888, il partit pour le Chili comme architecte du gouvernement de ce pays et, en cette qualité, il construisit la Bourse commerciale de Valparaiso, une Prison, une Préfecture et divers établissements industriels et commerciaux, hôtels particuliers et maisons de rapport. On lui doit aussi, au Chili, l'agrandissement et la décoration des jardins du Palais du Congrès de Santiago.

De retour en France en 1893, M. Marcel Dourgnon obtint, deux ans plus tard, une première prime, sur 87 concurrents, au concours international ouvert par le gouvernement Egyptien, d'accord avec notre ministère de l'Instruction publique et sur l'initiative de M. de Morgan, alors directeur-général du service des antiquités de l'Egypte, notre compatriote, pour la construction du « Musée des Antiquités Egyptiennes » au Caire. Ce monument, dont la superficie ne mesure pas moins de 12,000 carrés, et dont les plans, très loués, ont été suivis d'exécution sous la direction de M. Dourgnon de 1895 à 1900, doit être inauguré après que l'installation en aura été faite par M. Maspero, le nouveau directeur-général du service des Antiquités de l'Egypte.

Chargé, de 1897 à 1898, par le ministre de l'Instruction publique et des Beaux-Arts, de la direction des travaux de l'Institut français d'archéologie orientale du Caire, M. Dourgnon a tracé les plans de l'Hôpital français de cette ville en cours d'exécution. Il est l'architecte du « Palais de l'Egypte » au Trocadéro (Exposition universelle de 1900), édifice de dispositions et de caractère très originaux.

Membre de la Société centrale des Architectes français et de la Société des Artistes français, qui lui a décerné une 2ᵉ médaille au Salon de 1900, M. Marcel Dourgnon est officier de l'Instruction publique et du Medjidieh.

ROUGNON (Paul)

COMPOSITEUR de musique et professeur, né à Poitiers (Vienne) le 24 août 1846. Ses études classiques faites au lycée Bonaparte (depuis Condorcet), à Paris, il entra, en 1863, au Conservatoire national de Musique, où il devint successivement l'élève d'Edouard Batiste, de François Bazin, de Marmontel, d'Ambroise Thomas et de César Franck. Sorti de cette école en 1870, avec le 1ᵉʳ prix de contrepoint et de fugue, il étudia encore la littérature musicale avec Maurice Bourges. Puis, M. Paul Rougnon acquit vite une solide réputation d'exécutant et de compositeur. Il fut nommé, dès 1873, professeur au Conservatoire, situation qu'il a conservée depuis lors.

Comme compositeur de musique, il se fit connaître, pour ses débuts, avec le *Prince Charmant*, 1 acte, représenté aux Folies-Marigny en 1871. Il a, depuis, produit nombre d'ouvrages d'enseignement didactique très appréciés et généralement en usage dans les écoles spéciales de France et de l'étranger, notamment : un *Dictionnaire musical des locutions étrangères (Italiennes et Allemandes)*, dont une nouvelle édition est parue, en 1900, chez l'éditeur Paul Dupont ; un *Cours élémentaire et complet de musique* ;

Théorie élémentaire musicale ; Solfège théorique, analytique et pratique ; 6 volumes de *Solfèges manuscrits à changements de clefs ; Solfège élémentaire pour l'étude des clefs avec accompagnement de piano ; Traité élémentaire de dictée musicale ; Traité d'harmonie ; Devoirs de musique ; Cours complet de piano, en 8 cahiers d'études.* On lui doit en outre plus de deux cents morceaux pour piano, chant, orgue ou harmonium, violon, violoncelle, clarinette, orchestre et musique chorale, au nombre desquels on mentionne surtout : le *Chant de Pâques*, pour chant ; *Aragonaise ; Ballerine ; Etudes artistiques ; Sérénade tendre ; Valse rêveuse ; Grenade ; 2ᵐᵉ Air de ballet*, (piano) ; deux *Soli pour trompette chromatique*; un *Solo pour cornet à piston* ; un *Concertino romantique pour alto;* une *Messe solennelle* exécutée à la Cathédrale de Poitiers, à l'église St-Louis des Français à Rome, et à la basilique du Sacré-Cœur à Paris ; un grand nombre de chœurs à quatre voix pour les Sociétés chorales, notamment : *En mer*, les *Pêcheuses, Nuit aux Champs, En Afrique*, etc. La plupart des morceaux de musique instrumentale dont il est l'auteur ont été plusieurs fois exécutés aux Concours annuels du Conservatoire de Paris, pour lesquels ils ont été spécialement composés.

M. Paul Rougnon est président de la Société amicale de la Vienne, vice-président de la Société littéraire et artistique de l'Ouest, secrétaire du Comité de l'Association des Artistes musiciens, membre du comité de la Société des Compositeurs de musique et archiviste de la Société des Jurés orphéoniques de France. Il est officier de l'Instruction publique, d'Isabelle-la-Catholique, etc.

BAILLY (Charles)

SCULPTEUR-STATUAIRE, né à Tarare (Rhône) le 11 février 1844. Elève de Fabisch et de Dauguin à l'Ecole des Beaux-Arts de Lyon, il se fit, de bonne heure, connaître par des œuvres qui attirèrent bientôt l'attention sur lui.

M. Charles Bailly exposa aux Salons annuels de Lyon, pendant tout le temps qu'il habita cette ville, des productions dont les principales sont : le *Chancelier Gerson*, groupe pierre, placé à Lyon (1879) ; *Olivier de Serres*, statue marbre, érigée à Villeneuve-de-Berg (Ardèche) (1882) ; *Amphitrite*, statue pierre, érigée à l'Hôtel-de-Ville de Lyon (1883) ; *Simon St-Jean*, monument bronze et pierre élevée à Millery (Rhône) (1885) ; *Alsace-Lorraine*, groupe pierre (1886) ; *Jacquard*, buste marbre pour la Préfecture du Rhône (1888) ; *Soliman-Pacha* (Joseph Sève), autre buste de marbre au musée de Lyon (1889) ; *Jacquard*, maire du 1ᵉʳ arrondissement de Lyon, buste marbre commandé par cette ville (1890) ; *Simon St-Jean*, buste marbre commandé par la ville de Lyon (musée de Lyon) ; *Une folie*, statue pierre (1890).

Venu, en 1894, demeurer à Paris, M. Charles Bailly envoya, à partir de ce moment, ses œuvres aux expositions de la Société des Artistes français. On cite : *Simonet*, remarquable statue bronze érigée à Tarare, avec le concours de l'Etat ; le *Général Duphot*, statue marbre commandée par l'Etat, placée dans les jardins de la Préfecture du Rhône et dont le modèle est dans la cour d'honneur de l'Hôtel des Invalides (1895) ; l'*Age de Pierre*, plâtre mentionné par le Jury (1896) ; *Georges Ville*, ancien professeur au Museum, buste cire et *Médaillon* en marbre pour le tombeau de la Famille à Pont-St-Esprit (1898) ; le *Héros du jour*, terrassier piochant, statue marbre très remarquée pour son impeccable anatomie, sa conception originale et bien moderne (1899) ; *Echo de l'Onde*, groupe plâtre, cité avec éloges par les journaux (1900).

De l'œuvre de cet artiste on doit encore mentionner : les bustes de *Mangini père*, placé au château de la Peyrolière et *Gantillon*, grand manufacturier à Lyon; *Virgo spes*, au cimetière de Joux (Rhône) ; *Buffon*, marbre à l'Ecole nationale forestière de Nancy ; *Simon Maupin*, marbre, au musée de Lyon ; une *Vierge mère*, ainsi qu'un *Sacré-Cœur*, statues pierre, à l'église de l'Annonciation de Lyon ; le *Monument Forest* au cimetière de Tarare (Rhône) ; la *Serbie*, statue plâtre au Palais des Fêtes et divers mascarons pierre représentant les 4 saisons au Grand Palais des Champs-Elysées de l'Exposition universelle de 1900.

Sur cet excellent artiste, de qui la critique a été unanime à reconnaître les qualités de puissance artistique et de consciencieuse exécution, M. Roger Milès a écrit dans l'*Eclair* :

La ville de Lyon, son pays d'origine, et le département du Rhône ont vu se dresser des statues d'une admirable allure, qui, sur des places parisiennes, auraient acquis à leur auteur une renommée durable. Mais nul n'est prophète en son pays. Et cependant le *Journal de l'Exposition de Lyon* écrivait déjà, en 1894, à l'occasion de la statue de Duphot : « Cette œuvre remarquable prouve une fois de plus que le sculpteur Bailly est bien digne de la récompense qui lui a été promise à Tarare. » Cette promesse (la croix de la Légion d'honneur) fut faite par le ministre représentant du gouvernement, M. Bouquet, qui assistait à l'inauguration à Tarare. Espérons que son successeur saura faire honneur aux engagements de son prédécesseur.

M. Charles Bailly est officier du Medjidié depuis 1888 ; il a été médaillé et récompensé aux diverses expositions de Paris et de la province.

ARSONVAL (Arsène d')

MÉDECIN, physicien, membre de l'Institut et de l'Académie de Médecine, né le 8 juin 1851 à La Borie (Haute-Vienne), d'une famille de ce pays, à laquelle un de ses biographes assigne des origines remontant au XVIe siècle. Il fit ses études au collège de Limoges, puis au collège Sainte-Barbe, à Paris.

De retour à Limoges en 1871, il se fit recevoir interne des hôpitaux et, deux ans plus tard, revint à Paris suivre les cours de la Faculté de Médecine, où il fut reçu docteur en 1877, avec une thèse intitulée : *Recherches théoriques et expérimentales sur le rôle de l'élasticité pulmonaire*, qui fut couronnée par la Faculté.

Le Dr d'Arsonval devint, en 1882, chef du laboratoire de physique biologique à l'Ecole pratique des Hautes Etudes, création de Paul Bert, alors ministre de l'Instruction publique. La même année, M. Brown-Sequard le fit nommer professeur remplaçant à la chaire de médecine du Collège de France. Professeur suppléant en 1887, il devint, en 1894, professeur titulaire, à la mort de l'illustre savant. La même année, il fut appelé à remplacer aussi Brown-Sequard à l'Académie des Sciences. En 1888, il avait été élu membre de l'Académie de Médecine, en remplacement de Giraud-Teulon.

M. le docteur d'Arsonval a fait connaître ses travaux, sous forme de mémoires, dans les *Bulletins* et les *Comptes-rendus* de l'Académie, de la Société de Physique, de la Société de Biologie, de la Société française d'électrothérapie et dans divers autres organes spéciaux ; ils ont trait à l'électricité d'origine animale ou électrogenèse organique, à l'action de l'électricité sur les êtres vivants et à ses applications thérapeutiques, aux effets de la lumière sur les tissus vivants et aux procédés d'analyse physiologique, aux toxines pulmonaires, à la calorimétrie physiologique et clinique, etc. On cite tout particulièrement ses recherches sur les décharges électriques de la raie-torpille, sur l'action des courants de haute fréquence sur les toxines bactériennes (avec Charrin), celles sur l'influence des mêmes courants sur les personnes atteintes de maladies dites de ralentissement, sur l'influence de l'injection des toxines tétaniques chez les lapins au point de vue thermogène, celles, qui ont eu un très grand retentissement, sur l'air liquide, etc.

M. d'Arsonval a inventé divers instruments nouveaux de laboratoire, dont quelques-uns ont été trouvés avec la collaboration de M. Marcel Desprez et couronnés par l'Institut ; les principaux sont : Electrodes impolarisables homogènes ; Galvanomètre à circuit mobile ; Echelle micrométrique pour la mesure des faibles déviations angulaires ; Galvanomètre universel apériodique ; Téléphone employé comme galvanoscope ; Chronomètre électrique mesurant la vitesse des impressions nerveuses ; Myophone ou microphone appliqué à l'étude de la contraction musculaire ; Muscle artificiel ; Appareil destiné à mesurer la conductibilité des tissus vivants pour le son ; Régulateurs électriques de vitesse ; Spectro-photomètre différentiel sans polarisation ; Calorimètre enregistreur ; Calorimètre par rayonnement ; Anémo-calorimètre ; Thermo-galvanomètre, etc.

M. d'Arsonval s'est présenté aux élections sénatoriales dans la Haute-Vienne, le 24 février 1895, comme candidat républicain progressiste ; il y échoua contre M. Teisserenc de Bort, également républicain. Il n'a fait que cette seule tentative d'incursion dans la politique.

Membre du jury de l'Exposition internationale d'électricité en 1881, président de la Société internationale des électriciens et de la Société française d'électrothérapie, ce savant a obtenu, en 1882, le prix Montyon pour la physique expérimentale et il a été choisi comme membre du jury de l'électricité à l'Exposition universelle de 1900. Chevalier de la Légion d'honneur en 1884, il a été promu officier en 1896.

CIM (Albert CIMOCHOWSKI, dit)

LITTÉRATEUR, né à Bar-le-Duc le 22 octobre 1845. Fils d'un officier polonais, réfugié en France après la Révolution qui bouleversa son pays natal, il vint, en 1864, à Paris, et débuta tout jeune, dans le journalisme, par des articles de philologie, de critique et de bibliographie qui furent vite remarqués. Il adopta les trois premières lettres de son nom comme pseudonyme.

Depuis cette époque, M. Albert Cim a collaboré ou collabore à la *Revue politique et littéraire* (*Revue bleue*), la *Revue Encyclopédique Larousse*, la *Revue Hebdomadaire*, la *République Française*, la *Revue des Revues*, le *Figaro*, la *Cloche*, le *Parlement*, l'*Estafette*, le *National*, la *Nation*, la *Patrie*, la *Vie Littéraire*, la *Vie Moderne*, l'*Illustration*, le *Magasin Pittoresque*, le *Musée des Familles*, la *Lecture*, le *Journal de la Jeunesse*, *Mon Journal*, etc. Il a aussi tenu la rubrique « *Revue littéraire* » au *Radical*,

— 330 —

depuis la fondation de ce journal (1881) jusqu'en 1894, au *National* de 1885 à 1887, et il a participé à la rédaction du *Dictionnaire de la Langue Française* de Littré.

Cet écrivain a publié en librairie des romans, nouvelles, études documentaires et ouvrages pour la jeunesse, dont plusieurs ont obtenu un grand succès et ont eu de nombreuses éditions. Citons les titres principaux : *Jeunesse*, mœurs de province (1880) ; les *Prouesses d'une Fille* (1885, nouvelle édition dans la collection des « Auteurs célèbres », 1889) ; les *Amours d'un Provincial* (1887, 2ᵉ éd. Collection des « Auteurs célèbres », 1896) ; la *Rue des Trois Belles* (1888) ; la *Petite fée* (1889, nouvelle édition dans la collection des « Auteurs célèbres », 1898) ; *Un coin de province* (1889) ; *Bonne amie* (1892) ; *En pleine gloire*, histoire d'une mystification (1893) ; *Histoire d'un baiser* (1894) ; *Joyeuse Ville* (Collection des « Auteurs gais », 1894) ; *Le célèbre Barastol* (Collection des « Auteurs gais », 1896) ; *Césarin*, histoire d'un vagabond, avec 30 illustrations par Heidbrinck (1897) ; la *Petite cousine* (1897) ; *Jeunes amours* (1898) ; *Farceurs* (Collection des « Auteurs gais », 1900).

Parmi les nombreux ouvrages pour la jeunesse dûs à la plume féconde de M. Albert Cim, les suivants ont eu de beaux succès : *Mes amis et Moi*, 1 vol. de la collection de la Bibliothèque rose (1893, prix Lambert de l'Académie Française, en 1894) ; *Spectacles enfantins*, album illustré de 58 gravures en couleurs et en noir, d'après Gerbault et Job (1893) ; *Entre Camarades*, de la collection de la Bibliothèque rose (1895, ouvrage illustré de 36 vignettes par E. de Bergevin) ; *Fils unique* (Bibliothèque des Ecoles et des Familles, 1895, ouvrage illustré de 13 gravures par E. Vulliemin) ; *Grand'mère et Petit-fils* (1896, ouvrage illustré de 70 vignettes par E. Vulliemin et couronné par l'Académie française, prix Montyon, 1897) ; *Mademoiselle Cœur d'Ange* (Collection de la Bibliothèque rose, 1898, ouvrage illustré de 31 vignettes par Robaudi).

Il a encore fait paraître des études documentaires intitulées : *Deux malheureuses* (1882, nouvelle édition, 1888) ; *Institution de Demoiselles* (1889, nouvelle édition 1898) ; *Bas bleus* (1891) ; *Demoiselle à marier* (1894, nouvelle édition 1898) ; *Emancipées* (1899).

Membre de la Société des Gens de lettres et vice-président en 1893-1894 et 1896-1897, membre de l'Association des Journalistes parisiens, du Syndicat pour la protection de la propriété littéraire et artistique (1893), vice-président de l'Association meusienne depuis 1895, il a été nommé bibliothécaire de l'Administration des Postes et Télégraphes en 1896.

Deux fois lauréat de l'Académie française (1894 et 1897), de la Société nationale d'encouragement au bien (1895 et 1899), de la Société protectrice des animaux (1899), M. Albert Cim est officier de l'Instruction publique depuis 1887.

CARRÉ (Henri)

USICIEN, né le 3 septembre 1848 à Reims (Marne). Fils d'un professeur de musique qui le destinait au commerce, il vit sa vocation artistique contrariée dès le début ; mais il sut vaincre les difficultés qui s'opposaient à ses désirs. Engagé d'abord comme répétiteur au théâtre de Reims, où il passa quelques années, il vint à Paris en 1874, appelé par Gustave Roger, le célèbre ténor de l'Opéra, professeur au Conservatoire, pour accompagner sa classe.

Quand M. Vizentini fonda le théâtre Lyrique, en 1876, il s'attacha, comme chef du chant, M. Henri Carré, qui passa de là à l'Opéra-Comique. Choisi comme chef des chœurs de ce dernier théâtre en 1879, il conserve depuis lors cette fonction. En cette qualité, il a monté tous les ouvrages créés depuis ou repris à l'Opéra-Comique et qui en ont fait la fortune, notamment : *Manon*, les *Pêcheurs de Perles*, *Carmen*, *Mignon*, *Lakmé*, *Jean de Nivelle*, le *Roi d'Ys*, la *Flûte enchantée*, la *Navarraise*, les *Contes d'Hoffmann*, les *Troyens* (de Berlioz), *Fidelio* (de Beethoven), le *Rêve* et l'*Attaque du Moulin* (de Bruneau), le *Dante* (de Godard), *Xavière* (de Théodore Dubois), le *Chevalier d'Harmenthal* (de Messager), la *Vivandière* (de Godard), le *Spahi* (de Lamber), le *Don Juan* (de Mozart), *Guernica* (de Paul Vidal), *Falstaff* (de Verdi), *Ferwal* (de d'Indy), la *Vie de Bohême* (de Puccini), *Beaucoup de bruit pour rien* (de Paul Puget), *Cendrillon* (de Massenet), *Louise* (de Charpentier), *Joseph* (de Méhul), le *Juif polonais* (d'Erlanger), *Hansel et Grétel* (d'Heinsperdink), *Orphée* et *Iphigénie* (de Gluck), etc. Possédant admirablement le répertoire de notre deuxième scène lyrique, il apporte à la direction de ce théâtre un concours artistique important et des plus heureux.

M. Henri Carré dirige aussi les chœurs des concerts de la Société des Concerts de Chant classique (fondation Beaulieu). On lui doit la musique de nombreuses mélodies, de divers morceaux pour grands bals publics et de plusieurs arrangements pour piano sur les ouvrages de l'Opéra-Comique.

Il est officier de l'Instruction publique, du Nicham et du Venezuela.

M. Carré a épousé, en 1894, M⁽ˡˡᵉ⁾ MARIE DELORN, artiste de talent, qui joue, à l'Opéra-Comique, dans le répertoire courant, les rôles de *Mireille*, *Manon*, *Lakmé*, *Carmen*, *Le Roi l'a dit*, etc. Elle s'est fait très vivement remarquer dans ses créations de *Marie* du *Vaisseau fantôme*, Moussak de *Ferwal*, Cendrillon, *Louise*, *Joseph*, *Iphigénie*, etc.

Professeur de chant, M⁽ᵐᵉ⁾ Carré est officier d'Académie.

KÉROUL (Henri-Antoine-Alexis-Siméon QUEYROUL, dit)

 OMANCIER, auteur dramatique, né à Corte (Corse) le 8 février 1857. Il fit ses études classiques au lycée Louis-le-Grand, puis entra comme rédacteur au ministère des Travaux publics, direction des chemins de fer.

M. Henri Kéroul débuta comme auteur dramatique en 1877, avec la *Sarbacane*, opérette dont la musique est de M. Henri Château et qui fut jouée à la Scala. Il donna ensuite, en peu de temps : les *Jaloux d'en face*, *Une tempête dans un médaillon*, le *Saut du loup*, l'*Article 324* et diverses autres pièces, dont le vif succès l'engagea à aborder le théâtre.

Les œuvres de M. Henri Kéroul ont été généralement très bien accueillies par le public. Les plus connues sont : le *Tigre de la rue Tronchet*, vaudeville, 3 actes, avec Pierre Decourcelle (Menus-plaisirs, 1887) ; le *Sosie*, opéra-bouffe, 3 actes, avec Valabrègue, musique de Raoul Pugno (Bouffes-Parisiens, 1887) ; *Bonheur à quatre*, comédie en 3 actes, avec Varet (Cluny, 1889) ; les *Boulinard*, comédie-vaudeville avec Ordonneau et Valabrègue (Palais-Royal, 1890) ; l'*Oncle Célestin*, opérette 3 actes, avec Ordonneau, musique d'Audran (Menus-plaisirs, 1891) ; le *Voyage de Berluron*, vaudeville 4 actes avec Ordonneau et Grenet-Dancourt (Déjazet, 1893) ; les *Colles des femmes*, vaudeville-opérette en 4 actes avec Jaime, musique de Ganne (Menus-plaisirs, 1893) ; *Cousin-Cousine*, opérette 3 actes, avec Ordonneau, musique de Serpette (Folies-Dramatiques, 1893) ; l'*Élève du Conservatoire*, opérette 3 actes avec Burani, musique de Wenzel (Menus-Plaisirs, 1894) ; la *Belle épicière*, opérette 3 actes, avec P. Decourcelle, musique de Varney (Bouffes, 1895) ; la *Noce de Grivolet*, vaudeville-opérette 3 actes, avec Ch. Raymond, musique de Carman (Déjazet, 1896) ; les *Frisons de Vénus*, 3 actes, avec Gustave Sauger (Bouffes-Parisiens, 1898), etc.

Comme romancier, M. Henri Kéroul a publié notamment : le *Fils d'un autre*, *Fille sans dot* et le *Revenant* au *Petit Parisien* ; le *Petit muet*, dont un drame en 5 actes et 8 tableaux a été tiré par l'auteur pour l'Ambigu ; la *Faute de Juliette*, *Rose d'avril* et *Victime d'amour*, à la *Vie populaire* ; *Miochette* et *Mamzelle Fauvette*, dans la Collection des romans inédits. Ces œuvres, fortement « charpentées », et où se retrouvent les qualités du dramaturge et de l'auteur comique, plaisent non-seulement par l'intrigue savamment conduite, mais aussi par le style coloré et très vivant.

M. Henri Kéroul a écrit dans la *Nation*, dirigée par M. Gros, la *Soirée Parisienne*, et il collabora assidûment aux *Premières illustrées*, de 1885 à 1888. Il est sociétaire de la Société des Auteurs dramatiques et de la Société des Gens de Lettres.

SEYNES (Jules de)

BOTANISTE et naturaliste, né à Lyon le 16 janvier 1833, d'une famille originaire du Languedoc. Il fit ses études médicales à la faculté de Montpellier et y prit le doctorat en 1860. Reçu, en 1863, docteur ès-sciences naturelles devant la Faculté des Sciences de Paris, il devint, deux ans plus tard, agrégé à la Faculté de Médecine et maître de conférences à cette même faculté.

En 1879, M. le D⁽ʳ⁾ de Seynes quitta ces fonctions et se consacra exclusivement aux travaux de science pure qui, déjà, avaient attiré l'attention sur son nom. Citons parmi les publications les plus remarquables de ce savant : *Étude sur l'absorption gastro-intestinale* (Thèse de doctorat en médecine, 1860) ; *Essai d'une flore mycologique de la région de Montpellier et du Gard* ; *Observations sur les Agoricinés* (Thèse de doctorat ès-sciences, 1863) ; *De la germination* (Thèse d'agrégation, 1863) ; *Observations sur quelques monstruosités chez des champignons supérieurs* (Bulletin de la Société Botanique, 1867) ; *Sur le Mycoderma vini Desm et le développement des endospores* (Comptes-rendus de l'Académie des Sciences et Annales des Sciences naturelles, 1868) ; *Des rapports des mycodermes avec les levures* (Bulletin de la Société Botanique de France, 1868) ; *Étude sur le parasitisme* (Annales de Dermatologie, 1869) ; *Remarques sur un point d'histoire de la cryptogamie et sur la découverte des dpores dans les champignons (Bulletin de la Société Botanique de France*, 1870) ; *Sur la transformation des Bactéries et Mucédinées en levures alcooliques (Comptes-rendus de l'Académie des Sciences*, 1872) ; *Recherches pour servir à l'Histoire naturelle des Végétaux* (1 vol. 1874, ouvrage qui obtint le prix Desmazières à l'Académie des Sciences) ; *Note sur une monographie du genre Fistulina Bull. (Bulletin de la Société Botanique*, 1874) ; les *Champignons*, sorte de de traité élémentaire *(Dictionnaire de Botanique*, 1876) ; *Les conidies du Polyporus sulfurens Bull. et leur développement (Comptes-rendus de l'Académie des Sciences*, 1878) ; *Notes sur les apparences amyloïdes de la cellulose chez des champignons (Comptes-rendus de l'Académie des Sciences*, 1879) ; *Les conidies mycéliennes du Polyporus sulfurens Bull. (Bulletin de la Société Botanique*, 1884) ; *Sur la maladie des mûriers (Société des Agriculteurs de France*, 1885) ; *Une nouvelle espèce de Mycenastrum (Société botanique de France*, 1886) ; *Recherches sur les végétaux inférieurs ; Observations sur le Peziza tuberosa Bull.* (1886) ; plusieurs communications sur les *Ceriomyces*, la *Maladie des châtaigniers*, etc. *Recherches pour servir à l'histoire naturelle et à la flore des champignons du Congo français* (1 vol. 1897) et divers autres articles et mémoires sur l'*Anatomie* et la *Physiologie végétale*, les *Organes de reproduction*, les *Mucédinées et Bactéries*, la *Morphologie du réceptacle*, la *Botanique descriptive* et la *Géographie botanique*, le *Parasitisme et les maladies des végétaux* et, dans le *Dictionnaire de Botanique*, le *Dictionnaire des Sciences médicales*, les *Éléments de Botanique* de Richard et Martins, des études sur divers sujets.

On doit encore à M. le Dr J. de Seynes d'importants travaux sur les modifications du développement des champignons, les cellules laticifères et à parois épaisses, les cystides et leurs fonctions, la découverte d'organes secondaires de reproduction chez les champignons supérieurs et celle des corps reproducteurs endocellulaires des levures chez un type de ce groupe, le *Mycoderma Vini* ; cette découverte a été quelquefois attribuée à des savants allemands ; mais, dès 1868, elle était indiquée dans un mémoire de M. de Seynes, cité plus haut.

Membre des Sociétés philomatique, botanique et mycologique de France, dont il a été président, de la Société des Agriculteurs de France et l'un des promoteurs de l'Association française pour l'avancement des sciences, il est correspondant des sociétés Linnéenne de Maine-et-Loire, d'Histoire naturelle de Cherbourg, Botanique de Lyon, Cryptogamologique italienne, etc.

M. le Dr J. de Seynes est chevalier de la Légion d'honneur.

GALLIFFET (Gaston-Alexandre-Auguste, Marquis de)

Général, ancien ministre de la Guerre, né à Paris le 23 janvier 1830. Engagé volontairement, le 22 avril 1848, dans la cavalerie, il passait officier le 30 décembre 1853. A peine nommé sous-lieutenant, on l'envoya en Crimée ; devant Sébastopol, il fut, pour la première fois, cité à l'ordre du jour de l'armée et décoré. Lieutenant le 30 décembre 1857 et désigné pour l'Afrique, il prit part à trois expéditions ; il fut successivement promu capitaine le 3 février 1860, chef d'escadron le 24 juillet 1863, lieutenant-colonel le 17 juin 1865, colonel le 14 août 1867.

L'empereur l'avait choisi, en 1861, comme officier d'ordonnance. En 1863, il faisait la campagne du Mexique. Dans cette guerre, son ardeur entraînante et son mépris de la mort le firent exceptionnellement remarquer. A Puebla, il reçut une blessure épouvantable à laquelle il eût dû succomber. Il a raconté lui-même, avec une crânerie pleine d'humour, ce terrible évènement :

Nous étions bien lancés, un obus éclate, je suis renversé. On ne s'arrête pas pour si peu ; les camarades continuent à charger. Quand je revins à moi, mes boyaux sortaient. Et puis après ! A la chasse, quand un chien est étranglé par un sanglier, nous ne l'abandonnons pas, nous lui remettons les boyaux en place, nous rapprochons les chairs, nous recousons, et vogue la galère ! J'essayai d'abord si je pouvais me relever. Oui. Quand je fus à genoux, je mis mes tripes dans mon képi. Encore un effort, j'étais debout : j'allai cahin-caha à l'ambulance et me voilà.

Sa blessure à peine cicatrisée, il rentra en France, rapportant les drapeaux pris à l'ennemi. Il fut, à cette occasion, promu officier de la Légion d'honneur.

Aussitôt rétabli, le marquis de Galliffet retourna au Mexique et y commanda la contre-guerilla française à Orizaba et à Medellin, où, pour la troisième fois, il fut cité à l'ordre du jour du corps expéditionnaire.

Lors de la déclaration de guerre à la Prusse, il était à la tête du 3e régiment de chasseurs d'Afrique. Appelé à l'armée du Rhin, il commanda, le 1er septembre 1870, général de brigade de la veille, en remplacement du général Margueritte, tué au plateau d'Illy, la fameuse charge de cavalerie de Sedan, qui arracha à Guillaume ce cri d'admiration :

— Oh ! les braves gens !

Prisonnier de guerre, par suite de la capitulation de Sedan, il fut interné à Coblentz. En rentrant de captivité, en 1871, il prit le commandement d'une brigade de cavalerie dans l'armée de Versailles et combattit la Commune. On a reproché à M. de Galliffet sa conduite implacable contre l'insurrection et ses fusillades trop sommaires. En effet, « il a fait passer par les armes, dit un de ses biographes avec exactitude, bien des gens dont la culpabilité n'était pas le moins du monde démontrée. »

Envoyé après la Commune, à Batna (Algérie), il rentra en France en 1873 et fut nommé général de division en 1875, à Dijon, où il se fit remarquer par son attitude réactionnaire. On le désigna, en 1879, pour commander le 9ᵉ corps d'armée à Tours. A cette époque eurent lieu, dans la Brie, d'importantes manœuvres de cavalerie qui le mirent tout particulièrement en évidence. Gambetta appréciait les mérites militaires du général qui, d'ailleurs, à ce moment, recherchait son amitié, et montrait des opinions républicaines que son passé ne faisait pas prévoir.

Le général de Galliffet a commandé ensuite le 12ᵉ corps d'armée à Limoges de 1882 à 1885 ; il a été membre du Comité supérieur de la guerre et du Comité de défense, président du Comité de cavalerie et inspecteur d'armée. La cavalerie française a fait de réels progrès sous sa direction : le but de ses efforts a été de constituer une cavalerie très mobile, hardie et toujours entraînée.

Pendant la période d'agitation aiguë créée, en France, par les péripéties ayant précédé la révision du procès du capitaine Dreyfus, le général de Galliffet s'était tenu à l'écart des manifestations de toute nature auxquelles avaient cru pouvoir se livrer plusieurs des grands chefs de l'armée. Son attitude, en cette circonstance, avait paru exempte de parti-pris. Aussi, quand M. Waldeck-Rousseau constitua le cabinet dit de « défense républicaine », dont le programme comportait la solution de cette passionnante affaire, le ministère de la Guerre fut offert à l'ancien président du comité de cavalerie qui l'accepta (22 juin 1899). Cette acceptation fut très diversement accueillie : les conservateurs et les nationalistes, craignant que le nouveau ministre ne se solidarisât pas suffisamment avec les chefs de l'armée compromis, d'un côté ; les révolutionnaires, qui ne voulaient pas oublier ses fusillades de 1871, d'autre part ; tous s'unirent pour combattre avec acharnement M. de Galliffet, qui, à sa première apparition à la Chambre, fut très violemment interpellé et même injurié.

Le procès Dreyfus, par décision de la Cour de cassation, ayant été rappelé devant le Conseil de guerre de Rennes, le ministre de la Guerre affirma qu'il ne donnerait aucune instruction au commissaire du gouvernement et celui-ci conclut à une nouvelle condamnation, qui fut effectivement prononcée.

Après le jugement, M. de Galliffet proposa et le président de la République accorda la grâce du condamné ; puis il envoya une circulaire rappelant à l'armée ses devoirs de soumission au pouvoir civil et d'abstention politique ; à propos de l'affaire Dreyfus il déclarait l'incident clos. Cependant, dans aucun camp, on ne voulut accepter cette clôture de la discussion que demandait le ministre et les polémiques persistèrent de part et d'autre, même au sein de l'armée. Enfin, un officier ayant communiqué à un journal des documents du ministère de la Guerre, M. de Galliffet, interpellé au Sénat et à la Chambre, blâma, en le qualifiant de « crime », l'acte de son subordonné, et prit, contre cet officier, des mesures disciplinaires. Mais, las de la persistance des attaques dont il était l'objet ; ennuyé d'avoir à prendre part journellement à des luttes politiques auxquelles il n'était pas habitué et fatigué physiquement, il donna sa démission le 29 mai 1900 et fut remplacé au ministère de la Guerre par le général André.

M. de Galliffet est grand-croix de la Légion d'honneur et décoré de la médaille militaire.

ZWILLER (Marie-Augustin)

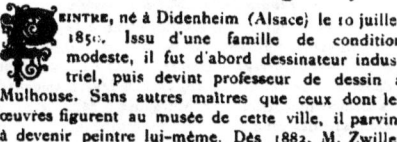

Peintre, né à Didenheim (Alsace) le 10 juillet 1850. Issu d'une famille de condition modeste, il fut d'abord dessinateur industriel, puis devint professeur de dessin à Mulhouse. Sans autres maîtres que ceux dont les œuvres figurent au musée de cette ville, il parvint à devenir peintre lui-même. Dès 1882, M. Zwiller envoyait au Salon de la Société des Artistes français une *Tête d'étude* où se révélaient déjà de belles qualités artistiques.

En 1883, il vint à Paris et suivit les cours de MM. Boulanger et Jules Lefebvre. Il s'est fait connaître depuis comme un portraitiste habile et consciencieux, un interprète original et d'une sincérité vraie de la vie industrielle de l'Alsace.

On doit citer dans l'œuvre de cet artiste les envois suivants aux Salons successifs : la *Prière du matin* (1883) ; *Portrait de M. E. L.* (1885) ; un *Philosophe*, acquis par la générale Booth pour la maison mère de l'armée du Salut à Londres et *Portrait de M*^{me} *A. Z.*, (1887) ; le *Remords de l'ivrogne*, toile acquise pour le musée de Strasbourg, et une *Captive* (1888) ; un *Coin du réfectoire de la maison Dollfus-Mieg et C*^{ie} *à Mulhouse-Dornach* (1889) ; une *Noce à Didenheim en Alsace* (1890) ; *Pensées enfantines*, tableau d'un sentiment touchant (1891) ; une *Leçon à l'Institut des jeunes aveugles d'Illzach* ; les *Gros bonnets du village* (1892) ; *Catéchisme de persévérance* ; *Chut !* (1893) ; la *Bénédiction du bienfaiteur* ; *Portrait de Suzel* (Mlle *Scheurer-Kestner*) en alsacienne (1894) ; *Leçons de modelage aux enfants aveugles*, tableau actuellement au musée de Mulhouse ; « composition, dit M. Thiébaut-Sisson du *Temps*, soigneusement étudiée ; grande toile claire avec de jolis coins de paysages entrevus à travers le vitrage des fenêtres » (1895) ; l'*Industrie en Alsace (le Pliage)* ; *Ils ont des oreilles, mais ils n'entendent point* (1896) ; *Réflexions* ; *Portrait de M*^{me} *X...* (1897) ; l'*Industrie en Alsace (l'impression et le tissage)* (1898) ; l'*Industrie en Alsace (le Laboratoire)* et *Pour le centenaire de la réunion de Mulhouse à la France* (1899) ; l'*Industrie en Alsace (le Raponage)*, autre étude très bien tenue et remarquée (1900).

M. Dumoulin, dans le *Journal du Havre*, écrivit à propos du tableau : *Pour le centenaire de la réunion de Mulhouse à la France* :

« aginez une femme nue, au corps ambré et souple, à la ligne g :h:use et ronde, blonde, enveloppée, tout juste ce qu'il faut, d: draperies noires, coiffée d'une minuscule coiffe sombre que f . e la cocarde tricolore et qui inscrit sur une roue dentée ce v: :set de la Bible : « Il n'y a rien de nouveau sous le soleil », « Vous ne sauriez croire les jolis effets d'opposition, le piquant des contrastes et la grâce et la poésie de l'ensemble. »

On doit en outre à M. Zwiller nombre de portraits ; les suivants figurent au musée de Mulhouse : MM. *Jules-Siegfried*, ancien ministre ; *Lœw*, président de la Cour de cassation ; *Auguste Dollfus*, président de la Société industrielle de Mulhouse ; celui de *M. J. Dollfus*, qui est à la mairie de Mulhouse ; ceux de nombreuses personnalités alsaciennes, telles : MM. *Schlumberger*, *Schwartz*, *Mieg*, *Engel*, *Marozeau*, *Kœchlin*, *Lantz*, *Huguenin*, *Dreyfus* ; ceux de l'*Amiral Touchard*, *M. Gobron*, ancien député ; Mlles *Scheurer-Kestner*, etc.; des toiles très appréciées sur des sujets patriotiques ; diverses études, parmi lesquelles une *Petite Alsacienne* qui se trouve au musée de la Rochelle et le *Régal*, au musée de Mulhouse.

Cet excellent artiste, mentionné en 1888, a été médaillé de 3e classe en 1892 et de 2e en 1896. Il est hors concours au Salon de la Société des Artistes français.

ROBIN-MASSÉ (Paul)

CHIRURGIEN, né à St-Amand-Montrond (Cher), le 15 juillet 1866. Il commença ses études à la Faculté de Médecine de Lille et les termina à celle de Paris.

Attaché à la personne de Péan, l'illustre chirurgien, il fut d'abord son secrétaire, et collabora en cette qualité aux *Leçons de clinique chirurgicale* pour les années 1891 et 1892 ; il suivit son maître à l'hôpital fondé par lui, rue de la Santé, fut son chef de clinique, puis son assistant, jusqu'en 1898, époque de sa mort. Devenu alors chirurgien-adjoint de l'hôpital Péan, il s'est acquis, dans la pratique de son art, une réputation de tacticien habile et novateur.

Après sa thèse sur le *Traitement chirurgical de l'Hépatoptose totale*, qui fut très remarquée, M. le Dr Robin-Massé a publié des observations éparses dans les thèses des élèves de l'Hôpital Péan.

SOREAU
(Georges-Pierre-Julien-Marie)

ÉCRIVAIN, auteur dramatique, né à Ruillé-en-Champagne (Sarthe) le 29 juillet 1871. Ses études classiques faites au collège de Château-du-Loir, puis à l'Ecole normale du Mans, il débuta dans les lettres en collaborant à la *Revue littéraire du Maine*, aux *Alpes Mancelles*, au *Pays Fertois*, etc. Puis il publia : *Brune sultane*, nouvelle (1892) et *Au bon pais de Sillé* (1893) ; cette dernière brochure obtint un vif succès dans la région ; il a encore écrit d'autres historiettes et contes en patois manceau et normand.

Venu à Paris en 1895, M. Georges Soreau s'y fit rapidement connaître par une série de publications auxquelles la critique fut généralement favorable. Citons notamment : *Mélusine aux cheveux d'or*, en collaboration avec Marc Langlais (plaquette, 1897); *Manon Roland* (même année) ; la *Vie de la Dame aux Camélias* (1 vol. 1898), ouvrage dont l'apparition suscita de vives polémiques et comptes rendus divers ; *Amiati*, étude biographique de la célèbre cantatrice (1899) ; *Maguéra et son théâtre* (1899), à-propos sur cette tragédienne et son théâtre ; les *Veillées de maître Renasiau*, contes en patois manceau et normand (1899), etc.

Comme auteur dramatique, M. Georges Soreau a fait représenter au Théâtre d'Audition, la *Bachelière*, comédie en 3 actes et 4 tableaux, en collaboration avec

Mme Léa d'Ariel (février 1899.) Cette pièce obtint un très vif succès et la presse l'accueillit avec éloges.

M. Georges Soreau est secrétaire de *Paris-Province*, revue hebdomadaire dans laquelle il fait la critique théâtrale et bibliographique. Il collabore aussi au *Petit Parisien*, à la *Revue de France*, au *Supplément*, au *Passant*, à la *Lecture illustrée*, etc.

JEAN (Ferdinand)

INGÉNIEUR-CHIMISTE, né à Paris le 15 mai 1844. Elève de MM. Buran, Pisani, Boutmy, Frédéric Weil et Fremy, il s'est fait connaître par d'importants travaux de chimie analytique sur les corps gras, la tannerie et la chimie minérale, qui ont été l'objet de nombreuses communications à l'Académie des Sciences, à la Société chimique et à diverses publications scientifiques.

Chimiste-expert, essayeur de commerce diplômé, commissaire-expert près la Commission des douanes, arbitre-expert près le Tribunal de Commerce, M. Ferdinand Jean a été directeur du laboratoire de la Bourse de Commerce. Nommé, depuis, chef du laboratoire de la Société française d'hygiène, il est en outre chimiste de la Halle aux cuirs et de la Société d'encouragement à l'industrie laitière. On lui doit la création, en France, du contrôle chimique permanent des denrées alimentaires et objets d'utilité publique et la fédération des contrôles chimiques européens, d'un si grand intérêt pour l'hygiène et la santé publiques. Il est aussi l'inventeur de l'oléofractomètre, appareil de réfraction pour l'angle des corps gras, adopté par le laboratoire municipal et ceux des douanes et stations agronomiques.

Les ouvrages principaux publiés par M. Ferdinand Jean portent les titres suivants : *Méthodes chimiques pour l'essai des suifs* (1 vol. 1872, en collaboration avec M. Dalican); *Traité d'analyse des engrais* (1 vol. 1880) ; l'*Industrie des cuirs et des peaux* (1 volume publié dans l'*Encyclopédie des Aide-Mémoires* de M. Léauté, 1891) ; la *Chimie analytique des matières grasses* (1 vol. 1891), etc.

M. Ferdinand Jean est rédacteur en chef de la *Revue de chimie industrielle*. Ancien président du Syndicat des chimistes et essayeurs de France, ancien vice-président de l'Association des élèves de M. Frémy, vice-président de l'Association internationale des chimistes de l'Industrie des cuirs et peaux, membre de la Commission internationale pour la répression des falsifications, de la Société des Gens de science, etc., lauréat (médaille d'or) de la Société des Agriculteurs de France, il est officier de l'Instruction publique et chevalier du Mérite agricole.

ARGENT (Jules d')

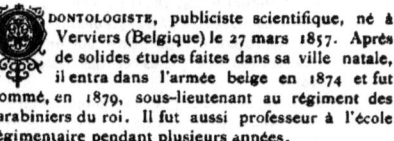

ODONTOLOGISTE, publiciste scientifique, né à Verviers (Belgique) le 27 mars 1857. Après de solides études faites dans sa ville natale, il entra dans l'armée belge en 1874 et fut nommé, en 1879, sous-lieutenant au régiment des carabiniers du roi. Il fut aussi professeur à l'école régimentaire pendant plusieurs années.

En 1881, M. Jules d'Argent vint se fixer en France, où il occupa tout d'abord la situation d'actuaire dans une grande compagnie d'assurances sur la vie.

Porté, cependant, vers les études médicales et plus particulièrement vers l'odontologie, M. d'Argent entra, en 1885, à l'Ecole dentaire de Paris, d'où il sortit diplômé et 1er lauréat en 1889, avec une médaille d'or de l'école et une autre du ministre du Commerce.

Reçu ensuite chirurgien dentiste de la Faculté de Médecine de Paris, M. J. d'Argent a été, à l'Ecole Dentaire, de 1890 à 1892, préparateur du cours de dissection ; de 1892 à 1894, démonstrateur à divers cours et, de 1894 à 1897, chef de clinique, nommé au concours. En 1897, il a été nommé, à la même école, après un brillant concours, professeur suppléant de clinique ; il y est devenu, en outre, professeur d'anesthésie par réfrigération, suivant une méthode nouvelle dont il est le créateur.

M. d'Argent est l'auteur de travaux et publications scientifiques importants. Collaborateur assidu à l'*Odontologie*, organe de l'Ecole dentaire de Paris, où il a fait paraître de nombreux articles de pathologie et de thérapeutique dentaires, il a publié, en outre, les ouvrages ou mémoires suivants : *Etude sur la restauration ou greffe artificielle des couronnes dentaires* (1890) ; *Contribution à la technique des couronnes dentaires artificielles* (l'*Odontologie*, janvier 1891) ; le *Coryl*, nouvel anesthésique réfrigérant local et son appareil d'application, le *Coryleur* (l'*Odontologie*, avril 1893) ; *Contribution à la prise des empreintes* : porte-empreinte à courant réfrigérant (l'*Odontologie*, juin 1895) ; *Etude sur les moulages de la bouche* ; *Anesthésie par réfrigération*, perfectionnement à sa technique par les tubes d'émission J. d'Argent (Congrès dentaire national, Bordeaux 1895) ; *Action de l'acide arsénieux sur la pulpe dentaire* (l'*Odontologie*, octobre 1897, sujet de thèse) ;

l'Érosion dentaire (l'*Odontologie*, octobre 1897, leçon clinique de concours) ; *De l'Instabilité des anesthésiques réfrigérants* (l'*Odontologie*, décembre 1897) ; l'*Ethyleur et l'Ethyleuse*, appareils servant à obtenir et à maintenir le maximum de propulsion et de puissance anesthésique du chlorure d'éthyle (Congrès dentaire national Paris, 1897) ; *L'ipsilène iodoformé et l'ipsilène osseux en chirurgie dentaire*, étude sur un nouveau procédé d'antisepsie et sur un nouvel agent de cicatrisation des plaies et des lésions osseuses (1899), etc.

En art dentaire, M. J. d'Argent s'est montré l'un des partisans convaincus de l'anesthésie locale, opposée à l'anesthésie générale, souvent dangereuse et superflue. Il a été le novateur et le vulgarisateur du « coryl » (produit dérivé du chlorure de méthyle et du chlorure d'éthyle) et du « Coryleur », auquel il a apporté de nombreux perfectionnements. C'est lui également qui a doté l'art dentaire des appareils dits « ipsileuse » et « ipsileur », présentés au Congrès de Paris en 1897 et dont les principes ont été utilisés dans l'application de la nouvelle médication « ipsilène iodoformé » et « ipsilène osseux ».

Membre, secrétaire-général, puis président (1898-1899) de la Société d'odontologie de Paris, M. J. d'Argent est président de l'Association générale des Dentistes de France. Trésorier de l'Ecole dentaire de Paris depuis 1891, il a créé la comptabilité aujourd'hui en usage dans cet établissement.

Naturalisé français depuis 1892, M. d'Argent est officier d'Académie.

MAUROY
(Adrien-Charles Marquis de)

INGÉNIEUR, agriculteur et minéralogiste, né à Troyes le 18 octobre 1848. Issu d'une ancienne famille originaire de l'Artois et du Cambrésis, qui compte parmi ses membres : un Regnier de Maurois, qui participa à la première croisade en 1096 ; Antoine de Mauroy, chevalier de Rhodes en 1484 ; Antoine de Mauroy, chevalier de Malte en 1543, etc., le marquis de Mauroy fit ses études à l'Ecole supérieure des Mines, d'où il sortit diplômé et premier en 1872.

Propriétaire de vastes domaines près de Wassy, dans la Haute-Marne et près de Troyes (Aube), le marquis de Mauroy dirigea de bonne heure ses efforts vers la chimie agricole pratique. Il a publié, sur l'emploi des engrais chimiques et de la tourbe et sur le rendement des diverses variétés de blé, d'orge, d'avoine, de betterave, de pommes de terre, de plantes fourragères et des prairies temporaires en terrain sec, plusieurs études, parues dans le *Bulletin du Comice agricole de l'Aube* et divers recueils scientifiques, dans la *Croix de la Haute-Marne*, etc.

On lui doit, en outre, la publication d'un petit traité de vulgarisation : *Unité, composition et emploi des engrais chimiques* (1 vol. 1884, 3ᵉ édition 1900), dont deux cents exemplaires ont été acquis par le ministère de l'Instruction publique en 1897 et cent autres en 1898. Sur le même sujet, le marquis de Mauroy a fait quelques conférences, préconisant l'emploi des engrais chimiques, à l'achat desquels il contribua, dans l'Aube, comme président du Syndicat des Agriculteurs de ce département, dès 1884.

Ses recherches en minéralogie l'ont conduit à la constitution d'une collection précieuse de minéraux et météorites ; elles ont été également l'objet d'intéressants articles dans les organes spéciaux. Il a donné à des musées, universités, collèges, écoles, plus de sept mille échantillons minéralogiques et géologiques et il a fondé, en 1896, le musée d'Histoire naturelle du Vatican, à Rome.

Le marquis de Mauroy est membre de la Société académique de l'Aube, conservateur du Musée minéralogique de Troyes, membre perpétuel et ancien vice-président de la Société française de minéralogie, membre honoraire de la Société impériale minéralogique de St-Pétersbourg, correspondant du Muséum d'histoire naturelle de Paris, etc.

Il a obtenu, en récompense de ses travaux, de nombreux prix, notamment un prix du ministère des Travaux Publics pour ses études à l'Ecole des Mines, en 1874 ; le prix Godard (médaille d'or et 800 francs), de la Société des Agriculteurs de France, en 1887, pour ses améliorations dans la culture du blé ; un prix de la Société d'encouragement à l'industrie nationale, pour l'utilisation de la tourbe en agriculture (1890) et diverses médailles d'or, argent et vermeil dans les concours agricoles, régionaux et départementaux.

Le marquis de Mauroy est, d'autre part, conseiller municipal de Wassy et administrateur de la caisse d'épargne de l'arrondissement de ce nom, trésorier de la 314ᵉ section de Vétérans, président du Comité de secours aux blessés militaires à Wassy, etc.

Il est chevalier de l'ordre de Ste-Anne de Russie, commandeur de l'ordre de Pie IX, grand-officier de l'ordre de St-Sava de Serbie, chevalier d'honneur et dévotion de l'ordre de Malte.

ANDRÉ (Louis-Joseph-Nicolas)

GÉNÉRAL, ministre de la Guerre, né le 29 mars 1838 à Nuits-St-Georges (Côte-d'Or). Il accomplit ses études classiques au lycée de Dijon et au collège Sainte-Barbe, puis entra, en 1857, à l'Ecole polytechnique, dans la promotion dont Sadi Carnot faisait partie.

Sous-lieutenant élève d'artillerie à l'Ecole d'application de Metz, en 1859, M. André fut promu lieutenant en second au 9e régiment, le 1er octobre 1861, et capitaine en second, en 1867, à la manufacture d'armes de Châtellerault.

Il était employé, avec ce grade, en 1870, à l'Ecole de pyrotechnie, à Metz, lors de la déclaration de guerre de la France contre l'Allemagne ; il rejoignit alors le 7e régiment à Rennes et, de là, fut envoyé à Paris, où il servit, à la tête de sa batterie, pendant toute la durée du siège. Il assista aux combats de Champigny et du Bourget.

Commandant au 34e régiment d'infanterie en 1877, lieutenant-colonel en 1885, colonel au 2e régiment d'artillerie, à Grenoble, en 1888, M. André, en dehors de son service actif, fut appelé à remplir, durant cette période de sa vie, d'importantes fonctions relatives à la partie technique du métier d'artilleur ; il a été placé à la tête du cours de tir d'artillerie de Bourges, transporté depuis à Poitiers, de la commission d'expériences de cette même ville, et de la direction d'artillerie de Vincennes ; il a pris une part active à l'établissement des méthodes de réglage de tir, aux études relatives à la mélinite et à la confection des cartouches du fusil Lebel.

Général de brigade en 1893, et nommé commandant de l'Ecole Polytechnique le 20 décembre de la même année, en remplacement du général Gebhart, M. André a été l'un des principaux organisateurs des fêtes du centenaire. Mathématicien très distingué et esprit novateur, il a marqué son commandement par la réforme des programmes d'admission, celle de l'enseignement et plusieurs autres réformes très bien accueillies à l'Ecole et dans l'armée.

Nommé membre du Comité technique d'Etat-major au mois d'octobre 1896, puis commandant de l'artillerie du 4e corps d'armée, au Mans, en mars 1897, M. André fut promu général de division le 12 mai 1899 et chargé d'une inspection générale d'artillerie. Peu de temps après, il était placé à la tête de la 10e division d'infanterie, à Orléans. Il est venu à Paris, avec sa division, en octobre 1899.

Après la démission de M. de Galliffet, le général André a été appelé, le 30 mai 1900, à prendre le portefeuille de la Guerre, dans le cabinet Waldeck-Rousseau.

M. le général André a collaboré au *Dictionnaire de la Langue française* de Littré et à la *Revue positive*, dirigée par le grand linguiste et Wyrouboff. Il est commandeur de Ste-Anne de Russie, du Geng d'Or d'Annam, grand-officier de l'Osmanié, officier de l'Instruction publique et officier de la Légion d'honneur.

MORGAN (Jacques de)

EXPLORATEUR et écrivain, né à Huisseau-sur-Casson (Loir-et-Cher) le 3 juin 1857. Ses études faites à l'Ecole des Mines de Paris, il accomplit, de 1882 à 1883, un premier voyage dans les Indes ; puis, en 1884, il explora la presqu'île de Malacca.

De 1886 à 1889, M. de Morgan visita le sud de la Russie, notamment le Caucase, la Turquie d'Europe et d'Asie. Puis, il explora la Perse pour la première fois. Rentré en France en 1891, il fut envoyé par le ministère de l'Instruction publique et des Beaux-Arts en Egypte comme directeur-général du service des Antiquités. En cette qualité, il pratiqua lui même des fouilles heureuses à Memphis et à la nécropole de Saqqara (1892), découvrit le tombeau de Mérou-Ka (1893), procéda au déblaiement du temple d'Ombos et releva tous les monuments antiques entre la frontière égyptienne et les environs d'Ombos (même année) ; il pratiqua aussi des fouilles à Dahchour, travaux qui donnèrent lieu à de très importantes découvertes (1893 à 1895).

En 1896, M. Jacques de Morgan fit une expedition scientifique au Mont Sinaï et au Bahr-Bela-Ma, ancien lit du Nil, qu'il a été le premier à visiter au point de vue scientifique. La même année il ordonna et surveilla les déblaiements de Karnak et de Médinet-Abou. En même temps, il étudiait les origines des peuples de l'Egypte et, au cours de ses recherches, il mit au jour le tombeau de Ménès, le 1er roi de la première dynastie.

En 1897, M. de Morgan quitta l'Egypte pour la Perse, où il était envoyé comme délégué-général du ministère de l'Instruction publique, afin d'entreprendre dans ce pays les travaux archéologiques dont la France a le monopole. Il a fait depuis ce temps diverses explorations dans les montagnes de Batchyaris, au Pouch-te-Kouh et en Mésopotamie, contrée qu'il parcourut à cheval jusqu'en Turquie.

M. Jacques de Morgan a publié, entr'autres ouvrages importants : *Etudes sur les terrains crétacés de la Scandinavie* (1 vol. 1879) ; *Géologie de la Bohême* (1 vol. 1881) ; *Exploration de la presqu'île de Malacca* (1 vol. 1885) ; *Recherches sur les origines des peuples du Caucase* (2 vol. 1889) ; *Une mission en Perse*, ouvrage qui comprend : les *Etudes géographiques*, *Etudes archéologiques*, *Etudes paléontologiques* (2 vol. de 1892 à 1900) ; *Etudes linguistiques* (2 vol.) ; *Catalogue des monuments d'inscriptions antiques de l'Egypte des frontières de Nubie à Ombos*, comprenant : *Description du Temple d'Ombos* (2 vol. 1894), *Fouilles à Dahchour* (2 vol. 1895) ; *Recherches sur les origines de l'Egypte* (2 vol. 1896-1897) et un grand nombre de cartes, parmi lesquelles celles de la presqu'île de Malacca, des pays persans situés au sud de la mer Caspienne, du Kurdistan, de l'Elam, etc.

M. Jacques de Morgan est officier de la Légion d'honneur, grand-croix de St-Stanislas de Russie, grand-officier de l'ordre François-Joseph d'Autriche, de Léopold de Belgique, du Danebrog, de l'Osmanié, du Lion et du Soleil de Perse, etc.

FRIESÉ (Paul)

Architecte et ingénieur, né à Strasbourg le 12 avril 1851. Venu de bonne heure à Paris, il entra, en 1871, à l'Ecole des Beaux-Arts, dans l'atelier d'architecture de M. Coquart.

Nommé sous-inspecteur des Bâtiments civils en 1873, il devint successivement inspecteur des travaux au Palais-Bourbon en 1878 et inspecteur des travaux de l'Ecole centrale des Arts et Manufactures en 1884.

En 1885, M. Friesé devenait l'associé de M. Denfer, architecte et professeur à la même école ; il a exécuté, en collaboration avec celui-ci, les lycées de Roanne et de St-Etienne et l'usine du secteur électrique de la place Clichy.

Resté seul en 1891, il accomplit bientôt des travaux remarquables, qui ont mis en relief non-seulement son talent d'architecte, mais aussi ses qualités d'ingénieur. On lui doit notamment : la reconstruction partielle des grands moulins de Corbeil (1893); l'usine de malterie Springer à Ris-Orangis ; plusieurs bâtiments de la papeterie d'Essonnes ; l'usine d'électricité du quai Jemmapes, pour la Cie Parisienne d'air comprimé (1895), les usines de traction électrique de Poitiers, de Bourges et d'Armentières ; l'entrepôt général des sucres et l'entrepôt des laines du port de Dunkerque, pour la chambre de Commerce de cette ville ; la reconstruction partielle des magasins de nouveautés : « Aux Trois Quartiers » ; l'usine électrique de la compagnie des omnibus à Vincennes ; l'usine électrique du Métropolitain au quai de la Rapée (1899) ; les ateliers et le dépôt de la Cie du Métropolitain ; l'usine de la compagnie électrique : le « Triphasé » (d'une force de 37,000 chevaux) ; les immeubles de MM. Darblay et Pierredon aux Champs-Elysées (1899) ; la reconstruction partielle de la fabrique de papiers peints Isidore Leroy et de l'imprimerie Chaix à Paris (1900), ainsi que de nombreuses maisons de rapport, boulevard Montparnasse, faubourg St-Honoré, faubourg St-Denis, rue des Plantes ; des villas, divers tombeaux, etc.

M. Paul Friesé a obtenu plusieurs récompenses aux expositions, notamment deux prix et une mention au concours du Trocadéro, en 1882, pour ses constructions scolaires ; une mention pour les Halles Centrales de Limoges et un deuxième prix pour le musée de Mulhouse. Il est officier d'Académie et membre de la Société centrale des Architectes français.

POUJADE (Lucien)

Musicien, né à Millau (Aveyron) le 3 mars 1847. Il étudia son art au Conservatoire de Marseille, dans les classes de MM. Milon et Morel et y obtint le premier prix de violon. Dès l'âge de treize ans, il conduisait les chœurs à la cathédrale de cette ville. A dix-neuf ans, il dirigeait l'orchestre de l'opéra italien au Grand Théâtre de Marseille.

Ce fut au 3e régiment du génie, où il accomplit son service militaire avec le ténor Dereims, que M. Lucien Poujade composa ses premières romances. En 1872, rentré dans la vie civile, il devint chef d'orchestre aux Bouffes-Parisiens, où il conduisit notamment l'*Etoile*, de Chabrier, avec succès. Il passa ensuite à l'Athénée-Comique pour tenir le même emploi.

En 1860, M. Poujade créa les concerts du Palais-Royal qui, sous son habile direction et avec près de 200 exécutants, obtinrent une vogue brillante.

Lors de l'Exposition universelle de 1889, il entreprit de fonder, sur l'emplacement de l'Opéra-Comique, les concerts Favart ; mais cette tentative n'aboutit pas.

Parcourant alors l'Europe, il se fit entendre comme violoniste en Allemagne, en Russie, en Turquie et en Grèce et rencontra partout le succès.

On écrirait un volume, dit un biographe, avec les aventures dont il fut le héros. C'est ainsi qu'en Thessalie, il tomba entre les mains d'une troupe de brigands mélomanes ; quand le gouvernement dût intervenir pour payer sa rançon, le compositeur ne quitta qu'à regret la caverne de ces dilettanti.

M. Lucien Poujade donna ensuite des concerts à Londres et à Paris.

Comme compositeur, il a fait représenter notamment : le *Coq de Viroflay*, opérette en 1 acte (Bouffes-Parisiens, 1872) ; les *Roses* et les *Silencieuses*, ballets (Folies-Bergère, 1893-1894) ; *La 102ᵉ nuit*, opéra-bouffe (théâtre de Reims, 1882), dont toute la presse parisienne rendit compte avec éloges et qui, reprise en 1884, au Théâtre lyrique du Château-d'Eau, obtint plus de cent représentations consécutives ; *La Belle et l'Abeille*, ballet et *Chair divine*, drame lyrique en 1 acte (théâtre Mondain, 1900) ; ce dernier ouvrage, dont les paroles et la musique sont de lui, atteint un degré d'émotion difficile à dépasser et est considéré comme une œuvre des plus remarquables.

On doit en outre à M. Lucien Poujade nombre de romances et chansons : l'*Alouette*, qui fut récompensée dans un concours ; la *Marche des Cadets de Gascogne*, très entraînante et si populaire ; *Par la mousse et le thym*, sur des paroles de M. Montoya ; *Noël perdu*, la *Sérénade du Fou*, l'*Ame de la chanson*, *Hardi cadets !* marche que créa Mˡˡᵉ Mealy aux Folies-Dramatiques, etc.

TINAYRE (Jean-Paul-Louis)

Peintre, dessinateur, né à Neuilly (Seine) le 14 mars 1861. Issu d'une famille du Puy-de-Dôme, que les événements de 1871 conduisirent en Hongrie, il fit ses études à Kassa, ville hongroise, d'où il se rendit à Budapest pour suivre, pendant trois ans, les cours de l'Ecole des Beaux-Arts. Après avoir reçu, des maîtres Szekely et Benzur, une solide éducation artistique, il rentra à Paris à l'âge de dix-neuf ans.

M. Louis Tinayre se fit d'abord connaître par ses illustrations pour le journal la *Famille*, dirigé alors par Gambetta, et pour divers ouvrages, parmi lesquels on peut citer la *Misère*, roman de Louise Michel. Depuis, son talent de dessinateur et de peintre s'affirma dans de nombreuses compositions et dessins d'actualité parus à l'*Univers illustré*, au *Journal des Voyages*, où il illustra notamment le premier voyage du capitaine Binger, puis au *Monde illustré*, où il a donné une série ininterrompue de dessins sur les principaux événements de ces vingt dernières années ; on a plus particulièrement remarqué ceux relatifs à l'enterrement de l'empereur Guillaume à Berlin, aux voyages du président Carnot, qu'il a tous suivis sans exception ; ses pages sur la période boulangiste, sur l'exposition de 1889, l'arrivée des marins russes à Toulon, le voyage d'Alexandre III à Paris, celui de Félix Faure en Russie, etc.

Aux Salons annuels, M. Louis Tinayre exposa d'abord, en 1877, un *Portrait de sa mère*, qui fut inspectrice générale des écoles ; puis il a envoyé successivement : *M. Auguste Rogeard*, portrait (1881) ; *Bâton de vieillesse* (1883) ; *Intérieur en Auvergne* (1887) ; *Revue générale du 17ᵉ corps d'armée, défilé de l'infanterie*, importante toile qui obtint le plus grand succès (1889).

Lors de la scission d'où naquit la Société nationale des Beaux-Arts, il suivit les artistes dissidents au Champ de Mars, où il exposa, en 1890 : *Distribution des récompenses au Palais de l'Industrie, Exposition universelle de 1889* ; puis il revint à la Société des artistes français, où il envoya, en 1895 : la *Route, campagne de Madagascar* et le *Départ de la colonne légère, campagne de Madagascar*.

Citons aussi le beau tableau de M. Tinayre : l'*Arrivée de l'Escadre russe à Toulon*, qui n'a pas été exposé.

En mars 1895, cet artiste partit pour Madagascar, comme peintre attaché à l'état-major du général Duchesne, afin de suivre les opérations de la campagne. Outre les nombreux dessins que publia de lui le *Monde illustré* sur ces événements militaires, il recueillit sur place les éléments d'une œuvre importante et qui a fixé vivement l'attention publique. Il a peint notammment huit dioramas très remarquables : *Majunga : la pointe de sable, Combat de Manouga, Combat de Maretanana, Vue générale de Suberbieville, Exécution des Sakalaves, Attaque de Tsarasotra, La route: mort du Kabyle, Marche sur Tananarive, Départ de la colonne légère*, qui figurèrent au Palais de l'Industrie, en 1896, avec divers dessins : une *Vue de Tamatave*, une *Traversée de forêt*, une *Exploitation aurifère*, l'*Entrée du général Gallieni à Tananarive*, et plusieurs objets de grand intérêt. Trois des maquettes de ces dioramas ont été acquises par l'Etat pour le musée de Versailles.

En 1898, M. Louis Tinayre accomplit un deuxième voyage à Madagascar. Il en a rapporté les études nécessaires à un grand panorama de la *Prise de Tananarive*, qu'il a exécuté pour l'Exposition universelle de 1900, où cette œuvre a vivement excité la curiosité du public.

On doit, en outre, à M. Tinayre des affiches fort bien venues pour *Fanchon la Vielleuse*, la *Marchande des Quatre-Saisons*, le *Panorama de Madagascar*, l'*Expédition Marchand*, l'*Exposition Malgache au Palais de l'Industrie*, etc.

BRINCARD (Louis-Ernest)

ANCIEN député, né à Paris le 11 mars 1842. Il est le petit-neveu d'un officier de la « grande armée », que Napoléon Ier créa baron pour faits de guerre. Ce titre est actuellement porté par le frère de M. Brincard, ancien maître des requêtes au Conseil d'Etat sous le second empire et conseiller général du département de l'Yonne.

Après avoir obtenu le grade de licencié en droit à la Faculté de Paris, M. Louis Brincard entra dans la diplomatie et fut nommé secrétaire d'ambassade de 1re classe. Il quitta le ministère des Affaires étrangères en 1886, lors de l'arrivée de M. de Freycinet.

Pendant la campagne de 1870-71, il avait servi comme capitaine, puis chef de bataillon à la tête d'une compagnie du 3e bataillon des mobiles de Seine-et-Oise. Sa conduite lui valut la croix de la Légion d'honneur.

Propriétaire d'un important domaine agricole et forestier dans l'arrondissement de Pontoise, M. Brincard fut appelé aux fonctions de conseiller municipal de Dumont, puis à celles de maire en 1875 ; il fut également élu conseiller général de Seine-et-Oise pour le canton d'Ecouen, en 1882, et devint, en 1890, vice-président du Conseil général.

Aux élections générales législatives du 22 septembre 1889, il se présenta, comme candidat révisionniste indépendant, dans la 2e circonscription de Pontoise et fut élu député, après une des plus vives, par 6,933 voix, contre 5,576 à M. Périllier, républicain.

M. Brincard disait dans sa profession de foi :

La République n'est pas en cause. Ce que je veux, c'est améliorer nos institutions et non les renverser.
Et comme, fidèle à mes principes, j'entends que le dernier mot reste toujours au véritable souverain, la volonté nationale, je demande que la révision soit faite avec le concours du suffrage universel.

C'est en s'inspirant de ces principes qu'il se prononça pour l'urgence de la proposition de M. Maujan, relative à la révision, en 1890.

Au renouvellement général législatif de 1893, M. Brincard fut réélu, au premier tour de scrutin, par 7,179 voix, contre 6,521, obtenues par M. Aimond républicain.

Député d'affaires, il prit, à la Chambre, une part active à toutes les discussions sur les questions agricoles et industrielles ; il fit partie de plusieurs commissions importantes, entre autres celles des douanes, du travail, du renouvellement du privilège de la Banque de France et de la Commission d'Assurance et de Prévoyance sociale.

Il est l'auteur d'une proposition de loi tendant à protéger l'ouvrier français contre la concurrence étrangère ; d'une autre relative à la réforme de l'impôt des prestations ; il s'est occupé avec sollicitude de l'organisation de l'assistance publique dans les campagnes, de la fondation d'une caisse de retraite pour les travailleurs, etc.

Candidat dans la même circonscription au renouvellement législatif de 1898, il échoua, obtenant 7,789 voix, contre 8,504 données à l'élu, M. Aimond, et 739 à M. Capjuzan, collectiviste.

M. Brincard, outre sa croix de la Légion d'honneur, est titulaire de divers ordres étrangers : il est chevalier de ceux de Léopold de Belgique et de Guadeloupe et commandeur du Nicham-Iftikar.

LIÉGEARD (François-Emile-Stéphen)

ÉCRIVAIN, homme politique, né à Dijon (Côte-d'Or) le 29 mars 1830. Il fit, au lycée de sa ville natale, d'excellentes études, remportant les prix d'honneur de rhétorique et de philosophie. Muni des deux baccalauréats, il étudia le droit et se fit recevoir licencié, puis docteur (1854), avec une thèse sur le *Partage*, si brillamment soutenue qu'elle lui valut la grande médaille d'or.

Inscrit au barreau de Dijon, M. Stéphen Liégeard venait d'y débuter dans une retentissante affaire d'assises, lorsqu'il fut nommé conseiller de préfecture de la Drôme (1856). Successivement sous-préfet de Briey (Moselle), de Parthenay (Deux-Sèvres), de Carpentras (Vaucluse), il démissionna en 1867, pour se présenter au Corps Législatif, dans la 2e circonscription de la Moselle, où il fut élu après une lutte très vive contre MM. le baron de Gargan et d'Hunolstein.

M. Stéphen Liégeard siégea dans les rangs de la majorité impérialiste. Il prit plusieurs fois la parole avec succès, notamment en faveur de la réorganisation de l'armée (1867), de l'instruction publique étendue à tous, de l'amélioration du sort des instituteurs et des facteurs ruraux ; il présenta plusieurs amendements et les fit voter contre les conclusions de la commission du budget.

Réélu, le 24 mai 1869, dans la même circonscription, à l'unanimité des suffrages (27,000 voix), il se signala comme l'un des membres les plus actifs du groupe libéral des 116 et du « tiers-parti libéral. » Il se prononça notamment pour la responsabilité ministérielle, pour le choix des maires dans les conseils municipaux, pour la révision de la législation sur la presse, etc. Le 14 juillet 1869, la veille de la déclaration de guerre, il obtenait de la Chambre les cent mille francs nécessaires à l'expédition projetée au pôle Nord.

La révolution du 4 septembre rendit le député de la Moselle à la vie privée. Refusant toute offre de candidature, M. Liégeard se consacra dès lors aux lettres, où il avait conquis, déjà, une légitime réputation. Il s'était d'abord fait connaître par la publication des *Abeilles d'or*, poème en faveur de l'empire et des Napoléons. Il a,depuis,fait paraître: le *Verger d'Isaure*, poèmes couronnés aux Jeux floraux de Toulouse et qui valurent à leur auteur le titre de maître ès-jeux (1871); *Une visite aux Monts maudits* (1872); le *Crime du 4 Septembre* (brochure imprimée à Bruxelles et souvent réimprimée); *Trois ans à la Chambre*, recueil de discours parlementaires (1871); *Vingt journées au pays de Luchon* (1874); *Livingstone*, poème mentionné au concours de l'Académie française (1876); *A travers l'Engadine, la Valteline, le Tyrol*, récits de voyages plusieurs fois réédités (1874); les *Grands Cœurs*, poésies qui reçurent le prix Monthyon de l'Académie française (1882, 5 éditions successives); *Au caprice de la plume*, études fantaisistes et critiques (1884); la *Côte d'azur* (1889, 2ᵉ édit. 1894), ouvrage également couronné par l'Académie française, prix Bordin, et dont le titre même est resté comme l'une des créations les plus heureuses du génie français; *Rêves et Combats*, recueil de vers (1893); *Ode à la Bourgogne* (1897), dite par l'auteur lors de l'installation des facultés à Dijon; *Les Saisons et les Mois*, avec eaux-fortes de Paul Avril, poésies où passe un souffle vraiment élevé (1900).

M. Stéphen Liégeard a écrit encore de nombreux articles de critique littéraire et de voyages dans le *Pays*, l'*Autorité*, etc. Il est président de la Société d'encouragement au bien, au nom de laquelle il a prononcé souvent des allocutions applaudies, de la Société des Sauveteurs de la Côte-d'Or, etc.

Chevalier de la Légion d'honneur depuis 1866, cet écrivain est aussi officier de l'Instruction publique (1869), chevalier de l'ordre des Libérateurs du Vénézuéla, officier de St-Grégoire le Grand, de St-Charles de Monaco, commandeur de la Rose du Brésil, etc.

CHARPENTIER
(Alexandre-Louis-Marie)

SCULPTEUR, né à Paris le 10 juin 1856. Elève du graveur Ponscarme à l'Ecole des Beaux-Arts, il ne suivit d'ailleurs qu'irrégulièrement les cours de l'Ecole, étant contraint, par une situation très modeste, de se livrer à des travaux de « pratique », pour subvenir aux besoins de la vie. Il remporta cependant diverses récompenses.

M. Alexandre Charpentier s'affirma de bonne heure artiste indépendant et de tendances originales. Ces dispositions n'ont fait que se développer par la suite. Il exposa d'abord aux Salons annuels de la Société des artistes français. De ses œuvres, produites alors, plusieurs ont été remarquées, notamment : le *Frondeur*, bas-relief plâtre, et cinq médaillons plâtre (1881); *Jeune femme allaitant son enfant*, bas-relief plâtre (1883); Mᵐᵉ *Ch.*, médaillon plâtre (1886); *Mère et Enfant*, bas-relief plâtre (1887); *André Antoine*, directeur du Théâtre-Libre, buste plâtre; quatorze médaillons plâtre : *Paul Alexis, Théodore de Banville, Emile Bergerat, Paul Bonnetain, Henry Céard, Lucien Descaves, Gustave Guiches, Léon Hennique, Jean Jullien, Henri Lavedan, Paul Marguerite, Catulle Mendès, Villers de l'Isle-Adam, Paul Vidal*; et le *Pain*, bas-relief plâtre (1889).

A la création de la Société nationale des Beaux-Arts, M. Alexandre Charpentier fut parmi les premiers artistes qui adhérèrent à ce groupe artistique et il a envoyé à ses expositions : *Jeune mère allaitant son enfant*, bas-relief marbre commandé par le ministère de l'Instruction publique (1890); *Femme montant dans sa baignoire*, bas-relief plâtre ; *Nourrice*, figurine terre cuite ; *Femme au parapluie*, figurine terre cuite ; *Jeune fille à l'arc*, bas-relief plâtre ; divers médaillons terre cuite ou plâtre, notamment ceux de MM. *Catulle Mendès, R. Darzens, Lucien Descaves, Théodore de Banville, Paul Bonnetain, Gustave Guiches, Léon Hennique, G. Salandry, Henri Céard, Gabriel Fabre, Paul Alexis, Georges Lecomte, Charles Saunier, Paul Signac, Arthur Byl, Jean Jullien, G. Ancey*; et *Vasque à Lotus* (1891); *Gomorrhe* ; la *Sonate*, bas-relief bronze ; *Fantaisie sur un violon*, plaquette bronze ; *Deux portraits d'enfant* : *Maximilia Luce*, plaquette bronze ; MM. *d'Esparbès, G. de Beauregard, Louis Charpen-*

tier, *Raoul Boudin*, etc., plaquettes bronze ; *Pot à vin*, étain, et *Porte-fleurs*, terre vernissée (1892) ; *Pot à tisane*, étain ; *Service à café*, étain ; *Vasque à Lotus* ; le *peintre Hawkins*, masque ; le *D' Suchet*, masque ; *Armoire à layette*, sycomore et étain ; *Serrurerie de salon*, à M. Fontaine (1893) ; *Corbeille à miettes*, étain ; *Bougeoir*, l'*Echo*, *Femme au bain*, *Jeune fille au cellier*, étains, et les médaillons bronze de *François Coppée*, *M*ⁿᵉ *Jacquemin*, *G. Docquois*, *Niederhausenn-Rodo*, *Germain et Pierre*, enfants de M Rigaud (1891) ; *Revers de jeton*, étain ; *Jeune fille à la fleur*, bronze ; *Modèles* du *Timbre de l'« Estampe »* original, de la *Médaille-souvenir de la Tour Eiffel*, du revers du *Jeton-médaille des sociétaires de la Société nationale des Beaux-Arts*, bronze ; *Médaille de la Tour Eiffel*, argent, et divers modèles en papier gaufré (1894) ; la *Harpe*, plaque de porte ; le *Violoncelle*, plaque de porte ; le *Triangle*, bouton d'espagnolette, bronze ; *Plaquette commémorative* de la Société philharmonique de Bruxelles ; *Paul Janson et Mᵐᵉ de Wouters*, plaquettes ; *Mᵐᵉ Réjane*, grès exécuté pour M. E. Muller ; divers papiers et cuirs gaufrés et des lithographies en couleur et gaufrées (1896) ; une crémone bronze ; bouchons de flacons ; une série de plaquettes bronze : la *Harpe*, le *Chant*, *Emile Muller*, l'*Edition d'Art*, la *Peinture*, le *Centaure*, *St-Sébastien*, les *Echecs*, le *Domino*, *Aphrodite*, la *Gloire*, *Portraits du Dʳ Besnier et Paul Fierens* ; Papiers gaufrés : l'*Edition d'Art*, la *Peinture*, le *Centaure*, la *Gloire* ; un filigrane, une sonnette argent or et rubis, une boîte à dragées étain, deux boutons de porte, un portefeuille, un buvard, reliure d'*Aphrodite* de Pierre Louys et diverses lithographies en couleurs et gaufrées (1897) ; Décor mural de salle de bain, faïence émaillée, en collaboration avec F. Aubert; *Ganymède*, cachet argent ; *Emile Zola*, modèle de médaille face et argent ; un cadre de médailles et plaquettes contenant : 3 Portraits de *Mᵐᵉ Severine*, 2 portraits d'*Emile Zola*, 2 portraits de *Puvis de Chavannes*, 2 portraits de *Mˡˡᵉ Henriot*, 2 portraits de *Constantin Meunier*, le revers de la *Médaille de la Société des Amis des Livres*, les *Trois Barques*, 2 portraits de *M. A. Carré*, 2 portraits de *Mˡˡᵉ Chuet* ; et la *Fuite de l'Heure*, petit groupe en bronze doré (1899), etc.

On doit, en outre, à M. A. Charpentier : le beau *Monument à Charlet*, qui est placé dans le square de la place du Lion de Belfort; *Narcisse*, figure d'un relief saisissant, qui est au musée du Luxembourg ; un bas-relief : les *Boulangers*, grès en couleurs placé au square St-Germain-des-Prés ; *Mère allaitant son enfant*, bas-relief, marbre, au musée de Morlaix ; et, dans un tout autre ordre d'idées une salle de billard pour le baron Vitta à Evian, en collaboration avec Bracquemond pour les objets précieux et de Chent pour la décoration des murs ; une salle à manger, une antichambre et une chambre à coucher pour la princesse de Caraman-Chimay ; une antichambre et un boudoir pour la comtesse de Noailles ; une salle à manger complète à l'Exposition universelle de 1900 pour les magasins du Louvre ; plusieurs meubles en marqueterie ; une pendule, avec M. Plumet, et divers modèles de maroquinerie, orfèvrerie, lithographies en couleur et gaufrées, etc.

Citons à part la superbe médaille d'*Emile Zola* offerte à l'illustre écrivain par souscription publique à propos de son pamphlet : *J'accuse !*

Par la diversité de son œuvre, par les applications pratiques si gracieuses qu'il a su donner à son art, M. Alexandre Charpentier a contribué pour une très large part à la rénovation de la sculpture moderne dans ses diverses manifestations.

Qui ne se rappelle, dit M. Frantz Jourdain de M. A. Charpentier, et les mille objets d'intimités magnifiés par le talent de cet imaginatif touche-à-tout, les merveilles de goût, de style, de délicatesse, créées par ce maître à la fois délicat et puissant !

WOLFROMM (Auguste)

INGUISTE, professeur, né à Molsheim (Alsace) le 22 juillet 1850. Ses études classiques faites à Strasbourg, il s'engagea, en 1870, comme volontaire, au 2ᵉ régiment de zouaves et accomplit, en cette qualité, la campagne de la Loire. Plus tard, M. Auguste Wolfromm devint maître-répétiteur au lycée de Nancy.

Pourvu du certificat d'aptitude à l'enseignement de l'allemand et de la licence ès-lettres, il passa ensuite, comme professeur d'allemand, au collège de Verdun, puis successivement aux lycées Louis-le-Grand, St-Louis et Carnot, à Paris. Il a été nommé, en outre, maître de conférences à l'Ecole polytechnique.

Agrégé d'allemand depuis 1884, M. Wolfromm fonda, en 1884, et il dirige depuis ce temps la *Revue de l'Enseignement des langues vivantes*, revue très estimée, à laquelle collaborent nombre d'excellents professeurs de langues vivantes, français et étrangers. On lui doit aussi la création de la *Bibliothèque des classes de langues vivantes*, comprenant, en 1900, 27 volumes à l'usage des lycées et collèges et dont l'emploi est aujourd'hui très répandu dans tous les établissements d'instruction ; il a, en outre, fondé le *Journal allemand pour les jeunes français*, contenant des exercices pratiques pour les étudiants.

M. Auguste Wolfromm est officier d'Académie.

CHELMINSKI (Jan-Vladislaus)

Peintre, né à Varsovie (Pologne) le 27 janvier 1851, demeurant en France. Issu d'une famille de vieille noblesse et fils d'un fonctionnaire des finances, il accomplit ses études classiques à l'Université de sa ville natale ; mais, attiré de bonne heure vers l'art, il fréquenta l'atelier du peintre Julius Kossak. Contrarié par ses parents dans ses aspirations, il abandonna le toit paternel à dix-sept ans et se rendit, en 1874, à Munich, où il ne tarda pas à être remarqué par le fameux peintre militaire bavarois, Frantz Adam, qui le protégea.

A cette époque, quoique étudiant tous les genres, il produisit principalement des scènes de chasse et des sujets militaires. Appelé ensuite en Amérique, M. Jan-V. de Chelminski se fixa à New-York et y séjourna trois années. Pendant cette période, il s'occupa de peinture sportive et acquit rapidement une grande notoriété. Ses toiles intéressèrent vivement par la manière dont l'artiste combinait les portraits avec des scènes de chasse, donnant ainsi beaucoup de vie à ses compositions.

En revenant à Munich, en 1877, il passa quelque temps à Londres et y étudia le monde de la « fashion », qu'il reproduisit fidèlement dans deux grands tableaux intitulés : *Rotten-Row* et *Un coin de Hyde-Park*. Il donna ensuite une importante toile : les *Manœuvres bavaroises*, où il introduisit de nombreux personnages connus, tels que le prince Léopold de Bavière, la princesse Gisèle et le prince Alphonse de Bavière. Envoyée à l'Exposition internationale de Munich, en 1888, cette œuvre fut acquise par le prince Léopold de Bavière pour le 1er régiment de cuirassiers.

Un portrait équestre de *S. M. l'impératrice de Russie*, par M. de Chelminski, exposé à Berlin en 1888, fut acheté par le Tsar, qui l'a fait placer au palais Anitchkin, sa résidence favorite, à St-Pétersbourg.

En 1891, M. de Chelminski parcourut la Russie, à la recherche de documents pour de nouvelles œuvres. A ce moment, la grande-duchesse Maria-Paulowna lui commanda son portrait, sur son cheval préféré Kilbary.

Les œuvres de cet artiste figurent dans les plus célèbres collections d'Europe et d'Amérique. On cite avec de tout particuliers éloges les suivantes : *Retraite de Moscou, 1812* (Salon de 1893, reproduite dans le *Figaro Salon* en couleurs); *Rotten-Row*, exposé à Londres, Berlin et New-York ; *Hyde-Park-Corner*, un coin d'Hyde-Park; *Perspective de Newsky à Saint-Pétersbourg*, avec les portraits de S. M. l'empereur Alexandre III et l'impératrice de Russie ; la *Lune de miel*, etc.

Après un séjour de plusieurs années à Londres, M. Jan-V. de Chelminski vint à Paris, où il se voua à la peinture militaire. Il a exposé aux Salons des Artistes français les œuvres suivantes, qui lui ont valu de nombreux éloges de la presse parisienne : *En route pour le quartier général* (1898) ; *A Brienne ; Campagne de France, 1814* (1899). Il a envoyé à l'Exposition internationale de 1900 : *Vauchamps, campagne de France, 1814*, et *Maréchal Ney, campagne de France, 1814*.

OUDIN (Paul-Marie)

Médecin, né à Epinal (Vosges) le 30 novembre 1851. Il fit ses études médicales aux facultés de Nancy et de Paris. Externe, puis interne des hôpitaux de Paris, il fut reçu docteur en 1880, avec une thèse sur les *Températures locales dans les affections thoraciques*.

Depuis lors, M. le Dr Oudin a publié nombre d'études et d'analyses scientifiques dans les organes spéciaux. Le premier en France, il renouvela les expériences déjà tentées en Allemagne par le professeur Rœntgen, et les épreuves photographiques qu'il obtint, communiquées à l'Académie des Sciences et à l'Académie de Médecine, lui valurent un prix de chacune d'elles.

On fait grand cas de ses travaux sur l'ozone et on cite son mémoire intitulé : *Du traitement de la tuberculose par l'ozone*, publié dans les *Annales de la Société d'Electrothérapie* (1892), présenté par Hérard à l'Académie de Médecine, et d'autres communications sur le même objet ; il a publié des travaux sur les courants de haute fréquence : *Nouveau mode de transformation des courants de haute fréquence* (1893, l'*Electricien*) ; *De l'action des courants de haute fréquence sur les affections cutanées* (1894, *Annales de Dermatologie*) ; sur les *Muqueuses* (1898, Congrès de Moscou) ; sur l'*Application thérapeutique locale des courants de haute fréquence et en particulier dans les cas de tuberculose pulmonaire* (1899, *Annales d'Electrothérapie*), etc.

On doit encore à M. le Dr Oudin divers travaux de physique médicale et de thérapeutique générale.

Ce médecin a tenu à faire l'application de ses découvertes. Ayant fait connaître le principe de l'élévation de tension des courants de haute fréquence par la résonnance, il imagina un appareil pratique sous la forme d'un solénoïde en fil de cuivre rouge non isolé et enroulé autour d'un cylindre en bois paraffiné : cet appareil est, aujourd'hui, d'un emploi très fréquent, ainsi qu'un générateur d'ozone dont il est également l'auteur.

Vice-président de la Société d'Electrothérapie, M. le Dr Oudin est membre de la Société de Dermatologie, de la Société Médico-chirurgicale, de la Société Médico-pratique, etc.

RAVERA (Nicolo-Teresio)

COMPOSITEUR de musique, né à Alessandria (Italie) le 24 février 1852, demeurant en France. Il fit ses études musicales au Conservatoire de Milan et y obtint les premiers prix de piano, d'orgue et de composition. Après une tournée de concerts en Amérique comme virtuose, il vint à Paris, où il se fixa désormais, et où il s'est fait apprécier par des ouvrages de diverses sortes.

Ce compositeur, dont les œuvres musicales sont très appréciées, a fait représenter au théâtre : *Lucette et Colin*, 1 acte (salle Hertz, 1888) ; *Une folle journée*, opérette avec Marc Constantin (concert Pépinière, 1888) ; *Fiamma*, grand opéra en quatre actes, paroles de Ghislanzoni (Théâtre municipal d'Alessandria, 1890) ; le *Divorce de Pierrot*, opéra-comique en 1 acte et 2 tableaux, livret de MM. A. Lenéka et Gandrey (Hôtel Continental, 1892 — Lyrique Vivienne, 1894 — Grand Théâtre de Liège, 1896, etc. ; pièce qui a eu plus de 250 représentations) ; la *Mare au Diable*, pastorale lyrique en 3 actes, d'après George Sand, livret de M. A. Lenéka (Lyrique Vivienne, 1895 — Aix-les-Bains, grand cercle, 1899) ; *Un mariage franco-russe*, ballet (représenté à Lyon en 1898 — Aix-les-Bains, 1898 — Toulouse, Théâtre du Capitole, 1899 — Perpignan, 1900) ; *Liberté, Egalité, Fraternité !* grand ballet en 3 actes, avec chœurs et soli (Aix-les-Bains, 1900) ; le *Fabliau*, opéra-comique en 1 acte, avec M. Armand Lafrique (théâtre Mondain 1898) ; *Pierrette somnambule*, opéra-comique en 1 acte et 2 tableaux, paroles de MM. A. Lenéka et Gandrey (théâtres d'Application et Mathurins, 1900). Il est l'auteur encore de : *Estelle*, drame lyrique en 3 actes, paroles de Louis Gallet ; l'*Inconnu*, opéra-comique, livret de M. Jules de Marthold ; *Une folle soirée*, opéra-comique de M. René Ponthière ; *Le prince s'ennuie*, ballet de MM. A. Lenéka et d'Alessandri ; le *Songe de maître Paturot*, opéra-bouffe en 1 acte de MM. A. Lenéka et Mayer ; les *Tristesses de Pierrot*, poésie déclamée de M. Monniot, avec musique de scène.

On doit en outre à M. T. Ravera plus de cent cinquante morceaux pour piano et chant et diverses autres compositions pour instruments à cordes et orchestre ; de ces derniers on mentionne : le *Rêve du berger*, *Chant du remouleur*, *Sérénade à Naples*, *Allégro de concert*, un *Quintette pour instruments à cordes et piano* (salle Pleyel), un *Trio pour piano, violon et violoncelle*, *Berceuse pour violon*, *Six pièces symphoniques*, *Trois nocturnes* etc. Pour chant : *J'aime et je suis aimé*, *Jeunesse et Printemps*, *Glisse, ô ma barque! Souvenir*, *Romance de Polichinelle*, etc.

M. N.-T. Ravera a été trois ans chef d'orchestre au Théâtre lyrique Vivienne (direction Bouvret) et a eu la direction du Septuor au Grand cercle d'Aix-les-Bains.

VUILLEMOT (Raoul)

PUBLICISTE et industriel, né à Paris le 26 mai 1856. Fils d'un peintre distingué, il accomplit ses études classiques au collège Saint-Nicolas, à Issy, puis il s'occupa d'industrie et, jusqu'en 1896, dirigea une importante maison d'imprimerie.

Attiré vers l'étude des questions de mécanique, auxquelles il s'était toujours vivement intéressé, M. Raoul Vuillemot fonda, en 1894, la *Locomotion Automobile*, la première publication technique de ce genre, parue jusqu'alors dans le monde entier. Cet organe, publié sous le patronage du Touring-Club de France, a rapidement pris une extension considérable en France et à l'étranger ; il est rédigé, sous la direction de son créateur, par un groupe de savants dont la compétence fait autorité en la matière et qui appartiennent aux grandes écoles françaises les plus diverses : l'Ecole normale supérieure, l'Ecole polytechnique, l'Ecole centrale, les Ecoles des Arts et Métiers, etc.

Membre fondateur et membre du comité de l'Automobile-club de France, M. Raoul Vuillemot a reçu une médaille d'argent de la Société protectrice des animaux et une médaille de l'Automobile-Club de France, pour avoir créé la première publication relative à la locomotion automobile.

Sous le pseudonyme de « Hervé-Auto », M. Raoul Vuillemot a tenu pendant assez longtemps la chronique automobile dans le *Petit Temps*, le *Grand Journal* et *Paris-Sport*.

PICARD (Alfred-Maurice)

Ingénieur, administrateur, né le 21 décembre 1844 à Strasbourg. Il commença ses études classiques dans sa ville natale et les termina à Nancy ; puis il fut admis à l'École polytechnique en 1862 et, deux ans après, à celle des Ponts et Chaussées. Nommé ingénieur ordinaire le 2 octobre 1867, à sa sortie de l'école, et chargé d'une mission dans l'isthme de Suez, où s'opéraient alors les travaux du canal, M. Alfred Picard parcourut l'Égypte, la Palestine, les côtes de Syrie et la Turquie. En 1869, il fut envoyé à Metz, où il eut à surveiller la construction des canaux de la Sarre et des Salines de Dieuze. En 1870, pendant le siège de la ville, il s'occupa à divers travaux de défense et put s'échapper, au moment de la capitulation, pour aller prendre du service dans l'armée de la Loire comme ingénieur civil, avec le rang de chef de bataillon au génie.

En 1871, il reprit, à Nancy, ses fonctions d'ingénieur ordinaire des Ponts et Chaussées ; mais les autorités allemandes s'étant opposées à la résidence, sur un territoire occupé, des officiers en activité, il reçut le commandement du génie pour Verdun, Étain et Clermont-en-Argonne. Il fit les projets et dirigea la construction de baraquements-casernes pour ces places avec une très grande rapidité. Après l'évacuation du territoire, il rentra à Nancy, où il concourut aux travaux entrepris pour amener l'eau aux forts de la région ; il dirigea les études du canal de Dombasle à St-Dié, la construction du réservoir de Parroy, des machines élévatoires de Pierre-la-Treiche, de Valcourt, de Vacon et divers autres travaux publics importants.

Promu ingénieur en chef en 1880, M. Picard fut appelé au ministère des Travaux publics, à titre de directeur du cabinet et du personnel ; l'année suivante, il fut nommé conseiller d'État en service extraordinaire et directeur des routes, de la navigation et des mines ; puis, en 1882, directeur des chemins de fer, en même temps que conseiller d'État en service ordinaire. En 1886, il devint président de la section des Travaux publics, de l'Agriculture, de Commerce, de l'Industrie, des Postes et des Télégraphes au Conseil d'État, président du Comité consultatif des chemins de fer et d'autres commissions techniques au ministère.

En 1887, M. Alfred Picard fut nommé inspecteur-général des Ponts et Chaussées de 2me classe ; il obtint la première classe de ce grade en 1891.

A l'Exposition universelle de 1889, il avait été président des comités et jurys des sections de chemins de fer, industries mécaniques, électricité, moyens de transport, de l'histoire du travail et des sciences anthropologiques; membre de la Commission supérieure des Congrès, du Jury supérieur et chargé du rapport général sur l'Exposition. En 1892, il fut choisi comme vice-président de la commission constituée pour préparer l'Exposition de 1900 et, l'année suivante, désigné pour présider à l'organisation et à l'administration de ces nouvelles grandes assises du travail humain, avec le titre de commissaire général.

M. Picard affecta, à l'installation de l'Exposition de 1900, un emplacement beaucoup plus considérable que ceux occupés par les précédentes. L'enceinte s'étendit de la Concorde au Trocadéro, par le Cours-la-Reine et les Champs-Élysées ; elle occupa le Champ-de-Mars, l'Esplanade des Invalides, les berges de la Seine des deux côtés ; plus une importante annexe au bois de Vincennes. L'ensemble des constructions et l'aménagement général furent trouvés harmonieux en somme, bien que l'on blâmât le goût criard et l'orientalisme douteux de certaines conceptions architecturales.

Inaugurée officiellement, le 14 avril 1900, par M. Loubet, président de la République, et M. Millerand, ministre du Commerce, l'Exposition, en réalité, ne fut achevée que beaucoup plus tard. Plusieurs accidents, non sans importance, nuisirent à l'éclat de ses débuts; la presse eut ensuite à s'occuper plusieurs fois des récriminations de concessionnaires pressurés à merci, d'exposants victimes des tracasseries d'une administration tâtillonne et autoritaire ; maints autres reproches furent adressés aux organisateurs de cette grande fête du travail, notamment celui d'avoir cherché surtout à faire la fête du plaisir, en multipliant, dans une proportion excessive, les attractions plus ou moins esthétiques, quelquefois scientifiques, mais surtout mercantiles, donnant à l'entreprise une allure trop accentuée de vaste foire : cet écueil avait été évité avec bonheur par Alphand pour l'Exposition de 1889, qui pourtant ne manqua ni d'attrait, ni de charme artistique. Somme toute, et malgré ces critiques de détail assurément justifiées, si M. Picard ne peut être comparé à Alphand comme organisateur de ces sortes de manifestations, il n'en faut pas moins reconnaître qu'il a mené à bonne fin une entreprise dont le succès dans le monde a été peut-être sans précédent.

Cet éminent ingénieur a publié des ouvrages ayant trait à son art. On cite de lui : *Alimentation du canal de la Marne au Rhin et du canal de l'Est* (1 vol. avec atlas. 1881) ; les *Chemins de fer français* (6 vol. 1883-84, publiés sous les auspices du ministère des Travaux publics) ; *Traité des Chemins de fer* (4 vol. 1887) ; *Traité des Eaux, droit et administration* (4 vol, 1890-94) ; *Rapport général sur l'Exposition universelle internationale de 1889, à Paris* (10 vol. 1891-92) ; *Monographie de l'Exposition universelle de 1889* (2 vol. 1893, ouvrage commencé par Alphand) ; *Rapports du jury international sur l'Exposition universelle de 1889* (19 vol. publiés sous sa direction). Il a fait insérer, en outre, de nombreux mémoires dans les *Annales des Ponts et Chaussées* et autres recueils spéciaux.

Décoré de la Légion d'honneur en 1873, promu officier en 1885, grand-officier en 1889, M. Alfred Picard a été élevé à la dignité de grand-croix le 14 avril 1900, à l'occasion de l'ouverture de l'Exposition.

DANSETTE (Jules)

ÉPUTÉ, né à Armentières (Nord) le 17 septembre 1857. Descendant d'une très ancienne famille, dont plusieurs membres occupèrent des fonctions publiques dans sa ville natale, il étudia le droit à la Faculté libre de Lille, fut reçu licencié en 1879 et se consacra, dès cette époque, à l'étude des questions intéressant les populations industrielles et agricoles.

Nommé, en 1885, conseiller général du canton d'Armentières, M. Jules Dansette apporta le fruit de ses travaux dans les délibérations de l'assemblée départementale du Nord qui, sur son initiative, fut la première à proposer le retour au bi-métallisme.

Lors du décès de M. le baron des Rotours, député de la 4ᵐᵉ circonscription de Lille, la candidature de M. Jules Dansette, comme républicain libéral, fut présentée par divers groupes d'électeurs et il fut élu député, le 26 mai 1895, au scrutin de ballottage, par 8,610 voix, contre 8,367 à M. Bonduel. Il a été réélu dans la même circonscription, en 1898, par 10.923 voix, contre 3,874 à M. Sohier, socialiste, et 3.346 à M. Albert Lecomte, radical.

Résolument protectionnniste, le député du Nord a soutenu à la Chambre le ministère Méline, défendu et fait aboutir une proposition de loi frappant de nouveaux droits de douane les mélasses étrangères, un projet tendant à modifier et à compléter la loi du 29 décembre 1895 sur la culture du tabac, ainsi que plusieurs autres projets favorables à la protection agricole et industrielle, au développement des sociétés de secours mutuels, etc. Il est encore l'auteur d'une proposition de loi concernant la représentation proportionnelle des minorités.

M. Dansette appartient aux groupes progressiste et des républicains indépendants du Palais-Bourbon.

MERY (Gaston)

ITTÉRATEUR, Conseiller municipal de Paris, né à Sens (Yonne) le 20 avril 1866. Fils de commerçant, il accomplit ses études classiques au collège de sa ville natale. Son service militaire terminé, il se disposait à commencer le droit, lorsqu'il dût momentanément renoncer à ce dessein par suite de la ruine de ses parents.

M. Gaston Mery se rendit alors à Paris et entra, comme maître répétiteur, à l'école Monge, où il occupa ces modestes fonctions pendant trois ans. Durant cette période, il suivit les cours de la Faculté de Droit et fut reçu licencié en 1889.

Nommé, l'année suivante, après concours, commis-rédacteur à l'Assistance publique, il a appartenu à cette administration jusqu'au 20 avril 1892, date à laquelle il démissionna, pour devenir rédacteur à la *Libre Parole*, dès le jour même de la fondation de ce journal par M. Edouard Drumont.

Depuis cette époque, M. Gaston Mery a soutenu dans cet organe, le plus ardent de la presse « antijuive », de retentissantes polémiques, souvent suivies de duels et de procès. Traduit devant la Cour d'assises en 1895, pour avoir accusé M. Paul Strauss, conseiller municipal de Paris, d'avoir trafiqué de son mandat, il fut acquitté par le Jury de la Seine.

Ses duels avec MM. Laffon, gouverneur de la Nouvelle-Calédonie, avec le docteur Ward, médecin de la mission Mizon, MM. Rogier, Adolphe Possien et le prince de la Moskowa, accaparèrent, à diverses reprises, l'attention publique.

Actif propagandiste, par la parole et la plume, des théories antisémitiques, M. Gaston Mery posa sa candidature, avec un programme conforme à ses idées, aux élections municipales de 1900, dans le quartier du faubourg Montmartre IXᵉ arrondissement de Paris), et fut élu, au 1ᵉʳ tour, le 6 mai, conseiller municipal de Paris et conseiller général de la Seine, par 1,989 voix, contre 1,586 à son concurrent, M. Lucien Cornet, conseiller sortant, républicain.

Inscrit au groupe républicain-nationaliste-antisémite de l'Hôtel-de-Ville, il fait partie de la commission de l'Assistance publique. Il est, de plus, membre du bureau du Conseil général.

M. Gaston Mery a publié, en librairie, plusieurs volumes, dont deux surtout ont obtenu un succès très accentué. Le premier, intitulé l'*Ecole où l'on s'amuse*, paru en 1889, critiquait et combattait le système d'éducation à l'anglaise. Dans le deuxième, *Jean Révolte*, l'auteur émettait une nouvelle et très personnelle théorie sur ce qu'il appelait le *Racisme*(1892), idée qui a été reprise depuis par Maurice Barrès, dans les *Déracinés*. Il a fondé, en 1897, l'*Echo du Merveilleux*, revue qui, en dehors de toute passion confessionnelle, étudie tous les phénomènes inexpliqués de la Mystique et de l'Occultisme. Cette revue, rapidement, a pris une importance considérable. Sur le même sujet, il a écrit diverses brochures, notamment les *Apparitions de Tilly*; la *Voyante de la rue de Paradis* (tirée à 224,000 exemplaires), etc. Il a aussi publié de nombreuses brochures de propagande politique ; la dernière parue, *Loubet-la-Honte*, violent pamphlet contre le président de la République (1900), a fait un bruit assez considérable.

PRADET-BALADE
(Léon-Théodore-Yacinthe)

DÉPUTÉ, né à Saint-Palais (Basses-Pyrénées) le 6 février 1863. Fils d'un ancien sous-préfet et député de l'arrondissement de Mauléon ; arrière petit-fils du général baron Chilt, qui fut gouverneur de Trieste, il fit ses études à Bordeaux. Reçu licencié en droit et inscrit au barreau de cette ville, il se fit inscrire ensuite à celui de Saint-Palais.

En 1888, M. Léon Pradet-Balade acquit une étude d'avoué dans sa ville natale. Conseiller municipal, puis maire de Saint-Palais depuis 1892, il fut élu conseiller général des Basses-Pyrénées, pour le canton de St-Palais, en 1895. Au Conseil général, il s'occupa surtout des questions agricoles et d'élevage, qui intéressent à un haut degré ce département.

Après l'élection au Sénat de M. Berdoly, député de l'arrondissement de Mauléon, M. Pradet-Balade fut porté à son remplacement par les comités républicains de la région et élu, en mars 1900, avec 10 726 voix, sans concurrent.

Dans son programme, M. Pradet-Balade demandait toutes les mesures d'apaisement et de tolérance compatibles avec la défense des institutions républicaines, la protection des intérêts agricoles et des réformes au point de vue budgétaire.

A la Chambre, l'honorable député est inscrit au groupe progressiste.

PERRET (Aimé)

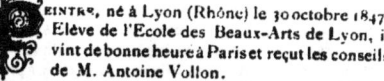

PEINTRE, né à Lyon (Rhône) le 30 octobre 1847. Elève de l'Ecole des Beaux-Arts de Lyon, il vint de bonne heure à Paris et reçut les conseils de M. Antoine Vollon.

M. Aimé Perret débuta aux Salons annuels des Champs-Elysées, en 1872, avec deux tableaux : *Rencontre par un temps de brouillard* et *Ruisseau sous bois* ; puis, il y exposa successivement : la *Fille du pêcheur* et *Retour de la pêche à Quiberon* (1873) ; *Jeunes Mâconnaises* (1874) ; *Entre deux feux*, un *Renseignement* et un *Ravin du Bugey* (1875) ; *Noce bourguignonne au XVIIIe siècle*, œuvre remarquable, acquise par S. A. I. la princesse Mathilde (1876) ; un *Baptême bressan*, au musée de Lyon (1877) ; *Portrait en pied de Mme Judic* (des Variétés) et un *Rêve dans l'herbe* (1878) ; le *Saint Viatique*, acheté par l'Etat, pour le Luxembourg ; le *Joueur d'orgue ambulant* et le *Coup de l'étrier* (1879) ; le *Garde champêtre* (à l'Exposition de Lyon, même année) ; l'*Incendie au village* (1880) ; le *Semeur*, au musée de Carcassonne (1881) ; *Vendanges de Bourgogne* et *Facteur rural* (1882) ; la *Fille des champs* et *Bal champêtre en Bourgogne au XVIIIe siècle* (1883) ; le *Renouveau* et *Dimanche en Bourgogne* (1884) ; le *Printemps de la vie*, au musée de Châlons-sur-Marne (1885) ; la *Fiancée du berger*, au musée de Morlaix, et le *Faucheur* (1886) ; *Saison des blés* et le *Bûcheron* (1887) ; la *Cinquantaine*, toile devenue populaire, qui est aujourd'hui dans la galerie de M. Vanoutryve, de Roubaix (1888) ; *Aveu tardif*, à M. Oscar Noé, de Liège (1889).

A la fondation de la Société nationale des Beaux-Arts, M. Aimé Perret fut des premiers artistes qui adhérèrent au nouveau groupement. Il a exposé à ses Salons annuels : la *Distribution des prix*, l'*Amour au crépuscule*, le *Puits des amoureux* et le *Portrait de M. Gaillard*, député de l'Isère (1890) ; le *Vieux berger*, *Premier aveu* et *Départ pour la veillée* (1891) ; l'*Aube*, les *Fiancés* et *Portrait de M. Sord.t* (1892) ; l'*Homme des champs* et *Portrait de Mme Aimé Perret* (1893) ; *Vieux souvenirs*, *En moisson* et *Avant l'orage* (1894) ; *Maternité* et *Pastorale* (1895) ; *Noël des vieux*, toile envoyée plus tard à l'Exposition universelle de 1900 ; le *Tambour du village* et *Premier aveu* (1896) ; *Paysans amoureux*, *Aveu dans les blés*, au musée de Nantes, et *Portrait de M. Genevois* (1897) ; l'*Avenir*, *Fileuse*, *Fin de la journée*, *Vanneuse* et le *Dimanche* (1898) ; l'*Aïeule*, toile acquise par la ville de Paris pour son musée ; l'*Heure de l'Angelus*, œuvre d'un sentiment très poétique, achetée par l'État ; la *Baratteuse* et *Tambour de village* (1899).

Peintre de scènes rustiques, dont le pinceau sait rendre, avec un charme poétique et une parfaite exactitude à la fois, la vie des champs, M. Aimé Perret a toujours été favorablement jugé par la critique. Voici ce qu'écrivait M. Armand Silvestre, dès 1889, à propos de l'*Aveu tardif* :

C'est une vaillante idylle et vraie comme les plus beaux tableaux de Millet, avec un sentiment différent et absolument personnel. Certes, le chapeau de ce Tityre contemporain pourrait prêter à rire aux imbéciles provinciaux. Mais qu'elle est charmante, celle qui l'écoute, avec ce recueillement où toute son âme est enfermée! Et comme la nature est clémente à ces deux enfants, qui leur met dans la poitrine ses vivaces senteurs en même temps que les premiers soupirs d'amour. M. Aimé Perret a cherché laborieusement sa voie. Il l'a trouvée aujourd'hui et s'y affirme avec un talent toujours en progrès.

On doit à M. Aimé Perret de nombreuses toiles qui, pour la plupart, n'ont pas été exposées ; mais qui ornent les principales collections de France et de l'étranger. On cite, dans la galerie de M. Sordet, de Paris : *Gardiens de dindons*, les *Moissonneurs*, *Retour de la fête*, les *Baigneuses*, les *Jeunes bergères*, le *Printemps*, *Bergère sous bois*, les *Cultivateurs*, le *Rhône à Bellegarde*, *Chevaux de halage* ; dans celle de M. Masselin, une belle série d'aquarelles, etc.

Médaillé de 3e classe en 1877, de 2e classe en 1888, titulaire d'une médaille de bronze à l'Exposition universelle de 1889, hors concours aux expositions universelles de Chicago (1893), Lyon (1894), Rouen (1896), titulaire d'un grand prix à celle de Dijon (1898), il est aussi sociétaire de la Société nationale des Beaux-Arts et chevalier de la Légion d'honneur.

LEFÈVRE - PONTALIS
(Germain-Antonin)

Homme politique, écrivain, membre de l'Institut, né à Paris le 19 août 1830. Fils d'un ancien notaire, et descendant par sa mère du célèbre architecte Soufflot, il fit de brillantes études au collège Bourbon, fut souvent lauréat du concours général, obtint la licence ès-lettres en 1852 et devint docteur en droit en 1855, avec une thèse remarquée sur la *Condition légale de la femme mariée*. Il écrivit, dans le même temps, des articles littéraires et politiques dans le *Journal des Débats* et la *Revue des Deux-Mondes*.

Auditeur au Conseil d'État depuis 1852, et parvenu à la première classe en 1857, M. Antonin Lefèvre-Pontalis démissionna pour se présenter, le 31 mai 1863, comme candidat indépendant au Corps législatif, dans la 3e circonscription de Seine-et-Oise, où il réunit 13,412 voix, contre 16,657 à l'élu, M. Dainbry, candidat officiel, député sortant. Le 31 mai 1869, il se représenta dans la même circonscription et fut élu, au deuxième tour de scrutin, après une lutte très vive, par 15,562 voix, contre 15,526 à M. Eugène Rendu, candidat officiel. Il prit place dans le tiers-parti libéral, fut un des premiers signataires de la demande d'interpellation des 116 (juillet 1869), prit la parole dans les discussions sur l'enquête agricole, le budget de l'Instruction publique, la loi sur les maires, dont il demanda l'élection par les conseils municipaux et compta parmi les 33 députés qui, avec Thiers, votèrent contre la déclaration de guerre à la Prusse (1870).

Élu, en tête de la liste, représentant de Seine-et-Oise à l'Assemblée nationale, en 1871, par 35,472 voix sur 53,390 votants, M. Antonin Lefèvre-Pontalis se fit inscrire à la réunion Féray, qui devint plus tard le centre gauche ; il demanda, en février 1872, la nomination d'une commission chargée d'examiner le projet de délimitation du territoire et soutint le gouvernement de Thiers jusqu'au 24 mai. Sous le ministère de Broglie, il se rapprocha de la droite, vota pour le septennat ; mais se prononça énergiquement pour l'amendement Wallon, ainsi que pour l'ensemble des lois constitutionnelles.

A deux reprises, il fut chargé de rapports sur l'organisation et les attributions du Sénat ; il devint membre de plusieurs commissions, notamment de celles des finances et des lois constitutionnelles. Rapporteur encore du projet de loi Savary sur les conditions d'éligibilité, il prit aussi la parole dans les discussions sur les projets de loi concernant les conseils généraux, le Conseil d'État, l'organisation de la magistrature, la suppression de la mairie centrale de Lyon, la loi électorale, etc.

Porté, en décembre 1875, sur la liste conservatrice des sénateurs inamovibles, qui fut battue par la liste de gauche, M. Antonin Lefèvre-Pontalis fit ensuite partie du Conseil supérieur du Commerce, de l'Agriculture et de l'Industrie.

Aux élections législatives du 20 février 1876, il échoua dans la 1re circonscription d'Avesnes (Nord), comme candidat conservateur, obtenant 7,633 voix, contre 8,791 à l'élu, M. Guillemin, républicain. Après le 16 mai et la dissolution, il se représenta, le 14 octobre 1877, appuyé par le gouvernement et échoua encore, avec 8,791 voix, contre 9,279 au même adversaire.

Les élections générales législatives du 10 octobre

1885, faites au scrutin de liste, ramenèrent M. Lefèvre-Pontalis à la Chambre. Elu, sur la liste conservatrice du Nord, par 161,653 voix sur 292,696 votants, il prit place au centre droit, demanda sans succès, avec M. Lockroy, que les élections au scrutin plural n'eussent lieu que lorsque plusieurs sièges seraient vacants (1885) ; proposa la réduction de l'indemnité parlementaire, combattit la proposition relative à l'expulsion des princes, ainsi que l'indemnité demandée par les victimes du 24 février 1848; réclama l'intervention des conseils municipaux dans le choix des instituteurs et institutrices laïques ou congréganistes (1886) et défendit vainement, en 1888 et 1889, deux amendements à la loi militaire, l'un en faveur des dispenses intéressant les écoles françaises d'Orient ou d'Afrique et les œuvres des missions, l'autre tendant à verser les étudiants en médecine et les étudiants en théologie dans les services de santé, en cas de mobilisation.

Il proposa et fit voter la loi contre les cris publics, préconisa le vote sous enveloppe, intervint dans les débats relatifs au rétablissement du scrutin d'arrondissement et à l'organisation de la Haute-Cour de justice et fut chargé, en 1888, du rapport sur le budget de la Chambre, où il proposa d'importantes économies, ainsi que du rapport concluant contre le mandat impératif (1888). M. Antonin Lefèvre-Pontalis, durant cette législature, se montra l'un des plus actifs propagateurs de la politique du « ralliement. »

Aux élections du 22 septembre 1889, faites au scrutin uninominal, candidat dans la première circonscription d'Avesnes (Nord), il échoua avec 6,520 voix, contre 7,140 à l'élu, M. Hiroux, républicain. Depuis, il ne s'est plus occupé de politique.

Le 2 juin 1888, M. Antonin Lefèvre-Pontalis avait été élu membre de l'Académie des Sciences morales et politiques, succédant à Hippolyte Carnot.

Il est l'auteur d'importantes publications politiques, historiques et économiques. On lui doit, entr'autres : la *Hollande au XVIIIe siècle* (1 vol. 1864) ; les *Lois et les mœurs électorales en France et en Angleterre* (1 vol. 1864. 2e édit. 1890) ; *Vingt années de république parlementaire : Jean de Wit, grand pensionnaire de la Hollande*, (2 vol. 1884), ouvrage couronné par l'Académie française ; une *Notice sur Hip. Carnot*, son prédécesseur à l'Institut, et une série d'études sur les *Élections dans les différents pays de l'Europe*, qui doivent être réunies en volume sous le titre de : les *Élections en Europe à la fin du XIXe siècle*.

M. Antonin Lefèvre-Pontalis est membre de la Société des Gens de lettres, de l'Association des Journalistes parisiens et secrétaire-général de la Société anti-esclavagiste de France.

LEFÈVRE-PONTALIS (Jules-Amédée)

Homme politique, administrateur, écrivain, né à Paris le 20 juin 1833. Frère du précédent, il fit de brillantes études au collège Bourbon puis suivit les cours de la Faculté de Droit et s'inscrivit au barreau de Paris en 1855 ; il y occupa une place importante jusqu'en 1876, époque à partir de laquelle il ne plaida plus.

Dès 1855, M. Amédée Lefèvre-Pontalis débutait dans les lettres par un discours sur la *Vie et les écrits du duc de Saint-Simon*, qui obtint le prix d'éloquence à l'Académie française et ces expressions flatteuses de Villemain, secrétaire perpétuel : « L'auteur a su bien louer à la fois Saint-Simon et Louis XIV, et il réunit quelques vues saines et nouvelles en histoire à l'admiration finement instructive d'une des œuvres de notre grande prose française du XVIIIe siècle. » Ensuite, il collabora à la *Revue des Deux-Mondes*, au *Correspondant*, et publia, en 1860, une brochure remarquée sur la *Liberté de l'Histoire*.

Candidat, en 1871, aux élections générales pour l'Assemblée nationale, sur la liste conservatrice du département d'Eure-et-Loir et élu par 27,964 voix sur 54,301 votants, M. Amédée Lefèvre-Pontalis prit place à la Droite monarchiste, fit partie du bureau de la réunion des Réservoirs et intervint fréquemment à la tribune. Membre de nombreuses commissions, rapporteur du projet Randot portant suppression des conseils de préfecture (1872), du projet de prorogation de l'Assemblée (1875), il prit la parole notamment au sujet des conseils généraux ; puis, pour demander le paiement d'une indemnité exceptionnelle à la ville de Châteaudun ; pour contester le titre de président de la République donné à M. Thiers (1871) ; sur la nomination des maires et sur les conseils municipaux (1877) ; sur le mode d'élection des sénateurs (1875), etc. Le discours qu'il prononça, le 10 mars 1873, dans la discussion sur les attributions des pouvoirs publics, pour demander qu'on sortit du provisoire et se prononçât nettement entre la Monarchie et la République, fut très remarqué. Il déposa une proposition tendant à ordonner la révision de tous les décrets législatifs du gouvernement de la Défense nationale.

Après la dissolution de l'Assemblée, M. Amédée Lefèvre-Pontalis se représenta, le 20 février 1876, comme candidat monarchiste dans l'arrondissement de Châteaudun ; mais il n'obtint que 3,007 voix, contre 10,510 à l'élu, M. Dreux, républicain ; le 14 octobre 1877, avec l'appui du gouvernement, il n'obtenait encore que 4,226 voix, contre 11,074 au même adversaire. En 1885, porté sur la liste conservatrice d'Eure-et-Loir, il échouait, au deuxième tour de scrutin, avec 25,146 suffrages sur 63,940 votants.

M. Amédée Lefèvre-Pontalis est président des conseils d'administration des Mines de la Loire et des Messageries Maritimes, administrateur de la Compagnie des chemins de fer de Paris à Lyon et à la Méditerranée, de la Société Générale, de la Société des Forges et Chantiers de la Méditerranée et de diverses autres sociétés ; membre du Conseil supérieur de la marine marchande, il est en outre membre de la Commission supérieure de l'Exposition universelle de 1900 et président du jury international de la classe du matériel de la navigation.

Il a écrit un *Eloge de Montesquieu*, prononcé à l'inauguration du buste de ce philosophe au collège de Juilly, le 15 juin 1891. On annonce encore de M. Amédée Lefèvre-Pontalis un ouvrage en préparation sur le célèbre architecte Soufflot, dont il est le petit-neveu.

THOLER (Raymond)

PEINTRE, né à Paris le 19 novembre 1859. Entré tout jeune à l'école des Beaux-Arts, comme élève de M. Gérôme, il quitta bientôt ce maître pour suivre l'atelier de Bergeret.

Il parcourut ensuite les musées d'Allemagne, de Belgique et de Hollande et, au retour de ce voyage, exposa au Salon des Champs-Elysées.

Le premier envoi de M. Tholer, intitulé : *Reine-Claude*, date de 1876 ; il fut suivi de : *Oranges* (1877); *Nature morte* (1878) ; *Vue prise à Montigny (Seine-et-Marne)* ; *Nature morte* (1881) ; *Natures mortes* (1881, 1882, 1883, 1884, 1885, 1886) ; *Fruits* (1887) ; *Fruits et Poissons* (1888) ; *Nature morte ; Une rue de village* (1889) ; *Natures mortes* (1890 et 1891) ; *Prunes et Pêches* (1892); *Nature morte* (1893); *Fleurs ; Nature morte* (1894) ; *Violettes et Mimosa* ; *Volaille* (1896) ; *Pêches* (1897) ; *Pêches et Fleurs ; Fleurs* (1899).

En outre des œuvres qu'il a fait figurer aux Salons annuels, cet excellent artiste a produit un nombre considérable de toiles et de dessins, qui sont disséminés dans les galeries particulières des deux mondes.

Peintre de nature morte, de fleurs et de fruits, M. Raymond Tholer a aussi touché aux genres les plus divers, tel que le portrait, où il excelle.

Il a obtenu une mention honorable au Salon des Champs-Elysées (1882), une autre mention honorable à l'Exposition universelle de 1889, une médaille de bronze à l'Exposition de Versailles, etc.

DAKHYL (Hanna-Nassyf)

MÉDECIN et linguiste, né à Haïfa (Syrie) le 17 janvier 1856, demeurant en France. D'origine grecque, le jeune homme fit ses études primaires et secondaires à l'école anglaise du mont Sion à Jérusalem ; en 1869, il passa les derniers examens d'une façon si brillante qu'il fut choisi comme répétiteur à cette école, où il resta jusqu'à dix-sept ans. Puis il passa au collège grec de théologie du St-Sépulcre en 1873, où il obtint le certificat d'études classiques supérieures.

Nommé, en 1876, directeur d'une école libre à Beyrouth, il devint, l'année suivante, co-directeur de l'Institut grec de cette ville, y introduisit certaines réformes, avec la collaboration de son co-directeur, notamment la suppression des punitions corporelles et y organisa l'inspection, comme en Europe.

M. Dakhyl fut ensuite professeur de grec à l'Université française de St-Joseph de Beyrouth (1878), puis directeur des écoles de l'évêque grec orthodoxe à Lataquie (1879), enfin professeur de français et d'arabe au collège américain de Beyrouth (1881) ; il resta là six ans et fut élu, en 1885, membre de l'Académie orientale des Sciences.

En 1889, il vint en France, voyagea dans le Midi, visita Paris, puis alla dans l'Amérique du Sud. En 1891, il se rendit au Mont-Carmel, où il commença des études médicales et où il devint aide et interne du Dr M. D. américain Th.-Daniel Martin.

Ayant eu, à ce moment, l'occasion de traiter un ami intime, que son état désespéré avait fait abandonner par les médecins, il eut le bonheur de sauver ce malade. La famille de celui-ci, habitant Londres, invita M. Dakhyl à se rendre en cette ville, où elle le retint quelque temps ; de là, il alla à New-York, où, des raisons personnelles, jointes au succès de sa cure dernière, le décidèrent à se consacrer définitivement à la médecine. Revenu à Londres pour reprendre, à l'Université-Collège, ses études médicales interrompues, il quitta bientôt cette ville pour Paris (1892), où après avoir obtenu l'équivalence des baccalauréats ès sciences et ès lettres, il se fit inscrire comme élève régulier à la Faculté de Médecine (1894). Reçu docteur en 1898, avec une thèse remarquée, qui eut une deuxième édition : *Contribution critique à l'étude du traitement des brûlures, spécialement par l'acide picrique*, il retourna ensuite à Londres, suivre les cliniques et les cours de médecine à l'Université-Collège et à son hôpital ; il obtint, dans cette ville, le certificat en médecine, chirurgie et accouchement.

Revenu à Paris, il y exerce depuis sa profession. Au cours de sa carrière médicale, il a reçu treize mentions d'honneur, dont cinq supérieures aux mentions habituellement décernées.

A Beyrouth, M. Dakhyl avait été élu à divers offices de la « Société des jeunes gens chrétiens ; » à Paris, la congrégation américaine dont l'église est rue de Berri l'a nommé membre de son comité, sans interruption depuis 1894.

Le D' Dakhyl a écrit, en 1895, un intéressant ouvrage : *Physiologie raisonnée* (1 vol. publié en 1899), manuel « admirablement approprié, dit la *Revue bibliographique*, pour permettre aux non-initiés d'acquérir facilement les notions nécessaires sur les fonctions de l'organisme humain et faciliter aux initiés le développement des connaissances acquises. » On lui doit encore plusieurs mémoires sur la *Psychologie*, une étude sur les *Evidences scientifiques de l'existence de Dieu*, un *Manuel de la prononciation française*, un *Vocabulaire complet en français, anglais, allemand, grec moderne et arabe*, une *Méthode de français pour les arabes*, une *Méthode d'anglais pour les arabes*, etc. Il est l'un des collaborateurs de la *Médecine orientale*, revue dirigée par le D' Samuel Bernheim.

GLACHANT (Victor)

PROFESSEUR et écrivain, né à Paris le 25 janvier 1864. Petit-fils, du côté maternel, de Victor Duruy et fils d'un inspecteur-général de l'Université, il fit ses études classiques à Paris, entra en 1883 à l'Ecole normale et fut reçu agrégé des lettres en 1886. Nommé, la même année, professeur de rhétorique au lycée d'Orléans, il devint professeur de 3° au lycée Lakanal, puis de seconde au lycée Buffon, à Paris.

Erudit d'un savoir très étendu et sûr, M. Victor Glachant est l'auteur de traductions des *Bucoliques* de Virgile, des *Dialogues philosophiques* de Lucien, de *Morceaux choisis* de Xénophon, etc.

On lui doit encore la publication de *Cours d'exercices grecs*, d'études très approfondies sur Lucien, Ménandre, Polybe, Xénophon et Virgile pour la *Grande Encyclopédie* et de nombreux articles dans la *Revue Universitaire*, le *Journal de l'Enseignement secondaire*, le *Bulletin des Facultés*, etc.

Cet écrivain a publié, en outre, en collaboration avec M. Paul Glachant, son frère, sous le titre : *Papiers d'autrefois*, des études documentées sur Victor Hugo, Lamartine, Dübner, etc. (1 vol. 1899, Hachette).

M. Victor Glachant est membre de l'Association des études grecques et officier d'Académie.

GLACHANT (Paul)

PROFESSEUR et écrivain, né à Paris le 19 février 1865. Frère du précédent, il entra, en 1884, à l'Ecole normale et devint, en 1887, professeur au lycée d'Orléans. Il passa successivement aux lycées de Bourges, de St-Quentin, de Nantes et Condorcet de Paris.

Il s'est fait connaître par des articles insérés dans la *Revue d'Art dramatique* et la *Revue de Paris*, et par des brochures sur le *Rôle du Poète dans l'Etat*, la *Critique de l'Avenir*, les *Différents genres de critique*, etc. Il a collaboré au *Phare de la Loire*.

Il a publié avec son frère, M. Victor Glachant, l'ouvrage cité plus haut sur Victor Hugo (1899) et on annonce encore de lui la publication d'une comédie anonyme : *Olympe Dunoyer ou la jeunesse de Voltaire*, avec notes et préface, et d'une *Etude sur le manuscrit autographe d'« Hernani » de Victor Hugo*.

M. Paul Glachant est officier d'Académie et du Nicham-Iftikar.

GESSLER (Charles-Thomas-Emmanuel de)

COMPOSITEUR de musique, né à Cadix (Espagne), d'une famille russe, le 28 décembre 1848. Doué de réelles aptitudes musicales, il étudia seul les principes de cet art et, à dix-sept ans, écrivit la partition d'un opéra comique en un acte : le *Fils de Scapin*, livret de Pierre Elzéar, qui lui valut les éloges d'Auber. C'est sous les auspices de ce maître que le jeune homme entra au Conservatoire, dans la classe de Reber. Il n'y resta que fort peu de temps d'ailleurs et termina ses études sous la direction de Duprato.

M Charles de Gessler a composé pour le théâtre : le *Diable à Yvetot*, opéra-comique en 1 acte, livret de Paul Stark (Brieux), qui fut représenté avec succès au Théâtre des Arts de Rouen, au casino de Dieppe et dans plusieurs salons parisiens ; *Pierrot ministre*, pantomime de M. Grandet, mise à la scène au Cercle de l'Union artistique et au Grand-Théâtre de Bordeaux; *Au coin du feu*, autre pantomime, et nombre de romances, morceaux de danse et d'orchestre généralement très appréciés. Parmi les romances dont il est l'auteur, on cite : *Ma première lettre*, poésie de Mᵐᵉ Rostand ; *Aimons toujours*, de Victor Hugo ; le *Papillon*, vers et musique de M. de Gessler ; *Prevorzier*, romance sans paroles ; *Promenade matinale*, etc. Parmi les morceaux de danse : *Chesnay*, valse ; une *Pavane*, *Pimpante polka*, *Lovely May*, valse ; *Germaine*, valse, *Souvenir de Pablosch*, mazurka ; *Rose de Noël*, valse de salon, etc. Pour orchestre : *Extraits symphoniques*, *Méditation*, *Galathée*, scène lyrique de M. de Beauplan ; une *Marche triomphale* pour le couronnement du roi de Portugal ; *Konvoiski*, marche du régiment de la garde du roi de Bulgarie ; le *Sommeil des Esprits*, étude lyrique ; *Souvenir d'Antan* ; *Rêve d'amour*, pièce pour piano et chant ; l'*Asturiana*, etc. Il faut mentionner en outre divers morceaux de musique religieuse : un *Ave Maria*, un *O Salutaris* et un recueil d'adaptations musicales sur de vieux noëls espagnols.

Les œuvres de M. de Gessler, savamment composées, sont très appréciées et exécutées couramment.

Membre de la Société des Auteurs et Compositeurs de musique, cet excellent compositeur est officier du Christ de Portugal, commandeur de l'ordre du Mérite Civil de Bulgarie et officier de Ste-Anne de Russie.

CHAVET (Victor-Emmanuel)

Député, né à Lyon le 23 mars 1844. Fils d'un commissionnaire en soieries, il fit ses études classiques au lycée, puis entra à l'Ecole centrale de sa ville natale et entreprit lui-même le commerce des soieries.

Propriétaire à St-Bonnet-de-Vielleville (Saône-et-Loire), M. Chavet fut nommé maire de cette commune en 1881 et occupa cette fonction jusqu'en 1899, où il donna sa démission pour raison de santé. Il avait été élu, en 1886, conseiller général pour le canton de Pallarge et il a été secrétaire de l'assemblée départementale de Saône-et-Loire.

Vice-président de la Société d'Agriculture et administrateur de la Caisse d'épargne de Charolles, président-fondateur de la Société de secours mutuels de Pallarge, il a été suppléant du juge de paix, membre de la commission départementale et de l'asile départemental, membre des jurys de concours régionaux, agricoles et hippiques, etc.

M. Emmanuel Chavet se présenta, comme candidat républicain radical, au renouvellement général législatif de 1898, dans la 1ʳᵉ circonscription de Charolles et fut élu député, par 8,050 voix, contre 7,061 à M. Bouissoud, maire de Charolles, modéré, et Jordery de Mareigny, conservateur. Il remplaça M. Franc, décédé à la fin de la législature.

Inscrit au groupe démocratique de la Chambre, l'honorable député de Saône-et-Loire est membre de diverses commissions et s'occupe surtout de questions d'intérêt local, agricoles et d'élevage.

Il est chevalier de Charles III d'Espagne, du Mérite agricole et de la Légion d'honneur.

DEFRASSE (Alphonse-Alexandre)

Architecte, né à Paris le 30 septembre 1860. Elève d'André à l'Ecole des Beaux-Arts, il reçut les prix Jay, Rougevin, Abel Blouet, Godebœuf, fut trois fois logiste, obtint le deuxième grand prix de Rome en 1883 et le 1ᵉʳ grand prix en 1886.

Aux Salons annuels de la société des Artistes français, M. A. Defrasse envoya successivement : un *Projet de reconstruction et de restauration de la Sorbonne*, cinq chassis (1883) ; *Croquis de voyage* (1885) ; *La Ca d'Oro*, à Venise, façade restaurée ; *Fragments antiques restaurés*, six chassis (1891) ; *Tombeau dans l'Eglise Sancta-Maria-della-Pace*, à Rome (1892) ; *Restauration de l'enceinte sacrée d'Epidaure*, importante reconstitution rapportée d'une mission que le gouvernement avait confiée à cet architecte (1893), etc.

Entré, en 1881, au service d'architecture des Bâtiments civils, il devint, successivement : en 1892, inspecteur de ce service, inspecteur à la Ville de Paris en 1895, premier inspecteur à la construction des Palais des Champs-Elysées en 1896. En 1898, il fut nommé architecte de la Banque de France : en cette qualité, il a construit de nombreuses succursales à Neuilly, Levallois-Perret, Boulogne, etc. On lui doit en outre un important hôpital à Fontenay-sous-Bois, un monument funéraire de grand intérêt au cimetière de Passy, etc.

M. Alphonse Defrasse a obtenu une 2ᵉ médaille en 1882, une bourse de voyage en 1885, la médaille d'honneur en 1893. Il est officier d'Académie.

LABORI (Fernand-Gustave-Gaston)

Avocat et écrivain, né à Reims le 18 avril 1860. Après avoir fait ses études classiques au lycée de sa ville natale et séjourné, deux ans, en Allemagne et en Angleterre, il vint étudier le droit à la Faculté de Paris, dont il fut lauréat en 1881 et 1883 ; reçu licencié, il s'inscrivit ensuite au barreau de la Cour d'appel (1884).

Secrétaire de la Conférence des avocats en 1887, M. Labori prononça, en cette qualité, le 26 novembre 1888, un discours très remarqué sur le *Procès du Collier*, puis il ne tarda pas à se créer une place importante au Palais. Il prit la parole, devant les juridictions civiles ou criminelles, comme défenseur de causes retentissantes, notamment : dans l'affaire Numa Gilly, pour M. Gabriel Compayré ; dans le procès de la *Plume* contre le Sâr Peladan ; dans les affaires Maizeroy-Ledat, du *Gil Blas illustré*, Prieu contre le ministère des Affaires étrangères ; le procès de M. de Chirac, auteur fantaisiste qui s'était mis en fort mauvais cas ; l'affaire de Virgile Plista, l'assassin aux bottes ; les poursuites intentées par le Conseil de l'Ordre des avocats contre M. Jean Ajalbert, à propos d'un article du *Gil Blas* ; les affaires des anarchistes Duval et Vaillant, etc.

On l'a entendu souvent aussi dans les causes mondaines, divorces, séparations de corps, et dans les procès littéraires, où il a toujours apporté, de l'aveu de tous, avec un grand art de discussion et de parole, une remarquable mesure. Citons, parmi tant d'autres procès : l'affaire de la *Niçoise*, en 1893 ; celle de l'agence matrimoniale où monsignor de Segonzac joua un rôle prépondérant ; le divorce de Mme Simon-Girard, l'affaire de la grève des omnibus, les affaires de la tutelle de Béarn, de l'huissier Couchot, du *Mechveret*, dans laquelle il prononça une plaidoirie qui mérite d'être rangée parmi les beaux morceaux d'éloquence politique ; l'affaire du Panama, dans laquelle il défendit M. Antide Boyer ; la fameuse affaire Dreyfus et avec elle les procès Zola, Picquart, Reinach-Henry, Trarieux Gyp, etc., qui l'ont rendu célèbre dans le monde entier.

Dans ces affaires, son attitude, pourtant noble et belle au point de vue professionnel, suscita contre lui de violentes haines, avivées par les polémiques passionnées des journaux. Appelé à défendre le capitaine Dreyfus devant le Conseil de guerre de Rennes, où la Cour de cassation, après avoir annulé l'arrêt rendu contre cet officier en 1894, avait décidé que ce procès serait plaidé à nouveau, il fut, dans cette ville, de la part d'un fanatique ou d'un mercenaire resté inconnu, l'objet d'une odieuse tentative d'assassinat, à la suite de laquelle il put heureusement, après huit jours de soins, reparaître à la barre.

Devant le tribunal militaire, il renouvela, pour la défense de son client, les efforts énergiques qu'il avait tentés déjà dans les divers procès Zola et mit souvent dans l'embarras ses adversaires, au cours des débats, par la précision de ses interrogatoires, la netteté de ses déductions et la logique de ses raisonnements.

Au moment de plaider, il renonça à la parole. Depuis, ses *Notes de plaidoirie* ont été annexées au *Compte-rendu sténographique in-extenso du procès Dreyfus à Rennes*, où elles sont accompagnées d'une observation qui se termine ainsi et explique son attitude :

> Je n'ai pas voulu ajouter quoi que ce fut à ces notes, à raison des événements accomplis ; surtout je n'ai pas voulu mécitier, après avoir entendu la défense présentée par M° Demange et dont rien ne me permettait de prévoir l'esprit, un plaidoyer qui, ainsi qu'il avait été convenu, devait être le complément de la discussion sur le fond dont mon éminent confrère s'était chargé et qu'au dernier moment, dans des conditions que j'aurai à expliquer, on m'a prié de ne pas prononcer, parce qu'on a pensé qu'il ne pourrait que compromettre un acquittement certain.

M° Fernand Labori a été, pendant dix ans (jusqu'en 1894), rédacteur en chef d'un journal judiciaire quotidien : la *Gazette du Palais*, l'un des plus importants organes de la presse judiciaire. Il a achevé, en 1898, la publication d'un grand dictionnaire de droit, en douze volumes : le *Répertoire encyclopédique de Droit français*. Depuis 1897, il dirige avec autorité la *Revue du Palais* et la *Grande Revue*, dont le succès est très accentué.

CHAMAILLARD (Henri-Marie-Charles PONTHIER de)

Sénateur, avocat, né à Quimper le 23 octobre 1848. Ses études classiques faites au collège des Pères Jésuites, à Vannes, il vint étudier le droit à Paris, où il fut élu secrétaire de la conférence des stagiaires en 1870. Il servit, en qualité de sergent, au bataillon des mobiles du Finistère, durant la guerre de 1870-71.

Avocat à Quimper depuis 1871, M. de Chamaillard a plaidé des causes criminelles, civiles et politiques, dont certaines ont eu du retentissement. On cite notamment : sa défense de M. de Mauduit, l'un des chefs du parti légitimiste à Quimperlé, accusé de diffamation envers le procureur de la République de cette ville, qu'il fit acquitter, malgré le réquisitoire de M. Quesnay de Beaurepaire, alors procureur-général à Rennes ; celle des frères Rorique (De Graëve), condamnés à mort, puis commués, et dont la presse s'est occupée à maintes reprises ; celle d'un employé accusé d'un vol de 20,000 francs au préjudice de l'Entrepôt des Tabacs de Nantes et qui fut acquitté ; le procès intenté par les curés bretons au *Journal de Seine-et-Oise* devant le tribunal de Versailles et la Cour d'appel de Paris, procès dans lequel, avec son collègue, M⁰ Jenouvier, il soutint la cause du clergé breton et qui se termina par la condamnation du journal.

Depuis 1888, il était conseiller municipal et maire de Trégunc (canton de Concarneau), quand il fut révoqué, pour avoir manifesté vivement ses sentiments monarchistes. M. de Chamaillard fut aussi poursuivi pour délit électoral : condamné à 2,000 francs d'amende en première instance, il fut acquitté par la Cour d'appel de Rennes, après une magnifique plaidoirie de M⁰ Grivart.

En 1897, M. de Chamaillard fut élu sénateur conservateur du Finistère, par 617 voix contre 613 à son concurrent républicain, M. Allain Launey, en remplacement de M. Rousseau, gouverneur-général de l'Indo-Chine, décédé.

Inscrit au groupe de la Droite, membre de diverses commissions, comme celle de l'armée, des saisies-arrêts, de la proposition Viviani (les femmes-avocats), l'honorable sénateur s'est rapidement crée une grande réputation d'éloquence et une place importante au Palais du Luxembourg. Il a été rapporteur d'une proposition de loi dont il est l'auteur tendant à accorder aux plaignants le droit de récusation dans les affaires de presse intentées devant le jury ; il a interpellé, à plusieurs reprises, le gouvernement : à propos de l', suppression des traitements des ecclésiastiques, d'un retard concernant le règlement de juges demandé par le lieutenant-colonel Picquart, etc. A la Haute-Cour (décembre 1889, janvier et février 1900), M. de Chamaillard a souvent pris la parole dans les débats secrets de cette Assemblée, et posé de nombreuses questions pendant toute la durée du procès. Il est aussi intervenu dans les discussions parlementaires relatives à la Société protectrice de l'enfance, au casier judiciaire, à l'amnistie, à la réforme du baccalauréat, à la loi sur la liberté de la presse ; dans cette dernière question, il a combattu la proposition Fabre dessaisissant le jury, tout en admettant le renvoi devant les tribunaux correctionnels, dans le cas d'outrages au président de la République (1900), etc. En économie, il préconise une conduite résolument protectionniste.

Président du comice agricole de Plogastel-Saint-Germain (Finistère) et du cercle de Cornouailles, à Quimper, l'honorable sénateur, poète à ses heures, a publié des sonnets dans la revue l'*Hermine de Bretagne*.

APPERT (Léon)

INGÉNIEUR, né à Paris le 28 mars 1837. Ses études classiques faites au lycée Condorcet, il entra, en 1853, à l'Ecole centrale des Arts et Manufactures et en sortit diplômé trois ans plus tard, pour s'associer avec son père, qui dirigeait une importante fabrique de verrerie.

Plus tard, devenu propriétaire de cet établissement avec son frère, M. Léon Appert, comme directeur technique, y a apporté de nombreuses améliorations en même temps qu'il y installait des fabrications nouvelles, qui en ont fait l'une des premières maisons de ce genre en Europe. Cette fabrique occupe en effet plus de deux cent cinquante ouvriers et ses produits servent de bases à la fabrication de nombre d'objets mis dans le commerce en France et à l'étranger.

M. Léon Appert est l'auteur de nombreux perfectionnements apportés à l'industrie du verre, généralement utilisés aujourd'hui, en Europe, par les grandes Sociétés verrières, et exploités en Amérique par une Société américaine propriétaire des brevets de l'inventeur. Il a fait, sur ses découvertes aux sociétés savantes, et notamment à la Société des Ingénieurs civils, diverses communications qui ont été publiées ensuite. On cite celles sur le *Soufflage mécanique du verre*, procédé qui lui valut le prix Montyon de l'Institut, sur la *Fabrication du verre perforé*, sur les *Défauts du verre et les moyens d'y remédier*, sur le *Moulage du verre*, etc.

On lui doit en outre une importante étude sur les *Verres des vitraux anciens* et deux ouvrages publiés avec la collaboration de M. Henrivaux et généralement très estimés : la *Verrerie depuis vingt ans* (1 vol.) et *Verres et Verreries* (1 vol.)

Membre et ancien président de la Société des Ingénieurs civils de France (1895), président du Syndicat des fabricants de cristaux et verreries de France, membre du Conseil d'administration de la Société d'encouragement à l'industrie nationale, dont il a été vice-président, M. Léon Appert est aussi membre honoraire de la Société des Gens de science et de diverses sociétés scientifiques.

Hors concours et membre des jurys de diverses expositions internationales, président du Comité d'admission et du Comité d'installation de la classe 73 à l'Exposition universelle de 1900, dont il est aussi président du Jury des récompenses, membre du Conseil supérieur du Travail, administrateur et membre du Comité de la direction de l'Office national du commerce extérieur de la France, il est, d'autre part, président des conseils d'administration de plusieurs sociétés industrielles.

M. Léon Appert est officier de la Légion d'honneur et de l'Instruction publique, commandeur de l'ordre de la Conception, officier de l'ordre de Léopold de Belgique, chevalier de l'ordre de Charles III d'Espagne, etc.

GIRARDIN (Auguste-Léon)

Député, né à Rochefort-sur-Mer le 3 février 1830. Après avoir fait ses études classiques dans sa ville natale et une partie de son droit à Poitiers, il prit, dans cette ville, la direction d'un établissement important : la Librairie des Facultés, de l'Ecole de Droit et de l'Ecole de Médecine.

Sa librairie, rendez-vous d'une partie des esprits libéraux et distingués que comptait la ville, ne tarda pas à devenir un centre républicain et, dès lors, ceux qui la fréquentaient et lui-même, furent mêlés aux mouvements qui marquèrent les dernières années de l'Empire.

Les œuvres économiques et sociales ne trouvèrent pas M. Girardin indifférent : il fut, avec Jean Macé, l'un des propagateurs, dans la Vienne, de la Ligue de l'Enseignement ; il participa à la fondation de sociétés coopératives et tenta même de jeter les bases d'une banque populaire que les circonstances empêchèrent de fonctionner. Uni à des amis riches, dévoués à ses idées, il participa à la fondation du journal le *National*, organe démocratique et surtout du cercle républicain dont ce journal était l'organe ; ce cercle fut le véritable pivot autour duquel se groupèrent les républicains de la Vienne.

Le 4 septembre 1870, M. Girardin fut nommé membre de la Commission municipale ; puis, après la réorganisation des conseils municipaux, il entra dans celui de Poitiers (1878), pour n'en plus sortir jusqu'ici. Mêlé à toutes les affaires importantes, il se fit une spécialité des questions financières et d'instruction publique. Successivement membre de la commission administrative des hôpitaux civil et militaire, vice-président (1888 à 1896), il fut, cette dernière année, élu conseiller d'arrondissement. Président de ce conseil et maire de Poitiers, en 1898, il fut, deux ans plus tard, porté aux élections sénatoriales, lors du renouvellement général de 1900, sur la liste de la Vienne. Ce département ayant à élire trois sénateurs, M. Girardin arriva deux fois quatrième et se désista, au troisième tour, pour assurer l'élection des candidats républicains.

Après le décès de M. Bazille, député de la 1re circonscription de Poitiers, M. Girardin, cédant aux instances faites auprès de lui, accepta la candidature et fut élu, comme républicain radical, au 2e tour, le 22 avril 1900, après une lutte très vive, par 7.286 voix, contre 6.580 données à M. Coursac, son concurrent, nationaliste.

A la Chambre, l'honorable député fait partie du groupe républicain radical.

GODARD (Mlle Magdeleine)

Violoniste, né à Paris. Fille d'un excellent exécutant amateur et d'une pianiste, amateur aussi, de grand talent ; sœur du regretté compositeur Benjamin Godard, qu'une mort prématurée empêcha de produire tout ce qu'on était en droit d'attendre de lui, Mlle Magdeleine Godard devint tout naturellement musicienne dans un pareil milieu. Elle eut pour premier professeur Vieuxtemps, puis passa deux années (de 1877 à 1879) au Conservatoire, dans la classe de M. Massart ; ensuite, elle reprit les conseils de son ancien professeur.

C'est en 1872, dans une soirée organisée par Vieuxtemps, que Mlle Magdeleine Godard débuta, dans un *Quatuor* de Haydn, en sol majeur. En 1875, elle parut, pour la première fois, devant le grand public, avec son frère, jouant le *Concerto Romantique* à Saint-Valery-en-Caux.

Mlle Magdeleine Godard donna ensuite des leçons de violon et ne tarda pas à acquérir, par l'autorité de son talent, la place brillante, comme virtuose et comme professeur, qu'elle occupe aujourd'hui dans le monde musical. Applaudie dans tous les grands concerts, dans les cercles et fêtes de charité de Paris, où elle s'est fait entendre, elle a parcouru les principales villes de France, d'Allemagne, d'Angleterre, de Suisse, de Belgique et de Hollande, et a partout trouvé le même accueil enthousiaste, le même succès.

Possédant une mémoire remarquable, des qualités de sonorité et de style qui sont les caractères distinctifs de son jeu, Mlle Magdeleine Godard s'est plus spécialement adonnée à la musique classique et a joué un grand nombre de concertos avec orchestre, notamment ceux de son frère, Benjamin Godard, ceux de Vieuxtemps, de Max Bruck, les compositions de Bach, Grieg, St-Saëns, etc. Elle s'est fait remarquer et applaudir aussi dans la musique d'ensemble, où elle est vraiment supérieure.

Conservant pour son frère une admiration profonde, Mlle Magdeleine Godard n'a rien négligé pour assurer la bonne exécution de ses œuvres. Lors de la mise en scène de la *Vivandière*, à l'Opéra-Comique, en 1895, elle assista M. Paul Vidal de ses conseils et de ses souvenirs.

Mlle Magdeleine Godard a formé nombre d'élèves de violon et d'accompagnement. Outre les auditions d'élèves, qu'elle donne chaque année à la salle Pleyel, avec le concours d'excellents artistes, elle a inauguré, chez elle, en 1900, des soirées très suivies et recherchées, où elle exécute, d'une façon magistrale, les œuvres des compositeurs modernes : Massenet, Benjamin Godard, Mme Ferrari, etc.

Mlle Magdeleine Godard est officier de l'Instruction publique.

ROTHSCHILD
(Mayer-Alphonse-James Baron de)

FINANCIER, économiste, membre de l'Institut, né à Paris le 1er février 1827. Il appartient à cette célèbre famille de banquiers israélites, dont la prospérité commença avec Mayer-Anselme Rothschild, né en 1742 à Francfort-sur-le-Mein, où il mourut en 1812, qui laissa, à la tête de la maison fondée par lui, ses cinq fils. Ceux-ci, anoblis en 1815, créés barons par l'empereur d'Autriche en 1822, grâce à leur union étroite, jointe à une rare intelligence des affaires, développèrent puissamment leurs relations, établirent des maisons à Paris, à Londres, Vienne, Francfort, Naples, et surent asseoir sur des bases inébranlables la banque aujourd'hui connue du monde entier.

Le fondateur de la branche française, le baron James, né le 15 mai 1792, qui opéra, en 1859, la conversion de la rente, mourut à Paris en 1868, laissant trois fils : les barons EDMOND-JAMES, né à Boulogne-sur-Seine le 19 août 1825 ; ALPHONSE, et GUSTAVE-SAMUEL-JAMES, né à Paris le 17 février 1829.

Les barons Edmond et Gustave, qui, tous deux, participent à la direction de la banque avec leur frère, sont surtout connus comme collectionneurs et amateurs d'art, généreux et éclairés. Le baron Alphonse, lui, s'est fait personnellement remarquer à des titres divers. Très jeune, il s'occupa d'administration. En 1846, il fut nommé secrétaire du Conseil d'administration du chemin de fer du Nord et, en cette qualité, accompagna la commission chargée, à cette époque, d'étudier, en Angleterre, l'exploitation des chemins de fer. En 1869, il était nommé président de l'organisation de cette même Compagnie, fonction qu'il a conservée depuis lors.

Naturalisé français depuis 1848, le baron Alphonse de Rothschild devint, en 1854, régent de la Banque de France. Il avait pris, depuis longtemps déjà, avec ses frères Gustave et Edmond et son neveu Arthur de Rothschild, la direction de la banque bien connue de la rue Laffitte.

Lorsqu'après la guerre de 1870-71, il fallut former un syndicat de banquiers pour la garantie des emprunts nécessités par le paiement à l'Allemagne d'une indemnité de cinq milliards, le baron Alphonse de Rothschild fut placé à la tête de ce syndicat. C'est lui qui dirigea alors l'importante opération de constituer un portefeuille formé de plus de 120,000 effets, pour la plupart des valeurs allemandes, afin d'éviter les frais de conversion des valeurs à remettre en paiement au gouvernement allemand ; il réunit ainsi une somme de 4 milliards 248 millions de francs. En 1883, quand l'Angleterre, après s'être immiscée dans les affaires d'Égypte, voulait creuser un second canal de Suez, si on ne lui accordait, dans le Conseil d'administration du canal existant, une représentation proportionnée à ce qu'elle considérait comme un droit, c'est encore M. le baron de Rothschild que le gouvernement chargea, avec M. Charles de Lesseps, de négocier à ce sujet, et il fut assez heureux pour arriver à un accord, pourtant jugé très difficile.

Lors du « krak » de l'Union Générale, comme à la débâcle du Comptoir d'Escompte, le concours de la maison Rothschild évita des ruines irréparables.

M. de Rothschild a fait de nombreuses communications d'un caractère essentiellement artistique aux sociétés savantes ; il a enrichi nos musées de plus de six cents tableaux et œuvres d'art. Il a été élu, en 1886, membre libre de l'Académie des Beaux-Arts, en remplacement d'Émile Perrin.

Israélite, comme toute sa famille, le célèbre financier, dont la philanthropie est connue, ne réserve point les effets de ses libéralités à ses seuls coreligionnaires ; mais il est, au contraire, de notoriété publique, que sa charité secourt largement les indigents sans distinction de culte ni de nationalité. En outre des cent mille francs qu'il fait annuellement distribuer aux approches de l'hiver aux vingt arrondissements de Paris, la plupart des œuvres de bienfaisance de tous les cultes bénéficient de ses dons.

Le baron Alphonse de Rothschild est, depuis 1875, commandeur de la Légion d'honneur; il est, en outre, décoré de nombreux ordres étrangers.

HUGO d'ALÉSI (Frédéric)

PINTRE, né à Sibine (Transylvanie) le 11 février 1849. Fils d'un officier instructeur de l'armée turque sous Omer-Pacha, il suivit son père dans ses pérégrinations et assista ainsi à la campagne de Crimée. Attaché, plus tard, comme ingénieur aux travaux du quai et du port de Smyrne, fonction qu'il occupa jusqu'en 1875, M. Hugo d'Alési produisit, dès cette époque, des études de plein air non sans valeur, qui décidèrent de sa vocation. Après un séjour à Rome, il vint, en 1876, à Paris, qu'il n'a plus quitté depuis, et fit, pour les éditeurs de musique, des illustrations, où il a innové la composition en couleurs.

En 1885 et 1886, il donna plusieurs expositions de ses œuvres, paysages et marines, qui obtinrent un grand succès et établirent définitivement sa réputation artistique.

Au même moment, M. Hugo d'Alési faisait paraître sa première série de *Vues panoramiques* des principales villes de France : *Rouen, Le Havre, Bordeaux, Marseille, Nantes, Toulouse, Dunkerque, Montpellier*, et, en 1889, il trouvait le moyen d'arriver à une grande puissance de tons sur affiches, par un procédé spécial appliqué à la lithographie, qui lui permet de tirer de 5 à 8 couleurs sur la même pierre. Par cette méthode il obtient, en huit tirages, cinquante couleurs franches en outre des superpositions.

En 1890, il signalait ses premières affiches pour le P.-L.-M. et, dès lors, on remarqua les vues animées que cet artiste a données, aux compagnies de chemins de fer, de tous les sites intéressants de France et de l'étranger. Les plus connues de ces compositions, qui égaient toutes les gares et que l'on retrouve sur les murs de toutes les cités, sont les suivantes :

Auvergne (la gardeuse de Chèvres) ; *Bordeaux* (panorama) ; *Lourdes* (la Basilique) ; *Saint-Gobain* (Femme couchée) ; *Montfermeil* (vue) ; *Monaco* (Monte-Carlo) ; *Briançonnais* (9 vues) ; *Grande Chartreuse* (entrée du Désert) ; *La Turbie* (et vue de Monte Carlo) ; *Uriage* (vue panoramique) ; *Plages de la Bretagne* (diverses vues) ; *Haute-Engadine* (Saint-Moritz) ; *Les Vosges* (Schlitteur) ; *Pougues-les-Eaux* (Femme assise) ; *Côtes de Bretagne* (Belle-Isle) ; *Rocamadour* (vue générale) ; *St-Honoré-les-Bains* (établissement) ; *Eaux-Bonnes* (vue générale) ; *Aix-les-Bains* (Femmes dans une Barque) ; *Venise* (Gondole) ; *Montmorency* (sujet Femme) ; *Rueil* (terrains à vendre) ; *Garches* (terrains à vendre) ; *Tour métallique de Lyon* (avec vue générale) ; *A travers le Jura* (Lac de Bienne) ; *L'Oberland* (vallée de Lauterbrunnen) ; *Lac Léman* (avec château de Vufflens) ; *Vallée du Rhône* (sujet Chèvres) ; *Côtes d'Azur* (vue de Cannes) ; *Algérie* (vue d'Alger avec Mauresque) ; *Creuse et Indre* (diverses vues) ; *Excursions en Auvergne* (diverses vues) ; *La Touraine et le Berry* (les châteaux) ; *Vichy* (sujet femmes) ; *Hyères* (vue générale) ; *Mont Cervin* (diverses vues) ; *Dieppe* (la plage et pêcheuse) ; *Lac de Thoune* (vue du) ; *Maloja* (le Lac et l'Hôtel) ; les *Pyrénées* (vue prise de Pau) ; *Arcachon* (sujet d'Enfants) ; *Genève* (avec sujet Femmes) ; *Mont Rose* (sujet disque et bouquet) ; *Le Puy* (la Dentellière) ; *Algérie* (le cavalier Arabe) ; *Tunisie* (une Caravane) ; *Aix-les-Bains* (le Lac) ; *Auvergne* (les Bœufs) ; *Hiver à Nice* (bataille de Fleurs) ; *Mont Blanc* (coucher de soleil) ; *Decauville* (Bicyclistes) ; *Germinal* (le Semeur) ; *Voyages économiques* (le Vésuve) ; *Irlande* (vues diverses) ; *Pyrénées* (le Pâtre) ; le *Centenaire de la Lithographie* (Femme au Soleil couchant) ; *Hôtel de Vic-sur-Cère* ; *Auvergne* (le Mont Dore) ; *Touraine* ; *Plombières-les-Bains* ; *Vals-les-Bains* ; *Le Vercors* (Dauphiné) ; *Menton* ; *Gorges de la Bourne* ; *Hyères* ; la *Mer de glace*, etc.

L'affiche, très remarquée, du *Centenaire de la lithographie*, est conçue dans un genre tout différent de celui habituel à cet artiste.

Ce maître paysagiste a exécuté, pour l'Exposition universelle de 1900, un panorama à « tableaux mobiles », intitulé le *Maréorama*, donnant l'illusion complète, avec toutes ses sensations, même physiques, d'un voyage maritime de Marseille à Yokohama, et qui a été l'une des attractions les plus artistiques et les plus goûtées de l'exposition.

Deux tableaux de cet artiste : *Vue panoramique de Dunkerque sous Louis XIV*, reconstitution de la cité telle qu'elle était sous le grand roi, et *Vue panoramique de Dunkerque de nos jours*, placés dans la salle du Conseil de la Chambre de commerce de cette ville, ont obtenu la médaille d'argent à l'Exposition universelle de 1889.

M. Hugo d'Alési a obtenu de plus une médaille d'argent à Lyon (1894), une médaille d'or à l'Exposition du Livre à Paris (même année), un diplôme d'honneur à l'Exposition du centenaire de la Lithographie (1896). Il a été nommé chevalier de la Légion d'honneur au mois de janvier 1899.

SCHLEIER (Georges)

UBLICISTE, né à Kiew (Russie) le 19 février/1 mars 1859. Il fit ses études classiques dans sa ville natale, collabora à divers journaux de langue russe, et vint en France, lors de l'Exposition universelle de 1889, comme correspondant de journaux de Kiew et d'Odessa.

Dès lors, M. Georges Schleier n'a cessé de donner de nombreux articles à ces journaux et, depuis quelques années, il collabore plus spécialement au *Journal de Riga* et au *Slovo* de Kiew. Dans ces publications, il traite de sujets relatifs à la politique, aux lettres, aux beaux-arts et à la vie théâtrale parisienne.

A l'occasion de l'Exposition universelle de 1900, il a fourni aux mêmes organes des chroniques d'actualité qui ont été très remarquées.

M. Georges Schleier s'est fait aussi connaître comme odontologiste. Après des études scientifiques spéciales faites à l'Ecole dentaire de Paris, d'où il sortit diplômé, il a fait paraître de nombreux articles dans le journal l'*Odontologie* et autres publications spéciales.

GERMAIN (Henri-Georges-Adolphe)

OMANCIER, auteur dramatique, né à Paris le 9 juin 1855. Il fit ses études à l'Ecole Turgot et, de bonne heure, se consacra aux lettres.

Après avoir donné des nouvelles à différentes publications, M. Henri Germain publia un roman : *René Salvat*, au journal la *Paix*, en 1886. Il fit ensuite paraître d'autres romans en feuilletons dans divers journaux, notamment : *Illusion fatale*, au *Pays* ; la *Fille des Francs-Tireurs*, à l'*Echo de Paris* ; la *Vierge des Vosges*, au *Mot d'Ordre* ; le *Secret de la Duchesse*, au *Pays* ; *Fil de fer* à la *France nouvelle* ; *Saltimbanque*, *Détresse maternelle* et la *Belle Louison* au *Petit Journal*. La plupart de ces romans ont obtenu un grand succès auprès du public populaire auquel ils s'adressent particulièrement ; ils sont généralement reproduits par quantité de publications françaises et étrangères, et sous la forme de livraisons illustrées.

M. Henri Germain a fait paraître, en outre, en librairie : *Geneviève*, roman de mœurs (1 vol. 1891) ; *Pêle-Mêle*, recueil de nouvelles d'une forme littéraire et d'un intérêt soutenu (1 vol. 1900) et deux volumes à l'usage des enfants : les *Vacances de Paul*, récit de voyage en Algérie, et *Negro*, histoire d'un caniche parisien. Il a publié aussi un grand nombre de nouvelles au *Gil Blas*, à l'*Estafette*, à la *Vie populaire*, et, peut-on ajouter, dans presque tous les recueils parisiens.

Au théâtre, M. Henri Germain a fait représenter : le *Corset* et *Deux parapluies sous le Directoire*, deux actes souvent repris sur diverses scènes de province. Il est aussi l'auteur de : *Amour et Philosophie*, un acte reçu à l'Odéon, et retiré depuis par lui de cette scène ; la *Dette sanglante*, drame en 5 actes, en collaboration avec M. Sébille, etc.

Cet écrivain a fait de la critique dramatique au *Pays* et au *Courrier national*. Il a tenté aussi une incursion dans le journalisme politique, comme rédacteur en chef du *Courrier de l'Ain*.

M. Henri Germain est officier d'Académie, membre de la Société des Gens de lettres et de la Société des Auteurs dramatiques.

MARTIN-ROUX (Marie-Elie-Joseph-Hippolyte MARTIN, dit)

EDECIN, né à Pézenas (Hérault) le 20 mai 1851. Fils d'un médecin très estimé, il accomplit ses études classiques à Toulouse et commença ensuite, à Montpellier, la médecine, qu'il termina à Paris.

Successivement interne aux hôpitaux de la Salpêtrière, Beaujon, Saint-Antoine et des Enfants-Malades, M. Martin fut nommé chef du laboratoire de la clinique des maladies des enfants en 1877, au moment où le professeur Parrot prenait possession de cette chaire de clinique, dont il fut le premier titulaire. A la mort de ce maître regretté, M. Martin est resté à la tête de ce même laboratoire, sous la direction du professeur Grancher, jusqu'en 1887.

Reçu docteur en 1879, avec une thèse sur la *Tuberculose* qui fut très remarquée, M. Martin a été nommé médecin des hôpitaux en 1887. En 1897, il épousa la fille du docteur Roux, inspecteur-général du service de santé de la Marine, très connu par ses remarquables travaux scientifiques, décédé à Paris en 1896. Il ajouta alors à son nom celui de sa femme.

M. le docteur Martin-Roux est l'auteur d'un grand nombre de travaux sur la *Tuberculose*, auxquels la Faculté de Médecine a décerné le prix Lacaze (10,000 fr.) en 1888, et l'Académie de Médecine le prix Godard en 1890. Ses travaux sur l'*Artério-Sclérose* lui avaient déjà valu le prix de l'Académie de Médecine en 1882. Il a écrit les articles : *Traitement du rachitisme* et *Traitement de la pleurésie séreuse* dans le *Dictionnaire de Thérapeutique* du docteur Albert Robin, etc.

M. le docteur Martin-Roux est commandeur de l'ordre de Saint-Grégoire-le-Grand.

VACHEROT (François-Joseph-Jules)

ARCHITECTE-PAYSAGISTE, né à Jussey (Haute-Saône) le 10 septembre 1870. Fils d'un horticulteur qui accomplit d'importants travaux en Amérique, il revint en France, avec son père, à treize ans, et fit ses études au lycée de Pierrefaite, dans la Haute-Marne, et au collège Delahaye, à Paris.

Entré ensuite à l'Ecole des Beaux-Arts, comme élève libre, dans l'atelier de M. Guadet, M. Jules Vacherot débuta chez M. Denis, architecte-paysagiste. Nommé, en 1886, dessinateur à la ville de Paris, il devint successivement surveillant, puis conducteur de travaux.

Détaché, en 1887, du service des travaux de la ville de Paris, pour l'étude et l'établissement des parcs et jardins de l'Exposition de 1889, il fit, en qualité de conducteur principal, sous la direction d'Alphand et sous les ordres de M. Laforcade, tous les travaux de jardinage de cette exposition.

M. Vacherot devint, en 1871, jardinier principal de la ville de Paris. En cette qualité, il a créé les jardins des musées Galliera et Cluny, les squares de la place Denfert-Rochereau, du boulevard de Vaugirard, etc. Il a, de plus, collaboré à l'étude des plans de jardins du service de la ville de Paris, depuis 1887 jusqu'à 1895.

Nommé jardinier en chef de l'Exposition universelle de 1900, on lui doit, à ce titre, le tracé et l'exécution, faite sous son ordre direct, des promenades et jardins de cette exposition.

Lauréat de divers concours à Dijon, Vitry-le-François, Reims, Neuilly-sur-Seine, etc., architecte-paysagiste de valeur, il est professeur à l'Ecole d'Arboriculture de la ville de Paris, depuis 1894.

Il a été adjoint au maire et conseiller municipal de Boulogne-sur-Seine.

M. Jules Vacherot est chevalier de la Légion d'honneur, officier du Mérite agricole, de l'ordre Royal de l'Annam, etc.

DASQUE (Léopold)

DÉPUTÉ, médecin et avocat, né à Tuzaguet (Hautes-Pyrénées) le 25 janvier 1860. Fils de propriétaires, il accomplit ses études classiques au lycée de Tarbes et suivit ensuite à la fois les cours des facultés de Droit et de Médecine de Paris. Successivement reçu licencié en droit et docteur en médecine, M. Dasque a été inscrit au barreau de Tarbes et a exercé en même temps la médecine dans cette ville.

Mêlé, de bonne heure, à toutes les luttes de la politique locale, il collabora, en 1888, à la *République des Hautes-Pyrénées* et, en 1891, fonda l'*Avant-Garde des Hautes-Pyrénées*, organe radical-socialiste, qu'il dirige et dont il a fait un journal de combat en temps de période électorale.

Nommé conseiller municipal de Tarbes en 1894, puis maire en 1898, M. Dasque, candidat radical-socialiste dans la première circonscription de l'arrondissement de Tarbes, fut élu député, en remplacement de M. Pédebidou devenu sénateur des Hautes-Pyrénées, le 18 mars 1900, par 9,024 voix contre 3,855 accordées à M. Bajac, radical.

L'honorable député n'est inscrit à aucun groupe politique du Palais Bourbon ; mais il vote avec la fraction avancée du parti républicain.

SALLERON (Claude-Augustin-Léon)

ARCHITECTE, né à Paris le 29 décembre 1820. Après avoir été élève de l'Ecole des Beaux-Arts dans l'atelier de MM. Rougevin et Duban, il fut successivement inspecteur des travaux de la ville de Paris (1843), architecte du 20e arrondissement (1865) et architecte en chef des bâtiments scolaires (1876).

On doit à M. Salleron différentes constructions importantes, parmi lesquelles il faut citer : plusieurs casernes d'octroi, la mairie du XXe arrondissement, les écoles des rues du Jourdain, des Riblettes, Fessart, Blanche et du boulevard de Belleville, l'école normale d'instituteurs à Auteuil, la chapelle Ste-Marie à Clagny (Seine-et-Oise) ; les bâtiments du chemin de fer économique, cité de Londres, etc.

En outre de ces travaux, M. Salleron est l'auteur de diverses maisons de rapport, hôtels, châteaux, villas, monuments funéraires, chapelles, etc.

Nommé, en 1879, membre du comité des bâtiments scolaires au ministère de l'Instruction publique, il fait en outre, partie du conseil d'architecture de la Préfecture de la Seine.

M. Salleron a obtenu diverses récompenses, notamment une médaille à l'Exposition universelle de Vienne (1873), d'Amsterdam (1875), de Paris (1878), la grande médaille de la Société centrale des Architectes français, pour les constructions privées, etc. Il est chevalier de la Légion d'honneur depuis 1884.

CROS-BONNEL
(Louis-Eugène CROS, ou)

Ancien député, viticulteur, né le 10 mai 1855 à Narbonne (Aube) ; mais appartenant à une famille originaire de St-Pons (Hérault), très connue dans cette région. Après l'achèvement de ses études, il exploita une usine de raffinage de soufre, jusqu'en 1887 ; puis il se consacra à l'agriculture et plus particulièrement à la viticulture.

M. Cros-Bonnel s'appliqua à combattre le phylloxéra, qui avait envahi, à cette époque, la plus grande partie des vignobles français ; il parvint à reconstituer l'un des domaines les plus importants de l'Aude, entièrement détruit par le fléau. En même temps, il s'occupait d'agriculture et d'élevage dans l'Hérault, notamment à St-Pons.

Ayant épousé, en 1880, Mlle Bonnel, fille de l'ancien membre de l'Assemblée Nationale, l'un des plus intimes amis de Gambetta, M. Cros avait ajouté à son nom celui de sa femme.

Très estimé dans l'Hérault, où il avait rendu de grands services, et sollicité de présenter sa candidature lors du renouvellement général législatif de 1893, il fut soutenu par divers comités radicaux de l'arrondissement de St-Pons et élu, au deuxième tour de scrutin, par 5,472 voix, contre 5,180 à M. Rasimbaud, député sortant.

Au Parlement, le député de l'Hérault s'occupa surtout des questions agricoles et financières, qu'il avait plus particulièrement étudiées, et des questions militaires, que ses fonctions de lieutenant d'état-major du génie de l'armée territoriale lui permettaient d'approfondir. Il déposa, avec M. Turrel, un projet de loi tendant à interdire la fabrication des vins artificiels. Membre de la Commission d'examen des comptes du budget de 1889 à 1893, révisant le travail de la Cour des comptes, de la Commission d'examen des différents modes d'élection des sénateurs et de la Commission pour le rachat des canaux du midi et du canal latéral à la Garonne, il fut aussi secrétaire de la Commission des octrois, qui a fait passer la loi en vigueur sur cet objet.

Nommé, en 1896, membre de la Commission du Budget, il se montra hostile au projet de loi Doumer relatif à l'impôt sur le revenu, déclarant que celui-ci était une reproduction, « empruntée par dérivation à l'Allemagne, des ordonnances et règlements royaux qui réglaient la levée de la taille sous l'ancien régime. »

Réélu membre de la Commission du Budget en 1897, M. Cros-Bonnel fut rapporteur du budget de la Monnaie et de la convention monétaire établie entre la France, la Suisse, la Belgique, l'Italie et la Grèce. Chargé du rapport sur le projet de loi tendant à autoriser l'emprunt pour Madagascar, l'honorable député, ne voulant pas soulever de violentes polémiques à ce sujet, présenta un simple rapport verbal, dont on lui sut gré à la Chambre.

A propos du mode de paiement, du traitement et de la solde des fonctionnaires et des soldats aux colonies, M. Cros-Bonnel traita avec éloquence et autorité la question de la circulation monétaire dans les colonies et celle des banques coloniales.

Il a, plusieurs autres fois, pris la parole à la tribune du Palais-Bourbon, notamment : pour demander de l'augmentation des droits de douane sur les raisins secs ; l'augmentation des troupes du génie et la formation d'un bataillon de cette arme pour le service des colonies ; il prit part à la discussion sur le renouvellement du privilège de la Banque de France, etc.

Aux renouvellement législatif de 1898, il se présenta dans la circonscription de Narbonne contre M. Bartissol, qui fut élu, puis invalidé. M. Cros-Bonnel, à la nouvelle élection, se retira de la lutte et donna son appui à M. le docteur Ferroul, ancien député, qui fut alors nommé à la place de M. Bartissol.

L'ancien député de l'Aude a été désigné comme membre du jury des récompenses à l'Exposition universelle de 1900, pour la classe (viticulture).

FIN DU DEUXIÈME VOLUME

www.ingramcontent.com/pod-product-compliance
Lightning Source LLC
Chambersburg PA
CBHW050248170426
43202CB00011B/1601